공자철학과
서구 계몽주의의 기원

지은이 _ **황태연**(黃台淵)

서울대학교 외교학과를 졸업하고, 같은 학과 대학원에서 「헤겔의 전쟁 개념」으로 석사학위를 받았다. 이어 독일 프랑크푸르트 괴테대학교에서 『지배와 노동 (*Herrschaft und Arbeit*)』(1991)으로 박사학위를 받았다. 1994년 동국대학교 정치외교학과 교수로 초빙되어 현재까지 동서양 정치철학과 정치사상을 연구하며 가르치고 있다.

공자철학과 서구 계몽주의의 기원(하)
유교문명의 서천西遷과 계몽사상의 태동

초판 1쇄 인쇄 2019년 4월 05일
초판 1쇄 발행 2019년 4월 10일

지은이 | 황태연
펴낸이 | 이요성
펴낸곳 | 청계출판사
출판등록 | 1999년 4월 1일 제1-19호
주   소 | 경기도 파주시 교하읍 문발리 560번지 301-501
전   화 | 031-922-5880   팩 스 | 031-922-5881
이메일 | sophicus@empal.com

ISBN 978-89-6127-078-6 (세트)
ISBN 978-89-6127-080-9 93150

※ 책값은 뒤표지에 있습니다.
※ 잘못된 책은 바꾸어 드립니다.

이 저서는 2017년 대한민국 교육부와 한국연구재단의 지원을 받아 수행된 연구임 (NRF-2017S1A3A2066492).

공자철학과 서구 계몽주의의 기원

유교문명의 서천西遷과 계몽사상의 태동

황태연 지음

下

by Tai-Youn Hwang

Confucian Philosophy and the Origin of the Western Enlightenment

The Westward Spread of the Confucian Civilization and the Beginning of Enlightenment Thoughts

청계

목 차

§하권§
제3장 시누아즈리와 로코코의 흥기

제4장 공자철학의 충격과 유럽의 변동: 청교도혁명과 명예혁명

제3장 시누아즈리와 로코코의 흥기

제1절 중국문화 열풍과 로코코 예술사조

1.1. 중국 공예·예술의 모방열기: 시누아즈리의 탄생

■ 역사적 배경

30년 종교전쟁(1618-1648)이 끝나고 시대가 17세기 후반에 접어들자 유럽의 분위기는 완전히 바뀌었다. 종교개혁의 여파 속에서 기독교인들끼리 벌인 지겹고 살벌했던 종교전쟁은 유럽의 기독교인들을 사분오열시키고 유럽 전역에 물심양면의 깊은 상처를 남겼다. 이로 인해 유럽인들의 기독교신앙은 크게 약화되었고 종교적 회의주의가 널리 유포되었다. 바로 이런 회의주의적 분위기와 사상적 공허 속에서 유럽 사상가들에게 새롭게 뜨거운 관심대상으로 부상한 것이 17세기 초반부터 유럽에 본격적으로 소개되기 시작한 중국의 예술과 철학, 특히 공자철학이었다.[1] 14-16세기 르네상스시대가 지리상의 발견을 통한 지리지식의 확산과 함께 그리스·로마의 사상적 원천을 찾아가고 기독교신

---

[1] 크리스천 게를라흐는 유럽 지식인들이 중국사상을 받아들이게 되는 중요한 두 요인을 17세기 종교전쟁과 이신론이라고 말한다. 참조: Christian Gerlach, *Wu-wei(無爲) in Europe – A Study of Eurasian Economic Thought* (London: Department of Economic History London School of Economics, 2005), 25쪽.

앙을 새롭게 갱신한 시대였던 반면, 17세기는 이미 '계몽주의'의 준비기였다. 이때부터 유럽인들은 교부철학과 스콜라철학의 구속으로부터 해방되어 정신적·문화적 삶을 인간본성의 원리에 따라 정초하고 유럽 밖에 있는 민족들의 지식을 소화하려고 고군분투하기 시작했다.

당시 유럽인들이 유럽문화와 적어도 대등한 가치를 가진 문화, 다시 말해 유럽과는 반대로 단절되지 않은 역사를 가진 극동문화를 알게 된 것은 스스로를 세계의 중심으로 여기던 유럽적 자의식과 종교적·문명적 자만을 완전히 뒤흔들어 놓았다. 그런데 극동이 문화와 철학 면에서 유럽을 현저히 능가한다는 것이 알려지면서부터는 극동의 철학과 문화가 이제 유럽인들에게 선망의 대상으로 돌변한 것이다. 그리하여 인도에서는 양념과 향신료를 수입하는 데 그쳤지만, 중국에서는 예술과 철학, 과학을 수입하기 시작한 것이다.2) 유럽 지식인들은 17세기 중반부터 중국문화와 공자철학에 매혹되기 시작하면서 계몽주의를 준비했다. 18세기처럼 그렇게 뚜렷하지는 않았지만 이미 17세기 중반부터 공자철학과 유럽철학 사이의 '접근 현상'이 나타났다. 존 웹, 템플, 컴벌랜드, 로크, 벨 등의 도덕론·정치론·종교론과 스피노자의 무신론적 범신론도 중국철학적 기원을 가진 것이다. 또한 17세기 말부터 번역되어 쏟아져 나오기 시작한 공자의 경전들은 유럽인들에게 사상적 '충격'을 가하기 시작했다.3) 계몽주의는 공자철학의 이 사상적 포화 속에서 탄생했다. 따라서 유럽의 계몽주의는 "중국이 유럽사상에 대해 한때 발휘했던, 오늘날은 사라지고 잊힌 매혹"을4) 빼놓으면 결코 이해될 수 없는 사상이다.

중국과 공자철학의 '충격'은 유럽의 어느 지역보다 동방무역의 중심국가 네덜란드와, 예수회의 선교활동이 활발했던 프랑스에서 강력했다. 16세기 이래 '동양'이라는 뜻밖의 사실이 문예사상에 가장 강력한 충격을 가한 곳이 프랑스였기 때문이다. 프랑스인들은 아시아 탐방에 직접 가담하지 않았고,

---

2) 참조: Hermann Reinbothe und Neseelrath, "Leibniz und China", 1쪽. Georg (sic!) W. Leibniz, *Das Neueste von China* (*Novissima Sinica*) [1697] (Köln: Köllen Druck & Verlag GmbH, 1979).

3) 참조: Hobson, *The Eastern Origins of Western Civilization*, 194-195쪽.

4) Albrecht, "Einleitung", IX.

자기 문화에 대한 믿음이 국내의 종교갈등으로 크게 흔들려 있었던 까닭에, 프랑스 사상가들은 동양을 묘사할 때 보다 초연하고 개방적인 접근법을 택할 수 있었다. 프랑스 사상가들에게 동방은 서방의 기존 제도와 정통적 견해들에 대한 강력한 도전, '유익한 자기비판과 갱신을 자극하는 도전'이었다. 프랑스의 이러한 '지성적 상대주의' 전통은 루이 14세가 포르투갈의 중국선교 독점권과 중국에 대한 바티칸의 영향력을 따돌릴 목적으로 1688년 요하쉼 부베(Joachim Bouvet)를 포함한 예수회선교단의 창설을 인가하면서 더욱 고양되었다.

부베와 그 동료들은 17세기 선배들처럼 자신들의 선교사업을 정당화하기 위해 중국에 대한 유럽인들의 관심을 자극하는 데 열성을 다했다. 이들은 중국의 광범한 빈곤, 지나치게 의례화된 행동, 영혼문제에 대한 무관심, 유아살해, 미신 등에 주목하면서도 중국의 가부장주의 군주정, 계몽된 엘리트, 관료체제, 과거제, 질서 잡힌 사회, 선진적 의료시설, 농업중시정책 등을 찬양했다.5)

이후 수많은 중국 관련 여행기와 보고서, 공자의 경전들이 라틴어와 프랑스어로 번역되어 쏟아져 나왔고, 중국과 동아시아를 다녀온 여행객들의 수도 급증했다. 그리하여 17세기 말부터 18세기 내내 프랑스는 중국문물로 넘쳐났고, 프랑스인들은 복장·가구·기호품·장신구·건축·음식·예술 등 거의 모든 생활공예·미학 분야에서 중국풍의 모방을 취미로 삼는 이른바 '시누아즈리(chinoiserie), 즉 중국취향의 공예·가구·장식·건축·정원문화'를 전반적으로 즐겼다. 이 '시누아즈리'의 확산 시기마다 중국의 이미지는 "비단의 나라"에서 "도자기의 나라"로, 다시 "차의 나라"로 변해갔다. 17세기 후반경 시누아즈리는 유럽의 거의 모든 지역에 정착했다.6)

■ 중국 진품들의 직수입

도자기, 비단, 차는 지난 300년 동안 중국을 유럽에 가장 잘 알려지도록

---

5) 참조: Paul Bailey, "Voltaire and Confucius: French Attitudes towards China in the Early Twentieth Century", *History of European Ideas*, Vol. 14, Issue 6 (Nov. 1992), 819쪽.

6) Hugh Honour, *Chinoiserie. The Vision of Cathay* (New York: Harper & Row Publishers, 1961), 30-50쪽.

만든 세 가지 물건이었다. 이 물건들의 고운 품질과, 이것들을 생산한 나라의 멀고 먼 거리는 '이국異國'으로서의 중국의 관념이 형성되는 데 이바지했고, 중국의 역사·사상·문예의 확산이나 깊은 이해가 부재할 당시에 대부분의 유럽인들의 마음속에 중국을 정의하는 것을 도왔다.7) "계몽주의의 확신 속에는 서양이 진보하면 이슬람세계는 쇠락한다는 관념이 있었다. 페르시아의 사치품과 동방은 과도함, 감각, 유혹과 연결되어 있었다. 동양의 사치품은 부정부패, 정체성의 상실, 허위, 여성성을 초래할 수도 있었다. 그러나 중국은 뭔가 다르게 지각되었다. 중국은 감각성, 과도함 등과 연결된 것이 아니라 윤리, 조화, 덕성과 연결되었다. 중국과 공자는 라이프니츠를, 그다음은 볼테르를, 그리고 백과전서파를 고취해 인간적 우아미와 세련미에 대한 그들 자신의 열망을 중국 물건들의 프리즘을 통해 느끼게 했다. 그들은 중국적인 것들을 소유하는 과정에서 시장 건너편에 있는 문명의 수준에 다가가려고 했다."8)

16-17세기 중국은 유럽인들에게 맨 먼저 '도자기의 나라'였다. 16세기에 도자기는 단연 가장 인기 있는 수입품이었고, 도자기 무역은 17세기 중반에도 여전히 무역의 큰 부분을 차지했으며, 18세기에는 대규모화되었다. 상술했듯이, 서방으로 수입된 도자기와 기타 상품들의 양이 천문학적 규모였다는 것은 중국 광주에서 유럽을 향해 항해하다가 1752년 1월 3일 인도네시아의 링가(Lingga) 다도해에서 난파한 네덜란드 동인도회사 소속 겔더말센(Geldermalsen) 호에서 무려 15만 점의 도자기, 311여 톤의 차, 142개의 금괴가 인양된 것에서 알 수 있다. 18세기 당시 유럽으로 수출된 중국 도자기의 총량은 수천만 점에 달했다. 18세기 초가 되자 중국 도자기는 유럽의 전통적 사기그릇을 몰아내고 성공한 유럽 부유층의 필수품이 되었다.

청대 예술은 황금시대에 미치지 않는 '은銀시대(silver age)'였지만 독창성과

---

7) Vainker, "Luxuries or Not? Consumption of Silk and Porcelain in Eighteenth-Century China", 207쪽.

8) Maxine Berg, "Asian Luxuries and the Making of the European Consumer Revolution", 229쪽. Maxine Berg and Elizabeth Eger, *Luxury in the Eighteenth Century* (London: Pagrave Macmillan, 2003); Maxine Berg, *Luxury & Pleasure in Eighteenth-Century Britain* (Oxford: Oxford University Press, 2005·2008), 51쪽.

굉장한 기술적 숙련성으로 특출났다. 중국의 도자기·칠기·비단 및 기타 진품珍品들은 16세기 말부터 줄곧 서구로 수입되었으나, 17세기 후반이 되기 전까지 아직 수요를 창출하거나 유럽예술에 영향을 미치기에 충분한 양이 들어오진 않았다. 18세기 동안 유리 위에 그린 그림, 날염무늬, 도배지(벽지), 법랑琺瑯 (enamel, 광물로 만든 유약釉藥) 가구 등이 수입물목에 추가되었다. 중국 제품 중 가장 크고 가장 바라 마지않는 제품인 도자기는 대규모로, 그리고 다양한 물목으로 선적되었다. 18세기 후반에 중국식 장식에 대한 유행 욕구는 중국 진품들에 대한, 특히 "부인의 거실을 위한 가장 결백하고 가장 예쁜 가구"인 도자기에 대한 이런 미감을 증진시켰다.9)

유럽 시누아즈리는 처음에 중국에서 직수입된 중국 진품들에 의해 발생했다. 그리하여 18세기 초 이래 중국공예는 선線의 자유로운 유희, 우아한 형태, 기술상의 묘기, 그리고 '달콤한' 채색 등을 보여주었는데, 유럽의 공예에서도 이와 비슷한 흐름이 나타났다.

1600년 엘리자베스 여왕에 의해 특허된 영국 동인도회사의 지위는 1657년 크롬웰이 내준 새로운 특허장에 의해 강화되었다. 그리고 1661년 찰스 2세는 새로운 국왕특허장(Royal Charter)에 서명했다. 이 특허장에 의해 동인도회사는 단순한 무역회사에서 인도를 다스리는 전면적 민·군 관할권을 가진 기구로 전환되고, 영국정부에 대한 점진적 상명하복 의무를 부과받는다. 이후 동방무역은 중국으로 좀 더 확장된다.10)

영국은 사치품 무역에 대한 접근 통로를 찰스 2세가 1662년 캐서린 브라가나와 혼인하면서부터 확보했다. 이 혼인 덕택에 영국은 탕헤르와 봄베이 항구를 얻었다. 찰스 2세는 이로써 영국인들에게 스타일 있는 생활양식을 소개해주었다. 이것은 이 단계에서는 아직 동양 사치품들에 대한 광범한 미감을 포함하지 않고 있었다. 이 미감은 유럽의 동방물품 중심지가 리스본에서 암스테르담으로

---

9) Margaret Jourdain and R. Soame Jenyns, *Chinese Export Art. In the Eighteenth Century* (Middlesex: Spring Books, 1950·1967), 11쪽.

10) Lina Unali, *Beautiful China* (Cambridge: Cambridge Scholars Publishing, 2016), 2쪽.

이동했을 때 네덜란드인들에 의해 확산되었다. 방대한 물량의 이국적 물건들을 세계를 가로질러 실어온 선박들은 보다 우아하고 보다 향상된 생활양식에, 아니 유럽에서 막 시작되던 소비문화에 유럽인들로 하여금 눈을 뜨게 만들었다. 유럽에서처럼 중국에서도 인간적 소비의 동학은 소득의 변화와 미감의 변동에 반응해서 변화했다. 중국의 활발한 소비문화와 고도로 상업화된 경제는 유럽으로 가는 수출품 교역을 받쳐주는 가장 중요한 기반이었다.[11] 중국과 일본은 극서제국의 상류사회에 소비문화의 만개를 동반하는, 고도로 도시화된 상업사회의 장구한 모델을 제공해주었다. 그러나 17-18세기에 유럽에서 열린 새로운 시장들은 역으로 극동의 생산 과정에서 상당한 영향을 받았다.[12]

다음 반세기 동안 영국 동인도회사의 관심은 일단 인도로 향했지만, 1715년부터 광동에서 영국의 동인도회사에 의해 '재외상관(factory)'이 개장되었고, 중국무역은 안정된 기반을 잡았다. 광동은 중국의 대외무역의 주요 항구가 되었고, 건륭제의 칙령에 의해 1757년 이후에는 유일한 항구가 되었다. 영국은 이 중국무역에서 주도권을 잡았고 18세기 내내 다른 모든 나라를 앞질렀다. 1736년 광동에서 무역에 종사하는 12척의 선박 중 5척이 영국 선박이었고 프랑스가 3, 네덜란드가 2, 덴마크와 스웨덴 선박이 각각 1척이었다. 1753년에는 이 광동항구에서 무역하는 27척의 선박 중 10척이 영국 선박이었고, 네덜란드가 6, 프랑스가 5, 스웨덴이 3, 덴마크가 2, 프로이센이 1척을 보유했다.[13]

18세기 후반과 19세기에는 영국 동인도회사의 무역은 다른 나라들의 모든 동인도회사의 무역을 다 합친 것보다 컸다. 이 무역체계는 오랫동안 유지되었다. 한편에는 영국·네덜란드·스웨덴·프랑스와 기타 유럽제국의 동인도회사가 있고, 다른 쪽에는 '행行(Hong)'으로 알려진 중국상인단체가 있었다. 이 '행'은 중국의 대외무역을 독점했다. 무역시즌이 오면 '행'은 재외상관들을 유럽의 동인도회사들에 임대해주었지만, 인도 사람들의 선단이 들어오면 화물관리인

---

11) Berg, "Asian Luxuries and the Making of the European Consumer Revolution", 232쪽.

12) Berg, "Asian Luxuries and the Making of the European Consumer Revolution", 233쪽.

13) Hudson, *Europe and China*, 258-259쪽; Oliver Impey, *Chinoiserie. The Impact of Oriental Styles on Wester Art and Decoration* (New York: Charles Scribner's Sons, 1977), 44쪽.

들은 다음 무역시즌까지 마카오로 이동했다. 그 재외상관들의 공간은 광동의 남서쪽에서 흐르는 주강珠江의 북안北岸에 있었다. 네덜란드·스페인·프랑스 상관, 정화(Chung Qua) 상관, 미국·파오샨(Pao Shan)·스웨덴·영국 상관, 챠오초우 (Chao Chow) 상관, 네덜란드·그리스·뉴잉글랜드 상관 및 제국帝國 상관(별도의 상관을 갖지 못한 나라들이 공동으로 사용하는 상관) 등 13개의 상관들이 북안 땅에 서 있었다. 거의 모든 화물관리인들은 사私무역을 하거나 영국 상인들의 대리인 으로 활동했다. 광동에는 유리에 그림을 그리는 공예화가, 부채 만드는 장인, 상아조각 장인, 옻칠 장인, 보석 장인 등 온갖 공인工人들이 다 거주했다. 영국 상관에 접해서 '신·구 중국인 가로'라고 불리는 두 줄의 중국인 주택이 서 있었는데, 외국인들은 이곳을 거닐며 자질구레한 장신구들을 샀다. 광동항은 잡다한 거주자들과 신비스러운 기회의 땅으로 알려지게 되었다. 여러 동인도회 사들 중 영국 동인도회사는 "세계에서 가장 자랑찬 상인사회"였다.14)

영국 동인도회사는 동쪽으로부터 직수입한 상품들을 보통 경매로 처분했다. 동인도회사에 의해 런던으로 이송된 화물들의 판매는 동인도회사의 헤드쿼터 인 (리덴홀 스트리트의) 동인도하우스에서 개최되었다. 동인도회사와 독립된 독자 판매도 『런던가제트(London Gazette)』에 많이 광고되었다. 수많은 독립상인 들이 동방의 재화와 기타 진품들을 전문적으로 거래했다. 이 상인들 중 몇몇은 유대인 혈통이거나 네덜란드 국적이었으나, 영국 이름도 이 광고에 들어 있었 다. 동인도회사의 은퇴한 간부들은 종종 자기 집에 아주 많은 양의 중국 진품珍 品 컬렉션을 가지고 있었다.15)

물론 이런 상품들을 수출하던 중국의 이익은 천문학적이었다. 중국 장인들은 더할 나위 없이 정교한 그 기량으로 유명했다. "그들의 손가락은 터치의 유연성 과 미묘성이 놀라웠다." 중국인의 정신은 빠르고 예리했으며, 그들의 작은 미묘한 손은 솜씨 좋은 일을 수행하게끔 발달되어 있었다. 그들은 유럽에서 보내온 모델들을 "가장 엄정하고 가장 추종적인 충직성"으로 모방했다. 그들은

---

14) Jourdain and Jenyns, *Chinese Export Art*, 11-12쪽.

15) Jourdain and Jenyns, *Chinese Export Art*, 13쪽.

유럽의 수요를 충족시킬 수 있었다. 이에 참여한 노동인구가 거대했을 뿐만 아니라, 생계수단이 걱정 없고 일손이 쌌기 때문이다. 제국의 중심도시들은 유럽을 위한 실험공장이 되었다.16) 상술했듯이, 100만 명이 거주했던 중국의 최대 도자기 산지 경덕진景德鎭은 유럽 상인들로부터 유럽식 디자인을 건네받아 유럽취향의 도자기를 생산해 거의 전량을 유럽으로 수출했다. 물론 중국식 도자기들도 도처에서 많이 생산되었으며, 이 도자기는 중국인들에 의해 쓰이기도 하고 유럽으로 수출되기도 했다.

장식적이기도 하고 유용하기도 한 도자기 분야에서 18세기 유럽 전체가 중국 상품의 '판매시장'이었다. 유럽 전체가 중국 상품을 갈구했으므로 중국수입 상품은 늘 품귀 현상을 보였다. 가령 도자기는 공급되는 족족 팔려 나갔다.

네덜란드 동인도회사는 중국 도자기 장인들에게 디자인을 제시하고 작품을 감시하기 위해 중국에서 제도사들을 고용했다. 도자기양식들은 18세기 내내 조금씩 변했다. 17세기 말에는 꽃·나무·새를 청색으로 그려 넣은 자기가 수출되더니 1710년대에는 청백색 자기가 수출되었다. 18세기 중반에는 움직이는 머리 모양을 가진 도자기가 유행이었다. 이 도자기들은 까치발 선반받이, 장식장, 벽난로 선반, 거실 선반 위에 도열되었다.17)

가리개·장식장·트렁크 등의 칠기 제품은 유럽에서 경탄 속에 환호되었다. '진품 칠기(right japan)'인 오리엔탈 칠기(Oriental lacquer)와 '유럽 모조품(European imitation)'인 재패닝(japanning)은 평가가 달랐다. 옻칠기술이 모방되고 도자기 제조업자들이 18세기 내내 유럽에서 개업했을지라도 도자기에서도, 칠기에서도 유럽의 모조품('짝퉁') 생산의 성장은 중국으로부터의 수입을 아직 대체하지 못했다. 직수입된 중국 제품들이 유럽시장을 너무나 꽉 쥐고 있었던 것이다.18)

로마까지 거슬러 올라가는 중국 비단의 거대한 교역의 초기역사는 여기서 다 말할 수 없지만 몇 가지 사실을 훑어볼 필요가 있다. 552년 누에알(moth

---

16) Jourdain and Jenyns, *Chinese Export Art*, 13쪽.

17) Jourdain and Jenyns, *Chinese Export Art*, 14쪽.

18) Jourdain and Jenyns, *Chinese Export Art*, 14쪽.

eggs)이 인도나 중국, 또는 중국과 접한 지대인 인도로부터 로마제국으로 밀수된데 이어,19) 16세기에 누에(silk moth)가 다시 유럽으로 밀수된 뒤 비단 원사의수출이 쇠락했을지라도, 이후에도 중국산 명주와 견직물에 대한 수요는 사라진적이 없었다.20) 17-18세기에도 유럽은 중국 명주와 비단자수를 진기한 디자인과 고급스럽고 미묘한 색상 때문에 많이 수입했다. 그리고 18세기 후반에도살색 바탕에 꽃 디자인을 그린 중국 실크를 옷감·도배지·시트커버 등에 쓰는것이 유행이었다.21)

중국 비단은 유럽시장에서 유럽인들이 제조한 '모조비단'이 성행했음에도저렴한 가격과 기술적 품질, 그리고 장식적 매력으로 경쟁력을 발휘했던 것이다. 그리고 비단무역은 마진이 좋았다. 1691년만 해도 극동에서 32,000리브르에 사들인 비단은 유럽에서 97,000리브르에 팔렸다.22) 중국의 절강浙江지방은세계에서 가장 큰 실크생산지였다. 절강성은 전 유럽과 전 아시아를 합친 것만큼 많은 비단을 생산한 것으로 짐작된다. 프랑스 실크산업을 보호하기 위한보호관세도 비싼 중국실크가 그 아름다움에 반한 귀족사회의 수요를 충족시키기 위해 프랑스로 계속 유입되는 것을 막지 못했다.23)

18세기에 차(茶)는 오직 중국으로부터만 수입할 수 있었다. 차 마시는 습관은17세기 후반에 유럽에 확산되었고 일단 유행이 되자 그 수요는 나날이 증가했다. 그리하여 18세기 중반에는 차가 가장 중요한 광동상업의 단독 물목이되었다. 17세기가 끝날 무렵, 연평균 약 2만 리브르어치의 차가 수입되었고,1769년부터 1772년까지 4년간 광동발發 영국 상선의 연평균 차 선적량은 1,000만 리브르, 프랑스·네덜란드·덴마크·스웨덴 상선의 선적량은 도합 1,200만

---

19) Hudson, *Europe and China*, 120-121쪽.

20) Jourdain and Jenyns, *Chinese Export Art*, 14쪽.

21) Jourdain and Jenyns, *Chinese Export Art*, 14-15쪽.

22) Adolf Reichwein, *China und Europa im Achtzehnten Jahrhundert* (Berlin: Oesterheld Co. Verlag, 1922), 44쪽. 영역본: Reichwein, *China and Europe — Intellectual and Artistic Contacts in the Eighteenth Century* (London·New York: Kegan Paul, Trench, Turner & Co., LTD. and Alfred A. Knopf, 1925), 37쪽.

23) Hudson, *Europe and China*, 259쪽.

리브르어치였다.24)

유리에 그린 그림들과 도배지의 경우는 그 밝게 빛나는 색상과 판타지 때문에 광범한 수요가 생겨났지만, 중국의 예술은 유럽의 척도로 측정되었다. 그리하여 17세기 말엽부터는 새와 꽃의 사실주의적 표현이 유럽에 먹혔다. 중국인들은 바늘로 비단벽지 위에 더할 나위 없이 잘 그린 새와 꽃의 그림으로 대성공을 거두었다. 그리고 중국인 형상의 표현물들은 '고도의 해학'이었다. 도배지와 도자기에 그린 그림들은 유럽 생활인들의 관심을 사로잡았다. 그리하여 이 유럽 생활인들은 점차 '중국적 삶의 분위기에 친숙해졌을 뿐만 아니라, 회화적 표현을 통해 중국의 정원과 건축물들과도 친숙해졌다.25)

중국 수입품들은 중국에서는 일상적 용품들이더라도 유럽에서는 진기한 사치품이 되었다. 그리하여 유럽에서 "사치품은 어느 정도 외국 제품으로, 특히 이국적 재화로 간주되었다".26) 극서제국에 부가 축적될수록 중국에서 온 사치품에 대한 수요는 폭증했고, 사치품 가격은 천정부지로 치솟았다. 이러는 가운데 동인도회사들이 유럽으로 가져온 각종 중국 제품들은 유럽의 소비문화에 "엄청난 충격"을 가했고,27) 중국산 사치품에 대한 수요는 끝 간 데 없이 확대되었다. 따라서 중국제 수입품으로 다 채울 수 없는 이 수요의 무한확대에서 모조품을 팔 새로운 시장이 열렸고, 수입대체 생산이 시급해졌다. 그리하여 이미 17세기 중엽부터 극서제국 전역에서 중국 제품을 모조하는 수입대체산업이 일어나기 시작했다. "아시아의 세련된 소비문화와 기술적으로 선진적인 생산체계의 발견은 유럽의 소비자혁명을 고취했다. 인도 면직 제품과 중국 도자기의 수입품들을 모방하고 대체하려는 시도들은 넓은 중산층시장을 위한 새로운 소비재로 귀결되었고, 결국 대규모 생산을 가능하게 한 산업혁명을 만들어냈다."28)

---

24) Hudson, *Europe and China*, 260쪽.

25) Jourdain and Jenyns, *Chinese Export Art*, 15쪽.

26) Berg and Eger, *Luxury in the Eighteenth Century*, 205쪽.

27) Berg and Eger, *Luxury in the Eighteenth Century*, 206쪽.

28) Berg and Eger, *Luxury in the Eighteenth Century*, 206쪽.

■유럽의 시누아즈리 제품 생산과 수입대체산업

유럽인들은 중국의 각종 값비싼 진품들을 '직수입'하는 한편, 곧 '자체생산'을 하기 시작했다. 그들은 처음에 소위 '짝퉁'(모조품)으로 시작했으나, 얼마 지나지 않아 중국 수입품과 맞먹는 품질의 '시누아즈리 제품'을 생산하기 시작했다. 유럽의 취향과 미감에 대한 중국 공예품의 디자인과 모양의 적응은 시장수요에 대한 반응과 기술 간의 복잡한 상호작용을 요구했다. 모조 과정이 순조롭게 진행되고, 시누아즈리가 이 과정에서 창조되었다. 이 모조와 모방은 아시아 직인들이 유럽에서 선호되는 이국적 모양·색상·동식물에 쉽사리 적응하는 것에 탄복한 서구 관찰자들에 의해 자주 논평되었다.[29] 서구의 전통적 미감과 선호에 대한 중국 장인들의 적응으로 시작된 최초의 시누아즈리는 곧 서구 장인들과 예술가들의 손으로 이동하면서 이들의 고유한 '모방적 창조물'이 되었다. "중국, 일본, 인도가 이런 모방을 할 수 있다면 서양은 왜 할 수 없는가? (…) 모방이 동양 상품의 디자인 미학의 일부라면 그것은 서양의 미학적 전통에도 중심적인 것이었다. 분명, 호가쓰와 레이놀즈로부터 스미스와 흄에 이르기까지의 18세기 예술가들과 도덕철학자들은 모방을 미감·미학이론의 중핵으로 만들었다. 모조는 물론 수입대체정책에도 중심적이었고, 기술에도 중요했다. 먼저 수입대체를 보면, 아시아 사치품들의 수입은 무역불균형을 야기하는 것으로 감지되었다. 아시아에는 유럽 수출품에 비견될 만한 시장이 없었다. 아시아로부터 수입되는 재료와 식자재, 18세기에는 특히 차에 대한 대체재를 찾을 가능성이 전무한 것으로 보이는 한편, 아시아 매뉴팩처의 조류에 저항하는 것은 가능해 보였다. 유럽인들은 아시아 스타일로 유사한 제품을 생산할 수 없는가? 그리하여 수요가 높은 소비재들이 유럽에서 곧 높은 관세와 금지조치를 당하게 되었다. 영국에서는 1680년대 후반부터 일련의 제한조치가 시행되고, 관세와 소비세가 부과되었으며, 1700년에는 옥양목 수입이 아예 금지되었다."[30] 도자기에 대해서는 어떤 금지조치도 가해지지 않았지만, 18세기 내내

---

29) Berg, "Asian Luxuries and the Making of the European Consumer Revolution", 238쪽.

30) Berg, "Asian Luxuries and the Making of the European Consumer Revolution", 240쪽.

도자기 수입관세는 빠르게 상승했다. 그리하여 관세는 1704년 경매가의 12.5%에서 1770년대에 판매가치의 33%로 올랐고, 1790년대에는 경매가의 50%가 관세로 부과되었다. 다른 한편, 군주들과 각국 정부는 앞장서서 중국 도자기 모조품 개발에 매진했다. 동인도회사는 도자기의 대량수입을 줄이거나 중단했다. 급상승하는 중국 제품 수입에 대한 일련의 보호주의적 조치 덕택에 수입대체산업들의 급성장이 확실히 촉진되었다.[31]

이런 새로운 미학적·정치적 분위기 조성과 수입제한·금지·고高관세 등 보호주의정책을 배경으로 시누아즈리 열기는 수입이 어려워진, 따라서 더욱 고가로 돌변한 중국산 진품眞品을 대체할 수 있는 각종 모조품의 산업적 '대량생산'에 대한 열망으로 옮겨붙었다. 이 열망은 중국 공예사치품과 시누아즈리에 의해 일깨워지고 증폭된, 그러나 수입이 제한된 고가 수입품으로는 이제 잠재울 수 없는 새로운 문명화되고 델리킷한 고급 소비문화의 엄청난 수요를 대신 충족시키려는 열망이기도 했다. 이 열망은 서구인들에게 산업혁명을 고취하는 정신적 동력이 된다.

중국 도자기는 유럽에서 크게 찬미되고 이미 17세기 후반부터 복제되기 시작했다. 백색 바탕에 청색으로 장식된 저온소성자기(low-fired ceramics)는 네덜란드의 델프트(Delft) 시 등 다른 중심지들에서 생산되어 광범하게 교역되었다.[32] 델프트는 이미 1660년대에 시누아즈리 스타일을 발전시키기 시작했다. 그리고 이후 40년 동안 이 새로운 기반을 공고화했다.[33]

프랑스에서 루이 포테라(Louis Poterat)는 1673년 루앙(Rouen) 부근 생 세베르(Saint-Sever)에서 도자기 제조 특허를 획득해 1680년대부터 소량의 연질軟質자기 제품을 생산했다. 이 자기들은 당시 전혀 특별하지 않은 중국 도자기 '짝퉁'의 전형을 보여주었다.[34] 시카노 부인(Mme Chicanneau)은 1679년부터 1722년까지 생-클루(Saint-Cloud) 공장을 운영해 포테라보다 더 큰 성공을 거두었다. 그녀는 세기가

---

31) Berg, "Asian Luxuries and the Making of the European Consumer Revolution", 241쪽.

32) Ledderose, "Chinese Influence on European Art", 222쪽.

33) Honour, *Chinoiserie*, 67쪽.

34) Honour, *Chinoiserie*, 102쪽.

다 가기 전까지 연질자기를 생산해 품질 면에서 대성공을 거두었다. 1698년 그녀의 공장을 방문한 예술의 거장 리스터(Martin Lister)는 "나는 여기서 만든 단지와 내가 본 적이 있는 중국 제품을 구별할 수 없다고 실토해야 할 정도로 기막히게 아주 기쁘다"는 말을 연발했다.35) 1710-20년대에는 세계 최고급의 연질자기들이 유럽에서 생산되기 시작했다. 이 시기에 독일 마이센(Meissen)지방 공장들이 이미 진짜 경질硬質자기를 바삐 생산하고 있었기 때문이다.36)

독일에서 이러한 수준의 질적 돌파는 30-40년의 시행착오 끝에 달성된 것이었다. 그 역사를 간략히 살펴보자면, 17세기 후반 하나우와 프랑크푸르트 암 마인 등지의 독일 도자기공장들은 델프트의 영향하에 있었고,37) 델프트 수준의 저온소성자기를 생산하는 것으로 만족하고 있었다. 그러나 1708-1709년 드레스덴에서 뷔팅어(Johann F. Büttinger[Böttinger])가 작센공국의 선제후이자 폴란드 국왕 아우구스트 강건왕(August II der Starke)에게 초빙되어 수많은 실험과 실패, 도주기도, 투옥 끝에 중국의 경질도자기의 비밀을 알아내어 '고온소성 도자기'를 "재再발명"했다.38) 그러자 강건왕은 '왕립작센도자기공장'을 창설했다. 이렇게 하여 고온가마가 독일 마이센과 기타 지역에서 지어진 것이다. 마이센지방에서는 중국 자기 모조품을 만들어 대성공을 거두었다.39) 다음 해 뷔팅어는 훨씬 더 고운 고령토를 발견했고 고운 질의 진짜 도자기를 유럽에서 처음으로 생산할 수 있게 되었다.

마이센에서 자기로 구워낸 그로테스크한 불상들은 곧 시누아즈리 숭배의 지배적 신상神像이 되었고, 유럽의 거의 모든 도자기공장들은 18세기 어느 때 마이센 자기의 모조품을 생산했다. 도자기 제작의 비밀이 오늘날 원자탄 개발 지식과 같은 수준의 보안의식과 조심성으로 보호되었지만, 곧 다 유출되고 만 것이다. 1719년 이전 훙어(Ch. Hunger)와 슈퇼젤(S. Stölzel)이 마이센으로부터

---

35) Honour, *Chinoiserie*, 102쪽.

36) Honour, *Chinoiserie*, 103쪽.

37) Honour, *Chinoiserie*, 67쪽.

38) Ledderose, "Chinese Influence on European Art", 222쪽; Honour, *Chinoiserie*, 103-104쪽.

39) Ledderose, "Chinese Influence on European Art", 222쪽. Honour, *Chinoiserie*, 104쪽.

빈으로 도망가 도자기공장을 세웠다. 1720년에는 베니스로 이주한 홍어가 산업정보를 제공해 경질도자기를 만들었다. 그는 이후 덴마크와 페테르부르크에서도 도자기기술을 전파하고 자기를 생산했다. 그리하여 이 최초의 경질자기공장으로부터 전 유럽으로 경질자기 제작기술이 확산되었다.[40] 마이센 청백자기는 오늘날까지도 세계적 차원에서 그 화려한 명맥을 이어오고 있다.

도자기에 대한 미감은 오리엔탈 꽃병과 접시로 꾸며진 특별한 방들을 만들어냈다. 이런 방은 몇몇 개가 오늘날도 독일에 남아 있는데 그중 베를린의 샤를로텐부르크 궁전의 "도자기 방(*Porzellankammer*)"은 가장 일찍 생겼고 또 가장 유명한 것이다.[41]

중국 칠기도 유럽에서 선망되는 진기한 공예품이었다. 칠기(옻칠 가구)에 대한 미감은 17세기 말과 18세기 초 유럽에 광범하게 확산되었다. 하지만 이 가구들은 프랑스식 영감을 담은 장식과 달리 네덜란드산이었다. 17세기 후반의 전 시기 동안 줄곧 네덜란드는 동방무역을 활발하게 이용했고 일본에서 유럽으로 수입되는 모든 옻칠제품에 대한 사실상의 독점을 확보하려고 궁리했다. 그럼에도 수입은 수요를 채우기에 불충분했다. 그리하여 홀란드 옻칠 기술자들(*japanische Verlaker*)은 모조품('짝퉁') 시장을 발견했고, 세기 초부터 모조품 옻칠 가구를 생산하기 시작했다. 네덜란드 칠기(*Dutch japan*)는 17세기 말과 18세기 초에 재질과 디자인 면에서 유럽의 다른 지역 '짝퉁'보다 진품에 훨씬 더 가까워졌다. 네덜란드의 짝퉁 칠기는 전문가들도 종종 일본의 진품 칠기와 구분할 수 없을 수준으로 발전했다. 네덜란드 사업가들이 네덜란드 칠기공들을 교육시키기 위해 일본 칠기 전문가들을 네덜란드로 수입했을 것이라는 말도 돌 정도였다. 캐비닛은 이 칠기 제품 중 가장 인기 있는 대표제품이었다.[42]

네덜란드의 칠기산업은 엑슬라샤펠 근방의 온천장 스파(Spa)에서 17세기 말 엽부터 번창했다. 작은 담뱃갑에서부터 커다란 장식장에 이르기까지 모든 양식

---

40) Honour, *Chinoiserie*, 104-105쪽.

41) Honour, *Chinoiserie*, 67-68쪽.

42) Honour, *Chinoiserie*, 65쪽.

의 제품들이 유명한 약수를 마시러 오는 사람들을 위해 생산되었다. 스파에서 생산된 칠기들은 당시 '부와 드 스파(bois de Spa)'(스파의 목제품)로 알려졌다. '부와 드 스파'는 전 유럽으로 팔려나갔다.43)

17세기 말에 프랑스인들도 중국 칠기를 모방해 직접 제작하기 시작했고, 18세기 중반에는 칠기공장을 설립해서 수많은 가구와 중국식 지팡이 등을 생산했다. 그리고 프랑스인들은 이 기법을 당시 귀족들 사이에서 크게 유행하던 화려한 중국식 가마(sedan-chair)에도 적용했다.

또한 비단이 17세기에 대량으로 수입되어 파리를 중심으로 크게 유행하기 시작하자 비단 상인들은 중국에서 수입한 염료를 이용해 중국 꽃무늬 염색법을 모방함으로써 큰 이문을 올렸다. 중국 비단자수인 금수와 꽃무늬 벽지도 프랑스와 영국 두 나라에서 자체 생산했다.

■ 시누아즈리의 향유

당시 네덜란드가 '유럽의 중국인들'이었다면, 프랑스는 '유럽의 중국'이었다. 이국적인 것에 대한 유럽인들의 욕구를 충족시켜준 이 시누아즈리는 중국의 국가제도에 대한 철학자들의 관심이 이미 쇠퇴하기 시작한 19세기 초에도 여전히 지속되었다.44)

- 프랑스의 시누아즈리

프랑스에서 시누아즈리의 유행은 1660년 콜베르의 상인회사 창립에 의해 점화되어 태국대사관의 설치에 의해 촉진되었다. 태양왕 루이 14세(1638-1715)가 그의 고전주의적 취향과 기하학적 선호에도 불구하고 중국에 매력을 느꼈다는 것은 르 보(Louise Le Vau, 1612-1670)가 지은 베르사유 소재 '트리아농 자기 궁(Trianon de porcelaine)'에 의해 증명된다.45) 루이 14세는 1670-1671년 사이의 겨울 동안

---

43) Honour, *Chinoiserie*, 66쪽.

44) Brown, *Der Einfluss Chinas auf die europäische Staatslehre im 18. Jh. am Beispiel von Albrecht von Hallers Staatsroman "Usong"*, 3쪽.

45) Appleton, *A Cycle of Cathay*, 93쪽.

중국설계에 따라 신축된 이 궁을 그의 정부 드 몽테스팡 부인에게 하사했다. 트리아농 궁은 커다란 단층의 건물과 4동의 작은 부속건물로 구성되었다. 유럽의 공원을 장식하게 된, 더할 나위 없이 아름답지만 한시적이었던 많은 빌딩 중에서 첫 번째 것인 트리아농 궁의 부속시설들은 드로트닝홀름(Drottningholm)으로부터 팔레르모와 신트라에까지 전 유럽의 모퉁이에 설치된 중국식 파고다, 격자창을 단 찻집, 매점, ‘공자사당’(‘공자의 집’)의 모델이 되었다. ‘트리아농 드 포르세렌’은 남경의 높은 자기 파고다를 본뜬 것이라고 얘기되지만 실은 단층이고 델프트·네베르스(Nevers)·루앙·리지외(Lsieux) 등지의 도자기공장들에서 구운 파양스 자기(프랑스의 채색자기) 타일로 입혀져 있었다. 그러나 엄두도 낼 수 없는 수리비용과 몽테스팡 부인의 총애 상실로 트리아농 궁은 1687년 철거되었다.46) 그럼에도 트리아농 궁은 많은 사람들의 뇌리에 남았고 마치 “로코코시대 이전에 탄생한 로코코 건물”로 느껴졌다.47)

중국은 이탈리아 건축가 안드레아 팔라디오(Andrea Palladio, 1508-1580)가 수립한 대칭과 조망의 ‘팔라디오 이상형’과 근사하지 않았을지라도 적어도 견실한 문화, 적절한 위계사회성, 프랑스 왕의 관심을 끈 공고한 황제정부를 자랑했다. 루이 14세의 계승자들에게 이러한 고려는 아마 이 이국적 공예가 고전주의의 수학적 엄격성으로부터의 일종의 구원을 제공한다는 사실에 비해 부차적인 것이었을 것이다. 부드럽고 몸에 달라붙는 비단과 중국 자기의 여린 점층적 채색은 루이 15세 치세의 로코코를 완전히 보완해주었다.48) 프랑스의 이러한 시누아즈리는 도버해협을 건너가서 영국의 중국문화 열풍을 더욱 촉진했다.

- 독일과 오스트리아의 시누아즈리

1648년과 1700년 사이의 시기에 30년전쟁의 주요 전장이었던 독일은 이 전쟁의 황폐화로부터 어렵사리 회복하는 중이었다. 따라서 독일의 제후들과

---

46) Honour, *Chinoiserie*, 53, 54쪽.

47) Honour, *Chinoiserie*, 55쪽.

48) Appleton, *A Cycle of Cathay*, 93쪽.

부르주아계급은 시누아즈리를 즐길 여력이 없었다. 17세기 말 최후의 수년에야 예술이 살아나는 기미를 보였다. 수많은 소군주들이 여유를 되찾으면서 베르사유를 바라보기 시작했다. 그리하여 시누아즈리는 루이 14세 스타일의 일부로 독일에 나타났다. 베르사유 궁전의 옻칠된 광휘가 오래전에 사라졌을지라도 독일의 수많은 성과 궁택들은 지금도 18세기 시누아즈리를 보존하고 있다.[49]

바로크시대 말엽과 계몽주의시대 초기에 중국과 최초로 문화적·사상적 조우를 한 독일에서 라이프니츠와 당대의 브란덴부르크프로이센 학자들이 선구적 작업을 한 것은 잘 알려져 있다. 여기서 특히 그의 값비싼 중국 도서관(베를린 궁전)을 초기 중국학의 중심지로 만든 프리드리히 빌헬름 프로이센 국왕은 강력한 과학진흥정책을 폈다. 문화적으로 저발전 상태에 빈한한 프로이센이 유럽 표준의 문화와 예술에 뒤늦게 가담한 것은 아무튼 시누아즈리의 분야에서부터 성취되었다. 그리하여 1685년에는 필립 쿠플레(Philippe Couplet, 1624-1692) 신부가 프리드리히 빌헬름 국왕의 중국 도서관의 중국문화 전문가들을 만나기 위해 베를린을 찾아올 정도였다.[50]

프리드리히 빌헬름에 의해 창설된, 유럽의 중국학 중심지로서의 베를린궁전의 역할은 그의 계승자들 치하에서도 지속되었다. 샤를로텐부르그와 상수시의 성城들과 작은 성 몽비주(Monbijou)는 시누아즈리로 꾸며졌고, 상수시 공원의 중국식 찻집은 모두가 감탄하는 매력 포인트가 되었다. 프리드리히 2세는 집중적으로, 그리고 시대가 그들의 손에 쥐어준 수단의 기준에 따라 중국을 탐구했었던 사람들을 볼테르·다르장송·포우(Cornelius de Pauw) 신부와 함께 자신의 궁전으로 불러 모았다. 프리드리히 2세 자신도 공맹의 덕치철학에 입각해 마키아벨리를 반박한 『반反마키아벨리(Anti-Machiavelli)』(1740)를 썼고, 7년전쟁 기간 중에 쓴 그의 풍자소설 『피히후의 보고(Relation de Phihihu)』(1760)에서 중국철학의 대유행에 조공을 받쳤다. 하지만 이 작은 팸플릿이 볼테르적 모델의 충실한 복제물이었을지라도, 프리드리히는 다시 중국적인 것에 대한 볼테르의 열광을 같이

---

49) Honour, *Chinoiserie*, 63-64쪽.

50) Berger, *China-Bild und China-Mode im Europa der Aufklärung*, 17쪽.

나눈 적이 없었다. 독일어권에서 시누아즈리와 중국열광의 다른 두 중심지는 드레스덴과 비인이었다. 작센의 프리드리히 아우구스트 1세의 풍부한 도자기 보물들, 아니 마이센 매뉴팩처에서 나오는 공예활동 전체는 유럽에서 좀처럼 도달한 적이 없는 수준의 시누아즈리를 보여주었지만, 작센궁전에서의 중국문화 이해는 전적으로 이 물질적 문화 영역에 국한되어 베를린에서와 같이 정신적 이해에 대해서는 입론할 수 없었다. 반면, 문예적 접근의 형태들은 기껏해야 1744년 드레스덴에서 공연한 「중국적 아이돌(L'Idolo Cinses)」 같은 의무적 궁전극장의 시누아즈리에서 표현되었다.51)

비인 궁전에 선보인 극장 시누아즈리는 가극대본가로서의 이탈리아 시인 메타스타시오(Pietro Metastasio)와 함께, 글룩(Christoph W. Gluck)의 음악과 함께, 그리고 독창적인 이국적 무대장식과 함께 빛나는 발전을 보여주었다. 그러나 비인과 관련해서는 '독일의 시누아즈리'라고 말할 수 없었다. 가장 중요한 시누아즈리 발레와 오페라작품들의 소재, 즉 볼테르의 『중국의 고아(L'Orphelin de la Chine)』의 기초대본이 되기도 한 '조씨趙氏 고아' 드라마는 프랑스 예수회적 출처인 뒤알드의 『중국통사』에서 유래했고, 전체적 공연 스타일은 비인과 파리 간에 존재한 긴밀한 극장음악적 관계에서 프랑스의 영향에 의해 각인되었으며, 가극대본은 이탈리아어였다. 간단히, 여기서는 민족적 언어경계가 아니라 오히려 궁정문화에 대한 개별작품의 소속성과 장르결합을 특징으로 삼는 스타일 부여의 저 국제적 통일성이 지배했던 것이다.52)

중국열광이 17세기로 시대경계 없이 거슬러 올라가는 것과 반대로 프랑스에서는 혁명과 동시에 중국유행이 갑작스럽게 종식되었다. 그러나 혁명이 없었던 독일의 상황은 달랐다. 독일의 특징적인 점은 18세기 정신에서 빚어진 마지막 커다란 시누아즈리, 바로 혁명적 불을 지피는 것은 아니었어도 근대적·페미니즘적 해방열정을 느끼게 하는, 쉴러(Friedrich von Schiller, 1759-1805)의 「투란도트(Turandot)」가 19세기의 첫 10년대에 아직 완전히 봉건사회의 제도인 바이마르의

---

51) Berger, *China-Bild und China-Mode im Europa der Aufklärung*, 17-18쪽.
52) Berger, *China-Bild und China-Mode im Europa der Aufklärung*, 18-19쪽.

궁전극장에서 공연되었다는 것이다.[53]

- 스칸디나비아 국가들의 시누아즈리

시누아즈리는 덴마크·스웨덴 등 스칸디나비아 지역에서도 강력한 영향을
미쳤다. 17세기로의 세기전환기에 포르투갈과 스페인의 인도양, 동남아시아,
극동에서의 독점권이 무너지기 시작했고, 17세기 초에 이 동양 바다에서 모습
을 드러낸 선박들에는 네덜란드, 영국, 프랑스, 프로이센의 선박 외에도 덴마크
와 스웨덴의 선박들이 끼어 있었다.[54] 덴마크와 스웨덴의 선박들은 수많은
중국 제품들을 코펜하겐과 스톡홀름으로 실어 날랐다. 덴마크 코펜하겐의 시누
아즈리는 페테르부르크만큼 거의 토착적이었다.[55] 그리고 1731년 스웨덴 동인
도회사를 창설한 스웨덴국왕 프리드리히 1세와 스웨덴의 스톡홀름왕립학술원
은 1721년 크리스티안 볼프가 공자철학에 대한 연설로 프로이센으로부터 추방
되는 사건이 났을 때 중국철학에 대한 그의 주장을 지지했다.[56] 이후 스톡홀름
에서는 바로 1772년 왕권강화 쿠데타를 이끈 스웨덴국왕 구스타프 3세가 메타
스타시오에 의해 무대에 올려진『중국의 고아(L'Orphelin de la Chine)』에 나오는
칭기즈칸과 같은 역할을 했다.[57]

스웨덴에서 가장 현저한 시누아즈리 사례는 아돌프 프리드리히 국왕이 그의
왕비 루이자 울리카(Louisa Ulrika, 프로이센 프리드리히 2세의 누이)를 위해 지은 '중국식
대궐' 드로트닝홀름(Drottningholm) 궁이다. 국왕 자신은 이 중국식 대궐의 팔각정
디자인을 직접 설계했다고 얘기된다. 이 팔각정은 1753년에 목재로 축조되고
1763년과 1769년 사이에 석조로 재축조되었다. 이 팔각정의 방들은 와토·부세·
피유망의 시누아즈리 기법들로 꾸며졌다. 1781년 아돌프 프리드리히의 아들

---

53) Berger, *China-Bild und China-Mode im Europa der Aufklärung*, 21-22쪽.

54) Impey, *Chinoiserie*, 40쪽.

55) Berger, *China-Bild und China-Mode im Europa der Aufklärung*, 12쪽.

56) Donald F. Lach, "The Sinophilism of Christian Wolff (1679-1754)", *Journal of the History of Ideas*,
Vol. 14, No. 4 (Oct. 1953), 565쪽.

57) Berger, *China-Bild und China-Mode im Europa der Aufklärung*, 12쪽.

구스타프 3세는 드로트닝홀름 궁에 파고다를 추가로 축조함으로써 시누아즈리 환희를 완성할 계획을 세웠다. 그러나 시누아즈리 미감이 프랑스혁명의 여파로 전 유럽 차원에서 퇴조하면서 그 계획은 포기되고 말았다.58)

스웨덴과 덴마크의 시누아즈리에 대한 상세한 논의는 필자의 한정된 언어지식이 허용치 않는다. 다만 덴마크어에 능한 독자들을 위해 덴마크의 시누아즈리에 대한 포괄적 개관(1600-1950)을 담은 클렘멘센과 마케프랑의 1980년 저서를59) 시사하는 것으로 그칠 수밖에 없지만, 덴마크도 주변 극서국가들과 다름없는 극동을 향한 열광에 들어 있었다는 사실을 아는 것은 에릭 폰토피단(Erik Pontoppidan)의 『메노자, 특히 인도·스페인·이탈리아·프랑스·영국·네덜란드·독일과 덴마크에서 기독교인을 찾아 세계를 돌아다녔지만 찾는 것을 거의 발견하지 못한 아시아 군주(Menoza, Ein Asiatischer Printz, welcher die Welt umher gezogen, Christen zu suchen, besonders in Indien, Hispanien, Italien, Frankreich, England, Holland, Deutschland, und Dänemarck, aber des Gesuche wenig gefunden)』(1747)를 한번 조감함으로써 족할 것이다. 이 소설은 바로 독역되어 독일어권에서 공전의 히트를 치며 큰 영향을 미쳤다. (그 내용은 『근대 독일과 스위스의 유교적 계몽주의』에서 상론한다.) 스칸디나비아 국가들은 사상적·문화적으로도 중국과 극동의 영향을 받아들였다. 가령 스웨덴 선장 에케베르크(Carl Gustav Eckeberg)는 1754년 중국에서 황제가 농사를

---

58) Honour, *Chinoiserie*, 117쪽. 울리카 왕비는 1753년 7월 그의 어머니인 프로이센의 소피아 도로테아 왕비에게 아돌프 프리드리히 국왕으로부터 생일선물로 받은 중국 궁전을 자랑하는 편지를 보냈다. "나는 실재하는 동화의 나라를 보고 돌연 놀랐습니다. 폐하가 중국 팔각정을, 지금까지 본 것 중 가장 아름다운 팔각정을 지으라고 명했었기 때문입니다. 경호원은 중국옷으로 차려입고 2명의 시종무관은 만다린 무관으로 차려입었습니다. 경호원은 중국식 훈련을 받았습니다. 나의 장남은 중국 왕자의 모습으로 차려입고 팔각정 입구에서 기다리고 있었고, 만다린 무관으로 차려입은 시종이 수행했습니다. (…) 벽에 인디언 피륙을 바른 침실과 침대가 있었는데, 벽은 지극히 고운 도자기, 정자, 화병, 새의 그림으로 꾸며졌습니다. 일본 옻칠을 한 장롱 궤는 여러 가지 골동품들로 채워지고 그중에는 중국 자수도 있었습니다. 날개에 테이블이 놓여 있었는데, 하나는 드레스덴 식이고 다른 하나는 중국식이었습니다. 폐하는 중국 발레를 명했습니다." Impey, *Chinoiserie*, 9쪽에서 재인용. 여기서 중국 팔각정, 만다린 무관, 중국식 훈련, 중국 발레는 진짜 '중국 것'이 아니라 시누아즈리를 말한다.

59) Tove Clemmensen & Mogens B. Mackeprang, *Kina og Denmark 1600-1950 – Kinafart og Kinamode* (Kopenhagen: Nationalmuseet, 1980).

권려하는 것에 관한 보고서 「중국의 농업에 관한 간략한 견문일지」를 작성했는데, 스톡홀름 왕립아카데미는 이 보고서를 오스베크(Per[Peter] Osbeck, 1723-1805) 등이 출판한 항해여행 서적 『중국과 동인도로의 항해』(1-2권, 1750, 1751, 1752; 독역본 1762, 영역본 1771[60])의 부록으로[61] 출간하도록 했다. 에케베르크는 「중국의 농업에 관한 간략한 견문일지」에서 이렇게 보고한다. "중국에서 농사, 특히 벼농사가 도달한 높은 수준은 이 나라의 행복의 가장 주된 근거다. 농업은 가장 영예롭게 여겨지고, 가장 큰 권려를 받는다. 황제는 몸소 그 자신이 이 직종에 어떤 가치를 부여하는지를 보여주고 신민들에게 따라할 만한 수범을 보여주기 위해 매년 어떤 엄숙한 날에 궁궐의 고관대작들을 대동하고 들로 나가 쟁기를 손에 잡고 한 뙈기의 땅을 갈아 씨를 뿌리고 나중에 곡식을 자기 손으로 수확한다."[62] 에케베르크는 중국의 농업문화에 감명을 받아 이것을 스웨덴으로 전하고 있다.

스웨덴·덴마크 등 스칸디나비아 국가들의 극동 관심은 16세기로까지 거슬러 올라간다. 앞서 시사했듯이 이미 16세기 말 덴마크 천문학자 튀코 브라헤(Tycho Brahe, 1546-1601)는 중국 천구좌표의 채택과 같은 중국의 실용천문학을 수입해 근대 천문학의 발전에 의미심장한 자극을 주었다.[63] 스칸디나비아제국의 극동 진출은 그 무역관계를 개관하더라도 알 수 있다. 1736년 광동에서 무역에 종사하는 12척의 선박 중 5척이 영국 선박이었고 3척이 프랑스 선박이었는데, 네덜란드 선박도 2척, 덴마크와 스웨덴 선박도 각각 1척이 있었다. 1753년에는 이 광동항구에서 무역하는 27척의 선박 중 10척이 영국 선박이었고, 네덜란드가 6, 프랑스가 5, 스웨덴이 3, 덴마크가 2, 프로이센이 1척을

---

60) Peter Osbeck, *A Voyage to China and East Indies, Together with A Voyage to Suratte, by Olofe Toren, and An Account of the Chinese Husbandry by Captain Charles Gustavus Eckeberg*, Vol. I-II (London: Benjamin White, 1771).

61) Charles Gustavus Eckeberg, "A Short Account of the Chinese Husbandry". Osbeck, Rictor of Hasloef and Woxtorp, *A Voyage to China and East Indies*, Vol. II, 255-316쪽.

62) Eckeberg, "A Short Account of the Chinese Husbandry", 275쪽.

63) Joseph Needham, "Science and China's Influence on the World", 237쪽. Raymond Dawson (ed.), *The Legacy of China* (Oxford·London·New York: Oxford University Press, 1964·1971).

보유했다.64) 그리고 18세기 중반에는 가장 중요한 광동상업의 단독 물목이 되었는데, 17세기가 끝날 무렵, 연평균 약 2만 리브르어치의 차가 중국으로부터 수입되었고, 1769년부터 1772년까지 4년간 광동발發 영국 상선의 연평균 차 선적량은 1,000만 리브르, 프랑스·네덜란드·덴마크·스웨덴 상선의 선적량은 도합 1,200만 리브르어치였다.65) 이 무역관계에서 스칸디나비아 국가들이 빠짐없이 끼어 있었던 것이다. 따라서 스칸디나비아반도와 덴마크도 영국이나 유럽대륙과 마찬가지로 시누아즈리와 공자열광 속에 들어 있었던 것으로 결론지을 수 있다.

- 이탈리아의 시누아즈리

이탈리아인들은 당연히 풍요로운 오리엔탈 의상에 대한 상상의 나래를 마음껏 펴고 연례 카니발을 즐겼다. 그리고 사순절에 앞서는 주간에는 용머리를 한 많은 도미노(가면을 쓰고 두건이 달린 의상을 입은 사람)들이 베니스의 가장무도 음악회를 가로질러 뽐내며 걷고 플로렌스의 아르노강을 따라 한가로이 걷거나 로마의 광장들 주위를 활보하는 것을 볼 수 있었다. 시누아즈리도 광경연출로 유명한 이탈리아에서 정교하게 꾸민 스펙타클에서 현격한 역할을 했다. 가령 아우구스트 강건왕은 1716년 베니스를 방문했을 때 파라솔을 가득 편 채 중국 가수·댄서·음악인들의 이국적 화물을 실은 정크선의 영접을 받았고 쿨리 곤돌라 사공들에 의해 대운하를 타고 내려갔다. 튀린에서는 불상과 중국황제의 개선 같은 것을 주제로 삼은 생기발랄한 회화들이 카니발 행렬 속에서 도시의 직선도로를 따라 내려왔다. 프랑스학술원의 연금생활자들은 로마에서 코르소를 따라 진행되는 카니발 퍼레이드의 동양 복장을 착용했다. 시누아즈리 세트 작품들은 종종 불꽃놀이에 쓰였다.66)

모든 시누아즈리 페스티벌의 귀감은 파르마 공작 돈 페르디난도와 대공비

---

64) Hudson, *Europe and China*, 258-259쪽.

65) Hudson, *Europe and China*, 260쪽.

66) Honour, *Chinoiserie*, 118-119쪽.

마리아 아말리아(마리아 테레사의 딸)의 결혼을 축하하기 위해 1769년 콜로르노에서 개최된 페스티벌이었다. 축하객들은 중국 야등이 깜박이는 중국 장날의 광경을 즐겼다. 상점들은 극동산 희귀품들로 가득했고, 중국인 복장을 한 젊은 남녀들의 서비스를 받았다. 각 판매대 정면의 벤치에는 불상과 같이 옷을 걸친 아이들이 웅크리고 앉아 있고, 어떤 이들은 향나무 향을 태웠다.[67]

이탈리아 극장에는 시누아즈리 연극과 오페라의 유행이 프랑스나 영국 못지않게 강렬했다. 많은 뚱뚱한 (거세된) 남성가수들(castrato)이 중국적인 것으로 보이는 야릇한 의상을 걸치고 아리아를 연주했다. 18세기 초에는 원뿔 모자, 번쩍거리는 색상의 외투, 발끝 부분이 올라간 신발이면 중국 사람 흉내를 내기에 충분했지만, 시누아즈리가 정점에 도달한 1750년대에는 아예 완전히 중국인 복장을 해야 했다.[68]

1753년 베니스 관객들은 진짜 중국 소설의 번안극을 볼 수 있었다. 그것은 「레로에 시네세(L'oroe cinese)」('중국 영웅')라는 제목을 단, 피에트로 메타스타시오(Pietro Metastasio)의 '조씨 고아' 오페라 버전이었다. 메타스타시오는 볼테르의 「중국의 고아」로부터 플롯을 빌려왔을지라도 이것을 이탈리아 특유의 이중적 사랑 이야기로 변환시켰다. 이와 대조적으로 곤찌(Carlo Gonzzi)는 1761년 베니스에서 「투란도트」를 공연했다. 주지하다시피 실러는 이것에 낭만주의의 분위기를 섞어 1801년 공연했고, 이 흐름은 푸치니의 「나비부인」으로까지 이어졌다.[69]

이탈리아에서 칠기 가구는 17세기 후반에 생산되었다. 시누아즈리 풍의 옻칠기법(lacca)은 베니스에서 만들어진 온갖 스타일의 가구와 골동품에 적용되었다. 이 지역에서 옻칠기법의 유행은 아주 대단해서 그것을 모방하는 값싼 방법이 개발될 정도였다. 칠기 가구는 통상의 베니스 패턴에 부합되었지만, 테이블의 정면은 종종 조각되고 옻칠된 시누아즈리 파빌리온(팔각정) 모형에 의해 단절되었다. 18세기 중반에는 시누아즈리의 유행이 베니스 빌라의 방

---

67) Honour, *Chinoiserie*, 118쪽.

68) Honour, *Chinoiserie*, 119쪽.

69) Honour, *Chinoiserie*, 119-120쪽.

전체의 벽토·프레스코 장식으로 확장되었다. 벽토 장식 중 가장 훌륭한 것은 아마 스트라 시의 빌라 라 바르바리가에 있는 장식일 것이다. 여기에는 여러 개의 방이 이국적 화초와 새 그림들로 꾸며져 중국적 모티브로 가득 차 있다.[70]

그런데 시누아즈리가 야기하는 중국의 이미지는 시간이 흐르면서 분야별로 복잡하게 달라지기 시작했다. 극동의 영감을 받은 칠공예·견직·옥양목·벽지 및 중국식 정원의 찻집·파고다·부속건물로부터 도처에서 맞닥뜨리는 중국이미지는 전원적이고 밝으며, 그로테스크하고 명랑하며, 이국적이고 야릇한 나라의 이미지였다. 바로 이 이미지가 문예적 문장에 전해졌다. 이미 일견에 낮은 장르들만이 중국인에 대해 쓸모가 있다는 것이 드러난다. 중국인의 이미지에는 가령 비극의 주인공이 지니는 필수불가결한 시적 품위와 실체성이 결여되어 있었다. 중국인은 '재미있는 중국인(Chinois amusant)'으로서 '예술 희극(Commedia dell'arte)' 장르와 연말연시 엔터테인먼트 속에, 아니면 중국인이 표제어 '방실웃음의 나라(Land des Lächelns)'의 머리 딴 '킨-킨-키나만(Chin-Chin-China Mann)'으로서 오늘날까지 살아남은 오페라 소극과 희극의 무대로 추방된 채 남아 있었다. 바로 극장의 중국인을 흡사 신분조항의 단언적 엄격함으로 적확하게 맞춘 희극과 엔터테인먼트 장르에의 이런 국한 때문에 의상과 장식의 이국정조를 전적으로 신뢰하는 관련된 문예적 텍스트 대본이나 즉흥희극의 공연대본들은 기예와 공예의 시누아즈리보다 뒤떨어진 상태로 남아 있었다. 두 개의 예외는 볼테르의 「중국의 고아」와 쉴러의 「투란도트」 및 그 두 작품의 번안물들이었다.[71]

■ 시누아즈리와 공자철학: 중국의 중첩된 이미지

다른 길로 시누아즈리에 의해 매개되어 일찍이 완전히 대립적인 중국, 즉 '철학자들의 중국'이 이런 전원적이고 야릇한 중국이미지와, 희극 및 음악극장의 '재미있는 중국인'의 이미지와 나란히 등장해 있었다. 예수회 보고서 안에서 중국은 유럽공중들에게 유교적 윤리학의 정신으로 이루어진 철학적 모델국가

---

70) Honour, *Chinoiserie*, 120-122쪽.

71) Berger, *China-Bild und China-Mode im Europa der Aufklärung*, 23-24쪽.

로 소개되었다. 이 철학적 중국이미지의 생성에서 진정 역설적인 것은 원래 가톨릭 선교전략에서 생겨난 사상적 구성물이 종교정책적 연관으로부터 벗어나 사상사적 독자생명을 얻어 궁극적으로 세기의 무신론·이신론 논쟁에서 논증도식이 되었다는 사실이다.

라이프니츠와 크리스티안 볼프는 이 철학적 중국에 매료되었고, 피에르 벨과 볼테르는 이 논증도식을 자기들의 철학적 이상의 관철을 위한 투쟁에서 '실탄'으로 사용했다. 시누아즈리의 '재미있는 중국인'과 이신론적 프로파간다의 '중국 철학자'는 18세기의 유럽적 중국이미지에서 로코코와 계몽주의처럼 대립 속에서 상호 관련된 두 가지 주요 인물상이었다. 중국열광은 호방한 취향과 계몽적 합리성을 결속시키는 숨겨진 연결고리들 중의 하나였던 것이다.[72] 이런 해석 과정에서 이렇게 중국이 한편으로 유럽 계몽주의 철학의 프로젝트인 '유토피아적 기적奇蹟국가'로서, 다른 한편으로는 유럽적 로코코문화의 독창적 발명품인 '밝고 야릇한 환상세계'로서 등장하는 진정한 키메라 이미지는 앞선 설명의 전제에서 보면 전혀 당혹스러운 것이 아니다.[73]

물론 중국문화와 공자철학의 '충격'이란 유럽이 경이로운 깨달음과 놀라운 속도로 중국문화와 공자철학을 그대로 직수입했다는 것을 뜻하지 않는다. 유럽인들은 중국문화와 공자철학을 수입해 자기들의 입맛에 따라 굴절시키고 변형시켜 '계몽주의'라는 독특하고 새로운 '패치워크 철학사상'을 창조해냈고, '로코코(Rococo)'라는 독특한 예술사조를 산출했다. 원래 '충격(impact)'이라는 말 자체가 "어떤 문화가 다른 문화를 이 다른 문화 자체의 관점체계에서 본다는 것이 아니라, 자기 문화의 편견의 견지에서 본다"는 것을 함의하기 때문이다.[74]

물론 시누아즈리를 예찬한 애디슨(Joseph Addison), (중국의 관리임용제도를 극찬하며 영국의 엽관제와 정실인사를 맹박한) 체스터필드 경(Lord Chesterfield), 호러스 월폴(Horace Walpole, 1717-1797), 올리버 골드스미스 등 영국의 문예계 모럴리스

---

72) Berger, *China-Bild und China-Mode im Europa der Aufklärung*, 24쪽.

73) Berger, *China-Bild und China-Mode im Europa der Aufklärung*, 26쪽.

74) Allen G. Grapard, "Voltaire and East Asia - A Few reflection on the Nature of Humanism", *Cahiers d'Extrêm-Asie*, Vol. 1 (1985), 60쪽.

트들과, 중국과 공자의 정치철학과 중국의 정치문화에 매료된 볼테르, 다르장 송, 미라보, 니콜라 보도 등 프랑스의 계몽철학자들은 중국의 정치제도와 공자 철학을 곧바로 유럽에 대입해 유럽사회의 부조리를 정면 비판하는 방식을 택했다. 하지만 이 경우에도 유럽사회를 비판하고픈 고유의 욕망이 없었더라면 중국의 정치제도와 공자철학을 끌어대는 일도 없었으리라는 점에서 17-18세기 유럽의 계몽철학은 공자철학의 ─ 글자 그대로의 의미에서의 ─ '복제물'이 아니라 유럽 고유의 독특한 '패치워크철학'이었다. 설령 모방자가 '복제'를 의도 하더라도 결과물은 모방자의 관점과 입지를 반영한 패치워크가 되기 마련이기 때문이다. 더구나 스피노자, 피에르 벨, 존 로크, 섀프츠베리, 라이프니츠, 크리 스티안 볼프, 프리드리히 2세, 케네, 데이비드 흄, 루소, 아담 스미스 등 신新이론 을 수립한 '보다 심오한 계몽철학자들은, 특히 스피노자, 섀프츠베리, 스미스는 좀처럼 자기 독트린의 논증작업에 공자를 논거로 직접 끌어대거나 심지어 그런 기미도 일절 보이지 않았다. 공자를 직접 인용하거나 공자철학적 기미를 풍기는 것은 오히려 이교異教시비를 일으킬 뿐만 아니라 한껏 독창성의 외양으 로 꾸민 그들의 새로운 독트린의 참신성과 설득력을 떨어뜨릴 위험이 있었기 때문이다. 그리하여 '보다 심오한' 일급 계몽철학자들은 중국에서 자신의 신념 의 등가물을 발견하고 공자철학을 그들 나름의 해석에 의해 내용적으로 유럽 전역에 전파했을지라도 그리 경박하게, 그리 경솔하게 굴지 않고, "엄숙하게 새로운 독트린"을 자신들의 이름으로 반포했다. 그러나 우리는 "가장 확신에 차고 가장 진지한 이 비非공자주의자들(Non-Confucians)의 엄숙한 논고들 아래에서 도 잔물결을 일으키며 흐르는" 공자철학적 "상상의 저류底流"나, 공자를 '표절' 한 흔적들을 "흔히 감지할" 수 있다. 이들은 때로 "보다 높은 고지에서 잠시 한숨 돌리는" 자세를 취하고서 "중국의 스크린 위에 나타나는 이상한 것들을 관찰하고", 스스로를 "당연히 아주 이성적"이라고 망상하는 유럽인들이 "자주 불합리한 방식으로 행동하는" 반면, 부조리하게 보이는 중국인들이 "얼마나 올바로, 그리고 얼마나 적절하게 행동하는지를 보라"고 "간결하게 논평함으로 써 모든 논쟁을 일언이폐지一言以蔽之하는" 방식을 택했던 것이다.75)

1.2. 시누아즈리의 유행과 로코코 예술의 흥기

시누아즈리는 중국으로부터 직수입한 진품 중국문물들도 있었지만, 대부분은 중국문화예술품의 복제였다. 그것도 물론 '유럽적 미감과 유럽적 관점'에서의 복제였다. 여행자들이 보았거나 상인들이 수입한 수많은 동방문화는 여러 동양제국으로부터 온 넓은 범위의 스타일들이었고, 이 여러 동양국가들의 예술·공예 제품은 매우 달랐다. 이로 인해 유럽 시누아즈리의 범위도 아주 광범했다. 유럽 장인들은 다양한 동양 스타일을 모방하기만 한 것이 아니라, 아주 다른 나라에서 온 아주 다른 아이디어들을 자유롭게 뒤섞었다. 또한 그들은 이 동양 스타일들을 바로크, 로코코, 고딕, 그리고 기타 유럽 스타일들과도 뒤섞었다. 그러므로 시누아즈리는 "다양한 오리엔탈 스타일들의 혼합물들의 유럽적 표현"이었다.76)

■진품과 복제품의 혼돈: 로코코의 탄생

유럽적 복제물들이 진짜 복제물인 경우는 아주 드물었다. 재료가 (라커와 화학 옻칠의 경우처럼) 다르든지, 치장 스타일이 무의식적으로 혼합물이 되었다. 유럽 장인들이 진짜 오리엔탈 스타일을 모방하려고 의도한 작품들에다 그 자신의 시대의 스탬프, 그 자신의 국적의 스탬프, 그 자신의 스타일의 스탬프를 찍는 것을 피하는 것은 불가능했다. 유럽의 화가들은 진품 중국 도자기를 오해했다. 이 때문에 유럽 화가들은 가령 남경 도자기의 유럽적 복제품도 '진품'으로 오해했다. 남경 도자기는 금방 식별될 수 없는 도자기 복제 분야의 대표적 사례다.77) 따라서 수입 진품이든, 복제품이든, 뒤섞은 혼합작품이든 가리지 않고 시누아즈리가 되었다.

유럽의 17세기가 장중하고 무거운 바로크시대라면, 18세기는 중국예술의 영향 아래 전개된 '밝고 화려한 로코코시대였다. 주로 공예품과 건물장식 분야

---

75) Honour, *Chinoiserie*, 22-23쪽.

76) Impey, *Chinoiserie*, 9-10쪽.

77) Impey, *Chinoiserie*, 9-10쪽.

에서 위력을 떨친 로코코예술은 18세기 말 신고전파 예술이 등장할 때까지 전 예술 분야에 걸쳐 대유행을 보였다. 16세기 초 포르투갈이 마카오를 조차租借해 비단, 단자緞子(손으로 직접 짠 융단), 금수錦繡, 자기, 칠기 등 중국의 고급 물품과 공예품들을 유럽으로 수입하면서부터 유럽인들은 중국의 예술을 접하기 시작했다. 이런 접촉은 점차 확대되어 대규모화했고 상류층에서 서민층으로 확산되었다. 특히 17세기 말 또는 18세기 들어 중국의 자기·칠기·비단·회화·건축기법·원예법은 유럽의 예술을 완전히 바꿔놓았다. 로코코예술이 중국예술로부터 받은 영향의 핵심은 각종 견직물과 자기의 화려하고 아름다운 빛깔에 있었다.

■ 시누아즈리 회화, 로코코 예술과 건축

- 중국회화의 영향

17-18세기 서양화가들도 동양화로부터 많은 영향을 받아들였다. 서양화가들은 두 가지 통로로 동양화를 접했다. 하나는 중국과 일본을 방문하고 돌아온 네덜란드인들이었다. 이 중 누구보다도 먼저 중국황제의 황궁에 파견된 최초의 네덜란드특사단의 단장으로서 수많은 그림을 이 원정에 관한 보고서의 삽화로 제작한 네덜란드인 얀(존) 니우호프 덕분이었다. 니우호프 외에도 다페르(Olfert Dapper)의 특사보고서는 훨씬 더 풍부한 화보를 제공했는데, 이 보고서는 광범하게 퍼져나갔다. 이 화보재료들은 중국에 대한 표준저작인 키르허의 『삽화를 곁들인 중국 해설』의 삽화들 및 몬타누스(Montanus)의 『일본천황에게 파견된 생각할 만한 특사단들(Denkwürdige Gesanschaften an den Keyser zu Japan)』과 함께 19세기까지 수많은 형태로 복사·애용되었다. 예술적으로 가장 매력적인 것들은 주로 중국도시들의 전경을 그린 풍경화의 압도적 수량을 차지한 베두타(Veduta)였다. '베두타'는 베니스화풍의 원근법 진경화眞景畵다. 그다음은 기묘한 산악형상들과 가장 볼만한 건축물들을 그린 베두타들이었다.[78]

---

78) Helmut Börsch-Supan, "Die Chinamode in der Malerrei des 17. und 18. Jahrhunderts", 62쪽. Verwaltung der Staatlichen Schlösser und Gärten, China und Europa. *Chinaverständnis und Chinamode*

다양한 신분과 민중계층의 의상들을 그렸지만, 관혼상제와 같은 풍속, 죄인 처벌 방법, 불상 그림, 중국의 동식물들, 중국인 얼굴을 그린 사실적 초상화들은 완전히 결여되었다. 건물의 가구비품·내실·외면의 묘사는 불충분했다. 따라서 예술적 자극은 이로부터 생겨날 수 없었다. 하지만 니우호프의 땅에 쪼그리고 앉은 삿갓 쓴 동냥승 그림과 같은 몇몇 그림은 놀라운 인기를 끌었고, 실패를 손에 들고 있는 농사꾼 아낙네, 관심을 끌려고 자기의 머리에 불을 붙인 걸인의 그림은 거듭거듭 복사되었다. 이러는 사이에, 전면의 인물과 식물들이 다각적으로 하나의 평면에 넓은 풍경 앞의 여백과 나란히 정렬되어 있는 화보의 구성양식이 시누아즈리 속에 정착했다. 이것은 가령 보녜(Charles Vogne)의 베를린 매뉴팩처의 양탄자를 보면 알 수 있다.79)

서양화가들이 동양화를 접한 또 하나의 통로는 그들이 눈독 들인 비단·도자기·칠기 등의 수공예품, 이국적 가축들, 중국정원의 식물들이었다. 도자기와 칠기는 그 위에 그려진 그림들을 통해 실물관찰을 부가해주었다. 자율적 중국회화의 사례들은 이미 16세기에 유럽으로 도달하긴 했으나, 중국회화의 수입은 도자기와 칠기의 수입에 비해 부차적 역할을 했다. 그것들은 예술작품이 아니라 골동품으로 간주되었고 호평받지도 못했다. (유럽에서 동양화는 19세기에 '예술감각의 혁명'을 통해서야 비로소 높이 평가받았다.)80)

그런데 이런 중국에 대한 결손 많은 자료로 인해 오히려 예술적 상상의 여유공간이 대폭 확장되었다. 유럽인들이 놀란 중국의 꽃 그림은 17세기 초에 이미 판화에 반영되었다. 그리고 유럽 화가들, 특히 네덜란드 화가들은 정물화 속에 중국 도자기와 칠기의 그림을 복사한 형상들이 동양화라는 냄새를 풍기지 않도록 그렸다. 보셰르트(Ambrosius Bosschaert)와 판 데르 아스트(Balthasar van der Ast)의 정물화는 가끔 화병 옆에 그려진 기묘한 조가비들이 이국정조를 강조했고, 17세기 플랑드르 미술관의 그림들도 조가비와 함께 종종 도자기 자체를 그렸

im 17. und 18. Jahrhundert (Aussutelung vom 16. September bis 11. November 1973 im Schloß Charlotteburg, Berlin).

79) Börsch-Supan, "Die Chinamode in der Malerrei des 17. und 18. Jahrhunderts", 62쪽.

80) Börsch-Supan, "Die Chinamode in der Malerrei des 17. und 18. Jahrhunderts", 62쪽.

다. 이때 중국풍의 요소는 작은 것들이었다. 17세기 후반부터는 그런 흐름이 달라졌다. 가령 칼프(Willem Kalf)와 판 슈트레크(Juriaen van Streek)는 큰 중국산 도자기와 칠기 제품들을 부富를 과시하는 정물화로 그렸다.81)

- 와토: 시누아즈리와 로코코 회화의 거장

동양화나 중국회화는 대표적 로코코 화가인 와토(Jean-Antoine Watteau, 1684-1721) 등 수많은 화가들의 화풍에 결정적 영향을 미쳤다.82) 유화와 템페라 기법(물감을 계란 흰자나 아교에 개어 그리는 기법)밖에 몰랐던 유럽인들은 물감을 물로 개는 동양화의 기법을 본떠서 수채화 물감을 만들고 수채화를 그리기 시작했다.83)

회화에서 로코코는 와토를 로코코 무드의 위대한 해석자로 세웠다. 와토는 로코코의 이완과 상상적 느낌, 감정의 섬세한 묘미(delicacy)와 친밀성, 경쾌함과 점잖은 멜랑콜리의 바탕 정조, (종교의 저세상이 아니라 전원의 목가적 삶과 가장假裝을 향한) 초현세적 열망 등을 표현했다. 이것을 위해 와토의 정신은 그의 그림에 특유한, 꿈같은 감정적 분위기를 부여하는 적절한 기술을 발견했다. '시누아즈리 화가'로서의 와토는 그의 예술의 많은 비밀을 루벤스와 베니스인들로부터 배웠지만, 거기에는 그가 어떤 유럽 모델로부터도, 또 그 자신의 천재성으로부터도 끌어오지 않는 것이 상당히 있었다.84) 라이히바인(Adolf Reichwein, 1898-1944)에 의하면, 와토는 프랑스 회화를 "바로크의 파토스로부터 해방시킨" 예술적 해방자였다.85) "도자기의 미묘한 색조, 실크의 운무 같은 색깔들, 로코코 세계에 그 우아함과 사랑스러움을 부여한 모든 것이 와토의 회화 속에 진귀한 귀중품처럼 보존되어 있다."86)

---

81) Börsch-Supan, "Die Chinamode in der Malerrei des 17. und 18. Jahrhunderts", 62-63쪽.

82) 참조: Reichwein, *China und Europa*, 57-59쪽.

83) 참조: Reichwein, *China und Europa*, 111-126쪽; John J. Clarke, *Oriental Enlightenment: The Encounter between Asian and Western Thought* (London·New York: Routledge, 1997), 50-52쪽.

84) Hudson, *Europe and China*, 285쪽.

85) Reichwein, *China und Europa*, 55쪽(영역본: 47쪽).

86) Reichwein, *China und Europa*, 54쪽(영역본: 47쪽).

구글 제공 화보에서 쉽사리 조회할 수 있는 와토의 「키테라 섬으로의 출항 (L'Embarquement pour l'île de Cythère)」(1717, 루브르박물관)을 보면, 그의 로코코 예술정신과 극동문화 간의 친화성을 피부로 느낄 수 있다. "송대의 중국 산수화를 본 적이 있는 사람은 와토가 여기서 그린 풍경화적 배경과 송대 산수화 간의 친화성이 즉각 급습할 것이다. 그는 이 배경을 사람들의 움직임과 결합시킬 수 없었다. 그의 푸른 원방 풍경은 따로 놀고 있다. 산들의 환상적 형태들을 그는 결코 실물로 본 적이 없었다. 프랑드르 사람들이 그에게 이런 모양의 산들을 보여주지 않았다. 하지만 이 산 모양은 중국의 산 모양과 일치한다. 윤곽의 보다 어두운 색조들은 중국적이고, 안개 띠들의 독특한 스케치도 그렇다. 와토가 좋아하는 배경 풍경의 단색 색칠은 중국 산수화의 두드러진 특징 중 하나이기도 하다. (…) 이런 맥락에서 의미 있는 것은 중국 산수화도 친화적 자연숭배에 뿌리박고 있다는 것이다. 이런 영적 친화성이 18세기 이 인간들에게도 그렇게 의식되었다는 것은 아니고, 이러한 여운은 거리를 취하는 나중 세대들에 의해 발견되곤 한다. 우리가 아는 것은 중국적 묘사 속의 공기의 향기에 대해, 범상치 않은, 좀 야릇한 모양에 대해 매혹되었다는 것이다. 우리가 비단에서 높이 평가하는 광채를 가진 도자기에서 처음 보고 사랑할 줄 알게 되었었던 그 부드러운 색조들을 여기서 다시 발견했다."[87]

18세기 유럽은 중국 풍경화의 기법을 칠기와 벽지 및 장식물로부터 일반적으로 배웠지만, 이 물건들의 구입자들과 생산자들은 피상적인 장식적 효과를 겨냥했다. 그래도 이런 통상적 상품을 통해 중국 풍경화(산수화) 예술의 더 깊은 영감이 전달되기는 어려웠을 것이다. 중국적인 모든 것이 유행이고 무차별적으로 찬미되던 바로 이때, 중국에서 대규모로 제작된, 남부화파의 고전적 산수화나 단색묵화양식인 보다 근대적인 '문인화'의 고전적 풍경화의 오래된 걸작들을 모사한 몇 종류의 견본들, 아마 복제품들이 홍수를 이루었음이 틀림없다. 이것은 중국적 형상들에 이미 친숙해진 천재예술가들에게 새로운 비전의 세계의 대문을 열어주었을 것이다. 이러한 중국 산수화 복제물들은 정규적 족자

---

87) Reichwein, *China und Europa*, 55-56쪽(영역본: 48쪽).

그림, 가리개나 부채 그림으로 유럽에 도착했을 것이다.[88] 와토의 로코코적 감성은 이런 중국 산수화에서 느껴지는 중국 특유의 풍미와 연결되어 있다. 18세기 후반에 가면 우리는 와토 못지않게 위대하지만 아주 다른 기질의 화가들에게서도 이 '중국적 친화성'을 만나게 된다.

와토는 18세기 첫 10년대의 프랑스 예술사조의 변동을 가장 분명하게 특징 짓는 화가였다. 그의 수채화는 로코코예술의 가장 이른 사례이자, 그의 시누아즈리 회화는 시누아즈리에 새로운 방향을 제시한 작품들이다. 와토는 1710년 '중국황제'와 '중국의 신선(Divinité chnoise)'이라는 두 쌍의 그로테스크한 실내장식화를 그렸는데, 이 그림들은 지금은 실종되었다. 둘 다 그로테스크한 양식의 장식적 구성들인 이 작품들은 다만 위키에(Gabriel Huquier)의 자수로만 전해온다.[89] 그리고 1719년 그는 '일련의 중국·타타르 인물상'을 그렸고, 하프시코드(harpsichord)의 보드 위에서 즐겁게 노는 한 그룹의 중국 무희들도 그렸다.[90] 와토의 이런 시누아즈리는 동시대의 시누아즈리 화가 위에(Christopher Huet)의 그림보다 더 큰 영향력을 발휘했다. 와토의 시누아즈리가 프랑스에서만이 아니라 유럽 전역에서 로코코 시누아즈리 장식화의 패턴과 톤을 정립했다고 말해도 전혀 과장이 아니다. 엄숙한 승려들과 파고다, 아부하는 궁정시종과 경건한 참배자, 중천에 걸린 파라솔 덮개, 만다린 머리의 경계상境界像, 하늘을 향해 열린 사원 등 다양한 시누아즈리 장식들은 곧 로코코 시누아즈리의 본질적 요소들이 되었다. 17세기 말 『검은 옻칠과 니스칠(A Treatise of Japanning and Varnishing)』 (1688)을 쓴 스토커(John Stalker)와 파커(George Parker)의 옻칠 매뉴얼과 와토의 그림을 비교해보면 동방에 대한 17세기와 18세기의 태도가 근본적으로 다르다는 것을 알 수 있다. 와토의 프린트(날염무늬)에서는 동방의 신비적 제례祭禮가 적잖이 환상적인 것으로 나타나지만, 그로테스크하지는 않다.[91]

---

88) Hudson, *Europe and China*, 286쪽.

89) 참조: Helmut Börsch-Supan, "Die Chinamode in der Malerrei des 17. und 18. Jahrhunderts", 68쪽; Honour, *Chinoiserie*, 88쪽.

90) Honour, *Chinoiserie*, 88쪽.

91) Honour, *Chinoiserie*, 90쪽.

와토의 시누아즈리 장르의 주요 작품이자 예술적으로 가장 중요한 시누아즈리 일반의 작품은 파리 근교의 라 뮈에트(La Muette) 성城의 벽화다. 그러나 이 작품은 부세(F. Boucher), 오베르(Aubert), 조라(Jeaurat) 등이 놓은 30점의 자수로만 남아 있다. 와토의 이 작품은 1715년경 그려진 것으로 추정된다. 와토는 이 그림들에서 그림들의 앙상블에 수수께끼처럼 관찰자의 정신을 자극하는 아롱지는 다의성을 부여했음이 틀림없는 시누아즈리의 다양한 해석들을 제시하고 있다. 여기서 새로운 것은 에로스적 요소였다.[92]

- 위에(Christopher Huet)의 로코코 회화

위에는 1735년에 그린 샤토 샹틸리의 「그랑셍즈리(grande singerie)」(신나게 뛰노는 원숭이 무리를 그린 대형 그림)에서 와토의 시누아즈리에 흐르는 '환상적 상상'의 정신을 더욱 발전시켰다. 「그랑셍즈리」가 그려진 이 내실의 주요 형상들은 중국인들이지만 그들의 시종들은 벽과 천장에서 신나게 뛰노는 귀엽고 활기찬 작은 피조물들로서의 원숭이들이다. 사람의 노동과 놀이를 흉내 내는 원숭이들은 물론 중세 원고들의 여백에 처음 등장한 이래 유럽예술의 친숙한 생물들이었었다. 그러나 이 고딕 동물들은 샹틸리 혈통의 아주 먼 조상들일 뿐이다. 18세기 견본의 원숭이는 베랭(Hean Bérain)과 오드랑(Ckaude Audran)의 작품들로부터 전승되어온 것으로서, 와토의 「원숭이 화가들(Les Singes Peintres)」도 이 영향을 받은 것이다. 베랭, 오드랑, 와토의 원숭이들은 순종 파리쟝이었다. 이것은 코트의 재단에서부터 이미 분명하지만, 1730년대에 패션을 의식하는 이 생물들은 겉옷을 걸쳤고 중국 만다린의 풍모를 갖췄다. 원숭이들이 어떻게 해서 시누아즈리에 연루되었는지는 여러 작가들의 신경을 건드는 문제다. 원숭이들은 종종 중국 도자기 위에 나타나고 이 유형의 몇몇 사례들은 거대한 양의 17세기 수입품들 사이에도 포함되어 있었을 것이다. 원숭이들은 인도의 비쉬뉘 그림에서 왔을까? 그 기원이 어디든, 원숭이들은 17세기 말 이전에 유럽인의 마음속에서 중국과 연결되게 되었다.[93]

---

92) 참조: Helmut Börsch-Supan, "Die Chinamode in der Malerrei des 17. und 18. Jahrhunderts", 68쪽.

「그랑생즈리」에서 위에는 개별적 형상이 원숭이 같은 중국인을 표현하는지 현명한 원숭이를 표현하는지 종종 말하기 어려울 정도로 자유롭게 만다린과 원숭이를 혼합해 놓았다. 장식화들은 정교한 금박 로코코 몰딩으로 틀을 갖추고 경쾌한 색깔로 흰 배경에 색칠된 일련의 그로테스크한 대형 판넬들로 구성되어 있다. 각 판넬은 개별적 의미를 갖는다. 한 판넬에는 중앙의 인물이 원숭이 사냥터지기들을 옆에 거느린 스포츠맨이고, 모든 그로테스크한 장식들은 사냥감을 뒤쫓고 있다. 다른 판넬에는 중국인 약재상이 한 쌍의 원숭이에 의해 보조를 받고 그의 공구들에 둘러싸여 진료실에 서 있다. 위에는 그의 아라베스크의 일반적 디자인을 취했지만 개별적 측면들과 델리킷한 상상의 분위기는 명백하게 와토로부터 취한 것이다. 이런 영향 덕분에 샹틸리의 방은 프랑스 로코코 장식의 가장 매력적인 사례로 오늘날까지 존속하게 되었고, 생즈리 계통에서 의심할 바 없는 걸작이 되었다.94)

위에의 가장 훌륭한 시누아즈리 장식화는 1747년 직후 루이 15세의 애첩 퐁파두르 부인(Mme de Pompadour)을 위해 샤토 데 샹(Château des Champs) 성에 그려졌다. 여기서 중국인은 시골 유희에 참가한 아주 많은 중국인들의 삽화들과 재잘대는 이국적 새들로 장식되었다. 안방도 유사하게 장식되었다. 그런데 여기에는 신진 작가 부세(F. Boucher)의 영향도 반영되어 유쾌한 장면이 사라졌다.95)

- 부세와 피유망

부세의 시누아즈리 태피스트리(색실직물)의 독창성은 이것을 같은 스타일의 이전 걸개그림들과 비교하면 가장 잘 감상할 수 있다. 1742년 직후 보베에서 직조된 부세의 태피스트리는 궁정의 빛나는 영화보다 동양적 전원생활의 매력을 잘 보여준다. 「황제알현」이라는 작품에 바쳐진 걸개도 빈嬪들, 시종들, 수행원들, 다양한 색깔의 사신 등의 잡다한 무리에 끼어 있는 시골사람처럼 소박하

---

93) Honour, *Chinoiserie*, 90-91쪽.

94) Honour, *Chinoiserie*, 91쪽.

95) Honour, *Chinoiserie*, 92쪽.

고 당황한 통치자의 전원축제로 여겨진다. 그림만이 아니라 테라코타의 작은 조각품, 프랑스·독일·영국에서 생산된 청동상과 도자기는 부세의 디자인에 기초한 것이고, 관능적 동방의 유혹하는 비전을 반영하고 있다.96)

위티에·아블린·페이로트 등 기타 여러 명의 예술가들이 대부분 와토와 부세에 의존해 조각가들을 위해 시누아즈리 디자인을 제공했다. 이 중 가장 뛰어난 작가는 다재다능한 화가이자 더할 나위 없이 훌륭한 데상화가 피유망(Jean-Batiste Pillement)이었다. 부세와 와토의 시누아즈리 개념을 공고화했다면, 피유망은 동일한 원천으로부터 영감을 도출해 그것을 이전보다 더 얇게, 더 환상적으로 만들었다. 매력적인 작은 중국 사람들이 춤추고 공중제비를 넘고 그네 타고 앉아서 낚시질하는 그림이 그려진, 가느다란 막대로 격자가 된 팔각정들은 이국적이지만 악의 없는 동양 거미에 의해 거미줄이 쳐진 것으로 보인다. 피유망의 프린트(날염무늬)는 파리에서와 같이 런던에서도 출시되었고 유럽의 모든 지역에서 시누아즈리 디자인에 영향을 미쳤다.97)

와토, 위에, 부세, 피유망은 프랑스 로코코 시누아즈리의 역사에서 위대한 이름들이다. 그들은 이 장르에서 가장 아름다운 작품들을 많이 생산했을 뿐만 아니라 덜 독창적인 예술가와 공예인 군단을 위해 '패턴들'을 제공했기 때문이다. 거실과 정원 팔각정 전체와 모든 가구는 종종 중국 미감으로 장식되어 있다. 시누아즈리 방들은 루이 15세 치세 내내 대단한 인기를 누렸고, 동양숭배를 일반적으로 거부한 완고한 고전주의 건축가 블롱델(Jacques-François Blondel, 1705-1774)조차도 중국·인도 식물과 인물의 데코레이션들이 방과 카페 통로에 적합할 것이라고 양보했을 정도였다.98)

- 코젠스의 수채화

유럽 문화예술에 대한 중국의 영향 가운데서 특히 중요한 것은 동양화의

96) Honour, *Chinoiserie*, 92쪽.
97) Honour, *Chinoiserie*, 94-95쪽.
98) Honour, *Chinoiserie*, 96쪽.

영향으로 영국에서 수채화 기법이 발명되었다는 것이다. 이 수채화 기법은 곧 유럽에서 대중적으로 확산되었다. 이 기법은 중국정원처럼 중국으로부터 빌려온 기법이었다. 수채화는 자연에 대한 새로운 느낌에 조응하는 풍경을 새롭게 그리려는 움직임으로부터 자라났다.

이 방법을 쓴 최초의 풍경화가는 존 코젠스(John R. Cozens, 1752-1797)였다. 우리는 이 화가의 풍경화를 보고 중국 산수화와의 친족성에 깜짝 놀란다. 코젠스는 바다 색으로 갈색과 회색을 사용했고, 빛에는 파랑과 빨강의 터치를 가했다. 그는 처음에 중국 먹물로 그린 아웃라인을 집어넣었다. 그는 펜이 아니라 붓으로 먹물을 사용했기 때문에, 중국화의 채색법과 정확히 조응하는 기법을 발전시켰다. 그리고 그는 중국 산수화에 충실하게 풍경화만을 그렸다. 리버시지(Henry Liversedge)·크리스톨(Joshua Christall) 등 그의 계승자들은 중국의 풍속화나 초상화처럼 인물화도 그렸다. 이 수채화운동을 이어받은 조지프 터너(Joseph M. W. Turner, 1775-1851)는 1800년경 중국 먹물 사용을 그만두고 수채화를 더욱 발전시켜 새로운 장르로 확립했다.[99] 터너는 훗날 인상파에 커다란 영향을 끼치게 된다.

존 코젠스의 작품은 낭만주의 운동과 겹쳐 있다. 이 낭만주의는 많은 점에서 로코코양식과 적대적이었으나 고전주의에 대한 적대성을 로코코와 공유했다. 낭만주의는 야생의 자연과 고독에 대한 숭배를 낳았다. 이 숭배는 산수화예술의 위대한 시대에 중국에서 지배적이었지만 유럽에서는 그때까지 나타나지 않았던 범신론 경향의 신비주의였다. 알렉산더 코젠스와 그의 아들 존 코젠스는 콜린스와 워즈워스가 시문에서 표현한 정신을 처음으로 그림에서 적절하게 표현했다. "코젠스는 모두 시문이다"(콘스터블).[100]

와토에게서 우리는 적어도 그가 항상 시누아즈리를 그렸고, 그러므로 중국 예술작품에 관심을 가졌음이 틀림없다는 것을 안다. 그런데 코젠스에게서는 이에 대한 증거가 전무하다. 그러나 오래된 중국전통에서 나온 단 한 점의

---

99) 참조: Reichwein, *China und Europa*, 135쪽.

100) Hudson, *Europe and China*, 287쪽.

묵화도 코젠스 같은 사람의 기질을 피해서 새로운 실험영역 속으로 들어가기에 충분치 않았을 것이다. 일차적으로 수채화가로서, 그리고 풍경화의 참된 시인으로서 코젠스는 그 묵화를 보았다면 그것을 민감하게 받아들이지 않을 수 없었을 것이다. 그리하여 영국 수채화의 정상적 기법이 펜 그리기에 기초했을 때 코젠스는 먹물에 적신 붓으로 그림을 그렸고, 그의 기술은 이것 하나만으로도 중국인들과 동맹해 있다. 그러나 훨씬 놀라운 것은 그의 여백활용법의 성과, 정교한 색조, 산악의 고독에 대한 강렬한 느낌, 표현의 유별난 직접성과 단순성 등이 조금 더 이른 시기의 어떤 다른 유럽 풍경화보다 위대한 시대의 중국 산수화와 훨씬 더 가깝다는 사실이다.101)

현대 예술비평가 핀버그와 테일러(J. Finberg & E. A. Taylor)는 코젠스의 수채화를 이렇게 평한다.

분석적 눈을 가진 이들에게 그의 그림들은 극단적으로 당혹스럽고 당황스럽다. 그의 그림에서 명료성이나 의식적 인공기법을 발견하는 것은 불가능하다. 그의 그림은 당신으로 하여금 당신이 몽유병자나 무아지경에서 그린 사람의 작품을 보고 있다고 느끼게 한다. 나는 그의 그림이 서양세계에서 생산된 그림들 중 가장 무형적인 그림이라고 믿는다. 왜냐하면 여기서 물감과 솜씨는 사소한 것이고 개인적 영감도 사소한 것이기 때문이다.102)

이것은 바로 비평가들이 중국 송대와 일본 아시카가(足利) 막부시대(1336-1573)의 위대한 산수화 거장들을 평가할 때 쓰는 어투다.103)

코젠스가 생전에 어떤 성공도 맛보지 못했을지라도 그의 후속적 영향은 굉장했다. 콘스터블은 그를 "여태까지 풍경화를 손댄 화가들 중 가장 위대한 천재"라고 불렀다. 터너는 다른 어떤 그림보다 코젠스의 「알프스를 넘는 행진

---

101) Hudson, *Europe and China*, 288쪽.

102) J. Finberg & E. A. Taylor, *The Development of British Landscape Painting in Water Colour* (Special Winter Number, Studio, 1917-1918). Hudson, *Europe and China*, 288쪽에서 재인용.

103) Hudson, *Europe and China*, 288쪽.

중에 그의 군대에게 비옥한 이탈리아 평야를 보여주는 한니발의 풍경화」로부터 더 많은 것을 배웠다고 천명했다. 휴스(C. H. Hughs)는 이렇게 평가했다. "그의 손에서 수채화는 처음으로 영국 예술 안에서 하나의 완벽하게 완전하고 독립적인 표현 매체로서 자신의 자리를 잡았다. (⋯) 그의 고결한 업적의 영향은 영국 풍경화 예술에 대해 결정적이었다."104)

- 시누아즈리 정원(중영가든)과 중국풍 건물들

로코코양식과 시누아즈리는 회화 외에 정원에서도 나타났다. 시누아즈리 정원의 발상지는 예외적으로 영국이었다. 로코코시대 후반(1770-1780년대)에 영국에서 발전된 중국식 조경공원(landscape park), 즉 '중영中英가든(le jardin Aglo-Chinois)'이 유럽에서 대대적으로 모방되기 시작한 것이다. 그리하여 유럽의 건물과 궁전 앞마당에 불탑과 정자가 나타났고, 수많은 창문·누각·교각 등이 중국풍으로 바뀌었다. 영국인 윌리엄 체임버스(William Chambers, 1723-1796)는 『동방원예론』(1772)을105) 저술했고, 독일인 운쩌(Ludwig A. Unzer, 1748-1774)는 『중국정원론(Über die Chinesische Gärten)』(1773)을 출간했다. 이런 로코코 예술운동을 배경으로 '중국풍' 가구와 도자기, 섬유디자인, 중국식 정원 등의 생활문화와 예술이 17-18세기에 걸쳐 프랑스·영국·독일 등 전 유럽에 확산되었다.

건축에도 중국의 영향이 나타나기 시작했다. 1717년 이후 작센 선제후이자 폴란드국왕 아우구스트 강건왕(August II der Starke)은 자신의 드레스덴 네덜란드식 궁궐을 중국식으로 개조했으며, 가구를 모두 중국 가구로 교체하고 인테리어를 그가 지은 마이센 가마에서 나온 자기 타일로 장식했다. 18세기 초반에 뮌헨의 막스 엠마누엘 왕의 아말리엔부르크(Amalienburg) 궁을 비롯해 유럽의 몇몇 국왕들(1738년 폴란드국왕, 1759년 프로이센의 프리드리히 2세, 1769년 스웨덴 왕비 루이자 울리카의 드로트닝홀름 궁 등)도 중국 스타일의 작은 궁궐과 행궁을 세웠다.106)

---

104) C. H. Hughs, *Early English Water Colour* (London: Methuen & Co., LTD., 1913). Hudson, *Europe and China*, 289쪽에서 재인용.

105) William Chambers, *A Dissertation on Oriental Gardening* (London: Printed by W. Griffin, 1772).

106) Ledderose, "Chinese Influence on European Art", 232-233쪽.

18세기 후반에는 정원의 중국식 파빌리온(정자)이 축조되었다. 파빌리온은 1730년대 말에 영국에서 처음 선보였다. 이 팔각정은 영국의 조경식 정원이 대륙으로 전파되면서 확산되었다. 가장 오래된 중국식 정원정자는 1738년부터 아일랜드의 해리스타운(Harristown)에 설치되었다. 이 정자는 페인트칠이 된 담장, 격자창, 넓은 돌출 처마를 가진 목제구조물이었다. 이와 같은 가벼운 건축물들은 곧 사라지고 지금은 거의 없지만, 일부 정자들의 화보는 지금도 남아 있다.[107]

■ 시누아즈리와 로코코예술의 본질적 연관성

휴 아너(Hugh Honour)는 극단으로 치닫던 이런 시누아즈리의 증좌들을 유럽 구석구석에서 발굴해 보여주면서도 "극동으로부터의 수입품들이 로코코양식 자체의 흥기를 야기했다"는 일각의 견해에 반대한다. "이것은 동방에 대한 18세기적 태도와 로코코의 본질을 오해하는 것"이라는 것이다. "로코코는 후기 바로크에 종속적인 자율적 양식이었지만 후기 바로크의 안티테제였다"는 것이다. 르 포트르(Pierre le Pautre)가 1699년 디자인한 벽난로 선반은 "알려진 한에서" 시누아즈리에 의해 "유혹받은 적이 없었다". 진정, 1700년과 1730년 사이에 제작된 대부분의 시누아즈리 장식은 스타일상으로 1750년대의 그것보다 17세기의 그것에 "더 가깝다"는 것이다. 하지만 "매력적이고 우아하고 마음이 경쾌한 로코코 스타일"은 "이국적 취급"에 "완전히 가담했다"고 주장한다.[108]

그러나 "완전한 가담(self-lending)"이 가능하기 위해서는 애당초 양자 간의 근본적 '친화성'이 있어야 할 것이다. 근본적 친화성의 기旣존재는 중국의 생활문화와 중국적 미감이 로코코의 맹아를 양성하든가, 애당초 로코코의 미감을 야기하고 초래하는 요소일 것이다. 따라서 라이히바인은 중국 생활양식에 대한 로코코 스타일의 "완전한 가담"이 아니라, "양식상의 친화성(Stylverwantschaft)"을 말한다.

양식(Style)의 이완은 로코코에 전형적이다. 루이 14세 치하의 장중함이 궁극적으로

---

107) Ledderose, "Chinese Influence on European Art", 233쪽.

108) Honour, *Chinoiserie*, 88쪽.

모든 생활형태의 경직성에서 완성된 뒤에 국왕의 죽음과 함께 필연적으로 (오를레앙 공의) 섭정시대의 방종이 이어졌다. 사유, 두 손의 조형적 창작, 인간적 행동거지 전반을 옥죄던 상태는 분쇄되었다. 야릇한 것(das Bizzare)이 대립상으로 생겨났다. (…) 또한 로코코의 모든 외적 형태에는 균형 잡는 대칭상이 결여되어 있다. 그것은 근본에서 비대칭적이다. (…) 로코코는 약한 색조, 정확하게 파악할 수 없는 이행을 좋아했다. 다채로운 이행들의 가볍고 부드러운 작용이 살아 있는 도자기는 예술적 로코코의 원자재가 되었다. 여기 이 가장 미묘한 영혼 상태 속에, 이 분위기 속에 로코코와 고대중국적 문화의 양식적 친화성의 비밀이 들어 있다. 글말이 로코코에게 중국적 본질을 말해주는 것이 아니라, 오히려 우아한 유럽사회가 예감으로 자신 안에 간직한 행복한 삶이 연약한 도자기 위에서, 중국 실크의 엷고 부드러운 색조들의 작용 속에서 승화되어 유럽사회의 저 인간들 - 18세기에 행복을 믿는 자들 - 에게 계시된다. 매혹적인 우아미의 이러한 사회가 북중국 궁궐의 엄한 국가도덕을 어찌할 것인가? 양자강의 환상적 골짜기 신비적 도가道家의 경이로운 개화가 만연했던, 차향이 선禪 속에서 인간들을 도취시켰던 남중국의 부드러운, 유연한 문화는 복건성의 실크의 가볍고 바스락거리는 주름이 숨어드는 광서성의 도자기의 광휘 속에서 저 유럽사회의 온전한 매혹과 경탄을 야기했다. 유럽사회는 - 이 내적 연관을 자각함이 없이 - 친밀한 문화의 만개를 촉진하려고 애썼다. 이 때문에 이 로코코문화의 고향인 프랑스는 다채로운 중국 도자기도 사랑했다.109)

라이히바인은 "로코코와 고대중국적 문화의 양식적 친화성", "내적 연관", "예술적 로코코의 원자재"로서의 중국 도자기와 실크 등을 거듭 말하고 있다. 이것을 전제로 생각할 때 아너가 로코코의 유럽 내적 기원에 대한 증거물로 제시하는 르 포트르(Pierre le Pautre)의 벽난로 선반 디자인(1699)도 당시 중국 도자기·실크·칠기 등으로 이미 만연된 시누아즈리에 무의식적으로 젖어든 상태에서 생겨났을 것이라는 의심을 피할 수 없다. 1699년은 시누아즈리가 막 열풍에 휘말려든 때였기 때문이다.

---

109) Reichwein, *China und Europa*, 30-31쪽.

로코코는 중국예술을 그대로 복제한 '짝퉁예술' 사조가 아니라 중국예술을 유럽적 영혼으로 유럽적 정서와 짜깁기한 '패치워크예술' 사조다. 그러므로 허드슨(Geoffrey F. Hudson)은 로코코의 구성요소를 중국적인 것과 유럽적인 것, 이 두 요소의 결합물로 이해한다. "유럽 안에서의 중국 장식품들과 용품들의 축적"은 로코코의 필수적 요건이지만 "로코코양식의 일 조건일 뿐이다". 로코코양식은 이와 동시대적으로 "17세기 말 유럽을 위한 우아함의 주요 중재자인 프랑스에서의 미감 전통의 이완을 야기한 사건들의 운동 없이 일어날 수 없었을 것"이다. "1700년경까지 유럽은, 또는 적어도 가톨릭 유럽은 바로크 예술양식에 의해 지배되었다. 온갖 호화사치와 변화를 동반한 이 바로크양식은 기본적으로 로마적이었다. 그것은 기원적으로 로마에서 발전했고, 고대제국의 장엄성과 위엄을 되살리려고 추구했다. 그것은 반反종교개혁과, 르네상스를 뒤잇는 신新군주정의 예술이었다. 그것은 자부심과 권력의 예술이었다. 그것은 웅장하면서 동시에 호화로운 것을 겨냥했다. 그것은 종종 변덕스러운 장식의 커다란 생동감을 허용했지만, 그 주요 성격은 육중함이었다. 보다 엄격한 형태로 나타나면 그것은 태양왕(Le Roi Soleil)의 위엄과 화려함에 아주 적합했다."110)

"그러나 18세기 초에 반종교개혁과 신군주정은 둘 다 상상력을 붙잡을 힘을 잃었다. 반종교개혁의 불타는 확신은 고갈되었고 신군주정은 적어도 프랑스에 관한 한 그것에 걸렸던 높은 희망을 이행하는 데 실패했다. (종교전쟁 이래의) 종교적 회의주의는 깊어지고 널리 확산되었다. 계몽운동은 믿음의 기초를 허물어뜨리기 시작하고 있었다. 프랑스군주정은 귀족들로부터 정치권력을 박탈하고 유럽의 패권국가가 되어야 했던 리더십에 의해 이들을 자신에게 붙들어 묶었지만, 이런 최고성이 아니라, 루이 14세 치세의 종말을 영광스러운 출발에 대립되는 참담한 반反클라이맥스로 만든 재앙의 연속이 도래했다. 17세기의 거대한 제왕적 거품을 찌름으로써 프랑스 귀족층은 사회적 특권을 유지했으나, 계급으로서는 정치적으로 무력했다. 그들은 백성으로부터 고립되고 교회와 국가에 환멸을 느껴 봉건적 토지소득경제의 시대로부터의 부적응 잔존집단이

---

110) Hudson, *Europe and China*, 274-275쪽.

었지만, 이 모든 것과 함께 고상한 예술문화에 젖고 유럽을 관통해서 우아한 생활의 패턴으로서 존경받았다. 이러한 정황에서 로코코양식이 탄생했다. 고전주의적·바로크적 전통은 갑자기 약화되었다. 이 전통의 무거운 존엄성은 어리석고 피곤한 것으로 나타나게 되었고, 이 바로크 전통의 호언은 감명을 주기를 그쳤다. 이제 회의주의와 환멸의 시대였지만, 우리는 여전히 우리의 소득과 가정적 평화와 질서를 유지했다. 아직 혁명의 공포도, 혁명의 희망도 없었다. 시대는 해체되어 있었지만, 우리는 시대를 바로잡도록 태어나지도 않았고, 이것을 바로잡는지 여부가 중요하지도 않았다. 우리는 우리의 예술이 있다. 그렇다면 우리 자신을 위해 웅장한 양식을 가급적 줄인 신세계, 빛과 비현실적 환상, 미묘함과 우아함, 상상의 유쾌함과 자유의 세계를 만들자."111) 이렇게 하여 유럽인들은 그간 유럽에 축적된 중국 예술품과 문화용품을 이용해 상상 속의 신세계를 만들게 되는 것이다.

　"북경이 유럽예술에 다소간 휘둘리지 않았다면, 그것은 공자주의 학자의 내면적 균형을 뒤흔드는 또는 전통의 성곽을 무너뜨리는 일도 아직 전혀 발생하지 않았기 때문이다. 신사(만다린)들은 교회이자 국가이고 동시에 '사회'였으며, 그들의 세계는 완전하고 자족적이었다. 바로크 자부심의 디플레이션에 뒤따르는 정신의 불확실성과 불안정을 동반한 프랑스에서는 이국적인 것이 침투할 기회가 생긴 것이다. 중국적 연상들은 새로운 양식, 커다란 예술영역에 걸쳐 유럽전통의 주요 라인에서 완전히 벗어난 양식을 제공했다. 로코코정신의 첫 신호는 1690년 샤를 르 브룅(Charles Le Brun, 1619-1690)이라는 예술 독재자의 죽음 직후 나타났으나, 1715년 루이 14세의 사망 시까지 새로운 경향은 강하게 부인되었고, 로코코 예술가들은 말하자면 야당으로 남아 있어야 했다."112) 그러나 "18세기 초에 극동에 대한 정감은 전적으로 선교사들의 보고에 맞춰 조율되었다. 프랑스 궁정이 18세기의 첫 신년축전을 중국식 축제로 경축한 것은 일정한 의미에서 상징적이었다. 로코코가 문 앞에 와 있었던 것이다".113)

---

111) Hudson, *Europe and China*, 275-276쪽.

112) Hudson, *Europe and China*, 276쪽.

로코코 스타일은 18세기 중반경 프랑스에서 영국으로 확산되어 (가구업자)
치펜데일(Thomas Chipenndale, 1718-1779)에게서[114] 유명한 주창자를 얻었다. 로코코
가 영국에서는 대륙에서만큼 뿌리박지 못했다고 얘기될 수는 없다. 로코코는
영국 땅의 자연적 성장물이 아니지만, 영국은 프랑스 로코코를 통해 전달된
것과 별개로 직접적인 중국 영향의 흐름을 받아들였다. 실제로 중국을 다녀왔
던 체임버스가 유럽에 '중영中英가든'으로 알려진 것을 발전시킨 것이다. 중유
럽에서 '프랑스 그로테스크'로 불린 로코코는 굉장한 유행을 이루었고, 건축
분야에서는 프랑스보다 더 큰 성과를 올렸다.[115]

치펜데일은 미감을 프랑스적(즉, 루이 15세의 로코코적) 미감, 중국적 미감, 고딕
미감으로 분류했다. 그러나 중국적 미감과 고딕에 관한 그의 생각은 자주 상당
히 자의적이었고, 불가피하게 "아주 많은 중국적 영향이 이미 로코코 속으로
들어갔기" 때문에 중국적 미감과 프랑스적 미감의 중첩, 즉 중국예술과 로코코
예술의 중첩이 있었다. 그러나 이 양식들의 결합은 운동의 기본적 추세였고,
치펜데일도 가끔 이 세 양식을 모두 한 점의 가로에서 결합하려고 애썼다.
그것은 낭만주의, 즉 고전주의적 미감으로부터의 탈피였고, 문예에서도 유사한
움직임을 예고했다. 중국미감과 고딕미감의 교차·결합은 특히 의미심장했다.
18세기 말엽에는 "중국-고딕"이라는 별칭이 자주 쓰였다. '고딕'의 정밀한 정의
는 없었고 사라센적이거나 중국적이라고 이해되기도 하는 등 오락가락했지만,
분명한 것은 "모든 양식이 커다란 로마적·학술적 전통의 규범들을 깨뜨렸다"
는 사실이다.[116]

---

113) Reichwein, *China und Europa*, 28쪽(영역본: 22쪽).
114) 토마스 치펜데일은 1718년부터 1779년까지 60여 년간 가구디자이너이자 제작자였다. 요크셔에
　　서 태어난 목수의 아들 치펜데일은 1754년 '젠틀맨과 흑단제작자의 가이드'라는 부제를 단 *The*
　　*Gentleman and Cabinet-Maker's Director*를 썼다. 이 책에서 그는 중국적인 것, 루이 15세 로코코,
　　고딕, 네오클래식 양식들을 결합한 아말감 그림들을 선보였다. 치펜데일이 제작한 소수의 다른
　　가구작품들 중에서 런던의 빅토리아와 알버트 박물관의 중국실에 보관된 작품들은 경탄스럽다.
　　참조: Unali, *Beautiful China*, 2쪽.
115) 참조: Hudson, *Europe and China*, 277쪽.
116) 참조: Hudson, *Europe and China*, 277쪽.

결론적으로, 중국예술의 영향은 로코코가 '로코코'로 감식되기 전에도 "이미" 아주 많이 "로코코 속으로 들어가" 있었다. 중국미감과 로코코미감, 시누아즈리와 로코코양식은 공통요소들을 고리로 구별할 수 없이 혼합되어 있었다. 이런 까닭에 허드슨은 로코코양식과 중국선비의 생활양식 간의 미감적 '친화성'을 넘어 "공통성"을 강조한다. 그에 의하면, 로코코의 문화예술적 영감은 신의 영광도, 전사의 영웅주의도, 군주와 치자의 위세도 아니었다. 그 영감은 보다 이완되고 재미있고 유쾌한 정서적 무드 속에서의 귀족적 여가의 삶이었다. 앙시앵레짐의 마지막 시기에 유럽에서 유행한 이 문화예술 감각은 중국 절강성의 항주나 강소성의 소주에 사는 중국 선비(신사)들의 생활문화적 미감과 "공통된" 것이었다. 허드슨은 ‒ 연채軟彩자기가 최고급 중국문화의 대오에 들지 못하는 것처럼 ‒ 로코코도 정상 수준의 유럽예술에 끼지 못할지라도 로코코가 적어도 일급의 예술적 상상력을 요구하는 유일무이한 상상의 세계를 창조했다고 평가한다.117)

따라서 로코코 예술문화라는 새로운 사조는 유럽적인 것일지라도 그 기원은 결코 순수하게 유럽적인 것이라고 할 수 없는 것이다. 로코코의 발생에 대해 루이 14세의 죽음 이후 유럽인들의 예술·문화적 미감과 중국 생활공예품의 색감은 '등근원等根源'이었다고 말할 수 있다. 시누아즈리를 빼고 로코코가 따로 존재하지 않기 때문이다. 따라서 로코코는 '시누아즈리로서의 로코코(Rococo as chinoiserie)'라고 결론지을 수 있고 또 반드시 그렇게 이해해야만 하는 것이다.

그렇다면 17-18세기의 동서교류에서 예술적 영향은 동에서 서로만 미쳤는가? 그렇지 않다. 서양예술도 동양예술에 영향을 미쳤다. 청대 중국의 예술에 대한 유럽의 영향은 예수회선교단의 활동결과였다. 예수회 신부들은 프랑스와 이탈리아 회화와 판화, 세브르(Sèvres)산 도자기, 그리고 유럽의 다른 공예 제품들을 중국에 가져왔는데, 그 결과로서 유럽 스타일이 일정한 유행을 타기에 이르렀다. 서양 판화는 가장 찬미된 유럽예술 장르였고, 이 분야에서 예수회 신부들

---

117) 참조: Geoffrey F. Hudson, "China and the World", 352쪽. Raymond Dawson (ed.), *The Legacy of China* (Oxford·London·New York: Oxford University Press, 1964·1971).

은 스스로를 필수불가결한 존재로 격상시켰다. 회화 분야에서는 유럽회화 정규
학교가 한동안 북경에 설립되어 운영되었다. 예수회는 강희제의 요청으로 두
명의 화가를 중국으로 파견했고, 이들은 1699년 북경에 도착했다. 이들로부터
제자들이 나왔는데, 이름을 떨친 사람은 1731년 나가사키에 정착해 일본자연주
의 화풍의 종주가 되기도 했다. 그러나 "17-18세기 중국예술에 대한 유럽의
영향은 다 합쳐도 비교적 적은 것이었다. 그것은 주변적인 것이고, 중심적인
것이 아니었다".118) 말하자면 "서양의 예술은 중국예술이 유럽에 대해 발휘한
그런 매력을 중국에 대해 발휘하지 못했던 것"이다.119) 반면, 유럽예술에 대한
중국의 영향은 주변적인 것이 아니라 중심적인 것이었다.

　"유럽에서의 중국예술의 영향"은 "밀물처럼 빨리 밀려오고 썰물처럼 빨리
빠져나가는 조류"였지만 "만조기에 그것은 로코코양식의 환상적 대大상선대를
유럽적 미감의 내항內港으로 데려오기에 충분한 것이었다". 그러나 "로코코의
중국적 특징들을 중국예술 전반의 대표로 받아들여서는 아니 된다. 로코코
디자이너들은 중국에서 그들의 관심을 끄는 것만을 취했고, 그것은 중국전통의
오직 한 면일 뿐이다. (…) 그들은 '그들 자신의 중국', 실크·도자기·칠기로부터
불러낸 더할 나위 없이 아름답고 비현실적인 '동화의 나라'를 창조하고, 그들이
관계할 수 있는 어떤 것도 알려져 있지 않았기 때문에 중국예술의 동기들에다
신선한 상상적 가치를 부여했던 것이다".120) 로코코 예술가들은 당·송대부터
명·청대에 이르는 중국예술의 역사에 대해 거의 아는 바가 없었다.

제2절 '중영中英가든'과 낭만주의의 동아시아적 기원

　앞서 잠시 시사한 "중영가든은 로코코의 또 하나의 소산이었다".121) 중국정

---

118) Hudson, *Europe and China*, 271-272, 273쪽.

119) George Soulié de Morant, *A History of Chinese Art*, translated by G. C. Wheeler (London: J. Cape & H. Smith, 1931). Hudson, *Europe and China*, 273쪽에서 재인용.

120) Hudson, *Europe and China*, 273-274쪽.

원 양식 또는 중국 조원술造園術에서 발전된 영국가든, 즉 '중영가든'은 시누아 즈리로서의 로코코예술을 지탱시킨 또 다른 거대한 흐름이었던 것이다. '중영 가든'의 유럽적 확산에는 이 정원양식의 예술적 우월성, 영불 간의 정치적·사상 적 관계의 변화, 로코코 시누아즈리와 신고전주의와 자연주의의 우위다툼, 이성과 감성의 철학적 지위변화 등 많은 요소들이 작용했다.

2.1. 조원술을 둘러싼 당대의 논쟁

영국에서도 중국과 공자의 영향은 철학과 정치영역에 국한되지 않고 문화· 예술 분야로 확산되었다. 합리론으로 시작된 계몽주의의 경험론적 변신은 동시 에 '느낌의 시대(Age of Feeling)'로의 전환을 뜻했다. 영국의 이러한 변화는 볼테르 의 『영국에 관한 철학서간(Lettres Philosophiques sur les Anglais)』(1733) 이래 1750년대 프랑스 중심의 유럽대륙에서 '앵글로마니아(Anglomania)'라는 말로 상징되는 영 국 철학과 예술의 유행을 태동시켰다. 수많은 영국 경험론 철학서들이 불역되 었고, 중국풍을 모방한 영국 문화예술과 정원이 유행했다. 영국의 '느낌의 시대' 는 곧 중국예술문화의 시대였다.

프랑스에서도 이 '앵글로마니아'를 수용할 큰 사상문화적 변화가 일었다. 이것은 근본적으로 데카르트주의에 대한 부정으로 시작되었다. 이 변화는 중국 풍의 로코코예술에서 시작되어 '문화'의 권태를 거쳐 루소가 대변한 극단적 '자연동경'으로 흐르고 있었다. 이것은 특히 데카르트의 수학적 방법을 '손에 잡히는 인간적 현상들의 관찰로 대체하려는 볼테르와 철학자 겸 수학자 모페 르튀이(Pierre-Louis M. de Maupertuis, 1698-1759)의 작업에 의해 빠르게 확산되었다. 볼테르는 지난 세대의 형이상학적 관념들을, 너무 멀리 떨어져 있어서 그 빛이 우리에게 닿을 수 없는 별들과 비교했다. 인간의 마음은 이전 세기의 별 같은 비행飛行으로부터 우리의 심장의 비밀로 복귀했다. 이른바 '영혼의 경험적 자연 학(Physique experimentale de l'âme)'이 그 시대의 유행어였다.122)

---

121) Hudson, *Europe and China*, 284쪽.

122) Reichwein, *China und Europa*, 113쪽.

■루소의 자연주의 정원에 대한 영국인들의 거부

루소는 프랑스혁명 전에 전개된 이런 부드러운 분위기의 대변자였다. 이 분위기는 지리상의 발견 시대에 벌어진 온갖 주유천하 후에 영혼의 순박한 돌봄의 내밀한 매력들에 완전히 만족하게 하는 묘한 정서였다. 루소가 『쥘리, 신新엘로이즈(Julie, ou La nouvelle Hélois)』(1761)에서 말하듯이, 사람들은 이제 "이국적인 것들(les étrangers)을 화려하게 끌어오려고" 애쓰는 것이[123] 아니라, 삶의 의미를 주거지의 좁은 구역 안에서 찾았다.

> 살기 위해 사는 미감의 소유자, 자기 자신을 즐길 줄 아는 사람, 참되고 소박한 즐거움을 추구하는 사람, 자기 집의 문 앞에서 산책하고 싶은 사람은 무엇을 할까? 그는 아주 편안하고 즐겁게 산책을 하며 온종일 시간을 즐길 수도 있겠지만, 아주 소박하고 아주 자연스러워서 아무것도 하지 않을 것처럼 보인다. (…) 그는 아름다운 조망 속의 먼 곳으로 터진 포인트에 동요하지 않는다. 조망과 먼 곳을 향한 미감은 대부분의 사람들이 가지고 있는, 그들이 가보지 않은 곳을 좋아하는 성향에서 생겨난다. 그들은 자기들로부터 멀리 떨어진 것을 매일 갈망한다. (…) 그러나 내가 여기서 언급하는 저 인물 유형은 이런 동요가 없고, 그가 사는 곳에서 잘 산다면 다른 곳에 가보는 것에 관심이 없다.[124]

두 세대의 경과 속에서의 프랑스 영혼의 이러한 변화는 프랑스에서 영국으로의 지성적 리더십의 변동에 의해 부추겨졌다.

단순성과 자연성을 추구하려는 최초의 상황은 중도를 잃어 어수선하고 극단적이었다. 루소 식의 감상주의가 만들어낸 참된 이미지와 외적 상징은 새로운 스타일의 정원이었다. 정신적 발전에 의해 영국은 대칭적 직선으로 이루어진 루이 14세의 낡은 스타일의 정원을 넘어서게 되어 있었다. 루소는 『쥘리, 신엘

---

123) Jean-Jacques Rousseau, *Julie ou La nouvelle Hélois* [1761], 304쪽(제4부 편지 11). http://www.bibliopolis.fr(검색일: 2017. 4. 11). 장-자크 루소(김중현 역), 『신엘로이즈(2)』(서울: 책사상, 2012), 126쪽.

124) Rousseau, *Julie ou La nouvelle Hélois*, 304쪽; 루소, 『신엘로이즈(2)』, 124-125쪽.

로이즈』에서 쥘리의 남편 볼마르(Wolmar)의 입을 통해 인간의 흔적이 없는 '자연적' 정원론을 대변한다.

> 아! 사람의 흔적을 지우려고 크게 신경을 썼다. 나는 흔히 그 장난질의 목격자였고 때로는 공범자이기도 했다. 밭갈이가 된 모든 곳에는 건초를 뿌리게 했다. 그러면 목초가 사람이 작업한 흔적을 감춘다. (…) 이끼가 생기게 하는 비법을 영국으로부터 우리에게 보내준 사람이 바로 에드워드 경이다. 이 두 쪽은 벽돌로 막혀 있었고 벽들은 과수장에 의해서가 아니라 과수장의 경계를 숲의 시발점으로 착각하게 하는 빽빽한 관목들에 의해서 가려져 있다. 다른 두 쪽은 울타리 모습을 불식하고 잡목림 모습을 갖게 하는 (…) 여러 종류의 관목들이 뒤섞여 우거진 빽빽한 산울타리로 둘러쳐 있다. 줄지어 늘어선 모습, 그리고 평평한 모습을 가진 것은 없다. 그래서 불규칙하게 보이도록 만들어진 굴곡들은 산책로로 연장하고 섬 같은 이곳의 가장자리들을 숨겨 면적이 커 보이게 하며, 그러면서도 불쾌할 정도로 너무 많은 우회로를 양산하지 않도록 교묘하게 만들어졌다.125)

그러나 정원에 들어서자 "사람이 살지 않는 섬 같다는 생각"이 들었다는126) 방문객은 이렇게 이의를 제기한다. "거기에 들인 수고를 숨기려고 그토록 많은 수고를 하지 않는 것이 더 낫지 않았는가? 차라리 그런 수고를 하지 않는 것이 더 낫지 않았는가?"127) 그러자 쥘리가 나서서 남편을 지원한다.

> 당신은 우리 이야기를 다 듣고도 우리의 작업을 결과로만 판단하는데, 그래선 안 된다. 당신이 보는 것은 모두 땅에 심기만 하면 되는, 이후로는 스스로 자라는 야생적이거나 생명력 강한 식물이다. 게다가 자연은 인간의 눈에 자신의 진정을 숨기고 싶어 하는 것 같다. (…) 자연은 인간이 자주 찾아오는 곳은 피한다. 자연이 가장

---

125) Rousseau, *Julie ou La nouvelle Héloïs*, 302쪽; 루소, 『신엘로이즈(2)』, 119-120쪽.

126) Rousseau, *Julie ou La nouvelle Héloïs*, 302쪽; 루소, 『신엘로이즈(2)』, 119쪽.

127) Rousseau, *Julie ou La nouvelle Héloïs*, 302쪽; 루소, 『신엘로이즈(2)』, 120쪽.

감동적인 매력을 펼치는 곳은 산 정상, 깊은 숲속, 인적이 닿지 않은 섬들이다.[128]

정원이 자연과 인간 사이의 중도를 잃고 자연 속으로 사라져버리고 있다. 이에 방문객은 '무위이치無爲而治'의 이념을 따른 중국정원을 볼마르의 정원에 대한 대립물로 제시한다.

나는 중국에서 당신이 바라는 그런 정원들을 보았는데, 매우 인공적으로 만들어졌으면서도 인공이 드러나 보이지 않는 정원이었다. 그러나 너무나 사치스럽고 유지비가 많이 드는 양식이어서 그런 것을 생각하면 그 정원을 보며 느낄 수 있는 모든 즐거움이 달아나버리는 것 같았지만, 샘물밖에 없을 편평하고 모래 많은 곳에 바위·동물·인공폭포 등이 있었다. 그리고 중국과 타타르의 모든 기후대의 희귀한 꽃들과 식물들이 한곳에 모아져 길러지고 있었다. 그곳에서는 사실 아름다운 가로도, 단정한 구획들도 보이지 않았다. 그러나 경이로운 것들이 듬성듬성 풍요롭게 들어차 있는 것이 보였다. 그곳의 자연은 수천 가지 다양한 국면들로 제시되어 있고, 총체적 앙상블은 천연적 자연의 포인트(point naturel)가 아니다. 이것은 흙도, 돌도 옮겨놓지 않았고 펌프도, 저수지도 설치되지 않았으며, 온실·화덕·유리뚜껑도 작물보호용 덮개도 필요치 않다. 거의 편평한 땅에는 아주 간단한 장식밖에 되어 있지 않다. 흔한 목초와 관목들, 자연스럽게 흐르는 몇몇 물줄기가 그 땅을 아름답게 하기에 충분했다. 그것은 그 용이함이 관객에게 새로운 즐거움을 주는 힘들지 않은 놀이다.[129]

그러면서 방문객은 루소의 정원론에 치명적 일격을 가한다. "저는 이 장소가 훨씬 더 쾌적하지만 별로 마음에 들지 않는다고 느낀다." 그리고 "그토록 매력적인 자연 그대로의 덤불숲들이 있는데 또 가로를 만드는 것이 무슨 소용인가?" 이 말에 쥘르는 당황하며 "나는 이 가로를 정말 좋아한다(mais j'aime mieux ceci)"는 말만 했다.[130]

---

128) Rousseau, *Julie ou La nouvelle Héloïs*, 302쪽; 루소, 『신엘로이즈(2)』, 120쪽.
129) Rousseau, *Julie ou La nouvelle Héloïs*, 305쪽; 루소, 『신엘로이즈(2)』, 126쪽.

■중국정원과 템플의 사라와지 미감

하지만 일찍이 "중국정원을 논한 최초의 영국인"인131) 윌리엄 템플(William Temple, 1628-1699)은 루소가 『쥘리, 신엘로이즈』를 쓰기 70여 년 전 저 방문객의 정원 개념과 동일한 입장을 취했다. 템플은 「에피쿠로스의 정원에 관하여, 또는 원예에 관하여(Upon the Gardens of Epicurus, or Of Gardening)」(1685)에서 이렇게 말한다.

가장 좋은 정원 형태에 관해 내가 말한 것은 모종의 측면에서 규칙적인 것과 같은 것에 대해서만 의미된 것이다. 왜냐하면 잘은 모르지만 다른 어떤 것들보다 더 아름 다울 수 있는, 완전히 불규칙적인 다른 형태들이 있어도 되기 때문이다. 그러나 이 불규칙적인 다른 형태들은 그 미美를 그 자리에서의 자연본성의 그 어떤 특별한 배열 덕택으로, 아니면 많은 기분 나쁜 부분들을 그래도 전체적으로 아주 기분 좋을 모종 의 형상으로 전환시킬 수 있는 그 설계에서의 굉장한 부류의 상상 또는 판단 덕택으 로 돌려야 한다. 이것 중의 어떤 것은 내가 어떤 장소에서 보았지만, 이것의 더 많은 것을 중국인들 사이에서 많이 살았던 타인들로부터 들었다. 중국인은 유럽의 우리의 사고방식과 달리 그들의 나라가 그런 만큼 넓은 것으로 보이는 사고방식을 지닌 백 성이다. 우리 사이에서 빌딩과 식목의 아름다움은 주로 모종의 일정한 비례, 대칭 또는 제일성齊一性에 있다. 우리의 보도步道와 나무들은 서로 대응하도록, 그리고 정 확한 간격으로 배열되어 있다. 중국인들은 이런 식목방식을 비웃으며 이렇게 말할 것이다. '100을 셀 줄 아는 소년도 가로수 길을 직선으로, 서로를 건너 마주 보게, 그가 원하는 어떤 간격으로 설치할 것이다.' 그러나 중국인들의 최대 상상력은 아름 다움이 굉장해서 눈에 띌 것이지만 흔히 또는 쉽사리 알아차릴 어떤 질서나 부분들 의 배열이 없는 형상들의 고안에 투입될 것이다. 그리고 우리가 이런 종류의 아름다 움에 대한 아무런 관념도 가지고 있지 않을지라도 중국인들은 이것을 표현하는 특별 한 단어를 가지고 있고, 그 아름다움을 일견에 눈에 띄는 것으로 느끼는 곳에서 그들

---

130) Rousseau, *Julie ou La nouvelle Héloïs*, 305쪽; 루소, 『신엘로이즈(2)』, 126, 127쪽.
131) Qian Zhongshu, "China in the English Literature of the Seventeenth Century", 49쪽.

은 사라와지(sharawadgi)가 멋있다, 또는 감탄스럽다고 말하거나 어떤 식으로든 이러
한 뜻의 평가적 표현을 말한다. 그리고 가장 훌륭한 인도 겉옷 위에 수놓은 작품이나
가장 좋은 차단막 또는 도자기 위에 그려진 그림을 관찰하는 사람은 누구나 그것들
의 미美가 모두 그런 종류의 것, (즉) 질서가 없는 것이라는 사실을 발견할 것이다.132)

그러나 템플은 신고전주의가 휩쓰는 17세기 말 영국인들에게 이 사라와지
미감의 정원 설치를 권하는 것에 대해 조심스러워한다. 실패 위험 때문이다.

그러나 나는 정원 도형에서 이런 시도들 중 어느 것도 우리 사이에 거의 권하지 않아
야 할 것이다. 그것들은 평범한 손재주를 가진 사람들에게는 성취하기 너무 어려운
모험이다. 그리고 그것들이 성공한다면 더 많은 영예가 있을 수 있더라도 실패한다
면 더 많은 불명예가 있다. 게다가 그들은 20대 1로 실패할 것이다. 반면, 규칙적
도형들에서는 어떤 커다란, 그리고 특기할 만한 잘못을 저지르는 것이 어렵다.133)

템플은 영국인에게 사라와지 미감을 채택하라고 권하는 것을 조심스러워하고
있다. 그러나 후대의 야심적 설계가들은 그의 이 조심스러운 말에 자극받아
사라와지에 도전해 이 미감을 영국에 확산시키게 된다.

공자가 말하는 '무위이치無爲而治' 개념과 유사한 '불규칙의 규칙성', '비대칭
의 대칭성', '불균형의 균형성', '부조화의 조화성'의 형상을 나타내는 것 같은
'사라와지'라는 미학적 개념은 일본어에서 온 말이다. 템플은 네덜란드 국가서
기와 외교관을 지낸 시인 콘스탄틴 호이겐스(Constantijn Huygens, 1596-1687)의 호프
비크 정원에서 이 멋있는 '사라와지' 형상을 직접 감상한 적이 있었다. 호이겐스
는 호프비크 정원을 포괄적 철학의 체현으로 파악했다. 그것은 인간생활과
자유로운 자연적 성장 속에서 관찰되는 불규칙성을 억지로 틀 지운 고전주의의

132) Sir William Temple, "Upon the Gardens of Epicurus, or Of Gardening"[1685], 237-238쪽. *The Works of William Temple*, Vol. 3 (London: Printed for Rivington et al. and by S. Hamilton, 1814).
133) Temple, "Upon the Gardens of Epicurus, or Of Gardening"[1685], 238쪽.

기하학적 기초였던 르네상스시대 비트루비우스 모델과의 결별이었다. 비트루
비우스 모델은 고대 로마 건축가 비트루비우스(Pollio Marcus Vitruvius, 기원전 83-미상)
의 건축양식을 말한다. 템플은 정원에 관한 시에서 대칭적으로 재단된 일본
겉옷에서 보이는 디자인의 불규칙성을 적시함으로써 이 관념을 예시적으로
설명했다. 그는 일본·중국정원의 의도적 비대칭성과 부조화를 옷깃을 한쪽으
로만 비대칭적으로 여미는 일본 겉옷에 빗대고 이 비대칭성과 부조화를 일본말
'사라와지'로 표현한 것으로 보인다.134) 오늘날 일본 학자들의 중론에 의하면,
'사라와지'는 "모두 잘 갖춰져 있지 않다"는 뜻을 가진 "소로와지(揃わじ)"의
와전된 독음讀音이 분명해 보인다.135)

호이겐스의 아들(크리스티안)과 동년배인 윌리엄 템플은 호프비크 정원의 정기
방문객이었는데 여기서 체험한 정원 속 불규칙성의 감상을 개인적 판단감각으
로 고양시키고, 이 미감을 이때 들은 일본말 '소로와지'의 희미한 기억 속에서
'사라와지'로 상기해 표현한 것이다.136) 그런데 위 글을 보면, 템플은 '사라와지'
를 일본어가 아니라 중국어로 오인하고 있는 것으로 보인다. 아무튼 이후 영국

---

134) Wybe Kuitert, "Japanese Robe, Sharawadgi, and the Landscape Discourse of sir William Temple
    and Constantijn Huygens". *Garden History*, 41 (2), Plates II-VI (2013).

135) 1930년대 *The Oxford English Dictionary*는 'Sharawadgi'를 한 항목으로 실었지만, 이에 대해
    "기원을 모른다"고 하고 다음과 같이 덧붙이고 있다. "중국 학자들은 그 언어에 속하지 않는다는
    데 동의한다. 템플은 여행가들로부터 들었다고 말한다." 그러나 전종서(錢鐘書)는 한자 散亂位
    置(san lan wai chi) 또는 疏落位置(su lo wai chi)에서 온 것으로 추정한다. Qian Zhongshu, "China
    in the English Literature of the Seventeenth Century", 53쪽. 그러나 이 추정은 중국어 발음상
    '억지'로 느껴진다. 템플이 '정원론'을 쓴 지 10년이 흐른 뒤에 르콩트는 중국의 조원술에 대해
    이렇게 기술한다. "정원을 다스리고 장식물들을 관리하는 데 거의 열성을 바치지 않는 중국인들은
    그럼에도 불구하고 정원에 매료되어 있고 정원에 약간의 비용을 쓴다. 그들은 정원 안에 동굴들을
    만들고 작은 인조언덕을 설치하며 암석 전체를 조각내 운반해 와서 자연을 모방하는 것 이상의
    어떤 디자인도 없이 포개 놓는다." Le Compte, *Memoirs and Observations made in a Late Journey
    through the Empire of China*, 162-163쪽. 르콩트는 중국정원에 대한 이 기술에서 '자연의 모방'
    수준의 최소 디자인을 말하지만 '사라와지'에 대해서는 일언반구도 말하지 않고 있다. 그리고
    중국 학자 범존충은 '사라와지'라는 말의 기원을 모르겠다고 한다. Fan Cunzhong (范存忠), "The
    Beginnings of the Influence of Chinese Culture in England", 84쪽. Adrian Hsia (ed.), *The Vision
    of China in the English Literature of the Seventeenth and Eighteenth Centuries* (Hong Kong: The
    Chinese University of Hong Kong Press, 1998).

136) Kuitert, "Japanese Robe, Sharawadgi, and the Landscape Discourse of sir William Temple and
    Constantijn Huygens".

에서 '사라와지'는 대표적 중국정원 '원명원圓明園'(청국황제의 여름궁전 정원)과 함께 중국식 정원의 아름다움을 상징하는 말로 쓰이게 된다.

영국의 헤이그주재 대사로서 네덜란드의 대도시 헤이그에 살았던 템플이 이런 중국정원을 접할 수 있었던 것은 네덜란드에 일찍이 중국풍 정원이 유행하기 시작했다는 것을 뜻한다. 처음에 네덜란드 사람들은 정원의 중국식 부속 건조물들에 쓰이는 자료들을 모방했다. 17세기 후반 가령 조르크블리에트 (Sorgvliet) 공원의 — 이미 중국식 오목 지붕을 가진 — 정자와 대문에 격자세공이 사용되었다. 거의 동시에 베르사유의 트리아농 포르셀렌 궁에 딸린 정원의 정자와 대문에도 격자세공이 사용되었다. 그리고 가령 랑에(L'Anghien) 공원의 이국적 새집에는 새와 관련된 중국풍 연상물들이 부가되었다. 그러다 곧 시누아즈리는 공원이나 정원 자체로 파급되었다.137)

그러나 일련의 논객들은 사라와지 조원술을 적용한 중영가든의 기원이 중국이 아니라 영국이라고 주장한다. 1756년 케임브리지(Richard O. Cambridge)는 당대의 한 글(1756)에서 영국의 조경가든이 자국에서 기원했다고 주장했다. "중국정원에 대해 무엇이 보고되었든 간에, 그리고 이 보고들이 참이든 거짓이든 간에 우리가 이 미감을 창설한 최초의 유럽인이라는 것은 확실하다."138) 영국의 시인 토마스 그레이(Thomas Gray, 1716-1771)는 중영가든의 중국적 기원을 완전히 부정했다.

유락遊樂문제에서 우리의 독창적 재능의 유일한 증거는 조원造園 또는 땅을 배치하는 데서의 우리의 기량이다. 그리고 이것은 이탈리아도, 프랑스도 그것에 대한 개념을 조금도 가진 적이 없었고 또한 아직 그들이 그것을 볼 때 그것을 전혀 이해하지 못하기 때문에 우리에게 적지 않은 영예이다. (⋯) 확실히 (⋯) 우리만이 모델에 대한 본성을

---

137) Eva Börsch-Supan, "Landschaftsgarten und Chinoiserie", 100쪽. Verwaltung der Staatlichen Schlösser und Gärten, *China und Europa. Chinaverständnis und Chinamode im 17. und 18. Jahrhundert.* Aussutelung vom 16. September bis 11. November 1973 im Schloß Charlotteburg, Berlin.

138) Chen Shuyi (陳守義), "The Chinese Garden in Eighteen the England", 340쪽에서 재인용. Adrian Hsia (ed.), *The Vision of China in the English Literature of the Seventeenth and Eighteenth Centuries* (Hong Kong: The Chinese University of Hong Kong Press, 1998).

가졌다. (…) 그 기술은 우리 사이에서 탄생했다. 그리고 그것과 같은 것이 유럽에
없었다는 것도 확실하다. 우리가 그때 중국으로부터 이 주제에 관해 정보를 전혀
얻지 않았다는 것도 확실하다.139)

이 마지막 구절은 완전히 오류다. 쟝 데니 아티레 신부(Père Jean Denis Attiret)가
1749년에 공개된 '1743년 작성 서간'을 통해 중국황제의 여름궁전의 정원인
원명원圓明園에 대해 상세히 보고하기 60여 년 전인 1685년에 이미 중국정원을
윌리엄 템플이 논한 저 사실은 영국의 조경정원이 영국 고유의 기원을 갖는다
는 시인 케임브리지·그레이 등의 이 주장을 '시적인' 오류로 부정하고 있다.
따라서 오늘날 다시 중영가든의 중국적 기원을 논란하는 것은 무의미한 일이라
아니할 수 없다.

■ 섀프츠베리 정원미학의 동요

섀프츠베리(Anthony Ashley Cooper, Third Earl of Shaftesbury, 1671-1713)는 극동의 문화를
잘 알았음에도 템플과 달리 훗날 루소처럼 인간의 터치와 흔적을 찾을 수
없는 '망가지지 않은 자연'의 정원을 예찬했다.

나(필로클레스)는 내 마음속에서 자연적 종류의 사물들에 대한 열정이 자라나는 것에
저항할 수 없다. 이 자연사물들에 있어서는 예술도, 인간의 기발한 착상이나 변덕도
원시 상태에 침입해 들어감으로써 자연사물들의 진짜 질서를 망가뜨리지 않았다.
야생 자체의 으스스한 우아미를 가진 거친 바위, 이끼 낀 동굴, 불규칙적인 가공되지
않은 동굴들, 부서진 폭포도 자연을 더 많이 표현하는 만큼 더 매력적일 것이고, 군주
의 정원의 형식적 모방을 넘어 장엄성으로 현상할 것이다.140)

---

139) Thomas Gray, "Letter to Mr. How"(Sept. 10, 1763), 21쪽. *The Works of Thomas Gray*, Vol.
   IV (London: William Pickering, 1836).

140) Shaftesbury, *The Moralists, A Philosophical Rhapsody* (1709), 220쪽. Shaftesbury (Anthony Ashley
   Cooper), *Characteristicks of Men, Manners, Opinions, Times* [1711], Vol. 2 (Indianapolis: Liberty
   Fund, 2001). http://oll.libertyfund.org/title/811. 검색일: 2010. 11. 13.

섀프츠베리는 루소가 자연주의적 자연정원을 주창하기 50여 년 전에 이미
야생의 자연적 정원을 주창하고 있다.

그러나 섀프츠베리의 미감은 그의 전통적 고전주의, 이와 대립되는 '새롭게
자라나는' 자연주의, 그리고 시누아즈리의 중국적 취향 등 세 가지 미감 사이에
서 동요했다. 그의 다음 언명은 그의 정원미학이 시누아즈리·고전주의·자연주
의 미감 사이에서 동요하고 있음을 보여준다.

나는 주제들 자체가 가치가 있고 내 말을 사실로 입증할 수 있는 만큼 상상하는
것, 찬탄하는 것, 기뻐하는 것을 '배운다. 그렇지 않으면 나는 이때 좋아했다가 저때
싫어했다가 할 것이다. 나는 나의 선택과 이 선택 속의 판단이 '내가 기뻐한다'는
단 하나의 규칙 외에 다른 어떤 규칙으로부터도 생겨난 것이 아니라면 나의 추구에
질릴 것이고, 경험 시에 기쁨을 거의 느끼지 못할 것이다. 그로테스크하고 흉물스러
운 모양도 종종 기쁘게 한다. 잔인한 광경과 야만성도 기쁘게 하는 것으로 나타나
고, 어떤 기분에서는 다른 모든 주체를 뛰어넘어 기쁘게 하는 것으로 나타나기도
한다. 그러나 이 기쁨은 '올바른' 것인가? 그리고 이 기쁨이 나타난다면 그것을 내가
따라가야 하는가? 기쁨을 갖고 추구해야 하는가, 아니면 나의 기분 속에서의 그
기쁨의 성장이나 만연을 막으려고 애써야 하는가? 보다 부드럽고 보다 알랑대는
유형의 기쁨의 경우에는 어떤가? 여성스러움은 나를 기쁘게 한다. 인도(중국) 문양
들, 일본식 칠기, 법랑은 나의 눈을 때린다. 칙칙한 색깔들과 거친 색칠은 나의 상상
에 가까워진다. 나는 프랑스 스타일이나 플랑드르 스타일이 첫눈에 아주 좋았다. 그
리고 나는 나의 좋아함을 추구한다. 그러나 그 결과는 어떤가? 내가 나의 좋은 풍미
를 영원히 몰수당하지 않는가? 내가 이런 식으로 이탈리아 거장의 아름다움이나 행
복하게도 자연과 고대인에 따라 형성된 손의 아름다움을 맛보게 되는 것이 어떻게
가능한가?[141]

---

141) Shaftesbury, *Soliloquy: Or, Advice to an Author* (1710), 208-209쪽. Shaftesbury (Anthony Ashley
Cooper), *Characteristicks of Men, Manners, Opinions, Times* [1711], Vol. 2 (Indianapolis: Liberty
Fund, 2001). http://oll.libertyfund.org/title/811. 검색일: 2010. 11. 13.

"중국식 문양들, 일본식 칠기 제품, 법랑"과 "칙칙한 색깔들과 거친 색칠" 등에 대한 섀프츠베리의 호감은 시누아즈리를 나타내고, "자연에 따라 형성된 손의 아름다움"에 대한 선호는 자연주의를, "이탈리아 거장의 아름다움"이나 "고대인에 따라 형성된 손의 아름다움"에 대한 선호는 고전주의를 나타낸다. 18세기 초 섀프츠베리의 미학은 그의 공맹주의적 도덕감각론과 약간 다르게 아직 고대 그리스인들의 미감에 대한 동경에서 벗어나지 못한 채 고전주의, 시누아 즈리, 자연주의 사이에서 동요하며 지나친 시누아즈리 열풍으로 인해 잔존하는 고전주의적 미감을 마저 상실하지 않을까 우려하고 있다.[142] 물론 여기서 섀프 츠베리가 추구하는 자유주의는 '야생적 자연주의'다.

섀프츠베리의 야생적 자연주의 정원은 인간이 자연의 자생적 산물을 모방하는 중국의 '조경造景' 정원과 상당히 다른 것이다.[143] 중국정원은 야생적 자연으로 돌아가는 것이 아니라 사라와지 방식으로 자연에 인간적 천재성을 가해 야생적 자연을 모방해 예술적으로 재창조하기 때문이다. 애디슨(Joseph Addison, 1672-1719)은 섀프츠베리의 야생적 자연정원보다 자연정원을 보이지 않는 기법으로 본뜬 중국정원처럼 '자연스럽게 가꾸어진' 자연정원을 선호했다.

2.2. 중국식 영국정원 '중영가든'의 유행

애디슨은 1712년 이미 템플과 섀프츠베리를 인용하면서도 중국인들을 '무위이치無爲而治'의 아름다움에 대한 증인들로 불러냈다. '무위이치'의 예술은 자연적 옥외 환경에서 자연이 홀로 자신의 천재성을 마음대로 하도록 놓아두는 가운데 인간의 천재성을 감춰두는 예술이다. 이 점에서 애디슨이 추구하는 '무위이치'의 예술적 중국정원은 루소의 '무위자연'의 비非예술적 야생정원과

---

142) 아너는 시누아즈리로 인한 고전주의적 미감의 상실을 걱정하는 섀프츠베리의 이 우려를 과장한 나머지 그를 시누아즈리에 대한 "보다 엄숙한 반대자"로, 심지어 "맹렬한 중국혐오자"로 오해하고 있다. Honour, *Chinoiserie*, 81, 145쪽.

143) 진수의는 섀프츠베리의 야생적 자연주의 정원과 중영가든의 차이를 알지 못한 것 같다. 그는 이렇게 말한다. "섀프츠베리와 같은 의견들은 중국정원을 거명하지 않을지라도 (정원과 관련된) 새로운 미감의 직접적 촉진제였다." Chen Shuyi, "The Chinese Garden in Eighteen the England", 342쪽.

본질적으로 달랐다.

■ 애디슨과 포프의 중국정원론

애디슨은 섀프츠베리의 원예론을 비판적으로 계승하고 윌리엄 템플의 사라와지 정원론을 발전시켜 루소와 반대되는 관점을 더 심화시켰다.144) 애디슨은 1712년『스펙테이터(*The Spectator*)』지(No. 414)에서 이렇게 새로운 조원술을 주창한다.

중국에 관해 보고해온 작가들은 이 나라의 거주자들이 규칙과 직선으로 펼쳐진 우리의 인공림(Plantations)을 비웃는다고 우리에게 말한다. 왜냐하면 그들은 나무들을 나란히 줄맞춰 똑같은 모양으로 놓는 것은 아무나 할 수 있다고 말하기 때문이다. 그들은 오히려 이 자연의 작품들 속에서 천재를 보여주기를 좋아하고, 그리하여 언제나 그들이 스스로를 지도하는 예술을 숨겨둔다. 중국인들은 그토록 기분 좋은 효과를 내는 것이 무엇인지를 까발리지 않은 채 첫눈에 상상력을 때리는 조림지의 특별한 아름다움을 표현하는 한 단어를 그들의 언어 속에 가지고 있는 것으로 보인다. 반대로 우리 영국정원은 자연의 비위를 맞추기는커녕 자연으로부터 가급적 많이 일탈하는 것을 좋아한다. 우리의 나무들은 원추·구球·피라미드로 자란다. 우리는 모든 나무와 수풀 위에서 가위질을 한 흔적을 본다. 내 의견이 특이한 것인지 모르겠으나 내 생각을 말하자면 나는 나무가 잘리고 다듬어질 때보다 (…) 차라리 번성하는 나무를 보고 싶다.145)

여기서 "중국인들은 규칙과 직선으로 펼쳐진 우리의 농원을 비웃는다"는 애디슨의 말은 앞서 선보인 템플의 말을 거의 그대로 옮겨놓은 것이다. 템플의 중국 조원술을 계승해 중영가든을 주창하는 애디슨의 이 1712년 논변은 40여

---

144) 이하 '중영가든'의 기술은 필자의『공자와 세계(2)』(2011)의 해당 부분을 보완하고 업그레이드한 것이다.

145) Joseph Addison, "On the Pleasure of the Imagination", *The Spectator*, No. 414 (June 25, 1712), 49쪽. *The Spectator*, Vol. V in 6 vols. (New York: D. Appleton & Company, 1853).

년 뒤 영국 조경정원의 중국적 기원을 부정하는 케임브리지와 그레이의 주장을 다시 한 번 완전히 무력화한다. 애디슨은 『스펙테이터』 지 다음 호(No. 415)에서 중국의 건축물만이 아니라 '만리장성'도 소개한다.146)

중국·일본식 정원은 18세기에 극동으로부터 문화를 수입한 중요한 문화품목 중 가장 중요한 품목에 속했다. 중국식 정원은 많은 글에서 풍요롭게 논의되었기 때문에 매우 중요한 주제다. 중국정원의 유행은 중국정원을 수용하기에 가장 이상적인 전제로 기능할 수 있는 영국식 조경정원(landscape garden)이 이미 확산되어 있던 영국에서 맨 먼저 시작되었다. 18세기 초에 이 조경정원은 베르사유의 기하학적·건축양식적 정원에서 정점에 도달한 이탈리아-프랑스식 신고전주의 정원과의 마찰 속에서 발전했다. 프랑스인들의 신고전주의적·건축양식적 정원은 한때 영국에서도 지배적이었지만 고대적 자연관의 명의로 일어난 대항운동이 시작되었다. 상술한 인용문에서 드러나듯이 이 운동을 홍보한 최초의 창시자는 1709년에 정원예술을 문예적 논쟁대상으로 삼은 섀프츠베리였다.147) 애디슨이 『스펙테이터』 지에서 섀프츠베리의 정원론을 다룬 것은 바로 3년 뒤였다.

알렉산더 포프(Alexander Pope, 1688-1744)는 애디슨과 거의 동시에 『가디언(Guardian)』(1713) 지에 실은 한 글에서 템플과 애디슨을 인용하며 애디슨보다 더 매섭게 당대 영국 조원술의 "푸른 조각품(verdant sculpture)"을 공격하고 템플·애디슨과 유사한 원예철학을 개진했다.148) 그리고 그는 디그비(Robert Digby)에게 보낸 한 서신(1723)에서 "중국의 사라와지"까지 거명하며 "이것은 아주 위대하면서 동시에 아주 야생적이라고 생각한다"고 말한다.149)

---

146) Joseph Addison, "On the Pleasure of the Imagination", *The Spectator*, No. 415 (June 26, 1712), 52, 54-55쪽. *The Spectator*, Vol. V.

147) Berger, *China-Bild und China-Mode im Europa der Aufklärung*, 235-236쪽.

148) Alexander Pope, "On Laying out Gardens – Whimsical Form of Yews". *The Guardian*, Vol. III, corrected by A. Chalmers (London: Printed for F. C. and J. Rivington, 1817), No. 173(Tuesday, Sept. 29, 1713), 256-262쪽.

149) Alexander Pope, "Letter to Robert Digby"(August 12, 1723). *The Works of Alexander Pope*, Vol. IV, ed. by Elwin and Courthope (London: John Murray, 1871-1889), 84쪽. Qian Zhongshu (錢鐘書),

나아가 포프는 최초로 자신의 기하학 양식의 튀커넘(Twickenham) 정원을 때려
부수고 이곳에 중국 스타일의 원예기법을 도입하는 모범을 보였다.150) 그리고
그는 512행으로 된 시 『명예의 전당(The Temple of Fame)』(1715)에서 "선하라고
저 유용한 학문을 가르친 공자가 우뚝 홀로 서 있네(Superior, and alone, Confucius
stood, Who taught that useful science, to be good)"라고 노래하고, "우리는 약 2,000년
전 살았던 중국인들의 위대한 입법자 공자 외에 단 한 명의 도덕철학자의
설명도 없다"고 공자를 추켜세운 바151) 있는 친중파 문인이었다. 애디슨은
구식의 깔끔한 질서에 저항해 그의 새 정원에 야채와 꽃나무·과일나무·숲나무
등을 뒤범벅으로 심었다.152)

포프와 애디슨에 의해 점화된 이 새로운 중국풍 정원운동은 영국에서 빠르게
퍼져나갔다. 구식 정원은 사라졌고, 새로운 정원이 점차 그 자리를 차지했다.
1696년 르콩트(Louis[-Daniel] Le Comte)는 당시 영국에서도 널리 읽힌 자신의 책
『중국의 현재상태에 대한 신비망록』에서 이미 중국정원에 관해 썼고, 캠퍼(E.
Kämpfer)는 조금 뒤에 마찬가지로 널리 읽힌 『일본사(History of Japan)』(1729)에서
동양의 이 정원예술을 기술했으며, 1735년 뒤알도 중국정원을 소개했다.
특히 쟝 데니 아티레 신부(Père Jean Denis Attiret)가 1702년부터 1781년까지 시리즈
로 발간된 『감화적이고 신기한 서간들』에 실은 서간(1743년 작성)에서153) 중국황
제의 북경 여름궁전을 위요한 거대한 조경공원 원명원圓明園(원명원·장춘원·기춘
원[또는 만춘원]으로 구성된 3.5km²의 대형 정원)을 정열적으로 묘사해 모든 정원애호가
들을 매혹시킨 해는 1749년이었다. 아티레의 이 서간은 곧 도처에 알려졌다.

"China in the English Literature of the Eighteenth Century", 125-126쪽에서 재인용. Adrian Hsia
(ed.), *The Vision of China in the English Literature of the Seventeenth and Eighteenth Centuries*
(Hong Kong: The Chinese University of Hong Kong Press, 1998).

150) Reichwein, *China und Europa*, 124쪽.

151) Alexander Pope, *The Temple of Fame: A Vision* (London: Printed for Bernard Lintott, 1715),
14, 48쪽.

152) Reichwein, *China und Europa*, 124쪽.

153) Jean Denis Attiret, "Lettre du Père Attiret"(A Pèkin, le 1er novembre 1743). *Lettres Édifiantes
et Curieuses consernnant l'Asie, l'Afrique et l'Amérque*, Tome 3, puliées sous la direction de M. L.
Aimé-Martin (Paris: Société du Panthéon Littéraire, 1843), 786-795쪽.

훗날 영국 왕실 궁전 정원사이자 영국 국왕의 건축가였던 윌리엄 체임버스 경(Sir William Chambers, 1723-1796)도 이 서간을 새로운 정원운동의 모티브로 삼았다.154) 아티레 신부의 이 서간은 영국의 중국풍 조경정원 운동을 특별히 가속화시켰으며, 영국에서 상세하게 논의되었다. 영국에서 애디슨과 포프처럼 중국식 조원술을 대중화하는 데 앞장선 스펜스(Joseph Spence, 1699-1768)는 아티레의 이 서간을 영역·출판했고(1752),155) 이 영역판은 1752년『월간리뷰(Monthly Review)』(12월)에 의해 소개되었다. 그리고 1762년 퍼시(Thomas Percy)의『중국인들에 관한 미셀러니(Miscellaneous Pieces relating to the Chinese)』에156) 다시 실렸다.

프랑스에서는 볼테르에 의해 그 요지가 재생산되고, 영국의 중국풍 정원에 대한 서적들이 불역되었다. 중국정원 양식으로 나타난 모든 논문은 아티레의 서간과 관련된 것이었다.157) 불규칙적으로 구획·배치된 거대한 조경정원 '원명원'의 모델이 서양에 알려지면서 중세풍 유원遊園(pleasance)의 테두리 두른 대칭 화단들과 이것을 둘러싼 장벽들이 제거되기에 이른다.

아티레는 특히 골짜기들에 깃들어 여러 호수의 섬들을 꾸미는 수많은 집들과 정자들 외에 한 마을을 통째로 포함하는 원명원의 방대함을 강조해 묘사했다. 아티레는 원명원이 집과 정자들이 불규칙적으로 배치되어 있다는 것, 직선 가로나 오솔길은 없고 뒤틀린 행로만이 있다는 것, 가교도 일반적으로 뱀처럼 구불거린다는 것 등을 기술하고 있다. 호러스 월폴은 아티레의 이 묘사들에 감명을 받아 순수자연의 극단과 인위적 예술성의 극단을 피하는 중국정원의 '중도적' 성격에 대해 다음과 같이 비평했다.

그것들(중국정원들)은 유럽정원들이 격식화되어 제일齊一하고 불변적인 것만큼 변화

---

154) Berger, *China-Bild und China-Mode im Europa der Aufklärung*, 240쪽.

155) Joseph Spence (Pseudonym: Sir Harry Beaumont), *A Particular Account of the Emperor of China's Gardens near Pekin* (London: Printed for R. Dodsley, 1752).

156) Thomas Percy, *Miscellaneous Pieces relating to the Chinese*, Vol. II (London: Printed for R. and J. Dodsley, 1762), 149-201쪽 ("A Description of the Emperor of China's Gardens and Pleasure-Houses Near Pe-king").

157) 참조: Reichwein, *China und Europa*, 124-125쪽; Clarke, *Oriental Enlightenment*, 51-52쪽.

무쌍하게 불규칙적이다. 그러나 자연에 관한 한, 자연은 우리 조상들의 정사각형·직 사각형·직선들에서 그런 만큼 회피되는 것처럼 보인다. (…) 심지어 그들의 가교조 차도 직선이어서는 아니 된다. 교각들도 시냇물만큼 많이 사행蛇行하고, 때로 쉼터가 설치되어 있을 정도로 길며, 개선凱旋 아치들로 시작하고 끝난다.[158]

그리고 월폴은 1753년 슈트(John Chute)에게 보낸 서한에서 다음과 같이 쓰고 있다. "(록스턴[Wroxton]에는) 왕국 전역에 걸쳐 (…) 아주 수많은 유형의 원본들 로서의 장점과 함께 단점도 가진 하찮은 중국 건물들과 교각들이 여러 개 있다. 그러나 적어도 록스턴의 이것들은 바로 최초의 것들이었다."[159] 중국정 원은 당대의 문장가 월폴을 매료시켰던 것이다.

■ 중영가든의 기원을 둘러싼 논쟁

영국의 조경정원에 대한 원명원을 위시한 중국정원의 영향에 대해서는 이견 이 있어왔다. 가령 휴 아너는 영국 조경정원의 형성 과정에서 중국의 영향을 부정한다. 물이 세차게 떨어지는 폭포들, 넓은 호수, 나무덤불들과 신비스러운 '무서운' 숲들을 가진 18세기 영국정원들은 원명원의 예술적으로 구상된 장면 들보다 이탈리아 예술가 살바토로 로사(Salvator Rosa)와 프랑스 예술가 클로드 로렝(Claude Rrrain)의 파격적 예술사조의 덕을 입었다는 것이다. (그러나 그는 이를 논증하지 않고 있다.) 영국 조경정원의 – 밝게 칠해진 시누아즈리 사원이 나 시내를 가로지르는 뇌문雷紋 가교, 이 사원과 가교를 빗질하듯 문지르는 수양버들 가지 등 – 오직 일정한 건물들만이 중국의 이미지를 불러일으킬 뿐이라는 것이다. 그리고 조경정원에 문외한인 영국 시인 토마스 그레이(Thomas Gray, 1716-1771)의 조원술에 대한 기술(1763)을 들이댄다. "이 조원예술이 우리에 게 생긴 지 40년도 되지 않는다. 그리고 이와 같은 것은 유럽에 없다는 것이

---

158) Horace Walpole, *On Modern Gardening*, 134-135쪽. Horace Walpole, *Anecdotes of Painting in England*, Vol. 4, Collected by the late Mr. George Vertue (Strawberry-Hill: Printed by Thomas Kirgate, 1771).

159) Honour, *Chinoiserie*, 150쪽에서 재인용.

확실하고, 마찬가지로 우리가 그때 중국으로부터 이 주제에 관해 어떤 정보도 얻지 않았다는 것도 확실하다." 아너는 그레이의 이 말을 외국에서 '중영가든'이라는 이름을 얻은 영국의 조경공원의 기원이 멀리 떨어진 꽃피는 중국제국에 있다는 널리 확산된 믿음을 부정하고 있는 것으로 해석한다. "최초의 영국 조경공원들이 창조되었을 때는 중국 조원술에 대한 관념이 지극히 모호했고, 1760년대 이전에는 원명원의 불규칙적 배치가 여행가들의 기술로부터 알려져 있었을지라도 원명원에 대한 어떤 회화적 재현도 유럽에 없었다"는 것이다. 이른바 '중영가든'의 관념은 18세기 필객들의 착각에서 나온 것이라는 말이다.160) 당시의 동시대인들보다 잘 아는 듯이 말하는 아너의 이 주장은 당대 지식인들의 미학적 인식능력을 경시하고 있다.

따라서 아너가 이 주장을 입증하려고 할수록 그의 주장은 모순에 봉착한다. 그는 원명원과 중국식 조경정원이 영국에 알려지기 전에 자연의 거친 취급에 대한 비판은 도식화된 화단을 가로질러 속삭이듯 재빨리 퍼져나갔고 이에 대한 반향 속에서 나뭇가지들로 엮은 나무터널 가로수 길을 추방했다고 주장한다. 격식화된 정원에 대한 불만의 느낌은 셰익스피어·밀턴 등 영국 시인들이 오래전부터 "낮질되지 않고 꾸밈없는 자연의 아름다움"을 찬미해온 영국에서 기원했다는 것이다. 셰익스피어는 아든 숲(Forest of Arden)의 "점잖은 야생성"을 묘사했고 존 밀턴은 에덴동산을 언어가 생기기 전의 조경공원으로 묘사했다는 것이다. 이 도식화된 정원에 대한 최초의 가청적可聽的 불만 표시로 윌리엄 템플 경의 '사라와지' 정원론을 들고 있다. 그러나 그는 '사라와지'라는 말이 중국어 '사로와치(sa-ro-wa-chi)' 또는 '사로콰치(sa-ro-kwa-chi)'나 일본어 '사라와지'에서 유래한 것으로 애매하게 얼버무리고 있다. 그리고 템플은 사라와지 기법을 헤이그에서 대사로 주재할 당시에 그가 만난 몇몇 여행가들로부터 중국 조원술에 대한 묘사를 듣고 니우호프의 짧은 원명원 묘사를 증폭시킨 것으로 오인하고 있다. 그는 이런 식으로 해서 불규칙적 정원의 관념은 영국적 정신 속에서 중국정원과 연관되고 '사라와지'라는 말도 18세기 어휘의 일부가 되기에 이르

---

160) Honour, *Chinoiserie*, 143-144쪽.

렀다는 것이다.161)

그러나 상론했듯이 '사라와지'의 출처는 중국어가 아니라 일본어다. 그리고 템플은 원명원처럼 사라와지 기법이 적용된 중국식 정원을 글말이나 입말로 전해 듣기만 한 것이 아니라 일본·중국정원을 잘 아는 네덜란드 친구의 중국식 정원을 여러 차례 방문해 그 풍광을 즐겼었다. 따라서 아너는 1760년대 이전에 원명원의 '그림에 의한 표현물이 나오지 않았다고 말하고 있지만, 템플은 중국과 일본을 수시로 드나들던 네덜란드 사람들이 극동의 정원을 보고 와서 조성한 중국·일본식 조경정원을 단지 '그림'으로가 아니라 '실물'로 보았던 것이다.

템플이 1685년 「에피쿠로스의 정원에 관하여」를 쓴 뒤에도 1760년대보다 훨씬 이전인 조경공원 운동의 초기단계에 원명원의 '그림'이 영국인들에게 전해졌다. 예수회선교단을 수행했던 마테오 리파(Matteo Ripa) 신부가 1713년 중국황제의 여름궁전 원명원을 그린 중국인들의 그림 원본에 따라 동판화로 36점의 정원 전경을 새겨 그렸다. 리파가 견본으로 쓴 중국인의 목각 그림(1712)과 비교해보면, 그의 동판화가 매우 정확하고 양식에서도 중국 풍경묘사의 정밀한 재현을 위해 애썼다는 것을 알 수 있다. 그럼에도 리파의 그림들은 대상들의 윤곽과 입체성 측면에서 아주 예리해서 18세기 유럽인들이 일반적으로 이해할 수 있을 정도였다. 리파는 1724년 런던에 가 있었고, 원명원 동판화 시리즈를 윌리엄 켄트(William Kent) 공작과 포프의 친구이자 치지크(Chiswick)와 튀커넘의 소유주인 벌링턴 백작(Earl of Burlington)에게 넘겨주었다. 이 유일무이한 만남 덕택에 중국정원은 바로 불규칙적 배치에서 지속적으로 완전히 일반적인 영향을 끼쳤다. 물론 경우에 따라 중국정원의 영향은 바위·폭포·수양버들·정자·가교·나룻배 등과 같은 부속물들에 국한되기도 했다. 리파의 결정적 그림 각인은 이상적 풍경화의 각인으로 쓰이기도 하고, 중국정원에 관한 여행보고서에 원용되기도 했으며, 중국정원에 관한 시문에도 원용되었다. 심지어 "고대로 역투사되기도 했다".162)

---

161) Honour, *Chinoiserie*, 144-145쪽.

162) Eva Börsch-Supan, "Landschaftsgarten und Chinoiserie", 102쪽.

따라서 중국풍 조경정원을 실물로 보고 사라와지 조원론造園論을 편 윌리엄 템플과 원명원 그림을 제공한 마테오 리파의 영향은 조경정원 운동이 일어나던 초기부터 보편적으로 만연되어 있을 수밖에 없었다. 1720년경 윌리엄 켄트와 스토우가 설계한 치지크·튀커넘 정원, 포프의 정원 등과 같은 조경정원의 최초 사례들은 1715년부터 시작된, 팔라디오로의 고전주의적 소급과 나란히 진행되었고, 동일한 인물군으로부터 생겨났다. 정원에 대한 새로운 동기는 17세기의 이상적 로마 풍경화와 재해석된 고대 로마 농촌저택 풍경으로부터 생겨났다. 이 운동의 성격은 초창기에 과학적·문예적이었고, 조경정원의 시적 묘사들은 현실적 시도들을 앞질렀다.163) 따라서 치지크·튀커넘 조경정원과 포프의 조경정원에는 이미 중국식 조경정원을 실물로 본 윌리엄 템플과 원명원 동판화의 제작자 마테오 리파의 영향이 전적으로 삼투되어 있을 수밖에 없었던 것이다. 조경정원으로 재해석된 로마 농촌저택의 고대정원에 대한 '역투사'도 중국풍 사라와지 정원의 영향의 소산일 수밖에 없었던 것이다.

따라서 "중국정원이 불규칙적으로 식목된다는, 영국에서 단지 불규칙적 식목의 선례로만 진술된 사실 외에 18세기 초에 중국정원에 대해 (그림으로) 알려진 것이 거의 없었다"는 아너의 논변이나 "1760년대 이전에 원명원의 '그림에 의한' 표현물"이 없었다는 그의 주장도164) 전혀 근거 없는 소리다. 그러므로 우리는 이쯤에서 아너의 모든 주장을 심각한 오해와 착각의 산물로 처리할 수밖에 없다.

아너는 셰익스피어·밀턴·섀프츠베리·루소 등이 바라고 주장하던, 인위적 예술기법을 완전히 추방한 야생적 자연주의 정원과, 아주 자연스러운 예술기법으로 가꾼 중국풍의 중도적 조경정원을 구분하지 못하고 있다. 아너는 심지어 자연주의 정원에 대한 섀프츠베리의 주장과 중국식 조경정원에 대한 애디슨의 기술을 본질적으로 같은 주장으로 착각하고 있다.165) 유사한 착각과 혼동은

---

163) Eva Börsch-Supan, "Landschaftsgarten und Chinoiserie", 102쪽.

164) Honour, *Chinoiserie*, 146쪽.

165) Honour, *Chinoiserie*, 145-146쪽.

18세기에도 존재했다. 1785년 윌리엄 마샬은 이렇게 혼동한다. "우리는 영국정원이 중국인들의 정원의 복제물에 지나지 않는다고 들어왔다. 그러나 이것은 진실에 기초했다기보다 프랑스인들의 질투에 기초한 것이다. 왜냐하면 중국인들의 조원 스타일이 나무에 대한 문신文身과 전정剪定작업을 허용치 않는다고 할지라도 그것은 고대 로마인 또는 현대 프랑스인들의 정원만큼이나 자연적 광경과 관련이 없기 때문이다. 자연을 돕는 기법은 의심할 바 없이 모두 우리 자신(우리나라 – 인용자)의 기법이다."166) 그러나 마샬의 이 민족주의적 주장도 아너의 주장만큼 오류의 소산이다.

원명원이 유럽에 처음 알려지던 무렵, 영국의 정원운동이 두 가지 흐름으로 전개되기 시작했다. 하나는 인위적 예술기법이 군림하는 기존의 형식적·도식적·기하학적 유위有爲의 정원 조원술에 대항해 정원으로부터 인위적 예술기법을 모조리 추방하는 순수한 자연정원의 극단적 흐름이고, 다른 하나는 순수자연과 유위만능의 예술을 둘 다 허용하지 않는 중국풍의 중도노선이다. 처음에는 루이 14세의 구식 정원의 과장된 구속들에 대한 강한 반발로 전자가 지배했다. 사람들은 주변 환경과 거의 구별되지 않는 자연적 정원을 설치했다. 이런 자연적 정원은 다양성을 결했다. 그리하여 자연과 예술을 자연스럽게 혼합한 중도노선으로의 발전이 시도되었다. 이러한 조원造園방식은 중국정원에서 모델을 찾았다.167)

■ 체임버스의 중국정원론과 중영가든의 유럽적 확산

체임버스는 자연과 예술을 자연스럽게 혼합하는 중국정원 모델을 처음으로 유럽에 알린 원예학자다. 그는 중국을 두 번에 걸쳐 방문하고 말년에 『동방원예론(A Dissertation on Oriental Gardening)』(1772)을 저술했다. 이 책은 중국정원에 대한 찬양과 더불어 순수한 자연적 정원을 거부하는 이유를 논했다.

---

166) William Marshall, *Planting and Ornamental Gardening* (London: Printed for J. Dodsley, 1785), 559쪽.
167) 참조: Reichwein, *China und Europa*, 125-126쪽.

내가 나의 마음을 당신들에게 자유롭게 털어놓는다면 당신들의 예술가들과 감정가들은 둘 다 자연과 단순성에 너무 많은 강세를 주는 것으로 보인다. 이것은 모든 반식자半識者 잔소리꾼의 항상적 외침, 모든 노래의 의무, 당신들이 부지불식간에 둔감과 무미건조성 속으로 잠드는 음률이다. 자연과의 닮음이 완전성의 기준이라면, 플리트가(Fleet-street)의 밀랍상은 신적神的 미켈란젤로(Michelangelo Buonarotti)의 모든 작품을 능가할 것이다.168)

체임버스는 그 이유를 "그 구성들이 디자인이라기보다 우연의 소산으로 보일 정도로 적은 다양성, 대상 선택에서의 판단의 결여, 구상에서의 상상력의 빈곤과, 배열에서의 예술기법의 빈곤이 존재한다"는 것으로 설명했다. "낯선 방문객은 종종 흔한 풀밭이나, 돈 몇 푼이면 만들고 유지되는 유원지를 걷고 있는 것으로 알고 당황한다"는 것이다.169) 이런 것은 '자연으로의 복귀'가 아니라 과민성과 감상성感傷性이었다.170)

유럽에서 중국정원의 첫 사례는 1762년 윌리엄 체임버스에 의해 건설된 켄트(Kent) 공작의 '큐 가든(Kew Gardens)'이었다. (이 정원은 런던 중심가에서 서남방으로 30분 거리에 위치해 있다. 지금은 많은 정원들이 증축되어 왕립식물원으로 쓰이고 있다.) 이 정원시설은 체임버스의 논문과 여행자들의 보고들을 통해 새로운 스타일의 모든 유럽정원의 모델이 되었고, 프랑스에서 곧 '중영中英 가든(Chinese-English Garden)'으로 불리게 되었다.171) 큐 가든이 대륙에 알려지고 중영가든의 모델로 복제되어 나가면서 영국은 "유럽의 시누아즈리 정원의 모국"172) 되었다.

당시 키일(Kiel)대학교의 철학·예술교수 히르쉬펠트(Christian Cajus Lorenz Hirschfeld)는 체임버스의 새로운 정원을 체임버스에게 정원건설을 위탁한 켄트의 미감으

---

168) Chambers, *A Dissertation on Oriental Gardening*, 145쪽.

169) Chambers, *A Dissertation on Oriental Gardening*, "Preface", v쪽.

170) 참조: Reichwein, *China und Europa*, 126쪽.

171) Reichwein, *China und Europa*, 126쪽.

172) Berger, *China-Bild und China-Mode im Europa der Aufklärung*, 243쪽.

로 보고 다음과 같이 논평했다.

켄트는 대단한 재능과 미감을 가진 사나이인데 그 이름은 우리 사이에 아직 거의
알려지지 않은 것으로 보인다. 그는 이 세기의 작품 직후 처음으로 예술가로서 길을
타개했다. 그는 규칙성이 얼마나 피곤하게 하고 심지어 구역질을 야기하는지를 간파
했기 때문에 혼한 규칙성을 떠났다. 그는 자연이 작은 물체에서만 대칭성을 사랑하고
반면 큰 땅뙈기에서는 사랑하지 않으며, 자연은 자신의 가장 마음에 드는 작품 안에서
다양성과 아름다운 무질서로 하여금 지배하도록 한다고 논평한다. 그는 자연의 크고
마음에 드는 대상들이 자유롭고 과감한 무질서 속에서 영혼에 던지는 물리칠 수 없는
인상을 느꼈다. 이 인상은 작은 귀여운 시설들이 산출하는 모든 인상보다 훨씬 더
감동적이고 더 재미있다. 그는 기분전환을 위해 곡선을 선택하고, 시내와 물에 굽이치
는 만곡을 주었고, 높은 땅을 평평하게 고르지 않은 채 나무를 심었고, 자연적 관목들
을 부수지 않은 채 미화했고, 모래 공활지보다 푸른 잔디를 선호하고, 눈에 많은 매력
적 풍경들을 열어주었고, 우아한 원림園林을 건물들로 고상하게 만들었다. 간단히, 켄
트는 그가 정원을 찾던 곳에서, 즉 자연에서 정원을 발견했다. 그의 새로운 설계도와
시설들은 그의 동포들의 국민적 미감에 열광적 갈채와 함께 받아들여졌다. 영국의
정원예술은 한번 바른길로 타개된 뒤에 더 빠른 진보와 점점 더 나은 형성을 결할
수 없었다. 열린 길로 더 진보한 더 많은 예술가들이 그를 따랐다.173)

히르쉬펠트의 이 묘사에 나타난 것들에 더해 켄트정원도 체임버스의 분부에
따라 이국적인 것들로 채워졌다. 중국정원의 모델에 따라 인조 언덕과 인조
산을 세우고, 암석들을 쌓고, 그 위에 폭포를 연결하고, 작은 황무지를 설치하고,
나무 집단들, 인공암석, 폐허, 이국적 건물, 특히 풍경을 압도하는 파고다를
듬성듬성 설치했다. 체임버스에 의해 1762년 큐 가든의 동남방 코너에 세워진
160피트(약 50m)의 이 10층 파고다는 어떤 방향으로든 40마일의 전경을 지배했

---

173) Christian C. L. Hirschfeld, *Theorie der Gartenkunst*, Bd. 1 (Leipzig: bey M. S. Weidmanns Erben
und Reich, 1779), 127-128쪽.

으며, 층마다 튀어나온 중국식 지붕을 달았다. 지붕구석은 다양한 색상으로 칠해진 광택 나는 80마리의 용으로 장식되었다.174) 큐 가든의 많은 이국적 중국식 건조물 중에서 파고다만이 용 그림과 용의 입에 달린 종이 없어졌어도 오늘까지 남아 있다.175)

중국의 탑을 본뜬 이 파고다의 주변 호수의 호두湖頭에는 1745년경 1740년대 인기화가 구피(Joseph Goupy)의 설계에 입각해 '공자의 집(House of Confucius)'이라고 불리는 2층 팔각정의 공자사당도 세웠다. 이것은 극동의 '공자사당'의 모방이었다. 낮은 층은 방 하나와 2개의 공방으로 되어 있고, 위층은 호수와 정원에 대한 아주 재미있는 전망을 지배하는 작은 살롱이 하나 있었다. 벽과 천장은 그로테스크한 장식들, 공자와 관련된 작은 역사적 주제들, 중국에 가 있는 기독교선교단의 여러 번역서들이 그려져 있었다. 소파와 의자는 고벨렝 융단으로 덮여 우아했다.176) (이 '공자의 집'은 언젠가 철거되고 지금은 없다.)

- 중영가든의 유럽적 확산과 중국식 조경정원론의 석권

큐 가든의 이 파고다는 곧 대륙의 여러 곳으로 복제되어 나갔다. 이 큐 가든의 파고다 복제물 중 가장 잘 알려진 것은 네덜란드의 헤트 루(Het Loo) 가든의 탑과, 남프랑스 루아르(Loire) 주에 위치한 슈아쉴 공작(Le Duc de Choiseul)의 장원에 설치된 샹텔루(Chanteloup) 가든의 탑, 뮌헨의 영국식 정원('엥글리셔 가르텐')의 탑이다.177) 1760년 이후에는 이제 영국정원에 중국풍과 고딕풍이 패치워크된 이른바 '중국적-고딕풍(Chinese-Gothic)'의 돌집들도 나타났고, "이 '중국적-고딕'은 하나의 개념이 되었다". 가령 괴테는 영국정원의 인공동굴을 느낌의 승리 속에서 "중국적-고딕"이라고 기술했다.178)

---

174) 참조: Reichwein, *China und Europa*, 129쪽.

175) Honour, *Chinoiserie*, 155쪽.

176) Honour, *Chinoiserie*, 150-151쪽; Anonym, *A Description of the Gardens and Buildings at Kew, in Surrey* (Brentford: Printed and Sold by P. Norbury and George Bickham, without Year), 8쪽.

177) 참조: Reichwein, *China und Europa*, 128쪽.

178) 참조: Reichwein, *China und Europa*, 129쪽.

1740년대 건축된 또 하나의 시누아즈리 공원 빌딩은 스태포드셔의 셔그버러 공원(Shugborough Park)에 세워진 건물이다. 1747년경에 세워진 이 건물은 지금도 남아 있고 1960년대까지 복구되어왔다. 유명한 중국혐오론자 조지 앤슨(George B. Anson, 1697-1762) 제독의 형인 토마스 앤슨의 이 '중국 건물'은 "영국 목수들의 혼합고안물이 아니라 중국 국민의 진짜 건축양식"이었다고 한다. 이 빌딩은 원래 뇌문雷紋 가교로 뭍과 연결된 호수 섬에 서 있었는데, 지금은 물이 멀리 빠져나갔다. 중국 건물은 오목한 지붕에 넓게 퍼진 처마를 가진 이 사각 정자였다. 이 정자의 바깥쪽은 뇌문 문양과 함께 핑크색 바탕에 옅은 녹색으로 칠해져 있었다. 이것은 앤슨 제독이 중국 광동성을 방문하는 동안 시찰한 어떤 중국 건물을 복사했을 것이다. 그러나 지금은 부분적으로 해체된 인테리어는 영국에서 늘 볼 수 있었던 만큼 정말 기분 좋은 혼합 시누아즈리의 견본이었다. 벽토 천장은 우아한 로코코 스타일이다. 벽감은 반곡선 아치형의 정교한 3중 칸막이에 의해 방의 주요 부분과 분리되었다. 이 칸막이는 새들을 줄 위에 앉힌 석고 원숭이로 치장되어 있었다. 방 전체는 빨간색·연녹색·금색으로 유쾌하게 색칠되었고, 중국 그림들과 정교한 파고다 꼭대기 모양의 색칠된 거울들로 치장되어 있었다. 이 중국 건물은 '18세기 중국이 철학자 공자의 천국'이라는 전설을 파괴하려고 했던 여행가 앤슨 제독과 연결되어 있었기에 특별한 관심을 끌었다.179)

1750년 시누아즈리 건물들의 패션에 고무되어 하프페니(William Halfpenny)는 『중국사원의 새로운 설계도(New Designs for Chinese Temples)』라는 서적을 시리즈로 냈다. 1752년 출간된 이 시리즈의 제4권은 『적절히 꾸며진 중국과 고딕 건축』이었다. 하프페니의 이 시리즈를 기점으로 1754년부터 1767년까지 에드워즈, 달리, 오클리, 오우버, 라이트, 데커 등에 의해 중국건축 관련 서적들이 줄지어 출간되었다.180)

이와 동시에 자연주의 정원론과 사라와지에 입각한 중도적 중국정원론 간에

---

179) Honour, *Chinoiserie*, 151쪽.

180) Honour, *Chinoiserie*, 151-152쪽.

논쟁이 이어졌다. 루소는 '자연으로 돌아가자!'는 자연주의적 관점에서 자연과 예술을 혼합한 중도노선의 중국풍 정원을 자연의 소박함이 없다고 비판했다.

나는 인간들의 레크리에이션이 가볍고 소박한 성격이기를 바란다.[181]

그런데 중국정원에서는 자연이 수천 가지 다양한 변형으로 나타났지만, 전체적으로 보면 자연이 아니었다. 그러나 루트비히 운쩌(Ludwig Unzer)는 『중국정원론 (Über die Chinesische Gärten)』(1773)에서 루소에게 다음과 같이 대꾸했다.

루소는 정원에서 모든 예술 관념을 추방하고 싶어 하는 것처럼 보인다. 그는 차라리 왜 정원 설치 일반을 추방하지 않는가? 그의 이상향은 유흥이 아니라 재충전을 원하는 사상가가 물러나 쉬는 아름다운 장소다. (…) 우리는 자연 전체를 보기 위해서가 아니라, 제한된 공간 안에서 그리고 세밀하게 자연의 아름다움을 향유하기 위해서 정원을 만드는 것이다.[182]

자연과 예술의 중도적 혼합을 통해 "제한된 공간 안에서 그리고 세밀하게 자연의 아름다움을 향유할" 수 있게 하는 중국정원의 이런 특징이 바로 영국인과 유럽인들을 매료시킨 점이었다. 중국정원의 특별한 매력은 예술적 관점에서 그 당시의 사람들에게 모든 무드의 다양한 연쇄 속에서 마음을 조율해주는 힘에 있었다. 바로 이런 성질 때문에 새로운 스타일의 정원, 즉 '영국의 중국식 조경가든'이 유럽 전역에 확산되었는데,[183] 이것은 '중국·영국식 정원'이라는 뜻에서 '중영中英가든(le jardin Aglo-Chinois)'이라는 이름을 얻었다.[184]

---

181) Rousseau, *Histoire de la langue et de la littérature française* (Paris, 1898), 752쪽. Reichwein, *China und Europa*, 129-130쪽에서 재인용.

182) Ludwig Unzer, *Über die Chinesische Gärten* (1773), 38쪽. Reichwein, *China und Europa*, 130쪽에서 재인용.

183) 참조: Reichwein, *China und Europa*, 130쪽.

184) 참조: Honour, *Chinoiserie*, 143쪽.

프랑스 사람들은 영국으로부터 일찍이 이 '중영가든'을 도입했다. 구불구불한 실개천과 보도步道, 불규칙적 식목과 이목을 끄는 기묘한 물건들로 꾸며진 영국의 중국풍 조경정원은 해협을 건너 제일 먼저 프랑스에 상륙했고 그다음은 스칸디나비아반도로 건너갔다. 40년이 경과하는 사이 그것은 모든 대륙 군주의 영토의 본질적 일부가 되었다. 아주 짧은 사이에 중영가든은 프랑스에서 크게 유행했다. 프랑스인들은 이토록 매력적인 도식의 정원이 점액질적(냉정한) 영국인들에 의해 발명되었다는 것을 믿기 어려워할 정도였다. 윌리엄 체임버스에 의하면, 프랑스인들은 이 정원이 중국적 기원을 가진다는 사실을 자기들의 자존심에 위안이 되는 것으로 생각했다. 1771년 호러스 월폴은 "프랑스인들이 최근년에 우리의 정원양식을 받아들였지만, 보다 멀리 떨어진 경쟁자들에게 근본적 은혜를 입는 것을 선호해서 이 발견을 중국인들에게 돌리고 우리의 조원造園미감을 '중영미감(le goût anglo-chinois)'이라고 부름으로써 우리의 장점, 아니 오히려 우리의 발명의 독창성을 반절 부정한다'고 말했다.185) 르 루즈 (George Louis le Rouge)는 1776년 유럽의 정원에 관한 4절판 시리즈를 발간하기 시작했을 때 그 저서의 제명을 『유행하는 새로운 정원(중영가든)의 디테일(Détails de nouveaux jardins à la mode [jardins anglo-chinois])』이라고 지었다. 그리고 그는 제1권의 서론에서 담박하게 논평하기를 "전 세계는 영국정원이 중국정원의 모방(une imitation ceux de la Chine)일 뿐이라는 것을 알고 있다'고 썼다. 프랑스인들은 중영가든이 중국에서 유래했다고 강하게 믿으면서도 그들 자신의 땅을 배치할 때 접시에 휘갈겨 그려진 중국정원의 그림보다 영국의 선례를 복제했다.186) 샹틸리 가든, 데제르 들 레츠(Désert de Retz) 공원, 벨로이(Beloeil) 공원 등이 프랑스의 중영가든인데, 이 가운데서 1769년부터 1788년까지 도식적 배치양식을 대체하고 신축된 벨로이 공원이 유럽에서 가장 크고 유명하다.187)

---

185) 참조: Honour, *Chinoiserie*, 163-164쪽.

186) 참조: Honour, *Chinoiserie*, 165쪽.

187) 참조: Honour, *Chinoiserie*, 167쪽.

- 독일의 뒤늦은 중영가든 열풍

프랑스보다 20년 늦게 독일은 이 '중영가든'을 받아들였다. 그러나 기후가 영국과 비슷한 독일지역의 작은 군주들은 다투어 중영가든을 모방하기 시작했다. 그리하여 10년 사이에 중영가든은 독일의 2,000여 제후국들로 퍼져나갔다. 독일에서 최초의 중영가든은 1767년과 1773년 사이에 뵈를리츠(Wörlitz)의 프란츠 폰 데사우 공작을 위해 설계된 정원이었다. 그리고 슐로스 라인스베르크 (Schloss Rheinsberg) 공원도 1770년에 설치되었다.[188]

1773년 막스 요셉 4세(Max Joseph IV) 선제후는 체임버스 밑에서 중영가든을 배우도록 정원사 제켈(F. L. Sekell)을 영국으로 파견했다. 독일에서 가장 야심적인 중영가든은 헤센 선제후의 여름궁전으로 카셀 외곽 빌헬름스회에(Wilhelmshöhe) 에 지어진 정원이었다. 프로이센 국왕 프리드리히 2세도 말년에 중영가든을 특별히 애호했다. 프리드리히 2세는 중국 촌락 형태의 콜로니를 건설할 아이디어를 갖고 1781년부터 공사를 시작했다. 체임버스의 지침에 따라 정원에 집들이 여기저기 흩어져 있되 하나의 사원을 중심으로 자리 잡게 했다. 높다란 중국 교량을 가진 '작은 강'이 만들어지고 빌헬름스회에 연못의 남쪽에 놓은 하얀 암석 위에는 중국 마을의 농촌 상황이 조성되었다. 집들은 모두 중국식으로 지었다. 중국 건축술은 잘 모방되었다. 마을은 "물랑(Moulang)"으로, '작은 강'은 "후캉(Hu-Kiang)"으로 이름 지었다. 잊지 않고 파고다도 세웠다. 1778년에는 뽕나무 농원과 중국 화랑도 세워졌다. 1783년 이 정원의 청동제단에는 향도 피워졌다.[189] 독일에서 가장 친숙한 '중영가든'은 18세기 마지막 연간에 뮌헨 이자르 강변에 설치된 엥글리셔 가르텐(Englischer Garten)이다. 엥글리셔 가르텐은 도심에 설치된 정원 중 세계에서 가장 큰 정원이다. 지금은 카페로 쓰이는 굵고 낮은 5층 파고다, 나무 덤불들, 사원 등이 남아 있다.[190]

---

188) Honour, *Chinoiserie*, 172-173쪽.

189) 참조: Reichwein, *China und Europa*, 130-131쪽.

190) Honour, *Chinoiserie*, 173쪽.

제4장 공자철학의 충격과 유럽의 변동: 청교도혁명과 명예혁명

　고대 그리스의 철학과 순수수학을 소생시킨 14-16세기의 서양 르네상스운동과, 유럽의 근대화를 추진한 18세기 계몽주의 운동은 둘 다 동아시아의 문물을 받아들임으로써 시발되었다. 그러나 두 시기에 동아시아로부터 받아들인 주요 수입문물은 많이 달랐다. 14-16세기에 유럽은 동아시아로부터 주로 선진적 '기술과 공산품'을 받아들여 문예부흥의 물적 토대로 삼았다. 중국의 정치문화와 국가제도에 대한 지식·정보는 상대적으로 적게 실려 왔고, 공자철학은 아예 전해지지 않았다. 명대 중국의 국가제도와 정치문화는 1550년대 이후에야 전해지기 시작했고, 공자와 공자철학은 발리냐노와 산데에 의해 1590년에야 처음 유럽에 알려졌다. 그럼에도 불구하고 이런 정도의 중국지식과 정보를 바탕으로도 1570년에서 1610년대 사이에 백성의 자유·평등과 폭군방벌을 논하는 부캐넌·녹스·벨라르민·수아레즈 등의 새로운 정치신학이 선보이기 시작했다.

　17세기에는 ─ 동아시아로부터 기술과 공산품 수입이 줄곧 확대되었을지라도 ─ 16세기와 반대로 선교사들이 전면에 나서 주로 중국의 '정신문명', 즉 공자의 철학사상과 극동의 정치제도·문화를 유럽에 전하고 공자경전을 번역·출판했다. 유럽의 철학자들은 이 지식·정보를 배경으로 스콜라철학을 밀어내고 본격적 계몽사상을 일으켜 혁명적 근대화운동을 추동시켰다.

중국문화와 공자철학의 서천은 17세기 30년전쟁(1618-1648)에도 불구하고 이를 관통해서 계속되었다. 퍼채스·마테오리치 등 성직자와 선교사들에 의해 공자철학과 중국 정치문화에 대한 보고들이 부단하게 출판된 것이다. 이를 통해 서양의 정치사상 안에서 큰 변화가 일어나 유교적 자유·평등사상과 반정·혁명철학이 마치 당연한 사실인 양 확산되고 유럽 고유의 전통사상인 양 정착하기 시작했다.

그러나 유럽의 전통적 정치의식에서 공자의 평민적 자유·평등사상과 유교적 폭군방벌론 자체는 일대 충격이었다. 이 정치사상적 충격 속에서 유럽의 정치사상도 크게 변했고, 이 변화를 배경으로 찰스 1세를 폭군으로 몰아 방벌하는 영국 청교도혁명(1640-1660)이 발발했다. 20년간의 청교도혁명 시기에도 세메도·마르티니 등의 중국기中國記들이 더 쏟아져 나오면서 청교도혁명 세력의 사상적 급진화가 더욱 진행되어 청교도 세력이 유교적 자유·평등사상을 음양으로 수용함으로써 상·하층 간에 분열이 일어났다. 백성의 자유와 평등을 주장하는 급진주의적 수평파들의 『인민협정』을 둘러싸고 일어난 심각한 정치갈등이 그것을 증언한다.

청교도혁명 이후에도 중국과 공자철학을 더욱 자세하게, 더욱 명확하게 소개하는 키르허·니우호프·나바레테·마젤란 등의 본격적 저서들이 쏟아져 나왔고, 공자경전이 거의 다 번역·출판되었다. 그리하여 유럽이 중국철학과 직면한 17세기 초반 이후 라 모트 르 베예, 존 웹, 아이작 보시어스, 스피노자, 빈센트, 푸펜도르프, 벨, 로크, 섀프츠베리, 라이프니츠 등 급진적 자유사상가들에게 이미 "공자는 주인공이었다".[1] 영국 청교도혁명 실패 이후 쏟아져 들어오는 중국소식과 세계관의 급진적 변동 속에서 영국과 유럽 정치세력과 지식인들은 백성의 자유와 평등을 향해 보다 급진적인 계몽과 근대화를 기획했다. 이 계몽기획은 일단 영국 명예혁명과 권리장전으로 가시화되었다.

---

1) Trude Dijkstra and Thijs Weststeijn, "Constructing Confucius in the Low Countries", *De Zeventiende Eeuw Culture in de Nederlanden in interdisplinair perspectief*, Vol. 32, Issue 2, 2016, lines after footnote 3.

하지만 급진적 자유사상가들은 아직 기독교신학자들과 스콜라철학자들을 '사상경찰'로 거느린 기독교단의 눈치를 보아야 하는 상황이었다. 따라서 자유사상가들은 신·구 교단의 감시와 압제를 뚫고 공맹철학을 조심스럽게 참조·소개하고 표절하면서 스콜라철학에 대해 지리한 공방을 이어갈 수밖에 없었다.

그러나 18세기 중반에 들어서자 곧 이와 대조적인 상황이 전개되었다. 18세기 중반에는 유럽의 거의 모든 철학자들이 기독교신학과 그리스철학을 뒤로 밀어내고 공자를 '공공연하게' 찬양하며 공자철학과 극동문화를 적극 수용해 공자를 "18세기 계몽주의의 수호성인(Schutzpatron der Aufklärung des 18. Jahrhundertes)"으로2) 모시고 동서패치워크 철학운동으로서의 계몽주의 사상운동을 높은 수준으로 끌어올렸다. 이런 의미에서 17세기 중반과 말엽에 태동한 서구 계몽주의가 일종의 '정치철학적 시누아즈리'였다면, 18세기의 원숙한 계몽주의는 일종의 '정치철학적 로코코사조'였던 셈이다.

서양에서 계몽주의는 1689년의 영국 명예혁명으로부터 1789년 프랑스대혁명까지 100년, 또는 좀 더 거슬러 올라가서 아이작 보시어스가 중국을 '이상국가'로 천명한 1659년부터 1789년 프랑스대혁명까지 치거나, 루이 14세의 왕사라 모트 르 베예(François de La Mothe le Vayer, 1588-1672)가 공자를 '중국의 소크라테스'로 격찬한 1642년부터 1789년 프랑스대혁명까지 치면 130-150년 동안 흥기해 확산된 새로운 변혁사조를 가리킨다. 공자의 지식·도덕철학이 17-18세기 서구 계몽주의의 기원과 융성에 큰 영향을 미쳤다는 것은 서구 지성계에서 이제 의심할 수 없는 정설이 되었다.3) 동양으로부터 일찍이 나침반과 총포화약, 인쇄술과 종이를 수입한 서구는 이제 17세기부터 ('신유교' 성리학이 아니라) 오리지널 공자철학과 공자경전을 받아들여 계몽의 발화제로 삼았다.

이 공자철학과 극동의 정치문화가 서구로 전해지기 위해서는 관련 서적을 가져오고 번역해 출판하는 메신저가 필요했다. 이 메신저는 주로 극동에 파견

---

2) Reichwein, *China und Europa*, 86쪽: "so wurde Konfuzius zum Schutzpatron der Aufklärung des 18. Jahrhunderts"; 영역본: Reichwein, *China and Europe*, 77쪽.

3) 참조: John J. Clarke, *Oriental Enlightenment: The Encounter between Asian and Western Thought* (London·New York: Routledge, 1997), 38-53쪽.

된 가톨릭 선교사들과 여행자들이었다. 그리고 초기에 유럽에서 이 전달된 자료를 재가공해서 유포한 이들은 가톨릭 신부들과 철학자들이었다. 가톨릭 선교사들은 극동에 기독교를 전교하러 간 사람들이었으나 이 선교사들이 역으로 극동의 공맹철학을 유럽에 '전교'하는 데 더 큰 역할을 한 것이다.

중국에 가 있던 선교사들이 보낸 개인 서신과, 중국에 체류하거나 유럽으로 귀국한 선교사들이 번역하거나 저술한 공맹 관련 출판물과 여행자들의 여행기에 의해 중국문화와 국가제도, 그리고 중국사상과 공맹철학은 이미 16세기 중반부터 유럽에 조금씩 알려졌다. 그러다가 17세기에 들어 공간되기 시작한 공신력 있는 서적과 공전경전 번역서들을 통해, 그리고 연구와 토론에 의해 중국의 국가제도와 공자철학은 더욱 공공연하고 더욱 정확하게 알려졌다.

제1절 공자철학의 서천과 17-18세기 중국보고

공자와 공자철학을 간략하게나마 유럽에 최초로 소개하고 공자에 대한 관심을 환기한 인물들은 - 상론한 바와 같이 - 1590년에 『로마교황청 방문 일본사절단(De Missione Legatorum Iaponensium ad Romanun Curiam)』을 출판한 발리냐노(Alessandro Valignano)와 산데(Duarte de Sande) 예수회 신부였다. 이들은 중국에 들어가 광동성의 소도시 소관韶關에 거주하던 마테오리치가 보낸 보고서에 근거해서 공자 관련 부분을 썼다. 그다음, 공자를 좀 더 본격적으로 알린 인물은 1613년 발간한 유명한 저서 『퍼채스, 그의 순례여행』을 쓴 새뮤얼 퍼채스(Samuel Purchas)였다. 퍼채스의 공자 해석도 마테오리치의 보고와 서신에 기초했고, 또 공자와 과거제 등에 대한 설명에서 발리냐노와 산데가 사용한 중국명칭 표기법과 내용("자연본성의 빛', 과거시험 날 사람들이 깔려 죽은 일 등)을 보면 『로마교황청 방문 일본사절단』을 참조한 것이 틀림없어 보인다. 결국, 공자와 공자철학에 대한 공신력 있는 지식정보를 최초로 유럽에 전달하는 데 독보적 기여를 한 인물은 마테오리치(Matteo Ricci, 1552-1610)로 나타난다. 1582년 마카오에 도착해 중국어를 배우고

1583년 명조 중국의 광동성에 정착해 선교활동을 시작한 마테오리치와 그 일행의 선교사들은 공자철학을 심층적으로 연구하고 이미 16세기 말부터 서신과 보고서로 그 내용을 유럽에 소개하기 시작한 것이다.

1.1 퍼채스(1613)와 마테오리치(1615): 공자 소개의 본격화

동서 간 철학교류의 역사에 무지한 '사상적 제국주의자들'과 동아시아의 '서구맹종주의자들'은 17세기에 이미 공맹철학이 유럽에 전해졌고, "그리하여 공자가 18세기 계몽주의의 수호성인이 되었다"는 사실을[4] 말하면 비웃을 것이다. 그러나 발리냐노와 산데가 공자를 1590년에 처음으로 유럽에 소개한 데 이어서 17세기 초에, 정확히는 1613년과 1615년에 퍼채스와 트리고의 서적에 의해 공자가 유럽에 본격적으로 소개되기 시작했던 것이다.

■퍼채스의 공자와 중국 소개

대중적 서책에서 공자를 중국의 대표적 철학자로 처음 유럽에 알린 사람은 영국 국교회 신부 새뮤얼 퍼채스(Samuel Purchas, 1577-1626)였다. 그는 1613년 발간한 유명한 저서 『퍼채스, 그의 순례여행』에서 공자를 플라톤과 동급의 철학자로 유럽에 소개했다. 퍼채스는 마테오리치와 예수회 선교사들의 서간들과 기타 전언들에 의거해 세계 각지의 종교상황을 전하면서 중국의 종교에 대해 보고하는 가운데 공자를 이렇게 소개하고 있다.

중국인들은 2,000여 년 이래 정치철학과 도덕철학의 일정한 지자들이나 철학자들이 쓴 저서들을 가지고 있다. 이들은 중국인들이 성인으로 존경하는 저자들이고, 특히 그중 한 저자는 관리들이 매년 한 번 제사를 올리는 공자(Confucius)인데, 왕은 오늘날까지도 그의 후손들을 존경한다. 그만이 홀로 플라톤이나 세네카의 우아하고 유창한 어귀에 못 미칠지라도 그의 문장의 높이와 무게에서 플라톤, 세네카와 비교될 만하다.[5]

---

4) Reichwein, *China und Europa*, 86쪽: "so wurde Konfuzius zum Schutzpatron der Aufklärung des 18. Jahrhunderts"; 영역본: Reichwein, *China and Europe*, 77쪽.

퍼채스의 이 공자 소개는 서양 기독교세계에서 발리냐노·산데 다음의 최초의
일이라서 조심스럽게 조절되어 이렇게 소략하다. 그래도 그는 다음과 같이
올바로 주석을 달고 있다.

> 공자의 계율은 '자연본성의 빛(the light of Nature)'을 지침으로 규정하고, 많은 것을 하
> 늘, 운명, 조상숭배 덕이나 탓으로 돌리며, 다른 신神을 언급하지 않은 채 진리에
> 가장 가까이 접근하고 있다.6)

이 '자연본성의 빛'이라는 표현을 보면, 퍼채스가 발리냐노와 산데의 책을 참조
한 것임을 분명히 알 수 있다. 발리냐노는 1590년 공자를 소개하면서 "(공자의)
가르침을 요약하면 '자연본성의 빛'을 지침으로 취하는 것"이라고7) 말하고
있기 때문이다. 신부가 단 주석치고는 퍼채스의 저 짧은 논평은 매우 우호적이
고 따뜻한 것이다.

퍼채스는 공자 외에 중국의 시험제도와 정치·관료행정 및 중국사회의 탈脫
신분제적 평등에 대해서도 나름대로 상세히 기술하고 있다. 퍼채스는 일단
중국과 그 왕에 대해 이렇게 기술한다.

> 이 왕국은 그 자신들에 의해 대명大明(Tamen)이라 불리고, 그 주민은 대명인大明人들
> (Tamegines)이라 불린다. '차이나'는 중국에서 단지 낯선 이름일 뿐이다. 왕은 절대군주
> 이고, 세수稅收에서 유럽과 아프리카를 다 합한 모든 군주를 능가한다. 이 세수는
> 정확하게 (3마제[Mazes], 즉 반 더컷[유럽 금화]을 내는) 그의 신민들의 센서스, 즉 인두
> 세라고 불리는 것으로부터 나온다. 이 인두세는 3,000만 마제에 달한다. 그리고 땅과
> 수공업의 소출로부터 나오는 그의 공물貢物은 그 장부에 따르면 2,600만 마제에 이른

---

5) Samuel Purchas, *Purchas, his Pilgrimage. Or Relations of the World and the Religions observed in
all Ages and Places discovered from the Creation unto this Present* (London: Printed by William
Stansby for Henrie Fetherstone, 1613·1614), 439쪽.

6) Purchas, *Purchas, his Pilgrimage*, 443쪽.

7) Valignano and Sande, *Japanese Travellers in Sixteenth-Century Europe*, 432쪽.

다. 광동(가장 작은 지방 중의 하나)의 관세는 거의 800만 마제다. 판토하(Patoja)는 전체를 1억 6,000만 마제로 총계한다. 이 왕은 인접한 왕국들을 자의自意로 멀리한다. 그의 선왕들은 이익보다 부담을 더 많이 초래하는 만큼 이 인접 왕국들을 보유했다가 나중에 자유롭게 놓아주었다. 이런 일(부담을 더 많이 초래하는 일)은 일본인들이 침략해서 중국인들이 방어해준 한국에서 실제로 벌어졌다. 그것은 한국이 자기들의 국경과 인접해 있기 때문이었다. 그러나 그 적이 덜 침략할 때 방어자(명나라)는 그 뒤곧 자발적으로 이 새로운 신민들을 단념했다.[8]

'인두세'를 말한 부분은 각종 부역(군역·신역·공역 등)의 금납화를 잘못 부른 것이다. 퍼채스가 임진왜란(1592-1598)까지 취급하고 있는 것을 보면 1613년에 발간된 『퍼채스, 그의 순례여행』이라는 책은 단순히 마르코 폴로, 멘도자, 발리냐노, 산데 등의 책에 실린 내용들을 모아놓은 것이 아니라, 극동과 명나라에 대한 아주 생생한 정보를 담고 있는 최신의 저작임을 알 수 있다. 그는 스스로 책의 발문에서 존 맨드빌(John Mandeville)의 『항해와 기행(Voyage and Travel)』, 카스파드 크루즈(Caspar de Cruz), 핀토, 페레이라, 그리고 중국 예수회선교단에서 마테오 리치 휘하에 있던 롱고바르디와 디에고 데 판토하(Diego de Pantoja, 1571-1618) 등의 글을 참조했다고 밝히고 있다.

퍼채스는 중국사회가 신분제 없는 평민과 평민 출신 신사들의 자유·평등국가임을 중국죄수 출신 포르투갈 무명씨, 핀토, 페레이라, 크루즈, 에스칼란테, 멘도자 등 이베리아 사람들과 이탈리아인 발리냐노의 보고와 논고에 이어 다시 밝힌다.

왕의 칭호는 '천하의 주인'과 '천자天子'다. 중국의 역사책들은 아주 덕스러웠던 몇몇 왕들을 언급한다. 그리고 이 왕들은 어떤 우상도 숭배하지 않고 오직 하늘과 땅을 만든 조물주만을 숭배했다. 그들은 자기의 아들이 자격이 없을 때 가장 덕스럽다고 생각하는 사람이 자신들의 계승자가 되는 것을 선호했다. 약 200년 전에 타타르(몽고

---

8) Purchas, *Purchas, his Pilgrimage*, 439쪽.

족)를 추방한 왕은 모든 구舊귀족·치자를 분쇄하고 이제 왕 외에는 아무도 고귀한 사람이 없는(none is now great but the King) (후손들이 지금도 계속 이어가고 있는) 현재의 이 정체政體를 확립했다. 누구에게든 위대함(귀함)의 어떤 수단도 남아 있지 않고, 왕족은 정사에 간여하지 않고 있다. 치자들(governours)은 그들의 관직을 세습하지도, 그 가족에게 신사(gentrie)의 지위나 칭호를 물려주지도 못한다. 그리고 군인들의 지휘권을 쥔 자들은 그들의 임금을 지불하지 않고, 더욱이 그들은 자기 사람들의 재정지휘권을 갖지 못한다. 그리고 그들의 근무지는 (고향에서) 보다 먼 지방이다.9)

이것은 퍼채스가 16세기 포르투갈·스페인·이탈리아 저자들에 이어 명대 중국이 세습신분제가 철폐된 평등사회라는 것을 유럽인들에게 정식으로 밝힌 글이다. 이 사실은 세습귀족을 영구불변의 신분으로 알고, "어떤 인간도 자유롭게 태어나지 않았다(no Man is Born free)"10) 또는 "우리는 모두 종으로 태어났다(We are all born slaves)"는 명제를11) 금과옥조로 받들어온 유럽인들에게 충격적인 것이었다. 따라서 중국의 태생적 평등 이념과 그 현실은 150여 년 뒤 신분제도를 철폐하는 일련의 유럽혁명의 도화선이 된다.

퍼채스는 황제권을 제한하는 중국의 내각제를 알지 못했지만, 육부와 지방관의 위계적 관료제도에 대해서도 꽤나 상세하게 논한다.12) 그리고 그는 '신사紳士' 지위와 관료후보군을 배출하는 중국의 과거시험·학위제도를 상론한다.

그들(중국인들)은 공립학교가 없지만(퍼채스는 아직 향교[四學·府學·州學·縣學 등]와 태학[國子監·成均館 등]의 존재를 모르고 있다 - 인용자), 도시들에는 공적 시험이나 학위 수여식이 3년마다 있다. 수험생들은 거기에 응시해 시험을 치르고 이에 따라 선발된

---

9) Purchas, *Purchas, his Pilgrimage*, 440쪽. '판토하'는 롱고바르디 신부와 중국에 들어와 마테오리치를 도운 디에고 데 판토하(Diego de Pantoja) 신부를 가리킨다.

10) John Locke, *Two Treatises of Government* [Dec. 1689, but marked 1690] (Cambridge: Cambridge University Press, 1960·2009), Bk. 1, Ch. 1, §2 (142쪽).

11) Locke, *Two Treatises of Government*, Bk. 1, Ch. 1, §4 (142쪽).

12) Purchas, *Purchas, his Pilgrimage*, 440-441쪽.

다. 선발된 자들은 세 등급이 있다. 첫 등급의 졸업자는 수재秀才(Siusai), 두 번째 등급의 졸업자는 거인擧人(Quiugin), 세 번째 등급의 졸업자는 진사進士(Chinzu)다. 모든 도시마다 첫 등급의 시험을 실시한다. 두 번째 등급의 시험은 오직 지방의 대도시만이 실시한다. 이 시험에는 첫 등급의 졸업자들이 3년마다 응시한다. 공공관청에서 두 번째로 첫 주제보다 더 어려운 주제의 구두시험을 치른다. (…) 세 번째 등급의 시험은 3년마다 오직 황궁에서만 치러진다. 이 단계에서 신사紳士(Mandarins) 또는 행정관원(Magistrates)이 국법에 대한 약간의 학습 후에 발탁된다. 그들은 시험주제를 쓰는 동안 24시간 그를 감시하는 한 사람과 함께 펜·잉크(붓과 먹을 이렇게 묘사하고 있다 – 인용자), 종이, 그리고 양초를 갖고 방에 갇힌다. 기록자들은 자기들의 이름을 서명하고 필자의 이름을 붙이지 않은 채 말한 연설을 베껴 쓴 다음, 첫 사본을 봉인한다. 이름 없는 사본은 지명된 시험관들에 의해 정사精査되고 그들이 최선이라고 평가하는 사본들이 추려진다. 이름과 필자는 이 사본들을 최우수 사본과 비교함으로써 공개된다. 첫 등급의 졸업생은 자신과 가족에 대한 부역을 면제받는다. 이것은 그가 계속 공부에 정진한다는 것을 전제하는데, 그렇지 않으면 시험관들은 그로부터 학위를 박탈할 것이다. 노야老爺(Loytia?)라는 세 번째 등급의 학위를 받은 졸업생(어떤 사람은 그것을 이름 부르는 것처럼, 또는 우리가 그것을 양식화하듯이 '박사')은 그 사람 집의 문 위에 그 학위를 써 붙여, 만인이 그의 집을 우러르게 한다. 그리고 이것은 그들이 올라갈 수 있는 최고의 귀족지위(Nobilities)다. (1회에 350명밖에 되지 않는) 동료 학위취득자들 중 장원(elder-brother)에게는 기타 경축행사 외에도 개선凱旋 아치가 세워진다.13)

이 글에서 퍼채스는 비非세습적 귀족지위인 '신사'가 과거시험을 통해서 선발되는 과정을 꽤 상세하게 설명하고 있다. '연설'이라는 구두시험을 치르는 것처럼 말하는 대목이나 진사를 350명 선발한다고 하는 대목(진사 정원은 300명이다!)은 그릇된 것이지만, 1대에 한해 부역면제의 특권을 갖는 '신사'를 과거시험에 의해 선발함으로써 세습귀족을 없앤 중국 평등사회에 대한 퍼채스의 이 기술은 영국에서 즉각 관심을 끈다.

---

13) Purchas, *Purchas, his Pilgrimage*, 438-439쪽.

가령 로버트 버튼(Robert Burton)은 『우울증의 해부(*The Anatomy of Melancholy*)』(1621, 1628, 1632, 1638, 1651/52)에서 바로 퍼채스의 이 과거시험·정치·행정기술을 기반 으로 삼아 주목할 만한 내용들을 이렇게 기술하고 있다.

> 중국인들은 철학자와 박사들 중에서 치자를 선발한다. 그들의 정치적 귀관貴官들은 덕스러운 존귀자들과 같은 사람들로부터 발탁된다. 귀족성 또는 고귀성(*nobility*)은 옛 이스라엘에서처럼 직무로부터 나오지, 탄생으로부터 나오지 않는다. 그리고 그들의 직무는 전시와 평시에 나라를 지키고 다스리는 것이지, 너무 많은 자들이 그렇듯이 습격하고 사냥하고 먹고 마시고 도박만 하는 것이 아니다. 그들의 노아(Lau-Sie), 만다 린(신사), 선비, 학위자들, 품격에 의해 스스로를 높인 자들만이 나라를 다스리기에 적합한 것으로 생각되는 중국사회의 귀족들일 뿐이다.[14]

이것은 버튼이 중국 통치제도에 대한 퍼채스의 간략한 기술에서 건져 올린 중국 신사제도의 일면이다.

1610년대와 1620년대에 이미 혈통·세습귀족 없는 중국의 평등한 정치사회 제도가 영국에 알려지고 있었기 때문에 1680년대에 나다나엘 빈센트(Nathanael Vincent) 신부가 중국을 "왕족 외에 아무도 나면서부터 고귀한 사람은 없는 나라 (*the country where none are [sic!] born great but those of Royal Family*)"로 논하며 중국을 탈신분 제적 평등사회로 칭송했던 것이다. 이런 중국정보를 바탕으로 1680년대에 마침내 존 로크는 왕정복고 시대의 정설이던 로버트 필머(Robert Filmer, 1588-1653) 등의 "어떤 인간도 자유롭게 태어나지 않았다(*no man is born free*)" 또는 "우리는 모두 노예로 태어났다(*We are all born slaves*)"는 '태생적 인간노예론'을 논파하고 "인간은 평등하게 태어났다(*Men is born equal*)"는 '태생적 인간평등론'을 설파할 수 있었던 것이다.

해외를 나가본 적이 없는 영국 성공회 성직자 퍼채스가 여행자들과 예수회 선교사들의 이야기와 기록을 모아 마치 자신이 순례여행을 한 것처럼 기술한

---

14) Robert Burton, *The Anatomy of Melancholy* (New York: Tudor Publishing Company, 1948), 503쪽.

1,000쪽의 방대한 책『퍼채스, 그의 순례여행』은 즉각 큰 인기를 얻어 1626년까지 4판이 거듭 찍혔다.

퍼채스는 이 책에서 "예수회 신부들의 서한 사이에 들어 있는, 타이소(Thaiso, 중국인 개종자)가 마테오리치에게 보낸 서한"을 인용하고 있다.15) 이것으로 보아 마테오리치의 서한 보고서는 공간하기 전에 이미 널리 읽혔던 것으로 보인다. 그리고『퍼채스, 그의 순례여행』은 마테오리치의 서한들을 많이 참조한 것으로 보인다.

■마테오리치와 트리고의 중국론

『퍼채스, 그의 순례여행』이 나온 지 2년 뒤, 예수회 소속 중국 선교단의 벨기에 출신 신부인 니콜라 트리고(Nicolas Trigault, 1577-1628)가 마테오리치의 중국 관련 논고들과 중국선교 관련 유고遺稿를 이탈리아에서 라틴어로 번역해『중국인들 사이에서의 기독교 선교(De Propagatione Christiana apud Sinas)』(1615)라는 제하에 출판했다. 방대한 이 책은 "유럽에서 엄청난 인기를 누렸다".16) 마테오리치의 중국에 관한 서신보고들은 상술했듯이 이 책이 나오기 전에도 유럽의 성직자들 사이에서 널리 회람되었다.『중국인들 사이에서의 기독교 선교』의 공간은 서신들로 미흡하게 충족되던 유럽인들의 중국지식 갈증을 마침내 해갈시켜 주었다. 이 책은 여러 언어로 번역되었고, 영역본은 퍼채스에 의해 마련되었다. 퍼채스의 영역본은 그의 1625년 저작『하클류투스 포스트후무스 또는 퍼채스 그의 순례자들(Hakluytus Posthumus or Puarchas his Pilgrimes)』에17) 포함되어 런던에서 공간되었다. 오늘날은 갤러거(Luis J. Gallagher)가 1942년에 거의 완벽하게 영역한『16세기의 중국: 마테오리치의 일지(China in the Sixteenth Century: The Journals of Matthew

---

15) Purchas, *Purchas, his Pilgrimage*, 439쪽.

16) Nicholas Koss, "Matteo Ricci on China via Samuel Purchas: Faithful Re-Presentation", 87쪽. Christina H. Lee (ed.), *Western Visions of the Far East in a Transpacific Age, 1522-1657* (London and New York: Routledge, 2012).

17) Samuel Purchas, *Hakluytus Posthumus, or Purchas his Pilgrimes*, 20 volumes [1625] (Reprint; Glasgow: Printed at the University of Glasgow Press, 1906).

Ricci)』로18) 접할 수 있다.

마테오리치는 『중국인들 사이에서의 기독교 선교』에서 공자를 이렇게 소개
하고 있다.

모든 중국인의 가장 유명한 철학자는 공자라고 불린다. 이 위대하고 유식한 사람은
(…) 그의 저술과 담화를 통해서 고취하는 것 못지않게 그 자신의 솔선수범을 통해서
도 백성들에게 덕성의 습득을 고취했다. 자신의 극기와 절제적 생활방식은 중국인들
로 하여금 거룩함에 있어서 그가 과거에 세계의 다양한 지방에서 덕성이 탁월한 것
으로 여겨진 다른 모든 사람을 능가했다고 주장하게끔 만들었다. 실로, 우리가 역사
에 기록된 공자의 언행을 비판적으로 검토한다면, 공자가 이교異敎철학자들(플라톤·
아리스토텔레스·세네카 등)과 대등했고 심지어 대부분의 이교철학자들보다 우월했다
는 것을 인정하지 않을 수 없을 것이다.19)

공자를 소크라테스·플라톤·아리스토텔레스·세네카 등 그리스·로마 이교철
학자들보다 대체로 "우월하다"고 평가하는 마테오리치·트리고의 이 『중국인
들 사이에서의 기독교 선교』는 유럽 사상가들에게 최초로 중국의 철학·종교사
상에 대한 비교적 상세하고 정확한 정보를 제공했다. 이 책은 광범위하게 읽히
고 재판이 거듭되었으며, 프랑스어·독일어·이탈리아어·스페인어 등 여러 언
어로 번역되어 널리 확산되었다.20) 로크도 공자를 유신론자로 보는 이 책의
불역본(Lyon, 1616)을 소장하고 있었다.21)

---

18) Luis J. Gallagher, *China in the Sixteenth Century: The Journals of Matthew Ricci* (New York: Random House, 1942·1953).

19) Nicolas Trigault, *De Christiana expeditione apud Sinas* (Augsburg, 1615), Chap. V. 영역본: Luis J. Gallagher, *China in the Sixteenth Century: The Journals of Matthew Ricci* (New York: Random House, 1942·1953), 30쪽. 국역본: 마테오리치(신진호·전미경 역), 『중국견문록』(서울: 문사철, 2011), 54쪽. 이 국역본은 결정적 대목들에서 오역이 많으므로 반드시 영역본을 참조해야 하고 명대 중국의 정치와 역사를 미리 알아야 한다.

20) 참조: Arnold H. Rowbotham, "The Impact of Confucianism on Seventeenth Century Europe", *The Far Eastern Quarterly*, Vol. 4, No. 3 (May 1945), 225쪽.

21) Daniel Carey, *Locke, Shaftesbury and Hutcheson* (Cambridge: Cambridge University Press, 2006·2009),

마테오리치는 기독교선교를 위해 중국을 이해할 목적에서 공자경전을 깊이 연구하고 이른바 '적응주의 선교론'을 표방했으며, 이후 예수회 선교사들은 이 선교론을 따라 상당한 선교효과를 올렸다. '적응주의' 선교론은 공자경전에 나와 있는 유신론적 공자철학이 본래의 유교철학이고 또 그 내용이 기독교신학과 유사하다고 판단해 선교사들이 공자철학을 깊이 학습하고 이것을 바탕으로 중국인들에게 접근해서 선교활동을 전개하는 전교傳敎방법론이었다. 말하자면 '적응주의'는 유신론적 공자유학을 무신론적으로 이해된 성리학과 엄격히 구분하고 기독교와 유사한 여러 내용(사랑 늑 인仁, '내가 원치 않는 것은 남에게 하지 말라'는 황금률, '원수를 곧음으로 갚아라' 늑 '원수를 사랑하라' 등)을 담은 본래의 공자철학을 바탕으로 중국인들에게 다가가 유사한 기독교 가르침부터 설파하는 방법론이었으므로 의당 공자철학을 강조하고 성리학에 대해 비판적이었다. 따라서 공자를 유신론자로 보고 명·청대의 성리학자들(신新유학자들)을 무신론자로 보는 비판적 유교이해는 적응주의 선교론의 일부였다. 마테오리치는 적응주의적 관점에서 공자와 조상에 대한 중국인들의 제사관행을 시민적 행사로 보고 이교적 행위로 보지 않았다. 따라서 『중국인들 사이에서의 기독교 선교』 또는 『마테오리치의 보고』는 공자철학과 중국인들의 관습을 따뜻한 눈으로 보고 기술하고 있다.

공자경전과 중국의 학문, 교육·과거제도와 행정체계 및 내각제를 상세하게, 그리고 아주 정확하게 소개하는 이 책은 멘도자와 퍼채스가 기술한 수준을 넘어 풍부한 관찰과 포괄적 문헌인식을 근거로 중국인들의 복지·권력·예의범절을 지리적·자연생태적 생활조건과 그 문명의 본질적 특징으로부터 설명해 내려는 방대한 시도였다.

유럽 당대의 과학에 포괄적으로 정통한 마테오리치는 갈릴레이의 동향인이자 동시대인이었다. 마테오리치는 훗날 그 누구도 흉내 낼 수 없는 현실감각과 호기심 어린 객관성으로 중국을 기술했다. 그의 기술은 중국을 이상한 '동화의 나라'로 묘사하지도 않았지만, 훗날 다른 예수회 선교사들처럼 현실감 없이

83쪽 각주46.

서구의 완벽한 "모델국가"로 변용變容하지도 않았다. 그는 훗날 유럽의 성직자·
지식인들 사이에서 일어난 공자철학과 중국의 제사에 관한 종파적 논쟁이나
유럽 절대주의에 대한 정치적 대안을 찾으려는 정치적 논의를 뛰어넘어 원래
아무런 출판 계획 없이 기독교 선교의 전제를 스스로에게 확실히 하기 위해
기술했기 때문이다. 따라서 그는 중국과 공자철학을 그야말로 사실 그대로
묘사할 수밖에 없었던 것이다.22)

퍼채스는 1625년의 『하클류투스 유고』에서 마테오리치와 트리고의 이 공자
논의를 거의 그대로 발췌해 옮겨놓으면서 "우리가 공자의 언행에 주목한다면
우리는 우리의 윤리철학자들 중 거의 아무도 그에 앞서지 않고 많은 철학자들
이 그에 뒤처진다고 고백하지 않을 수 없다"고 하여 마테오리치의 공자 평가를
거의 그대로 반복하고 있다.23)

마테오리치와 트리고는 그 밖에 중국의 학술과 과거시험 절차, 정치와 행정
에 대해 퍼채스보다 더욱 상세하게, 그리고 더욱 정확하게 서술한다. 트리고는
학술과 과거시험에 대해 한 가지를 빼면 오류 없이 설명하고 있다.24) 그 '한
가지'는 그릇되거나 부정확한 기술이다. 마테오리치는 중국의 학교에 대해
이렇게 말한다. "우리 서방의 필자들의 몇몇이 진술한 것과 반대로, 교사들이
이런 책들을 가르치고 설명해주는 학교나 공공 학술기관은 없다. 각 학생이
그 자신의 선생을 선택해서 이 선생에 의해 그의 집에서 자비自費로 가르침을
받는다. 이런 개인 교사들은 그 수가 아주 많다."25) 마테오리치(트리고)의 이
그릇된 말이 아마 퍼채스의 "그들은 공립학교가 없다"는 빗나간 허언의 출처일
것이다. 마테오리치의 그릇된 서술을 보면, 그가 부잣집에서 부르는 이른바
'독獨선생'이나, 자유롭게 사립초급학교로 사설私設되었던 수백만 개소의 '서당'
의 존재만을 알았지, 각급 공립학교에 속하는 조선의 향교와 사학四學, 중국의
부학府學·주학州學·현학縣學도 알지 못했고, 대학으로서의 중국의 국자감國子

---

22) Osterhammel, *China und die Weltgesellschaft*, 23-24쪽.

23) Purchas, *Hakluytus Posthumus, or Purchas, His Pilgrimes*, Vol. XII, 423쪽.

24) Gallagher (translator), *China in the Sixteenth Century: The Journals of Matthew Ricci*, 26-41쪽.

25) Gallagher, *China in the Sixteenth Century: The Journals of Matthew Ricci*, 33쪽.

監과 조선의 성균관成均館도 알지 못했던 것이 틀림없다.

중국의 학술·시험제도에 이어 마테오리치는 중앙의 육부와 지방 관료제도를 상론하고 있다.26) 그는 중국관료제의 세 가지 특징적 인사원칙(임기제·상피제·인사고과제)도 논한다. "우리가 논의해온 모든 관리의 임기는 황명에 의해 그 직위에 있도록 확인되거나 승진되지 않는 한 3년이다."27) 그리고 "어떤 관리도 군사수령이 아니라면 그가 태어난 지방에서 관직을 맡아서는 아니 되는 것이 일반적 법률이다."28) 그는 인사고과제도 빠뜨리지 않는다. "매 3년마다 모든 지방, 모든 구역, 모든 도시의 고위관리들, 즉 포정사·안찰사·지부·지주·지현 등은 북경에 소집되어 왕에게 충성을 표해야 한다. 이때 현재한 관리와 부르지 않은 관리들을 포함해 전全 제국의 모든 지방의 지방관들에 대해 엄격한 심사가 이루어진다. 이 심사의 목적은 누가 공직에 남아야 하는지, 얼마나 많은 관리가 제거되어야 하는지, 그리고 승진하거나 좌천당해야 할 관리의 수와, 필요하다면 처벌될 관리의 수를 정하는 것이다. 이 탐색조사에서는 인물에 대한 어떤 고려도 없다. 나(마테오리치) 자신이 왕도 감히 공직조사관에 의해 내려진 결정을 바꾸지 못하는 것을 관찰했다."29)

마테오리치는 중국정치의 전체 성격을 문민통치와 반전평화로 규정한다. 진사와 거인이 제국의 통치를 담당하므로 중국의 통치는 일단 문관통치다.

박사학위나 거인의 학위를 얻은 사람들만이 제국의 통치에 참여하는 것이 허용되고, 관료들과 왕 자신의 이익 때문에 이런 후보를 빠트리는 일은 없다. 그러므로 모든 공직은 어떤 인물이 처음으로 공직을 맡든, 문관생활의 영위 속에서 이미 경력을 쌓았든 이 공직을 맡은 인물의 시험된 학문, 현명, 그리고 수완과 함께, 그리고 이것들에

---

26) Gallagher, *China in the Sixteenth Century: The Journals of Matthew Ricci*, 46-59쪽.

27) Gallagher, *China in the Sixteenth Century: The Journals of Matthew Ricci*, 56쪽.

28) Gallagher, *China in the Sixteenth Century: The Journals of Matthew Ricci*, 57쪽. 갤러거는 "no judge may hold court in the province in which he was born unless he is a military prefect"로 오역해 이 상피제가 모든 관리에게가 아니라 마치 재판관에게만 적용되는 원칙인 양 만들어놓고 있다.

29) Gallagher, *China in the Sixteenth Century: The Journals of Matthew Ricci*, 56-57쪽.

의거해 강화된다. 삶의 도덕적 완결성(*integrity of life*)은 홍무제의 법률에 의해 규정화規
程化되어 있다. 그리고 인간적 취약성이나 이교도들 사이에서의 종교적 훈육의 부족
으로 인해 정의의 명령을 어기는 경향을 가진 사람의 경우를 제외하고 그 도덕적
완결성은 대부분 준수된다. 모든 행정관은 무관에 속하든 문관에 속하든 관부官父
(*Quon-fu*)라고 부르는데, 뜻은 주인이나 아버지를 가리키는 '나리'(*Lau-ye* 또는 *Lau-sie*)다.
포르투갈 사람들은 중국 행정관들을 아마도 '다스리다(to order)' 또는 '지휘하다(*to
command*)'라는 뜻의 *mandando, mando, mandare*에서 왔을 '*mandarin*'이라고 부른다.30)

마테오리치는 이 문관치세가 바로 군軍에 대한 문관통제(*the civilian control of the
military*)로 통한다고 말한다.

또 다른 놀라운 사실, 서방과의 차이를 표시하는 것으로서 기록할 만한 가치가 있는
사실은 전 제국이 보통 '철학자들'로 알려진 식자집단에 의해 관리된다는 것이다. 전
제국의 질서정연한 관리에 대한 책임은 전체적으로 그리고 완전하게 그들의 책무와
관심에 위임되어 있다. 군대, 즉 장교와 병사들은 식자들을 깊이 공경하고 그들에게
극히 즉각적인 복종과 존경을 바치며, 드물지 않게 군은 식자들에 의해 학생이 선생에
의해 벌 받듯이 규율 잡힌다. 군사정책은 철학자들에 의해서만 기안되고 군사문제도
그들에 의해서만 결정되며, 그들의 조언과 자문은 왕에게 군사지도자들의 그것들보
다 더 무게를 가진다. (…) 이방인들에게 훨씬 더 놀라운 것은 그렇게 불리는 이 동일
한 철학자들이 지존의 고귀성에 대한 존중에서, 그리고 국왕과 나라에 대한 충성에
관련된 한에서 생사를 가볍게 여기는 점에서 조국의 방어를 특수한 직업으로 가진
사람들을 능가한다는 것이다. 아마 이 지조는 인간의 정신이 글공부에 의해 고상해진
다는 사실에 기인할 것이다. 또는 다시 그것은 이 제국의 개국과 창건으로부터 글공부
가 제국의 확장에 거의 또는 전혀 관심이 없는 백성들에게 더 적합한 만큼 무반직보
다 언제나 백성들에게 더 수용적이었다는 사실에서 생겨났을 수도 있다.31)

---

30) Gallagher, *China in the Sixteenth Century: The Journals of Matthew Ricci*, 44-45쪽.
31) Gallagher, *China in the Sixteenth Century: The Journals of Matthew Ricci*, 44-45쪽.

"제국의 확장에 거의 또는 전혀 관심이 없는 백성들"이 개국 이래 바라 마지않는 중국의 이 국헌적國憲的 문관통치와 – 오늘날은 미국과 유럽제국 등 모든 문명국이 도입해 확립한 – 군에 대한 문민통제는 바로 반전평화주의로 직통한다.

마테오리치는 중국과 서양의 특이하게 다른 점으로 중국의 반反침략·반정복 평화주의를 갈파하고 높이 칭송한다.

> 우선, 거의 무한히 광대하고 인구가 셀 수 없이 많으며 온갖 물자가 풍부한 이런 제국 안에서 왕도, 백성도 이웃국가를 쉽게 정복할 수 있을 법한, 잘 무장된 육해군을 가졌음에도 침략전쟁(war of aggression)을 벌일 생각을 한 적이 없다는 것은 우리가 그것을 숙고하지 않을 때 대단히 놀라운 일이다. 그들은 그들이 가진 것에 굉장히 만족하고 정복 야욕이 없다. 이 점에서 그들은 유럽의 백성들과 아주 다르다. 유럽인들은 그들 자신의 정부에 수시로 불만족해하고 타민족들이 누리는 것을 탐한다. 서양 국민들은 최고지배의 관념(the idea of supreme domination)에 완전히 제정신을 잃은 사이 조상이 자신들에게 물려준 것을 보존할 수도 없는 반면, 중국인들은 수천 년의 기간을 뚫고 조상이 물려준 것을 보존해왔다. (…) 나는 4,000년 이상의 기간을 포괄하는 중국의 역사에 대한 부지런한 연구 후에 이러한 정복에 대한 어떤 언급도 본 적이 없고 또한 그들이 제국의 경계를 확장한다고 하는 것을 들어본 적도 없다고 인정하지 않을 수 없다. 반대로, 박식한 중국 역사가들 사이에서 이 주장과 관련해 자주 물은 질문에 대해 그들의 답은 언제나 똑같았다. '그것은 그렇지 않았고 또 도저히 그럴 수 없었다는 것이다.[32]

마테오리치는 지적하지 않았지만, 이 평화주의는 공맹철학도 오랜 세월 가르쳐온 것이다. (이 점에 대해서는 졸저 『근대 프랑스의 공자열광과 계몽주의』에서 루소를 논할 때 상론한다.)

따라서 문관은 일인지하 만인지상이다. 그러나 과거시험으로 주어지는 그들의 지위와 권한은 위대할지라도 과거시험에 묶여 있는 한에서 세습적이지 않다.

---

32) Gallagher, *China in the Sixteenth Century: The Journals of Matthew Ricci*, 54-56쪽.

이 시험(대과의 1차 시험 — 인용자)이 끝나면 그 결과가 동일한 방법으로, 동일한 장소에서 (…) 공표된다. 유일하게 추가되는 절차는 새로운 박사들이 모두 궁전으로 자리를 옮기고, 여기서 대궐의 수뇌 행정관들의 면전에서, 그리고 때로는 황제의 면전에서 주어진 시제試題에 대한 논문을 작성하는 것이다. 이 경쟁시험(展試 — 인용자)의 결과는 박사들이 행정관직의 세 등급(갑·을·병과 — 인용자) 중 어느 등급에 배정될 것인지를 결정한다. 이것은 저명한 시험이다. 그리고 전적으로 오히려 짧은 필기논술로 이루어져 있다. 정규 박사시험에서 이미 1위를 수여받은 사람은 이 최종시험에서 적어도 3위가 보장된다. 이 최종시험에서 1·2위를 한 사람들은 귀중한 영예의 표식을 받고 그 나머지 인생에 고위관직을 보유할 것이라는 보장을 받는다. 그들이 보유하는 지위는 우리나라의 공작이나 후작의 지위에 준하지만, 그 지위에 대한 권리원천은 세습적 권리에 의해 물려받는 것이 아니다.33)

중국과 유럽의 사회적 위계질서를 비교하는 이 마지막 말로써 마테오리치는 중국사회의 체제적 평등성과 유럽사회의 전근대적 고루성을 한 쾌에 대비적으로 부각시키고 있다.

이 비非세습적 철인哲人문관에 의해 통치되는 중국제국은 대외적 평화주의를 대내의 사회적 관계에도 적용했다. 마테오리치는 말한다.

도시 경계 안에서는 누구도, 군인이나 장교라도, 군사수령이나 행정관이라도 전쟁으로 가는 길이거나 훈련하러 또는 군사학교로 가는 길이 아니라면, 무기를 휴대하는 것이 허용되지 않는다. 하지만 고위행정관들 중 몇몇은 무장호위대를 동반해도 된다. 무기에 대한 중국인들의 혐오감은 이러해서, 여행길에 강도에 대한 보호용으로 필요한 금속 단도를 제외하고 아무도 집 안에서 그것을 가지는 것이 허용되지 않는다. 백성들 사이의 싸움과 폭행은 머리카락을 붙잡고 당기고 할퀴는 것으로 끝나는 것을 빼면 실제로 들어본 바 없다. 그리고 부상과 살해를 통해 위해에 보복하는 행동도 존재하지 않는다. 반대로, 안 싸우려 하고 일격을 되돌려 날리는 것을 삼가는 사람은

---

33) Gallagher, *China in the Sixteenth Century: The Journals of Matthew Ricci*, 54-56쪽.

그 현명과 훌륭한 용기로 인해 칭찬받는다.[34]

이로써 마테오리치는 중국인들의 대외적·사회적 평화주의를 상세히 갈파하고 있다. 그러나 150년 뒤 루소는 전쟁과 평화에 관한 마테오리치의 이 동서대비론을 몰각하고 유럽 고유의 호전주의 관점에서 중국의 군사적 취약성에 대해 망발을 개진하게 된다.

『중국인들 사이에서의 기독교 선교』에서 마테오리치의 또 다른 놀라운 점은 그가 중국 명나라의 내각제를 단편적으로나마 명확하게 기술하고 있다는 것이다. 명대 중국내각제의 핵심적 탁월성은 황제가 자신이 임명한 내각각료들로 구성된 내각의 고유권한에 의해 자신의 황제권을 제한당하는 절묘한 헌정제도, 즉 내각에 의한 제한군주제의 확립이다. 내각제와 제한군주정에 대해 마테오리치는 이렇게 운을 뗀다.

우리가 중국의 통치형태가 군주제라고 이미 말했을지라도 그것이 얼마간 귀족정 (aristocracy)이라는 것이 말한 것으로부터 분명하지 않을 수 없고, 앞으로 기술하는 내용에 의해 더 분명해질 것이다. 행정관들에 의해 기안되는 모든 법규가 황제에게 제출된 재가신청서에 글을 씀으로써 황제에 의해 확인될지라도 황제 자신은 행정관들에게 자문하거나 이들의 조언을 고려하지 않는다면 중요한 국사에서 최종결정을 내리지 못한다. 우연히 어느 사적 시민이 황제에게 청원을 제출한다면 – 이런 모든 문서는 황제 앞에 도달하기 전에 행정관들에 의해 먼저 정사精査되어야 하기 때문에 이런 일은 거의 일어나지 않을 것이다 –, 그리고 그가 이 청원에 개인적 숙고를 부여하고 싶다면, 황제는 청원서에 다음과 같이 표기해야 한다. '이 특별한 문제를 담당하는 부처로 하여금 이 청원을 살펴보게 하고 내게 최선의 처리방법에 관해 조언케 하라.' 나(마테오리치)는 그것에 대한 철저한 조사를 수행했기 때문에 다음과 같은 것을 확실한 것으로 단언할 수 있다. 황제는 행정관들 중 한 사람의 청구에 따른 경우가 아니라면 아무개에 대한 금전수여를 늘리거나 아무개에게 관직을 수여하거

---

34) Gallagher, *China in the Sixteenth Century: The Journals of Matthew Ricci*, 58-59쪽.

나 이 관직의 권한을 늘릴 권한이 없다.[35]

여기서 '황제 자신이 자문하거나 조언을 고려해야 하는 행정관'은 내각의 '각
로'(내각대학사)를 말한다. 마테오리치는 중국의 내각제적 제한군주정을 그때까
지 불완전하기 짝이 없는 서양 정치철학의 어법으로 '귀족정'이라 부르고 있다.
6명 또는 그 이상의 '각로들'이 귀족이라면 귀족정이지만, 중국은 세습귀족제가
없기 때문에 각로들은 물론 '귀족'일 수 없다. 따라서 중국정부 형태를 '귀족정'
이라고 부르는 것은 턱없는 소리이지만, 그래도 중국군주정의 내각제적 제한성
을 어느 정도 정확하게 맞춘 것이다.

이어서 마테오리치는 공공재산과 분리된 황제의 사유재산(내탕금)과 관련된
황제의 권한을 말한다.

> 하지만 여기(관직과 금전수여에 관한 황제의 권한 부재)로부터, 황제가 그 자신의 권위로
> 황족들에게 상을 줄 수 없다는 결론을 도출해서는 아니 된다. 이것은 자주 있는 일이
> 다. 자기 친구들에게 사적 소득에서 도움을 주는 것은 고래의 관습이지만, 이 상은
> 공적 재산으로 등록되어서는 아니 된다. 황제가 내린 이런 종류의 선물은 황제의
> 사유재산에서 끌어오지, 공적 기금에서 인출되지 않는다.[36]

명대 중국에서 황제의 사유재산으로서의 '내탕'과 호부관할의 국가재산은 이미
이렇게 엄격히 분리되어 있었다. 황제는 국유재산을 사적으로 손댈 수 없었던
것이다.

중국은 '자문하고 조언하는 행정관들'(각로들)의 내각제에 의해 황제권을 절묘
하게 제한하는 제한군주정을 오래전부터 확립했던 것이다. 내각에 대한 황제의
자문은 관습법에 의해 의무화되어 있었고, 황제권과 분리된 '내각권'이 확립된
것이다. 황제에 대한 '자문권과 조언권'을 통해 황제권을 제약하는 각로를 마테

---

35) Gallagher, *China in the Sixteenth Century: The Journals of Matthew Ricci*, 45쪽.

36) Gallagher, *China in the Sixteenth Century: The Journals of Matthew Ricci*, 45쪽.

오리치는 이렇게 설명한다.

행정관 일반과 관련해서는 두 가지 판이한 서열 또는 등급이 있다. 첫 번째 상위서열의 행정관들은 황궁의 다양한 전각殿閣들을 다스리는 관리들로 구성된다. 황궁은 전제국의 지배에 대해 모델인 것으로 여겨진다. 두 번째 서열은 지방(省)이나 도시(府)를 다스리는 모든 지방행정관과 수령을 포함한다.37)

'황제에게 자문하고 조언하며 황제권을 제한하는 측근 행정관들은 '첫 번째 상위서열의 행정관들'이다. 이들은 일반적으로 '각로'라는 호칭으로 부른다.

이 정규 부처(육조) 외에 3-4명 또는 때로 6명으로 구성된 또 다른 종류의 중앙부처 (federal bureau)가 있다. 이들은 '각로閣老(Colao)'로 알려져 있고, 이들의 특수한 책무는 제국의 일반적 안전이다. 그것은 황위의 기무참예機務參預(secret service of throne)다. 황제가 지금은 옛 관습처럼 공개적으로 국사를 각로와 면의面議하는 일에 참여하지 않는 만큼, 각로들은 하루 종일 황궁 안의 전각에 남아 있으면서 황제에게 올린 수많은 청원들에 응답한다. 각로들의 답변들은 황제에게 상신되고, 황제는 이 답변들을 승인하든가 기각하든가 적합하다고 생각하는 대로 변경하든가 하고, 그가 글로 내리는 최종결정은 그의 직접적 명령으로 집행에 들어간다.38)

황제의 기무에 참예하는 고위관리들인 '각로들'이 진정한 실질적 치자인 것이다. 상론했듯이 공식 관직명은 '내각대학사內閣大學士'다. 그렇다면 중국내각의 각로, 또는 내각대학사는 누가 될 수 있는가? "각로는 오직 한림원의 관원들로부터만 임명된다."39) 이것은 꼭 그랬던 것은 아니지만 시간이 흐르면서 이런 방향으로 굳어졌다.

---

37) Gallagher, *China in the Sixteenth Century: The Journals of Matthew Ricci*, 46쪽.
38) Gallagher, *China in the Sixteenth Century: The Journals of Matthew Ricci*, 48-49쪽.
39) Gallagher, *China in the Sixteenth Century: The Journals of Matthew Ricci*, 50쪽.

재상제가 독임적獨任的(monocratic) 결정제도라면, 내각제는 집체적集體的(collegial) 결정제도였다. 내각제에서는 아무도 혼자서, 즉 황제도, 각로도 혼자서 결정하지 못한다. 그리고 황제는 정책과 법령의 발안권이 없었고, 모든 발안권은 내각에 고유했다. 따라서 이 제도적 장치 속에서는 황제라도 독재는커녕 독임적 결정도 내릴 수 없었다. 이 점에서 내각제는 황제의 독임제를 재상의 독임제로 변형시켰을 뿐인, 따라서 '재상독재'로 추락하곤 했던 재상제와 본질적으로 달랐다. 훗날 중국내각제의 이 장점들을 날카롭게 간파한 윌리엄 템플은 60여 년 뒤에(1679) 나름대로 중국과 공자에 대해 아주 우호적이었던 찰스 2세에게 중국의 이 내각제를 영국에 도입할 것을 권해 관철시킴으로써 영국내각제의 물꼬를 튼다. 영국의 조용한 혁명이었다. 이 조용한 세계사적 혁명은 1615년 마테오리치와 트리고의 『중국인들 사이에서의 기독교 선교』가 이미 준비한 것이다.

그리고 마테오리치는 중국의 종교와 신령론(氣論)에 대해 이렇게 기술하고 있다.

나는 유럽에 알려진 모든 이교종파 중에서 고대의 초기시대에 중국인들보다 더 적은 오류에 빠져든 백성들을 알지 못한다. 그들의 역사의 초창기부터 그들이 상제(하늘의 황제)라고 부르는, 또는 천지天地에 대한 지배를 나타내는 어떤 다른 이름으로 지칭되는 하나의 최고존재를 인정하고 숭배했다고 그들의 서적들에 기록되어 있다. 이로부터 고대 중국인들이 천지를 물활화物活化된 사물들로 여겼고 이 사물들의 공통된 영기靈氣(soul)는 최고신으로 숭배되었던 것을 알 것이다. 중국인들은 이 신기神氣(spirit)에 종속된 것으로서 산과 강들의 상이한 신령들과 땅의 네 귀퉁이의 신령들도 숭배했다. 그들은 또한 이성의 빛이 천天으로부터 오고 모든 인간 행동에서 이성의 명령을 경청해야 한다는 것도 가르쳤다.40)

"나는 유럽에 알려진 모든 이교종파 중에서 고대의 초기시대에 중국인들보다

---

40) Gallagher, *China in the Sixteenth Century: The Journals of Matthew Ricci*, 93쪽.

더 적은 오류에 빠져든 백성들을 알지 못한다"는 구절은 니우호프가 1665년 『네덜란드연합주의 동인도회사로부터 북경 또는 중국황제에게 파견된 사절단』에서 거의 그대로 반복한다.41)

1.2. 세메도의 『중국제국기』(1643)와 마르티니의 『중국기』(1659)

17세기 중반 이후에는 16세기 후반 멘도자·페레이라 등과 17세기 초 퍼채스·마테오리치·트리고에 의한 중국 정치문화와 정치제도 소개를 질적으로 능가하는 많은 중국 관련 서적들이 줄지어 출판되었다. 이 서적들에서도 공자철학에 관한 소개는 반복되고 심화되었다.

■ 세메도의 『중국제국기』(1643)

포르투갈 출신 세메도(Alvaro de Semedo, 1586?-1658)는 22년 동안 중국에 살아온 예수회 신부다. 그의 중국이름은 증덕소曾德昭였다. 1643년 그는 로마에서 이탈리아어로 쓴 『중국제국기中國帝國記(Relatione della Grande Monarchia della Cina)』를42) 공간했다. 이 책은 여러 나라 언어로 번역되어 널리 읽혔다. 이 책의 원고는 1640년 이탈리아어로 탈고되었으나 어떤 이유에서인지 스페인어 번역판이 1642년에 먼저 나왔다.43) 그리고 1645년에는 불역판도 나왔다.44) 영역판은 1655년 The History of the Great and Renowned Monarchy of China라는 제목으로 출판되어45) 널리 읽혔다.

---

41) John Nieuhoff, *Het gezantschap der Neêrlandtsche Oost-Indische Compagnie, aan den grooten Tartarischen Cham, den tegenwoordigen keizer van China* (Amsterdam: Jacob van Meurs, 1665); 영역본: John Nieuhoff, *An Embassy from the East-Indian Company of the United Provinces to the Grand Tatar Cham, Emperour of China, delivered by their Excellencies Peter de Goyer and Jakob de Keyzer, At his Imperial City of Peking* (London: Printed by John Mocock, for the Author, 1669), 216쪽.

42) Alvaro Semedo, *Relatione della Grande Monarchia della Cina* (Roma: Sumptobus Hermanu Scheus, 1643).

43) Alvarez Semedo, *Imperio de la China y Cultura Evangelica en el por les Religios de la Compania de Jesus* (Madrid: 1642).

44) Alvarez Semedo, *Histoire Universelle du Grand Royaume de la Chine* (Paris: Chez Sebastien Cramoisy etc., 1645).

세메도는 이 책에서 마테오리치·트리고의 공자칭송을 반복하고 있다.46) 그런데 10절("중국인들의 서적과 과학")에서 그는 공자의 오덕(인·의·예·지·신)을 효 (*pietie*), 정의(*justice*), 현명(*prudence*), 예의바름(*policie*), 신의(*fidelitie*)로47) 옮기고 있다. 그러나 이 번역은 부적절하다. 왜냐하면 '인'이 '효'로 축소되고, '지혜'가 '현명' 으로 대체되어 있기 때문이다. 그리고 '현명'이 '예의바름' 앞에 있어 순서도 그릇된 것이다. 그러나 29절("중국에서 정부를 용이하게 하고 바로잡는 몇 가지 특별한 것들")에서는 오덕을 인·의·예·지·신(Gin, Y, Li, Chi, Sin)으로 제시하고, 그 나열순 서를 효·정의·예·현명·신의로 고친다. 각 개념도 비교적 적절하게 해설하고 있다.

> 인은 효, 인간애(*Humanitie*), 자애(*Charitie*), 존중(*Reverence*), 사랑(*Love*), 연민(*Compassion*)을 뜻 한다고 그들은 말한다. 그들은 이 인을 이런 식으로 설명한다. 자신을 남보다 덜 존중 하는 것, 상냥한 것, 괴로움을 당한 사람을 구조하는 것, 곤궁에 빠진 사람들을 돕는 것, 동정적이고 연민 어린 마음을 갖는 것, 만인에게 선의를 갖는 것, 특히 자신들의 부모에게 이 모든 것을 더 많이 발휘하는 것, 부모가 건강한 동안 그들을 부양하는 것, 부모가 병든 동안 그들을 보살피는 것, 부모가 살아 있는 동안 그들을 섬기는 것, 부모가 죽었을 때 장례식으로 그들을 영광되게 하는 것이다.48)

그리고 세메도는 '의義'에 대해서도 나름대로 적절한 해설을 가한다.

> 의는, 그들의 설명에 의하면, 정의, 공평, 청렴(*integrity*), 마땅하고 정의로운 일들에서 의 양보(*condescention*)다. 이런 방식으로 재판관은 각인各人에게 제몫을 주어야 한다. 부자는 그의 부를 자랑하지 않도록 조심해야 하고, 빈자에게 자기 부의 일부를 주어

---

45) Alvaro Semedo, *The History of the Great and Renowned Monarchy of China* (London: Printed by E. Taylor for John Crook, 1655).

46) Semedo, *The History of the Great and Renowned Monarchy of China*, 48-49, 86-87쪽.

47) Semedo, *The History of the Great and Renowned Monarchy of China*, 50쪽.

48) Semedo, *The History of the Great and Renowned Monarchy of China*, 149쪽.

야 하고, 하늘을 숭배해야 하고, 땅을 공경해야 하고, 다투지 않아야 하고, 완고하지 않아야 하고, 정의롭고 이성에 합당한 것에 굴복해야 한다.[49]

이어서 세메도는 '예禮'에 대해서도 이처럼 적절하게 해석을 가한다.

예는 예의바름(policie), 예절바름(courtesie)이고, 남들에게 꼭 맞게 경의를 표하고 공경하는 것이라고 그들은 말한다. 예는 이 사람이 저 사람에게 가져야 하는 상호적 존경, 그들의 업무를 가지런히 하는 데 쓰이는 상호적 고려와 전후좌우로의 신중함 (circumspection), 대외적 행동거지의 겸손, 치자에 대한 순종, 어린 사람들을 친애하고 노인을 존경하는 것에 있다.[50]

그리고 '지智'에 대해서 설명하지만 '지智'에 대한 세메도의 해석은 제대로 된 것 같지 않다.

지는 현명과 지혜를 뜻한다. 그들은 지를 책을 읽는 것, 학문을 배우는 것, 예술에서 완벽한 것, 유구한 것에 박식한 것, 현대적 사안들에 정통한 것, 현재와 미래의 일들을 잘 관리하기 위해 과거의 것을 잘 관찰하는 것, 시비를 식별하는 것에 둔다.[51]

공맹은 지혜(知 또는 智)를 여기서 말하는 것처럼 두루 썼지만, 그럼에도 '현명'과 구별했고,[52] 사덕 또는 오덕의 하나로 지혜를 열거할 때는 '지'의 의미를 시비지심에서 확충된 도덕적 지혜로만 한정했다.[53] 그러나 세메도는 여기서 이 '도덕

---

49) Semedo, *The History of the Great and Renowned Monarchy of China*, 149쪽.

50) Semedo, *The History of the Great and Renowned Monarchy of China*, 149쪽.

51) Semedo, *The History of the Great and Renowned Monarchy of China*, 149쪽.

52) 『中庸』(4章): "子曰 道之不行也 我知之矣 知者過之 愚者不及也. 道之不明也 我知之矣 賢者過之 不肖者不及也."

53) 『孟子』「公孫丑上」(3-6): "是非之心 智之端也."; 「告子上」(11-6): "是非之心 智也."; 「離婁上」(7-27): "孟子曰 仁之實 事親是也 義之實 從兄是也 智之實 知斯二者弗去是也 禮之實 節文斯二者是也(인의 실은 사친이고, 의의 실은 종형이고, 지의 실은 이 둘을 알고 버리지 않는 것이고,

적 지혜'를 '지 일반', 즉 헬레니즘적 '소피아'로 확대하고 있다. 오덕의 하나로서
의 '지'는 위 해설에서 마지막에 열거한 "시비의 식별"과만 관련된 것이다.
세메도는 '신信'에 대해서도 간략하게, 그리고 비교적 적절하게 해설한다.

> 신은 신의와 진실(veritie)이라고 그들은 말한다. 그것은 신실한 마음, 참된 의도에 있
> 다. 그것은 선한 것만을 행하는 것이고, 정의로운 것을 모방하는 것이고, 제가의 일과
> 말 안에 숨겨진 것을 겉으로 드러나는 것과 일치되게 하는 것이다.54)

세메도는 '신'의 해설에서 '믿음', 즉 'trust' 또는 'trustworthiness'의 측면을 놓치고
있으나, 이 정도면 비교적 적절한 해석이라고 할 만하다. 훗날 존 웹은 세메도의
이 중국도덕철학 설명을 그대로 인용해 반복한다.55)

   그리고 세메도는 중국의 지리, 중국인의 기질, 풍습, 언어와 글자, 교육과
학습, 과거시험, 학위, 서적과 공자, 학문·예술, 예의범절, 잔치, 놀이, 혼례식,
장례식, 종교, 제사, 군사제도, 황제, 환관, 세습귀족의 부재, 정부와 관원, 관작,
형사제도 등 거의 모든 것을 자세히 소개하고 있다. 세메도는 가령 중국의
'비非세습적 학자귀족', 즉 '신사紳士'에 대해 꽤 자세히 설명한다.

> 오늘날 귀족의 대부분은 배움에 의해 낮은 지위에서 최고영예로 올라왔고, 그들 중
> 많은 사람은 수공인手貢人의 자식들이다. 또한 배움이 없으면 그들의 가문은 몰락해
> 가난으로 떨어지고, 그리하여 한 가문이 5대까지 지속되는 것을 보는 경우는 거의
> 없다. 왜냐하면 첫 개시자들은 궁핍에 의해 내몰리고 출세하려는 욕망에 고무되어
> 공부하고 수고롭게 학위를, 그리하여 정부관직과 다른 걸출한 관직을 획득하는 만큼,
> 뒤를 잇는 자식들은 부유하게 태어나 열락과 제멋대로 까부는 버릇 속에서 길러져
> 높이 사는 쾌락과, 이에 따르는 악덕에 정신을 빼앗겨 거의 공부하지 않고 많이 낭비

예의 실은 이 둘을 묶고 매어 꾸미는 것이다)."

54) Semedo, *The History of the Great and Renowned Monarchy of China*, 149쪽.

55) John Webb, *An[sic!] Historical Essay, Endeavoring a Probability that the Language of the Empire of China is the Primitive Language* (London: Printed for Nath. Brook, 1669), 99-101쪽.

하고 결국 단기간에 그들의 선조의 초기 상황으로 영락하기에 이르기 때문이다. 물론 그럼에도 불구하고 옛 부귀로부터 남은 상당한 음영과 닮음은 있다. 그리고 귀족이 5등급으로 영락하더라도 전혀 무의미한 그런 평민들이라고 말할 수는 없다.56)

여기서 세메도는 왕족을 제외한 '혈통귀족' 또는 '세습귀족'의 부재라고 표현했어야 한다. 그러나 세메도는 '신사紳士' 집단을 유럽의 어법에 따라 자꾸 '귀족(Nobility)'이라고 잘못 부르고 있다. 이것만 빼면 그의 설명은 대체로 맞는 것이다.

상론한 바와 같이 중국이 이처럼 세습귀족 없는 평등사회라는 사실이 멘도자(1585), 발리냐노·산데(1590), 퍼채스(1613), 마테오리치·트리고(1615), 버튼(1621), 세메도(스페인어판 1642, 이탈리아어판 1643, 불어판 1645) 등에 의해 영국내전의 의회파 군대에도 잘 알려질 수밖에 없었을 것으로 보인다. 청교도혁명 시기에 크롬웰 진영 의회파 신형군(New Model Army)의 대표단이 발표한 「진실로 개진된 군軍의 주장(The Case of the Armie Truly Stated)」(1647)에 영국인들로서는 상상할 수 없는 급진적 평등요구들이 등장한 것은 이 때문일 것이다. 크롬웰과 그의 사위 아이어튼(Henry Ireton)에 의해 묵살된 『인민협정(An Agreement of the People)』(1647-1649)에 그 골자가 반영된 「진실로 개진된 군의 주장」의 요지는 보통선거권, 2년 주기 의회, 선거구, 의회주권, 양심의 자유(종교의 자유), 강제입대로부터의 자유, 법 앞의 평등 등이었다. 이 요구를 '무정부 상태'의 요구로 느낀 아이어튼에 대해 신형군의 한 대표자인 레인스버러(Thomas Rainsborough) 대령은 왕에 대한 귀족들의 자유와 독자적 세습권력이 게르만 숲으로부터 전래되었다고 얘기되는 영국사에서 전례가 없는 '백성의 자유와 평등'에 관한 획기적 언술을 개진한다.

저는 영국에 사는 가장 빈천한 자도 가장 고귀한 분들과 같이 살 삶이 있다고 생각하고, 그러므로 참으로 저는 한 정부 아래 살게 될 모든 인간이 먼저 자기 자신의 동의에 의해 이 정부 아래 자신을 들여놓아야 한다고 생각합니다(For really I think that the poorest hee that is in England hath a life to live, as the greatest hee; and therefore truly, Sr, I think it

---

56) Semedo, *The History of the Great and Renowned Monarchy of China*, 121쪽.

clear, that every Man that is to live under a Government ought first by his own Consent to put himself under that Government).[57]

그러나 아이어튼은 크롬웰의 귀족주의를 대표해 "왕국에 고정된 항구적 이익을 갖지 않은 사람(귀족과 지주가 아닌 자)은 누구도 왕국의 국사를 처리할 권익이나 참정권을 가질 수 없다"고 말하며 레인스버러의 주장을 깔아뭉개버린다.

세메도는 17세기 당시 중국의 종교상황을 이렇게 대충 개관한다. "중국인들은 일반적으로 거의 종교에 기울어져 있지 않다. 그들 사이에는 일본백성들 사이에서와 같이 그렇게 많은 종파들이 존재하지 않는다."[58] 세메도는 중국사회가 탈종교적·세속적·현세주의적 사회라는 말을 이렇게 표현하고 있다. 그리고 그는 유교의 유생들에 대해 이렇게 보고한다.

그들은 신상(Pagod)도, 우상도 숭배하지 않고, 상벌을 내리는 우월자, 즉 신을 인정한다. 그럼에도 그들은 신을 숭배하는 어떤 교회도 없다. 그들이 경축하는 종교적 사무소도, 그들이 복창하는 기도문도, 그의 직무에 복무하는 성직자나 목사도 없다고 말한다. 하지만 그들은 그들의 책에서 이 아주 영예로운 하느님(Lord)을 신神인격(divine person)으로 말하고 쓴다. 그러나 그들이 참된 신을 완전하게, 판명하게 알지 못하는 만큼, 그들은 세계에서 가장 명예롭고 가장 강력하고 가장 이로운 것, 그들의 산(San, 山), 사이(Cai?), 즉 천天·지地·인人, 이 세 가지 것을 숭배하는 데로 떨어졌다. 남경과 북경에만 아주 화려한 천신과 지신을 모신 사당이 있다. 그러나 이것은 오직 황제에게만 속하는 것이다. 거기에서는 그만이 오로지 몸소 제사를 지낸다. 그는 제사장이고, 그의 부재 시에는, 또는 그의 명령에 의해 예부禮部의 장長이 제사장이 된다. 각 도시에는 그 관직 신령(배향자?)들을 위한 사당들이 있는데, 여기서는 만다린(신사)들이 제사를 지낸다. 강하, 산악, 세계의 사방 등의 신령들에 대해서도 제사를 지낸다.

---

57) *Putney Debates record book 1647*, Worcester College, Oxford, MS 65. Spelling and capitalisation as in the original manuscript.

58) Semedo, *The History of the Great and Renowned Monarchy of China*, 86쪽.

공공에 대한 유명한 은인이었던 몇몇 사람들을 기리는 사당들도 있다. 그 안에는 초상이 모셔져 있다. 그들은 위로 네 번째 단계까지 조상들에게도 동일한 영예를 바친다(소위 사대봉사四代奉祀를 말하고 있다 — 인용자). 그들은 저승에서의 조상들의 영혼을 위해서 기대하지도 않고 그 어떤 것을 위해서 기도하지도 않는다. 그럼에도 그들은 이승에서의 일시적 원조와 행운을 청하고, 조상들의 훌륭한 위업과 성취를 모방할 수 있기를 청한다.[59]

이어서 세메도는 도교, 불교 순으로 소개한다. 불교에 대해서는 그 조직, 승려, 윤회설 등에 대해 비교적 자세히 설명하고 있다.[60]

예법은 제례와 정치적·시민적 예로 대별해 설명한다. 제례(divine morality)는 "그들이 하늘과 땅과 행성들, 세계의 사방, 하늘·땅·강·산의 선한 신령과 악한 신령들, 관직 신령, 사자死者·영웅·유명인 등의 영혼에게 바치는 제사·제식· 예식禮式만을 다룬다".[61] 여기에서도 세메도는 마테오리치처럼 — 나중에 스피노자의 자연신론에 결정적 영향을 미치는 — '기氣'로서의 신령들과 영혼들에 대해서 언급하고 있다.

세메도는 퍼채스보다 훨씬 더 상세하게 명나라의 육부, 과도관科道官 등 중국의 중앙통치제도도 상세하게 설명하고 마지막으로 내각제에 대해서 비교적 정확하게, 그리고 상세하게 소개한다.

나머지 모든 관서보다 상위에 있고 왕국의 최고위 고관들인, '한림원'이라 불리는 왕립학술원의 관원들 외에, 그것도 오랜 세월 통치를 하고 어떤 봉박封駁도 당하지 않을 정도로 능력과 인품을 입증한 한림관원 외에 아무도 도달할 수 없는 또 하나의 관청이 있다. 그들은 '각로閣老(Colao)'라는 이름으로 불리는데, 보통 4명이고 결코 6명을 넘을 수 없다. 옛 황제(지금 통치하는 황제의 조부)는 한때 더 이상 필요 없다고 말하면서

---

59) Semedo, *The History of the Great and Renowned Monarchy of China*, 86쪽.

60) Semedo, *The History of the Great and Renowned Monarchy of China*, 87쪽.

61) Semedo, *The History of the Great and Renowned Monarchy of China*, 50쪽.

각로를 1명만 설치한 적도 있다. 각로들은 직책이 정해져 있진 않지만, 왕국 전체의 통치를 감독하는 눈을 가졌다. 우리가 이들을 모든 보좌관 안에서 그리고 정부를 통틀어 '최고의 통령들(supreme Presidents)'이라고 부르는 것도 부적절하지 않다. 이들은 다른 보좌관들과 동석하는 것이 아니라, 국사의 모든 신속처리에서 황제를 보좌한다. 오늘날 황제가 그곳에 친히 면의面議하는 관행을 그쳤기 때문에 각로들은 매일 올라오는 장주章奏와 모든 업무를 수령하고 응답하기 위해 궐내에서 언제나 보필한다. 이들은 이것들을 왕에게 보고하고, 왕은 이에 대해 마지막 비답批答을 표한다.62)

세메도는 내각제의 핵에 접근했지만, 아쉽게도 왕과 각로의 관계에 대해 이 정도로 말하는 것으로 그치고 있다. 왕과 내각 간의 권력분립 상태에 대해 아는 것이 없었던 것으로 보인다. 그러나 각로의 정치적 지위에 대해서는 다른 서적에서 볼 수 없을 만큼 자세히 언급한다.

각로들(Colai)은 모든 행정관에 의해 아주 단단하게 존중받고, 정해진 날 공개홀에서 관리들은 그들의 직속상관에게 하듯이 각로들에게 공경의 예를 표한다. 각로는 일어서고 궁궐의 모든 관원은 순서대로 각로들 앞을 지나간다. 그들이 각로들을 정면으로 마주 보고 넘어올 때 그들은 각로들을 향해 몸을 돌려 땅에 닿도록 깊은 존경의 예를 표한다. 그들은 이 의전을 콰담(Quo Tham, 過堂?), 즉 '회당會堂을 지나가기'라고 부른다. 각로들의 표장, 즉 영예의 배지는 나머지 관원들의 그것과 다르고, 투세(Tù Xe)라고 불리는 그들의 반대鞶帶는 보석이 많이 박혀 있다. 오직 그들만이 이것을 차도록 허용되었는데, 이것은 유럽의 왕들이 기사들에게 각 등급의 경식장頸飾章(Collars)을 하사해온 관행처럼 왕이 각로들에게 하사한 것이다. 그리고 각로들이 아플 때, 오직 이들에게만 황궁으로부터 보약과 진미들을 갖고 이들을 문병하러 사람이 보내진다. 각로들은 이것들을 가지고 오는 환관들에게 충분히 감사를 표하는데, 각

---

62) Semedo, *The History of the Great and Renowned Monarchy of China*, 128쪽. '지금 통치하는 황제의 조부'는 '지금 통치하는 황제'가 명조의 마지막 황제 제16대 숭정제라면, 그 조부는 재위 1년(1620) 만에 죽은 제14대 태창제이고, '지금 통치하는 황제'가 제15대 천계제라면 그 조부는 제13대 신종 만력제다. 만력제 때 대학사 방종철(方從哲)은 7년간 홀로 내각을 지켰다.

로들이 환관들에게 주는 액수가 적어도 50크라운이다. 이것은 여기의 200크라운보다 더 많은 액수다.[63]

각로들은 "궁정뿐만이 아니라 왕국 전체도 다스리는 궁정 최고의 총괄적 통치자들"이다.[64] 이처럼 세메도는 명대 말엽인 1641년 시점에 추적하기 힘들었을 명대의 원형내각제의 이모저모와 각로들의 존엄성을 잘 묘사하고 있다.

또한 세메도는 17세기 유럽인들에게는 놀라운 사실, 즉 중국에서는 도시들과 마을들이 시야 속에서 연이어 위치해 있어 운하들을 따라 한 도시가 다음 도시로 심지어 유입流入하듯 이어지고 유럽에서 전혀 볼 수 없는 도시적 밀집의 대공간들이 존재한다는 사실을 묘사하고 있다.[65] 그리고 지칠 줄 모르는 발명능력이 풍부한 중국인의 상업정신을 찬양하고 있다.[66]

세메도는 중국인들을 수공업과 역학기술에서 뛰어난 것으로 평가하고, 가난한 어린이들에게도 열려 있는 중국의 교육제도도 칭송하고 있다.[67] 그러나 그는 찬양일변도로 흐르지 않고 많은 점을 비난하고 있다. 특히 1644년 패망하는 명나라의 마지막 연간에 올바로 관찰한 바와 같이 중국의 상무尙武정신의 부족을 비판하고 있다.[68] 그럼에도 세메도는 중국을 통치와 행정에서 유럽을 능가하고 교육과 사업도 유럽을 적잖이 능가한다고 보았다.[69] 그리고 종합적으로 중국의 생활수준이 유럽의 그것을 앞지르고 있음을 부정하지 않는다.

■ 마르티니의 『중국지도집』(1655)과 『중국기』(1659)

그리고 1655년과 1659년에는 이탈리아 출신 예수회 선교사 마르티노 마르티

---

63) Semedo, *The History of the Great and Renowned Monarchy of China*, 127-128쪽. 1크라운은 은화 5실링이다.

64) Semedo, *The History of the Great and Renowned Monarchy of China*, 128쪽.

65) Semedo, *The History of the Great and Renowned Monarchy of China*, 4쪽.

66) Semedo, *The History of the Great and Renowned Monarchy of China*, 7, 29쪽.

67) Semedo, *The History of the Great and Renowned Monarchy of China*, 27, 37쪽.

68) Semedo, *The History of the Great and Renowned Monarchy of China*, 96-100쪽.

69) Semedo, *The History of the Great and Renowned Monarchy of China*, 26, 135-142쪽.

니(Martino Martini, 라틴명: Martinus Martinius, 중국명: 衛匡國, 1614-1661)가 『중국의 새로운 지도집(*Novus Atlas Sinesis*)』(약칭: 『중국지도집』, 1655)과 『중국기中國記(*Sinicae Historiae*)』 (1659)를70) 냈다. 존 웹은 1669년 『중국제국의 언어가 원시언어일 개연성의 입증을 시도하는 역사적 논고』에서71) 마르티니의 이 『중국기』를 집중적으로 인용했고, 존 로크도 이 책을 열독했다. 마르티니의 『중국기』의 특별한 점은 최초로 『서경』의 민유방본론民惟邦本論과 맹자의 본성도덕론을 소개하고 있는 것이다.

우선 마르티니는 민유방본론을 중국의 고대시가로 소개한다. 민유방본론과 태강太康황제의 혁명적 타도사건은 『서경』 「하서·오자지가五子之歌」에 나오는 데, 여기서 태강(즉위년 기원전 2188년)의 타도에 대해 이렇게 밝히고 있다.

태강이 나라를 잃고 동생 다섯이 낙수의 물굽이에서 기다리며 오자지가를 지었다. 태강은 자리만 차지하고 빈둥거렸고 안일하게 즐기며 덕을 망쳤다. 백성들은 모두 두 마음을 갖게 되었으나, 그는 절도 없이 즐기며 놀았다. 어느 날은 낙수의 남쪽으로 사냥 가서 백날이 되어도 돌아오지 않았다. 그리하여 궁窮나라의 제후 예羿가 백성들 이 견디지 못함으로 말미암아 황하에서 길을 막아버렸다. 그의 다섯 동생들은 어머 니를 모시고 따라갔다가 낙수의 북쪽 물굽이에서 그를 기다렸다. 다섯 동생들은 다 원망하며 우임금의 훈계를 노래로 지어 불렀다.72)

다섯 동생 중 첫째 동생의 노래는 이렇다.

할아버지 황제께서 훈계가 있었는데, 백성은 가까이 대해야 하고 낮춰 대하면 아니

---

70) Martinus Martinius (Martino Martini), *Sinicae Historiae*, Decas Prima (Amstelaedami: Apud Joannem Blaev, MDCLIX [1659]).

71) John Webb, *An[sic!] Historical Essay, Endeavoring a Probability that the Language of the Empire of China is the Primitive Language* (London: Printed for Nath. Brook, 1669).

72) 『書經』 「夏書·五子之歌」: "太康失邦 昆弟五人 須于洛汭 作五子之歌. 太康尸位以逸豫 滅厥 德. 黎民咸貳 乃盤遊無度 畋于有洛之表 十旬弗反. 有窮后羿 因民弗忍 距于河. 厥弟五人 御其 母以從 俟于洛之汭 五子咸怨 述大禹之戒以作歌."

된다. 백성은 나라의 근본이니 근본이 공고하면 나라가 강녕하다(民惟邦本 本固邦寧). 내가 천하를 보니 어리석은 지아비와 어리석은 지어미도 모두 나보다 나았다. 한 사람이 여러 번 실책한다. 원망이 어찌 현명함에 있으랴? 원망을 입지 않도록 꾀하라. 나는 만민에 임하면 썩은 고삐로 여섯 마리 말을 모는 것처럼 벌벌 떨었도다. 남들의 윗사람인 자로서 어찌 불경하리요.[73]

마르티니는 이 시에 이런 설명을 달고 있다. "태강황제가 그의 악덕으로 인해 퇴위를 당하자마자 그와 함께 그의 다섯 아우들이 유배되었을 때 이 아우들이 태강황제에게 말했다."[74] 그리고 나서 마르티니는 첫째 동생의 시문을 이렇게 번역하고 있다.

첫째 동생.

우리 조상 우임금에 의해 이런 법이 다스리는 자에게 규정되었다네. 다스리는 자는 백성을 사랑해야 하고 업신여기거나 억누르지 말아야 한다. 백성은 나라의 뿌리이기 때문이다. 전체적 항구성과 강력성 위에 나라의 안정성은 기초해 있다. 남들을 다스리는 자는 전차를 모는 전사를 닮았다네. 그러나 썩은 마구로 여섯 마리 말을 모는 자가 조심스럽게 행동하지 않는가?[75]

이 부적절한 번역문은 원문과 내용적으로 많이 다르다. 하지만 마르티니는 태강 방벌의 역사적 사실과 민유방본론의 핵심논지를 나름대로 정확하게 전하고 있다. 특기할 만한 것은 "백성은 나라의 근본이니 근본이 공고하면 나라가

---

73) 『書經』「夏書·五子之歌」: "皇祖有訓 民可近 不可下 民惟邦本 本固邦寧. 予視天下 愚夫愚婦 一能勝予. 一人三失 怨豈在明 不見是圖. 予臨兆民 懍乎若朽索之馭六馬 爲人上者 柰何不敬."

74) 이것은 마르티니의 라틴어 설명을 옮긴 퍼시의 영역문을 국역한 것이다. Anonym (Thomas Percy), *Hau Kiou Choaan, or The Pleasing History*, Vol. 4 of Four Vols. (London: Printed for R. and J. Dodsley, 1761), 'Fragments of Chinese Poetry I. Elegiac Verses', 225쪽.

75) 이것도 마르티니의 라틴어 번역본을 옮긴 퍼시의 영역문을 다시 국역한 것이다. Anonym (Thomas Percy), *Hau Kiou Choaan*, Vol. 4 of Four Vols. 'Fragments of Chinese Poetry I. Elegiac Verrses', 225-226쪽.

강녕하다(民惟邦本 本固邦寧)"는 구절을 "백성은 나라의 뿌리"이고 "전체적 항구
성과 강력성 위에 나라의 안정성은 기초해 있다"라고 개발새발이나마 옮기고
있는 점이다. 마르티니의 『중국기』를 탐독한 로크는 번역문에 담긴 민본주의
사상과 중국의 혁명역사를 1688년 당시에 이미 잘 알고 있었을 것이다.

또한 마르티니는 『중국기』에서 7쪽에 걸쳐 맹자의 사상을 소개한다.[76] 그는
정치·사회철학만이 아니라 맹자가 고자告子와 논쟁으로 전개한 인성론과 성선
설을 이렇게 소개하고 있다.

> 맹자는 본성(natura)에 관한 책도 썼는데, 이 책에는 철학자 고자告子(Cautius)와 본성에
> 관해 논쟁했던 내용이 포함되어 있다. 고자는 본질(essentia)에 관해서만 말했고, 맹자
> 는 그 작용(efficientia)에 관해서, 그것도 선성善性(bonum propensione)으로 작용하는 것에
> 관해서 진리를 말했다. 여러 말들이 설왕설래하다가 바로 판정이 난다. 즉, 본성은
> 적어도 본유하고(tam esse proprium), 마치 물이 아래로 흐르듯이 선을 낳는다는 것이다.
> 반대로 악(malum)을 낳는 것은 본성에 따르는 것이 아니다. 그리고 물이 밀침으로
> 깊은 곳에서 치솟게 되지 않는다면 자신의 본성에 반해 흐려지지 않듯이, 악은 사람
> 이 자기 자신에게 반反하거나 대립하지 않는다면 마치 원인에서 생겨나듯 본성 측면
> 에서 생겨나지 않는다. 위의 내용들은 맹자사상의 전부라 해도 충분하다. 그의 교리
> 들은 오늘날 중국에서 기독교 준칙과 가장 다른 것이다.[77]

이 책이 출판될 당시는 1659년이었다. 이런 시대적 배경을 고려해 마르티니는
맹자의 성선설이 기독교 교리와 "가장 다르다"고 강조하고 있다.

맹자의 성선설이 이렇게 기독교의 원죄론적 성악설과 대립되는 까닭에 『맹
자』가 유학경전 중에서 가장 뒤늦게 완역된 것으로 보인다. 그러나 훗날 상황은
일변한다. 나중에 맹자철학은 선을 신에게서 구하지 않고 자기의 본성에서
구한다는 바로 그 이유에서 기독교의 전일적 지배를 거부하는 유럽 철학자들에

---

76) Martini, *Sinicae Historica*, 176-182쪽.

77) Martinius, *Sinicae Historica*, 176-182쪽.

의해 환호를 받게 된다.

1.3. 키르허의 『중국 해설』(1667)과 니우호프의 『북경사절단』(1665)

1660년에는 고틀리프 슈피첼(Gottlieb Spitzel; Theophil Spitzel, 1639-1691)이 테오필 스피첼리(Theophil Spitzel, 라틴명; Theophili spitzelii) 명의로『중국문헌 해설(De Re Literaria Sinensium Commentarius)』(1660)을 냈는데, 이 책에서도 공자를 소개하고 있다.78) 17세기 중반을 넘자 이와 유사한 저술들이 급증했다. 그중 1660년대에 대표적인 것이 키르허(Athansius Kircher)의 『중국의 성속聖俗기념물 등에 대한 삽화를 곁들인 해설(China monumentis, qua sacris qua profanis, [⋯] Illustrata)』(약칭:『삽화를 곁들인 중국 해설』, 1667)과,79) 네덜란드 특사 존 니우호프(John Nieuhoff, 1618-1672)가 쓴『네덜란드연합주의 동인도회사로부터 북경 또는 중국황제에게 파견된 사절단』(1665)이다.80)

■ 키르허의『삽화를 곁들인 중국 해설』(1667)

키르허의『삽화를 곁들인 중국 해설』은 중국에 관한 일종의 백과전서다. 키르허는 중국을 이렇게 미화한다.

정치적 원리와 이성의 규칙에 따라 조직된 군주정이 세계에 존재한 적이 있다면, 감히 나는 그것은 중국인들의 군주정이라고 말할 것이다. 만사는 일련의 질서에 따

---

78) Theophili Spitzellii, *De Re Literaria Sinensium Commentarius* (Lugduni Batavorum: Apud Petrum Hackium, 1660), 143쪽.

79) Athansius Kircher, *China Monumentis, qua Sacris qua Profanis, nec vanriis naturae and artis spectaculis, aliarumque rerum memorablium argumentis illustrata* [*China Illustrata*] (Amsterdam: Apud Jacobum à Meurs, 1667). 이 책은 300여 년간 영역된 적이 없었다. 영역본은 1986년에야 나왔다. Athansius Kircher, *China Illustrata, English Translation of China Monumentis qua Sacris qua Profanis From Original 1667*, translated by Charles D. Van Tuyl (Muskogee: 1986). http://hotgate.stanford.edu/Eyes/library/kircher.pdf. 최종검색일: 2013. 1. 20.

80) John Nieuhoff, *Het gezantschap der Neêrlandtsche Oost-Indische Compagnie, aan den grooten Tartarischen Cham, den tegenwoordigen keizer van China* (Amsterdam: Jacob van Meurs, 1665); 영역본: John Nieuhoff, *An Embassy from the East-Indian Company of the United Provinces to the Grand Tatar Cham, Emperour of China, delivered by their Excellencies Peter de Goyer and Jakob de Keyzer, At his Imperial City of Peking* (London: Printed by John Mocock, for the Author, 1669).

라 배치되어 있다. 선비 또는 지자들이 만사를 맡고 있고, 어떤 일도 그들 없이 일어
나지 않는다. 누구든 중국의 문예에 완전히 훈육되지 않았다면 어떤 지위도 얻을
수 없다.[81]

이 구절은 2년 뒤인 1669년 존 웹의 『중국제국의 언어가 원시언어일 개연성의
입증을 시도하는 역사적 논고』에서 거의 그대로 반복된다.[82] 키르허는 중국을
"이성의 규칙"을 실제적 통치 속으로 통합한 전 세계적 예외로 자리 매김함으로
써 이전과 현재의 어떤 유럽국가도 이것에 도달한 적이 없다고 암시하고 있다.
이 암시가 과감한 언행으로 보이는 한편, 우리는 키르허가 유럽에서 '계몽군주'
개념이 발전하기 전에 이것을 썼다는 것을 유념해야 할 것이다.[83]

그리고 이어서 키르허는 플라톤의 철인치자를 끌어들인다. "전 왕국은 플라
톤이 그의 국가론에서 묘사했듯이 선비들에 의해서만 통치된다. 플라톤이 말했
듯이 '왕이 철학자이거나 철학자가 왕인 왕국은 행복하다.'"[84] 그는 중국제국을
"플라톤주의 식의, 그리고 신적 철학자의 의지에 따르는 박사들에 의해 다스려
지는 나라" 또는 "철학을 할 수 있거나 적어도 철학자로서 통치와 지도를
허용하는 임금을 가진 행복한 나라"라고 말한다.[85]

그리고 키르허는 이 제국을 "모든 제국 중에서 그 15개 왕국의 분지分枝에
이르기까지 가장 부유하고 가장 강력한 제국"으로 소개하면서, "오늘날 세계의

---

81) Kircher, *China Illustrata* (English Translation), 110쪽.
82) 웹은 이렇게 말한다. "중국인들의 정부정책에 관한 한, 나는 키르허가 전하는 것을 주로 말할
것이다. 세상에서 어떤 군주정이 바른 이성의 정치적 원리와 명령에 따라 구성된 적이 있다면,
그것은 중국군주정이라고 감히 말해도 된다. 왜냐하면 만사가 선비 또는 지자들의 통치와 권력
아래 있는 반면, 또한 전 제국의 국사가 이 지자들의 손을 거쳐야만 처리되는 만큼 그 왕국에서는
만물만사가 위대한 질서 속에 놓여 있는 것으로 드러나기 때문이다. 글과 학문에서 많이 배운
식자들만이 어느 정도의 영예에 도달할 수 있을 따름이다." John Webb, *Antiquity of China, or
An[sic!] Historical Essay, Endeavoring a Probability that the Language of the Empire of China is
the Primitive Language* (London: Printed for Obadiah Blagrave, 1669·1678), 92-93쪽.
83) Stefan G. Jacobsen, "Limits to Despotism: Idealizations of Chinese Governance and Legitimations
of Absolutist Europe", *Journal of Early Modern History*, 17 (2013), 358쪽.
84) Kircher, *China Illustrata* (English Translation), 161쪽.
85) Kircher, *China Illustrata* (English Translation), 159쪽.

다른 모든 왕국보다 더 절대적인 군주정"으로 규정하고 있다.[86] 그리고 이어서 키르허는 중국의 왕은 "누구에게도 자문할 필요가 없는 전全 왕국의 절대적 수장이고 지배자"라고 말하고, 이어서 바로 모순되게도 그는 육부와 더불어 황제가 반드시 자문을 구해야 하는 "각로閣老(Colao)라고 불리는 보정輔政"으로서 "왕 다음의 최고지위를 차지하고" 항시 표의권(내각권)으로 황권을 견제하는 내각대학사들이 있다고 소개하고 있다. 따라서 "세계에 존재하는 모든 군주국들"에서 중국보다 더 "칭찬받고 존경받을" 나라는 없다는 것이다.[87]

■ 니우호프의 『네덜란드로부터 북경에 파견된 사절단』(1665)

　개신교도인 니우호프도 『네덜란드연합주의 동인도회사로부터 북경 또는 중국황제에게 파견된 사절단』(약칭: 『네덜란드로부터 북경에 파견된 사절단』, 1665)에서 세메도처럼 동아시아(중국·코리아·일본·코친차이나 등지)의 유불선 삼교에 대해 상세히 설명하고 당연히 공맹사상을 소개하고 있다.[88] 또 앞서 시사했듯이 그는 세계의 이교적 종교들 중 중국의 종교가 가장 오류가 적다고 평하면서 마테오리치의 말을 거의 그대로 반복한다. "우리는 태초시대 이래 유럽에 알려진 이교적 종파들 중 중국의 종파보다 더 적은 오류에 빠져든 종파에 대해 읽지 못했다. 왜냐하면 우리는 그들의 책들에서 그들이 태초로부터 '왕'(상제)이라고 부르는, 또는 보다 흔한 또 다른 이름인 하늘 그리고 땅이라고 부르는 최고의 유일신을 숭배했다고 읽었기 때문이다. 그러므로 그들은 천지가 물활화物活化되었고 그래서 그들이 천지의 영혼을 최고신으로 숭배한다고 생각한 것으로 보인다. (…) 최고신과 이 신을 모시는 신령들에 관한 한, 우리는 그들의 어떤 책에서도 그들이 온갖 외설스러운 짓을 저지르는 가운데 타락한 신들의 도움을

---

86) Kircher, *China Illustrata* (English Translation), 159쪽.

87) Kircher, *China Illustrata* (English Translation), 161쪽.

88) John Nieuhoff, *Het gezantschap der Neêrlandtsche Oost-Indische Compagnie, aan den grooten Tartarischen Cham, den tegenwoordigen keizer van China* (Amsterdam: Jacob van Meurs, 1665); 영역본: John Nieuhoff, *An Embassy from the East-Indian Company of the United Provinces to the Grand Tatar Cham, Emperour of China, delivered by their Excellencies Peter de Goyer and Jakob de Keyzer, At his Imperial City of Peking* (London: Printed by John Mocock, for the Author, 1669), 216-226쪽.

간청하는 로마인·그리스인·이집트인들이 발명한 것 같은 악령의 후원에 관한
방자한 독트린을 끄집어냈다는 것을 찾지 못한다."89)

이어서 니우호프는 마테오리치의 설명을 거의 그대로 반복하며, 그러나
마테오리치와 달리 비판적으로 중국의 신령론(신기神氣·영기靈氣·혼기론魂氣論)을
소개한다.

　

그러나 이 최고신 외에 그들은 여러 신령들, 즉 산신령, 강江신령, 그리고 세계의
사방을 호령하는 신령들에 대한 숭배로 일탈했다. 모든 기록에서 고대 중국인들은
인간은 하늘로부터 받은 지성의 타고난 빛에 귀 기울여야 한다고 버릇처럼 말했다.90)

　

이 기론적氣論的 신령론은 마테오리치의 보고를 반복하는 것이지만 동시대
철학자 스피노자의 범신론에 큰 영향을 미친 것으로 보인다.

니우호프의 『네덜란드로부터 북경에 파견된 사절단』은 공자의 성선설과
이에 입각한 수신론을 이렇게 소개하고 있다.

　

이제 우리는 공자 뒤에 남겨진, 그리고 백성들 사이에서 그렇게 존경받는 공자의
교리를 언급하게 된다. 『대학』 또는 『대인의 학』은 만인이 그 자신을 먼저 완벽화에
달達하게 한 다음에 타인들을 완벽화에 달하게 한다는, 그리하여 만인이 최고선의
보유에 도달할 수 있다는 제목이나 명제들로 이루어져 있다. 그러나 완벽화 자체는
만인이 자기 자신 속의 본성적 빛을 불러일으키고, 그가 결코 본성의 법칙이나 이
법칙에 의해 인간 안에 본성화되어 있는 능력과 단초를 벗어나지 않도록 이 빛을
맑게 하는 데 있다. 동일한 것에 관해서는 사물에 대한 통찰과 감식 없이 이루어질
수 없다. 그러므로 인간들이 철학의 학습에 매진하는 것이 필수적이다. 그들은 이
철학으로 해야 할 것과 피해야 할 것을 배울 수 있다. 이 지식에 의해 (그들이 말하는

---

89) Nieuhoff, *An Embassy from the East-Indian Company of the United Provinces to the Grand Tatar
Cham, Emperour of China*, 216쪽.

90) Nieuhoff, *An Embassy from the East-Indian Company of the United Provinces to the Grand Tatar
Cham, Emperour of China*, 216쪽.

바) 그들은 자신들의 일을 어떻게 올바로 질서 잡는지, 그리고 본성의 잣대와 척도에 의해 자신들의 욕구를 바로잡는지를 배운다. 여기에 심신의 완벽화가 있다.[91]

이 내용은 "격물치지·성의정심·수신제가·평천하"를 설명한 것이다.

자기완벽화의 원리, 즉 '수신'의 원리가 자신 속의 '본성적 빛'이라는 말은 인간본성의 '선성善性'을 전제로 하는 말이다. '수신'을 '완벽화'로 번역한 것으로 부터 계몽주의적 자기완벽화(자기완성) 또는 자기실현의 이론이 발전되어 나오 게 된다. 이것은 기독교의 원죄설적 성악설과 정면으로 상치되는 대목인데 니우호프는 비판 없이 그대로 소개하고 있다. 뒤에 상론하겠지만 윌리엄 템플 은 「영웅적 덕성에 관하여」(1687년경)에서 니우호프의 공자 논의를 거의 옮겨놓 다시피 하여 자기완벽화의 수신론과 관련된 공자의 성선설을 논하고 있다.

1.4. 나바레테의 『중국왕국의 보고』(1676)와 마젤란의 『신중국기』(1688)

1670-80년대에 들어서 유명한 중국기中國記로는 프란체스코파 탁발승 도밍 고 나바레테(Domingo F. Navarrete, 1618-1686)의 『중국왕국의 역사·정치·윤리·종교 적 보고』(1676)가 있다. 그리고 곧 가브리엘 마젤란의 『신중국기』(1688)가 나와 이전의 중국의 정치문화와 제도들에 대한 보고들을 사실로 확증해주고 보완해 주었다.

■ 나바레테의 『중국왕국의 역사·정치·윤리·종교적 보고』(1676)

니우호프에 이어서 1676년 나바레테 신부는 『중국왕국의 역사·정치·윤리· 종교적 보고』(약칭: 『중국왕국의 보고』, 1676)를 출간했다.[92] 이 책에서 나바레테는 공맹경전을 발췌·번역해 소개하고 있다. 그리고 공자와 그 철학에 대해 이런

---

91) Nieuhoff, *An Embassy from the East-Indian Company of the United Provinces to the Grand Tatar Cham, Emperour of China*, 218-219쪽.

92) Domingo F. Navarrete, *Tratados Historicos, Politicos, Ethicos, y Religiosos de la Monarchia de China* (Madrid, 1676). 영역본: Dominick F. Navarrete, *An Account of the Empire of China; Historical, Political, Moral and Religious* (London: H. Lintot, J. Osborn, 1681).

평가를 내리고 있다.

> 공자가 유교의 창시자나 발명자가 아니라 할지라도 그가 이 유교를 설명하고 그의
> 독트린에 의해 보다 이해할 수 있게 만들고 해명했기 때문에, 그들이 그들의 우두머
> 리와 입법자의 칭호를 주었다는 사실이 철학자 공자에 관해 언급되어야 한다. (…)
> 천사적 박사 성 토마스가 (…) '학파들의 군주와 천사라는 명칭을 얻은 것처럼, 유식
> 한 중국인들은 동일한 이유에서 그들의 철학자 공자에게 그들의 '왕과 사부(Prince
> and Master)'라는 칭호를 부여했다.93)

'왕과 사부' 칭호는 후세 중국인들이 공자에게 붙여준 '문선왕文宣王'과 '대선사
大先師'의 칭호를 옮긴 것으로 보인다.
그리고 이어서 도밍고 나바레테는 공자의 위대성을 이렇게 찬양한다.

> 중국인들은 철학자 공자의 독트린을 우리가 복음을 평가하는 것과 같이 평가한다.
> 어떤 이들은 이 철학자에게 우러나는 지식이 있는 것으로 생각하지만, 그는 후천적
> 으로 획득한 것 외에 어떤 것도 없다고 스스로 고백했다. 나는 유식한 기독교인들이
> 커다란 땅 면적을 차지하고 있는 그의 묘지 경내에 어떤 짐승도, 어떤 새도, 어떤
> 곤충도 들어오지 않았고, 이 장소 안에 어떤 분비물이나 다른 오물이 발견된 적이
> 없다고 말하는 소리를 들었다. 나는 이것에 동조하지 않는 몇몇 선교사들과 이 주제
> 에 관해 토론했는데, (…) 이것에 의해 분명한 것은, 중국 학자들이 기독교인이 되더
> 라도 여전히 그들의 스승을 전혀 의심할 수 없는 바로 그 핵심에서 간직한다는 것이
> 다. 하지만 만인은 어떤 인간도 그 기품, 그 예리함, 그 문체의 간명성에서 이 사람에
> 게 근접하지 못했다는 데 동의한다.94)

어쩔 수 없이 공자를 이토록 극찬하는 나바레테의 이 책은 여러 나라 말로

---

93) Navarrete, *An Account of the Empire of China*, 123쪽.

94) Navarrete, *An Account of the Empire of China*, 125쪽.

번역되어 유럽에서 널리 읽혔는데, 로크도 이 책을 정독했다.

또 나바레테는 이 책에서 중국의 정부와 공자주의적 정치문화 및 경제정책을 소개한다. 그는 중국의 정부를 이렇게 찬양한다. "나는 중국정부의 본성·방법·성향이 찬미할 만하고 세계에서 많은 사람들에게 귀감 또는 모델일 수 있다는 데 아무런 의심을 하지 않는다. 이것은 만사가 아주 더할 나위 없이 질서정연해서 전 제국이 잘 다스려진 하나의 가정처럼 보일 정도다."95) 따라서 그는 스페인을 비롯한 전 세계 정부들은 중국정부를 모방해야 한다고 제언하면서 이를 위해 전 세계의 정부들은 중국에서처럼 농민들에게 특권을 주고 과세정책에서 중용의 방침을 도입해야 한다고 주장한다.

몇 군데를 발췌해보면 다음과 같다. "중국인들은 모든 백성을 네 신분으로 나누는데, 사농공상이다."96) 그런데 중국인들은 "황제의 주된 관심이 농민에 대한 보살핌이고 제국 전체가 농민의 노동과 근면에 의해 부양되기 때문에 가급적 많은 특권을 농민들에게 부여해야 한다"고 말한다.97) "이 동일한 것은 동일한 이유로 모든 지방에서 지켜져야 하고, 이것이 스페인의 마닐라에서 실행된다면 땅은 더 풍부해져 왕의 재정에 적잖은 증가를 가져다줄 것이다. 마닐라 섬에 사는 사람들은 그들이 거둔 것을 다 세금으로 빼앗기기 때문에, 그들이 씨 뿌리지 않고 거두지 않는다면 세금으로부터 해방되기 때문에 일하려 하지 않는다. 인도 사람들도 그렇게 말하고, 나도 그런 소리를 들었다. 탁발승 드 앙겔리스(F. de Angelis)는 터키인들도 같은 말을 한다고 전한다. 우리는 이들을 찬미할 필요도 없고, 또한 이들의 선례를 따르는 것이 순리적인 것도 아니다. 하지만 중국인들의 선례를 따르는 것은 순리적이다. 왜냐하면 중국인들은 이 경우와 기타 여러 경우에서 아주 질서 바르게 행동하기 때문이다."98)

그리고 중국의 농민은 "수적으로 거대하고, 지위에 관한 한, 공인이나 상인보

95) Navarrete, *An Account of the Empire of China*, 52쪽.

96) Navarrete, *An Account of the Empire of China*, 52쪽. 다음도 참조: Lewis A. Maverick, *China – A Model for Europe*, Vol. I (San Antonio in Texas: Paul Anderson Company, 1946), 14-15쪽.

97) Navarrete, *An Account of the Empire of China*, 52쪽.

98) Navarrete, *An Account of the Empire of China*, 52-53쪽.

다 앞선다".99) "중국인들은 외국들이 제공하는 것을 아무것도 원하지 않는다고 말한다. 이것은 일리가 있는 말이다."100)

나바레테는 중국인들이 만들어 파는 진귀한 물건들에도 감탄한다. "그들이 점포에서 만들어 파는 진기한 물건들은 모든 유럽인을 경악하게 한다. 4척의 대형 범선이 남경시, 귀주, 한구 또는 그와 같은 다른 도시로 보내지면, 이 선박들은 수천 가지 진기한 물건들과 장난감, 즉 세계가 찬미할 모든 것을 싣고 올 것이고, 합당한 이율로 팔더라도 이것들로부터 큰 이윤을 얻는다. 황실에 제공하는 필요한 모든 물건은 앞서 얘기된 도시들 중 어떤 도시의 여러 지역에서 매입 이상의 어려움 없이, 그리고 모두 우리 사이에서 파는 것과 비교해서 근소한 이율로 이미 만들어졌을 것이다." 이어서 그는 중국인들의 수공기술을 찬양한다. "중국인들은 모방에 아주 뛰어나다. 그들은 유럽에서 가져온 것으로 보이는 것이라면 그것이 무엇이든 완벽하게 모방했다. 광동성에서 그들은 여러 가지 물건들을 아주 정확하게 모조해서 그것들을 유럽에서 가져온 것이라며 내륙지방에서 팔고 있을 정도다."101) 나바레테는 중국인이 유럽인들보다 더 훌륭한 사업가들이고 훨씬 더 싼 가격에 유럽의 재화들보다 더 품질 좋은 재화를 생산한다는 것을 명확하게 밝히고 있다.102)

나바레테는 이 책 전체에 걸쳐서 그가 다양한 주요 상품들에 대해 지불한 가격을 인용하고 음식·종이·직물과 임금이 전혀 비싸지 않은 것에 깜짝 놀라고 있다. 그는 중국의 "무역업자와 상인들"을 "모두 아주 친절하고 정중한 사람"으로 묘사하고, "무엇인가를 얻을 수 있다면 그들은 그것이 아무리 적을지라도 기회를 놓치지 않는다"고 말한다.103) "가격을 기꺼이 협상하려는 자세"는 중국인들이 유럽인들과 동일한 도덕적·사회적·재정적 가치들을 공유하고 있다는 것을 보여주는 사업관행을 가진 문명화된 초민족적 상인계급의 구성원들

---

99) Navarrete, *An Account of the Empire of China*, 53쪽.

100) Navarrete, *An Account of the Empire of China*, 61쪽.

101) Navarrete, *An Account of the Empire of China*, 58쪽.

102) Markely, *The Far East and the English Imagination*, 198쪽.

103) Navarrete, *An Account of the Empire of China*, 60쪽.

이라는 표식이다. 이런 가치들은 다시 세계관들 간의 기본적 유사성을 외적으로 보여주는 것이다. "시민적이고 정중한" 태도는 중국인들이 이윤에 대한 보편적 욕망, 정중함, 기독교적 계몽에 의해 특징지어지는 심리학을 공유한다는 것을 보증했다. 이 점에서 나바레테는 "서구제국을 ─ 종교를 빼고 ─ 문명과 생산 측면에서 능가하는 제국" 안에서 "외국 손님으로서의 자신의 지위"를 수락했다.104)

그리고 나바레테는 중국의 전통적 조세정책에 대해 이렇게 소개한다. "농민들은 일반적으로 가난한 백성들이고, 남한테 빌린 작은 땅뙈기밖에 없는 사람들이다. 일반수칙은 지주가 세금을 내고 절반의 수확을 가져가는 한편, 농민은 땅을 갈고 그 수고의 대가로 나머지 반을 가진다."105) 이 기술은 그릇된 것이다. 1670년경 중국의 토지제도는 명말·청초의 혁명적 노비해방민란을 통해 지주·소작체제에서 소농경제체제로 이행해 있었기 때문이다. 하지만 세금은 지주에게서만 걷고 경작자에게는 면세혜택을 부여하는 중국의 오랜 조세제도에 대한 나바레테의 보고는 18세기 유럽에서 봉건지주를 몰락시키고 농업자본가를 육성함으로써 경제질서를 자본주의적으로 근대화하는 중요한 조세원칙을 가르쳐주었다.

영역본 기준으로 5포인트 정도의 잔글씨로 인쇄된 나바레테의『중국왕국의 보고』는 7쪽에 걸쳐 맹자의 천명론 등 정치·사회철학을 소개하고 있다.106) 그러나 나바레테는 맹자의 인성론과 성선설을 ─ 기독교의 원죄론적 교리와의 충돌을 염려해 아마 의도적으로 ─ 소개하지 않고 있다.

■가브리엘 마젤란의『신중국기』(1688)

명말·청초에 걸쳐 29년 동안 중국에 살았던 가브리엘 마젤란(Gabriel Magailans [Gabriel de Magalhães, 중국명: 安文思], 1610-1677) 예수회 신부는 포르투갈 출신이다.

---

104) Markely, *The Far East and the English Imagination*, 198쪽.

105) Navarrete, *An Account of the Empire of China*, 58쪽.

106) Navarrete, *An Account of the Empire of China*, 153-156, 171-173쪽.

그는 역사상 최초로 세계일주를 한 페르디난드 마젤란과 같은 가문 사람이다. 그는 명말인 1640년에 항주를 통해 중국에 입국했다. 만주족이 침입했을 때 그는 아담 샬의 도움으로 목숨을 구했다. 그 후 그는 강희제로부터 벽시계를 포함한 서양기계들을 관리하는 임무를 맡았다. 그는 차임벨로 시간을 알리는 시계와 시계탑을 만들었다. 그는 한때 수뢰收略의 무고를 당해 투옥되기도 했지만 오해가 풀려 석방되었다. 강희제는 그를 찬양하는 시를 썼고 그에게 은화 200냥과 많은 비단을 하사하기도 했다.

마젤란은 "가장 포괄적이고 가장 통찰력 있는 중국 소개서"를 저술할 작정으로 1650년부터 집필에 들어가 1668년에 탈고했다. 탈고된 포르투갈어 원고의 제목은 『중국의 12가지 탁월성(Doze excellencias da China)』이었다. 그러나 이 원고는 그의 생전에 출판되지 못했다. 1677년 마젤란이 죽은 뒤 안타깝게도 이 원고는 일부가 불타버리는 통에 일부만 남아 있었다. 쿠플레(Philippe Couplet) 신부는 1681년 이 남은 원고를 유럽으로 가지고 왔다. 이 원고는 7년 뒤 수도승 클로드 베르누(Claude Bernou)에 의해 불역되어 1688년 *Nouvelle Relation de la Chine*(『新中國記』)라는 책명으로 파리에서 출간되었다. 그리고 같은 해 바로 이어 런던에서 영어판이 *A New History of China* 제하에 출간되었다.107)

- 공자철학과 공자경전의 소개

마젤란은 이 『신중국기新中國記』의 제4절("중국의 문자와 언어") 끝부분에서 특이하게도 『대학』의 첫 한문漢文 문장("大學之道在明明德 在親民 在止於至善")을 세로쓰기로 전재轉載하고 중국어 음운을 단 후 각 한자漢字의 우측에 뜻을 적고,108) 그다음 쪽에서부터 다시 포괄적 주석을 가하고 있다.109)

우측에 적은 직역문의 영어 글자들을 아라비아 숫자로 매겨진 순서대로 모으면, "The Rule to teach Great man consists in the first place to enlighten

---

107) Gabriel Magaillans, *A New History of China* (London: Printed for Thomas Newborough, 1688).

108) Magaillans, *A New History of China*, 83쪽.

109) Magaillans, *A New History of China*, 84-86쪽.

reasonable Nature, consists in the second place to renew the People, consists in 3rd to stop at the Sovraign Good(대인을 가르치는 법은 첫째 합리적 본성을 개명하는 것이고, 둘째는 백성을 갱신하는 것이고, 셋째는 지선至善에 멈추는 것이다)"이 된다.110) '대학 大學'을 '대인을 가르치는 것'으로 번역한 것은 주희의 주석에서 영향을 받은 것으로 보인다. 주희가 '대학'을 '대인의 학', '소학'을 '소인의 학'으로 나누었기 때문이다. 그리고 '명덕明德'을 "이성적 본성"으로 옮겨 합리주의화하고 있는 점도 주희의 체취가 느껴진다. 마젤란은 주희를 중국의 경전주석가로 소개하고 있기 때문이다.111)

그런데 마젤란은 다음 쪽의 "텍스트에 대한 주석과 설명"에서 조금 다르게 번역한다. "대인이 학습하는 방법(method)은 세 가지가 있다. 첫 번째는 합리적 본성을 펼치는 것(to unfold the rational nature)이다. 두 번째는 인류를 개혁하는 것(to reform Mankind)이다. 그리고 세 번째는 지선至善에 멈추는 것이다."112) 마젤란은 앞전의 '가르치는 법'을 '학습하는 법'으로, '이성적 본성'을 '합리적 본성'으로, '개명하는 것(to enlighten)'을 '펼치는 것'으로, '백성을 갱신하는 것'을 '인류를 개혁하는 것'으로 바꾸었다. 이 '인류를 개혁하는 것'이라는 마젤란의 번역은 오늘날의 관점에서 보면 사회주의적·공산주의적 '인간개조론'처럼 인권침해의 소지가 다분한 것이다. 공자의 '친민親民'은 결코 인간의 본성을 바꾸는 '인간개조'와 반대로, 백성들의 문화·도덕 수준을 혁신적으로 고양시켜 '진성盡性'하게 하는 것, 즉 본성을 완전히 실현하게 하는 것이기 때문이다.

이어서 마젤란은 첫째 "명명덕明明德", 즉 "합리적 본성을 개명하는 것"에 대해 이렇게 주석한다.

첫 번째에 관한 한, 합리적 본성은 인간의 마음(heart)이다. 왜냐하면 중국인들은 지성과 의지를 전혀 구분하지 않지만 우리가 통상 저 능력들에 귀속시키는 것을 마음에

110) Magaillans, *A New History of China*, 83쪽.
111) Magaillans, *A New History of China*, 82쪽.
112) Magaillans, *A New History of China*, 84쪽.

귀속시키기 때문이다. 마음은 어떤 어둠도 모호성도 없이 순수하고 지성적인 하나의 실체다. 이 마음속에서 사람은 언제나 눈앞에 현시되는 모든 난관에 대응하기 위한 모든 필수적 추리를 준비한다. 그러나 바로 우리가 탄생하는 순간에 이 지성적이고 합리적인 본성은 육체의 감옥 안에 가두어져 갇혀 있기 때문에, 그리고 우리의 불규칙적 감정들이 이 감옥을 동여매고 사슬로 채워두기 때문에 이 본성은 모호해지고 교란되기에 이른다. 이런 이유에서 인간들이 끝까지 합리적 마음이 그 속박과 예속으로부터 해방되고 그리하여 감정들의 사슬과 족쇄를 부수고 마음의 시원적 아름다움, 빛, 지성으로 돌아가도록, 흐린 거울을 닦는 것과 동일한 방식으로 마음의 이전의 광택을 회복하도록 의문들을 제기함으로써 학습과 정보획득에 전념해야 하는 것은 필수적이다.113)

공자에게 인간의 본성은 탄생하기 전에나 후에나 본질적으로 선하다. 그러나 마젤란은 "우리가 탄생하는 순간 인간의 본성은 모호해지고 교란된다"는 주석에 의해 공자의 성선설을 교묘하게 기독교의 원죄설적 성악설에 가깝게 변조하고 있다. "명명덕明明德"(명덕[인·의·예·지의 대덕]을 밝히는 것)은 여기서 흐린 거울을 닦듯이 인간의 타고난 악한 본성을 박박 닦아내는 것으로 변질시키고 있다. 마젤란은 공자의 본성도덕론을 기독교적 원죄설로 변형시키고 — 암암리에 주희의 성리학적 주석을 따라 — 여기에다 합리주의적 해석을 가하고 있다.

그런데 훗날 볼테르도 "흐린 거울을 닦는 것과 동일한 방식으로 마음의 이전의 광택을 회복한다"는 마젤란의 이 비유적 주석을 끌어다 활용한다. "공자는 그의 책(『대학』 — 인용자)에서 치자가 되도록 정해진 사람은 누구나 '흐린 거울을 닦듯이 이성을 바로 닦아 하늘의 보증을 받고, 자기 자신을 새롭게 하며, 솔선수범으로써 백성들을 새롭게 해야 한다'는 가르침으로 시작한다."114) 공자철학의 합리주의적·기독교적 오독과 오해는 유럽에서 이처럼 비일비재했다.

---

113) Magaillans, *A New History of China*, 84쪽.

114) Voltaire, *Essai sur les moeurs et l'esprit des nations et sur les principaux faits de l'histoire, depuis Charlemagne jusqu'à Louis XIII* [1756], Vol. I (Paris: Chez Lefevre, libaire, 1829), 1: Tome XI, Chap II.

그리고 마젤란은 "인류를 개혁하는 것"으로 오역된 두 번째 "친민親民"(백성을 새롭게 하는 것)을 이렇게 주석하고 설명한다.

두 번째는 백성을 혁신하는 데(Reforming the People) 있다. 가령 왕, 지방의 치자, 가정의 아비인 내가 이미 나의 합리적 본성을 순화純化했다면, 타인들로 하여금 악덕과 나쁜 풍속의 오염과 부패를 버리게 함으로써 이 본성을 타인들에게 전달될 수 있는 정도까지 확대하는 것은 나의 의무이고, 나는 의복이 얼룩지고 더럽혀질 때 의복을 다루듯이 나의 백성들을 대해야 한다. 의복들은 잘 세탁하고 윤낸다면 이전처럼 깨끗하고 고와진다.[115]

"백성을 새롭게 하는 것(作新民)"으로서의 '친민親民'은 여기서 "백성을 혁신하는 것"으로 오역되고 "악덕과 나쁜 풍속의 오염과 부패를 내버리게 하는 것"으로 축소되고 있다. '백성을 개혁해서 오염·부패를 버리게 하는 것'이라는 마젤란의 이 번역과 주석을 보면 그가 '친민'(백성을 새롭게 하는 것)을 오염과 부패의 원죄적 성향이 있는 인간의 '악한 본성'을 제거하는 '인간개조'로 이해한 것으로 보인다. 이런 기독교식 변조에 의하면, '친민'의 의미는 '명명덕'과 다름없는 것으로 전락한다.

그러나 공자철학의 논지를 견지할 때 본성상 선한 인간과 백성은 본성개조의 대상이 아니라 '진성盡性'의 주체, 즉 자신의 타고난 본성을 다해 자신을 완성하는 주체다. 공자는 진성을 완수한 자를 "성인成人"이라고 불렀다. 성인은 오늘날 '전인全人'을 뜻한다. 성인은 본래 지혜·절제·용기·기예를 고루 갖추고 이것을 예악으로 장식한 인간인데, 보다 단순화하면 "이익을 보면 도의를 생각하고 위험을 보면 목숨을 내놓고 오래된 약속이라도 지난 언약을 잊지 않는" 사람이다.[116] 따라서 "백성을 새롭게 하는 것"은 합리적 '인간개조'와 거리가 멀고,

---

115) Magaillans, *A New History of China*, 85쪽.

116) 『論語』「憲問」(14-12): "子曰 若臧武仲之知 公綽之不欲 卞莊子之勇 冉求之藝 文之以禮樂 亦可以爲成人矣. 曰 今之成人者何必然? 見利思義 見危授命 久要不忘平生之言 亦可以爲成人矣."

단지 백성들의 진성 수준을 혁신해 그들의 타고난 정치적·사회적·문화적·도덕적·지적 본성을 완전히 실현하게 하는 것을 뜻한다. "악덕과 나쁜 풍속의 오염과 부패를 내버리게 하는 것"은 백성의 전면적 진성에 따르는 하나의 부수효과일 뿐이다.

　"지어지선止於至善"은 － "사람들의 임금이면 인에 살고 남의 신하이면 경에 살고 사람의 자식이면 효에 살고 사람의 아비이면 자애에 산다(爲人君 止於仁 爲人臣 止於敬 爲人子 止於孝 爲人父 止於慈"라는 말처럼117) － 보통 "지선에 산다(거 한다)"로 풀이한다. 그런데 마젤란은 이것을 "지선에 멈추는 것"으로 직역했다. 그리고 그는 이를 이렇게 주석한다.

　세 번째는 지선을 얻고 여기에 멈추는 데 있다. 이 지선은 사물과 이성 간의 지고의 합치(the Sovraign Accord of things and of Reason)다. 대인들이 자신의 지성적 본성을 개명하고 백성의 덕성을 갱신할 때, 그들은 이것을 우연히 또는 계획 없이 하는 것이 아니다. 그들의 모든 종결점은 덕성을 완벽화하는 것이다. 이 종결점까지 백성들 사이에는 자기의 덕성을 갱신하지 않은, 또는 덕성에 의해 갱신되지 않은 사람은 단 한 사람도 없을 것이다. 백성들은 아주 고상한 정도에, 그리고 특출한 탁월성에 도달해 있을 때 지선을 달성했다고 확신할 것이다. 길고 지루한 여행 후에 마침내 자신의 집으로 돌아온 사람들처럼 그들은 그들의 여정의 최종 목적지에 도달했다고 말할 수 있다.118)

'지어지선'에 대한 마젤란의 주석과 설명은 그래도 무난한 편이다. 이 정도면 서양 철학자들도 공자의 고매한 가르침의 취지를 조금은 이해했을 것이다.

　마젤란은 이어서 이 세 구절의 의의를 말한다. "이 세 가지는 이 책에서 가장 필수적이고 원리적인 것이다. 이것들은 말하자면 의복들을 덮는 외투 또는 겉옷 또는 구슬들을 일렬로 꿰는 줄과 같은 것이다. 이 말들은 중국 주석자의 표현이다."119) 이 주석자는 주희일 것이다. 주희는 "이 세 가지는

---

117) 『大學』(傳3章).

118) Magaillans, *A New History of China*, 85쪽.

대학의 강령綱領(그물을 버티는 줄과 옷깃)이다(此三者大學之綱領也)"라고 주석했기 때문이다.

이어서 마젤란은 대학수장大學首章 전체의 취지를 기독교 성직자의 자기수신을 위한 말로 바꾸며 아주 중요한 해석을 덧붙인다.

> 그런데 우리는 여기서 첫째 자기 자신을, 그리고 그다음에 자기의 이웃을 완벽화하고 궁극에는 지선에 도달해야 하는 복음의 목사의 기능을 설명하는 데 공자의 이 말보다 더 적절한 말이 어쩌면 있을 수 없다고 이야기해도 된다. 이 지선至善은 신, 즉 만물의 최상적·궁극적인 것이다. 그럼에도 불구하고 중국인들이 이교도이고 세속적 마음을 가진 사람들이기에 이 세 항목을 왕국의 통치에 적응시켰고, 그들은 정치인들처럼 이 왕국 안에 그들의 모든 행복과 궁극목적을 위치시킨다.[120]

마젤란은 마테오리치의 적응주의적 공자해석에 따라 이 구절을 유신론적으로 변형시킨다.

> 둘째로 우리는 고대 중국인들이 신이 존재한다는 것을 이해했다고 말해야 할 것이다. 그러므로 나는 논쟁 속에서 중국 선비들을 반대할 때 자주 이 딜레마를 활용한다. 공자는 자신이 정의한 것을 이해했거나 이해하지 못했다. 그가 자신이 정의한 것을 이해했다면 그는 신이 존재한다는 것을 알았다. 신은 그가 말하는 지선, 그리고 당신들도 그처럼 알고 찬미해야 하는 지선과 다른 것이 아니다. 그가 자신이 정의한 것 자체가 신이라는 것을 이해하지 못했다면 그는 아주 무식한 것이다. 왜냐하면 당신들이 스스로 고백하듯이 지至와 선善이라는 음절은 다른 모든 것을 제어하고 포괄하는 그 지선을 뜻하기 때문이다. 이것은 피조물이 어떤 이익을 가질지라도 어떤 피조물에게도 주어질 수 없고 오로지 신에게만 주어질 수 있는 속성이다. 그곳(중국)에는 하늘의 은총과 접해 진리에 복종하는 사람들도 있고, 다른 한편으로는 무슨 말을

---

119) Magaillans, *A New History of China*, 85쪽.

120) Magaillans, *A New History of China*, 85-86쪽.

답해야 할지 알지 못하고 공자가 무식했다는 것을 시인하기 싫어서 차라리 그들의
오류를 고수하며 자기들의 오만과 감정을 따르고 악쓰는 것을 택하는 사람들도 있다.
이들은 다른 때에도 또다시 나타날 것이다.[121]

마젤란은 기독교 성직자의 아전인수적 관점에서 공자경전을 신학적으로 해석
하고 있다. 공자에게 '지선'은 신이 아니라 인간이 도달해야 하는 목표다. 지선
이 신이라면 인간은 '지어지선'으로 스스로 신이 되려는 불경을 저지를 것이다.
그리고 '지고지선'의 최고도덕은 독실한 기독교인 라이프니츠에 의하면 신에
대해서도 규제적 의무를 과하는 원리다.[122] 따라서 '지선'은 신과 등치될 수
없다. 게다가 『대학』은 '신'이라는 단어를 한 번도 쓰지 않는 유일한 공맹경전이
다. 마젤란은 신을 주변화하는 공자철학의 세속적·현세적 성격을 부정하고
자꾸만 '신학화'·'주술화'하려 하고 있다.

이 문제를 벗어나면 마젤란은 중국에 대해 객관적 서술로 일관한다. 그는
중국의 큰 지혜와 기술적 창조성을 강조한다.

고대인들 중의 한 사람이 우리에게 아시아가 큰 지혜로 아주 풍요로웠다고 말해왔다.
그러나 그가 중국에 대한 어떤 지식이든 가졌더라면 자신의 의견을 더 강하게 확신
했을 것이다. 왜냐하면 가장 갑작스럽고 가장 쉽게 발명하는 자들이 다른 사람들보

---

121) Magaillans, *A New History of China*, 86쪽.
122) 라이프니츠는 말한다. "(신에게) 일정한 전제적 권력만이 남겨져 있다면, 의지가 이성을 대체한
다면, 그리고 참주들의 정의에 따라 가장 권력 있는 자의 기분에 맞는 것이 바로 그 사실에
의해 정의롭다면, 신의 정의와 신의 지혜는 어디서 발견할 것인가?" Gottfried W. Leibniz, *Discourse
on Metaphysics*, §II. Gottfried W. Leibniz, *Discourse on Metaphysics, Correspondence with Arnauld,
and Monadology* (Chicago: The Open Court Publishing Company, 1902). 이렇게 되면 정의와 지혜의
궁극적 근거를 어디에서도 발견할 수 없게 된다. 이에 라이프니츠는 "지혜와 정의가 자기의
고유한 '영원한 이론'을 가지고 있기" 때문에 "신이 그의 의지에 의해 이 지혜와 정의를 창설하는
것이 아니라 그의 본질 속에서 이것들을 발견하고 이를 따를" 뿐이라고 단언한다. Leibniz, *Dialogue
sur des sujets de Religon*. Patrick Riley, "Introduction", 6쪽에서 재인용. Gottfried W. Leibniz, *Political
Writings* (Cambridge: Cambridge University Press, 1st ed. 1972, reprint 2006). 신은 이제 지혜·정의를
창조할 능력이 없다. 신은 하늘을 탈출해 인간이 신과 공유하는 이 지혜와 정의의 '영원한 이론'으
로 귀순해야 하는 것이다.

다 더 미묘하고 더 훌륭한 지혜를 가진 것으로 얘기된다면 중국인들은 글자, 종이, 인쇄술, 화약, 고급 도자기, 그리고 그들 자신의 한자를 발명한 최초의 사람들이므로 다른 민족들에 앞서 거명되어야 한다.123)

마젤란은 중국인들에게 결여된 학문이 있다는 것을 인정하지만 이런 수준의 중국적 지혜에 대해서는 대수롭지 않은 것으로 묘사한다.

그들은 다른 백성들과 소통이 부족해서 여러 과학에 무지할지라도 도덕철학에는 완벽하다. 그들은 오로지 도덕철학에만 학습의 대부분을 기울인다. 그들의 지혜는 아주 빠르고 아주 잘 깨쳐서 우리 예수회 신부들이 쓴 책들을 읽을 때 신학과 마찬가지로 수학과 철학의 미묘하고 어려운 문제들을 쉽게 이해한다.124)

이어서 마젤란은 중국의 진사제도와 과거·학교제도를 상론하고 중국인들의 높은 문자해독자 비율, 엄청난 서적 출판, 중국 실록적 역사학과 학술문예를 소개한다.125) 그리고 중국의 유교경전을 '오경'으로 소개하고 각 경전을 하나하나 자세하게 설명한다.126) 제7절에서는 『중용』의 "구경九經"(修身·尊賢·親親·敬大臣·體群臣·子庶民·來百工·柔遠人·懷諸候)을 "유자의 가장 중요하고 가장 유구한 법"으로 소개하면서 이에 대해 자세히 설명한다.127) 그리고 중국의 높은 도덕성과 예의범절, 축제 등에 대해서도 상론한다.128)

- 중국의 시장경제의 소개

마젤란은 중국의 경제와 정치에 대해서도 상론한다. 먼저 그는 중국의 엄청

---

123) Magaillans, *A New History of China*, 87-88쪽.

124) Magaillans, *A New History of China*, 88쪽.

125) Magaillans, *A New History of China*, 88-89쪽.

126) Magaillans, *A New History of China*, 89-99쪽.

127) Magaillans, *A New History of China*, 193-196쪽.

128) Magaillans, *A New History of China*, 101-112쪽.

난 크기의 공공건물과 주택에 대해 말한다. "내 의견에 의하면 중국인들의 공공건물과 구조물들은 수와 크기에서 우리에게 알려진 다른 모든 왕국의 그것들을 능가한다. 군주들과 주요 만다린들의 궁택은 도시인 것처럼 보이고 부유한 사인들의 주택들도 그 궁택들을 닮았다. 이 주택들은 유럽에서처럼 하나 위에 다른 채가 쌓이는 식으로가 아니라 하나 건너 다른 채가 있는 식으로 대여섯 개의 별채로 구성된다. 한 별채는 다른 별채와 큰 뜰로 분리되어 있고, 이 뜰로부터 예닐곱 계단의 층계를 통해 당堂과 방으로 올라간다."129) 그리고 그는 "지상에 존재하는 이런 성격의 다른 모든 건설물을 능가하는" 대운하와 수많은 대문에 대해 언급한다.130)

마젤란은 이 대운하와 얽힌 중국의 상업경제에 대해 말한다. "교역의 두 원천은 온갖 상품들이 쌓여 있는 왕국에서의 풍요와 수로(navigation)인 것이 지극히 확실하다. 중국은 이 두 가지 이점을 어떤 왕국도 능가할 수 없을 정도까지 누리고 있다."131) 운하와 강과 호수로 중국 전역을 조밀하게 연결하는 중국의 내륙수로 네트워크 덕분에 1660년대에 북경에서 마카오까지 하루 만에 갈 수 있었고, 심지어 항주(절상성의 도읍)를 출발해 4개월이면 험난한 산악 속의 성도成都(사천성의 도읍)에도 갈 수 있었다. 마젤란은 그 자신이 1642년 5월 4일 항주로부터 1,200마일을 항해해 8월 28일 성도에 도착했다.132)

또한 마젤란은 중국의 '산업'을 예찬하면서 기계와 기술의 단순화와 노동집약성을 긍정적으로 평가한다.

중국인들은 모든 종류의 기계작업을 훨씬 적은 수의 도구들로 우리가 하는 것보다 더 용이하게 해낸다. 왜냐하면 여기 이 나라에서는 헛되이 버려진 한 치의 땅도 없는 것처럼, 생계를 벌 길이 없거나 모종의 직업이나 일자리가 없는 어떤 남자나 여자도, 어떤 젊은이나 늙은이도, 어떤 절름발이나 귀머거리 또는 어떤 장님도 없다. 이 나라

---

129) Magaillans, *A New History of China*, 113-114쪽.
130) Magaillans, *A New History of China*, 114-118쪽.
131) Magaillans, *A New History of China*, 133쪽.
132) Magaillans, *A New History of China*, 131쪽.

에는 '중국에서는 버려지는 것이 없다'는 속담이 있다. 어떤 것이 비록 비루하고 쓸데 없을지라도 그것은 그것대로 용도가 있고 이문으로 돌아온다. 가령 북경 시내에서만 부싯돌 대용의 성냥이나 주마다 켜는 촛불을 붙일 성냥을 파는 것 외에 먹고살 직업 이 없는 1천 가구 이상의 가정이 있다. 가로에서, 그리고 주택들에서 나온 쓰레기 더미 속에서 비단·면직물 넝마와 아마 옷 지스러기, 종잇조각, 그리고 기타 것들을 주워 물에 빨아서 깨끗이 만든 다음 여러 직종에서 그것들을 활용하는 다른 사람들 에게 파는 것 외에 먹고살 것이 없는 가정이 그만큼 많이 있다.[133]

마젤란은 노동수단이나 작업기계의 수를 획기적으로 줄이는 '기술의 단순화' 와, 이 단순화된 도구로 수행되는 작업의 '역설적 효율성과 용이성'에 대해, 그리고 장애인들도 일반인처럼 차별 없이 또는 **빠짐없이** 고용하는 '노동집약 적' 생산 및 버려진 물건 지스러기들의 수집과 재활용에 대해 말하고 있다. 이런 노동집약적 생산 때문에 중국에서는 어떤 장애인도 노동체계 밖으로 버려지지 않았고, 이들에게도 다 일거리가 주어졌다. 아니, 역으로 어떤 장애인 도 배제하지 않고 모든 장애인에게 일자리를 주기 위해 생산은 반드시 노동집 약적이고 자본절약적·기술절약적이어야 했다.

상론했듯이 공자는 모든 장애인에게도 일자리를 마련해주는 것을 '왕도王道' 로 삼았다. "벙어리, 귀머거리, 절름발이, 앉은뱅이, 외발이, 난쟁이는 그 기량에 따라 각각에게 백공의 일을 맡겨 먹고살게 한다(瘖聾跛躃斷者侏儒 百工各以其器食 之)."[134] 공자철학을 실천하려는 유교국가 중국제국에서 국가가 모든 유형의 장애인들에게 알맞은 일자리를 마련해주는 것은 공자철학상 당연지사였다. 그렇기 때문에 중국은 늘 일손이 넘쳐났던 것이다. 이런 복지철학을 가진 중국 에서 노동절약적·기술집약적 자동화 공장은 장애인은 말할 것도 없고 일반인 도 실업자로 전락시켜 무더기로 아사시킬 수 있는 그야말로 '루브 골드버그 기계(Rube Goldberg machine)'였던 것이다. ('루브 골드버그 기계'는 미국의 만평가

---

133) Magaillans, *A New History of China*, 121쪽.

134) 『禮記』「王制 第五」.

루드 골드버그[Rube Goldberg, 1883-1870]가 기계제 공장의 불필요한 자동화 장치들을 풍자하기 위해 그린 만화 속의 복잡한 자동기계장치, 즉 손으로 하면 간단히 할 일을 복잡하게 하는 자동기계장치를 말한다.) 한편, 중국인들의 이 철저한 토지이용과 빈민·장애인 복지에 대한 마젤란의 이 기술은 1720년대 영국 휘그당파의 이신론적 대표필객 존 트렝커드와 토마스 고든(John Trenchard & Thomas Gordon)도 인용한다.135)

마젤란은 중국 제품의 품질의 최상급 수준과 독특성에 대해서도 예찬한다. 특히 비단과 밀랍을 예로 든다.

> 비단은 첫째 (품질이) 가장 좋을 뿐만 아니라, 둘째 유일무이하다, 즉 이 왕국 외에 어디에서도 찾아볼 수 없다. 모든 사람은 중국 전역에서 만들어지는 비단의 거대한 양과 고품질을 알고 있다. 고대인들은 중국을 '비단의 나라'라고 부른 점에서 중국 비단을 알고 있었다. 그리고 아시아와 유럽의 많은 나라들의 여러 대상隊商과 대규모 선단들이 중국 비단을 직물이든 생사든 해외로 싣고 나가는 점에서 현대인들도 경험으로 그것을 알고 있다. (···) 밀랍은 지금까지 본 것 중에서 가장 아름답고 가장 맑고 가장 하얗다. (···) 그것은 여러 성省에서 나오지만, 호광胡廣성에서 가장 풍부하고 백색과 아름다움에서 가장 탁월한 밀랍이 나온다.136)

마젤란은 경제의 풍요와 수많은 산업생산물들의 탁월성에 대해 계속 상론한다.137) 그는 이어서 정치 분야도 자세히 다룬다.

---

135) 중국왕국이자 제국은 영국보다 10배 크지만, 그 광대한 나라에서 버려진 땅이 하나도 없다. (일반적으로 얘기되듯이) 중국인들은 세계에서 가장 부유한 백성이다. 그들이 우리보다 20배 더 많은 주민을 가지고 있을지라도 가난한 사람도 거기에서는 잘살며 버젓한 복장을 갖추고 있고, 모두 다 고용되어 있다. 중국인들은 절름발이, 장님, 귀머거리에게도 적절한 일을 제공하기 때문이다. John Trenchard and Thomas Gordon, "The Sense of the People concerning the present State of Affairs, with Remarks upon some Passages of our own and the Roman History. In a Letter to a Member of Parliament"[1721], 88쪽. John Trenchard, Esq; and Thomas Gordon, *A Collection of Tracts*, Vol. II (London: Printed for F. Cogan and T. Harris, 1751).

136) Magaillans, *A New History of China*, 138-140쪽.

137) Magaillans, *A New History of China*, 121-143쪽.

- 중국의 혈통귀족의 부재와 정치제도

우선 마젤란은 이전에 중국 관련 책을 냈던 멘도자(1585), 발리냐노·산데(1590), 퍼채스(1613), 마테오리치·트리고(1615), 세메도(1642) 등처럼 중국이 '세습귀족 없는 평등사회'라는 사실을 명확하게 알린다.

우리는 다음과 같은 이유에서 이 왕국 안에 귀족혈통이 거의 존재하지 않는다고 고백하지 않을 수 없다. 말하자면 그리도 많은 작은 왕들, 공작, 후작, 백작 등의 모든 대영주는 왕조(Reigning Family)보다 더 오래 지속되지 않기 때문이다. 대귀족들은 왕조와 함께 모두 멸망한다. 다른 왕조 자리로 올라온 왕조는 우리가 경험에 의해 보았듯이 대영주들을 다 처형한다. 이런 이유에서 이 제국에 존재했던 가장 고귀한 왕조는 875년 동안 지속되었던 주周 왕조이지만 2,200여 년 전에 소멸했다. 그런 이래 어떤 왕조도 300년의 지속성을 획득할 수 없었다.138)

이것은 중국에서 귀족이 사라진 것을 신사제도에서 구하지 않고 왕조교체 시마다 행해진 이전 왕조에 속한 대귀족들의 처형에서 구하는 마젤란의 특이한(?), 따라서 빗나간 설명이다. 그러나 그는 부리나케 이 설명을 무관가문에 한정한다. "하지만 우리가 지금까지 말한 것은 무기로 얻은 귀족층에게만 적용된다."139) 그리고 마젤란은 문관들에 대해서 다른 설명을 한다.

왜냐하면 장의長衣(long robe)를 입은 문관의 채용에 의해 얻어지는 귀족 품위에 관한 한, 이 귀족 품위의 계속성은 아주 근소하기 때문이다. 그러므로 어떤 사람이 궁정의 최고부처에서 1품인 상서, 또는 행운이 이 제국 안에서 한 신민을 상승시킬 수 있는 영예와 재산에서의 최고품관인 각로閣老, 즉, 수상(수보)일지라도 일반적으로 그의 손자는 굉장한 빈곤으로 영락하고, 그의 할아버지들이 앞서 그랬던 것처럼 상품을 따라다니거나 소매로 장사하거나 보통선비인 것으로 국한된다. 간단히, 왕조만큼 오래

---

138) Magaillans, *A New History of China*, 146쪽.

139) Magaillans, *A New History of China*, 146쪽.

지속된 어떤 문관혈통(descent of the gownsmen)도 존재하지 않았다.140)

여기에서야 마젤란은 제대로 설명하고 있다. 하지만 최고문관의 자식이나 손자
도 최하층으로 영락할 수 있다는 것만을 말하고 있지, 다시 그 자식 대 또는
손자 대, 또는 그 손자의 손자 대에 어느 영락한 평범한 후손이 차별받지
않고 과거를 통해 문관이 될 수 있는 것을 설명하지 않고 있다. 각종 특권과
우대가 1대에 한정되는 '신사'를 두고 자꾸 '귀족'이라는 말을 남발하고 있다.

하지만 마젤란은 자신의 체험을 바탕으로 문관가문의 귀족 지위의 유지가
후손이 부지런해서 아주 길어지더라도 왕조의 지위보다 훨씬 짧다는 것을
강조하고 있다.

나는 만주족의 정복 이전에 지배했던 왕조 치하에서 혈통상 황족이거나 제국의 정복
을 도왔던 용감한 장군들의 혈통이기 때문에 황가만큼 유구한 귀족성을 주장했던
(명나라의) 여러 작은 왕들, 공작과 다른 대귀족들을 알고 지냈는데, 이들의 귀족성은
이 황가와 함께 소멸했다. 그러나 나는 그렇게 오래 지속된 적이 있는 어떤 문관가문
에 대해서도 보거나 듣지 못했다. 문관을 따라다니는 (자식농사상의) 통상적 불운에
지나지 않는 것은 그 효과 면에서 전자(황족과 건국세대 무관가문)의 경우에 적들의
잔학성과 비견된다.141)

마젤란은 청조가 명대의 국가제도를 약간 변형시켜 답습하고 명조의 많은
문관들을 재再등용해 활용한 사실을 놓치고 있다. 그는 자신의 경험으로 이를
알 수 없었다. 왜냐하면 그는 1642년 사천성의 성도에 배치되었다가, 1644년
사천을 점령해 여기에 '서국西國'을 세우고 '서왕西王'이라 칭한 민란군 수장
장헌충張獻忠에게 붙잡혀 서국에 강제로 봉사하기 시작해서 1647년 청국 군대
와 충돌해 장헌충이 전사할 때까지 그곳에 있다가 청군의 포로가 되었고, 아담

---

140) Magaillans, *A New History of China*, 146쪽.

141) Magaillans, *A New History of China*, 146-147쪽.

샬의 도움으로 목숨을 구해 1648년에야 북경으로 끌려왔기 때문이다. 이때는 청국이 중국에서 재再개국한 지 4년이 지난 시점이었다. 게다가 그가 감옥에서 풀려나 활동을 재개하기까지는 시간이 필요했다. 따라서 그는 중국에서 청국의 정부제도 확립과 초창기 관리충원에 대해 알 만한 처지에 있지 않았다.

마젤란은 중국에서 무수한 왕조교체를 초월해 영광과 존경을 지속적으로 누려온 단 하나의 예외 가문으로 공자의 가문을 들고 이에 대해 자세하게 설명하고 있다.142) 그리고 마젤란은 신사관리들(만다린들)의 18단계의 위계적 구분(9품×2正·從)에 입각한 국가관료제와 내각(Council of State)제도를 들어 중국의 국가제도를 "놀라운 정부"로 예찬한다. "중국이 우리가 이미 이야기한 그런 것들로 평가받고 찬미되어야 한다면, 중국은 확실히 그 정부의 탁월성 면에서 훨씬 더 높은 평판을 얻을 만한 가치가 있다."143)

그리고 마젤란은 내각에 대해서 아주 상세하게 묘사하고 설명한다.

일등급의 만다린(신사관원)은 황제의 내각의 대학사들이다. 이것은 유자가 이 제국 안에서 도달할 수 있는 가장 고귀한 영예이고 가장 높은 품위다. 그들은 이 관직에 붙여진 고대적·현대적 이름에 따른 여러 명칭과 칭호로 불린다. 이 중 가장 통상적인 명칭은 내각, 각로, 고상高相, 상공相公, 상기相基다. 하지만 이 모든 명칭은 약간의 차이가 있을 뿐 전부 황제의 보좌관, 측근 판관, 대학사라는 뜻이다. 광활함과 가구 면에서도 건축 면에서도 장엄한 황궁 안에는 여러 전각도 있다. 전각들은 그 안에서 수행되는 업무에 따라 상하로 구분되어 있다. 황제는 내각대학사들 중 누군가에게 큰 총애를 줄 때 그에게 '중앙의 최고 궁궐전각'을 뜻하는 '중극전中極殿'처럼 전각들 중 하나의 명칭을 하사한 다음, 이 새 칭호를 그의 통상적 이름에 덧붙인다. 황제는 또한 어떤 영광된 행동에 의해 칭호를 받을 만한 가치가 있을 때 특별한 명성과 영예를 뜻하는 다른 칭호, 가령 제국을 뒷받침하는 기둥을 뜻하는 '기주基柱'와 같은 칭호를 대학사들에게 하사하기도 한다.144)

---

142) Magaillans, *A New History of China*, 147쪽.

143) Magaillans, *A New History of China*, 193쪽.

마젤란은 청대 내각의 내적 구성에 대해서도 자세히 설명한다.

> 이 내각대학사들은 정수가 없고, 황제의 재량에 따라 때로는 좀 더 많기도 하고 때로
> 는 좀 더 적기도 하다. 황제는 내각대학사를 다른 부처의 만다린들 가운데서 발탁한
> 다. 그럼에도 언제나 내각의 의장인 '수상'이라고 불리는 대학사, 말하자면 황제의
> 수석 장관이자 총신이 있다. 이 내각대학사들의 부처는 제국에 속하는 모든 기관
> 중 최고위 기관인 것처럼 황궁 안에서 황제가 조견朝謁을 받고 해외로 떠나는 만다린
> 의 예를 받는 근정전의 왼쪽에 위치한다. 여기서 우리는 중국인들 사이에서 왼쪽이
> 영예의 자리라는 것을 이야기해야 한다. 이 부처는 궁내의 관청을 뜻하는 '내원內院'
> (내각)이라고 불린다.145)

"내각대학사를 다른 부처의 만다린들 가운데서 발탁한다"는 말은 부정확한
서술이다. 내각대학사는 대개 육부에서가 아니라 한림원에서 발탁했기 때문이
다. 그리고 이것은 내각대학사의 권한(독립적 내각권)에 대한 언급이 빠진 점에서
다소 미흡한 설명이다.

그리고 마젤란은 상하로 위계화된 내각 내부의 업무와 인적 구성에 대해서도
상론한다.

> 내각은 세 등급의 만다린들로 구성된다. 첫 등급은 우리가 이미 말한 내각대학사들
> 이다. 이들은 육부가 정해진 위치에 따라 전쟁과 평화에 관계되는 것이든, 민·형사와
> 관계되는 것이든 제국의 모든 중요한 정사에 관해 황제에게 올리는 모든 상소문을
> 열람하고 정사하고 판단해야 한다. 그들은 상소문을 결정했을 때 그 판단을 짧은
> 요지로 황제에게 전달하고, 황제는 이 판단을 재량으로 비준하거나 기각한다. 그런
> 다음에는 상소문을 친히 대강 훑어보고 사안이 그럴 만하다고 생각하는 바대로 자신
> 의 결정을 내린다. 제2부류를 구성하는 이들은 말하자면 내각대학사들의 보좌관과

---

144) Magaillans, *A New History of China*, 197-198쪽.

145) Magaillans, *A New History of China*, 197-198쪽.

보조역들인데, 이들은 매우 힘세고 무섭지만 존경받는 존재다. 그들은 2·3품의 관료들이고, 많은 기회에 내각대학사, 지방태수의 보좌관, 육부의 상서尙書로 승진·발탁되었다. 그들의 보통 칭호는 큰 지식의 식자를 뜻하는 '태현사太賢士'다. 이 칭호는 황제의 내각각료에게도 주어졌다.146)

마젤란은 이 대목에서도 대학사의 권한에 대한 설명을 빼먹고 있고 또 내각대학사의 부관인 '협판대학사(종2품)를 언급하지 않고 있다. 또한 이미 마테오리치가 지적한 바와 같이 황제에게 능동적 법안·정책 발의권이 없어 황제권이 수동적 비준권에 '제한된' 점도 언급하지 않고 있다. 그리고 '태현사'는 아마 '학사'를 잘못 표기한 것으로 의심되며, 각로에게도 이 칭호가 주어진다는 말은 통상 이들을 부르는 '대학사' 칭호를 오해해서 나온 말일 수 있다.

마지막으로 마젤란은 내각에 딸린 관료기구에서 가장 낮은 지위에 있는 속료屬僚들을 언급한다.

이 기구의 세 번째 부류의 만다린들은 중서과中書科라고 불린다. 그들의 업무는 이 내각의 업무를 기록하고 기록되게 만드는 것이다. 황제는 그들에게 제 기능을 수행할 수 있는 장소와 전각에 조응하는 칭호를 준다. 그들은 보통 4·5·6품의 관료들이다. 그러나 그들은 앞의 두 부류의 관리들보다 훨씬 더 무섭다. 업무의 성패가 그들에 의해 상당히 좌우되기 때문이다. 그들은 한 글자를 변경하거나 더하고 뺌으로써 송사의 승패를 야기할 수 있다. 가장 결백한 사람들조차도 그들의 자의적 실책으로 여러 번 재산과 명성과 생명을 잃는다. 이토록 큰 권력은 그 국가 전역에 미치는 부패와 탐욕을 부른다. 중국 글자들에는 이러한 표현의 강세와 모호한 해석의 미묘성이 들어 있다. 더구나 이 세 부류 외에 무수히 많은 대서인, 조정관, 교정관 등 기타 속료들이 배속되어 있다.147)

146) Magaillans, *A New History of China*, 198-199쪽.

147) Magaillans, *A New History of China*, 199-200쪽.

마젤란의 설명에는 여러 가지 미흡함이 있다. 그 까닭은 내각기구 자체가 워낙 변화가 많았기 때문이었던 것으로 보인다.

중국의 내각제는 1661년 일시 폐지되었지만, 제4대 성조 강희제(재위 1661-1722)에 의해 1670년(강희 9년) 복원되었었다. 강희제는 1690년『대청회전大淸會典』에 내각제를 명문화함으로써 내각의 제도적 지위를 공고화했다. 이『대청회전』, 즉『강희회전』의 명문을 보면 이렇다. "중앙과 지방의 기관, 그리고 개인 관리들로부터 올라오는 모든 만주어 주접은 내각대학사와 내각학사에게 이송되며, 이들은 표의를 하고 황제에게 올려 최종재결을 받는다. 중국어·몽골어 주접은 중서과中書科로 이송해 (전문全文 또는 첩황貼黃을) 번역한다. (…) 그다음, 이 주접은 대학사와 학사에게 이송되며 이들은 표의를 작성해 황제에게 상주하고 이에 대해 최종비준을 받는다."148) 내각표의에 관한 1690년『대청회전』의 이 명문은 내각과 관습법적 표의권을 '법전화'하는 효과를 가져다주었다. 본장과 보조문서가 내각으로 이송된 뒤에는 실제적 표의 절차가 진행되었다.『강희회전』(1690)과『옹정회전』(1732)은 일반적 내용·절차규정을 거의 동일하게 명기하고 있다. 따라서 여기에 규정된 표의票擬방법은 사실상 불변이었다.149)

내각은 다양한 유형의 관리들로 구성되었다. 청조의 내각은 삼전삼각제三殿三閣制였다. 대학사의 정원은 법정되지 않았으나, 각 전각에 대개 만滿·한漢 각 1명으로 2명의 정1품 대학사를 두었고, 또 종종 대학사의 부관으로 협판대학사 2명을 두는데 만·한 각 1인으로 종1품이었다. 따라서 대학사는 대개 도합 12명이었다. 협판대학사도 대개 12명이었는데, 전각명칭은 직함에 부가하지 않았다. (협판대학사는 일반적으로 육부상서 중에서 뽑았다. '협판대학사' 직함은 내각에서 황제의 특별한 총애표시로 활용되었다.) '내각학사'는 종2품으로 관례에 따라 예부시랑의 관직을 겸직했다. 전체 조직은 대학사, 협판대학사,

148)『大淸會典』康熙 卷2 第七. Silas H. L. Wu (吳秀良), *Communication and Imperial Control in China. Evolution of the Palace Memorial System 1693-1735* (Cambridge of Massachusetts: Harvard University Press, 1970), 17쪽에서 재인용.

149)『大淸會典』康熙 卷2 第七. Wu, *Communication and Imperial Control in China*, 29쪽에서 재인용.

내각학사, 시독侍讀학사, 시독, 중서사인中書舍人, 전적典籍의 위계로 짜였고, 그 예하에 12개 소기구가 분설分設되었다. 그리하여 내각속료기구의 총인원이 100여 명에 달했다. 따라서 명대 내각과 비교하면, 청조 내각은 대학사 아래 배속된 속료집단의 확대증편으로 특징지어졌다.150)

따라서 오늘날의 연구에 비추어 보면 마젤란의 중국내각제 설명은 미흡하고 부정확하기 짝이 없다. 그럼에도 불구하고 그의 중국내각제 묘사는 내각의 속료기구에 대해 언급한 유럽 최초의 기록이다. 중국의 내각제를 소개한 유럽의 서적들은 많았으나 속료기구를 설명한 서적은 전무했기 때문이다. 따라서 마젤란은 중국내각의 방대한 속료기구를 최초로 소개함으로써 중국내각의 위용을 처음으로 제대로 보여주었다.

따라서 영국에서 마젤란의『신중국기』가 때마침 명예혁명이 일어난 1688년에 출판됨으로써 제임스 2세에 의해 폐지된 찰스 2세의 중국식 내각제가 이후 복원되는 데 모종의 기여를 할 수밖에 없었을 것이다. 그의『신중국기』가 탈고된 당시(1668)에 출판되었더라면 더욱 좋았겠지만 1688년의 출판도 명예혁명 때 출판되었다는 의미에서 '시의적절한' 것이었다고 말할 수 있다. 다른 중국기中國記들은 모두 명예혁명에 기여했다. 반면, 마젤란의『신중국기』는 명예혁명에 기여하지 못했을지라도 명예혁명 이후 영국의 새로운 내각제적 헌정체제를 기획·제정해가는 데 기여했을 것이다.

마젤란은 13절에서 중앙의 6부 관료체제와 5부 군사체제를 설명하고, 14절에서는 과도관科道官과 사법·경찰기구들을 다루고 있다. 그리고 15절에서는 지방행정체제를 상론하고 있다. 이어서 그는 중국황제의 찬란한 광휘와 재정상태(16절), 북경 도시(17절), 자금성(18·19·20절), 북경 안의 7개 사원들과 황제의 거둥(21절) 등을 서술하고 있다.

1.5. 르콩트의『중국의 현재상태에 대한 신新비망록』(1696)

예수회 소속 신부 루이 르콩트(Louis[-Daniel] Le Comte, 1655-1728)의『중국의 현재

---

150) 참조: 杜乃濟,『明代內閣制度』, 31쪽.

상태에 대한 신新비망록(Nouveaux mémoires sur l'état present de la Chine)』(1696)은 공자를 무신론자로 보는 나바레테의 논변을 반박하기 위해 집필된 책이다. 이 책은 영국 명예혁명 직후 출판되어 바로 다음 해인 1697년에 영역되었다. 이 책은 영국과 유럽 전역에서 큰 찬반논쟁을 동반하며 유럽인의 비상한 관심을 끌었고, 바로 예수회 신부들과 로마교황 추종 성직자들 간에 대규모 중국전례典禮논쟁을 격화시키게 된다.

■『중국의 현재상태에 대한 신비망록』의 내용

르콩트는 1687년 7월 마카오에 도착해 1688년 2월 중국에 입국해서 1691년 말 파리로 귀국할 때까지 중국에 체류했다. 그는 1696년 루이 14세의 수학자로 임명되었다. 그가 저술해 1696년 출판한『중국의 현재상태에 대한 신비망록』은 중국의 상업·경제·정치에 관한 중요한 내용들도 상세하게 소개하고 있다. 몇 가지 내용을 들여다보자.

르콩트는 "천하에 나면서부터 귀한 자는 없다(天下無生而貴者也)"는 공자의 태생적 평등 테제를[151] 구현한 중국의 신사紳士제도와 정치사회적 평등을 이렇게 설명하고 있다.

귀족은 결코 세습적이지 않을뿐더러, 사람이 수행하는 관직에 의해 생기는 차별을 제외하고는 사회적 지위(qualities) 면에서 백성들 간에 아무런 차별도 없다.[152]

훗날 프랑스혁명 과정에서 반포된『인간과 시민의 권리 선언(Declaration of the Rights of Man and of the Citizen)』(1789년 8월 26일)의 제1조는 르콩트의 이 설명을 거의 그대로 옮겨놓고 있다.「프랑스 인권선언」제1조는 다음과 같이 규정하고 있기 때문이다.

---

151)『禮記』「郊特生 第十一」(24).

152) P. Luis Le Comte, *Nouveaux Memoires sur L'État present de La Chine*, 2 Tome (Paris: Chez Jean Anisson, 1696). English translation: Louis Le Compte, *Memoirs and Observations made in a Late Journey through the Empire of China* (London: Printed for Benj. Tooke, 1697), 284쪽.

인간은 자유롭고 평등하게 태어났으며 언제나 계속 그렇다. 그러므로 사회적 차별은 오직 공공적 공리성에만 기초할 수 있다.

"천하에 나면서부터 귀한 자는 없다"는 공자의 '타고난 평등' 명제를 구현한 중국 신사제도에 대한 르콩트의 설명과 「프랑스 인권선언」의 '타고난 평등' 명제는 내용상으로나 표현상으로나 아주 유사하다. 이 때문에 헤를리 크릴 (Herrlee G. Creel)은 「인권선언」 제1조가 르콩트의 중국 신사제도 설명을 참조한 것이라고 말한다.153)

르콩트에 의하면, "중국인들은 과학에서 중간 정도의 능력이 있으며 차라리 기술적 기량에서 훨씬 더 성공하고 있다. 그들은 과학을 유럽에서 우리가 보는 수준의 완벽화로 끌어올리지 못했을지라도 이 기술 측면에서 생활의 통상적 사용에 필요한 것뿐만 아니라 편리성, 솜씨, 교섭, 심지어 잘 조절된 장엄성에 기여하는 것은 무엇이든 다 알고 있다".154) 그런데 "그들은 유럽의 식자들과 비교될 만큼 충분한 독창성을 갖지 않을지라도 기술에서는 우리에게 자리를 내주지 않으며, 예의범절에서 우리와 비견되고 아마 행정과 통치에서는 우리를 능가할지 모른다".155) 르콩트는 중국과 유럽이 기술과 예절에서 대등하지만, 정치와 국가행정에서는 중국이 유럽을 능가한다고 말하고 있다.

그리고 르콩트는 중국의 특유한 제한군주정의 탁월성에 대해서 이렇게 설명한다.

중국인들은 공화정에 대해 혐오감을 갖지만, 폭정과 억압에 대해서는 (유럽인이나 네덜란드인들보다) 훨씬 더 강하게 반대한다. 중국인들은, 군주가 신민들의 주인일 수 없기 때문에 무릇 폭정과 억압은 군주의 권력의 절대성으로부터 생겨나는 것이 아니라, 자연의 소리도, 신의 법도 용서하지 않을 군주 자신의 야수성으로부터 생겨

---

153) Herrlee G. Creel, *Confucius – The Man and the Myth* (New York: The John Day Company, 1949), 269쪽.

154) Le Compte, *Memoirs and Observations [⋯] through the Empire of China*, 231쪽.

155) Le Compte, *Memoirs and Observations [⋯] through the Empire of China*, 240쪽.

난다고 본다. 중국인들은 왕에게 부과된, 권력을 남용하지 않아야 할 의무가 자신들의 멸망을 야기하기 위한 것이라기보다 오히려 왕을 확고히 하고 확립해주는 수단이라는 의견, 그리고 왕 자신이 자기의 감정에 가하는 이 유용한 제한은 유사한 제한이 자기가 악행을 하지 않는다는 이유에서 덜 강력한 자가 되지 않는 전능자의 위엄과 권력을 감하지 않는 것과 마찬가지로 이 지상에서의 자기의 권력이나 권위를 조금도 감하지 않는다는 견해를 가지고 있다. 법이 황제에게 주는 무제한적 권위와, 이 동일한 법이 그에게 부과한, 이 권위를 중용과 분별력으로 사용해야 할 필연성은 그토록 많은 시대 동안 중국군주정의 이 거대한 조직을 지탱해온 두 기둥이다.156)

따라서 "명예에 대한 사랑보다 훨씬 큰 지배권을 어떤 기질에 대해 행사하는 이익은 유구한 관습에 의해 안내받고 법을 준수할 황제의 큰 동기다. 관습과 법률은 전적으로 그의 이익을 위해 만들어진 것이라서, 그가 이것들을 위반하면 반드시 그 자신의 권위에 손상을 가하게 된다".157) 그리고 르콩트는 핀토·멘도자·마테오리치처럼 중국이 세습신분을 인정하지 않고 능력주의를 관리선발의 원칙으로 삼는다는 점을 강조한다.158) 그리고 멘도자처럼 중국이 침략을 모를 정도로 평화적이라고 강조한다. 중국의 정책원칙은 "국내에서 일어날지 모를 어떤 소요나 반란을 진압하거나 방지하게끔 평시든 전시든 대군을 유지하고, 이에 못지않게 이웃나라들로부터 신임과 존경을 보지(保持)하는 것이다".159)

그리고 르콩트는 "상업을 가급적 많이 장려하는 것"이 중국의 원칙이라고 말한다. "다른 모든 정책이 그 나라의 풍요와 편익에 이바지하지만, 이 원칙은 상업이 일단 실패하면 마지막 궁경으로 영락할 백성들의 바로 그 삶에 관계되는 것이다."160) 하지만 "중국인들의 건전한 제도들 중에서, 황제의 수입을 걷는 방법만큼 평화와 질서를 유지하는 데 기여하는 제도는 없을 것이다. (…) 모든

---

156) Le Compte, *Memoirs and Observations [···] through the Empire of China*, 243쪽.
157) Le Compte, *Memoirs and Observations [···] through the Empire of China*, 256쪽.
158) Le Compte, *Memoirs and Observations [···] through the Empire of China*, 284쪽.
159) Le Compte, *Memoirs and Observations [···] through the Empire of China*, 285쪽.
160) Le Compte, *Memoirs and Observations [···] through the Empire of China*, 290쪽.

경작지가 측량되고 모든 가구가 등록되며, 재화에 대한 소비세나 인두세에 의해 황제가 얻는 것이 공개적으로 알려진다. 만인은 자기가 마땅히 내야 하는 것을 납부한다".161) 르콩트는 각종 부역(군역·신역·공역 등)의 금납을 '인두세'라고 잘못 말하고 있다. 르콩트는 감세·면세정책과 그 감면방법에 주목한다. "중국인들은 특히 어느 지방 백성들이 역병을 겪거나 땅이 계절에 맞지 않은 날씨로 평년과 같이 좋은 소출을 내지 못한 경우에 매년 한두 지방을 세금 몫을 감당하는 것으로부터 면제하는 관습이 있다."162) 르콩트의 중국소개는 엄밀한 묘사라고 볼 수 없지만 대체로 정확한 편이었고 또 많은 중국찬양을 담고 있다.

모든 척도에서 중국은 1700년경 청나라의 강희·옹정·건륭제에 의한 제국의 성공적 평정 이후 동시대 유럽의 어떤 국가와도 비교할 수 없는, 고도로 문명화된 위력적 국가상을 보여주고 있었다. 1710-50년대에 특히 르콩트의 이 저술의 결과로 정점에 도달한, 유럽에서의 중국의 지위는 철학적 기준에 따라 제도화된 고도문화의 상일 뿐만 아니라, 주변지역에 정치적 영향을 미치는 열강의 명성이었다.163) 르콩트는 부의 크기와 영토면적에서 중국의 단 한 명의 지방태수가 관리하는 영역과 비견될 수 있는 나라를 가진 유럽의 군주는 한 명도 없다고 쓰고 있다.164)

르콩트는 중국을 기독교세계의 가장 강력하고 가장 화려한 나라였던 루이 14세의 프랑스보다도 많은 점에서 우월한 나라로 평가한다. 그는 북경은 파리보다 2배 크고, 중국에는 리용이나 보르도의 인구를 넘는 80여 개의 도시가 존재하며, 두 번째 급의 도시 260여 개 중에는 오를레앙급의 도시들이 100개에 달하고, 3등급의 도시 1,200여 개 중에는 로셀(Rocel) 수준의 도시들이 500-600개에 달한다고 기술하고 있다.165)

---

161) Le Compte, *Memoirs and Observations* […] *through the Empire of China*, 307-308쪽.

162) Le Compte, *Memoirs and Observations* […] *through the Empire of China*, 248쪽.

163) Osterhammel, *China und Weltgesellschaft*, 26쪽.

164) Le Compte, *Memoirs and Observations* […] *through the Empire of China*, 260쪽.

165) Le Compte, *Memoirs and Observations* […] *through the Empire of China*, 58, 86쪽.

■『중국의 현재상태에 대한 신비망록』의 파장

르콩트의 이 책은 널리 읽혔고, 즉시 여러 나라말로 번역되었다. 그러나 르콩트의 이 책에 대해 곧 가톨릭 내부에서 시비가 일었고, 논쟁의 무대가 로마에서 파리로 이동해 열띤 공방이 벌어졌다. 그리하여 소르본 신학대학은 르콩트의 이 책을 포함한 몇 권의 책을 조사한 다음 모조리 분서를 명령했다.166) 당시 다른 곳과 마찬가지로 파리에서도 사상·양심·학문·출판·종교의 자유가 지극히 제한되었던 것이다. 수천 년 이래 이 모든 자유를 다 구가해온 중국과 극동아시아에 비하면, 당시 유럽은 인권 측면에서 비참한 상황에 처해 있었던 셈이다.

17세기 말은 중국 제례祭禮의 성격을 두고 프랑스와 로마에서 벌어진, 예수회파와 반反예수회파 간의 '중국제례논쟁'이 그 정점에 도달하고 있었다. 예수회 신부들은 고대 중국의 종교사상에서 진정한 고대 신학의 명백한 족적을 발견할 수 있으며, 그 신학의 유구성과 진정성은 가령 헤르메스서書(Corpus Hermeticum, 고대 그리스어로 쓰인 고대 이집트 종교저서들)보다 더 신빙성 있고 확실하다고 생각했다. 르콩트와 그의 동료 신부들은 중국인들이 그리스도보다 2,000년 이상 전부터 신에 대한 온전하고 진정한 지식을 보존해왔고, 이들의 사회가 완전히 찬탄할 만한 도덕법전을 기독교가 가르쳐온 것만큼 순수하게 견지하는 것을 가능하게 한 것은 바로 이것이라고 생각했다. 그러나 이 명제들은 교회를 격심하게 분열시켰고, 얀세니스트, 도미니크파, 프란체스코파 사이에서만이 아니라 예수회 신부들 안에서도 완강한 반대를 야기했다.167)

예수회의 공식 입장이 고대 중국인들을 일원론자이자 '고古신학'의 교수들로 분류하고 신新유학자(성리학자)들, 특히 주희를 이 고신학의 믿음을 상당히 더럽힌 자들로 규정한 반면, 예수회파 롱고바르디, 프란체스코파 생트-마리 등 반대자들은 공자경전과 (롱고바르디가 모두 '무신론자'로 단정하는) 성리학자

---

166) Maverick, *China - A Model for Europe*, 19쪽.

167) Jonathan I. Israel, *Enlightenment Contested - Philosophy, Modernity, and the Emancipation of Man 1670-1752* (Oxford: Oxford University Press, 2006), 647쪽.

들의 경전 안에서 주로 발견되는 공자의 천天 개념이 섭리적 신神의 존재를
단적으로 배제한다고 주장했다. 그리고 신유학(성리학)의 - 지성과 활성으로
표출되는 생기의 정령인 - '신령' 개념은 예수회의 주장과 반대로 기독교적
'영혼'과 부합될 수 없다는 것이다. 무엇보다도 신유학에서 '리理'라고 부르는
우주의 제일원리는 물질과 불가분적이고, 지혜·선성善性·지성을 완전히 결합한
다는 것이다. 반대파는 이것이 중국인들의 철학체계가 돌이킬 수 없이 일원론
적, 유물론적, 비非섭리적, 유사類似스피노자주의적임을 뜻하는 것으로 이해했
다.168)

그리고 반反예수회 신부와 신학자들은 '도덕적으로 훌륭한' 무신론이 존재함
을 인정하는 불길한 자가당착의 함정으로부터 벗어나려면 고전적 중국인들이
'무신론자들'이고 또 도덕적 정직성도 결했다는 신빙성 있는 논증을 내놓든지,
아니면 '중국인들이 덕스러운 사람들이고 또 무신론자도 아니다'라는 논증을
내놓아야 했다. '리理'가 고신학으로부터 유래하는 고전적 중국문명 안에 기독
교인들의 섭리적 신의 기억, 개념, 또는 영감이라는 예수회 신부들의 적응주의
명제에 대해 1700년 소르본 신부들은 정언적으로 오류 선고를 내렸다. 그리고
로마에서 수년 동안 실랑이와 집요한 암투가 벌어진 뒤 적응주의적 예수회
신부들의 고신학 명제(prisca theologia thesis)를 공식적으로 배제하는 추기경들의
첫 명제가 비준되었다. 그리고 데카르트주의적 얀세니스트 앙투안 아르놀
(Antoine Arnauld)은 적응주의적 예수회 신부들을 '예수회 공자주의자들(Jesuit
Confucionistes)'이라고 비꼬았다.169)

1700년 10월 로마교황청의 배후조정하에서 소르본 신학대학이 '분서처분'을
내린 르콩트의 저서는 "반동적 신학자들과 예수회 신부들의 인본주의적 자유
주의 간의 투쟁에 뿌리를 박은 광포한 다툼의 대상이 되었다". 소르본 신부들이
특히 탄핵한 르콩트의 주장은 ① 중국이 인간의 필요에 알맞은 도덕체계를
가지고 있다는 주장, ② 이 도덕체계가 그 유구성과 성공의 비중에 의해 인간의

---

168) Israel, *Enlightenment Contested*, 647쪽.
169) Israel, *Enlightenment Contested*, 647-648쪽.

도덕적 열망의 최고산물로서의 그리스도적 계시와 어깨를 나란히 한다는 주장이었다.170) 주지하다시피, 르콩트의 이 저작으로 인해 연장전으로 전개된 제례논쟁은 1704년 교황 클레멘스 11세가 신부와 천주교도의 제례 참가를 이단으로 금하는 칙령을 내림으로써 일단 마테오리치의 적응주의를 따르는 예수회 소속 신부들과 선교사들의 완패로 끝났다.171)

■『중국의 현재상태에 대한 신비망록』 영역판의 영향

이런 일련의 사상탄압은 역설적으로 르콩트의 『중국의 현재상태에 대한 신비망록』이 "유럽인들의 마음속에서 공자체계의 탁월성을 재확인하고, 중국 경전 지식을 확산시키는 데 기여하도록" 만드는 역효과를 가져왔다.172) 르콩트의 저작은 분서처분에도 불구하고 유럽대륙에서 놀라운 사상적 파괴력을 발휘했다. 특히 1697년의 영역본은 영국·네덜란드·독일·스웨덴 등의 개신교국가들에서, 가톨릭의 일파인 예수회 신부의 서적임에도 불구하고 로마교황이 싫어한다는 이유만으로도 대환호를 받았기 때문이다. 교황과 소르본의 처분은 이 저서를 오히려 베스트셀러로 만들어준 것이다.

르콩트의 이 저작을 1697년 영어로 번역한 익명의 영역자는 '역자서문'에서 태국 국왕의 말을 인용하며 로마가톨릭이 "경이로운 다양성"의 세상에서 종교·예법·관습 등에 "보편성"을 강요하는 짓을 "헛된 짓"이라고 따끔하게 비판한다.173) 또 이 영역자는 중국인들이 이미 덕성의 영화를 누리고 있어 공개적으로 신부로부터 덕을 배울 필요가 없기 때문에 다른 기능들을 배운다는 이유로 신부를 만나고, 이 때문에 로마가톨릭 선교사들은 중국에서 실은 신부 행세를 하지 못하고 있다고 비꼰다.

---

170) Rowbotham, "The Impact of Confucianism on Seventeenth Century Europe", 232쪽.
171) 황태연, 「공자의 공감적 무위·현세주의와 서구 관용사상의 동아시아적 기원」(上), 109쪽. 『정신문화연구』, 2013 여름호(제36권 제2호 통권 131호).
172) Rowbotham, "The Impact of Confucianism on Seventeenth Century Europe", 232쪽.
173) "An Introduction to the English Translation". Le Compte, *Memoirs and Observations made in a Late Journey through the Empire of China*.

지구의 왕국들 중에서 중국은 예의 바름과 정중함으로, 영화와 장엄함으로, 그리고 기술과 발명으로 가장 유명하다. 로마 성직자들은 이 사실을 아주 잘 알고 있어서, 그들은 거기서 물리학자·화가·상인·점성가·공학자 등의 인물로 통한다. 왜냐하면 그들은 아시아의 궁전에서 이런 인물로만 받아들여지기 때문이고, 또 아시아 궁전들은 너무 예민해서 낯선 종교의 포교를 공개적으로 수용할 수 없기 때문이다.174)

또 익명의 영역자는 로마교황청의 포교활동도 세계정복활동으로 강도 높게 비판한다. "1580년 이래 약 630명의 예수회 신부와 200명의 다른 교단 성직자들이 여러 기독교국가 지역들에서 중국으로 파견되었다. (…) 나는 로마교회가 전 세계를 자신의 지배권 아래 두기 위해 세우는 기획과 계획에서 지칠 줄 모르는 근면과 정책에 경탄하지 않을 수 없다. 그런데 이 기획과 계획은 나머지 기독교국가들에, 모든 가톨릭 지역을 호령하고 정복에 적합한 기율을 지키는 이런 호전적 교회(Church Militant)에 대항해 이 나머지 국가들이 자기들의 땅을 지키려고 의도한다면 보다 많은 만장일치를 이루고 힘이 더 강해야 한다는 교훈이 될 수 있다."175) 영역자는 로마교황청의 동아시아 포교를 세계정복의 일환으로 추진되는 일종의 침략활동으로 보고, 이 포교활동의 성공으로 힘을 재충전한 로마교황청이 침략의 마수를 다시 유럽 개신교국가들에게로 돌릴 위험에 대해 경계심을 표하고 있다.

동시에 소르본과 로마의 반反예수회 가톨릭교단은 소르본대학의 분서조치와 예수회의 적응주의적 공자평가에 대한 클레멘스 교황의 이단선언으로 인해 더 큰 철학적·신학적 자가당착의 함정에 빠져들었다. 예수회의 공자주의 입장을 배제하는 것이 생각했던 것보다 철학적 위험이 더 많은 것임이 곧 명약관화해졌기 때문이다. 대표적 예수회 신부 쿠플레는 거의 모든 주석가들이 현저하게 덕스럽고 지혜롭다고 인정한 고전적 공자문도들을 '무신론자들'로 모는 것이 심각한 결과를 가져올 것이라고 경고했다. 왜냐하면 이것은 '덕스러운

---

174) "An Introduction to the English Translation".

175) "An Introduction to the English Translation".

무신론자들이 존재한다는 것, 덕성과 경건성이 별개라는 것, 신의 부정이 도덕적 패륜과 다르다는 것을 분명 함의할 것이기 때문이다. 쿠플레와 르콩트의 논변을 배격하고 중국인들의 사상이 본질적으로 무신론적이라고 공인하는 것은 예수회의 수십 년 공들인 중국선교의 전반적 기초만이 아니라, '일반적 합의'에 근거해 신의 존재를 지지하는 난공불락의 논변을 본질적으로 의심스러운 것으로 만들어놓은 것이다. 왜냐하면 예수회의 공자주의와 중국관을 배척하는 것은 세계 인구의 대부분이 결국 무신론자들이라는 것을 뜻했고, 더욱 안 좋은 것은 이것이 많은 사람들이 더할 나위 없이 찬미할 만한 것으로 평가하는 윤리학의 사회적 법전과 유구한 체계가 무신론자들에 의해 많은 나라에 걸쳐 경건하게 보존되고 준수되고 있다는 것을 뜻했기 때문이다. 그리하여 예수회 관점을 배척하는 것이 잘 질서 잡힌 '무신론자들의 사회'가 가능하다는 피에르 벨의 테제에 대한 확인으로 비치는 것을 피해가기 위한 노력이 필요했다. 그래서 황제, 관리, 학자들이 공자주의자들, 즉 무신론자들인 반면, 중국의 평민들은 그렇지 않다는 괴이한 절충적 논변이 제시되었다. 대중은 종교에 충실하기 때문에 칭송할 만한 도덕기준을 비록 그릇된 것이라도 고수한다는 것이다. 그러나 이것은 설득력도, 깔끔함도 없는 궁색한 변론으로 비쳤다.176)

아무튼 중국과 동아시아에 대한 18세기 초 계몽주의 논쟁의 별난 측면은 고전적 유자들이 무신론자들, 잠재적 스피노자주의자들이라는 동일한 명제가 논쟁 속에서 정면으로 대립되는 두 집단에 의해 정식으로 제기되는 이상야릇한 정황이었다. 같은 논변이 상이한 대립적 전략 속으로 통합되는 엽기적 병립을 낳았던 것이다. "말브랑쉬와 반反예수회 교파가 고전적 중국도덕과 철학전통을 스피노자주의와 한통속으로 묶음으로써 전통적 중국·일본·조선을 깎아내린 논변 대목에서, 급진적 계몽주의자들은 스피노자주의가 유구한, 존경할 만한, 전적으로 자연스러운 사고방식, 즉 생각할 수 있는 한에서 대부분의 인류의 사고방식임을 암시하려고 공자주의를 스피노자주의와 동일시했다. 이 논변의 전복적 함의는 '대부분의 동양민족들이 스피노자의 정서를 공유한다'는 벨의

---

176) Israel, *Enlightenment Contested*, 648쪽.

주장에 뒤이어 광범하게 설파되기에 이르렀다.”177) 한마디로, 피에르 벨에 의해 강력해진 ‘급진적 계몽주의’가 ‘광범하게 설파되고’ 확산되어 18세기 초에 점차 다수파, 아니 계몽주의의 주류로 부상하기 시작한 것이다.

아돌프 라이히바인의 말대로 “공자가 18세기 계몽주의의 수호성인이 되기”까지는 18세기 중반을 기다려야 했다. 하지만 적어도 “18세기 전반의 전全 기간 동안”은 공자가 유럽인들의 “유일한 관심의 초점”이었고, “공자경전의 학습은 종교사의 발전에 결정적 추동력을 부여했다”. 그리고 1687년과 1711년에 출판된 공자경전 번역본들은 18세기 후반까지도 유럽의 최대 베스트셀러로 남아 있었다.178)

이와 함께 18세기에 들어서면서 중국 관련 서적의 출판이 획기적으로 늘어났고, 그 대부분이 프랑스에서 출간되었다. 프랑스인들은 이런 책들의 독서에 열성적이었다. 종교전쟁과 종교개혁, 개신교 탄압, 금서, 분서, 정부 파탄, 궁정음모, 그리고 캐나다와 인도의 상실 등 긴 일련의 종교적·정치적·경제사회적 재앙들 덕분에 프랑스의 학자와 정치가, 일반백성들은 외국으로부터 들어오는 이념에 수용적인 자세가 되었던 것이다.179)

1.6. 뒤알드의 『중국통사』(1735)와 유럽 계몽운동의 확산

■『중국통사』의 공간과 국제적 파장

다른 저작은 쟝-밥티스트 뒤알드(Jean-Baptiste Du Halde, 1674-1743) 신부가 파리에서 1735년에 출간한 『중국제국과 중국타타르의 지리적·역사적·연대기적·자연적 기술(Description géographique, historique, chronologique, politique, et physique de l'empire de la Chine et de la Tartarie chinoise)』(이하: 『중국통사通史』)이다.180) 이듬해 이 저작은

---

177) Jonathan I. Israel, *Democratic Enlightenment - Philosophy, Revolution, and Human Rights 1750-1790* (Oxford: Oxford University Press, 2006), 558쪽.

178) Reichwein, *China und Europa*, 87쪽. 영역본: *China and Europe*, 78쪽.

179) Maverick, *China - A Model for Europe*, 20쪽.

180) Jean-Baptiste Du Halde, *Description géographique, historique, chronologique, politique, et physique*

The General History of China (전 4권: Richard Brookes 번역본, 이하: 『중국통사』)로 영역·출판되었다.181) 이 영역판은 순식간에 3판이 거듭 팔렸고, 1741년에 교정판이 나왔다. 그리고 이 영역본에서 100쪽 이상 발췌된 내용이 1737년 1월부터 4월까지 *The History of the Works of the Learned* 지誌에 소개되었다. 같은 해에 뒤이어 전 2권으로 된 경쟁적 영역서인 *A Description of China* (Green & Guthrie 역, Edward Cave[*The Gentleman's Magazine* 발행인] 출판, 1738-1741)도 나왔다. 발행인인 에드워드 케이브는 이 영역본을 1737년 2월부터 영역되는 대로 주간지로 연재해 출간했다. 이 연재는 1741년에 완료되었고, 같은 해 연재분의 모음집은 2권으로 출판되었다.

*The Gentleman's Magazine*은 1737년 3월 브루크스 번역본이 세련된 준칙들과 정치교훈을 담은 이야기들을 빼놓고 영역했다고 지적하자, 이에 브루크스 쪽은 생략에 대한 정당한 이유를 대며 응수했고, 케이브 본 번역의 부정확성과 오역들을 제시했다. 이에 다시 케이브는 그런 오역과 실수는 브루크스의 번역본에서도 발견된다고 대꾸했다. 이 논쟁은 1742년까지 이어졌다. 이런 논쟁은 틀림없이 『중국통사』에 대한 영국 독자들의 관심을 한껏 고조시켰을 것으로 보인다.182) 이처럼 『중국통사』의 영역·출판 과정은 흥미진진한 논쟁을 동반했다. 그러나 『중국통사』의 독역본은 1749년에야 뒤늦게 나왔다.183)

1711년 이래 『감화적이고 신기한 서간들』의 편집을 맡아온 뒤알드는 1731년 『서간들』을 통해 그의 『중국통사』의 출간을 알렸고, 1733년에는 이 저작에 관한 4쪽 분량의 안내문을 발행했다. 영국 논객 유스터스 버젤(Eustace Budgell)은

---

de l'empire de la Chine et de la Tartarie chinoise, enrichie des cartes generales et particulieres de ces pays, de la carte generale et des cartes particulieres du Thibet, & de la Corée (Paris: A la Haye, chez Henri Scheurleer, 1735).

181) P. Du Halde, *The General History of China* (London: Printed by and for John Watts, 1736).

182) 참조: Fan Cunzhong, "Dr. Johnson and Chinese Culture", 267쪽. Adrian Hsia (ed.), *The Vision of China in the English Literature of the Seventeenth and Eighteenth Centuries* (Hong Kong: The Chinese University of Hong Kong Press, 1998).

183) Johann Baptista du Halde, *Ausführliche Beschreibungen des Chnesischen Reichs und der grossen Tartary*, 4 Teile (Rostock: Johann Christian Roppe, 1749).

이를 재빨리 읽고 그가 간행하는 『벌(The Bee)』의 1733년 8월호에 이 사실을 게재했으며, 뒤알드의 저 안내문에 소개된 책의 대략적 내용도 1734년 2월호에 실었다.184) 뒤알드의 이 저작은 출간 전부터 이렇게 국제적 관심사였고, 라틴어 원본과 각국 번역본이 각국에서 신속하게 팔려나갔다.

■『중국통사』의 내용분석

이 책에서 뒤알드는 공자에 대한 찬사와 함께 그의 일대기를 서술하고 사서四書경전의 내용을 비교적 상세하게 소개하고 있다.185) 이 책은 『감화적이고 신기한 서간들』만큼이나 중국의 사회적·지성적 삶의 특정 측면들을 칭찬하면서 이런 지성적 생활에 호의적이지 않은 유럽과 종종 비교하고 있지만, 전체적으로 보면 흔히 잘못 알려져 있듯이 찬양일변도의 책은186) 아니다. 폴 베일리 (Paul Bailey)가 지적하듯이, 이 책은 가령 중국인을 "온화하고 인간적이고 상냥하다"고 묘사하면서도 "동시에 사납고 보복적이고 교활하고 부정직하다"고 비난하는 등 중국에 대한 "찬양과 비판의 이상야릇한 혼합물"로서 매우 양가적인 책이다.187) 몽테스키외는 훗날 뒤알드의 이 양가적인 중국 묘사에서 주로 부정적 보고들을 선택해 짜맞춰 중국관을 부정적으로 조작했다.

뒤알드는 중국을 방문한 적이 없고 편집자로서만 활동했다. 따라서 그는 오히려 입수되는 모든 중국 관련 자료와 서적들을 분석·종합할 수 있는 위치에 있었기에 방대한 『중국통사』를 쓸 수 있었다. 이 책은 오랫동안 몽테스키외, 볼테르, 흄, 케네, 다르장송, 볼프, 프리드리히 2세, 알브레히트 폰 할러, 유스티, 아담 스미스 등 서구의 모든 주요 지식인들의 필독서로 자리를 지켰다.

---

184) 참조: Fan Cunzhong (范存忠), "Chinese Fables and Anti-Walpole Journalism", 251쪽. Adrian Hsia (ed.), *The Vision of China in the English Literature of the Seventeenth and Eighteenth Centuries* (Hong Kong: The Chinese University of Hong Kong Press, 1998).

185) P. Du Halde, *The General History of China* (London: Printed by and for John Watts, 1736; the 2nd edition 1739), Vol. 3, 293-320쪽.

186) 가령 클라크는 이 책을 보지 못한 상태에서 찬양일변도의 책으로 잘못 알고 있다. Clarke, *Oriental Enlightenment*, 42쪽 참조.

187) Bailey, "Voltaire and Confucius", 819쪽.

이 책의 첫 번째 영역자 브루크스(R. Brookes)가 이 책에서 받은 인상은 몽테스키외보다 케네에 가까웠다. 그는 번역본 앞에 붙인 황태자에 대한 헌사에서 이 책을 "동방의 가장 강력하고 가장 번영하는 국민의 묘사이자 가장 위대한 군주의 관심을 받을 만한 가치가 있는 주제"라고 소개하고, "한때 세계에서 스스로를 가장 예의 바른 백성이라고 생각했던 이들의 예법·관습·정책과 종교에 대한 관찰보다 더 많이 정신을 확장해주는 경향을 가진 것은 아무것도 없다'고 말한다. 이어서 그는 "이 백성의 황제들로부터 당신은, 당신이 오래전부터 배워온 것, 즉 가장 전제적인 권력은 참주로 전락하거나 공공복지에 대한 관심을 드러내지 않을 때 최고치자에게 아무런 안전보장이 아니라는 것, 선량과 인자가 왕좌의 가장 확고한 뒷받침이라는 것, 그리고 군주의 최고의 영광은 자기 신민들의 마음으로 다스리는 것임을 발견할 것이다'라고 논한다.[188]

뒤알드는 제2권에서 중국의 농업과 농본주의 정신에 대해 말한다. 뒤알드에 의하면, 땅과 기후의 차이에도 불구하고, 농부들의 근면은 아주 비옥하지 않은 지방이 없을 정도이고, 상상할 수 없을 만큼 많은 인구를 지탱하는 지방들만이 존재할 정도다. 농업은 높이 존중되고, 국가에 가장 필수적인 직업을 가진 것으로 간주되는 농민들은 상당한 지위를 누린다. 그들에게는 많은 특권이 주어지고, 공인이나 상인보다 더 선호된다.[189] "노동에서 이 백성들을 후원해주고 이 백성들로 하여금 불평 없이 믿을 수 없을 정도의 수고를 감수하게 만드는 것은 그들의 사익뿐만 아니라, 황제 자신이 농업에 열중하는 사람들에 대해 언제나 품어온 숭상과 존중이다."[190] 직종들에 대한 많은 중국 책들이

---

188) Du Halde, *The General History of China*, Vol. 1, A4쪽. 또『맹자』의 소개를 빼먹지 않았기 때문에 브루크스의 번역본보다 나은 것으로 얘기되는 다른 영역본의 번역자 케이브(Cave)는 헌사에서 다음과 같이 말한다. "어떤 법률도, 어떤 제도도 중국의 것들보다 전반적으로 잘 강구된 것은 없는 것처럼 보인다. 이것들은 왕과 백성을 행복하게 만들고 전제적이지만 온화하고 완전한 순종을 만들어낸다." 그는 온정주의적 통치형태를 궁핍의 시기에 후함에 의해 특징지어지는 것으로 찬양하고, 나아가 황제와 장관들의 선언·칙령·언설이 "유럽의 어떤 나라에서 언젠가 등장했던 자유와 통치에 관한 고상한 에세이들"의 격을 갖추고 있다고 평했다. 참조: Maverick, *China - A Model for Europe*, 22-23쪽.

189) Du Halde, *The General History of China*, Vol. 2, 108쪽.

190) Du Halde, *The General History of China*, Vol. 2, 115쪽.

농업을 존중하고 찬양했다. 뒤알드는 농장에서 열심히 그리고 주도면밀하게 일할 것을 권하고 다른 직종을 격하하는 황제와 현자들의 이야기들을 소개하고 있다.191)

또한 그는 중국백성의 빈곤과 관련된 영아유기 풍조에 대해 말한다. 뒤알드는 불어판『중국통사(Description de l'Europe de la Chine)』 2권(1735)의 "토지의 비옥성, 그들의 농업, 그리고 그들이 농업에 종사하는 사람들에게 갖는 존경심에 관하여"라는 절節의 73-74쪽에서 중국의 영아유기에 관한 이야기를 하고 있다. 그러나 뒤알드의『중국통사』영역자는 영아유기에 관한 구절을 "토지의 비옥성" 절에서 다루기에 부적절하거나 신뢰할 수 없는 내용으로 느껴서인지 이 영역본에서 이 구절을 빼고 번역했다. 따라서 영역본에는 중국의 영아유기에 관한 기록이 없다.192) 따라서 영아살해 이야기는 불어원본에만 존재한다.

그런데 아담 스미스는 국부론에서 뒤알드가 말한 중국의 영아유기 풍조를 무단으로 인용하고 있다.193) "광동 인근에서 흔히 얘기되는 것처럼, 수백, 수천 가구가 지상에 주거지가 없어 늘 강과 운하의 작은 고깃배에서 산다. 그들의 생계는 아주 보잘것없어서 유럽 선박에서 배 밖으로 내버린 매우 더러운 쓰레기를 열심히 낚아 올린다. 썩은 고기, 가령 죽은 개나 고양이의 사체는 반쯤 부패하고 악취가 날지라도, 다른 나라 백성들이 가장 건강에 좋은 음식을 반기는 것처럼 그 썩은 고기를 반긴다. 중국에서 결혼은 권장되지만, 자식들이 유익해서가 아니라 그들을 죽일 자유 때문이다. 모든 대도시에서 매일 밤 몇몇의 자식들은 거리에 버려지고 꼭두각시처럼 물속에서 익사당한다. 이 무서운 일은 심지어 어떤 사람들이 생계를 버는 공인된 사업으로 수행된다."194) 중국 하층계급의 삶의 참상을 자세하게 예증적으로 묘사한 스미스의 이 이야기는 대단히 그릇되고 과장된 인용이다.

스미스는 당시 유럽 또는 영국에서도 어디서나 볼 수 있었던 극빈층의 영아

191) Du Halde, *The General History of China*, Vol. 2, 115-123쪽.

192) 참조: Du Halde, *The Geberal History of China*, Vol. 2, 108-123쪽.

193) 참조: Smith, *Wealth of Nations*, I. viii. 90쪽 주석(각주21).

194) Smith, *Wealth of Nations*, I. viii. 24-25 (89-90쪽).

살해(infanticide)와 영아유기·방치 현상을 중국 고유의 참상인 양 과장하고 있다. 그리고 그가 인용하는 뒤알드의 저 영아살해 이야기는 모든 영아를 살해하는 것이 아니라 여자영아를 살해하는 이야기이고, 또 청대 중국의 이야기가 아니라 200-300년 전 명대의 이야기다. 중국에서 노비와 유사노비들은 17세기 말과 18세기 초를 거치면서 전반적으로 해방된다. 상론했듯이 해방 전에 향촌에서 딸을 낳은 소작인(전호)은 딸에게 이름을 지어주기 전에 그들의 지주에게 은화를 상납하는 관습이 있었다. 이런 까닭에 많은 가난한 전호들은 은화를 낼 수 없어 딸을 낳는 즉시 물에 빠뜨려 죽였다. 그러나 명말·청초 장원체제와 노비제가 소멸하자 소작인이 딸을 기르기 위해 지주에게 은화를 상납해야 하는 관습적 의무도 철폐되었고, 따라서 은 상납을 피하기 위해 딸을 익사시켜야 했던 끔찍한 불행으로부터 해방되었다. 이후 청대에 소작인 가구들과 소농가들은 딸을 낳아도 죽이지 않고 다 길렀다.195) 청대에는 여아살해의 관행이 완전히 사라진 것이다. 따라서 스미스는 뒤알드를 인용해 200년 전의 중국풍습을 뒤늦게 재탕하고 있는 것이다. 중국에 가본 적이 없는 뒤알드는 다시 120년 전에 공간된 마테오리치·트리고의『중국인들 사이에서의 기독교 선교』(1615)를 인용하고 있다. 마테오리치는 이 책의 원고를 1600-1610년 사이에 썼다. 이 책에서 마테오리치는 가난한 전호들이 부잣집에 태어나기를 기원하며 여자영아를 유기·살해하는 풍조에 대해 말한다.196) 이것은 노비해방 직전 명말의 참상을 묘사한 것이다. 그러나 마테오리치는 그때도 노비·유사노비(전호)만이 이런 만행을 저질렀고, 거기에는 딸을 기르려면 지주에게 은을 바쳐야 하는 향촌 관습이 있다는 것을 - 아마 몰라서 - 말하지 않고 있다. 그래도 일단 그가 17세기 초에 이런 보고를 하자 이 구절은 여러 가지로 변형되어 여러 사람들에 의해 재생산된다. 뒤알드도 이 구절을 재생산한 필자들 중의 하나이고, 스미스는 뒤알드의 재생산자다. 재생산이 거듭되면서 18세기 말에 이르자 그저 허위보고의 재생산이 되고 만 것이다. 물론 18세기에도 여아女兒에 대한

195) Elvin, *The Pattern of the Chinese Past*, 255-257쪽.

196) Gallagher, *China in the Sixteenth Century: The Journals of Matthew Ricci*, 86-87쪽.

영아살해 풍조가 완전히 자취를 감춘 것은 아니었고 가족계획의 일환으로 잔존했다. 빈민가의 여아들은 이후에도 25% 정도가 탄생 즉시 살해되거나 유기되었다. 가족계획으로 이용된 여아살해는 18세기 초에 절정을 이루었다가 18세기 말경 완전히 사라졌다.197)

그러나 당시 유럽은 더 비참했다. 당시 유럽과 영국 하층계급의 생활상은 스미스 자신의 보고에 의거하더라도 중국 하층계급의 생활보다 더 처참했기 때문이다. 유럽에서 태어난 어린이의 절반은 17세 이전에 죽었다. 유럽대륙보다 더 잘살았던 스코틀랜드에서도 빈민계급의 여성들은 종종 신발이 없어 맨발로 다녔고, 굶주린 아일랜드 여성은 20명 이상의 자식을 낳았는데도 이 중 겨우 단 두 명만을 살릴 수 있었다. 군인가족 중에서는 거의 모든 소년소녀들이 아홉 살 또는 열 살이 못 되어 죽었다.198) 스미스가 청대 중국에서 유행하는 것으로 잘못 과장해 고발하고 있는 영아유기 또는 영아살해는 태어난 자식들의 절반이 17세 이전에 죽은 유럽 전역과, 태어난 20명의 자식 중 18명이 죽음에 처한 아일랜드 빈민가족, 태어난 자식이 전멸하는 영국 군인가족 안에서 어쩌면 저질러졌을지 모른다. 영국의 목사 맬더스(Thomas R. Mathus, 1766-1834)는 영아유기·영아살해·인공유산 등이 은밀하게 자행되었음을 암시하며 인구의 '기하급수적' 증가에 대한 '적극적 제어' 또는 '기타 제어' 수단의 하나로 예시하고 있다.199) 맬더스가 '적극적 제어'로 제시하는 영국 및 유럽 빈곤층의 "자식들에게 적절한 식량과 관심을 줄 수 없는" 상황은 인공유산, 영아유기, 양육포기와 방치로 인한 영아의 영양실조 사망, 영아살해 등을 다 포함하는 것으로 보인다.200) 적극적 제어의 본질은 "자식에게 적절한 음식과 관심을 줄 수 없어" 고의와 과실, 또는 미필적 고의의 애매한 행태로 자식들을 죽음으로 몰아넣는

---

197) Kenneth Pomeranz, *The Great Divergence: China, Europe, and the Making of the Modern World Economy* (Princeton: Princeton University Press, 2000), 38쪽.

198) Smith, *Wealth of Nations*, I. viii. 37-38 (96-97쪽).

199) Thomas Robert Malthus, *An Essay on the Principle of Population* (London: J. Johnson, 1798), Chapter IV. Accessed from http://oll.libertyfund.org/title/311 on 2013. 04. 02.

200) Malthus, *An Essay on the Principle of Population*, Chapter V.

영국 하층민의 궁핍상황이다.

한편 뒤알드는 중국의 '찾아가는 수공업'에 대해서도 언급하는데, 이것도 여러 필자에 의해 거듭 인용·재인용되며 칼 마르크스에게까지 전해진다. 뒤알드는 『중국통사』에서 이렇게 말한다.

> 모든 도시에 온갖 장인들이 존재하는데, 이 중 일부는 자기들의 점포에서 일하고, 일부는 원하는 사람에게 그들의 용역을 제공하기 위해 이 가로에서 저 가로로 옮겨 다닌다. 대부분의 일은 개인 집에서 한다. 가령 당신이 옷 한 벌을 원하면 재단사가 아침 일찍 당신 집으로 왔다가 저녁에 귀가한다. 다른 직종에서도 동일하다. 심지어 대장장이들은 도구들, 모루, 풍로를 가지고 와서 상용常用한다. 대부분의 이발사는 사람들에게 다가감을 알리기 위해 작은 종을 울리며 계속 가로를 걸어 다닌다. 그들은 어깨에 의자, 대야, 주전자, 불 등을 수건과 빗 상자와 함께 둘러메고, 가로에서나 광장의 한복판에서, 또는 현관에서 또는 원하는 어디에서든 머리를 아주 능란하게 깎아 만주의 관습에 따라 긴 머리카락만 남겨둔다.[201]

케네는 뒤알드의 이 구절을 이렇게 전재한다. "장인들은 아침부터 저녁까지 일을 찾아 마을을 뛰어다닌다. 대부분의 중국 노동자들은 특정한 집 안에서 일한다. 당신이 가령 옷을 맞추고 싶은가? 그러면 재단사는 아침에 당신 집에 왔다가 다시 저녁에도 온다. 마찬가지로 모든 장인으로부터 일상적 도구를 만들기 위해 모루와 풍로를 가지고 다니는 대장장이나, 안락의자를 어깨에 메고 대야와 주전자를 손에 들고 다니는 이발사에 이르기까지 이들은 일감을 찾아 끊임없이 거리를 달린다."[202] 케네의 이 기술은 다시 뒤알드의 기록을 약간 부정확하게 과장해 옮겨놓은 것이다. 아담 스미스는 케네의 인용을 무단으로 재인용하고 있다.

---

201) Du Halde, *The General History of China*, Vol. 2, 124-125쪽.
202) 케네, 『중국의 계몽군주정』, 불어원문 60쪽(국역문 61쪽).

장인들은 유럽에서처럼 자기 작업장에서 손님의 부름을 기다리는 것이 아니라 각
직업의 도구를 가지고 서비스를 제공하러 고용을 구걸하는 양 거리를 계속 이리저리
뛰어다니고 있다.[203]

이것을 보면 다시 스미스가 케네를 인용한 것인지 뒤알드를 인용한 것인지
불분명하다. 칼 마르크스도 뒤알드의 저 구절로 묘사된 중국의 사회상황을
중국의 본래 모습으로 여겨 『자본론 4권(잉여가치학설사)』에서 유사한 구절을
리처드 조운스(Richard Jones)의 *Text Book of Lectures on the Political Economy*
(1852)로부터 전재하고 있다. "손님을 찾아 거리를 횡행하며 서비스를 일순간
요구하거나 그들이 만드는 대상들을 필요로 하는 사람들의 기회 되는 대로의
욕구에 달려 있는 임금을 받는 많은, 그리고 확대된 노동자층이 세상에는 많다.
최초의 서양 선교사들은 중국에서 이런 상황과 조우했다. (…) 거기서 수공업자
들은 아침부터 해 질 녘까지 손님을 찾아 거리를 뛰어다닌다. 중국 노동자들은
대부분 개인 집에서 일한다. 당신이 옷을 필요로 하는가? 그러면 재단사가
아침에 당신에게 와서 저녁에 귀가한다. 다른 수공업자들에게도 상황은 동일하
다. 그들은 부단히 일을 구하러 가로를 내달리고, 대장장이도 일상적 노동을
위해 모루와 대장간 풍로를 들고 다닌다. 이발사도 (…) 어깨에 안락의자를
메고 뜨거운 물을 담은 주전자를 들고 길을 배회한다."[204] 조운스는 "중국
노동자들은 대부분 개인 집에서 일한다. 당신이 옷을 필요로 하는가?"라는
어법을 볼 때 필경 케네의 글을 무단으로 인용했다.

　뒤알드가 묘사한 – 시장·수요 위축으로 인한 – 이 수공업자들과 서비스업
자들의 열악한 근로조건이 1730-40년대 중국의 경제적 현실이었다면, 그것은
천문학적 규모의 대서방 사치품 수출량의 점진적 격감과 소멸, 중국산업의
소리 없는 쇠락과 소득의 점진적 감소 추세, 그리고 이로 인해 야기된 중국경제

---

203) Smith, *Wealth of Nations* (I), I. viii, §24 (89쪽).

204) Karl Marx, *Theorien über den Mehrwert, Marx Engels Werke (MEW)*, Bd. 26.3 (Berlin: Dietz,
　　1979), 425쪽.

의 시장·수요 위축과 퇴행 과정의 한 단면을 묘사한 것처럼 보인다. 프랑수아 케네로부터 아담 스미스를 거쳐 칼 마르크스에 이르기까지 서양 학자들은 뒤알드가 묘사한 이 퇴행적 중국풍경을 줄곧 중국의 항구적 상황으로 착각하고 이후 150여 년간 반복적으로 우려먹었다. 그러나 중국의 이런 퇴행적 경제상황은 중국대중의 높은 소득 수준이 여전히 유지되고 내수가 살아 있던 '1710년대 이전의 중국'에서는 볼 수 없었다. 그리고 1770-80년대부터 개시되어 1860-70년까지 이어진 90-100년 장기불황이 해소되자 이런 퇴행적 경제상황도 해소되었다.

중국인의 사기성詐欺性에 관한 한, 뒤알드는 중국인들이 르콩트가 묘사하는 것처럼 나쁘지 않을지라도 선의가 특히 외국인들과 거래할 때 인기 있는 덕목이 아니라는 것은 사실이라고 말한다. "중국 상인들이 그들의 거래에서 좀 더 정직해질 것이, 특히 외국인과 교역할 때는, 소망되었다. 중국 상인들은 언제나 가급적 비싸게 팔려고 애쓰고 종종 주저 없이 섞음질로 그들의 상품을 불순하게 만든다. 그들의 준칙은 구매자들이 가급적 낮은 가격을 지불하는 것이다. 이 원칙에 따라, 그들은 판매자가 가장 높은 가격을 요구했는데도 구매자가 이 가격을 지불할 만큼 단순하고 무식하다면 판매자는 그 가격을 받을 권리가 있다고 생각한다. 그들은, 기만하는 쪽은 상인이 아니라, 사는 사람이 스스로를 기만하는 것이라고 말한다. 하지만 이 혐오스러운 원칙에 따라 행동하는 사람들은 다른 사람들의 정직성과 공평무사함을 칭찬하는 첫 번째 사람들이라서, 그들은 자기비난의 자세에 처해 있는 셈이다."205)

또 뒤알드는 "모든 지방의 특별한 풍요와, 강하江河와 운하로 상품을 수송하는 용이성 덕택에 중국제국은 언제나 번영했다'고 말한다. 그리고 중국인들이 생활의 필수품과 향락품의 적절한 공급을 그들 사이에서 얻는 만큼 자기 나라로부터 아주 멀리 떨어진 어떤 장소로든 거의 교역하지 않기 때문에, 대외무역은 거의 발달할 필요가 없었다는 것이다. 한족 출신의 황제 치세에서 항구들은 늘 이렇게 외국인들에게 닫혀 있었으나, "만주족이 중국의 주인이 된 이래

---

205) Du Halde, *The General History of China*, Vol. 2, 297쪽.

그들은 만국에 열려 있다".206)

하지만 당시 중국인은 대외적으로 너무 교만했다. "교역이 중국의 모든 지방
에서 아주 광대할지라도, 특히 내국인들이 모든 외국국민에 대해 경멸적 생각
을 지니고 있기 때문에 그들이 대외무역을 거의 원하지 않는 것은 전혀 놀랍지
않다."207) 그럼에도 중국의 무역은 전 유럽의 대내외 무역을 다 합친 것보다
더 방대했고, 중국은 풍요로웠다. "중국의 내부에서 수행되는 교역은 아주
거대해서 전 유럽의 교역은 이것과 비교할 수 없을 정도다. 지방들은 서로서로
자기들이 가진 생산물들을 교환하는 개개 왕국들과 같다. 상업은 중국의 민족
들을 통합시키고 모든 도시에 풍요를 가져다준다."208) 이 대목은 나중에 몽테스
키외·케네·흄·스미스 등도 인용한다. 뒤알드는 칠기·자기·비단 등 중국의
사치품 생산도 상론한다.209)

그리고 뒤알드는 중국에 세습귀족이 없다는 사실을 다시 한 번 확인한다.

황제에 의해 가장 위대한 능력을 가진 것으로 생각되는 사람에 대해 수여되는 몇몇
가문에 속하는 작위가 존재할지라도, 귀족은 중국에서 세습적이지 않다. 어떤 사람이
아무리 훌륭할지라도, 아니 그가 제국의 최고작위로 승진했을지라도, 그 뒤에 남는
자녀들은 입신할 재산이 있을지라도, 그들이 아주 큰 규모의 열성이 없거나 안이함을
좋아한다면, 그들은 평민 수준으로 침몰하고 종종 가장 천한 직종에 종사하지 않을
수 없다. 어떤 사람이 그 아비의 직종을 이을 수 있는 것은 사실이지만, 아비의 작위나
명성은 상속하지 못한다. 그는 아비가 그랬듯이 동일한 학위에 의해 상승해야 한다.
이런 이유에서 그들은 학업에 전념해야 하고, 배움을 위한 성품을 가졌다면 출세할
것이 확실하다. (…) 중국에서 지금 군림하는 황족에 속하는 사람들을 제외하고는 고
귀성의 어떤 칭호도 가진 사람이 없으며, 유럽의 공작·후작·백작·자작·남작의 칭호
와 많이 다르지 않은 다섯 칭호가 확립되어 있는 것은 이 황족을 위한 것이다.210)

---

206) Du Halde, *The General History of China*, Vol. 2, 295-296쪽.

207) Du Halde, *The General History of China*, Vol. 2, 297-298쪽.

208) Du Halde, *The General History of China*, Vol. 2, 296쪽.

209) 참조: Du Halde, *The General History of China*, Vol. 2, 303-388쪽.

그리고 뒤알드는 이런 설명을 덧붙인다.

> 내가 말한 것으로부터 공자의 가문, 그리고 군림하는 가문과 친족인 제후들을 빼면,
> 중국에는 사람의 공적이 황제에 의해 포상되는 경우 외에 어떤 귀족도 없는 것으로
> 보인다. 왜냐하면 모든 사람은 황제가 받을 만한 자격이 있다고 판단하는 서열을
> 갖고, 그 밖의 나머지 모든 사람은 평민에 속하기 때문이다.[211]

중국 세습귀족의 부재 사실은 중국 포로 출신 포르투갈 무명씨가 처음(1555)
보고한 이래 갈레오테 페레이라(1564), 멘도자(1585), 퍼채스(1613)와 마테오리치
(1615)도 보고했고, 이후에도 계속 보고된 공공연한 정보였지만, 뒤알드의 이
보고는 이 지식을 유럽 전체에 광포하는 데 결정적 역할을 했다. 그만큼 뒤알드
의 책은 정평이 났고 널리 읽혔기 때문이다.

또 뒤알드는 중국의 3단계 교육제도(서당-향교[府學·州學·縣學]-대학)에 대해서도
언급한다.[212] 이 교육제도에 대한 기술은 18-19세기 서구의 근대적 학교 발전
에 결정적 영향을 미쳤다.[213] 3단계 학교제도(초등학교-김나지움-대학)는 오늘날도
유럽 교육제도의 기본골격이다.

뒤알드는 창조·영혼의 본성, 미래국가의 본질 등에 대한 중국인의 가르침이
'심각한 결손'을 안고 있다고 볼지라도 고대 중국인들이 유신론자들이었다는
것을 의심하지 않았다. 그는 후세에 우상과 무신론으로 인해 일탈이 일어난
것으로 해석했다.[214] 그러나 공자가 이것을 개혁했다는 것이다. 그리고 뒤알드
는 공자를 탈레스·피타고라스·소크라테스보다 더 우월한 인물이라고 말한다.

> 공자는 노나라의 한 도시에서 (…) 기원전 551년, 그리스 7현 중의 한 사람인 탈레스

---

210) Du Halde, *The General History of China*, Vol. 2, 99쪽.

211) Du Halde, *The General History of China*, Vol. 2, 107쪽.

212) Du Halde, *The General History of China*, Vol. 3, 1-148쪽.

213) Maverick, *China - A Model for Europe*, 23-24쪽.

214) 참조: Du Halde, *The General History of China*, Vol. 3, 14-30, 53-63쪽.

의 사망 2년 전에 태어났다. 그는 유명한 피타고라스와 동시대인이었고, 소크라테스는 중국이 이 철학자를 여읜 뒤 얼마 안 있어 등장했다. 그러나 공자는 다음과 같은 점에서 다른 세 사람을 능가한다. 공자의 영광은 해가 갈수록 증대되고, 인간적 지혜가 닿을 수 있는 최고정점에 도달했다. 그리하여 현재 그는, 그 존속과 영화榮華를 이 철학자에게 빚지고 있다고 스스로 생각하는, 세계에서 가장 강대한 제국의 한 복판에서 최고등급의 존엄을 누리고 있다.215)

이어서 뒤알드는 공자와 비교해 탈레스와 피타고라스를 비판한다.

탈레스와 피타고라스가 도덕성의 처방을 주는 것에만 만족했었더라면, 바꿔 말하면 탈레스가 세계의 기원에 관한 순수하게 자연적인 문제들 속으로 잠수하지 않았더라면, 그리고 피타고라스가 덕성에 기인한 포상의 본성과, 미래 국가에서의 악덕에 지정된 처벌을 교조화하지 않았더라면, 고대의 이 두 현자는 덜 책잡힐 문명文名을 누렸을 것이다. 공자는 자연의 경이로운 비밀 속으로 침투해 들어가려고 안달하지 않고 통상적 믿음의 진의들에 관한 오묘성, 즉 시비지심是非之心을 해치는 암초에 관여하지 않은 채, 어떤 것도, 심지어 가장 비밀스러운 생각조차도 그로부터 감춰질 수 없고 상제上帝는 덕성과 악덕의 현재적 조건이 무엇이든 간에 덕성을 포상 없이 놓아두고 악덕을 처벌 없이 놓아두지 않는다고 주장함으로써 모든 존재자의 원리를 말하는 것으로 만족하고 상제에 대한 경배·경외·사의謝意를 고취하려고 노력했다.216)

여기서 뒤알드는 공자철학을 얼마간 왜곡하는 대목이 없지 않더라도(가령 "어떤 것도, 심지어 가장 비밀스러운 생각조차도 그로부터 감춰질 수 없다") 요약적으로 소개한 데 이어 공자철학의 정수를 나름의 합리론적·기독교적 굴절과 오독 속에서 다음과 같이 소개하고 있다.

---

215) Du Halde, *The General History of China*, Vol. 3, 293쪽.
216) Du Halde, *The General History of China*, Vol. 3, 293-294쪽.

이 철학자의 전초 독트린은 인간본성을 그 이전의 광채와, 인간본성이 하늘로부터 받았지만 무지의 어둠과 악덕의 전념에 의해 더렵혀진 그 첫 아름다움으로 복귀시키는 것을 의도했다. 그가 이것을 달성하기 위해 제시한 방법은 상제에 순종하고 상제를 외경하는 것이고, 우리의 이웃을 자신처럼 사랑하는 것이고, 불규칙적 성향을 정복하는 것이고, 우리의 감정을 품행의 규칙으로 여기지 않는 것이고, 이성에 복종하는 것이고, 모든 일에서 이성에 귀 기울이고, 이성에 어긋나는 어떤 것도 하지 않고 말하지 않고 생각하지 않는 것이다.217)

이 인용문의 앞부분은 훗날 마르키 드 미라보가 자기의 스승 프랑수아 케네의 장례식에서 케네를 공자와 비교하는 추도사에 변형된 형태로 다시 등장한다.

공자경전에 대한 뒤알드의 논의는 나중에 케네에게도 모범사례가 되는데, 『서경』과 『대학』에 근거한 '훌륭한 통치의 원리'에 대한 뒤알드의 보고는 특히 감동적이다. 『중용』에 대한 뒤알드의 논의는 감정들의 중화中和에 관한 난해한 구절들을 이해하는 데 도움을 준다.218) 브루크스 본本 영역자가 빼먹은 뒤알드의 '『맹자』 요약문'이 케이브 본에는 그대로 나와 있는데, 이 '『맹자』 요약문'은 맹자를 광범한 유럽 독자들에게 최초로 소개하는 만큼 흥미롭다. "왕국이 생활필수품이 풍부하도록 보살피는 것이 훌륭한 통치의 본질적 부분이다. 이를 위해 땅이 경작되도록 살피고 물고기가 풍부하도록 살피고, 나무가 심어지고 제철에 가지가 전지되도록 살펴야 한다. 정전제井田制를 확립하고 가축과 누에를 키우는 데 유의하고, 벌을 주고 과세하는 데 온건해야 하고, 청년들의 도덕이 바로 형성되도록 보살펴야 한다." 이어서 뒤알드는 말한다. "등滕나라 문공文公이 자기 왕국을 다스릴 의도를 갖고 맹자에게 지혜롭게 다스릴 수 있는 몇 가지 준칙을 가르쳐주기를 원했다. 그러자 맹자는 말했다. 왕이 중시해야 하는 첫 번째 목적은 그의 백성이다. 백성에게 주된 영향을 주는 것은 그들의 생계다. 그들의 생계수단은 근면하게 가꿔지고 생활필수품을 풍요롭게 생산하는 땅이

217) Du Halde, *The General History of China*, Vol. 3, 298쪽.
218) 참조: Du Halde, *The General History of China*, Vol. 3, 303-320쪽.

다. 그러므로 농업은 깊이 탐구되어야 하고, 땅이 놀지 않도록 아주 잘 살펴야 한다. 그러면 백성들은 그 땅 위에서 살 것이고, 결핍의 걱정이 없는 가운데 예의를 향상시키고 덕을 이루려고 노력할 것이다."219)

매버릭에 의하면, 맹자의 '보편적 공감'의 이념은 아담 스미스를 감동시켜 『도덕감정론』을 쓰는 데 영향을 미쳤고, 맹자의 인격적 '완벽화' 이론은 윌리엄 고드윈(William Godwin, 1756-1836)과 같은 유럽의 초기 사회주의자들에게 영향을 미쳤다. 뒤알드의 맹자 소개 안에는 18세기에 수적으로 늘어난 많은 종류의 종교적 반란자들의 흥미를 끌 만한 내용이 아주 많았다. 진정으로 뒤알드의 책은 거대하고 엄청난 혁명을 향해 떠밀려 가는 쉴 새 없는 국민 앞에 놓여진 "영감을 고취하는 간행물"이었던 것이다.220) 그러나 뒤알드는 '『맹자』 요약문'에서 맹자의 민귀군경론民貴君輕論·역성혁명론·폭군방벌론 등 혁명사상 부분은 당대의 지배권력과의 갈등을 꺼려서인지 전혀 언급하지 않았다.

■ 코리아의 역사와 현황의 소개

뒤알드의 책에서 한국과 관련해 특기할 만한 것은 코리아를 '코리아왕국에 관한 지리적 관찰'과 '코리아 역사의 요약'이라는 두 절로 소개하고 있다는 것이다.221) '코리아왕국에 관한 지리적 관찰'은 1709년 강희제의 명에 따라 만주지역과 '조선왕국(Royaume de Corée)지도'를 제작한 레지 신부(Père Pierre Régis) 비망록을 그대로 전재轉載한 것이다. 여기서 레지 신부는 "내가 국경에서 바라본 코리아왕국은 남부 중국인들의 방식으로 아주 잘 경작되어 있었다'고 말하면서 청나라 사신이 본 것을 전하고 있다. 이 청나라 사신은 "이 나라가 좋고, 쌀·밀·기장 및 기타 곡식과 같은 모든 생필품을 아주 풍족하게 생산한다"는 취지의 보고서를 레지 신부에게 넘겨주었다고 한다.222)

---

219) Maverick, *China - A Model for Europe*, 25쪽의 2개의 각주다.

220) Maverick, *China - A Model for Europe*, 25-26쪽. 윌리엄 고드윈은 프랑스 계몽주의에 감화되어 사유재산 부정과 평등분배를 주장한 책 *An Enquiry Concerning Political Justice, and Its Influence on General Virtue and Happiness* (1793)를 썼다.

221) Du Halde, *The General History of China*, Vol. 4, 381-393, 394-428쪽.

또한 레지 신부는 오늘날 한·중 국경분쟁에서 그 존부와 합의 여부를 놓고 다투는 '봉금지대封禁地帶'가 양국의 합의에 의해 설치되었다고 기록하고 있다.

이 봉황성도鳳凰城都(조선의 조공사들이 심양으로 들어갈 때 통과해야 하는 성도로 그곳에 '책문'이 있었다 – 인용자)의 동쪽에는 현재 코리아를 통치하는 왕가 치하의 조선의 서쪽 국경이 맞닿아 있다. 왜냐하면 중국을 공격하기 전에 조선인들을 먼저 정복한 만주인들과 조선인들의 전쟁 후에, 말뚝 울타리와 조선 국경 사이에 사람이 살지 않는 일정 공간(a certain space uninhabited)이 설치되어야 한다고 그들 사이에 마침내 합의되었기(it was at last agreed upon between them) 때문이다.223)

이에 따르면, 지금 중국이 차지하고 있는 봉금지대는 당초 중국 땅이 아닌 것이다. 레지는 북경에 온 조선사신을 면대한 사실도 기록하고 있다. "수년 전 우리를 방문하러 온 사신은 우리에게 말하려는 것을 이해시키기 위해 붓을 사용했다. 우리에게 그는 공자의 학설이 그들 사이에 아주 존중받고, 불승佛僧들은 아주 낮게 대우받으며 어떤 도시에서도 불탑佛塔을 세우는 것이 허용되지 않는다고 말해주었다. 또 몇몇 조선인들이 북경에서 제각기 상이한 시기에 세례를 받았을 수 있더라도, 기독교는 아직 코리아에서 전파되지 않았다고 했다."224) 조선사신의 이 말에 따르면, 놀랍게도 1730년 이전에 이미 북경에서 천주교 세례를 받은 조선 사람들이 생겨났을 수 있는 것이다.

레지는 이어서 "중국 황궁에서도 창호지 등으로 사용되는", 그리고 "매년 아주 많은 양이 반입될지라도 줄곧 중국에서 어떤 종이보다 비싸게 거래되어온 강하고 질긴" 한지韓紙, 인삼, 검은담비 등 조선의 가장 귀중한 물산들도 소개하고 있다.225)

한편, '코리아의 역사'에 관한 내용은 뒤알드가 3종의 중국 서적에서 발췌해

---

222) Du Halde, *The General History of China*, Vol. 4, 382쪽.

223) Du Halde, *The General History of China*, Vol. 4, 382-383쪽.

224) Du Halde, *The General History of China*, Vol. 4, 386쪽.

225) Du Halde, *The General History of China*, Vol. 4, 387쪽.

소개하고 있다. 이 중 특기할 만한 것은 조선의 사람과 풍속, 그리고 물산 등에 관한 것이다. "조선인들은 체격이 아주 잘 균형 잡혀 있으며, 마음씨 곱고 유순한 성품을 지녔다. 그들은 중국어를 이해하고, 배움을 즐기며, 가무에 몰두했다." 또한 뒤알드는 "남쪽 지방보다 북쪽 지방에서 큰 인물들이 더 많이 나온다. 북쪽 사람들은 천성적으로 호전적이고 훌륭한 군인들을 낳는다"고 말한다.[226] 몽테스키외는 훗날 『법의 정신』에서 뒤알드의 이 말을 인용해 "코리아의 남부지방 사람들은 북부지방 사람만큼 용감하지 않다"고 평하고, 한국을 터키·페르시아·무굴제국·중국·일본 등과 함께 "아주 따뜻한 기후대에 있는 땅들" 또는 "상냥하고 게으르고 소심한 민족들" 또는 "피정복 민족들"의 땅에 귀속시키는 엉터리 분류를 하고 있다.[227] 나아가 뒤알드는 조선인의 복장에 대해 말한다. "조선인들의 가장 흔한 옷은 모피 모자와 능라 옷이다. 여성들은 가장자리 장식이나 레이스를 단 작은 코트를 입고, 지체 높은 사람들은 자주색 비단옷을 입는다. 모자에 단 2개의 깃털로 구별되는 선비들은 더 유별나게 음악에 몰두했다."[228] 당시 조선의 풍속은 아주 해맑았다. 뒤알드는 이렇게 기술한다.

기자箕子가 8조에 불과한 금법을 반포한 후에 한국인들의 예법은 아주 잘 규제되어서, 절도와 간음은 그들 사이에 모르는 범죄가 되었고, 그리하여 밤에 대문을 닫는 경우가 없었다. 모든 국가에 치명적인 혁명들이 이 옛 순박성을 얼마간 변화시켰을지라도 조선인들은 여전히 다른 국민들에게 귀감으로 남아 있기에 충분할 만큼의 순박성을 지니고 있다. (…) 조선인들의 형벌은 지극히 큰 범죄에 대해서도 점잖다. 부모를 학대하는 것은 죽을죄이고, 죽을죄를 범한 자들은 참수되었다. 이보다 죄가 가벼운 자는 곤장을 때려 석방한다. 달리 사형을 당할 만한 범죄들은 이웃 도서지방으로 유배에 처함으로써 벌한다. 3년마다 한 번씩 박사 시험(대과), 문학사 시험(향시), 문학석사 시험(소과)이 있다.[229]

---

226) Du Halde, *The General History of China*, Vol. 4, 423쪽.

227) Montesquieu, *The Spirit of the Laws*, Bk. 17, Ch. 2·3, 278-280쪽.

228) Du Halde, *The General History of China*, Vol. 4, 423쪽.

229) Du Halde, *The General History of China*, Vol. 4, 424-425쪽. 'Korea'와 'Korean'을 여기서 '한국·한

뒤알드는 조선의 물산과 교역물품에 대해서도 비교적 상세하게 말한다. "코리아의 교역품목은 하얀 종이, 늑대 꼬리털로 만든 붓, 인삼, 금, 은, 철, 아주 아름다워 겉에 바르면 금박처럼 보이는 노란 유약, 야자나무 같은, 수액을 증류해내는 나무, 3피트 길이의 꼬리를 가진 닭, 약 3피트 높이의 조랑말, 검은담비 가죽, 비버와 미네랄 소금이다. 상인들이 서적을 팔려고 내놓을 때 그들은 가장 고운 천으로 감싼다. (…) 코리아는 산이 많을지라도 비옥하고, 특히 아주 부유하고 소출이 많은 충청도, 경상도, 전라도가 비옥하다."230) 코리아는 뒤알드의 책에서 이처럼 아주 심성이 훌륭하고 상하 없이 가무를 즐기는 부유한 유교국가로 묘사되고 있다. 이것은 뒤에서 다룰 정조시대 조선백성의 세계적 생활수준과 오늘날 한국의 경제부흥 및 K-팝의 세계진출과 관련해 매우 흥미로운 기록이다.

공맹철학과 극동문화는 공맹경전이 번역되기 전후 17세기 내내, 그리고 18세기 초에 이와 같이 이미 유럽에 널리 알려져 있었다. 이런 까닭에 이미 스피노자·컴벌랜드·로크와 같은 17세기 말 철학자들은 극동의 철학을 암암리에 표절하듯 수용하고, 라 모트 르 베예, 보시어스, 존 웹, 윌리엄 템플 등은 공개적으로 찬양하기 시작했던 것이다. 이 당시는 모든 기독교교단 간의 정통성 논쟁과 이단탄압이 아직 살벌했기 때문에 정치적으로 위태로웠던 철학자들은 이교異敎철학을 출처제시 없이 슬쩍 훔쳐 쓰는 '표절'을 했고, 이것은 유럽사상계에서 보통 용인되었다. 하지만 왕사나 국왕의 측근으로서 정치적 영향력이 막강했던 베예·템플 등 유력한 일부 철학자들은 공자철학과 중국문화를 공공연하게 찬양했다. 공맹철학이 이와 같이 소개서들을 통해 어느 정도 알려지면서 그다음은 공맹경전을 직접 보려는 욕구가 강렬해졌고 이 욕구에 부응해 경전이 번역·출판되기 시작했다.

국안'으로 번역한다. '한(韓)'은 삼국시대 이전부터 조선시대까지 자타가 우리나라를 가리키던 초역사적 국명 또는 민족명이기 때문이다.

230) Du Halde, *The General History of China*, Vol. 4, 425쪽.

제2절 공맹경전의 번역과 출판

나폴리 예수회 소속 신부 알레싼드로 발리냐노(Alessandro Valignano, 1539-1606)와 그가 이끈 선교사들이 최초로 중국어를 배우고, 중국철학의 원전들을 공부하고, 중국인들을 '무식한 이교도'로 대하는 것이 아니라 선교적 의도에서 그들에게 다가가기로 결심한 것은 새롭고 독특한 정신사적 실험의 시발점이었다. 그런데 이런 적응주의적 선교방식은 당시 극동아시아와 극서유럽 간 문명 수준의 격차로 인해 중국을 기독교화하기보다 역으로 유럽을 '공자화·유교화'하는 데 기여하게 된다. "묘한 역사의 아이러니에 의해 유럽은 '이교적' 중국을 개종시키기 위해 파견되었던 예수회 신부들로부터 공자를 처음 배운 것이다."231) 예수회 선교사들의 저술을 통해 중국사상이 17·18세기 서구의 정신들에 미친 영향을 오늘날 빠짐없이 추적하는 것은 거의 불가능할 정도다.

예수회 신부들이 의도치 않게 일으킨 '공자의 충격'은 실로 가공할 수준이었다. 그리하여 이를 알브레히트(Michael Albrecht)는 지리상의 발견을 능가하는 코페르니쿠스적 세계관과 같은 충격적 대大전복으로 평가한다. "기독교적·서구적 세계관의 — 일찍이 잊힌 — 경계가 이로 인해 얼마나 확대되었는지, 아니 얼마나 폭파되었는지는 오로지 코페르니쿠스적 세계관의 등장에만 비견될 수 있을 것이다. 100년 전 아메리카의 발견은 중국의 정신적 발견에 비하면 유럽사상에 덜 흥미로운 것이었다."232)

그리하여 30년전쟁 이래 유럽에서 고대 중국의 성인 공자의 가르침은 대부분의 합리론자들에게 일약 도덕생활·시민생활의 토대가 될 수 있는 참된 합리적 '자연종교'로 받아들여졌고, 경험론자에게는 든든한 철학적 지원군으로 존중되기 시작했다. 이런 분위기는 공자철학을 정통 가톨릭사상과 유사한 것처럼 제시하려고 했던 제수이트(예수회) 선교사들의 노력에 의해 촉진되었다.233)

---

231) Björn Löwenthal, *China Illustrata Nova* (Thailand, Hua Hin: The Elephant Press, 2012), 18쪽. Dijkstra and Weststeijn, "Constructing Confucius in the Low Countries", footnote 4에서 재인용.

232) Albrecht, "Einleitung", XII-XIII.

233) 참조: David Hume, *Political Essays* (Cambridge·New York: Cambridge University Press, 1994·2006),

앞서 시사했듯이 1582년 마카오에 도착해 중국어를 익히고 1583년 중국 광동성에서 정착을 허락받고 선교활동을 시작한 선교사 마테오리치와 그 일행은 이미 16세기 말부터 선교목적에서 공자철학을 공부하고 서신으로 공자철학을 유럽에 소개하기 시작했다. 파리에서 출간된『중국인들 사이에서의 기독교 선교』(1615)는 이탈리아어로 쓰인 마테오리치의 보고서를 약간의 보충과 함께 라틴어로 번역한 책이다. 이 책은 공자철학의 소개에 많은 지면을 할애하고 있다. 16세기 말부터 17세기 중반까지는 주로 중국의 역사, 현황, 여행기가 많이 출판되었으나, 17세기 후반부터는 예수회 신부들의 공자 관련 저작들이 많이 공간되었다. 예수회 신부들은 유교철학, 극동의 정치문화, 사회제도 등을 수준 높은 차원에서 고찰했고 중국인들의 신앙과 제례의식祭禮儀式에 관한 자세한 객관적 보고서들을 유럽으로 보냈다.

2.1. 최초의 경전번역:『중국의 지혜』(1662)와『중국 철학자 공자』(1687)

17세기 중반 중국에 관한 보고서들과 기행문 등을 통해 공자는 어느 정도 알려져 있었지만 공자철학을 직접 알 수 있게 하는 경전은 1662년까지 유럽의 언어로 번역되지 않았다. 그러나 1662년『대학』의 전문과『논어』의 일부를 번역한『중국의 지혜(Sapientia Sinica)』의 출판을 시작으로 1687년『대학』,『중용』과『논어』를 번역한『중국 철학자 공자(Confucius, Sinarum Philosophus)』가 파리에서 출판되었다. 이로써 1689년 영국 명예혁명 직전까지 유교 사서四書 중『논어』,『대학』,『중용』은 라틴어로 번역되고 다시 각국 언어로 번역되어 유럽 전역으로 보급된 상태였다.234) 예수회 선교사들의 경전번역사업은 명예혁명 2년 전인 1687년에 나온『중국 철학자 공자』에서 정점에 달하고, 노엘(Francisco[François] Noël)의『중국제국의 경전 6서(Sinensis imperri livre classici sex)』(1711)의 번역출판에서 완결된다.

286쪽(Haakonsson의 주석3).
234) 이하 내용은 필자의『공자와 세계(2)』의 해당 부분을 보완하고 업그레이드한 것이다.

■『중국의 지혜』(1662)와『중국인들의 정치·도덕학』(1667)의 번역

1687년『중국 철학자 공자』의 출간은 100년간 준비된 번역 과정의 총결산이었다.『중국 철학자 공자』의 출간은 3단계로 나누어진다. 그 번역원고는 처음에 공자경전으로 중국어를 배우기 위한 선교사들의 핸드북으로 출발했다. 그다음, 중국 전례典禮에 대한 이해를 둘러싼 선교사들 간의 다툼이 한창이던 기간에 경전번역은 예수회 선교사들의 접근법의 사상적 기초를 뒷받침할 수 있을 '예수회 강독'을 선교사들에게 주입하기 위한 도구로 구상되었다. 마지막으로, 번역은 중국에서 유럽으로 이동함으로써 중국 선교사들의 작은 서클을 넘어 유럽의 학술공동체, 정치권력체들, 교회당국들에 일정한 중국상中國像을 홍보하기 위한 도구로 기획되었다.235)

1579년 중국 광주부廣州府 당국의 입국허가를 얻어 광주의 부도府都인 조경肇慶시에 거주하기 시작한 최초의 선교사는 이탈리아 예수회 신부 루기리(Michele Ruggieri, 1543-1607)와 산데(Eduardo de Sande, 1531-1600)였다.236) 이들은 광주 총독의 환대를 받았고, 총독의 배려로 마테오리치와 주앙 데 알메이다(João de Almeida, ?-1582) 등 2명의 신부를 더 입국시킬 수 있었다. 그러나 얼마 지나지 않아 주민들의 추방요청 상소로 인해 1589년 루기리, 마테오리치 등은 광동성의 내륙 소도시 소관韶關시로 이주해야 했다. 그 사이 알메이다 신부는 사망했으며, 산데 신부는 마카오로 돌아가 예수회 대학의 학장을 맡고『로마교황청 방문 일본사절단(De Missione Legatorum Iaponensium ad Romanun Curiam)』의 집필에 착수했다. 루기리와 마테오리치는 5년간 70여 명의 중국평민들에게 세례를 주었다.237)

최초의 공자경전 번역은 이 루기리 신부의 번역원고로부터 출발한다. 예수회 선교사들이 최초에 공자경전에 관심을 가진 것은 수월한 전교傳敎를 위해 중국

---

235) Thierry Meynard (ed. & trans.), *Confucius Sinarum Philosophus (1687), The Fist Translation of the Confucian Classics* (Roma: Institutum Historicum Soietatis Iesu, 2011), 3쪽.

236) 그러나 발리냐노와 산데는 루기리 등 2명의 신부가 광주의 조경(肇慶)시에 집과 교회를 짓도록 입국허가를 얻은 시점을 1583년으로 기록하고 있다. Valignano and Sande, *Japanese Travellers in Sixteenth-Century Europe*, 434쪽. 이 차이는 입국허가를 얻은 해와 관청과 교섭해 영주허가를 얻은 해의 차이가 아닐까 생각한다.

237) 참조: Valignano and Sande, *Japanese Travellers in Sixteenth-Century Europe*, 435쪽 및 그곳 각주1.

인들을 미리 조금이라도 이해해보려는 선교실무상의 필요 때문이었다. 이런 실무상의 필요에서 루기리는 새로 도착하는 선교사들에게 중국어를 가르치기 위해 사서四書를 번역하기 시작했다. 이 언어 책자는 세 가지 상이한 층위를 통합하고 있었다. 중국한문 원문, 로마알파벳으로의 음역, 라틴어로 한자 대 한자 직역이 그것이다. 루기리는 이런 유형의 작업에 간여한 최초의 인물이었다. 그는 1588년 로마로 소환될 때까지 사서번역을 준비했다. 그는 1590년 로마에 도착한 뒤 그가 바라던 중국과의 외교 임무를 지원할 후원자들을 찾았으나 끝내 찾지 못했다. 그는 오히려 로마에서 상급자의 의심을 받았고 겨우 중국에서 선교방법에 관한 짧은 에세이를 썼을 뿐이다. 이 에세이에서 그는 『대학』 '수장首章'의 절반을 번역해 실었다. 이 에세이는 예수회 신부 포세빈 (Antonio Possevin, 1559-1611)의 『장서선집(Bibliotheca selecta)』(1593)에238) 실려 나왔다.239) 1593년의 이 『대학』의 부분번역·출판은 공자경전을 유럽학계에 최초로 알린 사건이었다. 그러나 이 일은 바티칸의 영향력 약화와 함께 유럽 전역에 알려지지 못한 채 묻히고 말았다.

루기리가 유럽으로 떠난 뒤 마테오리치는 루기리의 최초 작업을 토대로 번역작업을 계속했다. 이것은 두 가지 이유가 있었다. 첫째, 마테오리치는 새로 도착한 예수회 신부 피에트리스(Francesco de Pietris, 1562-1593)에게 중국어를 가르치면서 사서를 한문학습 교과서로 활용했다. 둘째, 마테오리치는 발리냐노 (Alessandro Valignano, 1539-1606) 신부로부터 새로운 교리문답을 준비하라는 훈령을 받았다. 마테오리치는 사서 인용문을 이 교리문답집에 삽입하기 전에 사서의 의미를 확실히 하고, 신학적 오류를 끌어들이는 것을 피하기 위해 이 사서를 먼저 번역해야 한다고 느꼈다. 마테오리치의 교리문답집은 먼저 중국어를 읽지 못하는 상급자들에 의해 읽혀야 했다. 따라서 교리문답집의 라틴어 번역본이 마련되어야 했다. 사서를 이해하려는 마테오리치의 노력은 교리문답집 『천주

---

238) Antonio Possevini, *Bibliotheca selecta Qua agitur de Ratione Studiorum in Historia, in Disciplinis, in Salute omnium procuranda* (Romae: Typographia Apostolica Vaticana, 1593).

239) Meynard (ed. & tran.), *Confucius Sinarum Philosophus (1687)*, 3-4쪽.

실의天主實義』(1603)에 삽입된 중국어 인용문들에서 명백히 드러난다. 『천주실의』는 『대학』에서 3번, 『중용』에서 7번, 『논어』에서 13번, 『맹자』에서 23번 인용한다. 사서의 중요성은 번역원고에 몇 개의 주석을 달기도 한 첫 세대 중국 개종자들에 의해서도 충분히 증언되었다. 많은 예수회 선교사들은 이후 마테오리치의 번역을 사용했다. 이 원고는 오늘날 찾을 수 없지만, 이것이 이후 출판된 사서번역문 속으로 녹아든 것은 틀림없어 보인다.[240]

1624년 디아스(Manual Dias, 1559-1639) 신부 휘하의 중국주재 예수회는 중국으로 오는 새로운 선교사들을 위해 야심 찬 4년 학습계획을 채택했다. 중국어와 중국문화 교육은 본질적으로 사서와 『서경』에 기초했다. 마테오리치의 번역들이 그 당시에는 만족스러웠던 것으로 추정된다. 다른 번역시도가 없었기 때문이다. 많은 해가 흐른 뒤에야 비로소 새로운 번역이 시작되었다. 그 당시 이그나티우스 다코스타(Ignatius[Inácio] da Costa, 1603-1666)는 사서의 한문구절 다음에 라틴어 번역 텍스트를 옮겨 쓰고 이것을 학생들에게 가르쳤다. 첫째, 푸저우(福州)시에서 페라오(Andrea Ferrão, 1625-1661) 신부는 다코스타의 지도 아래 『대학』을 베껴 썼다. 이 초발初發작업은 1660년 10월에 끝났다. 그다음 다코스타는 강서성江西省의 건창부建昌府로 이동했고, 그의 다른 제자 프로스페로 인토르케타 (Prospero Intorcetta, 1626-1696)가 그에게서 사서를 배우면서 『논어』 번역 편집을 계속했다. 다코스타와 인토르케타는 1662년 『대학』과 『논어』의 첫 5편(「학이」에서 「공야장」까지)을 라틴어로 대역對譯하고 자신들이 지은 공자 전기를 추가한 원고를 완성했다. 그리고 마침내 1662년 4월 13일 이 번역원고를 강서성 건창부에서 『중국의 지혜(Sapientia Sinica)』라는 제목으로 공간했다. 이 대학·논어 번역서는 먼저 한문원문의 텍스트를 제시한 뒤 각 한자마다 알파벳 글자로 음역하고 다음 장의 지면에 한문원문을 라틴어로 훈역했다. 공자 전기는 4쪽, 대학완역문은 28쪽, 논어의 부분번역은 76쪽에 달했다. 이 책은 5명의 예수회 선교사들에 의해 수정되고 르 포르(Jacques Le Fuare, 1613-1675) 신부에 의해 승인되었다.[241]

---

240) Meynard (ed. & tran.), *Confucius Sinarum Philosophus (1687)*, 4-5쪽.

241) Meynard (ed. & tran.), *Confucius Sinarum Philosophus (1687)*, 5쪽; Lionel M. Jensen, *Manufacturing*

이 책은 어려운 경로를 타고 강서성 건창부에서 영국으로 전해졌고, 나다나엘 빈센트는 1685년 이『중국의 지혜』를 바탕으로『대학』의 첫 부분을 최초로 영역英譯해 출판했다.242)

두 번째 중국어교육용 소책자는 인토르케타가 집필하고 17명의 다른 예수회 선교사들이 수정하고 비준한 뒤 1667년 7월 31일 중국지역 대목代牧 파체코 (Feliciano Pacheco, 1622-1687) 신부로부터 출판허가를 얻은『중용』의 라틴어 번역서 『중국인들의 정치·도덕학(Sinarum Scientia Politico-Moralis)』(1667)이었다. 이 책은『중용』의 완역판과 공자평전('Vita Confucii')의 확장 버전을 담고 있다. 이 책의 첫 반절은 1667년 중국 광주에서 출판되었고, 나머지 반절은 2년 뒤인 1669년 인도 고아(Goa; 인도 남서해안 포르투갈 영토)에서 출판되어 전자와 합본되었다.243) 이 책은 당시 "왕들과 군주들의 모든 자문관이 정열적으로 구하고 싶었던" 책이 되었다.244) 이 책은 1673년『중국인의 과학, 또는 공자의 책(La Science des Chinois, ou le Livre de Cum-fu-çu)』으로 불역佛譯되어 출간되었는데,245) 이것은 테브노(Melchisédech Thévenot, 1620-1692)의 유명한 여행기『신기하고 다양한 항해 이야기(Relations de divers voyages curieux)』의 제4권(1672-1673)에 한문원문을 빼고 라틴어-불어 대역으로 실려 나온 것이다.246)

『중국의 지혜』(1662)와『중국인들의 정치·도덕학』(1667·1669)은 중국에 온 선교사들에게 중국어를 가르치기 위한 저술들이었다. 그럼에도 불구하고 이 두 책이 출판됨으로써 공자경전의 일부(대학·중용과 논어 일부분)가 유럽인들에게 읽을 수 있는 형태로 나타난 것이다. 이 두 책은 나중에 유럽에서『중국 철학자

Confucianism (Durham·London: Duke University Press, 1997·2003), 114-115쪽.

242) 참조: Matt Jenkinson, "Nathanael Vincent and Confucius's 'Great Learning' in Restauration England", *Note and Record of the Royal Society of London*, Vol. 60, No. 1 (Jan. 22, 2006).

243) 참조: Meynard (ed. & tran.), *Confucius Sinarum Philosophus (1687)*, 6쪽 및 각주11; Dijkstra and Weststeijn, "Constructing Confucius in the Low Countries", lines after footnote 18.

244) Jenkinson, "Nathanael Vincent and Confucius's 'Great Learning' in Restauration England", 40쪽.

245) R. P. Intorcetta, *La Science des Chinois, ou le Livre de Cum-fu-çu* (Paris: Et André Cramoisy, 1673).

246) Meynard (ed. & tran.), *Confucius Sinarum Philosophus (1687)*, 13쪽; Jensen, *Manufacturing Confucianism*, 119쪽; Dijkstra and Weststeijn, "Constructing Confucius in the Low Countries", 각주27.

공자』(1687)를 출간하는 데 훌륭한 밑거름이 되었다.

그러나 1670년대 말까지도 공자의 어록인 『논어』는 완역되지 못하고 있었다. 『논어』는 1680년대에 가서야 처음 라틴어로 완역되었다. 그러나 그 이전에 네덜란드어 번역판이 1675년 나와 있었다. 이 번역판은 완역판이 아니었을지라도 『논어』 전체에서 '덕성'에 초점을 맞춰 덕성·현명·지혜·수신(volmaecktheydt; perfection)과 관련된 구절들을 모두 발췌해 번역했기 때문에 『논어』 전체의 논지를 알 수 있게 해주는 최초의 번역서였다. 번역자는 네덜란드 화약제조업자 피터 판 호온(Pieter van Hoorn)이었고, 출판사는 바타비아(북부 자카르타)에 소재하는 네덜란드 출판사였다. 판 호온은 자기성찰로부터 시작하는 덕스러운 삶을 영위하는 방법에 관한 공자의 가르침이 어떤 서양 저작보다 적절하다고 확신했다. 그는 흔히 그렇듯이 공자를 예수와 비교하지 않았으며 공자 원문을 스스로 말하게 하고 독자가 그 자신의 결론을 도출하도록 했다.247)

■1687년 『중국 철학자 공자』의 출판

- 역사적 배경: 전례典禮논쟁

중국을 극적으로 유럽인의 관심대상으로 만든 획기적 유교경전 번역서는 프로스페로 인토르케타, 필립 쿠플레(Philippe Couplet, 1624-1692), 크리스티안 헤르트리히(Christian Herdtrich), 프랑수아 루지몽(Francois Rougmont) 등 4명의 예수회 선교사가 루이 14세의 칙령에 따라 『논어』, 『대학』, 『중용』을 라틴어로 번역해 출판한 『중국 철학자 공자 또는 중국학문(Confucius Sinarum Philosophus, sive Scientia Sinensis)』(이하: 『중국 철학자 공자』)이다.248) 이 책의 몸통을 이루고 있는 것은 루기리의 1588년 사서 번역문 초고를 마테오리치가 5년 뒤 손질한 원고다.249) 그러나

---

247) 참조: Dijkstra and Weststeijn, "Constructing Confucius in the Low Countries", lines before and after the footnotes 29-40.

248) Prosperi Intorcetta, Christian Herdtrich, Rancisci Rougemont, Philiphi Couplet, *Confucius Sinarum Philosophus, sive Scientia Sinensis* (Parisiis: Apud Danielem Horthemels, viâ Jacobæâ, sub Mæcente, 1687).

이 책이 출판되기까지는 중국전례논쟁·해석논쟁 등 여러 사건과 많은 곡절이
있었다.

1666년부터 1670년까지 4년 동안 모든 중국주재 선교사들은 광주에 강제
유배되어 있었다. 선교사들은 1666년 3월 25일 도착했다. 곧 다코스타와 트리
고 신부가 사망했다. 모두 23명의 선교사들이 광주의 예수회 공관에 가택연금
상태에 처해 있었다. 예수회 신부 외에도 프란체스코파 앙투안 드 생트-마리
(Antoine de Sainte Marie; Antonio de Santa Maria Cabellero, 1602-1669) 신부와 나바레테·사르
페트리(Domenico Sarpetri)·레오나르디(Filippo Leonardi) 등 3명의 도미니크파 신부들
이 있었다. 이 강제유배 기간에 중국경전은 새로운 역할을 하기에 이른다.
여기에 모인 선교사들은 '광주공의회'를 열고 중국에서의 사제직의 근본적
방향, 특히 몇몇 기독교적 관행을 중국문화에 적응시키는 것의 적합성을 토의
했다. 유배는 선교사들을 강제해 중국에서의 80년 선교활동을 새롭게 평가하도
록 했던 것이다.250)

발리냐노 중국주재 주교의 지도 아래 마테오리치는 기독교를 유교에 적응시
키는 이른바 '적응주의'를 중국을 복음화하는 최선의 방법으로 개발했다. 그는
원래의 유교가 결코 기독교와 양립불가한 것이 아니며, 유교적 전례典禮는
미신이 아니라고 주장했다. 따라서 가톨릭으로 개종한 중국인은 전통적 전례
를, 즉 자기들의 조상·황제·공자에 대한 제사를 계속 행할 수 있었다. 예수회
신부들은 이러한 전례를 순수하게 '시민적'이라고 생각해서 이 전례들을 허용
했다.251)

하지만 북경 예수회의 선임자로서 마테오리치를 계승한 롱고바르디(Niccolo
Longobardi [Longobardo], 1565-1655)는 이 사항에 관해 반대견해를 품고 있었다. 롱고바
르디는 유교가 보통백성들에 의해 이해되고 실천되는 방식과 엘리트들에 의해
이해되고 실천되는 방식 간의 차이를 강조했다. 롱고바르디가 보기에 엘리트들

---

249) Jensen, *Manufacturing Confucianism*, 114쪽.

250) Meynard (ed. & tran.), *Confucius Sinarum Philosophus (1687)*, 6-7쪽과 각주12.

251) Meynard (ed. & tran.), *Confucius Sinarum Philosophus (1687)*, 7쪽.

은 공자의 참된 메시지가 무신론적이고 유물론적이라고 여기는 반면, 보통백성들은 유교를 영혼 불멸과 신령의 실존에 대한 대중적 믿음의 긍정으로 이해했다. 하지만 롱고바르디에 의하면, 엘리트들은 자기들의 무신론적 자세에 관해 모호성을 유지하는 것을 선호하고 대중적 신앙을 공격하는 것을 삼갔다. 1623년 또는 1624년에 롱고바르디는 유교를 유물론적·무신론적 독트린으로 제시한 텍스트를 집필했다. 그의 목표는 정확하게 유교엘리트의 감춰진 무신론을 폭로하는 것이었다. 롱고바르디는 1627년 상해의 가정嘉定 지구에서 열린 공의회에서 그의 논변을 제기할 기회를 가졌다. 감찰신부 팔메이로(André Palmeiro, 1569-1635)는 마테오리치의 정책이 계속되어야 한다고 결정했을지라도 롱고바르디의 요청에 굴복해서 '상제上帝'의 사용을 금하고 하느님(神)의 뜻으로 '천주天主'의 배타적 사용을 훈령했다. 또한 팔메이로는 분란을 종식시키기 위해 롱고바르디 보고서의 모든 사본의 파괴를 명했다.252)

하지만 이 보고서는 파괴되지 않았고 '광주공의회'에 다시 나타났다.253) 그리고 '상제'라는 명칭에 대한 사용금지 명령도 유효하지 않았다. '상제' 명칭을 사용하는 마테오리치의 서적들은 중국인들에 대한 그 서적들의 위신 때문에 수정하지 말아야 한다고 합의되었기 때문이다. 그리고 인토르케타와 쿠플레는 '상제'를 오히려 '천주'보다 나은 선택으로 보고 '상제'를 사용할 것을 여전히 옹호했다.254)

도미니크파와 프란체스코파 선교사들이 중국에 나타나자 선교정책의 전반적 일치성은 다시 깨지고 전례논쟁이 개시되었다. 프란체스코파 앙투안 드 생트-마리 신부가 중국에 온 지 2년 뒤인 1635-1636년간에 그는 그의 관할구역 내의 가톨릭교회에 대해 유교적 전례를 행하는 것을 금했다. 이로 인해 논란은 더 가열되면서 유럽으로까지 전해졌다. 1645년 교황 이노센트 10세는 중국전례를 비난하는 교령을 내렸다. 하지만 1656년 마르티노 마르티니가 로마로

---

252) Meynard (ed. & tran.), *Confucius Sinarum Philosophus (1687)*, 7-8쪽.

253) Meynard (ed. & tran.), *Confucius Sinarum Philosophus (1687)*, 8쪽.

254) Meynard (ed. & tran.), *Confucius Sinarum Philosophus (1687)*, 7쪽 각주14.

파견된 뒤 알렉산더 7세는 이전의 교령을 무효화하지 않은 채 중국전례를 공인했다.[255]

뒤죽박죽이 된 이 모든 상황을 배경으로 광주에 모인 선교사들은 중국전례의 올바른 해석을 두고 논란하는 데 상당한 정력을 쏟아부었다. 그들은 1667년 12월 18일부터 '광주공의회'로 불린 공식 회의를 소집하고 1668년 1월 26일까지 40일간 논쟁을 계속했다. 중국전례의 반대자들 중에는 30년 이상의 경험을 가진 선교 베테랑 생트-마리 신부가 끼어 있었다. 그리고 예수회의 공자경전 해석에 대한 체계적 공격을 개시하게 될 스페인 도미니크파 탁발승 나바레테도 끼어 있었다. 하지만 반대로 도미니크파 사르페트리 신부는 예수회 쪽으로 기울었다.[256] 사르페트리는 광주공의회 전에도 마테오리치의 『천주실의』를 지지한다는 글을 썼다.[257] 그러나 예수회 안에서도 분열이 나타났다. 구베아 (Antonio de Gouvea, 1592-1677) 신부는 나바레테에게 그의 동료들이 공자를 예언자로 만든다고 불평했다. 보다 중요한 것은 롱고바르디의 보고서가 광주에 다시 나타나 선교사들 사이에 떠돌며 중국전례의 반대자들에게 보다 무게를 실어주었다는 것이다. 공의회 끝 무렵에 주로 가톨릭 전례를 다루는 42개 항의 문서가 표결에 붙여져 다수결로 채택되었다. 이 문서의 41항만이 공자에 대한 제사(석전 대제)를 취급했다. 이 항은 1645년 이노센트 10세의 비난이나 1656년 알렉산더 7세의 공인을 언급하지 않았다. 이 41항은 공자에 대한 제사에 반대한다는 확실한 증거가 없기 때문에 이 전례가 독실한 신앙 속에서도 관용될 수 있고 그토록 많은 백성들에게 구원의 문을 닫아서는 아니 된다고 개진하고 있다.[258]

소수파로 축소된 중국전례 반대자들은 이 '합의'를 즉시 기각했다. 생트-마리는 중국과 일본의 두 지역을 관할하는 감찰신부 다가마(Luis da Gama, 1610-1672)에게 두 통의 편지를 썼다. 첫 편지는 1668년 4월 9일 날짜이고, 두 번째 편지는 1668년 12월 9일 날짜였다. 동년 11월에는 예수회 총회장 올리바(Giovani Paolo

255) Meynard (ed. & tran.), *Confucius Sinarum Philosophus (1687)*, 8쪽.

256) Meynard (ed. & tran.), *Confucius Sinarum Philosophus (1687)*, 8쪽.

257) Meynard (ed. & tran.), *Confucius Sinarum Philosophus (1687)*, 8쪽 각주17.

258) Meynard (ed. & tran.), *Confucius Sinarum Philosophus (1687)*, 8-9쪽.

Oliva, 1600-1681)에게도 한 통의 편지를 보낸 상황이었다. 두 사람에게 보낸 편지에서 생트-마리는 또 하나의 전술을 모색했다. 그는 공자의 가르침을 미신적이고 우상적인 것으로 공격하기 위해 인토르케타의 경전번역을 이용했다. 그다음 명백해진 것처럼 인토르케타의 번역은 그의 의도대로 미신을 벗어던진 공자 가르침의 의미를 전달하기에 충분치 않았다. 이 번역은 생트-마리가 오독하는 바와 같은 종류의 오독을 피하도록 재작업되어야 했다. 생트-마리가 한 것처럼 나바레테도 광주공의회 '합의'에 이의를 제기하기 위해 1668년 3월 8일 한 편의 보고서를 썼다.259)

그리하여 '합의' 이후에도 롱고바르디의 논고와 생트-마리의 편지들은 광주의 선교사들 사이에서 계속 회람되었다. 훨씬 뒤인 1701년 파리에서 프랑스의 '해외선교회(Société des Missions étrangères)'는 롱고바르디의 보고서를 「중국인들의 종교의 몇 가지 점들에 관한 논고(Traité sur quellques points de la Religion des Chinois)」라는 제목으로, 그리고 생트-마리의 두 편지를 「중국선교의 몇 가지 중요한 점들에 관한 논고(Traité sur quellques points importants de la Mission de la Chine)」라는 제목으로 편집·출판했다. 물론 『중국 철학자 공자』의 편찬자들은 롱고바르디와 생트-마리의 글들을 광주유배 시절로부터 명백하게 알고 있었다. 그리하여 그들은 『중국 철학자 공자』의 주석 속에서 여러 차례 롱고바르디와 생트-마리의 글에 대해 대응하고 있다.260)

- 올바른 경전해석의 확립과 번역작업(1668-1671)

이런 도전에 직면해 인토르케타는 공자경전의 새로운 번역을 수행할 편찬집필 팀을 구성했다. 이 팀은 오스트리아 예수회 신부 크리스티안 헤르트리히 (Christian Herdtrich, 1624-1684), 두 명의 플랑드르 사람 프랑수아 드 루지몽(François de Rougemont, 1624-1676)과 필립 쿠플레(Philippe Couplet, 1624-1692)로 구성되었다. 이들은 번역을 보다 권위롭게 만들기 위해 중국 주석서들로부터 뽑은 풍부한 해석

---

259) Meynard (ed. & tran.), *Confucius Sinarum Philosophus (1687)*, 8-9쪽.

260) 참조: Meynard (ed. & tran.), *Confucius Sinarum Philosophus (1687)*, 8-9쪽.

들을 더했다. 이런 식으로 해서 그들의 번역이 그들 자신의 발명품이 아니라 중국 주석자들에 의해 뒷받침된 것이라는 점이 증명될 수 있었다. 이들은 사서를 다 포함시키는 방향으로 번역의 범위를 확장하기도 했다. 명백히 그들이 의도한 것은 이제 선교사를 위한 중국어 초보독본이 아니라, 장래의 선교사들을 중국사상의 일정한 강독으로 인도하는 교본이었다. 그리고 공자경전은 예수회 선교정책의 정통성을 증언하기 위해 요청되었다.261)

이 기간 동안 인토르케타는 중국사상의 일반적 소개 글도 썼다. 이 글 안에서 인토르케타는 그의 목표가 "유럽에 사는 사람들의 재미와 호기심에 영합하는 것이 아니라, 복음의 빛을 이 먼 땅으로 가져다주려고 유럽으로부터 항해해 오는 사람들의 사용을 위한 것"이라고 설명했다. 인토르케타는 장래 선교사들에게 공자경전, 공자철학, 그리고 불교사상에 관한 모종의 기본지식을 소개했다. 또한 인토르케타는 많은 지면을 『역경』을 소개하는 데 할애했다. 학파들의 소개는 미신의 오염으로부터 자유로운, 완전히 합리적인 철학으로서의 고대 유교에 아주 이로웠다. 이런 소개를 통해 선교사 후보들은 공자경전의 예수회적 강독, 즉 선교사업에 필수적인 강독 속으로 들어올 수 있었다. 인토르케타는 우상숭배에 유화적이지 않다는 것을 보여주기 위해 도교와 불교를 우상숭배 또는 무신론적으로 묘사했다. 이 에세이는 나중에 『중국 철학자 공자』의 머리말의 첫 절반이 된다.262)

하지만 광주공의회 직전 인토르케타는 로마로 파견될 '선교 큐레이터'(공식 토론에서 선교단을 대표하는 직책)로 임명되었다. 그는 중국인 성직자의 성직수임과 기도문의 중국어 사용에 대한 동의를 얻어야 했다. 그는 로마로 떠나기 전에 예수회 신부들에게 번역작업을 계속하라고 훈령하고, 마테오리치의 선교정책을 직접 변호하는 한 편의 에세이를 쓸 필요성도 표명했다. 이 에세이는 그가 쓴 에세이의 보완으로 의도된 것이다. 중국철학과 경전텍스트의 소개 외에 고대 중국이 어떻게 우상숭배로부터 안전하게 보존될 수 있었는지를 논변할

---

261) 참조: Meynard (ed. & tran.), *Confucius Sinarum Philosophus (1687)*, 10쪽.

262) Meynard (ed. & tran.), *Confucius Sinarum Philosophus (1687)*, 10쪽.

필요가 있었다. 독자도 달라야 했다. 이제 더 이상 장래의 선교사가 아니라 유럽의 지식인들과 교회관리들이어야 했다. 이 변호론적 에세이는 『중국 철학자 공자』의 머리말의 후반부를 이루게 된다. 인토르케타는 1668년 9월 3일 마카오에서 배를 타고 로마를 향해 떠났다.263)

중국지역 대목代牧이 된 구베아는 이른 시점부터 번역사업에 약간 유보적이었고 마침내 1670년 남은 세 명의 신부들에게 "이들의 건강을 해칠까 염려해서" 또는 "시간이 부족해서" 사서 중 가장 두꺼운 책인 『맹자』의 번역을 중단하라고 명했다. 구베아는 이 예수회 신부들이 번역작업에서 빨리 해방되어 이미 5년 동안 목사가 없는 기독교공동체들을 위해 일하도록 파견되기를 기대했을 것이다. 1670년 브라나카티(Francesco Branacati, 1607-1675), 그레슬론(Adrien Greslon, 1618-1696), 르 포르가 철저한 교정을 가했고, 번역문을 경전원문 및 주석들과 대조해 검토했다. 카네바리(Pietro Canevari, 1596-1675), 페라리(Gianfrancesco Ferrari, 1609-1671), 파체코 등 세 명의 다른 검열관들은 "신앙과 도덕에 반하는 것이 없는지"만을 체크했다. 구베아는 최종 동의를 부여했다. 그다음, 루지몽과 헤르트리히는 모든 내용을 베껴 쓰는 데 종사했다.264)

1670년 중반, 인토르케타가 쓴 에세이인 「예비논의(Proëmialis Declaratio)」의 전반부, 『대학』·『중용』과 『논어』의 첫 장의 번역문과 주석문을 포함한 일련의 첫 문서가 로마의 인토르케타에게로 발송되었다. 그리고 1670년 11월, 『논어』의 제2-9장, 쿠플레의 역대 왕조 연대표, 「예비논의」의 후반부 등 번역의 두 번째 부분이 로마로 발송되었다. 안전을 위해 이 문서의 복사본이 안트워프의 예수회원 헨센스(Godefridus Henschens, 1601-1681)에게 발송되었다. 로마로 보낸 문서들이 일부가 분실된 것을 볼 때, 이것은 아주 영리한 조치였다. 인토르케타에게 보낸 동봉 편지에서 루지몽은 암스테르담의 유명한 출판업자 블라외(Joannes Blaeu)에게서 한문을 포함한 저서가 출판될 것이라고 시사했다. 그는 또 베니스의 총독이나 스웨덴의 크리스티나 여왕, 또는 폴란드 국왕 카시미르와 같은

---

263) 참조: Meynard (ed. & tran.), *Confucius Sinarum Philosophus (1687)*, 10-11쪽.

264) Meynard (ed. & tran.), *Confucius Sinarum Philosophus (1687)*, 11쪽 및 각주25.

유럽의 강력한 지배자들에게 이 저서를 헌정하자는 헤르트리히의 제언도 언급
했다.265)

마지막 단계에서 루지몽과 말도나도(Jean-Baptiste Maldonado, 1634-1699)는 유럽에
서의 출판을 염두에 두고 세 경전의 한문을 베끼는 작업에 종사했다. 1671년
12월, 필사 과정은 완료되었고 문서의 마지막 부분이 유럽으로 발송되었다.
그러는 사이 1671년 1월, 광주의 예수회 신부들은 목회로 복귀해도 좋다는
허가를 이미 받아둔 상태였다. 이로써 번역 팀은 해체되었다. 쿠플레와 루지몽
은 1671년 9월 광주를 떠났고, 헤르트리히도 1672년 광주를 떠났다.266)

공자경전은 유럽에 예수회 선교정책의 정당성을 장차 현시해주어야 했다.
인토르케타는 1671년 봄 로마에 도착해 1672년까지 로마의숙(Collegium Romanum)
에 남아 있었다. 그러나 그는 중국선교를 위해 바라던 특권을 얻는 데 성공하지
못했다. 이런 실패의 맥락에서 그는 『중국인들의 정치·도덕학(Sinarum Scientia
Politico-Moralis)』(1667)을 유럽에서 인쇄하려는 계획에 대한 지원을 얻는 데도 실패
했다. 광주-고아 본本은 극소수만이 내밀하게 볼 수 있는 국지적 버전으로
남았다. 하지만 예상 밖에도 이 책이 1672년 파리에서 테브노 편집의 『신기하고
다양한 항해 이야기』의 제4권(1672-1673)에 한문원문을 빼고 라틴어-불어 대역으
로 실려 나왔고,267) 1673년에는 『중국인의 과학, 또는 공자의 책(La Science des
Chinois, ou le Livre de Cum-fu-çu)』이라는 제명으로268) 파리에서 출간되었다. 테브노는
인토르케타에게 알리지 못한 채 독자적으로 이 책의 불역출판을 감행한 것으로
보인다. 1593년 루기리의 『대학』「수장」의 첫 몇 줄을 라틴어로 출판한 것을
제쳐놓으면 1673년의 이 책이 진정으로 유럽에서 공자경전의 최초번역으로
간주될 수 있다.269)

---

265) Meynard (ed. & tran.), *Confucius Sinarum Philosophus (1687)*, 11-12쪽.

266) Meynard (ed. & tran.), *Confucius Sinarum Philosophus (1687)*, 12쪽.

267) Meynard (ed. & tran.), *Confucius Sinarum Philosophus (1687)*, 13쪽; Jensen, *Manufacturing Confucianism*, 119쪽; Dijkstra and Weststeijn, "Constructing Confucius in the Low Countries", 각주27.

268) R. P. Intorcetta, *La Science des Chinois, ou le Livre de Cum-fu-çu* (Paris: Et André Cramoisy, 1673).

269) Meynard (ed. & tran.), *Confucius Sinarum Philosophus (1687)*, 12-13쪽.

하지만 공자경전 전체의 출간은 계획대로 진전되지 못했다. 인토르케타는 루지몽이 보낸 첫 문서들을 일부 받았으나 그 문서들을 다 받지는 못했다. 1672년 6월 로마에서 헨센스 신부에게 보낸 그의 서신에 의하면 인토르케타는 헨센스가 나머지 부분의 원고를 보유하고 있는 것을 알았고 원고들을 다 모아 네덜란드에서 출판해줄 것을 헨센스에게 요청했다. 이 시점에 예수회 신부 아타나시우스 키르허가 개입했다. 그의 조언에 따라 인토르케타는 네덜란드에서 출판할 결심을 굳혔지만, 출판업자는 블라외가 아니라 얀센(Jansen)을 선호했다. 얀센은 이미 키르허의 저작들을 출판했기 때문이다.270)

하지만 인토르케타가 로마를 떠난 뒤 키르허는 알 수 없는 이유에서 헨센스 신부에게 모든 원고를 로마로 보내달라고 요청했다. 그러나 키르허는 이미 너무 늙었고 번역원고는 10년 동안 로마의숙의 사물함에 묻혀 있었다. 1680년 키르허가 사망하고 난 뒤 번역사업은 유럽에서 완전히 잊힌 것으로 보였다. 중국에서 선교사들은 모두 너무 바빴다. 인토르케타는 1674년 중국으로 돌아왔고, 감찰신부가 되었다가 중국지역 대목代牧으로 승진했다. 쿠플레가 상해의 송강松江지구에서 목회활동에 전념하는 등 다른 예수회 신부들도 목회활동에 여념이 없었다. 그러다가 다행히도 쿠플레가 예수회의 큐레이터로서 유럽으로 파견되기에 이르렀다. 중국인 가톨릭 개종자 심복종沈福宗(Shen Fuzong [Fo Tsung], 1657-1691)이 동행했다. 쿠플레는 1681년 12월 5일 마카오를 떠나 마침내 1683년 10월 8일 네덜란드에 도착했다. 여기서 중국선교의 최근 동향을 설명한 그는 선교를 위한 새 인원을 충원하고 서적을 사는 등 큐레이터 일로 바빴다. 1683년 네덜란드에 체류하는 동안 그는 가지고 간 왕조연대표 원고를 완성했다. 그는 「예비논의」에 대한 보완 에세이도 수정하기 시작했다.271)

그러는 사이 파리에서 새로운 상황이 전개되면서 쿠플레는 파리로 불려갔다. 1680년대 초 프랑스는 극동과의 정치·경제·문화교류에서 중요한 역할을 맡기 시작했다. 루이 14세는 당시 중국의 속방이었던 '태국'으로 파견할 특사단을

---

270) Meynard (ed. & tran.), *Confucius Sinarum Philosophus (1687)*, 13쪽.

271) Meynard (ed. & tran.), *Confucius Sinarum Philosophus (1687)*, 13-14쪽.

준비하고 있었다. 1680년 콜베르는 예수회 신부들과 중국에 대한 선교계획을 상의하기 시작했다. 1684년 9월 25일 국왕의 참회신부 라 셰즈(François de La Chaise, 1624-1709) 덕택에 쿠플레는 루이 14세를 알현했고, 그 직후 중국으로 예수회 신부들의 선교단을 파견하기로 결정되었다. 그런데 루이 14세는 로마교황청이 이 결정을 교황대권을 위반하는 것으로 간주했기 때문에 신부들을 선교사 자격으로 파견할 수 없었다. 그리하여 루이 14세는 "국왕의 수학자들"이라고 이름 붙인 6명의 프랑스 예수회 신부들을 '과학임무'로 파견했다. 하지만 중국으로 떠난 예수회 신부들은 모두 군주의 참된 의도가 중국을 기독교로 개종시키는 것이라고 철석같이 믿었다. 루이 14세는 자신의 경건한 의도를 부정하지 않은 채 프랑스교회를 영향력과 위신의 중요한 요소로 활용하는 그의 절대군주정의 프로젝트를 추구하고 있었다.272)

　그러는 사이 1684년 12월 쿠플레는 그의 주된 임무를 완수하러 로마로 갔다. 10년 전 인토르케타는 로마교황청의 포교청(Propganda Fidei)으로부터 중국교회를 위한 몇 가지 특권을 획득하는 데 실패했었다. 쿠플레는 그곳에 체류하는 동안 먼지에 쌓인 공자경전 번역원고를 발견하고 출간계획을 재개했다. 1685년 로마체류 기간 동안 그는 바티칸도서관 사서 셸스트라테(Emmanuel Schelstrate, 1649-1692)와 접촉해 이 원고의 출판에 관해 상의했다.273) 그러나 로마교황청 측이 이교도 공자의 경전번역 원고를 순순히 돌려줄 리 만무했다.

- 파리에서의 『중국 철학자 공자』의 편집과 출판(1687. 5. 28.)

　그러나 뜻하지 않게 다시 상황이 유리하게 변하면서 출판문제가 로마에서 파리로 이전되었다. 1684년 12월 예수회 신부 테브노가 왕립도서관의 관장직을 맡게 된 것이다. 10년 전 그는 인토르케타의 중용 번역집 『중국인의 과학, 또는 공자의 책』(1673)을 출판했기에 『중국 철학자 공자』도 출판하기를 원했다. 그는 루이 14세에게 파리에서 공자경전 번역서를 출판하는 것에 관해 이야기했

---

272) Meynard (ed. & tran.), *Confucius Sinarum Philosophus (1687)*, 14-15쪽.

273) Meynard (ed. & tran.), *Confucius Sinarum Philosophus (1687)*, 15쪽.

다. 국왕은 이에 동의했고 외사업무는 교황청 주재 대사 데트레(Cardinal d'Estées, 1628-1714)에게 맡겨졌다. 그 시기에 루이 14세는 유럽에서 가톨릭의 장려자이자 수호자로서의 자신의 역할을 주장하기 위해 낭트칙령(신교도관용 칙령) 철회를 선포하려고 준비 중이었다. (낭트칙령 철회는 1685년 10월 1일 포고되었다.) 이런 시대적 맥락에서 로마가 프랑스궁정의 공식 요청에 저항하기는 어려웠다. 로마에서 빠른 출간에 대한 보증이 전혀 없었고, 또 루이 14세가 출간에 재정을 대고 뒷받침할 준비가 되었기 때문에 쿠플레는 이것을 좋은 기회로 여겼을 것이다.274) 결국 『중국 철학자 공자』의 공간과 낭트칙령 철회가 맞교환되는 '역사의 아이러니'가 발생한 것이다. 이단에 대한 '무제한적 관용'의 공자철학을 유럽에서 공간하는 일이 개신교(위그노)에 대한 불관용·박해 조치를 대가로 성취되었기 때문이다.

　1685년 8월 쿠플레는 원고를 이전시키고 1686년 3월 파리에 도착했다. 그때 부터 1687년 5월까지 그는 왕립도서관에서 작업을 했다. 그는 이 일에 대한 보수를 5,000권의 책으로 받았다. 그 작업 내용을 보면 첫째, 그는 인토르케타의 「예비논의」를 수정해 그것을 98개의 패러그래프 대신에 10개의 섹션으로 재구성했다. 그는 특히 도교에 관한 여론餘論을 '중용' 부분에서 「예비논의」 속으로 옮겼다. 이런 식으로 해서 쿠플레는 유교·도교·불교·성리학(신유학)을 포함한 중국사상의 보다 체계적인 비판적 소개문 작성을 완성했다. 둘째, 그는 「예비논의」에 그가 1671년 광주에서 작성하고 1683년 네덜란드에서 경미하게 수정한 보충 에세이를 더했다. 그리하여 그는 이 「예비논의」를 12개 장과 결론으로 구성했다. (원래의 원고는 총 112개의 패러그래프로 되어 있었다.) 셋째, 그는 '대학'의 번역문과 그 주석문을 아주 가볍게 수정했다. 중국한문 원문의 음역을 삭제한 것이다. 넷째, '중용' 번역문은 그러나 아주 근본적으로 수정했다. 150쪽에 달하는 여론餘論을 삭제한 것이다. 쿠플레는 이 여론 중 소량(특히 도교 부분)을 「예비논의」로 옮겼다. 다섯째, 그는 '논어'로부터 많은 번역된 주석들을 지우고 경전텍스트의 번역을 손대지 않고 그대로 놓아두었다. 여섯째, 그는 인토르케

---

274) Meynard (ed. & tran.), *Confucius Sinarum Philosophus (1687)*, 15쪽.

타가 쓰고 1672년에 출판된 적이 있는 공자의 전기를 경미하게 재편집했다. 일곱째, 그는 1668년 광주에서 그가 작성하고 1683년 네덜란드에서 완성한 '왕조연대표'를 추가했다. 마지막으로, 그는 중국주재 예수회선교단에 대한 국왕의 지원에 감사를 표하기 위해 루이 14세를 위한 편지 형식의 머리말을 썼다. "가장 기독교적인 왕"에게 보낸 이 편지에서 쿠플레는 그의 지원을 이교에 대한 참된 신앙의 "승리"로 아낌없이 찬양하고, 그가 중국의 개종을 도울 것이라는 희망을 표명했다.275)

출판 전에 쿠플레는 예수회 상급자로부터 통상적인 허가를 얻었고, 1687년 4월 19일 국가검열관 루이 쿠생(Louis Cousin, 1627-1707)으로부터도 허가를 받았다. (쿠생은『중국 철학자 공자』를 읽고 공자에 매료되어 1688년 다른 두 철학자와 함께 이 책을 발췌·불역한다.) 이 책의 출판을 루이 14세가 지원했다는 증좌와 표시는 명백했다. 책의 타이틀 페이지에서 그 책은 왕립도서관에 속하는 것으로 쓰여 있고, "루이 대왕의 보호 아래(jussu Ludovici Magni)" 또 "왕의 특권으로(cum privilegio Regis)" 출판되었다고 되어 있다. 책의 앞 페이지와 다른 부분에 있는 군주의 기장記章은『중국 철학자 공자』에다 강력한 정치적 권위를 부여하고 있다.276)

출판인은 테브노가 오랜 세월 접촉한 성 쟈크 가街(rue St Jacques)의 호르테멜(Daniel Horthemels)이었다. 인쇄는 1687년 5월 28일 파리에서 크라무아시(Andrea Cramoisy)에 의해 수행되었다. 책은 삽화를 더해서 412쪽으로 상당히 두꺼웠으며, 대량으로 인쇄된 것으로 보인다. 이것은『중국 철학자 공자』가 전 세계에 걸쳐 수많은 도서관에 소장되어 있는 것을 보면 알 수 있다. 이후 다시 인쇄된 적이 없는 것을 보면 1697년의 버전으로 수요가 다 충족된 것으로 보인다.277)

그리하여 약 100년의 오랜 준비 끝에 1687년 6월 마침내 '유럽의 공자'의 랜드마크 출판물『중국 철학자 공자 또는 중국학문(Confucius Sinarum Philosophus,

---

275) Meynard (ed. & tran.), *Confucius Sinarum Philosophus (1687)*, 15-16쪽.

276) Meynard (ed. & tran.), *Confucius Sinarum Philosophus (1687)*, 17쪽.

277) Meynard (ed. & tran.), *Confucius Sinarum Philosophus (1687)*, 17쪽.

sive Scientia Sinensis)』이 세상의 빛을 본 것이다. 쿠플레에 의한 책 제목의 변경은 의미심장하다. 인토르케타가 늘 이 책을 '중국의 학문(Scientia Sinica)'으로 언급한 반면, 쿠플레는 '공자'라는 인간을 강조하기로 결심했다. 쿠플레는 이 책의 집단적 차원을 잘 자각하고 있어서, 책 표지에 프로스페로 인토르케타, 필립 쿠플레, 크리스티안 헤르트리히, 프랑수아 루지몽의 이름을 열거했다. 또한 쿠플레는 인토르케타의 「예비논의」 원고에 줄곧 사용된 1인칭 단수 대명사를 1인칭 복수 대명사로 바꾸었다.278)

출간 뒤에 쿠플레는 중국선교에 대한 재정적·정치적 지원을 찾아 유럽을 여행하며 상당한 시간을 보냈다. 마침내 그는 1692년 3월 중국행 배에 오를 수 있었으나 1693년 5월 15일 고아 근방에서 악천후로 인해 화물상자에 깔려 선상에서 사망했다. 그는 『중국 철학자 공자』의 서두에 실은 「가장 기독교적인 대왕 루이께 올리는 서한(Ludovico Magno Regi Christianissimo epistola)」에서 이렇게 꿈꾼다.

신이 뜻하시는 대로 내가 많은 바다를 다시 한 번 항해해서 나의 그리던 중국을 다시 보고 거기서 내가 목격하고 기록한 이 기적들(낭트칙령 철폐, 위그노 탄압 등 – 인용자)을 설명한다면 얼마나 달콤하겠습니까! 진정, 이 생각은 그토록 많은 역경과 위험의 두려움을 추방할 것이며, 이 역경과 위험의 기억을 말소하고, 나의 복귀 여행을 더 쉽게, 그리고 순조롭게 만들 것입니다. 나는 나를 향해 몰려드는 새로운 개종자들의 행복한 접근, 심지어 지방 사람들의 행복한 접근의 한복판에 서서 내가 여기서 본 것을 거듭거듭 일일이 열거하는 나를 그려볼 수 있습니다. 그러면 그들은 귀를 쫑긋 세우고 가슴을 열고 놀란 채 있을 것입니다. (…) 왕립도서관의 수집장서 속에 공자가 한 자리를 차지하기를 바랐던 폐하에 의해 그들 자신의 공자가 이러한 영광스러운 존경 속에 모셔졌다는 것을 알게 될 때 그들은 어떤 행복을 발견할까요!279)

---

278) Meynard (ed. & tran.), *Confucius Sinarum Philosophus (1687)*, 17쪽.

279) Meynard (ed. & trans.), *Confucius Sinarum Philosophus (1687)*, 'Letter to the Most Christian King Louis', 86쪽(라틴어 원문: 250쪽).

'인애와 관용의 아이콘' 공자의 철학을 서방으로 가져간 사람 쿠플레가 공자의 무제한적 관용철학과 정면으로 배치되는 루이 14세의 지극히 불관용적인 낭트 칙령 철폐와 반反인도적 위그노(개신교도) 탄압조치를 중국주재 가톨릭 선교사들과 중국인 개종자들에게 자랑차게 전할 꿈을 안고 중국 귀환길에 올랐으니, 천벌이랄까? 그는 중국을 다시 밟는 꿈을 이루지 못한 것이다.

중국인들은 뒤에 보듯이 공자가 쿠플레에 의해 가톨릭 식의 불관용철학의 대변자로 위조되어 루이 14세의 종교적 불관용 조치를 정당화하는 데 오용된 것을 알았다면 진정으로 슬퍼했을 것이다. 동시에 그들은 또 '양놈들'이 역시 '양이洋夷'에 지나지 않는다는 것에 한층 확신을 더했을 것이다.

■번역의 질적 수준에 대한 검토

『중국 철학자 공자』는 100년에 걸친 번역·출판의 노력 끝에, 그리고 프랑스 국왕의 특허와 지원 아래 세상에 나온 만큼 경전원문의 번역과 이해 측면에서 당대 최고 수준이었다. 그러나 오늘날 공자철학 전공자들의 관점에서 보면 그 번역과 이해의 수준은 높지도, 깊지도 않은 데다 평범하다 못해 진부하고, 또 여러 경전구절의 번역과 해석에서는 슬그머니 가톨릭의 교리를 섞어 넣고 '암암리에' 주희의 『집주』로부터 많은 영향을 받아들여[280] 본의가 정반대로 뒤집히는 지경까지 왜곡되거나 얄팍해진 곳이 적지 않다.

가령 『논어』 「위정」편(2-16)의 "공호이단攻乎異端 사해야이斯害也已(이단을 공격하는 것은 재해일 따름이다)"라는 '무제한적 관용' 명제와 관련해 쿠플레는 책의 서두에 실은 「가장 기독교적인 대왕 루이께 올리는 서한(Ludovico Magno Regi Christianissimo epistola)」에서 'Cum hu y tuon(攻乎異端)'을 공자의 중요한 어록으로 소개하면서 이를 "이단적 교리를 공격하다(Oppugna heretica dogma)"로 옮겼음에도[281] 논어경전의 해당 구절에서는 주희의 주석대로 "이국적이고 또 성스러운

---

280) 참조: Meynard (ed. & tran.), *Confucius Sinarum Philosophus (1687)*, 30-36쪽.

281) Meynard (ed. & trans.), *Confucius Sinarum Philosophus (1687)*, 'Letter to the Most Christian King Louis', 85쪽(라틴어 원문: 250쪽).

교의의 독트린과 상반된 것에 공들이는 것(Quisquis operam dat peregrins ac diversis à doctrina Sactorum dogmatius)"으로 옮기고 있다.282) 쿠플레, 인토르케타 등이 경전번역에서 주희 때문에 일관성을 잃고 오락가락하고 있는 것이다.

뿐만 아니라 쿠플레는 「가장 기독교적인 대왕 루이께 올리는 서한」에서 "이단을 공격하는 것"은 "재해"라고 천명한 공자의 '무제한적 관용' 명제를 슬쩍 '재해'라는 뒤의 술어를 숨겨 '모든 이단을 공격하라'는 엄혹한 불관용 명제로 뒤집음으로써 공자를 모르는 루이 14세를 속이고 개신교도(위그노)들에 대한 그의 살벌하고 악랄한 불관용정책을 부채질하며 아부하고 있다.

그러므로 그(공자)의 우선성 목록에서 그가 버릇처럼 말했듯이 나라를 파괴하고 왕조를 무너뜨리는 외국 종파들과 독트린들을 철저히 타도하는 것보다 더 높은 것은 없습니다. 오늘날도 "이단적 교리를 공격하는 것"을 뜻하는 "공 후 위이단(Gong hu yidan, 攻乎異端)"이라는 그의 말은 중국인들 사이에서 아주 유명합니다. 오, 임금이시여, 공자가 은총의 법칙 아래 이 가장 행복한 시대에 올 수 있다면, 종교를 보호하고 증진하며 이교도의 해악을 뿌리 뽑고 경건성의 확산을 촉진하는 데 있어서의 당신 자신의 배려가 경건성을 무엇보다도 사랑한 이 사람에게 어떤 기쁨을 가져다주겠습니까! 그가 어떤 칭찬으로 당신을 띄우겠습니까! 왜냐하면 그는 프랑스 전체에서 세계의 모든 기독교국가 중 가장 기독교적인 왕을 관찰할 수 있었고, 이 가장 위대한 왕의 치하에서 그 이단, 조상신 신앙과 번영하는 왕국의 이 적이 치욕을 당하고 발밑에 짓밟히고 파괴되었기 때문입니다. 공자는 이단이 그 생존을 연명하게 한 것처럼 보이던 과거의 칙령(낭트칙령)이 철폐되고 사원들이 파손되고 바로 그 이름이 묻히는 것을 볼 수 있었을 것입니다.283)

---

282) Prosperi Intorcetta, Christian Herdtrich, Rancisci Rougemont, Philiphi Couplet, *Confucius Sinarum Philosophus, sive Scientia Sinensis* (Parisiis: Apud Danielem Horthemels, viâ Jacobæâ, sub Mæcente, 1687), Scientiae Sinicae Liber Tertus, 'Pars Prima', 15쪽 (§2). 이것은 1711년에 출간된 프란치스코 노엘(예수회 신부)의 번역도 마찬가지다. 그는 '공호이단'을 주희처럼 "부정한 종파에 줄곧 몰두하는 것(Qui strudet pravas Sectas stabilire)"으로 번역하고 있다. Francisco Noël, *Sinensis Imperii Libri Classici Sex* (Pragæ: Typus Universitais Carolo-Ferdinandeæ, 1711), Lirer III. 'Libri Sententiarum II', 88쪽 (§19).

독실한 가톨릭 신부로서 쿠플레는 자기도 모르는 사이에 공자경전의 무제한한
관용 명제를 철저한 불관용 명제로 위조해 루이 14세를 기만하고 공자를 가톨
릭교황과 다름없는 엄혹한 불관용론자로 만들어놓고는 루이 14세의 낭트칙령
철폐를 칭송하는 데 그가 위조한 공자 명제를 오용하고 있다. 그러나 쿠플레에
의해 이렇게 위조된 경전내용은 이미 공자의 경전에 입각해서 구현된 극동의
정치적·종교적·사상적으로 관용적인 정치·사회 현실, 즉 나바레테·로크·피
에르 벨 등이 알고 있던, 수천 개의 종파와 학파가 백가쟁명하며 평화공존하는
극동의 현실과 정면으로 배치되는 것이었다.

　게다가 프랑스국왕 루이 14세의 지원은 그 자체가 경전번역과 주석을 왜곡하
고 뒤트는 결정적 요소였다. 쿠플레는 루이 14세에게 부담이 될 경전구절의
경우에 그 의미를 뒤틀어 번역했다. 가령 『대학』(전10장)의 "『시경』이 '높은
저 남산에 암석들이 장엄하다. 빛나고 빛나는 태사와 윤씨여, 백성이 모두
너를 본다'고 노래했다. 위정자가 편벽되면 천하에 의해 죽임을 당한다(詩云
節彼南山 維石巖巖 赫赫師尹 民具爾瞻. 有國者 不可以不愼 辟則爲天下僇矣)"는 결정적 구
절을 이렇게 백성에 의한 폭군의 살해 내용을 없애는 방향으로 왜곡해 옮기고
애매한 주석과 뒤섞어 공자의 혁명·반정反正론을 희석하고 있다.

　증자는 위에서 얘기된 것(백성이 좋아하는 것을 좋아하고 백성이 싫어하는 것을 싫어하는
'백성의 부모'로서의 치자)을 시경의 또 다른 부분으로부터 뽑은 반대사례로 확인하고
있다. 거기서 시는 말한다. "오, 이 남산은 얼마나 높은가! 바위들이 얼마나 곤두서고
덩치가 큰가! 당신은 얼마나 존경을 받을 만한가! 권능과 품위로 드러나 서 있는
당신, 위대한 사부(magister)와 왕 윤(Regie Yn), 백성들이 모두 당신을 본다." 그리고
백성은 사적인 어떤 것이 아니라 공동선만을 보는 것을 좋아한다. 시의 또 다른 부분
에서 증자는 말한다: "왕이 왕국을 가졌기에" 그는 언제나 신민들의 눈앞에서 왕다운
품위의 가파른 정상에 머물러 있어야 한다. 그는 무관심해서는 안 되고 살펴야 하며,

---

283) Meynard (ed. & trans.), *Confucius Sinarum Philosophus (1687)*, 'Letter to the Most Christian King
　　Louis', 85쪽(라틴어 원문: 250쪽).

그의 모든 신경을 이것으로 확장해 어떤 정사든 백성의 바람과 기대와 완전히 합치되게 처리할 수 있어야 한다. 왕이 타인들을 자기 자신으로부터 미루어 헤아릴 줄 몰랐다면, 백성들에 의해 기대되는, 백성들에게 이로운 일들을 소홀히 했을 수 있다. 그는 만사에서 그 자신의 충동과 탐욕에 따라서만 행동했을 수 있다. 그는 백성에게 참으로 해롭고 위해한 것을 내버리고 제거하지 않았을 수 있다. 의심할 바 없이 백성들은 그로부터 소외되고 이반되어 반란과 혼란을 통해 흩어졌을 것이다. 치자는 혼자 남겨져 왕국을 쇠망으로부터 보호하고 보존할 수 없었을 것이다. 그다음 (증자는 말한다.) 왕이 "이 규칙으로부터 벗어난다면 그것은 제국의 완전한 쇠망과 몰락일 것이다".284)

우선 오역이 여기저기 눈이 띈다. 일단 쿠플레 등은 "혁혁사윤赫赫師尹"을 "위대한 사부(magister)와 왕 윤(Regie Yn)"으로 오역하고 있다. '사윤'은 '태사太史'와 '윤씨尹氏'를 가리키는 것으로, 사부와 왕이 아니라 둘 다 고위 국가관원일 따름이다. '태사'는 삼공에 속하는 재상급 관리이고, '윤씨'는『주례』에서 '내사윤內史尹'(왕을 보좌하는 비서·치법·정치·재정 담당 중앙관직)과 '작책윤作冊尹'을 통칭하는 벼슬 이름이기 때문이다.285) 또 '유국자有國者'(위정자)를 "왕이 왕국을 가졌기에(cum habens regnum)"로 오역하고 있다.

나아가 위 번역문은 중언부언 말만 많지, "위정자가 편벽되면 천하에 의해 죽임을 당한다"를 구절을 번역에서 빼놓고 있다. "라틴어 번역에는 나라의 상실에 관한 언급만 있고 망한 치자의 개인적 운명에 관해서는 아무것도 없다."286) 즉, 역성혁명론이나 반정론을 감쪽같이 숨기고 있는 것이다. 이것은 '고맙게도' 공자경전 번역사업을 재정적·정치적으로 뒷받침한 루이 14세를 정치적으로 배려한 쿠플레의 자발적 자기검열로 보인다. 그렇다면 사서에서『대학』,『중용』,『논어』만 번역하고『맹자』를 제외한 진짜 이유도 좀 더 명확하게 드러난다.

---

284) Meynard (ed. & tran.), *Confucius Sinarum Philosophus (1687)*, 397쪽.

285) 金學主 譯著,『詩經』(서우리 명문당, 2002), 404쪽.

286) Meynard (ed. & tran.), *Confucius Sinarum Philosophus (1687)*, 397쪽 각주196.

『맹자』는 공자경전보다 역성혁명·반정론을 더 선명하게 정식화하고, 무신론적·본성론적(사단론적) 윤리도덕론을 극명하고 있다. 이 점들을 고려하면, 『맹자』를 번역에서 뺀 진짜 이유는 번역을 맡은 신부들의 '건강' 문제나 '시간의 부족'이 아니라 『맹자』의 정치적·종교적 위험성 때문인 것이 분명해 보인다.

그럼에도 불구하고 이런 정도의 모호한 번역만으로도 유럽사회에서는 중국의 역성혁명론이나 반정론을 조금은 느낄 수 있었을 것 같다. "백성들은 그로부터 소외되고 이반되어 반란과 혼란을 통해 흩어졌을 것이고, 치자는 혼자 남겨져 왕국을 쇠망으로부터 보호하고 보존할 수 없었을 것이며, (…) 그것은 제국의 완전한 쇠망과 몰락일 것이다"라는 번역문은 모호한 중언부언으로나마 그런 의미를 내포하고 있기 때문이다. 이 번역은 적어도 백성의 '반란'을 "만사에서 그 자신의 충동과 탐욕에 따라서만 행동하고 백성에게 참으로 해롭고 위해한 것을 내버리고 제거하지 않는" 임금 탓으로 돌리고 있기 때문이다.

게다가 『대학』의 다음 구절 "『시경』이 '은나라가 아직 민중을 잃지 않음에 능히 상제와 짝했으니, 마땅히 은나라를 거울로 삼을지니, 천명은 쉽지 않다고 노래한 것은 민중을 얻으면 나라를 얻고 민중을 잃으면 나라를 잃는다는 것을 말하는 것이다(詩云 殷之未喪師 克配上帝 儀監于殷 峻命不易 道得衆則得國 失衆則失國)"라는 구절 때문에 공자의 역성혁명론의 윤곽을 포착할 수 있다. 쿠플레 등은 이 구절을 다음과 같이 옮겨놓고 있다.

이 구절은 또 다른 시에서 오고 전체 왕국의 안전보장이 백성의 사랑에 달려 있다는 것, 그리고 이것이 상실된다면 왕국이 오랫동안 지속될 수 없다는 것을 예증해준다. 그러므로 "시는 말한다. 은나라(동일한 명칭으로 유명한 왕 성탕成湯으로부터 기원하는 상商 왕조)는 백성을", 즉 백성의 사랑을 "잃기 전에" 제국을 평화적 지배 속에서 보유하고 다스렸으며, 그 덕 때문에 하늘과 "합치되었다". 즉, "하늘의 최고황제의 교제와 친교" 속으로 들어갈 만했다. 타락한 후세들이 자기 선조들의 조상적 덕성으로부터 이탈한 뒤에 은나라는 백성의 사랑을 잃었다. 그리하여 은나라는 하늘의 총애로부터, 하늘로부터 받는 권력으로부터 멀어졌다. "그러므로 승계자들의 눈들, (은 또는 상왕조로부터 제국을 승계한) 우리 자신의 주 왕조가 은 왕조를 보고" 이런 나쁜 선례를 따라 제국을 잃지 않도록 유의하는 것이 이제 필요하다. "진정으로 하늘의 최고천명, 제국을 형성한 하늘의 총애는 지키기 쉽지 않다. 그러므로 시詩는 (증자가 해명하듯이) '백성의 사랑을 얻음으로써 왕국을 재빨리 얻고, 반대로 백성의 사랑을 잃음으로써 재빨리 잃는다고 말한다."287)

이 번역문에서는 역성혁명론과 반정론이 비교적 잘 나타나 있다. 따라서 영국 명예혁명 1-2년 전에 이루어진 이 『대학』의 라틴어 번역·출판만으로도 이미 제임스 2세를 폭군으로 방벌한 명예혁명의 길이 사상적으로 타개된 것이다. 이런 의미에서『중국 철학자 공자』의 공간은 직접적으로 영국 명예혁명의 정치철학적 준비였던 것이다.288) 뒤집어 말하면, 『중국 철학자 공자』가 출판되지 않았다면 — 영국 정치인들이 너도나도 제임스 2세에 대한 예찬과 아부를 다투던 당시 영국 정치상황에서 실로 '느닷없이' 발발한 — 명예혁명은 없었을 것이다.

또한 『논어』의 '무위이치無爲而治'나 '유이불여有而不與' 또는 자하子夏의 '사해형제론'이나 '공호이단사해야이攻乎異端斯害也已' 등의 라틴어 번역은 정부(국가)로부터의 백성의 근대적 자유 개념, 최선의 정부로서의 자유주의적 최소정부론, 공경과 예법의 세계주의, 관용론 등을 발전시킬 수 있는 근거가 되었을 것이다. 실제로 극동에 관심이 많았던 로크·실루에트·케네·다르장송 등 유력한 서구 철학자들은 이를 바탕으로 근대적 자유·관용·권력분립·세계주의적 휴머니즘의 이념들을 창출해낼 수 있었다.

■「예비논의」의 분석

『중국 철학자 공자』에서 사상적으로 경전번역에 못지않게 중요한 것은 중국

---

287) Meynard (ed. & tran.), *Confucius Sinarum Philosophus (1687)*, 398쪽.

288) 『중국 철학자 공자』는 1687년 6월에 공간되었고, 영국 명예혁명을 일으키기 위해 영국의회 토리·휘그 지도자들이 갑작스럽게 네덜란드 총독 오렌지공 윌리엄에게 파병 요청서를 보내기로 결정한 것은 1년 뒤인 1688년 6월 말이었다. 두 사건 사이에는 충분히 긴밀한 연관이 있었다.

사상 전반을 소개하는 「예비논의」다. 쿠플레의 명의로 집필된[289] 이 논의는 「이 저작의 유래와 목적: 중국경전들, 주석가들, 학파들, 그리고 소위 자연철학에 대한 예비논의」라는 긴 이름을 달고 있다. 여기서 '자연철학'이란 '성리학'을 가리킨다.

- 적응주의 선교론의 탄생 배경

이 「예비논의」 1부 서두에서 쿠플레는 예수회 선교사들의 적응주의 선교정책의 기원과 내용을 설명하고 있다. 중국에 처음 발을 들여놓았을 때 "우리는 종교인으로서 중국에서 종교활동, 외적 식전式典봉행, 전례 등을 통해 복음을 알리려고 노력하기도 했으나", "우리의 희망에 훨씬 못 미치는 결과와 그간의 경험을 통해 우리는 중국인들 사이에서 종교가 멸시당하기 때문에 또 다른 방법, 즉 우리의 노력의 값어치에 더 걸맞은 방법을 써야 한다는 것을 깨달았다. 우리의 수도승과 아주 유사한 사람들(이 생활방식을 준수하는 사람들이 많이 있고, 우리는 흔히 그들을 '중[Bonzes]'이라고 부른다)은 더 엄격하고 더 성스러운 생활방식을 공개적으로 준수하더라도 영예로운 대접을 거의 받지 못한다. 그들은 일반적으로 사회의 밑바닥 출신들이고 배우지 못한 것으로만이 아니라 고장 사람들이 평가하는 가치들의 외양을 갖추지 못한 것으로도 악명 높았다".[290]

"우리가 사적 교류를 통해 긴밀한 관계를 맺은 중국인들 사이에는 몇몇 지명도 있는 사람들이 있었는데, 이들은 우리의 일과 계획을 주의 깊게 검토하고 나서 (그들은 자신이 깨달은 대로 우리가 그들의 선비 부류에 직접 끼어들었을 때 영예롭게 느꼈다.) 우리가 글과 학문을 많이 읽은 사람임을 전제로 외적으로 가혹한 헌신방식을 준수하지 말라고 우리에게 강하게 조언했다. 이것은 그들의 사고방식에 저 작은 성직자('중')들이 준수하는 척하는 금욕적 생활방식이라는 것이다. 그러지 말고 성스러운 생활을 영위하면 충분하며 심지어 훨씬

---

289) 「예비논의」의 끝에는 쿠플레의 서명('Philippus Couplet')이 있다. Meynard (ed. & tran.), *Confucius Sinarum Philosophus (1687)*, 234쪽.

290) Meynard (ed. & tran.), *Confucius Sinarum Philosophus (1687)*, 'Preliminary Discussion', 90쪽.

더 좋을 것이다. 우리는 오직 이런 식으로만 우리의 프로젝트를 실현하고 또한 지방의 치자들과 신사들의 구성원들 자체를 설득하는 것도 할 수 있을 것이라는 말이다. 그다음, 그들은 일정한 파렴치한 불한당들, 특히 경멸스러운 땡중들의 건방진 언동이 외국여행자들을 괴롭히는 고통과 모욕 때문에 괴로워하지 말라고 우리를 북돋웠다. 최초의 예수회 신부들은 그들의 신앙에 상당한 보상이 없지 않았을지라도 이미 그런 고통과 모욕을 견뎌야 했었다. 이성과 경험이 이미 우리에게 말해주었던 일, 즉 중국 선비들과 더불어 선비가 될 뿐만 아니라 모든 사람에게 모든 것이 되는 일은 그리스도를 위해 뭔가 이득을 얻기 위해 남들을 설득하는 것 외에 다른 목적이 없는 사람들에게 전혀 어려운 것이 아니었다. 그러므로 그 시간부터 죽 우리는 그 선비들의 복장과 생활양식을 채택했다. 우리가 이(많은 사람들이 믿기 어려울 수 있는 것)를 취하자마자 최고·최하 지위에서 온 사람들 중 어떤 사람은 우리가 '새 사람'이 된 것인 양 우리를 존경하고 다른 사람들은 우리를 뒷받침하기 시작했고, 심지어 관리들은 보다 정기적으로, 그리고 화려한 수행원을 동반하고 우리를 방문하기 시작했다. 하지만 특히 오만과 무지로 가득 찬 사람들이 그들의 국경 바깥에서 온 것은 무엇이든 야만적인 것으로 생각하기 때문에 단순히 외적 생활방식과 우리와 절친한 사람들의 증언만으로 선비들 사이에서 우리의 명성과 위신을 유지하는 것은 어려웠다. 그러므로 백성들의 속담을 배우는 것에 더해 그들의 문헌을 읽는 것을 배워 우리의 이전 노력 위에 노력을 더 쏟는 것이 필요하게 되었다. 중국어를 말하는 것은 모두가 얘기하듯이 그것을 배우기가 세계에서 가장 어렵다. (…) 중국어를 기억하는 어떤 이든 여섯 살부터 시작해 한자를 배우며 평생을 보낼지라도 그것들을 모두 알 수 없을 정도로 한자가 많이 있다고 말하는 것으로 족할 것이다. 내가 이런 사실을 감추고 싶지 않을지라도, 5-6천 자의 한자를 적절히 사용할 줄 알게 된 사람은 중국인이 도덕·통치·사회·역사에 관해 쓴 책들을 대부분 이해할 수 있을 뿐만 아니라 유럽인으로서도 우리와 중국인 간에 논쟁된 어떤 주제에 관해서든 편하게 적을 수 있을 것이다."[291]

---

291) Meynard (ed. & tran.), *Confucius Sinarum Philosophus (1687)*, 'Preliminary Discussion', 90-91쪽.

쿠플레는 적응주의 선교정책의 탄생 과정을 이렇게 압축적으로 설명해주고 있다. 여기서 놀라운 점은 마테오리치의 적응주의 선교정책이 원래 중국인 명사들의 조언으로부터 시작되었다는 것이다. 그리고 중국어를 학습하는 과정에서 선교사들이 한자 수가 너무 많아서 마냥 어렵기만 한 것이 아니라 5-6천 글자만 알면 웬만한 학술활동을 할 수 있다는 사실을 깨달았다는 점이다. 그리고 이 설명은 마테오리치의 적응주의 노선을 따르는 예수회 선교사들이 어떻게 해서 공자경전까지 읽고 번역하게 되었는지도 간접적으로 밝혀주고 있다.

- 적응주의 선교를 위한 선교사들의 공자학습 경위

그다음, 쿠플레는 예수회 선교사들이 어떻게 공자경전과 중국의 모든 철학에 익숙해지고 공자철학에 빠져들게 되었는지를 조심스럽게 기술한다.

일을 철저히 검토하고 나서 예수회 신부들은 거의 모든 중국철학에 익숙해졌다. 우리는 전체 철학의 꽃과 알맹이가 대개 네 권의 책에 포함되어 있다는 것, 그리고 이 책들을 어린 시절에 마음으로 배우지 않은 어떤 사람이든 선비로 간주될 수 없다는 것을 알게 되었다. 도덕적 지식이나 정치적 지식을 추출하는 데 이 책들을 더 많이 끌어다 쓰면 쓸수록 학술적 등급, 영예, 공직으로 더 신속하게 승진할 수 있었다. 왜냐하면 이 책들 안에서 발견되는 모든 특별한 격언이 중국인들에 의해 영원한 진리로 여기지기 때문이다. 그러므로 커다란 결심을 하고 우리는 이 책들을 이해하려는 우리의 목적을 공략했다. 이것이 얼마나 많은 노력과 땀을 요구했는지는 형용할 수 없다. 이 책들 안에는 이성과 자연법에 반하는 것이 전혀 없는 한에서(반대로 이성과 자연법을 뒷받침해주는 것이 많다) 우리는 이 책들을 마음으로 배워 우리의 용도로 돌리려고 결심했다.292)

공자의 사서를 "마음으로 배운다"는 말은 비록 뒤에 "우리의 용도로 돌린다"는 말이 따를지라도 유럽의 말 많은 성직자들의 귀에 거슬리는 말이었을 것이다.

---

292) Meynard (ed. & tran.), *Confucius Sinarum Philosophus (1687)*, 'Preliminary Discussion', 92-93쪽.

이 말은 '기독교 선교사'라는 자들이 적응주의 노선을 명분으로 중국에서 공자철학을 배워 이에 심복心服하고 유럽인들에 대해 '공자선교사' 노릇을 하려는 것으로 들릴 수 있기 때문이다. 쿠플레가 이런 말을 덧붙이고 있기 때문에 그런 의심은 더욱 증폭되었을 것이다. "고대인들은 유럽인들 사이의 어떤 철학자에게도(아니, 내가 보기에 델피신전의 아폴론의 신탁에도) 중국이 공자에게 주는 만큼 많은 신뢰를 투자한 적도, 그만큼 많은 비중을 부여한 적도 전혀 없었다. 공자, 이 철학자는 복음의 가르침과 광명에 모순되지 않는다. 정반대로, 우리는 그들의 책들 안쪽의 건전한 추리의 그토록 많은 섬광을 경이와 환희로 관찰할 때 훨씬 더 많은 노력을 바치는 사람들이 그들의 동포들을 복음으로 인도할 것이라고 믿는 것에서 확실히 옳다. 확실히, 공자가 중국의 이웃나라들에서 아주 많은 권위를 가지고 있기 때문에 누가 이런 현저한 정황들이 거기에 가 있는 선교사들에게 얼마나 유용할지를 볼 수 없겠는가? 이 사람들에게 참된 최고의 신에 관한 좋은 소식을 가져다줄 때, 선교사는 (심지어 기독교도의 박사[성 바오로]도 아테네인들 사이에서도 시인들에게 호소하는 것을 망설이지 않았을지라도) 어떤 시인들의 권위를 통해서가 아니라, 우리 시대까지 저 백성들이 가장 참되고 가장 지혜로운 것으로 아는 이 철학자의 권위를 통해 그의 설교의 진리를 확증할 것이다. 그들의 사부의 증언에 의해 확신을 얻어 자기 자신의 무기에 의해 행복하게 정복당하는데 누가 언제나 신과 함께 복음의 진리에 열중하지 않을 것인가? 누군가 이미 스스로 항복하지 않았던가?"[293) 그러나 극동 백성들은 — "군자는 싸우지 않는다(君子無所爭; 君子有不戰)"는 공맹의 말을[294) 되뇌어온 까닭에 '무기'·'정복'·'항복' 등의 용어를 함부로 구사하는 쿠플레의 기독교적 전쟁담론에 뜨악할지라도 — 서양의 '위대한' 희랍철학자들을 모두 깔아뭉개고 전적으로 공자만을 활용하는 이런 선교를 아마 '기독교선교'가 아니라 '공자홍보' 또는 '공자학습'으로만 받아들였을 것이다. 반대로

---

293) Meynard (ed. & tran.), *Confucius Sinarum Philosophus (1687)*, 'Preliminary Discussion', 94쪽.
294) 『論語』「八佾」(3-7): "子曰 君子無所爭. 必也射乎!"; 『孟子』「公孫丑下」(4-1): "孟子曰 (…) 君子有不戰 戰必勝矣."

예수회와 경쟁하는 유럽의 다른 가톨릭 집단들은 이 같은 이유에서 예수회의 적응주의 노선을 배격하고 그들의 중국론과 공자철학 소개를 위험시했다. 물론 비非가톨릭계 유럽인들(대부분의 성공회교도와 개신교도, 이신론적 철학자, 무신론자 등)은 그들의 중국론과 공자번역서들을 적극적으로 평가하고 활용했다.

쿠플레는 가톨릭 세력 내의 경쟁자들의 의심과 비판을 따돌리기 위해 적응주의 선교정책의 성과를 일일이 열거하고 '기독교의 중국정복'이라는 '기독교제국주의'를 호언하며 그것이 궁극적으로 결코 '공자선교'가 아니라 중국인을 개종시키는 '기독교선교'임을 확언한다.

이 사람(스스로 항복한 사람)은 그의 중국적 지혜 때문에 그리고 전 제국에서 획득된 최고의 존엄 때문에 특출났지만, 그의 기독교적 덕성과 거룩한 지혜로 훨씬 더 유명했다. 신생 교회의 기둥 바오로 슈(Paul Siu, 徐光啓)는 한때 중국제국의 각로(內閣次輔 - 인용자)였다. 누가 유럽이 가져온 새로운 가르침이 낳은 것과 이러한 사람을 상상했을 것인가? 그는 이 백성에게 적절한 간명한 말로 대답하기를 "보유절불補儒絶佛"(서광계는 報儒易佛만을 말했는데 쿠플레가 과장하고 있다 - 인용자)이라고 말한다. '보유절불'은 기독교가 우리의 사부 공자와 우리의 선비들의 철학에 부족한 것을 공급해 보완하고, 또 기독교가 해로운 미신과 악마숭배(불교를 이렇게 폄하해 말하고 있다 - 인용자)를 진짜 뿌리 뽑고 제거한다는 것을 뜻한다. 이런 이유에서 우리는 중국적 지혜를 유럽인들에게 보이기 위해서가 아니라 동양선교 후보자들을 위한 자문용으로 이제 우리의 고통스러운 학습을 공적 정사精査의 빛에 넘긴다. (그리스도의) 병사들에게 공급된 무기를 통해 중국백성은 그리스도의 영도와 지도 아래 정복될 수 있지만, 그들도 (정복당하는 것을) 기뻐할 것이다. 이런 식으로 사람을 낚는 어부들은 거의 배부른 중국인들을 그물 속으로 유인하는 신선한 미끼를 얻게 된다. 최종적으로 저 '신성한 교역자들'은 100여 년의 경험이 우리에게 가르쳐주듯이 그들에게 어떤 상품을 보여주고, 어느 것으로 저 국민들을 강하게 매료시켜 사로잡을지를 알 것이다.295)

---

295) Meynard (ed. & tran.), *Confucius Sinarum Philosophus (1687)*, 'Preliminary Discussion', 94-95쪽.

쿠플레는 '그리스도의 병사들'(선교사들), '무기', '정복' 등을 입에 올리며 기독교에 의한 '방대한 중국의 정복'이라는 기독교제국주의의 궁극목표를 공개 토설함으로써 경쟁자들의 비판과 의심을 누그러뜨리려 하고 있다. 기독교제국주의는 "금욕적 전쟁종교"로서의 기독교에296) 본질적인 것이고, 이 기독교제국주의적 정복욕은 가톨릭 경쟁자 집단에 공통된 것이기 때문이다. 그리고 이들의 의심을 누그러뜨리려는 것인지 몰라도 공자철학을 극동 사람들을 낚는 '새로운 미끼'로, 극동 사람들을 홀려 그들의 마음을 사는 '상품'으로 비하하고 있다.

- 서양철학의 "공자화"·'탈희랍화'에 대한 은근한 요청

그러나 공자철학에 대한 공개적 비하와 은근한 숭배 사이에서 주체할 수 없이 동요하는 쿠플레의 마음은 바로 이어지는 문단에서 다시 숭배로, 서양의 스콜라철학자들이 아직도 추앙하는 모든 그리스 철학자를 쓸어낼 정도로 공공연한 숭배로 기울고 있다.

참으로, 소크라테스와 플라톤이 이미 무가치해진, 그리고 세네카와 플루타르크도 무가치해질 시점에 와 있는 유럽 자체에서 우리의 중국 에픽테토스(로마의 노예 출신 스토아철학자, 공자의 비유 – 인용자)가 갈채를 받기를 우리가 희망할 수 있지 않을까? 진정으로, 유럽인들은 이 오래된 필자의 하얀 머리칼을 보다 주의 깊게 고찰할 때 감히 이러한 유구함을 존경하지 않을 것인가? 참으로, 어떤 시대든 종종 하얀 머리칼보다 훨씬 더 나쁜 것들을 평가하지만, 이 하얀 머리칼이 자주색깔(권력의 비유)에 의해 빛나는 것에 못지않게 그들의 지혜에 의해 빛나는 사람들과 군주들에 의해 깨지기 쉬운 단지나 동전처럼 평가되는 일이 있었다. 작은 선물로서 우리는 중국제국을 특징짓고 놀랄 만한, 훨씬 더 오래된 동전, 또는 황제의 형제 주공이 한때 월남왕의 사신들이 남으로 내려가 보다 안전하게, 그리고 보다 확실하게 귀국할 수 있도록 이 사신들에게 주었던 자석 나침반을 가지고 왔을 수 있다. 진정으로, 우리는 고대 백성으로부터 이러한 위대한 선물을 가지고 돌아왔을 수 있다. 아마 당연히 이 거칠

---

296) Max Weber, *Wirtschaft und Gesellschaft* (Tübingen: J. C. Mohr, 1985), 345, 379쪽.

고 매력 없는, 아주 많이 녹슨 도구가 지금 유럽에 넘치는 유사한 도구들의 광휘와
우아함과 비교될 수 없을지 몰라도 그것이 극동에서 과거 2,500년 동안 이미 존속해
왔다는 사실을 아는 것은 유럽인들에게 확실히 유익할 것이다.297)

1687년 과감하게도 쿠플레는 당대 유럽의 강단을 장악하고 있던 스콜라철학의
원조元祖들인 주요 희랍철학자들, 즉 소크라테스·플라톤·세네카·플루타르크
등을 모조리 '무가치해진 것'으로 쓸어내 버리고, 공자철학을 30년 종교전쟁
후 사상적 혼돈에 빠진 유럽에 새로운 좌표를 설정해줄 '나침반'으로 채택할
것을 촉구하고 있다. 공자에 감화된 쿠플레의 본심의 일단이 실린 이 촉구는
서양철학의 "공자화(Confucianization)"298) 또는 유럽적 "근세의 중국화"와299) '탈희
랍화(De-Hellenization)'에 대한 은근하지만 강력한 요청이다.

그리고 쿠플레는 공자철학에 무지하고 유럽 기독교문명이 세계에서 가장
유구悠久하다고 자부하는 유럽중심주의적 유럽인들을 향해 공자철학의 진정한
'유구성(antiquity)'을 내세워 그 철학의 가치를 홍보하고 '우리의 공자'를 일독하기
를 권하고 있다.

우리의 공자의 저작은 진짜 유럽적 우아함과 매력에 비교할 때 거칠고 세련되지 않
은 것처럼 보이지만, 우리는 이 점을 부인할 수 없다. 공자가 그리스도 탄생 이전
551년에 태어났을지라도 그는 그의 뒤를 잇는 후세에 전달하는 가르침과 정치적·도
덕적 원칙들이 그의 것이 아니라 요순 입법자들로부터 받은 것이라고 친히 거듭 확
언하고 있다. 이 책에 붙여진 왕조연대표가 독자에게 입증해주듯이 이 군주들이 고
대 군주국을 3,800년 전에 다스렸기 때문에 이 가르침이 중국인들 사이에서 유력해

---

297) Meynard (ed. & trans.), *Confucius Sinarum Philosophus (1687)*, 'Preliminary Discussion', 95쪽.
298) 17-18세기 서양철학의 변화를 패스모어는 서양철학이 "공자화(Confucianised)된" 것이라고 표현
      했다. John A. Passmore, *The Perfectibility of Man* (Indianapolis: Liberty Fund, 1970·2000), 244쪽
      각주.
299) David Porter, "Sinicizing Early Modernity: The Imperatives of Historical Cosmopolitanism",
      Eighteenth-Century Studies, Vol. 43, No. 3 (Spring 2010) [299-306쪽].

졌었다는 것이 인정될 것이다. 그러므로 우리가 이 책으로부터 얻을 풍부한 결실 때문에 이 책이 선교사들에 의해 환호받고 수용되기를 바라듯이 유사하게 우리는 적어도 유구성을 중시하는 모든 사람 사이에서 이 저작이 상당한 가치를 갖기를 소 망한다.300)

"적어도 유구성을 중시하는 모든 사람"은 모세·예수·소크라테스·플라톤·세 네카의 가르침이 가장 오래되었다고 믿고 따라서 그 가르침이 불변적 진리라고 확신하는 모든 기독교인을 가리킨다. 따라서 쿠플레는 공자가 모세보다 오래전 에 산 요순의 철학을 전하므로 공자철학이 『성경』보다 더 불변적인 진리라고 말하는 것으로 이해(오해)될 수 있는 (위험한) 논리를 은근히 피력하고 있다.

그러고 나서 쿠플레는 「예비논의」의 제1절에서 오경(서경·시경·역경·춘추·예기) 과 사서(대학·중용·논어·맹자)의 저자, 연혁, 간략한 내용을 해설하고 있다.301) 제2절에서는 전국시대와 한·당·송·명 청대 여러 고전해석가들, 즉 맹자·양 주·묵자·열자·장자·왕필·호광·정자程子(정호程顥·정이程頤 형제) 등을 소개하 고, 주희의 『성리대전』을 언급하고 있다.302) 그리고 제3절에서는 노자와 도교 를,303) 제4절에서는 석가모니와 불교를304) 아주 비판적으로 소개하고 있다. 제5절에서는 고대와 현대의 주석가들에 의해 확립된 새로운 기초와 원리에 따른 신新유학(성리학) 학파의 유래를 기술하고 있다. 송대 학자들로서 1070년경 의 주돈이周敦頤(1017-1073)와 정자程子, 주희 등이 소개되고, 명대의 태종 영락제 (1360-1424) 때 황궁에서 발탁한 42명의 선비들이 오경대전을 새로운 황실인쇄소 에서 출간했다는 사실, 이들이 정자와 주자 외의 다른 주석가들을 가르치지도 말고 받아들이지도 말도록 결정했다는 사실을 기술하고 있다. 그리고 『오경대 전』과 『사서집주』가 영락제 13년에 많은 권수로 편찬되었다고 적고 있다.

---

300) Meynard (ed. & trans.), *Confucius Sinarum Philosophus (1687)*, 'Preliminary Discussion', 96쪽.
301) Meynard (ed. & trans.), *Confucius Sinarum Philosophus (1687)*, 'Preliminary Discussion', 97-105쪽.
302) Meynard (ed. & trans.), *Confucius Sinarum Philosophus (1687)*, 'Preliminary Discussion', 107-109쪽.
303) Meynard (ed. & trans.), *Confucius Sinarum Philosophus (1687)*, 'Preliminary Discussion', 111-115쪽.
304) Meynard (ed. & trans.), *Confucius Sinarum Philosophus (1687)*, 'Preliminary Discussion', 117-127쪽.

또 주희의 『성리대전』을 '자연철학에 관한 백과사전'으로 소개하고 있다.305) 그리고 쿠플레는 6-7절에서 『역경』을 성리학의 원천으로 보고 이를 '개발새발' 논하고 있다.306)

- 성리학 비판

「예비논의」 제2부 제1절에서는 성리학의 핵심논리를 '자연철학'으로 소개하며 성리학이 공자경전의 본의와 다른 측면을 지적한다. 일단 쿠플레는 이 장의 집필목적을 중국철학의 기본원리 규명으로 밝히고, 공자의 본의를 규명해서 성리학의 경전위조를 분명히 하려고 했던 마테오리치의 노력을 기술한다.

> 우리는 사물들의 어떤 원리, 물질적 작용인(principium tam materiale quàm efficiens), 그리고 천지와 자연요소들 및 만물을 위한 어떤 기반과 토대가 중국 지자智者들에 의해 확립되었는지를 알아서 우리가 독력으로 중국 지자들이 최고신, 즉 만물의 최초 조물주를 알았는지를 판단할 수 있어야 할 것이다. 우리는 중국선교의 창시자인 마테오리치가 무지에서가 아니라 현명과 정당한 이유에서 중국인들 자신의 증언과 출처를 통해 현재의 오류(성리학적 오류 – 인용자)와 싸우고 이를 뿌리 뽑으려고 노력했다는 것도 알아야 한다. 그는 이 유구한 나라의 서적과 기록 속에서 기독교적 진리의 원리들을 추적했다. 이런 중에 그는 나중의 주석자들과 당대(명조 말 – 인용자)의 주석자들에 대해서는 거의 아무런 관심을 갖지 않고, 그 저작이 중국인들의 현재 관습과 다르더라도 오직 그들이 자기들의 저작으로 인정하는 저작들, 즉 그들의 선조의 저작들로 존경하고 신성불가침의 저작으로 존숭하는 저작들에만 관심을 가졌다.307)

마테오리치는 공자의 경전과 주석서를 엄격히 가르고 이른바 수사학적洙泗學的 접근을308) 통해 주희의 성리학적 주석에 의해 변조되기 전 요순과 공자의

---

305) Meynard (ed. & trans.), *Confucius Sinarum Philosophus (1687)*, 'Preliminary Discussion', 129-133쪽.
306) Meynard (ed. & trans.), *Confucius Sinarum Philosophus (1687)*, 'Preliminary Discussion', 135-156쪽.
307) Meynard (ed. & trans.), *Confucius Sinarum Philosophus (1687)*, 'The Second Part of the Prelimianry Discussion', 157쪽.

가르침의 순수한 본의 자체를 밝히려 든 것이다.

그리고 이어서 쿠플레는 『성리대전』의 성리학적 우주관을 논한다.

위에서 언급된 『성리대전』 또는 『자연에 관하여(De Natura)』는 그 서론에서 사물의 물질적 원리로부터 시작해 여러 장에 걸쳐 이 원리를 아주 상세하게 논한다. 현대적 주석가들에 의해 이 원리에 주어진 이름은 태극이다. 하지만 심지어 주자 자신조차 중국민족의 창시자 복희도, 복희 팔괘의 최초 주석자인 문왕도, 그의 아들인 주공도 이러한 술어를 사용하지 않았다는 것을 시인한다. 그러나 이 혁신자들은 단 하나의 책, 또는 보다 정확하게 공자에 의해 『역경』에 붙인 부록 「십익十翼」의 권위 외에 다른 어떤 것에도 의존하지 않는다. 이 「십익」은 (공자의) 다른 주석들과 같은 권위를 누린다. 거기서 이런 말을 읽을 수 있다. "역유태극易有太極 시생양의是生兩儀 양의 생사상兩儀生四象 사상생팔괘四象生八卦." 이것은 "역은 태극이 있고, 이것은 양의兩儀 (duas virtutes), 즉 하늘과 땅으로서의 음과 양(imperfectum & perfectum)을 낳았고, 양의는 사상四象을 낳았고, 사상은 팔괘八卦를 낳았다"는 뜻이다. 『오경』이나 『사서』에 '태극'에 대한 다른 언급이 없으나[309] 그들은 모든 것을 이 '태극'으로 귀일시킨다. 어떤 화제가 논의되든 그들은 이런저런 방식으로 언제나 그들의 사물의 원리를 꼭 언급한다. 이 새로운 철학 덕에 그들은 끝에서 두 번째 왕조(宋朝)의 주석가들을 칭찬한다. 그들은 그들이 거기서, 즉 송조에서 ─ 수백 년 동안 숨겨져 있었을 가르침, 모든 고대인이 무시하고 공맹 이후 다른 누구도 전하지 않았을 가르침을 명약관화하게 만든 ─ 두 주석가 정자와 주자를 발견했다고 주장하고 선언한다. 그들은 나아가 태극이 인간 정신에 의해 설명될 수 없는 신령적인(氣的인) 어떤 것(quod spirituale)이라고 천명한다.[310] 태극의 힘은 추적될 수 없고, 태극은 이름이 부여될 수 없다. 그럼에

---

308) '수사학(洙泗學)'은 공자가 산동성(노나라)의 수수(洙水)와 사수(泗水) 사이의 땅에서 제자를 가르친 데서 유래한 말로 공자경전만을 중시하는 순수한 공자철학을 가리킨다.

309) 글자 그대로의 '태극'이라는 술어가 『오경』이나 『사서』에 없다는 말은 맞으나, 같은 뜻의 '태일(大一)'이라는 말은 있다('大'자의 원음은 '태'였다). "태일(大一)이 나뉘어 천지가 되고, 천지가 바뀌어 음양이 되고, 음양이 변해 사시(四時)가 되고, 음양이 벌어져 귀(鬼)와 신(神)이 된다(大一分而爲天地 轉而爲陰陽 變而爲四時 列而爲鬼神)." 『禮記』 「第九 禮運」.

310) 이것은 앞에서 태극을 '물질적인 것'으로 본 것과 모순된다. 그러나 이것은 『성리대전』의

도 그들은 부지런히 비교한 것들을 모아 이것들로써 그들의 이론을 검토하려고 시도한다. 태극이라는 말이 어원상 큰 끝 또는 큰 극을 가리키기 때문에 그들은 그것을 비교에 의해 세계의 추축이나 극이라고 부른다. 또한 그들은 그것을 중국 빌딩의 전체적 구조를 결합시키는 대들보인 주택의 추축에도 빗댄다. 다른 저자들은 그곳을 나무의 뿌리, 수레바퀴의 허브, 또는 때로 기초·돌쩌귀·원주·토대와 같은 표현을 사용하는 문의 기둥에 빗댄다. 그들은 그것이 순수하게 상상적인 것이나 불승佛僧들이 '공空'이라고 부르는 것, 도교도가 '무無'라고 부르는 것이라는 어떤 암시도 배격한다. 진정, 그들은 이 물物이 실재적인 것이고 참으로 실존한다고 단언한다. 태극은 다른 모든 것 이전에 실존해온 것으로 간주되어야 하는 어떤 것이다. 이 물物 자체는 음양, 천지, 오행과 같은 물物들로 분리될 수 없지만, 이 사물들과 일체다. 이런 식으로 하여 모든 개체적 사물은 그 자신의 태극을 가진 것으로 얘기될 수 있다. 이것은 (삼위일체론을 비판한 ― 인용자) 미친 세르베토(Serveto)가[311] 장 칼뱅(Jean Calvin)에게 보낸 제6서신에서 주장한 것, 즉 신은 정확히 돌멩이 속의 돌멩이, 줄기 속의 줄기라는 말과 크게 다르지 않다. 거기로부터 그들은 만물이 동일한 실체로 만들어져 있다는 결론을 도출한다.[312]

나아가 다른 저자들은 정동靜動 관념과 여러 가지 비유로 태극을 설명한다.

다른 저자들은 태극이 우선 먼저 정적靜的이고 고요한 것으로 여겨져야 한다고 말한다. 태극은 동動할 때 양陽 또는 완전자(Yam seu perfectum)를 낳는다. 태극은 그 목적에 도달하고 다시 정지停止할 때 음 또는 불완전(Yn seu minus perfectum)을 낳는다. 그들은 오히려 이것은 사람이 자기 자신에게 생각하고 뭔가를 그의 정신 속으로 넘겨 넣고

"태극이 지극히 영적임을 누가 밝히랴(太極之至靈孰明之)"를 인용한 것이다. 따라서 이것은 원래 성리학의 자기모순이다.

311) 세르베토(Miguel Serveto, 1511-1553)는 삼위일체설을 부정한 죄로 제네바 시의회에 의해 산 채로 화형당한 스페인의 신학자다.

312) Meynard (ed. & trans.), *Confucius Sinarum Philosophus (1687)*, 'The Second Part of the Preliminary Discussion', 158-159쪽.

그런 다음 그가 철저히 생각한 것을 밖으로 말하는 것과 같다고 말한다. 그렇지 않으면 태극은 처음에 앞으로 뭔가로 뻗치기 전에 뿌리처럼 부동不動으로 머물러 있는 정신의 성향과 같은 것이다. 마지막으로, 그들은 [태극을] 수은방울 속에 봉해져 변함없이 들어가 있는 수은 덩이와 비교함으로써 이 모든 것을 해명한다. 수은으로서 태극은 갑자기 터져 나와 해체되어 물질과 모양에서 동일한 성질을 견지하는 일천 개의 방울로 퍼질 때까지 정치해 있다. 그들은 지속적 작동 상태의 사이클, 바퀴나 물펌프와 같이 동動과 정靜 사이의 영구적 교대가 있다는 것도 가르친다. 그들은 만물의 이 항구적 회전이 존재하지 않은 적이 있었을 수 있다는 것을 묵인하기를 거부한다. 그러므로 태극은 – 여기서 '정지'가 겉모양일지라도 – 동작과 정지로 동시에 이해된다. 그들은 태극을 밤과 낮 사이의 항구적 교대 또는 우리가 공기로 숨 쉴 때 허파의 수축과 팽창에도 빗댄다. 밤이 낮에 뒤따르는 것처럼 낮도 밤을 뒤따른다. 여름이 겨울을 뒤따르는 것처럼 겨울은 여름을 뒤따른다. 만물의 성쇠盛衰 간의 이런 교대에도 불구하고 그들(소강절과 상수학파 – 인용자)은 만물이 다시 그 과정과 생生을 시작하는 2만 9,600년 주기도 배정한다. 무한한 반복 속에서 이런 숫자로 말하는 이 방식으로 그들은 만물의 흥망의 과거 영구성을 확증하기를 원한다. 이런 식으로 그들은 천지와 최초의 남녀에게 태초가 있다는 고대 중국전설에 대한 공동의 믿음에 대항해 싸우고 있다. 진정, 그때의 사람들은 주저 없이 만물이 존재하기 시작한 시간을 배정했다.313)

또한 당대의 성리학자들은 '태극'에 여러 가지 신적 속성들을 부여한다.

동시에 현대 주석가들은 태극에 과감하게 능력·크기·넓이와 만물과의 일종의 조화 같은, 정확하게 신적인 속성들을 배정한다. 그 속성들은 얼마나 많은가? 그들은 태극을 저절로 존재하는 최초의 것, 최상의 것, 가장 숭고한 것, 가장 순수한 것, 가장 아름다운 것, 절대적으로 중도적인 것과 절대적으로 완벽한 것, 선한 것, 만물의 모델

---

313) Meynard (ed. & trans.), *Confucius Sinarum Philosophus (1687)*, 'The Second Part of the Prelimianry Discussion', 159-160쪽.

이자 관념, 시작도 끝도 없는 것(principio cares ac fine)이라고 부른다. 그것을 혼魂이자 영靈('기氣'를 이렇게 부르는 것으로 보인다 - 인용자)이라고 일컬음으로써 어떤 저자들은 태극을 산 실체로 간주한다. 결국, 이런 속성들이 (현대 주석가들에 의해) 일관되게 제시되었다면 아마 독자는 이 속성들이 반복적으로 참되고 가장 먼저이고 가장 높은 신의 머리를 가리키고 있다고 생각할 것이다. 진정, 이런 식으로 생각하는 사람들이 있고, 심지어 원칙적으로 태극의 이름으로 세워진 모종의 사원이 있을 수 있다고 생각하는 사람들도 있다.314)

이 지점에까지 이르면, 성리학적 의미의 '태극'은 그 자체로서 인정되고 숭배되는 하느님(神)과 다름없는 것으로 보인다.

이어서 쿠플레는 태극을 - 완전히 부당하게도 - '리理'와 동일시하는 성리학의 본령 속으로 이입한다.

하지만 실제로 그들은 태극을 우리 철학자들의 으뜸 물질(materie prima)로 이해한다. 그들은 그들의 태극에 다른 이름을 부여한다. 이것은 태극을 '리(li)'라고 부른다는 사실에 의해 확인된다. 중국인들 사이에서 '리'라는 단어는 '도道(Dao)'와 마찬가지로 우리가 라틴어로 가장 넓은 의미에서의 ratio라는 단어로 의미하는 것을 표현한다. 하지만 여기서 그들은 이 이성(ratio)으로부터 사물 간의 본질적 차이가 생겨난다고 말함('리일분수론理一分殊論', 즉 '리理는 하나이나 나뉘어 달라진다'는 이론 - 인용자)으로써 태극을 설명하기 위해 '리'를 사용한다. 그들은 전체적 실체를 하나의 사물의 부분으로부터 확립하는 것으로 보이는 식으로 철학화한다. 하지만 동시에 이 보편적 실체는 사물 자체의 현상 및 판이한 국면들과 얽힌다. 그러므로 우리는 '태극'이라는 술어로써 그들이 진정으로는 으뜸 물질을 의미하고 대리大理(daoli)는 일종의 이성으로, 하나의 정의적定義的이고 판이한 형상으로 이해된다고 전제해야 한다. 그러므로 그들은 이렇게 주장한다. 하나의 자리를 만드는 것은 하나의 자리의 이성 또는 리理

---

314) Meynard (ed. & trans.), *Confucius Sinarum Philosophus (1687)*, 'The Second Part of the Prelimianry Discussion', 160-161쪽.

다. 탁자를 만드는 것은 테이블의 이성 또는 리다. 의자를 부숨으로써, 탁자를 파괴함
으로써 의자나 탁자의 리 또는 이성은 존재하기를 그친다. 이 이성을 통해 그들은
주저 없이 물질적 세계뿐만이 아니라 정신적 세계에 관해서도, 가령 치자와 신하
간, 부자간, 부부간의 상호적 권리와 의무의 이성에 관해서도 철학한다. 그들은 리라
는 단어를 덕성을 정의하는 이성에 대해서만이 아니라 정신과 육체의 느낌들에 대해
서도 사용한다. 그들은 또한 리가 육체에 형상을 주는 한에서, 즉 리가 파괴된다면
영혼이 육체에 형상을 주는 것을 그칠 정도로 리를 영혼이라고도 부른다. 그들은
리가 얼어서 얼음이 되는 물과 같다고 말한다. 그것은 그것이 열기에 다시 녹을 때
원래의 액체 상태로 돌아가고 얼음은 존재하기를 그친다.[315]

태극이나 성性을 '리'와 동일시하는 것은 전혀 근거 없는 성리학적 낭설이다.
태극은 가장자리(極) 또는 끝이 아득히 멀 정도로 큰 '태기太氣'의 무한연장,
즉 무극無極의 기(무한량無限量의 기)이기 때문이다. 주희가 공부한 주돈이周敦頤의
『태극도설』도 태극을 기氣와 동일시하고, 리를 언급하지 않는 기일원론氣一元論
으로 일관하고 있다. '리'란 굳이 정의하자면 무궁무진한 기氣의 흐름과 운동
속에서 우연히 나타나는 일시적 반복성이나 ('법칙'으로 명명된) 계기적 감응작
용의 한시적 정규성일 뿐이다. (이에 대해서는 '스피노자' 절에서 상론한다.)
쿠플레는 여기까지 잠자코 성리학의 논지를 설명해나가다가 비판으로 방향
을 선회한다.

하지만 그들은 여기서 그치는 것이 아니라 그들의 가장 크고 가장 치욕스러운 오류
로까지 나아간다. 왜냐하면 그들이 리와 태극을 복잡하고 혼란스러운 방식으로 논할
때 우리는 이것들이 조금씩 조금씩 무신론 속으로 미끄러져 들어가 모든 초자연적
작용인(omne principium efficiens supernaturale)을 배제하는 지경까지 가는 것을 보기 때문
이다. 그들은 자기들이 항상 감성들과 물질적인 것으로부터 스스로를 이격시킨다고

---

315) Meynard (ed. & trans.), *Confucius Sinarum Philosophus (1687)*, 'The Second Part of the Preliminary
Discussion', 161쪽.

생각할지라도 실은 물질세계 안에 남아 있다. 그들은 작용의 오묘한 인과적 힘을 부여받은 '신령들 중의 신령들(기氣들 중의 기들)'을 언급한다. 그럼에도 불구하고 그들은 우리 철학자들이 능동적이고 수동적인 '특질'이라고 부르는 것을 넘어가지 않는 것으로 보인다. 그들이 그 많은 유명한 고대 텍스트들에 관해 더 많이 달라붙어 작업하면 할수록 - 이 텍스트들이 그토록 빈번하게, 그리고 그토록 우아하게 사물들을 주재하는 신령(氣)들을 다루고 최고정신의 정의와 섭리를 다룰지라도 - 그만큼 많이 그들은 바르고 그른 방식으로 텍스트들을 비틀어서 거친 유물론적 사고방식으로 나아간다.316)

쿠플레는 '기氣'를 "작용의 오묘한 인과적 힘을 부여받은 신령"으로 옮기고 있다. 그러나 그는 태극을 '리'로 보면서 동시에 '기들 중의 기들'로 보는 일관성 없는 논변을 비판하기보다 "초자연적 작용인"을 배제한다는 이유에서 무신론과 유물론이라는 뜬금없는 비난을 쏟아놓고 있다. 그리고 성리학적 논변의 모순 또는 혼돈을 비판한다.

하지만 다른 곳에서 그들은 각 인간이 정신과 육체의 모든 운동과 감정에 대해 일정한 명령권을 가지고, 자기의 마음으로부터 거대한 최고의 마음, 신적 정신, 최고 조절자에 대한 앎에 도달할 수 있다고 유려하게 가르친다. 그들은 또한 한 사물이 또다른 유사한 사물을 이러한 규칙성으로 산출할 수 있는 사물들 간의 이 찬탄할 만한 연결과 재생산이 이러한 한결같은 변화를 통해 만물을 보존하고 다스리며 만물을 조화롭게 끝까지 이끄는 '대두뇌大頭腦', 즉 대두大頭의 뇌를 필요로 한다고 가르친다. 그들은 그다음 위 말과 합치되게 이 대두뇌가 필멸적인 것이라는 점을 부정한다. 또한 그들은 이 대두뇌가 물질적이라는 것도 부정한다. 반대로 그들은 이 대두뇌가 신령적이고 독립적이라고 생각하며, 모든 선을 포괄하고 만물의 모든 이성이라고 생각한다. 당신은 당신이 플라톤주의자들이나, 신의 관념에 관해 아주 수용적인 그

---

316) Meynard (ed. & trans.), *Confucius Sinarum Philosophus (1687)*, 'The Second Part of the Prelimianry Discussion', 161-162쪽.

밖의 어떤 철학자들에게 귀 기울이고 있다고 생각할 것이다.[317]

가령 주희는 『성리대전』에서 '대두뇌大頭腦'를 말한다. "무릇 도리를 보는 것은 대두뇌를 볼 것을 요한다(凡看道理要見大頭腦)." 예사의倪士義도 『작의요결作義要訣』에서 "나는 반드시 다른 것과 더불어 일개 대두뇌를 필요로 한다(我須與他一個大頭腦)"고 말한다. 그리고 황종희도 『명유학안明儒學案』에서 "천리란 하나의 대두뇌다(天理是一大頭腦)"라고 주장한다. 심지어 왕양명도 『전습록傳習錄』에서 핵심논점을 표시하기 위해 형이상학적 의미 없이 '대두뇌'를 말한다.[318] 성리학을 유물론, 무신론으로 몰던 쿠플레는 여기서 성리학이 플라톤철학과 유사하다고 말하고 있다. 주지하다시피 기독교적 플라톤신학은 아우구스티누스의 교부철학이다. 이 '대두뇌'의 존재에 대한 중국인들의 요청은 뉴턴이 만유인력의 법칙으로 별들의 공전과 자전을 설명했으나 혼란스럽게 동요하는 우주 전체의 안정성을 설명할 수 없어 불가피하게 우주를 큰 손으로 정리해 조화·안정시키는 "존재자(Being)", 즉 신을 요청한 것과 유사하다.[319]

그러나 '대두뇌'의 의인법에 빠진 주희의 이 논변은 '일음일양一陰一陽(한 번 음이면 한 번 양인 음양중화)'의 도道, 즉 중도中道를 우주의 생성소멸의 전全 원리로 본 공자의 태극양의太極兩儀존재론과 정면으로 배치된다. 그런데 주희의 이 논변도 문제이지만 쿠플레의 이 성리학 요약은 제대로 된 것이라고 볼 수 없다. 성리학에서 가장 중요한 '리'와 '기'의 분화나 그 관계를 전혀 언급하지 않았을뿐더러 '기氣'의 한자어 발음 Chi(또는 Qui)는 입 밖에 내지도 않고 기독교 냄새가 나도록 'Spirit'로만 옮겨 얼버무리며 넘어가고 있기 때문이다.

그럼에도 그는 중국에서 기독교를 전파하려는 선교사들은 성리학을 '맹렬히' 비판해야 한다고 주장한다.

---

317) Meynard (ed. & trans.), *Confucius Sinarum Philosophus (1687)*, 'The Second Part of the Preliminary Discussion', 162쪽.

318) Meynard (ed. & trans.), *Confucius Sinarum Philosophus (1687)*, 'The Second Part of the Preliminary Discussion', 162쪽 각주32.

319) 뉴턴의 우주론에 대해서는 참조: 황태연, 『공자와 세계(4)』(파주: 청계, 2011), 168-195쪽.

내가 보기에, 더 이상의 검토를 필요로 하는 것은 이 혁신자(성리학자)들이 무신론으로 고발되어야 하는지에 관한 것이다. 그들이 공식적·적극적 무신론 혐의가 없고 다만 유물론적·소극적 무신론 혐의만 있을지라도 그들은 그들의 많은 독자들을 그들의 새롭고 특별한 어법을 통해 적극적 무신론의 심연의 가장자리까지 이끌고 갈 수 있을 것이다. 그들의 고대의 텍스트 속에서 최고의 정신과 섭리의 관념을 읽을지라도 그들은 모든 것을 그들의 태극과 리로 소급한다. 질료인·형상인·작용인·관념인·도구인(목적인 – 인용자)을 구분하지 않기 때문에 그들은 만물이 그 범주들(태극과 리)에 의해서만 구분되어야 한다. 또한 그들은 하늘에 귀속되었던, 그리고 하늘의 최고황제, 즉 상제上帝에게 귀속되었던 만물이 천지의 자연적 힘으로부터 흘러나오듯이 그들의 리와 태극에 귀속되어야 한다고 주장한다. 그 뒤에 그들이 하늘의 힘을 언급한다면, 그리고 우연히 모종의 신적 정신에 관한 논의가 있다면, 당신은 이 논의를 철학자들보다 비유의 방식으로만 말하는 시인들에게 더 적합한 것으로 의심할 것이다. 이 때문에 우리는 그들의 가르침이 파괴적이며, 특히 세속적이고 감성적인 사람들 사이에서 공식적 무신론으로 통한다고 올바로 판단한다. 어떤 복음전령(선교사)이든 이치에 닿는 논변의 무기와 창으로 혁신자들을 맹렬하게 공격해야 할 것이다. 복음전령은 그들의 실책을 상호 모순되는 그들 자신의 주석들로부터 폭로해야 한다. 락탄티우스(Lucius C. F. Lactantius, 250?-325?; 로마 콘스탄틴 1세의 자문관 – 인용자)가 키케로만이 키케로를 효과적으로 논박할 수 있는 유일한 사람이었다고 말했듯이 유사하게 이 혁신자들은 그들 자신에 의해 틀린 것으로 가장 확실하게 증명될 수 있을 것이다.320)

쿠플레는 성리학을 바로 무신론으로 몰지 못하고 '유물론적·소극적 무신론'의 '혐의'만을 두지만, 성리학자들이 "상제"를 철학적 논증이 아니라 시적 "비유"로만 말하기 때문에 일반백성들 사이에서는 "공식적 무신론"으로 통할 정도로 "파괴적"이라는 것이다. 그래서 성리학을 배척해야 한다! 이 대목에서 쿠플레

---

320) Meynard (ed. & trans.), *Confucius Sinarum Philosophus (1687)*, 'The Second Part of the Preliminanry Discussion', 163쪽.

는 무기·창·공격 등 '금욕적 전쟁종교' 기독교의 제국주의적·호전주의적 '투쟁유일주의(Kampfsingularismus)'의321) 마각을 다시 드러내면서 성리학에 대한 "맹렬한" 내재적 비판을 부추기고 있다. 마테오리치·쿠플레 등은 중국의 성리학자들을 '야훼' 하느님이라는 강한 인격신 개념으로 중국인들을 종교화·기독교화하려는 자기들의 원대한 정복프로젝트의 최대 장애물로 여긴 것으로 보인다. 왜냐하면 공자철학적으로 완전히 세속화되고 주리론主理論으로 현격히 탈종교화된 성리학자들은 불가피하게 논의의 극변極邊에서 신의 존재를 언급할지라도 인격신(상제)을 '비유'로만 말하는 난공불락의 존재들이었기 때문이다. 성리학자들은 극동의 일반백성들과 마찬가지로 찰나적으로(제사를 지낼 때 시민종교적으로) 유신론적이지만 평상적으로는 무신론적인 자세, 차라리 무신론과 유신론에 초연한 자세였던 것이다.

이어서 쿠플레는 성리학의 논리적 비일관성과 불합치성을 논박하는 '내재적 비판'을 추진한다.

실로, 그들의 사고 속의 상위성은 명백하게 보여줄 수 있다. 그들이 그들의 선조들로부터 얼마나 멀리 분리되어 나왔는지, 그들이 얼마나 많이 만물을 공허한 토대에 기초 짓는지, 그리고 이 혁신자들이 자기들의 책을 쓰고 출판한 시기 이상으로 소급하지 않는 어떤 새것들을 지어냈는지를 보여줄 수 있다. 진정으로, 책은 더 오래될수록 그들의 혁신을 더욱 단호하게 반대한다. 이것은 승인된 모든 서적 중 "가장 오래된 최초의 책"으로 수식되는 『서경』이 우리에게 하나 이상의 사례로 제공하는 빛나는 증언들을 통해 명백하다. 혁신자들이 이 책보다 훨씬 더 오래된 책을 제시하기 때문에 당신은 이 모든 짓은 헛되다고 말할지도 모른다. 제발, 그것이 무엇일까? 그것은 중국인종의 창시자 복희가 쓴 『역경』 또는 『변화의 책』이다. 당신은 이렇게 물을 수 있다. "당신이 복희라고 주장하는 저자가 쓴 이 책 안에 무엇이 들어 있는지 말해줄래요? 그것은 신비스러운 64괘, 또는 이것은 이어지고 저것은 부러진 384개

---

321) Max Scheler, *Wesen und Formen der Sympathie* (1912년 초판의 제목을 바꾼 증보판, 1922), hrg. v. Manfred S. Frings (Bern·München: Francke Verlag, 1973 [6. Aufl.]), 139, 226쪽.

효爻에 불과하다." 이것이 전부다. 그러나 이 괘들은 매우 신비스러워서 극히 애매모호할 정도이고, 그것들을 해명하는 데 또 하나의 오이디푸스(스핑크스의 두 가지 수수께끼를 푼 오이디푸스를 역괘의 수수께끼를 푼 사람에 빗댐 – 인용자)가 필요할 정도다. 그러나 『역경』의 필자인 복희는 누구인가? 사실, 당신은 그로부터 그 밖의 다른 아무 것도 남아 있지 않다고 말할 것이다. 하지만 거의 제3대 주周 왕조의 창시자라고 여겨질 수 있는 위대한 군주 문왕과 그의 아들 주공은 이 수수께끼를 풀고 이 괘들을 해석한 점에서 진정한 오이디푸스들이다. 그러나 그들이 복희와 같은 시기에 속하는가? 반대로, 그들은 1,700년 뒤에 태어났다. 오랜 시간 동안 창시자의 이 원래적 연구는 그늘 속에서 극도로 인지되지 않고 버려져 있었다는 것이 보일 수 있다. 이 모든 시간 동안 중국은 거칠고 문헌이 없는 상태였는가? 전혀 그렇지 않다! 첫 치자들의 위업들과 그들의 시대를 후세에 물려주는 문헌의 유명한 기록들은 번창하고 풍부한 문헌이 있었다는 것을 분명히 증언한다. 이 문헌 안에서 혁신자들은 확실히 그들의 새것을 뒷받침해줄 만한 것을 발견하는 것이 아니라 대부분 그 반대의 것을 발견할 것이다. 그들은 그토록 많은 미스터리들을 파낸 출처인 '태극'이라는 단어를 발견할지라도 자기들의 이해에 따라 꼴 짓는 '리理'라는 단어를 단 한 번도 발견하지 못할 것이다. 그 대신에, 그들이 유일무이한 최고신(상제)에게 바쳐져야 할 전례와 제사로써, 그리고 존경받아야 할 신령으로써 그분의 지혜와 섭리에 관한 빈번하고 명백하며 엄숙한 언급들에 대해 무엇을 했는가? 신비스러운 그림들의 최초 주석가들인 문왕과 주공이 태극이나 리를 전혀 언급하지 않는 사실에 대해서는 뭐라고 할 것인가? 문왕과 주공이 산 지 600년 뒤에 공자가 『역경』 「십익」에서 '태극'이라는 단어를 딱 한 번 언급하고, 겨우 이 말만을 개진했다. "역은 태극이 있고 양의를 낳는다."[322]

요지는 성리학적 논변이 공자의 경전에 근거가 없다는 것이다. 이 말은 대강 맞는 말이다. 공자경전에 나오는 '리理'라는 단어는 '태극과 동일시되는 성리학적 의미의 '리'가 아니라, 단지 '분별'(나눔),[323] '이치',[324] '사리·조리條理',[325]

---

322) Meynard (ed. & trans.), *Confucius Sinarum Philosophus (1687)*, 'The Second Part of the Preliminanry Discussion', 163-164쪽.

'다스림'326) 등을 뜻하는 '리'일 뿐이며 공자경전에 아주 드물게 나온다. (반면 '기氣'는 『맹자』, 『예기』, 『역경』에 무수하게 나온다.) 그런데 쿠플레는 그들의 성리학적 논변이나 '리' 개념이 경전에 근거가 없다는 사실을 넘어 공자철학을 왜곡하고 파괴한다는 사실까지 아직 언급하지 못하고 있다.

그리고 쿠플레는 공자가 『예기』에서 '태일大一'로 바꿔 말하는 '태극' 개념의 공자철학적 정통성을 '리'보다 더 강하게 부정하는 반면, '태극'을 경전적 전거가 거의 전무한 '리' 개념과 등치시킨 것은 오히려 논박하지 않고 있다. 양기와 음기로 나뉘기 전의 시원적 '태극'을 '리'가 아니라 '기'로 보는 것은 성리학자들이 자기들의 이론의 기원으로 끌어대는 주돈이의 『태극도설』의 전제였다. 그러나 성리학자들은 '태극'을 부당하게 '리'로 바꾸고 또 부당하게 '성性'도 '리'로 바꿨다. ('성'은 '리'가 아니라 원질原質로서의 원기原氣의 존재·운동방식일 뿐이다.)

그리고 그렇게 중국인종의 창시자 복희가 몰한 지 2,300년 후에 이 태극은 뜻밖의 해결책(deus ex machina)으로 불쑥 나타났다. 가장 학식 있는 사람들의 해석에 따르면, 그 철학자(공자)는 (…) 이 으뜸 물질에 대해 아무것도 말하지 않았다. 하지만 공자가 몰한 지 1,600년 뒤에 더 멀리 뻗치는 해석에 능한 당신들, 당신들이 나타나 이전에 결코 들어본 적이 없었던 '태극'을 홍보했다. 당신들은 모든 고대적 유구성을 당신 자신의 유년성에 맞추고 그것의 목을 비틂으로써 그것을 당신 자신의 생각 쪽으로 끌고 가고 싶어 했다. 당신들은 당신들의 선조들이 3,000년 동안 믿어왔고 신과 신령들에 대해 쓴 것이 당신들이 허울만 그럴듯한 이름들로써 '태극'과 '리'라고 부른 이 말없는 권능에, 그리고 이 예기치 않은 나는 듯이 내달리는 흐름들에 주어져야 한다고 후세를 설득하고 싶어 했다.327)

---

323) "地理" – 「계사상전」; "義理", "禮也者 […] 理萬物者也", "禮也者 理之不可易者也" – 『예기』.
324) "天下之理" – 「계사상전」; "窮理", "性命之理" – 「설괘전」; "天理", "倫理" – 『예기』.
325) "條理" – 『孟子』 「萬章下」(10-1).
326) "理財" – 「계사하전」.
327) Meynard (ed. & trans.), *Confucius Sinarum Philosophus (1687)*, 'The Second Part of the Preliminanry Discussion', 164쪽.

쿠플레의 이 논변은 '리'만이 아니라 '태극'도 경전에 근거가 없는 것으로 몰아가는 것으로 읽힌다. 그러나 '태극'은『예기』에서 공자가 '태일'로 바꿔 부른 것까지 고려하면 분명히 공자의 경전에 근거가 있는 것이다. 그리고 정이천과 주희의 성리학 이전에 '리'에 대한 언급 없이 오직 태극의 동정動靜으로서의 '기氣(이기二氣, 오기五氣 등)만을 설설說說하는 주돈이의『태극도설』의 "무극이 태극이고, 태극이 동하면 양기를 낳고, 동動이 극하면 정靜하고 정하면 음기를 낳는다無極而太極 太極動而生陽 動極而靜 靜而生陰)"는 명제를 상기하면 '태극' 개념은 공자철학에서 지워질 수 없는 것이다. 따라서 위 논변은 성리학을 탄핵한답시고 '활시위를 너무 당긴 것'이다.

정이천과 주희는 주돈이의『태극도설』에 이질적(불교적) '리' 개념을 삽입해『태극도설』을 왜곡하고 오용·악용했다. 앞서 쿠플레가 소개한, "태극은 동動할 때 양을 낳고, 그 목적에 도달하고 다시 정지停止할 때 음을 낳는다"는 성리학 명제는『태극도설』의 첫 구절을 반복하는 것이다. 성리학자가 수용한 이 명제를 엄밀히 해석하면, 동적 태극은 양기이고 정적 태극은 음기다. 그렇다면 '태극' 자체는 '리'가 아니라 음·양 미분화의 모태적·중립적 '태기太氣'다. 또한 성리학 논리에 따르더라도 '리'는 '기'를 낳기는커녕 '기'에 포함되어 있는 것일 뿐이다. 따라서 '태극'은 '리'가 아니라 '기'와 등치되었어야 한다. 따라서 쿠플레는 오히려 성리학이 태극을 '리'와 등치시킨 비非논리성을 맹박했어야 한다. 플라톤과 아리스토텔레스의 합리주의적 형이상학에 경도되어 있는 기독교신학자 쿠플레에게는 태극을 '리'(이성)로 보는 성리학적 논변이 그리 그릇된 것으로 보이지 않았기 때문이었던 것으로 보인다.

「예비논의」의 상세한 내용 소개는 이것으로 그치고 나머지 내용을 간략하게 열거한다. 중국의 "많은" 교리, 교파, 서적들과 주석가들의 "무질서"가 마테오리치와 최초 선교사들을 "당혹스럽고 당황스럽게" 만들었다「예비논의」 2부의 2절). 마테오리치는 중국에서의 설교방법을 숙고하고 중국의 고대 문서들과 연대기들을 정밀 검토했다(3절). 공신력 있는 중국 서적들은 중국이 다른 나라들과 교류하지 않았다는 것을 증명해준다(4절). 고대 중국에 홍수가 났고 신의 최초의 앎과 숭배가 있었다는 것에 대한 증좌가 있다(5절). 중국인들은 수세기 동안 참된 신의 앎을 보존해왔고(6절), 중국인들이 참된 신을 알았다는 것에 대해서는 더 많은 증거가 있다(7절). 고대 중국인들이 참된 신을 부른 이름('상제')은 어원과 특별함이 있다(8절). '상제'의 의미와 어원이 여러 경전에 명백하게 기록되어 있어서 성리학자들은 상제의 참된 의미를 그들의 부패한 주석으로 없앨 수 없다(9절). 고대 중국인들이 참된 신을 칭할 수 있었다는 것은 성 바오로와 교부들의 사례로부터 증명할 수도 있고(10절), '상제'의 존재와 의미에 대한 증거는 현대 주석가들로부터가 아니라 원原경전의 텍스트로부터 많이 도출될 수 있다(11절). 마테오리치는 이런 문제와 관련된 교리문답집으로 『천주실의』를 지었다. 이 책은 만력제 31년(1603) 제국황궁 출판사에서 공간되었다(12절). 그리고 끝에는 라틴어 원문으로 8쪽에 달하는 "중국철학의 아버지 공자의 생애 (Philosophrum Sinensium Principis Confucii Vita)"가 실려 있다. 이것으로 115쪽의 「예비논의」는 종결된다.

쿠플레는 경전에 나타난 공자철학 외의 모든 철학과 종교를 비판하고, 중국을 '유교적 덕성의 나라'로 기술했다. 그리하여 "17·18세기의 합리론적 철학자들에게 중국은 자연철학과 세속적 도덕성에 내재하는 것으로 생각되는 덕성의 탁월한 실천적 모범을 시현했다. 예수회 신부들은 중국을 '공자의 나라'로 그리기 시작했고 공자라는 이름은 이후 서양의 마음속에서 '이성'과 동의어가 되었다! 그들은 도교와 불교의 뜨거운 감정적 숭배에 대한 지식을 논하지 않고 때로 탄압했다".328) 말하자면 『중국 철학자 공자』의 출간 이래 중국은 '주희의 중국'도, '노자의 중국'도, '석가모니의 중국'도 아니고, 오로지 '공자의 중국'으로만 알려졌다.

■『중국 철학자 공자』의 출간과 그 여파

『중국 철학자 공자』, 412쪽에 달하는 이 방대한 번역서는 해박한 주석을

---

328) Donald F. Lach, "China and the Era of the Enlightenment", *The Journal of Modern History*, Vol. 14, No. 2 (Jun. 1942), 216쪽.

갖추고 프랑스 국왕이 재정지원을 한 만큼 화려한 판형을 갖춘 책이었다. 이 책은 말 그대로 예수회 선교사들의 100여 년에 걸친 노력의 결실이었다. 이 책은 단순한 번역·주석서가 아니다. 앞서 살펴본 것처럼 115쪽에 달하는 이 책의 「예비논의」는 상세한 경전 목록과 설명, 고대에서 현재에 이르는 중국 역사, 중국 제례관행 분석, 중국의 주요 종교들, '상제上帝'와 '천天'의 의미론, '태극과 음양의 '기氣'의 분석론, 공자 전기 등을 포함하고 있는 독자적 저술이기도 하다. 또한 뉴턴의 『프린키피아』와 같은 해에 나온 이 책의 「예비논의」는 자연철학에 대한 당대의 논쟁에 기여할 수 있는 높은 수준의 독보적 내용도 담고 있다.[329]

상술했듯이, 니덤에 의하면 중국의 기론氣論 중 자기론磁氣論은 길버트와 케플러에게 전해져 근대적 자기이론(modern theory of magnetism)과 우주자기론(이격 상태에서의 천체들의 자력적磁力的 인력작용의 이론)으로 발전했고, 아이작 뉴턴은 이들의 이 우주자기론을 더욱 발전시켜 1687년 『프린키피아』를 출간함으로써 우주의 천체들이 이격 상태에서 고유한 인력에 의해 상호작용하고 운동하는 법칙, 즉 '만유인력의 법칙'을 세상에 내놓았다. 따라서 이 『프린키피아』와 동시에 나온 쿠플레의 『중국 철학자 공자』의 「예비논의」에 소개된 중국의 이기론理氣論(쿠플레의 설명에서의 '리'와 '신령'에 관한 논의)은 당대 서양 지식인들이 황당무계한 것으로 받아들인 뉴턴의 만유인력론을 쉽사리 이해할 수 있게 하는 데 기여하는 당대 최고 수준의 자연철학적 논의였다.

『중국 철학자 공자』의 출간은 이렇게 "전 지구적 차원에서 중대한 영향을 미치는 역사적 계기"였다.[330] 네덜란드 중국학자 쉬퍼(Kristofer Schipper)가 강조하듯이, 이 책을 통해 공자는 "그의 고국 밖에서, 다른 나라와 다른 문명권들에서 유명해진 세계 최초의 철학자"가 되었고, 아시아문화에서 "인류역사상 가장 영향력 있는 이 사상가"의 충격은 "서양문화에서 소크라테스와 예수를 합친 영향력만큼 큰 것"이다.[331] 이런 만큼 『중국 철학자 공자』는 영국 명예혁명이

---

329) Jensen, *Manufacturing Confucianism*, 121-122쪽.

330) Dijkstra and Weststeijn, "Constructing Confucius in the Low Countries", lines before footnote 6.

일어나기 불과 1년 전에 출간되어 즉각 유럽사상계를 2년 내내 달구었고, 폭군방벌론과 역성혁명론을 담은 『대학』을 『논어』의 일부와 함께 라틴어로 번역한 인토르케타와 다코스타의 『중국의 지혜』(1662)나 나다나엘 빈센트 (Nathanael Vincent) 신부의 궁정설교 출판본 『영예의 바른 개념(The Right Notion of Honour)』(1685) 속의 영역본 『대학』만큼 명예혁명의 발발에도 기여했다. 이 책은 이후에도 핵폭탄급 충격을 주는 전 유럽의 베스트셀러이자 스테디셀러로서 거의 모든 지식인들에게 18세기 내내 줄곧 애독되었다.

앞서 살펴보았듯이 '유럽의 공자철학'은 '중국의 공자철학'과 동일한 것이 아니었다. 그것은 중국에서 적응주의적 포교를 수행하기 위해, 그리고 유럽에서 이 포교노선에 대한 지지를 획득하기 위해 공자를 번역하고 해석한 유럽의 예수회 신부들과, 유럽의 앙시앵레짐을 개조하기 위해 공자를 활용한 자유사상 가들이 상이한 관점과 여러 가지 고려 속에서 서양철학과 접붙이고 짜깁기(패치 워크)한 공자철학, 리오넬 젠슨(Lionel M. Jensen)의 말대로 그것은 유럽문명의 관점에 서 "제조된 공자주의(manufactured Confucianism)"였다.[332] 환언하면, 가톨릭 기독교를 신봉하는 예수회 신부만이 아니라 개신교 목사들과 유럽의 자유사상가들을 망라하는 유럽지식층에 의해 "재발명된(re-invented)" 공자철학이었다.[333] 이런 "공 자철학의 제조" 또는 '재발명'은 "잡다하고 다종파적인 유럽적 프로젝트", 또는 유럽을 근대화한 기획으로서 "라틴어 학문과 유럽 각국의 학문, 유럽적 전문성 과 아시아적 전문성을 통합하는 전全 지구적 중요성을 띤 프로젝트"였다.[334]

1688년 명예혁명으로 퇴위당하는 제임스 2세도 바로 『중국 철학자 공자』가 발간된 해에 이 책의 출간 사실을 인지했다. 1687년 9월 그는 옥스퍼드대학교의 보들리 도서관(Bodleian Library)을 깜짝 방문해 도서관 큐레이터 토마스 하이드 (Thoams Hyde) 박사와 이 책에 관해 담소했다. "폐하는 하이드 박사에게 예수회

331) Kristofer Schipper, Confucius. De gesprekken (Amsterdam: Met illustraties, 2015), 13, 20쪽. Dijkstra and Weststeijn, "Constructing Confucius in the Low Countries", footnote 6에서 재인용.

332) Jensen, Manufacturing Confucianism.

333) Dijkstra and Weststeijn, "Constructing Confucius in the Low Countries", lines before footnote 13.

334) Dijkstra and Weststeijn, "Constructing Confucius in the Low Countries", lines before footnote 13.

신부들에 의해 (4권으로) 번역된 공자의 책에 관해 말하고, 이 책이 도서관에 있는지 물었다. 이에 대해 하이드 박사는 그 책이 있다고 하고 '그 책은 철학을 다루었지만 유럽철학책과 같지 않다'고 답했다."335) 하이드는 '옥스퍼드의 수호신(genius loci of Oxford)'으로서 중국어를 알았던 최초의 영국 동양학자였다.336) 물론 윌리엄 템플 경, 데이비드 흄 등도 『중국 철학자 공자』를 열독했다.337)

1688년에는 이 책의 발췌불역본인 『중국의 철학자 공자의 도덕(La Morale de Confucius, philosophe de la Chine)』이 출간되었다.338) 불어축약본의 서문에서 드라브륀·쿠셍·푸셰는 다음과 같이 말한다.

이 철학자의 도덕은 무한히 숭고하지만 동시에 간단하고, 깨치기 쉬우며, 자연적 이성의 가장 순수한 원천으로부터 도출된 것이다. 확언하건대, 신적 계시의 빛을 결한 그런 이성이 이처럼 잘 전개되어 나타난 적도, 이토록 강력하게 나타난 적도 없었다.339)

『중국 철학자 공자』는 불어 외에도 몇 개의 서구어로 번역되어 나갔다. 1691년에는 이 불어 번역본을 축약·영역한 작은 영어본도 출판되었다.340)

---

335) Anthony Wood, *The Life and Times of Anthony Wood, antiquary, of Oxford, 1632-1695*, Vol. III (Oxford: Printed for the Oxford Historical Society at the Clarendon Press, 1894), 237쪽.

336) Qian Zhongshu (錢鐘書), "China in the English Literature of the Seventeenth Century", 60쪽. Adrian Hsia (ed.), *The Vision of China in the English Literature of the Seventeenth and Eighteenth Centuries* (Hong Kong: The Chinese University of Hong Kong Press, 1998).

337) 템플은 「영웅적 덕성에 관하여」에서 "공자 저작이 요즈음 프랑스에서, 몇몇 예수회 선교사들에 의해 '공자의 저작'이라는 제목 아래 박식한 서문을 달고 라틴어로 인쇄되었다"고 쓰고 있다. Sir William Temple, "Of Heroic Virtue", 332쪽. *The Works of William Temple*, Vol. 3 (London: Printed for Rivington et al. and by S. Hamilton, 1814). 템플이 말하는 이 '공자의 저작'은 1687년 파리에서 출판된 『중국 철학자 공자』를 가리키는 것으로 보인다. 흄이 이 책을 읽은 것에 관해서는 참조: Hume, *Political Essays*, 286쪽(Haakonssen의 주석3).

338) Jean brune, Louis Cousin & Simon Foucher (trans.), *La morale de Confucius, philosophe de la Chine* (Amsterdam: Chez Pierre Savouret, dans le Kalver-straat, 1688).

339) de Labrune, Cousin & Foucher (trans.), *La morale de Confucius, philosophe de la Chine*, "avertissement", 2쪽: "On peut dire que la Moral de ce Philosophe est infiniment sublime, mais qu'elle est, en meme temps, simple sensible, & puisée dans les plus pures sources de la raison naturelle. Assurent la raison destituée des lumieres de la révélation divine, n'a paru si développée, ni avec tant de force."

340) Prospero Intorcetta, Philippe Couplet, Christian Herdtrich, and Francois Rougmont, *The Morals*

『중국 철학자 공자』의 라틴어 번역 원본은 대량으로 1회만 찍혔다. 하지만 이 원본의 각국 번역본은 18세기 내내 인쇄되어 유럽에서 누구나 쉽사리 접할 수 있었다. 『중국 철학자 공자』의 흠이라면 『맹자』가 빠진 것이었다.

2.2. 노엘의 『경전 6서』의 번역(1711)과 비스델루의 역경 번역 노력

이런 분위기에서 가장 완전하다고 평가할 수 있는 라틴어 경전 번역서가 나왔는데, 『대학』, 『중용』, 『논어』, 『맹자』, 『효경』, 『소학』을 라틴어로 번역해 1711년에 출간한 프랑스 예수회 선교사 프란시스코 노엘(Francisco Noël, 프랑스 이름: François Noël)의 『중국제국의 경전 6서(*Sinensis imperri livre classici sex*)』(프라하, 1711)가 그것이다.341) 『맹자』를 포함한 사서四書와 『효경』·『소학』을 완역한 이 역서는 608쪽에 달할 만큼 방대한 책이다. 그간 『맹자』는 역성혁명의 철학이자 인간본성을 도덕의 원천으로 선명하게 논변한 세속적·무신론적 도덕철학이었기 때문에 왕권이나 교단과의 충돌을 꺼려 번역이 미루어졌었다. 그러나 1711년 마침내 『맹자』가 완역된 것이다. 그리하여 노엘의 이 번역본은 『중국 철학자 공자』의 흠을 메웠다.

■노엘의 경전번역의 평가

노엘은 이 번역서의 머리말에서 이렇게 말한다. "고전 6서의 이 라틴어 번역을 나는 당신들에게, 친애하는 독자들에게, 중국인들이 쓴 것을 알라고 넘겨주는 것이 아니라 그들이 올바로 생각한 것을 당신들이 행하도록 넘겨준다."342) 그리고 노엘은 『맹자』의 인의예지를 "pietas, æquitas, honestas, intelligentia(또는 prudentia)"로 옮겼다. "시비지심이 없으면 사람이 아니다(無是非之

---

of Confucius, a Chinese Philosopher (London: Printed for Randal Taylor, 1691; second edition, Printed for F. Fayram, 1724).

341) Francisco Noël, *Sinensis imperii libri classici sex, Nimirum Adultorum Schola, Immutabile Medium, Liber Sententiarum, Mencius, Filialis Observantia, Parvulorum Schola* (Pragæ, Typis Universitatis Carlo-Ferdinandeæ, 1711).

342) Reichwein, *China und Europa*, 97쪽.

心 非人也"라는 대목은 이렇게 옮긴다.

> 악을 그 아래 있는 것으로 암시하듯이, 그리고 선을 지시하듯이 변별할 줄 모르는 굳어진 마음을 가졌다면, 이 자는 인간으로 여겨지지 않는다(si cui insit animus, qui Malum ad illud sugiendum, & Bonum ad illud amandum, discernere nesciat, hic non est censendus homo).343)

여기서 노엘은 '시비'를 선악으로 바꿔 옮기고 있다. 그리고 "시비지심은 지의 단초다(是非之心 智之端也)"라는 대목은 이렇게 옮겨놓고 있다.

> 악을 싫어하거나 선을 좋아함이 치솟듯이 터져 나오므로 이곳에서 현명 또는 지성의 특징의 섬광이 찾아진다(cum in Mali odium, aut Boni amorem subito erumpit, tunc est scintillans quædam prudentiæ seu intelligentiæ nota).344)

노엘은 이신론적 또는 자연신학적 관점에서 시비지심을 "악을 싫어하거나 선을 좋아함이 치솟듯이 터져 나오는" 본성적 감성으로 번역하고 있다. 그리하여 노엘의 이 『맹자』 번역은 섀프츠베리의 시비감각 개념과 본성적 도덕이론에 결정적 영향을 미치게 된다.

■비스델루의 『역경』과 『예기』 번역 시도

최초로 『역경』의 15개 괘와 『십익十翼』의 일부를 라틴어로 옮긴 책으로는 비스델루(Claude de Visdelou, 1656-1737)의 『역경이라는 중국 서적의 약술, 또는 변화의 전범서(Notices de livre chinois nommé Yking, ou livre canonique des changements)』(연도미상)가 있다. 이 책은 1728년에야 늑장 출판되었다. 또 비스델루는 『예기』의 「교특생郊特牲」, 「제법祭法」, 「제의祭儀」, 「제통祭統」편을 발췌 번역했고, 『서경』도 라틴

---

343) Noël, *Sinensis imperii libri classici sex*, 266쪽.
344) Noël, *Sinensis imperii libri classici sex*, 266쪽.

어로 옮겼다. 요하쉼 부베(1656-1730)는 『역경』 연구서인 『역경 서적의 원리의 일반이념(*Idea generalis Doctrinae livre I-King*)』(19세기 출판)을 저술했다.

유교경전의 번역서들 외에 공자철학의 확산에 가장 대중적으로 기여한 책을 들면, 먼저 이사벨 비시에르와 쟝-루이 비시에르(Isabelle et Jean-Louis Vissière)가 1702년에 프랑스어로 편집·출판하기 시작한 『몇몇 예수회 선교사들의 서간들, 동방의 중국과 인도에 관한 글들(*Lettres de quelques missionairres de la Compagne Jésus, écrites de Chine et des Indes Orientales*)』(서간모음집)이 있다. 이 모음집은 이후 그 제명이 『감화적이고 신기한 서간들, 국제선교단의 글들(*Lettres Édifiantes et Curieuses, écrites des missions étrangères*)』로 바뀌어 1776년까지 70여 년 동안 연속 간행되었다. 예수회 선교사들의 이 서간모음집은 중국의 밝은 면과 어두운 면을 선교사들의 굴절된 시각으로 담고 있다. 여기에 수록된 특히 공자의 유교를 논한 16통의 서한은 공자철학을 확산시키는 데 상상을 초월하는 영향을 미쳤다.

아무튼 당대 유럽에서 예수회 신부들이 번역·출판한 공자경전과, 중국·코리아·일본에 관한 보고서 및 저술은 17세기 후반부터 유럽인들 사이에서 널리 읽혔고 이들의 정신을 개화·계몽했다. 말하자면, 중국과 동아시아에서의 선교를 위한 선교사들의 공자연구와, 이 연구 과정에서 서양으로 유입된 공자철학은 그 굴절과 왜곡 속에서도 이 시대 사상논쟁에 직간접으로 깊이 침투해 '참고적' 영향을 넘어 유럽의 철학사상을 근대화하는 '본질구성적' 영향을 미쳤고 자기들밖에 모르던 유럽인들의 몽매한 기독교중심적 세계관에 대한 일대 격몽擊蒙을 통해 각국에서 계몽주의의 씨앗을 수태시키고 그 발아의 투지를 북돋웠던 것이다.345)

제3절 공자열광과 계몽주의적 근대화 기획의 태동

1613년에 공자가 처음으로 유럽에 소개된 지 50년 만인 1662년 『대학』과

---

345) 참조: Clarke, *Oriental Enlightenment*, 40쪽.

『논어』의 라틴어 번역서 『중국의 지혜』가 출판된 것을 기점으로 17세기 말을 전후해 공맹경전이 거의 다 완역되자 공맹철학이 유럽 전역에 점차 유포되었다. 이와 동시에 새로운 극동지식과 공자철학을 바탕으로 성서와 스콜라철학에 도전하며 유럽의 봉건적 가치관과 정치현실의 변혁을 추구하는 계몽철학의 싹들이 도처에서 발아하기 시작했다. 당시 17세기 중반부터 계몽의 선구자로 등장한 사람들은 르 베예, 아이작 보시어스, 존 웹, 스피노자, 컴벌랜드, 윌리엄 템플 등 당대 최고의 철학자이자 왕사王師들이었다.

3.1. 중국의 경험적 과학기술과 프란시스 베이컨의 근대적 경험론(1620)

많은 학자들은 프란시스 베이컨(Francis Bacon, 1561-1626)만은 유럽 또는 영국 고유의 새로운 경험론 철학을 개창하고 전개한 철학자라고 생각한다. 그러나 베이컨의 저작들이 더 면밀하게 연구된 오늘날, 학자들은 그의 저작들도 모두 다 중국의 과학기술과 정치문화의 영향 아래 쓰인 것으로 입증해냈다. 중국의 경험과학·기술의 영향은 유럽에서 경험주의 인식론 철학의 새 길을 개척하고 과학기술의 발전과 그 인류보편적 선차성을 설파한 『학문의 진보』(1605), 『신기관』(1620), 『뉴아틀란티스』(1627) 등도 예외가 아니었던 것이다.

■중국의 한자와 경험적 과학기술에 대한 베이컨의 관심

프란시스 베이컨은 수많은 서적과 보고서, 중국인들과 접촉한 선원들과의 담화와 구전을 통해 중국의 경험과학과 기술을 잘 알고 있었다. 베이컨은 당대 영국에 가용한 중국학적 지식의 맥락에서 중국과 중국인들, 그리고 중국기술들에 대한 수많은 언급을 남겨놓고 있다. 베이컨의 중국지식은 단순한 상상이나 수사적 제스처 수준이 아니라 아주 광장했다. 중국과 한자漢字, 그리그 중국 과학기술에 대한 그의 명제들은 당대의 정통적 지성들과 대등한 수준의 진지한 주장들이었다.

이 중국 관련 주장들은 특히 베이컨의 언어철학과 중국의 "진짜 부호문자"에 대한 그의 독해에 대한 당대 비평에서 중요한 함의를 갖는다. 나아가 그의

흩어진 어록들을 모아놓을 때 생겨나는 중국의 아지랑이 같은 영상은 『뉴아틀
란티스』에서 선보이고 베이컨의 철학 프로그램 전체에 중심적인 사이언토크라
트적(scientocratic) 이상국가 비전에 명백한 모델을 제공하고 있다.346) 심지어 그의
『뉴아틀란티스』(1627)도 중국인들의 과학기술 입국立國과 발명재간을 암암리에
모방한 것이라고 해도 과언이 아니다.

- '진짜 부호문자'로서의 한자에 대한 베이컨의 이해

베이컨의 최초의 중국학적 관심은 '한자'에 쏠려 있었다. 그는 1605년 『학문
의 진보』에서 중국 한자를 "진짜 부호문자"로 규정한다.

> 그리고 중국과 더 먼 동쪽 지방에서 사람들이 글이나 단어(nec literas, nec verba)가 아니
> 라 사물과 개념들(res & notion)을 표현하기 위해 오늘날 명목적이지 않은 일정한 진짜
> 부호문자들(characterses quidam reales, non nominales)을 사용하고 있다는 것은 현재 잘
> 알려져 있다. 수많은 민족들이 상당히 다른 언어들을 쓸지라도 이 부호문자를 사용
> 하는 데 동의해서 필답과 글로 상호소통을 가질 정도다. 그리하여 이 부호문자로
> 쓰인 책은 각 민족에 의해 그 민족의 고유한 언어로 읽히고 번역된다.347)

베이컨이 이론화한 '진짜 부호문자(real character)'에 대해 가장 명확하게 기술하는
이 구절은 베이컨 언어철학의 요체가 되었다. 중국 한자에 대한 베이컨의 이
묘사는 결코 거짓 주장이거나 당혹시키는 경멸이 아니라, "자신의 복잡하고
박식한 중국지식에 뿌리박은 진지한 논변"이다.348)

중국에 대한 베이컨의 자각적·의식적 지식은 그의 언어철학과 『뉴아틀란티
스』에 핵심적인 유토피아적 비전과의 관계에서 광범한 함의를 가지는 것이다.

---

346) 참조: Jonathan E. Lux, "'Character reall': Francis Bacon, China and the Entanglements of Curiosity".
　　Renaissance Studies, Vol. 29, Issue 2 (April 2015).

347) Francis Bacon, *The Advancement of Learning* [1605], edited by Joseph Devey (New York: Press
　　of P. F. Collier & Son, 1901), 248-249쪽.

348) Lux, "'Character reall': Francis Bacon, China and the Entanglements of Curiosity", 184쪽.

중국에 대한 늘 깨어 있는 의식적 지식과 중국에 관한 그의 부수적 글들은 중국의 발명과 기술들을 그가 구성하는 학문의 대역사 속으로 통합할 필요성을 인정하는 "지식의 부흥"을 위한 일종의 전 지구적 천명天命을 함의한다. 베이컨은 "자연적 세계를 채록하는(document)", 그의 표현을 쓰면 '신의 작품들의 책'을 옮겨 쓰는 "보다 객관적인 부호(기표)"를 요구했다. 이 부호체계의 창조에서의 결정적 벽돌, 즉 '진짜' 부호문자는 직접적인 시각적 시냅스나 청음聽音에 종속된 기표記標와 기의記意 간의 연관들을 드러내 보이는 그래픽 현상이다. 기표와 기의는 말이나 문서라기보다 "상징" 또는 "표상"의 존재론적 제목 아래 끼워 넣어진다. 베이컨에게 상징은 "지성적 생각"을 "감각적 이미지(象)"로 환원한 "사물들의 닮은꼴과 비유"를 드러낼 수 있다. 그러므로 '진짜' 부호문자에 기초한 글자 기표체계는 관념들의 세계를 쉽사리 시각적으로 만들어준다.349)

베이컨은 입말 언어와 결별한 부호체계, 즉 '진짜' 부호문자가 지식의 질적 개선을 제공할 수 있을 것이라는 희망을 품었다. 베이컨의 진짜 부호문자는 상상적 도피의 고안물이 아니라, 세계의 먼 곳에서 쓰이고 있다고 믿을 충분한 이유가 있는 하나의 '기술'이었다. 베이컨이 진짜 부호문자를 언급하기 직전의 정황을 면밀하게 살펴보면, 중국 한자의 모범적 중요성이 부각되어 나온다.

진짜 부호문자에 관한 기술을 출판한 1605년 직전까지 여러 해에 걸쳐 중국과 중국어에 대한 구체적 지식정보의 조용한 보급과 유통이 런던에서 벌어졌다. 1603년 9월 11일, 중국인들을 보고 온 250여 명의 영국인들이 런던에 귀환했다. 이들은 '동인도로 무역하는 런던 상인들의 회사'와의 계약하에 제임스 랑카스터(James Lancaster, 1554-1618)가 이끈 첫 항해의 생존자들이었다. 랑카스터 선단船團은 후추 이상의 것을 가지고 돌아왔다. 그들은 중국인들이 후추무역을 주름잡고 있어서 한자가 통상적으로 쓰이는 바타비아(자카르타)에서 무역한 경험을 상기시켰다. 이 항해 직후 중국에 새로운 관심을 일으키는 여러 사건들이 런던에서 일어났다. 이 중 몇 건은 고도로 시각적이었고, 또 정치적으로 중요한 맥락에서 전개되었다. 가령 『중국 마술사의 가면』이 1604년 신년 첫날 햄프턴

---

349) Lux, "'Character reall': Francis Bacon, China and the Entanglements of Curiosity", 184-185쪽.

궁에서 공연되었다. 또한 영국에 중국 서책들이 반입되었다. 1604년 초 보들리언 도서관의 중국 수집관은 사서四書 몇 권과『맹자』의 일부를 소장했다. 베이컨의『학문의 진보』가 나오기 전에 적어도 한 질의 중국 서적이 영국에 들어왔다.『수호전』도 들어왔다. 베이컨이 이 성장하는 사회적·문헌적 의식의 그물망에 대해 무엇을 알았는지 확실히 말할 수는 없지만, 그는 런던 거주자로서나 토마스 보들레이와 서신을 주고받는 친구로서만이 아니라 보들레이, 왕비, 기타 대귀족들에 대한 정보제공자로서도 이 사건들을 알 수 있는 좋은 입지에 있었다. 또한 20여 년 전부터 대륙에서 중국 관련 서적들이 출판되는 흐름은 '진짜 부호문자'에 관한 그의 글에 직접적 영향을 미쳤을 것이다.350)

당시 런던에서 영역·출판된 호세 데 아코스타(José de Acosta)의『인도의 자연과 도덕의 역사(Hostoria natural y Moral de las Indias)』의 영역본(1604)은 중국 한자에 대해 이렇게 말한다.

중국인들은 알파벳이 없고 어떤 글자도 쓰지 않으며 그들의 모든 글씨는 그림과 암호 외에 아무것도 아니다. 그들의 글자는 우리의 글자가 그러는 것처럼 구분의 부분들을 뜻하는 것이 아니라 태양, 불, 사람, 바다, 기타 것들과 같은 사물들의 형상과 표현물들이다.351)

이 인용문은 베이컨의 '진짜 부호문자'와 직접 관련된 것으로 보인다. '진짜 부호문자'는 그에 의하면 '시장의 우상', 즉 언어담화공동체의 애매모호한 사실 왜곡으로부터 해방시켜준다.

아코스타의 한자漢字 묘사는 에스칼란테(Bernardino de Escalante, 1537-1605)의『중국항해론(Discurso de la navegación que los portugueses hazen a los reinos y provincias del oriente, y de la noticia que se tiene del reino de China)』(1577)에 의해서도 뒷받침되었다. 이 책은

---

350) Lux, "'Character reall': Francis Bacon, China and the Entanglements of Curiosity", 186-187쪽.

351) José de Acosta, The Natural and Moral Histories of the East and West Indies (London: Val. Sims, 1604), 95, 441쪽. Lux, "'Character reall': Francis Bacon, China and the Entanglements of Curiosity", 188쪽에서 재인용.

1579년 영역되었다.[352) 에스칼란테는 한자를 이렇게 설명한다.

> 중국의 백성들은 그들의 A, B, C에서 아무런 글자도 없다. 왜냐하면 그들이 쓰는 모든
> 것은 형상들에 의거하고, Guant(天의 오기 – 인용자)라고 부르는 하늘을 – 이를 뜻하
> 는 – 하나의 형상에 의해 의미하기 때문이다. 그리고 그들이 Bontai(天子의 오기–
> 인용자)라고 부르는 왕은 바로 이것이다. 그리고 유사한 질서로 (…) 서로 다른 5,000개
> 이상의 부호 또는 형상을 그들은 아주 쉽게 만든다. 나는 한 중국인이 그것을 쓰는
> 것을 보았고, 나는 그에게 일정한 이름들을 써보라고 요청했는데 (…) 그 형상들은
> 이해하기 쉬웠고, 우리의 부호에 의해서처럼 그들의 형상에 의해 산술적으로 어떤
> 계산방법을 합산하거나 그만두는 것이 쉬웠다.[353)

여기서 문제가 되는 한자는 에스칼란테의 스페인어 원본에 나타난 '성城'자의
고도 초서체다. 에스칼란테는 중국백성들이 다양한 언어를 말하면서도 소통을
위해서 이 부호에 의존한다는 인상을 주고 마치 중국어를 배우지 않고도 한자
를 읽을 수 있는 것처럼 설명하고 있다. 그리고 계산에도 한자를 사용한다는
설명은 그릇된 것이다.

아코스타의 한자 설명은 다시 멘도자에 의해서도 뒷받침되었다. 멘도자는
한자를 계산에도 쓴다고 설명하는 에스칼란테의 오류를 반복하지 않았다. 베이
컨은 중국 한자에서 얻은 이 '진짜 부호문자' 지식을 『뉴아틀란티스』에서 기독
교적 문자 기적으로 활용한다.

- 중국의 과학기술에 대한 베이컨의 관심
'진짜 부호문자'에 대한 언급처럼 베이컨의 백과사전적 저작들은 중국에

---

352) Bernardino de Escalantee, *A Discourse of the Navigation which the Portugales doe Make to the Realmes and Provinces of the East Partes of the Worlde, and of the Knowledge that growes by them of the Great Thinges, which are in the Dominion of China* [1577], translated out of Spanish into English (London: Imprinted by Thomas Dawson, 1579).

353) Escalantee, *A Discourse of the Navigation*, 30쪽.

관한 그의 자료원천들과 이 자료들의 활용에 관한 매우 귀중한 힌트를 주는 중국문화에 관한 풍부한 서술을 포함하고 있다. 이것이 덧없는 일과적 서술이 아니라는 것은 화약, 인쇄술, 나침반의 발명과 관련된 그의 기술을 보면 알 수 있다. 그는『신기관』제1권을 마치기 직전의 패러그래프에서 이렇게 말한다.

고대인들에게 알려지지 않은, 그리고 그 기원이 최근일지라도 모호하고 찬미되지 않은 세 가지 물건, 즉 인쇄술, 화약, 나침반의 기술이 가장 명백하게 보여주는 발견의 힘과 권능과 중요한 귀결을 살피는 것이 도움을 준다. 사실 이 세 가지 것들은 전 지구에 걸쳐 사물들의 면모와 상황을 전변轉變시켰다. 첫 번째 것은 문예, 두 번째 것은 전쟁술, 세 번째 것은 항해를 전변시켰다. 그리고 이어서 셀 수 없이 많은 변화들이 뒤따랐다. 어떤 제국도, 어떤 종파도, 어떤 별도 저 기계적 물건들보다 더 큰 권능과 영향력을 인간사에 행사하지 못한 것으로 보인다.354)

여기서 베이컨은 세 가지 물건의 "기원"이 "모호하다(obscure)"고 말하고 있다. 그러나 인쇄술·화약·나침반의 중국적 기원을 그가 전혀 몰랐던 것은 아니다. 그는 도처에서 이 세 기술을 중국과 관련해서 언급하기 때문이다. 베이컨은 이 세 가지 발명품을 지구를 혁명화한 촉매제로 평하고 있다. 베이컨의 과학철학에 본질적 중요성을 갖는 이 세 가지 기술은 인간사의 상태를 바꾸는 "발명의 가치"에 대한 결정적 예증들이었다.355)

이 중 두 가지는 중국의 수출품이고 이것을 베이컨도 알고 있었다. 기술로서의 무기가 "복귀 또는 변천(vicissitudes)"에 의존한다는 것을 입증할 목적으로 쓴『공적, 도덕적 논고 또는 자문(The Essays or Counsels, Civill and Morall)』의 한 섹션에서 베이컨은 이렇게 설파한다.

무기에 관한 한, 규칙과 관찰에 들어가기 어렵다. 하지만 우리는 이것들도 순환과

---

354) Bacon, *The New Organon* [1620] (Cambridge: Cambridge University Press, 2000), Bk. I, CXXIX(129).
355) Lux, "'Character reall': Francis Bacon, China and the Entanglements of Curiosity", 192쪽.

변천(vicissitudes)이 있다는 것을 안다. 왜냐하면 대포는 인도의 옥시드레이크스 시에서 알려져 있었고, 마케도니아인들이 천둥번개와 매직이라고 부른 것이라는 점은 확실하기 때문이다. 그리고 대포가 중국에 2,000년 이상 사용되어왔다는 것도 잘 알려져 있다.[356]

여기서 대포의 사용은 화약의 사용을 포함한다. '대포(ordnance)'라는 말이 원래 발사기와 화약을 사용하는 무기를 정의하기 위해 도입된 술어이기 때문이다. 베이컨은 화약의 발명을 중국인에게 귀속시키지 않은 반면, 그의 연대기는 중국인들을 가장 이른 화약사용자로 자리매김하고 있다. 이와 대조적으로 고전적 유럽학문과 연결된 고대 마케도니아는 이상야릇한 격세유전적 광경을 연출케 하고 있다.[357]

또 인쇄술이 중국에서 기원했다는 사실은 베이컨도 알고 있었다. 이것은 멘도자의 책 『중국제국의 역사』(1585)의 한자漢字 설명 부분 옆에 나타나는 주제에 관한 베이컨의 표시에 주목하면 쉽사리 확인된다. 더 결정적인 증거는 루이 르로이(Luis Leroy, 1510-1577)의 책 『우주의 사물들의 변천 또는 다양성(De la Vicissitude ou Variété des Choses en L'univers)』(1575)이다. 이 책은 1594년에 영역되었다. 르로이의 이 책은 마치 베이컨의 후기 에세이에 나오는 아이디어들을 해명해주는 데 바쳐진 서적처럼 읽힌다. 이것은 베이컨이 르로이의 분석만이 아니라 프랑스 원전의 제목에 나오는 "변천(vicissitude)"이라는 술어 자체도 차용한 것으로 보이는 사회적·기술적 형태들의 변화무쌍함에 관한 확장된 성찰이다. 여기서 특별히 흥미로운 것은 베이컨이 말하는 세 가지 가장 중요한 발명품을 기술하는 장절을 포함한 부분이다. 방금 말한 술어차용과 설명의 결정적 유사성이 전제되면 베이컨이 인쇄술의 중국적 기원에 관한 멘도자의 묘사와, 이 인쇄술이 육로로 독일에 들어왔을 것이라는 멘도자의 추정을 선취하는 르로이

---

356) Francis Bacon, The Essays or Counsels, Civill and Morall (Cambridge: Cambridge University Press, 1985), 176쪽. Lux, "'Character reall': Francis Bacon, China and the Entanglements of Curiosity", 192쪽에서 재인용.

357) Lux, "'Character reall': Francis Bacon, China and the Entanglements of Curiosity", 192쪽.

의 책에 친숙했다고 전제하는 것은 전혀 과언이 아니다. 르로이는 말한다.

> 포르투갈 사람들은 동방과 북방의 가장 먼 지역에서 무역하며 중국과 카타이(Cathay;
> 이 명칭은 중국을 가리키는 중세용어인데 여기서는 중국 주변국가들을 뜻하는 것으로 보인다
> – 인용자)로 들어가 그 나라의 언어와 글씨로 인쇄된 서책들을 가지고 와서 오랫동안
> 그것을 사용했다고 말했다. 이 때문에 어떤 이들은 이 발명품이 그 나라로부터 타타
> 르 지역과 모스크바를 거쳐 독일로 들어왔고 그 뒤에 나머지 기독교세계에 전해졌다
> 고 생각하게 되었다.[358]

이 주장은 문맥상 충분히 충격적이다. 중국인들에 관한 르로이의 더 많은 기술
은 기술역사의 게으른 관심을 뛰어넘어 중국 토착의 "자연적 매직"에 관한
상상적 설명 속으로 넘어 들어간다. 르로이는 '매직'을 상이한 제목으로 구분한
다. "미신적 매직"은 전통적 의미의 마법이고, "자연적 매직"은 "고대인들 사이
에서 덕스러운" 발명가들의 작품, 즉 '과학기술'이다. 르로이는 말한다.

> 그들(이 덕스러운 발명가들)은 그것(자연적 매직)에 의해 세계의 비밀 속에, 자연의 가슴
> 속에, 그리고 신의 신비 속에 숨겨진 기적들을 관찰함으로써 세계의 합치와 천지의
> 합일을 발견하고 상위의 것들을 하위의 것들에 적용시켰다. (⋯) 이것은 플로티누스
> 를 움직여 자연적 매직을 직업으로 삼는 마술사들, 즉 자연의 대리인들(ministers of
> Nature)이라고 부르게 했다. 그것(자연적 매직)은 오늘날 중국과 카타이(Cathay)에서 많
> 이 쓰이고 있다. 중국과 카타이는 가장 창의적이고 가장 근면한 백성이 사는 나라들
> 이다. 그곳에서 백성들은 박식하지 않고는, 말하자면 이 매직에 박식하지 않고는 나
> 라의 관직과 영예를 획득하는 것이 허용되지 않는다.[359]

---

358) Luis Leroy, *De la Vicissitude ou Variété des Choses en L'univers* (1575). 영역본: *Of the Interchangeable Course, or Variety of Things in the Whole World* (London: Printed by Charles Yetsweirt Esq., 1594), 111-112쪽.

359) Leroy, *Of the Interchangeable Course, or Variety of Things in the Whole World*, 50쪽.

르로이는 중국백성이 마술사들로서 또는 "자연의 대리인들"로서 세계의 비밀과 신의 신비스러운 권능을 야릇한 종합 속에서 결합하는 발명의 방법을 실행한다는 인상을 독자들에게 맡기고 있다. "천지의 합일" 또는 "세계의 합치"는 르로이에 의한 '미신적 매직'과 '자연적 매직'의 구분을 전 저작에 걸쳐 견지하는 베이컨의 철학에 핵심적인 '세계의 질서정연한 조직화'를 상기시킨다. 자연적 매직에 대한 베이컨의 접근과 '살로몬의 집'(베이컨의 『뉴아틀란티스』의 이상국가 벤살렘의 사이언토크라트 집단)에 대한 선례를 찾는다면, 중국 마술가들에 대한 르로이의 이 묘사가 바로 그 가능성들을 담고 있다.360)

그러나 중국에 관한 베이컨의 자료원천에 대한 추적은 이런 모방사례들보다 훨씬 더 나아간다. 베이컨은 중국의 연단술(연금술)을 "중국적 광기"로 여러 번 언급한다. 베이컨은 『삶과 죽음의 역사(Historia Vitae et Mortis)』(1623)와 『실바 실바룸(Sylva Sylvarum)』(1627)에서 중국 연단술을 광기의 견지에서 묘사하고 있다. 『삶과 죽음의 역사』에서 베이컨은 "광적일 정도로 장수를 바라는" 중국인들을 기술한다. 이 장수 프로젝트에 대한 그의 묘사가 "정당한 과묵"을 연출하며 이 프로젝트를 과도하게 열성적인 것으로 간주하는 반면, 문맥상으로 문장의 색조가 아주 비판적인 것과는 거리가 멀다. 『삶과 죽음의 역사』는 수명 연장을 위한 수많은 다양한 도식들을 개략하고 그 목적을 베이컨의 유명한 '지식의 부흥'의 최고 가능한 목표로 화려하게 설정하고 있다. 그리고 문맥상으로 보면 그는 중국 연금술을 과도하다고 여기는 반면, 그것을 적절한 목표이자 방법으로 염두에 두는 것처럼 보인다. 그리고 "수명의 연장(prolongation of life)"을 슬그머니 『뉴아틀란티스』의 연구 프로젝트에 집어넣었다.361) 베이컨의 이 "중국적 광기"의 자료원천은 마테오리치의 『중국인들 사이에서의 기독교 선교』(1615)인 것으로 분석된다. 그러나 이것으로 베이컨의 자료원천이 끝나는 것이 아니다. 베이컨은 그의 생존기간에 영국에서 출판된 50여 권의 중국 관련 서적과 보고서들을 참조했을 것이다.362)

---

360) Lux, "'Character reall': Francis Bacon, China and the Entanglements of Curiosity", 194쪽.

361) Bacon, *The New Atlantis*, 254쪽.

가령 『실바 실바룸』은 "중국인들이 오늘날 말고기를 먹는다"고 말한다.363) 그리고 중국인들은 "용모가 밉고(황색이다)" "특히 그들의 왕과 대인들"은 "볼을 빨갛게 색칠한다"고도 쓰고 있다.364) 이런 것들은 베이컨이 서책에서 읽었다기보다 대화와 구전을 통해 얻어들은 것으로 보인다.365)

그 밖에도 중국의 경험주의적 과학기술을 언급하는 곳이 많다. 베이컨은 『학문의 진보』에서 "종이 제작은 지금까지 아마에 한정되어 있었고, 중국인들을 제외하고는 비단에 응용하지 않았다"고 말하기도 한다.366) (이때까지도 베이컨은 극동에서 종이를 닥나무로 만들고 있다는 사실을 모른 것으로 보인다.) 『신기관』(1620)에서는 "명주"의 발견과 "중국의 식물들"을 언급하기도 하고,367) "우리는 (…) 땅에 물건들을 묻는 것과 같은 것에서 발생하는 것과 같은 냉기의 사례들을 모으는 데 온갖 부지런을 떨어야 한다"고 말하고, "이것은 도자기를 만드는 중국인들의 방법이라고 얘기되는데 거기서는 이 목적에 알맞은 물질이 땅 아래 40-50년 동안 묻혀 있고 일종의 인공광산처럼 상속인들에게 유증된다고 보고되고 있다"고 말하기도 한다.368) 『뉴아틀란티스』(1627)에서도 땅속에 묻는 중국의 도자기에 대해 언급한다.369) 그리고 3,000여 년 전에 중국도, 지금은 정크선과 카누밖에 없는 큰 아틀란티스(당신은 이것을 아메리카라고 부른다)도 높은 배들로 가득했다고370) 말한다.

---

362) Lux, "'Character reall': Francis Bacon, China and the Entanglements of Curiosity", 195쪽.

363) Francis Bacon, *Sylva Sylvarum: Or a Natural Historie in Ten Centuries* (London: John Haviland Augustine Mathews, 1627), 185쪽.

364) Bacon, *Sylva Sylvarum*, 155쪽.

365) Lux, "'Character reall': Francis Bacon, China and the Entanglements of Curiosity", 196쪽.

366) Francis Bacon, *The Advancement of Learning* [1605], edited by Joseph Devey (New York: Press of P. F. Collier & Son, 1901), 291쪽.

367) Bacon, *The New Organon*, Bk. I, Aphorism CIX, 86쪽.

368) Bacon, *The New Organon*, Bk. I, Aphorism L (3), 211-212쪽.

369) Francis Bacon, *The New Atlantis* [1627], 251쪽. Charles M. Andrews, *Ideal Empires and Republics: Rousseau's Social Contract, More's Utopia, Bacon's New Atlantis, Campanella's City of the Sun* (Washington·London: M. Walter Dunne, 1901).

370) Bacon, *The New Atlantis*, 248쪽.

■공자의 '자연(본성)의 빛'과 베이컨의 '경험의 빛'의 경험주의 철학

훗날 라이프니츠는 중국의 자연학(물리화학)과 기술을 경험관찰에 기초한 경험적 과학기술로 규정했다. 라이프니츠는 1689년 그리말디(Claudio Filippo Grimaldi) 신부에게 보낸 한 서신에서 이렇게 말한다. "우리도 당신을 통해, 오랜 관찰에 의해 알려진 자연의 다양한 비밀들에 관해서 중국인들의 은혜를 입고 있습니다. 수학은 지성의 이론적 고구에 더 많이 의거하지만, 자연학(물리화학)은 실천적 관찰에 더 많이 의거하기 때문입니다. 수학에서는 유럽이 뛰어나지만 실천적 경험에서는 중국인들이 우월합니다. 수천 년 이래 번영한 중국인들의 나라에는, 유럽에서 민족이동으로 인해 대부분 망실된 고대인들의 전통이 그대로 보존되어 있기 때문입니다."[371] 베이컨이『신기관』에서 전개한 경험주의 인식 방법론은 중국의 이 '경험적' 과학기술의 영향 아래 탄생한 것이다.

그리고 베이컨은 공자의 '천명'으로서의 본성론에서도 경험론적 원칙을 끌어온 것으로 보인다.『중용』은 "하늘이 명한 것을 본성本性이라 하고 이 본성을 따르는 것을 도道라 하고 이 도를 갈고닦는 것을 교敎라 한다(天命之謂性 率性之爲 道 修道之謂敎)"고 가르친다.[372] 그리고 "성실해서 밝게 빛나는 것은 본성이라고 한다(自誠明 謂之性)"고 전제하고 "오직 천하의 지성至誠만이 능히 그 성을 다할 수 있고 그 성을 다할 수 있으면 인간본성을 다할 수 있고, 인간본성을 다할 수 있으면 사물의 본성을 다할 수 있다(惟天下至誠 爲能盡其性 能盡其性 則能盡人之性 能盡人之性 則能盡物之性)"고 가르친다.[373]

공자철학에서 '솔성'의 '도'는 곧 '중도中道'를 말한다.『역경』에서 "한 번 음하고 한 번 양하는 것은 도라고 한다. 이것을 잇는 것은 선이고 이것을 이루는 것은 성이다. 인자가 그것을 드러내면 그것을 인이라 하고 지자가 그것을 드러내면 그것을 지라 한다(一陰一陽之謂道 繼之者善也 成之者性也 仁者見之謂之仁 知者見之謂之知)"고[374] 설파하고 있다. '일음일양一陰一陽'은 음양이 조화되어 중

---

371) Leibniz, "Leibniz an Claudio Filippo Grimaldi"(19. Juli 1689). Georg(sic!) W. Leibniz, *Novissima Sinica - Das Neueste von China* [1697] (Köln: Deutsche China-Gesellschaft, 1979), 84쪽.

372)『中庸』(1章).

373)『中庸』(21, 22章).

도를 이루는 것을 말한다. 따라서 '도'는 늘 '중도'이고, 사람에게서 발현되면 선도善道·인도仁道라 하고, 성性(인간본성과 사물본성)을 알면 이를 일러 '지식'이라 한다.

그리고 '인간본성'은 일차적으로 '이성'이 아니라 '감성'을 말한다. 공맹은 사단칠정四端七情과 중화中和만을 말하기 때문이다. "희로애락이 아직 발동하지 않은 것을 중이라 하고 발동했으나 다 절도에 적중한 것을 화라 한다. 중이라는 것은 천하의 대본이고, 화라는 것은 천하의 달도다. 중화를 이루면 천지가 이에 정위하고 만물이 화육한다.(喜怒哀樂之未發 謂之中, 發而皆中節 謂之和. 中也者 天下之大本也, 和也者 天下之達道也. 致中和 天地位焉, 萬物育焉.)"375) 이 구절은 인간본성이 일차적으로 감성이고, 중화는 천하의 대본·달도일 뿐만 아니라 우주자연(천지)의 정위와 화육의 도라는 두 가지 사실을 말하고 있다. 그리고 맹자는 주지하다시피 공자의 인·의·예·지 사덕론과 참달지심론慘怛之心論을 이어 도덕적 사단지심(측은지심·수오지심·공경지심·시비지심)이 인간의 또 다른 본성이고 인·의·예·지의 발단임을 밝혔다. 따라서 공맹이 말하는 인성은 일차적·본질적으로 감성이지, 결코 이성이 아닌 것이다. 따라서 공자철학은 '자연(천지)과 인간의 본성의 밝음'을 지침으로 삼고 이 인간과 자연의 본성(인지성人之性과 물지성物之性)을 밝히고 완성하는 '진성盡性'의 철학인 것이다.

그리하여 발리냐노와 산데는 1590년 마테오리치의 보고를 근거로 『로마교황청 방문 일본사절단』에서 공자의 철학을 "자연(본성)의 빛(the light of nature)"을 지침으로 삼는 철학으로 소개했다.376) 퍼채스와 마테오리치는 이를 다시 확인했다.377) 이들이 전하는 '자연의 빛의 철학'으로서의 공자철학의 영향 속에서

---

374) 『易經』「繫辭上傳」(5).

375) 『中庸』(1章).

376) Anonym (Alessandro Valignano & Duarte de Sande), *Japanese Travellers in Sixteenth-Century Europe: A Dialogue Concerning the Mission of the Japanese Ambassador to the Roman Curia* [1590], edited and annotated with introduction by Derek Massarella, translated by J. F. Moran (London: Ashgate Publishing Ltd. for The Hakluyt Society, 2012), 423쪽.

377) Samuel Purchas, *Purchas, his Pilgrimage. Or Relations of the World and the Religions observed in all Ages and Places discovered from the Creation unto this Present* (London: Printed by William

베이컨은 중국의 과학기술을 경험주의 과학으로 이해하고 『신기관』에서 "경험의 참된 질서가 처음으로 빛을 피우고 그 빛으로 길을 보여주게" 만들어378) "자연의 빛(the light of nature)을 분절시키고 뒤틀지"379) 않도록 함으로써 "자연본성과 경험의 빛(the light of nature and experience)에 기초한 기계공예술"을 추구할 것을 천명했다.380) '자연의 빛', '본성의 빛'이라는 술어는 중세 유럽에서도 쓰이던 말이지만, 공자철학을 특징짓는 데 투입되면서 '자연의 경험적 빛', '감성적 본성의 빛' 또는 '물리적 자연(物性)의 빛'이라는 의미로 전환되었다. 리처드 후커만 하더라도 '자연의 빛'을 '은총의 빛'이나 '성서의 빛'과 구별하거나 대립시키면서 '자연(본성)의 빛'을 "통상적 분별과 판단(common discretion and judgment)" 또는 "인간들의 마음속의 공통된 자연의 빛", 아예 '이성의 빛'의 뜻으로 사용했다.381) 그리고 반드시 '성서의 빛'에 대비되는 '자연의 빛'의 "불충분성(unsufficiency)"을 지적했다.382) 반면, 베이컨은 이 '자연의 빛'을 공자철학에 따라 명확하게 '감성적 경험의 빛', 또는 '자연사물의 빛'으로 해석했다. 이를 바탕으로 베이컨은 '성서의 빛', '계시의 빛', '은총의 빛', '신앙의 빛' 등을 미신으로 몰아 과학으로부터 추방함과 동시에 이성을 맹신하는 고대 그리스의 플라톤·아리스토텔레스의 형이상학적 '이성의 빛'과 감성을 맹신하는 에피쿠로스의 소박경험론을 둘 다 과학으로부터 추방했다.

베이컨은 공자철학처럼 '본성의 빛', '자연의 빛'을 '불충분한' 빛이나 '불완전

Stansby for Henrie Fetherstone, 1613·1614), 443쪽; Luis J. Gallagher, *China in the Sixteenth Century: The Journals of Matthew Ricci* (New York: Random House, 1942·1953), 93쪽.

378) Bacon, *The New Organon*, Bk. I, Aphorism LXXXII, 67쪽.

379) Bacon, *The New Organon*, Bk. I, Aphorism XLII, 41쪽. "자연의 빛"이라는 표현은 LVI에서도 쓴다.

380) Bacon, *The New Organon*, Bk. I, Aphorism LXXXIV, 61쪽. "경험의 빛"이라는 표현은 XLIX에서도 쓴다.

381) Richard Hooker, *Of the Laws of Ecclesiastical Polity* [Bk. 1-4, 1594; Bk. 5, 1597; Bk. 6-8, 유고출판], Bk. 2, Ch. viii.7, Bk. V, Ch. lxvi.8, Bk. 5, Ch. lxxxi.14, *The Works of Mr. Richard Hooker* (Oxford: At the Clarendon Press, 1888).

382) Hooker, *Of the Laws of Ecclesiastical Polity*, Bk. 1, Ch. xi.6, Ch. xii.3, Ch. xiii.1, Bk. 2, Ch. viii.4, 5.

한 빛으로 본 것이 아니라, '충분한 빛', '완전한 빛'으로 간주했다. 훗날 공자경
전을 직접 읽은 유럽의 철학자들과 같이 공자의 '자연의 빛'의 철학을 '완벽한
빛'의 철학으로 여겼기 때문이다. 쿠플레의 경전번역서『중국철학자 공자』를
불역한 드라브륀·쿠셍·푸셰(Jean de Labrune, Louis Cousin & Simon Foucher)는 1688년
'역자서문'에서 '자연의 빛'의 철학을 이렇게 찬미하고 있다.

> 이 철학자의 도덕은 무한히 숭고하지만 동시에 간단하고, 깨치기 쉽고, 자연적 이성의
> 가장 순수한 원천으로부터 도출된 것이다. 확언하건대, 신적 계시의 빛을 결한 자연적
> 이성이 이처럼 잘 전개되어 나타난 적도, 이토록 강력하게 나타난 적도 없었다.383)

기독교적 '계시의 빛'을 결한 공자의 '자연의 빛'의 철학을 "자연적 이성의
가장 순수한 원천으로부터 도출된" "무한히 숭고하지만 동시에 간단하고, 깨치
기 쉬운" 철학, "자연적 이성이 잘 전개되어 아주 강력하게 나타난" 철학으로
찬미하고 있다. 이 찬미 속에서는 공자철학의 '자연의 빛'이 신적 계시에 비해
불완전하거나 불충분하다는 지적이 전무한 것을 넘어 그 자체로서 신적 계시를
능가하는 것처럼 묘사되고 있다. '자연적 이성(la raison naturalle)'이라는 표현이
귀에 거슬리지만 드라브륀·쿠셍·푸셰는 적어도 공자의 '자연의 빛'의 철학이
그 자체로서 '완벽함'을 잘 밝혀주고 있다.

베이컨이 서양의 모든 전통적 인식론과 기독교설을 모조리 거부하고 다문다
견多聞多見·박학심문博學審問·신사명변愼思明辯의 '학이사思學而思'와 '술이부작述
而不作'에 기초한 공자의 '서술적序述的 경험론'과384) 본질적으로 유사한, '자연
적 경험의 빛'에 의거한 '비판적 경험론'을 전개한 것은 그에 대한 공자철학과

---

383) Jean de Labrune, Louis Cousin & Simon Foucher (trans.), *La morale de Confucius, philosophe de
la Chine* (Amsterdam: Chez Pierre Savouret, dans le Kalver-straat, 1688), "avertissement", 2쪽: "On
peut dire que la Moral de ce Philosophe est infiniment sublime, mais qu'elle est, en meme temps,
simple sensible, & puisée dans les plus pures sources de la raison naturalle. Assurent la raison destituée
des lumieres de la révélation divine, n'a paru si développée, ni avec tant de force."
384) 공자의 '서술적 경험론'에 대해서는 참조: 황태연,『공자의 인식론과 역학』(파주: 청계, 2018).

중국의 경험적 과학기술의 영향이 얼마나 강력했는지를 짐작케 한다. 이런 까닭에 베이컨의 '비판적 경험론'은 서구의 전반적 철학 전통 안에서 공자의 '서술적 경험론'과 가장 가까운 철학이 되었다. 서구에서 최초로 '학이불사學而不思'의 허망함과 '사이불학思而不學'의 위태로움, 그리고 '부지이작不知而作'의 위험을 지적하고 '자연(본성)의 빛', '경험의 빛'으로 병든 형이상학적 이성을 계몽하기 시작한 이 프란시스 베이컨의 '비판적 경험론'을 살펴보기로 하자. 베이컨의 인식방법론은 '지인知人'에 초점을 맞추는 공자와 반대로 '지물知物', 즉 자연인식에 초점을 맞출지라도 '박학신사博學愼思(널리 경험하고 이에 충실하게 신중히 생각함)'와 귀납적 '술이부작述而不作(경험에 충실하게 해석하고 예단과 공상으로 지어내지 아니함)'을 모토로 하는 공자의 해석적 경험론과 매우 흡사하다.

- 프란시스 베이컨의 감각의 격상과 '자연의 해석'

베이컨의 인식방법론의 출발점은 공자의 '선학이후사先學而後思(경험을 우선하고 사유를 뒤로함)'의 원칙과 유사하게 "경험에 의하지 아니한 일체의 기도를 거부하고 경험의 성과들을 참된 방식으로 추구하는 것"이다.[385] 따라서 그는 일단 인간적 지식의 '갱신(Renewal)'을 통해 "(거만하게) 인간 지성의 그 작은 방(cell) 안에서가 아니라 겸손하게 더 넓은 세계에서 지식을 찾을 것"을 요구한다.[386] 그러면서 그는 감각의 기만에도 불구하고 감각에 유일한 '자연 해석자'의 지위를 부여하는 한편, 감각의 오류위험과 함께 감각의 자기교정능력을 다시 감각에 부여한다.

과학이 필요로 하는 것은 경험을 별도로 분리시켜 이것을 분석하고 적절한 배제와 배척의 토대 위에서 필연적 결론을 형성하는 귀납의 형식이다. (⋯) 우리는 감각 자체의 정보들을 면밀히 조사하는 방법이 많다. 감각들은 종종 기만하지만, 그 자신의

---

385) Francis Bacon, "Letter to James I"(1620. 10. 20). J. Speding, R. L. Ellis and D. D. Heath (ed.), *The Works of Francis Bacon* (London: Longman et al., 1857-9, 7 Vols.), Vol. 8, 130-131쪽. 베이컨(이종흡 역), 『학문의 진보』(서울: 아카넷, 2004), "해제" 5-6쪽에서 재인용.

386) Bacon, *The New Organon*, 'Preface to '*The Great Renewal*'', 13.

오류의 증거도 주기 때문이다. (…) 감각들은 두 가지 면에서 결함을 지닌다. 모든 감각은 우리에게 도움이 되지 않거나 기만할 수 있다. 첫째, 감각들이 건강하고 거의 방해받지 않을 때조차도, 온전한 물체의 희소성 때문에 또는 그 부분들의 극소 크기 때문에 또는 거리나 물체의 느리거나 빠른 속도 때문에, 또는 객체가 너무 친숙하기 때문에 인간의 감각들을 피해 나가는 사물들도 많다. 그리고 감각들이 객체를 포착할 때도 이 객체에 대한 이해가 언제나 믿을 만한 것은 아니다. 감각들에 의해 주어지는 증거와 정보는 항상 우주의 유추(analogy)가 아니라 인간의 유추에 기초해 있기 때문이다. 감각이 사물의 척도라고 주장하는 것은 크나큰 오류다. 그러므로 이 결함들에 맞서기 위해서 우리는 모든 측면으로부터 굉장하고 성실한 헌신으로 감각들에 대한 보조물을 찾고 모아서 총체적 실패의 경우에는 대체물을, 왜곡의 경우에는 수정을 제공한다. 우리는 이것을 도구로써가 아니라 실험적 경험(experiments)으로써 한다. (…) 그러므로 우리는 감각의 즉각적·본래적 지각을 아주 많이 신뢰하는 것이 아니라 감각이 오직 실험을 판단하고 실험이 사물을 판단한다는 사실만을 강조한다. 따라서 우리는 (우리가 미치지 않기를 바란다면 자연사물 속의 모든 것을 끌어오는 출처인) 감각을 자연의 거룩한 고위성직자와 이 자연의 신탁(神託)의 능란한 해석자로 만들었다고 믿는다. 남들은 단지 겉으로만 감각을 존중하고 칭찬하는 것처럼 보일 뿐인 반면, 우리는 실제로 감각을 존중하고 칭찬한다. (…) 이 감각들은 인간지성이 편견 없다면, 말하자면 인간지성이 빈 석판(blank slate)이라면, 그 자체로 충분할 것이다.[387]

베이컨에 의하면, 감각은 기만도 하고 이 기만을 해소할 증거도 준다. 말하자면, 감각들은 '종종' 인간을 '기만'하지만, '감각 자체의 정보들을 면밀히 조사하는 방법'이 '많기' 때문에 감각 자체의 '오류의 증거'를 구해 감각에 의한 다각적 지각과 정밀한 실험을 통해 기만적인 감각내용들을 수정할 수 있다. 물론 "단지

---

387) Bacon, *The New Organon*, "Plan of The Great Renewal", 17-18. 베이컨은 『신기관』의 본론에서도 "인간 지성의 가장 큰 장애와 왜곡은 감각들의 둔감·한계·기만에서 온다. (…) 하지만 참일 가능성을 가진 모든 자연 해석은 모두 사례와 (…) 적합하고 적절한 실험적 경험에 의해 달성된다"고 주장한다. Bacon, *The New Organon*, "Aphorisms on the Interpretation of Nature and on the Kingdom of Man", Bk. 1, L (50).

겉으로만 감각을 존중하고 칭찬하는 것처럼 보일 뿐인" 에피쿠리언학파의 소박경험론자들처럼 '감각이 사물의 척도다'라고 주장하는 것은 '크나큰 오류'일 것이다. 왜냐하면 이것은 '감각의 즉각적·본래적 지각을 아주 많이 신뢰하기' 때문이다. 하지만 우리가 모든 측면으로부터 '굉장하고 성실한 헌신'으로 '감각들에 대한 보조물', 즉 많은 기억들(경험)과 실험을 찾고 모아서, 이 '경험과 실험'으로, 감각이 총체적으로 실패한 경우에 '대체물'을 제공하고, 감각이 왜곡된 경우에 '수정'을 가한다면, 감각의 '결함들'은 제거될 수 있다. 따라서 '자연사물 속의 모든 것을 끌어오는 통로인 감각을 제대로 '자연의 거룩한 고위성직자와 이 자연의 신탁의 능란한 해석자로 만드는' 길은 '감각의 즉각적·본래적 지각을 아주 많이 신뢰하는' 것이 아니라, 감각을 통해 실험을 판단하고 실험을 통해 사물을 판단하는 방법이다. 이것은 소박경험론자들처럼 '단지 겉으로만 감각을 존중하고 칭찬하는 것'이 아니라, 감각을 진짜 '존중하고 칭찬하는' 방법이다. 이런 전제하에서 다각적인 박물지적 '경험(많은 기억들과 실험'에 의해 보조받는 감각들은, 인간지성이 아무런 편견 없는 '빈 석판'이라면, 그 자체로서 사물을 인식하기에 '충분한' 것이다. 그러므로 '과학이 필요로 하는' 방법은 플라톤의 '변증론'이나 아리스토텔레스의 '논증', 데카르트의 '수리적 논증'과 같은 '연역의 형식'이 아니라, 경험을 별도로 분리시켜 이것을 분석하고 필연적 결론을 도출하는 '귀납의 형식'인 것이다. 이것은 공자의 '술이부작'과 동일한 방법이다.

이런 관점에서 베이컨은 실험의 방법론에 대한 길고 상세한 논의를 전개한다.[388] 그는 '과학의 목적'을 아리스토텔레스의 범주를 부분적으로 사용해 "주어진 본성에 대해 그 형상形相들(Forms), 또는 참된 차이, 또는 인과적 본성, 또는 본성의 미래적인 것을 발견하는 것"으로 규정하고, 다음과 같이 이 임무를 1차적 임무와 2차적 임무로 구체화한다.

---

388) 참조: Bacon, *The New Organon*, "Aphorisms on the Interpretation of Nature or on the Kingdom of Man" Bk. 2, 102-221쪽.

이러한 1차적 임무에 종속된 2차적이고 덜 중요한 두 가지 임무가 있다. 전자의 임무에 속하는 것은 가능성의 범위 안에서 한 사물에서 다른 사물로의 구체적 물체들의 변환이다. 후자의 임무에 속하는 것은, 매번의 산출과 운동 속에서 명백한 작용인(*Efficient cause*)과 관찰가능한 물질로부터 '포착된 형상'에까지 이르는 지속적인 '숨은 과정'의 발견이고, 유사하게 운동 중이 아닌, 정지 중인 물체의 잠재적 구조의 발견이다.[389]

그러나 베이컨은 아리스토텔레스의 질료인(*material cause*)·형상인(*formal cause*)·작용인(*efficient cause*)·목적인(*final cause*) 등 네 가지 원인구분을 거부하고 원인과 결과의 인과율만을 취해 이를 '자연의 법칙'으로 해명한다.

현행의 인간 지식의 안타까운 상태는 통상적 표현으로 명백하다. '참으로 아는 것은 원인에 의해 아는 것이다'라고 적어두는 것이 옳다. 또한 질료인·형상인·작용인·목적인 등 네 가지 원인을 구분하는 것도 나쁘지 않다. 그러나 목적인은 유용함과 거리가 먼 것이다. 사실 이것은 인간 행동의 경우를 제외하면 과학들을 실제로 왜곡시킨다. 또 형상의 발견은 무망한 것으로 여겨진다. 그리고 (그 자체로서, 그리고 형상으로 이끌어지는 잠재적 과정과 별개로 보통 찾고 받아들이는) 작용인과 질료인은 마지못해 하는 피상적인 것이고, 참된 실천적 지식에 거의 무가치하다. 또한 우리는 일찍이 우리가 존재에서의 으뜸 역할, 즉 제1본질(*prima essentiae*)을 '형상'에 배정한 데서 생긴 인간 정신의 오류를 비판하고 교정한 것을 잊지 않았다. 자연 속에는 법칙에 따라 순수한 개별적 동작을 표출하는 개별적 물체들 외에 아무것도 실존할 수 없을지라도, 철학적 교리 안에서 법칙 그 자체와, 이 법칙의 조사·발견·설명은 지식과 행위 양자의 기초로 받아들여진다. 특히 '형상'이라는 단어가 확립되고 통용되고 있는 것처럼, 우리가 '형상'으로 이해하는 것은 이 법칙들과 그 원인들이다.[390]

따라서 사물의 '법칙'으로서 '원인'을 인식하는 것이 사물을 제대로 인식하는

---

389) Bacon, *The New Organon*, Bk. 2, Aphorism I (102).

390) Bacon, *The New Organon*, Bk. 2, Aphorism II.

것이다. 오로지 일정한 대상들에서의 (하양 또는 열기 같은) 어떤 본성의 원인만을 아는 사람은 불완전한 지식을 가지고 있다. 그러나 '법칙'과 '원인'을 아는 사람은 아주 상이한 질료들 속에서 '본성의 통일성'을 이해한다. 따라서 이런 사람은 이전에 달성된 적이 없는 것, 자연의 흥망성쇠도, 실험적 노력도, 심지어 우연도 창출하지 못한 것, 그리고 인간의 정신 속에 들어올 것 같지도 않던 것들을 발견하고 산출한다. 그리하여 참된 사상과 자유로운 조작은 이 '원인'의 발견'으로부터 결과하는 것이다.391)

또한 베이컨은 인류가 대대로 협력하여 각 부문의 경험자료들을 수집해 나가기 위한 130개 항목의 자연·지리·기술·사회박물지의 개요, 즉 "참된 철학의 기초와 토대로서 기여하기에 적합한 자연·경험(실험) 박물지의 개요(Outline of a Natural and Experimental History, adequate to serve as the basis and foundation of True Philosophy)"를 기안한다.392) 이 박물지는 인류를 형이상학적 단잠에서 깨워 '주유천하'의 경험으로부터 배우기 위해서다. 베이컨은 전 인류가 철학에 자신과 자신의 노력을 바치고 전 지구가 절대적으로 대학교와 대학, 그리고 배운 사람들의 학교로 채워졌고 채워진다고 하더라도, 우리가 지금 묘사하는 이러한 '자연·경험(실험) 박물지'가 없다면, 이런 학교들조차도 아무것도 할 수 없었고 또 할 수 없을 것이라는 점을 강조한다. 그러나 이러한 박물지가 개발되고 잘 수립되기만 하면, '자연의 해석'과 과학은 수년의 작업으로 이룩될 수 있을 것이라는 것이다. 따라서 이것을 먼저 해야 한다. 그렇지 않다면, 차라리 연구작업 자체를 포기하는 것이 낫다. 이것은 '참된 실천철학이 수립될 수 있는 '단 하나의 유일한 방법'이다. 인간들은, 마치 형이상학적 '깊은 단잠(deep sleep)'으로부터 깨어나는 것처럼, 정신의 의견·가공(架空)과 참된 실천철학 간의 차이가 무엇인지, 바로 '자연에 관해 자연 그 자체에게 묻는 것'이 무엇인지를 인식하게 될 것이다.393) 이렇듯 베이컨은 서구 학계를 형이상학적 '깊은 단잠에서 깨웠으나,

---

391) 참조: Bacon, *The New Organon*, Bk. 2, Aphorism III.

392) Bacon, *The New Organon*, "Preparation for a Natural and Experimental History", 'Outline of a Natural and Experimental History, adequate to serve as the basis and foundation of True Philosophy', 222-238쪽.

칸트의 말대로 데카르트에서 라이프니츠에 이르는 대륙의 합리론은 다시 데카르트주의의 "독단론 단잠(dogmatischer Schlummer)"에 빠져들었고, 흄의 회의론적 경험론의 도움으로 칸트는 이 '교조적 단잠'에서 깨어났다고 했으나,394) 푸코의 말대로 칸트는 다시 "인간학적 잠(anthropologischer Schlaf)"에 빠져들어395) 세계를 해석하는 것이 아니라, 합리론적 본유관념의 교리에 따라 가작·가공하고 자의적으로 기획하고 결국에는 파괴하고 말았다.

- 인간 정신의 청소: 우상의 제거

베이컨은 '자연의 해석'으로 넘어가기 전에 '오염된 인간 정신'을 '우상'으로부터 해방시키는 '지성과 이성의 청소'가 선행되어야 한다고 말한다. 공자가 '사이불학'의 오류위험과 무의미성을 지적했듯이 고르지 않은 난면경亂面鏡과 같은 이성의 오류위험과 무능력이 문제이기 때문이다. 이 때문에 "인간 지성은 그 자신의 문제의 원천이다(the human intellect is the source of its own problems)". 이로 말미암아 인간에게 나타난 결과는 "자연에 대한 심층적 무지"이고, 이 무지의 결과로서 궁핍이다. "정신이 받아들이고 지키고 축적하는 (그리고 그 밖의 모든 것의 원천인) 사물들의 시초 개념들은 결함에 차고 혼동되고 함부로 사물들로부터 추상된 것이며 또 정신의 두 번째와 기타 개념들 안에도 이것에 못지않은 고통과 비일관성이 들어 있다." 그 결과, 자연에 대한 탐구에 동원하는 "일반적 인간 이성"이 "잘 기초지워지지 않고 적절히 구성되지 않는다". 인간 이성은 "기초 없는 우람한 궁전과 같다". 인간들은 "정신의 그릇된 능력들을

---

393) Bacon, The New Organon, "Preparation for a Natural and Experimental History", 'Outline of a Natural and Experimental History, adequate to serve as the basis and foundation of True Philosophy', 223쪽.

394) 칸트는 말한다. "나는 솔직히 고백한다. 데이비드 흄의 기억은 여러 해 전에 나의 교조적 단잠을 중단시켜준 바로 그것이었고, 사변철학 분야에서의 나의 연구에 완전히 다른 방향을 부여해준 것이었다." Immanuel Kant, Prolegomena zu einer jeden künftigen Metaphysik, die als Wissenschaft wird auftreten können (1783), 118쪽. Kant Werke, Band 5. Herausgegeben von Wilhelm Weischedel (Darmstadt: Wissenschaftliche Buchgesellschaft, 1983).

395) Foucault, Die Ordnung der Dinge (Les mots et les choses), 410-412쪽. 이에 대한 상세한 분석은 참조: 황태연, 『계몽의 기획』(서울: 동국대학교출판부, 2004), 37-39쪽.

찬미하고 경축한다". 하지만 인간 이성은 제대로 된 방법들의 "적절한 보조수단"이 이용되었더라면, 그리고 정신이 "자연에 대해 보다 고분고분하고 자연을 무모하게 모욕하지 않았더라면", 인간들이 획득할 수 있었을 자신의 "진정한 능력들을 인간은 놓치고 상실한다".396) 정신이 너무 이성을 하늘 끝까지 오만하게 격상시키고 너무 많은 '우상(idola)'들에 사로잡혀 있기 때문에 자연에 대한 모독은 필연적이다.

인간의 정신은 수많은 이상한 방법들에 사로잡혀 있어서 사물들의 참된 광선光線을 받아들이는 데 쓸 수 있는 판판하고 광나는 표면을 가지고 있지 않기 때문에 우리가 이것에 대해서도 치료법을 가질 필요가 있다는 것을 깨닫는 것이 본질적으로 중요하다. 정신을 사로잡는 우상은 인공적(artificial)이거나 본유적(innate)이다. 인공적 우상들은 철학의 교리와 종파로부터 또는 편벽된 증명규칙으로부터 인간의 정신 속으로 잠입했다. 본유적 우상은 감각보다 훨씬 더 많이 오류경향이 있는 것으로 드러나는 지성 그 자체 안에 내재하는 우상이다. 왜냐하면 (…) 고르지 않은 거울이 사물들의 광선을 그 본래적 모양과 꼴에서부터 변화시키듯이, 정신도 감각을 통해 사물들에 의해 영향을 받으면 충실하게 사물들을 보존하는 것이 아니라 자신의 개념을 형성하고 고안할 때 자신의 본성을 끼워 넣어 사물의 본성과 뒤섞는다는 것은 상당히 확실하기 때문이다. 처음 두 종류의 우상은 꽤 어려워도 제거될 수 있지만, 마지막 (본유적) 우상들은 결코 제거될 수 없다.397)

정신이 "자신의 개념을 형성하고 고안할 때 자신의 본성을 끼워 넣어 사물의 본성과 뒤섞는다"는 구절은 칸트의 소위 공허하고 위험한 '선험적 종합판단'을 상기시킨다. 베이컨의 관점에서 본다면, 칸트의 이 '선험적 종합판단'은 '결코 제거될 수 없는' 정신의 본유적 우상들을 사물의 본성에 뒤섞는 이런 '섞음질'에 해당한다. 베이컨에 따르면 플라톤의 '선의 이데아', 데카르트의 '본유관

---

396) Bacon, *The New Organon,* "The Great Renewal" 고지문, 2.

397) Bacon, *The New Organon,* "Plan of The Great Renewal", 18-19.

넘', 칸트의 '감성형식'과 '순수한 이성의 범주' 등은 결코 '타고난 합리적 지식'이 아니라, 모조리 '사유(이성)의 본유적 우상'일 뿐이다.

베이컨은 주지하다시피 네 가지 우상을 열거하고 분석한다. "인간의 정신을 가로막는 네 가지 우상이 있다. 가르침을 위해 우리는 그것들을 다음과 같은 이름으로 부른다. 첫 부류는 '종족의 우상(*idols of the tribe*)', 두 번째는 '동굴의 우상(*idols of cave*)', 세 번째는 '시장의 우상(*idols of market*)', 네 번째는 '극장의 우상 (*idols of theatre*)'이다."398)

■ 종족·동굴·시장·극장의 우상

첫째, '종족의 우상'은 인간을 만물의 척도로 보고 자연과 우주의 주인으로 여기거나 인간의 감각적·이성적 본성의 이른바 '본유관념'을 특권으로 삼아 인간을 특별한 존재로 격상시키는 온갖 사고방식으로서, 저 '본유적 우상'에 속한다. '종족의 우상'은 말하자면 "인간본성 그 자체와 인류라는 종족 또는 인종에 기초를 두고 있는 것"이다. "인간 감각이 사물들의 척도라는 주장은 그릇된 것이다. 감각이든 정신이든 이 양자의 모든 지각(인식)은 우주와 관련된 것이 아니라 인간과 관련된 것이다. 인간 지성은 사물들로부터 광선을 받아들여 자신의 고유한 본성을 자연의 본성과 뒤섞는, 이로써 자연 본성을 뒤틀고 망가뜨리는 난면경과 같은 것이다." 이러한 '종족의 우상'은 "인간적 영령 실체의 규칙성 또는 그 편견 또는 그 한계 또는 그 쉴 새 없는 운동"에 기원을 두거나, 인간 고유의 "감정의 영향 또는 감각의 한정된 능력 또는 인상의 양상에 그 기원을 두는 것들"이다.399) 인식론적 '종족의 우상'의 플라톤적 표현은 이데아론이고, 아리스토텔레스적 표현은 아르케(제1원리)에 대한 '이성적 직관'의 이론이며, 근대적 표현은 본유관념론이고, 에피쿠리언적 표현은 '인간 감각'을 '진리의 척도' 또는 '사물의 척도'로 보는 감성적 절대진리획득론이다. 반면, 공자는 베이컨처럼 하늘에서 만드는 본유'인상'(在天成象)을 인정했으나 '사이불

---

398) Bacon, *The New Organon*, Bk. 1, XXXIX (39).

399) Bacon, *The New Organon*, Bk. 1, XLI (41); LII (52).

학의 본유'관념'을 부정했으며, '근도近道'(개연적 지식)의 가능성만을 인정하고, '득도得道'의 가능성(절대진리의 획득가능성) 또는 − '조문도석사가의朝聞道夕死可矣 (아침에 도를 들으면 저녁에 죽어도 좋다)'의 − '문도聞道' 가능성(도를 들을, 즉 절대진리를 들을 가능성)을 부정했다.

그리고 인간을 만물의 '영장靈長'으로 특대特待하는 도덕론적 '종족의 우상'의 근대철학적 표현은 이성이 없는 동물에게 부정되는 '합리주의적 도덕(실천이성)'의 이론이고, 근대사상적 표현은 자연적대적 '인간파시즘'으로서의 '휴머니즘'이다. 따라서 이 인간파시즘적 '종족의 우상'은, 바로 다음 소절에서 상론하는 바, 천도天道에 근본을 두고 지도地道를 본받는 공자의 인도人道와 정면으로 배치되는 것이다.

둘째, '동굴의 우상'은 자기 자신의 사적 편견 또는 기질·체질을 척도로 삼는 개인의 그릇된 사고방식이다. 따라서 "'동굴의 우상'은 개인적 인간들의 환상이다." 왜냐하면 "인간본성 일반의 탈선"인 종족의 우상과 달리 "각 개인은 자연의 빛(light of nature)을 파편화하고 뒤트는 일종의 개인적 동굴 또는 땅굴 (cavern)을 가지고 있기" 때문이다. "이것은 각개 인간의 독특성과 특수성 때문에 일어나거나, 아니면 사물들이, 뭔가에 사로잡히고 혹시 편향된 정신, 또는 침착하고 초연한 정신 등 상이한 정신들에 대해 각인하는 상이한 인상 때문에 일어나기도 한다." 이 때문에 "상이한 인간들의 상이한 성벽"의 "인간 정신"은 "가변적인 것"일 수밖에 없고, "상당히 불규칙적인 것, 거의 되는 대로 하는 것"일 수밖에 없다. 이것은 명백하다. 헤라클레이토스에 의하면, 이런 까닭에 인간은 "지식을 더 커다란, 또는 공동적인 세계 속에서가 아니라 더 작은 사적 세계 속에서 찾는" 경향이 있는 것이다.[400] 결국,

> 동굴의 우상은 각 인간의 정신과 육체의 개인적 천성에, 그리고 각 인간의 교육·생활 방식·우연적 사건 등에 그 기원을 둔다. 그 양상은 다양하고 복잡하다.[401]

---

400) Bacon, *The New Organon*, Bk. 1, XLII (42).
401) Bacon, *The New Organon*, Bk. 1, LIII (53).

통상적으로 "인간들은 지식과 사상의 특수한 편린들에 대한 사랑에 빠지기"
마련이다. 왜냐하면 "인간들은 스스로를 이것들의 저작자·창안자라고 믿거나,
커다란 노력을 이것들에 쏟아부어 이것들에 아주 익숙해졌가" 때문이다. 이러
한 인간들은 철학과 보편적 사색에 전념한다면, 그들의 이전 환상에 맞도록
이 철학과 사색을 뒤틀고 부패시킬 것이다. 이러한 동굴의 우상은 "자연철학을
논리학에 극단적으로 예속시켜 논쟁 소재로 만들어 무용지물로 만든 아리스토
텔레스에게서 가장 현저하게 나타난다".402)

개인들 간에는 여러 가지 이유에서 정신적·감각적·성향적·감정적·육체적
개인차가 있다. 따라서 어떤 사람은 차이를 잘 보고, 다른 사람은 유사성을
잘 보는 개인차가 있다.403) 그리하여 어떤 사람은 옛것을 찬미하고, 또 다른
사람들은 새것을 사랑한다. 고대의 참된 업적을 비판하지 않고 현대인들의
진정한 기여를 경멸하지 않고 "중용을 견지하는 기질(the temperament to keep the
mean)"을 가진 사람은 거의 없다. 이것은 "과학과 철학에 대해 커다란 손실"이다.
이런 태도는 "고대나 현대에 대한 판단이 아니라 광신"이다. 그런데 "진리는
가변적인 것인 특수한 시대로의 경사(傾斜)로부터가 아니라, 영원한 '자연의 빛'
으로부터 찾는 것"이다. 따라서 우리는 "이런 광신들을 멀리하고, 지성이 이
광신들과 순응하는 것으로 바뀌지 않도록 확실히 해야 한다".404)

또한 어떤 자는 미세한 것을 생각하기 좋아하고, 어떤 자는 큰 것을 생각하기
좋아한다. 그러나 물체의 관찰은 미립자와 큰 구조를 동시에 보아야 하는 것이
다. 전자, 즉 미립자의 고찰에 치우친 것은 데모크리토스이고, 후자에 치우친
것은 기타 철학자들이다. 그러나 "지성은 침투적이면서 또한 포괄적이게 양면
적으로 만들어져야" 한다.405) 사적 '동굴의 우상'은 대개 "종합과 분리의 지배나
과잉 또는 박물지적 기록기간의 부분성 또는 크고 작은 대상들에 그 기원을
두고 있다". 따라서 일반적으로 자연학도들은 각각이 다 그의 지성을 지극히

---

402) Bacon, *The New Organon*, Bk. 1, LIV (54).
403) 참조: Bacon, *The New Organon*, Bk. 1, LV (55).
404) Bacon, *The New Organon*, Bk. 1, LVI (56).
405) Bacon, *The New Organon*, Bk. 1, LVII (57).

많이 사로잡고 붙들고 있는 것은 무엇이든 의심해야 한다.406) 사적 동굴의 우상은 모든 인간이 개인인 한에서 개인의 시각에만 갇혀 있으면 필연적으로 갖게 되는 본유적 우상이다.

그러나 공자처럼 모든 각도에서 '다문다견'해 '박학심문'하고 베이컨이 바라듯이 "지식을 더 커다란, 또는 공동적인 세계 속에서 찾기" 위해 '삼인행' 속에서도 자기의 스승을 찾고, 『서경』에 "천시자아민시天視自我民視 천청자아민청天聽自我民聽(하늘은 우리의 백성이 보는 것을 통해 보고 우리의 백성이 듣는 것을 통해 듣는다"이라고 했듯이, 하늘처럼 천하의 어디에서든지 '민시민청民視民聽'(천하의 백성이 보고 듣는 수준의 최대범위의 경험)을 기준으로 삼아 박학한 경험에서 배운다면, '동굴의 우상'이 들어설 자리가 없을 것이다.

셋째, '시장의 우상'은 일상적 언어에서 생겨나는 언어우상이다. 흄에 의하면, 언어는 무의식적 관행협약(convention)이다. 따라서 용수龍樹·흄·비트겐슈타인 등이 경계한, 언어에 빠지는 '시장의 우상'은 "동조에 의해 그리고 인간들의 상호연대(men's association with each others)로부터 일어나는 것처럼 보이는 우상"이다. 우리는 이 명칭을 "인간의 거래와 공동체로부터 취한다". 인간은 "담화(talk)로 연대한다". 보통 "말(words)은 평범한 사람들의 지성에 맞게 선택된 것"이다. 따라서 "일상어의 빈한하고 서툰 코드는 믿을 수 없을 정도로 지성을 저지한다. 배운 사람들이 그들 자신을 보호하고 어떤 식으로든 뭔가 이 말로부터 자신을 해방하는 데 익숙하게 하는 정의와 설명들은 상황을 전혀 복구하지 못한다. 명백히 말은 지성에 폭력을 가하고 모든 것을 혼돈에 빠뜨리며, 인간들을 속여 내용 없는 무한논쟁과 가공 속에 빠뜨린다".407) 가령 '실체', '나', '너'라는 말들은 실존하지도 않으면서 인간들을 오랜 세월 무한논쟁에 빠뜨렸다. 또한 담화적 의견일치를 진리로 보는 실용주의적 진리 개념은 베이컨의 관점으로 보면 일종의 '시장의 우상'이다.

'시장의 우상'은 말과 이름에 관한 사회계약 또는 연대로부터 "지성 속으로

---

406) Bacon, *The New Organon*, Bk. 1, LVIII (58).

407) Bacon, *The New Organon*, Bk. 1, XLIII (43).

슬그머니 숨어 들어오기 때문에 모든 것 중에서 가장 큰 음영陰影(nuance)"이다. "인간들은 그들의 이성이 말들을 통제한다고 믿는다. 하지만 진실은 말이 지성을 되받아쳐 제 힘을 가하고 되돌려 보낸다는 것이다. 이것은 철학과 과학을 궤변적이고 비생산적으로 만들어왔다. 말은 보통사람들의 능력에 맞도록 가장 많이 쓰여졌고, 보통지성에게 가장 확실한 선을 따라 사물들을 해부한다. 더 예리한 지성이나 보다 주의 깊은 관찰이 더 많이 자연과 일치하여 이 선을 그으려고 시도할 때, 말은 저항한다. 따라서 배운 사람들의 커다란 그리고 엄숙한 쟁론이 종종 말과 이름에 대한 논쟁으로 끝나는 일이 생기는 것이다. 그러나 (수학자들의 현명한 방식으로) 말과 이름의 논쟁으로 시작하여 정의에 의해 이것들을 질서 잡는 것이 더 지혜로울 것이다. 하지만, 자연의 사물들과 물질에서는 이 정의도 이러한 결함을 치유할 수 없다. 정의 자체가 말로 되어 있고 말이 말을 낳기 때문이다. 그래서 특수한 사례와 그 연관계열과 순서에 호소하는 것이 필요한 것이다."[408] 공자처럼 '성의誠意'하는 것(관념을 실재의 대상에 성실하게 합치시키는 것)이다.

말이 지성에 부과하는 우상들은 두 종류다. 이 우상들은 "실존하지 않는 사물들의 이름들"이거나 – "왜냐하면 관찰되지 않으므로 이름을 결한 사물들이 있는 것처럼 상상으로 가정된 것이므로 사물을 결한 이름들도 있기 때문이다" – "실존하지만, 사물들로부터 성급히 그리고 불균등하게 추상된 나머지 혼돈되고 잘못 정의된 사물의 이름들"이다. 베이컨은 "실존하지 않는 사물들의 이름들"로 "운수, 제1운동자, 행성들의 궤도, 불의 구성요소 등"을 들고 이것들을 다 "그릇된, 근거 없는 이론들에 그 기원을 둔 이런 종류의 가공물들"이라고 말한다. 그러나 다른 것은 몰라도 '운수는 신앙에 따라 논란의 여지가 있고(공자·소크라테스·플라톤·아리스토텔레스·로크·흄은 '운수'가 있다고 생각한 반면, 베이컨·칸트 등 합리론자들은 운수란 없다고 생각했다), '행성의 궤도'는 훗날 케플러·갈릴레이·뉴턴 등에 의해 증명되었다. 아무튼 그는 "이런 종류의 우상은 쉽게 제거될 수 있다"고 생각한다. "이 이론들을 항상적으로 배격하고 낡은 것으로 만듦으로써 근절

---

408) Bacon, *The New Organon*, Bk. I, LIX (59).

할 수 있는 것"이다. 그러나 "다른 종류의 우상들", 즉 "실존하지만, 사물들로부터 성급히 그리고 불균등하게 추상된 나머지 혼돈되고 잘못 정의된 사물의 이름들"은 "복합적이고 깊이 뿌리박고 있으며, 빈약하고 솜씨 없는 추상에 의해 야기된 것"이다. 베이컨은 'wet'라는 단어를 예로 든다. 'wet'라는 단어는 단순히 아무런 상수나 공통분모를 갖지 않는 상이한 작용들에 대해 무차별적으로 쓰인다('불꽃이 습하다', '공기가 습하지 않다', '먼지조각이 젖었다', '유리가 젖었다' 등).[409] 이것은 'wet'라는 말이 적절한 검증 없이 물과 액체에서 솜씨 없이 추상되었을 뿐이라는 것을 쉽게 알 수 있다. '말의 우상'은 인간이 말하는 동물인 한에서 본유적 우상이다. 그러나 공자처럼 일찍이 말과 글이 사람과 사물의 뜻을 다하지 못하고 왜곡하는 한계를 가진 것을 안다면, 이 '말의 우상'의 희생양이 되지 않을 것이다. 이런 의미에서 『역경』「계사상전」은 "글은 말을 다 드러내지 못하고 말은 의미(관념)를 다 드러내지 못한다. 그렇다면 성인의 의미(관념)는 나타낼 수 없는 것인가?"라고 자문한 뒤, 이어서 "성인은 상象을 세워 의미(관념)를 다 드러내고, 괘卦를 펴서 감정과 꾸밈을 다하고, 상사象辭를 묶어 그 말을 완성하고, 이것을 변통하여 조화를 다하고, 이것을 부추기고 춤추게 하여 정신을 완성하는 것이다"라고 자답한다.[410] 상(인상)과 의미(관념)를 감추고 왜곡하는 글자 그대로의 '글과 말 그대로의 '말'을 우상화하지 말고 象象·괘卦(만상萬象의 표현)·상사象辭(상징적 언어)로써 관념·감정·꾸밈·말을 바르고 완전하게 표현한다는 말이다. 그러므로 한자가 아니라 이 역학의 상징언어가 아마 베이컨이 말하는 '진짜 부호문자'일 것이다.

넷째, '극장의 우상'이 있다. '극장의 우상'은 극장무대에서 그럴싸한 내용들로 짜여 공연되는 픽션 시나리오와 같은 가공적 관념과 철학적·종교적 교설들로서 인위적 우상에 속한다. 이것은 "상이한 철학들의 다양한 교리들로부터 그리고 심지어 잘못된 논증법칙으로부터 인간들의 정신 속에 보금자리를 튼

---

409) Bacon, *The New Organon*, Bk. 1, LX (60).

410) 『易經』「繫辭上傳」: "子曰 書不盡言 言不盡意. 然則聖人之意其不可見乎 子曰 聖人立象以
     盡意. 設卦以盡情僞 繫辭焉以盡其言 變而通之以盡利 鼓之舞之以盡神."

우상들"이다. 이것은 "인간들이 배우거나 창시한 모든 철학이 우리의 의견에 의하면 그릇되고 가공적인 세계를 창조한, 생산되고 공연된 그만큼 많은 연극들"이다. 이 때문에 베이컨은 '극장의 우상'이라고 부른다. 이것은 "단지 현재 유행하는 철학과 종파의 우상만을 말하는 것이 아니라, 고대 철학과 종파의 우상도 말하는 것"이다. 이런 연극들은 "지어내고 날조된(composed and concocted)" '부지이작不知而作'들이다. "보편철학의 우상"만이 아니라, "전통·신념·타성으로부터 세차게 성장해온 과학의 많은 원리와 공리들의 우상"도 여기에 포함된다.411) 이 '극장의 우상'은 곧 금과옥조로 믿고 받들어지는 '부지이작'의 철학적 시나리오나 '사이불학'의 사변적 개그를 가리킨다.

이 우상들과 관련해서는 인간 지성에게 경고를 주기 위해 상이한 유형을 아주 상세하게 세분하여 설명해야 한다. "극장의 우상들은 지성에 본유적이거나 지성 속으로 몰래 미끄러져 들어온 것이 아니다. '극장의 우상'은 동화 같은 이론들과 잘못된 증명규칙을 바탕으로 공개리에 도입되고 받아들여진 것이다." 베이컨의 과학적 발견 방법은 "개인적 재능의 예리성과 강력성"에 할 일을 "많이 맡기지 않는" 방법으로서, "재능들과 지성들을 다소간에 평등화하는 것"이다. 베이컨은 이 대목에서 자나 컴퍼스의 예를 든다. 직선이나 완전한 원을 그리려면 손이 한결같고 숙련되어 있어야 하지만, 자나 컴퍼스를 쓰면 이런 숙련도가 필요 없다. 베이컨의 관찰·실험·경험의 자연해석 방법은 정확히 이와 동일한 도구다.412)

'극장의 우상들'은 간단히 말하면 '이론들'이다. 이론들은 많고, 많을 수도 있고, 하루에도 많이 생길 수 있다. 일반적으로 철학의 내용을 보면 "많은 것이 경시되거나, 적은 것이 중시되어서, 두 가지 경우에 철학이 경험과 자연박물지의 지나치게 협소한 기초 위에 수립되어 있고, 그 진술들은 적절한 것보다 더 적은 사례 위에 기초한다. 합리적 유형의 철학자들은 확실히 인식되지 않거나 주의 깊게 정밀조사, 고찰되지 않은 흔한 현상의 다양성에 의해 경험으로부

---

411) Bacon, *The New Organon*, Bk. 1, XLIV (44).
412) Bacon, *The New Organon*, Bk. 1, LXI (61).

터 관심이 딴 데로 돌려져 있다'. 이 합리론자들은 "그 밖의 나머지"를 "반성과 지성작용"으로 채우고 정리한다. "소수의 실험에 주의 깊게, 성실하게 노력을 쏟아붓고 이 적은 실험으로부터 철학을 지분거려 수립하는 만용을 부린 또 다른 유형의 철학자들"이 있다. 이들은 "나머지를 그 패턴에 맞게 놀라운 방식으로 직조해낸다". 또한 "신념과 존경으로부터 신학과 전통을 뒤섞는 세 번째 타입의 철학자"도 있다. 이들 중 어떤 사람들은 "불행히도 허영에 의해 성령과 천재로부터 과학을 도출하는 데로 오도되었다". 그러므로 "오류와 그릇된 철학의 뿌리"는 "소피스트적·경험적·미신적(Sophistic, Empirical and Superstitious) 뿌리, 이세 가지"다.413) 베이컨은 합리적·소피스트적 유형의 우상을 가장 많이 산출한 "가장 확실한" 대표 사례로 아리스토텔레스를 든다. 아리스토텔레스는 "자연철학을 변증론으로 망치는" 우상수립자다. 그는 "범주들의 세계"를 구축했다. 베이컨은 아리스토텔레스가 "인간 영혼"에 "가장 고귀한 실체" 개념을, 즉 "제2차 개념(second intention)의 낱말들"(색·소리·맛 등)에 기초한 "유類(genus) 개념"을 부여했다고 비판한다. 아리스토텔레스의 자연학은, 그가 더 엄숙한 이름 아래 명목론적이 아니라 실재론적이라고 주장하는 형이상학으로 개조한 변증론의 '술어들(terms)'로 들린다. 그의 저작 『동물론』과 『제 문제』 및 기타 저서들에 실험의 논의가 있지만, 아무도 이런 이유에서 감명받지 않을 것이다. 그는 사실 미리 자신의 마음을 결정했고, 경험을 결정과 공리의 기초로서 적절히 논하지 않았다. 자의적으로 결정을 내린 뒤, 그는 그의 의견에 맞게 왜곡된 경험들, 포로로 잡힌 경험들을 주변에 도열시킨다. 따라서 이런 근거에서도 "아리스토텔레스는 경험을 완전히 포기한 현대 추종자들(스콜라철학자들)보다 더 죄가 많다".414)

소박경험론에서 나오는 '극장의 우상'은 박학·심문하지 않은 소수의 특수한 경험을 너무 우려먹는 데서 기인한다. 이런 "경험적 브랜드"의 철학은 "취약하고 피상적일지라도 어느 정도 보편적이고 많은 사물들과 관련된" 개념들의 빛,

---

413) Bacon, *The New Organon*, Bk. 1, LXII (62).
414) Bacon, *The New Organon*, Bk. 1, LXIII (63).

즉 "통상적 개념들의 빛(*light of common notions*)"에 기초한 것이 아니라, "한 줌의 실험의 협소하고 불명확한 토대에 기초하기 때문에 소피스트적 또는 합리적 유형의 철학보다 더 왜곡되고 기형적인 교리를 산출한다". 이러한 철학은 "매일 이런 유의 경험에 종사하고 이런 것들로 자기들의 상상을 부패시킨 사람들에게는 개연적이고 거의 확실한 것처럼 보인다. 하지만 다른 사람들에게 그것은 믿을 수 없고 공허한 것으로 비친다". 이 소박경험론은 "우리의 충고에 유의하여 (소피스트적 교리들과 결별한답시고) 진지하게 경험에 헌신한다면, 이 철학은 정신의 때 이르고 경솔한 조급성 때문에, 사물들의 보편적 진술과 원리들로의 정신의 도약 또는 비약 때문에 마침내 진정으로 위험해질 것이다".415)

베이컨은 피타고라스와 플라톤을 대표적인 미신적 극장의 우상으로 규정한다. "미신과 신학의 주입으로부터 철학을 부패시키는 것은 훨씬 더 광범하고, 전체적 철학 또는 그 부분들에 아주 커다란 해악을 야기한다. 인간 정신은 통상적 개념들로부터 생긴 인상에 못지않게 환상에도 노정되기 때문이다." 이것의 현저한 사례는 "그리스인들 가운데 철학이 거칠고 성가신 미신과 결합된 피타고라스에게서, 그리고 더 위태롭고 미묘한 형태로는 플라톤과 그의 학파에서 나타난다". 이런 유의 해악은 일부 다른 철학에서도 추상적 형상, 목적인, 제1원인의 도입에 의해, 그리고 중간원인의 빈번한 생략 등으로 인해 발생한다. 베이컨은 이 대목에서 "가장 강한 경고"를 준다. 왜냐하면 "최악의 것은 오류의 신격화(*apotheosis*)이기" 때문이다. "어리석은 개념들에 대한 경배"는 "지성의 질병"이다. 심지어 "어떤 현대인들은 이런 어리석음에 대해 관대해서, '산 것 가운데서 죽은 것을 찾는' 식으로(「누가복음」 24:5) 자연철학을 『성경』의 「창세기」와 「욥기」 및 기타 장절에 기초하려고 애쓰기도 했다"는 것이다.416) "모든 유용성과 응용기회가 중간 원인(*in mediis*)에 들어 있기" 때문에 그들이 자신들의 철학과 관찰에서 "사물들의 원리와 자연의 궁극원인(*ultimatibus naturae*)을 조사하고 취급하는 데에 그들이 노력을 허비한다는 것"이 "못지않게 문젯거

---

415) Bacon, *The New Organon*, Bk. 1, LXIV (64).
416) Bacon, *The New Organon*, Bk. 1, LXV (65).

리"다. 이것은 사람들이 "잠재적이고 형태화되지 않은 물질"에 도달할 때까지 자연을 추상하는 것을 멈추지 않고 또한 "원자"에 도달할 때까지 자연을 해부하는 것을 멈추지 않는 이유다. 베이컨은 "이런 것들이 옳다고 하더라도 그들은 인간의 운명을 개선하는 데 거의 아무것도 기여할 수 없다"고 잘라 말한다.417) 이와 같이 베이컨은 목적인·질료인·작용인의 탐구를 거부한 데 이어 자연현상의 해석을 넘어서는 형이상학적 '궁극원인'의 탐구를 배격한 것이다.418)

- '자연의 해석'

이러한 '정신의 청소로서의 '이성에 대한 계몽'에 이어 베이컨은 우상에 근거하지 않는 지성의 망상적 성향·취약성·무절제·오만, 즉 '사이불학思而不學'과 '부지이작不知而作'의 문제점을 비판한다. "인간지성은 자신의 특수한 본성으로부터 사물들 안에서 자기가 발견하는 것보다 더 큰 질서와 규칙성을 상정하고 싶어 하고, 자연 속에 부동성不同性들로 가득 찬 유일무이한 사물들이 많이 존재할지라도 평행·상응 및 실존하지 않는 연관을 고안해낸다." 또한 "인간지성은 단 한 번에 그리고 갑작스럽게 정신에 충격을 가하고 파고들어갈 능력과, 상상력을 채우고 확장할 능력을 가진 사물들에 의해 지극히 많이 영향받는다. 지성은 일반적으로 인정되듯이 미지의 어떤 방식으로 그 밖의 모든 것이 폭풍우처럼 정신을 점령하는 소수의 사물들과 똑같은 것이라고 사칭하고 추정한다. 그런데 지성은, 엄한 규칙과 권위의 힘에 의해 그렇게 하도록 만들어지지 않는다면, 아주 느리고, 불 속에서 실험하는 것처럼 공리들을 실험하는, 멀고 이질적인 사례들로 가는 장도長途의 여행을 하는 데 잘 적응하지 못한다".419)

---

417) Bacon, *The New Organon*, Bk. 1, LXVI (66).

418) 아리스토텔레스의 네 가지 원인 질료인·형상인·작용인·목적인에서는 세계가 제각기의 원인-결과 관계에서 인과적 계열로 나타난다. 주어진 원인에는 상위의 다른 원인이 있고, 이 다른 원인 위에 또 다른 상위의 원인이 있다. 이런 식으로 사변적 무한진행이 이루어진다. '궁극원인'은 이 무한진행을 끝내는 최후의 원인 또는 제1원인이다. '궁극원인'에 대한 베이컨의 부정은 경험과 관찰의 범위 내에서 가장 근본적인 원인을 찾되, 이 경험 범위를 벗어나는 사변적 제1원인을 찾는 것을 거부한다는 뜻이다.

419) Bacon, *The New Organon*, Bk. 1, XLIV (44); XLVII (47).

지성은 데카르트의 광적인 '생각 작용처럼 부단히 능동적이다. 하지만 지성의 능동성은 그릇된 능동성이라서 무절제로 흐른다. "지성은 부단히 활동적이고, 멈추거나 쉴 수 없으며, 더 멀리 찾지만 헛되다. 그러므로 어떤 경계 또는 세계의 가장 먼 지점이 존재한다는 것은 생각할 수 없다. 거의 필연적으로, 이 경계와 지점을 넘어선 저편의 무언가가 존재한다는 것이 항상 분명하게 나타난다. 다시 어떻게 영원성이 이날까지 내려왔는지는 생각될 수 없다. 왜냐하면 '과거의 무한성과 미래의 무한성이 존재한다'는, 흔히 받아들여지는 그 구분은, 이것이 '다른 무한성보다 더 큰 무한성이 존재한다'는 말과 '무한성이 소비되고 유한을 지향한다'는 말로 귀착되므로 어떤 방식으로든 성립할 수 없기 때문이다. 사유의 자제력 부족(lack of restraint) 때문에, 영원히 나눌 수 있는 선에 관한 유사한 불가사의도 존재하는 것이다. 정신의 무절제는 원인의 발견에 더 큰 해악을 가하며 작동한다. 자연 속의 가장 보편적인 사물들이 드러나는 그대로의 냉엄한 사실들임에 틀림없을지라도 그리고 그 자체가 참된 원인의 힘이 없을지라도 인간지성은, 어찌 쉴지를 알지 못한 채, 그래도 더 잘 아는 것들을 찾는다. 그다음, 더 멀리 가려고 애쓰는 만큼, 지성은 보다 친숙한 것으로, 말하자면 뻔히 우주의 본성에서 생겨나기보다 인간의 본성에서 생겨나서 이 원천으로부터 놀랍도록 철학을 망가뜨렸던 그 목적인으로 되돌아가고 만다. 가장 보편적인 원인을 찾는 것은, 이 원인에 이르기 전의 파생적 원인들에 대한 필요를 느끼지 않는 만큼, 서툴고 피상적인 사상가들의 징표다."420) 데카르트의 '생각'이든, 생각으로만 지어낸 사변적 '천각형'이든, 칸트의 '지성의 활동적 구성' 능력이든 '사이불학즉태思而不學則殆(생각하고 경험에서 배우지 않음의 위태로움)'이고 '부지이작不知而作(알지 못하면서도 가작함)'인 것이다.

올바른 자연인식의 방법으로 베이컨은 – 이러한 '부지이작' 대신 – 공자의 '술이부작'의 귀납적 방법과 유사한 '자연의 해석(Interpretation of Nature)'의 귀납적 방법을 제시한다. 상술했듯이 그는 자연을 알려면 '자연 그 자체에 물어' 알아야 한다고 말한다. 이 방법을 그는 '자연의 해석'이라 부르고, "확실하고 논증가능

---

420) Bacon, *The New Organon*, Bk. 1, XLVIII (48).

한 지식"을 얻는 이 "자연의 해석"을 "사물들에 대한 멋지고 그럴싸한 의견"을 얻는 "정신의 예단(Anticipation of the Mind)"의 연역적 방법과 대립시켰다.421) 베이컨은 "지식"을 "존재의 이미지(image of being)"로 본다. 정신의 사변적 예단과 공상이 아니라, '자연의 해석'만이 '확실하고 논증가능한 지식'을 얻을 수 있기 때문이다.422) 사유의 역할은 필수적인 것이지만, 그 바른 역할은 사변적 '예단'의 연역적 논증에 있는 것이 아니라, '술이부작'의 '해석', 즉 귀납적 논증에 있다.

베이컨의 '비판적·계몽적 경험론'의 방법은423) "정신의 참되고 적절한 굴욕"이고, 따라서 "자신의 정신에 신탁을 줄 것을 자신의 정신에 청하는" 길을 버리고 "충실하게 그리고 변함없이 사물과 함께 머무르고, (보는 경우에) 사물들의 상像과 광선에 초점을 맞추는 데 필요한 거리 이상으로 우리의 정신을 사물들로부터 추상시키지 않는 것"이다. 동시에 비판적·계몽적 경험론은 "발견에서 공손(humility)을 활용하는 것처럼 우리는 가르치는 것에서도 이 공손을 활용하는 것"이고, "지성의 힘과 탁월성에는 할 일을 조금밖에" 주지 않는 방법이다. 지성의 이 '할 알'이란 바로 '해석'이다. 즉, '신사·명변'의 사유로서의 '술述'이라는 말이다. 베이컨의 목표는 "감각들을 격하시키는 것이 아니라, 이 감각들을 지원하는 것이고, 지성을 불신케 하는 것이 아니라 지성을 규제해(regulate)"424) 양자를 잘 결합시키는 것이다.

한편, 베이컨은 공자처럼 '모든 것을 다 알 수 있다'는 전지주의적 독단주의를

---

421) Bacon, *The New Organon*, "Preface", 30 그리고 Bk. 1, Aphorism 1에서는: "인간은 자연의 대행인이고 해석자다. 인간은 오로지 그가 사실 속에서 또는 추론에 의해 자연의 질서를 관찰한 만큼만 행하고 이해할 뿐이다. 인간은 이보다 더 많은 것을 알지 못하고 할 수도 없다."

422) Bacon, *The New Organon*, "Aphorisms on the Interpretation of Nature and on the Kingdom of Man", Bk. 1, CXX (120).

423) Bacon, *The New Organon*, "Preface to The Great Renewal', 10-11. 필자는 근대 경험론을 에피쿠로스의 '소박경험론'과 구별하기 위해 '비판적 또는 계몽적 경험론'이라는 명칭을 사용하고자 한다. 근대 경험론은 일단 이성을 계몽하고 '형이상학적 단잠과 자만으로부터 깨워 제자리로 돌려보냄과 동시에 경험을 비판하고 가공하기 때문이다.

424) Bacon, *The New Organon*, "Aphorisms on the Interpretation of Nature and on the Kingdom of Man", Bk. 1, CXXVI (126).

거부하고, 불필요하고 위험하고 의심스러운 것을 비워놓는 '궐의궐태闕疑闕殆'의 적절한 회의론적 방법을 써서 불가지의 대상을 논외로 제쳐놓되, 그 나머지를 충분히 알고자 노력한다. 즉, '인간이 알 수 있는 것은 아무것도 없다'는 완전한 자포자기적 회의주의와 결별하는 것이다. 비판적 경험론은 "중간단계를 거쳐 가장 일반적인 원리에 제대로 도달하기까지의 '확정적 원리'를 수립하는 것과 '단언적 언명(pronouncements)'을 하는 것을 망설이는 가운데 일종의 판단유예를 내세우지만", 그렇다고 "사물에 대해 '확신의 결여(Lack of Conviction; Acatalepsia)'를 불러일으키려는 것"이 아니다. 비판적 경험론이 "염두에 두고 의도하는 것은 '확신의 결여'가 아니라 '양지良知 또는 건전한 확신(Eucatalepsia; Sound Conviction)'이다". 왜냐하면 "우리가 모든 것을 알지 못한다고 생각할지라도 알 필요가 있는 만큼 아는 것(to know as much as we need to know, and yet think that we do not know everything)이, 모든 것을 안다고 생각하면서도 알 필요가 있는 것들도 전혀 알지 못하는 것보다 더 낫기"[425] 때문이다. 여기서 베이컨은 '절대적으로 옳다'고 말하지 않고 '더 낫다'고 말함으로써 '다문다견 궐의궐태'의 방법에 따라 의심스럽지 않고 위태롭지 않은 '그 나머지'에서 비교적 오류가 적은 한정적·개연적 지식을 얻는 공자의 '근도近道'와 유사한 겸손한 인식방법을 천명하고 있다. 그는 공자처럼 '득도得道'의 '전지全知'가 아니라, 필요하고 가능한 만큼의 '근도'를 말하고 있다. 인간의 모든 지식은 영원한 본질에 대한 궁극적 지식이 아니라, 들리고 보이는 현상들에 대한 '한정적·개연적' 지식인 것이다. 따라서 더 낫고 더 많은 경험과 해석에 의해 극복될 수 있는 이 '근도의 타당성'도 언제나 잠정적이고 한시적인 것이다.

- '꿀벌의 인식론'과 협력적·공익적 지식

베이컨은 상술했듯이 공자처럼 지식생산을 우상 없는 '박학·심문'(박물지와 실험)과 사유에 의한 귀납적 '해석' 간의 올바른 결합에 근거짓고 있다. 지식의

---

425) Bacon, *The New Organon*, "Aphorisms on the Interpretation of Nature and on the Kingdom of Man", Bk. 1, CXXVI (126).

산출은 감각적 경험과 해석적 사유의 바른 동맹에 의해서만 가능하다. 베이컨은 '비판적·계몽적 경험론'의 이 인식론을 '개미'와 '거미'의 먹이획득 방법 사이의 중간에 있는 '꿀벌'의 방법으로 비유한다.

> 과학을 다루는 사람들은 경험론자 아니면 교조론자다. 경험론자들은 개미처럼 단순히 축적하고 사용한다. 합리론자들은 거미처럼 그 자신으로부터 그물망(web)을 짠다. 꿀벌의 방법은 이 사이에 있다. 꿀벌은 정원과 들판의 꽃들로부터 재료를 가져온다. 그러나 이것을 전환시키고 소화할 능력도 있다. 이것은 오직 또는 주로 정신적 능력에만 의지하는 것이 아니라, 그리고 자연박물지와 기계론적 실험에 의해 제공된 재료를 손대지 않은 채로가 아니라, 지성 속에서 바뀌고 알맞게 손질된(altered and adapted) 채로 기억 속에 저장하는 철학의 참된 작업과 다르지 않은 것이다. 그러므로 이 능력들(즉, 실험적·경험적 능력과 합리적 능력) 사이의 (아직 맺어진 적이 없는) 보다 긴밀하고 보다 많은 결속동맹(binding alliance)으로부터 많은 것이 기대될 수 있다.426)

이 인용문에서 베이컨은 스스로의 인식방법을 명명하지 않았기 때문에 에피쿠로스와 에피쿠리언들 같은 '소박경험론자'를 그냥 '경험론자'라고 부르고, '교조론자'와 '합리론자'를 동의로 쓰고 있다. 베이컨은 여기서 감각적 경험능력과 합리적 사유능력 간의 긴밀한 '결속동맹'을 말하면서 동시에 경험능력 쪽에 더 가까운 '결속동맹'을 염두에 두고 있다. 왜냐하면 상술했듯이 베이컨이 무엇보다 '정신의 예단'을 거부하고 '자연의 해석', 즉 '술이부작'을 추구함을 분명히 하고 있기 때문이다. 이 점을 베이컨은 위의 인용문에서 '거미'보다 개미에 더 가까운 곤충류인 '꿀벌'의 먹이활동으로 비유하고 있다. 개미와 꿀벌은 둘 다 '벌 목目'에 속하는 곤충이고 또한 사회적으로 떼지어 사는 반면, 거미는 혼자 사는 고독한 벌레이기 때문이다.

따라서 이 비유를 좀 더 잘 뜯어볼 필요가 있다. 거미는 홀로 작업하여

---

426) Bacon, *The New Organon*, "Aphorisms on the Interpretation of Nature and on the Kingdom of Man", Bk. 1, XCV (95).

자기 꽁무니에서 거미줄을 뽑아 만든 그물망으로 거미집을 짓는다. "인간의 슬기와 정신이 마치 거미가 이렇게 거미집을 짓듯이 스스로에게만 의지해 작업한다면 여기에는 결실이 없다."427) 독단적 합리론자들이 본유本有관념을 운위하듯이, 거미는 우연히 거미집에 걸려든 먹이를 발견하더라도 이 먹이를 자기의 그물망 속에서 나온 것으로 망상한다.

반면, 개미는 떼지어 밖으로 나가 먹을 것을 수집해 와서 그냥 저장해두고 소비한다. 꿀벌도 개미처럼 떼지어 살며 밖에서 꿀과 꽃가루를 수집해온다. "무릇 인간의 슬기와 정신"은 개미와 꿀벌이 외물外物을 찾아 밖으로 나가는 것처럼 "내용에 의존하여 일할 때, 즉 신에 의해 피조된 외물들에 대한 관상을 지향할 때 비로소 소재에 맞춰 작업하고 소재에 의해 규정될 수도 있는 법이다".428) 그러나 밖에서 수집해온 먹이를 그냥 저장해두고 소비하는 개미와 달리, 꿀벌은 꿀과 꽃가루를 손질하고 입으로 삼켰다가 뱉어놓는 작업을 마친 후에 저장해둔다. 꿀과 꽃가루를 변별하여 다른 비율로 침과 섞어서 꿀을 방부처리하고 꽃가루는 꿀로 바꾸는 것이다. 이것이 벌집 안에서 벌어지는 신기한 가공 과정이다. 나아가 꿀벌은 수집 과정에서 따라 들어온 불순물들을 가려내어 내다버린다. 이 점에서 꿀벌은 꿀과 꽃가루를 '명변'하여 적절하게 가공할 뿐만 아니라 불순물을 '명변'하여 제거한다.

다른 한편, 꿀벌들은 밖으로 나가 꿀을 수집해 오도록 서로 독려하고, 거미처럼 꼼짝 않고 있으면서 먹이를 바라는 수벌들을 몰아낸다. 그래서 로마의 옛 시인 버질(Virgil, 기원전 70-19)도 일찍이 '꿀벌들은 게으른 수벌 떼를 벌통에서 멀리한다네(ignavum, fucos, pecus a praesepibus arcent)'라고 노래했다고 한다.

그러므로 '꿀벌'의 경험론은 감각적 경험을 변별하고 가공함과 동시에 '형이 상학적 단잠과 자만에 빠진 공상적 이성을 비판하여 제자리로 돌려보내는 이중적 비판의 기능을 소홀히 하지 않는다는 의미에서 '비판적 경험론'이고, 이런 의미에서 에피쿠리언적 '소박경험론'과 구별된다. 위 인용문에서 베이컨

---

427) Bacon, *The Advancement of Learning*, Bk. 1, Ch. 4, §5.

428) Bacon, *The Advancement of Learning*, Bk. 1, Ch. 4, §5.

이 꿀벌의 활동을 거미와 개미의 중간에 있는 것처럼 묘사하지만, 꿀벌은 실은 분류법상 거미와 멀고, 개미와 가깝다. 몸통에 머리와 배밖에 없는 거미와 달리, 꿀벌과 개미는 둘 다 머리·가슴·배의 몸통을 가진 곤충류이고, 혼자 사는 거미와 달리 꿀벌과 개미는 둘 다 인간처럼 사회생활을 하며 수집된 '다문다견'의 경험을 주고받고 개별적 '관점들'을 넘어서는 사회적 곤충들이기 때문이다. 그러므로 꿀벌은 개미처럼 꿀과 꽃가루를 넓은 세상에서 수집해와 이를 변별하여 가공한다. 하지만 떼지어 일하는 꿀벌들의 이 협력적 가공작업은 원자재에 충실한 '술이부작(해석)'의 범위를 넘지 않는다. 꿀벌은 거미 같은 단독적 천재들의 '사이불학'보다 박학심문과 신사명변의 소통적 여론에 더 의존한다.

따라서 베이컨은 애당초 공자처럼 '생이지지生而知之'하는 천재의 선험적 합리주의 방법을 거부하고 협력적 인식을 추구했다.

> 우월한 증명방법 또는 자연을 해석하는 우월한 형식은 정신을 오류와 실수로부터 방어하고 보호할 수 있지만, 지식의 자료를 공급하거나 제공할 수 없다. 추측하고 징조를 취하는 것이 아니라 발견하고 알기로 작정한 사람들, 세계에 대해 동화와 소설을 지어내는 것이 아니라 이 실재 세계의 본성을 조사하고 분석하기로 작정한 사람들은 여러 사물 자체로부터 모든 것을 찾아내야 한다. 지성·사상·논증의 경로에서의 어떤 대체물이나 대안도 고된 작업과 조사 그리고 주유천하周遊天下를 대신할 수 없고, 전 세계의 모든 천재가 다 힘을 합해도 이것을 대신할 수 없다.429)

여기서 베이컨은 공자처럼 경험론적 지식획득 과정을 "협력적 작업(cooperative labours)"으로 보고 "시간의 흐름으로부터 기대될 수 있는 것"에 주목하고, "특히 (이성의 길에서도 마찬가지로 그런 것처럼) 개인들이 여행하는 행로만이 아니라, 인간들의 작업과 노력들이 (특히 경험의 획득에서) 가장 알맞은 방식으로 분배되고 또 재통합될 수 있는 행로로 기대될 수 있다는 것"에 주목한다. 왜냐하

---

429) Bacon, *The New Organon*, "Plan of The Great Renewal", 19쪽.

면 "더 이상 셀 수 없는 인간들이 모두 동일한 일을 하는 것이 아니라 각 인간이 상이한 기여를 할 때 그 자신의 강력한 힘을 알기" 때문이다.[430] 경험주의적 방법은 "많건 적건 지성을 평등화하여 (지성의) 탁월성에 대해 거의 기회를 주지 않는다". 지식은 "능력이라기보다 차라리 일종의 행운에 기인하고, 지성의 산물이라기보다 시간의 산물이다". 왜냐하면 인간들의 작업과 그 업적 안에서와 마찬가지로 인간의 생각들 안에서도 확실히 "우연의 요소"가 있기 때문이다.[431] 이런 까닭에 훗날 로크와 흄은 지식획득 과정을 '이삭줍기'로 표현했다.

베이컨은 36세 때의 저작 『신성한 성찰(Meditationes Sacrae)』(1597)에서 "아는 것이 힘이다(scientia potentia est)"라고 천명한 바 있다.[432] 하지만 그는 이 힘이 이런 협력적 경험방법의 지식획득으로 얻어지므로 이 힘을 결코 개인이나 집단이나 한 나라의 것이 아니라 전 인류의 것으로서 인류의 공동선을 위해서만 쓰여야 하는 것으로 규정한다.

재미나 논쟁을 위해 또는 남들을 깔보기 위해, 아니면 이득·명성·권력 등 어떤 다른 열등한 목적을 위해 지식을 탐구하는 것이 아니라, 삶의 유용성과 복리를 위해, 그리고 박애심(charity)에서 삶을 향상시키고 영위하기 위해 지식을 탐구하기를 원한다. 왜냐하면 천사들은 권력욕 때문에 타락했고, 인간들은 지식욕 때문에 타락했으나, 박애심은 한계를 모르고 천사나 인간을 위험에 빠뜨린 적이 없기 때문이다. (…) 우리가 하고 있는 일에 관해서는 (…) 인류적 복리와 영광의 기초를 놓고 있다는 사실을 확실한 것으로 견지하기를 청한다. 또한 인간들이 자신의 진정한 이익에 기회를 주고 믿음의 열정이나 편견을 끄고 공동선을 생각할 것을 청한다.[433]

---

430) Bacon, *The New Organon*, Bk. 1, CXIII (113).

431) Bacon, *The New Organon*, Bk. 1, CXXII (122).

432) *New Organon*에서도 유사하게 말한다. "원인에 대한 무지로 결과가 좌절되기 때문에 인간의 지식과 인간의 권력은 결국 같은 것이다." Bacon, *The New Organon*, Bk. 1, III (3).

433) Bacon, *The New Organon*, "Preface to *The Great Renewal*", 13.

그러나 베이컨은 지식이 인간을 교만하게 만들 수 있는 위험도 알고 있다. 하지만 그는 인간을 우쭐하게 만드는 것은 지식의 '양'이 아니라 그 '질적' 종류라고 못 박는다. 자연지식은 그 양이 아무리 많더라도 인간 정신을 우쭐하게 만들 수 없다. 여기서 베이컨은 양적으로 무한한 자연지식과 이에 입각한 자연정복의 문제점을 예상하지 못함으로써 한계를 드러내고 있다. 이에 대해서는 다음 절에서 상론한다. 아무튼 그의 말을 더 따라가 보자면 "세상의 어느 한 구석도 사람이 연구하고 발견하지 못할 것이 없다". 지식이 인간 정신을 우쭐하게 만들지만 않는다면, 즉 그것이 질적 한계를 벗어나지만 않는다면, 지식의 양이 아무리 크고 넓더라도 "전혀 위험하지 않다". '질'만이 문제다. 위험한 '질'을 가진 특정한 종류의 지식은 자연지식이 아니라, 신처럼 선악을 알고 제정하는 특질을 가진 '도덕지식'을 말한다. 특정한 종류의 지식의 '질'에는 "독액 같은 사악한 본성이 들어 있기" 때문이다. 이런 '질'을 가진 지식은 양이 많든 적든 "해독제 없이 섭취한다면 뱀독처럼 인간 정신을 우쭐하게 만들어 교만하게 한다". 이에 적절한 해독제는 바로 "박애"다. 이 박애의 해독제가 투여될 때 비로소 지식은 '지고의 지식'이 된다. 따라서 "인간의 언어"도 "천사의 언어"도 그 자체로서는 결코 뛰어난 것이 아니다. "그것이 박애와 결별한다면", 즉 인간과 인류의 유익함을 향하지 않는다면 그것은 "유익하고 실질적인 덕"이 아니라 "허영"에 지나지 않는다.[434]

　　그러나 박애와 지식이 결합되는 것이 인간의 본성상 필연적인 것이 아니라 지식의 협력적 생산 과정에 의해 비로소 요구되는 것이기 때문에 인간과 천사가 벌집 속에서 무위도식하는 오만하고 이기적인 수벌처럼 추방당하는 일이 벌어질 수도 있다. 소위 '타락 천사'는 신과 인간 사이의 심부름을 하다가 신의 권능을 찬탈하려는 권력욕 때문에 타락했고, 아담과 이브는 인간 정신을 우쭐하게 부풀리는 무한한 지식욕 때문에 타락했다. 베이컨은 ─ 애매한 논리이지만 ─ 꿀벌 떼의 사랑 같은 사회적 사랑과 박애만이 이 지식욕심을 중화해 타락을 막아준다고 주장한다.

---

434) Bacon, *The Advancement of Learning*, Bk. 1, Ch. 1, §3.

크세노폰이 말하듯이, 사랑도 다른 감정들과 마찬가지로 정신을 흥분시키지만, 다른 감정들이 정신을 혼돈이나 격정 같은 왜곡되고 부적절한 상태로 이끄는 반면, 사랑 만은 그렇듯 고양된 상태에서도 정신을 안정시키고 진정시킬 수 있다. 박애도 마찬 가지다. 다른 모든 덕은 본성을 고양시키고 과도해지기 쉽지만, 오로지 박애만은 과 도함을 용납하지 않는다. 우리가 잘 알다시피, 천사들은 권력에서 신처럼 되는 것을 열망하다가 계율을 범하여 추방당하지 않았던가? 또 인간은 지식에서 신처럼 되는 것을 열망하다가 계율을 범하여 낙원에서 추방당하지 않았던가? 그러나 선이나 사랑 에서 하느님과 비슷해지는 것을 열망하다가 계율을 범한 인간이나 천사는 아직껏 없었고 앞으로도 없을 것이다. 오히려 선이나 사랑에서만이 우리가 신을 닮을 것이 요구된다.435)

여기서 '덕'이 과도해지기 쉽다는 말은 덕 개념과 배치되는 어불성설이고, 사랑 과 박애가 '과도함을 용납하지 않는다'는 말은 어폐가 있다. 지나친 사랑은 자식을 망치고, 능력과 필요 이상의 박애는 나와 남을 망치기 때문이다. 이런 오류들을 제쳐놓으면, 꿀벌 떼가 서로 협력해 생산한 꿀처럼 전 인류의 협력으 로 획득한 지식을 박애와 결합시켜 지식의 오만을 해소하고 공익에 기여하게 하려는 베이컨의 의도가 위 인용문에서 더욱 분명하게 드러나고 있다. 동시에 무한한 지식욕의 위험도 잘 드러나고 있다.

　이 대목에서 우리는 "우리가 모든 것을 알지 못한다고 생각할지라도 알 필요가 있는 만큼 아는 것이 더 낫다"고 한 베이컨의 명제를 다시 상기할 필요가 있다. 이 명제에는 '모든 것을 알 수 없는 우리의 지식능력의 본성적·윤 리적 한계가 표명되고 있다. 이 지식의 한계에 대해 베이컨은 『학문의 진보』에 서 좀 더 분명하게 말한다.

　그들(바울과 솔로몬 – 인용자)의 탁월함은 사실상 인간지식의 범위가 될 만한 참된 경 계와 한계를 규정한 데 있다. 이 같은 한정이나 한계는 아직 제대로 이루어지지 못하

---

435) Bacon, *The Advancement of Learning*, Bk. 2, Ch. 22, §15.

고 있지만, 이것에 의해서만 사물의 보편적 본성이 모두 이해될 수 있을 것이다. 인간 지식에 가할 수 있는 제한은 세 가지다. 첫째, 우리가 필멸적 운명의 유한한 존재자임을 망각할 정도로 지식에 탐닉해서는 아니 된다. 둘째, 우리는 불신이나 불평을 위해서가 아니라 인정이나 동의를 위해서 지식을 응용해야 한다. 셋째, 우리가 자연에 대한 이론적 관찰에 의해 신의 신비에 도달할 수 있다고 생각해서는 아니 된다.436)

마지막 한계는 하늘 또는 신의 영역을 범할 수 없는 인지적人智的 한계를 말하는 것임과 동시에 인지와 신지神智 사이의 - 하늘(신)에 의해 설치된 - '지식윤리적' 한계를 말하는 것이다. "어떤 사람이 감지가능한 물질적인 것에 대한 정사精査와 연구에 의해 신의 본성이나 의지를 자신에게 드러낼 수 있는 빛을 얻었다고 생각한다면, 사실상 그는 헛된 철학에 의해 망가진 자라고 아니할 수 없다." 왜냐하면 "신의 피조물이나 작품에 대한 명상은 이것들에 대한 지식을 낳지만, 신에 관해서는 결코 완전한 지식이 있을 수 없기" 때문이다. 태양이 지상의 만물을 비춰 밝게 드러나게 하지만 별과 천체를 어둡게 은폐하듯이, 감각은 자연의 사실들을 발견하지만 동시에 신의 사실들을 어둡게 은폐한다. 이런 까닭에 "수많은 위대한 학자들이 양초를 붙인 날개처럼 허술한 감각에 의지해 신의 비밀을 향해 날아오르려고 애쓰다가 결국 이단의 늪에 빠지게 되는 불상사가 발생하곤 했던 것이다".437) 베이컨은 여기서 오만한 지식욕을 버리고 '인지'로 확실히 알기에 의심스럽고 위태로운 저 '신의 비밀'을 탐구에서 '궐의궐태闕疑闕殆'해야 한다고 말하고 있다.

물론 베이컨의 세 가지 한계와 제한의 관점은 부분적으로 동요한다. 세 가지 중 첫 번째 제한은, 인간은 어차피 필멸적 존재라는 '헛소리'를 뿌리치고 지혜의 관조·관상觀賞(진리구경) 활동으로 신적 '불멸'을 추구할 것을 주장한 아리스토텔레스의 철학적 행복론을438) 부정하는 것이다. 그러나 그는 같은

---

436) Bacon, *The Advancement of Learning*, Bk. 1, Ch. 1, §3.

437) Bacon, *The Advancement of Learning*, Bk. 1, Ch. 1, §3.

438) Aristoteles, *Die Nikomachische Ethik*, 1177b2-35 참조.

책에서 학문을 통해 '불멸'을 추구할 것을 촉구한다.

인간은 학문에 의해 인간을 넘어선다. 인간이 짐승보다 우월하듯이, 학문을 통해 인
간은 육신으로 갈 수 없는 하늘과, 하늘의 행로로 비상한다. (⋯) 지식과 학문이 존엄
하고 탁월한 이유는 인간본성이 가장 염원해 마지않는 불멸성 또는 영속성을 가진
것이기 때문이다. 실로 자식을 낳고 가문을 일으키고 건물을 축조하고 기념비를 세
우고 기념·명성·칭송을 갈망하는 것 등 인간의 모든 강렬한 욕망은 불멸과 영속을
추구한다. 그러나 재능과 학문의 기념비가 권력의 손으로 세운 기념비보다 얼마나
오래 지속되는지를 우리는 잘 안다.439)

위의 세 가지 제한 중 첫 번째 제한은 이 '학문을 통한 불멸'에 대한 주장과
정면으로 모순된다. 그러나 전자가 학자의 인간적 필멸성을 말하는 것인 반면,
후자가 학문의 불멸성을 말하는 것이라고 해석하면, 어느 정도 비일관성을
피해갈 수 있다. 하지만 아리스토텔레스는 이 둘을 다 의미했기 때문에 논란은
남는다.

그러나 베이컨의 '꿀벌의 비판적·협력적 인식론'과 지식의 공익성 명제는
대강 그 윤곽을 알 수 있다. 개미의 '소박경험론'과 비교적 가까운 꿀벌 떼의
비판적·집단적 '꿀 생산과 비유되는 베이컨의 '비판적·협력적 경험론'의 지식
생산은 거미의 '사이불학'의 '교조적 합리론'과 본질적으로 대립되는 반면, '박
시제중博施濟衆'의 '위인爲仁'(인의 실천)과 공익성을 등질 수 없는 집단적·협력적
'민시민청民視民聽'의 '선학이후사先學而後思'·'주학이종사主學而從思'·'박학이신
사博學而愼思'·'술이부작'의 인식론인 셈이다. 동시에 베이컨의 지식은 공자의
'궐의궐태'와 '근도近道'의 한정적 지식과 마찬가지로 유한한 지식이다. 또한
베이컨의 '지식' 개념 속에는 공자의 '지식'처럼 이미 사회적 협력과 공공복리가
본유本有한다. 이 점에서 베이컨의 '꿀벌의 인식론'은 공자의 '해석적 경험론'과
본질적으로 상통한다고 할 수 있다.

---

439) Bacon, *The Advancement of Learning*, Bk. 2, Ch. 8, §6.

■ 중국의 과학기술과 『뉴아틀란티스』의 상관성

중국을 더 알고 싶은 베이컨의 열망은 아주 컸다. 그래서 그는 유럽 이방인들에 대한 중국의 문호폐쇄정책에 불만도 표했다. 베이컨은 『뉴아틀란티스』의 서두에서 이렇게 말한다. "이방인들의 무허가 입국을 막는 유사한 법률이 중국제국의 유구한 법률이지만 지금도 계속 쓰이고 있다는 것은 사실이다. 그러나 거기서 그것은 가엾은 것이고, 그들을 호기심 많고 무지하고 무서워하는 바보민족으로 만들었다. 하지만 우리의 입법자는 다른 성질의 법률을 만들었다." 그러나 바로 이어서 베이컨은 이상야릇한 좌충우돌을 노정한다. "지금 이곳으로부터 해외로의 여행에 관한 한, 우리의 입법자는 그것을 몽땅 억제하는 것을 적절하다고 생각했다. 그런데 중국에서는 그렇지 않다. 왜냐하면 중국인들은 그들 마음대로, 그들의 능력껏 항해하기 때문이다. 이것은 이방인을 들어오지 못하게 하는 그들의 법률이 겁 많음과 공포의 법률이라는 것을 보여준다."[440] 베이컨은 그의 이상국가 '뉴아틀란티스'의 대외정책을 정확히 중국과 정반대로 뒤집어 기술이 들어오기만 하고 나가지는 못하게 하는 정책으로 만들고 있다. 그러나 어떤 일방통로라도 열려 있으면 과학기술은 밖으로 흘러나갈 것이기 때문에 베이컨의 이 정책기획은 '참 우습다'고 할 것이다. 뒤에 베이컨은 일방통로적 폐쇄정책을 무력화시킨다.

- 『뉴아틀란티스』의 줄거리

일단 『뉴아틀란티스』의 줄거리를 요약한 다음, 이에 대한 분석을 시도해보자. 토마스 모어의 유토피아에 맞서 베이컨이 기획한 '솔로몬 대학(또는 '살로몬 대학') 중심의 이상국가는 공자의 ─ 명명덕明明德(명덕을 펴는 덕치)·친민親民(백성을 늘 새롭게 발전시키는 진보정치)·지어지선止於至善(최고선을 모토로 삼는 도덕정치)이 구현된 ─ 『대학』의 이상국가와 여러 모로 닮았으면서도 자연과의 관계에서 서로 크게 상반된 것으로 나타난다. 자연탐구와 자연변형을 극한으로 추구하는 베이컨의 과학기술적 이상국가는 '자연의 손님'으로 자연을 사랑하는 공맹의 이상

---

440) Bacon, *The New Atlantis*, 251쪽.

국가와 거리가 멀기 때문이다.

『뉴아틀란티스』는 베이컨의 과학기술적 유토피아를 그린 공상과학소설이다. 그는 이 과학적 유토피아의 두 기둥으로서, 자연의 해석에 바탕을 둔 자연과학의 연구와 공학적 이용을 위한 대학의 모델을 제시하고 있다. '6일작업대학(the College of the Six Days' Works)'으로도 불리는 '솔로몬(Solomon, 또는 Salomon)대학'은[441] 자연해석의 일과 인류복지에 이바지할 연구를 수행한다. 뉴아틀란티스 이상국가는 벤살렘(Bensalem) 섬에 소재한다. 후술하겠지만 지식과 학문으로 개명된 나라이지만 자연과학적 자연정복에 대해 강세를 두지 않고 오히려 자연을 사랑하는 나라인 모어의 '유토피아'는 비기독교국가인 반면, 인류의 복지를 위해 과학기술적 자연이용을 추구하는 베이컨의 뉴아틀란티스는 기독교국가다. 이 소설에서 뉴아틀란티스는 왕국이지만, 왕이 드러나지 않아 독자들은 누가 왕인지 알 수 없고, 다만 솔로몬대학이 전면에 부각되어 있다. "나의 좋은 형제들"로 불리는 "솔로몬학술원" 회원들인 "지자智者들"이 "왕국의 바로 눈"인 것이다.[442] 아틀란티스는 약 1,600년 전 '신의 도구'인 입법자 살로모나(Salomona) 왕에 의해 건국되었다. 살로모나 왕은 플라톤의 '철인치자' 모델을 따른 토마스 모어의 '학자들로부터 선발되는 군주'와 달리 '지자'라기보다 '인자仁者'다. "우리는 그를 우리나라의 입법자로 간주한다. 이 왕은 헤아릴 수 없는 선덕의 큰마음을 가져서 그의 왕국과 인민들을 행복하게 만드는 데 혼신으로 전념했고" 또한 "그 왕은 인류애(humanity)와 정책을 늘 결합시키기를 바랐기" 때문이다.[443]

살로모나 왕의 "단연코 엄청난", "탁월한 업적 중 하나"는 "솔로몬학술원이라고 부르는 학당 또는 협회의 창건과 설립"이다. "신의 작품과 피조물들의 연구를 맡고 있는" 이 학당은 "지상에 지금까지 존재한 것 가운데 (우리가 생각하기에) 가장 훌륭한 재단"으로서 아틀란티스 왕국의 "등불" 노릇을 한

---

441) Bacon, *The New Atlantis*, 253쪽.

442) Bacon, *The New Atlantis*, 244, 245쪽.

443) Bacon, *The New Atlantis*, 251-252쪽.

다.444) 베이컨은 『뉴아틀란티스』에서 살로모나 왕에 대해서만 언급할 뿐, 방문 당시의 통치자에 대해서는 침묵하고 있다. 결국 뉴아틀란티스 국가는 '왕국'이 라는 것 외에 그 정치적 정체가 끝내 수수께끼로 남아 있다. 솔로몬학술원도 '정부'는 아니다. 솔로몬학술원의 목적이 자연과학적 탐구로 규정되어 있기 때문이다. "우리 학술재단의 목적은 사물들의 원인과 비밀스러운 작용에 대한 지식과, 가능한 모든 일들을 달성하기까지 인간제국(human empire)의 영역을 확대 하는 것이다."445) 살로모나 왕의 성품과 행적을 뜯어보면, 베이컨은 정부와 별개로 자연과학적·기술공학적 솔로몬대학을 창설하는 길을 감으로써 플라톤 의 '철인치자' 전통을 탈피해 공자처럼 왕을 박애심의 인자로 설정하고 있다.

아틀란티스의 경제사회제도와 윤리를 살펴보면, 우선 토마스 모어의 '유토 피아'와 반대로, '티르산(Tirsan)'이라는 사람의 가족에 대한 왕의 하사금·특권· 면세권 등이 선물로 주어지는 것으로 보아 사유재산제는 인정되고, '요아빈 (Joabin)'이라는 유대인 상인이 등장하는 것으로 보아 시장제도도 인정되는 것으 로 보인다.446) 창녀는 없고 일부다처제는 불허된다.447)

솔로몬대학이 산출하고 제작한 온갖 과학기술적 발명품과 이기들은 1627년 당시에 생각해낸 것이라는 점을 고려하면 모두 놀라운 것들이다. 중국식의 "수명연장", 즉 장수長壽 프로젝트, 합금을 통한 인조금속과 신소재 개발, 인공 강우(artificial rains), "씨앗 없이 흙의 혼합으로 다양한 식물을 키우며, 마찬가지로 상이한 천연 식물로부터 다양한 신종 식물을 만들고, 나무나 풀을 변종시키는" 생명공학, "동물들을 덩치와 키가 크게 만들고 반대로 난쟁이로 만들고 그 크기에 머물러 있도록 하기도 하고 불임으로 생산하지 못하도록 하기도 하며" 또한 동물을 "더 다산하고 번식하도록 만들고 또한 동물들을 색·모양·활동성 등 다양한 면에서 다르게 만들기 위해 상이한 종류의 혼합과 교접을 만드는" 동물 신종개발 및 종자조작 기술, 잘 소화되는 음료수, 손등으로 스며들어

---

444) Bacon, *The New Atlantis*, 264쪽.

445) Bacon, *The New Atlantis*, 26쪽.

446) Bacon, *The New Atlantis*, 255쪽 이하 및 257쪽 이하.

447) Bacon, *The New Atlantis*, 260, 261쪽.

손바닥으로 나오지만 입에서 부드럽게 느껴지는 음료수, 초정밀 현미경, 인공 무지개(*artificial rain-bows*), 보청기, 엔진 등 온갖 동력장치, 유럽의 무기보다 훨씬 성능 좋은 소총과 대포, 새처럼 나는 비행기술(*flying in the air*), 잠수함(*ships and boats for going under water*) 등 실로 끝없다.448) 이것이 『뉴아틀란티스』의 대강의 줄거리다.

솔로몬 학술원의 이런 과학기술적 구상 중 "씨앗 없이 흙의 혼합으로 다양한 식물을 키우는" 생명공학과 '새처럼 나는 비행기술' 등 두 비과학적 기술을 제외한 나머지 모든 과학기술은 다 실현되었을 뿐 아니라, 그 이상으로 실현되었다. 다만 분명한 것은, '조는 새'도 쏘지 못했던 '자연의 손님' 공자와 그 학도들이라면 자연사물과 생물들을 인공적으로 저렇게 뒤틀고 쪼고 짜는 베이컨의 이 아틀란티스를 즉시 등졌을 것이라는 사실이다. 베이컨은 솔로몬학술원에서 산출하는 자연지식을 모조리 자연정복과 자연약탈에 쓸 뿐, 단 한 가지 사례에서도 ─ 공자처럼 ─ '자연보호'에 쓰고 있지 않기 때문이다. 그러므로 공자와 베이컨 간의 친화성은 자연지식의 용도문제에서 양자의 대립으로 뒤집힌다. 베이컨의 지성주의적 자연정복의 오류가 명약관화하게 드러난 오늘날, 자연지식에 의한 '자연 속박'을 '어떤 식으로' 하든 결코 '악하거나 죄스럽지도 않은' 것으로 보는 기독교적 자연정복관은 베이컨이 말하는 인간파시즘적 '종족의 우상'에 해당하는 것이다.

- 『뉴아틀란티스』의 분석: 중국의 사이언토크라트적 재현

1627년 베이컨의 유토피아 단편소설 『뉴아틀란티스』가 자연사 책 『실바 실바룸』에 붙어 인쇄되었을 때, 이것은 의도적이었을지라도 다소 불편한 콤비네이션이었다. 『뉴아틀란티스』는 벤살렘의 사이언토크라트적 질서에 대한 온갖 매혹에도 불구하고 유토피아적 여행 이야기인 반면, 『실바 실바룸』은 자연사의 이상한 장르, 즉 자연세계에 관한 자료의 엄청난 카탈로그에 속했다. 그러나 따져보면 이 두 책은 긴밀히 연결되어 있다. 『뉴아틀란티스』는 드러나기를

---

448) Bacon, *The New Atlantis*, 263-270쪽.

청하는 비밀 역사의 수사 ─ 벤살렘의 지식 수호자들, 즉 베이컨 자신의 방법의 선차성을 솔로몬학술원에 의해 재생산된 것으로서 내세우는 이야기 ─ 를 불러 일으킨다. 따라서 『뉴아틀란티스』는 "베이컨의 프로젝트를 허구 이상의 것으로 드러내줄 학문의 역사의 ─ 그 기원으로부터의 ─ 개요"다. 이 비밀 역사의 동학은 미지의 것을 알려진 것으로부터 배제하는 것을 요약하는 존재론적 자리 매김 속에서 미지의 것의 실존을 경계짓는 미지의 것의 간취에 의존했다.449)

『뉴아틀란티스』의 상상력은 벤살렘의 지성사의 은폐, 즉 조금씩 조금씩 드러내는 것을 용이하게 하는 은폐로부터 유래한다. 벤살렘은 그 자신의 위대 성을 선언하고, 모든 유토피아 소설에서 등장하는 평화적 삶, 엄격한 조직, 위대한 학문 등의 문화적 정통성을 동반한다. 그러나 이 문화적 업적에 대한 방법론적 열쇠는 솔로몬학술원의 비밀스런 동굴에 묻힌 채 남겨져 있다. 비밀 의 존재가 알려질지라도 그것은 '부재'에 의해 특징지어진다. 그것의 내용은 독자에게 탐구하고 발견하고 재발명하도록 손짓하기 위해 한 족장 이격된 상태에 놓여 있어야 한다. 벤살렘을 중국과 동일한 모양으로 투사된 공간 속으 로 끌어들인 것은 아마 이 잠재적 인식 행낭, 비밀스러운 학문역사에 대한 탐색이었을 것이다. 적어도 베이컨이 『뉴아틀란티스』에서 제시하는 비밀스러 운 지식역사의 허구적 이야기는 빈번하게 중국적 지식의 호기심 어린 당대의 문제와 이 유령적 형상에 의해 불러내진 학문의 감춰진 역사로 되돌아간다. 벤살렘에서 유럽의 항해자들의 경험에 관해 보고하는 모호하고 익명적인 '나(I)' 라는 베이컨의 화자는 중국지식의 비밀스러운 역사 언저리에서 얼쩡댄다. 소설 은 "페루로부터 중국과 일본을 향해 남양을 통해" 항해하기450) 시작한다. 이 여행일정은 상상적 가능성들의 거주 장소로서의 동남아시아의 불확실한 공간 을 불러일으키고 베이컨의 유토피아 소설을 중국문화의 디아스포라를 반복적 으로 연상시키는 지리적 공간 안에 위치시킨다. 여기서 주의 깊은 학자는 '통킹 차이나', '코친차이나', '남중국', 또는 '중국해'와 같은 무수한 외국어 지명을

449) Lux, "'Character reall': Francis Bacon, China and the Entanglements of Curiosity", 197쪽.
450) Bacon, *The New Atlantis*, 235쪽.

만들어냄으로써 동남아시아의 큰 지역조각을 중국 국민과 연결시키는 초기근
대적 지도제작의 호기심 어린 습관을 상기시킨다. 벤살렘은 중국문화를 연상시
키는 지역에 위치해 있을 뿐만 아니라, 중국적 정책에 의해 규제된다. 벤살렘에
도착하자 베이컨의 몇몇 항해자들은 상륙이 금지되고, 3일 동안 낯선 사람의
집 안에 격리된다.[451] 솔로몬학술원의 한 신부는 이 관행의 원천이 유토피아
건국자로 칭해지는 살로모나 왕의 법률이라고 알려준다. 이 신부에 의하면,
살로모나 왕은 "이상한 것들과 예의범절의 혼합을 염려해 금령과 금지를 명했
다".[452] 그런데 벤살렘의 이 정책은 중국의 법규를 그대로 모방한 것이다.
베이컨은 비판하는 척하면서 이 정책의 중국적 기원을 단숨에 밝힌다.

> 이방인들의 무허가 입국을 막는 유사한 법률이 중국제국의 유구한 법률이지만 지금
> 도 계속 쓰이고 있다는 것은 사실이다. 그러나 거기서 그것은 가엾은 것이고, 그들을
> 호기심 많고 무지하고 무서워하는 바보 민족으로 만들었다. 하지만 우리의 입법자는
> 다른 성질의 법률을 만들었다.[453]

그러나 베이컨은 바로 중국인들의 해외진출을 막지 않는 중국정책의 장점을
슬쩍 흘린다.

> 지금 이곳으로부터 해외로의 여행에 관한 한, 우리의 입법자는 그것을 몽땅 억제하
> 는 것을 적절하다고 생각했다. 그런데 중국에서는 그렇지 않다. 왜냐하면 중국인들
> 은 그들 마음대로, 그들의 능력껏 항해하기 때문이다. 이것은 이방인을 들어오지 못
> 하게 하는 그들의 법률이 겁 많음과 공포의 법률이라는 것을 보여준다.[454]

명색이 기상천외한 '유토피아 소설'이라는 이상국가 소설이 중국 같은 타국으

---

451) Bacon, *The New Atlantis*, 240쪽.
452) Bacon, *The New Atlantis*, 252쪽.
453) Bacon, *The New Atlantis*, 251쪽.
454) Bacon, *The New Atlantis*, 251쪽.

로부터 법률을 채택하라고 권하면서 느끼는 어색함을 베이컨은 이처럼 '좌충우돌'로 표현하고 있다. 그는 이 면허를 중국적 선례로부터 차용하지만 투사된 중국적 타자를 단순히 칭찬하기보다 차라리 그 유사성("유사한 법률")을 인정하는 한편, 중국의 고립정책의 방향을 뒤집어서 중국 국민 자체를 비판하는 자세를 취하고 있다. 벤살렘 사람들은 '혁신적 분리주의자들'이고, '언덕 위의 도시국가'인 반면, 중국인들은 단순히 외국인공포증적이라는 것이다.455) 어찌 이리도 어불성설로 느껴지는가!

그러나 벤살렘의 이 고립정책은 바로 무너져버린다. 통치자는 이 구분을 한 뒤에 그의 백성들이 먼 나라들의 가장 값어치 있는 보유물들("전 세계의 과학, 기술, 제작물, 발명품")을 조사하고 훔치기 위해 먼 나라의 해안으로 여행하는 계획을 기술한다.456) 벤살렘의 경우에 상업과 외교의 기구들은 고의적으로 저발전 상태에 놓여 있지만, 장기적 프로그램은 발명과 기술의 보다 가치 있는 상품들을 확보한다.

벤살렘에 축적된 발명과 기술의 방대한 목록을 정밀히 조사해보면, 중국기술들을 베이컨의 비밀스러운 지식역사 프로젝트 속으로 통째로 통합하는 것이 드러난다.457) 일찍이 기술된 중국기술의 모든 것은 현저한 출현의 물목이다. 솔로몬학술원의 한 신부는 "유희와 사용의 두 용도를 위한 온갖 다양한 종류의 화약, 물속에서 꺼지지 않고 타는 도깨비불, 불꽃놀이의 새로운 혼합과 구성"을 가지고 있다고 자랑한다.458) 그리고 앞서 시사했듯이 그는 "중국인들이 그들의 도자기를 만드는 것처럼 우리가 다양한 접착제를 두는 여러 흙들 속의 매장물들"을 기술하고 "그러나 우리는 이 매장물들을 아주 다양하게 가지고 있고 그들 중 몇몇은 더 곱다"고 말한다.459) 중국의 도자기는 훌륭한 국제적 명성과 17세기의 야릇한 신화의 자리를 누렸다. 그리고 앞서 시사했듯이 베이컨 자신

---

455) Lux, "'Character reall': Francis Bacon, China and the Entanglements of Curiosity", 199쪽.

456) Bacon, *The New Atlantis*, 254쪽.

457) Lux, "'Character reall': Francis Bacon, China and the Entanglements of Curiosity", 199쪽.

458) Bacon, *The New Atlantis*, 270쪽.

459) Bacon, *The New Atlantis*, 251쪽.

이 '중국적 광기'로 묘사하는 "수명연장"(장수) 프로그램도 언급한다. 이런 기술들을 망라하면서 베이컨의 비밀 역사 또는 비밀스러운 기술박물지는 중국의 기술적 업적들을 그 자신의 프로젝트를 되돌아 가리키는 과거의 새로운 비전 속으로 주입된다. 그는 보편적이고 전 지구적인 목적을 가진 프로젝트를 선명하게 만든다.460)

이상국가의 과학기술 연구프로젝트에 이미 세상에 널리 알려진 중국기술들을 포함하는 이 조치는 벤살렘의 기념관 또는 과학적 발견의 전당에 대한 베이컨의 기술에서 다시 나타난다. 솔로몬학술원의 한 신부는 이 공간을 "아주 길고 아름다운 화랑"으로 기술한다. 이 화랑 중 하나는 "모든 주요 발명가의 동상들"을 전시한다.461) 이 신성시되는 공간에서 치자는 섬의 치자과학자 계급의 "명령과 의례"를 위해 동상들을 세운 일련의 인물들을 목록화한다.462) 이 방대한 리스트에는 "대포와 화약의 발명자 (…) 인쇄술의 발명자 (…) 누에의 비단의 발명자 (…) 그리고 당신이 가진 것보다 더 확실한 전통에 의해 이 모든 것"이 포함된다.463) 중국 발명품들은 과학적 발견의 비밀역사를 기록하는 데 바쳐진 신성한 박물관 안에서 확고하고 필수적인 자리를 가지고 있다. 베이컨은 앞서 언급한 자료원천들을 통해 이 발명품들이 중국에서 기원한다는 것을 알고 있었다.

벤살렘과 중국의 더 본질적인 연관성은 벤살렘의 해안지방 '렌푸사(Renfusa)'에 출현한 방주의 기적을 통해 벤살렘의 백성들의 기독교 신앙을 설명하는 데서도 드러난다. 그 해안지방 사람들이 빛나는 기둥 아래서 "이 기둥의 몸체보다 더 밝은 빛의 큰 십자가"를 발견했다는 것이다.464) 십자가가 세워진 방주는 기억, 보존, 선택, 구원의 중요성을 결합한다. 벤살렘의 사회형태를 보존하는 고의적으로 격리된 방법 및 비밀의 수사법과 병치되어 이 방주의 출현은 거대

---

460) Lux, "'Character reall': Francis Bacon, China and the Entanglements of Curiosity", 200쪽.

461) Bacon, *The New Atlantis*, 264쪽.

462) Bacon, *The New Atlantis*, 272쪽.

463) Bacon, *The New Atlantis*, 272-273쪽.

464) Bacon, *The New Atlantis*, 244쪽.

한 불빛 나는 십자가에 의해 광포廣布되는 충격적 공개성 속에서 벌어진다. 고의적으로 노출된 공간에서 솔로몬학술원의 한 신부는 해석을 위한 기표와 기도를 번갈아 단언한다. 정보(계시)보존의 이 고도로 가시적인 기표記標는 성서적 명문과 글자를 둘 다 포함하고 있다. 베이컨의 치자는 주장한다.

> 이 두 글 속에도 책과 글자가 들어 있어, 이 책과 글자가 위대한 기적을 일으켰고, 다 입말의 시원적 재능에서 복음의 그것과 상응한다. 왜냐하면 그때에 이 땅에 토착인 외에도 히브리 사람, 페르시아 사람, 인도 사람들이 존재해서 모든 사람은 제각기 책과 글자를 마치 그 자신의 언어로 쓴 것처럼 읽기 때문이다.[465]

이 계시적 순간의 동학은 분석적으로 비교할 상당한 가치가 있다. 성서의 명문은 입말 담화의 영역 안에서 입말의 기적을 이야기하지만, 베이컨은 이것을 뒤집었다. 벤살렘의 시민들은 방주에 실려 있는 텍스트를 토착어로 읽는다고 보고하는 것이 아니라, 마치 그들의 토착어로 쓰여 있는 것처럼 읽는다고 보고하고 있다. 기적은 벤살렘 사람들의 인물들을 바꾸거나 더 매혹적으로 텍스트 자체를 바꿔 이 텍스트들이 어떤 언어로도 읽힐 수 있을 정도다. 이것은 『학문의 진보』에서 묘사한 중국의 '진짜 부호문자'를 생각나게 하는 '쓰인 기표들'이다. 벤살렘 기독교의 심장부에서 근본적 기적을 이렇게 읽는 것을 숙고해보면 벤살렘은 점점 더 '중국애호적'으로 나타나기 시작한다. 베이컨의 항해자들은 벤살렘을 남중국해의 어느 곳에선가 발견하고, 또 이 나라가 중국적 정책에 의해 다스려지는 것을 알고, 중국의 발명품들을 알고 있는 것을 발견하며, 한자漢字를 인기 있는 당대의 모범으로 삼는 보편적 기표들을 사용하는 은혜를 입고 있는 것을 알게 된다. 중국문화에 대한 지식과 인정, 그리고 지식의 비밀역사 속으로 중국문화를 통합할 필연성에 대한 결정적 자각은 베이컨의 유토피아적 비전의 일관된 측면이 되었다. 적어도 그는 그 진가를 인정하고 지식의 획득과 보존의 보편적 체계 속으로 통합해야 하는 '패러다임 변동 수준의 지식'

---

465) Bacon, *The New Atlantis*, 246쪽.

이 미지의 중국과 극동에 존재한다고 생각한 것으로 보인다.466)

따라서 이제 보다 비중 있는 물음은 베이컨이 『뉴아틀란티스』의 방대한 문화업적 목록 안에서 중국을 언급하는지가 아니라, 실제적 세계에서 그가 중국을 어떻게 취급하는지다. 분명히 베이컨은 중국적 선례를 '맥동하는 추상적 금박장식'으로 쓰는 이상국가 건국과 지식보존에 관한 담화에 거듭거듭 말려들어 있다고 느꼈다. 이렇게 말려드는 대목들 가운데서 베이컨의 중국 참조는 종종 그 프로젝트에 열광적 희망을 주입했다. 그리하여 베이컨은 중국의 '진짜 부호문자', 즉 그의 유토피아적 테크노크라시의 건축 블록(벽돌)을 기술할 때 이 부호문자가 '존재의 이미지'를 조금도 뒤틂 없이 채록하고 마치 지식 자체의 문을 여는 열쇠인 것처럼 이야기한다. 그러나 이 비중 있는 모든 수사는 고의적으로 원래의 장소에서 전치되어 현장을 넘어가는 저편에 위치하고, 베이컨이 그의 분석을 '다른 자료원천', 즉 '중국'에 근거를 둔다고 상기시키는 빈번한 삽입메모들에 의해, 즉 대상을 확실성의 영역에서 배제하면서도 이해관계가 있는 분석의 시계視界에 노출시키는 것에 의해 한정된다.467)

베이컨이 중국을 그의 더 큰 프로젝트, 즉『뉴아틀란티스』의 심장부에 들어 있는 비밀스러운 과학사에 포함시킨 것은 17세기 영국의 동시대인들에게 당연히 들킬 수밖에 없었다. 토마스 뱅크로프트(Thomas Bancroft, 1596?-1658)는 『거짓말에 맞서(Against Lying)』(1658)라는 풍자시의 중요한 구절을 '영국으로부터 도피함으로써만 진리를 배울 수 있다는 상상적 허설虛說'을 퍼트린 사람들을 풍자하는 데 바치고 있다. "진리의 얼굴을 보고자 하는 자는 다른 해안으로 항로를 조정해 가야 한다네 / 여기는 우리가 보는 가면假面, 베일, 유사품을 빼고 / 아무것도 놓여 있지 않다네."468) 이 장난스러운 풍자시의 한가운데서 뱅크로프트의 화자話者는 한동안 옆으로 비켜서서 중국과『뉴아틀란티스』간의 은폐된 연관을 상상적 여행 이야기 속에서 재현한다. 화자는 "육지로, 중국의 해안으로 / 굴러

466) Lux, "'Character reall': Francis Bacon, China and the Entanglements of Curiosity", 201쪽.
467) Lux, "'Character reall': Francis Bacon, China and the Entanglements of Curiosity", 202쪽.
468) Thomas Bancroft, *Time's out of Tune* (London: 1658), 36쪽. Lux, "'Character reall': Francis Bacon, China and the Entanglements of Curiosity", 202쪽에서 재인용.

가 있는 것으로 느끼고 (⋯) 그것은 전혀 통속적이지 않은 종류의 발명들을 / 우리의 보다 행복한 베이컨이 / 그를 유명하게 만든 뉴아틀란티스에서 본 것과 / 같은 것들을 내게 보여주었네".[469] 뱅크로프트는 '실존하는 유토피아' 중국과 『뉴아틀란티스』간의 닮은꼴을 콕 집어 풍자하고 있다. 그리하여 베이컨의 은폐시도가 무의미해질 정도로 『뉴아틀란티스』의 사이언토크라시는 그의 경험론과 더불어 철두철미 그의 중국적 발상에서 기원한 것이다.

'근대 경험과학'의 신新항로를 활짝 열어젖힌, 그리하여 사실상 '근대'를 개막시킨 베이컨의 위대한 '비판적 경험철학'은 이렇게 하여 중국의 경험적 과학기술과 중국문화로부터 탄생했고, 그의 과학기술적 유토피아 프로젝트는 중국의 과학기술입국의 모방으로부터 탄생했다. 중국과 한국·일본의 극동제국은 이와 같이 유럽의 정치철학에 대해서만이 아니라 유럽의 경험주의 인식론과 과학기술 발전계획에도 결정적이고 본질적인 영향을 미친 것이다. 중국의 과학기술은 '구제할 수 없는 합리주의자' 라이프니츠도 인정했듯이 '철두철미 경험적'이었기 때문이다.

3.2. 라 모트 르 베예와 '중국의 소크라테스' 공자(1642)

트리고와 마테오리치, 기타 기행문을 통해 전해진 공자철학을 최초로 양심적으로 설명하고 기독교철학과 관련시켜 이해하고 높이 평가한 17세기 서양 철학자는 이신론적理神論的 자유사상가로 불리는 라 모트 르 베예(François de La Mothe le Vayer, 1588-1672)였다. 그는 당대의 대철학자로서 국제적으로 명성이 높았고, 전 유럽에서 위세를 떨치던 '태양왕' 루이 14세의 왕사王師였다.

이처럼 고명한 학문적 권위와 강력한 정치적 영향력을 겸비한 라 모트 르 베예는 기독교를 새롭게 이해하는 데 공자의 이신론적(자연종교적)·본성론적 도덕철학이 도움을 줄 수 있다고 기대한 것으로 보인다. 그는 공자를 소크라테스와 같은 선택받은 철학자들의 반열에 올려놓고 공자철학을 높이 평가한

---

469) Bancroft, *Time's out of Tune*, 39-40쪽. Lux, "'Character reall': Francis Bacon, China and the Entanglements of Curiosity", 202쪽에서 재인용.

"유럽 최초의 걸출한 사상가"였다.[470]

라 모트 르 베예는 리셸리외의 간청에 따라 원죄가 예수 그리스도의 구원 은총 없이 도덕적 생활을 영위하는 것을 불가능하게 만들었다는 얀세니스트 사상과 대결하며 불교와 유교의 독트린을 찬양했다. 계시된 진리와 교회의 비준보다 일차적으로 인간의 경험과 지성적 가치들에 기초한 합리적 도덕에 대한 그의 의무의식은 프랑스교회의 정치사회적 지위에 대한 일종의 도전이었다.[471]

■ 기독교신앙 없이 구원받은 철인치자로서의 공자 제자들

라 모트 르 베예는 1642년에 출간한 자신의 저서 『이교도들의 덕성에 관하여 (De La vertu des payens)』에서 '자연법의 국가', '왕의 국가', '그리스의 국가'를 논한 데 이어 소크라테스, 플라톤, 아리스토텔레스, 디오게네스, 제논, 피타고라스, 에피쿠로스, 피론 등 고대 그리스 이교철학자들을 살펴본다. 그는 이런 논의 속에서 소크라테스·플라톤·피타고라스·세네카를 선택하고, 기타 철학자들에 대해서는 기대를 접는다. 하지만 그는 이어지는 절에서 공자를 "중국의 소크라테스(le Socrate de la Chine)"로 특대하고 『중국인들 사이에서의 기독교 선교』(1615)를 쓴 트리고 신부를 거듭 거론하며 공자의 도덕철학과 중국의 유자儒者학파를 상론한다.[472]

- 공자철학의 분석

라 모트 르 베예는 『이교도들의 덕성에 관하여』의 제2부 「공자, 중국의 소크라테스에 관하여(De Confutius, le Socrate de la Chine)」라는 절에서 공자철학을 다룬다. 일단 그는 아우구스티누스를 원용해 기독교세계에서 훌륭한 이교철학을 긍정적으로 검토해야 하고 또 해도 되는 토대를 마련한다.

---

470) Rowbotham, "The Impact of Confucianism on Seventeenth Century Europe", 230쪽.

471) Gregory Blue, "China and Western Social Thought in the Modern Period", 61쪽. Timothy Brook and Gregory Blue, China and Historical Capitalism. Genealogies of Sinological Knowledge (Cambridge: Cambridge University Press, 1999).

472) François de La Mothe le Vayer, De La vertu des payens (Paris: Chez François Targa, 1642), 278-291쪽.

성 아우구스티누스는 『신국론』에서 어떤 철학이 우리 종교와 일치성을 가장 많이 갖는다고 말할 수 있는지를 알기 위해 다양한 철학 학파들을 검토하면서, 자신에게 잘 맞는 일반적 판단으로 문제를 해결한다. 그는 그리스를 선호하지 않고 그리스 철학자들이 자신들의 지혜를 숭상하게 하는 지역을 염두에 두지 않는다. 그러면서 그는 스키타이·인도·페르시아·이집트, 또는 다른 어떤 나라의 사람이든 간에 만물의 창조주인 유일신의 권능과 선을 가르친 모든 사람은 기독교적 신앙의 빛에 가장 가깝게 접근한 사람들로서 다른 사람들보다 선호되어야 한다고 주장한다. 이것이 바로 내가 많은 그리스 사람들에 대해 언급한 다음 이어서 한 중국인에 대해 말하는 이유다.[473]

그런데 르 베예는 이미 제1부 「왕의 국가(De le'Estat de la Loy)」 절에서 트리고와 마테오리치의 보고를 근거로 '중국인이 자연법에 대한 준수를 통해 구원받았음'을 미리 인정했었다.

트리고 신부는 중국의 선교사들 중 하나인 마테오리치 신부의 비망록에 따라 많은 덕스러운 중국인들이 단순한 자연법의 준수와 그들이 하늘과 땅의 창조주로 인정하는 유일신의 특별한 원조에 의해 드물지 않게 구원받았음을 의심치 않는다.[474]

르 베예는 많은 중국인들이 기독교 없이도 단순한 자연법 준수에 의해 기독교도들과 유사하게 구원받았다는 것을 화두로 공자철학의 평가를 개시한다.

이 신부들(트리고와 마테오리치)이 확신하는 것처럼, 내가 이 책의 제1부에서 이미 지적한 바는 적잖은 중국인들이 자연법의 순박한 준수 속에서 도덕적으로 잘 살았고 드물지 않게 그들의 창조자의 자비와 특별한 지원으로 영원한 구원을 얻었다는 점이다. 트리고 신부가 자신의 이 견해에 대는 근거는 다른 모든 민족 가운데 중국민족이

---

473) La Mothe le Vayer, *De La vertu des payens*, 278-279쪽.

474) La Mothe le Vayer, *De La vertu des payens*, 33-34쪽.

겉으로 보기에 자연본성적 빛(la lumiere naturelle)을 가장 잘 따를 수 있게 되어 있고, 종교문제에서 오류를 가장 덜 범한 민족이라는 점이다. 우리는 그리스·로마·이집트 사람들이 이전에 종교의식을 통해 어떤 초자연적인 일을 이루었는지를 알고 있다. 반대로 중국 사람들은 아주 오래전부터 자신들이 상제上帝(le Roi du Ciel)라고 부르는 유일신만을 인정했다. 이것을 우리는 4,000년 이상 된 그들의 연대기를 통해 알 수 있으며, 중국인들 가운데 상제를 배척한 이교도는 없었다. 나머지 행동들은 바른 이성이 규정하는 것과 가장 일치한다.475)

르 베예는 이어 중국에서 '반신半神'으로 섬겨지는 공자의 지위를 논한다.

동양이 가졌던 가장 선한 사람, 그리고 가장 위대한 철학자는 공자라고 불렸던 중국 사람이었으며, 중국 사람들은 공자에 대한 숭배의 기억을 간직하고 있어서 공자상像을 몇몇 제자들의 상과 함께 사당에 세워 놓고 있다. 그렇다고 중국 사람들이 공자를 신으로 여기지는 않으며, 공자에게 기도를 드리지도 않는다. 하지만 중국 사람들은 상제(le souverain Estre) 다음으로 자신들이 성인이라고 믿는 위대한 인물들을 그런 식으로 공경하며 반신(demy-dieus)으로 여긴다.476)

르 베예는 그가 공자를 '중국의 소크라테스'라고 부르게 된 두세 가지 이유를 제시한다.

이 철학자의 삶에 대한 여러 정황들 가운데 내가 공자를 '중국의 소크라테스'라고 자신 있게 부를 수 있는 두세 가지 이유가 있다. 첫 번째는 공자가 세상에 태어난 시기로서 그리스 소크라테스의 시기와 거의 다르지 않다. 트리고 신부의 계산에 따르면 공자는 기원전 551년에 태어나 70년 이상 살았으므로 공자의 사망 시기가 소크라테스 세대의 시기와 일치한다는 점에 대해서는 거의 말할 것이 없다. 여기서 나오

---

475) La Mothe le Vayer, *De La vertu des payens*, 279-280쪽.

476) La Mothe le Vayer, *De La vertu des payens*, 280쪽.

는 결론은 같은 세기에 중국과 그리스의 모든 이교도 중에서 가장 덕스러운 두 사람
이 있었다는 사실이다. 이들의 또 다른 공통점은 지금 우리에게 더욱 와 닿는 도덕을
매우 주도면밀하게 선양하기 위해 별로 유용하지 않은 학문들을 무시했다는 점이다.
공자가 소크라테스와 마찬가지로 도덕에 권위를 부여함으로써 하늘의 철학을 땅으
로 내려오게 했다고 말할 수 있듯이, 물리학·천문학 및 유사한 학문들에 대한 호기심
은 당시 이들에 의해 거의 무시되었다.477)

첫 번째 이유는 소크라테스가 9세였을 때 공자가 사망해서 삶의 시기가 조금은
겹친다는 말이다. 두 번째 이유는 따지고 보면 아주 중요한 말인데, 그것은
공자가 지식의 중심을 사물에 대한 앎인 '지물知物'에서 사람에 대한 앎인 '지인
知人'으로 지식혁명을 일으킨 것과 소크라테스가 자연철학에서 '너 자신을 알라'
는 구호로써 인간의 도덕에 대한 앎으로 선회한 것을 두고 하는 말이다. 공자와
소크라테스의 이 '철학혁명'의 공통점은 나중에 윌리엄 템플이 다시 논하게
된다.478)

르 베예는 그렇다고 중국인들이 기하학·산술·의학·점성학과 자연사물의
연구 및 예술 등을 소홀히 한 것은 아니라고 말한다. 이런 분야도 중국에서는
발달해 있다는 말이다.479) 그럼에도 공자 이래 중국에서 윤리학이 다른 모든
학문에 대해 점하는 우월적 지위를 설명한다.

공자는 사람들에게 윤리학의 중요성을 깨닫게 하고 자신보다 앞선 철학자들의 아름
다운 모든 문장을 4권으로 만들고 나서 자기 나름의 사상을 다섯 번째 책으로 편찬했
다. 이렇게 해서 공자는 다른 모든 학문 위에다 도덕의 과학(la science des moeurs)을
올려놓았다. 공자 이후의 사람들은 도덕에 관해 연구해야만 중국에서 학사나 박사가
될 수 있었다. 중국에 3개의 철학파가 있음은 분명한 사실인데 '선비들의 학파(儒家)'

---

477) La Mothe le Vayer, *De La vertu des payens*, 280-281쪽.

478) 공자와 소크라테스의 이 공통점에 대한 상론은 참조: 황태연, 『공자의 인식론과 역학』(파주:
청계, 2018), 353-356쪽.

479) La Mothe le Vayer, *De La vertu des payens*, 282쪽.

라고 불리는 공자학파는 다른 2개의 학파보다 우월하므로 이 제국에서 훌륭한 모든 사람은 공자의 학문을 직업으로 삼고 있다.480)

르 베예는 트리고와 마테오리치가 준 정보에 따라 중국제국이 철인치자가 다스리는 나라임을 확신하고 이를 아주 특이한 점으로 간주한다.

내가 또한 매우 특이하게 여기는 점은 이 철학자의 제자들이 지식과 현명의 특별한 명성을 갖고 있기 때문에 국법에 의해 이들만이 정사를 맡고, 왕국의 권위를 바탕으로 절대적 권력을 행사하는 만다린·관료·문인들은 이 학파에서만 배출되었다는 것이다. 군대의 통솔에 있어서도 다른 모든 학파는 이 공자학파보다 열등하기 때문에, 명령을 내리는 사람들은 이 학파의 철학자들이며, 모든 부대에서 이들의 처분을 영예롭게 실행한다. 확실히, 지배권을 철학의 손안에 위치시키고 무력을 평화적으로 이성에 복종하게 만든 것은 공자에게 작은 영광이 아니다. 왕들에게 철학하게 하고 철학자들이 지배하게 하는 것보다 더 큰 그 무슨 행운을 도대체 바랄 수 있을 것인가. 이런 보기 드문 정신은 중국 안의 이 두 가지 지복至福을 결합해야 한다. 공자의 덕목으로 최고 주권자 자신도 그의 가르침에 맞지 않는 어떤 명령도 내리지 않고, 왕국의 모든 관리와 마찬가지로 모든 치자가 반드시 공자의 제자들이기 때문에, 아주 커다란 이 제국을 지배하는 사람들은 철학자들밖에 없다고 말할 수 있다.481)

르 베예는 인덕仁德을 제일의 덕목으로 치는 공자의 경험주의적 철학자들을, 소크라테스·플라톤이 말하는, 지혜(소피아)를 제일의 덕성으로 치는 합리주의적 철학자로 오인하고 중국의 '군자(군주·신사 위정자)'를 플라톤의 '철인치자'로 만들어놓고 있다. 그러나 이런 약간의 오해를 제외하면 그는 대체로 중국과 공자 제자들의 정치적 역할에 대한 개념적 이해에서 곧은길을 따라가고 있다.

---

480) La Mothe le Vayer, *De La vertu des payens*, 282-283쪽.
481) La Mothe le Vayer, *De La vertu des payens*, 283-284쪽.

- 중국과 일본의 문화적 대비와 비교종교학적 불교논의

라 모트 르 베예는 이어서 역시 트리고의 기술에 근거해 중국의 역사에서 유학자들이 국가와 임금을 위해 필요하면 목숨을 초개와 같이 버리는 애국심과 충성을 발휘하는 가운데 군인들보다 더 고귀한 용기를 보여왔고, 또 이것이 공자의 가르침에 기초한 것이라는 점을 밝힌다.482) 또한 그는 이것을 두고 중국과 일본을 비교한다. 일본은 선비가 아니라 무사가 권력을 쥐고 있다는 것이다. "일본 사람들은 사납고 아주 전투적인 기질 때문에 자신들이 처한 모든 상황에서 토의나 이성보다는 무력을 더 사용하고, 평화적 수단보다는 군사적 행동을 더 선호했다."483) 그러나 17세기 도쿠가와 막부시대의 일본은 그 이전시대에 비하면 훨씬 더 평화지향적이고 유학경전이 보다 열성적으로 학습되던 시대였다. 르 베예는 이 차이를 모르고 있다. 게다가 그는 결정적인 실언을 한다. 공자가 "중국 이외의 다른 지역, 특히 이웃의 모든 나라에 알려지지는 않았다"는 것이다.484)

이어서 르 베예는 지금은 추적할 수 없는 크리스토프 보리(Christoph le Borry) 신부가 소개하는 석가모니의 철학을 논하고 있다. 석가철학에 대한 평가는 전반적으로 부정적이지만 나중의 예수회 신부들이 그렇듯이 그렇게 매도하는 내용은 아니다. 가령 이런 구절이 그렇다. "이들이 경배의 표현으로 많은 탑을 세우고 수많은 불상들에 대한 존경심을 드러내도 다른 사람들처럼 이 우상들에게 어떤 신성을 부여하지는 않으며, 이것들이 오직, 덕성이 있고 뛰어난 성품의 사람들을 대변해준다는 이유 때문에 공경한다."485) 즉, "이들이 우상을 갖고 있어도 우상숭배자로 평가될 수는 없다"는 것이다.486)

이에 잇대어 르 베예는 이 점에서 공자를 따르는 유자들은 우상숭배의 위험으로부터 가장 멀리 탈피해 있다고 말한다. "중국의 선비들, 또는 공자학파를

---

482) La Mothe le Vayer, *De La vertu des payens*, 284-285쪽.

483) La Mothe le Vayer, *De La vertu des payens*, 285쪽.

484) La Mothe le Vayer, *De La vertu des payens*, 285쪽.

485) La Mothe le Vayer, *De La vertu des payens*, 287쪽.

486) La Mothe le Vayer, *De La vertu des payens*, 288쪽.

따르는 사람들은 이러한 범죄로부터 더욱 멀리 떨어져 있다. 트리고 신부가 자세하게 말하고 있듯이, 중국 선비들은 어떠한 우상도 갖고 있지 않으며, 유일신에게만 성스러운 공경을 드리고, 이 땅에서 일어나는 모든 것과 관련해 신의 섭리를 경배한다. 그들이 보다 저급한 혼령들에 대해 일종의 제사를 지내도, 그들의 상상은 그들을 천사나 어떤 지성적 존재와 같은 것으로 표현한다."487)

그러나 르 베예의 관심은 공자철학만이 아니라 불교철학에도 기독교와 합치되는 훌륭한 가르침들이 있음을 인정하는 데까지 이른다. "사카나 공자, 또는 우리가 견문기에서 알 수 있는 지혜롭고 덕성이 있는 다른 몇몇 사람들의 동양철학에서 누락되고 삭제된 사항들이 분명히 많을지라도, 동양철학은 매우 훌륭한 가르침들을 가지고 있고, 보리 신부의 말처럼, 이 가르침들의 대부분은 자연의 빛과 기독교의 진리들과 매우 일치한다."488) 불교든 유교든 오류가 있음을 인정하지만, "우상숭배를 반대하고 훌륭한 도덕으로 가득 찬 그들의 사상은, 사람들이 그렇게도 많이 말하는 그리스·로마 사상보다 평가를 덜 받을 이유가 없다"는 것이다.489)

■라 모트 르 베예의 공자 추앙

기독교 성직자 라 모트 르 베예는 만약 유럽에서 이교도의 화형식이 다시 벌어진다면 이교도 소크라테스·플라톤과 공자를 '꺼지지 않는 불 속에 던져 넣는 것을 거부하고 천국에 보내야 한다고 외칠490) 정도로 공자를 숭배했다. 르 베예는 공자의 철학만이 아니라 그 삶 자체도 칭송한다.

마지막으로 나는, 트리고 신부 자신의 말을 쓰자면, 공자의 삶이 성스러움으로 가득

---

487) La Mothe le Vayer, *De La vertu des payens*, 288쪽.

488) La Mothe le Vayer, *De La vertu des payens*, 290쪽.

489) La Mothe le Vayer, *De La vertu des payens*, 289-290쪽.

490) Arnold H. Rowbotham, "La Mothe le Vayer's Vertu des payens and Eighteenth Century Cosmopolitaism", *Modern Language Notes*, LIII, No. 1 (January 1938), 10-14쪽. Appleton, *A Cycle of Cathay*, 39-40쪽에서 재인용.

했고 그에 대해 글을 쓴 모든 사람이 우리에게 아주 강력하게 추천하는 공자에 관한 모든 것을 말하고 있다. 그에 대해 쓴 모든 이들은, 공자의 삶은 어떤 왕들도 공자의 한 문장이라도 잘못 말하면 양심의 가책을 느낄 정도로 자신의 이름을 경탄하게 만들었다고 (…) 확신시켜주고 있다.491)

따라서 그가 공자를 고대 그리스의 위대한 철학자들인 피타고라스와 소크라테스의 반열로 올리는 것은 당연한 것이다.

따라서 내가 보기에, 우리가 이미 언급한 가장 위대한 철학자들과 함께 공자에 대한 기억을 공경하지 않거나, 참으로 공자보다 더 덕스러운 것으로 보이지 않는 소크라테스와 피타고라스에 의한 구원을 포기하지 않으면서 공자에 의한 구원은 단념한다면, 우리 모두는 아주 부당하고 동시에 아주 무모할 것이다.492)

나아가 공자는 소크라테스나 피타고라스만큼 모든 사랑을 다 받아야 옳다고 말한다. "공자가 전능全能하고 전선全善한(toute bonne) '제1원인'의 단일성을 이들보다 덜 인정한 것이 아니기 때문"이다.493)

마지막으로 르 베예는 기독교의 소위 황금률(① "무엇이든지 남에게 대접받고자 하는 대로 너희도 남을 대접하라"[「마태복음」 7:12, 「누가복음」 6:31], ② "너 자신이 싫어하는 것을 누구에게도 하지 말라"[외전 「토비트서」 4:15])의 두 번째 규범을 공자의 인仁의 소극적 개념 "자기가 하고 싶지 않은 것을 남에게 하지 말라(己所不欲 勿施於人"와494) 연결시켜 공자의 도덕철학과 기독교 규범의 합치성을 밝히고 있다.

두 번째 규범을 형성하는 이웃에 대한 자비와 관련하여, 공자로부터 유래한 모든 중국도덕 가운데서 '우리가 우리에게 하기를 원치 않는 것을 다른 사람에게 결코

---

491) La Mothe le Vayer, *De La vertu des payens*, 288쪽.

492) La Mothe le Vayer, *De La vertu des payens*, 290-291쪽.

493) La Mothe le Vayer, *De La vertu des payens*, 291쪽.

494) 『論語』 「顔淵」(12-2).

하지 말라'는 가르침보다 더 분명한 것은 아무것도 없다고 마테오리치의 비망록은 확신시켜주고 있다.[495]

르 베예는 이로써 공자철학을 기독교세계로 수용할 것을 촉구하고 있다. 그는 겉으로 중국 이교철학에 대한 유보와 거리낌을 표명하고 있다. 하지만 그의 내심은 기독교보다 공자철학 쪽으로 더 기울어졌을지 모른다. 이것은 그가 환희 속에서 "거룩한 공자님이시여, 우리를 위해 기도해주소서!(Sancte Confuci, ora pro nobis!)"라고 외치는 것을 참고 있는 것처럼 비칠 정도였다는 사실에서[496] 짐작할 수 있다. 이 말과 함께 르 베예의 공자평가는 이후 거듭 인용되며 유럽사상계에 심대한 반향을 일으킨다.

르 베예와 같은 대철학자가 공자경전 번역서들이 본격적으로 출판되기 전에 트리고의 저작만을 읽고도 공자철학과 중국정치를 이렇게 높이 평가한 것은 아주 의미심장하다. 그가 『이교도들의 덕성에 관하여』에서[497] 처음으로 내놓은 이 공자찬양의 철학적·정치적 중요성은 모레리(Louis Moréri)가 1년 뒤에 출간한 『역사대사전(Le Grande Dictionnaire Historique)』(1643)에서 '중국문화의 권위자'로 라 모트 르 베예를 트리고·마르티니와 함께 인용하고 있는 점에서 드러난다.[498]

저명한 동양여행가이자 저술가인 프랑수아 베르니에(François Bernier, 1620-1688)는 르 베예의 저 책을 읽고 '공자철학 발견의 감격'을 이렇게 토로했다.

아! 공자가 인간의 내면(l'intérieur de l'homme)을 얼마나 잘 이해했는지, 그리고 군주의 행동과 국가의 통치에 대해 얼마나 위대한 안목을 가졌는지, 그분은 그들이 덕스러

495) La Mothe le Vayer, *De La vertu des payens*, 291쪽.
496) François Bernier, "Introduction à la lecture de Confucius, Extrait de diverses pièces envoyées pour étrennes par M. Bernier à Madame de la Sablières", *Journal des Sçavans* (7 juin 1688) [pages 25-40], 39쪽.
497) François de La Mothe le Vayer, *De La vertu des payens* (Paris: Chez François Targa, 1642).
498) Rowbotham, "The Impact of Confucianism on Seventeenth Century Europe", 231쪽.

울 때만 행복하다고 여길 정도였습니다! 내가 아는 한, 지금까지 어떤 인간도 그토록
많은 지혜, 그토록 많은 현명, 그토록 많은 진실성, 그토록 많은 경애심, 그토록 많은
박애심을 가진 것으로 보이지 않았습니다. 덕성을 추구하지 않는, 또는 훌륭한 정부
를 위해서든, 삶의 특별한 행동을 위해서든 그 어떤 현명한 가르침을 내포하지 않는
단 하나의 단락도, 단 하나의 단편도, 단 하나의 일화도, 단 하나의 요구도, 단 하나의
대답도 없었습니다. 나는 라 모트 르 베예 씨의 글을 읽고 그가 '거룩한 공자님이시
여, 우리를 위해 기도해주소서!'라고 말하는 것을 자제하려고 애썼다는 것을 알게
되었다고 확신합니다. 그가 만약 그분의 저작을 보았더라면 무슨 말을 못했겠습니
까? 또는 그분이 기독교인이었다면 우리는 무슨 말을 못하겠습니까?499)

르 베예가 "거룩한 공자님이시여, 우리를 위해 기도해주소서!"라고 말할 뻔했
다는 베르니에의 이 말은 빈말이 아닐 것이다.

르 베예는 1640년대에 유럽의 이교도 화형식이 벌어진다면 공자를 '꺼지지
않는 불' 속에 던져 넣는 것을 거부하고 천국에 보내야 한다고 외칠 정도로
공자를 추앙했다. 여기서 한 걸음 더 나아가 그의 '공자숭배'는 베르니에의
보고에 의하면 유럽의 기독교인들의 구원을 "거룩한 공자님"의 기도에 맡길
수준으로까지 한껏 고양되고 있다.

3.3. 존 웹의 중국예찬(1669)

예수회 신부들의 보고서들과 중국을 다녀온 여행가들의 기행문들은 내전의
여파와 왕정복고 직후 수년간의 소용돌이 속에 살던 영국 독자들에게 특히
호소력을 가졌다. 이 기행문들은 안정적 군주정에 의해 다스려지고 외견상
무한한 자원과 상상할 수 없는 국부의 축복을 받은 이상국가로 보이는 중국에
대한 일별一瞥을 제공했기 때문이다. 이 보고서들은 중국이 시기상 노아의

---

499) François Bernier, "Introduction à la lecture de Confucius, Extrait de diverses pièces envoyées pour
   étrennes par M. Bernier à Madame de la Sablières", *Journal des Sçavans* (7 juin 1688) [pages 25-40],
   38-39쪽.

홍수에 앞서고 따라서 노아와 대홍수에 관한 구약성서의 기록의 신빙성에 도전하는 부단한 역사기록을 유지해왔다는 증거를 포함하고 있었다.

존 웹(John Webb, 1611-1672)은 중국고대에 대한 예수회 신부들의 보고서들이 제기한 이 문제를 수정된 성서 해석 안에 위치시킴으로써 해결하려고 한다. 이 해법으로 그는 중국의 모범적 지위가 원시언어 보유의 결과이고 중국의 사회적·정치적 덕성이 순수한 노아적 기원의 귀결이라고 주장하고자 했다. 성서 이야기의 수정을 통해 그의 중국예찬은 성서를 읽는 독자대중과 가톨릭 국왕에게 더 잘 받아들여질 수 있었을 뿐만 아니라, 그가 복고된 영국군주정을 중국의 정치적·사회적 상황에 대한 이상화된 보고들에 빗대어 비판하고 대안을 제시하려는 그의 시도에 정치적으로 보다 안전한 길이 열린 것이다500)

존 웹은 단순히 중국에 대해 '여행가들의 이야기'를 반복하는 것이 아니라 중국을 해석하고, '시누아즈리의 불륜적 야합(mélange adultère de chinoiseries)'에 관심을 가지는 것이 아니라 중국의 문화적 측면을 강조한 "최초의 영국인"이었다. 그는 독일 철학자들이 사실에 대한 단조로운 헌신보다 더 깊이 파고들어가는 "가치지각적 이성(wertempfindende Vernunft)"이라고 부르는 것이 무엇인지를 보여주었다. 가치 차원에 대한 그의 감각은 그가 중국의 정크선이나 포병대에 대해서가 아니라, 중국철학·중국정부제도·중국어에 대해 찬사를 보낸 사실에서 가장 잘 입증된다.501)

웹은 명예혁명이 일어나기 20년 전인 1669년 『중국제국의 언어가 원시언어일 개연성의 입증을 시도하는 역사적 논고(An [sic!] Historical Essay, Endeavoring a Probability a Probability that the Language of the Empire of China is the Primitive Language)』를502) 출판했다. 그는 당대 유명한 건축가인 이니고 조운스(Inigo Jones)의 조력자로서 월튼 하우스(Wilton House, 월트셔 솔리스베리 소재)를 공동 설계했고 찰스 2세의 명을

---

500) Rachel Ramsey, "China and the Ideal of Order in John Webb's *An Historical Essay* …", *Journal of the History of Ideas*, Vol. 62, No. 3 (Jul. 2001), 483-484쪽.

501) Qian Zhongshu, "China in the English Literature of the Seventeenth Century", 48쪽.

502) John Webb, *An [sic!] Historical Essay, Endeavoring a Probability that the Language of the Empire of China is the Primitive Language* (London: Printed for Nath. Brook, 1669).

받아 그리니치 공원을 개축한 건축가이자 철학자였다. 찰스 2세의 칙령에 따라 당시 영국에서 모든 서적은 런던왕립협회의 검토와 인준 뒤에만 출판할 수 있었는바, 이 책은 1669년 왕립협회의 검토와 인준을 받고 출판되었다.

■찰스 2세에 대한 헌사와 '성군이 되라'는 압력

존 웹은 중국어를 아담과 이브가 쓰던 에덴동산의 타락하지 않은 순수언어로 입증하는 이 책을 왕정복고 기념일이자 국왕의 탄신일인 1668년 5월 29일 날짜로 찰스 2세에게 헌정했다. 그는 '헌정서신(Epistle Dedicatory)'에서 "가장 신성한 폐하 찰스 2세께"라는 제하로 운을 떼며 이렇게 말한다. "새로운 발견들은 군주들의 삶을 유명하게 만들고, 그 후손들을 강력하게, 그 신민들을 부유하게 만듭니다. 그래서 폐하께서는 지극히 현명하게도 그들을 북돋아주시고 계십니다. 이것은 당신의 백성들의 마음속에서 동일한 것을 수행할 정신을 일으키고 있습니다. 중국의 유명한 황제 한무제漢武帝(Hiavouus)에 대해 '왕의 덕은 바람과 같고 신민의 덕은 곡초穀草와 같아서 풀은 바람이 움직이는 쪽으로 다 고개를 숙인다'고 한 말이 폐하에게서 완전히 검증되고 있습니다."503) 그리고 그는 이 '헌정서신'의 말미에서 다음과 같이 축원한다. "천지의 주님이 당신을 축복하고 인도하고 보호하며, 당신을 요임금(Jaus)처럼 경건하게, 우禹임금(Yuus)처럼 지혜롭게, 지금까지 보고 들은 마케도니아의 알렉산더보다 더 많은 민족들에게 승리의 왕관을 씌운 정복의 검을 가진 한무제처럼 승승장구하게 만들고, 순임금(Xunus)처럼 당신의 모든 백성을 사랑하게 만들고, 당신의 모든 백성을 중국백성들만큼 공공심 있게 만들어주기를 소망합니다."504) 이것은 찰스 2세에 대한 '축원'이라기보다는 요·순·우임금이나 한무제같이 성군聖君이 되라는 일종의

---

503) Webb, *An Historical Essay, Endeavoring a Probability that the Language of the Empire of China is the Primitive Language*, "The Epistle Dedicatory". '왕의 덕은 바람과 같고 신민의 덕은 곡초(穀草)와 같아서 풀은 바람이 움직이는 쪽으로 다 고개를 숙인다'는 말은 『論語』「顔淵」(12-19)의 "君子之德風 小人之德草. 草上之風 必偃"을 옮긴 것으로 보이는데, 이것은 공자가 한무제에게 한 말이 아니라 계강자에게 한 말이다.

504) Webb, *An Historical Essay, Endeavoring a Probability that the Language of the Empire of China is the Primitive Language*, "The Epistle Dedicatory".

'압력'이었다. 그런데 '바람 같은 왕의 덕' 이야기는 실은 "군자의 덕은 바람이고 소인의 덕은 풀이니 풀은 위로 바람이 불면 반드시 눕는다(君子之德風 小人之德草 草上之風 必偃)"는[505] 『논어』의 말이고, 또 이것은 공자가 한무제에게 한 말이 아니라 계강자에게 한 말이다.

그리고 9년 뒤 『중국제국의 언어가 원시언어일 개연성의 입증을 시도하는 역사적 논고』라는 이 책자는 제목이 『중국의 유구성, 또는 중국제국의 언어가 원시언어일 개연성의 입증을 시도하는 역사적 논고』(약칭: 『중국의 유구성』, 1678)로 바뀌어 재간행되었다.[506] 웹이 1672년에 이미 사망했기 때문에 그는 이 재간행 사실을 알 수 없었을 것이다. 이 재판에서는 헌정서신과 중국지도가 삭제되었다.

■ '아담의 언어'로서의 한문과 '노아의 후손'으로서의 중국인?

존 웹은 이 『중국의 유구성』에서 심히 과감하게도 중국한문을 바벨탑 이전의 보편적 원시언어로 제시하고 중국인을 노아의 후손으로 논증한다.[507] 그러나 이것은 독창적 아이디어가 아니라, 베이컨, 마리뇰리(John de Marignolli), 카펜터(Nathaniel Carpenter), 헤일린(Peter Heylyn) 등의 당시 저작들에서 흔히 상정되던 생각이었다.[508] 가령 베이컨도 1605년 『학문의 진보』에서 중국 한자를 "진짜 부호문자"로 묘사하고 있다.

그리고 중국과 더 먼 동쪽 지방에서 사람들이 글이나 단어(nec literas, nec verba)가 아니라 사물과 개념들(res & notion)을 표현하기 위해 오늘날 명목적이지 않은 일정한 진짜 부호문자들(characterses quidam reales, non nominales)을 사용하고 있다는 것은 지금 잘 알려져 있다. 수많은 민족들이 상당히 다른 언어들을 쓸지라도 이 부호문자를 사용하는 데 동의해서 필답과 글쓰기로 상호소통을 가질 정도다. 그리하여 이 부호문자

---

505) 『論語』 「顏淵」(12-19).

506) John Webb, The Antiquity of China, or An[sic!] Historical Essay, Endeavoring a Probability that the Language of the Empire of China is the Primitive Language (London: Printed for Obadiah Blagrave, 1678).

507) Webb, The Antiquity of China, 1-47쪽.

508) Appleton, A Cycle of Cathay, 29쪽.

로 쓰인 책은 각 민족에 의해 각 민족의 고유한 언어로 읽히고 번역된다.509)

베이컨의 이 정도의 극동지식은 그가 극동 관련 서적들을 얼마나 많이 읽었는지를 짐작케 한다. 1680년대에 페넬롱(François Fénelon, 1651-1715)도 중국인을 바빌론에서 이주한 민족으로, 한문을 '보편언어'로 믿었다.510)

웹은 중국의 완벽성을 아담의 원시언어의 보유 덕택으로 돌림으로써 중국을 왕정복고기 영국에 대한 '본보기'로서 들이대고 중국의 모범적 지위를 설명하고 싶어 했다. 중국은 모세 역사의 이야기 안에 위치시킬 수 있지만, 17세기의 부패하고 부서진 세계에 대한 부패 없는 노아적 대안으로 간주될 수 있었다. 중국의 한문언어체계는 유럽 사상가들을 오랫동안 매료시켰었다. 영국에서는 급진파와 왕당파가 똑같이 영국과 유럽의 종교갈등과 정치갈등을 언어의 불안정성 탓으로 돌리며 언어를 정치화하고 비난했다. 바벨탑으로 인한 언어들의 혼돈은 언어학적·사회경제적 혼돈에 대한 지배적인 이데올로기적 비유로 통했고, 영국내전 자체는 바벨탑으로 형상화되었다.

윌킨스(John Wilkins), 달가르노(George Dalgarno), 로도위크(Francis Lodowick), 벡(Cave Beck) 등 보편언어 프로젝트의 저명한 저술가들은 '확실한 지식'과 정치·종교적 안정의 실존 속으로 안내하는 산파역을 맡아 언어적·정치적 경계들을 가로질러 교류를 용이하게 하는 상형문자적 표의문자체계의 사용을 통해 말과 사물

---

509) Francis Bacon, *The Advancement of Learning* [1605], edited by Joseph Devey (New York: Press of P. F. Collier & Son, 1901), 248-249쪽.

510) François Fénelon, *Dialogues des Morts* [1683]. Mediterranee.net [검색일: 2017. 5. 16.], "Dialogue 7": "중국인의 도덕, 예술, 학문과 종교는 바빌론 사람이나 우리 역사 속에 흩어져 있는 다른 사람들의 그것들과 매우 일치합니다. 따라서 저는, 당신들의 문명 이전 몇 세기 전에 이 아시아인들이 중국까지 침투해서 중국제국을 세웠다고 믿고 싶습니다."; "중국말과는 다른 말을 하는 모든 사람과 교류를 하는 데 있어 당신네 문자(중국 한자)가 커다란 장점을 갖고 있는 점을 인정합니다. 우리의 낱말처럼 당신네 각각의 문자는 각각의 대상을 나타내고, 중국어를 모르고도 외국인이 글씨를 읽을 수 있으며, 외국인의 말을 중국 사람이 전혀 모른다 해도 외국 사람은 글자를 이용해서 중국 사람에게 대답을 할 수 있습니다. 이런 글자들을 어디서나 사용한다면 인간 모두에게 공용어가 될 수 있고, 이 세상 한쪽 끝에서 다른 쪽 끝까지 교류를 위한 편리함은 무한할 것입니다. 모든 민족이 자기 자녀들에게 이 글자들을 가르치는 데 합의한다면, 말이 다양해서 여행을 못 하는 일은 더 이상 없을 것이고 전 세계적으로 사회적 유대가 생길 겁니다."

간의 간격을 무너뜨리고 싶어 했다. 보편언어 도식과, 계산기나 중국열쇠(clavis sinica)를 확립하려는 기도들은 라이프니츠와 같은 보편기독교주의적 학자들에게 완벽한 표의문자체계를 '정치적·이데올로기적 병폐에 대한 만병통치약'으로 구상하는 것을 허용했기 때문에 17세기 말에 지극히 인기가 높았다.511)

웹은 중국어를 그런 의미를 갖는 보편적 원시언어로 확신했다. 그에 의하면, 중국인들이 원시언어를 가지고 있어서 그들의 사회가 자연에 대한 지배권을 잃지 않았을 뿐만 아니라, 원자재와 제조물품이 무한할 수밖에 없었다. 이 국부가 주어지면 중국은 에덴동산의 시원적 도덕성은 아닐지라도 적어도 17세기 저술가들이 황금시대와 연결시키는 정치경제적 덕성을 보유할 수밖에 없다.512) 웹은 실로 중국한문을 잘못 알고 '짝사랑'했다.

■합리주의적 중국예찬

웹은 중국한문을 잘못 알고 '짝사랑'한 것처럼 공자철학도 잘못 이해하고 제멋대로 공자를 '짝사랑'한 측면이 있다. 그는 하늘이 명한 인간본성의 도덕철학으로서의 공자철학을 '이성의 철학'으로 오해한다. "우주의 모든 국민(Nations) 가운데 중국인들은 본성의 빛(the light of Nature)에 의해 지도되는 것을 가장 많이 회피해왔고 그들의 종교의 규칙에서 가장 적게 오류를 범했다. 왜냐하면 우리는 칸과 야벳(노아의 삼자)의 후손들, 그리스인들, 로마인들, 이집트인들이 지금까지 그들의 예배에 어떤 기막힌 우행들을 쑤셔 넣었는지를 알기 때문이다. 반대로, 그럴 때 중국인들은 까마득한 시간으로부터 단 하나의 유일한 신을 인정하고 황천상제(the Monarch of Heaven)라고 불렀다. 그리고 니우호프는 우리가 4,000년 이상의 중국 연대기에 의거해 이 세목에서 중국인들보다 덜 위해(危害)를 가한 이교도들은 존재한 적이 없다는 것을 깨달을 것이라고 말한다. 따라서 그들의 행동의 나머지는 바른 이성이 요구하는 것에 그만큼 더 합치되는 것이다."513) "중국인

---

511) Ramsey, "China and the Ideal of Order in John Webb's *An Historical Essay* …", 487쪽.
512) Ramsey, "China and the Ideal of Order in John Webb's *An Historical Essay* …", 488-489쪽.
513) Webb, T*he Antiquity of China*, 86-87쪽.

들은 본성의 빛에 의해 지도되는 것을 가장 많이 회피해왔다"는 이해는 공자철학에 대한 웹의 심각한 오독의 결과다. 그리하여 그는 지극히 세속적인 공자철학을 "본성의 빛"이 아니라 "황천성제"에 대한 신앙과 "바른 이성"의 지도에 의해 구축된 합리적 종교철학으로 둔갑시킨다.

공자철학의 이런 기독교신학적·합리주의적 해석에 따라 웹은 중국의 군주정을 '이성理性군주국'으로 예찬하는 감격 속에서 중국황제를 '철인왕'으로 소개한다.

중국인들의 정부정책에 관한 한, 나는 키르허가 전하는 것을 주로 말할 것이다. 세상에서 어떤 군주정이 바른 이성(right reason)의 정치적 원리와 명령에 따라 구성된 적이 있다면, 그것은 중국군주정이라고 감히 말해도 된다. 왜냐하면 만사가 선비 또는 지자들의 통치와 권력 아래 있는 만큼, 또한 전 제국의 국사가 이 지자들의 손을 거쳐야만 처리되는 만큼 그 왕국에서는 만물만사가 아주 위대한 질서 속에 놓여 있는 것으로 드러나기 때문이다. 글과 학문에서 아주 많이 배운 식자들만이 어느 정도의 영예에 도달할 수 있을 따름이다. 한마디로, 중국인들의 왕은 철인이고, 철인은 왕이라고 말할 수 있다. 세메도는 이 왕들이 만사를 훌륭한 통치, 화합, 평화, 가정의 평온, 그리고 덕행에 가장 많이 기여하는 방식으로 배열한다고 말한다. 이런 까닭에 그렇게 거대한 제국이 말하자면 하나의 잘 다스려진 수도원일 뿐인 것처럼 보인다고 그는 우리에게 말한다.514)

---

514) Webb, *The Antiquity of China*, 92-93쪽. 세메도의 관련 부분은 Semedo, *The History of the Great and Renowned Monarchy of China*, 86-87쪽에서 인용한 것이다. 여기서 세메도는 이같이 말한다. "공공에 은혜를 베푼 유명한 은인들이었던 인물들의 영예를 기리는 사당들도 있다. 이곳에는 그들의 영정이 모셔져 있다. 그들은 위로 4대까지 그들의 조상들에게도 같은 영예를 바친다. 이승에서의 영혼에 관한 한, 그들은 이것을 믿지 않지만, 어떤 것을 위해 기도하지도 않는다. 그럼에도 그들은 이승에서의 세속적 도움과 행운을 구하고, 저 인물들의 훌륭한 치적과 성취를 모방하기를 바란다. 이것에 의해 그들은 백성들 안에서 헌신을 불러일으켜 백성들이 하늘과 땅이 어떻게 보편적 부모로서 존숭되는지를 보고 자신들의 개별적 부모들도 존경하고, 이전 시대의 유명한 인물들이 어떻게 존숭되는지를 보고 이것에 의해 이 인물들을 모방하려고 애쓰며, 이 인물들의 죽은 조상들이 어떻게 섬겨지는지를 보고 자신들의 살아 있는 부모들을 어떻게 섬길지를 배운다고 생각한다. 한마디로 그들은 가정의 화목과 안녕을 결합시키고 덕행을 수행하도록 만사를 훌륭한 통치에 가장 많이 기여하게끔 배열해놓고 있다." 이 구절에 대한 논의는

여기서 웹은 자신의 합리론적 관점에서 인덕을 최고로 치는 공자의 '군자치자' 개념을 지혜(소피아)를 최고로 치는 플라톤의 지성주의적 '철인치자'로 오독하면서까지 중국의 군주정을 극찬하고 있다. 공자의 덕성주의적 '군자' 개념을 지성주의적 '철인치자'로 풀이하는 이런 합리론적 오해는 처음에 주로 예수회 선교사들에 의해 조장되었지만,515) 나중에 라이프니츠, 크리스티안 볼프 등 합리론 계통의 철학자들에게서도 종종 반복된다.516)

아무튼 중국의 군주정을 선비들의 통치와 권력에 의해 제약된 최상의 제한군주정으로 소개하는 웹은 중국의 정책·법률·통치술도 최상의 것으로 찬미한다. "(유럽에서) 우리의 그것들처럼 소홀히 집행되지 않는 정부의 정책, 치자들의 통치술, 백성을 위한 법률에 관한 한, 고래로 또는 지금까지 알려진 제국도, 왕국도, 공화국도 중국의 군주정과 경쟁할 수 없다."517) 이런 중국열광과 감격 속에서 웹은 심지어 고대 스파르타의 신적 입법자 리쿠르고스가 중국을 방문했을 것으로 추정하기까지 한다.518) 또한 그는 중국을 정복한 만주족의 청나라도 중국 고래의 우수한 법제와 명나라의 제도를 그대로 계승했다는 사실도 적시한다.519)

■ 공자철학의 확산과 영국 정치의식의 변동과 성숙

다른 한편으로 존 웹은 공자를 예찬하고 공자의 도덕철학과 중국의 교육제도 및 과거제를 상론한다.520) 퍼채스·트리고·키르허·마르티니·니우호프·세메도·보시어스 등의 저작들을 집중적으로 인용하면서 웹은 시비판단의 능력으로서의 맹자의 도덕적 지혜의 개념에도 유의한다. 이미 웹은 세메도를 거의

다음도 참조: Rowbotham, "The Impact of Confucianism on Seventeenth Century Europe", 225쪽.

515) 참조: Clarke, *Oriental Enlightenment*, 41쪽.

516) 참조: Gottfried W. Leibniz, "Remarks on Chinese Rites and Religion"(1708), §9쪽. Leibniz, *Writings on China* (Chicago·LaSalle: Open Court Publishing Company, 1994); Christian Wolff, *Rede über die praktische Philosophie der Chinesen* [1721·1726] (Hamburg: Felix Meiner Verlag, 1985), 13쪽.

517) Webb, *The Antiquity of China*, 206-207쪽.

518) Webb, *The Antiquity of China*, 207쪽.

519) Webb, *The Antiquity of China*, 132-135쪽.

520) Webb, *The Antiquity of China*, 99-102쪽.

그대로 전재해 중국의 "도덕철학"과 관련해 맹자의 인·의·예·지덕을 중국의 덕목론으로 소개하면서 이 중 '지'를 현명이나 지혜로 풀이한다. 그는 중국인들이 "이 현명이나 지혜를 현대적인 일들의 훌륭한 정보지식에, 그리고 현재와 미래의 사건들을 더 잘 규제하기 위해 지난 일을 잘 관찰하는 것에, 또 시비를 변별하는 것(discerning right from wrong)에 둔다"고 설명하고 있다.[521] 이 마지막 구절은 '지'를 시비변별력으로도 해석한 것이다. 이것은 당시 유럽 지식인들이 맹자의 도덕철학을 이미 이런 본성적 시비감각의 관점에서 이해했다는 추측을 가능하게 한다.

웹은 중국과 공자 예찬을 통해 영국을 계몽하고 영국정치를 개혁하고자 한 것이다. 웹이 활동한 시기는 명예혁명(1688)이 일어나기 10-20년 전의 시기였다. 웹이 공자철학과 중국의 능력주의적 정치문화를 알리고자 한 열정은 찰스 2세의 정실인사(patronage system)에 대한 그의 뼈아픈 경험과 실망에서 솟아난 측면도 있다. 찰스 2세는 정실주의(nepotism)에 휩쓸려 그에 대한 일련의 관직 약속을 번번이 어겼고 그릇된 인사를 바로잡을 것에 대한 그의 기대도 저버렸다.[522] 『중국의 유구성』의 전편에 걸쳐 웹은 중국선비들이 향유하는 성적주의적(능력주의적) 보상을 찬양하고 어떻게 "선비들 사이에서 가장 가난한 사람도 배움으로 자격을 얻기만 한다면 최고지위로 승진할 수 있는지"를 설명하고 있다.[523] 자신의 쓰라린 경험 때문에 중국정치와 철학을 논하는 그의 모든 집필활동은 의도치 않게 명예혁명을 준비하는 활동이 되었다고 해도 과언이 아니다.

찰스 1세의 처형으로 귀결되었던 1·2차 영국내전(1642-1651)과 공화정치(1649-1660)는 크롬웰의 부관참시剖棺斬屍와 왕정복고(1660)로 막을 내렸다. 국왕처형 이후 영국국민들은 양심에 큰 가책을 느꼈다. 이 극심한 '양심의 가책'의 집단적 폭발이 크롬웰의 부관참시와 왕정복고로 나타났던 것이다. 이때까지도 자국의

---

521) Webb, *The Antiquity of China*, 100-101쪽.

522) Ramsey, "China and the Ideal of Order in John Webb's *An Historical Essay* …", 485-486쪽.

523) Webb, *The Antiquity of China*, 50쪽.

국왕을 추방하거나 시해하는 혁명적 행동을 사상적으로 정당화해줄 수 있는 정치철학이 아직 영국에 없었던 것이다. 중국의 영향 아래 폭군방벌론을 가장 강력하게 전개한 부캐넌은 16세기 말부터 국법에 의해 '주홍글씨'가 되어 있었고, 수아레즈의 폭군방벌론은 궁극적으로 교황의 심판과 지령에 의거해 가톨릭 국민이 개신교군주를 방벌하는 이론이었기 때문이다. 그런데 왕정복고로부터 30년도 지나지 않은 시점인 1688년 영국의회는 네덜란드로부터 외국군대를 불러들여 자기 국왕 제임스 2세를 추방하는 '지극히 불명예스러운' 혁명을 감행했다.

이것은 어찌된 일인가? 제임스 2세의 방벌은 개신교 국민이 가톨릭군주를 추방하는 의미가 분명히 숨겨져 있었지만, 무엇보다도 왕정복고로부터 명예혁명까지 28년이 흐르는 사이에 영국인의 정치적 정서와 사상이 더욱 근본적으로, 더욱 급진적으로 변한 것이다. 왕정복고로부터 명예혁명까지 28년이 흐르는 사이에 영국의 정치사상이 격변한 것이다. 이 28년간 영국인들은 공맹의 반정·역성혁명 철학을 받아들여 정치사상적으로 비약적 발전을 이룩한 것이다. 이 기간에 영국에서는 보시어스·웹·컴벌랜드·템플 등 친親중국 철학자들이 활발한 집필활동을 전개했고, 프랑스·네덜란드·영국 등지에서는 중국 관련 서적들과 공맹경전 번역서들이 쏟아져 나왔다. 영국인들은 이런 서적들을 통해 신민들이 단결해 폭군을 추방하는 중국식 반정·혁명론에 친숙해지고, 폭군방벌을 심리적으로 정당화하는 정치적 정서가 성숙한 것이다. 웹은 영국인들의 이런 정치사상적 성숙을 고무해 10여 년 뒤에 벌어질 명예혁명을 준비한 대표적 철학자였던 것이다.

3.4. 스피노자의 범신론과 중국의 기氣철학

■스피노자의 중국지식과 그 출처

스피노자(Baruch Spinoza 또는 Benedict de Spinoza, 1632-1677)는 1665년경부터 집필하기 시작해 죽기 직전까지 수정하다가 1677년 사후에 공간된 『에티카, 기하학적 질서로 증명됨(Ethica, Ordine Geometrico demonstrata)』에서 동아시아의 기론氣論을 수
용해 신기원적 존재론을 전개하고, 『신학·정치론(Tractatus Theologico-Politicus)』
(1670)에서는 홉스의 − 내적 신앙(fides)에 한정된 − 관용 개념보다 조금 더
넓은 관용론을 개진했다.524) 스피노자는 기본적으로 중국애호가였을지라도
중국을 향한 자기의 본심을 철저히 숨기려고 했다. 하지만 그는 고대 그리스의
데모크리토스 등이 원자론에 원용한 중국의 기론氣論과 자연신론을 암암리에
수용해 자신의 존재론을 구성했다. 그리고 어떤 때에는 끝내 숨기지 못하고
중국을 직접 우호적 맥락에서 언급하기도 했다. 유대인 스피노자는 1670년
『신학·정치론』에서 이렇게 말한다.

> (유대인들의) 할례의 표시는 내가 생각하는 것처럼 아주 중요해서 나는 그것만으로
> 그 민족을 영원히 보존할 것이라고 확신한다. 아니, 나는 그들의 종교의 기초가 그들
> 의 정신을 무력화하지 않았다면 그들은 기회가 권한다면 인간사가 아무리 변화무쌍
> 할지라도 그들의 제국을 다시 세울지도 모르고 또 신이 그들을 두 번째로 선택할지
> 도 모른다고 확신하기까지 할 것이다. 우리는 이런 가능성의 아주 유명한 사례를
> 중국인들에게서 구할 수 있다. 그들도 그들이 지극히 주의 깊게 간수하는 모종의
> 또렷한 표식을 그들의 머리 위에 가졌다. 그들은 이 표식에 의해 그 밖의 모든 사람으
> 로부터 자신들을 지켰고, 그리하여 고대의 다른 모든 민족을 능가할 정도로 수천
> 년 세월 동안 자신들을 유지해왔다. 그들이 언제나 제국을 보존한 것은 아니지만,
> 제국을 상실했을 때 다시 제국을 회복했고, 의심할 바 없이, 만주인들(Tartars)의 정신
> 이 풍요의 사치와 오만으로 이완된 뒤에 다시 그렇게 할 것이다.525)

이 구절을 보면, 스피노자가 멘도자·퍼채스·마테오리치·트리고·세메도·마르

---

524) 여기서는 스피노자의 관용론을 제외하고 그의 존재론만을 다룬다. 스피노자의 관용론에 대한
비판적 상론은 참조: 황태연, 「공자의 공감적 무위·현세주의와 서구 관용사상의 동아시아적
기원(上)」, 『정신문화연구』, 2013 여름호(제36권 제2호 통권 131호), 135-155쪽.

525) Benedict de Spinoza, A Theologico-Political Treatise, Ch. III, 56쪽. The Chief Works of Benedict
de Spinoza, trans. by R. H. M. Elwes, Vol. I (London: George Bell and Sons, 1884·1891).

티니·슈피첼·나바레테 등의 중국보고서들을 읽었다는 것이 드러날 뿐만 아니라, 만주족의 중국정복(1644)과 같은 극동의 최근 사건에 대해서도 잘 알고 있었다는 것이 드러난다. 중국어를 말하는 예수회 선교사이고 이 정복사건의 목격자인 마르티니의 『만주족의 전쟁사(De Bello Tartarico Historia)』는 스피노자의 『신학·정치론』(1670)의 출간 전인 1654년에 벨기에의 안트워프에서 이미 출판되어 있었기 때문이다. 이 책은 중판이 거듭되고 여러 나라 언어로 번역되었는데, 1661년에는 『만주족의 황폐화 속의 중국왕국(Regnie Sinensis a Tartaris devastatienarratio)』으로 개명되어 재간행되었다.

또한 스피노자는 당시 네덜란드 동방무역의 주된 상대국인 일본의 종교상황에 대해서도 잘 알고 있었다.

> 그리스도나 (의심할 여지가 있는) 그의 사도들에 의해 제도화된 것이라면 모든 기독교에 공통된, 그리고 언제나 공통되어온 세례(영세)·성만찬식·축제·공개기도 및 기타 의례와 같은 기독교 전례典禮에 관한 한, 이것들은 보편교회의 외적 표시로 제도화된 것이지, 신의 은총과 관련된 무언가를 지녔거나 그 자체로서 어떤 신성함을 지닌 것으로 제도화된 것이 아니다. 그러므로 이런 의식들이 어떤 정부를 유지하기 위해 제정되지는 않았지만, 그것들은 한 사회의 보존을 위해 제정되었고, 따라서 혼자 사는 사람은 이것에 의해 구속되지 않는다. 아니, 기독교가 금지된 나라 안에 사는 사람들은 이러한 전례를 삼가도록 구속되고, 그럼에도 불구하고 은총받은 상태에서 살 수 있다. 우리는 이것의 본보기를 기독교가 금지된 일본에서 얻는다. 거기에 사는 네덜란드인들은 동방무역회사에 의해 종교의 어떤 외적 전례도 행하지 않도록 명받고 있다.526)

또한 스피노자는 다시 네덜란드와 일본 간의 조약을 사례로 들며 기독교도들의 외국에서의 참람한 종교행각을 경계한다.

---

526) Spinoza, *A Theologico-Political Treatise*, Ch. V, 76쪽.

기독교왕국의 치자들은 그들의 영역을 강화할 목적으로 터키나 이교도들과 조약을 맺고 그 백성들 사이에 거주하는 자기 신민들에게 세속적인 일에서나 종교적인 일에서 조약에 명기되었거나 외국정부에 의해 허가된 것 이상의 자유를 주제넘게 누리지 말라는 명령을 내리는 것을 주저하지 않는다. 우리는 이것이 네덜란드인과 일본인 간의 조약에서 실증된 것을 볼 수 있는데, 이것을 나는 이미 언급했다.527)

스피노자의 이 논의들은 둘 다 예수회 선교사들의 '적응주의적' 전교원칙을 뒷받침해주는 것들이다. 하지만 스피노자가 적응주의적 전교원칙을 둘러싸고 가톨릭계 안에서 싹트고 있던 논란의 맹아를 알았는지는 알 수 없다.

아무튼 이런 몇몇 구절들을 살펴봐도 스피노자가 중국·일본 등 극동제국諸國의 정치정세와 종교·철학을 나름대로 잘 이해하고 있었다는 것을 알 수 있다. 또 그는 1615년에 공간되어 중국 교과서가 된 마테오리치와 트리고의 책『중국인들 사이에서의 기독교 선교』도 읽었을 것으로 짐작된다. 매버릭은 일찍이 스피노자가 트리고의 이 책을 읽었을 것이라는 추정을 좀 더 세밀하게 뒷받침했다. 트리고의 저작은 스피노자가 유대교를 떠날 것을 심각하게 고민하기 시작한 시점인 1649년 그의 암스테르담 동료 파렌(Bernard Varen)이 낸 저작『일본왕국의 서술(Descriptio Regni Iaponiniae)』안에 재생산되어 있었다. 파렌의 이 책도 스피노자의 종교사상에 영향을 준 구체적 출처 중의 하나일 수 있다.528) 또

---

527) Spinoza, *A Theologico-Political Treatise*, Ch. XVI, 212-213쪽.

528) Lewis A. Maverick, "A Possible Chinese Source of Spinoza's Doctrine", *Revue de littérature comparée*, Vol. 19, No. 3 (July-September 1939), 417-428쪽. 그러나 라이(Lai)는 스피노자에 대한 중국철학의 영향도 부정하고 매버릭의 이 추정도 부정한다. 매버릭의 주장은 "취약하다"는 것이다. 스피노자가 파렌의 책을 읽었다는 "증거"도 없고 스피노자의 유대교 파문은 7년 뒤인 1656년에 벌어졌다는 것이다. Yuen-Ting Lai, "The Linking of Spinoza to Chinese Thought by Bayle and Malebranche", *Journal of the History of Philosophy*, Vol. 23, No. 2 (Apr. 1985), 152쪽 각주6. 그러나 '증거가 없다'는 지적이 30년 종교전쟁 직후의 시대상황에서 이교적 중국철학을 수용한 모든 흔적을 철저히 지워야 했던 스피노자를 두고 하는 말이라면 그것은 통찰력에 문제가 있는 것 같고, 파문 시점을 거론하는 것은 본 논지와 무관한 것이다. 라이는 스피노자가 자신의 주요 저작들 안에서 직접 언급한, 중국·일본과 관련된 내용을 전혀 모르고 있고, 키르허와의 만남 등도 모르고 있다. 그러면서도 그는 스피노자와 중국의 연결을 논하고 있다! 그의 저런 정보부족과 이런 자가당착성 때문에 그의 반론은 오히려 '훨씬 더 취약한 것'이다.

그는 키르허의『삽화를 곁들인 중국 해설』(1667-1670)을 읽어보았는지 확실치 않을지라도 이 책의 출간 이전인 1665년경 이미 키르허를 직접 만난 적도 있었다.529)

그 밖에 스피노자가 읽었을 것으로 보이는 극동 관련 저작들로는 피에르 벨의『역사·비판 사전(Dictionnaire historique et critique)』(1697)의 '일본' 항목에서 인용된 포세비노(Antonio Possevino) 신부의『간추린 장서(Bibliotheca selecta)』(1593), 1613년 퍼채스의『퍼채스, 그의 순례여행』(1613), 트리고(마테오리치)의『중국인들 사이에서의 기독교 선교』(1615), 세메도의『중국제국기』(1643), 마르티니의『중국의 새로운 지도집』(1655)과『중국기』(1659), 슈피첼의『중국문헌 해설』(1660), 인토르케타의 대학·중용·논어 번역서(1662·1667·1669), 니우호프의『네덜란드연합주의 동인도회사로부터 북경 또는 중국황제에게 파견된 사절단』(1665) 등 스피노자 생전에 줄지어 나온 공자·중국 관련 저서들을 들 수 있다.

스피노자가 그의 생전에 접할 수 있었던 성리학적 이기설理氣說 관련 단편들이 16세기 말 또는 17세기 초에 이미 유럽에 소개되었다. 처음에 선교사들은 '리理' 관념을 일본으로부터 가져왔다. 그때 '리'는 불변적 진리·자연 질서로서 이해되었다. 자비에가 이해한 이기설은 포르투갈 예수회 신부 루제나(Joao de Luzena, 1549-1600)가 쓴 프란시스 자비에(Francis Xavier, 1506-1552) 신부의 전기(Historia da Vida do padre Fransico Xavire, 1600)를 통해 전해진다. 1669년 사망한 프란체스코파 신부 생트-마리도 루제나 신부의 자비에 전기에서 "이 리는 매일 동일한 운동으로 그토록 많은 세기 동안 하늘을 움직이게 하는 유일한 원인이다(ce Li est la seule cause qui fait mouvoir les Cieux depuis tant de siècles d'un mouvement toujours égal)"라고 하는 이기설 관련 구절들 중 하나를 인용한 바 있다.530) 여기서는 '리'만이 언급되고 있지만 '리'의 필연적 쌍대자인 '기氣'도 언급되었을 것이다. 이 리·기를 둘러싼 성리학자들의 주리론主理論, 주기론主氣論, 이기일원론理氣一元論, 리

---

529) Spinoza, "Undated Letter to Henry Oldenburg, (perhaps) on Oct. 1665". Diego Tatián, "The Potentiality of the Archaic: Spinoza and the Chinese", *The Journal of the British Society for Phenomenology*, Vol. 45, No. 1 (2014), 73-74쪽에서 재인용.

530) Lai, "The Linking of Spinoza to Chinese Thought by Bayle and Malebranche", 162-163쪽.

理일원론, 기氣일원론 간의 논쟁도 알려졌다.

그러나 스피노자 생전에 유럽으로 전해져 널리 알려진 것은 성리학적 '리'가 아니라, 마테오리치·세메도·니우호프 등이 천·지·인·성星·산·강·사방의 신령·영혼으로 소개한 중국의 전통철학적 '기氣(soul)' 또는 기氣일원론이었다. 그도 그럴 것이 고대 중국인들과 공자, 그리고 일반 중국인들은 우주론적 차원에서 '리' 없이 '기'만을 언급했기 때문이다.

가령 공자는 『주역』의 함咸괘 괘사에서 이렇게 주석한다. "두 기氣가 감응해 서로 어울린다. 그쳐서 기쁘다. 남자가 여자에게 몸을 낮추는 까닭에 형통하고 마땅히 바르니 여자를 취함이 길하다. 천지가 감응하면 만물이 화생한다. 성인이 사람의 마음에 감응하면 천하가 화평하다. 감응하는 바를 살피면 천지만물의 정황을 볼 수 있도다!"531) 또 공자는 『역경』에서도 이렇게 말한다. "역易은 태극이 있고 이것은 양의兩儀(음기·양기)를 낳고 양의는 사상四象을 낳고 사상은 팔괘를 낳는다."532)

주돈이周敦頤(1017-1073)도 『태극도설』에서 '리' 없는 기氣일원론을 대변한다.

극極이 없으니 태극이고, 태극은 동해 양을 낳고, 양은 극(한계)을 동하고, 정靜하면 음을 낳고, 음극이 정하면 다시 동하고, 일동一動·일정一靜해 서로 그 뿌리가 되고, 음이 나뉘고 양이 나뉘어 양의兩儀가 선다. 양이 음으로 변해 합하면 수·화·목·금·토 오기五氣를 낳고 순응해 사시를 편다. 오행이 하나면 음양이고, 음양이 하나면 태극이다. 태극은 본래 무극이다. 오행이 나면서야 각기 하나가 그 성性이고, 무극의 참된 이기二氣와 오기의 정묘精妙함이 합하면 건도乾道를 응결해 남자를 만들고 곤도坤道는 여자를 만드는데, 이기二氣가 교감하면 만물을 화생한다. 만물의 삶과 변화는 무궁하다. 오직 사람만이 그 우수함을 얻으니 이미 최고 영특한 물형物形이 생겼다. 신은 앎을 계발한다. 오성五性이 감동하면 선악이 나뉘고 만주萬主가 생긴다. 성인은 이것

---

531) 『易經』咸괘 「象傳」: "二氣感應以相與. 止而說. 男下女 是以亨 利貞 取女吉也. 天地感而萬物化生. 聖人感人心而天下和平 觀其所感 而天地萬物之情可見矣!"

532) 『易經』「繫辭上傳」(11): "易有太極 是生兩儀 兩儀生四象 四象生八卦."

을 정해서 인의를 중정中正케 하고 군주는 사람의 극을 정립靜立한다. 그러므로 성인
은 천지와 합하고 그 덕은 일월과 합하고 그 밝음은 사시와 합하고 그 순서는 귀신과
합한다. 군자는 그 길흉을 수신해 길하고, 소인은 그것과 어그러져 흉하다. 그러므로
천도를 세운다고 말하면 음양을 말하고, 지도를 세우는 것은 강유剛柔를 말하고, 인도
를 세우는 것은 인의를 말하고, 또 원시가 끝마침으로 돌아간다고 말한다. 그러므로
죽음과 삶의 설說을 아는 것은 위대하도다. 역은 지극할 따름인저![533)

249자의 한자漢字로 이루어진 이 태극론에서 우주자연은 '기'이며 '기'는 자연적
물질과 힘일 수 있고, 인간의 심기(신·영·혼·백기)일 수 있고, 신(신령)일 수 있다.
공자철학의 관점은 주돈이의 이『태극도설』에 이르기까지 이렇게 기氣일원론
으로 일관하고 있다. 조선의 천재군주 정조도『태극도설』을 논하면서 "아래
구절은 '두 기가 교감해 만물을 화생시킨다고 하는데, 만물의 화생에서 이理자
를 버리고 기氣자만 설명하고 있다下句言 二氣交感 化生萬物. 萬物之生 却舍理字 單說
氣字"고534) 지적하며 '리理'를 앞세우는 성리학과 달리『태극도설』에 '리'가
없음을 예리하게 간파하고 '두 기(二氣)'만이 '리' 없이 '교감'하는 것을 굳이
드러내고 있다.

그런데 정이천程伊川과 주희의 성리학적 이기일원론도 주돈이의 이『태극도
설』에서 개진된 기일원론에서 유래한 것이다. 따라서 17세기 유럽의 합리주의
적 스콜라철학에 치우쳐 유럽 서적들이 공자철학·성리학 등의 중국철학에서
'리'만을 전한 것으로 말하는 것은 그릇된 것이다.535) 가톨릭 신부들의 계열에

---

533) "無極而太極 太極動而生陽 動極而靜 靜而生陰 靜極復動 一動一靜互爲其根 分陰分陽兩儀
立焉. 陽變陰合而生水火木金土五氣順布四時行焉. 五行一陰陽也陰陽一太極也. 太極本無極
也. 五行之生也 各一其性 無極之眞二五之精妙合而凝乾道成男坤道成女, 二氣交感化生萬物.
萬物生生而變化無窮焉. 惟人也得其秀而最靈形旣生矣. 神發知矣. 五性感動而善惡分萬主出
矣. 聖人定之以中正仁義而主靜立人極焉. 故聖人與天地合其德日月合 其明四時合 其序鬼神
合 其吉凶君子修之吉 小人悖之凶. 故曰立天之道曰陰與陽 立地之道曰柔與剛, 立人之道曰仁
與義又曰原始反終. 故知死生之說大哉. 易也斯其至矣."

534)『정조실록』정조 5년(1781) 3월 18일 2번째 기사.

535) 그러나『역경』과『태극도설』의 기론이나 성리학의 이기이원론을 전혀 모르는 것 같은 라이는
한사코 스피노자를 성리학적 '리' 차원에서만 중국과 연결시키는 오류를 범하고 있다. Lai, "The

따라 성리학의 여러 학파 중 하나인 주리론主理論만이 전해지는 경우도 있었겠지만, 다른 선교사들을 통해서는 '이기일원론'이나 기일원론이 전해졌다. 이미 여러 번 밝혔듯이 가령 마테오리치·세메도·니우호프 등은 전통철학적 기氣일원론만을 소개했다.

이런 여러 근거들로부터 우리는 스피노자가 극동의 기일원론(氣論) 또는 이기설理氣說도 암암리에 자기 것으로 받아들였을 것임을 짐작할 수 있다. 스피노자는 당시 신·구 기독교종단의 험악한 종교탄압과 감시 때문에 '중국철학'이나 '공자'라는 이름을 입 밖에 낼 수 없었을 뿐이다. 그러나 피에르 벨(Pierre Bayle, 1647-1706)이나 니콜라 말브랑쉬(Nicholas Malebranche, 1638-1715)와 같은 당대 철학자들은 어렵지 않게 스피노자 철학 속에서 바로 이 극동철학적 요소들을 간파할 수 있었다.

이리하여 18세기 내내 공자철학과 스피노자철학은 벨·말브랑쉬 등과 같은 철학자에 의해, 그리고 기독교신학자들에 의해 유사한 무신론으로 간주되기도 했다. 그러나 벨은 좋은 의미에서 공자철학, 특히 신유학(성리학)을 무신론으로 해석하고 스피노자와 등치시킨 반면, 말브랑쉬는 나쁜 의미에서 공자철학과 성리학을 스피노자주의와 등치시켰다.

그리하여 보시어스에서 디드로로 이어지는 '급진적 계몽주의자들'은 모두 공자철학과 스피노자철학을 옹호하는 중국애호론자들이었다. 그리하여 디드로는 자신이 집필한 『백과전서』의 '중국철학(Chinois, [Philosophie des])' 항목에 스피노자를 등장시킨다. "그 체계(공자철학 체계)가 주장되는 것처럼 유구한 것이라면 이 체계가 사고되는 데 쓰이는 깜짝 놀랄 만큼 많은 수의 추상적이고 일반적인 표현들에 너무 놀랄 것 없다. 스피노자의 저작을 그토록 긴 시간 동안 이해할 수 없게 만든 저 표현들이 6-7백 년 전 중국인들을 막지 못했다는 것을 인정해야 한다. 우리의 현대 무신론자의 소름끼치는 언어는 중국인들이 자기들의 학파들

Linking of Spinoza to Chinese Thought by Bayle and Malebranche", 162-164쪽. 그의 이런 오류는 그 자신이 합리론자이기 때문에 야기된 것으로 보인다. 그가 눈먼 합리주의자라는 사실은 경험론도 합리론으로 간주하는 그 자신의 천박한 철학관에서 분명히 드러난다. "경험주의는 합리주의의 한 유형일 수 있다"(173쪽).

안에서 말하는 바로 그 언어다."536)

스피노자철학은 유럽에서 처음으로 신학의 잔재와 이신론적 잔재까지도 완전히 털어낸 무신론적 순수철학의 시대를 열었다. 따라서 19세기 초 범신론 논쟁과 결부된 제1차 '스피노자 르네상스'는 '스피노자주의'라는 어휘를 '철학의 등가물로 사용했다. 서구철학의 과거역사는 프리드리히 야코비(Friedrich H. Jacobi)에 의해 이성이 그 마지막 형태에 도달하고 그 궁극적 세계설명력을 얻는 스피노자주의의 전사前史로 간주될 정도였다. 스피노자철학 외에 다른 철학은 존재하지 않았다. 철학하기를 결정하는 사람들은 스피노자주의자이기를 시작해야 했다.537)

스피노자철학은 '고대적' 차원과 연결되어 있다. 이것은 라이프니츠·말브랑쉬·벨·볼프·디드로·볼테르만이 아니라 헤르더·쇼펜하우어·헤겔 등에 의해서도 인지되었다. 헤르더는 스피노자주의를 가장 멀리 떨어진 문화권들 사이에 퍼져 있는 원리들의 표현으로 추정했다. 17-18세기의 철학적 중국열풍을 벌써 잊은 쇼펜하우어와 헤겔은 스피노자를 엉뚱한 데로 끌고 갔다. 쇼펜하우어는 스피노자를 "유럽 속의 열대식물"로 간주하고 "갠지스강안"을 스피노자의 "고향"으로 여겼으며, 헤겔은 여기저기서 스피노자의 철학을 힌두교의 범신론과 연결시켰다.538) 그러나 스피노자의 범신론은 중국산이었다. 왜냐하면 스피노자는 당시 중국철학이나 이미 고대에 중국 기氣철학의 영향을 받은 고대 희랍의 데모크리토스와 에피쿠로스의 원자론이나 중국의 기론은 알았지만, 힌두이즘은 알지 못했기 때문이다.

---

536) Denis Diderot et Jean le Rond d'Alembert (ed.), *Encyclopédie, ou Dictionnaire raisonné des sciences, des arts et des métiers*, Tome 3 (Paris: Chez Braison etal., 1751-1772), 346쪽, "Chinois (Philosophie des)" 항목. Online. ARTFL Encyclopédie Project: "Si ce système est aussi ancien qu'on le prétend, on ne peut être trop étonné de la multitude surprenante d'expressions abstraites &générales dans lesquelles il est conçû. Il faut convenir que ces expressions qui ont rendu l'ouvrage de Spinosa si long-tems inintelligible parmi nous, n'auroient guere arrêté les Chinois il y a six ou sept cents ans: la langue effrayante de notre athée moderne est précisément celle qu'ils parloient dans leurs écoles."

537) 참조: Tatián, "The Potentiality of the Archaic: Spinoza and the Chinese", 82쪽.

538) Tatián, "The Potentiality of the Archaic: Spinoza and the Chinese", 82쪽.

■ 스피노자의 기론적氣論的 범신론

스피노자보다 15년 뒤에 태어난, 따라서 거의 동시대인인 피에르 벨에 의하면, 스피노자는 "유럽과 동양의 여러 고대·현대철학과 동일한" 이론적 토대를 "완전히 새로운 방법"으로 가공한 "체계적 무신론자"다.539) 벨은 겉으로는 스피노자를 무신론자로 단죄하는 듯이 말하고 있지만 암암리에 스피노자를 옹호하고,540) 무신론 및 관용론에 관한 여러 논변에서 스피노자주의를 맘껏 활용해 교조적 신·구 정통신학을 맹박한다.

벨이 스피노자의 철학적 토대를 "유럽과 동양의 여러 고대·현대철학과 동일한" 것이라고 단정하는 것은 『에티카』의 제1부에서 스피노자가 중국의 전통적 기론氣論을 수용해 신을 자연과 일치시키는 범신론을 전개하기 때문이다. 스피노자에 의하면, 신은 자연세계(우주)다. 신은 자연이고, 자연은 신이다. 그는 이 저작에서 네 차례나 "신 또는 자연(Dei sive Naturae, Dei seu Naturae)"이라고 양자를 아예 등치시킨다.541) 이것이 그의 범신론(pantheism)이다. 인간을 포함해 우주를 구성하는 모든 것은 신의 '존재양상, 존재양태들(modes)'이다. 이 양식들은 모두 신의 본질에 의존적이다. 신의 우주창조는 '결정'이 아니고, 어떤 의도에 의해 동기지어진 결정은 더욱 아니다.

『신학·정치론』에서 스피노자는 신이라는 단어는 자연이라는 단어와 동일한 것을 뜻한다고 하면서 "우리가 만물이 자연의 법칙에 따라 일어난다고 말하는 것과, 신의 칙령과 지시에 의해 명령되었다고 말하는 것은 동일한 것이다"라고 천명하고, "이제 자연 속의 힘이 홀로 만물을 발생하게 하고 결정하는

---

539) Pierre Bayle, *Dictionnaire historique et critique* (2 vols., 1697; 4 vols., 1702). Bayle, *Historical and Critical Dictionary*, selected English translation by Richard H. Popkin (Indianapolis·Cambridge: Hackett Publishing Company, 1991), 228쪽(entry "Spinoza").

540) Geneviève Brykman, "Bayle's Case for Spinoza", 21쪽. Genevieve Lloyd (ed.), *Spinoza. Critical Assessments*, Vol. IV: *The Reception and Influence of Spinoza's Philosophy* (London and New York: Routledge, 2001).

541) Benedict de Spinoza, *The Ethics* (*Ethica*), 제4부 머리말에서 두 번, 제4부의 명제 4, 증명에서 두 번. *The Chief Works of Benedict de Spinoza*, trans. by R. H. M. Elwes, Vol. II (London: George Bell and Sons, 1884·1891).

신의 권능과 동일하기에 그 귀결은 인간이 자연의 일부로서 자신의 생존을 돕고 보존하기 위해 스스로에게 제공하는 것은 그 무엇이든 또는 자연이 그에게 그의 도움 없이 제공하는 것은 그 무엇이든 인간본성을 통해, 또는 외부환경을 통해 작용하는 신의 권능에 의해 그에게 주어지는 것이다'라고 언명하고 있다.542) 이때 스피노자의 '자연'은 '물리적 물질'이 아니라, 극동의 기론에서처럼 '형이상학적 실체'다. 이렇게 보면, 그의 '형이상학적 실체'로서의 자연만물은 사물 또는 물건이 아니라, 서양인들이 '*âmes*'(*souls*) 또는 '*esprits*(*spirits*)'로 번역하는 극동의 '기氣'와 같은 것이다. 따라서 벨은 스피노자의 이 무신론적 범신론을 기론을 말하는 일본 불교종파들 중 한 종파의 교리와 유사한 것으로 본다.543)

스피노자의 자연=신 일원론은 자연적 '인과성'(필연성)과 논증적 '논리성'을 등치시키는 것이다. 이 동일화 속에서는 신의 의지(감정)가 끼어들 여지가 없다. 스피노자는 이 동일화로써 '기氣'와 '리理'를 동일시하고 '감정(의지)'과 '이성'을, '느낌'과 '생각'을 동일시하는 (실은 '기'를 '리' 아래, '감정'을 '이성' 아래, '느낌'을 '생각' 아래 통합하는) '폭력적' 동일화 관점에 서 있다. 그러나 스피노자와 중국철학의 연관은 상론했듯이 신유학(성리학)의 '리' 개념(이기일원론)의 차원에서 이루어지는 것이 아니라, 반대로 중국의 고대철학과 공자의 경전에서 유일하게 중시되는 '기' 개념('기氣일원론') 차원에서 이루어졌다. 정이천과 주희의 성리학적 '이기일원론'도 원래는 주돈이의 '기일원론'에서 유래했다. 태극이 음양의 이기二氣 분열로 시작해 이진법적 증식으로 사상四象·팔괘八卦를 넘어 중첩과 분열을 계속해 만물을 산출한다고 설하는 공자역학易學이나 주돈이의 『태극도설』의 '기일원론'의 관점에서 보면, '리'는 중요치 않고, '리'가 어떤 의미를 갖는다면 그것은 '기들'의 영원한 운동 과정에서 보이는 다양한 운동양상들(*modi*)의 일시적·한시적 '반복성'이나 '지속성'일 뿐이다. '리'는 일시적·한시적이기 때문에, 즉 덧없고 모호하기 때문에 '영원히' 운동하는 '기'보다 덜 중요하

---

542) Spinoza, *A Theologico-Political Treatise*, Ch. III, 45쪽.

543) 벨은 말한다. "그러나 만질 수 없는 내면적 실재를 추구하는 승려들은 천당과 지옥을 배격하고 스피노자의 관념들과 아주 유사한 관념들을 가르친다." Pierre Bayle, *Political Writings* (Cambridge: Cambridge University Press, 2000), 129쪽(entry "Japan").

고 덜 판명하고 덜 근본적인 것이다.

한편, 『신학·정치론』(1670)에서 스피노자는 자연과 동일시되는 이 신 개념의 관점에서 '종교제도'를 이 자연=신에 대한 일정한 해석을 '폭력적'으로 독점하는 인위적 제도로 간주했다. 따라서 벨은 스피노자가 『신학·정치론』에서 '종교'를 순수한 인간적 고안물로 묘사함으로써 "모든 종교를 파괴하고", "무신론을 도입하려고" 모색했다고 해석했다.544)

동방무역의 거점국가 네덜란드에 살았던 스피노자는 라 루베르의 기론 소개 이전에 이미 극동의 기론을 잘 알고 있었을 것으로 보인다. 다양한 여행기와 중국문화 설명서에 기론이 빠짐없이 소개되었기 때문이다. 17세기 후반에 극동의 기氣철학을 이미 알고 있었던 벨은 스피노자가 위에서 설명된 중국의 기론을 받아들여 범신론을 전개했을지라도 그 수용이 불완전했다고 아쉬워한다.

> (…) 무신론의 온갖 가설 중에서 스피노자의 가설은 거의 오도할 수 없는 것이다. 왜냐하면 (…) 그것은 인간 정신 속의 가장 판명한 관념들도 거부하기 때문이다. 그래서 그에 대한 반박들이 벌 떼처럼 일어나고 있는데, 그는 심지어 어쩔 수 없이 견지해야 하는 그의 테제 자체보다도 더 모호한 답변들만 할 수 있을 뿐이다. 그리하여 그의 입장은 그것 자체의 해독제를 함께 갖고 있다. 스피노자가 중국인들 사이에서 많이 유행 중에 있는 ─ 내가 이 항목의 두 번째 보충설명에서 말한 이론(불교철학 ─ 인용자)과 아주 다른 ─ 이론을 해명하는 데 자신의 온 힘을 쏟았더라면, 그는 더욱 난공불락이었을 것이다.545)

"중국인들 사이에서 많이 유행 중에 있는 (…) 이론"을 벨은 중국의 기철학으로 설명한다.

어떤 교부(아르노비우스, 284-305 ─ 인용자)는 철학자가 내놓는다면 아마 오늘날 용서

---

544) Simon Kow, *China in Early Enlightenment Political Thought* (Oxford: Routledge, 2017), 60쪽.
545) Bayle, *Historical and Critical Dictionary*, 301쪽(Remark X to the entry "Spinoza").

받지 못할 인정을 했다. 그것은 신과 섭리를 부정하는 사람들도 그들의 적대자들에 대항하는 것만큼 많이 그의 주장을 옹호하는 그럴싸한 내용을 개진한다는 것이다. "어떤 이들은 신들이 존재한다는 것을 부정하고, 다른 이들은 신이 존재하는지 의심한다고 말하고, 또 다른 이들은 신이 존재하지만 인간사를 돌보지 않는다고 주장하고, 또 다른 이들은 신들이 필멸자들의 일에 간섭하고 필멸자들을 다스린다고 확인한다. 이것이 사실인 만큼, 그리고 이 견해 중 하나만이 참인 만큼 그들은 모두 논변들로써 서로를 반대한다. 그리고 그들 각자는 그 자신의 견해를 변호하는 가운데서든 타인들의 견해를 반대하는 가운데서든 다그치기에 그럴싸한 뭔가를 가지고 있다." 이 교부가 옳다면, 그것은 아마 우주 안에 상호 판이한 엄청난 수의 기氣들(souls)이 존재하고 각각의 '기'는 절로 실존하고 하나의 내면적·본질적 원리에 의해 작용하며 어떤 기는 다른 '기'보다 더 많은 권능을 가진다는 등의 사실을 상정하는 사람들과 주로 관련된 말일 것이다. 그런데 이것은 중국인들 사이에 아주 일반적으로 퍼져 있는 무신론이 서 있는 기초다.[546]

이런 논의로써 벨은 스피노자철학이 (중국의 성리학으로부터가 아니라) 중국의 기철학으로부터 기원했다는 것을 명확히 하고 있다. 이것을 스피노자가 "중국인들 사이에서 많이 유행 중에 있는 이론을 해명하는 데 자신의 온 힘을 쏟았더라면, 그는 더욱 난공불락이었을 것이다"라는 앞 말과 합쳐보면, 이것은 스피노자가 중국의 기철학을 학습하는 데 온 힘을 쏟지 않았기 때문에, 즉 기철학을 불완전하게 받아들였기 때문에 그의 이론이 얼마간 적수들의 공격에 취약한 것이 되었다는 말이다.

벨은 이에 잇대어 중국의 (성리학이 아니라) 기철학을 라 루베르(Simon de La Loubère, 1642-1729) 특사의 보고로 자세히 소개한다. 라이프니츠의 친구인 라 루베르는 존 로크도 읽은 『태국왕국론(Du Royaume de Siam)』(1691; 영역본 1693)에서[547] 유럽인의 시각에서 기론을 이렇게 길게 설명한다.

---

546) Bayle, *Historical and Critical Dictionary*, 323쪽(Remark X to the entry "Spinoza").

547) Simon de La Loubère, *Du Royaume de Siam*, two volumes (Paris: Chez La Veuve de Jean Baptiste

신은 가장 순수하고 가장 완벽한 존재이면서도 기껏해야 온 세상의 물질적 '기(soul)'
또는 세계의 가장 아름다운 부분인 하늘의 물질적 '기'(天氣)가 되었다. 신의 섭리와
권능은 인간들의 권능과 현명보다 훨씬 더 많이 확대될지라도 제한된 권능과 섭리에
지나지 않는 것이 되었다. (…) 중국인들의 독트린은 언제나 신령들(esprits)을 세계의
사방四方, 즉 별·산악·강하·식물, 도시와 해자, 집과 부엌, 한마디로, 만물에 귀속시
켜왔다. 중국인들은 모든 신령이 선하다고 생각지 않는다. 어떤 신령들은 사악하고
인간적 삶을 덮치는 재앙과 흉액의 직접적 원인이라고 시인한다. (…) 그러므로 중국
인들의 의견에 의하면, 인간의 '기'가 인간의 생명활동의 원천이기 때문에, 그들은
성질과 운동의 원천인 '기'를 태양에 귀속시켰다. 이 원리에 따라 '기'들은 모든 물체
속에서 이 물체에 본성적인 것으로 보이는 작용들을 야기하며 도처에 널리 퍼지게
되었다. 이 이론에서, 자연의 전체적 운행질서를 설명하고 전능과 무한한 섭리를 대
신하는 데는 이 이상의 것이 필요 없다. 중국인들은 이런 전능과 무한한 섭리가 어떤
'기' 속에도, 심지어 '천기天氣' 속에도 들어 있다고 인정하지 않는다. 모든 기에 비교
적 유사한 권능을 부여하는 중국인들의 까마득히 오래된 견해에 의하면, 인간이 자
연사물들을 음식이나 편의를 위해 쓰므로 자연사물에 대해 약간의 권능을 가지기
때문에, 실은 '천기'는 인간의 현명이나 힘보다 비할 데 없이 더 큰 현명과 힘으로
자연에 작용을 가한다고 상정되었다. 그러나 동시에 이 이론은, 하늘의 권능의 본성
에 따라 독립적인 내적 힘, 각 사물의 '기' 속에 들어 있는 내적 힘을 인정했다. 이
내적 힘은 종종 하늘의 계획과 반대로 작용할 수 있다. 하늘은 강력한 왕의 방식으로
자연본성을 지배해왔다. 다른 '기들'은 하늘에 순종의 의무를 졌다. 하늘은 이 '기'들
을 거의 언제나 굴복하도록 강요하지만, 때로 어떤 기들은 순종하지 않는다.548)

Coignard; Amsterdam: Chez Abraham Wolfgang, 1691). 영역본: Monsieur de La Loubere, *A New Historical Relation of the Kingdom of Siam*, in Two Tomes (London: Printed by F. L. for Tho. Horne, 1693).

548) Bayle, *Historical and Critical Dictionary*, 323-324쪽(Remark X to the entry "Spinoza"). 벨이 인용하
는 라 루베르 책의 쪽수는 참조: Simon de La Loubère, *Du Royaume de Siam*, Vol. 1 (Amsterdam: Chez Abraham Wolfgang, 1691), 396-398쪽(Chapitre XXIII. De l'Orgine des Taloins, & de leurs Opinions [23절, 불교승의 기원과 그들의 견해에 대하여]). 또는 Simon de La Loubère, *Description du Royaume de Siam*, tome premier (Paris: Chez Henry & la Veuve de Theodore Boon, 1691·1700), 396-398쪽. Monsieur de La Loubere, *A New Historical Relation of the Kingdom of Siam*, T. 1 in

라 루베르는 천신天神을 인간보다 비할 데 없이 위대하고 위력적이지만 완전무결한 존재자로 보지 않는 중국의 전통적 신령·혼령론을 비교적 잘 요약해놓고 있다. 벨이 생략한 뒷부분에서 라 루베르는 이에 관한 공자의 견해를 상세하게 소개하고 있다.

> 공자는 우리(기독교인들 – 인용자)가 신에 대해 갖는 참된 관념인 무한덕성을 논하면서 이 관념을 있을 수 없다고 생각한다. 그는 인간이 아무리 덕스러울지라도 도달할 수 없는 덕성의 등급이 있다고 말한다. 천지는 아무리 위대하고 아무리 완벽하고 아무리 기묘하게 만들어졌을지라도 계절과 자연환경의 가변성 때문에 만인의 욕망을 만족시킬 수 없다고 덧붙인다. 그리하여 인간은 천지에게서 비난할 것을 발견하고 분노의 정당한 주제들도 발견한다는 것이다. 그러므로 극단적 덕성의 위대성을 철저히 이해한다면 우리는 온 우주가 그 덕성의 무게를 담지도 견디지도 못할 것이라는 것을 반드시 고백해야 한다. 반대로 극단적 덕성이 근거하는 완벽성의 그 미묘하고 감춰진 포인트를 생각한다면, 우리는 온 세상이 그것을 나누지도 침투하지도 못한다는 것을 고백해야 한다. 이것은 공자의 말씀이다. 이것은 쿠플레 신부가 우리에게 들려준 것인데 이 철학자(공자)는 이 말씀에 의해 그가 신을 그 어디에서도, 심지어 그가 가장 완벽하다고 여기는 천지의 기氣 속에서도 찾지 못한다는 것을 알고 그가 불가하다고 생각하는 실재하는 신을 기술하는 것 외에 다른 의도를 갖지 않은 것으로 보인다. 신적 권능과 섭리가 이와 같이 조금씩 무한수의 기들에 분배되어 있기에 고대 중국인들은 그들이 단 하나의 기에만 바쳐야 하는 맹세와 숭배를 이 무한수의 기들이나 신령들에게 바쳐야 한다고 생각했다.549)

라 루베르는 쿠플레의 보고를 인용해서 '하늘은 지붕을 이는 기왓장들 중 기왓장 세 장만큼 불완전하다'는 공자의 천론天論을 잘 요약하고 있다.

Two Tomes (London: Printed by F. L. for Tho. Horne, 1693), 131쪽.

549) La Loubère, *Du Royaume de Siam*, Vol. 1, 398쪽; La Loubere, *A New Historical Relation of the Kingdom of Siam*, Vol. 1, 131쪽.

하지만 중국의 기론에 대한 라 루베르의 이 설명은 많은 점에서 허술하다. 우선 천기와 지기의 분화와 창세創世 과정이 빠져 있고, 만물을 조화造化시키는 양기와 음기의 분화와 창조 과정도 빠져 있으며, 기氣들 간의 '감응'마저도 굴복·강요·순종·불복종 등으로 축소·왜곡되어 있다.

스피노자는 유럽의 동방무역의 거점국가인 네덜란드에 살면서 초기의 급진적 계몽철학자들인 보시어스·템플 등과 친밀하게 교류했었다.550) 따라서 스피노자의 기론적 범신론으로서의 무신론은 자연스러운 것이었다.

이 때문에 보시어스·템플·스피노자의 영향을 받은 급진적 계몽주의자들은 공자를 무신론적 스피노자와 동일시하고 찬양했다.551) 벨도 이 점에서 공자주의적 중국철학을 스피노자주의적 일원론으로 분류했다.552) 그래서 벨은 "스피노자의 무신론이 아시아에서 널리 퍼져 있는 여러 종파들의 교리(le dogme de plusieurs sectes repandues dans l'Asie)이고, 동양에서 가장 현명하고 가장 독창적인 민족인 중국인들 가운데 대부분의 유자儒者 또는 철학자들의 종파인 무신론 종파가 존재한다"고 주장하기에 이른 것이다.553)

■극동의 기론氣論

극동의 기론은 스피노자의 범신론에 대해서만이 아니라 나중에 아이작 뉴턴의 만유인력론과 라이프니츠의 단자론에도 결정적 영향을 미쳤다. 따라서 극동의 기론을 극동의 언어로 미리 밝혀둘 필요가 있다.

비물질非物質이면서도 물질로 운화運化할 수도 있는, 따라서 본질적으로 오감에 대해 초월적인 '기'는 일단 '태일大一'의 원기元氣에서 분화된 '천기天氣'다. 이 천기는 양기陽氣로서 완전히 비물질적이다. 따라서 천기는 오감과 감정의

---

550) Israel, *Enlightenment Contested*, 641쪽.

551) 참조: Jonathan I. *Israel, Radical Enlightenment - Philosophy and the Making of Modernity 1650-1750* (Oxford: Oxford University Press, 2001), 373-374쪽.

552) Pierre Bayle, *Continuation des Pensées diverses, Ecrites à un Docteur de Sorbonne, à l'occasion de la Comte qui parut au mois de Decembre 1680; Ou Reponse à plusieurs dificultez que Monsieur a proposées à l'Auteur*, Vol. 1 in 2 vols. (Rotterdam: Reiner Leers, 1705), 728-729쪽.

553) Bayle, *Continuation des Pensées diverse*, Vol. 1, 68-69쪽.

온갖 심상心象들을 만들고 규정하더라도 오감에 대해 완전히 초감각적인 양기다. 천기는 양기로서 인간과 동식물의 생기(생명력·활력·성장력), 욕망, 의지력, 정신력 등 모든 심기心氣를 포괄한다. '천기'는 당연히 원기에서 분화된 다른 기운인 '지기地氣'와 짝한다. 이 '지기'는 음기陰氣로서 우리 육체의 근력, 역학적 힘, 화력, 인력·전력·자력磁力 등을 모두 포함하는 '물형의 가', 즉 '물기物氣'(에너지)다. 따라서 천기·양기·심기와 지기·음기·물기는 쌍대를 이루는 힘이다. 그리하여 '가'는 심상心象과 심기를 이루는(성상成象하는) '천기'(양기)와, 물형物形과 물기를 만드는(성형成形하는) '지기'(음기)를 포괄한다.

이 천기와 지기가 음양의 기운으로 어우러져 갈등하고 협력해 천지간에 '백화百化(백 가지 조화)'를 일으켜 세상을 창조하는 무위이성無爲而成의 조화造化를 부린다. 『예기』는 이 창세적創世的 '무위조화' 과정에 대해 이렇게 말한다.

> 태일大一이 나뉘어 천지가 되고, 천지가 바뀌어 음양이 되고, 음양이 변해 사시四時가 되고, 음양이 벌어져 귀鬼와 신神이 된다(大一 分而爲天地 轉而爲陰陽 變而爲四時 列而 爲鬼神).554)

이렇게 하여 하늘과 땅, 음기와 양기, 사시, 귀기鬼氣, 신기神氣 등이 다 창조된다. 이에 대해 『예기』는 다시 이렇게 부연한다.

> 하늘에서는 심상을 만들고, 땅에서는 물형物形을 만든다. (…) 지기는 위로 나란히 올라가고 천기는 아래로 내려온다. 음기와 양기가 서로 갈고, 천지가 서로 끓이고, 우레와 천둥으로 천지를 두드리고, 풍우로 천지를 흔들어 일으키고, 사시四時로 천지를 움직이게 하고 일월日月로 천지를 따뜻하게 하니, 백화百化가 이에 흥한다.555)

---

554) 『禮記』 「第九 禮運」.

555) 『禮記』 「第十九 樂記」: "在天成象 在地成形. (…) 地氣上齊 天氣下降. 陰陽相摩 天地相蕩 鼓之以雷霆 奮之以風雨, 動之以四時, 煖之以日月, 而百化興焉."

'천기'는 '양기'로 바뀌고, '지기'는 '음기'로 바뀐다. 음양의 지기·천기 간의 서로 갈고 끓임, 음양과 천지에 대한 벼락천둥과 바람·비의 두드리고 흔듦, 해와 달의 움직임과 따뜻하게 데움, 사시사철의 변화와 일월의 뜨고 짐은 천지를 움직이고 따뜻하게 해 '온갖 조화(百化)'를 일으킨다. '백화'는 동식물을 포함한 온갖 물형이 만들어지고 귀기·신기가 탄생하는 과정을 뜻한다.

『역경』은 이 창세(創世) 과정을 본떠 음양의 두 기운과 사시·사상四象의 분화, 그리고 물체의 탄생 과정을 이렇게 간단히 표현한다.

> 역에는 태극이 있어 이것은 (음기와 양기의) 양의兩儀를 낳고 양의는 사상四象을 낳고 사상은 팔괘를 낳는다(易有太極 是生兩儀 兩儀生四象 四象生八卦).556)

여기서 '사상'은 태음太陰·소음少陰·태양太陽·소양少陽을 말하고, '팔괘'는 건乾·태兌·리離·진震·손巽·간艮·감坎·곤坤을 말한다. 『예기』에서는 '양기로서의 천기'와 '음기로서의 지기'가 분화되기 전의 단일한 '원기'는 '태일大一'이라고 부르는데, 『역경』은 '태극'이라고 부른다. '지기'는 물질적 힘(인력·전력·자력·화력·역학적 힘·근력)을 이루는 '물질적 기', 즉 '물기物氣'다. 물기 중 육체적 '근력'은 '심기心氣'와 바로 연결되어 있다. 반면, '천기'는 인간과 동물의 영혼(정신)을 이룬다. 영혼을 이루는 이 천기가 바로 '심기'를 만든다. 나아가 '심기'는 동식물의 생기(활력·생명력·성장력 등)로부터 '재천성상의 심상을 작동시키는 감성의 힘(감수성)과 욕망을 거쳐 이를 가공하는 사유의 힘(사고력·정신력)과 의지의 힘(의지력)에 이르기까지 일체의 정신력을 포괄한다. 따라서 모든 '심기'는 비물질적이지만 거의 언제나 우리 영혼의 감정에 의해 표출되고 감성적 내감에 의해 직접적으로 느껴진다. 심기 중 활력·생명력 등은 물기와 바로 연결되어 있다.

공자의 어록을 모은 『예기』의 이 기론은 맹자의 '호연지기浩然之氣' 개념의 근저에 놓인 사고체계이기도 하다. 그러나 피에르 벨은 『역사·비판 사전 (Dictionnaire historique et critique)』의 점성술사 '루게리(Ruggérie)' 항목에서 태국인들과

---

556) 『易經』「繫辭上傳」(11).

인디언들은 기의 존재를 믿는 무신론자들인 반면, 중국유생들은 이런 기의
존재를 영혼의 불멸성과 함께 부정한다고 잘못 말한다.557) 그러나 이기일원론
理氣一元論을 확신하는 교조적 성리학자들조차도 영혼의 '일정한' 불멸성(조상제
사에 있어서의 4대봉사론와 시조신의 영구성)과 귀신(신령과 혼백)의 존재를 믿었다는
것은 주지의 사실이다.

아무튼 물기物氣(인력·전력·자력·화력·역학력·근력 등)와 심기心氣(활력·생명력·욕망·
의지력·정신력 등)는 둘 다 유동적 기운이다. 따라서 부동의 물체와 다르다. 유동하
는 물기가 정갈하게 정제되어 물형으로 응결되면 '물질(matters)' 또는 '물체
(corporeal bodies)'가 된다. 부동의 물체는 일시적으로 응결된 물기다. 따라서 물체는
불에 타거나 핵분열함으로써 다시 물기(에너지)로 변할 수 있다.

19세기 초 조선의 최한기는 '유동적 기'와 응결된 부동의 '물체'를 '운화의
기'와 '형질의 기'로 분화시켰으나 제대로 인식하지 못하고 있다.

기는 형질의 기가 있고 운화의 기가 있다. 땅·해·달·만물과 몸체와 껍질(軀殼)은 형
질의 기이고, 비·볕·바람·구름·한서寒暑와 조습燥濕은 운화의 기다. 형질의 기는 운

---

557) "우리는 태국인들이 어떤 신도 인정하지 않지만 기(氣)들의 보상과 출현을 믿으며 죽은 자를
두려워하고 죽은 자를 평안하게 하기 위해 일정한 의식을 치른다고 들었다. 게다가 그들은
거의 모든 경우에 선한 신령에게 기도를 올리고 악귀들에게 저주를 한다. 이러한 사람들은
어떤 신도 믿음 없이 마술사 자격을 잘 갖췄다. 내가 인용한 보고서(『태국왕국론』)의 저자(라
루베르)는 인도 사람들이 이제 고대 중국인들처럼 선한 기와 악한 기가 도처에 존재하고 도처에서
이 기들은 신의 전능한 힘을 말하자면 부여한다고 믿는다고 덧붙인다. 이것의 의미는 그들이
최고신이 아니라 무한수의 신령들, 일부는 선하고 다른 일부는 악한 신령들을 인정한다는 것이다.
그러므로 그들은 무신론자이자 마법사들일 수 있다. 저 나라(중국)의 유생들의 관념은 유럽인들의
관념과 더 유사하다. 왜냐하면 한편으로 그들이 무신론자라면 다른 한편으로 기들의 존재와
영혼의 불멸성을 부정하기 때문이다. 중국에 관한 여러 보고들은 그 나라에서 가장 유력한
사람들인 학자들이 장례식을 아무런 기도와 혼합하지 않고 단지 시민적 의무로만 간주하고,
이날 아무런 종교의미를 갖지 않으며 신의 존재나 영혼의 불멸성을 믿지 않는다는 것, 그리고
공자에게 봉헌된 사당에서 공자에 대해 외적 숭배를 표할지라도 그들은 통킹(현 북베트남)의
학자들이 공자가 그들에게 부여하기를 바라는 배움을 공자에게 달라고 빌지 않는다고 우리에게
말해준다. 그들의 외적 공자숭배는 그러므로 그들과 관련해서 하나의 단순한 무언극이다. 그들은
정책에서 그것을 준봉한다." Pierre Bayle, *The Dictionary Historical ad Critical of Mr. Peter Bayle*,
Vol. 4 (London: Printed for D. Midwinter et al., 1737), 939쪽; Pierre Bayle, *Dictionnaire historique
et critique*, Vol. 12 in 16 volumes (Paris: Desoer, Libraire, 1820), 670쪽.

화의 기로 말미암아 모음을 이룬 것으로서, 큰 것은 장구하고 작은 것은 흩어지니 운화하는 기의 자연이 아님이 없다. 형질의 기는 사람이 쉽게 보는데, 운화의 기는 사람이 쉽게 보지 못한다. 그러므로 고인은 유형·무형으로 형질의 기와 운화의 기를 구분했다. (…) 그러나 기실 운화의 기는 형질이 가장 큰 것으로서 우주 안을 채워 막고(充塞宇內) 피부와 골수에 침투해 들어가고 몰고 쌓고 풀무질하고 피리를 불어대 면(驅築輔籥) 그 견고함이 비할 데 없고, 냉열을 상박시키면 굉음과 불꽃을 발하게 해 이내 유형을 명증한다.558)

최한기는 '운화의 가'와 '형질의 가'를 구분해 마치 힘과 물체를 구분하는 듯했으나 '운화의 기'를 '무형의 기'로, 물체를 '유형의 기'로 이해하지 못함으로써 "비·볕·바람·구름·한서寒暑와 조습燥濕"을 "운화의 기"로 보고 결국 "운화의 기"를 "형질이 가장 큰 것"으로 착각해 움직이는 힘의 견고성과 굉음과 불꽃을 유형의 증거로 들이대는 어리석음을 노정하고 있다. "비·볕·바람·구름·한서 寒暑와 조습燥濕" 중 '한서'는 '운화의 기'(유동하는 열기로서의 화력의 부족 현상)이지만 "비·볕·바람·구름·조습"은 다 물체의 물형들(물·광자·공기입자·물분자)이다. 오 감에 포착되는 "굉음과 불꽃"도 오감에 포착되지 않는 '힘'('운화의 기')에 속하는 것이 아니라 물질의 움직임(공기입자의 떨림과 광자의 운동)일 뿐이다. 그리고 기의 "견고성"은 '강력성'의 그릇된 표현이다. 따라서 최한기의 말은 '운화의 기'와 '형질의 가'의 구분 외에 수용할 만한 것이 없다. 차라리 고전으로 다시 돌아가는 것이 나을 것이다.

물질 또는 물체는 유동하는 물기(힘)가 정갈하게 정제되어 응결된 것이다. 그래서 『역경』은 말한다. "역易은 천지와 준하므로 천지의 도를 두루 꿸 수 있다. (…) 역은 기氣를 곱게 솖어(정제해) 물질을 만들고, 혼을 놀려 변화를 만든다(易與天地準 故能彌綸天地之道 […] 精氣爲物 遊魂爲變)."559) 모든 구체적 사물은 땅의 물기에서 정제精製되어 응결된 '물질'이고, 모든 인간과 동물의 구체적

---

558) 최한기(손병욱 역), 『氣學』(서울: 통나무, 2004·2008), 42-43쪽.
559) 『易經』「繫辭上傳」(4).

마음은 하늘의 심기에서 자유롭게 변화되어 나온 '영혼들'이다. 또한 물질은 질량(mass)을 가진 것으로서 특정한 조건에서 다시 엄청난 양의 기로 되돌아올 수 있다($E=mc^2$).

고대 기론氣論의 조각들을 모아놓은 기원전 2세기경의 『회남자』는 창세 과정에 대해 이렇게 말한다.

천지가 아직 형태조차 없을 때 타고 또 타고 날고 또 날고(馮馮翼翼) 텅 비고 또 텅 비고 형태가 없고 형태가 없었다(洞洞灟灟). 그러므로 이를 태시太始라고 한다. 태시 는 허확虛霩을 낳고 허확은 우주를 낳고 우주는 기氣를 낳고 기는 가장자리와 끝이 있어, 맑고 밝은 기는 엷게 풍미해 하늘이 되고 무겁고 탁한 기는 응체凝滯되어 땅이 된다. 맑고 묘한 기운의 모임은 전적으로 쉽고, 무겁고 탁한 기운의 응결은 아주 어렵 다. 그러므로 하늘이 먼저 생기고 땅은 뒤에 정해졌다. 하늘과 땅이 곱게 쏧기를 되풀 이함에 음양이 되었고, 음양이 오로지 곱게 쏧기에 전일함에 사시가 되었다. 사시가 정기精氣를 분산시킴에 만물이 되었다. 양을 쌓은 열기熱氣가 불을 낳고 이 화기를 곱게 쏧은 것은 해가 되었다. 음을 쌓은 한기寒氣는 물이 되었고 수기水氣를 곱게 쏧은 것은 달이 되었다. 해와 달의 음기淫氣를 곱게 쏧은 것은 별이 된다. 하늘은 일월성신을 받아들였고 땅은 물과 장마와 먼지와 티끌을 받아들였다. (⋯) 천도는 원圓이고 지도는 방方이다. 방은 어둠을 주관하고 원은 밝음을 주관한다. 밝음은 기氣 를 토해내는 것이다. 그러므로 불(火)은 외경外景이다. 어둠은 기를 머금는 것이다. 그러므로 물(水)은 내경이다. 기를 토해내는 자는 베풀고, 기를 머금는 자는 화化하게 한다. 그러므로 양은 베풀고 음은 화하게 하는 것이다. 하늘과 땅이 기를 치우침에 노하는 것은 바람이 되고, 하늘과 땅이 기를 합침에 화和하는 자는 비가 된다. 음양이 상박해 감응하면 우레가 되고 격하면 번개가 된다. 뒤섞이면 안개가 된다. 날아서 흩어지면 이슬이 되고 음기가 승하면 응결되어 서리와 눈이 된다. 터럭과 날개가 있는 것은 날아다니는 종류다. 그러므로 양기에 속한다. 껍데기와 비늘이 있는 것은 칩거하거나 엎드려 있는 종류다. 그러므로 음기에 속한다.560)

---

560) 유안 편저(안길환 역), 『淮南子(상)』(서울: 명문당, 2001), 권3 '천문훈', 117-119쪽.

계통이 다른 이 글, 저 글을 긁어모아 놓은 통에 앞뒤가 상충되고 혼잡스러운 책인 『회남자』는 또한 음양분화 이전에 만물을 낳는 '두 신神'이 있었던 것으로 말하기도 한다.

옛날 아직 천지가 있지 않을 때 유일한 상像은 무형이며 고요하고 고요하며 어둡고 어두우며, 광대하고 불분명하고 막연하고 우울하고, 혼몽하고 넓게 텅 비어 있어 들어가는 문을 아무도 알지 못했다. 그런데 이것이 두 신神을 얻어 뒤섞여 천지를 낳고 경영했다(有二神混生經天營地). 깊어서 아무도 그 종극을 알 수 없고 광막해 아무도 그 그칠 곳을 알 수 없었다. 이것으로부터 따로 음양을 만들고 분리해 팔극을 만들고 강유가 서로를 이루어 만물이 물형物形을 지었다. 기를 어지럽혀 벌레를 만들고 기를 곱게 쏧어 사람을 만들었다. 그러므로 정신은 하늘의 소유이고, 골해骨骸는 땅의 소유다. 정신이 하늘의 문으로 들어가고 골해가 땅의 근본으로 돌아가는데 그럼에도 내가 어찌 있겠는가! (…) 정신은 하늘에서 받은 바이고 형체는 땅에서 품부받은 것이다. 그러므로 하나는 둘을 낳고 둘은 셋을 낳고 셋은 만물을 낳는다고 하는 것이다. 만물은 음을 등에 업고 양기를 안아 가운데의 기(冲氣)로써 조화調和를 낳는다.561)

천지 이전에 '두 신', 천신과 지신이 따로 있어 하늘과 땅을 만들었다는 말이다. 그리고 음양의 중간기운인 '충기冲氣'가 만물의 조화를 낳는다고 말하고 있다. 이것은 창세創世단계에서 벌써 '중화中和'의 이념을 말하는 것으로서 매우 이채롭다.

나아가 『회남자』는 천기와 지기가 인간을 만드는 과정을 기독교 『성경』의 「창세기」에 야훼가 한 것처럼 '질그릇을 빚는 것'으로 묘사한다.

무릇 하늘과 땅은 운행해 서로 통하고 만물은 총화해 하나가 된다. 능히 하나를 알면 하나를 알지 못함이 없다. 하나를 알지 못하면 하나를 능히 앎이 없다. 비유컨대 나는 천하에 처해 있고 역시 하나의 물物일 따름이다. 천하는 나로써 그 물을 더불어 갖추

---

561) 유안, 『淮南子(상)』, 권7 '정신훈', 305-306쪽.

는 것인지 또한 생각건대 내가 없어도 갖추지 않음이 없는 것인지 알 수 없다. 그런즉 나도 역시 물이고 물도 역시 물이다. 어째서 서로에 대해 물인가? 비록 그럴지라도 그것이 나를 낳는다면 장차 얼마나 더해줄까? 그것이 나를 죽인다면 장차 얼마나 덜어줄까? 무릇 조화자造化者는 이미 나를 질그릇으로 여긴다. 장차 이것에 어긋나는 것은 없을 것이다. (⋯) 조화자가 물을 붙잡고 당기는 것은 도공陶工이 점토를 이기는 것과 비슷하다. 그가 그것을 땅에서 취해 접시와 사발로 만드는 것과 땅과 분리되지 않는 것은 다를 것이 없다. 그릇을 이룬 뒤 파쇄되고 문드러져 옛날로 돌아가는 것과 접시와 사발인 것도 역시 다를 것이 없다.562)

이 세 인용문에서는 물체를 만드는 과정이 불명료하게 기술되고 있다. 그러나 『회남자』는 다른 곳에서 이렇게 말한다. "지극한 음기(至陰)는 높이 불며 높이 불고(飁飁) 지극한 양기(至陽)는 빛나고 빛나는데 양자가 교접해 화합을 이루면 여기로부터 만물이 생겨난다."563) 또는 "음양은 천지의 조화調和를 받들어 상이 한 삼라만상의 물체에 물형物形을 주고 기氣를 머금어 사물을 되게 하고(含氣化物) 범주(埒類)를 이룸으로써 수축하고, 말고 펴고 불측不測에 빠져 시작하고 끝내고, 비우고 가득 채우고 무원無原으로 굴러들어간다".564) 여기서는 음양의 상호작용으로 물질을 만든다고 제대로 말하고 있다.

천지와 음양의 상호작용을 통해 만물을 낳고 변화시키는 과정은 당연히 사람의 기氣와도 관련된 것이다. "천지의 화합과 음양의 만물 도화陶化는 둘 다 사람의 기를 다스리는 것이다(天地之合和 陰陽之陶化萬物 皆乘人氣者也)."565) 그리하여 "상제는 태일을 체화體化하고, 왕(황제)은 음양을 본뜨고, 패자는 사시를 기준으로 삼고, 임금은 육률을 쓴다. (⋯) 그러므로 태일을 체현한 자는 천지의 뜻(情)에 밝고 도덕의 윤리에 박통하고 그 총명은 일월보다 빛나며, 정신은 만물에 통하고, 동정動靜은 음양과 조화롭고, 희로애락은 사시에 화합되고,

---

562) 유안, 『淮南子(상)』, 권7 '정신훈', 314쪽.
563) 유안, 『淮南子(상)』, 권6 '남명훈', 279쪽.
564) 유안, 『淮南子(상)』, 권8 '본경훈', 363쪽.
565) 유안, 『淮南子(상)』, 권8 '본경훈', 349쪽.

덕성과 은택은 방외에도 베풀고, 명성은 후세에 전해진다. 음양을 본뜬 자는 그 덕성이 천지와 더불어 찬참贊參하고, 그 밝음은 일월日月과 나란하고, 정신은 귀신과 더불어 총명하고, 원圓(하늘)을 머리에 이고 방方(땅)을 밟고, 겉을 포옹하고 줄을 품고 안으로 능히 몸을 다스리고 밖으로 능히 사람을 얻고 호령을 발하고 명령을 베풀면 천하는 바람을 좇지 않는 자가 없다".566)

라 루베르의 기론 설명에는 이런 창세와 물질창조의 과정이 빠져 있고 기氣들 간의 감응感應관계도 빠져 있다. 하지만 이후 다양한 통로로 중국의 기론은 서양에 전해진다. 특히 중국의 기氣철학적 감응론 중에서 자석의 자기론磁氣論은 상술했듯이 길버트와 케플러에게 전해져 근대적 자기이론과 우주자기론으로 발전했고, 아이작 뉴턴은 이들의 이 우주자기론을 더욱 발전시켜 1687년 우주의 천체들이 이격 상태에서 고유한 인력에 의해 상호작용하고 운동하는 법칙, 즉 '만유인력의 법칙'의 이론을 완성했다. 또한 기들 간의 이 우주적 '감응' 또는 '상응'의 이론은 나중에 라 루베르의 친구인 라이프니츠가 자신의 단자론에서 '단자들 간의 소통'의 이론에 응용한다. 기들 간의 감응의 이론은 최초의 사례가 『역경』에 보이는데, 기원전 3세기에 나온 『여씨춘추』에서 처음 분명하게 일반화된 형태로 선보인다. 그리고 1세기 뒤에 나온『회남자』(「남명훈」)에서 집중적으로 거론된다.

공자가 지었다고 전해지는『역경』의 함咸괘 「단전彖傳」에서 공자는 이렇게 말한다.

「단전」 가라사대, '함咸은 감感이다'라고 한다. 유柔가 위에 있고 강剛이 아래에 있으니 두 기氣가 감응해 서로와 어울린다. 그쳐서 기뻐하며 남자가 여자 아래에 있도다. 이런 까닭에 형통하다. 바르면 이롭다는 것은 여자를 취하는 것이 길하다는 말이다. 천지가 감응하면 만물이 화생化生한다. 성인이 인심에 감응하면 천하가 화평하다. 성인이 감응하는 것을 보면 천지만물의 뜻(情)을 볼 수 있도다!567)

---

566) 유안, 『淮南子(상)』, 권8 '본경훈', 363-364쪽.

567) 『易經』, 咸괘 「彖傳」: "彖曰 咸 感也. 柔上而剛下 二氣感應以相與. 止而說 男下女 是以亨.

그러면서 공자는 『역』의 본질적 특징을 '생각'이나 '행위'가 아니라 '감응(느낌)'
으로 규정한다.

『역』은 무사무위无思无爲하며 적연부동寂然不動하지만 감응해 천하의 연고에 두루 통
한다. 천하의 지극한 신神이 아니라면 그 누가 이것과 능히 어울릴 수 있겠는가?(易
无思也. 无爲也. 寂然不動 感而遂通天下之故. 非天下之至神 其孰能與於此2)568)

또 『역경』은 상반된 것들의 상호감응을 '이로움'의 원천으로 말한다.

가는 것은 오그라들고, 오는 것은 늘어 뺀다. 오그라드는 것과 늘어 빼는 것이 상감相
感하면 여기서 이로움이 생긴다. 자벌레는 오그라듦으로써 늘어 뺌을 구하고, 용과
뱀은 틀어박혀 있음으로써 몸을 보존한다.(往者屈也. 來者伸也. 屈伸相感而利生焉. 尺蠖
之屈 以求信也. 龍蛇之蟄 以存身也.)569)

또 『역경』은 '이해利害'를 참과 거짓의 '상감相感', 즉 상호감응의 소산으로 설명
한다.

참된 감정과 꾸밈이 상감하면 이해가 생긴다(情僞相感而利害生).570)

또한 『역경易經』에서 공자는 군주와 백성 간의 감정교류도 군민 간의 '감응'으
로 설명한다.

공자가 말하기를, 군자가 그의 방에 살며 그의 말을 냄이 선하면 천리 밖에서도 이에
감응하는데 하물며 가까운 곳에서랴! 그의 방에 거하면서 그의 말을 냄이 불선하면

利貞 取女吉也. 天地感而萬物化生 聖人感人心而天下和平. 觀其所感而天地萬物之情可見矣!"
568) 『易經』 「繫辭上傳」(10).
569) 『易經』 「繫辭下傳」(5).
570) 『易經』 「繫辭下傳」(12).

천리 밖에서도 이것을 멀리하는데 하물며 가까운 곳에서랴(子曰 君子居其室 出其言 善 則千里之外應之 況其邇者乎! 居其室 出其言不善 則千里之外違之 況其邇者乎!)571)

『주역』의 우주관은 '생각'이나 '작위'의 인위人爲를 보지 않고 '감응' 또는 '상감' 을 위주로 삼고 괘효卦爻들 간의 관계에서도 바로 괘효들의 이 감응관계를 본다. 이런 '감응의 세계관·우주관'은 중국에서 적어도 『역경』만큼 오래된 것이다. 감응의 우주관은 언제나 직선적 인과관계를 배제하고 '공시적 상응성 (synchronic correspondence)'을 문제 삼는다.572)

여불위呂不韋가 편찬한 『여씨춘추』는 「계추기季秋紀」에서 천하의 사회적·자 연적 감응을 이렇게 말한다.

자석慈石(자애로운 돌)은 철을 불러들이는데 이는 무엇인가가 끌어당기는 것이다. 나 무들은 서로 가까이 있으면서 비벼대는데 이는 어떤 정기 같은 것이 있어서 서로를 반대로 밀어주는 것이다. 성인聖人이 남면南面해 사람을 사랑하고 이롭게 하는 것을 참마음으로 삼는다면 아직 출정 명령이 떨어지지 않았는데도 천하의 백성들이 모두 목을 빼고 발꿈치를 들고 그를 기다릴 것인즉, 이는 성인의 정기精氣가 백성에게 통 한 것이다. 만일 어떤 범인이 누군가를 해치려고 한다면 그 사람도 역시 마찬가지다. 이제 공격하는 측은 다섯 가지 무기를 숫돌에 갈면서 화려한 옷을 입고 좋은 음식을 즐기며 출발할 때까지 장차 며칠 여유를 갖는다. 공격을 당하는 측은 왠지 즐겁지 않으니, 이는 혹 누구에게서 공격의 소식을 들은 것이 아니라 정기가 이를 먼저 전해 준 것이다. 몸은 진秦나라에 있고 친애하는 사람은 제나라에 있는데도 죽게 되면 심기가 불안한 것은 정기 중에 서로 왕래하는 것이 간혹 있기 때문이다. (…) 정기는

---

571) 『易經』「繫辭上傳」(8).

572) Robert P. Weller & Peter K. Bol, "From Heaven-and-Earth to Nature: Chinese Concepts of the Environment and Their Influence on Policy Implementation". Mary Tucker and John Berthrong (ed.), *Confucianism and Ecology: The Interrelation of Heaven, Earth and Humans* (Cambridge [MA]: Harvard University Press, 1998). 로버트 웰러·피터 볼, 「천지부터 자연까지: 중국인들의 환경 개념과 정책 수행에 미치는 영향」, 407쪽. Tucker and Berthrong(오정선 역), 『유학사상과 생태학』(서울: 예문서원, 2010).

한쪽의 참마음으로부터 나와 다른 쪽 마음에서 감응되어 양쪽의 정기가 서로를 얻게 되는 것이니, 어찌 말을 기다리겠는가?573)

이 시대의 '자석'은 엄마가 새끼를 자애慈愛하듯이 철을 사랑하는 것으로 이해해 '자석慈石'이라고 썼다. '자석磁石'이라는 표기법은 훗날에 생겨난 것인데, 이 표기법도 원래의 자애 의미를 여전히 간직하고 있다. 자석이 쇠를 당기는 것에서처럼 감응에서는 '생각'이나 '언행'이 중요한 것이 아니라 '정기'의 감感이 중요하다. 언어적 의사소통(sprachliche Kommunikation)이 먼저가 아니라 공자가 말하는 '공감(恕)'이574) 먼저다. 성인과 백성 간의 감응관계는 공자가 『역경』에서 군자와 관련해 한 말과 그 취지가 동일하다.

기氣철학적 감응론은 『역경』에 기초한 것이었기에 한나라 때 대부분의 유자와 도가들에게 받아들여져 중국의 핵심사상으로 정착하게 되었고,575) 『회남자』에서는 더욱 광범하게 설파된다.576) 『회남자』는 「남명훈覽冥訓」에서 자연적 감응관계를 말한다.

불은 나무를 태울 수 있으므로 화력을 가지고 금속을 녹이려고 하면 이것은 도道가 행해진다. 그러나 만약 자석慈石이 철을 끌 수 있다고 해서 이 자석으로 기왓장을 당기려고 한다면 이것은 어려울 것이다. 사물은 진실로 (기왓장의) 가벼움과 (철의) 무거움으로써 논할 수 없다. 부수夫燧가 해에서 불을 취하고 자석이 철을 당기고 게가 옻칠을 해치고 해바라기가 해를 향하는 것은 비록 명지明智가 있어도 그런 식으로

---

573) 여불위(김근 역), 『여씨춘추』(파주: 글항아리, 2012), 「季秋紀」, 精通편, 229-231쪽.

574) 공자의 '공감'에 대해서는 참조: 황태연, 『감정과 공감의 해석학 – 공자 윤리학과 정치철학의 심층이해를 위한 학제적 기반이론(1)』(파주: 청계, 2014·2015), 47-64쪽.

575) 로버트 웰러·피터 볼, 「천지부터 자연까지: 중국인들의 환경 개념과 정책 수행에 미치는 영향」, 408쪽.

576) 『회남자』의 감응이론에 대한 집중분석은 참조: Charles Le Blanc, Huai-nan Tzu (淮南子). *Philosophical Synthesis in Early Han Thought: The Idea of Resonance* (Kan-ying, 感應). With a Translation and Analysis of Huai-nan Tzu Chapter Six (Hong Kong: Hong Kong University Press, 1985).

논할 수 없는 것은 마찬가지다. 그러므로 이목의 관찰은 물리物理를 분석하기에 부족하고, 심의心意의 논의는 시비를 확정하기에 부족하다. 그러므로 지혜로써 정치를 하는 자는 나라를 유지하기 어렵고 오로지 태화太和에 통하고 자연의 감응을 지키는 자(通于太和而持自然之應者)만이 나라를 보유할 수 있게 된다.577)

이 글은 인간의 한정된 이목으로 관측하고 하찮은 머리로 분석해 어떤 이치를 알았다고 기정旣定의 "자연의 감응" 관계를 무시하고 지혜로 세상을 다스리려는 위정자의 패착의 필연성을 다루고 있다. 자연의 감응관계는 인간의 지혜의 관점에서 본다면 참으로 신비로운 것으로서, 해명의 대상이 아니라 존중해야 할 현상인 것이다.

나아가 『회남자』는 동류 안에서의 정해진 자연적 감응관계에 관해서도 상론한다.

물류의 상응은 현묘하고 심오하다(物類之相應玄妙深微). 그것은 지식으로 논할 수 없고 논변으로 해명할 수 없다. 그러므로 동풍이 불면 술이 넘치고, 누에가 실을 지으면 상음商音의 금현琴絃이 끊어진다. 무엇인가가 그것을 감동시키는 것이다. 그림이 회색을 따르면 달무리가 이지러지고 고래가 죽으면 혜성이 나온다. 무엇인가가 동하게 하는 것이다. 그러므로 성인이 보위에 있으면 도를 품고도 말하지 않아도 은택이 만민에 미치고, 군신이 마음을 괴리시키면 등지고 어긋나는 것이 하늘에 나타난다. 이것은 신기가 상응하는 징조다(神氣相應徵矣). 그러므로 산 구름과 풀덤불, 물가의 구름과 물고기비늘, 가문 구름과 연기 나는 인가人家, 물기 먹은 구름과 파도치는 물, 각기 그 유형을 상징하는 이것들은 감응하는 것이다.578)

이런 감응관계는 하늘과 사람 간에도 사람이 지성을 다한다면 마찬가지로

---

577) 유안, 『淮南子(상)』, 권6 '남명훈', 282쪽(원문). '부수(夫燧)'는 고대에 햇빛에서 불을 얻던 공구다. '양수(陽燧)'라고도 한다.
578) 유안, 『淮南子(상)』, 권6 '남명훈', 277쪽(원문).

나타난다.

옛적에 사광師曠이 백설곡白雪曲의 음률을 연주하니 신물神物이 그를 위해 하강하고
풍우가 폭주하고 평공이 병이 나고 진晉나라가 가물에 불탔다. 서녀庶女가 하늘에
부르짖자 천둥벼락이 내리치고 경공의 대臺가 떨어져 지체가 상하고 부러졌으며, 바
닷물이 크게 밀고 들어왔다. 무릇 악사와 서녀의 지위의 천함이 채소밭 관리와 같고
권세는 가볍기가 나는 깃털과 같으나, 전일하게 뜻을 곱게 쓿고 갈아 임무를 맡아
정신을 쌓아 위로 통하니 구천九天이 지극정성(至精)을 격려激勵하는 것이다. 이것으
로 보면 상천上天의 주살誅殺은 비록 광허하고 유한한 곳, 요원하고 은닉한 곳, 거듭
둘러싼 석실이나 경계지역의 험한 곳에 있을지라도 도피할 곳이 없다는 것도 역시
분명하다.579)

이와 같이 아무리 노력자의 지위가 미천하더라도 지성감천至誠感天 방식으로
하늘이 사람의 정성에도 감응하는 것이다.
『회남자』는 사람과 사람 간의 감응, 임금과 백성 간의 감응, 동물과 동물
간의 감응, 사람과 하늘 간의 감응, 사람과 동물 간의 감응, 동물과 자연 간의
감응, 사물과 사물 간의 상응, 가야금 줄과 줄 간의 공진共振을 '감응 일반'으로
동일시한다.

성인聖人은 거울 같아서 거느리거나 맞아들이는 것이 아니라 단지 응하고 숨지 않을
뿐이다. 그러므로 만화萬化에도 부상이 없다. 도道를 얻고 이내 곧 그것을 잃고, 그것
을 잃고 곧 그것을 얻는다. 지금 무릇 금현琴弦을 조율하는 자는 궁음을 치면 (다른
가야금의) 궁음이 응하고 각음角音을 타면 각음이 동한다. 이것이 동성同聲이 서로
화응和應하는 것이다. 한 현을 개조改調해 오옴에 친비親比하지 않고 그 현을 쳤는데
25현이 다 화응했다. 이것은 소리와 시원적으로 다른 음이 아니라 음의 임금(君)을
이미 형성했던 것이다.580)

---

579) 유안, 『淮南子(상)』, 권6 '남명훈', 273쪽(원문).

이와 같이 극동의 기철학은 기들의 부유浮游만을 말하는 것이 아니라 천지와 만물이 창조되는 자연철학적 창세 과정과 기氣들 간의 감응관계를 줄기차게 설파했다. 이 기론적 세계관은 '기운이 세다', '감기에 걸리다', '사기邪氣를 뽑다', '지기가 좋다', '천기를 살피다', '양기가 부족하다', '음기가 엄습하다', '음기淫氣가 세다', '심기가 안 좋다', '기죽다', '기막히다' 등의 말에서 알 수 있듯이 극동의 일상어에까지 철두철미 스며들어 있다.

피에르 벨이 스피노자에게 "중국인들 사이에서 많이 유행하는 기론을 해명하는 데 자신의 온 힘을 쏟았더라면, 그는 더욱더 난공불락의 존재가 되었을 것이다'라고 말한 것은 아마 창조주 없이 태일의 원기에서 세계가 무위이화無爲而化로 창조되는 저 창세 과정과 기들 간의 보편적 감응의 이론을 스피노자가 모른 것을 안타까워한 것이리라. 스피노자는 이 기론적氣論的 창세론과 감응론을 몰랐다. 하지만 뉴턴은 앞서 시사했듯이 중국의 자석이론을 수입한 길버트와 케플러의 우주자기론을 수용해 만유인력의 법칙을 전개했고, 라이프니츠는 극동의 기철학적 감응론을 받아들여 단자소통론(the theory of communication among monads)을 구축했다. 이것은 졸저『근대 독일과 스위스의 유교적 계몽주의』에서 라이프니츠의 단자론을 논할 때 확실히 드러날 것이다.

3.5. 리처드 컴벌랜드의 '만인의 만인에 대한 인애'와 홉스 비판(1672)

케임브리지대학교 신학자 리처드 컴벌랜드(Richard Cumberland, 1631-1718) 주교는 '범애汎愛', 즉 '만인의 만인에 대한 인애'를 설파하는 공자의 인애론仁愛論을 활용해 홉스의『리바이어던』의 '만인의 만인에 대한 전쟁'과 '만인의 만인과의 계약'의 이론을 비판한다. 그러나 그는 이 비판논변에서 이단논쟁을 피하기 위해 공자의 이름을 전혀 거명치 않는다. 하지만 홉스 비판에서 예수의 '사랑(love)'을 공자의 '인애(benevolence)'로 대체하고, '인애', '효', '인간애', '치국治國', '제가齊家' 등의 용어들을 핵심술어로 채택한다.

컴벌랜드가『자연법의 철학적 탐구(De Legibus Naturae Disquistio Philosophica)』(1672)

---

580) 유안,『淮南子(상)』, 권6 '남명훈', 284쪽(원문).

를581) 집필할 당시에는 퍼채스의『퍼채스, 그의 순례여행』(1613), 트리고의『중
국인들 사이에서의 기독교 선교』(1615), 세메도의『중국제국기』(1643), 마르티니
의『중국기』(1659), 슈피첼의『중국문헌 해설』(1660), 키르허의『삽화를 곁들인
중국 해설』(1667), 니우호프의『네덜란드연합주의 동인도회사로부터 북경 또는
중국황제에게 파견된 사절단』(1665)은 말할 것도 없고 심지어 인토르케타가
'대학·논어'를 번역한『중국의 지혜』(1662)와 '중용'을 번역한『중국인들의 정치·
도덕학』(1667) 등 공자의 경전들도 이미 출판된 상황이었다. 또한 공자를 중국의
소크라테스로 찬양한 라 모트 르 베예의『이교도들의 덕성에 관하여』(1642),
존 웹의『중국제국의 언어가 원시언어일 개연성의 입증을 시도하는 역사적
논고』(1669) 등 공자철학 논의가 공간되어 널리 읽히고 있는 상황이었다. 따라서
컴벌랜드가 서양의 도덕철학 전통과 무관하게 갑자기 효·인간애·인애 등 도덕
감정을 도덕의 기초로 들고 나와 홉스를 비판한 것은 돌연변이 현상이 아니라
면 공맹철학을 수용한 것으로 봐야 할 것이다.

■자연법의 근본원칙으로서의 '인애'

컴벌랜드에 의하면, 자연법의 모든 원칙은 다 '인애'의 명제 속에 들어 있다.
그는 신과 전 인류에 대한 "인애(benevolence)"는 "효(piety)와 인간애(humanity)", 즉
자연법의 두 목록을 포괄한다고 밝힌다.582) 인애의 원리는 사물의 본성에서
명약관화한 것이다. 행복은 "효, 국가 간의 평화와 상호교류, 치국治國과 제가齊
家(civil and domestic Government), 튼튼한 우정을 촉진하는 데서 나오기" 때문이다.
그리고 이것은 "자연본성의 빛에 의해 알려지는" 바라는 것이다.583)

컴벌랜드는 '이교도를 표절했다'는 시비를 피하기 위해 이 인애가 "자연의

---

581) Richard Cumberland, *De Legibus Naturae Disquistio Philosophica* (1672). 영역본: *A Philosophical
Inquiry into the Laws of Nature. Richard Cumberland, A Treatise of the Laws of Nature*, translated,
with Introduction and Appendix, by John Maxwell (London: K. Knapton, 1727), republished, edited
and with a Foreword by Jon Parkin (Indianapolis: Liberty Fund, 2005).

582) Cumberland, *A Philosophical Inquiry into the Laws of Nature*, 262쪽.

583) Cumberland, *A Philosophical Inquiry into the Laws of Nature*, 268쪽.

빛에 의해 알려지는" 것이라고 부연함으로써 이교적 표절의 기미를 없애려 하고 있다. 그러나 이 "자연본성의 빛"이라는 그의 표현부터가 발리냐노·산데· 퍼채스·마테오리치 등이 공자철학을 설명하면서 사용한 어귀이고, "civil and domestic Government"는 『대학』의 '제가齊家'와 '치국治國'을 영역한 것으로 보인 다. 그리고 그의 인애론에 등장하는 '효'··'인간애'··'우정' 등의 술어들을 살펴보 면, 세메도를 통한 공자철학의 영향이 분명해 보인다. 세메도는 상론했듯이 그의 『중국제국기』(1655)에서 공자의 '인仁'을 이렇게 해설하고 있다.

> 인(Gin)은 효(pietie), 인간애(humanitie), 자애(Charitie), 존중(Reverence), 사랑(Love), 연민
> (compassion)을 뜻한다고 그들은 말한다.584)

"인애"의 개념을 "효(piety)와 인간애(humanity)"를 포괄하는 것으로 정의한 컴벌랜 드의 논변은 공자의 '인仁'을 "효, 인간애, 자애, 존중, 사랑, 연민"을 포괄하는 것으로 해설한 세메도의 이 설명의 앞부분과 그대로 일치한다. 따라서 컴벌랜 드가 공자의 '인'을 'benevolence'(인애)로 옮겼을 개연성은 매우 높다. 이로써 그는 기독교적 '사랑' 개념을 버리고 공자철학적 '인애'로 작업하기에 이른다.

앞서 시사했듯이 세메도의 이 '인' 개념 해설은 존 웹에 의해서도 활용된다. 그리고 공자의 '인' 개념을 영역한 컴벌랜드의 술어 'benevolence'는 훗날 새프츠 베리, 흄, 프랜시스, 허치슨, 스미스 등 영국 모럴리스트들에 의해 채택되어 계몽주의 도덕철학의 핵심범주로 자리 잡는다.

컴벌랜드는 이런 비기독교적·공자주의적 '인애' 개념의 바탕 위에서 자연상 태를 '만인의 만인에 대한 전쟁상태'로 단정하는 홉스를 공격할 논거를 착착 마련한다.

> 나는 사람들에게 무신론의 미스터리를 주입하고 모든 것을 홀로 하고 그리하여 즉각 서로에 대한 강도와 살인자 노릇을 개시하라고 권고하는 것보다 '신과 부모에게 경

---

584) Alvaro Semedo, *The History of the Great and Renowned Monarchy of China*, 149쪽.

건과 효도, 형제들 간의 상호인애를 발휘하도록 (…) 그들을 설득함으로써 그들의 자녀의 참된 행복을 더 효과적으로 촉진하는자'를 숙고한 것으로 우리가 상정한다면, 우리가 사회 상태의 상호원조로부터 기대하는 최대의 편익이 우리의 최초 부모들에 의해 인간의 본성으로부터 예견되었을 것이라는 점을 추호도 의심치 않는다.585)

나아가 그는 부모의 자애와 가족 간 친애가 사회의 기반이라고 본 공자처럼, 시민사회의 기원을 자연법의 두 원칙, 즉 자녀들에 대한 부모의 인애와 가족재산권의 확립에서 도출한다.586)

이런 철학적 바탕에서 성립한 컴벌랜드의 일반명제는 "모두에 대한 모든 합리적 행위자의 최대의 인애는 이들이 능력껏 만인의 가장 행복한 국가를 형성하고 획득할 수 있는 가장 행복한 국가에 반드시 필수적 조건이다"라는 것이다. 그러므로 컴벌랜드는 "인애의 명칭"을 "사람들이 욕구한다고 애기되는 것을 전혀 달성하지 못하는 사람들의 무기력하고 생기 없는 의욕"이 아니라, "오로지, 할 수 있는 한 빠르고 철저하게 우리가 충심으로 원하는 것을 그 힘에 의해서 우리가 수행하는 의지"로 정의한다. 이 '인애'라는 '단어'는 "신·조국·부모에 대한 경건·충효의 명칭에 의해 특히 특징지어지는, 윗사람들에게 기분 좋은 것을 우리로 하여금 바라게 만드는 정감"을 포괄한다. 그래서 "나는 사랑(Love)이라는 단어보다 인애(benevolence)라는 단어의 사용을 선택했다". 왜냐하면 "이 인애라는 단어는 그 의미구성에 의해 가장 일반적인 대상과 결합된 우리 의지의 행위를 내포하고, 결코 사랑이라는 단어가 종종 그러는 것처럼 나쁜 의미로 쓰이지 않기" 때문이다.587) 그리하여 컴벌랜드는 기독교적 상투어인 '사랑'이 아니라, 공자주의적 풍미의 '인애' 개념을, 모든 도덕적 행동을 포괄하는 도덕철학의 중심개념으로 설정한다.588)

---

585) Cumberland, *A Philosophical Inquiry into the Laws of Nature*, 271쪽.
586) 참조: Cumberland, *A Philosophical Inquiry into the Laws of Nature*, 278-279쪽.
587) Cumberland, *A Philosophical Inquiry into the Laws of Nature*, 292쪽.
588) 참조: Cumberland, *A Philosophical Inquiry into the Laws of Nature*, 297쪽.

■ 만인의 만인에 대한 인애

컴벌랜드는 정치상황을 '만인의 만인에 대한 전쟁' 상태로서의 자연상태와 '만인의 만인과의 계약'으로서의 사회 상태로 구분하는 홉스의 이원론을 배격한다. 그는 반대로 자연상태와 사회 상태를 아우르는 "만인의 만인에 대한 인애(Benevolence of all towards all)"라는 범애 상태를 주장하고 이 범애가 지구상에서 '가장 가치 있는 자산'이고 '가장 큰 영광이나 안전장치'라고 주장한다. 사람들이 인애하지 않고 남의 불행을 기뻐하는 악의를 가졌다면 사람들은 "쉽사리 타인의 생명을 뺏어도 되기" 때문이다.589) 그러나 "보편적 경험"은 "악의의 경향보다 인애행위를 하려는 인간의 일반적 경향을 확증해준다".590)

컴벌랜드는 '인애'를 육체적 원천과 정신적 원천으로부터 나오는 본성적 경향으로 봄으로써 동물에게도 이러한 인애가 존재함을 분명하게 긍정한다. 첫째, "동물들을 자기보존으로 나아가도록 결정짓는 동물들의 동일한 내적 만듦새에서, 동물들이 같은 종류의 동물들에 대해 무해하고 후하게 행동하는 것이 동물들의 자기보존과 가장 행복한 상태에 필수적이라는 명백한 지표들이 있다". 이 지표들은 인간에게서 자연법의 처방과 규제로 귀착된다. 둘째, "동일한 내면적 원인들의 경합에서 동물들은 이 지표들을 지각하고 기억 속에 보관하지 않을 수 없다". 이것은 자연법의 반포 또는 이 법이 알려지는 방법과 관련된다. 그러므로 인애에 대한 첫 지표는 인간이 타인과 동일한 종류의 동물이므로 유사한 방법으로 제한된 자기보존의 욕망을 가진다는 것이다. 이 욕망은 같은 종류의 타인들에게 마찬가지로 자기를 보존하는 것을 허용하는 것과 아주 일관된 것이다.591) 또한 "동물이 같은 종류의 동물들에게 갖는 사랑은 기쁜 정감이고, 이 사랑의 발휘는 그러므로 모든 동물에게 공통된 저 자기애와 긴밀히 연결된 것이다". 동일한 것은 자기의 종류를 번식시키고 자기의 새끼를 기르려는 본성적 성향으로부터 증명된다. 그러므로 "같은 종류의 동물들 간의

---

589) Cumberland, *A Philosophical Inquiry into the Laws of Nature*, 310-311쪽.

590) Cumberland, *A Philosophical Inquiry into the Laws of Nature*, 357쪽.

591) 참조: Cumberland, *A Philosophical Inquiry into the Laws of Nature*, 403-404쪽.

인애"는 "동물들의 전체적 만듦새로부터 증명된다". 동물들의 전체적 만듦새는
"동일한 내적 원인으로부터 자기보존을 위한 행동과 동종의 다른 동물들과의
친밀한 결합에 충분할 만큼 큰 인애의 감정이 생겨난다". 동종의 동물들 사이에
서 인애는 이것들의 "수많은 결핍들"과 이 결핍들을 "본성적 지원으로 경감시키
려는 가장 그럴싸한 방법"에 의해 강제 집행된다.592)

그리하여 컴벌랜드는 동물의 다음과 같은 점을 다 논증한 셈이다.

> 개연적인 것은 동물들의 판단에서도, 필요하지 않은 물건들의 풍요를 얻기 위해 영
> 구적 전쟁의 위험에 그들 자신을 노출시키는 것보다 모든 개체의 생존에 필요한 모
> 든 것이 풍부한 곳에서 기회가 제공하는 만큼 친화적으로 사물들의 이용에 참여해
> 현재 필요한 것만을 취하는 것이 더 낫다는 것이다. 그러나 이러한 부류의 사물들과
> 상호서비스들을 허용하고 이것들을 만들어진 뒤에 보존하려는 의지 속에는 개개 동
> 물의 종의 공동선이 마련되는 모든 행동의 총화가 들어 있다. 그러므로 짐승들 자체
> 도 어느 정도 그들 자신의 보존과 그들 종의 공동선에 기여하는 행동 간의 연결을
> 느끼고, 이런 이유에서 서로에 대해 인애적으로 행동하는 것이다.593)

인간과 동물을 동등한 도덕 차원에 두고 동물의 인애를 논하는 컴벌랜드의
이 놀라운 논고는 훗날 로크나 흄에게 중요한 영향을 미친다. 동물의 인애를
논하는 것은 인간의 보편적 인애를 논하는 것에서 일체의 논란을 제거하는
데 탁월한 보조논의의 역할을 해준다.

이 선행논의를 바탕으로 홉스에 마무리 타격을 가한다. 홉스는, 『리바이어던』
에서 '동물들은 (인간과 달리) 이성의 사용능력이 없어서 그들의 공동업무의
관리에서의 어떤 잘못도 보지 못하거나 본다고 생각하지 않는 반면, 인간들
간에는 사태가 다르므로 전쟁이 유래한다'고 말한다. 이것에 대해 컴벌랜드는
다음과 같이 대꾸한다.

---

592) Cumberland, *A Philosophical Inquiry into the Laws of Nature*, 421쪽.
593) Cumberland, *A Philosophical Inquiry into the Laws of Nature*, 407-410, 415-416, 419-420쪽.

이 이성은 인간들이 공적 정부 아래로 들어가지 않을지라도 서로 평화롭게 사는 것을 방해할 아무것도 제기하지 않는다. 이 경우에 인간들의 보편적 인애의 본성적 성향과 온갖 자연법이 여기서 상치된 것으로 공언된 그 어떤 것에도 불구하고 발휘될 것이다.[594]

이것은 계약에 의한 정부수립 여부와 무관하게 인간들이 다른 동물들처럼 본성적 인애심만으로도 서로 연대적 사회를 이루고 평화롭게 살았으며, 인간의 이성은 이것을 돕지도, 방해하지 않는다는 말이다.

■홉스의 부당전제에 대한 비판

컴벌랜드는 공자가 공감으로서의 '서恕'를 강조했듯이 공감의 중요성을 인식한다.

우리는 (…) 사람들에 대한 연민의 기대와 공감(sympathy)이 기뻐하는 사람들과 더불어 기뻐하고 우는 사람들과 더불어 우는 원리들에 의거해 해명된다는 것을 사람들에게서 감지할 수 있다. 그러므로 (…) 인간이 본성에 의해서가 아니라 기율에 의해 사회에 적합하게 만들어졌다는 자신의 의견을 위해 홉스가 인간본성의 이 증거를 들이대는 것은 헛된 것이다.[595]

공자주의의 향내가 물씬 풍기는 컴벌랜드의 이 공감적 인애도덕론은 향후 영국의 도덕철학 발전에 결정적인 혁신을 가져오는 사상조류의 물꼬를 트게 된다.

홉스는 인간을 '공감적·사회적 동물'이 아니라 '타인들과의 공존을 고통스러워하는 무無공감의 사이코패스'로 보았다.

---

594) Cumberland, *A Philosophical Inquiry into the Laws of Nature*, 423-424쪽.

595) Cumberland, *A Philosophical Inquiry into the Laws of Nature*, 366쪽.

인간은 그들 모두를 무섭게 위압할 수 있는 권력이 없는 곳에서 서로어울림(company)을 유지하는 것으로부터 쾌락을 느끼는 것이 아니라 반대로 커다란 비애를 느낀다.596)

따라서 인간은 꿀벌과 개미처럼 서로 사회적으로 살 수 없다는 것이다. 홉스는 그 이유를 여섯 가지로 든다. 컴벌랜드는 이런 논고를 바탕으로 이 6개 항의 이유를 조목조목 비판한다.

홉스는 동물들의 인애가 그의 정치적 주장과 결코 일치하지 않는다는 것에 대해 무지하지 않았다. 그러므로 그는 그의 글을 반대로 "인간은 곰·늑대·뱀보다 더 사납다", "시민정부의 설립 전에는 공공적 선악과 해악 같은 것들도 없다", "인간의 자연상태는 만인의 만인에 대한 전쟁상태다", "그러므로 인간들 간에는 이러한 선의 지식이나 욕망도 없다"는 등의 암시들로 가득 채운다. 그러나 홉스는 "꿀벌과 개미 같은 산 피조물들은 서로 사회적으로 산다"고 그 자신에게 반론도 제기한다.597) 그리고 그는 인간들이 사회적으로 어울려 사는 것을 방해하는 여섯 가지 이유를 열거한다.

홉스는 그 첫째 이유를 말한다. "첫째, 인간들은 지속적으로 명예와 위풍을 위한 경쟁(competition for honour and dignity)에 처해 있는데, 저 피조물들은 그렇지 않다는 것이다. 필연적 귀결로서 인간들 사이에서는 이런 근거로 질시와 증오, 결국 전쟁이 일어난다. 그러나 저 피조물들(꿀벌과 개미 – 인용자) 사이에서는 그렇지 않다."598) '명예와 위풍'은 사회 상태에서야 비로소 나타나는 감정 개념인데 홉스는 이것들을 자연상태에서 부당 전제하고 있다. 컴벌랜드는 바로 이 점을 꼬집는다.

(다퉈 얻으려는 목적인) 시민적 영예는 자연상태에서, 또는 인간들 간에 시민정부가 설립되기 전에 들어설 자리가 없고, 그러므로 인간들은 (현재의 물음이 관계하는)

---

596) Hobbes, *Leviathan*, Part 1, Ch. 13, 112쪽.

597) Hobbes, *Leviathan*, Part 2, Ch. 17, 156쪽.

598) Hobbes, *Leviathan*, Part 2, Ch. 17, 156쪽.

자연상태에서 야수적 동물보다 더 많이 영예를 둘러싸고 다툴 수 없다. 그다음, 시민상태로부터 얻어질 수 있는 그런 영예의 "참된 영광"은, 키케로의 정의에 의하면, "선한 사람들의 경합적 칭찬과, 탁월한 덕성의 참된 판단을 형성하는 사람들의 정직한 목소리"다. 그러나 공동선의 추구는 모든 덕목을 포괄하고, 오로지 여기로부터만 선한 사람들의 칭찬이 구해지는 것이다. 전쟁, 그것도 만인에 대한 전쟁은 이러한 영예에 대한 욕구의 결과인 것과 거리가 멀다. 반대로 인간은 영예의 이 동기에 의해 자극되어, 홉스 자신이 공동평화의 필수적 수단이라고 자백하는 모든 덕목을 발휘하게 된다.599)

"홉스 자신이 공동평화의 필수적 수단이라고 자백하는 모든 덕목"은 "정의·감사·공손·공정·자비와 자연법의 나머지 것"을 가리킨다.600) 이와 관련해 홉스는 말한다.

인간이 전쟁상태인 자연상태에 있는 한, 사적 욕망은 선악의 척도다. 그리고 결과적으로 만인은 평화가 선이고, 그러므로 (…) 정의·감사·겸손·공평·자비 등 자연법의 나머지 것들인 평화의 길과 수단들도 선이고, 말하자면, 도덕적 덕성이고, 그 반대의 악덕은 악이라는 이것에 동의한다.601)

컴벌랜드는 홉스처럼 영예를 이기적으로 해석한 것이 아니라 '사회적 산물'로 해석함으로써 평화의 수단이자 평화의 길인 '정의·감사·공손·공정·자비' 등의 도덕감정과 도덕성이 이 영예심에 의해 오히려 고양될 것으로, 그리하여 인간의 영예심을 평화의 촉매로 보고 홉스를 근본적으로 비판하고 있다.

홉스는 인간이 사회적 동물이 아닌 두 번째 이유를 말한다. "둘째, 이 피조물들(꿀벌·개미) 사이에서는 공동선(the common good)이 사적 선과 다르지 않고, 본성에

---

599) Cumberland, *A Philosophical Inquiry into the Laws of Nature*, 422쪽.
600) Hobbes, *Leviathan*, Part 1, Ch. 15, 146쪽.
601) Hobbes, *Leviathan*, Part 1, Ch. 15, 146쪽.

의해 사적 선으로 기울어도 이를 통해 공동이익(*the common benefit*)을 조성한다. 그러나 인간은 즐거움(joy)이 다른 사람들과 자신을 비교하는 데 있기 때문에 탁월한 것(*what is eminent*) 외에 어떤 것도 즐기지 않는다."602) 이에 대해 컴벌랜드 는 다음과 같이 비판한다.

　나는 홉스가 시민사회 바깥에서도 공공선(*publick Good*)이나 공동선 같은 것이 존재한 다는 것, 그리고 짐승들도 실제로 그것을 추구한다는 것을 부지불식간에 인정한 것 에 대해 홉스에게 감사한다. 그는 다른 곳에서 반대의 것을 긍정하고 있다. (…) 나의 의견은 "공공선의 지식이 그 친화적 본성에서처럼 평화와 덕성, 그리고 사적 선의 가장 강력한 안전보장을 인간에게 내키게 한다"는 것이다. 꿀벌이나 개미들은 공동 선이 사적 선과 구별된다는 이유에서 서로 전쟁하지 않는 마당에, 인간의 경우에 공공선이 (몇몇 경우에) 몇몇 특수자들의 사적 선과 다른 것이 꿀벌·개미들의 경우와 동일함에도 불구하고 유독 인간만이 이 때문에 자기들끼리 전쟁을 하지 않을 수 없 다고 설명한다면 이 설명은 충분하지 않다. (…) 그가 인간들에 관해 추가하고 있는 것("인간은 즐거움이 다른 사람들과 자신을 비교하는 데 있기 때문에 탁월한 것 외에 어떤 것도 즐길 수 없다")은 (…) 보편적으로 받아들이면 가장 그릇되고 가장 근거 없는 말이 다. 홉스는 참으로 스스로를, 그것도 그 자신의 자산과 관련해 자기를 다른 사람들과 비교하자마자 탁월했던 것 외에 아무것도 즐기지 않았다는 것을 알았고, 그것으로부 터 그는 모든 타인도 같은 감정 속에 들어 있다고 결론짓는다. 그러나 그는 이러한 판단을 형성할 필연성을 모든 인간에게 부과하는 어떤 것을 사물의 본성이나 사람의 본성 속에서 보여주어야 한다. 바르게 추리하는 모든 사람은 그들의 본성적 욕구와 사물들의 이용으로부터 (…) 그들이 이것들을 즐기는지 아닌지, 그리고 어느 정도로 자기를 다른 사람들과 비교하지 않고 그러는지를 확실하게 안다. 타인들의 향유를 능가하는 그들 자신의 향유의 과도성에서만 기쁨을 얻는 인간들은 어리석거나 질투 어린 사람들이다. 그러나 홉스가 이런 사람들에게만 국한해서 자기의 주장을 이해되 게 만들려고 한다면, 그는 만인의 만인에 대한 보편적 전쟁의 충분한 원인이 아니라,

---

602) Hobbes, *Leviathan*, Part 2, Ch. 17, 156쪽.

단지 어리석고 질투심 많은 자들에 의해 일어나는 어떤 우연적 다툼의 충분한 원인
만을 들고 있을 뿐이다. 그런데 보다 지혜로운 사람들의 이성이나 힘은 이들을 쉽사
리 만인을 해치지 못하게 억제시킬 수 있다.603)

컴벌랜드는 사회계약에 의해 수립된 시민사회 안에서야 거론할 수 있는 '공동
선'을 사회계약 이전의 자연상태(시민사회 바깥)에서 운위하고 꿀벌·개미들에게
까지도 '공동선'을 적용하는 홉스의 자가당착을 지적하고, "인간은 즐거움이
다른 사람들과 자신을 비교하는 데 있기 때문에 탁월한 것 외에 어떤 것도
즐길 수 없다'는 식의 냉소적 인간관을 공박하고 있다. 홉스는 부지불식간에
자연상태에서도 공동선적 인애·정의·신의 등의 도덕규범이 존재함을 인정함
으로써 인애도 정의도 신의도 없는 자신의 '전쟁상태로서의 자연상태' 개념을
파괴해버리고 있다.

홉스는 인간들이 비사회적인 세 번째 이유를 댄다. "셋째, 꿀벌과 개미 등의
저 피조물들은 인간처럼 이성의 활용능력을 지니지 않았기 때문에 공동사共同
事의 행정관리에서 어떤 결함을 보지도, 생각지도 않는다. 반면, 인간들 사이에
는 스스로 더 지혜롭고 공기公器를 더 잘, 나머지 사람들보다 더 잘 다스릴
수 있다고 생각하는 사람들이 아주 많이 있다. 이들은 이 방식, 저 방식으로
개혁하고 혁신하는 것을 추구하고 이럼으로써 공기를 혼란과 내전에 빠뜨린
다."604) 홉스의 이 이성모독과, '지적知的 교만'을 인간의 본성으로 낙인찍는
인간비하에 대해 컴벌랜드는 이렇게 비판한다.

이성은 인간이 어떤 시민정부에도 복속하지 않더라도 서로 평화롭게 사는 것을 방해
하는 어떤 것도 시사하지 않는다. 이런 경우에 보편적 인애의 본성적 경향과 모든
자연법은 어떤 것이 여기서 이와 배치되는 것으로 공언될지라도 발휘될 것이다. 더
구나 그는 이러한 인간이 자기들끼리 시민정부를 수립하기로 합의할 수 있다는 것

---

603) Cumberland, *A Philosophical Inquiry into the Laws of Nature*, 422-423쪽.

604) Hobbes, *Leviathan*, Part 2, Ch. 17, 156쪽.

외에 증명하는 어떤 것도 제공하지 않고, (…) 홉스는 합의로 이미 수립되었다는 이
유만으로 정부의 보존을 방해할 수 있는 것을 반대하기만 할 뿐이다. 홉스로 하여금,
인류 일반의 성정에 관해 그가 주장하는 것이 그의 가공적 연합에 의해 수립된 국가
안에서 평화의 기초를 그만큼 효과적으로 동요시킬지 말지를 눈여겨보도록 놓아두
라. (…) 인간 이성은 소수일 뿐이지만 아주 명백한, 공동평화에 항상 필수적인 일들
에서 그 오류가능성에 의해 불화를 촉진하기보다 상상과 감정의 수없는 기만들을
발견해냄으로써 훨씬 더 효과적으로 평화와 화합을 촉진한다. 나아가 인간들은 공기
公器의 행로에서 어떤 잘못을 본다고 생각하자마자 즉시 전쟁을 일으키지는 않는다.
잘못을 발견하는 동일한 이성은 또한 인간들에게 많은 일들이 평화를 위해 견뎌야
한다고 훈계하기도 하고 이러한 불만을 고치는 것이 평화롭게 기도될 수 있는 여러
방법들을 제시한다. (…) 전쟁과 불화로부터 생겨나는 온갖 불행 탓에 인간의 이성을
고발하는, 이런 까닭에 인간들이 비합리적 동물들보다도 서로 덜 평화롭게 산다고
주장하는 홉스가 오히려 인간에 대한 부당한 판단을 조성하지 않는가? 그러나 홉스
의 이 전체적 답변은 전혀 적절치 않다. 물음은 "정부를 설치하기 전에 바른 이성의
지침들의 의무에 관한 것"인데, 답은 "많은 인간들의 이성은 아주 그릇되어서 기旣수
립된 정부를 해체시키게 된다"는 것이다.605)

컴벌랜드는 근거 없이 인간 이성을 모독하면서 정부의 설치 과정에서의 이성의
역할을 묻고 있는데 기旣수립된 정부의 해체 과정에서의 이성의 해로운 역할을
조작하며 '동문서답'하고 있다고 말하고 있다.

홉스는 네 번째 이유를 댄다. "넷째, 꿀벌과 개미 등 저 피조물들은 그들의
욕구와 다른 감정을 서로 알게 하는 데 있어 얼마간의 목소리 사용 능력을
지녔을지라도 어떤 사람들이 타인들에게 악으로 속여 선을, 선으로 속여 악을
사인들에게 표현할 수 있거나 선악의 명백한 크기를 키우거나 줄여 사람들에게
불만을 품게 하고 저들 좋을 대로 평화를 교란시킬 그런 말의 기술을 결하고
있다."606) 홉스는 언어의 소통기능에서 있을 수 있는 거짓말을 언어소통의

---

605) Cumberland, *A Philosophical Inquiry into the Laws of Nature*, 423-425쪽.

'본질'로 과장하고 있다. 이에 대해 컴벌랜드는 이렇게 반박한다.

사실 그렇다. 왜냐하면 언어의 그릇된 채색으로 폭동이 야기되는 경우와, 인간은 이
러한 언어사용을 할 수 있으므로 분명 그들끼리 평화를 보존하지 못하는 경우가 때
때로 발생하기 때문이다. 하지만 여기에 분명 논리적 연관성은 없다. 왜냐하면 홉스
는 인간이 필연적으로, 또는 적어도 확실히 전쟁을 일으킬 경향이 있는 폭동적 언어
를 사용할, 적어도 항상적으로 사용할 의지를 가지고 있다는 것을 증명해야 하기
때문이다. 특히 그들을 설득해 평화를 배양할 이유들이 그들 안이나 밖에 아주 많은
것이 사실이다. 그는 이러한 언어들이 필연적으로, 또는 적어도 언제나 그들을 즉각
전쟁에 연루시킬 정도로 커다란 효과를 만인에게, 또는 적어도 이 언어를 듣는 청자
대부분에게 미친다는 것을 마찬가지로 증명해야 한다. 왜냐하면 그들이 어쩌면 수사
적 분식粉飾에 의해 기만당하지 않을 정도로 매우 예리한 눈을 가질 수도 있기 때문
이다. 그들이 차라리 보다 견실한 논변으로 뒷받침된 현자의 평화적 언어에 귀 기울
이는 것은 가능하다. 그들이 말의 공허한 소리보다 오히려 사물들의 중요성을 저울
질하는 것은 가능하다. 그들은 확실히 이것에 본성적 경향을 가졌다. 왜냐하면 그들
은 말이 그들을 먹이거나 상해로부터 방어해주는 것이 아니라, 상호적 인애로부터
생겨나는 행동들이 그럴 것이라는 것을 잘 알기 때문이다. 화자와 청자 양측의 이성
과 사물들의 바로 그 본성이 선호하는 선한 사람의 설득이 판을 지배할 수 있는 것을
무엇이 막는단 말인가? 평화대사의 혀가 왜 전쟁의 트럼펫을 소리 내는 혀를 이길
수 없을까? 모든 주의 깊은 사람은 타인들이 말하는 것보다 타인들이 행하는 것을
오히려 열심히 고려하고, 게다가 그들이 믿는 사람들의 권력이 자신의 큰 위험을
감수하지 않으며 그들을 해칠 능력을 가질 수 없도록 균형 잡혀 있게끔 배려한다.
그러나 독자가 입말과 글말이 둘 다 모든 계약을 체결하고 (입말과 글말이 모든 평화
로운 사회를 실존시키는 데 쓰이는) 법률들의 기억을 유지하는 데 얼마나 큰 힘을
지녔는지를 숙고해본다면, 나는 독자가 입말과 글말이 평화를 추방하기보다 확립하
는 훨씬 더 큰 경향이 있고 그러므로 인간을 짐승들 자체보다 더 비인간적으로 만드

---

606) Hobbes, *Leviathan*, Part 2, Ch. 17, 156-157쪽.

는 것들로 여겨지는 것이 아니라 인간들의 편익으로 여겨진다는 것에 대해 내게 동
의할 것이라는 점을 의심하지 않는다.607)

언어는 과장과 축소를 포함한 거짓말에 쓰이기도 하지만 진실을 주고받고
감정을 나누는 데도 쓰인다. 그러나 언어의 본질적 기능은 진실의 소통이다.
'늑대가 나타났다'는 세 번의 거짓말처럼, 거짓말은 거짓말하는 자의 언어를
사회적 불신에 빠뜨려 폐지하고 말기 때문이다. 언어의 본질적 기능은 거짓말
로 폭동을 야기하는 것이 아니라 선의와 진실의 전달로 평화를 촉진하는 것이
다. 거짓말조차도 언어의 본질적 진실소통 기능에 의존한다. 거짓말이 언어의
본질적 기능이라면 언어는 폐지되고 말 것이기 때문이다. 홉스는 언어의 거짓
말 기능과 평화파괴적 기능을 언어의 진실전달과 평화증진 기능 이상으로
부당하게 과장하고 있다. 컴벌랜드는 이것을 지적하고 있는 것이다.

홉스는 다섯 번째 이유를 든다. "다섯째, (꿀벌·개미 같은) 비합리적 피조물
들은 위법(injury)과 피해(damage)를 구별하지 못한다. 그러므로 그들은 안락하기
만 하면, 동료들에 의해 기분이 상하지 않는다. 반면, 인간은 안락할 때 가장
말썽을 부린다. 왜냐하면 이때 인간은 그의 지혜를 보여주고 치국자治國者의
행동을 통제하는 것을 좋아하기 때문이다."608) 꿀벌과 개미는 인간의 작은
침범에도 그야말로 벌 떼처럼 반격하고, 홉스의 말대로 '위법'과 '피해'를 구분
하지 못하므로 인간이 '위법'한 것이 아니라 '과실'로 손해를 입힌 경우에도
마찬가지로 공격한다. 이것을 보면 꿀벌이나 개미는 '위법'과 '피해'를 구분하지
못하기 때문에 더 공격적임을 알 수 있다. 꿀벌과 개미들이 "동료들에 의해
기분이 상하지 않는다"면 그것은 '위법'과 '피해'를 구분하지 못하기 때문이
아니라 한 식구의 연대감에서 동료로부터 받는 '위법적 손해'든, 과실로 인한
'피해'든 감수하기 때문일 것이다. 그리고 반대로 인간은 '위법'과 '피해'를 구분
할 줄 알기 때문에 타인의 과실로 입은 '피해'에 대해서는 관대히 처리하고

---

607) Cumberland, *A Philosophical Inquiry into the Laws of Nature*, 425-426쪽.
608) Hobbes, *Leviathan*, Part 2, Ch. 17, 157쪽.

'위법'에 대해서만 보상을 받으려고 한다. 이 때문에 인간의 경우에는 오히려 다툼의 소지가 더 적다. 홉스는 사실을 뒤집어 논변하고 있다.

꿀벌의 행태에 대한 관찰이 부족하고 인간을 비하하기만 하는 홉스의 이 논변을 컴벌랜드는 이렇게 비판한다.

이 안티테제, 또는 반대명제는 "인간들은 위법과 피해를 구별하기 때문에 짐승들보다 덜 평화적인 성향을 가졌다"는 사상을 많이 심어주고 있다. 나는 아주 다른 의견이다. 인간은 위법으로 가해진 것이 아니라면 타인에 의해 가해진 피해를 보다 참을성 있게 견디고, 이 둘 사이의 모든 구별은 내가 인간에게만 고유하다고 쉽사리 인정하는 권리와 법률의 지식에 기초한다고 생각한다. 그러나 나는 이 지식이 인간을 경사시켜 평화를 위반하게 하거나 법과 그들 자신의 권리와 유사한 타인의 권리를 짓밟게 한다는 것을 극렬하게 부인한다. 나는 인간이 이 지식에도 불구하고 제어되지 않은 감정으로 정의의 규칙을 위반할 수 있다는 것을 참으로 인정한다. 그러나 정당하게 행해진 것과 위법적으로 행해진 것 간의 차이에 대한 지식은 결코 인간을 타인을 해치는 성벽을 더 많이 갖도록 만들 수 없다. 그러나 인간은 타인들을 (안티테제가 주입하듯이) 시기할 것이고 "치국자의 행동을 통제함으로써 그들의 지혜를 과시하기를 좋아할" 것이다. 소수의 잘못을 전 인류에게 돌리는 것, 그것도 어쩌면 홉스가 이런 감정들을 그 자신 안에서 발견하고 여기로부터 이 감정이 모든 인간에게 본성적이라고 결론짓는 것 외에 아무런 증명도 없이 전 전류에게 돌리는 것은 확실히 아주 '위법적'이다. 아닌 게 아니라 『리바이어던』의 서문에서 홉스는 (자기의 감정 분석을 통해 – 인용자) 인류를 아는 이 방법을 치자와 모든 타인에게 권하고 "이런 문제에 대한 어떤 다른 증명도 없다"고 확인하고 있다. 그러나 우리에게 "이런 것들이 우리 자신의 생각과 부합되는지"를 정사精查하라고 훈계하고 있다. 이런 것들은 나의 생각과 확실히 부합되지 않는다. 다른 사람들이 더 행복할지라도 내가 행복하다면, 나는 다른 사람들을 시기하지 않을 것이다. 나는 이것으로 인해 아무것도 잃지 않는다. 나는 인간본성이 군주를 나무라는 것에서 기쁨을 느끼기보다 더 공손하다고 믿는다. 살인·약탈·신성모독의 셀 수 없는 행위들, 간단히 온갖 악행의 복합물인 반란을 감행하는 자는 사악성에 오래도록 단단하게 단련되었음이 틀림없다. 그러나 홉스는 그의 가상적 자연상태에서, 즉 그의 가설에 따라 정부수립 이전에 존재하는 상태에서 저 범죄를 아주 부당하게 인간에게 들씌우고 있다.609)

인간은 "위법으로 가해진 것이 아니라면 타인들에 의해 가해진 피해를 보다 참을성 있게 견디고", 또 인간은 홉스가 생각하는 것보다 공손해서 결코 무엄하게 자기 임금을 나무라는 것을 즐기는 불경한 '건방'을 떨지 않는다. 인간은 이처럼 성선性善한 것이다. 그렇지 않은 인간이라면, 이 인간은 자기 자신 안에 악감정밖에 없는 무無공감의 '사이코패스'(인류의 3-4%에 해당하는 성악자性惡者)이거나, 인류의 4%에 해당할 것으로 보이는 '반半사이코패스'(선악양성자善惡兩性者)일 것이다. 컴벌랜드는 인간을 늘 비하하는 홉스를 - 오늘날 말로 - '사이코패스'로 규정하고 있다. 컴벌랜드의 비판의 요지를 요샛말로 표현하면, 홉스가 자신의 사이코패스적 심리 상태를 성선性善한 인류에게 부당하게 확장하고 저런 극악범죄를 전 인류에게 뒤집어씌우는 범죄를 저지르고 있다는 것이다. 컴벌랜드는 여기서 홉스의 성악설에 맞서 인간을 본성적으로 선하다고 보는 성선설을 대변하고 있다. 이것은 그가 기독교의 원죄설적 성악설도 부정하고, 유럽에 아무런 전통이 없는 성선설, 따라서 '공맹의 성선설'을 채택했다는 것을 뜻한다. 맹자의 성선설은 컴벌랜드가 『자연법의 철학적 탐구』를 출판했을 시점(1672)에 이미 전해져 있었기 때문에 하는 말이다. 가령 마르티니는 상론한 바와 같이 『중국기』(1659)에서 7쪽에 걸쳐 맹자의 성선설을 자세히 소개하고 있다.610)

홉스는 여섯 번째 이유를 든다. "마지막으로, 저 피조물들의 합의는 자연적이다. 인간의 합의는 인위적 계약에 의해서만 있을 뿐이다. 그러므로 그들의 합의를 항상적이고 지속적인 것으로 만들기 위해서 계약 외에 요구되는 다른 어떤 것이 더 있어야 한다고 해도 놀랄 일이 아니다. 이것은 그들을 두려움 속에 가둬 그들의 행동을 공공복리로 향하게 할 공동권력이다."611) 관습법

---

609) Cumberland, *A Philosophical Inquiry into the Laws of Nature*, 427쪽.

610) Martini, *Sinicae Historica*, 176-182쪽.

(*common law*) 국가 영국의 신민이었던 홉스는 '인간들 간의 자연적 합의'의 습관적 규범인 '관습(*customs*)'과, 자연적 일치의 규칙인 '관행(*conventions*)'을 망각하고 있다. 그리고 "그들의 합의를 항상적이고 지속적인 것으로 만든 것"도 일차적으로 공포의 '권력'이 아니라, 공맹이 강조하는 측은·수오·공경지심의 도덕감정과 예법, 이 도덕감정들의 일치에 기초해서 형성되는 관습, 상황에서 무의적으로 조성되는 '관행협약'인 것이다.

홉스의 이 부당한 논변에 대해 컴벌랜드는 길고 긴 장문으로 강력 비판한다.

> 나는 답변한다. 말하자면 인간본성의 만듦새 속에 그들이 동물인 대로 짜여 있는, 그리고 이들을 상호적 인애의 행사에 합의하도록 유도하는 본성적 원인들은 어떤 다른 동물들 안에서, 가령 황소·사자·꿀벌에게서 발견되는 원인들과 명백하게 동일한 것이다. (⋯) 홉스는 인간 안에는 결여되었지만 짐승들 안에서는 발견되는 그런 평화적 합의의 원인과 같은 어떤 것을 보여줄 수 없다. 그가 덧붙이는 것, 그것은 인간들 간의 계약으로부터 나온다는, 그러므로 인위적이라는 것은 어쩌면 대중을 속일지 모르지만, 철학자들에 의해서는 쉽사리 논박될 것이다. 왜냐하면 이 계약들은 동물적 본성과 합리적 본성, 이 양자의 능력에 의해 형성되기 때문이다. 확실히, 인간들이 계약에 동참하지도 않고, 자기들의 이성을 전혀 사용하지 않았더라도, 같은 종류의 동물들의 공통본성은 그래도 동종의 온갖 짐승들끼리인 한에서 상호적 인애(*mutual benevolence*)를 배양하는 것에 대한 합의를 마련하는 데 마찬가지로 그들 간에 크게 효율적일 것이다. 지금 본성적인 것으로 인정되는 이러한 합의는 짐승들 간에도 존재한다. 그러므로 이성과 언어사용이 인간에게 덧붙여진 뒤에 이 합의가 계속 여전히 본성적일 수 있는 것을 무엇이 막는단 말인가?[612]

컴벌랜드는 동물들 간의 인애심을 입증한 뒤 이것을 역으로 인간에게 연장해 언어적 계약의 밑바탕에 이런 유사한 인애가 있고, 이 계약 자체가 동물적

---

611) Hobbes, *Leviathan*, Part 2, Ch. 17, 157쪽.

612) Cumberland, *A Philosophical Inquiry into the Laws of Nature*, 427-428쪽.

인애와 공통된 이 인간적 인애에 의해 추동되는 것이라고 논변하고 있다. 인간도 동물의 일종이기 때문이다. 따라서 인간이 이 인애를 계약의 언어로 표현한다고 해서 이 계약이 그 본질에서 인위적·작위적인 것이 아니라 본성적인 것이다.

> 인간이 식량의 욕망을 말로 표시하고 그의 이성에 의해 섭취될 음식의 장소·시간·종류를 가리키더라도 식량의 욕망과 이용이 인간의 본성적 행동이기를 그치지 않는 것처럼, 이성은 화합의 노력과 성향을 파괴하지도 않고, 본성적 합의가 말로 표현되기 때문에 덜 확고하거나 덜 영구적인 것도 아니다. 게다가 홉스 자신은 더러 이성을 인간본성의 일부, 즉 본성적 능력이라고 인정하고, (내가 아는) 모든 다른 사람도 확실하게 동일한 것을 인정한다. 이것으로부터 나오는 결론은 이성이 계약에 의해 확립하라고 설득하는 그 이상의 어떤 합의, 또는 사회는 인간의 합리적 본성으로부터 나온다는 것, 그리고 그것은 짐승들끼리 맺어진 것보다 훨씬 더 확고하고 더 많은 유대에 의해 묶여 있을지라도 정당하게 본성적이라고 불러도 된다는 것이다. 또한 실천이성 (*practical reason*)이 완전히 우리가 의도할 수 있는 최선의 목적과, 우리가 사용할 수 있는 최선의 수단의 본성에 의해 결정되는 것을 숙고한다면, 이성으로부터 생겨나는 합의가 그러므로 더 정확하게 '본성적'이라고 불린다는 것이 드러날 것이다. 나아가 모든 동물에게 본성적인 (그러나 짐승들에게서 혼돈스럽고 헤픈 어떤 방식으로든 발휘되는), 동종 타자와의 화합의 성향이 그들의 적합한 대상, 즉 합리적 존재자들을 향한다는 것, 그리고 모든 행동이 그 수행에서 상상될 수 있는 최선의 시간·장소 그리고 상황에서 발휘된다는 것 외에 그 밖의 어떤 것도 이성의 전체적 과정에 의해 야기되지 않는다. 고기나 음료의 섭취는 정당하게 가장 본성적이라고 불려도 되는데, 둘 다 일반적으로 동물의 만듦새로부터 생겨나고, 모든 개별적 경우에 영양섭취에서 동물의 건강을 보살피는 이성에 의해 가장 완벽하게 관리된다.613)

그리고 컴벌랜드는 이성적 지침으로 여겨지는 '인공기술'이라는 것도 실은 본질적으로 '습관'으로, 나아가 '본성'으로 환원한다.

---

613) Cumberland, *A Philosophical Inquiry into the Laws of Nature*, 428-429쪽.

이성이 사물의 본성으로부터 그 효율성과 진리성을 관찰하는 영양섭취를 규제하는
지침들은 또한 정확하게 인공기술(art)이라고 불릴 수 있다. 왜냐하면 목적과 수단의
본성이 지적하듯이 기술은 행위를 지도하는 습관이기 때문이다. 하지만 짐승들이
음식과 관련해 경험으로부터만 자기들을 조절하는 방식을 수집하고 심지어 감각 없
는, 기술은 더욱 없는 식물조차도 실수 없이 땅으로부터 영양섭취를 위해 기분 좋은
주스만을 추출하는 것처럼, 그것을 가르침 없이, 마찬가지로 그것을 의도함 없이 사
물들의 본성으로부터 쉽사리 배울 수 있는 정도로 미미하고 확실한 재능이나 지침들
로 구성되는 이러한 습관은 정당하게 합리적 행위자에게 본성적이라고 불려도 된다.
정확하게 부르면, 습관은 일차적 기술 원리이고, 참으로, 기술 원리가 속하는 기술의
본질적 부분이다. 그리하여 이 때문에 습관이 어쩌면 인공적이라고 불릴지 모르지만,
언제나 기술 없이 배워지기 때문에 습관은 모두에 의해 본성적으로 알려지는 것으로
인정된다. 기술에 관해 글을 쓰는 사람들은 습관을 가르치는 것이 아니라, 이것을
전제한다.614)

그리고 컴벌랜드는 합리주의자들이 인간 이성의 가장 맑은 정수精髓로 보는
수數 관념과 산술까지도 과감하게 인간본성에 기초한 '습관'으로 환원한다.

따라서 합계를 얻기 위해 적은 수數들과 직선들을 함께 더하는 기술과, 적은 양이나
잘 알려진 양의 유사한 빼기는 습관이라고 불려도 되고, 이것은 산술과 실용적 기하
학의 본질적 부분이다. 하지만 수학교사들은 이 숙련기능을 그들의 학생들이 훈육
없이 그들 자신의 자연적 재능으로 획득한 것으로 상정하고, 그것이 명백히 본성적
이라고 상정한다. 그러므로 유클리드는 그가 '공리'라고 부르는 저 공통개념들에서
"동일한 양이 등식의 양변에 더해지거나 등식의 양변으로부터 감해지는 경우(Equal
Quantities added to, or taken from equals)"를 가정하고, "그것들의 합合이나 차액이 동일하다
는 것(Their sums, or differences, will be equal)"은 알려져 있다고 상정한다. 내가 이것을 준수
하는 것과 관계하는 이성(the reason of my observing which)은 "행하는(가령 더하거나 빼는) 어

---

614) Cumberland, *A Philosophical Inquiry into the Laws of Nature*, 429쪽.

떤 숙련기능(*skill*)이 동시에 인공기술(*art*)의 본질적 부분이지만 합리적 피조물로서의 인간에게 완벽하게 본성적이다"라는 점을 명증적이도록 만들 뿐이다.

컴벌랜드는 홉스와 같은 에피큐리언적 소박경험론자들과 스콜라철학적 합리주의자들을 둘 다 경악케 하는 이 논변의 결론으로 홉스의 '자연적·인위적'이라는 단어의 그릇된 사용을 비판한다.

그러므로 나는 홉스가 계약에 표현된 인간들 간의 합의는 '본성적' 또는 '자연적(*natural*)'과 반대되는 의미에서 '인공적' 또는 '인위적(*artificial*)'이라고 주장하는 것을 올바르지 않았다고 생각한다. 나는 계약이 표현되는 저 말이 자의적 지목으로부터 생겨난다는 것을 부인하지 않는다. 그러나 인애의 상호적 호의 – 말은 한낱 이것의 기호일 뿐이다 – 와 관련된 정신들의 동의는 전체적으로 본성적(자연적)이다. 그런데 계약의 전체적 본성은 호의들을 교환하는 정신들의 이 동의에 근거하고, 이것으로부터 그의 모든 의무적 구속력이 흘러나온다. 이러한 동의가 상호적으로 선언되는 어떤 기호들을 지목하는 지식과 의지는 가르쳐주지 않아도 아주 쉽고 명백해서, 저 기호가 아니라 이 기호를 사용하는 것이 자의적일지라도(그래서 나는 '인위적'이라는 말보다 오히려 '자의적'이라고 부르는 것을 택했다) 정당하게 '본성적'이라고 불러도 된다. 간단히 말해서, (특히 자연법에 대한 탐구에서 우리가 다루는 유일한 대상인 인애의 가장 일반적인 작용들에 관한) 계약에 의해 표현되는 합의는 인위적이라고 불리지 않든가, 아니면 그렇게 부르려면 그 술어는 이러한 합의가 홉스에 의해 취해질 것처럼 덜 항상적이거나 덜 지속적인 것인 양 자연적인 것과 반대되지 않고 이것과 부합되는 의미로 받아들여져야 한다. 왜냐하면 모종의 기술에 의해 고안된 말로 자연적 합의를 표현하는 것은 이 합의를 덜 확고하거나 덜 영구적으로 만들지 않기 때문이다. 그러므로 처음에 내가 제기한 명제, 즉 "그들이 동물이라는 바로 그 이유 때문에 적어도 다른 동물들에게서 발견되는, 동종의 동물들을 향한 인애 성향들이 인간들 속에 존재한다"는 명제는 여전히 확고부동한 것이다. 나는 이 명제가 자연법의 주요 제목들을 여러 경우의 지식에 비례해 지키고 있다는 것을 주시해왔다.615)

컴벌랜드의 이 긴 논변의 핵심논지는 홉스가 경솔하게 '인위적' 합의라고 부르는 '계약'도 실은 인간의 본성인 '인애'의 표현이라는 것이다.

그리고 컴벌랜드는 홉스의 이 답변들을 개별적으로 분리시켜 정사할 가치가 있다고 생각한다. 이 정사작업은 홉스가 부분적으로 독자가 본성적 성향으로부터 취한 자연법적 제재의 지표들을 지우려는 자신의 기도 속에서 얼마나 거친 오류를 방어하도록 강제되는지를 알 수 있게 해준다는 것이다. 인간이 짐승보다 그 자신의 종에 대해 더 악의적이고 더 비사회적이라는 것을 추론하는 데 홉스가 동원한 모든 개별사실은 인간이 어떤 다른 동물 종자보다 본성상 동종의 인간들을 향한 "더 큰 인애"에 적합하다는 가장 명백한 지표들로서 아주 유리하게 인간 자신에게 되돌려질 수 있다는 것이다.

> 왜냐하면 사태가 이렇기 때문이다. ① 홉스는 이러한 인애로부터 본성적으로 흘러나오는 영예를 사랑한다. ② 그는 그 자신의 사적 행복에 대한 공공선의 영향을 보다 완벽하게 알고 있다. ③ 그는 기회가 제공하는 대로 복종하거나 명령하는 것을 똑같이 그에게 내키게 하는 이성의 사용을 가지고 있다. ④ 그는 적절한 말에 의해 어떻게 그의 이성의 힘에 날카로운 날과 미美를 둘 다 주는지를 알고 있다. ⑤ 그는 '위법'과 위법 없이 가해진 '피해'를 구별하는 데 수단이 되는 법을 이해한다. ⑥ 마지막으로, 본성만이 인간들 간에 한번 만들어진 이 합의에 항상성을 주는 것이 아니라, 본성의 조교인 기술(art)도 훨씬 덜 참된 우연들에 대한 많은 방부제들(preservatives)을 글로써 전달하고 저 합의에다 인간수명을 넘어가는 지속성을 부여한다.616)

컴벌랜드는 '인위적 기술'을 '본성의 조교'라고 부르면서 이 '기술들'이 "분명하게 영구적으로 인간본성과 통합된 인애 성향"을 "근절시키거나 약화시키는 것보다 오히려 이 성향을 촉진한다"고 주장하고 있다.617)

---

615) Cumberland, *A Philosophical Inquiry into the Laws of Nature*, 429-430쪽.

616) Cumberland, *A Philosophical Inquiry into the Laws of Nature*, 430-431쪽.

617) Cumberland, *A Philosophical Inquiry into the Laws of Nature*, 431쪽.

컴벌랜드는 인간의 인애 성향을 그 육체에 있어서까지 추적한다. 그는 인간의 육체에 특유한 어떤 요소들, 가령 인간의 큰 뇌, 피와 활력의 양(quantity)·순수성·생기(vigour), 기억력, 현명 등이 인간에게 동물보다 더 많이 상호적 인애를 발휘하게 하고 동물들보다 더 우애적인 사회를 구성하는 것을 내키도록 한다고 생각한다.618) 720쪽에 달하는 방대한 그의 저작『자연법의 철학적 탐구』를 여기서 다 압축하는 것은 불가능하므로 그의 인애철학의 소개는 이것으로 그칠 수밖에 없다.

다분히 공맹과 이심전심으로 연관된 컴벌랜드의 이 놀라운 반反홉스 논변들은 훗날 허치슨·흄·스미스 등의 경험론적 도덕철학의 개발에 결정적 도움을 준다. 암암리에 이교적 중국문화와 공자철학을 활용하고 있는 이 컴벌랜드의 『자연법의 철학적 탐구』는 당대의 가장 탁월한 홉스 비판서였다. 컴벌랜드는 이교異敎시비를 피하고 논변의 설득력을 높이기 위해 공자와 맹자, 또는 중국을 단 한 마디도 언급하지 않았지만, 당시의 시대적 배경과, 알리바이용의 예의적 언급 외에 희랍철학적·스콜라철학적 선철先哲들과의 내용적 연관이 전무하게 느닷없이 '이성'이 아니라 '인애'와 '본성'을 들고 나와 일관되게 논변하는 글의 내용을 볼 때 그의 철학은 공맹적인 것이다. 이런 까닭에 그의 철학을 중심으로 한 당대의 철학사상의 변화를 패스모어(John A. Passmore)는 서양철학이 "공자화된 (Confucianised)" 것이라고 천명했던 것이다.619)

■맥스웰의 공자주의적 해석

이런 까닭에 컴벌랜드의『자연법의 철학적 탐구』의 영역자이자 해석자인 존 맥스웰(John Maxwell)은 1727년 영역판에 붙인 해설에서 이 저작에 깔려 있는 공자주의적 이교철학의 영향을 간취하고 이를 드러내고자 한다. 그는 극동의 하느님 또는 '천신天神'을 '주피터'로 묘사하며 중국의 이교신학을 이렇게 해석한다.

---

618) Cumberland, *A Philosophical Inquiry into the Laws of Nature*, 431-440쪽.

619) John A. Passmore, *The Perfectibility of Man* (Indianapolis: Liberty Fund, 1970·2000), 244쪽 각주.

이교도 대중의 이 주피터는, 즉 세계의 영혼은 마땅히 이교신학 안에서 최선의 주피터라고 생각해도 된다. (…) 그들이 제도화한 최초의 시원적 유신론, 또는 태고의 우상론은 '가시적 하늘'이나 '세계'를 보편적 최고신으로, 또는 주신主神으로 신격화하는 것이었다. 중국인들 사이에서처럼, 어떤 이들은 "땅이 온갖 이익을 끌어내는 해, 달, 그리고 주로 하늘 자체가 가능한 모든 헌신으로 숭배되어야 한다"고 생각한다.620)

이어서 맥스웰은 동아시아의 최고신 개념과 경천敬天사상을 다음과 같이 별도로 소개한다.

이교적 인류의 이런 최고신 개념의 선호는 최근 중국 사정을 보고하는 한 필자에게서도 찾아볼 수 있다. "타타르(북방오랑캐)들 중 한 강력한 민족은 외양상 어떤 특별한 종교가 있는 것이 아니라 그들이 알게 된 온갖 종교를 무관하게 받아들여 이 모든 종교에 순응하고, 그들이 숭배하는 것이 무엇인지 알거나 알려고 신경 쓰지 않고, 고대인들이 숭배한 우상이나 신성에 대한 지식도 전혀 없다. 또한 자연 본능이 초자연적 빛의 도움 없이 모든 사람의 바로 그 가슴에 각인한 저 제1관념들을 받아들이거나 보유하고 있는 것으로 보이지도 않는다. 하지만 그들은 하늘을 공경하고 이 하늘에 자신들의 최대의 숭배를 바친다. 이것이 백성들의 정신을 최대로 각인했다." (…) 일본의 북부에 접해 있는 대민족은 경천敬天 외에 다른 어떤 종교도 갖지 않은 것으로 얘기된다. 그리고 중국인들의 최고신은 피조되지 않은(increate) 존재이고 태초도 없으며 비非물질적 영기靈氣(soul)로 상정되는 하늘로 얘기된다.621)

맥스웰은 극동의 북방오랑캐에 관한 보고는 팔라폭스 이 멘도자(Juan de Palafox y Mendoza, 1600-1659)의 『만주 타타르인들에 의한 중국정복의 역사(The History of the Conquest of China by the Tartars)』(1676)라는 책에서622) 인용하고 있고, 일본의 북쪽

---

620) John Maxwell, "Introductory Essay II: Concerning the Imperfectness of the Heathen Morality", 117쪽. Richard Cumberland, *A Treatise of the Laws of Nature*, translated, with Introduction and Appendix, by John Maxwell (London: K. Knapton, 1727).

621) Maxwell, "Introductory Essay II: Concerning the Imperfectness of the Heathen Morality", 126쪽.

에 있는 이 '대민족'과 '중국인'의 종교에 관한 보고는 게르하르트(Johann E. Gerhard)
와 호프만(Christian Hoffman)이 공저한 『빛 속의 그림자, 또는 이교에 대한 합의와
이견(Umbra in Luce sive Consensus et Dissensus Religionum Profanorum)』(1667)과623) 『퍼채스,
그의 순례여행』(1613)에서 인용하고 있다. 그리고 '일본의 북부에 접해 있는
대민족'은 '코리아'를 가리키는 것으로 보인다. 또한 맥스웰은 "중국에는 도둑
들에게 붙잡혀 겁탈을 피하기 위해 자결한 다섯 명의 처녀들을 추모하는 정절
의 사당이 있다"는 사실도 이교적 중국인들의 도덕성의 상징으로 언급하고
있다.624)

맥스웰은 이런 극동아시아 지식으로부터 수용된, 서양철학사적 전통에 전적
으로 이질적인 '인애' 개념으로 서양의 스토아학파의 합리주의적 지성도덕론과
에피쿠로스학파의 쾌락주의적 지성도덕론에 강력히 대항한다. 그에 의하면,
스토아학파의 무감(아파테이아)의 독트린 또는 "이승과 저승의 외적인 모든 것을
좋든 나쁘든 동시에 배격하고" 하급의 동물적 영혼의 감정을 일정한 정신적
작용으로 대체하는, "동물적 정감과 감정으로부터 자유로움"의 독트린은 "못지
않게 터무니없는 것"이다. 맥스웰에 의하면, 스토아학파는 욕구의 감정을 '의지'
로 대체하고, 기쁨의 감정을 '정신적 기쁨'으로, 공포의 감정을 '주의注意'로
대체한다는 것이다. 그러나 그들은 비애나 슬픔은 어떤 것으로도 대체하지
않는다. 왜냐하면 그들은 "지자에게서 이 슬픔과 같은 어떤 것도 없어야 한다고
부인하기" 때문이다. 스토아학파의 에픽테토스(Επικτητος, 서기 55-135년)에 의하
면, 율리시스가 그의 아내에게 진심으로 비탄해 마지않는다면, 그는 불행할

622) 이 책의 스페인어 원제는 His Historia de la conquista de la China por el Tartaro이고, 멘도자가
    멕시코 총독 시절 필리핀을 통해 전해진 풍문을 기초로 썼다. 이 책은 1670년 파리에서 스페인어로
    출판되었고, 같은 해에 불역·출판되었다. 영역본 풀네임은 The History of the Conquest of China
    by the Tartars together with an Account of Several Remarkable things, Concerning the Religion,
    Manners, and Customs of Both Nation's, but especially the Latter (London: W. Godbid, 1676)이다.
    이 책은 중국어를 말하는 예수회 선교사이자 이 정복사건의 목격자인 마르티노 마르티니(Martino
    Martini)가 쓴 De Bello Tartarico Historia(1654)보다 신빙성과 정보력이 떨어진다.

623) Johann E. Gerhard & Christian Hoffman, Umbra in Luce sive Consensus et Dissensus Religionum
    Profanorum (Jenae: Charactere Bauhofferiano, 1667).

624) Maxwell, "Introductory Essay II: Concerning the Imperfectness of the Heathen Morality", 207쪽.

것이다. 그러나 훌륭한 사람은 불행할 수 없다. 따라서 울고불고 비탄해하는 사람은 훌륭한 사람이 아니라는 것이다. 따라서 스토아학파는 친구를 위해 슬퍼하는 것도 아주 나쁜 것으로 치고, 플루타르크가 죄와 악덕에 대한 슬픔을 비난한 것처럼 그 어떤 진솔한 슬픔도 불허한다. 그들의 철학은 "완전한 무통無痛 속에서 사는 방도"이기 때문이다. 이 대목에서 다시 맥스웰은 이 철학을 비판한다. 이런 스토아철학에도 불구하고 "어떤 노인은 그의 아들에게 '들어라, 내 아들아! 너는 철학해야 하지만 두뇌도 가져야 한다. 이 철학은 지독한 우행愚行이다'라고 말해줄 정도의 큰 이성이 있었다"는 것이다. 스토아학파의 격률은 다음과 같다. "지자는 자비나 친절에 의해 동하지 않고, 어떤 사람의 범죄든 용서하지 않는다. 헛되고 어리석은 사람들 외에는 아무도 남을 측은해하지 않는다. 관대하고 너그러운 것은 사람의 바른 자질이 아니다." 다만 스토아학파는 슬픈 척하는 것만을 허용한다. "스토아학파는 정치적 외양으로 슬픔에 공감하는 것 외에 이에 공감하는 것을 허용하지 않는다. 에픽테토스는 '당신은 어떤 사람이 자신의 불행에 비탄해하는 것을 본다면 말로 그에게 비위를 맞춰 비탄해하는 자세가 갖춰지면 그와 더불어 비탄해하는 것은 가하지만, 내심으로까지 비탄해하지 않도록 유의하라'고 말했다." 이에 대항해 맥스웰은 자신의 기본적 신조를 다음과 같이 정식화한다. "의심할 바 없이, 인류가 가능하지도 않고 견디어낼 수도 없으며, 선성善性(Good-Nature)에 대해서만이 아니라 신적이고 자비로운 애정과 감정의 발휘도 파괴하는 경직된 덕성에 맞추는 것보다 본성의 감정에 내맡기는 것이 더 나을 것이다. 왜냐하면 두려움과 욕구는 이것들의 대상들이 신적인 사물들이라면 참으로 신적 덕성인 것으로 얘기되고, 타인들의 기쁨과 슬픔에서 타인들과 공감하는 것은 참된 인애와 분리될 수 없기 때문이다."625)

이어서 맥스웰은 에피쿠로스학파의 도구주의적 덕성론도 비판한다. "에피큐리언들은 덕을 감각적 쾌락에 전적으로 보조적인 것으로 만들고 덕을 수단으로 삼고 감성을 목적으로 삼음으로써 모든 덕목을 파괴했다. 그리하여 우리가

---

625) Maxwell, "Introductory Essay II: Concerning the Imperfectness of the Heathen Morality", 78쪽.

악과 덕의 두 가지 가운데 몸의 쾌락을 더 많이 촉진한다면 지금 악이라고 부르는 것은 덕이 될 것이다. 이 얼마나 바람직한 도덕의 기초란 말인가!"626) 이 말은 조롱이다.

이어서 맥스웰은 기독교교단을 의식해 '공자철학'이라고 하지 않고 '이교도들의 철학'이라고 칭하는 이교철학으로부터 성선설과 인애 개념의 관점에서 '칭송할 만할 실천원칙을 두 가지로 추출한다. 첫째는 "동물적 본성 속에 들어 있는 동물적 성정(Animal Temper)과 다정한 본능으로, 이것은 칭송할 만한 실천의 원리인 선성이라 불러도 가하다. 왜냐하면 인류는 짐승들과 공동으로 이 원리를 지니고 있기 때문이다. 짐승들 중 어떤 것들은 온순하고 다루기 쉽고 평온하며, 또 다른 것들은 사납고 야수적이고 그래서 성질이 순한 짐승들도 있다는 것을 함의하는 이름인 '맹수'라는 이름을 달고 있다. (…) 인간도 어떤 사람은 본성적 기질과 만듦새에 의해 일정한 악덕(치사함, 잔인함, 몰염치)을 싫어하고, 반대의 덕목들(아량, 온정, 겸손)의 성향을 가졌다". 그래서 플라톤은 신이 존재하지 않는다고 생각하지만 정의로운 기질을 가진 "선성善性한 무신론자들"이 있다고 말한 바 있다는 것이다. 흉포성과 야만성이 인간들 사이에 희소한 것이 아닐지라도 "일정한 선량, 친절, 온화, 다감"은 "우리의 본성적 만듦새의 일부"이고, 이것들은 잔인성이 비인간적이라고 불리는 것처럼 "흔히 인간성이라는 명칭을 달고 있을 정도로 인류세계에서 지배적인 우리의 육체적 기질의 한 효과"다. 이 '육체적 중화기질'처럼 "동물적 본성 속에 들어 있는 다정한 본능도 칭찬할 만한 실천의 원리"다. 이것은 "자녀와 근친에 대한 애정, 고통받는 자들에 대한 측은지심, (개·사자·새에게서 특기할 만한) 친구들과 은인에 대한 본성적 공감, 사의謝意, 친절, 통상적 사교성과 친화성, 특별한 우정, 타인을 기쁘게 하고 타인에게 혜택을 베푸는 성향, 본성적 온화함, 관후함, 우리 자신의 복지와 행복에 대한 욕망, 우리의 명성을 신경 쓰는 것, 치욕·불행·죽음에 대한 혐오" 등이다.

이교철학의 두 번째 칭송할 만한 실천원리는 "(인간 속에 들어 있는 본성의

---

626) Maxwell, "Introductory Essay II: Concerning the Imperfectness of the Heathen Morality", 93-94쪽.

선량성이고 대부분 본유적 본능인) 인간적·사회적 성향"이다. 왜냐하면 "정치적·윤리적 덕성이라고 부르는 모든 인간적·사회적, 그리고 인간적·도덕적 덕성과 의무가 이 하나의 원리 속에 포괄되어 있고 이 원리로부터 도출되기 때문이다. 인간 일반과 우리의 조국을 향한 모든 정치적 덕목과 의무, 시민적·사회적 자선과 정의, 인간애와 시민적 이웃의 통상적 호의, 가계부양 의무, 가까운 친족과 우정의 책무 등은 사회적 인간, 인간적·사회적 인간에 속한다. 그는 인간적 도덕이 없다면 인간이 아니라고 말한다. "인간이 인간적·사회적이고 시민적·사회적이라는(반사회적이 아니라는) 이 큰 법률, 큰 덕성과 큰 의무 속에 '공공복리를 촉진하고 지향하고 해로운 것에 반대되는, 우리 자신과 모든 인류에 대한 시민적·사회적 유형의 인애'가 분명히 포함되어 있다." 그러므로 "모든 정치적 덕성은 이러한 '보편적 인애'로부터 도출가능한 것이다".627) 이 언급은 인덕정치를 말하고 있다.

기독교의 원죄설에 맞서 성선설을 강하게 대변하는, 컴벌랜드의 인애철학에 대한 맥스웰의 이교철학적(공자주의적) 해설은 이와 같이 이데아의 변증론적 도출을 중시하고 감정을 격하하는 플라톤과, 아파테이아(무감)의 이념 아래 공감을 경멸하는 키케로·에픽테토스 등 스토아학파를 모두 비판하고 있다. 맥스웰의 이 해석은 공맹철학적 특징이 컴벌랜드의 논변보다 더욱 뚜렷하게 두드러지고 있다. 컴벌랜드와 맥스웰의 해설에서 18세기 계몽주의의 분명한 지향이 형성되고 있다.

3.6. 윌리엄 템플의 중국·공자 예찬과 영국의 중국식 내각제 도입(1679)

■공자경전을 직접 읽은 템플

상론했듯이 영국 경험론의 비조 베이컨은 유럽인들에 대한 중국의 문호폐쇄 정책에 대해 불만이 있었을지라도628) 중국을 잘 알고 중국예찬을 여기저기서

---

627) Maxwell, "Introductory Essay II: Concerning the Imperfectness of the Heathen Morality", 195-196쪽.
628) Francis Bacon, *The New Atlantis* [1627], 251쪽. Charles M. Andrews, *Ideal Empires and Republics:*

쏟아 놓고 있다. 그의 『뉴아틀란티스』(1627)도 중국인들의 기술과 발명재간을 암암리에 모방해서 저술한 것이라고 해도 과언이 아니다. 윌리엄 템플(Sir William Temple, 1628-1699)은 베이컨보다 더 나아가 공자와 중국을 지극히 예찬하는 전형적 중국애호가였다. 중국과 공자에 대한 템플의 논의가 발견되는 글은 「고대학문과 현대학문에 관한 에세이」(1670)와629) 「영웅적 덕성에 관하여」(1687년경)다.630) 템플은 쿠플레의 공자경전 번역서 『중국 철학자 공자』를 직접 언급한다.

> 공자저작이 요즈음(*lately*) 프랑스에서, 몇몇 예수회 선교사들에 의해 '공자의 저작'이라는 제목 아래 박식한 서문을 달고 라틴어로 인쇄되었다.631)

템플이 말하는 이 '공자저작'은 1687년 파리에서 출판된 『중국 철학자 공자』임이 틀림없고, "요즈음"이라는 말은 그가 이 책을 읽은 해가 1687-1688년이라는 추정을 가능하게 한다.

1679년 추밀원을 중국식 내각제로 개혁하기 전후로 집필된 「고대학문과 현대학문에 관한 에세이」와632) 「영웅적 덕성에 관하여」라는 이 두 에세이는 템플이 '추밀원 개혁'에 앞서거나 뒤서거니 하면서 자신의 중국지식을 정리한 글들이다. 그가 이 두 글에서 의거하는 책들은 대체로 이 내각제 개혁을 단행하기 훨씬 전에 출판된 것들이다. 「고대학문과 현대학문에 관한 에세이」에서

Rousseau's Social Contract, More's Utopia, Bacon's New Atlantis, Campanella's City of the Sun (Washington·London: M. Walter Dunne, 1901).

629) Sir William Temple, "An Essay upon the Ancient and Modern Learning"(1670). *The Works of William Temple*, Vol. 3 in 4 Vols. (London: Printed for Rivington et al. and by S. Hamilton, 1814). 錢鐘書는 이 글의 집필 연도를 '1670년'으로 못 박고 있다. Qian Zhongshu, "China in the English Literature of the Seventeenth Century", 49쪽.

630) Sir William Temple, "Of Heroic Virtue". *The Works of William Temple*, Vol. 3 (London: Printed for Rivington et al. and by S. Hamilton, 1814).

631) Temple, "Of Heroic Virtue", 332쪽.

632) Sir William Temple, "An Essay upon the Ancient and Modern Learning"(1670). *The Works of William Temple*, Vol. 3 in 4 Vols. (London: Printed for Rivington et al. and by S. Hamilton, 1814). 錢鐘書는 이 글의 집필 연도를 '1670년'으로 못 박고 있다. Qian Zhongshu, "China in the English Literature of the Seventeenth Century", 49쪽.

공자와 중국에 대한 언급은 간략한 편이지만 공자와 중국철학에 대한 놀라운 주장을 담고 있다.[633] 그리고 「영웅적 덕성에 관하여」에서 공자와 중국에 대한 논의는 20쪽에 달하고[634] 대단히 상세하다.

■ 고대 희랍철학의 결정적 원천으로서의 공자와 중국

템플은 "영국에서 가장 전면적인 중국예찬자"였다. 템플의 중국열광과 공자 숭배는 존 웹의 열정보다 "더 설득력 있고 더 전파력 있는 성질"의 것이었다. 그의 견해는 "본성적으로 냉철한 학문 정신의 증류"였고, 중국의 탁월성에 대한 그의 판단은 "종신토록 계속된 공무 참여"에 의해 잘 "조절"되어 있었기 때문이다. 중국에 대한 그의 탐구 관심은 중국 관련 서적에 관한 서신을 주고받는 1654년부터 시작된 것으로 보인다.[635]

템플의 공자 찬양은 특히 공자의 기질과 관계가 깊다. 공자의 회의주의적 자세는 템플의 회의적 정신에서 강렬한 관심을 끌었다. 이 관심은 아주 강렬해서 동시대 성직자들에게 깊은 혐의를 불러일으킬 정도였다.[636] 가령 버넷(Gilbert Burnet) 주교는 "템플은 자신들이 무신론자이면서도 종교를 일반서민들에게 내버려 둔, 중국의 공자학파에 대한 거창한 찬미자였다"고 비판했다.[637]

- '지물知物'에서 '지인知人'으로의 공자주의적 철학혁명

공자철학을 본격적으로 논하는 「고대학문과 현대학문에 관한 에세이」(1670)에서 템플은 공자철학이 인도를 거쳐 근동으로 전해져 소크라테스·플라톤철학의 모태가 되었을 것이라는 과감한 추정을 전개한다. 종래의 '죽은 동양철학 속에서 완전히 놓친 사실이지만, 다시 보면 공자는 인지적人智的 지식 개념을

---

633) Temple, "An Essay upon the Ancient and Modern Learning", 456-458쪽. 템플은 516쪽에서 중국의 나침반과 화약을 "가장 위대한 현대적 발명품"으로 평한다.

634) Temple, "Of Heroic Virtue", 325-345쪽.

635) Appleton, A Cycle of Cathay, 42쪽.

636) Appleton, A Cycle of Cathay, 43쪽.

637) Bishop Gilbert Burnet, The History of His Own Time (London: 1724-1734), 378쪽. Appleton, A Cycle of Cathay, 43쪽에서 재인용.

새로이 '지물知物'을 넘어 '지인知人'으로 제시함으로써 '지물'의 인식론적 자연철학에서 '지인'의 공감해석학적 정신과학·도덕철학으로의 패러다임 전환을 이룩한 '철학혁명의 주역'이었다.[638] 그런데 놀랍게도 템플은 소크라테스 전후의 서양철학과 정치제도들이 인도와 중국에서 들어온 것이라고 말하고, '너 자신을 알라'는 구호로써 '자연'에서 '영혼'으로 연구의 초점을 전환한 소크라테스의 철학적 방향전환을 공자와 연결시키면서 공자철학을 자연철학에서 정신철학으로의 새로운 전환으로 해석한다.

일단 템플은 소크라테스와 플라톤에게 직접적인 영향을 준 피타고라스철학의 이국적 원천을 추적해 이 원천이 인도라는 것을 밝힌다. 그는 먼저 그리스인들의 철학이 이집트에서 유래했고 이집트철학과 그리스철학의 많은 부분이 다시 인도와 중국에서 유래했다는 것을 드러내기 위해 피타고라스의 주유천하를 기술한다.

피타고라스는 철학자들의 아버지이고, 덕성의 아버지다. 그는 겸손하게 지자라는 이름 대신 지혜의 애호자라는 이름을 선택했고, 처음으로 사덕四德의 명칭을 도입했으며, 이 사덕에 이것들이 세상에서 오래전부터 차지해온 위치와 서열을 부여했다. (…) 그리스인들의 모든 학문이 원래 이집트나 페니키아에서 유래했다는 것보다 더 동의할 만한 것은 없다. 그러나 그들의 학문이 이집트인, 칼데아인, 아라비아인, 그리고 인도인과의 교류에 의해 이집트나 페니키아가 번영한 정도로 번영하지 않았는지는 (나는 간절히 믿고 싶은 기분이지만) 분명치 않다. 그리스인들의 상당수가 대부분 이 지역들로 학문과 지식의 광산을 찾아 여행을 갔다. 오르페우스, 무사이오스, 리쿠르고스, 탈레스, 솔론, 데모크리토스, 헤로도토스, 플라톤, 그리고 (고대 철학자들의 원숭이에 불과했던) 저 헛된 소피스트 아폴로니우스의 여행까지 언급하지 않고 나는 피타고라스의 여행만을 추적할 것이다. 피타고라스는 다른 모든 사람 가운데 이런 의도로 가장 멀리 가서 가장 큰 보물들을 가져온 것으로 보인다. 그는 먼저 이집트에

---

638) 이에 대해서는 참조: 황태연, 『공자와 세계(3) — 공자의 지식철학(하)』(파주: 청계, 2011), 991-996쪽; 황태연, 『감정과 공감의 해석학(1·2)』(파주: 청계, 2014·2015); 황태연, 『공자의 인식론과 역학』(파주: 청계, 2018), 347-363쪽.

갔다. 그곳에서 그는 멤피스, 테베, 헬리오폴리스의 사제대학들 사이를 오가며 연구
와 대화 속에서 22년을 보냈다. 그리고 가장 발전 중에 있던 학문과 과학에 대한
입장허가와 가르침을 얻기 위해 그들의 모든 신비론의 기초를 배웠다. 그는 바빌론
에서도 사제들의 연구와 배움 또는 칼데아인들의 마법 속에서 12년을 보냈다. 이
두 지역은 고대학문으로 유명했는데, 이 지역에서 한 저자가 말하기를, 그들의 계산
에 입각할 때 피타고라스가 셀 수 없는 시대들의 관찰을 얻었다고 한다. 이것 외에도
피타고라스는 같은 냄새를 맡고 이집트·아라비아·인도·크레타·델포스, 그리고 이
지역들 중 어느 곳에서든 유명한 모든 신탁소所를 여행했다.[639]

템플은 여기서 방향을 돌려 플라톤의 윤회설과 상기설·지옥론에 영향을 미친
피타고라스철학과 인도 브라만철학 간의 직접 연관을 주장한다.

인도 브라만들에 관한 가장 고대적인 보고서들에 의해 나는 피타고라스가 그 멀리까
지 찾아간 사람들 중 상당수가 어떤 종류의 필멸자들이었을 것인지를 추적해내려고
만 노력할 것이다. 왜냐하면 다른 나라들에서 인도 브라만 식자들이나 현자들이 종
종 이야기 속에 나타나기 때문이다. (…) 자연철학에서 그들의 의견은 세계가 둥글다
는 것, 그리고 그것이 태초가 있었고 종말도 있을 것이지만 엄청난 시간의 기간에
의해 양자를 헤아린다는 것이다. 세계의 조물주는 전 우주에 삼투해 있고 우주의
모든 부분에 퍼져 있는 기氣다. 그들은 영혼의 윤회를 생각하고, 어떤 이들은 플라톤
의 지옥저택과 같이 많은 것들에서 지옥저택의 담화를 사용했다. 그들의 도덕철학은
주로 몸의 모든 질병이나 이상을 방지하는 데 있다. (…) 피타고라스가 보통 가정되
듯이 이집트라기보다 이런 유명한 인도인들로부터 그의 자연철학과 도덕철학의 가
장 큰 부분을 배우고 그리스와 이탈리아로 반입했다는 것은 가장 개연적인 것으로
보인다. 왜냐하면 나는 이집트인들 사이에 공유된, 피타고라스시대보다 더 고대적인
'영혼의 윤회'의 어떤 언급도 관찰하지 못했기 때문이다. (…) 더구나 이집트인들조차

---

639) Temple, "An Essay upon the Ancient and Modern Learning", 450-452쪽. '칼데아인'은 옛 바빌로니
아 남부지방 왕국의 사람이다.

도 그들의 학문의 많은 것을 인도로부터 가져왔을 것이라는 것도 있음직하지 않은 것이 아니다.640)

템플에 의하면, 고대에 인더스강 유역으로 이주한 에티오피아인들은 이집트인 들에게 학문과 제도관습을 전해주었고, 홍해에서 온 페니키아인들도 지중해 연안에 이주해 학문과 항해술로 명성을 날렸다.641)

- 그리스철학의 중국기원설

템플은 이 지점에서 말머리를 돌려 이 모든 학문과 관습을 인도, 특히 중국과 연결시켜 놀랍게도 존 웹처럼 그리스철학의 중국기원설을 시사한다. 이를 위해 그는 우선 중국의 유구성을 논증한다.

(에티오피아·이집트·페니키아·지중해연안의) 많은 학문들이 인도 혹은 중국과 같은 멀고도 유구한 원천으로부터 들어왔다는 이 추정을 보강하기 위해 우리가 알렉산더 이전에 인도의 유구성에 대해 거의 아무것도 모를지라도 중국의 유구성은 어떤 곳에 서든 공정한 기록임을 자부하는 최고最古의 것이라는 사실이 커다란 명증성으로 주 장될 수 있다. 왜냐하면 예수회 선교사들은 이 기록들이 명백하고 부정할 수 없는 증거들의 이러한 현상을 가지고 4,000년 이상 아주 멀리 뻗어 올라간다는 데 동의하 고 있기 때문이다. 그래서 저 종교인들조차도 『성서』의 속류적 연대기와 상반되는 것으로 인식함으로써 이 기록들의 진리성을 의심하기보다 (기원전 270년경에 그리 스어로 번역된) 『70인역 성서』의 연대기에 호소함으로써 중국인들의 기록 속의 현상 들을 덜어내는 것으로 만족할 정도다.642)

이어서 에티오피아·이집트·페니키아로부터 학문을 전달받은 그리스 등 지중해

---

640) Temple, "An Essay upon the Ancient and Modern Learning", 452-455쪽.

641) Temple, "An Essay upon the Ancient and Modern Learning", 455쪽.

642) Temple, "An Essay upon the Ancient and Modern Learning", 455쪽.

연안의 "많은 학문들이 인도 혹은 중국과 같은 멀고도 유구한 원천으로부터 들어왔다"는 템플의 추정은 소크라테스와 동일한 공자의 '철학혁명'과 연결된다.

> 우리가 자신의 치세로부터 역사시대를 시작하려는 욕심에서 물리학과 농업 서적을 제외하고 모든 책을 분서하라고 명령한 중국인 왕들 중 하나(진시황 – 인용자)의 야만적 야심 때문에, 중국의 학문이 어떤 과정을 취했는지, 그 방대한 영토에서 그리고 아주 커다란 시간적 유구성 속에서 이 학문이 어느 정도까지 높이 고양되었는지에 대한 지식을 상실했을지라도 (…) 주목할 만한 것이자 동의하는 것은 중국인들 중 배운 자들의 의견이 현재 존재하듯이, 식자들이 고대에 두 학파로 나뉘어 있었고 이 중 한 학파는 영혼(氣)의 윤회를 생각했으며, 다른 학파는 세계를, 그 덩어리의 부분들이 지속적으로 천 개의 다양한 형상으로 만들어지고 일정한 시간 뒤에 다시 같은 덩어리로 녹아내리는 거대한 금속덩어리에 비교하며 물질의 영원성을 생각했다는 사실, 그리고 중국인들 사이에 자연철학에서 옛날에 쓰인 많은 서적들이 존재했다는 사실, 나아가 소크라테스의 시대와 가까운 즈음에 인간들을 자연에 대한 이런 쓸모없고 밑도 끝도 없는 사색으로부터 도덕에 대한 사색으로 교정하는 (소크라테스와) 동일한 설계를 개시했던, 중국인들의 위대하고 유명한 공자가 살았다는 사실이다.643)

여기서 중요한 것은 공자가 "소크라테스의 시대와 가까운 즈음에 인간들을 쓸모없고 밑도 끝도 없는 자연에 대한 사색으로부터 도덕에 대한 사색으로 교정하는 (소크라테스와) 동일한 설계를 개시했다"는 템플의 해석이다. 지중해 연안의 "많은 학문들이 인도 혹은 중국과 같은 멀고도 유구한 원천으로부터 들어왔다"는 템플의 추정을 전제할 때, 이 해석은 – 공자가 소크라테스보다 82년이나 먼저 태어났기에 – 소크라테스의 철학개혁이 공자의 새로운 '철학설계'를 수입한 것이라는 말이다.

하지만 더욱 놀라운 것은 공자의 '철학혁명'이 내용적으로 소크라테스의

---

643) Temple, "An Essay upon the Ancient and Modern Learning", 455-456쪽.

그것보다 더 우월하고, 또 소크라테스가 공자의 철학혁명을 모방했을 것이라고 추정하는 점이다. 템플은 일단 소크라테스·플라톤의 그리스적 철학개혁과 공자의 혁명의 차이를 지적하면서 소크라테스의 영혼론의 사적 지향과 대비되는, 인간의 덕성과 공동체의 공적 행복을 지향하는 공자철학의 원리적 우월성을 말한다.

(공자의 이 계획은) 그리스인들의 성향이 주로 사적 인간들이나 가족의 행복에 쏠려 있는 것처럼 보이지만, 중국인들의 성향은 훌륭한 품성과, 국가나 정부의 지락至樂에 쏠려 있는 것처럼 보이는 점에서 차이가 있다. 중국의 이 국가와 정부는 수천 년 동안 알려졌고 또 알려져 있으며, 정확하게 학자들의 정부라고 불러도 된다. 왜냐하면 학자가 아닌 사람은 국가의 책임을 맡도록 입장이 허가되지 않기 때문이다.644)

이어서 템플은 리쿠르고스·피타고라스·데모크리토스·에피쿠로스와 마찬가지로 소크라테스와 플라톤도 중국인들과 – 까마득한 옛날부터 천산산맥의 '차마고도茶馬古道'를 통해 중국으로부터 차와 문물을 받아들인 – 인도인들로부터 철학과 제도를 '수입'해서 자기 것으로 활용했을 것이라고 추정한다.

나로 말할 것 같으면, 나는 피타고라스가 그의 자연철학과 정신철학 둘 다의 최초 원리들을 이 먼 지역들에서 얻었을 뿐만 아니라, 이집트·칼데아·인도를 여행했던 데모크리토스가 말한 원리들도 (그의 독트린이 나중에 에피쿠로스에 의해 개선되는데) 동일한 원천들에서 유래했을 것이라는 것, 그리고 이 두 사람 이전에, 마찬가지로 인도를 여행했던 리쿠르고스도 세상에 아주 평판이 자자한 그의 법과 정치의 주요 원리들을 거기로부터 가지고 왔다고 굳게 믿고 싶다. 왜냐하면 고대 인도인들과 중국인들의 학문과 견해들에 대한 이미 주어진 설명에 주목하는 사람이라면 누구나 (피타고라스·소크라테스·플라톤의 – 인용자) 영혼의 윤회, 4대덕大德(four cardinal virtues), 학자들에게 명해진 긴 묵상, 글자보다 전승에 의한 자기들의 독트린의 전파,

---

644) Temple, "An Essay upon the Ancient and Modern Learning", 456쪽.

피타고라스가 도입한, 동물적 생명을 가진 모든 육류의 금욕, 에피쿠로스가 도입한, 형식의 영구변동과 결합된 물질의 영원성, 물질의 무통성無痛性, 정신의 평온 등과 같은 모든 그리스 생산물과 제도들의 씨앗들을 쉽사리 저 인도인과 중국인들의 학문과 견해들 가운데서 발견할 것이기 때문이다.645)

여기서 템플은 가령 요순·탕무·주공·공자의 '대덕론'과 유사한 피타고라스·소크라테스·플라톤의 '대덕론'을 언급함으로써 이들이 공자의 저 '철학개혁' 자체를 수입했을 가능성을 강력히 시사하고 있다.646)

■공자: '인류를 사랑하는 천재적 애국자이자 세계주의자'

윌리엄 템플은 「영웅적 덕성에 관하여」(1670)에서 주로 중국의 정치문화와 정치·도덕철학을 논한다. 여기서 템플은 니우호프를 따라 중국의 지리, 산천, 황제의 궁전과 정원, 도성과 도시, 농촌 등을 개관하면서647) 중국을 "세계에서 지금까지 알려진 왕국 중 가장 방대하고, 가장 부유하고, 가장 인구 많은 왕국"으로 소개하고 "중국의 이 부강함, 문명함, 더 없는 행복"이 "다른 어떤 왕국보다

---

645) Temple, "An Essay upon the Ancient and Modern Learning", 456-457쪽.

646) 19세기에 쇼펜하우어도 자신의 주저 『의지와 표상으로서의 세계』에서 피타고라스·플라톤과 중국철학의 연관성은 아니지만, 피타고라스·플라톤과 인도의 윤회철학의 연관성을 인정한다. "신화적 설명의 저 극치(윤회사상 – 인용자)는 이미 피타고라스와 플라톤이 인도나 이집트로부터 전해 듣고, 경탄 속에서 이해했고, 숭배했고, 적용했고, 얼마만큼인지 모르지만 자신들이 믿었다." Arthur Schopenhauer, *Die Welt als Wille und Vorstellung* I, §63 (467쪽). *Arthur Schopenhauer Sämtliche Werke*, Band I (Frankfurt am Main: Suhrkamp, 1986). 『도덕의 기초』에서는 더욱 분명하게 말한다. "(…) 저 플라톤의 신화(윤회신화 – 인용자)는 칸트가 그 추상적 순수성 속에서 이지적 성격과 경험적 성격의 학설로서 제시한 저 위대하고 심오한 인식의 비유로 간주될 수 있다는 사실과, 따라서 이 인식이 본질적으로 플라톤보다 이미 수천 년 전에 획득되었다는 사실, 아니 이보다 훨씬 더 높이 거슬러 올라간다는 사실을 독자는 인식할 것이다. 왜냐하면 포르퓌리오스(Porphyrios, 232-305)는 플라톤이 이 인식을 이집트로부터 넘겨받았다는 견해를 갖고 있기 때문이다. 그러나 이 인식은 브라만교의 윤회설 속에 이미 들어 있고, 이집트의 성직자들의 지혜는 지극히 개연적으로 이 브라만교로부터 유래하는 것이다." Schopenhauer, *Preisschrift über die Grundlage der Moral* (1840·1860), 709쪽. *Arthur Schopenhauer Sämtliche Werke*, Band III (Frankfurt am Main: Suhrkamp, 1986).

647) 참조: Temple, "Of Heroic Virtue", 325-330쪽.

더 많이" 중국의 "그 경탄할 만한 헌정체제와 정부"에 기인한다고 단언한다.648)
이런 개관에 이어 템플은 먼저 공자철학을 분석하고 평가한다.

공자철학으로 관심을 유도하기 위해 템플은 다음과 같이 시작한다.

다른 나라 국민들이 보통 귀족과 평민으로 구별되는 것처럼, 중국의 국민들은 식자
와 문맹자로 구별된다. 이 후자는 다스려지는 백성들의 몸통이자 대중을 이룬다. 전
자는 다스리는 모든 치자와 조만간, 또는 과정을 거쳐 치국에서 이 치자들을 계승할
수 있는 사람들을 포괄한다. 왜냐하면 식자들 외에 다른 누구도 결코 정부에 채용되
지 않고, 또한 그들 사이에서 그들을 현자(sages), 철인, 박사로 칭하게 만드는 학문의
지위나 학위를 갖지 않은 어떤 사람도 가장 큰 대임에 등용되지 않기 때문이다. 그러
나 중국의 이 정부가 무엇인지, 이 정부 안에 고용된 사람들이 무엇인지를 이해하기
위해서는 그들의 학문이 무엇인지, 그리고 이 학문이 유럽에서 우리의 학문이 하는
것으로 얘기되는 것과 정반대로 어떻게 그들을 정부에 적합하게 만들어주는지를 알
필요가 있을 것이다.649)

바로 이어서 그는 공자와 그 학문을 개관한다. 그는 "중국민족의 가장 위대한
두 명의 영웅은 복희와 공자인데, 이들의 기억은 중국민족 사이에서 늘 신성하
고 경모되는 것으로 이어져왔다"고 말문을 뗀다. 템플은 공자에 대해 이렇게
논한다. "모든 중국인 중 가장 유식하고, 가장 지혜롭고, 가장 덕스러운 사람인
공자는 2,000여 년 전에 살았다. 공자가 살았던 당대에 임금과 치자들은 둘
다, 그리고 이후 시대에 그들 모두는 어느 곳에서든 한 필멸적 인간에게 주어진
경의敬意 중 가장 큰 경의를 공자에게 품어왔던 것으로 보인다. 공자는 많은
논문들을 썼고, 고대인들의 모든 학문을, 심지어 복희의 저술이나 도표들로부
터 나온 학문까지도, 적어도 그가 인류의 개인적, 시민적, 정치적 자격에서
인류에게 필요하거나 유익하다고 생각하는 모든 것을 이 논문들 안에 요약했다.

---

648) Temple, "Of Heroic Virtue", 328쪽.
649) Temple, "Of Heroic Virtue", 330쪽.

이 논문들은 아주 커다란 존경으로 받아들여지고 그 이후 탐구되었으며, 그래서 아무도 공자가 쓴 것을 문제시하지 않고, 의견과 삶의 가장 참되고 가장 좋은 준칙으로 승인했다. 그리하여 모든 논변에서 '공자님이 말씀하셨다'는 것으로 충분하다."650)

시사했듯이 「영웅적 덕성에 관하여」에서 템플은 1687년 파리에서 출판된 『중국 철학자 공자』를 직접 시사한다.651) 이것으로 보아 그의 공자철학 연구 수준은 상당히 높았던 것으로 보인다. 템플은 이런 지식을 바탕으로 "공자의 저작의 총합은 윤리학의 체계 또는 다이제스트, 즉 인간들의 삶, 가족, 정부, 아니 주로 이 후자의 제도와 행위를 위해 틀지어진, 개인적이거나 제가적齊家的인, 시민적이거나 정치적인 또는 도덕적 덕성들의 체계 또는 다이제스트"라고 말한다. 그리고 그는 공자의 가르침을 다음과 같이 묘사한다.

> 어떤 백성도 훌륭한 정부하에서 살지 않으면 행복할 수 없고, 어떤 정부도 훌륭한 사람들 위에 있지 않으면 행복할 수 없다는, 그리고 인류의 지락至樂을 위해서는 제 자신의 생각, 타인들의 가르침, 또는 제 나라의 법률들이 그를 교화하는 한에서 천자에서 서인에 이르는 모든 국민이 선하고 지혜롭고 덕스럽게 되려고 노력해야 한다는 공자의 사상과 추론의 만곡彎曲은 개인·가족·정부의 이 단계를 오르락내리락 내달린다.652)

이어서 윌리엄 템플은 자기완벽화의 수신론과 관련된 공자의 성선설을 이렇게 논하고 있다.

> 공자가 정초로 수립하는 것으로 보이고 그가 그 위에서 세우는 주요 원칙은 만인이 배워야 하며, 그가 결코 그의 생의 과정과 품행 속에서 본성의 법칙으로부터 벗어나

---

650) Temple, "Of Heroic Virtue", 331-332쪽.
651) Temple, "Of Heroic Virtue", 332쪽.
652) Temple, "Of Heroic Virtue", 332-333쪽.

거나 방향을 틀지 않도록 그 자신의 본성을 그가 할 수 있는 최대의 높이로 향상시키고 완벽화시키려고 힘쓰는 원칙이다. 그리고 이것은 많은 사상·탐구·근면 없이 수행될 수 없기에 학습과 철학을 필수적으로 만든다는 원칙이다. 이 철학은 철학의 본성에서나 인간들의 본성에서나 인간들에게 선한 것과 악한 것을, 결과적으로 여러 신분과 여러 능력 수준의 만인이 해야 하는 것과 피해야 하는 것을 가르쳐준다. 그리고 심신의 완벽화와 인간의 극대행복 또는 최고행복의 근본은 본성의 이런 완벽화라는 원칙이다. 이 완벽화를 달성하는 수단과 잣대는 주로 그의 본성과 부합되는 것 외에 어떤 것도 의욕하거나 욕구하지 않는 것이고, 우리 자신만이 아니라 타인의 복리나 행복과 합치되는 어떤 것도 의욕하지 않는 것이라는 원칙이다. 이 목적을 위해 세계에서 일반적으로 알려지고 동의하게 되는 여러 덕목들의 불변적 과정과 실천이 규정되어 있다. 이 덕목들 중 예법과 사은은 그들에게 기본적인 것이다. 간단히, 공자가 쓴 모든 것의 전 범위는 인간들을 잘 살고 잘 다스리라고 가르치는 것, 부모·선생·치자가 어떻게 다스리고, 자식·하인·신민이 어떻게 순종해야 하는지를 가르치는 것만을 목표로 한 것으로 보인다.653)

템플은 니우호프의 공자 논의를 거의 옮겨놓다시피 공자의 성선설을 반복하고 있다. '자연적 이성의 완벽화'는 『대학』의 '수신修身' 또는 『예기』의 '성신成身(자기완성)' 개념을 옮긴 것으로 보인다. 서양인들은 이후에도 존 웹처럼 자기들의 합리론적 관점에서 공자의 '치자'를 플라톤의 지성주의적 '철인치자'로 굴절시키듯이, 공자를 합리론적으로 해석해 '수신' 개념을 줄곧 이 '자연적 이성의 완벽화'로 굴절시켜 이해한다. 굳이 '완벽화'라는 용어를 써서 옮긴다면 '본성의 완벽화'가 올바른 번역일 것이다. 아무튼 공자철학의 번역 과정에서 처음 나타난 이 '완벽화' 개념은 18세기 서구 계몽주의의 중요한 철학적 화두로 떠오른다.654) 이와 같이 이미 17세기 후반에 공맹의 도덕적 본성론과 성선설은 기독교

---

653) Temple, "Of Heroic Virtue", 333쪽. 템플이 공자의 순종 개념과 관련해 '하인'을 언급하는 것도 그릇된 것이다. 공자는 군자(成身과 치국을 위한 인·의·예·지 등 대덕의 수신자)와 소인(건강·미·힘·부를 위한 청결·근면·검소·절약·인내·순종 등 소덕의 추구자)의 자기선택적 차별 외에 양민·교민의 치국(治國)에서 '혈통 신분'의 차별을 인정하지 않기 때문이다.

의 원죄설을 마비시키고 홉스의 성악설을 쳐부술 만큼 유럽 식자층 안에서
널리 알려진 상황이었다.

템플은 공자를 '천재'이자 '애국자'로, 그리고 '인류를 사랑하는' 사해동포주
의자 또는 세계주의자로 찬미한다.

이 모든 것은 개인적이거나 제가적인, 시민적이거나 정치적인 지혜와 덕성들을 위한
수많은 개별 준칙 및 가르침과 함께 공자에 의해 거대한 구경口徑의 지식, 지각의
탁월성, 한 아름의 슬기로 논의되고, 우리의 것과 무한히 다른 언어와 집필법으로
인한 번역의 어설픔과 모자람을 감안해줄 수 있는 어떤 사람에 의해서든 쉽사리 느
껴질 수 있는 것처럼 문체의 우아함, 비유와 사례의 적절성으로 예시된다. 그리하여
그 사람은 아주 특별한 천재, 위력적 학문, 찬탄할 덕성, 탁월한 본성을 갖춘 사람,
그의 조국의 참된 애국자, 인류를 사랑하는 자(lover of mankind)였던 것으로 보인다.655)

템플이 공자를 이렇게 최고로 예찬하는 것에서 그가 '공자숭배자'가 되었다는
것을 알 수 있다.

템플의 경우는 중국에 대한 관심이 공자철학에 대한 열광과 숭배를 야기한
것이 아니다. 아니, 그와 정반대로 공자철학에 대한 그의 열광과 숭배가 그의
'중국 관심'을 유발한 것이다. 그의 중국 관심은 그 당시 프랑스·네덜란드·영국
등의 선진적 자유사상가들로부터 그에게 전염된 '공자열광'에 의해 점화된
것이었기656) 때문이다.

공자철학에 대한 이런 지식과 열광을 바탕으로 템플은 「영웅적 덕성에 관하
여」에서 중국의 교육제도를 상론한다. "중국의 학문은 첫째, 그들의 언어의
지식에 있고, 그다음은 공자와 그의 위대한 4인의 제자들의 저작의 배움, 연구,

---

654) 18세기 '완벽화' 개념에 대한 추적은 참조: Passmore, *The Perfectibility of Man* (Indianapolis:
Liberty Fund, 1970ㆍ2000).

655) Temple, "Of Heroic Virtue", 334쪽.

656) 참조: Clara Marburg, *Sir William Temple. A Seventeenth Century 'Libertin'* (New Haven: Yale
University Presss, 1932), 60쪽.

실천에 있다. 모든 사람은 어느 한 가지 것에서 더 완벽해지는 만큼, 더 존경받고
더 출세한다. 또한 공자의 주요 부분들을 자기 기억 속에 보존하고 공자의
가르침을 실천함으로써 공자가 깨달아지지 않는다면, 공자를 읽은 것만으로
충분하지 않다." 이어서 그는 향교유생, 진사·생원, 선달(대과급제자)을 서양의
대학 2년생, 석사, 박사와 비교하며 상세히 분석한다.657)

■'실존하는 이상국가' 중국과 명·청대 내각제

템플은 공맹의 혁명 개념을 우회해 「용적 덕성에 관하여」에서 중국의
정치·행정제도에 대한 엄청난 찬사를 쏟아낸다. 그는 "세계의 어떤 헌정체제
에서도 경험할 수 없는 중국의 제도들, 굉장한 깨달음과 지혜에 의해 창안된
것으로 보이는 중국의 탁월한 제도들을 다 열거하자면 끝이 없을 것이다"라고
전제하고 다음과 같이 말한다.658)

여기서 존경과 존중은 부귀에 주어지는 것이 아니라, 덕성과 배움에 주어진다. 덕성
과 배움은 군주와 백성, 이 양편에 의해 둘 다 이 중시된다. 이런 자질에서 탁월한 사람
이 그 때문에만 관직에 진출하는 것은 그토록 많은 다른 나라들을 부패시키고 파괴
하는 질서와 불화의 폐해를 방지해준다. 여기에서 모두가 오직 실력에 의해서만 승
진을 추구하기에 다른 사람의 승진을 다 실력 덕택으로 돌린다.659)

이어서 템플은 중국의 '수사적'修辭的 절대군주정의 '실질적' 제한성을 정확히
정식화하면서 중국을 유럽인들의 모든 공상적 유토피아를 능가하는 '실존하는
유토피아 국가'로 극찬한다.

중국에는 왕이 제정하는 것 외에 다른 어떤 법률도 존재하지 않기 때문에 왕이 세계

---

657) Temple, "Of Heroic Virtue", 335-336쪽.
658) Temple, "Of Heroic Virtue", 340쪽.
659) Temple, "Of Heroic Virtue", 341쪽.

에서 가장 절대적일지라도, 모든 일이 그의 추밀위원들(councils=counsels)에 의해 먼저 심의되고 연출되기에 군주의 기분과 감정은 정부의 형태나 행위 속으로 들어가지 않는다. 그러나 남자나 여자들에 대한 그의 개인적 총애는 왕실의 고관직위들 안에서 분배되거나, 왕실에 특별히 할당되어 있는 방대한 수입으로부터, 세계의 궁전에서 나타나는 것 중 최대의 비용과 장엄성을 유지하기 위해 분배된다. 그리하여 어떤 왕도 이보다 더 잘 대접받지 않고, 더 잘 복종받지 않고, 더 많이 존경받지 않고, 더 정확히 말하면 더 많이 숭배받지 않고, 어떤 백성도 더 잘 다스려지지 않고, 또한 어떤 백성도 이보다 더 큰 안락과 지락으로 다스려지지 않는다고 참으로 말해도 된다. 이런 토대와 제도 위에서 중국제국은 이런 방법과 질서에 의해 최고로 강력하고 광범위한 인간적 지혜·이성·지략으로 구성되고 관리되며 실제로 다른 사람들의 바로 그 사변적 공상과 유럽적 슬기의 저 모든 상상의 기획, 크세노폰의 제도, 플라톤의 국가, 우리의 현대 문필가들의 '유토피아'나 '오세아나들'을 능가하는 것으로 보인다. 그리고 아마 이것은 이 왕국이 다스려지는 안락 및 지락과 함께, 그리고 이 정부가 이어져온 시간의 길이와 함께 이 왕국의 방대성, 풍요성, 많은 인구를 고려하는 어떤 사람에 의해서든 인정될 것이다.660)

여기서 '유토피아'는 토마스 모어의 『유토피아』(1516)이고, '오세아나'는 제임스 해링턴(James Harrington, 1611-1677)의 『오세아나 공화국(The Commonwealth of Oceana)』(1656)을 가리킨다. '오세아나'를 복수로 쓴 것은 캄파넬라의 『태양의 나라』(1602), 베이컨의 『뉴아틀란티스』(1627)와 같은 이상국가론들도 염두에 둔 것으로 보인다. 그러나 캄파넬라의 『태양의 나라』는 토마스 모어의 플라톤주의적 이상국가와 중국제국을 뒤섞어 비벼 놓은 것이고, 베이컨의 『뉴아틀란티스』는 앞서 지적했듯이 당대 중국을 모방한 과학기술 이상국가에 불과하다. 아무튼 템플은 중국제국을 크세노폰, 플라톤, 토마스 모어, 베이컨, 캄파넬라, 해링턴 등 유럽인들의 '모든 상상의 유토피아'를 극克하는 실존하는 유토피아'로 본 것이다.

템플은 중국의 군사적 약점도 지적한다. 그러나 그는 그 정부제도의 탁월성

---

660) Temple, "Of Heroic Virtue", 341-342쪽.

으로 인해 정복자도 하릴없이 중국의 제도를 받아들일 수밖에 없다는 사실을
피력함으로써 군사적 약점도 다시 찬양으로 되돌려 놓는다.

내과의사들이 몸 안의 최상급의 건강이 어떤 질병의 가장 큰 위험과 포악에 몸을
노정시킨다고 말하는 것처럼 이 정부나 헌정체제의 완벽함이 타타르족과 같은 이웃
민족에게 중국인들의 상황이 호기가 되고 마는 사태와 연결된 동일한 결과를 낳은
것이 사실이다. 왜냐하면 이 타타르족은 그들의 나라와 삶의 힘듦과 빈곤에 의해
세계에서 가장 용감하고 가장 사나우며 가장 모험적인 민족이기 때문이다. 다른 한
편, 중국적 슬기와 정부의 탁월성은 그들을 큰 안락, 풍요, 사치에 의해 조만간 유약
하게 만들고 이로써 그들을 야만적 이웃민족들의 빈번한 기도와 침략에 노정시킨다.
중국인들의 기록에 의하면 타타르족은 중국왕국의 대부분을 각기 세 차례나 정복했
고, 중국 안에 오래 터 잡고 살다가 다시 내쫓겼다. 타타르족(만주족)은 (…) 30년 이상
의 유혈전쟁 끝에 1650년경 전초 제국의 완전한 전면적 정복을 달성했다.661)

하지만 템플은 여기서 바로 논조를 정반대로 뒤집어 정복자도 중국의 우수한
제도를 계승할 수밖에 없었다는 점을 상기시킨다.

그러나 이 헌정체제와 정부의 강력성은 어떤 상황에서도, 또는 어떤 관점에서도 이
제도에서만큼 크게 현상한 적이 없어서, 이 제도는 내전에 의한 왕조의 여섯 번의
변동과 외부의 야만적 세력들에 의한 네 번의 정복 같은 거대한 폭풍과 홍수를 안전
하게 건너왔다. 왜냐하면 현재의 타타르 왕들 아래서 정부는 여전히 동일하게, 그리
고 중국인 학자들의 손안에 계속 이어지고 있고, 이러한 폭풍이나 혁명에 의해 초래
된 것처럼 보이는 모든 변화가 한 타타르 왕조가 중국인 왕조 대신에 왕좌에 앉는
것에 불과한 것이며, 도시와 요새들(strong places)이 점차 중국인들의 매너·관습·언어
속으로 빠져드는 타타르 병사들에 의해 지켜지기 때문이다. 심지어 적과 침략자들에
의해서도 아주 큰 존경, 아니 더 정확히 말하면 숭앙이 이 지혜롭고 찬미할 헌정체제

661) Temple, "Of Heroic Virtue", 343-344쪽.

에 부여되어서, 국내의 찬탈자들과 외부에서 온 정복자들이 둘 다 흉내 내려는 경쟁심으로 다툰다. 이들은 가장 거대한 궁전을 만들고, 이 헌정체제에 가장 많은 지지를 보낸다. 이들은 중국인들의 유구한 헌정체제와 정부의 확립과 보존 외에 그들 자신의 안전과 안락을 백성의 순종에 의해 확보할 다른 방법을 찾지 못하기 때문이다.662)

'천명론적' 절대군주정, 즉 '왕위는 하늘이 준다'는 '왕위천여론적王位天與論的' 절대군주정의 '레토릭'으로 포장된 '왕위민여론王位民與論'과 '유이불여有而不與·무위남면론'에 기초한 '내각제적' 제한군주정으로 요약되는 중국의 헌정체제는 몽고·만주족의 정복왕조조차도 결국 자기들의 제도로 받아들일 정도로 탁월하다는 말이다.

■중국내각제에 대한 템플의 분석

템플은 공자의 '유이불여有而不與·무위남면론'에 기초한 제한군주정 철학에 의해 촉진되고 정당화되는 명·청대 내각제를, 천하가 알아주는 현신의 능동적 통치와 덕스러운 군주의 수동적 군림의 '분권적 군신공치' 체제로 파악했다. 그는 영국 절대군주의 왕권신수론적 또는 왕위천여론적 수사를 조금도 훼손하지 않으면서도, 아니 이 왕권천여론王權天與論의 수사를 왕권민여론王權民與論과 동일화함으로써 분권적 군신공치를 가능하게 하는 내각제적 제한군주정을 '실존하는 유토피아' 중국제국의 핵심제도로 분석해낸다.

과거급제자들이 바로 관원들이 되기 때문에 바로 중국의 교육 논의에 잇대서 템플은 중국의 국가제도와 내각제의 분석에 들어간다.

중국인들의 모든 국무원과 관헌은 이 과거급제자들로 구성된다. 이들 중에서 문무 양과의 모든 주요 관원과 치자들이 발탁된다. 황제와 지방태수들, 그리고 군대의 장군들은 모든 경우에 이들과 의논한다. 그들의 학문과 덕성은 그들을 모든 공무의 수행과 처리에서 다른 나라들에서의 가장 오랜 실행과 경험보다 더 유능한 것으로

---

662) Temple, "Of Heroic Virtue", 344쪽.

평가받도록 만들어준다. 그들이 군문에 들어가면, 그들은 모든 큰일에 제 생명을 내놓는 점에서 그들의 군부대의 가장 용감한 병사보다 더 용감하고 더 관대한 것으로 느껴진다.663)

이어서 템플은 니우호프의 분석에 입각해 중국의 수사적 '절대'군주를 제도에 의해 실질적으로 자신의 능동적 자문기구에 매인 수동적 군주로 제한하는 중국의 내각제적·관료제적 제한군주정의 특질들 안에서 영국의 내각제 헌정 개혁에 응용된 결정적 내용들을 집어낸다.

이에 정부에 대해 말하자면, 중국에는 왕의 교시와 칙령 외에 다른 어떤 법률도 없기에 그것은 절대군주정이다. 이 군주정은 (영국과) 마찬가지로 세습적이고, 여전히 혈통을 따라 다음 세대로 내려간다. 그러나 왕의 모든 교시와 칙령은 그의 추밀위원들(councils)을 통해 처리되고 추밀위원회 또는 기무처(council)의 권고나 장주章奏에 의해 작성된다. 그리하여 모든 사안이 여러 부처에 의해 쟁론되고 확정되고 결정된다. 그 다음 왕에게 상신된 조언이나 주청에 입각하여 왕에 의해 비준되고 서명되며, 이로써 법령이 된다. 국가의 모든 큰 관직은 마찬가지로 여러 개별 부처의 동일한 권고나 장주에 입각하여 왕에 의해 수여된다. 그리하여 어떤 사람도 군주 자신의 기분에 의해, 또는 어떤 대신의 호의에 의해, 아첨이나 부패에 의해 선호되는 것이 아니라, 여러 관청에 의해 진술되어 왕에 대한 권고나 장주를 올리는 실력, 학문, 덕성의 힘이나 입증에 의해 선호된다.664)

템플은 바로 하늘로부터 천명을 받은 '천자'로서의 절대군주의 수사적 절대성을 조금도 훼손하지 않은 채 그 왕권을 소관부처의 장주와 자문에 묶어 수동적 비준권으로 축소시킨 중국의 헌정체제의 이런 특징에서 왕권신수설적 절대군주정을 고집하는 찰스 2세와, '고대헌법론적'으로 왕권을 제한하려는 의회를

---

663) Temple, "Of Heroic Virtue", 335-336쪽.
664) Temple, "Of Heroic Virtue", 337쪽.

타협시켜야 하는 '불가능한 임무'를 성공적으로 완수할 해법을 본 것이다.

템플은 중국의 왕권을 제한하는 두 기구를 육부관료체제와 내각으로 보았다. 그는 육부를 상론한 데665) 이어 니우호프를 따라 청대의 내각제를 설명한다.

모든 것보다 위에 있는 것은 인원수에서 5명이나 6명을 좀처럼 넘지 않지만 최상의 현명과 경험을 갖춘 인사들인 주요 대신들, 즉 각로들의 추밀원(council of the Colaos or chief Ministers)이다. 이들은 큰 예찬을 받으며 다른 중앙부처나 지방정부를 거친 뒤에 마침내 이 최고의 위계로 승진해서, 왕과 직접 면의面議하는 추밀원(Privy Council) 또는 기무처(Junto)에 봉직한다. 왕과의 이 면의는 다른 어떤 관원에게도 허용되지 않는 것이다. 다른 예하부처의 모든 결과보고와 장주는 이 각로들 앞에 제출된다. 이것들은 각로들의 표의票擬에 의해 승인되고, 황제에 의해 서명·비준되며, 이렇게 하여 처리된다. 이 각로들은 언제나 왕국의 가장 귀중하고 가장 유명한 철학자나 현자들의 몇몇 인사들에 의해 보필받는다. 이 현자들은 황제를 보필하고, 모든 장주를 접수하는 데 있어 황제에 봉직하며, 황제나 각로들에게 장주들에 대한 자기들의 의견을 올리고, 또한 아주 중요하고 어려운 문제에 대해 자문을 받을 때도 의견을 올린다.666)

여기서 명대 중기 이후 사라졌다가 청대에 다시 살아난 "면의"를 말하고 각로들이 '추밀원'만이 아니라 '기무처'에도 봉직한다고 설명하는 것으로 보아 이것은 명대 내각제가 아니라 청대 내각제임이 틀림없다. 각로들이 '추밀원'만이 아니라 '기무처'에도 봉직한다고 하는 것으로 보아 템플은 청대의 내각제도 알고 있는 것이 틀림없다. 여기서 중요한 대목은 내각이 다른 예하부처의 모든 보고와 장주를 독점적으로 관장하고 황제가 비준하기 전에 각로들의 표의를 통해 장주를 승인·부인하는 포괄적 정책결정권과 능동적 표의권을 보유하는 반면, 황제는 나중에 서명·비준하는 수동적 비홍권批紅權만을 보유한다는 대목이다. 이것은 황제가 피동적 기구인 반면, 능동적·실질적 정책기구는 내각임을

---

665) 참조: Temple, "Of Heroic Virtue", 337-338쪽.

666) Temple, "Of Heroic Virtue", 338-339쪽.

뜻하는 것이다. 그러나 주지하다시피 청조의 황제는 대체로 이런 피동적 기관으로 남지 않고 줄곧 능동적으로도 행동했다.[667)

각로를 보필하는 내각 속료屬僚들('왕국의 가장 귀중하고 가장 유명한 철학자나 현자들의 몇몇 인사들')에 대한 설명은 니우호프의 내각제 설명의 경우처럼 청조의 내각 속료에 대한 설명으로 보인다. 그런데 템플은 이 속료들이 "각각 60명으로 구성된 북경 소재 두 의원議院(assemblies)에서 선발된다"고 말하고 있는데,[668) 청조의 '한림원'을 가리키는 것으로 보이는 이 '의원'에 대한 기술은 니우호프가 제공한 정보보다 더 많은 것을 담고 있다. 템플이 아마 내각에 특별한 관심을 둔 나머지 다른 서적들도 뒤져 보았던 것으로 보인다.[669) '두 의원'이라고 한 것은 한漢·만滿 이중의 한림원을 가리키는 것으로 풀이된다.

그들은 학문의 모든 일에 채용된다. 그들은 그 안에 필요한 명령을 주고, 모든 공문서를 보관하고, 모든 공문서를 정리하고 요약하며, 국가의 모든 법령을 기록한다. 이들 중 몇몇 사람은 후임 왕으로부터 그의 전임 왕의 시대와 행적을 진술하고 기록하도록 명받는다.[670)

마지막으로,

이들로부터 (그들이 지혜와 덕성의 존경과 명성 속에서 성장하는 만큼) 국가의 관원들과 여러 부처의 자문관들이 뽑혀 점차 승진한다. 이 두 의원의 하나에 속하지 않은 사람은 누구도 결코 각로의 신분에 도달하지 못한다.[671)

---

667) 황태연, 「공자의 분권적 제한군주정과 영국 내각제의 기원(1)」, 258-265쪽.

668) Temple, "Of Heroic Virtue", 339쪽.

669) 템플은 니우호프의 책 외에 그가 읽은 다른 저서들(Paulus Venetus, Martinius Kercherus의 책, 이탈리아어, 포르투갈어, 네덜란드어로 쓰인, 선교사, 상인, 외교관들의 기타 여행기)을 스스로 밝히고 있다. Temple, "Of Heroic Virtue", 342쪽.

670) Temple, "Of Heroic Virtue", 339-340쪽.

671) Temple, "Of Heroic Virtue", 339-340쪽.

이 마지막 경직된 기술은 니우호프의 과장을 그대로 따른 것이다. 템플은 이런 내각제적 구조가 지방정부에서 유사하게 반복된다는 점도 지적하고 있다.672)

템플은 '법의 제정'의 중요성에 맞먹는 '법과 정사의 집행'으로서의 '행정'의 중요성을 인식한 '최초의 영국인'이자, 이 행정의 관점에서 중국의 탁월성을 인식한 '최초의 영국인'이기도 했다. 그는 「백성의 불만에 관하여(Of Popular Discontents)」에서 이렇게 말한다.

> 그러나 법률들은 그것들이 먼저 잘 합의되고 제정되며, 그다음으로 계속 잘 집행되게 된다면 사람들 간에 질서를 유지하는 데 이바지한다. 불만, 무질서, 내부적 이반은 전자의 결여나 실패로 인한 것보다 후자의 결여나 실패로 인해 훨씬 더 빈번하게 생겨난다. 어떤 탁월한 입법자나 원로원이 어떤 탁월한 헌정제도를 고안하고 제정할 수 있다지만, 누구도 이것을 시행하고 뒷받침하는 데 필요한 모든 치자와 관리들이 현자이거나 선인이어야 한다고, 또는 그들이 현자이면서 동시에 선인이라면 그들의 관직이 요구하는 그런 배려와 근면, 열성과 활기를 가져야 한다고 규정할 수 없다. 지금, 어떤 헌정제도도 그렇게 완벽하지 않고 법률이 그렇게 정의롭지도 않다면, 게다가 행정이 나쁘고 무식하거나 부패해 있고, 너무 엄격하거나 너무 태만하며, 너무 소홀하거나 너무 가혹하다면, 정부의 본래적 통치구상과 헌정제도의 취약성이나 결함으로 인한 것보다 더 정당한 불평불만의 기회가 주어질 것이다. 왜냐하면 최선의 인간들이 다스리는 정부가 최선의 정부(those are the best government where the best men govern)라고 아마 유사한 성격의 다른 주제들만큼 많은 이유에서 결론지어질지도 모르기 때문이다. 그 종류의 도식을 그대로 둔다면 악인이 다스리고 일반적으로 국가관직에 고용되어 있는 정부들은 악정부惡政府들이다. 하지만 이것은 우연에 의해서만이 아니라 자연적 성향에 의해서도 천지만물이 복종하는 천하의 악이다. 이 악은 거의 변경될 수도 없고, 더구나 이야기에서 나타나는 기초들 가운데 가장 깊고 지혜로운 기초 위에 수립된 중국제국의 유구한 정부에서가 아니라면 우리가 책에서 읽은 한에서 변경된 적도 없었다.673)

---

672) Temple, "Of Heroic Virtue", 340쪽.

여기서 템플은 '훌륭한 행정'의 중요성을 강조하면서 예외적으로 중국제국의 유구한 정부만이 이 행정업무를 감당할 수 있다고 말하고 있다.

위 글은 "최선의 인간들이 다스리는 정부가 최선의 정부"라는 표현에서부터 이미 공자철학이 배어 있다. 공자는 "그 사람이 있으면 그 정치가 일어나고 그 사람이 없으면 그 정치가 그친다(其人存則其政擧 其人亡則其政息)"고 하여 '인치 人治'를 중시하는 군자치국론을 천명하고,674) 국가의 의리를 효제와 자애로 환원하고675) 통치자를 "백성의 부모(民之父母)"로 규정하는 가족-국가비유론적 인정仁政(양민·교민)의 공감정치론을676) 갈파하지 않았던가!

이런 관점에서 보면, 템플이 1672년에 쓴 「통치의 기원과 본성에 관한 에세이 (Essay on the Original and Nature of Government)」도 공자철학이 배어 있는 것으로 보인다. 그는 이 글에서 홉스의 사회계약론에 맞서 바로 가부장제적 자애에 기초한 공감정치론과, 군자치국과 등치된 철인치자론을 피력하고 있기 때문이다.

단 한 사람의 통치가 본래적이고 자연스러운 통치라고 얘기되는 것에 대해 이미 선 호가 결정된 것으로 보이더라도 (…) 아마 가장 순리적으로 결론지어질 수 있는 것은 한 나라 안에서 관습과 용례에 의해 가장 오래 받아들여지고 공인된 그 형태들, 가장 일반적이고 가장 강렬한 흐름으로 백성의 정서와 풍습이 흘러들어간 그 형태들이 최선이라는 것이다. 아니면 최선의 사람들이 다스리는 형태들이 최선의 통치라는 것, 그리고 차이는 정부의 형태에 있는 것이 아니라 치자들의 인물에 있다는 것, 옛날 에 얘기된 것의 의미로 하면(지혜롭고 선한 사람은 철학자를 뜻하는 것으로 받아들여지는

---

673) William Temple, "Of Popular Discontents", 38-39쪽. *The Works of Sir William Temple*, Vol. III (London: Printed for Rivington et al. and by S. Hamilton, 1814).

674) 『中庸』(20章).

675) 『大學』(傳9章): "군자는 출가하지 않고도 나라에 가르침을 이루니, 효는 임금을 섬기는 방도이 고 우애는 윗사람을 섬기는 방도이며, 자애는 대중을 부리는 방도다(君子不出家而成敎於國, 孝者 所以事君也 弟者 所以事長也 慈者 所以使衆也)."

676) 『大學』(傳10章): "『시경』은 '화락하는 군자여 백성의 부모라'라고 노래했다. 백성이 좋아하는 것을 좋아하고 백성이 싫어하는 것을 싫어한다. 이것을 일러 백성의 부모라고 하는 것이다(詩云 樂只君子 民之父母. 民之所好 好之 民之所惡 惡之 此之謂民之父母)."

데) 최선의 통치는 왕이 철학자이고 철학자가 왕인 통치형태다.[677]

템플이 '선하고 지혜로운' 군자를 '철학자'로 이해하는 한에서 그가 여기서 피력하는 철인치자론은 실은 공자의 군자치국론이다. 그리고 그는 민심론을 바탕으로 인애의 정치로 논의의 방향을 돌린다.

모든 통치가 서 있는 토대는 백성의 동의 또는 백성의 가장 크고 가장 강한 부분의 동의다. (…) 어떤 방식의 하나에 의해서든, 모든 방식에 의해서든 최대 다수의 동의를 받아들이고 결과적으로 통치를 뒷받침할 백성의 욕망과 결의를 받아들이는 정부는 가장 넓은 밑받침을 가졌고 가장 큰 범위의 토대 위에 서 있다고 정당하게 말할 수 있다. 그러기에 그것이 단 한 사람의 권위로 종결된다면 그것은 가장 협소한 꼭대기를 이루고 그리하여 가장 굳건한 유형의 피라미드 형태를 이룬다고도 얘기될 수 있다. 반대로, 자애(affection)를 딴 데로 돌리고 백성의 지지를 잃고 민익民益을 거스름으로써 자신의 영역 밖에 최대 부분의 동의를 두는 정부는 동일한 정도로 토대를 잃고 밑받침을 좁히는 것이라고 정당하게 얘기될 수 있다. (…) 이런 척도들에 의해 군주가 자애로써, 그리고 그의 백성 또는 백성의 대부분(즉, 백성의 많은 등급에 의해 가장 크거나 가장 강력한 부분)의 의견과 이익에 따라 다스리는 군주정이 다른 모든 정부 가운데서 가장 안전하고 굳건한 정부다. 그리고 반대로, 백성들의 일반적 정서와 이익에 기초하지 않고 단지 정부에 참여한 또는 정부에 의지하는 사람들의 정서와 이익에만 기초한 중민衆民정부(popular government)는 다른 모든 정부 가운데 가장 불확실하고 가장 빈번하고 가장 가벼운 변화에 좌지우지된다.[678]

그의 '자애의 다스림'은 곧 인애로 다스리는 공자의 인정론仁政論이고 그가 여기서 모든 통치의 토대로서 말하는 '백성의 동의'는 공자의 '민심'을 말한다.

---

677) William Temple, "Essay on the Original and Nature of Government", 22-23쪽. *The Works of Sir William Temple*, Vol. I (London: Printed for Rivington et al. and by S. Hamilton, 1814).

678) Temple, "Essay on the Original and Nature of Government", 23-24쪽.

다만 여기서 그는 1670년대 이후 논고들에서처럼 떳떳하게 '공자'를 출처로 밝히는 길을 택하지 않고 있을 뿐이다.679)

템플은 위 인용문에서 말하는 "중민정부"의 사례로 영국의 크롬웰정부와 네덜란드의 총독정부를 든다. 여기서는 후자의 경우를 제쳐놓고 크롬웰의 공화정부에 대한 그의 분석만을 알아보자. 그는 1660년의 왕정복고를 "1660년 영국의 혁명(the revolution of England in the year sixty)"이라고 부른다. 그리고 영국내전 과정과 크롬웰의 공화정을 분석한다.

전자(영국)의 경우에, 어떤 뿌리를 설계하지도 않았고 정부에 참여한 자들의 애정과 이익 외에 그 어떤 것으로부터도 전혀 도출되지 않은 찬탈된 권력은 6만여 명의 불패 군대의 무력을 믿고, 자칭 의회에 의한 합법적 세출이라는 모의 형태를 갖췄을지라 도 군대의 무력에 대한 두려움에 의해 거둬지는 비례적 세수를 믿고 스스로 안전하다고 생각했다. 하지만 우리는 그들이 유구하고 합법적인 정부를 원하는 백성의 성향과 경향적 정서에 굴복하는 것을 보았다. 그리고 이 강력한 군대도 갑자기 민심과 민력(their heart and their strength)을 잃고 그들이 그렇게 오랫동안 백성의 주의주장과 민익이라고 불렀던 것을 포기하고 다시 인민대중 속으로 융해되어 들어가는 것에 만족하는 것을 보았다. 또한 국민의 일반적 정서와 발맞춰 피 한 방울 흘리지 않고 왕의 명예복고(the king's glorious restoration)를 향해 가서 분쟁, 즉 왕국에 그토록 치명적이었던 것의 발단과 추이를 종식시키게 되는 것을 보았다.680)

템플은 여기서 왕정복고를 '혁명'이라 부르고 그 앞에 ─ 훗날 로크 등 급진소수파가 '명예혁명'에 쓰게 되는 ─ 'glorious'라는 수식어를 붙이고 있다. 그에게 '왕정복고'는 왕정의 '명예복고'인 것이다.

이것으로 우리는 두 가지 사실을 알 수 있다. 첫째, 1670-80년대에도 대부분의 영국인들은 백성이 왕을 '죽이고' 왕조를 바꿔치는 반정(폭군방벌)이나 역성혁

───────────────

679) 참조: Fan Cunzhong, "The Beginnings of the Influence of Chinese Culture in England", 77-79쪽.
680) Temple, "Essay on the Original and Nature of Government", 28쪽.

명을 뜻하는 '인민혁명'의 관념이 부재했다는 것이다. 둘째, 그럼에도 불구하고
템플은 청교도혁명의 실패와 왕정복고가 단순히 크롬웰세력이 "유구하고 합법
적인 정부"를 원하는 복고적 민심에 굴복해서 벌어진 것인 양 '피상적으로'
분석하고 있다.

그러나 여기서는 민심이 복고적으로 변한 심층적 이유를 밝히는 것이 관건이
다. 실은 영국인들은 영국내전 당시 백성이 폭군을 '일개 사내'로 여겨 '죽여도'
되는 혁명의 개념도, 혁명의식도 전무했기 때문에 찰스 1세의 처형을 '국왕시해'
로 여겨 극한적 '양심의 가책'을 느꼈다. 이 정치도덕적 '양심의 가책'은 왕정복
고 전야에 크롬웰의 무덤을 파내 그 시신을 '부관참시'하는 과격행동으로 터져
나왔다. 국왕처형을 집행하고 감당할 수 있는 근대적 혁명의식을 갖추지 못한
영국의 민중과 지식인들의 전통주의적 의식은 "유구하고 합법적인 정부"를
원하는 복고적 민심으로 표출된다. 템플은 충직한 왕당파로서 공자철학을 의식
적·무의식적으로 『대학』에서 군주가 "편벽되면 천하에 의해 죽임을 당하는"
역성혁명 부분을 빼고 학습했을 것이다. 따라서 그는 이 왕정복고 사건을 혁명
개념의 부재라는 근본적 관점에서 이해할 수 없었던 것이다.

■ 1679년 템플과 찰스 2세에 의한 영국내각제 개혁의 추진

템플은 명예혁명 이전인 17세기 중후반 중국의 만민평등교육·3단계 교육제·
과거제·관료제만이 아니라 특히 내각제적 제한군주정에 탄복한 것이다. 주지
하다시피, 중국의 왕권은 민본주의, 덕치주의, 공의公議(언관·상소)제도 등 여러
정치이념과 견제장치에 의해 이중삼중으로 제약되어 있었을 뿐만 아니라, 명나
라 때부터 재상宰相(승상)을 대체한 '내각'의 권력분립적 의정권議政權에 의해
크게 제한되어 있었다.[681] 태조 홍무제 때 폐지된 승상제 대신 황제의 자문비서
기구로 등장한 명나라의 내각제는 3대 성조成祖 영락榮樂연간에 문연각대학사

---

681) 명·청의 내각제 일반에 대해서는 참조: 崔晶姸, 「明朝의 統治體制와 政治」, 18-21쪽; 金斗鉉,
「淸朝政權의 成立과 發展」, 169-170쪽. 서울대학교 동양사학연구실 편, 『講座 中國史(IV)』(서울:
지식산업사, 1989). 安震, 『大明風雲』(長春: 長春出版社, 2005). 안쩐(정근회 역), 『천추흥망(명나
라)』(서울: 따뜻한손, 2010), 123-145쪽.

文淵閣大學士들의 정식 참예기무제'參預機務制'로 제도화되어 4·5대 홍희洪熙·선덕宣德 연간(1424-1435)에 속료屬僚를 가진 독립적 권력기구로 성립되었으며, 내각대학사內閣大學士(각신閣臣 또는 각로閣老)들 중 태자의 사부들이 '삼호관三狐官'으로 우대받고 선덕연간에 내각에 표의권票擬權(議政權)이 주어져 내각에 의해 황권皇權의 자의를 견제하고 황제의 무능과 실책을 보완할 수 있는 '보정輔政체제'가 수립되었다. 이 내각체제는 6대 영종英宗의 정통正統연간(1435-1449)에도 그대로 유지되었다. 그러다가 순천天順연간(1457-1464)에 표의권이 내각에 전속되고 '수보首輔' 또는 '수상首相'이라고 불린 수석 내각대학사의 지위가 황제전권皇帝專權을 견제할 수준으로 강화되면서, 내각제는 대등한 각신들의 보정체제에서 '수보체제'로 발전했다.682) 그러나 환관에 의존한 8대 헌종憲宗의 성화成化연간(1464-1487)에는 내각제가 잠시 무력화되었다.683) 그러다가 11대 세종世宗의 가정嘉靖연간(1521-1567)에 수상내각이 더 공고한 분권공정分權共政체제의 형태로 완전히 정착해 명말明末까지 120년간 중국을 다스렸다.684) 명조의 내각제는 청나라에 의해 답습되었다. 조선에서 중국의 내각제와 동일한 제도는 '내각'으로 별칭된 정조의 규장각이었다. 각신閣臣을 종1품從一品의 정승급으로 보임한 규장각은 정조의 의도 면에서 볼 때 명明나라의 내각제를 도입하려고 했던 것으로 보인다.685)

쟝 보댕(Jean Bodin, 1530-1596)과 토마스 홉스(Thomas Hobbes, 1588-1679)의 절대주권론 이래 권력을 절대 분할할 수 없는 것으로 여기던686) 유럽인들은 극동의

---

682) 참조: 윤정분, 「正統·天順연간의 經史講論과 정국운영 - 經筵의 제도화와 내각제 운영과 관련하여」, 『중국사연구』 제61집(2009), 83-112쪽, 윤정분, 「成化年間(1465-1487)의 經筵과 정국운영」, 『명청사연구』 제4집(2010), 21-22쪽.

683) 참조: 윤정분, 「成化年間(1465-1487)의 經筵과 정국운영」, 1-31쪽.

684) 참조: 曺永祿, 「嘉靖初 政治代立과 科道官」, 『동양사연구』 제21집(1985), 1-55쪽.

685) 중국 명·청대의 내각제와 정조의 규장각에 대한 상론은 참조: 황태연, 「공자의 분권적 제한군주정과 영국 내각제의 기원(1)」.

686) 보댕은 권력을 분할한 모든 "혼합물은 완전히 불가능하고 모순적이며", "혼합물은 국가가 아니라 국가의 타락형"이라고 말한다. Jean Bodin, *On Sovereignty. Four chapters from The Six Books of the Commonwealth* (1576), ed. and trans. by J. H. Franklin (Cambridge·New York: Cambridge University Press, 1992), 102, 105쪽. 홉스에 의하면, 주권에 속하는 권리들은 "불가양·불가분이다".

번영을 보장해온 중국의 권력분립적 제한군주정과 내각제로부터 충격적 각성
을 얻었다. 윌리엄 템플은 그중 한 사람이었다. 그는 1679년 국왕과 야당 간의
심각한 갈등을 완화하기 위해 찰스 2세(재위 1660-1685)에게 '신新추밀원(New Privy
Council)'의 도입을 설득해, 왕으로부터 향후 모든 왕명을 반드시 이 국무위원회
의 논의와 의결을 거쳐 발령하겠다는 국왕의 공약과 이 위원회의 구성 및
운영을 위임받아 '신추밀원'을 설치하고 이 위원회 안에 '중국내각'을 연상시키
는 '이너서클'을 구성했다. 이제 영국국왕은 단독으로 집행권적 칙령을 발령하
는 '독임권적獨任權的(monocratic) 군왕'이 아니라, 집행적 성격의 정책결정 시에
반드시 국무위원회의 논의와 의결을 거쳐서만 칙령을 발할 수 있는 '집체적
(collegial) 군왕'을 뜻하는 이른바 'King in Council(추밀원 내 군왕)'로 변모된 것이다.

이 'King in Council'이라는 표현은 이후 어느 때부터인가, 영국과 영연방
안에서 '추밀원의 자문과 동의(advice and consent)에 의해 행동하는 군왕'을 표시하
는 '집행권의 행사를 가리키는 헌법의 기술적 술어'로 쓰였다. 따라서 'King
in Council'은 군왕과 추밀원의 권력분립을 통한 군왕의 통치권의 제한을 뜻했
다. '신추밀원'의 설치는 영국에서 전제군주정을 청산하고 중국식으로 제한군
주정을 창설하는 새로운 헌정실험이었다. 이 '신추밀원'은 의정과 정책결정을
담당하는 내각정부인바, 무엇보다도 왕이 이 기구의 결정에 구속된다는 점에
서, 그리고 왕의 의사에 반하는 의회 다수당의 지도자들도 참여시켰다는 점에
서 획기적으로 '새로운' 것이었다. 이 '신추밀원'은 분란에도 불구하고 얼마간
제 기능을 했으나, 새로 즉위한 제임스 2세(재위 1685-1688)의 폭정으로 4년간
무력화되었다. 그러나 템플에 의해 기획되어 찰스 2세 시대에 나름대로 작동한
이 중국식 내각제 '신추밀원'은 영국내각제의 기원이 되었다.

찰스 1세(재위 1625-1649)의 절대주의를 잇는 찰스 2세와 제임스 2세의 절대군
주정과 크롬웰의 공화주의 군사독재(1649-1658) 사이에서 갈팡질팡하던 당시

"자체 안에서 분리된 왕국은 존립할 수 없다." 권력분립은 곧 "분열"과 "내전"이다. Thomas Hobbes,
Leviathan (1651), Part 2, Ch. 18, 167쪽. *The Collected Works of Thomas Hobbes*, Vol. III. Part
I (London: Routledge/Thoemmes Press, 1992).

영국인들은 이처럼 중국에서 헌정문제의 새로운 해법을 발견해 자국에 적용했고, 이를 기점으로 1688년 명예혁명과 이후 18세기 정치 과정을 통해 템플의 중국식 '신추밀원'을 더욱 발전시켜 마침내 영국 특유의 의원내각제적 제한군주정을 창출했던 것이다. 이와 함께 순임금·우임금과 관련된 "임금은 천하를 영유하나 이에 간여하지 않는다(有天下也而不與焉)"는 『논어』의 영유권(주권)과 치국권(파생적 통치권)의 권력분립 원칙도 어느덧 "왕은 군림하나 통치하지 않는다"는 영국의 불문헌법으로 번안되었다.687)

　윌리엄 템플은 중국 정치체제와 공자철학 연구를 통해 새로운 근대철학, 즉 계몽주의의 길을 개척했을 뿐만 아니라, 영국의 국가체제를 '내각제적 제한군주정'으로 혁신시켰다. 이 국가혁신을 기점으로 영국은 정치적으로 대륙을 100년 앞지르게 된다. 이것은 템플의 중국연구와 공자학습에서 비롯되기도 했지만, 템플과 찰스 2세의 특별한 공자애호와 중국열광 덕택이기도 했다. 그리하여 이 덕택에 영국은 18세기로의 세기전환에 앞서 극동문화로부터 가장 값진 도움을 얻은 나라가 되었다. 훗날 세계로 확산되는 영국 의원내각제의 물꼬가 바로 템플과 찰스 2세의 중국식 내각제 개혁에 의해 열렸기 때문이다.

3.7. 아이작 보시어스의 중국이상국가론(1685)

　17세기 중후반 고전적 중국철학에 대한 또 다른 열광은 작지만 주목할 만한 네오에피큐리언적 자유사상가 집단에서 에피큐리언적·쾌락주의적 도덕론을 극복하는 과정에서 기원했다. 이들은 중국의 정치문화와 공자철학을 알아가면서 급진적 계몽주의자들로 변해갔다. 이 과정에서 무신론적 중국문화와 공자철학을 사상논쟁의 전복전략으로 활용하는 아이디어를 불현듯 떠올린 최초의 '선각자(esprit fort)'는 아이작 보시어스(Isaac Vossius, 1618-1689)였다. 그는 유럽 최대의

---

687) 중국식 내각제로의 영국정부의 개혁과 영국내각제의 발전에 대한 상론은 참조 황태연, 「윌리엄 템플의 중국 내각제 분석과 영국 내각제의 기획·추진 - 공자의 분권적 제한군주정과 영국 내각제의 기원(2)」, 『정신문화연구』 제38권 제2호 통권 139호(2015 여름호); 황태연, 「찰스 2세의 내각위원회와 영국 내각제의 확립 - 공자의 분권적 제한군주정과 영국 내각제의 기원(3)」, 『정신문화연구』 제38권 제3호 통권 140호(2015 가을호).

엄청난 개인장서를 가진 네덜란드 철학자로서 스웨덴 크리스티나 여왕의 왕사였다. 그는 1670년 찰스 2세의 환영을 받으며 영국으로 귀화해 찰스 2세에 의해 윈저 성 왕립참사회의 봉록성직관(prebend)에 임명되었다.

자유사상가이자 사상적 급진주의자로서의 보시어스의 명성은 그의 중국전문가 경력과 불가분적으로 얽혀 있다. 보시어스가 중국에 대해 이야기하는 것을 들은 뒤 "(그는) 성서 안에 들어 있는 것을 제외하고 모든 것을 믿었다"는 영국국왕 찰스 2세의 인물평은688) 그의 사상적 급진성을 지적하는 말로 유명하다. 찰스 2세가 보시어스를 이렇게 잘 알면서도 그의 영국 귀화를 받아들이고 그를 윈저 성 왕립참사회의 봉록성직관에 임명한 것을 보면, 찰스 2세도 은연한 중국열광자였다는 것을 알 수 있다. (이런 열광 속에서 그는 윌리엄 템플의 중국식 내각제 도입 제안을 수용했을 것이다.)

보시어스는 유럽을 결코 떠난 적이 없을지라도 마르코 폴로의 열광도 능가했을 정도로 중국문화에 대해 열광했다. 그는 두 번에 걸쳐 중국문명을 논했다. 당시 유럽은 중국에 대한 새로운 자료들이 쏟아져 들어오고 있었다. 보시어스는 언어학자들과 철학자들, 그리고 당대의 예술가들의 관심을 끌 중국의 잠재력에 대해 잘 알고 있었던 것이다.

■ "이상국가 중국"

아이작 보시어스는 최초의 중국 관련 논의에서 중국과 중국인의 유구성을 1660년대 후반 동안 줄곧 성서적 연대기와 '고古신학(prisca theologia)', 그리고 '계시啓示의 중심성'에 대한 확신을 약화시키려는 자신의 캠페인의 일부로 투입했다. 『성서』에서 말하는 홍수는 세계의 제한된 지역인 유대 땅만을 덮쳤다는 보시어스의 논변도 중국문명의 예외적 유구성에 의거했다. 1659년의 열띤 의견 교환 속에서 보시어스는 『성경』의 연대기에 도전하는 중국의 연대기 문제를 정통

---

688) Jean-Pierre Nicéron, *Mémeires pou servir à l'Histoires des Hommes illustres*, Tom XII (Paris: Chez Braison, Libraire, 1733), 133쪽. Thijs Weststeijn, "Vossius' Chinese Utopia", 207쪽에서 재인용. Eric Jorink and Dirk van Miert, *Isaac Vossius between Science and Scholarship* (Leiden: Brill. 2012).

개신교과 학자(네덜란드의 대학교수) 호르니우스(Georg Hornius, 1620-1670)와 토론했다.

보시어스는 호르니우스의 의심에 대해 중국 역사가들의 정확성을 변호하면서 중국에서 문화적·철학적 유토피아가 실현되었다는 생각에 도달했다. 이 생각은 그의 두 번째 중국 논의인 『다양한 관찰의 책(Variarum observationum libri)』(1685)의 「중국의 예술과 과학에 관하여(De artibus et scientiis Sinarum)」라는 장절에서 다시 표명되었다. "고대 중국의 역사에 대한 마르티니의 기술을 열광적으로 받아들인 최초의 유럽인"으로서 보시어스는 두 연대기 간의 외양적 갈등을 『70인역 성서(Septuagint)』(기원전 270년경 완성된 가장 오래된 그리스어역 구약성서)를 구약성서 연대기의 기초로 쓰거나, 「창세기」 홍수를 보편적인 것으로 가정하지 않는다면 쉽게 풀 수 있다고 생각했다. 보시어스는 이 두 가능성을 받아들였고, 따라서 성서의 설명과 중국의 설명을 화해시키기 위해 히브리의 가부장들을 중국의 현명한 황제들과 동일시할 필요가 없었다. 『70인역 성서』의 연대기를 수용하는 것은 보시어스 이후 1세기 반 동안 중국에 관해 글을 쓰는 사람들 사이에서 점차 통상적이 되었다. 예수회 선교사들은 중국에서만 『70인역 성서』의 연대기를 사용한 것이 아니라, 유럽에서 출간된 보고서에서도 그것을 사용했다.[689]

보시어스를 폄하하는 자들은 그가 중국인을 잘 알지도 못하면서 또는 중국에 가보지도 않았으면서 중국의 사상·도덕·문화를 하늘 높이 찬양하고 중국의 문명적 성취를 인류의 최고업적으로 과장한다고 격하게 성토했다.[690] 그러나 보시어스는 급진적 정치사상의 흥기에 가장 크게 기여한 『다양한 관찰의 책』(1685)의 「중국의 예술과 과학에 관하여」에서 평화, 안정, 학문·예술의 함양 등의 관점에서 측정한다면 중국사회가 문명화된 인류의 가장 오래된 부분일 뿐만 아니라, 가장 칭송할 만한 부분이라고 주장했다. 또 그는 특히 중국의 과학·기술·의술을 치켜세우고, 인쇄술을 발명한, 그것도 서양보다 1,500년 전에 발명한 사람들은 중국인이라는 사실을 강조했다. 그리고 중국인들의 비할

---

689) Edwin J. Van Kley, "Europe's 'Discovery' of China and the Writing of World History", *The American Historical Review*, Vol. 76, No. 2 (Apr. 1971), 370쪽.

690) Israel, *Enlightenment Contested*, 639쪽.

데 없는 성공의 이유는 그들이 타국인들보다 '플라톤의 국가론'을 달성하는데 더 가까이 근접했었기 때문이라고 주장했다. 나아가 그는 중국인들이 모든 결정적 국사國事를 철학자들과 철학애호가들에게 위탁하고 있고, 만약 치자들이 죄를 짓는다면 철학자들은 이전에 이스라엘 예언자들이 그랬던 것만큼 치자들에게 간언할 큰 자유를 누린다고 갈파했다.691)

「중국의 예술과 과학에 관하여」에서 전개된 보시어스의 중국찬양은 물론이런 요약보다 더 정교했다. 그는 여기서 중국의 정치·예술·항해술·의학·천문학을 높이 치면서 중국의 유토피아적 성격에서 이전에 쓰인 것의 대부분을 능가했다는 중국관을 피력했다. 그는 심지어 중국에서 플라톤이 기안한 "철인왕의 이상적 통치의 개선된 버전"이 실현되었었다고 결론지었다. "만약 왕들이 죄를 짓는다면, 철학자들은 예언가들이 이스라엘 사람들에게 가졌던 것과 같이 큰 훈계의 자유를 가지고 있다. 백성도 철학자들이 그들의 의무를 이행하지 않는다면 철학자들을 판단할 동일한 자유를 가진다."692)

- 보시어스의 자료출처

보시어스는 중국에 대한 이런 정보지식을 어디서 구했을까? 중국사상이 아주 세련되었다는 견해는 예수회 신부들의 보고서들이 네덜란드어로 번역되었을 때 네덜란드의 더 넓은 청중들에게 도달했다. 가령 블라에우(Joan Blaeu, 1596-1673)는 『대大지도집(Groote atlas)』(1646-1665)의 일부로 이 보고들을 번역했다. "중국인 자신들에 의해 고대로부터 줄곧 기록된 중국의 역사는 그리스도 탄생약 3,000년 전을 포괄한다. (…) 그들은 자신들이 (…) 그때 탁월한 글자와 철학을 가졌다고 말한다."693) 중국 철학사상에 대한 보다 이른 유일한 논의는

---

691) Isaac Vossius (Isaaci Vossii), *Variarum observationum libr* (Londini: Prostant apud Robertum Scott Billiopolam, 1685), 56-59, 75-76, 77, 81쪽. Israel, *Enlightenment Contested*, 639-640쪽에서 재인용.

692) Isaac Vossius, *Variarum observationum libr*, 58-59쪽. Weststeijn, "Vossius' Chinese Utopia", 208쪽에서 재인용.

693) Joan Blaeu, *Grooten atlas VI* (Amsterdam: 1646-1665), "Introduction to the maps of China". Weststeijn, "Vossius' Chinese Utopia", 209쪽에서 재인용.

호르니우스의 『철학사(*Historia philosphia*)』(1655)다. 이 책에서 그는 중국 윤리학과
정치이론이 "정말 정확하다"고 말했다. "그들은 국가에 대해 더할 나위 없이
훌륭하게 생각해서 플라톤이 지하세계로부터 돌아온다면 그는 중국의 정치·
윤리독트린과 다른 어떤 독트린도 원치 않을 정도였다."[694] 그는 이교도 소크라
테스·플라톤과 함께 공자를 천국에 보내야 한다고 주장한 루이 14세의 왕사
라 모트 르 베예와 같은 자유사상가들의 언명에 호응해 공자가 "도덕과 판단에
서 많은 이교도들을 능가한다"고 생각했다. 다음과 같은 호르니우스의 기술은
특히 주목할 만하다.

> 전 중국제국은 오직 철학자들에 의해서만 다스려진다. 철학자들은 존경받고, 모든
> 장군과 지도자들은 커다란 겸손과 진기한 의례로 그들에게 경의를 표한다. 그리고
> 우리나라에서 선생들이 어린이들을 때리듯이 철학자들이 장군들을 때리는 일이 드
> 물지 않게 벌어진다. (…) 저 철학자들이 그들의 왕과 나라에 대한 신념에서, 그리고
> 죽음이 조국을 위한 것일 때 죽음에 대한 경시에서 군인들을 능가한다는 것은 놀라
> 운 일이다. 그리하여 오직 중국에서만 철학자들이 다스리고 거기에서 플라톤의 소망
> 이 실현되었다.[695]

라 모트 르 베예처럼 호르니우스는 이렇게 중국의 덕성주의적 '군자치국론'과
'신사치국'을 플라톤의 지성주의적 철인치국론으로 오해해 열광하고 있다.
  보시어스는 호르니우스의 이 평가를 20여 년 뒤에 중국철학을 찬미하는
데 사용한 것 같다. 그리고 호르니우스와 보시어스의 평가는 네덜란드 식자공
화국 안에서 더 광범하게 공유되는 관념들을 반영했다.[696] 공자철학에 대한
찬미는 네덜란드에서 예외라기보다 규칙이었기[697] 때문이다.

---

694) Georgius Hornius, *Historiae philosopicae libri VII* (Leiden: 1655), 309쪽. Weststeijn, "Vossius'
  Chinese Utopia", 209쪽에서 재인용.

695) Hornius, *Historiae philosopicae libri VI*, 309-310쪽. Weststeijn, "Vossius' Chinese Utopia", 209쪽에
  서 재인용.

696) Weststeijn, "Vossius' Chinese Utopia", 209쪽.

1660-70년대를 고비로 해서 중국은 학계를 넘어 대중적 관심의 초점이 되었다. 1667년에 출간된 키르허의 『삽화를 곁들인 중국 해설』이 각국 언어로 번역되었을 뿐만 아니라, 1669년에 나온 니우호프의 『네덜란드연합주의 동인도회사로부터 북경 또는 중국황제에게 파견된 사절단』도 출간 직후 다양한 언어로 번역·출판되었다. 또한 다페르(Olfert Dapper, 1635-1689)의 아시아와 중국에 관한 책 『중국지도집(Atlas Chinensis)』은 1671년 런던에서 영역·출간되어 대중적 사랑을 받았다.698)

키르허, 니우호프, 다퍼 등의 중국 관련 서적들을 배경으로 중국 국가론에 대한 호르니우스의 논평을 고려하면, 보시어스와 호르니우스는 1659년 중국역사의 유구성에 관해 논쟁할 때보다 더 긴밀하게 실제로 견해를 같이한 것을 알 수 있다. 그들은 『삽화를 곁들인 중국 해설』에 기술된 키르허의 중국관도 같이 활용했다.699)

- 중국의 예술·과학에 대한 예찬

보시어스는 1685년에 낸 『다양한 관찰의 책』의 제13절 「중국도시들의 크기(De Magnis Sinarum Urbibus)」(Cap. XIII)에 바로 이어지는 제14절 「중국의 예술과 과학에 관하여」(Cap. XIV)에서 먼저 중국의 시각예술을 상세히 고찰한다. 그는 자신의 유토피아적 관점에서 중국건축의 훌륭함은 사적 용도가 공적 용도로 지어졌기 때문에 그만큼 더 굉장한 것이라는 결론을 내린다. 그는 조각예술에서의 중국의 탁월성에 대해서도 논한다. 이것은 "많은 사람들이 경악 없이는 찬미하지 않은 기량을 뽐내는 거대한 조각상들에 의해 증명된다".700)

이것은 아마 렘브란트의 제자인 판 훅스트라텐(Samuel Van Hoogstraten, 1627-1678)의 보고를 반영한 평가일 것이다. 훅스트라텐은 "2마일을 떨어져서도 눈과

---

697) Dijkstra and Weststeijn, "Constructing Confucius in the Low Countries", part after the footnote 1.

698) 참조: Weststeijn, "Vossius' Chinese Utopia", 213쪽.

699) Weststeijn, "Vossius' Chinese Utopia", 210쪽.

700) Samuel Van Hoogstraten, Inleyding tot de hooge schoole der schilderkonst (Rotterdam: 1678), 323-343쪽. Weststeijn, "Vossius' Chinese Utopia", 214쪽에서 재인용.

귀, 콧구멍, 입을 볼 수 있을 정도로 경악스럽게 거대한 사람"의 형상을 한 중경의 한 산과, "콧구멍에서 나온 두 분수 중 하나는 찬물이, 다른 하나는 뜨거운 물이 흘러나오는" 사람의 코를 표현한 운남성의 한 야산을 묘사한 적이 있다.701) 회화예술은 보시어스에게 보다 세부적으로 들어갈 기회를 준다. 그는 "중국인들의 회화에 대한 잘못된 판단"을 가진 사람들에 대항해 "이 예술에서 중국인들이 유럽인들과 맞먹는다"는 것을 입증하려고 애쓴다.702) 그는 유럽의 그림을 어두운 그림자에 의존해 있기 때문에 비판하고, 중국 그림을 맑고 밝은 솜씨 때문에 칭찬한다.

> 중국 그림이 그림자를 그리지 않는다고 말하는 사람들은 칭찬했어야 할 것을 비판하고 있는 것이다. (…) 그림이 좋으면 좋을수록 그림자를 더 작게 가지는 것이다. 그리고 이 점에서 중국인은 두꺼운 그림자들을 보탬으로써 두드러지는 부분들을 표현하는 우리 지역 출신 화가들보다 훨씬 우월하다. 유럽 화가들은 이 문제에서 자연에도 복종하지 않고, 광학의 법칙에도 복종하지 않는다. 왜냐하면 이 법칙은 어떤 물체든 산만한 빛 속에 놓여 어떤 그림자도 눈을 잡지 못할 때, 손에 잡힐 듯 가장 가까이 있어 가장 많이 두드러지는 면들은 오히려 맑고 밝은 선으로 보여야 하지만, 더 멀리 떨어져 물러나 있는 면들은 덜 선명하게 보여야 한다는 것을 말해주기 때문이다. 누군가 이 회화법칙에 복종할 때, 그의 예술은 자연을 닮을 것이고, 더 두드러진 부분들이 현격한 그림자 없이도 앞으로 전진해 나오는 것처럼 보일 것이다.703)

보시어스는 중국인들이 그림자를 그리지 않는다고 칭찬하고 있다. 궁극적으로 그는 유럽예술에서 명암대비법(chiaroscuro)을 사용하는 것을 불인정하고 있다.

---

701) Samuel Van Hoogstraten, *Inleyding tot de hooge schoole der schilderkonst* (Rotterdam: 1678), 323-343쪽. Weststeijn, "Vossius' Chinese Utopia", 214쪽에서 재인용.

702) Vossius, *Variarum observationum libr*, "De artibus et scientiis Sinarum", 79쪽. Weststeijn, "Vossius' Chinese Utopia", 214쪽에서 재인용.

703) Vossius, *Variarum observationum libr*, "De artibus et scientiis Sinarum", 79쪽. Weststeijn, "Vossius' Chinese Utopia", 214쪽에서 재인용.

그리고 그는 공간을 자연 안에서 발견되지 않는 과장된 인위적 명암대비가 아니라 단지 미묘하게 희미해지는 윤곽으로만 구성해야 한다고 주장한다.704)

보시어스는 아마 암스테르담에서 활동하면서 중국예술을 상당히 수집한 독일 화가 폰 잔드라르트(Joachim von Sandrart, 1606-1688)의 중국예술 비판에 반응한 것으로 보인다. 렘브란트를 경쟁자로 여겼던 잔드라르트는 이전에 아이작 보시어스의 아버지인 유명한 인문주의자 게르하르트 요한 보시어스(Gerhard Johann Vossius, 1577-1649)의 초상도 그렸었다. 그는 『독일 아카데미(*Teutsche Academie*)』(1675)에서 일단 중국의 "아주 모험적인" 그림으로부터 "다른 예술에서도 가장 묘미 있는 것처럼 회화와 조각 예술에 아주 노련한 중국인들이 그에게 직접 준" 아주 많은 본보기를 얻었다고 쓰고 있다.705) 그러나 중국 화가들은 그 기법에서 신선하고 자유로운 것처럼 보이지만 서양의 유화에서 발전된 서구적 기법을 모른다고 비판한다.

> 그들은 거의 몇 가지 규칙도 없이, 오직 그들의 기만적 눈대중에 따라서만 그림들을 만들려고 한다. 왜냐하면 그들은 유화물감의 탁월한 사용이나 색상의 강도의 조절, 이것을 다루는 방법 등에 대해 어떤 것도 알고 싶어 하지 않기 때문이다. 그들은 수채화 물감만을 풀과 섞어 사용할 뿐이다.706)

이 비판은 당시 유럽인들이 중국의 회화에 대해 흔히 가졌던 견해를 반영하는 것으로 보인다.

트리고의 『중국인들 사이에서의 기독교 선교』(1615)에서 마테오리치는 이렇게 중국예술을 평한다. "중국인들은 그림을 광범위하게, 심지어 공예품에도 사용하지만, 이 그림의 생산에서, 그리고 특히 동상과 지어붓는 불상의 제작에서 유럽인들의 기량을 전혀 획득하지 못했다. (…) 그들은 유화 기법이나 그림에서

---

704) Weststeijn, "Vossius' Chinese Utopia", 214-215쪽.

705) Joachim von Sandrart, *Teutsche Academie der edlen Bau-, Bild-, und Mahlerey-Künste*, I-i (Nuremberg [Nürnberg], Gedruckt durch Christian Sigismund Froberger, 1675), 100쪽.

706) von Sandrart, Teutsche Academie der edlen Bau-, Bild-, und Mahlerey-Künste, I-i, 100-101쪽.

의 원근법의 사용을 알지 못한다. 그 결과, 그들의 제작물은 살아 있는 것이라기보다 죽은 것을 닮은 것같이 되고 만다. 그들은 동상의 제작에서도 성공적이지 못한 것같이 보인다. 그들은 동상제작에서 눈으로 정하는 대칭의 법칙만을 따를 뿐이다."707) 니우호프는 마치 마테오리치의 이 평가를 따르는 것처럼 이렇게 평한다. "이 백성들의 독창성은 여기서 그치는 것이 아니라, 회화예술의 진기한 상상 속으로 뛰어들어가 때로는 그림 그리기에서 굉장한 기량에 도달한다. 그러나 오로지 여기에서만은 그들이 그림자 만들기를 이해하지도 못하고 유화물감으로 그림자 색깔을 조절할 줄도 모른다는 점에서 (유럽)지역에서 이 방법을 쓰는 사람들에 한참 못 미친다. 이것은 그들의 모든 그림이 산 이미지라기보다 활력 없는 물체를 닮은 것처럼 그토록 투미하고 죽은 것처럼 보이는 이유다. 하지만 그들은 그 나라 안에서 세계의 어떤 다른 지역만큼 좋은 물감을 가지고 있어서, 이것을 가지고 새와 풀을 실물 그대로 소묘한다."708)

잔드라르트는 중국인들이 색깔의 강도를 점층적으로 완화하는 기법을 모르기 때문에 공간성의 묘사에 불능이라고 비판한다.

중국인들은 단순하게, 즉 그림자 없는 윤곽에 의해서만 모든 것을 표현한다. 그들은 색감들을 섞지 않고 쓰는 만큼 그것에 입체감을 주지 않는다. 그들은 각 사물을 그 참된 속성에서 앞으로 나오게 만들거나 뒤로 물러나게 만듦으로써 옆 물체로부터 두드러지게 만들 줄 모르거나 실물 그대로의 묘사에 필요한 그 어떤 것을 지킬 줄 모른다. 그것은 유럽 화가들이 모든 근면성으로 정당하게 지키곤 하는 기법들이다. 그들은 앞서 말했듯이 이 모든 것에 대해 전혀 알지 못한다. 그래서 그들의 그림은 프로필로만 묘사된다. 얼굴을 정면에서 전체적으로 표현하는 것은 그들에게 거의 미지의 일이다.709)

---

707) Gallagher, *China in the Sixteenth Century: The Journals of Matthew Ricci*, 21-22쪽.

708) Nieuhoff, *An Embassy from the East-Indian Company of the United Provinces to the Grand Tatar Cham, Emperour of China*, 166쪽.

709) von Sandrart, *Teutsche Academie der edlen Bau-, Bild-, und Mahlerey-Künste*, I-i, 100쪽.

중국 화가들이 그림 속 물체의 주위상황을 전환시킬 줄 모른다는 이 비판은 북구 바로크에 대한 잔드라르트의 개인적 선호를 표현한 것이다. 그의 관심은 색조와 색감의 대비를 통한 공간의 시사를 향해 있었다. 그의 평가는 중국회화를 그림자를 무시하기 때문에 칭찬하는 보시어스의 견해와 정반대다. 두 사람의 입장은 르네상스 이래 계속되어온 예술이론상의 전통적 논쟁거리의 일부였다. 그것은 바로 대비법과 윤곽법의 대립이었다. 네덜란드에서 특히 렘브란트는 이 논쟁의 주제였다. 렘브란트의 제자 판 혹스트라텐조차도 공간적 효과를 위해서 그림자를 과장한다고 그의 스승을 비판했다. 잔드라르트는 렘브란트의 명암대조법을 찬미했을지라도 그것이 그의 실패한 솜씨를 감추려는 욕망에 기인한다고 시사했다. 중국예술에 대한 보시어스의 판단은 렘브란트의 예술에 대한 전문감정가들의 상투적 언사를 뒤집어놓은 것이다. 보시어스에 의하면, 중국 화가들은 명암대조법에서 결한 것을 線線의 명료성에서 다시 얻는다.710)

중국 회화예술에 대한 보시어스의 긍정적 논평이 르네상스 예술에 근거한다는 것은 이 논평이 중국 작품들에 대한 실제 지식에 기초한 것이 아니라는 것을 의미하지 않는다. 보시어스는 네덜란드 국가서기와 외교관을 지낸 시인 콘스탄틴 호이겐스(Constantijn Huygens, 1596-1687)와 함께 중국 예술작품을 연구했을 것이다. 호이겐스의 수집품 목록에는 "4·5년 전 네덜란드 국가총독이 중국으로 파견한 특사단과 함께 들어온 그 나라의 아주 훌륭한 회화와 드레스·불상·도시·사원·풍경·선박들의 그림"이 들어 있었다. 보시어스는 호이겐스와 함께 『신기하고 다양한 항해 이야기』(1672)를 쓴 테브노(Melchisédech Thévenot)의 아카데미에 간 적도 있었다. 그는 거기서 중국예술에 대한 지식을 더 늘렸을 것이다. 하지만 그의 주요 정보제공자는 동아시아의 불상, 회화, 그림 등을 많이 소유하고 있었던 얀 비첸(Jan Witsen)이었을 것이다.711)

중국예술에 대한 보시어스의 견해는 르네상스 예술이론의 전통 속에서 재래식 논변들을 발굴하는 것이면서 동시에 중국문명과의 직접적 접촉경험이 제공

---

710) Weststeijn, "Vossius' Chinese Utopia", 217쪽.

711) Weststeijn, "Vossius' Chinese Utopia", 217-218쪽.

한 새로운 논변이기도 했다. 중국 예술품은 네덜란드에 일종의 문화충격을 일으키면서 대규모로 수입되고 있었기 때문이다. 「중국의 예술과 과학에 관하여」에서의 중국예술 논의는 유럽인에 의해 쓰인 중국예술에 대한 최초의 변호였고, 근세 초의 시기에 서양의 미학보다 아시아 미학을 더 선호하는 점에서 유일무이한 것이었다.712)

한편, 보시어스는 「중국의 예술과 과학에 관하여」에서 중국 한자에 대해 상론한다. 보다 광범한 사색은 노아의 홍수와 바벨탑으로 인한 언어들의 혼돈 이전 시기에, 예언자들이 여러 대륙으로 이동하기 전에 여러 하느님이 예언자들에게 자신의 계획을 계시했었던 오리지널 언어에 관한 것이었다. 보시어스와 그 동시대인들이 진지하게 고찰해야 했던 하나의 선택은 중국어였다. 중국어의 연령에 대한 역사적 이야기가 사실이라면, 그것은 아담이 동물들에게 이름을 붙였을 때 하느님이 에덴동산에서 인간에게 말을 걸었던 그 언어였을 것이다. 보시어스는 성서의 연대기를 대체하기 위해 대안적 연대기를 주장했을지라도 그 자신이 이런 궁극적 결론을 도출하지는 않았다. 하지만 중국 글자가 5,000년 동안 부패하지 않고 남아 있었다는 그의 주장과, 히브리어가 중국어에 앞선다는 주장에 대한 그의 의심은 존 웹에게 '모든 언어는 본질적으로 중국어의 파생물'이라고 주장할 영감을 일깨워 주었다.713) 중국 서예 기법으로 건축설계를 한 유일한 건축가였던 웹은 중국어가 노아의 홍수 이전의 언어이고 중국인들은 너무 멀리 떨어져 있어서 바벨탑의 죄를 짓지 않았다고 주장하기 위해 보시어스를 광범하게 인용한다.

중국의 예술과 언어에 대한 논의에는 중국문명을 완벽하고 완전한 지식을 가진 문명으로 그리는 보시어스의 유토피아도 무색케 하는 최후의 한 장章이 있었다. '영원의 철학(philosophia perennis)'이 완전히 새것 같은 형태로 보존되었었던 장소로서의 중국은 상형문자 쓰기가 자연철학의 열쇠라는 사색을 고취했다. 중국인들이 상들의 결합을 통해 지식을 표현한 방법은 '실재 자체의 구조'를

712) Weststeijn, "Vossius' Chinese Utopia", 221-222쪽.

713) Weststeijn, "Vossius' Chinese Utopia", 233쪽.

계시하는 것, 하느님이 창조의 행위 속에서 수립한 '사물의 질서'를 계시하는 것으로 믿어졌다.

키르허는 『삽화를 곁들인 중국 해설』(1667)에서 이미 복희 황제가 불(용)·공기(새)·물(물고기)·땅(식물) 및 중국어에 의해 구별되는 다른 요소들과 관련된 물체에 한자를 근거시켰다는 견해를 전개했다. 상형과 물리적 범주들 간의 연상은 보다 추상적인 철학적 연상들로 확장될 수 있었다. 1666년 키르허와 서신을 교환한 라이프니츠는 중국 상형문자 기술법을 그의 논리학 연구에 영감을 준 원천이라고 불렀다. 그가 중국 글자가 말 위가 아니라 사물 위에 배열된 것이라고 확신했을 때, 이것은 '인간사고의 알파벳', 즉 '아담의 언어(Adamitic)'라고 부른 그의 '엄정언어(exact language)' 창제 계획에 영감을 주었다.714)

- "철학자의 나라"로서의 중국

궁극적으로 "철학자의 나라"로서의 중국에 대한 유토피아적 관념들은 "붓의 문화"로서의 중국의 명성과 접목되었다. 상형문자, 자연의 질서를 명확하게 계시하는 언어는 논쟁을 종식시킬 것이다. 그리하여 코메니우스(Jan Amos Comenius, 1592-1670)라는 철학자는 "실재적 문자"는 조화로운 세계를 가져올 것이라고 주장했다. "중국인들이 사용하는 상징적 문자들이 (…) 상이한 언어를 사용하는 사람들로 하여금 서로 이해하도록 돕는다"고 말하면서 그는 "실재적 언어의 발견" 계획을 수립했다. 그리고 1730년에는 귀요-데퐁텐느(Guyot-Desfontaines)라는 필객이 『새로운 걸리버(Le Nouveau Gulliver)』라는 공상소설에서 중국을 보편적으로 이해할 수 있는 그림문자를 쓰고 여성들이 다스리는 '바빌라리(Babilary)'라고 부르는 유토피아 섬으로 묘사했다.715)

중국문자는 꼭 상형문자처럼 아무도 완전히 이해하지 못했기 때문에 유럽 언어학자들에게 커다란 도전으로 다가왔다. 한문의 다루기 힘든 본성은 '감춰진' 또는 '잃어버린' 고대의 구전설화와의 어떤 연결이든 거의 자명한 것으로

---

714) Weststeijn, "Vossius' Chinese Utopia", 234쪽.

715) Weststeijn, "Vossius' Chinese Utopia", 239쪽.

보이게 만들었다. 상형문자 기술법은 '세계사'라는 새로운 과학에서 중심화제
였고, 보편언어, '중국의 열쇠(clavis sinica)'는 교역·종교·철학을 이롭게 할 것으로
기대되었다. 이런 까닭에 중국의 예술과 언어는 보시어스 같은 학자들의 관심
을 끌었던 것이다.716)

상술했듯이, 보시어스는 「중국의 예술과 과학에 관하여」에서도 중국이 유럽
에서 이전에 쓰였던 대부분의 유토피아국가론을 능가하는 실존하는 유토피아
국가라는 관념을 다시 설파하고 중국의 정치·예술·항해·의학·천문학을 찬양
했다. 그는 중국사회 안에서의 철학의 중요성을 강조한다. "중국과 한국 백성들
은 철학자들을 임금으로 가졌다는 견해"는 호르니우스의 동조도 받았다.717)

하지만 여기서 더 나아가 보시어스는 이 관찰을 중국에는 플라톤국가의
이상이 실현된 것을 뜻하는 것으로 해석한다. 중국 행정체제의 전체가 철학자
들로 구성되어 있을 뿐만 아니라, 다스리는 철학자들 자신이 백성의 판단에
굴복한다. 그는 중국의 귀족성이 학식에 기초하고 세습가능하지 않다고 생각하
며, 이를 근거로 중국의 건축물들의 광휘를 찬양한다. 앞서 조금 선보인 구절을
더 많이 제시해보자.

이 사실들은 믿을 수 없는 것으로 보일 수 있지만, 중국에서 플라톤의 국가가 언제나
번영해왔다는 것, 그리고 수천 년 이래 철학자 또는 철학애호가들만이 다스려왔다는
것을 모르는 사람들에게만 그렇게 보일 뿐이다. (…) 이 나라에는 세습귀족이 존재하
지 않는다. 중국인들 사이에서는 식자들만이 고귀하다(noble). (…) 왕이 죄를 지을 때
철학자들은 국왕에 대해 이전에 이스라엘의 예언자들 사이에서도 거의 찾아볼 수
없을 만큼 큰 '간언의 자유'를 갖는다. 백성들도 철학자들이 그들의 의무를 이행하지
않을 때 이들을 판단할 동일한 자유를 갖는다.718)

---

716) Weststeijn, "Vossius' Chinese Utopia", 239쪽.

717) Hornius, *Acra Noae*, 446쪽. "철학자 Kicio"(?)가 한국을 지배한다는 기술은 참조. 430쪽. Thijs
    Weststeijn, "Spinoza sinicus: An Asian Paragraph in the History of the Radical Enlightenment", *Journal
    of the History of Ideas*, Vol. 68, No. 4 (Oct. 2007), 548쪽 및 각주55에서 재인용.

718) Vossius, *Variarum observationum libri*, "De artibus et scientiis Sinarum", 56쪽. Weststeijn, "Spinoza

멀고먼 국가에 대한 이런 기술은 개신교 정통교파에 의해 위험하고 무신론적인 것으로 비난받은 유토피아적 문헌을 심층적으로 닮았다. 멀리 떨어져 있는 나라에 대한 대중적인 17세기 이야기들의 학문적 중요성을 평가하는 것은 어렵다. 하지만 이 이야기들은 "미지의 남쪽 땅(Terra australis nondum cognita)"은 신세계에 사는 사람들과 완전히 다른 백성이나 인종을 포함할 것이라는 가능성에 의해 부분적으로 고무되었다. 네덜란드인들이 오스트레일리아를 탐험했던 17세기 말 무렵, 자연철학이나 아담 이전의 사람들(pre-Adamites)의 존재가능성을 논하는 철학자들과 역사가들은 탐험보고를 손꼽아 기다렸다. 발견되지 않은 땅과 그곳의 "타락하지 않은" 주민들은 급진적 정치사상에 결정적 논변들을 제공할 것이라는 기대가 있었다.719) 아담은 현대의 농민과 같은 신분이었는가, 아니면 나면서부터 평민보다 높은 사람이었는가? 오늘날의 사회는 아담의 원초적 상태를 가족의 가부장으로 재창조해야 하는가, 아니면 "태어나면서부터 자유로운" 존재자로 재창조해야 하는가? 이브는 현대적 여성들의 굴종 상태에 책임이 있는가? 특히 종교적 전통이 가르치지 않은 '태생적' 경건성이라는 것이 존재하는가?

■ 유럽 철학자들의 롤 모델 공자

그리하여 공자는 당시의 많은 기행문 소설들 안에서 '롤 모델 철학자'로 등장하기에 이른다. 헨드리크 스메크(Hendrik Smeek)의 공상기행 소설 『크링케 케스메스(Krinke Kesmes)』(1708)에서는 미지의 남쪽 대륙에서 사라바사(Sarabasa)라는 '현자'가 다스리는 유토피아를 이야기한다. 어느 날 많은 서적을 실은 선박이 해변에 좌초해서 모든 동서종교가 이 '이상국가'에 오게 된다. 하지만 다양한 신조와 신앙들은 순수한 형태로 보존되고 사람들은 평화적으로 살았다. 사라바사는 유럽과 아시아의 모든 신학이 동시에 가르쳐질 수 있는 하나의 거대한 성당을 건설하도록 했다. 이것은 바벨탑의 혼돈을 가져오게 만드는 기도였고,

---

sinicus: An Asian Paragraph in the History of the Radical Enlightenment", 549쪽에서 재인용.

719) Weststeijn, "Spinoza sinicus: An Asian Paragraph in the History of the Radical Enlightenment", 549쪽.

결국 시민들은 종교를 다 내던지고 그 대신 철학을 공부할 것을 택한다.[720] 중국과 같은 상황이 도래한 것이다.

중국과 같은 무신론사회가 더 관용적이라는 피에르 벨의 테제를 따르고 있는 듯한『크링케 케스메스』는 캘빈교파가 크게 문제 삼았으나, 네덜란드·독일·스칸디나비아에서 점차 광범한 인기를 얻고 여러 판을 거듭했다.[721] 상술한 귀요-데퐁텐느의『새로운 걸리버』(1730)도 이런 계열의 소설에 속한다.

17세기 보수파 개신교단은 당시 중국예찬자들을 '이단'으로 낙인찍었다. 그들은 중국유토피아론자 보시어스에게도 유사한 낙인을 찍었다. 르노도(Eusèbe Renaudot) 목사는 보시어스의 저작들을 "그릇된 형이상학에 의해 망가진 방종자"의 저작으로 낙인찍었다. 그는 보시어스를 "바로 모든 종교의 전면적 전복"을 가져올 사상들을 날조해내기 위해 "중국인들에 대해 읽고 들은 모든 것을 입증할 증거들을 고대의 저술가들 안에서" 찾아낸다고 비난했다.[722]

그러나 보시어스의 유토피아적 중국관은 유럽의 대부분의 자유사상가들에게 유럽을 중국식으로 개혁하려는 급진적 계몽철학을 일으키도록 크게 고취시켰고, 공자는 흔들림 없는 롤 모델로 남아 있었다. 17세기 중후반의 철학적 영향관계에서 보시어스로부터 가장 큰 영향을 받은 철학자는 바로 존 웹이었다. 이래저래 찰스 2세의 주변은 존 웹, 윌리엄 템플, 보시어스, 나다나엘 빈센트 등 친중국적 철학자들로 채워져갔다. 친중국으로 변화된 이 주변환경이 찰스 2세의 중국식 내각제 도입을 수월하게 만든 결정적 공감대였을 것이다.

라 모트 르 베예와 베르니에는 노골적으로 공자를 찬양했고, 존 웹과 윌리엄 템플, 그리고 보시어스는 중국을 아예 '실존하는 이상국가'로 찬양했다. 스피노자와 컴벌랜드는 '공자'나 '중국'을 입 밖에 내지 않았지만 철저히 '중국화'되거나 '공자화'된 새로운 철학을 대변했다. 이 6인의 철학자들은 진정으로 18세기의 본격적 계몽철학을 개막시킨 선구자들이었다. 신·구 기독교교단과 신학을

---

720) Weststeijn, "Spinoza sinicus: An Asian Paragraph in the History of the Radical Enlightenment", 549쪽.

721) Weststeijn, "Spinoza sinicus: An Asian Paragraph in the History of the Radical Enlightenment", 550쪽.

722) Weststeijn, "Vossius' Chinese Utopia", 239쪽.

따돌리고 격하시키는 이들의 선구적 역할이 없었더라면, 나다나엘 빈센트도, 피에르 벨도, 로크도, 섀프츠베리도, 데이비드 흄도, 볼테르도, 케네도, 아담 스미스도, 라이프니츠나 볼프도, 프리드리히 2세도 없었을 것이다.

제4절 유교적 계몽기획의 첫 실전무대: 영국 명예혁명

중국과 극동제국의 평등주의 정치문화에 대한 열광과 유교적·인민적 자유·평등·관용사상 및 반정·혁명론에 대한 지향은 영국에서 청도교혁명이 실패하고 왕정복고가 있은 뒤 일시 퇴조하는 듯했지만, 영국 휘그당을 중심으로 한 지하정치 세계에서는 불잉걸이 되어 다시 불타기 시작했고, 17세기 말엽에는 마치 오래된 '진부한 이념'처럼 만연해가고 있었다. 영국의 왕정복고기에도 니우호프의 『북경사절단』(1665), 키르허의 『중국 해설』(1667), 게르하르트(Johann E. Gerhard)와 호프만(Christian Hoffman)의 『빛 속의 그림자, 또는 이교에 대한 합의와 이견(Umbra in Luce sive Consensus et Dissensus Religionum Profanorum)』(1667),[723] 팔라폭스이 멘도자(Juan de Palafox y Mendoza)의 『만주 타타르인들에 의한 중국정복의 역사(The History of the Conquest of China by the Tartars)』(1676),[724] 나바레테의 『중국왕국의 보고』(1676), 마젤란의 『신중국기』(1688) 등 수많은 중국보고서들이 쏟아져 나오면서 중국열광과 공자숭배가 절정을 향해 치닫고 있었기 때문에, 공자철학과 극동의 평등주의 정치문화가 왕정복고세력과 청교도적 급진세력을 가리지 않고 매료시키면서 유교적 자유·평등론과 반정·혁명론을 보편화시켰던 것이다.

---

723) Johann E. Gerhard & Christian Hoffman, *Umbra in Luce sive Consensus et Dissensus Religionum Profanorum* (Jenae: Charactere Bauhofferiano, 1667).

724) 이 책의 스페인어 원제는 *His Historia de la conquista de la China por el Tartaro*이고, 멘도자가 멕시코 총독 시절 필리핀을 통해 전해진 풍문을 기초로 썼다. 이 책은 1670년 파리에서 스페인어로 출판되었고, 같은 해에 불역·출판되었다. 영역본 풀네임은 *The History of the Conquest of China by the Tartars together with an Account of Several Remarkable things, Concerning the Religion, Manners, and Customs of Both Nation's, but especially the Latter* (London: W. Godbid, 1676)이다. 이 책은 중국어를 말하는 예수회 선교사이자 이 정복사건의 목격자인 Martino Martini가 쓴 *De Bello Tartarico Historia* (1654)보다 신빙성과 정보력이 떨어진다.

이와 함께 명예혁명 전후에 영국과 유럽의 정치사회를 변혁시키려는, 이전보다 더 급진적인 '계몽기획'이 뚜렷한 형상을 얻어갔다. 그것은 일련의 철학자들의 공자연구와 정치철학 논고, 그리고 유럽제국의 국내외관계를 갱신하려는 근대화 플랜 등으로 나타났다. 나다나엘 빈센트의 공자철학 연구와 궁정설교집 『영예의 바른 개념』(1685), 사무엘 폰 푸펜도르프의 공자해석과 자연법론(1699), 피에르 벨의 무신론적 공자해석과 무차별적 관용론(1680-1706), 존 로크의 극동연구와 근대적 자유·평등이념과 혁명론(1690-1704), 라이프니츠의 중국철학 연구와 유럽평화연합론 등이 그것이다. 이 초기 계몽사상이 현상타파를 위해 현실 속에서 시현示顯된 첫 무대는 영국의 명예혁명이었다.

4.1. 나다나엘 빈센트의 공자철학과 궁정설교집: 『영예의 바른 개념』(1685)

계몽주의자들은 이들의 탐구 분야가 윤리도덕에만 국한된 것이 아닐지라도 보통 '모럴리스트들(Moralists)'로 불리었다. 초기 계몽주의의 효시에 해당하는 이 모럴리스트들은 공자를 공공연하게 숭배하거나 암암리에 추종한 존 웹, 스피노자, 아이작 보시어스, 컴벌랜드, 윌리엄 템플, 나다나엘 빈센트, 푸펜도르프, 피에르 벨, 존 로크, 라이프니츠 등 17세기 중반 이후의 철학자들이었다. 18세기의 모럴리스트들은 트렝커드, 틴들, 섀프츠베리, 허치슨, 흄, 스미스, 볼테르, 케네, 보도, 다르장송, 루소, 디드로, 달랑베르, 실루에트, 엘베시우스, 볼프, 프리드리히 2세, 유스티, 알브레히트 폰 할러 등이었다. 이 18세기 모럴리스트들은 초기 계몽기획을 수립한 컴벌랜드, 스피노자, 빈센트, 템플, 푸펜도르프, 로크, 라이프니츠 등을 계승해 계몽주의를 본격적 단계로 고양시켰다. 이 초기 계몽주의자들 중 빈센트, 푸펜도르프, 벨, 로크, 라이프니츠는 영국 명예혁명을 관통해서 산 사람들이다. 이들은 이 혁명에 직간접적으로 영향을 미치고 또 역으로 이 혁명의 영향을 직간접적으로 받은 점에서 특별한 역사적 위치가位置價를 점하는 철학자들이었다.

성공회 신부 나다나엘 빈센트(Nathanael Vincent, 1639?-1722)는 아이작 보시어스와 존 웹, 템플을 이어 영국에서 제일 먼저 공자철학을 확산시키고 영국에 윤리도덕적 각성을 일으킴으로써 영국 명예혁명의 정치사상적 토대를 만드는 데 기여했다. 찰스 2세의 지도목사 나다나엘 빈센트는 비非성공회 목사 나다니엘 빈센트(Nathaniel Vincent, 1639?-1697)와 자주 혼동되는데, 이와 엄연히 다른 사람이다. 나다나엘 빈센트는 존 로크보다 7년 정도 늦게 태어나 로크보다 18년 뒤에 사망했지만 명예혁명에 영향을 미친 그의 주저『영예의 바른 개념』(1685)이 로크의『통치이론』(1689)이나『인간지성론』(1689)보다 일찍 출판되었기 때문에 로크보다 먼저 논한다. 왕정복고기에 빈센트의 가장 큰 철학적·사상적 기여는 공자의『대학』일부의 영역·출판(1685)이다. 이것은 영어로 출판된 최초의 공자경전이었다. 이 부분 영역된『대학』은 그의 1674년 궁정설교문 「영예의 바른 개념(The Right Notion of Honour)」의 1685년 공간본(『영예의 바른 개념』)의 추가된 「주석(Annotation)」안에 들어 있었을지라도 중국문화에 대한 찰스 2세와 초기 런던왕립협회의 지대한 관심을 증명해주는 것이다. 이『대학』의 부분 번역본은 4년 뒤 명예혁명을 정치사상적으로 준비하고 정당화하는 데 기여했다.

런던왕립협회는 마르티니와 트리고의 중국 관련 저작들이 협회의 공식 검토 대상으로 올라온 1664년 8월부터 중국에 대한 관심을 키워왔다. 세메도의 저서『중국제국기』(1641)를 영역한 런던왕립협회 회원 헨쇼(Thomas Henshaw)는 마르티니의『만주족의 전쟁사(De Bello Tartarico Historia)』를 영역해 세메도의『중국제국기』의 영역본(1665)에 포함시켜 출판했다. 1667년 왕립협회의 학술지 *Philosophical Transactions*의 독자들은 이 학술지를 통해 키르허의 저서『중국화보집』도 내용적으로 알고 있었다. 그리고 이 학술지를 통해 안드레아스 뮐러(Andreas Müller)의『중국인들의 사정의 관찰 7년(Hebdomas Observationum de Rebus SINICIS)』(1674), 존 웹의『역사적 논고』등을 알았다.725)

■빈센트의 궁정설교집의 공간:『영예의 바른 개념』(1685)

빈센트는 템플처럼 당대 궁궐 안팎에서 대담성과 호방함을 구실로 유행하던

---

725) Matt Jenkinson, "Nathanael Vincent and Confucius's 'Great Learning' in Restauration England", *Note and Record of the Royal Society of London*, Vol. 60, No. 1 (Jan. 22, 2006), 38쪽.

종교적·성적 방종주의의 봉건적 '영예'를 도덕주의적 영예 개념으로 대체하려는 염원이 있었다. 1674년 10월 4일 빈센트는 찰스 2세와 그의 정신廷臣들에게 뉴마켓에서 버킹엄과 방종한 정신들의 그 성적 성향과 미심쩍은 도덕적 정직성을 맹박하는 『영예의 바른 개념』이라는 궁정설교를 했다.726) 일단 영예의 개념을 모색하는 끝에 그는 "하느님의 관점과 모든 선한 사람의 의견"에서 보면 "탄생과 최고의 혈통"에 기인한 "영예의 인물들"은 "덕성과 겸허한 경건성"으로 인한 영예의 인물들보다 "훨씬 덜 고귀하다"고 설파한다.727) 이를 정당화하기 위해 그는 노아·아브라함 등 성서를 뒤지다가 덕성의 논의로 돌아와서 영예를 인간의 본성적 욕구대상으로 규정한다. "모든 인류는 본성적으로 영예의 개념만이 아니라 영예의 감각과 욕구를 얼마간 가지고 있다." 그러고는 바로 잇대서 중국을 덕성의 영예를 중시하는 '본보기 국가'로 제시한다.

> 아시아의 더 먼 쪽에는 2,000여 년 동안 존재해온 종교와 학문이 인간본성의 연마와 정부의 완벽화, 그리고 영예의 이유들을 연구하기 위해 있어온 오래된 이교 제국 (*Pagan Empire*)이 존재한다. (그들이 하늘의 아들이라고 높이는) 그들의 황제는 대부분 철인哲人이었고, 언제나 아주 고상한 인물이었다. 그들의 고귀성은 가문으로부터 나오는 것이 아니라, 지혜와 지식으로부터 나왔다. 인간은 자신의 지적·도덕적 자질의 갖춤에 의해 뛰어나게 될수록 풍요로워지고 높아졌다.728)

빈센트는 중국에 귀족·평민을 차별하는 신분제가 없다는 것을 알고 있었고 중국황제의 이상인 '군자치자'를 '철인치자'로 옮기고 있다.

빈센트는 1774년에 가진 궁정설교문 「영예의 바른 개념」을 출판하라는 국왕의 명령을 10년이 지난 시점인 1785년, 즉 찰스 2세가 서거하는 해에야 이행한

---

726) Jenkinson, "Nathanael Vincent and Confucius's 'Great Learning' in Restauration England", 35쪽.

727) Nathanael Vincent, *The Right Notion of Honour: as it was delivered in a sermon before the King at Newmarket*, Octob. 4. 1674, Published by His Majesties Special Command (London: Printed for Richard Chiswell, 1685), 17쪽.

728) Vincent, *The Right Notion of Honour*, 19-20쪽.

다. 27쪽의 설교문보다 더 긴 52쪽의 「주석(Annotation)」을 준비하느라 많은 세월이 흐른 것이다. 설교문 뒤에 붙인 이 「주석」에서 빈센트는 설교에서 말한, "아시아의 더 먼 쪽에 있는 이교 국가" 대목을 이렇게 길게 부연한다.

모든 귀족성이 그럴 만한 가치와 지식으로부터 나오는 곳, 왕족 외에 아무도 나면서부터 고귀한 사람은 없고(none are[sic!] born great but those of Royal Family),729) 사람들이 그럴 만한 때에만 영예로워지고 출세하는 곳이 그 제국이다. '유교(Jukia)'라고 불리는, 그들 안의 주요 종파는 국사國事와 도덕적 덕목들의 실천에 마음을 쓰는 것 외에 다른 어떤 책무도 가지고 있지 않다. 이 백성들, 중국(Cathaia)과 북중국(만주)의 주민들은 도덕 외에 상당한 철학이 거의 없다. 그들의 주요 과학은 인간에 대한 도덕적 관상觀想이다. 이 관상 속에서 군주와 그의 신민들의 직무, 부모와 자녀의 직무, 부부의 직무, 형제와 벗의 직무를 고찰하는 것이 그들의 일이다. 그들은 겸손·예의바름·점잖음 그리고 그 서열의 덕목들에 관한 3,000가지 수칙이 있다. 현명은 그들의 가장 찬미되는 덕목들 중의 하나다. 그리고 이것 다음에 그들은 우리 자신의 정복에 투입된 바의 그 용기를 존중한다. 그들은 정의를 평가한다. 정의는 우리가 타인들과 관련된 어떤 일이든 결정할 때 우리로 하여금 우리 자신을 들여다보도록 만들기 때문이다. 정의에 우리는 인간적 완벽화의 최고 수준을 놓는다. 그들은 덕성이 그 자체의 푸진 보상이라는 이유 외에 다른 어떤 이유에서도 그들이 덕성의 애호자라고 하지 않는다. 그들은 목전에 있는 일들에 대한 지식을 아직 획득하지 못했다고 말하면서 미래(사후)의 일들에 대한 그 어떤 물음에도 손을 뻗치지 않는다.730)

---

729) "왕족 외에 아무도 태어나면서부터 위대한 사람은 없다"는 구절은 『禮記』「郊特生 第十一」(24)의 "천하에 태어나면서부터 귀한 자는 없다(天下無生而貴者也)"는 구절을 옮긴 것으로 보이는데, 빈센트는 영국의 왕정복고 상황을 고려해 이 명제의 적용범위를 조금 축소하고 있다. 공자는 이 명제를 황제의 장자인 '원자(元子)'와 관련해 설파했기 때문에 이 명제에는 황제와 황실 사람들도 예외가 될 수 없다. 그러나 빈센트는 '왕족'을 예외로 치고 있다.

730) Vincent, The Right Notion of Honour, "Annotation", 15-16쪽. "목전에 있는 일들에 대한 지식을 아직 획득하지 못했다고 말하면서 미래(사후)의 일들에 대한 그 어떤 물음에도 손을 뻗치지 않는다"는 구절은 "삶도 아직 모르는데 죽음을 어찌 알겠느냐(未知生 焉知死)"라는 공자의 말을 옮긴 것으로 보인다. 『論語』「先進」(11-12).

"왕족 외에 아무도 태어나면서부터 고귀한 사람은 없다"는 구절은 『예기』의 "천하에 태어나면서부터 귀한 자는 없다(天下無生而貴者也)"는 구절과[731] 거의 일치하지만, 이 구절을 영역한 것인지는 확실하지 않다. 새뮤얼 퍼채스가 이미 명대 중국과 관련해서 중국제국을 "이제 왕 외에는 아무도 고귀한 사람이 없는(none is now great but the King)" 나라라고 소개하며 "치자들(governours)은 그들의 관직을 세습하지도, 그 가족에게 신사(gentrie)의 지위나 칭호를 물려주지도 못한다"고 언명한 적이 있고,[732] 마테오리치와 트리고도 중국에서는 "오로지 박사(진사 – 인용자) 학위나 거인擧人(향시합격자 – 인용자) 학위를 얻은 사람들만이 제국의 통치에 참여하는 것이 허용되고, 관료들과 왕 자신의 이익 때문에 이런 후보를 빠트리는 일은 없다"고 말했기[733] 때문이다. 이 표현들을 되돌아보면, 빈센트가 마테오리치의 중국의 비세습적 과거급제 관리를 염두에 둔 퍼채스의 저 표현을 손질한 것이 아닌가 하는 생각이 든다. 아무튼 빈센트는 이런저런 근거에서 "왕족 외에 아무도 태어나면서부터 고귀한 사람은 없다"고 언명함으로써 "천하에 태어나면서부터 귀한 자는 없다"는 공자의 명제에 완전히 가깝게 접근한 셈이다. 그러나 빈센트는 영국의 왕정복고 상황을 고려해 공자의 이 명제의 적용범위를 조금 축소하고 있다. 공자는 이 명제를 황제의 장자인 '원자元子'와 관련해 말했기 때문에 이 명제에서는 황제와 황실 사람들도 '모든 사람은 수신을 통해서야 비로소 고귀해진다'는 원칙에서 예외가 될 수 없다. 따라서 『대학』「수장」은 "천자에서 서인까지 하나로 수신을 근본으로 삼는다(自天子以至於庶人 壹是皆以修身爲本)"고 한 것이다. 그러나 퍼채스와 빈센트는 '왕족'을 예외로 치고 있다. 퍼채스와 빈센트는 공자가 '수신'의 관점에서 말한 명제를 신분제의 관점에서 이해해 당시 중국의 '왕족'을 예외신분으로 해석한 것으로 보인다. 중국에서도 '왕족'은 '왕족'으로 태어났기 때문이다. 그러나 중국에서는 왕족도 3-4대를 내려오면 법적으로 완전히 '평민'이 되었다.

---

731) 『禮記』「郊特生 第十一」(24).

732) Purchas, Purchas, his Pilgrimage, 440쪽.

733) Gallagher, China in the Sixteenth Century: The Journals of Matthew Ricci, 44쪽.

빈센트의 위 설명은 공자가 중국에서 "상례의 검약"을 회복시켰다고 말하는 다른 구절과 모순되게도 "덕목에 관한 3,000가지 수칙"을 운위하고, 유교의 제일덕목을 '인仁'이 아니라 '정의'라고 말하는 등 부정확성을 노정하고 있다. 그럼에도 불구하고 빈센트가 찰스 2세의 면전에서 '중국'과 '중국의 도덕론'을 언급한 것은 특기할 만한 사건이다. 국왕이 공개 설교에서 '철인황제의 나라' 중국의 정치도덕론을 들은 이 '사건'으로부터, 그리고 이 설교를 출판하라고 명한 것으로부터 우리는 찰스 2세도 빈센트만큼 중국에 열광했을 것이라고 추정할 수 있다. 이것으로부터 찰스 2세가 윌리엄 템플과의 협의 아래 중국의 내각제를 도입한 것은 템플의 열의만이 아니라 그의 열정이기도 했음을 미루어 알 수 있다.

■빈센트의 공자철학과 『대학』

빈센트는 「주석」에서 보시어스의 「중국의 예술·과학론」을 인용하며 중국을 더 설명하고, 1640년 공자를 '중국의 소크라테스'로 받들고 "거룩한 공자님이시여, 우리를 위해 기도해주소서!"라고 외치고 싶었던 루이 14세의 왕사 라 모트 르 베예처럼 "신적 철인 공자"를 "중국인들의 소크라테스"로 소개하고 있다.

중국인들에 대해 보고되는 위대한 것들은 그들이 옛 세레스인들(Seres)의 후손이라는 것이 밝혀질 수 있다면 충분히 신뢰할 만하다. 아주 박식한 아이작 보시어스 씨는 그의 최근 논고 「중국의 예술·과학론」에서 "그릇된 중국(Sinas)의 호칭을 고쳐야 한다"고 말하고 있다. 그리고 우리가 그들의 소크라테스, 저 신적 철인 공자(Cumfusu)에 관해 보고를 받을 때는 충분히 신뢰할 만하다. 프톨레마이오스, 멜라(Pomponius Mela, ?-Ad. 45), 플리니, 스트라보(Strabo), 솔리누스(Gaius J. Solinus, 3세기 중반의 로마 문법학자 겸 수집가), 디오니시우스 등은 세레스인들의 나라를 갠지스강 밖의 인디아와 남쪽으로 국경을 접하는 것으로 만들고 오늘날 중국(China)이라고 부르는 바로 그 지역이 되게 만들었다. 플리니는 그들의 예의범절의 순박성을 주목하고 그들이 이웃국가

스키타이인들과 아주 다르다고 말한다. 오르텔리우스, 메르카토로, 현대 지리학자들 일반이 중국의 경계로 만드는 바로 그 지역들은 고대인들에 의해 '세레스'의 범위라고 이름 붙여졌다. 프톨레마이오스는 그들의 나라(이 나라의 수도를 'Sera'라고 부른다고 그는 말한다)를 (…) 스키타이의 인근으로 확정한다. (…) 폼포니우스 멜라 안에서 우리는 *Sera*를 발견하고, 중국인들을 이것과 같은 백성이라고 본다. 그리고 페르시아 사람들과 사라센 사람들은 중국(*Cathaia*)의 주민들을 '세레스'라고 부른다. 솔리누스는 우리를 스키타이와 동부 대양을 통과해 이 나라까지 데리고 간다. 이 나라는 주민들에게 비단을 공급하는 벌레(누에 – 인용자)로부터 그 이름을 끌어왔다고 파우사니아스는 말한다. 이 벌레는 그와 다른 사람들에 의하면 수이다스(*Suidas*)에게서 우리가 발견하듯이 그리스어로 *Σῆρες*(세레스)라고 불렀다. (…) 세레스는 우리가 아는 최초의 인간 세대다.734)

빈센트는 여기에 서양 외국인들의 국내침투를 위험시하는 중국인들과 공자의 도덕철학에 대한 소개를 덧붙인다.

이방인들에 대한 이 수줍음과 반감은 중국인들을 처음 유럽인들에게 발견해준 마르쿠스 파울루스 베네투스에 의해 중국인의 기질로 느껴졌고, 이것은 그들의 '도덕의 위대한 스승' 공자의 시대와 그 이후의 시대에 중국인들의 순수성과 정직성에 관한 놀라운 이야기를 우리에게 들려주는 많은 사람들에 의해 확인되고 있다. '중국인들의 소크라테스' 공자는 그의 찬탄할 만한 철학의 가르침에 의해 백성들의 예의범절의 완벽한 개혁을 수행했다. 그는 도량형의 사용, 상례의 검약, 곤궁한 부모에 대한 자식의 부양, 그리고 업무에서의 상인들의 정직성을 회복시켰다. 그는 그 시대의 남자들은 정의롭고 친절하라고, 부녀들은 정숙貞淑하고 정순靜順하라고 설득했다. 그는 온 제국을 단일하고 질서정연한 가정으로 만들었다. 그들은 서로에 대해 부모의 자애, 형제의 우애, 벗들의 신의를 가졌다. 나라 안에서는 아무것도 잃어버릴 수 없었고, 공로 위에 무엇이 떨어져 있든 그것을 발견한 사람들이 돌아올 주인들을 위해 언제

---

734) Vincent, *The Right Notion of Honour,* "Annotation", 16-17쪽.

나 거기에 그대로 놓아두었다. 스트라보는 동시대의 '세레스'에 대해 그들이 가장 엄격한 정의가 있었고 나쁜 어법도 문제 삼는 소송이 있었다고 똑같이 말했다. 그들이 지금 덕목들에 대한 음험하고 악의적이고 그릇된 권리주장자들인 그들의 후예인 현대 중국인들을 훨씬 능가할 것이라는 사실은 우리가 그들의 뛰어난 스승이자 동양의 소크라테스(the oriental Socrates)인 신적 공자의 독트린이나 인물을 고려했을 때 우리에게 놀랄 일이 아닐 것이다. 공자는 그의 첫 번째 책을 이렇게 시작한다.735)

그리고 바로 이어서 빈센트는 『대학』의 첫 문단을 로마자 음역문音譯文으로 먼저 제시한 다음(이것은 인토르케타와 다코다의 『중국의 지혜(Sapientia Sinica)』에 실린 로마자 표기 음역을 손질해 옮긴 것이다,736) 『중국의 지혜』의 라틴어 번역문을 다시 영역하고 있다. 로마자 음역문은 "대학지도大學之道(TA Hio CHI Tao)"로부터 시작해서 "즉근도의則近道矣(SE KIN Tao Y)"로 끝나는 문단을 말한다. 그다음은 음역문 없이 "고지욕명명덕어천하자古之欲明明德於天下者"부터 "국치이후천하평國治以后天下平"까지 『대학』「수장」의 둘째 문단을 영역해 놓고 있다. 그러고 나서 이렇게 설명을 부가한다.

이것은 공자 저작의 앞부분에 속하는 첫 번째 논고의 시작 문단으로 인간과 국가의 완벽화에 관한 논의다. 공자의 다른 논고들에는 도덕논의들이 많이 들어 있는데, 그 스타일은 주로 점층법을 본질로 하는 중국어의 수사법을 보여준다. 공자의 저작들은 플라톤이나 고대 그리스-로마 모럴리스트들보다 기법은 적지만 도덕성의 참된 정신은 더 많다. 공자는 대화록, 시문, 금언들, 도덕 논문 등 다른 책들이 많다. 그는 그들의 연표에 따르면 모세 이전에 살았던 복희씨 이래의 중국황제들에 관한 연대기를 썼다. 그는 정치적 덕목들, 선한 인간에 대한 상賞, 악인에 대한 벌, 그 밖의 많은 주제들에 관해 집필했다. "너 자신이 떠맡고 싶지 않은 것을 남에게 떠넘기지 말라己所不欲 勿施於人"는 것이 공자의 모토다. 참된 소크라테스처럼 그는 하나의 참된 하

---

735) Vincent, *The Right Notion of Honour*, "Annotation", 19-22쪽.

736) Jenkinson, "Nathanael Vincent and Confucius's 'Great Learning' in Restauration England", 39쪽.

느님을 말하고 숭배했다. 그는 혼히 하늘에 빌었지만, 환유적換喩的 의미에서 그랬다. 중국인들이 공자 시대에 우상을 갖지 않았기 때문에 우리는 이것을 믿을 이유가 그만큼 더 많다.737)

그리고 빈센트는 공자가 예수 그리스도의 도래를 예언했다는 말로써 독자들이 공자철학에 대해 친화성을 갖도록 만들고 자기가 궁정설교에서 이교철학자 공자를 소개하는 이단성을 해소하려고 한다.

공자는 우리의 구세주 그리스도를 예언했던 것으로 생각된다. 왜냐하면 그는 그 자신의 완벽성을 불인정하고 그의 경건성에 대한 칭찬을 "SI FAM YEU XIM GIU(성인은 서역에서 찾아야 한다; 西方而聖求?)"라는 대답으로써 거부하고 싶어 했기 때문이다. 우리 구세주가 오신 지 50년 뒤 이 전설에 의해 감동받고 또 신 같은 인간이 서역으로부터 와서 그 앞에 나타나는 꿈에 의해 감동받은 황제들 중 한 분은 참된 법을 물으러 몇몇 궁정 사람들을 (서역으로 – 인용자) 파견했다. 이들은 홍해보다 더 멀리 항해할 용기도, 기량도 없어 여러 나라들의 우상숭배를 고국으로 들여와 처음으로 중국에 이식시켰다.738)

여기서 빈센트가 말하는 이 '전설'은 당시 예수회 신부들이 다른 기독교종파들의 비난을 피하기 위해 많이 인용했는데, 공자경전에 전거가 없는 '전설'일 뿐이다. 이 '전설'은 유교가 아니라 오히려 도교에서 횡행하던 낭설일 뿐이다. 그래도 이 '전설'은 17세기 중후반 유럽인들이 공자철학을 쉽사리 받아들이게 하는 데 크게 기여했을 것으로 보인다.

빈센트는 이어서 공자라는 사람, 인격, 그리고 그의 도덕철학을 소개한다.

공자는 그리스도보다 500여 년 전, 즉 페르시아 왕국의 개막 무렵에 태어났는데, 이

---

737) Vincent, *The Right Notion of Honour*, "Annotation", 23쪽.

738) Vincent, *The Right Notion of Honour*, "Annotation", 24쪽.

것은 키로스 2세와 동시대다. 그는 19세에 결혼했으며, 몇 년 뒤 그의 아내를 장사지 냈고 줄곧 독신으로 살았다. 그는 첩을 쓰는 나라의 관습을 따르지 않았다. 그의 삶은 모든 면에서 그의 담론들에 상응할 수 있었다. 그의 중용과 경건성, 자신에 대한 항구 적 경계성, 부·영예·위험에 대한 그의 경시, 도덕지식의 설파를 위한 그의 지치지 않는 근면성은 그의 책들 안에서도 그의 삶의 이야기에서도 읽히는 것이다. 그는 여전히 그 나라 사람에 의해 매우 존경받고 있어서 만다린(신사)의 큰 관직이 언제나 그의 가문에서 선발되어왔고, 이 가문은 이 시대까지도 공납貢納에서 면제되었다. 그의 책들은 으레 그 나라 전역에 걸쳐 도처에서 읽히고, 그의 철학은 중국의 모든 주요 도시에서 가르친다.[739]

이 기술에서 공자 아내의 죽음 및 독신생활과 관련된 구절들은 그릇된 것이다. 공자의 아내는 기관丌官 씨인데 공자는 이 아내와 66세까지 해로했기 때문이다. (공자는 아내가 죽은 지 6년 뒤인 73세의 나이[기원전 479년]에 졸했다.) 공자는 19세에 결혼했고, 24세에 어머니의 죽음을 맞았다. 빈센트는 어머니의 죽음을 아내의 죽음으로 오인한 것으로 보인다.

1674년 무렵이면 『대학』·『논어』(1662)·『중용』(1667) 등이 인토르케타 신부와 그 동료들에 의해 이미 번역·출판되어 있었지만 이 번역서들의 출판 장소는 중국이나 고아(Goa)였다. 『대학』은 당시 유럽인들 사이에서 인토르케타와 다코 스타가 『대학』과 『논어』(첫 5권 「학이」에서 「공야장」까지)를 라틴어로 음을 달고 대역對譯해 1662년 중국 강서성 건창建昌에서 출판한 『중국의 지혜』밖에 없었 다. 이 책은 유럽 각국의 왕궁에서 입수하려고 했지만 구하기가 힘들었다. 빈센트는 왕립협회를 통해 『중국의 지혜』를 어렵게 구해 여기에 실린 『대학』 의 음역문을 전재轉載하고 라틴어 번역문을 최초로 영역했다. 빈센트는 『중국 의 지혜』의 견본을 구한 출처에 대해 얼추 시사하고 있다.

공자경전들의 영어판 편찬을 위해, 그리고 그 언어를 위한 어휘사전과 용어풀이를

---

739) Vincent, *The Right Notion of Honour*, "Annotation", 24쪽.

위해, 또 새로운 학문세계를 열기 위해 이 책들이 인쇄된 곳인 태국으로부터 가져온 공자의 여러 경전을 그의 한 동료에게 입수하도록 해준 런던왕립협회의 회원인 명민한 상인이 있다. 앞서 소개한 견본은 저 위대한 희소저작들을 얼마간 알기 위해 그리고 이 저작들의 공간을 재촉하기 위해, 세계의 이 지역에서 유일한 사본들을 가진 훌륭한 소유자에 대한 정당한 존경심에서 해외로 보내져 있다.740)

여기서 공자경전들이 태국에서 인쇄되었다는 서술은 그릇된 것이다. 그때까지 번역되어 출판된 공자경전들(『대학』·『논어』·『중용』)은 중국 건창과 인도 고아에서만 인쇄되었기 때문이다. 그래도 그가 『대학』·『논어』를 라틴어로 옮긴 『중국의 지혜』의 인쇄본을 런던왕립협회나 그 회원들을 통해 구했다는 것을 알 수 있다.741) 그리고 『중국의 지혜』의 사본 한 권은 이전에 왕립협회의 소유였음이 확인된다.742)

빈센트가 뉴마켓에서 가진 궁정설교 '영예의 바른 개념'과 관련해서 더욱 중요한 것은 15년 뒤의 명예혁명에 대해 근대적 혁명 개념을 제공하는 역성혁명의 철학이 담긴 『대학』을 첫 부분이나마 영역하고 있다는 것이다. 물론 이 영역은 그가 한문을 이해하지 못했기 때문에 인토르케타의 라틴어 번역서 『중국의 지혜』를 영어로 중역重譯하는 것을 뜻했다. 어떻든 빈센트는 1685년 이전에 『대학』을 일부나마 영역한 최초의 영국 철학자였다.

물론 빈센트는 『중국의 지혜』에 들어 있는 『대학』 전체를 1685년 이전에 라틴어로 읽고 다른 영국 철학자들과 의견을 공유했을 것이다. 빈센트는 템플과 공통점이 많았다. 그들은 둘 다 찰스 2세의 최측근 인사로서 당시 막중한 정치적 비중을 지닌 사람들이었다. 그런데 그들은 둘 다 당대 영국 궁정과 그 주변인간들의 영예 개념에 대한 불만의 맥락에서 공자철학을 인용했다. 그들은 찰스 1·2세의 궁정을 애잔한 심정으로 회고하는 사람들이었다.743)

---

740) Vincent, *The Right Notion of Honour*, "Annotation", 25쪽.

741) Jenkinson, "Nathanael Vincent and Confucius's 'Great Learning' in Restauration England", 38쪽.

742) Jenkinson, "Nathanael Vincent and Confucius's 'Great Learning' in Restauration England", 40쪽.

743) Jenkinson, "Nathanael Vincent and Confucius's 'Great Learning' in Restauration England", 42쪽.

따라서 빈센트는 템플만큼이나 열정적으로 『대학』의 정치·도덕철학에 매료되었을 것이다. 빈센트의 동기는 영국의 정치문화를 실제로 '교정矯正'하는 것이었다. 따라서 그는 몇몇 악명 높은 왕족들에 의해 신봉되고 실행되는 명예개념과 아주 판이한 명예체계를 찰스 2세와 그의 정신廷臣들에게 주입하고자 했다. 그들을 호방한 '방종자(libertin)'로부터 유덕有德한 '군자'로 바꾸려고 한 것이다. 런던왕립협회의 회원이었던 빈센트의 이 생각은 이 협회의 중국학 연구열에 의해 고취된 것이 틀림없다. 빈센트가 찰스 2세 궁정의 도덕적·정치적 불확실성에 대해 대립적 표상을 제시하기 위해 중국역사·중국문화·중국철학을 채택한 것은 존 웹이 채택한 자문諮問방법을 그대로 닮은 것이었다.[744]

■ 『대학』과 명예혁명의 관계

공자에 매료되고 공자의 도덕철학 관점에서 찰스 2세의 정부를 바로잡기를 열망했던 빈센트는 『대학』의 서두 부분을 마치 시료試料처럼 영역하는 것으로만 끝나지 않았을 것이다. 그가 『중국의 지혜』를 라틴어로 읽고 열정적으로 주변에 전파했다면, 이것은 의도치 않게 10여 년 전부터 명예혁명을 정치철학적으로 준비한 것이 된다.

1·2차 내전기와 크롬웰의 공화정 시기에도 영국에는 국왕을 '인민의 이름'으로, '혁명의 이름'으로 처형할 수 있는 근대적 '인민혁명' 개념이 아직 미약하거나 일반화되어 있지 않았다. 이 때문에 대다수의 영국인들은 찰스 1세의 시해弑害에 대한 전前근대적 '양심의 가책'과 울분에서 크롬웰을 부관참시하고 왕정을 복고시킬 수밖에 없었다.

이런 마당에 빈센트가 역점을 주어 전하는 『대학』은 백성의 정통적 권리와 의무로서의 역성혁명사상을 담고 있었다. 영국에서 공자열광이 공공연히 확산되는 1670-80년대에 빈센트에 의해 공자의 역성혁명론이 『대학』'원전原典'으로 알려지게 된 것은 이전에 1550년대 이래 서천西遷한 중국정치문화의 영향 아래 새로이 전개되었던 부캐넌·벨라르민·수아레즈, 그리고 이들의 영향을

---

744) Jenkinson, "Nathanael Vincent and Confucius's 'Great Learning' in Restauration England", 42쪽.

받은 청교도혁명 논객 존 밀턴 등의 '백성자치(자유)·평등론'과 폭군방벌론을 '일탈' 혐의로부터 면제하고 이 이론들을 정통적 정치이론으로 확립하는 데 이바지했다. 그리하여 영국에서도 근대적 혁명의식이 성숙하고 대중적으로 확산되었다. 물론 영국인들이 이러한 근대적 혁명관을 대중화해 나간 데에는 세메도·트리고·마르티니·키르허·니우호프 등의 중국 관련 서적을 통해 묻어 들어오기 시작한 맹자의 폭군방벌·역성혁명론, 그리고 22번의 보편적 혁명들로 점철된 중국역사도 힘을 보탰을 것이다. 이 대중화된 정통적 혁명사상은 자연스럽게 로크가 『통치이론二論』에서 대변한 혁명·저항권이론으로 흘러들어갔다.

이쯤에서 『대학』에 담긴 역성혁명론을 잠시 들여다볼 필요가 있다. 공자에 의하면, 문왕은 "다른 사람의 임금이 되어서는 인애에 살았다(爲人君 止於仁)".745) 그리고 공자는 '인자치국론仁者治國論' 또는 '군자치국론'에 관해 이렇게 말한다. "요순이 천하를 인애로 이끄심에 백성이 따랐다. 그러나 걸주가 천하를 폭력으로 이끎에 백성이 따르다가 그 명령이 그들이 좋아하는 것과 배치되어 결국 백성이 따르지 않았다. 그러므로 군자는 자기에게서 가진 뒤에 남에게서 그것을 구하고 자기에게서 갖지 못한 것을 남에게서 구하지 않는 법이다."746) 백성이 결국 걸주를 따르지 않았다는 말은 모호하지만 걸주에 대한 백성의 불복과 혁명적 타도를 함의한다. 걸주의 운명을 아는 사람은 이것이 곧 역성혁명임을 알기 때문이다.

이어서 공자는 역성혁명론을 분명하게 설파한다.

나라를 가진 자는 신중하지 않으면 아니 되는바, 편벽되면 천하에 의해 죽임을 당한다. 『시경』은 "은나라가 백성을 아직 잃지 않았을 때 상제를 배향했네. 마땅히 은나라를 거울삼을지라. 천명은 지키기가 쉽지 않다네"라고 노래한다. 이것은 백성을 얻

---

745) 『大學』(傳3章).

746) 『大學』(傳9章): "堯舜帥天下以仁而民從之. 桀紂帥天下以暴而民從之 其所令 反其所好 而民不從. 是故 君子有諸己而後求諸人 無諸己而後非諸人."

으면 나라를 얻고, 백성을 잃으면 나라를 잃는다는 것을 말하는 것이다. 그러므로 군자는 먼저 덕에 신중해야 하고, 덕이 있으면 이것은 사람들이 있는 것이고, 사람들이 있으면 이것은 땅이 있는 것이다.[747]

군자가 있고 군자를 지지하는 백성이 있고 땅이 있으면 나라를 세울 수 있다. 위 구절들은 천하의 백성이 인덕이 없어 민심을 잃은 폭군을 '죽이고' 그로부터 나라를 되찾아 천명을 받은 새 군주 아래 새 나라를 세우는 역성혁명을 말하고 있다. 민심을 잃은 군주를 심지어 '죽이는' 것까지를 포함한 폭군의 처단이 분명히 언급되고 있는 것이다.

빈센트가 1685년 영국에서 『대학』의 정치철학적 중요성을 강조함으로써 『대학』에 대한 독자들의 호기심과 관심을 증폭시켜놓은 가운데 2년 뒤인 1687년 『대학』·『중용』·『논어』를 라틴어로 번역한 쿠플레의 『중국 철학자 공자』가 나왔다. 이 번역서에서는 『대학』의 저 혁명론을 애매한 주석과 뒤섞고 희석시켜 이렇게 '부드럽게' 번역하고 있다.

증자는 위에서 얘기된 것(백성이 좋아하는 것을 좋아하고 백성이 싫어하는 것을 싫어하는 '백성의 부모'로서의 치자)을 『시경』의 또 다른 부분으로부터 뽑은 반대사례로 확인하고 있다. 거기서 시는 말한다. "오, 이 남산은 얼마나 높은가! 바위들이 얼마나 곤두서고 덩치가 큰가! 당신은 얼마나 존경을 받을 만한가! 권능과 품위로 드러나 서 있는 당신, 위대한 사부(magister)와 왕 윤(Regie Yn), 백성들이 모두 당신을 본다." 그리고 백성은 사적인 어떤 것이 아니라 공동선만을 보는 것을 좋아한다. 시의 또 다른 부분에서 증자는 말한다. "왕이 왕국을 가졌기에" 그는 언제나 신민들의 눈앞에서 왕다운 품위의 가파른 정상에 머물러 있어야 한다. 그는 무관심해서는 안 되고 살펴야 하고, 그의 모든 신경을 이것으로 확장해 어떤 정사든 백성의 바람과 기대와 완전히 합치되게 처리할 수 있어야 한다. 왕이 타인들을 자기 자신으로부터 미루어 헤아릴 줄

---

747) 『大學』(傳10章): "有國者 不可以不愼 辟則爲天下僇矣. 詩云 殷之未喪師 克配上帝 儀監于殷 峻命不易 道得衆則得國 失衆則失國. 是故 君子先愼乎德 有德此有人 有人此有土."

몰랐다면, 백성들에 의해 기대되는, 백성들에게 이로운 일들을 소홀히 했을 수 있다. 그는 만사에서 그 자신의 충동과 탐욕에 따라서만 행동했을 수 있다. 그는 백성에게 참으로 해롭고 위해한 것을 내버리고 제거하지 않았을 수 있다. 의심할 바 없이 백성들은 그로부터 소외되고 이반되어 반란과 혼란을 통해 흩어졌을 것이다. 치자는 혼자 남겨져 왕국을 쇠망으로부터 보호하고 보존할 수 없었을 것이다. 그다음 (증자는 말한다) 왕이 "이 규칙으로부터 벗어난다면 그것은 제국의 완전한 쇠망과 몰락일 것이다".[748]

이 번역문은 "위정자가 편벽되면 천하에 의해 죽임을 당한다"는 구절을 번역에서 **빼놓고** 있다. "라틴어 번역에는 나라의 상실에 관한 언급만 있고 망한 치자의 개인적 운명에 관해서는 아무것도 없다."[749] 즉, 역성혁명론이나 반정론을 감쪽같이 숨기고 있는 것이다. 이것은 공자경전 번역사업을 재정적·정치적으로 뒷받침한 루이 14세를 정치적으로 배려한 쿠플레의 자발적 자기검열로 보인다. 그럼에도 불구하고 이런 정도의 모호한 번역만으로도 영국에서는 역성혁명이나 반정론을 얼마간 느낄 수 있었을 것이다. "백성들은 그로부터 소외되고 이반되어 반란과 혼란을 통해 흩어졌을 것이고, 치자는 혼자 남겨져 왕국을 쇠망으로부터 보호하고 보존할 수 없었을 것이고, (…) 그것은 제국의 완전한 쇠망과 몰락일 것이다"라는 대목은 백성의 "반란", 그리고 "제국의 완전한 쇠망과 몰락" 등을 언급한다는 점에서 혁명과 반정의 의미를 내포하고 있기 때문이다. 이 번역은 적어도 백성의 '반란'을 "만사에서 그 자신의 충동과 탐욕에 따라서만 행동하고 백성에게 참으로 해롭고 위해한 것을 내버리고 제거하지 않는" 임금 탓으로 돌리고 있다.

빈센트가 1685년 『명예의 바른 개념』을 출간한 지 2년 뒤에, 즉 1687년 6월에 이 『중국 철학자 공자』가 라틴어로 번역·출판됨으로써 부캐넌·수아레즈·밀턴 등의 폭군방벌론이 '정통이론'으로 정당화되고 1년 6개월 뒤인 1688년

---

748) Meynard (ed. & tran.), *Confucius Sinarum Philosophus (1687)*, 397쪽.

749) Meynard (ed. & tran.), *Confucius Sinarum Philosophus (1687)*, 397쪽 각주196.

12월 제임스 2세를 방벌할 정통적 권리기반이 확립된 것이다. 이런 의미에서
『명예의 바른 개념』과 『중국 철학자 공자』의 공간은 직접적으로 명예혁명의
사상적 준비였던 셈이다. 뒤집어 말하면, 『명예의 바른 개념』과 『중국 철학자
공자』가 출판되지 않았다면 – 영국 정치인들이 너도나도 제임스 2세에 대한
예찬과 아부를 다투던 당시 영국 정치상황에서 실로 '느닷없이' 발발한 –
명예혁명은 역사상 존재하지 않았을 것이다.

빈센트와 쿠플레에 의한 『대학』의 번역출판으로 영국에서 청교도혁명과
찰스 1세의 처형(1649)은 사후적으로 비로소 정당화됨과 동시에 앞으로 모든
폭군방벌 '혁명'은 백성의 정당한 저항권으로 여겨질 수 있게 된 것이다. 이
점에서 1674년부터 빈센트가 영국에 보급하는 데 앞장선 공자경전 『대학』은
바로 14년 뒤 제임스 2세를 방벌한 명예혁명의 사상적 무기가 되었던 것이다.

4.2. 사무엘 폰 푸펜도르프의 공자해석과 자연법론(1672-1699)

윌리엄 템플과 같은 해에 사망한 사무엘 폰 푸펜도르프(Samuel von Pufendorf,
1632-1699)는 공자와 중국에 정통한 학자가 아니었지만 당대의 공자 서적과
중국정치문화를 뒤늦게 자신의 자연법 연구와 국제법론에 반영해나간 태동기
계몽철학자 그룹에 속하는 학자다. 그는 시대적으로 로크와 동시대인이자 라이
프니츠와 크리스티안 볼프에 앞서는 계몽철학자로서 국제적으로 저명한 독일
철학자였다.

■ 푸펜도르프와 공자철학의 예증적 활용

푸펜도르프는 처음에 공자에 대해 전혀 관심이 없었다. 그는 『중국 철학자
공자』도 읽지 않은 것으로 보인다. 그러나 마르티니의 『중국기』(1659), 니우호프
의 『네덜란드연합주의 동인도회사로부터 북경 또는 중국황제에게 파견된 사절
단』(1665), 르콩트 신부의 『중국의 현재상태에 대한 신新비망록』(1696) 등을 뒤늦
게 읽으면서 공자철학을 간접적으로 알게 되어 점차 중국애호자로 변해갔다.
푸펜도르프의 입장전환은 자연상태 개념의 변화에서부터 확인할 수 있다. 그의

입장은 홉스주의로부터 점차 공자주의로 바뀌어갔기 때문이다. 푸펜도르프는 원래 '전쟁상태로서의 자연상태'의 홉스주의적 개념을 대변했으나, 공자철학을 수용한 컴벌랜드의 영향을 받고 자연상태의 개념을 '전쟁상태'에서 시원적 '평화상태'로 수정했다.

푸펜도르프는 『자연법에 입각한 인간과 시민의 의무』(1673)에서 원래 자연상 태를 "인간본성들의 유사성으로부터 생겨나는 저 공통된 친화관계의 관점에서 만 바라보아야 한다'고 말한다. 따라서 "상호 자연상태에 사는" 사람들은 "어떤 공통된 윗사람도 인정하지 않고, 자기들 중 아무도 자기의 동료에 대한 지배권 을 주장할 수 없다'. 그러므로 자연상태에서는 '자연적 자유'와 '평등'이 있지만, 자연적 "친화관계"는 "자연적 자유의 상태에서 문란하게 사는 자들 사이에서 거의 힘을 발휘하지 못한다'. 따라서 "방종하게" 사는 "어떤 인간이든 진정 적敵으로 취급되지는 않지만, 너무 자유로워서 신뢰할 수 없는 벗으로 간주될 수 있고", 따라서 "동료들에게 해를 가할 능력"과 "의지"가 있다. "본성의 타락, 야심이나 탐욕"에서 동료들에게 "모욕과 폭력"을 가하기 때문이다. 또 적수와 경쟁관계로 인해 "질투·불신·음모" 등이 존재할 수밖에 없다. 결국, 자연상태 에서는 "공포·궁핍·불결·고독·야만성·무지·야수성 등을 수반하는 지속적 전쟁이 존재한다."750) 이 자연상태는 이와 같이 공자의 '무위이치無爲而治'나 사마천의 '자연지험自然之驗' 등의 평화로운 '천지지도天地之道'와 상반되는 전쟁 원리가 지배하는 것이다.

그러나 푸펜도르프는 『자연법과 국제법』의 거듭 수정된 개정판의 여러 버전 (최종버전: 1696-98)에서 공자와 컴벌랜드의 영향으로 홉스의 전쟁상태적 자연상 태론을 버리고 평화상태로 '재再개념화'했다. 동시에 푸펜도르프는 공자를 직 접 인용하며 『자연법과 국제법』의 개정판도 공자의 도덕철학과 가까운 내용으 로 수정해나갔다.

로크·루소·디드로·몽테스키외·해밀턴·매디슨·제퍼슨 등에게 엄청난 사

---

750) Samuel von Pufendorf, *The Whole Duty of Man According to the Law of Nature* [*De officio hominis er civis juxta legem naturem*, 1673] (Indianapolis: Liberty Fund, 2003), 114쪽 및 115-117쪽 곳곳.

상적 영향을 미친 푸펜도르프는 1672-1673년에 걸쳐『자연법과 국제법(*De jure naturae et gentium*)』(1672)과『자연법에 입각한 인간과 시민의 의무(*De officio hominis er civis juxta legem naturem*)』(1673)를 연달아 출간했다. 이 저작들의 초판들은 둘 다 자연상태를 만인의 만인에 대한 전쟁상태로 보는 홉스의 자연상태론을 계승하는 것으로부터 논의를 시작하고 있다. 그러나 그는 공자의 영향을 받은 컴벌랜드의 홉스비판과 공자철학을 받아들여 주저『자연법과 국제법』을 사망하기(1699) 조금 전인 1696-98년까지 거듭 수정한 것이다. 푸펜도르프의 유명세에 따라 널리 익힌 이 책은 공자철학과 중국정치론을 유럽 전역에 전파하는 데 큰 역할을 했다.

푸펜도르프는『자연법과 국제법』에서 마르티니의『중국기』(1659), 니우호프의『네덜란드연합주의 동인도회사로부터 북경 또는 중국황제에게 파견된 사절단』(1665), 르콩트 신부의『중국의 현재상태에 대한 신新비망록』(1696) 등을 인용하며 공자철학을 논하고 있다. 이런 내용이『자연법에 입각한 인간과 시민의 의무』에는 전무하다는 사실과『자연법과 국제법』의 개정판이 거듭되었다는 사실을 둘 다 고려하면, 그가『자연법과 국제법』을 주저로 삼고 1699년 사망 시까지 거듭 수정하면서 공자와 중국에 관한 내용이 점차 추가되었다는 것을 알 수 있다.

"주의 깊게 수정된(*carefully corrected*)"751)『자연법과 국제법』의 4차 개정판을752) 보면, 홉스의 자연상태론은 말끔히 청산되고 공자철학과 중국정치론이 곳곳에 삽입되어 있다. 일단 공자철학에 대한 그의 논의부터 보자.『자연법과 국제법』의 4차 개정판에서 푸펜도르프는 대체로 그로티우스의 이론을, 그리고 홉스의 몇몇 아이디어를 채택하고 여기에 공자철학과 컴벌랜드의 홉스비판에서 배워 형성된 그 자신의 생각들을 대폭 삽입하고 있다.

푸펜도르프는 자연법이 이성의 한계를 넘어가지 않고 단지 외적 행동들만을

---

751) Samuel von Pufendorf, *Of the Law of Nature and Nations* [*De jure naturae et gentium*, 1672], trans. by Basil Kennett (London: Printed for J. Walthoe et al., The Fourth Edition 1729), 표지면.

752) Samuel von Pufendorf, *Of the Law of Nature and Nations* [*De jure naturae et gentium*, 1672], trans. by Basil Kennett (London: Printed for J. Walthoe et al., The Fourth Edition 1729).

규제할 뿐이라고 주장하고, 이를 전제로 홉스의 전쟁적 자연상태 테제에 도전한다. 그는 자연상태의 존재를 인정하지만 그것을 '평화상태'로 보았다. 하지만 이 자연적 평화는 취약하고 불확실하다. 푸펜도르프는 국가를 도덕적 인격체로 인정하는 '공법公法'의 견지에서 국가가 도덕적 인격체임에도 불구하고 국가의 의지가 그 안에 연합되어 있는 개인적 의지들의 총화에 불과하다고 논증한다. 따라서 국가는 인간적 안전에 본질적인 기율에 '순응'할 필요가 있다. 복종과 상호존경이라는 의미에서의 이 '순응(submission)'을 푸펜도르프는 자연법의 기초인 기본적 이성법으로 간주한다. 그는 국제법이 기독교국가에만 제한되고 한정되는 것이 아니라, 모든 국민이 인류의 일부이기 때문에 모든 백성 간의 공동적 연결고리를 창출해야 한다고 덧붙인다.

푸펜도르프는 공자를 인용하며 '자연법에 대한 알기 쉬움'을 이렇게 설명한다.

자연법이 명령하는 것을 쉽게 알기 위해 홉스는 "한 인간이 그가 다른 사람에게 하려고 하는 것이 자연법에 맞는지 의심스러울 때 그 사람으로 하여금 그 자신을 타인의 처지에 두라는 이런 수칙의 사용을 권한다. 왜냐하면 이 방법에 의해, 한 천칭접시를 아래로 기울게 만드는 자기애와 다른 감정들이 그것으로부터 가져와져 반대의 접시에 옮겨질 때 어떤 식으로 균형이 회복될지를 추측하는 것은 쉽기 때문이다." (…) 아리스토텔레스에게 우리의 친구들에게 어떻게 행동해야 하는지를 물었을 때, 그는 '우리가 그 친구들이 우리에게 행동해주었으면 하는 것대로'라고 대답했다. (…) 우리가 화를 내는 상대와 같은 처지에 처해 있다고 상상하자. 지금 우리를 어떤 감정으로 몰아넣은 것은 오직 우리 자신에 대한 그릇된 의견과 추정일 뿐이다. 우리는 우리가 기꺼이 하고 싶은 것을 놓아두고 싶어 하지 않는다. 이것은 공자의 금언이다. "남에게서 당하고 싶지 않은 것을 남에게 하지 말라(己所不欲 勿施於人 - 인용자)." (마르티니, 『중국기』, 제4책, 제15장.)753)

푸펜도르프는 공자의 황금률을 인애의 원칙이 아니라 상호주의(개명된 이기주의)

---

753) Pufendorf, *Of the Law of Nature and Nations*, 134쪽.

로 격하·협애화시켜 자연법의 항목에 집어넣고 공자의 황금률로 자연법의
존재를 증명하고 있다. 그는 이어서 마테복음의 유사구절도 인용하고 있다.
공자 인용을 마르티니의 『중국기』에 의거하고 있음이 이채롭다.

이런 식의 공자 활용은 공자를 자신의 논증을 뒷받침하는 예증적 '사례'로
쓰는 유형에 속한다. 다음의 활용에서도 그렇다.

> 우리가 길에서 물건을 떨어뜨리는 경우처럼 우리의 뜻에 반해 어떤 다른 물건의 소
> 유를 상실한다면 우리가 절대적으로 그것을 잃어버린 것으로 넘기는 것으로 보일
> 때까지 소유권은 우리로부터 떨어지거나 습득자의 권리로서 확립되지 않는다는 것
> 은 확실하다. 이런 경우는 보통 우리가 그것을 찾거나 탐문하는 것을 그만둠에 의해
> 이해된다. 그리하여 어떤 사람이 소유자가 자발적으로 버린 것 같지 않은 어떤 것을
> 습득한다면, 그는 정당한 요구 시에 다시 취해진다는 것에 상당히 유의해야 한다.
> 만약 소유자가 발견될 수 없다면 그 물건을 습득한 자가 그것을 보유하는 것이 오직
> 옳을 따름이다. 그러나 일리안(Claudius Aelian, 175-235년경)은 이것을 스타기리트 사람
> 들(Stagirites)의 법으로 (…) 보고한다. "당신이 내려 놓아두지 않은 것을 주워들지 말
> 라." 그리고 다른 곳에서 그는 비블리 사람들(Biblians)에 대해서 우리에게 이야기해준
> 다. 그들은 길에서 우연히 어떤 것을 보면 그들이 그것을 스스로 그곳에 놓아두지
> 않았다면 그것을 결코 손대지 않는다. 그들은 "이와 달리 행동하는 것은 줍는 것이
> 아니라 훔치는 것이다"라고 말한다. 솔론의 법률들 중에는 같은 목적의 법률이 있었
> 다. (…) 그리고 중국인들은 공자의 독트린에 대한 추종 속에서 유사한 양심적 미세
> 항목을 엄정하게 준수한다.754)

여기서도 푸펜도르프는 공자독트린과 관련해서 마르티니의 『중국기』의 쪽수
를 각주에 달아놓고 있다.

이어서 푸펜도르프는 '충아이'라는 중국 유학자의 이런 논변을 인용하고
있다.

---

754) Pufendorf, *Of the Law of Nature and Nations*, 394-395쪽.

그러나 실정법에 관한 한, 우리는 상이한 나라들에서 이 논점에 관해 아주 다양한 법률들을 발견한다. 플라톤은 보물도, 어떤 종류의 잃어버린 재화도 습득자의 것이 아니라고 하고 그것의 처분에 관해 신탁을 물어야 한다고 주문한다. 그러나 이것은 의심할 바 없이 지나치게 꼼꼼한 미신이었다. 그것은 마르티니우스가 얘기하듯이 그 자체로서 악의적이거나 악이나 부정의한 사람들로부터 생겨난 것 같은 혐의가 있는 어떤 것도 손대는 것은 불법이라고 생각한 중국 철학자 츙아이(Chiungai?)의 유머러스한 말과 같은 어떤 것이다. 그런 이유에서 그는 건축업자들이 사악한 사람들이었다고 믿어서 그의 아버지의 집에 거주하는 것을 거절했다. 또한 그는 그의 부모나 형제들이 주는 고기도 나쁘게 얻어진 것일까 두려워 그들의 손으로부터 고기를 취하고 싶어 하지도 않았다.[755]

이 경우에도 중국 유학자의 윤리독트린을 자신의 도덕철학의 '본질구성적(constitutive)' 요소로서가 아니라 예증적 사례로 인용하고 있다. 그러나 이 인용문에서는 푸펜도르프가 자연법의 존재와 도덕철학과 자연법상의 '점유(occupancy)' 개념의 구성을 위해 공자와 중국 철학자로부터 '본질구성적' 도움을 받고 있는 것처럼 느껴지기도 한다.

■ 중국제국과 푸펜도르프의 정부이론(통치론)

푸펜도르프의 정치이론에 직접적으로 '본질구성적' 영향을 미친 것은 공자철학보다 중국제국의 정부제도와 정치문화였다. 푸펜도르프는 중국의 내각제를 알고 중국의 군주정을 '제한군주정'의 형태로 이해한다. 그는 중국의 내각제를 두 번이나 언급한다.

푸펜도르프는 마르티니의 『중국기』를 통해 중국의 내각제가 영국으로 도입된 것을 알지 못했지만 중국황제가 내각제에 의해 견제·제한당한다는 것은 어렴풋이 알고 있었다.

---

755) Pufendorf, *Of the Law of Nature and Nations*, 395-396쪽.

하지만 이런 (제한) 헌정에서는 어떤 때든 군주가 자신의 의사를 관철시키기를 적극적으로 고집하면서도 원로원(내각)에 의해 설득당해서 그 반대자들을 설득하기에 충분히 강한 이유를 갖지 못한다 하더라도 내각은 계속해서 군주의 권력을 반대할 수 없다. 왜냐하면 군주가 이러한 추밀원을 임명하는 가운데 자신의 절대적 통치권을 철회함 없이 포기하고 이러한 구속조건 없이 그것을 주장할 때 자발적으로 신민의 복종을 단지 조건부로 만들 것을 의도했다고 가정되지 않기 때문이다. 그러므로 내각은 이 경우에 군주로부터 위임에 의해서만 권한을 보유하고, 따라서 군주는 그가 적절하다고 생각할 때 — 아주 비상한 경우가 아니라면 적절하다고 생각해서는 아니될지라도 — 그 권위를 정지시킬 수 있다. 그러나 이런 정도의 것은 백성 측에서 행해질 수 있다. 즉, 한 왕이 자발적으로 이러한 내각을 설치했을 때 그의 계승자들에게 이것을 해체하지 말도록 (통치권에 즉위할 때 맹세에 의해) 의무지울 수 있다. 이렇게 형성된 내각도 특히 내각을 억압하는 것이 왕의 권한 안에 남아 있다면 왕이 절대적이 되는 것을 저지하지 않는다. 왜냐하면 우리가 이 군주에게 이 '절대적'이라는 명칭을 적용할 때도 우리는 그가 하고 싶은 것을 육욕의 맹목성이나 감정의 성급성과 부적절성에 의해 이끌어지는 대로 행동하리라고 가정하는 것이 아니라 오직 그가 그 자신의 최종적 판단에 따라 나라에 속한 만사를 결정하리라고 가정하기 때문이다. 이 결정은 훌륭한 이성과 건전한 조언을 들을 필요성과 모순되는 것과 결코 아주 멀지 않다. 그러므로 이러한 내각이 제공하는 자문이 그 자체의 힘에 의해, 또는 그 자체에 내재하는 그 어떤 권위에 의해 군주에게 의무를 지우지 않을지라도, 그것은 현재 논쟁 중에 있는 일에서 자신의 의무를 참으로 다할 수 있는 어떤 방식을 군주에게 대변함으로써 어떤 의무의 근거와 이유를 마련한다.756)

푸펜도르프는 이 일반적 내각제 논의에 슬그머니 마르티니의 중국 사례를 대입해 다시 부연한다.

마르티니는 『중국기』(l. 5. c. 37, p.122)에서, 군주들 중 나은 군주들은 — 지혜와 선덕

---

756) Pufendorf, *Of the Law of Nature and Nations*, 570쪽.

으로 저명한 인사들로부터 악덕 회피, 선덕 추구, 공공복리와 관련된 어떤 국사에 관해 훈계를 받았을 때 – 저(중국) 백성 사이에서 무릎을 꿇고 조언을 얻는 것을 관습으로 삼았다고 보고한다.[757]

이것을 보면 푸펜도르프가 내각권에 의한 군주권의 제한에 관한 자신의 일반적 논의를 역으로 중국으로부터 배웠다는 것을 알 수 있다. 중국의 내각제적 제한 군주정의 현실이 실은 바로 푸펜도르프의 제한군주론의 '본질구성적' 요소였던 것이다.

푸펜도르프는 이 논의 100쪽 뒤에 다시 한 번 중국의 내각제 논의를 길게 전개한다.

반면, 이미 입증했듯이 제한군주정의 군주들은 백성들이 그들의 절대적 처분에 맡기지 않는 것이 적합하다고 생각하는 정사政事에서 신민들 일반의 위원회나 특정한 계급과 신분들을 대변하는 대표자들의 위원회에 대부분 자신을 맡겨야 한다. 나아가 유의해야 하는 것은 이런 위원회의 권력이 모든 경우에 동일하지 않다는 점이다. 왜냐하면 왕이 다른 관점에서 절대적이기에 한 위원회 또는 원로원(Senate)을 지명하고 이들에 대한 비준을 그의 칙령의 효력에 있어 본질적인 것으로 만들기 때문이다. 이때 이런 종류의 원로회의는 그 권위에 관한 한 자문위원회에 지나지 않는다. 그리고 그것이 왕의 칙령을 정밀조사하고 검열하고 나라에 덜 편리한 것으로 보이는 것을 기각하기에 이를 때, 이 회의체는 그것을 그 자신의 고유한 권리에 의해서가 아니라 군주로부터 위임된 권력에 의해 행한다. 군주는 그 자신의 부주의로 인해서든, 간신들의 암시로 인해서든 공중에게 해로운 어떤 것도 시행될 수 없다는 현명한 규정을 만들고 있다.[758]

푸펜도르프는 이 논변의 근거로 니우호프의 『네덜란드연합주의 동인도회사로

---

757) Pufendorf, *Of the Law of Nature and Nations*, 570쪽 각주(a).

758) Pufendorf, *Of the Law of Nature and Nations*, 699쪽.

부터 북경 또는 중국황제에게 파견된 사절단』(1665)을 인용하고 있다. 위 인용문에서 제한군주정과 관련된 논의는 중국을 본보기로 예증되고 있다. 이것은 중국의 황제정을 내각제적 제한군주정으로 이해한 것을 보여준다. 그리고 푸펜도르프는 다시 니우호프가 "그 지혜로운 백성의 치자들에 관해 개진할 만한 아주 많은 것들을 보고하고 있다"고 쓰고 있다.759)

푸펜도르프는 중국에 대한 명시적이고 배타적인 참조로써 절대적 군왕이나 전제군주가 학사學士들의 내각을 설치함으로써 그 자신의 권력을 제한할 가능성을 실제적인 것으로 인정한 것이다. 군주의 의지와 그가 이 위원회로부터 받은 '건전한 이성'을 하나로 묶어주는 것은 '국가'에 대한 관심이다. 푸펜도르프는 '나라'를 위해 군주와 내각위원회 사이에 맺어진 가장 좋은 원칙들에 관한 암묵적 합의 또는 협정을 중국 정치체제에서의 "주권적 권력에 대한 제한"으로 정의하고 있는 것이다.760)

또한 푸펜도르프는 중국 관료행정법에서 관직임용의 상피제相避制도 원용하고 있다. "중국인들은 편애와 분노의 양편으로부터 생겨날지 모를 모든 불편을 피하기 위해 어떤 사람에게도 그가 태어난 곳에서 관직을 보유하는 것을 허용치 않고 있다. 왜냐하면 그가 특별히 사랑하는 사람을 만날 가능성이 있기 때문이고, 또한 재판관이 뇌물과 부패에 열려 있는 곳에서 사악한 사람들은 쉽사리 품게 될 사면의 희망을 통해 최대의 죄악을 범하도록 유혹받기도 하기 때문이다."761)

나아가 푸펜도르프는 마르티니의『중국기』를 인용하며 국가재정과 왕실재정의 분리에 관한 논변의 정당성도 중국에서 끌어온다.

그리고 중국에서 토지의 9분의 1은 황제에게 속한다. 군주를 부양하도록 의도된 이 토지 부분에 의해 나는 몇몇 국가의 군주가 공유토지로부터 그에게 할당된 재화를

---

759) Pufendorf, *Of the Law of Nature and Nations*, 699쪽.

760) Jacobsen, "Limits to Despotism", 360쪽.

761) Pufendorf, *Of the Law of Nature and Nations*, 742쪽.

얻고 그것의 소득은 군주의 왕국의 비용을 감당하기 위한 것임을 뜻한다. 그리고 군주는 이 모든 것으로부터 나오는 모든 이문을 취해 그것으로부터 그에게 들어오는 것을 그의 마음대로 처분할 수 있다. 그리고 왕국의 법률이 달리 규정하지 않은 경우에 그의 소득으로부터 축적한 것은 그의 사적 가산을 증가시킨다.[762]

왕실의 내탕금과 정부의 예산이 분리되어 있기는 조선도 중국과 마찬가지였다. 1894년 일제가 소위 '갑오경장' 때 왕실재정과 국가재정을 분리한다는 명목으로 벌인 소란은 침략의 일환으로서 고종의 내탕금을 들여다보고 장악하려는 음모에 지나지 않았던 것이다. 푸펜도르프는 이역만리 떨어진 유럽에서 '황실재정과 국가재정의 분리'의 정당성을 실은 중국에서 구하고 있다.

17세기 말에는 중국제국의 정치문화와 행정에 대한 지식이 유럽에 '일반적'으로 보급되고 공자열광과 중국예찬이 정점을 향해 치닫고 있는 상황이었다. 푸펜도르프가 중국의 정치문화에 대해 상세히 알고 있는 것을 보면, 그가 당시 출판된 마르티니의 『중국기』, 니우호프의 『네덜란드연합주의 동인도회사로부터 북경 또는 중국황제에게 파견된 사절단』, 쿠플레의 『중국 철학자 공자』, 르콩트의 『중국의 현재상태에 대한 신新비망록』 등 중국 관련 서적들과 공자경전 번역서들을 얼마나 정밀하게 읽었는지를 알 수 있다. 그는 다시 마르티니를 인용하면서 이렇게 말한다.

중국인들이 스승에게 어떤 강력한 존경과 경배를 바치는지는 마르티니의 『중국기』에서 관찰할 만하다. 유베날이 말하듯이 스승을 제2의 부모처럼 영예롭게 여기고 스승에게 순종해야 한다. 동일한 사가는 중국에서 아들이 결코 아버지에 의해 이전에 보유했던 것보다 더 높은 영예의 수준으로 올라가지 않는다고 보고하고 있다. 그리고 아들이 국가에 대한 두드러진 봉사 때문에 더 높이 승진한다면 그가 부여받는 품계는 일종의 사후승진에 의해 그의 죽은 아버지에게 우선권이 부여된다.[763]

---

762) Pufendorf, *Of the Law of Nature and Nations*, 830쪽.

763) Pufendorf, *Of the Law of Nature and Nations*, 611쪽 각주e.

물론 푸펜도르프의 이 설명은 거꾸로 뒤틀려 있다. 실은 중국과 조선에서 아들이 출사出仕했을 때 아버지에게 아들의 품계보다 한 등급 더 높은 품계가 부여되었다. 이것을 그는 아들의 품계 승급이 아버지의 이전 품계 등급에 의해 제한되거나 아버지에게 우선권이 주어진 것으로 오해하고 있다.

푸펜도르프는 종교와 관련된 논의에서는 기독교적 편견을 여지없이 드러내기도 한다. "중국의 역사는 우리에게 중국인들 가운데 대인大人들은 만물을 다스리는 신의 존재를 믿지 않고 또한 영혼의 불멸성도 믿지 않는다고 말해준다. 그리하여 우리는 중국인들의 덕성이 그들의 악덕들의 깊은 은폐 외에 어떤 것에도 있지 않다고 말한다."764) 그리고 그는 르콩트 신부가 1696년 펴낸『중국의 현재상태에 대한 신新비망록』을 인용하고 있다. 푸펜도르프는 중국 철학자들이 신의 존재를 믿지 않는 무신론자들이면서도 어떤 유신론자들보다도 덕스럽고 도덕적이기 때문에 이들에게 관심을 집중한 피에르 벨의 논변 세례를 아직 겪지 않은 '철학적 풋내기'였던 것이다.

그럼에도 불구하고 푸펜도르프는 공자철학과 중국의 정치문화의 쇄도 앞에서 이것을 피해 갈 수 없었던 것이다. 이것은 그가 사망 시까지『자연법과 국제법』을 거듭 개정하며 중국과 공자 관련 내용을 추가한 것에서 알 수 있다. 푸펜도르프는 대개 그의 자연법의 보편성 명제를 증명하기 위해 중국을 끌어들이고 있는데, 그래도 중국에 대한 그의 일반적 평가는 "아주 긍정적"인 편이다.765) 이러는 가운데 중국과 공자의 영향이 그의 사고에 얼마나 '본질구성적' 변화를 일으켰는지는 알 수 없지만 분명 모종의 근본적 구조변동을 초래했음이 틀림없어 보인다. 낙후한 독일에서 푸펜도르프의 공자·중국 관련 논변은 라이프니츠와 크리스티안 볼프에 한참 앞서 이루어졌다는 것만으로도 아주 큰 의미가 있다.

---

764) Pufendorf, *Of the Law of Nature and Nations*, 68쪽 각주5.

765) Stefan G. Jacobsen, "Physiocracy and the Chinese Model: Enlightened Lessons from China's Political Economy", 15쪽. Ying Ma and Hans-Michael Trautwein (ed.), *Thoughts on Economic Development in China* (Abingdon: Routledge, 2013).

■장 바르베락의 보충논의

프랑스에서 스위스로 망명한 위그노 법학자 쟝 바르베락(Jean Barbeyrac, 1764-1744)은 푸펜도르프 사후에 나온『자연법과 국제법』의 프랑스어본 모두冒頭에 붙인 논문「가장 이른 시기부터 푸펜도르프의 자연법과 국제법의 발간에까지 세계에서 이루어진 도덕과학과 그것의 진보에 대한 역사적·비판적 평가」에서 아예 1687년에 나온 쿠플레의 공자경전 번역서『중국 철학자 공자』까지 끌어들여 논하고 있다.766) 이 논문으로 그는 국제적 명성을 얻었다.

바르베락은 자연법의 존재를 증명하는 데『중국 철학자 공자』의 발췌본 (*Biliotheca Universe*)에서 공자의 말을 인용한다.

그러한 자연법의 원칙들이 제시되자마자 만인은 자기들의 판단을 어둡게 하거나 흐리게 하는 어떤 격정의 노예가 아니라면 또는 그들의 관심을 가로막고 벗어나게 만들 어떤 다른 방해물이 존재하지 않는다면 그 원칙들의 선성善性을 지각하게 된다는 것은 확실하다. 여기서 한 이교도 철학자의 증언을 더하자. 그것은 중국의 저명한 공자다. 그는 "왕과 신민, 부모와 자녀, 남편과 아내, 청년과 노인, 친구와 서로 어떤 교류를 갖거나 교제하는 모든 이의 상호적 의무들을 포괄하는 이성의 척도(the Rule)는 평민의 이해범위를 넘어가지 않는다"고 말한다. 반면, 특정한 사람들이 스스로 고안했거나 고답적인 것으로 여겨져 우리의 이해를 넘어가는 것으로 여기는 준칙들, 일정한 낯설고 난해한 원칙들과 같은 준칙들, 앞서 언급한 다섯 종류의 사람들과 관계가 없는 준칙들은 이성의 척도로 전혀 인정될 수 없다. 이 지혜로운 중국인은 이렇게 천명하며 천하가 덕스러운 것은 쉬운 일임을 증명하기 위해 완전히 명약관화하게 만들려고 애쓰는 한 준칙을 설명한다. 그것은 기독교복음이 그토록 많이 주입하는 것과 동일한 준칙 "네가 너 자신에게 하기를 원치 않는 것을 남에게 하지 말라"이다.767)

---

766) 영역본: Jean Barbeyrac, "An Historical and Critical Account of the Science of Morality and the Progress it has made in the World from the Earliest Time down to the Publication of Pufendorf of the *Law of Nature and Nations*". Samuel von Pufendorf, *Of the Law of Nature and Nations* [*De jure naturae et gentium*, 1672] (London: Printed for J. Walthoe et al., The Fourth Edition 1729), "Prefatory Discourse".

767) Barbeyrac, "An Historical and Critical Account of the Science of Morality", 3쪽.

바르베락은 주석에서 『논어』의 "기소불욕己所不欲 물시어인勿施於人"을 쿠플레의 『중국 철학자 공자』의 발췌본에서 인용한다고 밝히고 있다.

나아가 바르베락은 『중용』에서 중용의 도를 지키기가 어렵다는 공자의 말을 인용하기도 한다.

> 모든 언어에서 도덕성의 어휘들은 평범한 논의에서, 그리고 학자들의 글 속에서 어떤 어휘를 쓰든 가장 모호하고 가장 혼돈스럽고 가장 불확정적이고 가장 비고정적인 관념들의 어휘들이다. 그리고 이것은 인간들이 일반적으로 평범하고 일상적인 일들을 얕보고 특별하고 신비스러운 것을 좇아간다는 사실, 그리고 진리가 인간들의 호기심을 일으킬 어떤 매력을 동반하지 않으면 인간들이 진리 자체를 모르거나 진리 그 자체를 배척하고 경이롭고 비상한 것을 향한 자기들의 욕망을 채울 것이라는 사실이 모든 시대의 경험들을 통해 알려져 있지 않다면 도덕성의 원칙들도 마찬가지로 아주 난해하다는 점을 의심스럽게 만들 것이다. 이것은 중국 철학자 공자에 의해서도 동일한 주제에 관해서 아주 명석하게 개진되어온 것이다. 그는 말한다. "나는 인류의 대부분이 중용의 큰길이 찾기 쉬워도 왜 그 길을 따르지 않는지 안다. 그것은 지자(the learned)가 그것을 얕보기 때문이고, 자기들의 투시력이 중도를 훨씬 넘어간다고 상상해서 중도를 자기들 밑에 있는 것으로 얕보고 원칙에 귀 기울이지 않고 상승하기를 좋아하고 더 어렵고 더 위험한 길에 간여하기 때문이다." 그러나 도덕성에 대한 진지한 연구와 의무에 대한 보다 정확한 지식의 달성에 커다란 장애물이 되는 것은 지성의 편향이 아니라 세계 속에 확립된 의견의 횡포와 심장의 환상이라는 것이 인정되어야 한다.768)

바르베락이 쿠플레의 공자경전 번역서 발췌본에서 인용하고 있는 공자의 말은 공자의 어록이라기보다 역자의 해설이 많이 들어간 변형된 어록이다. 『중용』은 원래 이렇게 되어 있다. "공자가 말했다. 도가 행해지지 않음을 나는 안다. 지자는 그것을 지나치고 우자愚者는 그것에 미치지 못하기 때문이다. 도가

---

768) Barbeyrac, "An Historical and Critical Account of the Science of Morality", 13-14쪽.

밝지 못함을 나는 안다. 현자가 그것을 지나치고 불초자는 그것에 미치지 못하기 때문이다. 이것은 사람들이 먹고 마시지 않는 자가 없지만 그 맛을 아는 이가 드문 격이다. (…) 공자가 말했다. 사람들은 다 '나는 안다'고 말하지만 그물·덫·함정 속으로 몰아넣어도 그것을 피할 줄 모른다. 사람들은 다 '나는 안다'고 말하지만 중용을 택해 1개월도 지키지 못한다."769) 바르베락이 공자의 말이라고 인용한 저 글은 그래도 대략 『중용』의 이 구절의 기본취지를 담고 있다.

그리고 바르베락은 공자 자체에 대해서도 논한다. "그들의 의견과 관습이 우리에게 최근까지 알려져 있지 않은 중국인들에 관한 한, 저명한 라이프니츠 씨는 도덕과 정치의 문제에서 그 나라의 학자들이 여기 유럽의 우리 학자들을 훨씬 능가한다고 우리에게 확언한다."770) 바르베락은 이 확언을 라이프니츠가 발간한 『중국의 최신 소식(Novissima Sinica)』(1697)의 '서문'에서 인용하고 있다. 그러면서 공자에 대한 생테브레몽(Seigneur de Saint-Évremond, 1613-1703)의 악평도 소개한다. "드 생테브레몽 씨는 (그를) 아무리 높이 치더라도 반대의견이다." 그러면서 각주에서 생테브레몽의 견해를 더 소개하며 약화시키고 있다. "그는 그(공자)를 그가 지금까지 읽은 사람들 중 가장 지루한 모럴리스트라고 부른다. 그는 해독 가능한 그의 문장들은 피브락의 스탄자(Stanza of Pibrac) 만도 못하고, 모호한 문장들은 성서의 종말론을 능가한다고 덧붙인다. 그러나 생테브레몽 같은 성격을 가진 사람은 도덕책을 읽는 것을 피곤해할 것이지만, 책의 장엄에 대한 편견은 없다. 공자의 저작들에 대해서 출판되어온 것 속에는 좋은 것들만큼 나쁜 것들도 들어 있지 않다는 것이 아니다. 그리고 우리는 삭젠 할레대학 교수 그룬틀링(Grundling) 씨가 『도덕철학의 역사(Histor. Phil, Moral)』라고 불리는 그의 저서에서 내린 판단을 아주 지지하거나 이것과 아주 가까울 것이다. 내가 아는 한, 동양철학을 다루는 이 책의 제1부만이 1706년 인쇄되어 출판되었다."771)

---

769) 『中庸』(4-7章): "子曰 道之不行也 我知之矣 知者過之 愚者不及也. 道之不明也 我知之矣 賢者過之 不肖者不及也. 人莫不飮食也 鮮能知味也. (…) 子曰 人皆曰予知 驅而納諸罟擭陷阱 之中而莫之知也. 人皆曰予知 擇乎中庸而不能期月守也."

770) Barbeyrac, "An Historical and Critical Account of the Science of Morality", 44쪽.

바르베락은 생테브레몽의 악평에도 불구하고 공자철학을 호평한다. 라이프니츠의 "이 찬사가 얼마간 과장되었을지" 모르지만 "그 나라에서 오랜 세월 그에게 바쳐진 '신적 영예'를 언급하지 않더라도 자신의 철학으로 그토록 깊이 존경받는 공자(*Confucius, or Cum Fu Cu*)의 저작들 안에서 만나는 것들 중에는 탁월한 것들이 아주 많이 들어 있다는 것, 도시마다 그의 저작들이 강독되는 공립학교가 있다는 것, 거기서 정부의 공직에 들어가기 전에 한동안 공부해야 한다는 것은 적어도 확실하다."772) 이어서 바르베락은 공자의 도덕원칙들을 맛보기로 길게 소개한다.

나는 이제 나의 독자들에게 그의 원칙들의 맛을 보여줄 것이다. "인간의 천성인 모든 것을 우리는 합리적 본성이라고 부른다. 본성과 이성에 부합되는 것을 우리는 도道(*Rule*)라고 부른다. 우리는 우리의 감정의 다스림에 있어서 이 도를 우리 자신에게 적용함으로써 이 도를 재확립하는 것을 덕성의 설정, 즉 도덕이라고 부른다. 이 도는 합리적 본성에 본질적이기에 단 한 순간도 인간과 분리될 수도 없고, 되어서도 아니된다. 그것이 인간과 한시라도 분리된다면 그것은 도가 아니고, 또한 하늘이 우리에게 준 이성도 아니기 때문이다. (공자는 이로써 의심할 바 없이 합리적이기를 그치는 것은 인간이기를 그치는 것임을 의미하고자 했다. 왜냐하면 그는 다음과 같이 덧붙이고 있기 때문이다.) 이것은 군자(*the Man of Integrity*)가 무슨 행동을 하든 결코 도道, 즉 그가 그의 영혼에 언제나 각인해 지니고 다니는 바른 이성으로부터 벗어나지 않을 목적으로 부지런히 자기 자신을 감시하고 눈에 보이지 않는 것들, 가령 가슴의 미미한 맹아적 움직임들에 대해서조차도 그토록 경계하고 귀로 분간할 수 없는 것들에 대해서도 아주 많은 주의를 기울여 자기 자신을 다스리는 이유다. 감정이 본성에 본질적이거나 오히려 본성 자체이기에 군자는 열심히 바른 이성의 규제 아래 그 감정들을 (억압하거나 말살하는 것이 아니라) 다스리려고 한다. 왜냐하면 좋음에 따라다니는 기쁨, 실패에 따라다니는 노함, 상실에 대한 슬픔, 어떤 좋은 것의 향유에

---

771) Barbeyrac, "An Historical and Critical Account of the Science of Morality", 44쪽 각주※.
772) Barbeyrac, "An Historical and Critical Account of the Science of Morality", 44쪽.

대한 즐거움은 발동되기 전이면 중中, 또는 중도의 상태에 있다고 하고(喜怒哀樂之未發謂之中) 과잉이나 결손에 대해 아직 좋지도 나쁘지도 않기 때문이다. 그러나 이 감정들이 그 효과를 산출했고 그 결과가 바른 이성의 빛과 합치될 때, 이것은 이성과 감정의 화합 또는 합치라고 한다(發而皆中節謂之和). 감정들은 여전히 중도를 지키는 동안 우주의 주요 스프링과 모든 선한 행동의 토대로 간주된다. 감정들은 이성과 합치될 때 천도天道(the Rule of the Universe)와 인도人道의 왕도라고 한다. 군자가 준수하려고 애쓰는 네 가지 도가 있다. 나는 이 중 하나도 준수해야 하는 만큼 준수하지 못해왔다. 첫째, 나 자신의 자녀들로부터 요구하는 만큼 나의 부모에게 동일한 순종을 바치는 것. 둘째, 내가 나 자신의 하인들에게 요구하는 것만큼 나의 군주에게 동일한 충성심을 가지는 것. 셋째, 내가 나의 손아랫사람들인 그 사람들에게 찾는 만큼 내가 나의 손윗사람에게 동일한 존경심을 가지는 것. 넷째, 나 자신이 친구들의 손에서 기대하는 것만큼 나의 친구들의 관심에 대한 동일한 열망을 갖는 것과, 내가 그들이 나를 위해 행동하기를 바라는 것처럼 모든 배려 방식에서 친구들을 앞지르려고 그만큼 많이 애쓰는 것. 군자는 이 덕목들을 매일 매시간 꾸밈도 가식도 없이 실행한다. 그는 그의 모든 논의에서 현명하고 주도면밀하다. 그리고 그가 어떤 일에서 그의 의무에 미치지 못하면 그는 결코 결핍된 것을 채울 때까지 쉬지 않는다. 그는 폭포처럼 말이 떠오르는 것을 느끼면 그것들을 표현하는 방법을 두고 무척 신경을 쓴다. 왜냐하면 그는 언제나 그의 행동을 말에, 그의 말을 행동에 정확하게 일치시키는 것으로 보이기를 바라기 때문이다. 군자는 언제나 그의 운명에 만족하고, 언제나 그의 현재 상황에 합당한 방식으로 살고, 결코 그에게 적절하지 않은 것을 바라지 않는다. 그는 그 자신을 완벽하게 만들려고만 모색하고 남에게 아무것도 요구하지 않는 만큼, 남에게 화를 내거나 불만을 갖지 않고 하늘과 땅에 대해 불평하지 않는다. 그는 불행할 때 섭리의 부당함을 불평하지 않고, 그 자신의 결함을 남 탓으로 돌리지 않는다. 또한 그는 남을 그의 불행의 원인자로 비난하지 않는다. 그는 과녁을 빗맞혔을 때 모든 잘못을 그 자신의 손으로 돌리는 궁수와 유사하다. 나는 신뢰가 없고 말에 믿음성이 없고 약속에서 신의가 없는 인간이 세상에서 무엇이 될 수 있는지 모르겠다. 굴대가 없는 마차나 살이 없는 수레바퀴가 무슨 소용이 있겠는가?" 우리는 이

샘플로 이 중국 현자의 사유의 정확성과 심오한 사색을 판단할 수 있다.773)

이어서 바르베락은 『중용』「애공문정哀公問政」(제20장)의 가르침을 서양 교부철학의 집대성보다 더 많이 배울 만한 것으로 소개한다.

그가 통치의 방법에 관해 노나라 애공(Ngaicum)에게 준 가르침은 가장 찬미할 만한 도덕적 성찰을 포함하고 있다. 이 성찰들은 단지 불확실한 일반적 관념들로 구성되어 있는 것이 아니라 군주에게 닥칠 수 있는 모든 세세한 경우와 정사政事의 교차점들에 적용된 세부적 가르침들로 구성되어 있다. 그리하여 공자의 이 작은 책으로부터 몇몇 교부敎父들의 방대한 저자들로부터 배우는 것보다 더 많이 배울 것이 있다고 과장 없이 아주 잘 얘기될 수 있을 정도다.774)

여기까지 공자의 말은 모두 인토르케타·쿠플레 등의 공자경전 번역서 『중국 철학자 공자』의 발췌본에서 인용되었다. 위 인용문의 마지막 구절은 당대에 큰 설화舌禍를 일으킬 수 있는 아주 위험한 공자 극찬이다.

이에 잇대어 그는 『중국 철학자 공자』의 이 발췌본을 바탕으로 석가모니의 불교철학을 비판한다.

그러나 공자시대 이래 또 다른 철학자가 일어나 그의 불경한 관념들이 오랜 세월 풍미했고 이날까지 지속적으로 가장 일반적으로 받아들여지는 견해가 되었다. 그 철학자의 제자들은 외경外經을 가지고 있는데, 그들은 그들의 말에 의하면 대중들을 그들 자신들의 의무 속에 들어 있도록 유지시키기 위해 대중에게 그것을 설교한다. 외경은 선과 악, 정의와 불의 간에는 실재적 차이가 있고 이승에서 행한 것에 따라 모두가 상벌을 받는 저승이 있다는 것을 가르치는 데 있다. 그러나 전수받는 사람들만을 위한 그들의 내경內經은 결론적으로 종교와 도덕을 둘 다 동시에 완전히 말살하

---

773) Barbeyrac, "An Historical and Critical Account of the Science of Morality", 44쪽.

774) Barbeyrac, "An Historical and Critical Account of the Science of Morality", 44쪽.

는 일종의 스피노자주의(*Spinozism*)다.775)

피에르 벨은 긍정적 의미에서 공자철학과 불교를 둘 다 스피노자주의와 같은 것으로 규정했다. 그러나 바르베락은 공자철학을 극찬한 반면, 불교를 부정적 의미의 스피노자주의로 몰고 있다.

바르베락의 이 논문은 1710년대에 집필된 것으로 보인다. 따라서 이 글은 저명한 푸펜도르프의 주저에 실려 국제적으로 유명해졌다. 그에게 국제적 명성을 가져다준 이 논문은 공자철학과 푸펜도르프의 친화성을 명시적으로 보여주며 18세기 초반 계몽주의의 본격적 흥기 시기에 유럽 지식인들에게 커다란 영향을 끼쳤다.

4.3. 피에르 벨의 무신론적 공자해석과 무차별적 관용론(1680-1706)

18세기 계몽철학자들에게 기독교 신학자들이나 보수적 철학자들, 그리고 보수반동적 정부대변자들과 싸우는 데 필요한 철학적·사상적 무기를 제공한 '계몽의 무기고'와 같은 철학은 피에르 벨(Pierre Bayle, 1647-1706)의 회의주의 철학이었다. 18세기 유럽의 중기·후기 계몽운동을 볼테르와 프랑수와 케네가 담당했다면, 17세기 말과 18세기 전반의 계몽운동은 1706년에 서거한 벨이 담당했다고 해도 과언이 아니다.

실제로 계몽철학자들은 18세기 내내 피에르 벨의 무진장한 논변들을 '계몽의 무기고'로 활용했고, 이로써 사상세계에 기념비적 변화를 일으켰다. 계몽철학자들과, 사상사에 관심이 있는 19세기 인사들은 벨이 미개한 신학자들과 형이상학자들에 대항해 투입될 아주 많은 '비판적 탄약'을 제공했기 때문에 그도 18세기 계몽주의의 전위적 견해를 공유했다고까지 여길 정도였다. 그들은 벨을 앙시앵레짐의 이데올로기를 분쇄할 '비종교적·경험과학적 사조의 선각자'로 해석했다.776)

---

775) Barbeyrac, "An Historical and Critical Account of the Science of Morality", 44쪽.

피에르 벨의 무신론 경향의 회의주의 철학은 극동과의 긴밀한 사상적 연관 속에서 발전했다. 그는 중국과 일본의 정치·종교문화에 대한 정보에 민감했다. 그리고 그는 공자철학과 공자의 전 저작의 번역계획에 대해서도 잘 알고 있었다.

■ 벨의 무신론적 중국관과 무차별적 관용론

- 무신론국가 중국: '무제한적 관용과 덕성의 나라'

피에르 벨은 많은 중국 관련 서적들과 공자경전 번역서들을 읽었는데, 쿠플레의 『중국 철학자 공자』(1687)도 직접 읽은 것으로 보인다. 그는 자신이 발간하는 『식자공화국의 새소식(Nouvelles de la République des Lettres)』의 1686년 4월호에서 그가 받은 한 서한을 소개하며 쿠플레의 공자경전 번역계획을 이렇게 알리고 있기 때문이다.

> 쿠플레 신부가 로마로 다시 돌아왔고, 또한 그가 어린 중국인 예수회 회원을 그를 대하듯이 대해주었다는, 그리고 그가 그들이 공자의 전 저작을 번역하기를 바란다는 취지의 또 다른 편지.777)

2년 뒤 벨은 『식자공화국의 새소식』 1688년 3월호에서 "『중국 철학자 공자의 도덕』을 읽는 데서 많은 기쁨을 느끼지 않을 독자는 거의 없을 것이다"라고 말함으로써 쿠플레 등의 이 번역서를 홍보하고,778) 넌지시 자신도 이 책을 읽었음을 자랑하고 있다. 따라서 이 홍보는 그 자신도 "많은 기쁨을 느끼며" 이 경전번역서를 직접 읽었으리라는 것을 짐작케 해준다.

---

776) Richard H. Popkin, "Introduction", xix쪽. Pierre Bayle, *Historical and Critical Dictionary* (Indianapolis·Cambridge: Hackett Publishing Company, 1991).

777) Pierre Bayle, *Nouvelles de la République des Lettres* (Avril 1686), 537쪽. *Oeuvres diverses de Mr. Pierre Bayle*, Vol. 1 (La Haye: Chez P. Husseon et al., 1727).

778) Arnold H. Rowbotham, "The Impact of Confucianism on Seventeenth Century Europe", *The Far Eastern Quarterly*, Vol. 4, No. 3 (May, 1945), 227쪽에서 재인용.

또한 벨은 중국이 종교적 관용을 일반적으로 보장하고 심지어 자신들은 종교적 불관용을 견지하면서 중국의 종교적 관용을 이용해먹기만 하는 위선적 기독교인들에게도 종교의 자유를 '무제한적으로' 보장하고 있다는 것을 잘 알고 있었다. 그는 다시 『식자공화국의 새소식』의 1685년 2월호에서 페어비스트(Ferdinand Verbiest) 신부의 서신(1683)을 인용해 이렇게 쓰고 있다.

> 나는 기독교인들이 우리를 아주 야만적이고 흉포한 것으로 취급하는 그 왕들의 나라 안에서 지배적인 관용의 정신(l'esprit tolérance)에 대해 조금도 성찰을 하지 않는 이유 에 대해 정력을 소비하지 않으련다. 보라, 예수회의 종교가 잘못된 것이고 그들과 그들의 교도들이 (처음에) 고백하는 것과 정반대라고, 이 종교가 (결국) 선교사들로 하여금 참도록 하지 않고 매우 인간적으로 대하지 않도록 할 것이라고 아주 확신하 는 중국의 황제를!779)

이 글에서 벨은 중국의 종교적 관용과 기독교 선교사들의 위선을 동시에 지적하고 있다. 전 세계에서 기독교 선교사들은 처음에 관용적 외양 아래 이교도들을 견뎌가며 세력을 불린 뒤 자기들의 세력이 강해지면 궁극적으로 불관용과 종교적 탄압을 가해왔다. 그들은 중국에서도 그럴 심산이었고, 중국에서는 이곳의 무제한적 관용의 정치문화를 이용해 더 쉽사리 이런 위선적 종교정책을 쓸 수 있었다. 벨은 가톨릭의 불관용적 절대성 요구를 '개명된 반대사례'로서의 '중국의 관용'과 대비시키고 있는 것이다.780)

벨의 이런 대비 속에서 프랑스와 유럽의 중국논쟁은 새로운 음색을 띠게 된다. 지금까지 대개 '지식인들끼리의 엔터테인먼트'로 기여하던 것이 놀라운 자명성을 갖고 직접 정치적 시대사와 연결된 것이다. 나아가 중국은 이제 단순히 놀랄 만한 물질적·정신적 문화를 가지기는 하나 — 안타깝게도 아직 이교적

---

779) Pierre Bayle, *Nouvelles de la République des Lettres* (12. Fébrier 1685), 232쪽. 팔호는 인용자.
780) Willy R. Berger, *China-Bild und China-Mode im Europa der Aufklärung* (Köln: Böhlau Verlag, 1990), 60쪽.

상태에 있기 때문에 개종되어야 할 나라가 아니라 오히려 – 유럽인들에게 덕성의 모델로 이바지할 수 있고 따라서 유럽을 개종시킬 수 있는 나라로 바뀌었다. 종교적 관용이란 불관용만 빼고 모든 것을 관용하기 때문에 세계에서 가장 불관용적인 종교인 기독교는 당연히 중국으로부터 추방되어야 하는 판국이었다.781)

진리와 이성, 정의와 건전한 상식, 관용과 자연적 도덕이 깃들어야 할 피에르 벨의 '이념의 공화국'은 분명 '실체화된 중국적 이상국가'로부터 이런저런 '확증적 윤곽'을 넘겨받았다. 당대 프랑스의 종교정치적 상황에 따라 사상투쟁의 무기로 '중국 철학자(Chinois Philosophe)'의 도식을 이용하게 됨으로써 '극동'은 벨의 저작 안에서 수년 동안 아무런 역할을 못했다. '중국 철학자 공자가 극동보다 더 중요해졌기 때문이다. '극동'이 다시 중요해진 것은 이 세계 안에서 유신론에 관해 보편타당한 합의가 있는지 여부를 둘러싼 신학적 문제가 시대의 의제가 된 1690년대 말부터다. 공자철학과 종교적 관용이 지배하는 극동제국諸國에서는 다 무신론이 일반적이었기 때문이다. 그러나 벨은 관용의 이념처럼 그의 이 두 번째 중심주제인 무신론 문제도 일단 중국 철학자로서의 공자의 인물과 결부시켰다.782)

벨의 눈에 중국은 건전한 도덕체계가 일반적 무신론과 결합된 국가였다. 그는 중국황제가 기독교를 믿는 외국사절들을 공식적으로 접견한다는 사실과, 제국 안에서의 다양한 종교들의 공존에 대한 보고를 근거로 중국에 종교가 부재한다는 결론을 내렸다. 무신론 국가 중국과 중국의 관용정치에 대한 벨의 찬양은 루이 14세의 낭트칙령 폐기에 대한 그의 분노 때문에도 더욱 고조되었다.783)

그리하여 벨은 중국과 공자철학을 원용해 무신론사회의 존속가능성을 논증하고 이심전심으로 암암리에 공자의 무제한적 관용사상을 끌어와 "무차별적 관용론"을 전개했다. 공자는 철두철미한 무신론자가 아니었지만 귀신과 천명

---

781) Berger, *China-Bild und China-Mode im Europa der Aufklärung*, 60쪽.

782) Berger, *China-Bild und China-Mode im Europa der Aufklärung*, 60-61쪽.

783) Bayle, *Nouvelles de la Républiques des Lettres* (1685). Weststeijn, "Spinoza sinicus: An Asian Paragraph in the History of the Radical Enlightenment", 550쪽에서 재인용.

에 대한 논의를 가급적 삼갈 정도로 신에 대한 불가지론자였고 동시에 내세나 사후세계보다 이승과 현세를 중시하는 현세론자였다. 암암리에 벨은 서구사회가 공자의 가르침을 숭상하는 극동처럼 종교적 관심에서 '미적지근'해져야만 종교적 관용과 진정한 도덕이 가능하고 종교적 관심이 이렇게 '미적지근'해지려면 서구도 극동처럼 대체로 무신론화·세속화되어야 한다는 필연적 연관관계를 간파하고, 철학적 은어와 글의 행간을 통해 이 깨달음을 은연히 설파하고자 했다.

- 극동사회의 종교적 본질: 유신론과 무신론의 초월

공자의 현세주의적 가르침에 따라 극동제국의 사회문화는 엄격히 말해 '무신론 문화'가 아니라, 기본적으로 '탈脫무신론적이고 초超유신론적인(post-atheist and trans-theist) 문화'였다. 이 특이한 세속적·현세적 극동문화는 소프트한 유신론과 무신론을 유연하게 넘나드는 문화다. 공자와 극동아시아인에게 '신'은 평소에 중시되지 않기에 대개 변두리로 밀려나 있었고 지금도 그렇다. 이런 까닭에 공자철학과 극동사회는 평소에 보면 무신론적이지만, 어쩌다 제사를 지내거나 점을 칠 때 보면 '잠시' 유신론적이기도 했다.

따라서 이를 두고 서구인들 사이에 격론이 반복되었다. 가령 나바레테·벨·로크 등은 중국사회를 무신론사회로 본 반면, 대부분의 예수회 소속 신부들과 볼테르는 중국을 유신론사회로 보았다. 벨은 도덕철학자 공자와 예의 바른 극동제국을 '무신론과 도덕 간의 원칙적 합치'에 관한 자신의 테제를 입증해주는 환호할 만한 증거로 활용했다.784)

따라서 종교적 관점에서 극동사회를 정확하게 밝혀둘 필요가 있다. 중국에는 계시종교도 없었지만, 자연종교나 자연신학도 없었다. 『주역』과 역학易學을 서양의 자연종교와 자연신학에 대한 등가물로 보더라도 『주역』에서 핵심적 역할을 하는 것은 인지人智가 아니라, 이성적 오만을 포기하고 신에게 물어 얻는 신탁으로서의 '신지神智'다. 크리스티안 볼프도 인정하듯이, 중국에는 '이

---

784) Berger, *China-Bild und China-Mode im Europa der Aufklärung*, 61쪽.

성의 함'으로 '신의 속성과 섭리의 지배'를 인식하는 유럽적 의미의 자연종교와 자연신학이 존재한 적이 없었던 것이다.785) 중국과 극동의 유교문명권에는 다만 상례喪禮·제례祭禮를 챙기거나 역괘易卦를 뽑을 때만 마음속에 잠깐 천신의 관념을 떠올릴 뿐이고 평소 때는 이마저도 다시 잊어버리고 산다는 의미에서의 '평상적 무신론'과 '간헐적 유신론'의 유연한 교대적 활용만이 존재했다. 따라서 기독교와 유학 사이에는 아무런 공통된 접점이나 등가성의 공통척도도 없었다.

로마시대 이래 갈수록 기독교의 독단적 신 관념에 깊이 매몰되어갔던 유럽제국과 반대로 극동제국은 귀신을 경원敬遠한(귀신을 공경해 멀리한) 하夏나라(기원전 2070-1600)와 주周나라의 전통(기원전 1122-256), 그리고 "백성들의 뜻(민심)을 알려고 힘쓰면서 귀신을 공경해 멀리한다면 이를 지知라고 일컬을 수 있다(子曰 務民之義 敬鬼神而遠之 可謂知矣)"는 공자의 가르침에786) 따라 백성의 일과 관련된 '인지人智의 테두리' 안에 들어 있는 통상적 인간사人間事를 행하는 경우라면 지혜롭게 귀신을 경원하는 가운데 독단적 신 관념으로부터 탈피해 이미 충분히 탈脫종교화·탈귀신화·세속화되어 있었다. 오늘날도 마찬가지이지만 당시 중국인들과 극동아시아인들은 귀신과 관련된 제사의 일과, 천명과 관련된 점서占筮 행위를 수행할 때만 신을 가까이했다.

그러므로 자나 깨나 늘 신을 모시고 사는 사람은 극동 사람들에게 '무당'으로 비쳤다. 당시 중국인과 동아시아인들의 눈에는 선교사들이 바로 그런 무당이었다. 차이가 있다면 '코쟁이 무당'이었을 따름이다. 한마디로 중국은 '평상적 무신론'과 '간헐적 유신론'을 때맞춰 교대로 병용하는 자유로운 상태, 즉 무신론과 유신론의 차이와 대립을 초월한 상태에 있었다. 다시 말해 중국인들은 무신

---

785) 볼프는 말한다: "옛 중국인은 세계 창조주를 인식하지 못했기 때문에 어떤 자연종교도 없었다. 그리고 신적 계시의 증거는 그들에게 더더욱 알려진 적이 없었다. 이런 까닭에 중국인은 덕행을 위해 본성의 힘만을, 그것도 어떤 종교로부터도 자유로운 그런 본성의 힘만을 활용할 수 있었을 뿐이다." Christian Wolf, *Oratio de Sinarum philosophea pratica* [1721·1726] — *Rede über die praktische Philosophie der Chinesen*. Lateinisch-Deutsch. Übersetzt, eingeleitet und herausgegeben von Michael Albrecht (Hamburg: Felix Meiner Verlag, 1985), 27쪽. 그리고 47쪽도 보라.

786) 『論語』「雍也」(6-22). [務: 찾아 얻을 무].

론자도 유신론자도 아닌, 그러나 동시에 무신론자이기도 하고 유신론자이기도
한 경지에 있었다.

그러나 중국인들은 '인지(human wisdom)'를 넘어가는 개인·가정·국가·천하
'대사大事'의 미래적 추이 문제의 경우에 '인모人謀'와 '귀모鬼謀'가 무관한 것이
라고 생각하거나 귀모가 인간사에 아무런 영향을 끼치지 않는다고까지는 생각
하지 않았고, 대사의 경우에 그 성공은 늘 인모와 귀모의 합작으로 이루어진다
고 여겼다. 따라서 중국인의 이 신관神觀은 인간의 삶에 아무런 영향을 끼치지
않는다고 생각해 신들을 폴리스에서 추방하고 "고대세계들의 중간지대" 또는
"세계의 기공들" 속에서 "연명하도록 함"으로써 신들을 몽땅 '종교적 실업자'로
만들었던 에피쿠로스의 귀신무용론과도 다른 것이다.787)

한국인·중국인과 기타 유교문명권 사람들의 이런 초超종교적 경지는 오늘날
의 충분히 세속화된 서양인들이라면 이제야 이해하겠지만, '예수 귀신'에 단단
히 쐰 당시 서양인들에게는 결코 이해될 수 없었다. 따라서 제례논쟁의 현상적
원인은 몰락하는 포르투갈의 후원을 받던 예수회와 부상하는 스페인의 후원을
받던 도미니크·프란체스코회가 중국선교 독점권을 두고 벌인 헤게모니 다툼
에 있었지만, 그 근본원인은 수천 년 전부터 충분히 세속화되어 철학화哲學化된
중국사상과, 아직도 기독신학의 신 관념에 절어 있던 유럽사상 간의 격차,
또는 종교의 자유가 폭넓게 허용된 중국과 종교의 자유가 없던 유럽 간의
문명격차에서 유래했다.

당시 유럽의 종교상황은 18세기 중반의 프랑스에서조차 『맹인서간』(1749)의
무신론적 경향을 들어 저자인 드니 디드로를 3개월 금고형에 처했고, 18세기
후반 영국에서조차도 데이비드 흄을 무신론자로 몰아 처벌하려는 계획이 교회
막후에서 여러 차례 기도되고 있었다. 그리고 유럽 전역에서 중세 이래 도합

---

787) Karl Marx, *Das Kapital I. Marx Engels Werke (MEW)*. Bd. 23 (Berlin: Dietz, 1979), 93쪽; Karl
    Marx, *Theorien über den Mehrwert* (Vierter Band *des Kapital*), Erster Teil des Bd. 26 (Berlin: Dietz,
    1979), 37쪽. 여기서 마르크스는 에피쿠로스적 '산'의 처지를, 고대세계들 간의 중간지대에 존재했
    던 원시적 상업민족들의 처지나 국가간섭 없는 자유무역을 주창한 중농주의자들의 '최소국가'의
    처지와 비유했다.

100만 명에 가까운 사람들이 '마녀'로 낙인찍혀 화형당했고, 18세기 말까지도 마녀사냥을 계속하고 있었다. 당시 유럽은 이럴 정도로 종교적으로 억압적이었다. 19세기 중반 쇼펜하우어는 "종교재판이 최근의 마침내 인증된 소식에 의하면 (기타 스페인지역에도 이러한 종교적 살해무덤들이 아직 많이 있지만) 마드리드에서만 300년간 30만 명을 신앙문제로 화형대에서 고통스럽게 죽도록 했다"고 말하고 있다.788) 말하자면, 중국과 서양의 이런 커다란 격차를 느끼면서 마테오리치는 더욱 철저히 철학화·세속화된 성리학을 외면하고 고대 유학 경전에서라도 천주교와 유사한 의미를 찾아보려고 노력한 반면, 도미니크파 신부들은 성리학의 '리理'만이 아니라 고대경전의 '상제上帝'도 천주(기독교적 하느님)와 다르다고 비판하고 중국의 제례는 미신이라고 주장했던 것이다.

그러나 유럽인들이 공자철학과 극동문화의 영향 속에서 대오각성해 오늘날에야 누리는 세속화된 생활단계에 이미 도달해 있던 대부분의 극동 유학자들에게 이들의 논쟁은 종교의 자유를 유린하는 '몽매한 무당들'의 피나는 '닭싸움'으로 비쳤다. 따라서 '공자철학과 중국인들은 유신론적'이라고 주장한 예수회 신부들을 편든 라이프니츠나 볼테르의 변호도 아직 '무당' 수준을 벗어나지 못한 것이었다.

서구인들이 잘 인정하지 않으려는 사실이지만, 그들의 이러한 '종교적 몽매'를 개명시킨 서구문화의 세속화는 동아시아 철학과 문화의 결정적 도움을 받은 18세기 계몽주의의 치열한 사상투쟁을 거쳐서야 비로소 점진적으로 달성되었다. 따라서 제이콥슨(Nolan P. Jacobson)은 갈파한다. "동쪽으로부터의 이 인정되지 않는 도움 없이 서구가 지중해 주변에 그 원류를 두고 있는 문명 속에서 지금 저 커다란 모험의 지배적 면모인 삶의 세속화와 탈脫신성화에 성공했을 것인지를 의심해볼 가치가 있다. 서구문명의 가치들은 동쪽의 조용한 침투가 있기까지 신적으로 제도화된 교회와 초자연적으로 계시된 성경책의 권위주의에 의해 뒤덮여 있었기 때문이다." 적어도 지금쯤은 "아시아가 18세기 사유속에서, 특히 근대생활의 세속화에서 가장 큰 미래적 역할을 맡은 저 사유(계몽주

---

788) Schopenhauer, *Die Welt als Wille und Vorstellung I*, §65 (493쪽), 각주1.

의 사조 – 인용자) 속에서 지배적인 역할을 수행했음"을 인정해야 할 것이다.789) 극동사회를 무신론사회로 보고 이를 이용해 유럽의 몽매를 깨치게 하고 유럽을 세속화하려는 투쟁을 개시한 철학자가 바로 피에르 벨이었던 것이다.

'종교적' 관용은 신의 유무有無 또는 신의 인정과 부정을 '생사의 문제'로 보지 않고 '새털처럼' 가볍게 여기는 사회에서 훨씬 더 용이하고 더 폭넓을 것이다. 이런 까닭에 '무제한의 종교적 관용'은 '평상적 무신론'과 '간헐적 유신론'의 유연한 교대를 특징으로 하는 극동사회에 고유한 문화적 DNA가 될 수 있었던 것이다.

- 공자의 무제한적 관용론

극동사회에서 종교적 관용, 나아가 정치적·사상적 관용의 문제는 소위 '이단' 문제를 대하는 공맹의 기본철학에 의해 직접 정초된 사상이었다. 여기서 잠시 '이단'에 대한 공맹의 입장을 돌아보자. 공자는 "이단을 공격하는 것은 재해災害다(攻乎異端 斯害也已)"라고 하고,790) 또 "천하가 무엇을 근심하고 무엇을 걱정하랴? 천하가 같은 것으로 귀결되면서도 길을 달리하고, 하나로 합치되면서도 생각을 백 가지로 하는데, 천하가 무엇을 근심하고 무엇을 걱정하랴(子曰 天下何思何慮. 天下同歸而殊塗 一致而百慮. 天下何思何慮)"라고791) 하여 아무리 이견과 '이단'이 많아도 다 하나('잘 살자'는 하나의 뜻)로 통하니 걱정할 필요 없다는 '무제한적 관용론'을 피력했다.

그리고 맹자도 국민을 도탄에 빠뜨리는 이단에 한해 '부득이'하게 비판을 하긴 해야 하지만 이 경우에도 금도襟度를 지켜야 한다고 가르쳤다. 가령 양묵楊墨의 사상이 백성을 도탄에 빠뜨리자 맹자는 어쩔 수 없이 양묵을 비판했는데, 그는 이것을 '호변好辯(비판하기 좋아해서 현학적으로 머리와 입을 놀리는 논변)'이 아니라 '부득이한' 논변이었다고 한다. "어찌 호변했겠느냐? 나는 부득이했었다(予豈好

---

789) Nolan P. Jacobson, "The Possibility of Oriental Influences in the Philosophy of David Hume", *Philosophy East and West* (Vol. 19, Issue 1, Jan. 1969), 36쪽.

790) 『論語』「爲政」(2-16).

791) 『易經』「繫辭下傳(5)」.

辭哉? 予不得已也."792) 그러나 맹자는 이 '부득이한' 비판도 금도가 있어야 한다고 금을 그었다. "묵적에서 달아나면 양주에게로 돌아가고, 양주에게서 달아나면 유가로 돌아온다. 돌아오면 받을 따름이다. 그런데 오늘날 양주·묵적과 논변하는 자들은 돼지를 내쫓아 이윽고 제 우리에 몰아넣고 따라가 묶듯이 한다."793) 양주·묵적 추종자들에 대한 '박해와 탄압'을 비판한 것이다.

중국의 종교적 관용에 대해서는 앞서 상론했으므로 여기서는 조선의 종교적·정치적 관용정책을 다시 보자. 가령 조선국왕 정조는 공자의 "공호이단攻乎異端 사해야이斯害也已(이단을 공격하는 것은 재해다)" 명제를 근거로 18세기 후반 천주교 박해를 막았다. "'공호이단攻乎異端 사해야이斯害也已'에서 성인의 숨은 뜻을 볼 수 있다. 중국은 이적을 섬기지 않으니, 비록 오랑캐로 하여금 관내로 들어오지 못하게는 하더라도 진시황이나 한무제처럼 오랑캐를 모질게 다그쳐 전쟁을 벌여 나라를 병들게 하는 것(窮兵病國)도 당치 않은 것이다. (…) 이단은 오랑캐와 같은 것이니, 어찌 이단도 역시 궁치窮治할 수 있겠는가?"794) 정조는 여기서 범조우·정이천·주희 등의 소인유학적 경전변조를 일거에 물리치고, 공자의 본뜻을 재생시키고 있다.

또한 정조는 공자의 '공호이단 사해야이' 명제를 '천주교' 문제에 구체적으로 적용해 이렇게 말하기도 한다. "어찌 성인이 '이단을 공격하면 재해일 뿐이다攻乎異端 斯害也已'라고 말하지 않았으랴! '공攻'이란 말은 전치專治를 일컫는 것인데, (오랑캐들이나 하는) 전치를 일삼는 것은 도리어 '중국은 오랑캐를 섬기지 않는다'는 뜻에 어긋남이 있는 것이다."795) 정조는 여기서 '공攻'을 '전치專治'로 풀이하는 주희의 주석을 받아들이되 이 '전치'를 '전공하는 것(전심으로 갈고닦는 것)'이 아니라 '궁치窮治하는(끝까지 다그쳐 모질게 다스리는)' 오랑캐 짓으로 이해함으

---

792) 『孟子』「滕文公下」(6-9).

793) 『孟子』「盡心下」(14-26): "孟子曰 逃墨必歸於楊 逃楊必歸於儒. 歸 斯受之而已矣. 今之與楊墨 辯者 如追放豚 旣入其苙 又從而招之."

794) 『正祖實錄』, 정조15년(1791) 10월 25일조

795) 『正祖實錄』, 정조15년(1791) 10월 23일: "聖人豈不言 '攻乎異端 斯害也已'乎! 攻之爲言 專治 之謂也, 以專治爲事 反有違於中國不事夷狄之意."

로써 '공호이단攻乎異端'을 '오랑캐나 하는 짓'으로 본 것이다. 따라서 이단을 '공격'해 '궁치'하는 짓을 저지르는 것은 오랑캐를 추종하고 섬기는 꼴이다. 그러므로 '공호이단攻乎異端'은 '중국은 오랑캐를 섬기지 않는다'는 원칙에 반한 다는 말이다. 이런 해석으로써 정조는 "공호이단 사해야이"를 "이단을 전심으로 갈고닦는 것은 해로울 뿐이다"로 해독한 정이천·주희·정약용의 이단탄압적 경전변조를 모두 다 물리친 것이다.

모든 면에서 정조를 숭모했던 조선국왕 고종도 '공호이단 사해야이'에 대한 정조의 이 관용론적 해석을 계승해 독립협회의 반민족적 발호가 극에 달했을 때 독립협회의 정치사상을 서구 공화주의로 규탄하며 윤치호의 '효수'를 주장하는 성리학자 이문화 등의 상소에 대해 "그대들의 말은 이단을 치는 것과 거의 가깝지 않은가?(爾等之言 不幾近於伐異乎)"라고 비답한다.[796] 정조와 고종으로 대표되는 조선국왕들도 중국의 황제들처럼 공자철학에 충실하게 '무제한적 관용'의 정신을 대변했고, 그리하여 이단의 사상과 종교에 대해 성리학유생들과 달리 늘 관대했던 것이다.

- 기독교적 불관용에 대한 벨의 비판과 무신론적 불교이해

벨은 공자경전 번역의 부적절성과 한문에 대한 무지 때문에 공자의 무제한적 관용철학을 정밀하게 이해하지 못했을지라도 자신의 광범한 중국지식을 통해 중국과 동아시아의 오래된 '종교적 관용과 종교의 자유'를 잘 알고 있었다. 그는 적어도 중국에서의 유·불·선 종교의 공존공영을 이미 알고 있었고, 동아시아 수준의 철저한 종교적 관용 정신에 근접하는 '무차별적 종교적 관용'을 변호했기 때문이다.

벨은 1686년『·그들을 들어오도록 강요하라'는 예수의 말씀에 대한 철학적 주석(*Commentaire philosophique sur ces paroles de Jesus-Christ, Constrain-les d'entrer*)』이라는 종교적 관용에 관한 책을 간행했다. 그는 이 책에서 루이 14세의 낭트칙령 철폐 조치와 신교 탄압을 맹렬히 비판하고 가톨릭교도, 이슬람교도, 유대교도, 심지

어 예수 신성설神性說을 부정하고 단지 예수의 덕행을 따르는 것만으로 구원을 얻을 수 있다고 믿는 소시니언 교파(Socinians) 등을 포함한 모든 종파에 대한 '무차별적 관용'을 거침없이 주장했다. 벨의 이 책을 모방해 2년 뒤에 집필된 로크의 저 『관용론』(1688)보다 더 광범하고 더 완전한 종교적 관용을 요구한 것이다.797)

나아가 벨은 그의 유명한 『역사·비판 사전』의 몇몇 항목에서 동아시아의 사상과 철학을 다루고 있다.798) 우리가 오늘날, 이 책에서 전개된 유학과 불교에 대한 그의 논의를 자세히 분석해보면, 17세기 말의 시대상황을 감안할 때 그의 이해가 매우 선구적이었음을 알 수 있다. 그는 일본과 중국의 여러 종파들의 신학에 대해 잘 알고 있었다. 그는 중국의 불교에 대해 다음과 같이 상세하게 소개하고 있다.

불교는 서기 65년 중국인들 사이에 왕의 인가를 통해 도입되었다. 불교의 창시자는 처음에 샤(Xe) 또는 샤캬(Xe Kia)로 불리었으나 30세가 되었을 때 부처(Foe), 말하자면 "사람이 아닌 존재"로 불린, 인 판 밤(In Fan Vam) 왕의 아들이었다. 예수회 신부들이 파리에서 출간한 공자 서적의 앞에 붙인 서설은 이 창시자를 상세하게 논하고 있다. 거기서 우리는 다음과 같은 것을 알게 된다. "그는 19살이 되었을 때 사막으로 인퇴해 4인의 고행자들로부터 철학을 배우기 위해 이들 아래 들어가, 30살이 될 때까지 이들의 훈육 아래 남아 있었다. 동트기 전 어느 날 아침에 일어나 샛별을 관조하다가 그것을 단순히 본 것이 그에게 한꺼번에 제1원리의 완전한 지식을 주어 신적 영감 또는 긍지와 광희狂喜로 가득 찼을 때, 그는 사람들을 가르치기 시작했고 그 자신을 신으로 재현시再現示했으며, 8만 명의 제자를 모았다. (…) 죽음이 가까워진 79살의 나이에 그는 자신의 제자들에게 그가 세상에 설교한 40년 동안 그들에게 진리를 말하지 않았다고 토로했다. 그리고 그는 그가 진리를 비유의 베일과 언어의 형상 아래 은닉했지만, 이제는 그것을 말할 때가 되었다고 했다. '그것은 모든 사물의 원리인

---

797) Popkin, "Introduction", xiii쪽.
798) 이하 내용은 필자의 『공자와 세계(2)』(2011)의 해당 부분을 업그레이드한 것이다.

무無와 공空 외에는 구할 것도, 희망을 걸 것도 없다는 것이다'라고 그는 말했다." 여기에 우리 자유사상가들과 아주 다른 한 인간이 있다. 우리의 자유사상가들은 생을 마감할 즈음에만 종교와 투쟁하는 것을 그친다. 이들은 세상을 떠날 시간이 닥쳤다고 생각할 때 자유분방한 사상을 포기한다. 그러나 부처는 이 임종상태에 이르렀을 때 그의 무신론을 비로소 선언했다.799)

석가모니 부처의 이 설법은 "제자들이 교설을 두 부분으로 분할시키는 근거"가 되었다. 한 부분은 "공개적으로 사람들에게 설교되고 가르쳐지는 외경外經"이다. 다른 한 부분은 "평민들에게는 조심스럽게 숨겨두었다가 비법을 전수받는 자들에게만 알려주는 밀경密經"이다.800) '밀경'은『금강반야바라밀다심경金剛般若波羅蜜多心經』, 즉『금강경』을 가리킨다.

　승려들에 의하면 '외경'은 "아치가 건설될 때 뒷받침을 받다가 건물이 완성되면 제거되는 뼈대와 같은 것 뿐"이다. '외경'은 "① 금과 은, 정의와 불의 사이에는 실재적 차이가 있다는 가르침", "② 이승에서 하는 것에 대해 벌을 내리고 상을 주는 저승이 있다는 가르침", "③ 행복은 32개의 상相과 80개의 자질을 통해 획득할 수 있다는 가르침", "④ 부처(또는 샤카)는 신이고 인류의 구원자라는 가르침, 부처는 인류가 처한 무질서에 대해 동정해 인류에 대한 사랑에서 태어났다는 가르침, 부처는 인류의 죄를 사해주고 이 사함에 의해 인류는 사후의 구원을 얻고 다른 세상에서 더 행복하게 태어난다는 가르침"으로 구성된다. 여기에 "오계五戒와 6개의 자비행慈悲行"이 추가되고, 이 의무들을 어기는 자들에게 질책이 예고된다.801)

　한편, "평민들이 지옥의 공포와 이런 유의 다른 이야기들에 의해 그 자리에 붙박이기 때문에 평민들에게 결코 드러나지 않는 외경"은 "견고하고 참된 교설"이다. 이것은 "일정한 공空과 진무眞無를 삼라만상의 원리(원인)와 목적으

---

799) Bayle, *Historical and Critical Dictionary*, 288-290쪽 (Remark B to the entry "Spinoza").

800) Bayle, *Historical and Critical Dictionary*, 290쪽 (Remark B to the entry "Spinoza").

801) Bayle, *Historical and Critical Dictionary*, 290쪽 (Remark B to the entry "Spinoza").

로 수립하는 것"이다. 불교철학자들은 "우리의 첫 부모가 이 공으로부터 왔고 사후에 그곳으로 돌아간다"고 말한다. 그리고 "죽음에 의해 이 원리 속으로 되돌아 들어가는 것은 만인에게 동일하고" 따라서 "우리, 모든 요소, 모든 생물은 이 공의 부분들을 이룬다". 그러므로 "흡사 눈, 우박, 비나 얼음의 형태를 취할지라도 늘 본질적으로 물인 물처럼 모양과 질 또는 내부배열에 의해 개별적 존재자들과 구별되는 하나의 유일한 실체만이 존재한다".802)

벨은 '공'과 '진무'에 대한 불교철학자들의 이 주장들을 이렇게 비판한다.

> 식물·동물·인간이 실제로 동일한 것이라고 주장하는 것과, 모든 개별적 존재자가 자기들의 원리와 구별되지 않는다는 주장에 저 주장을 근거지우는 것이 괴기스럽다면, 이 원리가 아무런 사유도, 아무런 힘도, 아무런 덕성도 없다고 단언하는 것은 훨씬 더 괴기스럽다. 그럼에도 불구하고 이것은 이 불교철학자들이 말하는 것이다. 그들은 이 원리의 최고 완벽화를 부동不動과 절대정지에 있게 만든다. 스피노자는 이렇게까지 황당하지 않았다. 그가 인정하는 유일한 실체는 언제나 행동하고 언제나 생각한다. 스피노자는 그의 가장 일반적인 추상에 의해서도 이 실체로부터 행동과 사유를 박탈할 수 없었다. 그의 이론의 기초 때문에 그는 그렇게 할 수 없었던 것이다.803)

이어서 벨은 "중국인들에 의해 가르쳐지고 실천되는 적멸주의寂滅主義(quietism)"도 설명한다.

> 지나치는 김에 부처의 추종자들이 적멸주의를 가르쳤다는 것을 주목하라. 왜냐하면 그들은 참된 행복을 구하는 모든 이가 지성을 전혀 사용하지 않고 완전한 무감無感에 의해 제1원리를 완전히 닮고 행복에 참여하는 참된 수단인 제1원리의 정지와 부동 속으로 침잠하는 심오한 명상 속으로 빨려 들어가는 데 자신을 허용해야 한다고 말하기 때문이다. 그들은 또한 누군가가 이 적멸 상태에 도달한 후에 대외적으로 일상

---

802) Bayle, *Historical and Critical Dictionary*, 290-291쪽 (Remark B to the entry "Spinoza").
803) Bayle, *Historical and Critical Dictionary*, 291쪽 (Remark B to the entry "Spinoza").

적 삶의 행로를 따르고 남들에게 평범하게 받아들여지는 교설을 가르쳐야 한다고도 주장한다. 열락적 부동의 명상적 원리(*contemplative institute of beatific inaction*)를 실천하는 것이 필요한 것은 오로지 다른 사람이 없는 데서이고 자신의 내면적 용도를 위해서다. (…) 이 제1원리의 명상에 가장 열심히 달라붙는 이들은 무위교無爲敎(*Vu Guei Kiao*), 즉 게으른 자들 또는 무위자無爲者들의 종파라고 불리는 새로운 종파를 형성했다. 가장 엄격한 준수에 관계하는 승려들이 새로운 사회나 새로운 종파를 형성하는 것은 이러해서다. 가장 위대한 군주와 가장 유명한 인물들도 이 적멸주의에 매혹되는 데 전심으로 전념하는 것에 자신을 허용해서 무감無感이 완벽화와 행복에 이르는 길이고 나무 그루터기나 돌의 본성에 많이 접근하면 접근할수록 어느 날 되돌아가는 제1원리와 같이 된다고 믿었다. 몇 시간 동안 어떤 신체적 움직임도 없는 상태를 유지하는 것으로는 충분치 않다. 영혼이 부동이고 사람이 모든 감각을 잃는 것이 필요하기도 하다.804)

이어서 벨은 불교의 교리를 이렇게 소개한 뒤 공자의 제자가 불교를 비판하는 것도 소개한다.

공자의 한 추종자는 이 불교 종파의 부적절성을 반박하고, '무로부터는 아무것도 생겨나지 않는다'는 아리스토텔레스의 격률을 아주 풍족하게 증명했다. 하지만 불교 종파는 계속 성장했고, 이 헛된 명상에 달라붙은 사람들이 오늘날도 많다. 우리가 적멸주의자들의 황당한 짓들을 알지 못했다면, 우리는 이 사변적 중국인들에 대해 우리에게 얘기해주는 필자들이 실제 벌어지고 있는 일을 제대로 이해하지 못해 제대로 보고하지 않았다고 생각했을 것이다.805)

중국 관련 서적들이 불교에 대해 기술한 내용들은 다 사실이라는 말이다. "기독교인들 사이에서 통용되는 것"에 사로잡혀 "불교(*Foe Kiao*) 종파 '무위교'의 광기狂

---

804) Bayle, *Historical and Critical Dictionary*, 291-292쪽(Remark B to the entry "Spinoza").
805) Bayle, *Historical and Critical Dictionary*, 292쪽(Remark B to the entry "Spinoza").

氣를 못 미더워하는 것은 잘못"이라는 것이다.806)

이어서 벨은 자기 언어로 불교를 이해하려고 시도한다. "나는 이 사람들이 '공허空虛(Cum hiu)'라는 말로써 의미하는 것이 정확하게 표현되지 않았거나 그들의 관념들이 자가당착적이라고 생각하고 싶다. 이 중국어 단어가 '공과 무' (vacuum et inane)를 뜻한다고 주장되고, 이 불교 종파는 '무로부터는 아무것도 생겨나지 않는다'는 공리에 의해 공격받았다. 그러므로 그들이 '무가 삼라만상의 원리'라고 가르쳤다는 주장은 틀림없는 사실이다. 나는 그들이 '무'라는 단어를 엄격한 의미로 취했는지를 확신할 수 없고, 나는 그들이 이 단어를 사람들이 '빈 금고에는 아무것도 없다'고 말할 때 이 단어를 이해하듯이 이해했다고 생각한다. 우리는 그들이 그것을 액체('순수', '투명', '오묘'가 그들이 쓰는 어휘들이다)로 여긴다고 상정하는 속성들을 제1원리에 귀속시키는 것을 보아왔다. 그러므로 그들이 제1원리로부터 물질의 거칠고 감각적인 측면만을 박탈했다는 것은 개연성이 있다."807) 이어서 벨은 공자 제자의 불교 비판을 다시 비판적으로 조감하고 불교의 '공허' 또는 '무' 개념을 '공간' 개념으로 해석해 저 공자 제자의 '운동' 개념과 이 공간적 '공허' 개념을 종합한다.

이런 기초 위에서 공자 제자는 논점무지의 오류(ignoratio elenchi)로 불리는 궤변을 농하는 죄를 범했을지 모르겠다. 왜냐하면 그는 실존이 없는 것을 '무(nihil)'로 이해했을 것이고, 그의 적수들은 같은 단어로 감각적 물질의 어떤 속성도 없는 것을 의미했을지 모르겠기 때문이다. 나는 불교도들이 '공空'이라는 이 단어로써 현대 사상가들이 '공간'이라는 단어로 의미하는 것과 아주 유사한 것을 뜻했다고 생각한다. 데카르트주의자나 아리스토텔레스주의자가 되고 싶지 않아서 '공간은 물체들과 다르며, 분할할 수 없고 만질 수 없고 침투할 수 없고 움직일 수 없는 공간의 무한한 연장延長의 실재적인 어떤 것이다'라고 주장하는 현대 사상가들을 나는 말하고 있다. 공자의 제자는 이러한 것이 명상적 중국인들(불자들)이 주장하듯이 활동성을 결여하고 있다면

---

806) Bayle, *Historical and Critical Dictionary*, 292쪽(Remark B to the entry "Spinoza").

807) Bayle, *Historical and Critical Dictionary*, 292쪽(Remark B to the entry "Spinoza").

제1원리일 수 없다고 쉽게 입증했을 수 있었을지도 모르겠다. 실재하는 연장이 움직이지 않는다면 어떤 개별적 존재자의 산출에도 이바지할 수 없다. 어떤 운동자도 존재하지 않는다고 가정한다면, 무한한 연장이 있든, 무가 있든 우주의 산출도 마찬가지로 불가능할 것이다.808)

벨은 불교의 '공'을 '공간'으로 이해해주더라도 이것이 부동의 것이라면 다시 유자儒者의 비판이 옳은 것이 된다고 비판하고 있다. 이에 바로 잇대서 벨은 "스피노자는 이 명제를 부정하지 않을 것이다'라고 말한다. 그런데 "스피노자는 제1원리의 부동不動을 주장하지 않았기 때문에 그러한 난관에 빠지지 않았다. 그가 제1원리에 일반적으로 귀속시킨 추상적 연장은 정확하게 말해서 오로지 공간 관념일 뿐이다. 그러나 그는 공간 관념에 운동을 부가附加한다. 그러므로 물질의 다양성이 생겨날 수 있는 것이다".809) 이렇게 하여 벨은 자신의 중재에 의해 불교의 정적靜的 '공空'과 유교의 '활동성'을 통합하는 의미맥락 속에 스피노자 철학을 배치시키고 긍정적으로 평가한 것이다.

벨은 중국의 전통적 기론氣論에 대해서도 상론하고 있다. "우주 안에 서로 구별되는 거대한 수의 기氣들이 존재하고 이 중 각 기는 저절로 존재하고 하나의 내면적이고 본질적인 원리에 의해 행동하며 어떤 기는 다른 기보다 더 많은 권능을 가진다"는 가설은 "중국인들 사이에 아주 일반적으로 퍼져 있는 무신론의 본질"이다. 그런데 "중국인들이 참된 관념들을 조금씩 조금씩 모호하게 만들었다고 생각되곤 하는데", "어떻게 해서" 이런 "생각"이 일어났는가 하는 의문을 푸는 열쇠가 바로 "여기에", 즉 기론에 들어 있다는 것이다.810) 앞서 스피노자와 관련해 상론했듯이 벨은 프랑스 국왕의 동방 특사 라 루베르(La Loubere)의 『태국여행기(Relation de Siam)』에서 길게 인용해 이것을 설명하고 있다.811) 라 루베르는 천신天神을 인간보다 비할 데 없이 위대하고 위력적이지만

---

808) Bayle, *Historical and Critical Dictionary*, 292-293쪽(Remark B to the entry "Spinoza").

809) Bayle, *Historical and Critical Dictionary*, 293쪽(Remark B to the entry "Spinoza").

810) Bayle, *Historical and Critical Dictionary*, 323쪽(Remark X to the entry "Spinoza").

811) Bayle, *Historical and Critical Dictionary*, 323-324쪽(Remark X to the entry "Spinoza").

완전무결한 존재자로 보지 않는 중국의 전통적 기론을 비교적 잘 요약하고
있다.

말이 나온 김에 공자의 천관天觀을 잠시 살펴보자. 공자도 서양인들처럼
하늘을 절대자로 보지 않고 하늘의 한계를 지적한다.

> 어찌 적중할 수만 있겠는가? 어찌 사물이 완전할 수만 있겠는가? 하늘은 오히려 불완
> 전하다. 그러므로 세상은 집을 지으면서 기왓장 세 장을 붙이지 않고 늘어놓아 하늘에
> 응한다. 그러므로 천하에는 등급이 있고, 사물은 불완전한 채로 생겨나는 것이다.[812]

공자에게도 하늘은 인간보다 무한히 위대하지만 절대적 완전성을 지닌 존재는
아니었던 것이다. 라 루베르는 공자와 극동인들이 지닌 이 천신관을 잘 포착했
고, 벨도 기독교의 절대적 천관天觀과 다른, 극동 특유의 위대하지만 비非절대적
인 천신관을 정확히 간취한 것이다.

동서양의 이 상이한 천신관은 종교적 하느님과의 관계에서 인간의 지위를
정의하는 데 큰 영향을 미친다. 서양에서 하느님은 절대적이고 인간은 이 절대
적 하느님의 종, 노예다. 따라서 인간은 절대적 하늘에 도전할 수 없고 절대적으
로 순종해야 한다. 따라서 백성들은 왕권신수설에 입각해 지상에서 하늘을
대신하는 왕에게도 절대적으로 복종해야 한다. 일체의 반정이나 혁명, 군주처
형 등은 용납되지 않는다. 반면, 극동의 하느님은 위대하지만 비절대적이고,
인간은 이 비절대적 하늘의 결함을 메우고 하늘을 돕는 보완자다. 따라서 극동
의 인간은 하늘이 결함을 보일 때는 하늘의 이 결함을 제거하는 식으로 하늘의
운행에 참여해야 한다. 따라서 천명을 받아 지상에서 하늘을 대신하는 임금도
위대하지만 결함과 실책이 없을 수 없다. 그러므로 백성들은 군주가 과오를
일삼으면 '하늘 같은' 군주를 갈아치우고 죽이는 반정과 혁명이 당연한 것이다.

---

812) 司馬遷, 『史記列傳』「龜策列傳」. 사마천(정범진 외 역), 『사기열전(하)』(서울: 까치, 1995·2007),
「귀책열전」, 808쪽. "何可而適乎? 物安可全乎? 天尚不全. 故世爲屋 不成三瓦而陳之 以應之天.
天下有階 物不全乃生也."

극동의 반정과 혁명의 이론은 극동 특유의 '위대하지만 때로 과오를 저지르는' 천신관에 근거를 둔 것이다.

벨은 중국의 기론 일반을 그리스의 원자론과 동일시하면서 기론과 원자론을 기독교의 창조론의 관점에서 동시에 비판한다.

나는 서로 독립된, 그리고 힘에서 불평등한 여러 영원한 기氣들을 상정하는 것이 부조리하다는 것을 인정하지만, 이런 가정은 데모크리토스, 에피쿠로스, 그리고 기타 여러 위대한 철학자들에게도 참된 것으로 보였다. 이들은 창조되지 않고 자율운동을 하는 상이한 크기와 모양을 한 무한수의 미립자들을 인정했다. 이 견해는 동부 지중해 연안국들(Levant)에서 아직도 아주 일반적이다. 물질이 영원하다고 주장하는 사람들은 무한수의 원자들이 존재한다고 주장하는 것만큼이나 합리적이지 않다. 왜냐하면 상호 독립적으로 존재하는, 공히 영원한 존재자들이 있을 수 있다면 수천 억 개의 존재자들이 무한대로 존재할 수 있기 때문이다. 그들은 물질이 아무리 작을지라도 구별되는 부분들을 포함하기 때문에 심지어 무한수의 원자들이 실제로 존재한다고 말해야 할 것이다. 모든 고대 사상가가 "무無로부터는 무가 생긴다"는 공리에서 결코 벗어나지 않았기 때문에 물질의 창조(creation of material)를 몰랐다는 것을 주의 깊게 주목하라. 그러므로 그들은 서로 독립적으로 실존하는 무한수의 영원히 공존하는 실체들을 시인하는 것이 부조리하다는 것을 몰랐다.813)

물론 벨은 "그들은 서로 독립적으로 실존하는 무한수의 영원히 공존하는 실체들(coeternal substances)을 시인하는 것이 부조리하다는 것을 알지 못했다"고 기독교적 창조론의 관점에서 중국인의 기론과 데모크로토스와 에피쿠로스의 원자론의 무신론 등에 비판적이지만, 그 장점을 인정한다.

그런데 이 가설은 아무리 부조리할지라도 스피노자의 가설을 파괴하는 끔찍한 난관에 빠지지는 않는다. 전자는 어떤 사물에 대해 더 강한 능동적 원리를 부여하고 다른

---

813) Bayle, *Historical and Critical Dictionary*, 323-324쪽 (Remark X to the entry "Spinoza").

사물에 대해서는 더 약한 능동적 원리를 부여하는 식으로 각 사물들에게 능동적 원리를 부여함으로써 많은 현상들을 설명할 것이다. 또는 이 사물들이 힘의 측면에서 똑같다면, 승리하는 사물들은 더 많은 수의 동맹을 형성했다고 말하지 않을 수 없을 것이다. 나는 무로부터 산출되지 않은 인간의 영혼이 저절로 그리고 홀로 실존하고 행동한다고 말한 소시니언(Socinian)이 실제로 존재한 적이 있었는지 모르겠다.[814]

이 마지막 말 때문에, 그가 기독교의 창조설을 표방하면서 극동의 기론과 데모크리토스·에피쿠로스의 원자론을 비판하는 것은 무신론의 비난을 피하려고 채택한 전술적 언사로 느껴진다. 그가 말미에 '소시니언'을 슬쩍 언급함으로써 기독교 사조 안에서도 중국의 기론이나 고대 그리스의 원자론과 유사한 '창조되지 않은 독립적 영혼'의 신학이 존재했음을 은근히 암시하고 있기 때문이다.

'소시니언'은 예수신성설神性說, 삼위일체설, 창조설과 원죄설, 전통적 구원론 등을 다 부정하고 단지 예수의 덕행을 따르는 것만으로 구원을 얻을 수 있다고 주장한 소시누스(Laelius Socinus, ?-1562)의 신학을 지지하는 사람을 가리킨다. 따라서 이 마지막 말 때문에, 그가 기독교의 창조설을 표방하면서 기론과 원자론을 비판하는 것은 그의 진심이 아니라, 무신론의 비난을 피하려는 전술인 것처럼 느껴진다. 그가 말미에 '소시니언'을 슬쩍 언급함으로써 기독교 사조 안에서도 중국의 기론 및 그리스의 원자론과 유사한 '창조되지 않은 독립적 영혼'을 말하는 신학이 존재했음을 은근히 암시하고 있기 때문이다. 게다가 벨은 "스피노자가 중국인들 사이에서 아주 많이 유행하는 이론(기론)을 해명하는 데 자신의 온 힘을 쏟았더라면, 그는 더욱더 난공불락의 존재가 되었을 것이다"라고 말하고 있다.[815] 이것은 스피노자가 중국의 기론을 완전히 받아들이지 않고 불완전하게 받아들였기 때문에 얼마간 약점을 안게 되었다는 말이다. 이런 논의로써 벨은 스피노자 철학의 중국적 기원을 명확히 하고 있다. 그리고 이 논의에서 벨은 중국철학에 대한 그 자신의 이해와 관심 수준을 잘 보여주고

---

814) Bayle, *Historical and Critical Dictionary*, 324-325쪽 (Remark X to the entry "Spinoza").

815) Bayle, *Historical and Critical Dictionary*, 301쪽 (Remark X to the entry "Spinoza").

있다. 그리고 그에게 중국에서 황제의 공인하에 유교·불교 등 다양한 종교와 사상이 다종교적·다문화적으로 경쟁하면서 평화롭게 공존하고 있었다는 종교적 관용에 대한 인지는 이미 전제된 것으로 보인다.

■데카르트주의자들의 공자 비판과 벨의 반격

유럽의 보수적 데카르트주의자들은 공자를 기론 때문에 무신론자로 공격했다. 공자의 철학은 17세기 중후반에 급진적 계몽주의의 '선각자들'에 의해 중국을 수천 년 동안 적극적, 긍정적으로 꼴 지은, 그리고 온 인류에게 잠재적으로 모델이 되는 도덕·정치체계로 간주되었다. 하지만 이러한 관점은 도덕·사회이론·계시종교, 그리고 교육에 대한 그 명백하고 우려스러운 종교적·정치적 함의 때문에 기독교적 계몽주의자들과 온건한 계몽주의자들에게 고도로 문제 있는 것으로 받아들여졌다. 중국철학에 관한 서양의 논쟁은 보시어스·생테브레몽·템플로까지 거슬러 올라가지만, 쿠플레 등 4명의 예수회 선교사가 공자철학을 유신론으로 입증하고 마테오리치의 '적응주의적' 선교노선의 정당성을 입증하기 위해 펴낸 『중국 철학자 공자』(1687)의 공간을 기점으로 격화되었다.[816] 급진적 계몽주의자, 예수회파, 기독교 교단 간의 사상적 삼파전이 마침내 『중국 철학자 공자』의 공간과 함께 대폭발을 일으킨 것이다.

1687년부터 유럽의 철학자들은 중국 사상의 신뢰할 만한 번역물들과 다양한 중국기행문들을 손에 넣고 지금까지 그들이 거의 아무것도 몰랐던 위대하고 유구한 사상전통의 존재에 포함된 무거운 함의를 캐내는 데 눈코 뜰 새 없었지만, 자기들의 사상적 전통에서 이 이교적異敎的 공자철학을 어떻게 범주화할지를 두고 천양지차의 이견을 보이고 있었다.

대표적 예수회 신부 쿠플레는 거의 모든 주석가들이 현저하게 덕스럽고 지혜롭다고 인정한 고전적 공자 제자들을 '무신론자'로 모는 것이 심각한 결과를 가져올 것이라고 경고했다. 왜냐하면 이것은 '덕스러운 무신론자들'이 존재

---

816) Jonathan I. Israel, *Enlightenment Contested - Philosophy, Modernity, and the Emancipation of Man 1670-1752* (Oxford: Oxford University Press, 2006), 642쪽.

한다는 것, 덕성과 경건성이 별개라는 것, 신의 부정이 도덕적 패륜과 다르다는 것을 분명 함의하기 때문이다. 따라서 모든 주석가는 무신론의 혐의를 공자철학이 아니라 주희의 성리학에 한정시켰다. 이 입장은 널리 읽힌 예수회 선교사 루이 르콩트의『중국의 현재상태에 대한 신비망록』에서도 다시 강조되었다.817)

예수교의 이런 유신론적 공자 해석에 대해 데카르트주의적 얀센주의자 아르놀(Antoine Arnauld)이 제일 먼저 나서서 모든 번역서를 참조하면 공자는 결코 물질과 구별되는 "영적 실체"를 인정한 것으로 볼 수 없고,818) 신과 천사 그리고 우리의 영혼에 대한 아무런 구체적 관념도 가지고 있지 않다고 확언했다.819) 나중에 수년 동안 자기의 철학체계에 대한 예수회의 공격에 시달리던 네오스콜라철학자(데카르트주의자) 말브랑쉬(Nicholas Malebranche) 신부도 자신의 저서『신의 존재와 본성에 관한 기독교 철학자와 중국 철학자의 대화(Entretien diun philosophe chrétien et d'un philosophe chinois sur l'existence et la nature de Dieu)』(1708)에서 유사한 방식으로 예수회의 공자 이해를 탄핵했다.820)

이런 와중에 벨은 "악마들은 무신론보다 우상숭배를 더 좋아하고"821) "무신론은 우상숭배보다 더 큰 악이 아니며", "우상숭배가 적어도 무신론만큼 역겹다"는 말을 던지고822) "만약 프랑스의 궁정이 무신론적이었더라면, 결코 이러한 행위(성 바르톨로뮤 데이의 위그노 대학살)를 계속하지 않았을 것이다",823) 즉 중국

---

817) Le Compte, *Memoirs and Observations made in a Late Journey through the Empire of China*, 337-340쪽.

818) Antoine Arnauld, *Morale practique des Jésuites* [1691], 304쪽. Arnauld, *Oevres*, Vol. 34 (Paris: 1780). Israel, *Enlightenment Contested*, 643쪽에서 재인용.

819) Israel, *Enlightenment Contested*, 643쪽.

820) Israel, *Enlightenment Contested*, 649-651쪽.『신의 존재와 본성에 관한 기독교 철학자와 중국 철학자의 대화』(1708)에 대해서는 뒤에 자세히 분석한다.

821) Bayle, *Various Thoughts on the Occasion of a Comet*, §113 (143쪽).

822) Bayle, *Various Thoughts on the Occasion of a Comet*, §114 (144쪽).

823) Bayle, *Various Thoughts on the Occasion of a Comet*, §155 (193-194쪽). 또 다음도 참조하라: "결과적으로, 프랑스의 국왕과 다른 모든 신민이 무종교자들이었다면, 그들은 그리하여 나머지 신민들에게 국가에 대한 사랑을 가진 것으로 보이고 국법에 완전히 순종하는 것으로 보이게 된다면 위그노들이 종교를 가졌다는 것에 조금도 신경 쓰지 않았을 것이다." Pierre Bayle, *Réponse aux Questions d'une Provincial* [1707], Troisiéme Partie, 954쪽. *Oeuvres Diverrses de Mr. Pierre*

사회 같은 ‘무신론사회'가 더 도덕적일 수 있다'는 논변을 연속적으로 제기했다. 무신론에 기초한 관용론에 대한 벨의 이 급진적 논변은 즉각 서양 사상계를 신학과 철학의 대결구도로 재편했으며, 계몽주의 사조 안에서 급진적 계몽주의 자들의 위상을 주류의 지위로 강화시켜주고 유럽사회를 탈脫주술화·세속화시 키는 데 결정적 역할을 한다. ‘로테르담의 철학자' 피에르 벨은 고전적 중국사상 가들이 우주 안에서 우리가 보는 아름다움·중도·질서가 지성의 관점을 갖지 않는 자연본성의 작품이라고 생각하는 사람들, 따라서 자연(본성)만을 인정하는 무신론자들이면서 동시에 인간의 행복과 사회적 안정성을 좌우하는 도덕 분야 에서 그들의 성취가 현격히 뛰어나다고 믿는다는, 고의적으로 난해하고 당황스 럽게 만드는 이중 논변을 개진한 것이다.824)

- 벨의 무신론적 공자 이해

벨은 상술했듯이 스피노자의 체계를 중국철학의 영향을 받은 것으로 규정한 한편, 이 점에서 공자주의적 중국철학을 역으로 스피노자주의적 일원론으로 분류한다. 그러나 그의 공자 이해와 중국철학 이해는『역사·비판 사전』(1697·1702) 단계에서 불충분한 점이 많았다. 그는 중국 철학자들이 기氣의 존재도, 영혼의 불멸성도 믿지 않는다고 말한다.

내가 인용한 보고서(『태국왕국론』)의 저자(라 루베르)는 인도 사람들이 이제 고대 중국 인들처럼 선한 기와 악한 기가 도처에 존재하고 도처에서 이 기들은 신의 전능한 힘을 말하자면 부여한다고 믿는다고 덧붙인다. 이것의 의미는 그들이 최고신이 아니 라 무한수의 신령들, 일부는 선하고 다른 일부는 악한 신령들을 인정한다는 것이다. 그러므로 그들은 무신론자이자 마법사들일 수 있다. 저 나라(중국) 유생들의 관념은 유럽인들의 관념과 더 유사하다. 왜냐하면 한편으로 그들이 무신론자라면 다른 한편 으로 기들의 존재와 영혼의 불멸성을 부정하기 때문이다. 중국에 관한 여러 보고들

Bayle, Vol. 3 (La Haye: Par La Compagnie des Libraires, 1737).
824) Israel, *Enlightenment Contested*, 644쪽.

은 그 나라에서 가장 유력한 사람들인 학자들이 장례식을 아무런 기도와 혼합하지 않고 단지 시민적 의무로만 간주하고, 이날 아무런 종교의미를 갖지 않으며 신의 존재나 영혼의 불멸성을 믿지 않는다는 것, 그리고 공자에게 봉헌된 사당에서 공자에 대해 외적 숭배를 표할지라도 그들은 통킹의 학자들이 공자가 그들에게 부여하기를 바라는 배움을 공자에게 달라고 빌지 않는다고 우리에게 말해준다. 그들의 외적 공자숭배는 그러므로 그들과 관련해서 하나의 단순한 무언극이다. 그들은 정책(*policy*)에서 그것을 준봉한다.[825)]

그리고 벨은 "다음 글을 읽어라. 거기서 당신은 그들이 최고지성만이 아니라 지성을 부여받은 열등한 존재들도 부정한다는 것을 알게 될 것이다"라고 하면서 출처 제시 없이 다음 인용문을 덧붙인다.

조금씩 조금씩 유생들, 즉 문예에서 모종의 학위를 딴 이들, 그리고 통치에 관여하는 유일한 사람들은 전적으로 무신앙적이 되지만 선조와 선배들의 스타일을 전혀 바꾸지 않고 하늘의 영혼과 다른 모든 영혼을 지식이 박탈된, 내가 알지 못할 그 어떤 에테르적 실체로 바꾸었고, 단지 그들의 견해에 의하면 가장 힘 있고 가장 지혜롭고 가장 정의로운 존재자가 행하는 모든 것을 다 행하는 맹목적 운명만을 수립했다.[826)]

그러나 주지하다시피 이기설理氣說을 신봉한 교조적 성리학자들도 기氣의 실존과 영혼의 '일정한' 불멸성(조상제사에 있어서의 4대봉사론, 영웅의 경우에는 무한봉사)을 믿었다. 유교에서 제사를 지내는 것은 영혼불멸을 믿는다는 것을 보여주는 증거다. 후앙 멘도자는 1585년에 이미 중국인들이 "영혼이 불멸하고 저승을 가진다는 것을 확실한 것으로 여긴다"는 사실을 정확하게 파악하고, "중국인들이 영혼이 그 첫 발단을 하늘로부터 갖고, 하늘이 극서에 영원한 본질을 주었기

---

825) *The Dictionary Historical ad Critical of Mr. Peter Bayle*, Vol. 4, 939쪽('Ruggerie' 항목); Bayle, *Dictionnaire historique et critique*, Vol. 12, 670쪽.

826) *The Dictionary Historical ad Critical of Mr. Peter Bayle*, Vol. 4, 939쪽; Bayle, *Dictionnaire historique et critique*, Vol. 12, 670쪽.

때문에 결코 종말을 갖지 않는다는 것을 진리로 말하고 확언한다'고 말한다.827)
마테오리치와 트리고도 성리학자들의 신관神觀을 정확하게 보고했었다.

> 그들(성리학유생들)은 우상숭배를 믿지 않는다. 사실, 그들은 아무런 우상이 없다. 하
> 지만 그들은 지상의 만물을 보존하고 다스리는 하나의 신을 믿는다. 그들은 다른
> 신들도 인정하지만, 이 신들은 더 적은, 제한된 지배력을 가지고 단지 더 많은 영예만
> 을 받는다.828)

이것은 성리학적 이기일원론자들의 신관과 정확하게 일치하는 것이다. 다만
이 유신론과 서양 유신론의 차이가 있다면, 유생들의 유신론이 무신론과 교대
될 정도로 약하고 희미하고 간헐적인 반면, 서양의 유신론은 독단적일 정도로
강하다는 것뿐이다.

그럼에도 벨은 유신론·무신론 문제에서 데카르트주의적 얀세니스트 앙투안
아르놀을 따라서 공자를 무신론자로 간주하는 것으로 보인다.

> 그(아르놀)는 예수회 신부들에게 이렇게 말을 걸었다. "중국의 가장 유능한 선교사들
> 은, 이 중 상당수는 당신들의 예수회 소속이지만, 거기의 유생들은 대부분 무신론자
> 이고, 시늉과 위선으로만 우상숭배자(불교도)들이라고 주장한다. 키케로와 세네카에
> 서 읽을 수 있듯이 평민들이 찬미하는 것과 동일한 우상들을 이것을 하나도 믿지
> 않을지라도 찬미한 많은 이교철학자들처럼 말이다. 동일한 선교사들은 이 유생들이
> 어떤 것도 영적이라고 생각하지 않고 당신들의 마테오리치가 참된 신으로 간주한

827) Mendoza, Juan Gonzáles de. *Historia de las cosas mas notables, ritos y costumbres del gran Reyno
de la China* (1-2권, Madrid & Bercelona, 1586; Medina del Campo, 1595; Antwerp, 1596). 영역본:
Juan Gonzalez de Mendoza, *The History of the Great and Mighty Kingdom of China and The Situation
Thereof*, the First and the Second Part, with an Introduction by R. H. Major (London: Printed for
the Hakluyt Society, 1853), 53쪽.

828) Nicolas Trigault, *De Christiana expeditione apud Sinas* (Augsburg, 1615), Chap. V. 영역본: Luis
J. Gallagher, *China in the Sixteenth Century: The Journals of Matthew Ricci* (New York: Random
House, 1942·1953), 94쪽.

상제上帝(*the King above*)도 물질적 하늘 외에 아무것도 아니라고 우리에게 알려준다. 그리고 그들이 땅·강·산의 신령들이라고 부르는 것은 저런 자연적 물체들의 활동적 힘들 외에 아무것도 아니라는 것이다. 당신들의 저자들 중 어떤 이들은 그들은 공자의 위대한 발견들을 상실함으로써 몇 세기 전에 이 무신론 속에 빠져들었다고 말한다. 그러나 이 문제를 더 큰 주의력으로 연구한 다른 이들은 당신들의 신부 롱고바르디처럼 이 철학자가 도덕과 정치에 관해 많은 훌륭한 것들을 말했지만 참된 신과 그의 법에 관해 그도 그 나머지 사람들과 마찬가지로 장님이었다고 주장한다.829)

벨은 이 무렵 아르놀 등의 견해에 기울어져 공자도 후세의 성리학자들과 마찬가지로 '참된 신'을 전혀 몰랐던 무신론자였다는 입장을 취한 것으로 보인다. 하지만 "마테오리치가 참된 신으로 간주한 상제도 물질적 하늘 외에 아무것도 아니다"라는 주장은 중국인들이 자연적·물질적 하늘(*the sky*)인 '창천蒼天'과 상제의 종교적 하늘(*the heaven*)인 '황천皇天'을 구별한다는 사실을 모르는 무식한 말이다. 마테오리치는 정확하게 이렇게 보고했었다. "중국인들의 역사가 바로 시작되는 시초부터 그들의 저작들 속에서는 그들이 '상제(*the King of Heaven*)'라고 부르는, 또는 하늘과 땅에 대한 그의 지배를 가리키는 다른 이름에 의해 호칭되는 하나의 최고 존재자를 인정하고 숭배했다고 기록되어 있다. 고대 중국인들은 하늘과 땅을 정기화精氣化된(*animated*) 것들이라고 생각했고, 그들의 공통된 영혼을 최고의 신으로 숭배한 것으로 보일 것이다. 이 신령에 종속된 것으로서 그들은 산과 바다, 그리고 땅의 네 구석의 다양한 신령들도 숭배했다. 그들은 이성의 빛이 천天(*heaven*)으로부터 왔다고, 그리고 이성의 명령들이 모든 인간행동 속에서 경청되어야 한다고 가르쳤다."830) 아르놀은 마테오리치의 보고를 깊이 이해하지 못한 것이다.

그러나 벨은 조금 뒤에 나온 『다양한 생각들의 속편』(1705)에서 "나는 당신들에게 도덕의 탁월한 가르침을 남긴 공자가 무신론자라고 말하지 않겠다"고

---

829) *The Dictionary Historical ad Critical of Mr. Peter Bayle*, Vol. 4, 81쪽('Madonat' 항목).

830) Gallagher, *China in the Sixteenth Century: The Journals of Matthew Ricci*, 93쪽.

함으로써 공자에 대한 판단을 전략적으로 유보한다. 하지만 그는 중국의 승려 집단도 "중국의 주요 우상"인 "부처(Le Dieu Fo)"의 "마지막 말씀에 기초한 별개의 무신론 종파"라고 주장하고, "우리는 중국 철학자들(성리학자들)의 자연학(la physique des Philosophes Chinois)이 무신론의 체계라는 것을 알았다"고 말한다. 게다가 그는 이렇게 덧붙인다. "그들이 도덕 관점에서 단연 가장 합당한 것으로 보인다. 주요 준칙이 이렇다. 그 현자(공자)가 제시한 목적은 오로지 공공선일 뿐이다."831) 그리고 그는 "선비학파의 중국 이교도들은 적어도 수천 년 이래 이 학파의 주창자들이자 저명한 스승 공자의 제자들로 공언되었고 일반적으로 가식과 허울뿐인 종교와 결부된 순수한 무신론을 고백한다"고 말한다.832) 벨은 이처럼 공맹철학이 미주 인디언의 무신론과 같은 그런 '소극적 무신론'이 아니라, "철학적으로 정교하게 세련된 적극적 무신론"이라고 공언한다. 이로써 그는 공자를 유신론·무신론 논쟁의 피안에 두었지만 '가식과 허울뿐인' 공자 제자들이지만 세계에서 가장 방대한 중국을 다스리고 있던 성리학자들을 모조리 무신론자로 규정했다. 이것은 당시로서는 실로 '방약무인한' 논변이었다.833)

벨은 가장 도전적이고 도발적인 후기 저작들에서 고의로 중국의 유자(儒者)를 스피노자주의자와 등치시키고, 이 스피노자주의자들과 중국 유자가 다른 민족들의 가장 경건한 사람들만큼 세속적 도덕성과 인간사회의 온갖 선덕들에 대해 잘 알고 있다고 천명한다. 중국에 관한 그의 견해의 도발적 충격과 판을 흔드는 교란효과는 중국이 스피노자주의적 정서의 유일한 진원지가 아니라, "스피노자의 무신론이 아시아에서 널리 퍼져 있는 여러 종파들의 교리(le dogme de plusieurs sectes repandues dans l'Asie)이며, 동양에서 가장 현명하고 가장 독창적인 민족인 중국인들 가운데, 대부분의 유자 또는 철학자들의 종파인 무신론 종파가 존재한다"는 주장에834) 의해 더욱 고조되었다.

---

831) Pierre Bayle, *Continuation des Pensées diverse*, Vol. 1 in 2 volumes (Rotterdam: Reiner Leers, 1705), 728-729쪽.

832) Bayle, *Réponse aux Questions d'une Provincial* [1707], Troisiéme Partie, 927쪽.

833) Israel, *Enlightenment Contested*, 644쪽.

834) Bayle, *Continuation des Pensées diverse*, Vol. 1, 68-69쪽. 다음도 참조: Bayle, *Historical and*

벨은 1705년『다양한 생각들의 속편』에서 고전적 중국철학의 네 가지 상이
한 학파를 구별하고 있지만, 그들이 모두 실재를 비교적 적은 변화를 주어
단일한 규칙조합에 의해 다스려지는 단일한 통합적 일관구조로, 즉 일원론적
단일실체 독트린의 이런저런 변형태로 간주한다고 주장한다.835) 이것은『역사·
비판 사전』에서부터 유래하는 벨의 기본 관점이다. 상론했듯이 여기서 그는
스피노자가 강력한 독창적 종합자이지만, 그의 독트린의 기초는 고대와 현대의
철학만이 아니라 동양의 다양한 다른 철학교리들을 수용한 것이라고 갈파한
바 있다.836) 벨은 고전적 중국철학, 특히 공자철학을, 자연 속에서 정동靜動(음양)
원리의 추동력인 '자연' 자체를 제외하고 아무것도 인정하지 않는 스피노자주
의적 체계, 즉 도덕적 준칙의 파악 측면에서 아주 방대하고 거대한 무신론적
스피노자주의 체계로 묘사한다. 이 정동원리는 우주의 다른 부분들에서 질서를
산출하고 주목할 만한 모든 변화를 야기하는 제일요인이다.837) 따라서 벨에
의하면, 고대 중국은 무신론이 전적으로 찬미할 만한 도덕질서와 기독교인들의
도덕질서보다 더 우월한 실천적 도덕질서를 고취한다는 것을 증명하는 무신론
사회였다. 고전적 중국도덕철학은 무신론적이고 고도의 찬미를 받을 만하다는,
그리고 이 무신론 철학이 중국인들 사이에 일반적으로 퍼져 있었다는 그의
주장은838) 분명히 사회 안에서 도덕이 해체되는 원인이 무신앙, 무종교가 아니
라는, 그리고 종교가 우리의 사악한 감정을 억제하는 브레이크로서의 능력이
없다는, 1683년의『혜성에 관한 다양한 생각들』초판에서 처음 정식화된 테제
를839) 더욱 강력하게 뒷받침하려고 기안된 것이다.

Critical Dictionary, Article "Spinoza".

835) Bayle, *Continuation des Pensées diversese*, Vol. 2, 537-540쪽.

836) Bayle, *Historical and Critical Dictionary*, Article "Spinoza".

837) Bayle, *Continuation des Pensées diversese*, Vol. 2, 728-730쪽.

838) Pierre Bayle, *Écrits sur Spinoza*, edited by F. Charles-Dabert & P.-F. Moreau (Paris: Berg international, 1983), 90쪽. Israel, *Enlightenment Contested*, 646쪽에서 재인용. 또 다음도 보라. Bayle, *Historical and Critical Dictionary*, 323-324쪽 (Remark X to the entry "Spinoza").

839) Bayle, *Various Thoughts on the Occasion of a Comet* (Albany: State University of New York Press, 2000), §122-128 (가슴), §129-132 (정신).

벨은 『역사·비판 사전』에서 독자의 감성을 고려해 중국의 무신론 사상이 아주 버겁고 아주 모순에 가득 찬 체계라는 데 동조하는 체하는 의태擬態를 취하지만, 나중에 『다양한 생각들의 속편』에서는 이런 의태를 벗어버린다. 마지막 저작들에서 벨은 그리스철학체계들 중에서 가장 일관된 체계라고 내심으로 판단하는 철학인 스트라톤주의(원자론적 유물론=기론)와[840] 단연코 대오를 같이하는 이 포괄적 공자·스피노자 체계의 합리적 일관성을 집중 조명하는 데 초점을 맞춘다.

벨은 기독교 선교사들이 중국에서 공자주의를 논박하면서 직면한 문제가 기본적으로 유럽 철학자들이 스트라톤주의를 논박하면서 직면하는 문제와 동일한 것이라고 결론짓는다. 벨은 스트라톤주의나 공자주의를 어떻게 반박할지를 알지 못하겠다고 자인하는 반면, 데카르트주의를 엄격한 이원론으로, 그리고 운동이 물질 안에 내재할 가능성에 대한 부정으로 해석한다. 그리고 데카르트의 "이런 도그마는 중국인을 아연실색케 할 것이다"라고 강조한다.[841] 결론적으로 그는 데카르트주의를 공자주의에 비해 열등한 것으로 간주하는 듯한 논변을 개진한 것이다.[842]

합리주의자 벨이 보기에 공자주의는 초월적 '신국神國'에 기초하기보다 자연 또는 자연본성에 기초한 '순수한 합리적 구조', 즉 자연을 존재하는 것의 전체 및 그 자체의 법칙과 원칙의 배타적 원천으로 동일시하는 구조를 가졌다. 이 급진적 철학체계는 『역사·비판 사전』의 발간 3년 뒤 앤써니 콜린스(Anthony Collins, 1676-1729)에 의해 받아들여졌다.[843] 콜린스도 중국의 유자들을 스트라톤이나 크세노폰, 또는 스피노자와 등치시켰다.[844] 서양에서 공자와 스피노자 간의

840) 스트라톤(BC. 269년경)은 아리스토텔레스 철학을 데모크리토스의 원자론 철학(동양적 기론의 그리스 버전)으로 개조해 소요학파를 이끌었던 유물론자다.

841) Bayle, *Continuation des Pensées diverses*, Vol. 2, 553-554쪽.

842) Israel, *Enlightenment Contested*, 646쪽.

843) Israel, *Enlightenment Contested*, 646쪽.

844) Anthony Collins, *An Answer to Mr. Clark's Third Defence of his Letter to Mr. Dodwell* (London: Printed for A. Baldwin in Warwick-Lane, 1708), 89쪽. Israel, *Enlightenment Contested*, 646-647쪽에서 재인용.

논리적 일관성을 주장하는 것보다 차라리 '공자와 스피노자의 무신론'의 '도덕적 완전성'을 찬양하는 것이 의심할 바 없이 더 쉬운 한편, 벨과 콜린스가 중국·한국·일본의 공자철학이 유럽철학보다 도덕적으로 더 우월하고 더 일관성이 있다는 것을 둘 다 효과적으로 주장하고 있었다는 것이 "명백해 보인다".845)

■'종교적으로 미적지근한' 유럽적 관용사회의 비전

- '종교적으로 미적지근한' 무신론사회의 개념

벨에 의해 강력해진 '급진적 계몽주의'는 광범하게 설파되고 확산되어 18세기 초에 점차 다수파, 아니 계몽주의의 주류로 부상하기 시작했다. 이것은 전적으로 벨의 '도덕적 무신론사회'와 '무차별적 관용'에 대한 급진적 논변의 위력 때문이었다. 벨은 도덕적 무신론사회의 가능성과 도덕적 무신론사회로서의 중국사회를 논증하면서 동시에 공자의 무제한적 관용론과 본질적으로 동일한, 모든 종교에 대한 '무차별적 관용론'을 수립하고 유럽도 종교에 대한 독단적 신심이 '미적지근한(tiède)' 무신론사회로 변하기를 바랐다.

벨은 동아시아사회 같은 '무신론자들의 사회'의 가능성에 관해 분석적으로 상론한다. 그에 의하면 인간의 행동을 좌우하는 주요 감정은 나에 대한 타인의 공감적 호평에 대한 열망이다. 벨은 이것에 의해 사회가 신이나 종교 없이 자율적으로 규제될 수 있다고 생각하기에 이른다. '무신론자들의 사회'의 도덕에 대한 벨의 묘사는 건강한 정치생활을 위해 요구되는 도덕성이 신에 대한 믿음 없이, 그러므로 섭리나 영혼불멸에 대한 믿음 없이도 가능하다는 것을 입증하기 위해 의도된 것이다. 환언하면 그것은 인간의 감성과 이성만으로 구상되고 촉진되는 도덕성의 개요를 보여주려고 한 것이다. 이러한 도덕성은 바로 정치목적의 재정식화와 범죄나 죄악에 대한 정제된 이해를 요구한다.846)

---

845) Israel, *Enlightenment Contested*, 647쪽.

846) Robert C. Bartlett, "Introduction", xxxiv쪽. Pierre Bayle, *Various Thoughts on the Occasion of a Comet* (Albany: State University of New York Press, 2000).

벨에 의하면, 일단 인간본성의 기초는 자부심·긍지, 또는 자기애(amour-propre), 즉 "우리의 본성과 불가분적인 저 감정"이다.847) 이런 인간이해는 다분히 에피쿠리언적이다. 그래서 인간은 본성상 먼저 자기의 안녕에 관심을 가진다. 만인에게 고통이나 해악을 피하고 쾌락이나 좋은 것을 찾도록 강요하는 것은 이 자기관심(self-concern)이다. 고통의 두려움은 크고, 감정들 중 가장 격렬한 감정인 죽음의 두려움은 훨씬 더 크다. 따라서 벨은 "무신론자들의 사회"도 "범죄를 가혹하게 벌하면" 얼마든지 도덕적으로 유지될 수 있다고 주장한다.848) 벨은 인간의 감각과 감정들 중에 고도로 진화된 도덕감각이나 도덕감정이 인간 개개인에게 본유한다는 사실을 전혀 깨닫지 못하고 에피쿠리언적·이기적 쾌락설에만 근거해서 도덕적 무신론사회의 존속가능성을 논증하고 있다. 만약 그가 공맹과 같이 인간의 도덕감각·도덕감정의 본유성을 알았더라면, 그는 무신론자들의 사회가 범죄를 그리 "가혹하게 벌하지" 않더라도 윤리적으로 잘 돌아갈 것이라는 점을 깨달았을 것이다.

벨은 우리가 피하는 악보다 우리가 끌리는 선에 훨씬 더 큰 강세를 두면서, 제대로 공감감정으로 논점을 돌린다. "우리가 뭐라고 하든, 인간은 고통을 싫어하는 것보다 더 많이 희열을 좋아하고, 인간은 해악보다 좋은 것에 더 민감하다는 것은 확실하다." 진정, "희열은 모든 인간사의 신경이다".849) (오늘날 과학적으로 분명히 밝혀진 바에 따르면 실은 인간은 희열보다 고통에 더 민감하다. 여기서 벨은 오류를 범하고 있다.) 그리고 희열 또는 쾌락이 육체와 대부분 연결되어 있을지라도, 우리가 가질 수 있는 최대의 쾌락은 사실상 다른 사람들이 우리에 대해 가지는 의견에 의해 매개되거나 결정되는 의견으로서의, 우리에 대해 우리가 지니는 좋은 의견이다. 벨은 우리가 가장 열망하는 것은 타인들의 내면적 호평이라고 말한다.

---

847) Bayle, *Various Thoughts on the Occasion of a Comet*, §171.

848) Bayle, *Various Thoughts on the Occasion of a Comet*, §172.

849) Bayle, *Various Thoughts on the Occasion of a Comet*, §167.

사회 안에서 배신자와 사기꾼으로 받아들여질 것이라는 두려움은 돈에 대한 그의 애착을 극복할 것이다. 아주 적은 증인들 앞에서 자신들에게 가해진, 이웃사람들의 눈앞에서 치욕을 당할 것을 두려워하지 않는다면 용서해줄 수 있는 무례를 복수하기 위해 수천 가지 불편이나 위험을 감수하는 사람들이 있는 것처럼, 나는 같은 식으로 자신의 욕심의 반대에도 불구하고 무신론자가 기탁금을 부당하게 간직하고 있는 것으로 확신할 수 없을지라도, 그의 충성이 그에게 전체 도시의 칭찬을 벌어줄 것이고 그의 불충이 어느 날 그를 비난에 처하게 할 수 있다는 것, 하다못해 예의 바른 사람으로 받아들여지는 것을 가로막을 미심쩍은 어떤 것으로 의심받는 것에 처할 것임을 목도할 때 기탁금을 돌려줄 것이다. 왜냐하면 우리가 무엇보다도 열망하는 것은 다른 사람들의 내면적 호평이기 때문이다. 이 호평을 표시하는 손짓들이나 언표들은 우리가 이 손짓이나 언표가 타인의 마음속에서 벌어지는 것에 대한 표시라고 상상하는 한에서만 우리를 기쁘게 한다. 경외감 속에서 우리에게 다가와 추켜세우는 언표들을 명확하게 발언할 수 있는 기계(machine)가 있다고 하더라도 이 기계는 우리 자신에 대한 호평을 우리에게 느끼게 하지 못할 것이다. 왜냐하면 이 언표들이 우리의 공로에 대한 타인의 좋은 의견의 표시가 아니라는 것을 우리가 알기 때문이다. 이것은 내가 말하는 사람(무신론자 – 인용자)이 오직 기탁금의 신성한 법률을 위반한 것으로 의심받는다고 믿을 경우에만 그의 탐욕을 자긍심에 희생시킬 수 있는 이유다.850)

도덕감각이나 도덕감정의 관념이 전무한 벨은 영예를 좋아하고 치욕을 두려워하는 것을 '수오지심' 또는 '염치'라는 도덕감정으로 포착하지 못하고, "도덕"을 "영리하게 추구되는 이기성", 즉 '개명된 이기주의(enlightened self-interest)'로 오해한다.851) 하지만 이 오해에 대한 비판은 여기서는 제쳐두자.

벨은 치욕에 대한 인간의 두려움과 본성적 명예욕을 활용한 엄한 인간적 법률이 도덕을 만든다고 생각한다. 그리하여 "죽음에 의해 사랑을 처벌하는 법률은 연모하는 가슴을 투덜대게까지 만드는 법률이 아니고, 두려워하는 것은

---

850) 참조: Bayle, *Various Thoughts on the Occasion of a Comet*, §179.

851) Bartlett, "Introduction", xxxvi쪽.

풍문의 처벌이다".852) 결국, 많은 사람들은 영예를 위해 죽음의 공포까지도 극복한다. 무신론자들의 사회는, 인간적 법이 해악에 대한 우리의 본성적 두려움과 – 훨씬 더 중요한 것인 바 – 타인들의 눈 속에서의 영예나 명성의 본성적 매력을 둘 다 활용한다면, 원칙적으로 가능하다. 무신론자들의 사회에 대한 벨의 묘사는 태반이 우리 본성의 다르지만 연결된 이 두 가지 성향을 철저히 활용하는 새로운, 보다 합리적인 입법의 개요이고, '무신론자들의 사회'의 가능성은 "본성적 성향에 굴복할 때 치욕에 노정시키는 엄격한 영예법률"을 신에 대한 믿음에 호소하지 않고 유지할 가능성에 의해853) 그 여부가 결정된다.

벨은 '무신론자들의 사회'와 관련해 중대한 물음을 던진다. 유럽의 기독교 사회가 무신론사회로 점진적으로 진화할 수 있을까? 이 물음에 대한 답변을 먼저 말하자면, 벨은 유럽이 '완전히' 무신론적으로 변하기를 바라지 않았고, 그렇게 되는 것도 불가능하다고 생각했지만, 극동아시아 사회처럼 종교와 종교적 신심이 '미적지근해져' 종교문제가 주변화되기를, 그리하여 종교적 긴장이 결정적으로 완화되어 사회가 적당히 탈주술화·세속화되고 결국 모든 종교·종파들과 무신론자들이 종교적으로 해방되어 무제한적으로 서로를 관용하기를 기대했으며, 또 충분히 그럴 수 있다고 생각했다. 한마디로 벨은 영국의 존 트렝커드와 토마스 고든, 그리고 매슈 틴들보다 훨씬 앞서 유럽사회가 점진적으로 '극동아시아화·중국화'되어야 하고, 또 그럴 수 있다고 생각한 것이다. 그 동력은 종교의 점진적 무용지물화, 세속적 행동의 격상, 자연과학적 세계관의 확산 등이다. 벨은 무신론적 정치의 가능성에 대한 그의 평가가 악명이 높을지라도 이러한 무신론적 사회가 생겨나기를, 적어도 겉으로 보면, 기대하지 않았던 것으로 보인다.854) 그에게 무신론은 극히 적은 사람들의 악덕이다.

---

852) Bayle, *Various Thoughts on the Occasion of a Comet*, §164.

853) Bayle, *Various Thoughts on the Occasion of a Comet*, §162.

854) Bartlett, "Introduction", xl쪽. "이러한 무신론적 사회가 생겨나기를 기대하지 않았던 것으로 보인다"는 Bartlett의 판단은 겉으로만 본 것이다. 벨은 마음속으로 중국 같은 완화된 무신론사회, 또는 미적지근한 유신론사회를 꿈꾸었을 것이다. 왜냐하면 『철학적 주석』에서 벨은 자신의 관심을 끈 중국을 '무신론사회'로 여겼고, '신앙강제'에 관한 『성경』 해석을 둘러싼 기성종단과 자신 간의 신학적 논란을 해결해줄 현명하고 중립적인 판관으로 '중국 철학자들'을 여러 차례

여성들만큼이나 남성들, 평민들만큼이나 귀족들은 신적 예언에 대한 믿음에
깊은 애착을 갖기 때문이다.855) 그는 이것을 기성종단이 들으라는 듯이 여러
차례 강조하고 있다.856) 벨은 "전 국민이 한 신에 대한 믿음과 한 종교의 관행으
로부터 반대의 믿음과 관행으로 넘어가는 것은 도덕적으로 그리고 물리적으로
불가능하다"고 말한다.857) 그러나 벨은 "열정의 과잉"에 의해 종교의 헌신자들
이 "용광로로부터 여전히 뜨겁게" 만들어지는 측면도 있기에,858) 법조인과
의사들이 재판과 질병의 존재를 자신들의 이익을 위해 활용하듯이 교황·목사·
점쟁이들도 자신들의 "이익"을 위해 "사람들에게 그들의 종교 안에서 미적지근
해질(tiède) 시간을 허용하지 않도록 주의조치를 취한다"는 것이다.859)

- 무차별적 관용과 유럽의 세속적 근대사회 비전
오래된 종교는 그것이 젊었을 때보다 '덜' 강렬하게 준수될 것이다. 이것은
의식과 요구가 단순하면 더욱더 미적지근하게 준수될 것이다. 반대로 종교의
요구가 더 "사치스러우면 사치스러울수록" 종교에 더 애착을 갖게 된다.860)
그리하여 여러 가지 이교적 의식儀式들을 기독교 안으로 받아들인 것이다.

고대 교회에서 옛 사도들이 가르쳤던 지나친 소박성은 인간들의 열정의 열꽃이 약간
줄어든 시대에 부적절하다는 것, 그리하여 예배에 다양한 의식들의 사용을 반입하는
것이 기독교적 현명에 속한다는 것을 지각했을 때, 사람들은 일반적으로 그 의식이
성스러운 것들에 대한 존경을 백성들 안에서 고취하기에 적절하다고 여겨졌기 때문
에든, 이것이 어떤 방식으로 지각되지 않을 변화를 통해 불신자들을 압도해 사람들

호출하기 때문이다.

855) Bartlett, "Introduction", xl쪽.
856) 참조: Bayle, *Various Thoughts on the Occasion of a Comet*, §21, §81, §151, §154.
857) 참조: Bayle, *Various Thoughts on the Occasion of a Comet*, §104. 또 §121도 보라.
858) Bayle, *Various Thoughts on the Occasion of a Comet*, §257.
859) Bayle, *Various Thoughts on the Occasion of a Comet*, §109 (마지막 문장).
860) Bayle, *Various Thoughts on the Occasion of a Comet*, §184 (189-190쪽).

을 예수 그리스도에게로 끌어당길 수단이라고 믿어졌기 때문에든, 특히 이교도들 사이에서 가장 큰 유행을 누렸었던 의식들에 관심을 집중하기에 이르렀다는 것은 심지어 사실이기까지 하다.861)

이것은 역으로 어떤 종교든 점진적이라면 커다란 변화가 만들어질 수 있다는 것을 시사한다.862) 아버지는 그가 승계받은 것과 정확히 동일한 신앙심을 그의 자녀들에게 넘겨준 것으로 잘못 믿을 수 있다. "왜냐하면 이 일에서의 변화들은 감지될 수 없는 발걸음에 의해 수행될 수밖에 없고, 한 사람의 인생 동안에 거의 주목되지 않기 때문이다." 하지만 이 "감지될 수 없는 발걸음은 여러 세기가 지난 끝에 사태를 아주 동떨어진 곳으로 끌고 간다".863) 이렇게 '감지될 수 없을' 정도로 점진적인 변화들을 거쳐 기독교로부터 무신론으로 이동하거나 미적지근해지는 것이 가능한가?

벨은 지금까지 종교를 지탱해온 세 가지 힘을 열거한다. 첫째, 단순한 자연 과정은 인간들을 어떤 더 높은 권력에 대한 두려운 경외감 속에 붙들어두기에 충분한 "기형괴물, 유성, 성난 폭풍, 홍수, 죽음, 끔찍한 기근"을 산출한다.864) 둘째, "민간의 일과 종교의 일을 다루는 치자들의 정치"는 "신에 대한 공포라는 제어장치를 통해 사람들을 종속 상태에 붙들어두기 위해" 늘 인간들의 '자연의 무지'를 이용해먹어 왔다. 왜냐하면 정치적으로 "종교가 사회의 결속요소 중의 하나"이고, "신민들은 신의 성직자들이 간섭할 수 있을 때보다 더 잘 복종 상태에 붙들려 있은 적이 없었다"는 것은 "모든 시대"에 인정되어왔기 때문이다.865) 그리고 마지막으로 셋째, 성직자들은 호구지책과 사회적 지위를 위해 인민의 계속적 헌신에 매달린다. "재판과 게으름이 법조인과 의사의 이익인 것과 꼭 마찬가지로, (불가사의한 일들에 대한) 이러한 뉴스들이 영구히 공표되

---

861) Bayle, *Various Thoughts on the Occasion of a Comet*, §85.

862) 참조: Bartlett, "Introduction" to Bayle's *Various Thoughts on the Occasion of a Comet*, xl쪽.

863) Bayle, *Various Thoughts on the Occasion of a Comet*, §112.

864) Bayle, *Various Thoughts on the Occasion of a Comet*, §107.

865) Bayle, *Various Thoughts on the Occasion of a Comet*, §108.

는 것은 교황, 성직자, 점쟁이들의 이익이다."866) 따라서 성직과 주권적 권위는 종종, 아니 거의 언제나 통합되었다.867)

그렇다면 이 세 가지 요소가 사라진다면, 종교는 약화되고 신앙심은 저절로 '미적지근해질' 것이다. 따라서 종교를 무너뜨리는 벨의 암묵적 비책은 인간의 두려움에 찬 경신성輕信性(fearful credulity)의 주된 원인인 기이한 자연현상을 과학적 '설명'에 의해 없애버리는 자연과학의 확산, 그리하여 종교가 영혼의 위안 요소로서나 사회의 결속요소로서 무용지물이라는 인식, 그리고 사회 자체가 우리의 영혼의 궁극적 운명과 우리의 교리적 믿음의 건전성에 대해서보다 우리의 신체적 안전과 시민적·세속적 행위들에 대해 더 관심을 가져야 한다는 인정, 그리고 마지막으로 "세속적 권위"와 "성직적 권위"를 분리하는 '정교분리', 즉 무제한적 종교자유와 관용 등이다. 『혜성에 관한 다양한 생각들』은 이 목적을 촉진할 수 있는 모든 논리적 무기를 다 제공하고 있다.868)

첫 번째 '논리적 무기'는 그가 새로운 성서해석을 통해 "신은 곧 자연이고, 자연은 곧 신이다"라는 명제를 천명함으로써 스피노자의 자연관이나 동아시아의 기론氣論과 같은 자연철학적 자연관을 피력한다는 것이다. 두 번째 '논리적 무기'는 관념과 지식에 대한 행동의 우위성에 대한 반복된 논변과, 공감적 규범력에 의한 행위통제로 종교의 사회적 개입과 정치적 이용의 기회를 결정적으로 축소시키는 논변이다.

벨은 첫 번째 '논리적 무기'에 대해 상론한다. 신의 "일반적 섭리"와 "성경의 신" 사이에 근본적 긴장이 있다는 것은,869) 벨이 특히 민감한 문제를 다루는 그의 '고시告示'에서 우리의 관심을 끄는 항목으로부터 명백하다. 벨은 예수탄생 이전에 신이 "모든 민족이 제 길을 가도록 놓아두었지만" "우리의 마음을 먹을 것과 환희로 채워주는 하늘로부터의 비와 열매 맺는 계절"의 형태로 "자신을 증거 없이 놓아두지 않았다"는 바울과 바르나부스(Barnabus)의 논평

---

866) Bayle, *Various Thoughts on the Occasion of a Comet*, §109.

867) Bayle, *Various Thoughts on the Occasion of a Comet*, §111.

868) 참조: Bartlett, "Introduction", xl-xli쪽.

869) Bayle, *Various Thoughts on the Occasion of a Comet*, §234.

을[870] 활용하고 있다. 벨의 신학적 논변의 결론적 핵심은 '신은 비인격적 자연 외에 다른 것이 아니다, 즉 '자연이 곧 신이다(Natura sive Deus)'라는 말로 정리될 수 있다. 이 자연은 일정한 아낌없는 하사품을 제공하면서도 "모든 민족이 제 길을 가도록 놓아둔다". 사도들에게 신의 치세의 세속적 표명이었던 것이 벨에게는 우리가 기대해야 하는 유일한 것이다. 신을 자연과 등치시킴으로써 벨은 '성경의 신'을 자연세계 속으로 소멸시키고 있다. 이 자연세계는 원칙적으로 물리학자들과 철학자들의 과학적 분석대상으로 격하되는 것이다. 기적적 간섭과 특별한 섭리에 대한 부정과 합치되게 벨은 이제 방향을 돌려, 자연이 제공하지 않고 제공할 수 없는 직접적 지배를 보완·벌충하는 데 쓸 수 있는 유일한 수단으로서의 '현명한 세속적 정치'를 거론한다.[871]

벨이 말하는 두 번째 '논리적 무기'는 인간의 행동을 부드럽게, 그러나 확실하게 통제하는 공감적 규범력과 예법에 의해 종교적 규제력을 대체하고 주변화하는 것이다. 벨은 올바른 '인식'과 '신앙'에 대한 올바른 '행위'의 우월성을 강조함으로써 모든 종교, 모든 기독교 종파, 그리고 무신론자에 대한 무차별적 관용을 주장하고, 동아시아에서와 같이 무제한적 종교자유와 관용이 달성되기를 기대한다. 벨이 그의 신학적 논변의 출발점부터 정치적 효용의 척도를 염두에 두고 있다는 것은 고찰에서 명백하다. 그는 거기에서 무신론이 "인간사회의 파멸이었을 것이다'라는 비난에 답하는 과업을 스스로에게 설정하고 있기 때문이다. 더구나 벨은 일관되게 '교리'에 대해 '행위'를, 따라서 인식이나 신앙에 대해 '행위'를 강조한다.[872] 가령 벨은 예정설豫定說의 문제,[873] "축복받은 동정녀가 (…) 세계의 여왕인지", 그리고 예수 그리스도의 신적 본성이 그의 인간적

---

870) Bayle, *Various Thoughts on the Occasion of a Comet*, §60과 §218 및 §234에서의 사도행전 14장에 대한 언급. 사도행전 14장 16-17절에서 바울과 바르나부스는 그리스의 라코니아인들에게 말한다. "신은 지난 시기에 모든 민족으로 하여금 제 길을 가게 놔두었으나, 그럼에도 자기를 증거하지 않은 것이 아니라 여러분에게 하늘로부터 비를 내리시고 철 따라 열매 맺게 하여 먹을 것과 기쁨으로 여러분의 마음을 채워주었다."

871) 참조: Bartlett, "Introduction", xxxix쪽.

872) 참조: Bartlett, "Introduction", xxxv쪽.

873) Bayle, *Various Thoughts on the Occasion of a Comet*, §176, §199.

본성과 분리될 수 있는지 하는 문제는 모두 실천적 중요성이 없는 문제들이라고[874) 공개 논변하는 것으로 나아가려고 한다. 왜냐하면 "이와 관련된 오류들은 모두 비자발적이고, (…) 우리는 자유도, 악의도 없이 이 덧없고 희미한 판단들을 형성하기 때문이다".875) 벨은 그의 이 논변의 요지는 다른 것, 즉 훨씬 더 나쁜 것, 아니 무엇보다도 '행위'와 관련된 가령 프랑스 위그노의 박해가 있다는 것으로 입증된다. 섭리의 부정이 거친 오류일지라도 이른바 '참된 교리'를 지키려고 사람을 박해하고 죽이는 것은 "섭리를 부정하는 것보다 더 거친 오류"이자 더 극악한 죄악이다.876)

그러므로 벨은 종교적 교리를 지키려고 이런 죄악을 저지르기보다 교리의 진위를 떠나 모든 종파를 무차별적으로 자유롭게 하는 것이 최선이라고 논변한다.

랍비는 '유대인들이 일상적 삶 속에서 매일 어떤 기독교인들을 기만하리라는 맹세를 하고 유대인들이 이것을 선행이라고 주장한다'고 말하고 또 쓰는 사람들은 유대인들을 더 밉살스럽게 만들기 위해 그들을 중상하고 있는 것이라고 우리에게 확언한다. 이 랍비의 불평이 잘못된 것이라면, 유대인들은 에피쿠로스의 (신神·인人무관론의) 오류보다 더 나쁜 원칙을 가지고 있는 것이다. 그러나 랍비가 옳다면, 유대인중상자들은 에피쿠로스라는 철학자의 원칙보다 더 혐오할 만한 원칙을 따르는 것이다. 왜냐하면 공통된 공평성 개념을 범함으로써 우리가 신을 기쁘게 할 수 있다고 믿는 것보다 더 이단적인 것은 아무것도 없기 때문이다. 그리하여 나는 우리가 치자들에게 위그노들의 결백을 탄압함으로써 신에게 기분 좋은 서비스를 하는 것이라고 설득하기에 충분히 눈먼 프랑스 선교사들이 많다는 것에 아무리 놀라도 지나치지 않는다. 어떤 사원의 철거, 어떤 목사들의 망명, 또는 어떤 성직자들의 개종이 이것으로부터 나온다면, 그리고 이 불행한 준칙을 확신하기에 충분히 자의적인 치자들이 아주 많다면, 참된 종파를 편들어 그토록 불경한 열정을 갖느니 기독교의 모든 종파에 대해

---

874) 참조: Bayle, *Various Thoughts on the Occasion of a Comet*, §199, §200.

875) 참조: Bayle, *Various Thoughts on the Occasion of a Comet*, §200.

876) Bayle, *Various Thoughts on the Occasion of a Comet*, §197 (242쪽).

무차별적인 것이 천 배 더 나을 것이다.877)

바로 여기에서 벨은 논리적 귀결로서 슬그머니, 그러나 분명하게 바로 '무차별적 관용론'을 설파하고 있다. 기독교의 저 '모든 종파'에는 '공통된 공평성 개념을 범하지' 않는 유대교도 들어 있고, 로크가 빼놓은 가톨릭도 들어 있다. 그리고 벨이 풍파를 피해 명시하지는 않았지만, 벨은 신앙·종교문제가 '미적지근해진' 미래의 유럽사회에서는 모든 세계종교와 이교들이 무신론자들과 더불어 무차별적으로 종교적·사상적 자유를 누릴 것이라고 기대했다.

벨은 "무신론자들의 사회가 겸양(decency)과 영예에 관한 법률들을 독자적으로 만들 것인가?"라는 물음에 긍정으로 답한다. 그는 근본적으로 묻는다. 사회가 종교적 신앙보다 호평하는 영예나 영광의 성격은 어떤 것인가? 그것은 도덕적 상벌이다. 예양만으로도 천하를 다스릴 수 있다고 확신한 공자처럼, 벨은 앞서 시사했듯이 "무신론자들의 사회는 만약 범죄를 가혹하게 벌하고 일정한 일들에 대해 영예와 오명의 딱지를 붙여준다면 다른 사회가 그러는 만큼이나 시민적·도덕적 행위들을 완수할 것이라는 사실이 얼마나 명백한 것인지를 (⋯) 알게 될" 것이라고 장담한다. 왜냐하면 "인간 행위들의 참된 추동력은 종교와 다르다"는 것이 다 알려졌으므로, 행위의 참된 동기들, 즉 "가령 상벌, 영광과 치욕, 기질과 교육"이 무신론자들 사이에서도 실존할 온갖 이유가 있는 것이다.878) 그리고 '예의바름'의 느낌은 신에 대한 믿음이 아니라 현세적 영예와 칭찬에 좌우된다. 예양과 겸양의 관념이 신에 대한 믿음에 달려 있지 않다는 것을 증명하기 위해 벨은 기독교도들 사이에도 − 결코 신앙에 의해 비준되지 않은, 따라서 그 원천이 신앙과 다른 어떤 것이지 않을 수 없는 − 세속적인 영예가 통용되고 있다는 것을 보여준다.879)

벨은 무신론을 위해 순교한 이탈리아의 무신론적 자유사상가 바니니(Lucilio

---

877) Bayle, *Various Thoughts on the Occasion of a Comet*, §197 (243쪽).

878) Bayle, *Various Thoughts on the Occasion of a Comet*, §172 (212쪽).

879) Bartlett, "Introduction", xxxvi쪽.

Vanini)의 '바보' 같은 행동을 다루면서 "무신론이 그 순교자를 가지고 있다는 사실은 무신론이 영예와 예의의 품위의 관념을 배제하지 않는다는 것의 증거다"라고 갈파한다.880) 또한 벨은 "우리는 기독교도들 사이에 존재하는 온갖 겸양 관념들을 죽 훑어본다면, 종교로부터 취해진 것은 거의 단 두 개도 찾지 못할 것이다"라고 선언한다.881)

"누군가 무신론자는 자신의 영혼이 육체와 더불어 죽을 것이라고 확신하기에 타인들의 마음에 그토록 많은 위력을 미치는 그의 명성을 불멸화하려는 욕망의 결과로서 칭송될 가치가 있는 것은 아무것도 할 수 없다고 아마 상상할 것이다. 그러나 후세에 의해 칭송받기 위해 위대한 일들을 이룩한 사람들이 사후에 그들에 대해 얘기되는 것을 다음 세상에서 알 희망에 우쭐해하지 않는 것이 확실하기 때문에 이것은 아주 잘못된 생각이다."882) 그리고 오늘날도 "자신들에 대해 역사 속에서 얘기되도록 만들기 위해 그렇게 많은 위험과 그렇게 많은 힘의 소진에 자신의 몸을 던지는 용감한 사람들, 이들이 그들을 영예롭게 하기 위해 세워질, 그리고 아주 먼 후세들에게 그들이 완수했을 모든 위대하고 숭고한 일을 가르쳐줄 기념비들이 그들에게 그 어떤 기쁨의 감흥이라도 줄 것이라고 상상하는가? (⋯) 그러므로 영광의 욕망을 일으키는 것은 영혼의 불멸성에 대한 믿음이 아닌 것이다. 당연한 귀결로서 무신론자들은 영원한 명성을 간절히 바랄 수 있다. 영광의 욕망 속에서 보다 알찬 것은 의심할 바 없이 우리가 우리 자신을 위해 우리가 한 일에 대한 찬미로 가득 찬 긴 대오의 세계들을 그리며 이승에서 우리의 마음속에 굴리고 굴리는 저 기분 좋은 상상들이 아닌가?"883) 그리고 이 쾌락은 적어도 신도에게 가용한 만큼이나 무신론자에게도 가용한 것이다.884) 이 벨의 말을 나중에라도 칸트가 읽었더라면, 칸트는 인간의 궁극적 도덕생활을 신국의 '실천이성적 요청'과 신에 의한

---

880) Bayle, *Various Thoughts on the Occasion of a Comet*, §182 (227-228쪽).

881) Bayle, *Various Thoughts on the Occasion of a Comet*, §172 (212쪽).

882) Bayle, *Various Thoughts on the Occasion of a Comet*, §173 (213쪽).

883) Bayle, *Various Thoughts on the Occasion of a Comet*, §173.

884) 참조: Bayle, *Various Thoughts on the Occasion of a Comet*, §179.

사후의 상벌로 확보하는 그따위 어리석은『실천이성비판』같은 것은 쓰지
못했을 것이다.

　나아가 벨은 영예심과 치욕감(수오지심, 이것은 벨이 알고 있는 유일한 도덕감정이다)이
인간본성의 순수한 작품이라는 논변을 전개한다. 무신론자들이 영예심에 의해
더욱 북돋워질 일들의 성격을 명확하게 하기 위해 벨은 '몰염치' 또는 '파렴치'의
주제를 논한다.

> 선한 믿음 속에서 행동하기 위해서는, (여성의) 순결이 선하다는 이 관념이 복음이나
> 모세보다 더 오래되었다고 고백하는 것이 필수적이다. 그것은 세계만큼 오래된 특정
> 한 인상이다. (…) 그러므로 인간들 간에 순수하게 본성의 작용인, 즉 일반적 섭리인
> 영예의 관념이 존재한다고 인정하자. 무엇보다도 우리의 용감한 인간들이 그토록
> 탐내는 영예, 신의 법에 대립되는 그런 영예도 인정하자. 그리고 이에 따라, 복음의
> 지식이 인간본성과 대립하지 않는 무신론자들 사이에서도 인간본성이 기독교도들
> 사이에서 행하는 바로 그것을 행한다는 것을 우리가 어떻게 의심할 수 있는가?[885]

벨의 이 말에 의하면, 기독교적 복음의 대립과 방해가 없으므로 무신론자들에
게 본성은 더욱 순수하게 가식 없이 작용한다. 벨은 나중에 이 테제를 더
잘 다듬는다. "구별되는 것을 좋아하는 것이 인간에게 자연스러운 만큼 사물들
이 치른 값에 비례해 사물들을 평가하는 것도 자연스러운 것인 것처럼, 자연본
성은 홀로 여성이 자신의 별애別愛(favor)를 허비하지 않는 것이 영예롭다는 것을
같은 마을의 주민들에게 곧 가르쳤을 것이고, 이것은 자연스럽게 그리고 부지
불식간에 사물들을 이것들이 거의 모든 나라에서 보이는 상태로 이끄는 것이
다."[886] 이리하여 순수하게 자연본성의 작용으로서 사람들 간에 영예의 관념이
존재하는 것이다. 인간본성의 명령에 대한 기독교의 혼돈된, 그리고 혼돈스럽
게 만드는 방해로부터 벗어나 자유롭게 무신론자들은 '몰염치한', '파렴치한'

---

885) Bayle, *Various Thoughts on the Occasion of a Comet*, §172 (213쪽).
886) Bayle, *Various Thoughts on the Occasion of a Comet*, §180 (225쪽).

행동에 더욱 큰 치욕의 딱지를 붙일 것이다. 왜냐하면 이렇게 하는 것은 적시된 이유에서 자연본성 자체에 의해 비준되기 때문이다.

그래도 파렴치는 덜 심각한 범죄다. 살인이 아마 최고의 범죄일 것이다. 그런데 살인에 대한 공포와 거부감은 영혼불멸을 믿는 유신론사회에서보다 영혼불멸을 부정하는 무신론사회에서 더 강렬하게 느껴질 것이다.[887] 따라서 무신론사회에서 살인은 영혼불멸을 믿는 유신론사회에서보다 더 적게 일어날 것이다.

벨이 바라고 그린 유럽사회의 궁극적 모습은 어떤 것이었을까? 그는 동아시아에서처럼 종교적 열정이 '미적지근해져' 종교문제가 주변화될수록, 종교적 관용이 커진다는 것을 잘 알고 있었다. 벨이 가령 가톨릭 프랑스가 '완전히' 무신론적으로 되는 날을 마음속에 그렸다는 것은 그럴듯하지 않지만, 그는 교리를 능가하는 세속적 '행위'의 중요성이 확립되면, 인간들이 그들의 종교에 대한 관심에서 훨씬 더 '미적지근해질' 것이라는 점, 그리고 이것은 무신론을 포함한 종교적 견해들에 대해 이전보다 훨씬 더 큰 관용을 허용할 것이라는 점은 생각했던 것 같다. 벨은 그가 무신론자들로 분류한 사두개교도들(Sadducees)의 신앙과 같은 어떤 것을 수용가능한 정통의 잔재로서 마음속에 품고 있었던 것으로 보인다.[888] 왜냐하면 사두개교도들은 신을 믿고 이승의 선을 신으로부터 기대하되, 영혼불멸, 따라서 천당과 지옥, 영원한 상벌의 전망을 부정했기 때문이다.[889] 벨의 관점에서는 사두개교도들의 신앙이 엄격한 의미의 무신론에 대한 수락할 만한 대안이다. 벨은 예수의 견해를 바탕으로, 구약성서 전체를 믿었던 '바리새안'과, '모세5경' 외에는 믿지 않았던 '사두개교도'를 비교하면서 예수 그리스도의 의견에 호소함으로써 사두개교도들을 방어하고 있지만,[890] 그가 대변하는 '아주 제한된 믿음에 대한 그의 선호'는 정치적 믿음과 종교적 믿음의 연관을 단절시켜 관용을 촉진하려는 기도에 뿌리를 박고 있다.[891]

---

887) Bartlett, "Introduction", xxxvii쪽.

888) Bartlett, "Introduction", xli쪽.

889) Bayle, *Various Thoughts on the Occasion of a Comet*, §174.

890) Bayle, *Various Thoughts on the Occasion of a Comet*, §185.

혜성이 불운을 예언한다는, 유럽에서 18세기까지 계속된 믿음을 벨이 문제 삼은 것은 사실상 기적의 가능성에 대한 믿음을 공격해 종교 자체를 문제 삼기 위한 에움길이었다. 벨에 의하면, 우리가 신의 완벽성에 대해 가진 우리의 견해와 양립할 수 없는 귀결을 낳는 어떤 기적이든 사실상 기적일 수 없다. 그리고 기적은 명시적 계시에 의해 증명되는 경우에만 기적인 것으로 알려질 수 있는 반면, 계시 자체는 진짜 계시로 알려지기 위해 어떤 기적을 요구한다. '기적과 계시'는 성경의 신에 대한 믿음을 확립할 좋은 이유라기보다 오히려 이 '신에 대한 믿음'을 전제한다. 계시적 예언은 기적을 보증하기 위해 필요하고, 기적은 예언을 보증하기 위해 필요하다. 그렇다면 이 순환논법 속에서 예언과 기적은 둘 다 본질적으로 불가지不可知의 것이고, 우리는 참된 신의 가장 확실한 표명인 자연법칙을 알게 되는 유일하게 신뢰할 만한 수단인 우리의 감성과 이성에로 되던져지고 만다. 자연법칙으로 세계를 지배하는 신은 모든 개개 구성원의 행복이 아니라 기껏해야 인류 전체의 행복을 돌보는 일반적 섭리를 세계에 발휘한다. 그러므로 세계 안에서 우리 자신의 길을 만드는 것, 자연의 다스림의 참된 성격을 처음으로 고려하고 이에 보답하려고 애쓰는 새로운, 보다 합리적인 정치를 창조하는 것은 우리가 할 일이다.

이 명백히 엄혹한 가르침은 사실상 희망의 원인이다. 왜냐하면 종교는 악에 대한 제어장치로서 늘 부적절했고, 덕성으로 가게 하는 소몰이 막대기로서도 불필요했기 때문이다. 이 말은 '무신론자들의 사회'가 원칙적으로 가능할 만큼 참된 것이다. 벨에 의하면, 전적으로 인간적 방법에 의해 우리의 자연적 공포와 긍지를 조작하는 것으로 예의 바른 인간들을 창조하기에 충분하고, 이러한 무신론사회는 게다가 이승에서 말할 수 없는 잔학행위를 범하도록 우리를 이끄는 '저승에 대한 관심'으로부터 자유롭다.

벨의 전략적 목표는 저승에 대한 관심 대신에 독자들에게 그가 묘사하는 세계관을 받아들이도록 하는 강력한 도덕적 또는 정치적 인센티브를 제공해 유럽의 일상적 생활문화를 탈주술화·세속화하는 것이다. 왜냐하면 기적을

---

891) 참조: Bartlett, "Introduction", xli쪽.

부정하는 벨의 논변의 궁극목적은 종교에 대한 관심을 격하시킴으로써 얻어지는 이익의 제시이기 때문이다. 한편으로 종교의 이름으로 저질러진 잔학행위들에 관한 그의 명세서와, 다른 한편으로 '예의 바른 무신론자들의 사회'의 가능성에 관한 그의 묘사는 다 삶의 보존과 타인의 호평으로부터 나오는 만족감의 획득을 위해 종교를 격하할 것을 수락하도록 자신의 청중을 유도하는 것을 의도하고 있다.

벨에 의하면, 세계는 신이 결코 침범한 적이 없는 자연법칙에 의해 세계를 다스리는 신에게 "종속된 작은 것"에 불과하다.892) 이 말로 벨은 자신의 섭리로써 모든 개개인을 만지는 '성경의 신'을 배격하고 있는 것이다. 그래도 벨이 자신의 저작 속에서 거듭거듭 '기독교에 신앙고백을 했다'는 알리바이는 그가 무신론자라는 혐의를 벗겨주지 못한다. 왜냐하면 벨은 대부분의 무신론자들이 언제나 지배적인 종교에 적응하려고 한다고 스스로 주장함으로써893) 자기가 애써 만든 알리바이들을 면피용 '겉치레'로 전락시키고 있기 때문이다.

- 벨의 마음속에 감춰진 무신론적 극동사회

벨은 『역사·비판 사전』의 '밀턴' 항목에서 로크의 관용론과 같이 관용대상에서 천주교를 배제하는 밀턴의 제한적 관용론을 직접 중국의 무제한적 관용에 대비시키며 비판한다.

밀턴독트린의 이 표본에 의해 어떤 사람도 그보다 관용에 더 열성적이지 않았다는 것이 명백해 보인다. 왜냐하면 천주교를 관용으로부터 배제하지 않고 결과적으로 그보다 훨씬 더 적게 관용을 제한하는 사람들은 우리가 생각하기에 그의 가장 충직한 추종자들이 아니기 때문이다. 후자들은 관용에 대한 지나친 애호 때문에 종파들의 박해를 관용하는 것을 조금도 찬성하지 않는다. 그리고 천주교가 먼 옛날부터 가장 많이 박해하고 어디에서든 다른 기독교인들의 몸과 영혼을 부단하게 고문하는

---

892) Bayle, *Various Thoughts on the Occasion of a Comet*, §231.

893) 참조: Bayle, *Various Thoughts on the Occasion of a Comet*, §183.

종파이기에 관용에 대한 가장 열성적인 대변자는 대개 천주교의 배제를 기획한다. 그들은 일관성 있게 추론하는 체하는데, 그들은 중국황제의 칙령이 어떻게 이 황제가 찬양받는 그 높은 지혜와 부합될 수 있는지를 이해하지 못한다. 나는 그 황제가 기독교에 부여한 '관용을 위한 칙령'을 말하고 있다. 한 예수회 신부(샤를르 르 고비앙 – 인용자)가 우리에게 이에 관한 훌륭한 역사를 제공했다. 그들은 지혜로운 군주라면 개종자를 만드는 교황의 선교사들의 방법과 그 전임자들이 이 방법을 활용한 방법을 알기 전에 교황의 선교사들과 그들의 새로운 개종자들에게 양심의 자유를 허용하지 않았어야 한다고 생각한다. 훌륭한 정치인이 그러듯이 그 황제가 만약 그들을 조사했다면 그는 그들에게 부여한 것을 결코 허용하지 않았을 것이다. 왜냐하면 황제는 그들이 예수 그리스도가 '들어오게 강요하기' 위해, 즉 복음에 대한 개종자가 되는 것을 거부하는 모든 사람을 추방하고 투옥하고 고문하고 죽이고 무력으로 탄압하고 그것의 진전을 막는 군주들을 강제로 퇴위시키기 위해 임명한 사람들인 체한다는 것을 알았을 것이기 때문이다. 우리는 용납할 수 없는 무분별로부터 어떻게 자신을 순화할 수 있을지 알지 못한다. 중국의 황제는 이것을 알았어도 이 칙령을 발령했기 때문이다.894)

중국정부는 홍건적·황건적처럼 혹세무민의 반란을 일으키지 않고 중국의 관용정책을 악용해서 자기의 불관용을 강요하지 않는 한, 불관용 종교인 이슬람·가톨릭을 포함한 모든 종교를 무제한적으로 관용해왔다. 불관용 종교도 그 불관용 노선을 잠재시키고 실제로 집행하지 않는 한 아직 위험하지도 않고 아직 무신론적 중국정부의 무제한적 관용정책을 위협하지도 않기 때문이다.

고비앙 신부는 관용과 선교자유를 허용한 1692년 강희제의 기독교관용 칙령의 성립 전말을 자세히 다룬 『중국황제의 칙령의 역사(Histoire de l'édit de l'empereur de la Chine)』(1698)를 출판했는데, 이 책에 묘사된 강희제의 관용조치는 프랑스신교도(위그노)의 종교적·시민적 자유를 전면적으로 박탈하고 이들에 대한 본격적 탄압을 개시한 루이 14세의 1685년 낭트칙령 폐지조치와 커다란 대비를 일으키

---

894) Bayle, *The Dictionary Historical ad Critical of Mr. Peter Bayle*, Vol. 4, 223쪽('Milton' 항목).

면서 유럽에서 많은 지식인들에게, 특히 신교도들에게 큰 "충격"을 주었다.895)
고비앙의 이 책은 피에르 벨 등에게 중국과 중국인들의 종교관에 대한 정보의
중요한 출처 노릇을 했다.

그러나 벨은 중국인들의 '무제한적 관용'의 의미를 깊이 이해한 것으로 보이
지 않는다. 하지만 그는 강희제를 이은 옹정제가 중국의 무제한적·무신론적
관용정책을 오용하는 반反적응주의적 가톨릭 선교사들의 작란으로 인해 이
선교사들을 추방하게 되는 사태를 미리 정확하게 예견하고 있다.

> 그러므로 우리는 중국황제(강희제)의 명예를 위해 그가 그것(불관용 종파 가톨릭에 대한
> 포교자유칙령의 후과 - 인용자)을 전혀 몰랐다고 생각해야 한다. 그리고 바로 이 일
> 때문에 그는 자신이 응당 알았어야 할 것에 대해 충분히 정보를 구하지 않았다고
> 비난받아야 할 것이다. 모든 개연성에서 그는 자신의 부주의를 후회할 이유를 가질
> 만큼 충분히 오래 살지 않을 것이다. 그러나 우리는 그의 후대 황제들이 그에 대한
> 기억을 저주하지 않으리라고 대답하지 못한다. 왜냐하면 그들은 어쩌면 우리가 생각
> 하는 것보다 더 빠른 시점에 새로운 종교의 추종자들에 의해 야기된 난동들과 싸우
> 고 자기 목을 구하기 위해 그들의 목을 잘라야 하는 것을 느낄 수 있을 것이기 때문
> 이다. 어쩌면 그들은 일본의 황제들이 이전에 했던 것과 동일한 기민한 게임을 하도
> 록 강제될지도 모른다.896)

시마바라의 반란에 대한 일본정부의 유혈진압과 같은 참극을 예고하는 마지막
말은 지나친 예견이자 빗나간 예견이다. 중국에서 가톨릭선교 문제로 인한
그런 유혈참극은 없었기 때문이다. 하지만 벨의 저 논의로부터 알 수 있는
것은 무신론적 중국정부의 무제한적 관용정책 덕택에 중국사회 안에 수많은
종교들이 평화롭게 관용적으로 공존하고 있다는 사실에 그가 정통하고 있었다

---

895) David E. Mungello, *Leibniz and Confucianism: The Search for Accord* (Honolulu: The University Press of Hawaii, 1977), 12쪽.

896) Bayle, *The Dictionary Historical ad Critical of Mr. Peter Bayle*, Vol. 4, 223-224쪽('Milton' 항목).

는 사실이다. 따라서 벨의 마음 깊은 곳에는, 유럽을 종교적 신앙이 '미적지근한' 사회로 만들어 동아시아같이 무신론적으로 세속화된 일상적 생활문화와 간헐적 유신론의 주변화된 종교행위가 융화된, 즉 유·무신론에 초연하게 인간의 본성적 영예심·치욕감(수오지심)과 품위 있는 겸양의 예치禮治로 자율 조절되는 '무차별적 관용과 종교자유의 사회'로 바꿔놓고 "우리가 우리 자신을 위해 우리가 한 일에 대한 찬미로 가득 찬 긴 대오의 세계들을 그리며 이승에서 우리의 마음속에서 굴리고 굴리는 저 기분 좋은 상상"을 즐기는 극동지향의 꿈이 들어 있었다.

이런 까닭에 벨은 마음속에 '영예욕'을 명백하게 지니고 있어 무신론을 위해 순교도 불사하고 무신론 종파의 수뇌부에 있고 싶어 하는 "완고한" 무신론자들을 '바보'로 조롱한다. 또 벨이 완전한 무신론자라면, 그가 의무감에서, 심지어 이웃을 지옥의 공포로부터 해방시킬 의무감에서 행동한다는 것은 더 일관성이 없는 소리다.[897] 벨은 마음속 깊은 곳에 동아시아 지향의 저 꿈과 영예심을 품고 있었던 것이다.

『혜성에 관한 다양한 생각들』을 쓴 피에르 벨은 동아시아를 전혀 몰랐던 '세당의 아카데미(Academy in Sedan)'의 '애송이 철학자' 시절의 벨이[898] 아니라, 동아시아를 너무나 잘 알아서 유럽의 급진적 변혁을 재촉하다가 교수직에서 쫓겨난 52세 장년의 '로테르담의 철학자' 벨이었다. 정치적 맥락에서 벨은 "인민은 가장 깊은 고요 뒤에 가공스러운 소동을 일으키며 벌떡 일어나는 바다와 같은 것이다. 세계의 절반을 고무해 행운을 그 사람 쪽으로 가져오게 하는 데 필요한 사람은 종종 오직 단 한 사람뿐이다"라고 말한다.[899] 벨은 『혜성에 관한 다양한 생각들』의 끝부분에 52세 때(1699) 추가한 한 소절에서 현재의 사물 상태에 대해 너무 확신하지 않아야 한다고 경고하면서, "다음 20년 이내에 프랑스의 재앙이 되도록 예정된 어떤 젊은 대가가 바로 이 순간에 여전히

---

897) 참조: Bayle, *Various Thoughts on the Occasion of a Comet*, §182.

898) 참조: Bartlett, "Introduction", xliii쪽.

899) 참조: Bayle, *Various Thoughts on the Occasion of a Comet*, §257.

대학의 먼지 속에 파묻혀 있지 않다고 우리가 어떻게 알겠는가?"라는, 동아시아를 향한 미지의 변화를 예고하는 의미심장한 수사적 물음으로900) 끝맺음으로써 이 책을 '종교적 긴장'을 최고조로 끌어올리고 종파 간에 서로 으르렁대던 당대의 '신들란' 유럽에 '진정 불길한 것'으로 보이게 만들고 있다. 벨이 자신을 그 "젊은 대가"로 이해했다는 것은 가능하다.

그런데 『혜성에 관한 다양한 생각들』에서 벨은 무신론자를 정당화하고 또 기독교도보다 덜 죄짓는 자로 입증하는 이 위태로운 논변 과정에서 우리가 알 만한 이유로 공자나 중국, 또는 동아시아 제국의 어느 나라도 거론하지 않았다. 만약 거론했더라면, 무신론적 이교를 도입한다는 치명적 비방과 종교재판에 시달렸을 것이고 그랬다면 교수직에서의 해임 정도로 그치는 것이 아니라, 1619년 혀가 잘린 채 처형된 바니니처럼 일급 국사범으로 몰려 목숨도 내놓아야 했을지 모른다. 그러나 그는 무신론을 위해 순교할 '바보' 무신론자가 아니었다. 그래서 무신론자와 가톨릭교도까지 포괄하는 무차별적 관용과 종교자유를 주장하는 이 책에서 그는 일체의 극동아시아를 예시하거나 중국의 종교정책적 선진성을 본보기로 인용하는 것을 포기한 것이다.

- 강제개종 활동에 대한 반대

그러나 강제개종 사업에 반대하는 벨의 논변에서는 중국을 사례로 활용한 예시적 수사들이 주로 쓰인다. 『"사람들을 강제로 데려와 내 집을 채우라"는 누가복음 14장 23절의 이 말씀에 대한 철학적 주석』(1686)에서 주관적으로 위험하다고 판단되는 종교나 교리, 나아가 사상을 막거나, 자기의 종교나 사상을 전파시키는 데 필요하다면 폭력을 쓸 수 있다는 당대 신·구 기독교종단의 공통된 일반교리와 투쟁할 때, 그는 중국과 일본의 비유를 풍요롭게 공개적으로 활용했다. 이 종교폭력을 당하는 주요 대상국들이 유럽만이 아니라 극동제국이기도 했기 때문이다.901)

---

900) 참조: Bayle, *Various Thoughts on the Occasion of a Comet*, §261.

901) Pierre Bayle, *A Philosophical Commentary on These Words of the Gospel, Luke 14.23, "Compel*

『철학적 주석』에서 벨은 광범한 역사적 자료에 의거해서 공세적 포교와 강제개종 사업에 대한 성경적 명령처럼 보이는 말씀, 즉 "사람들을 강제로 데려와 내 집을 채우라"는 누가복음 14장 23절의 이 말씀의 자구적字句的 해석에 반대한다. 중국의 사례는 중국의 종교 자체를 다루는 것이 아니라 기독교 선교사들을 중국으로부터 추방하는 중국황제를 정당화할 수 있는 더 높은 법률을 다루는 장절에서 등장한다. 벨은 황제와 교황특사단의 가설적 만남을 설정한다. 이 교황특사단은 중국에 복음을 전하러 파견된 선교사들로서 "그들에게 제기된 물음에 솔직하게 대답하기에 충분히 정직한" 기독교인들로 상정된다. 중국황제의 내각대학사들은 그들의 여행의 목적에 관해 질문한 뒤에 그들이 그들의 설교를 백 번 듣고도 그들의 신앙으로 개종하기를 거부하는 중국인들을 어떻게 다루라고 훈령을 받았는지를 선교사들에게 묻는다. 신중함보다 솔직성을 부여받은 선교사들은 그들의 성서에 공인된 대인적 설복방법을 서슴없이 기술한다.

그러나 중국내각이 선교사들에게 다음과 같은 어려운 질문을 제기할 만큼 충분히 지혜롭다고 가정하자. "백 번 넘게 당신들의 설교를 듣고도 당신들이 말하는 것을 한 마디도 믿는 데 이를 수 없는 사람들에게는 어떤 조처를 취할 것인가?" 그리고 앞서 가정한 대로 수도승들은 "인간으로 만들어진 우리의 신으로부터 그 고집스러운 자들, 즉 우리의 교리를 들은 뒤에도 세례를 거부하는 사람들을 강요하라는 명을 받았다고 답변하기에 충분히 정직하다. 그리고 이 명의 필연적 귀결로서 "우리가 권력을 우리 손안에 쥐고 있을 때는 언제든, 그리고 더 큰 악이 생겨나지 않아야 할 때, 우리는 양심상 우상숭배적인 중국인들을 투옥하고 그들을 거지로 만들고 곤봉으로 두들겨 패서 우리의 교회 안으로 몰아넣고, 다른 사람들에 대한 본보기로 몇 사람을 목매달아 죽이고, 그들의 어린이들을 빼앗아 군인들의 재량에 내던지고,

---

Them to Come In, That My House May Be Full"[1686‧1687‧1688] (Indianapolis: Liberty Fund, 2005), 50쪽. 기독교적 강제포교 원칙을 근본적으로 비판하는 이 방대한 저서에 대한 상세한 분석은 참조. 황태연, 「공자의 공감적 무위·현세주의와 서구 관용사상의 동아시아적 기원(하)」, 『정신문화연구』 2013 가을호 제36권 제3호(통권 132호), 52-71쪽.

그들, 그들의 아내, 그리고 그들의 재산도 마찬가지로 처리해야 한다. 당신이 우리가 양심상 이 모든 것을 하지 않을 수 없다는 것을 의심한다면, 보라, 여기에 복음이 있고, 여기에 "그들을 강제해 들어오게 하라"는 뚜렷하고 명백한 지침이 있다. 즉, 당신이 사람들의 고집스러운 반대를 극복하기에 가장 적합하다고 생각하는 어떠한 폭력이든 사용하지 않을 수 없다.902)

벨은 이러한 도발에 대한 중국 치자의 적절한 대응이 무엇인지를 묻는다. 놀랄 것 없이 황제의 각료들은 황제에게 제국으로부터 즉각 이 "공공의 페스트"를 영원히 제거하라고 조언하고 재판에서 기독교적 불관용의 통렬한 비판을 말할 것이다.903) 중국의 관점에서 이러한 비판을 내놓는 것은 벨이 과도한 복음주의적 열성에 대한 적절한 반응으로 간주하는 분노와 부조리의 감각을 제고하는 데 이바지한다. 그러나 그의 수사학적 전략은 이런 감정적 충격을 넘어서 중국의 입장을 이 전략의 논박적 타격력을 상당히 강화하는 암묵적 정통성의 이미지와 연결시킨다. 벨의 이국적 관찰자는 결국 보통 중국인들이 아니라 자신의 제국 안에 들어온 이국적 존재자들에 의해 자신의 권위를 심각하게 훼손당한 적법한 황제다. 이 황제가 개종을 거부한다면 이 선교사들과 그들의 개종자들은 "황제에게 그들이 할 수 있는 모든 나쁜 짓을 다하고 그의 왕관을 빼앗거나 교회의 충실한 아들이 될 다른 왕을 뽑기 위해 서양으로부터 십자군을 불러들일 것"이다. 그리고 중국의 법전은 "종교의 이익을 돌볼 때 강탈, 살인, 반란을 다 합법화하는" "기독교법률"로 대체될 것이다.904) 그러나 황제는 그가 "영원히 그릇된 종교 속에서 남아 있다"는 것을 뜻할지라도 이러한 법률을 배격할 완전한 정당성이 있다. "자구적 의미로부터 자연스럽게 생겨나는" 귀결은 "그것이 그릇되고 불경하고 혐오스러운 것임을 보여준다".905)

그러나 벨이 궁극적으로 중국적 입장으로 귀속시키는 타당성과 황제의 정당

902) Bayle, *A Philosophical Commentary*, 95쪽.
903) Bayle, *A Philosophical Commentary*, 95쪽.
904) Bayle, *A Philosophical Commentary*, 96쪽.
905) Bayle, *A Philosophical Commentary*, 97쪽.

성은 단순한 자기보존의 법칙보다 더 높은 법칙으로부터 생겨난다. 벨은 선교사들의 신앙을 중국인들이 배격할 수밖에 없는 도덕적 필연성과 정치적 필연성을 입증하는 것을 즐기고 있다. 황제는 실제적 편의에 의해서만이 아니라 기독교인들처럼 "악덕과 선덕을 분리하는 경계를 파괴하고 가장 혐오스러운 행위들을 경건의 행위로 뒤바꾸는" 모든 이를 왕국으로부터 추방할 "자연종교", "순수한 도덕관념", "영원하고 불변적인" 질서에 의해서도906) 불러내진 것이다.

벨이 여기에서 구축하는, 도덕질서의 불변적·초월적 원천과 도덕적 경계의 무정부적 말살 간의 이분법은 중국의 종교철학사상의 유교 줄기와 불교 줄기를 구분하는 마테오리치의 패러다임을 닮았다. 그러나 마테오리치가 이 프레임워크 안에서의 유교에 부여하는 지위가 고전적 중국학문에 대한 그 자신의 개인적 참여를 반영하는 반면, 중국적 입장에 대한 벨의 찬양은 훨씬 덜 중국적이다. 중국법정은 벨의 삽화를 위한 유일무이한 적절한 세팅을 제공하지만, 그것의 높은 도덕적 차원은 중국법정의 관습과 신념의 올바름에 관한 어떤 특유한 주장이라기보다 대체로 벨 자신의 상대화하는 프레임워크의 소산이다. 기독교를 비판적으로 바라보기 위해서는 그것을 멀리서 바라봐야 하는데, 중국은 그 안에서 이러한 관점을 상상할 편리한 공간을 현시한다. 따라서 중국적 입장의 정통성은 중국의 내재적 본성으로부터 생겨나는 것이 아니라, 중국이 제공하는 비판적 거리로부터 생겨난다. 마테오리치에게 유교적 정통성은 교회독트린과의 본질적 양립가능성을 전제했고, 중국 안에 교회를 확립할 선교적 목표에 봉사하는 것으로 의도되었다. 한 세기 뒤에도 이 패러다임은 동방을 바라보는 친숙한 렌즈로 남아 있었지만, 이제는 교회를 공격하는 무기로 둔갑해 있었다. 이 패러다임이 중국에 귀속시키는 특유한 지위는 이제 본질적 유사성의 과감한 가정으로부터 생겨나는 것이 아니라 타협할 수 없는 차이들의 시인으로부터 생겨났다.907)

---

906) Bayle, *A Philosophical Commentary*, 100쪽.

907) David Porter, *Ideographia. The Chinese Cipher in Early Modern Europe* (Stanford, CAL: Stanford University Press, 2001), 127쪽.

벨의 『철학적 주석』이 출판된 지 6년 뒤(1705) 강희제가 중국에서 마테오리치의 적응주의 선교원칙을 따르는 예수회 신부들을 제외하고 모든 가톨릭 선교사를 추방하고 1723년에는 옹정제가 모든 선교사를 추방하는 사건들이 실제로 일어났다. 선교사들은 강제개종 활동 속에서 가톨릭 종파의 교리만을 유일하게 옳다고 주장하고 전통적 조상신앙과 불교·도교를 배격함으로써 중국의 오랜 '종교적 관용' 이념을 유린하고 백성들 안에서 종교적 분규를 일으켰기 때문에 추방되었다. 중국의 종교적 관용을 이용해 전교(傳敎)하면서도 이 관용을 짓밟는 기독교의 이 사악한 본질적 불관용 문제는 훗날 볼테르가 더 정확하게 짚어 비판한다.

요약하자면, 『역사·비판 사전』에서 벨이 주장한 '종교적 정의'의 공리는908) 치자가 '종교 때문에 아무도 박해하지 않는' 것이고, 전통종파 지도자들이 '관용'의 개념이 '가장 가공스럽고 도그마 중 가장 악마적인 도그마'라는 전통적 망상을 내던지는 것이고, 개혁종파 지도자들이 자신들의 의견을 진흥하기 위해 쓰는 '수단과 방법'의 관점에서 전통종파 못지않게 지혜롭고 분별 있는 것이다. 이 마지막 공리는 미래의 자유주의적·공산주의적 혁명가들에게 진보적 혁신과 변혁을 위해 주변적 목소리를 억압하는 것도 필시 불의이자 오류라는 것도 가르친 것이다.

벨의 저작들은 유럽에서 상식이 지배하는 길이 있다는 것을 보여줌으로써 그가 '새로운 심장을 줄 수 있는 북미 같은 신세계에서 흥기하는 반체제인사들의 세대를 위한 포럼으로 간주되어야 할 것이다. 물론 벨이 종교적 자유방임의 저 유럽적 '무위천하'의 구상 때문에 개인적으로 당한 박해는 호된 것이었지만, 미래의 18세기는 벨의 시대였다. 벨은 "미래의 시민권은 받아들인 신앙에 대한 대안을 제안하든, 정통을 포교하든, 모든 종파의 똑같은 자유에 기초해야 한다"고 생각했다. 목표는 "종교에 관한 어떤 법률도 만들지 않고 사상의 다양성이 만개하는 새로운 사회"다.909)

---

908) Pierre Bayle, *Political Writings. Extracts from Pierre Bayle, Historical and Critical Dictionary* (Cambridge: Cambridge University Press, 2000), 176-177쪽('Mâcon' 항목).

- 벨의 무차별적 관용론의 국제적 영향과 파장

‘무신론적 정부의 종교적 무위이치無爲而治’의 관용이라는 아롱진 혁신적 향내가 짙은 이러한 벨의 사상은 이미 동시대인들에게 충격적 각성을 가져다주었다. 벨은 그의 사상을 통해 영국인 섀프츠베리와 “절친한 관계”를 맺고, 나아가 섀프츠베리의 스승 존 로크, 그리고 존 톨란드, 앤써니 콜린스 등과도 “절친한 관계”를 맺었으며, 프랑스인 데메소(Pierre Desmaiseaux)와도 “절친한 관계”를 맺었다. 앞서 시사했듯이 로크는 벨의 영향으로『관용에 관한 서한』을 썼다. 로크의 제자인 섀프츠베리는 네덜란드 망명 시절에 벨과 같은 저택의 위아랫집에 살면서 긴밀한 친교를 맺고 영국으로 돌아가 벨의 강력한 대변인이 되었다. 나중에 벨과 섀프츠베리의 우정은 계몽주의 초기 수십 년 동안 강력한 영향력을 휘두른 영국 사상가들과 정치가들의 네트워크로 통하는 가교가 되었다.910) 그리고 “진정 휘그당 세력가들과 귀족들”은 벨과 연결되는 “영예를 얻기 위해” 섀프츠베리에게 “줄을 섰다”.911) 영국에서 벨의 모든 저작은 늘 베스트셀러였다. 섀프츠베리는 벨의 사상을 영국에서 백성의 계몽에 투입했다. 또한 버나드 맨드빌(Bernard Mandeville)조차도 벨의 사상에 알랑댔고,『종교, 교회, 그리고 행복에 대한 자유로운 생각(Free Thoughts on Religion, the Church, and Happiness)』(1720)에서는 “책에 조예가 있는 사람들은 내가 벨 씨를 그에 대한 언급 없이 많이 활용하고 있다는 것을 금방 간취할 것이다”라는 말과 함께 약 70회에 걸쳐 벨을 까놓고 ‘표절’할 정도였다.912) 영국 지식인들이 이 정도였기 때문에 프랑스 지식인들이 18세기 내내 벨을 음으로 양으로 ‘계몽주의의 무기’로 써먹

909) Sally L. Jenkinson, "Introduction: a defence of justice and freedom", xli쪽. Pierre Bayle, *Political Writings* (Cambridge: Cambridge University Press, 2000).

910) Justin Champion, "Bayle in the English Enlightenment", 180-181쪽. Wiep van Bunge and Hans Bots (ed.), *Pierre Bayle (1647-1706), 'le philosophe de Rotterdam': Philosophy, Religion and Reception*, Selected Papers of the Tercentenary Conference held at Rotterdam, 7-8 December 2006 (Leiden‧Boston: Brill, 2008).

911) Champion, "Bayle in the English Enlightenment", 193쪽.

912) 참조: Wiep van Bunge, "The Presence of Bayle in the Dutch Republic", 230쪽. Wiep van Bunge and Hans Bots (ed.), *Pierre Bayle (1647-1706), 'le philosophe de Rotterdam'*.

은 것은 말할 필요가 없는 것이다.

한편, 벨의 무신론과 '무신론자들의 사회'의 가능성에 대한 논변은 신들린 유럽사회를 개화하는 데 19세기까지도 엄청난 영향을 미쳤다. 가령 칼 마르크스와 프리드리히 엥겔스도 벨의 간접적 제자라고 할 수 있다. 이들이 배후로 삼은 루트비히 포이에르바흐는『기독교의 본질』(1841)을 내기 직전『피에르 벨(Pierre Bayle)』(1838)을 저술한 바 있다. 물론 칼 마르크스의 제자들로 자임하며 폭력으로 무신론을 강제하고 유신론자들을 순교시킨, '공격과 방어의 전선을 바꾼 바나나'처럼 '바보' 같은 20세기 폭군들인 공산주의자들은 애당초 공자와 거리가 먼 사람들이었지만, "자기들의 혁신의 귀결과, 자기들이 혁신을 일으키는 데 쓰는 수단을 고려해야 한다"는 벨의 핵심명제들 중의 하나를 어겼기 때문에 결코 벨의 제자일 수 없을 것이다.

벨은 공자철학과 극동아시아 종교문화를 자기의 사상 속으로 밀수입해 '서양의 철학적·신학적 문법'에 따라 재가공해 사용했다. 그는 적어도 로크 식의 '무신론 진압 원칙'의 서슬이 시퍼렇던 당시의 종교적 긴장상황에서 공자와 동아시아의 무신론적 이교사회를 '유토피아'로 내세워 무신론을 정당화하다가 순교하는 '바보'가 될 수 없었던 것이다. 이런 까닭에 대부분의 크고 작은 벨 전문가들은 '벨과 공자의 연관'을 알지 못한다.913) 그러나 볼테르는 18세기 중반 유럽의 공자·중국열풍 속에서 공자·극동·중국·일본 등을 유토피아로 전면에 내걸고 공공연하게 공자를 찬양하며 종교의 자유와 관용을 외친다.

볼테르는 동아시아문화의 '일상적 무신론과 간헐적 유신론의 융화' 상태 속에서 무신론적 측면만을 보고 동아시아를 무신론사회로 해석한 벨과 정반대

---

913) 2006년 네덜란드에서 개최된 '피에르 벨 학술대회'에서 발표된 15편의 논문 중에서 단 한 편의 논문도 '공자와 벨', 또는 '동아시아와 벨'의 관계를 다루지 않았다. 참조: Wiep van Bunge and Hans Bots (ed.), *Pierre Bayle (1647-1706), 'le philosophe de Rotterdam': Philosophy, Religion and Reception*. Selected Papers of the Tercentenary Conference held at Rotterdam, 7-8 December 2006 (Leiden·Boston: Brill, 2008). 이들 중 조나던 이스라엘만이 벨을 볼테르와 비교하면서 "중국의 사회, 정부, 철학이 근본적으로 '무신론적'이고 스피노자적이라는 벨의 견해"라는 단 한마디의 짧은 언급을 하고 있을 뿐이다. Jonathan Israel, "Bayle's Double Image during the Enlightenment", 137쪽. Wiep van Bunge and Bots (ed.), *Pierre Bayle (1647-1706)*.

로, 이 융화 상태에서 유신론적 측면만을 부각시켜 동아시아를 유신론사회로 간주했다. 따라서 중국사회, 중국정부, 중국철학이 근본적으로 '무신론적'이고 스피노자적이라는 벨의 견해는 볼테르의 중국관과 정면충돌하면서 볼테르를 분노로 몰아넣었다.914) 볼테르는 '무신론자들의 사회도 실존할 수 있다'(*une société d'athées peut subsister*)'는 벨의 테제를 경멸했다.915) 그럼에도 볼테르는 "벨이 스피노자의 단일 실체론과 형이상학 일반을 공격한 것"을 벨의 업적으로 치켜세웠고, 『리스본 재앙에 대한 시(*Poème sur le désastre de Lisbonne*)』(1756)의 서언에서 벨을 "글짓기를 하지 않은 가장 위대한 변증법적 논변가(*le plus grand dialecticien qui ait jamais écrit*"로 극찬했다. '무신론자들의 사회'의 실험적 사변에 대한 볼테르의 경멸도, 뒤에서 그의 공자숭배와 관련해 살펴볼 것이지만, 그가 기독교에 특징적인 '계시'나 '예언'을 멀리하는 공자의 비종교적 면모 때문에 더욱 공자를 숭배한 것을 감안하면, 단순한 경쟁심의 표출로 보인다. 볼테르는 경쟁심으로 인한 극심한 애증에도 불구하고 부지불식간에 여러 가지 측면에서 경쟁대상의 사상을 계승했다. 이 점에서 교회제도를 부정하는 유럽의 '신앙주의적 유신론'과 동아시아의 '일상적 무신론'의 아롱진 이중 베일에 감춰진 까닭에 행간을 읽어야만 알 수 있는 아이러니컬한 표현과 암호 같은 어귀들 속에 숨겨진916) 피에르 벨의 '무차별적' 관용론이 백일하에 드러난 모습이 바로 가히 볼테르의 보편적 '관용론'이라고 해도 무방할 것이다.

이런 까닭에 볼테르는 벨의 '도덕적 무신론자들의 사회'의 가능성 테제에 대해 광분하던 신학자들과 몽매주의자들(반反계몽주의자들)의 비판으로부터 벨을 보호했다. 『역사철학』(1765)에서 볼테르는 이렇게 말한다.

---

914) 참조: Voltaire, *Essai sur les moeurs et l'espirit des nations.* The English translation: *Ancient and Modern History*, Vol. I in 7 Vols., 33-34쪽. *The Works of Voltaire*, in forty three volumes, Vol. XXIV (Akron [Ohio]: The Werner Company, 1906).

915) Israel, "Bayle's Double Image during the Enlightenment", 137쪽.

916) Anthony McKenna, "Pierre Bayle in the Twentieth Century", 253쪽. Wiep van Bunge and Hans Bots (ed.), *Pierre Bayle (1647-1706), 'le philosophe de Rotterdam': Philosophy, Religion and Reception.* Selected Papers of the Tercentenary Conference held at Rotterdam, 7-8 December 2006 (Leiden·Boston: Brill, 2008).

이 거친 비방자들의 얼굴을 붉어지게 만들기 위해 우리는 여기서 벨에 반대해 무신론자들의 사회가 불가능하다고 주장한 동일한 자들이 동시에 세계에서 가장 유구한 정부가 무신론자들로 구성되었다고 단언했다고 논평해야 할 것이다! 사람들은 이 어리석은 자가당착적 언사에 대해 자기 자신을 아무리 많이 부끄러워해도 지나치지 않을 것이다.917)

중국을 '유신론사회'로 보는 가톨릭교도 볼테르는 벨의 '무신론사회' 테제를 불가능하다고 비판하면서 중국을 무신론자사회로 비방하는 교황과 가톨릭 신학자들을 비판하고 중국을 '무신론사회'로 보는 개신교도 벨의 편을 들고 있다. 실로 묘한 논법이다.

■벨의 중국 동경과 계몽군주론

과거를 역사적으로 되돌아보면, 관용에 대한 피에르 벨의 변호와 '덕스러운 무신론사회'에 대한 그의 변호와 방어는 근대의 자유주의 세속주의를 선구적으로 표현한 것으로 나타난다. 샐리 젠킨슨(Sally L. Jenkinson)은 벨의 정치사상이 자유를 존재하고 번창하게 하기 위해 질서의 필요성을 인정할지라도 자유를, 특히 사상의 자유를 옹호했다고 주장한다. 벨의 사상을 이해하기 위해서는 이 사상을 맥락 속에 놓고 봐야 할 것이다. "벨의 경우에 이것은 그가 어떻게 중세의 사상·제도를 대체한 초기 근대의 그것들을 비판했는지의 문제다. 벨은 '군주들의 유럽'을 지지하는 사람이지만, 관용과 다양성의 옹호 문제에서는 후세가 그 사상을 더 잘 알고 있는 로크와 같은 동시대인들보다 더 나아갔다. 벨은 이전 가톨릭에 대한 포스트-종교개혁적 대안을 지지할지라도 공식 종교를 견지하기 위해 주권자를 이용하는 독트린 부분에 반대했다. 왜냐하면 종교전쟁 시기에 뒤이은 시대는 이 제도와 단절되지 않았기 때문이다."918)

벨은 사상의 자유를 옹호하면서 동시에 절대주의를 지향했다. 이런 까닭에

---

917) Voltaire, *The Philosophy of History* [1765] (London: Thomas North, 1829), 113쪽.

918) Jenkinson, "Introduction: a defence of justice and freedom", xxxi쪽.

그의 절대주의는 핵심적 부분에서 완화될 수밖에 없었다. 결국, 그의 절대주의는 18세기에 계몽철학자들에 의해 연호되는 '계몽군주정'과 유사한 형태를 취하게 된다. 이 점에서 중국은 벨에게 계몽군주정의 모범사례로 보였다.[919]

- 보댕의 주권론에 대한 제한군주론적 해석과 호평

『식자공화국의 새소식(*Nouvelles de la République des Lettres*)』에서 벨은 '공공법(*Droit public*)'과 '정치법(*Droit politique*)'의 구분에 관한 울리히 후버(Ulrich Huber)의 『시민법 3책의 울리히 후버리(*Ulrich Huberi de Jure civitiatis libri tres*)』(1684)에 주석을 가하고 있다. '공공법'은 상이한 국가질서들의 정통적 권력과 정의의 준수를 규정하는 반면, '정치적 권리'는 공공복지를 증진하고, 정의에 근거하는 것이 아니라 유용성에 근거한다. 따라서 주권자들은 '공공법'에 입각해 행동해야 하는 한편, '정치법'을 집행해야 하는 경우도 있다. 필요하다면 '정치법'이 집행될 수 있도록 주권자의 권력에 대한 아무런 견제도 없어야 하지만, 주권자들은 가급적 철저히 '공공법'을 지킬 도덕적 의무가 있다. 벨은 후버의 구분에 의거해 과도한 주권적 권력과, 인민의 가상적 주권에 대한 이 주권적 권력의 복종 간의 중간 위치를 찾았다. 후버는 "백성 전체는 임금보다 우월하다"는 독트린과 "백성이 주권을 한 사람 또는 여러 사람에게 이양한 뒤에는 더 이상의 아무런 권력도 없다"는 홉스의 견해를 둘 다 논박했다. 오직 "제한된 권력"만을 부여받은 치자는 "정통적으로 신민들의 반대 없이 일정기간 동안 절대적 지배권을 향유한 뒤 이 지배권을 정통적으로 행사할 수 있는" 반면, 원래 "절대적 지배권을 그들의 군주에게" 비준해준 사람들은 "군주의 반대 없이 일정기간 동안 절대적 지배권을 제한한 뒤 이 지배권을 정통적으로 일정한 한계 안에 제한할 수 있다".[920] 주권에 대한 후버의 이 규범적 평가는 벨의 머릿속에 사회계약의 관념이 없기 때문에 벨의 역사적 구미에 맞았던 것으로 보인다.

---

919) Kow, *China in Early Enlightenment Political Thought*, 67쪽.

920) *Oeuvres diverses de Pierre Bayle*, Vol. 1, 127-128쪽. Simon Kow, *China in Early Enlightenment Political Thought* (Oxford: Routledge, 2017), 68쪽에서 재인용.

벨은 『역사·철학사전』에서 절대군주주권론자 쟝 보댕(Jean Bodin, 1530-1596)을 중시하고 호평했다. 그러나 당대 역사가들은 종교문제에 있어서의 보댕의 불편부당성을 '절대주의'에 대한 옹호로 잘못 해석하고 있었다. 이에 맞서 벨은 맥락 속에서 읽으면 보댕은 절대주의자가 아니라, 어두운 시대에 명석함으로 공공복리에 이바지하고 주권이론을 통해 교황의 영향에 대해 제한을 가하려고 애쓴 '정치가(politique)'였다고 주장했다. 제3신분의 대표자로서 보댕은 종교적 박해에 비용을 대기 위해 국왕직할지를 매각하는 것에 반대했고, 애당초 개신교에 대한 법적 관용을 변호했었다. 벨은 후세 사람들이 보댕을 타협을 통해 결백한 사람들을 보호하고 유혈과 전쟁을 미연에 방지하려고 한 '지성적 행동가'로 인정한다면 보다 공정할 것이라고 주장한다.921)

또한 벨은 보댕이 무제한적 군주정과 공화정에 대해 비판적이었다고 강조한다. 보댕은 절대군주정의 정통성을 곧추세웠고, 절대군주에 대해 폭력과 사법적 수단을 사용하는 것에 반대했다. 그러나 벨은 보댕의 이 견해에 대해서는 이의를 제기한다.

보댕은 군주의 지배권이 무제한적이라고 주장하는 사람들에 대해 아주 직설적으로 반박하면서도, 공화제적 정서를 가진 자들의 비위를 맞추지 않는 데 주목하라. 이것은 다른 이유들 가운데서도 그가 첫째, 유럽에 약간의 절대군주들이 존재하기 때문이고, 둘째, 군주가 열거될 수 있는 온갖 망나니짓, 불경, 잔학행위를 저질렀다고 할지라도 폭력이나 법적 수단에 의해 이러한 군주의 영예나 생명을 해치는 역모를 꾸미는 것은 특별한 한 신민에게도 부적절하고 전반적으로 모두에게도 부적절하다고 주장했기 때문이라고 나는 믿는다. 그러나 이 견해는 그가 주장한 독트린, 즉 군주의 권력은 일정한 한계가 있다는 독트린 및 (…) 군주는 법률에 입각해 다스려야 한다는 독트린과 잘 부합되지 않는 것으로 보인다.922)

---

921) Bayle, *Political Writings*, 17쪽. 'Bodin' 항목에 대한 편집자 Jenkinson의 주석.

922) Bayle, *Political Writings*, 20쪽 ('Bodin' 항목).

벨은 보댕이 절대군주정과 공공법적 의무를 둘 다 아주 어렵게 주장했다고
인정했다. 벨은 절대적 지배권의 잠재적 남용을 공공질서를 확보하는 데 지불
되는 대가로 간주하지 않았다.923) 이런 까닭에 벨은 보댕을 다른 맥락에서
분석해 보댕에 대한 일반적 독해와 달리 해석했다. 보댕은 앙리 3세(5-8차 종교내
전 기간의 프랑스국왕)의 아첨꾼들이 "백성들의 희생과 피해를 초래할" 조처들을
권하는 것을 알았을 때 첫 번째 견해("유럽에 약간의 절대군주들이 존재하기 때문"에
"군주의 지배권이 무제한적이라고 주장하는 사람들에 대해 아주 직설적으로 반박하는 의견")를
주장한 반면, 그는 "프랑스가 당파로 홍수가 나는 것"을 보았을 때, 즉 "가장
본질적이고 기본적인 통치법률들도 약화시킨 일군의 성명과 다른 문서들"이
"내전들에 의해 갈기갈기 찢어지는 것을 보았을" 때, 두 번째 견해(군주가 어떤
짓을 저지르든 "폭력이나 법적 수단에 의해 이러한 군주의 영예나 생명을 해치는 역모를 꾸미는
것은 부적절하기" 때문에 "공화제적 정서를 가진 자들의 비위를 맞추지 않는" 입장)를 주장했다
는 것이다. "정파들은 마치 이미 민주국가 치하에 살고 있는 것처럼, 그리고
왕좌를 다 양여하는 음모를 꾸며서 그 권력을 실제로 축소하려고 모색하는
것처럼 백성의 권력에 관해 그렇게 자유롭게 쓰고 말했기 때문이다. 그들은
심지어 참주정을 구실로 왕의 생명을 빼앗는 것을 모의한 암살자들을 승인하기
도 했다. 이것은 가장 무시무시한 파멸만이 뒤따를 것이다. 이것이 바로 보댕이
이러한 방종을 반대함으로써 극단적으로 공공복리에 관심을 가진 모양새를
보인 이유다."924) 그리고 벨은 보댕 자신의 해명을 제시한다. "나(보댕)는 왕의
부와 영예를 공공복리보다 덜 중요하다고 생각했다. 동시에 저술과 대담에서
나는 참주정의 구실 아래 자기들의 군왕을 전복하려고 시도하는 자들, 또는
왕을 인민투표로 설립하는 헌법안을 반포하려고 노력하는 자들, 또는 정통적
군주의 손아귀로부터 주권을 비틀어 뺏기 위해 폭력을 사용하려고 모색하는
자들을 비난했다(*Epistula ad Vodum Fabrum*)." 따라서 벨이 보댕을 아쉬워한 것은

---

923) 그러나 코우는 벨을 이와 반대로 이해한다. 다음을 보라: Kow, *China in Early Enlightenment
      Political Thought*, 67쪽.

924) Bayle, *Political Writings*, 27쪽.

그가 비일관적이기 때문이 아니라 "앙리 3세 사후 보댕이 가톨릭동맹에 가담해 그의 원칙들을 철회했기" 때문이다. 하지만 벨은 그의 이런 죄악이 "그의 값진 언행들이 선하다는 것을 방해하지 않는다"는 구실로 여전히 그를 옹호했다.925)

벨은 루이 14세 치세의 가톨릭교적 불관용에 대한 그의 불구대천의 적개심에도 불구하고 다른 모든 영역에서 프랑스군주의 절대권력을 옹호했지만, 치자의 종교적 관용과 신민들의 양심 문제에서는 왕권의 제한을 주장했다. 그러므로 그는 루이 14세의 낭트칙령의 철폐와 성 바르톨로뮤 기념일의 대학살을 두고두고 성토했다.926) 벨은 『역사·철학사전』의 '루이 13세' 항목에서 보댕의 절대주의를 17세기 프랑스에 적용하고 있다. "군왕의 지배권은 루이 13세 치하에서 이전의 프랑스에서보다 더 강력하게 느껴지도록 만들어졌다." 특히 지방의 파를레망들(parlements, 귀족회의)에927) 대해서 그랬다. 벨의 의하면, 마키 드 루브와 (Marquis de Louvois)는 프랑스군주정의 숭배에 대한 조롱에 맞서 "프랑스에서 내전을 피하는 유일하고 참된 길은 활기로 뒷받침되고 자신을 무섭게 보이는 데 필요한 모든 물리력으로 무장한 주권자의 절대적 권력이다"라고 주장했다. 드 루브와는 "주권자와 공화국의 제한된 지배권은 당쟁, 폭동, 내전에 무너지기 더 쉽다"고 생각했을 수 있다.928) 전거는 영국이나 네덜란드일 것이다. 이 나라들은 벨이 보기에 본질적으로 정치체제 그 자체 때문에 존속하는 것이 아니라 그들의 복지에 유리한 특별한 상황 때문에 존속하는 것이다. 그러나 프랑스에서라면 약한 정부는 대소 봉건지주들을 작은 참주들로 만들고 "폭동과 봉기"를 유발할 것이다.929) 벨은 "음모와 봉기", 그리고 프랑스의 적들,

925) Bayle, *Political Writings*, 28쪽.

926) 코우는 여기서도 벨을 반대로 이해한다. Kow, *China in Early Enlightenment Political Thought*, 69쪽.

927) '파를레망들(parlements)은 파리 귀족들의 파를레망과 오랜 지방들의 파를레망들이 있었다. 파를레망의 구성원은 세습귀족과, 의석을 돈 주고 산 부유한 시민들이었다. 이 구성원들은 행정관과 민사재판관으로 복무했다. 루앙(Rouen)·프로방스와 같은 지방의 파를레망들은 수세기 이래 존속해왔고, 스스로 합법적 지방정부로 자임했다. 파를레망은 중앙집권화를 추진하는 국왕의 왕권에 줄곧 저항했다.

928) *Oeuvres diverses de Pierre Bayle*, Vol. 9, 440-442쪽. Kow, *China in Early Enlightenment Political Thought*, 69쪽에서 재인용.

특히 스페인과 반역활동을 할 성향이 있는 귀족들을 단속하는 데 절대군주가 필요한 주요 사례들을 일일이 끌어대고 있다. 벨은 그런 정도의 군주적 지배권이 "자의적 권력을 거의 완벽한 수준으로" 끌어올린 리셸리외 주교와 관계된 약한 군주 아래서 발생했다는 것에 대해 놀라움을 표하고 있다.930) 벨은 1740년대의 몽테스키외 귀족과 정반대로 전제적 권력을 휘두르기 때문에 리셸리외를 탓하는 것이 아니라, 무능한 왕이 국익을 위해 그의 재상에게 의존하는 필요성을 인정했다. 그의 동시대인들처럼 벨은 특히 프랑스에서 효과적으로 안정과 공공질서를 확보할 국가를 찾았다. 그는 정치적 당파들에 의한 착취, 잔학행위, 폭정이 가장 절대적인 군주권력에 기인하는 부정적 요소들을 현격하게 능가한다고 생각했다.

홉스의 극단주의를 비판할 때조차도 벨은 홉스의 정치사상의 많은 측면들에 대해 기본적 동의를 보여주었다. 『역사·철학사전』의 '홉스' 항목에서 벨은 "군주정에 관해서든 공화정에 관해서든 독약을 머금고 있는" 저작들이 "또한 해독제도 품고 있다"고 논평한다.931) 환언하면, 자유와 시민적 덕성을 떠받치는 공화주의 저작들의 고찰은 또한 고대 그리스공화국들 안에서 만연했던 소요와 당파싸움, 음모의 사례들도 포함해야 한다. 반대로 특정한 군주들의 행동은 분명히 고대인들에게 아무튼 군주정을 피하고 공화제적 지배의 불편을 기꺼이 감수하게 하는 동기를 부여했다. 홉스는 내전을 부추기는 고국의 의회파에 대한 반감에서 "주제들을 다른 극단으로 가져갔다". 왜냐하면 "그는 왕의 지배권에 제한이 없어야 한다고, 특히 종교의 외적 측면이 내전의 가장 독소적 원인이기에 군왕의 의지에 좌우되어야 한다고 가르쳤기 때문이다". 나아가 데카르트는 '모든 인간은 사악하다'는 홉스의 가정에 올바로 이의를 제기했다. 벨이 보기에 "인간의 역사가 거의 도처에서 마음의 부패의 각인을 남기는

---

929) *Oeuvres diverses de Pierre Bayle*, Vol. 9, 442쪽. Kow, *China in Early Enlightenment Political Thought*, 69쪽에서 재인용.

930) *Oeuvres diverses de Pierre Bayle*, Vol. 9, 446, 461쪽. Kow, *China in Early Enlightenment Political Thought*, 69쪽에서 재인용.

931) Bayle, *Political Writings*, 81쪽.

부정으로 가득 찼다"는 것이 의심할 바 없이 사실인 한편, "수많은 사람들은 (…) 수많은 사례에서 치욕의 두려움이나 칭찬에 대한 희구심리에서 불건전한 성향을 억제할 수 있다".932)

따라서 벨은 절대주의와 관련해 언뜻 보면 홉스와 비슷해 보이지만, 실은 본질적으로 달랐다. 벨이 진짜 다급하게 필요하다고 여긴 것은 절대군주정 자체가 아니라, 더 적은 지배기구, 당파, 특히 모든 유형의 도적, 무법, 분파주의, 귀족의 영향력, 그리고 교회권력에 대한 세속적 국가 – 어떤 헌정체제를 취하든 – 의 우월권과 단일한 주권일 뿐만 아니라, 개인적 양심의 보호였다. 개인적 양심에 대한 그의 강력한 강조 면에서 그는 홉스와 결별한다. 벨은 홉스와 달리 무신론자를 옹호하고 무신론사회의 생존가능성을 입증했다. 그리고 이 입증을 위해 영예심과 수치심의 동기를 활용했다. 벨의 사상 안에서의 일반화는 인간의 본성이 전 세계적으로 동일한 한에서 만국에 적용할 수 있지만 '자연법'의 수준으로 체계화되어 있지 않고 미래의 경험적 지평을 향해 열려 있다. 그 결과, 벨은 아시아 국가들을 절대주의적 관점에서 고찰하지만, 이 국가들과 관련된 특수한 조건들을 평가한다. 그는 가령 오스만제국을 동양전제정의 예로서가 아니라 절대적 군주정의 취약성과 한계에 대한 증거로 기술한다.

『역사·철학사전』의 '오스만' 항목에서 벨은 "터키인들보다 자기들 군주들에 관해, 그리고 그들에게 바쳐야 하는 복종에 관해 더 우호적으로 얘기하는 국민은 세계에 없다"고 말한다. "터키인들은 서양에서 벌어지는 주권의 기원에 관한 굉장한 정치적 쟁론에 관해 전혀 모른다. 그들은 백성과 임금 간의 원천계약에 관해 말하지 않는다." 그들이 보기에 "최선의 통치형태는 군주의 전제권력이다". 그럼에도 불구하고 역사는 이 치자를 퇴위시키기 위해 음모와 반란, 그리고 사법적 절차가 만연하게 되면, "오스만황제보다 더 취약한 지배권을 가진 군주는 없다"는 것을 보여준다. 이러한 혼란은 대부분 교회권력의 불가피한 남용 탓이다. "신의 법이 어떤 군주를 정통적이라고 승인하는 것을 허락하지 않는다고 회교법률전문가(mufti)가 선언하면, 이것은 교황이 기독교 군주를 파문하는

---

932) Bayle, *Political Writings*, 81-86쪽.

경우와 맞먹거나 이보다 더한 것이다.'933) 여기서 교훈은 기독교 국가든, 이슬람 국가든 세속적 인간사에 대한 성직자들의 간섭에 고초를 겪는다는 것이다.

벨은 『한 지방사람의 질문에 대한 응답』(1707)에서 그럼에도 불구하고 절대군 주정은 프랑스인들에게도 적합하다고 말한다. 오스만터키의 전제정은 홉스의 절대군주정 원칙에 그대로 부합된다. "터키인들에게 비非절대적 통치보다 절대 적 지배권이 더 적합하고, 그들이 전제정 치하에서도 불행하게 느끼지 않는다 면 그들이 그것에 익숙해졌기 때문이다." 그러나 이것은 멍에에 만족하는 노예 적 백성의 경우가 아니다. 절대적 지배권은 오스만황제가 국법에 속박당하지 않을 것을 요한다. 하지만 "절대군주는 국법을 냉엄하게 집행해 그도 국법에 복종해야 한다. (…) 하느님 자신도 그의 절대적 지배권을 조금도 한정함이 없이 그 법에 구속된다". 그리하여 벨은 절대정부는 온갖 법률 적용이 면제된다 고 가정하는 사람들을 논박한다. 전제정은 아시아에서든, 유럽에서든 백성들에 대한 법치('법의 지배')를 반드시 배제하는 것이 아니기934) 때문이다. 벨은 그가 '절대군주정'과 동일시하는 이 '전제정' 개념에서 아리스토텔레스를 따르고 있고, 훗날의 몽테스키외를 미리 분쇄하고 있다.

절대군주는 합리적으로 그리고 국법에 합치되게 다스려야 하고, 역으로 이것은 장관들에게 권력남용을 견제할 책무를 부과한다. 그의 동료 위그노 난민들이 견지하는 독트린에 대한 비판서인 『프랑스로의 임박한 귀환에 관해 난민에게 주는 중요한 충고(Avis aux refugiez sur leur prochain retour en France)』에서 벨은 백성이 아니라 임금만이 혼자 법을 바꾸고 적용하고 해석할 권리가 있다는 절대주의 독트린을 곧추 견지한다. 백성이 이 권리들 중 어떤 것을 가졌다고 주장하는 것은 무정부상태를 용납한다는 것이다.935) 나아가 그는 귀족·성직자 들의 파를레망(귀족회의=삼부회)을 마뜩치 않게 생각한다. "영국인들은 의회의

---

933) Pierre Bayle, *The Dictionary Historical and Critical of Mr. Peter Bayle*, Vol. 4 (London: Printed for D. Midwinter et al., 1734), 425-426쪽; Bayle, *Dictionnaire historique et critique*, Vol. 11, 273쪽.

934) Bayle, *Réponse aux Questions d'une Provincial*, Troisiéme Partie, 621-623쪽("Du Despotisme").

935) *Oeuvres diverses de Pierre Bayle*, Vol. 2, 597쪽. Kow, *China in Early Enlightenment Political Thought*, 72쪽에서 재인용.

빈번한 소집이 국익에 필요하다고 말할 이유가 있지만, 프랑스는 파를레망에 대해 같은 말을 할 수 없다. 파를레망은 앙리 2세의 아들들이 다스리던 치세에서 종종 소집되었고, 프랑스는 그때보다 더 혼란하고 더 괴로운 적이 없었다. 이 파를레망의 소집에 의해 치유책을 만들기는커녕 불평불만이 이것에 의해 더 악화되었다."936)『역사·비판 사전』의 16세기 프랑스 재상 '미셸 드 로스피탈 (Michel de l'Hospital)' 항목에서는 지방 곳곳의 파를레망(삼부회)에 의해 초래된 재앙을 중앙의 유능한 장관들의 혜택과 대비시키고 있다. 궁궐의 부정한 칙령을 배격할 이러한 파를레망 사법관들의 권리가 "군주의 자의적 권력"에 대한 본질적 제어장치라고 생각되지만, 샤를르 11세와 앙리 3세의 역사는 "이 파를레망 지배권의 행사가 1562년과 1594년 사이의 왕국 불화의 주된 원인이었다"는 것을 보여준다.937) 이 재앙과 기타 재앙은 이러한 권리의 남용만이 문제가 아니었다. "정확히 말하면, 국가가 군주국이면서 군주국이 아니라는 모순을 내포하는 이 방벽이나 장벽은 (…) 그것이 이익보다 해를 훨씬 더 많이 가하는 한에서 건전한 치유책으로 제시될 수 없다."938) 파를레망의 지배권은 군주정의 기초를 허물었다.

반대로 드 로스피탈은 훌륭한 법률들을 확립하는 데 이상적 재상이었다. 그는 치자나 신민들에게 아부하지 않고 "군왕의 권위와 지배권"을 곧추세우면서 "군주가 정의와 이성에 복종하는 것을 감독하는 것을 자기의 일"로 삼았다. "그는 그가 할 수 있는 한에서 부정한 칙령에 반대했지만, 그 칙령에 도장을 찍어야 한다면 그것이 그의 조언에 반한 것이라는 점을 알게 만들었다".939) 그는 국가에 손해를 입히며 칙령을 배격하기보다 차라리 정의와 이성의 토대 위에서 반대를 제기했다. 그는 장관의 의무를 명확히 했다. "국가의 장관은, 무엇보다도 한 군주의 재상은 자기 의무를 적절하게 이행하기를 바란다면

---

936) *The Dictionary Historical and Critical of Mr. Peter Bayle*, Vol. 4, 139쪽('Marillac' 항목); Bayle, *Dictionnaire historique et critique de Pierre Bayle*, Vol. 10, 289쪽.

937) Bayle, *Political Writings*, 111쪽.

938) Bayle, *Political Writings*, 112쪽.

939) Bayle, *Political Writings*, 96쪽.

두 가지를 해야 한다. 첫 번째 것은 모든 신민에게 순응과 복종을 진지하게 권고하는 것이다. (…) 그가 해야 하는 두 번째 일은 군주의 군왕적 지배권이 정의에 대한 절대적 복종으로부터 결코 그를 면해주지 않는다는 것, 그리고 이 지배권이 이성이나 공정성이나 그의 약속을 저버릴 권리도 특권도 부여하지 않는다는 것을 능동적으로, 부단하게 대변하는 것이다. 드 로스피탈은 이 모든 의무에서 면밀하게 처신했다."940) 벨은 군주의 절대권력을 부정하지 않으면서 훌륭한 통치를 확보하도록 돕는 것을 장관들의 중요한 역할로 보았다. 왕권에 대한 제도적 견제장치로 생겨나는 악폐가 주어진 한에서 프랑스와 같은 나라에서 정의롭고 공정한 정치질서에 대한 최선의 보장자는 합리적 장관들의 자유로운 조언을 유념하는 지혜로운 군주다. 벨은 철인치자의 이념을 배격했지만, 역사는 현명하고 합리적이고 철학적인 재상들의 사례들을 제공해준 것이다.941)

벨은 훗날 중국의 헌정체제를 아시아 전제정의 한 유형으로 비하한 몽테스키외와 정반대로 중국이 암묵적으로 고수하는 형태의 군주정을 전반적으로 옹호했다. 벨이 중국정부의 정치적 성격을 면밀하게 정사하지는 않았을지라도 중국적 관용과 무신론에 대한 그의 고찰은 중국의 통치형태가 그의 합리적·법치적 절대주의 이상과 합치된다고 생각했다는 것을 보여준다. 가톨릭 선교사들의 중국 주재에서 황제가 종교문제에 대한 절대적 주권을 가지고 있다는 것을 알 수 있었지만, 황제가 그의 제국 전역에 관용의 정책을 지혜롭게 포고했다는 것도 알 수 있다. 이 바탕 위에서 황제는 『"사람들을 강제로 데려와 내 집을 채우라"는 누가복음 14장 23절의 이 말씀에 대한 철학적 주석』(1686)에서 묘사된 상상적 만남 속에서도 종교적 불관용과 다툼의 전사들인 그 가톨릭 선교사들을 아주 책임 있게, 그러나 그의 내각과 상의한 뒤 추방한다. 가톨릭 선교사들이 그들의 종교를 믿지 않는 중국내각의 각료들을 어떻게 취급할지에 대한 핵심문제를 제기하는 사람들도, 또 이 외국인들의 입국을 허용해서 결국 그의 제국의 약화를 초래하는 황제에게 조언하는 사람들도 다 내각에 속한다. 황제는 그의

---

940) Bayle, *Political Writings*, 113-114쪽.

941) Kow, *China in Early Enlightenment Political Thought*, 73쪽.

내각각료들이 조언한 내용의 진실성을 인정하고 국가의 안녕에 대한 합리적 고려에 기초해 합당하게 행동한다. 더구나『철학적 주석』의 다른 곳에서는 유럽의 선교사들 간의 논쟁에서 이런 경우에 양립할 수 없는 신앙들 간의 갈등을 해결하지 못할지라도 이성의 목소리로 행동하는 사람들은 내각각료들이었다. 다른 저작들에서 벨은 학자들과 철학자들로서 중국정부를 관리해온 중국 관원들에 대한 예수회의 평가를 전적으로 인정했다. 이 유자儒者들의 신앙이 무엇이든, 유자들은 모범적 합리성을 반영한 무신론적 독트린들을 갖춘 지혜로운 철학적 자문·보좌관들로서 소개되었다. 중국은 지혜로운 황제 아래 철학자들에 의해 다스려지는 덕스러운 무신론사회의 완벽한 본보기, 즉 정치에 적용된 철학적 이성의 바로 그 모델로 보였다. 나아가 중국은 벨의 시대에 유럽을 뒤덮은 당파적 갈등, 음모, 종교적 투쟁이 부재한 것으로 보였다. 이것은 '정의와 이성에 의해 지도되는 절대군주정', 즉 18세기 중반에 '계몽군주정'이라고 불리는 통치형태에 대한 벨의 선호를 옳은 것으로 확증해주었다.942)

게다가 중국의 정치생활은 벨이 평생 동안 열렬하게 헌신한 '식자공화국'의 이상에 접근했다. 벨은『역사·비판 사전』의 에피쿠리언인 '카티우스(Catius)' 항목에서 식자공화국을 사회 속의 홉스주의적인, 그러나 비폭력적인 자연상태에 빗댄다. "이 공화국(식자공화국)은 극단적으로 자유로운 상태다. 진리와 이성의 제국은 오직 그 안에서만 인정된다. 그리고 진리와 이성의 가호 아래 결백한 전쟁이 누구에 대해서든 수행된다. 친구들은 거기에서 철기시대처럼 그들의 친구들에 대해 수비를 서야 하고, 아버지들은 그들의 자식들에 대해, 장인들은 그들의 사위들에 대해 수비를 서야 한다. (···) 만인은 거기서 주권자이고 동시에 만인의 관할권 아래 처한다. 사회의 법률들은, 오류와 무지에 관한 한, 자연상태의 독립성에 대해 어떤 편견도 가하지 않았다. 이 점에서 모든 개별 인간은 검의 권리가 있으며 통치하는 자들의 허가를 구하지 않고 이 검을 사용해도 된다."943) 식자공화국 안에서 식자들은, 정치적 절대주의와 완전히 양립할

---

942) Kow, *China in Early Enlightenment Political Thought*, 73-74쪽.

943) Bayle, *The Dictionary Historical ad Critical of Mr. Peter Bayle*, Vol. 2, 389쪽.

수 있는 문예와 정신에 관한 한, '자연적 자유'를 무제한으로 향유해야 한다는 말이다. 이것은 홉스를 완전히 전복하는 것이라기보다 비판정신을 정치에 대한 전면적 복종으로부터 해방하는 것이다.944) 이런 식으로 벨은 사회 내 그 자신의 위치의 관점에서, 즉 프랑스인이나 망명상태의 위그노로서가 아니라 이런 식자공화국의 한 시민으로서 중국제국으로부터 영감과 감화를 받았을 수 있다. 벨의 구상 속에서 식자공화국은 지식이 본질적으로 권력과 연계된, '이상적으로 중국의 만다린들에게도 개방된 유럽의 지식인 공동체'였다.945)

벨의 식자공화국 개념이 중국 만다린세계(manrarinate)와 닮은 것은 그의 정치관이 중국과 합치되는 것을 보여준다. 그의 정치관은 바로 이성과 덕성을 체현한 절대정부 아래에서의 '사상의 자유'였다. 유럽과 중국 간의 지식·문화 교환의 관념을 아주 자세히 설명한 그의 친구 라이프니츠와 달리 중국에 대한 벨의 고찰들은 비교적 단편적인 것이었다. 그럼에도 불구하고 중국제국은 관용과 무신론에 관한 그의 저작들 안에서 그가 전반적으로 신봉한 '합리적' 절대주의(계몽절대주의)의 본보기로 나타난다. 라이프니츠가 자기 철학의 관점에서 예수회의 적응주의를 수정해서 기독교로의 개종에 의해 개선될 수 있는 중국을 유럽의 윤리적·정치적 이상으로 본 반면, 벨은 중국애호 성향에서 더 급진적이고 더 조심스러웠다. 벨은 철학적 관찰자로서 중국이 관용과 합리적 무신론의 긍정적 본보기로 이바지할 수 있을 것이라 여겼지만, 이 동일한 관찰자는 이 방대하고 복잡한 사회에 대한 유럽의 지식에 한계가 있음을 고려해야 했다. 반대로 라이프니츠는 중국의 사상과 문화를 자기 철학의 렌즈를 통해 해석할 자신의 능력을 과신했다. 물론 중국이해에서 라이프니츠의 이런 방법과 태도는 벨보다 훨씬 더 많은 왜곡을 낳았다.946) 벨은 중국에 대한 보다 겸손한 접근을 통해 중국제국의 내각제적 제한군주정에서 식자들의 지식·사상·종교의 자유(자연상태적 식자공화국)와 군주의 절대권력이 양립하는 18세기 '계몽군주정'의 단

---

944) Kow, *China in Early Enlightenment Political Thought*, 74쪽.

945) Kow, *China in Early Enlightenment Political Thought*, 74쪽.

946) 참조: Kow, *China in Early Enlightenment Political Thought*, 74쪽.

초를 선취해낸 것이다.

4.4. 존 로크의 극동연구와 근대적 자유·평등이념과 혁명론(1668-1704)

존 로크(John Locke, 1632-1704)는 17세기 말에서 18세기 초에 활동한 사상가였다. 그는 유럽의 동방무역 중심지였던 네덜란드로 망명해 5년 동안(1683-1688) 소수의 스피노자 추종자들 및 피에르 벨과만 교류하며 생활했기 때문에 동아시아의 정치·도덕문화에 대해서 이미 잘 알고 있었다. 주지하듯이 로크는 영국의회 야당 수장의 손자이자 나중에 로크를 능가하는 공맹적 도덕철학자로 우뚝 서는 섀프츠베리의 가정교사로서 일찍이 그와 사승관계를 맺고 있었다.

로크는 공맹·중국 관련 서적들을 많이 읽었고, 나아가 스스로 공자를 친숙하게 거듭 언급한 것으로 보면 적어도 '무위'를 '*nihil agens*'로 번역한 쿠플레·인토르케타 등의 『중국 철학자 공자』(1687)나, 이보다 먼저 나온 『중국의 지혜(*Sapientia Sinica*)』(1662), 『중국 정치·도덕학(*Sinarum Scienta Politicco-moralis*)』(1667) 등도 거의 다 읽었을 것으로 보인다. 그는 공자철학과 극동의 정치·도덕문화를 당대로서 가장 잘 알고 있던 가장 선구적인 혁명철학자였다.

로크는 오래전부터 야당진영에 가담해 있어서 섀프츠베리가 네덜란드로 망명할 때 같이 망명했다. 로크는 1688년 명예혁명 당시 이 혁명을 가장 과격하게 옹호하는 10명 안팎의 고립된 극소수 급진그룹에 속해 있었다.947) 로크가 명예혁명을 지지한 이 급진적 소수파에 속해 있었기에 그의 사상적 영향은 18세기 초에도 잘 알려지지 않았고, 18세기 중반 이후에야 볼테르의 홍보로 국제적으로 확산되기 시작했다. 그의 사상이 현실로 실현된 것은 더욱 늦어져 미국혁명(1776)과 프랑스혁명(1789)이 차례로 일어난 18세기 말이었다. 17세기 말 『통치이론二論』(1689)이 나온 지 거의 100년만의 일이었다. 따라서 빈센트에 이어 로크를 18세기 영국 모럴리스트의 선구자로 다루는 것이 자연스럽다고 해야 할 것이다.

---

947) Israel, *Enlightenment Contested*, 327쪽.

■로크의 공자 언급과 그의 극동정보

따라서 로크는 자신의 저작들 여기저기서 중국·중국인·일본, 그리고 공자를 직접 언급하고 평가하고 있다. 자신의 주저 『인간지성론』에서 로크는 예수교 소속 선교사들의 보고를 무시하고 예수교의 유신론적 공자해석에 적대적인 나바레테 등 일부 선교사들의 입장만을 편파적으로 취해 중국인들과 유생들을 – 피에르 벨의 영향 아래서 – 무신론자들로 단정짓고는 이를 가지고 자신의 성백론性白論을 정당화하고 있다. 로크는 중국의 전통사상과 유교를 나름대로 잘 알고 있었던 것이다.

- 로크의 공자·중국 관련 서적의 독서와 공자의 직접 언급

로크는 중국 및 극동에 대한 저작들이나 공자열광자들의 책을 꽤나 읽었다. 그가 확실하게 읽은 책들을 눈에 띄는 대로 열거해보면 이렇다.

1. 새뮤얼 퍼채스의 『퍼채스, 그의 순례여행』(1613).[948] 이 책은 로크가 1703년(죽기 1년 전)에 작성한 "신사를 위한 독서와 학습에 관한 약간의 생각들(Some Thoughts Concerning Reading and Study for a Gentleman)"이라는 독서권장 리스트에 들어 있다.[949] 상론했듯이 이 책은 공자와 공자철학을 본격적으로 유럽에 소개한 책이다.

2. 마테오리치·트리고의 『중국인들 사이에서의 기독교 선교』(1615)의 불역본(Lyon, 1616).[950]

3. 푸펜도르프(Samuel Pufendorf), 『인간과 시민의 의무(De Officio et Civis)』와 『자연법과 국제법(De Jure Naturae et Gentium)』(1672, 1699년까지 보정 4판). 이 두 책은 로크의

---

948) Mizuda, *Adam Smith's Library*, 목록번호 1384-1385 (208쪽).

949) John Locke, "Some Thoughts Concerning Reading and Study for a Gentleman", 353쪽. *Political Essays*, edited by Mark Goldie (Cambridge: Cambridge University Press, 1997·2006); John Locke, *Political Essays* (Cambridge·New York: Cambridge University Press, 1997), 379쪽.

950) 로크도 (공자를 유신론자로 보고 소크라테스·플라톤·아리스토텔레스·세네카 등 그리스·로마 이교철학자들보다 대체로 "우월하다"고 평가한) 마테오리치·트리고의 『중국인들 사이에서의 기독교 선교』(1615)의 불역본(Lyon, 1616)을 소장하고 있었다. 참조: Daniel Carey, *Locke, Shaftesbury and Hutcheson* (Cambridge: Cambridge University Press, 2006·2009), 83쪽 각주46.

독서권장 리스트에 있는 도서다.951) 이 중 뒤의 책은 법학서적이지만, 상론했듯이 공자의 도덕철학적 견해와 중국의 제한군주제도를 많이 다루고 있다. 로크는 이 『자연법과 국제법』이 "이런 종류의 책 중 가장 좋은 책"이라고 설명한다.952)

4. 프랑수와 베르니에(François Bernier), *The History of the Late Revolution of the Empire of the Great Mogul* (1671), *A Continuation of the Memories, Concerning the Empire of the Mogol* (1672) 및 기타 여행 저작들. 이 책들도 로크의 독서권장 리스트에 올라 있는 도서들이다.953) 베르니에(1620-1688)는 공자열광자로서 중국과 기타 아시아 지역들을 여행하고 "아시아 제국諸國의 국부·국력·정의와 쇠락의 원칙적 원인"을 다루었다. 베르니에는 『이교도의 덕성에 관하여(*De La vertu des payens*)』(1640)에서 공자를 "중국의 소크라테스"로 격상시킨 라 모트 르 베예와 인토르케타·쿠플레·루지몽 등의 공자경전 역주서 『중국 철학자 공자』를 읽고 감격해 그것을 불역佛譯하는 구상을 하면서 '공자철학 발견의 감격'을 격정적으로 토로했다.954) 동시대인으로서 로크는 공자에 대한 베르니에의 이런 격찬을 다 알고 있었을 것으로 보인다. 그는 여기저기서 베르니에를 직접 언급하고 있기 때문이다.955)

5. 나바레테의 『중국왕국의 역사·정치·윤리·종교적 보고』(1676). 이 책은 로크가 『인간지성론』에서 직접 인용하고 있다.

6. 마르티니우스 마르티니의 『중국기中國記(*Sinicae Historiae*)』(뮌헨, 1659)와 『만주족 전쟁기(*De Bello Tartarico Historia*)』(안트워프, 1654). 로크는 이 두 책을 읽었음이 틀림없다. 왜냐하면 「통치에 관한 제2논고(Second Tract on Government)」(1662)에서 당시로서 최근 사건에 속하는 만주족의 중국정복(1644) 후 청조의 단발령에 대한 명나라

---

951) Locke, "Some Thoughts Concerning Reading and Study for a Gentleman", 352쪽; Locke, *Political Essays*, 377쪽.

952) Locke, "Some Thoughts Concerning Reading and Study for a Gentleman", 352쪽.

953) Locke, *Political Essays*, 378쪽.

954) François Bernier, "Introduction à la lecture de Confucius, Extrait de diverses pièces envoyées pour étrennes par M. Bernier à Madame de la Sablières", *Journal des Sçavans* (7 juin 1688) [pages 25-40], 38-39쪽.

955) John Locke, "Enthusiasm" 290쪽; "Some Thoughts Concerning Reading and Study for a Gentleman", 353쪽. *Political Essays*, edited by Mark Goldie (Cambridge: Cambridge University Press, 1997·2006).

중국인들의 저항 이야기를 인용하고 있기956) 때문이다. 당시 유럽에서 이 '단발령'에 대한 중국인들의 저항 이야기를 담은 유일한 서적은 마르티니의 『만주족 전쟁기』(1654)였다. 이 책은 세메도(Alvarez Semedo)의 『중국제국기』(1643) 영역본 *History of Great and Renowned Monarchy of China* (1655)에 부록으로 실렸다. 로크가 마르티니의 『만주족 전쟁기』를 라틴어본으로 읽었는지, 세메도의 영어본 『중국제국기』의 부록으로 읽었는지 정확히 알 수 없지만, 로크가 해외여행을 하기(1665) 전이므로 영역본(1655)을 읽었을 개연성이 높다.957) 이를 통해 세메도의 『중국제국기』 영역본도 읽었을 것이라고 추정할 수 있다. 또한 이 책의 부록을 통해 접한 저자 마르티니의 다른 저서들(가령 『중국지도집』, 『중국기』 등)도 알고 읽었을 것이다.

7. 알바레즈 세메도(Alvarez Semedo)의 『중국제국기(*Relatione della Grande Monarchia della Cina*)』(1643)의 영역본 *History of Great and Renowned Monarchy of China* (1655). 상술한 관계로 보아 로크는 세메도의 이 책을 영역본으로 읽었음이 틀림없다.

8. 테브노(Melchisédech Thévenot, 1620-1692), *Recuil de Voyages* (여행기 수집록, 1681). 이 책은 로크의 독서권장 리스트에 들어 있다.958) 유명한 아시아 여행기 저널 『신기하고 다양한 항해 이야기(*Relations de divers voyages curieux*)』의 편집을 맡은 테브노 예수회 신부는 이 저널의 제4권(1672-1673)으로 인토르케타의 '중용' 번역서 『중국인들의 정치·도덕학(*Sinarum Scientia Politico-Moralis*)』(1667)을 1673년 라틴어-불어 대역 『중국인의 과학, 또는 공자의 책(*La Science des Chinois, ou le Livre de Cum-fu-çu*)』이라는 제목으로 출판했다.

9. 라 루베르(Simon de La Loubère)의 『태국왕국론(*Description du Royaume de Siam*)』(1691).959) 이 책은 로크가 『인간지성론』에서 직접 거론하는 도서다. 1693년 *A New Historical*

---

956) John Locke, "Second Tract on Government", 59-60쪽. John Locke, *Political Essays*, edited by Mark Goldie (Cambridge: Cambridge University Press, 1997·2006).

957) 참조: Locke, "Second Tract on Government", 60쪽에 달린 Mark Goldie의 각주.

958) Locke, *Political Essays*, 379쪽.

959) Simon de La Loubère, *Du Royaume de Siam*, two volumes (Paris: Chez La Veuve de Jean Baptiste Coignard; Amsterdam: Chez Abraham Wolfgang, 1691). 영역본: Monsieur de La Loubere, *A New Historical Relation of the Kingdom of Siam*, in Two Tomes (London: Printed by F. L. for Tho. Horne, 1693).

*Relation of the Siam*으로 영역되었다.960) 로크는 아마 영역본으로 읽었을 것이다.

상론했듯이 이 책은 제목이 당시 '중국의 속방이었던 태국을 말하고 있지만, 중국

과 공자에 관한 논의도 많이 담고 있다. 라 루베르는 이 책에서 공자의 기론적

천인감응론과 천명론, 백성이 "자연본성을 움직이는 힘 이상으로 왕권의 중압을

지각하지 않는", 즉 국가강제 정치를 최소화하는 무위이치, 중국인과 공자의 반전·

평화주의, 폭군방벌과 혁명의 중국역사, 중국인과 공자의 반전·평화주의, 덕치·

예치론 등을 상론하고 있다. 이 주제들은 근대적 자유와 평등의 유교적 기원을

규명하려는 우리의 논의 맥락에서 아주 중요한 것들이다.

10. 피에르 벨,『역사·비판 사전』(1697). 주지하다시피 벨은 당대 최고의 공자·중국

전문가였다. 이 책도 로크의 독서권장 리스트에 들어 있다.961) 그리고 로크는 벨

의『혜성에 관한 다양한 생각들』(1682)에 대해 주석을 가하고 있기도 하다.962)

11. 요하쉼 부베의『중국황제의 역사적 초상』(파리, 1697). 로크는 이 책을 토이나드

(Nicolas Toinard)가 보내준 불어 원본으로 읽었다.963)

12. 르콩트의『중국의 현재상태에 대한 신비망록』(1696)의 영역판(1699). 로크는 1699

년 2월 토이나드에게 이 책의 불어 원본을 구해달라고 요청하고 있다.964)

13. 파티넬리(Giovanni Jacopo Fatinelli) 편,『중국문화사(*Historia cultus Sinensium*)』(Colonae,

1700). 이 책도 로크가『인간지성론』에서 직접 거론하는 도서다. 남아 있는 원본

책의 뒷장에는 로크가 쓴 페이지 숫자가 표시되어 있다.965)

14. 리처드 하클류트,『역사비판사전』(1589). 이 책도 로크의 독서권장 리스트에 올라

---

960) Monsieur de La Loubere, *A New Historical Relation of the Kingdom of Siam*, T. 1 in Two Tomes, done out of French, by A.P. Gen. R.S.S. (London: Printed by F. L. for Tho. Horne, 1693).

961) Locke, *Political Essays*, 379쪽.

962) John Locke, "Secerdos", John Locke, *Political Essays*, edited by Mark Goldie (Cambridge: Cambridge University Press, 1997·2006), 343-345쪽.

963) Joachim Bouvet, *Portrait historique de l'Empereur de la Chine, presenté au Roy* (Paris: Estienne Michalet, 1697); Joachim Bouvet, *The History of Cang-Hi, the Present Emperor of China, pesented[sic] to the Most Christian King* (London: Printed for F. Coggan, 1699).

964) Daniel Carey, *Locke, Shaftesbury and Hutcheson* (Cambridge: Cambridge University Press, 2006·2009), 84쪽 각주49.

965) Carey, *Locke, Shaftesbury and Hutcheson*, 84쪽 각주48.

있다.966) 앞서 지적했듯이 이 책의 제5장은 발리냐노·산테의『로마교황청 방문 일본사절단』(1590)의 제33장 "중국제국, 그 관습과 행정"을 "중국황제에 대한 논고 (An Treatise of the King of China)"라는 제하에 전개하고 있다.

15. 보시어스, *Etymologicon Linguae Latinae* (1662). 보시어스의 이 라틴어 어원 관련 책이 로크의 독서권장 목록에 올라 있다.967) 이것으로 보아 로크는 이 책 외에도 보시어스의 중국 관련 글들을 읽었을 것이다.

로크는, 그의 장서 및 그가 직접 언급한 서적들을 열거한 이 리스트로 보면, 17세기 초에 이미 귀족신분 없는 중국의 태생적 평등주의와 능력주의 관리행정 을 소개한『퍼채스, 그의 순례여행』(1613), 마테오리치·트리고의『중국인들 사이에서의 기독교 선교』(1615), 르콩트의『중국의 현재상태에 대한 신비망록』 (1696)의 영역판(1699) 등을 분명히 읽은 것으로 나타난다. 물론 그는 이런 책들 외에도 많은 중국 및 공자 관련 서적들을 읽었다. 로크는 학계의 통상적 억측 과968) 달리 공자철학과 극동의 정치·종교문화를 잘 알고 있었고, "중국의 선교 사들, 심지어 중국인에 대한 대단한 찬미자들인 예수회 회원들"의 여러 보고서 를 읽었노라고 직접 밝히고 있기969) 때문이다. 그는 자신의 그릇된 도덕적 성性백지론, 즉 도덕적 성백론性白論 때문에 공자의 도덕철학을 수용하지 않았 을지라도『관용에 관한 서한』(1689)에서970) 논한 그의 관용론과 관련된 핵심적

---

966) Locke, *Political Essays*, 379쪽.

967) Locke, *Political Essays*, 379쪽.

968) Walter Demel은 로크가 공자와 중국을 잘 알고 잘 활용했다는 사실을 전혀 모른 채 홉스·로크· 밀턴·해링턴에 대해 이렇게 총괄하고 있다. "유사한 '민족적 편견'이 ─ 중국에 관한 상대적으로 적은 양의 정보에 더해 ─ 영국인들에게도 있었을 것이다. 토마스 홉스의『리바이어던』과『시민론 (De cive)』, 존 밀턴의 저작들, 제임스 해링턴의『오세아니아』, 존 로크의『통치이론(二論)』은 영국사의 위기적 시기에 쓰였고, 이 저자들이 그들 자신의 나라의 문제를 푸는 데 너무 사로잡힌 나머지 유럽의 경계를 넘을 수 없었다." Walter Demel, "China in the Political Thought of Western and Central Europe, 1570-1750", 47쪽. Thomas H. C. Lee, *China and Europe: Images and Influence in Sixteenth to Eighteenth Centuries* (Hong Kong: The Chinese University of Hong Kong Press, 1991).

969) John Locke, *An Essay concerning Human Understanding* [1689] (New York: Prometheus Books, 1995), Bk. 1, Ch. 4, §8.

970) John Locke, *A (First) Letter concerning Toleration* (1689). *The Works of John Locke*, in ten volumes,

영감을 극동의 관용적 종교문화로부터 얻었고, 『통치이론二論(Two Treatises of Government)』(1689)에서 개진된 주요 정치개념들(자유·평등·혁명)에 관한 결정적 아이디어를 공자철학과 중국정치제도로부터 받아들였다.

로크는 공자와 유교에 대해 어느 정도 이해하고 있었으며, 당시 한창이던 중국전례典禮논쟁에도 예민한 관심을 보였다. 따라서 로크는 틀림없이 중국의 평등사회를 논한 로버트 버튼의 『우울증의 해부』(1621), 17세기 중후반에 나온 존 웹의 『중국제국의 언어가 원시적 언어일 개연성의 입증을 시도하는 역사적 논고』(1669), 즉 『중국의 유구성』(1678), 보시어스의 『다양한 관찰의 책』(1685)의 유명한 장절인 「중국의 예술과 과학에 관하여(De artibus et scientiis Sinarum)」, 나다나엘 빈센트의 궁정설교문 『영예의 바른 개념』(1685)에서 설파된 공자철학 등도 틀림없이 읽었을 것이다.

이런 학습배경에서 로크는 도덕철학적 맥락에서 두 번이나 공자의 이름을 직접 언급한다. 그는 먼저 1686년경에 집필한 「일반 윤리학」에서 공자를 직접 거론한다.

> 아리스토텔레스나 아나카르시스, 공자, 그리고 우리 사이의 누구든 이 행동이나 저 행동을 덕성 또는 악덕이라고 명명할지라도 그들의 권위는 다 똑같고, 그들은 만인이 가진 능력만을 발휘하는데, 이것은 그들의 말이 얼마나 복잡한 관념들을 표현하는지를 입증하는 것이다.971)

그리고 1695년에 집필한 『기독교의 순리성』(1695)에서도 다시 '공자'를 직접 거명한다.

Vol. VI (London: 1823; Aalen, Germany: Reprinted by Scientia Verlag, 1963). 이후 「관용에 관한 제2서한」(1690)과 「제3서한」(1692)이 이어 나온다.

971) John Locke, "Of Ethic in General"(1686-8?), 302쪽. John Locke, *Political Essays* (Cambridge·New York: Cambridge University Press, 1997). 아나카르시스(Anacharsis)는 솔론의 동시대인으로서 위대한 현자로 알려진 스키타이 군주다.

누군가 구세주 시대 이전의 지혜로운 이교도들의 어록으로부터 기독교 안에서 발견되는 저 모든 도덕률의 수집록이 만들어질 수 있다고 생각한다. (…) 이것은 그리스의 솔론과 비아스로부터, 저것은 이탈리아의 툴리(키케로)로부터 발췌하고, 그리고 작품을 완성하기 위해서, 중국에 관한 한, 공자를 참조하라.972)

공자와 서양인들의 이런 철학적 접촉이 이미 17세기 중후반에 깊어졌기 때문에 로크도 공자를 알았고 이런 접촉으로부터 극동아시아의 철학패러다임에 대해 친숙했던 것이다.

- 극동문화에 대한 로크의 논의와 관용론

또한 로크는 극동제국의 종교상황과 종교적 관용을 잘 알고 있었다. 나아가 그는 1637년 스페인·포르투갈 선교사들의 배후조종으로 일어난 일본의 '시마바라(島原)의 난(가톨릭농민반란)을 통해 극동의 종교적 관용을 악용하고 유린하는 가톨릭 선교사들의 야만적 행각도 잘 알고 있었다. 로크는 1667년에 쓴 「관용에 관한 에세이(An Essay on Toleration)」에서 1637년의 '시마바라의 난'을 포르투갈 가톨릭 선교사들이 일본에서 종교적 통일성을 기도하는 음모적 의도가 일본치자에 의해 발각되자 저지른 범죄행위로 이해했다.

일본에 (…) 잠시 이식되어 작은 뿌리를 내렸던 로마가톨릭교는 수천 명의 사람들이 죽는 식이 아니고서는 근절될 수 없었다. 이 근절조치도 그들의 수를 줄일 정도로 위력적이지 않았으나, 일본 당국자들은 이내 가톨릭 신부를 맞아들인 가족만이 아니라, 이웃이 새로운 종교에 낯설거나 적대적인 사람일지라도 바로 이웃에 사는 좌우익 양쪽의 가족들에게까지도 다 박해를 확대해 죽이기에 이르렀고, 천 명의 죽음보다 더 지독한, 오래 질질 끄는 절묘한 고문을 발명해냈다. 몇몇이 이 고문을 도합 14일 정도 견디기에 충분한 힘을 가지고 있을지라도 많은 사람들은 제 종교를 포기

---

972) John Locke, *The Reasonableness of Christianity* (1695), 141쪽. *The Works of John Locke*, Vol. 6 (London: 1823; Aalen, Germany: Reprinted by Scientia Verlag, 1963). '비아스'는 그리스 신화에서 여성들의 전염성 정신병을 치료해주고 왕이 된 인물이다.

했다. 그러나 기독교 신앙고백자들이 모두 섬멸되었을 때, 제 종교를 포기한 자들도 어느 날 모두 도륙하려고 그 이름을 다 기록해 두었다. 그들은 기독교를 조금이라도 아는, 또는 기독교에 대해 이름 이상으로 어떤 것을 들은 누구라도 살아 있어서 다시 유포될 가능성을 능가할 정도로 의견이 뿌리 뽑혔다고 결코 생각하지 않았다. 또한 거기서 장사하는 기독교인들도 일본인과 담화하거나 포옹하거나, 그들의 종교와 다른 것을 보여줄 수 있는 어떤 제스처도 쓰는 것이 용납되지 않았다. 누군가 이 일본과 같은 방법으로라도 우리 종교 안에 통일성이 복구되어야 한다고 생각한다면, 그는 이 통일이 이루어진 시점까지 왕이 얼마나 많은 신민들을 자유롭게 놓아두어야 할 것인지를 숙고하는 것이 좋을 것이다. 이런 숙고는 (…) 종교에 통일성을 세우지 않고 또한 기독교에 대해 전혀 혐오감도 보이지 않는 치자의 경우에 보다 더 현저할 것이다. 일본인들은 (종교적 통일을 외치는 – 인용자) 교황의 성직자들의 독트린 때문에 '종교는 핑계에 불과하고 지배권이 그들의 의도'라는 것을 알아채고 그들에게 경계태세를 갖고 그들 국가의 전복을 두려워하게 되기까지 기독교를 상당한 기간 동안 그들 사이에서 조용히 성장하도록 허용했다. 이런 의심을 일본 성직자들은 이 성장하는 종교의 근절을 위해 가급적 모든 힘을 다해 활용했다.973)

당시 일본에서 활동하던 포르투갈 선교사들은 어리석게도 처음에는 선교사들이 낯선 땅에 들어가 참을성 있게 원주민을 개종시키는 관용적 선교활동을 전개해 상당한 정도로 가톨릭 원주민 사이에서 영향력을 얻고 나면, 그다음 밖의 군대가 가톨릭 원주민과 내응해 원주민의 원조요청을 받고 중남미제국을 정복하고 완전히 가톨릭으로 통일시킨 방법을 일본 치자들에게 자랑하기도 했다. 일본 승려들은 이것을 역이용했다. 로크에 의하면, 승려들은 감언이설로 일본 통치자를 속여 포교를 허가받은 가톨릭 사제들이 함부로 활동하는 것을 처음에 어쩔 수 없이 견뎌야 했지만 이들이 마각을 드러내고 국가를 위태롭게 할 때를 기다려 역공을 가했다는 것이다.

---

973) John Locke, "An Essay on Toleration"[1667], 158쪽. John Locke, *Political Essays* (Cambridge: Cambridge University Press, 1997·2006, 6th printing).

로크는 『관용에 관한 서한』에서 가톨릭 선교사들의 이 음모적 선교활동을 다시 지적하고 있다. 그는 가톨릭 사제들이 "아직 주인이 될 권력을 얻지 못해 박해를 가할 수 없는 곳"에서는 "관용을 설교하고", "이웃의 우상숭배·미신·이 단의 접촉을 지극히 참을성 있게, 흔들림 없이 견디지만", "세속권력에 의해 보강될 경우에는 종교의 권력이익 때문에 이런 접촉을 극단적으로 싫어한다" 고 갈파하고 있다.974)

동시에 로크는 '시마바라 가톨릭농민반란과 관련해 일본의 전통적 종교자유 와 다종교 간 관용에 대해 다음과 같이 말한다.

일본인들은 7-8개의 종교와, 영혼에 관한 믿음이 영혼필멸과 영혼불멸로 갈릴 정도 로 서로 아주 다른 종교들을 관용하고, 또한 치자는 자신의 신민들이 어떤 교도인지 에 대해 전혀 호기심도 없고 캐묻지도 않고, 또는 신민들에게 자신의 종교를 조금도 강요하지 않는다.975)

비교적 정확한 이런 동아시아 정보는 로크가 나중에 『관용에 관한 서한』(1689) 을 쓰는 데 결정적 영향을 미쳤음이 틀림없다.

특히 당대 최고의 공자 전문가 피에르 벨과의 교우 속에서 그의 관용사상에 크게 감화를 받아 영국에 맞는 제한적 관용론을 피력한 로크의 이 관용론은 물론 여전히 가톨릭과 무신론자를 불관용하는 '제한적 관용론'이었다. 공자의 무제한적 관용론과 대비되는 로크의 제한적 관용론, 그리고 벨의 무차별적 관용론과 볼테르의 보편적 관용론에 대한 상세한 분석은 다른 글로976) 미룬다.

로크의 중국지식을 더 알아보자. 그는 그의 철학적 주저 『인간지성론』(1689) 에서도 신의 관념이 본유적이지 않다는 것을 논증하면서 굳이 동아시아와

974) John Locke, *A (First) Letter concerning Toleration* [1689], 19-20쪽. *The Works of John Locke*, Vol. VI in ten volumes (London: 1823; Aalen, Germany: Reprinted by Scientia Verlag, 1963).

975) Locke, "An Essay on Toleration", 158쪽.

976) 참조: 황태연, 「공자의 공감적 무위·현세주의와 서구 관용사상의 동아시아적 기원(上·下)」. 『정신문화연구』, 2013 여름·가을호(제36권 제2·3호 통권 131·132호).

중국의 철학적 종교관을 소개한다.

> 이런 문자와 훈육, 학문과 예술을 아주 크게 향유해왔지만 이 방향으로의 자기 사상
> 의 적당한 활용이 없어 신의 관념과 지식을 결여한 여타 민족들도 존재한다. 나는
> 이런 범주의 태국민족들을 발견하는 것이 나에게 그런 것처럼 다른 사람들에게도
> 놀라움일 것임을 의심치 않는다. 그러나 이를 위해서는 중국인들에 대해서도 더 나
> 은 보고를 제공하지 않는 프랑스국왕의 사절을 참조하라. 우리가 이 라 루베르(La
> Loubere) 특사, 중국의 선교사들, 심지어 중국인에 대한 대단한 찬미자들인 예수회
> 회원들 자체를 믿으려 하지 않을지라도, 중국의 오랜 종교를 고수하는 선비 또는
> 학자 종파와 그곳의 통치집단이 모두 다 무신론 집단이라는 사실에 마지막 한 사람
> 까지 모두가 동의하고 우리를 확신시켜 줄 것이다. 나바레테(Navarette)의 여행기수집
> 록 제1권과 『중국문화사(*Historia cultus Sinensium*)』를 보라.977)

로크는 여기서 여러 가지 극동 관련 서적들을 단숨에 열거하고 있다. 라 루베르
특사의 보고서, 예수회 신부들의 수많은 저작들, 나바레테의 『중국왕국의 역사·
정치·윤리·종교적 보고』(1676), 파티넬리(Giovanni Jacopo Fatinelli) 신부의 『중국문
화사(*Historia cultus Sinensium*)』(1700) 등이 그것이다. 1700년에 나온 파티넬리의 책도
소개하는 것으로 보아 로크는 이 책을 『인간지성론』의 초판(1689) 뒤에 나온
재판이나 삼판에서 추가한 것으로 보인다.

중국문화에 대한 로크의 논의에서 무엇보다도 중요한 사실은 그가 중국국민
자체를 아주 높이 평가했다는 사실이다. 그는 익명으로 출판한, 그리고 생전에
자신이 저자임을 끝내 밝히지 못한 아주 위험한 『통치이론二論』에서 "중국인"
을 "아주 고귀하고 아주 교양 있는 백성(*a very great and civil people*)"으로 극찬하고
있다.978)

---

977) John Locke, *An Essay concerning Human Understanding* [1689] (New York: Prometheus Books,
1995), Bk. 1, Ch. 4, §8. "Navarette"는 'Navarrete'의 오기이고, '여행기수집록'이란 『중국왕국의
역사·정치·윤리·종교적 보고』(1676)를 가리킨다. 그리고 *Historia cultus Sinensium* (Colonae, 1700)
의 편저자는 Giovanni Jacopo Fatinelli다.

로크는 사적 친교관계에서도 친親중국적 사상계 안에 있었다. 로크의 제자는 새프츠베리였고, 새프츠베리는 극동철학을 깊이 이해하고 계몽을 선두에서 이끌고 있던 피에르 벨과 절친한 관계였다. 로크도 벨과의 철학적 이견에도 불구하고 새프츠베리를 매개로 그와 개인적으로 친밀한 관계였을 뿐만 아니라 그로부터 막대한 철학적 감화를 받았고 이런 감화로『관용에 관한 서한』을 쓸 수 있었다.

■공자의 무위·백성자치·평등론과 로크의 자유·평등론 간의 연관

로크는 공맹과 중국의 정치철학으로부터 전근대적 유럽을 계몽하는 데 필수적인 세 가지 근본개념을 받아들였다. 첫째는 종교적·사상적·정치적 관용 이념이었다. 이것은 직접적으로, 또는 벨 등을 매개로 간접적으로 받아들였다. 둘째는 인간의 태생적 자유와 태생적 평등 이념이었다. 이것은 공자의 무위이치론과 태생적 평등론 및 세습신분을 인정하지 않는 중국의 완전한 평등문화로부터 배웠을 것으로 보인다. 셋째는 혁명권(저항권) 개념이었다. 이것은 공자와 맹자의 경전번역서로부터 직접, 또는 공맹소개서로부터 간접적으로 배웠을 것이다.

극동의 관용적 종교문화로부터 영향을 받은 로크의 관용사상에 대한 논의는 다른 곳으로 미루고,979) 여기서는 그의 근대적 자유·평등론과 혁명권(저항권) 사상을 논한다.

- 공자의 무위·자치 개념과 로크의 자연적 자유론

극동의 정치문화가 전해지기 이전에 서양에서는 인간의 어떤 자연적 자유와 평등의 개념도, 따라서 어떤 '백성의 자유' 관념도, 치자와 백성 간의 어떤 '평등' 관념도 없었다. 그러나 상론했듯이 인간의 자연적(태생적) 평등사상은

---

978) John Locke, *Two Treatises of Government* [Dec. 1689, but marked 1690] (Cambridge: Cambridge University Press, 1960·2009), Bk. 1, Ch. 11, §141 (243쪽).

979) 참조: 황태연, 「공자의 공감적 무위·현세주의와 서구 관용사상의 동아시아적 기원(상)」, 『정신문화연구』 2013년 여름호(제36권 제2호, 통권 131호), 155-174쪽.

16세기 초부터 계속된 중국의 정치문화의 서천西遷 속에서 16세기 말과 17세기 초에 나타난 새로운 정치철학에서 유럽적 형태로 최초로 등장한다. 조지 부캐넌(George Buchanan, 1506-1582)은 『스코틀랜드의 왕권』(1579)에서 백성의 자연적 자유와 '법 앞에서의 왕과 백성의 평등'을 논했고, 로버트 벨라르민(Saint Robert Bellarmine, 1542-1621)은 「속인적인 것」(1581-1593)에서 '자연적 자유와 평등'을 맹아적·찰나적으로 인정하는 태도를 취했으며, 수아레즈(saint Francisco Suárez, 1548-1617)는 『법률과 입법자 신에 관한 논고』(1612)와 『가톨릭과 사도 신앙의 옹호』(1613)에서 자연적 자유와 평등만이 아니라 왕권민수론까지도 논하고, 심지어 폭군방벌론도 교황의 심판·파문의 전제 아래 조건부로 인정한다. 1570년대부터 '갑작스럽게' 전개되기 시작한 '자연적 자유·평등' 사상과 왕권민수론은 로크가 대변하는 서양의 자연적 자유·평등사상과 혁명사상의 먼 발원지였다.

물론 로크에게는 이러한 먼 발원지만 있었던 것이 아니다. 로크는 이들의 자연적 평등사상을 이들에 대한 독서를 통해 직접적으로, 그리고 이들을 계승한 리처드 후커(Richard Hooker, 1554?-1600)를 통해 간접적으로 계승하는 한편, 새뮤얼 퍼채스와 마테오리치 이래 17세기 내내 전해진 공자철학과 명·청대 중국의 정치사상 및 정치제도를 음양으로 직수입했다.

그러나 17세기 영국에서 '주홍글씨'로 낙인찍히고 분서焚書조치를 당한 부캐넌이나, 영국에서는 타당성이 인정되지 않는 가톨릭 신학자 벨라르민과 수아레즈, 그리고 이들의 영향을 받은 후커 등의 정치사상은 아직 전혀 기를 펼 수 없었다. 따라서 '자연적 자유'가 아니라 '자연적 부자유'가 여전히 공식 이데올로기로 정치무대를 지배했다. 중국이 신분적 예속과 부자유가 일찍이 청산된 '귀족과 노비가 없는' 자유·평등한 사회라는 사실은 16세기 초반부터 로크 시대까지 150년 동안 연이어 출판된 여러 중국 관련 서적들을 통해 널리 유포되어 있었다. 그 대표적인 서적들은 핀토의 중국서한(1550), 바로쉬의 『아시아의 시대』(1552, 1553, 1563, 1615), 바레토의 중국보고서(1558), 포르투갈 무명씨의 중국기(1561), 페레이라의 중국보고(1564), 다 크루즈의 『중국풍물론』(1569-1570), 에스칼란테의 『중국론』(1577), 바레토의 중국보고(1558), 멘도자의 『중국제국의 역사』

(1585), 발리냐노·산데의『로마교황청 방문 일본사절단』(1590), 새뮤얼 퍼채스의
『퍼채스, 그의 순례여행』(1613), 마테오리치·트리고의『중국인들 사이에서의
기독교 선교』(1615), 버튼(Robert Burton)의『우울증의 해부』(1621), 세메도의『중국제
국기』(1642) 등이었다.

　그러나 극동으로부터 서천해온 정치적 자유사상에 대한 전통사상적 저항은
굉장했다. 일단 성서가 여성의 원죄적 종속, 부모에 대한 십계명적 종속, 모든
왕권신수론에 대한 바울 등의 수많은『성경』구절들로써 자연적 자유·평등사
상을 부정했다. 또한 아리스토텔레스도 "자연본성이 다각적으로 이것(귀족에게
서 귀족이 생겨나는 것)을 추구하기는 하지만 늘 달성하지 못하더라도"980) "자기의
본성상 자기 자신에게 속하는 것이 아니라 남에게 속하는 인간은 본성으로부터
노예이고",981) 따라서 "본성으로부터 자유인과 노예가 따로 존재한다는 것"을
"명백한" 사실로982) 못 박았다. 헬레니즘과 히브리이즘은 이와 같이 공히 자연
적 자유를 부정했다. 따라서 서양인이 전통적으로 아는 '자유'란 단지 고대
그리스·로마 철학자들이 말하던 '노예주의 자유'나, 중세 유럽의 '왕의 자유',
'귀족의 자유'였을 뿐이다. 이런 분위기 속에서 로버트 필머가 영국의 왕정복고
시기(1660-1688)에 출판되어 대중성을 얻은『가부장제』에서 부캐넌·벨라르민·
수아레즈 등의 자연적 자유·평등사상을 전면적으로 부정하는 것은 결코 어렵
지 않았다. 필머는 "어떤 인간도 자유롭게 태어나지 않았다(no Man is Born free)"는
인간의 태생적 부자유를 "모든 정부는 절대군주정이다(all government is absolute
monarchy)"라는 명제의 근거로서983) 들이대며, "오직 한 사람을 제외하고 그들(신
민들)은 모두 노예로 태어났다"는 '보편노예론'을984) 바탕으로 왕권신수설과
절대왕정론을 설파했다. '군주와 군주로부터 특권과 자립적 지위를 부여받은
귀족을 제외하고 아무도 자유롭게 태어나지 않았다'는 '만백성노예설'과 절대

980) Aristoteles, *Politik*, 1255b3-4.
981) Aristoteles, *Politik*, 1254a14-15.
982) Aristoteles, *Politik*, 1255a1-2.
983) Locke, *Two Treatises of Government*, Bk. 1, Ch. 1, §2 (142쪽).
984) Locke, *Two Treatises of Government*, Bk. 1, Ch. 1, §3 (142쪽).

주의적 왕권신수설의 궁극적 뒷받침은 '모든 인간은 하나님의 종'이라는 기독교의 교리와, "신으로부터 오지 않는 권세는 없고, 존재하는 권세는 신에 의해 임명되어 있는 것이니, 만인이 제각기 통치권(the governing authorities)에 복종하게 하라", 따라서 "권세에 저항하는 자는 누구든 신의 명에 저항하는 것이다", 그리고 "치자는 신의 대행자다"라는 기독교 교리(「로마서」 13:1-6)였다.

따라서 찰스 1·2세와 제임스 2세 등으로 대표되는 스튜어트왕가는 말할 것도 없이 '자유'를 적대했다. 심지어 네덜란드에서 1만 5,000명의 군대를 몰고 와서 명예혁명을 일으킨 네덜란드 오렌지 공(훗날 윌리엄 3세)을 비롯한 오렌지 가문도 '자유'를 적대했다. 그리하여 왕정복고 이후 자신들의 공화주의에 대한 지지를 찾아 네덜란드로 망명했던 몰즈워스(Robert Molesworth), 모일(Water Moyle), 트렝커드(John Trenchard), 톨란드(John Toland), 플레처(Andrew Fletcher) 등 영국 공화파 들은 윌리엄 3세가 영국 국왕으로 등극한 이후에 이 국왕의 정부와 엄청난 갈등관계에 놓여 수많은 비판서적을 쏟아냈던 것이다.985)

몽테스키외는 심지어 18세기 중반에도 '백성의 자유'를 결단코 부정했다. 그는 "민주정과 귀족정은 그 본성상 자유국가가 아니다"라고 선언함으로써 정면으로 민주주의를 부정하고, "정치적 자유는 절제적 정부(귀족 있는 군주정 – 인용자)에서만 발견된다"고 공언했다.986) 이 공언에서는 귀족 없는 전제적 군주정이나 군주 없는 귀족공화정과 민주공화정에 대한 그의 두려움 및 혐오감 과 함께 그의 자유란 '군주의 자유'와 '귀족의 자유'가 상호 견제하며 양립하는 '군주와 귀족의 자유'만을 뜻한다는 것이 분명히 드러난다. 로크 이전만이 아니 라 로크 이후 18세기 중반에도 몽테스키외와 같은 유력한 서양 사상가가 논하 는 자유가 '백성의 자유'가 아니라, 겨우 '군주와 귀족의 자유'였다는 것은 그리 스·로마 이래 당대까지도 유럽이 얼마나 태생적 '부자유의 나라'였는지를 알 수 있게 한다. 공자철학이 전해지기 전의 전통적 유럽은 2,000년 동안 (백성의)

985) Blair Worden, "The Revolutions of 1688-9 and the English Republican Tradition", 248쪽. Jonathan I. Israel, *The Anglo-Dutch Moment. Essays on the Glorious Revolution and its World Impact* (Cambridge: Cambridge University Press, 1991).

986) Montesquieu, *The Spirit of the Laws*, Bk. 11, Ch. 4, 155쪽.

자유를 몰랐던 것이다.

몽테스키외의 귀족주의적 자유론을 이어받은 자들은 오늘날도 유럽적 '자유'
와 '다원주의'의 전통을 귀족엘리트들의 자립적 자유에서 유래한 것으로 이해
하고 민주주의를 권력엘리트들의 자유경쟁 절차로 축소한다. 가령 헌팅턴은
대의제에 대해 몽테스키외를 흉내 내 "민주주의와 민주화에 기여한 변수"
중의 하나로 "사회역사 안에서 어느 시점에 존재한 봉건귀족층"을 꼽고[987)
이렇게 기술한다.

> 사회적 다원주의는 일찍이 귀족·성직자·상인 및 기타 집단의 이익을 대표할 신분제,
> 의회와 기타 제도를 낳았다. 이 기구들은 근대화 과정에서 근대적 민주주의 제도로
> 진화된 대의 형태들을 제공했다. 몇몇 사례에서 이 기구들은 폐지되거나 그들의 권
> 력은 절대주의 기간 동안에 크게 제한되었다. 그러나 이것이 벌어졌을 때도 이 기구들
> 은 프랑스에서처럼 참정의 확장을 위한 수단을 제공하기 위해 소생할 수 있었다.[988)

헌팅턴의 이 대의제 기원론에서는 '백성의 해방', '백성의 혁명적 진출', '백성의
대의' 등이 이렇게 감쪽같이 사라지고, 귀족·성직자·대상인들의 대의만 입론
되고 있는 것이다.

그러나 마르크스와 로자 룩셈부르크의 말대로 국가의 강제와 억압으로부터
의 자유, 즉 근대적 의미의 '자유'의 문제란 주인(노예주)·군주·귀족 등 '강자와
다수파의 자유'가 아니라 언제나 '억압된 약자대중이나 억압된 소수파의 자유'
였다. 따라서 로크는 주인(노예주)·군주·귀족 등 '강자의 자유'만을 옹호하고
약자인 '백성의 자유'를 부정하는 서양의 '부자유의 사상전통'을 단절하기 위해
이 전통과 정면으로 대결해야 했다. 그는 인간의 보편적 노예 상태를 설파하는
필머의 주장이 정통적 학설로 군림하는 당대의 사상적 지형을 의식하며 『통치

---

987) Samuel P. Huntington, *The Third Wave: Democratization in the Late Twentieth Century* (Norman: University of Oklahoma Press, 1991), 68-69쪽.

988) Samuel P. Huntington, *The Clash of Civilization and the Remaking the World Order* (New York: Simon and Schuster, 1996), 71쪽.

이론』의 첫 구절에서 "아주 비루하고 비참한 인간 상태"로서의 노예제가 영국
국민의 "관대한 성정과 용기와 정반대되는 것", "영국인이, 더욱이 젠틀맨이
그것을 변호하는 것은 생각하기 어려운 것"이라고989) 영국인의 자존심을 자극
하며 인간의 태생적 자유와 평등을 옹호하는 자신의 논변에 대한 지지를 호소
한다.

로크는 자연적 자유와 태생적 평등사상을 마치 서양의 전통사상인 양 정초적
定礎的 논증 없이 거두절미 도입해 자연상태론의 전제처럼 활용하는 논변술을
구사했다. 이에 대해 더 깊이 고증하고 논증하는 것은 당대 영국사회와 영국
국교회에서 '주홍글씨'로 찍힌 부캐넌이나 가톨릭신학자 벨라르민·수아레즈
등의 이름이나 튀어나오고 이교국가 중국과 극동제국의 국명이나 부각될 판이
었기 때문이다. 그리하여 로크는 이 중대한 개념들에 대한 고증이나 논증을
이렇게 얼버무려 생략하고 있다.

> 누가 이 독트린(자연적 자유·평등 – 인용자)을 제창하기에 이르렀고 우리 사이에 유행
> 시켰는지, 그리고 그것이 무슨 슬픈 결과를 야기했는지는 역사가들에게 이야기하도
> 록, 또는 십소프나 맨워링(Sibthorp and Manwaring)과 동시대인들인 사람들의 기억에
> 회상하도록 남겨놓는다.990)

로크는 이 자연적 자유·평등사상을 깊이 고증해 들어가면 들어갈수록 청교도
수평파, 부캐넌, 벨라르민, 수아레즈 등으로 차츰 거슬러 올라가서 결국 유교문
명으로 건너가는 위험한 사태전개를 직감적으로 느끼고 이렇게 얼버무려 그
출처를 묻어버린 것이다. 왜냐하면 '백성의 자연적 자유·평등' 사상이 최초에
부캐넌(칼뱅주의자)과 파슨스·벨라르민·수아레즈 등 예수회 소속 성직자들을
중심으로 일어났지만, 이들이 대변한 '백성의 자연적 자유·평등' 사상은 1580
년대 이전 핀토·바로쉬·바레토·무명씨·페레이라·크루즈·라다·에스칼란테·

---

989) Locke, *Two Treatises of Government*, Bk. 1, Ch. 1, §1 (141쪽).
990) Locke, *Tow Treatises of Government*, Bk. 1, §5.

멘도자·발리냐노·산데 등의 중국 관련 저작들을 통해 전해진 '중국산 정치사상이라는 것은 주지의 사실이었기 때문이다.

로크는 중국의 영향 아래 발전된 부캐넌·벨라르민·수아레즈 등의 유교적·인민적 자유·평등사상을 말없이 복원했다. 따라서 그의 '자연적' 자유와 평등에는 응당 "지상의 어떤 우월적 권력으로부터도 자유롭다"는 의미에서의 자유, 즉 '외부'의 어떤 압제와 정치사회적·경제적 장애물로부터도 자유롭다는 의미에서의 "인간의 자연적 자유"가 조응한다. 이 '자연적 자유'는 인간의 '태생적 자유'로서, "절대적·독재적 권력으로부터의 자유"다. 절대적·독재적 권력의 탄압을 당하지 않을 권리로서의 '자연적 자유'는 "한 인간의 보존에 필수적이고 또 이것과 긴밀히 결합된 것"이기 때문에 본질적으로 인간의 존재에 속하는 것이다.991) 이와 같이 로크의 '자연적 자유' 개념은 백성에 대한 국가의 작위적 강제가 없는 것을 뜻하는 공자의 '무위無爲' 이념과 아주 유사하게 인간 또는 백성이 정부의 외적 강제로부터 벗어나 자연스럽게 살아가는 것을 지향한 것이다. 로크의 이 외향적 자유 개념만이 '근대적' 자유인 것이고, 몽테스키외와 루소에게 전승되는 자유 개념, 즉 외적 강제나 외적 족쇄를 없애고 자연스럽게 행동할 수 있는 자유인 것이다. 즉, '자연적 자유'란 인간이 자기보존을 위해 태어나면서 갖는, 온갖 강제로부터의 자유이지, 외부로부터 가해지는 강제를 개의치 않고 내심으로 인내·초극하는 자기최면적·자기기만적 '자유의지'로서의 내향적 자유가 아니다.

주지하다시피, 공자는 자유를 '무위이치無爲而治'와 '백성자치百姓自治'로 나눠 말했다. '무위이치'의 '무위'는 수동적 자유(freedom from …)를 말하는 반면, '자치'는 능동적 자유(freedom to …)를 말한다. 군주 측의 '무위이치無爲而治'에는 백성 측의 '자치'가 대응한다. 공자가 『논어』와 『예기』(『중용』)에서 말하는 '무위'가 국가나 정부의 강제적 작위作爲로부터의 자유라면, 『예기』에서 말하는 '백성칙군이자치百姓則君以自治'의992) '자치'는 백성이 '치자·피치자 동일성' 원칙에

---

991) Locke, *Two Treatises of Government*, Bk. 2, Ch. 4, §§22-23 (283-284쪽).

992) 『禮記』 「禮運」(9-19).

따라 참정參政·대의代議를 통해 스스로를 다스리는 것을 말한다. 따라서 여기서 군주의 무위와 백성 자치 개념을 좀 더 상론하고 이 개념들이 유럽으로 도입되는 과정을 보여줌으로써 무위와 자치 개념의 결합으로부터 서구에서 백성의 'freedom' 또는 'liberty' 개념이 생겨나는 과정을 시사하고자 한다.

앞서 시사했듯이 근세 초까지 서양에서 말하는 '자유'는 '백성'의 자유나 자치가 아니라 단지 '주인'의 자유, '왕과 귀족의 자유였다. 뿐만 아니라 아우구스티누스의 교부신학에서 유래하는 '의지의 자유', 즉 억압적 외부세계나 국가의 정치탄압과 무관하거나 이를 애써 외면하고 개의치 않아 하는 내면적·내향적 '자유의지(Freiwille)'였다. 이와 정반대로 공자와 맹자는 국가로부터의 백성의 자유와 자치를 여러 가지로 논했지만, 주인이나 치자의 자유에 대해서는 일언반구도 언급하지 않았다. 공자는 가령 "작위作爲 없이 다스린 자는 순임금이었도다(無爲而治者其舜也與)"라고 순임금을 '무위이치자無爲而治者'로 찬미했다.993) 여기서 '작위가 없다'로 옮겨진 '무위無爲'는 인간의 본성이나 백성의 선호에 반해서 '뭔가를 하게 하거나 하지 못하게 하는 강제가 없다'는 것을 뜻하고, 저항적으로 풀이하면 '이 강제적 작위를 없애는 것'을 뜻한다.

쿠플레, 인토르케타 등은 가장 권위로운 공자경전 번역서『중국 철학자 공자』(1687)에서 "작위 없이 다스린 자는 순임금이었다"는 공자의 어록을 "아무것도 작위하지 않으면서(nihil agens) 다스린 자는 순임금이 아닌가?(Nihil agens & tamen imperans nonne is fuit Xun?)"로 옮겼다.994) 그리고 노엘은『대학』·『중용』·『논어』·『맹자』·『효경』·『소학』을 완역한『중국제국의 경전 6서』(1711)에서 이를 "아무것도 작위하지 않는(nihil agendo) 듯하면서 가장 잘 다스릴 수 있었던 자는 실로 순임금이 아니었던가?(Qui quasi nihil agendo popuit optimè gubernare, an-non revera Imperator Xun)"라고 옮겼다.995) 1687년과 1711년의 이 두 라틴어 번역은 비록 정확하지 않을지라도 '무위' 개념을 유럽에 'nihil agens' 또는 'nihil agendo'의 라틴어로 정착시켰다.

---

993)『論語』「衛靈公」(15-5).

994) Intorcetta, et al., *Confucius Sinarum Philosophus*, "Scientiæ Sinicæ Liber Tertius, Lún Lú", 113쪽.

995) Noël, *Sinensis imperii libri classici sex*, 169쪽.

순임금의 '무위이치'는 천지의 도(天地之道)를 따른 것이다. "군자는 왜 천도天道를 귀히 여깁니까?"라는 애공哀公의 질문에 공자는 이렇게 답한다.

그 그치지 않음을 귀히 여기는 것입니다. 일월日月과 동서東西처럼 서로 따르며 그치지 않는 것, 이것이 천도입니다. 그 오램을 폐하지 않는 것, 이것이 천도입니다. 무위無爲하면서 만물이 이루어지는 것(無爲而物成), 이것이 천도입니다. 이미 이루어져서 밝은 것, 이것이 천도입니다.(貴其不已. 如日月東西相從而不已也, 是天道也. 不閉其久, 是天道也. 無爲而物成, 是天道也. 已成而明, 是天道也.)996)

『중용』은 이 "무위이물성無爲而物成"의 '천도天道'를 '천지지도天地之道'로 확장한다.

박후博厚는 만물을 실어주는 소이이고, 고명高明은 만물을 덮어주는 소이다. 유구는 만물을 이루는 소이다. 박후는 땅과 배합하고 고명은 하늘과 배합한다. (박후는) 유구하고 (고명은) 무강하다. 이와 같은 것들은 드러나지 않고 빛나고, 움직이지 않고 변하고, 무위하면서 이룬다(無爲而成). 천지의 도(天地之道)는 이 한마디로 다 완성된다.997)

노엘은 이 '무위이성無爲而成'을 "골몰해 거듭 처분하지 않지만 저절로 흘러가 사물이 자기의 극대 완성에 이르게 한다(*non studiose coacervatis dipositionibus, fed sponte fluentibus causis res ad suam ultimam perfetionem perducit*)"로 의역하고 있다.998)

　　이런 라틴어 번역들을 경로로 공자의 '무위' 개념은 유럽에 일찍이 정착했다. 이것은 가령 실루에트의 1729년 논변에 의해 입증된다. 실루에트는 공자의 통치이론을 이렇게 묘사한다.

---

996) 『禮記』「哀公問 第二十七」.

997) 『中庸』(26章): "博厚 所以載物也. 高明 所以覆物也. 悠久 所以成物也. 博厚配地 高明配天. 悠久無疆, 如此者 不見而章 不動而變 無爲而成 天地之道 可一言而盡也."

998) Noël, *Sinensis imperii libri classici sex*, 65쪽(§110).

군자는 전혀 아무것도 하지 않는 것처럼 보이지만 실은 많은 것을 한다. 군자는 자신의 무위 속에서 동적이다(*Il est active dans son inaction même*). (···) 침묵은 그의 덕성이다. 하늘은 말하지만, 만물이 의존하는 하나의 주권적 원리가 존재한다는 것을 우리가 알게 하는 데 어떤 언어를 쓰는가? 하늘의 움직임이 하늘의 언어다. 하늘은 계절을 그 시간대로 순환시키고 온 자연을 감동시키며 자연을 생산하게 만든다. 공자는 "이 침묵이 얼마나 웅변적인가!"라고 외친다.999)

실루에트는 이 구절에다 『중국 철학자 공자』를 출처로 제시하고 있다.1000) 따라서 로크도 아마 『통치이론』 출간 2년 전에 나온 『중국 철학자 공자』(1687)를 네덜란드 망명지에서 이미 읽고 '무위이치'를, 즉 '무위 속의 행위', 즉 백성을 강제로부터 자유롭게 해방하는 '정중동靜中動'의 정치를 깨달았을 것이다.

공자철학의 맥락에서 보면 '무위이치'는 정형政刑(권력적 억압과 형벌)을 최소화하고 덕으로 다스리는 덕치德治를 말한다. '덕치'는 곧 임금은 북극성처럼 자기 자리에 가만히 있고 뭇별이 북극성을 공전共轉하며 스스로 자전하는 것처럼 백성이 임금을 받들고 자치하는 '무위이치'와 '백성칙군자치'다.

> 덕으로 정사를 행하는 것은 북극성이 제 곳에 있고 뭇별들이 그것을 함께하는 것에 비유된다(爲政以德 譬如北辰居其所而衆星共之).1001)

덕치는 임금이 북극성처럼 가만히 있으면서 뭔가를 하게 하거나 하지 못하게 하는 강제작위를 없애고 치자의 덕으로써 백성을 본받게 함으로써 백성들이

---

999) Etienne de Silhouette, *Idée genénérale du goubernement et de la morale des Chinois - tirée particulièrement des ouvrages de Confucius* (Paris: Chez Quillau, 1729·1731), 59-61쪽: "Il paroît[paraît] ne rien faire, mais réellement il fait beaucoup. Il est active dans son inaction même. [···] le silence est sa vertu: le Ciel parle, mais de quel langage se sert il pour nous aprendre qu'il y a un souverain Principe don't dépendent toutes choses? Son mouvement est son langage, il raméne les saisons en leurs tems, il émeut tout la nature, il la fait produire: Que ce silence, s'écrie Confucius, est eloquent!"

1000) Silhouette, *Idée genénérale du goubernement et de la morale des Chinois*, 7쪽.

1001) 『論語』 「爲政」(2-1).

스스로 자치할 수 있게 하는 것을 뜻한다. 이것은 백성들을 그들이 하고 싶어 하는 것을 하도록 자유롭게 놓아주어 자치하게 하는 '과寡통치' 또는 '최소통치'다. 따라서 군주의 '무위이치'에 대응해서는 백성의 자치 공간이 생겨나는 것이다. 공자의 '무위이치자無爲而治者' 또는 '덕치자'는 '의견(δόξα)'밖에 갖지 않은 것으로 격하된 백성을 그 잘난 '지혜(σοφία)의 지배권력'으로 누르고 통치하는 플라톤의 '철인치자'와 대척점에 있는 치자인 것이다.

공자는 '무위이치'에서의 임금의 권력을 국가영유권(군림권)으로 한정했다. "순임금과 우임금은 천하를 영유했으나 이에 간여하지 않았다(舜禹之有天下也而不與焉)"1002) 노엘은 이것을 "영유하는 것에 관한 한, 간여하려 하지 않고 다스리지만 손에 넣으려고 기 쓰지 않는 자가 현자다(Quæ ad suum non spectant officium, reger non quærit Sapiens)"라고 번역했다.1003) 아무튼 '무위이치'는 실은 '영유하나 간여하지 않는 것', 즉 '유이불여有而不與'다. 가장 높은 정부는 통치에 간여하지 않는, 즉 통치하지 않는 무위정부다. 시사했듯이 이것으로부터 백성의 자치 공간이 생겨나는 것이다. 이 '백성자치' 사상은 다시 "백성은 나라의 근본이니 근본이 단단하면 나라가 강녕하다(民惟邦本 本固邦寧)는1004) '민본주의' 원칙으로부터 기인하는 것이다. 백성자치와 민유방본, 이 두 사상의 결합은 이미 근대 민주주의의 단초를 함유하고 있다.

서양에서 근세 초에 '근대적 자유'를 정의한 유력한 정치철학자는 로크·몽테스키외·루소 등인데, 이들은 모두 공자와 중국을 잘 알고 있었다. 그러나 앞서 살펴보았듯이 특히 로크는 공자와 유교 또는 중국을 익히 알고 있었다. 그리하여 강제적 작위를 없애는 '무위' 또는 '천지지도天地之道(자연의 도)로서의 '무위이성無爲而成'의 이념이 동방으로부터 전해지는 이러한 새로운 사상적 분위기 속에서 로크는 부지불식간에 또는 자연스럽게 자신의 '자연적 자유(natural liberty)' 개념을 독재적 지배권력으로부터의 자유로 정의했다.

1002) 『論語』「泰伯」(8-18).

1003) Noël, *Sinensis imperii libri classici sex*, 127쪽.

1004) 『書經』「下書·五子之歌」(3-2).

인간의 자연적 자유는 지상의 그 어떤 우월적 권력으로부터도 자유로움이고, 인간의 의지나 입법적 지배 아래 놓이지 않고 자신의 다스림을 위한 자연법만을 갖는 것이다. 사회 안에서 인간의 자유란 나라 안에 동의에 의해 수립된 입법권 외에 다른 어떤 입법권 아래에도 처하지 않는 것이고, 또한 입법부가 이 입법부에 주어진 신임에 따라 시행해야 할 법 외에 어떤 의지나 어떤 법률의 구속 아래에도 처하지 않는 것이다.[1005]

그러나 "정부 아래에서의 인간의 자유(Freedom of Men under Government)는 살면서 의거하는 규칙, 그 사회의 모두에게 공통되는 규칙, 그 사회 안에 수립된 입법권에 의해 만들어진 상비적 규칙을 갖는 것이다. 그것은 규칙이 규정하지 않는 곳에서 만사에서 나 자신의 의지를 따르고 다른 사람의 가변적이고 불확실하고 알지 못하는 자의적 의지에 복종하지 않을 자유다. 자연(본성)의 자유(Freedom of Nature)로서는 자연법 외의 다른 어떤 구속 아래에도 있지 않는 것이다".[1006] 인간의 자유는 본질적으로 "절대권력, 독재권력으로부터의 자유", 즉 독재권력을 타파할 '외향적' 자유다. 어떤 생경한 독재권력의 탄압이든 분쇄하며 외부세계에 자기 존재의 타당성을 관철시키는 이 외향적 자유는 "한 인간의 보존에 아주 필수적이고 또 이것과 긴밀히 결합된 것"이다. 왜냐하면 그 자신의 생명에 대한 권력을 갖지 않은 인간은 계약에 의해, 또는 그 자신의 동의에 의해 어떤 인간에게든 자기 자신을 예속시킬 수 없고, 그가 원할 때 그의 생명을 앗아갈 타인의 절대적, 자의적 권력 아래 자신을 놓을 수도 없기 때문이다.[1007] 로크의 이 외향적 자유 개념은 '무위이치'의 이념과 아주 유사하게 이와 같이 인간 또는 백성이 스스로가 동의하지 않은 외적 강제로부터 벗어나 자유롭게 사는 것을 지향한다.

국가나 정부의 타치他治로부터의 자유를 뜻하는 로크의 '외향적' 자유 개념을 계승해 심지어 귀족적 특권을 옹호하는 몽테스키외조차도, 그리고 루소도 유사

1005) Locke, *Two Treatises of Government*, Bk. 2, Ch. 4, §22 (283쪽).

1006) Locke, *Two Treatises of Government*, Bk. 2, Ch. 4, §22 (284쪽).

1007) Locke, *Two Treatises of Government*, Bk. 2, Ch. 4, §23 (284쪽).

하게 자유를 외적 강제나 외적 족쇄를 없애고 자유롭게 행동할 수 있는 것으로 정의했다. 자유의 본질은 "자기가 하고 싶은 것을 할 권능을 가지고 있어서 자기가 하고 싶지 않은 것을 하도록 강제당하지 않는 것"이다.1008) 하지만 주지하다시피 그는 즉각 이 자유를 '군주와 귀족의 자유'로 한정시켰다. 1762년 루소는 "인간은 자유롭게 태어났으나 도처에서 사슬에 묶여 있다"고 현실을 개탄함으로써1009) 당대의 정치적 자유를 외부의 정치적·사회적 사슬로부터 벗어나는 것으로 이해했다. 이와 같이 로크·몽테스키외·루소의 자유 개념은 모두 하나같이 인간과 백성에게 가해진 외적 '억압권력', 외적 '강제' 또는 '사슬'을 철폐하려는 '외향적' 자유 개념이다.

외적 억압과 강제의 타파로 이해된 로크의 외향적 자유 개념이 공자의 '무위無爲' 사상의 영향을 받았다는 직접증거는 없다. 하지만 정황증거는 다분하다. 공자와 중국을 잘 알던 로크는 고대 그리스 이래의 2,000년 전통 속에서 '백성의 자유'를 전혀 모르던 영국과 유럽에서 자연적 자유 개념을 정식화했고, 이 정식화의 시점은 공자의 '무위'를 'nihil agens'로 옮긴 쿠플레의 『중국 철학자 공자』가 루이 14세의 지원으로 공간되어 베스트셀러로 군림하기 시작한 지 2년이 되는 시기였기 때문이다. 따라서 로크의 자연적 자유 개념의 형성이 유학적 '무위·자치' 개념과 내적 연관성이 있을 것이라고 추정하는 것은 조금도 무리가 아닐 것이다. 로크의 자유 개념이 정치사상적으로 공자의 무위·자치철학에 의해 직접적으로 고취된 계몽사상적 분위기 속에서 탄생했고, 또 치자의 자유나 피치자의 태생적 예속만을 되뇌는 헬레니즘적·히브리이즘적 세계관을 단절적으로 청산하고 인간과 백성에 대해 외부로부터 강제되는 작위의 타파를 겨냥하는 이들의 자연적·태생적 자유 개념의 내용이 공자의 무위 이념과 매우 흡사하게 신기원적이고 근본적으로 급진적인 것이기 때문이다. 결론적으로 계몽주의시대 전반기 로크와 급진적 서양 철학자들의 자유 이념은 이렇게

1008) Montesquieu, *The Spirit of the Laws*, 155쪽.

1009) Jean-Jacques Rousseau, *The Social Contract* [1762], 181쪽(Bk. 4, Ch. 8). Rousseau. *The Social Contract and Discourses* (London: Orion Group, 1993).

공자의 무위·자치 개념과의 사상적 만남 속에서 발아된 것으로 추정된다.

이 만남은 계몽주의시대 후반기에 다시 이차 만남으로 이어진다. 1680년대부터 절대주의적 보호무역체계에 묶인 상공업의 자유화를 요구해오던 프랑스 상공인신분(제3신분)의 입장을 지지해 18세기 초부터 학술적으로 '레세페르(laissez-fairs)'를 정치표어로 유행시킨 일단의 프랑스 계몽철학자들이 공자의 '무위'를 '레세페르(laissez-fairs)'로 불역해1010) '중농주의(physiocracy, 자연의 치治)'를 창시한 것이다. 아담 스미스는『국부론』(1776)에서 '레세페르' 대신 로크의 용어 '자연적 자유(natural liberty)'를 사용해1011) 프랑스의 영향을 감추려고 한 것으로 보이는데, 이 '자연적 자유'는 어느 모로 보나 '레세페르'의 영역어英譯語이거나 그 대용물인 것이 틀림없다. 그리고 중농주의를 비판한 듯한 태도를 보이는 그의 통치이론도 중농주의와 다른 것이 아니라 실은 중농주의의 자유 이념을 이론적으로 더욱 철저하게 구현한 것이다. 공자의 '무위' 사상이 '레세페르'를 만난 것, 또는 '자연적 자유' 개념이 '무위' 사상과 이렇게 직간접적으로 거듭 만난 것은 정부의 외적 강제의 타파를 겨냥하는 근대적 자유 이념의 진정한 탄생지였다.

이렇게 탄생한 외향적·근대적 자유 개념은 아우구스티누스 이래의 기독교 신학과 스콜라철학의 자유의지론적 전통을 계승하는 칸트의 내향적·내면적 자유 개념을 냉소하는 진정한 '근대적' 자유 개념이다. 주지하다시피 계몽철학의 경험주의 정신을 폐기하고 헬레니즘 전통의 형이상학적 합리주의로 되돌아간 칸트는 자유를 이성적 "의지의 자유(Freiheit des Willens)", 즉 의지의 초험적·사

1010) Hobson, *The Eastern Origins of Western Civilization*, 196쪽; Clarke, *Oriental Enlightenment*, 50쪽. 클라크는 처음으로 '무위'가 레세페르로 번역되었다고 주장했다. 그러나 필자는 중농주의자들의 저작에서 이 주장에 대한 명문상의 직접증거를 아직 찾지 못했다. 하지만 증거를 찾지 못했다는 이 말이 "중국의 이상적 치자 개념에 대한 유럽인들의 일반적 관심"이나 유럽의 근대적 자유 개념과 공자의 무위 개념 간의 발생론적 연관마저 "부인하는 것은 아니다". Stefan G. Jacobsen, "Physiocracy and the Chinese Model: Enlightened Lessons from China's Political Economy", 28쪽. Ying Ma and Hans-Michael Trautwein (ed.), *Thoughts on Economic Development in China* (Abingdon: Routledge, 2013).

1011) 아담 스미스의 '자연적 자유'는 참조: Adam Smith, *An Inquiry into the Nature and Causes of the Wealth of Nations* [later: *Wealth of Nations*] (1776), volume I·II (Glasgow·New York: Oxford University Press, 1976), I. x. c. 59(157쪽); II. ii. 94(324쪽); IV. v. b. 16(530쪽); IV. ix. 51(687쪽). 또 다음도 참조: 황태연,『공자와 세계(2)』, 728-729쪽.

변적 "자율성"과 등치시켰다. 자기귀책적인 내면적 타율성의 극복에 초점을 맞춘 '자율성'으로서의 이 자유 개념은 "스스로 자기에게 율법이고자 하는 의지의 속성"으로서 대상세계의 경험적 인과작용 또는 자연필연성에 대항해 또는 이것을 초월해 관철되는 것이다.1012) 따라서 이 자유 개념은 외부로부터 가해지는 정치사회적 강제나 구속을 타파하려는 것을 목표로 삼는 것이 아니라, 이런 외부로부터의 정치적 탄압을 외면하고 단지 자연필연성만을 초월해 자기결정, 자기입법을 관철시키는 "초험적 자유"다.1013) 따라서 이 자유의지적 자유 개념에 따르면, 자유는 감옥 속에서도 스스로 자유롭다고 강변하는 흰소리를 늘어놓을 수 있는 자기기만 능력 또는 본성을 위조하는 자기기만적 사유능력이다. 그리하여 이 초험적·사변적 의지의 자유는 한 인간이 자율적 결정으로 스스로가 노예주나 노예상인만이 아니라 노예나 죄수가 되는 것도 허용한다. 따라서 현실적으로 칸트의 자유론은 당시 낙후한 프로이센 관헌국가의 정치적 억압체제를 노예처럼 내적 자유의지로 감내하고 용인하라는 철학자의 형이상학적 궤변이요, 이 압제를 타파할 용기가 없는 비겁자의 자기기만적 농지거리나 '허무개그'였다. 칸트의 '초험적 자유' 이념은 바로 여기서 그 반동적 마각을 여지없이 드러내고 만다.

그러나 로크·루소·케네·스미스의 근대적 자유 개념의 투쟁대상은 우리의 내적 본성이 아니라 우리의 정치사회적 외부에 있었다. 그것은 자연필연성이나 이것을 초극해야 할 의지의 내적 타율성이 아니라 통치제도의 외적 억압이었던 것이다. 그리하여 1756년경 다르장송은 "가장 높은 정부는 통치하지 않는 무위정부다"라는 공자의 테제로부터 "더 잘 통치하기 위해서는 더 적게 통치해야 한다(Pour gouverner mieux, il faudrait gouverner moins)"는 모토를 도출했다.1014) 그리고 1837

1012) Immanuel Kant, *Grundlegung zur Metaphysik der Sitten* (1785), BA97-98쪽. *Kant Werke*, Band 6. *Schriften zur Ethik und Religionsphilosphie*. Erster Teil (Darmstadt: Wissenschaftliche Buchgesellschaft, 1983).

1013) Immanuel Kant, *Kritik der praktischen Vernunft* (1788), Vorrede, A4쪽. *Kant Werke*, Band 6. *Schriften zur Ethik und Religionsphilosphie*. Erster Teil (Darmstadt: Wissenschaftliche Buchgesellschaft, 1983).

1014) Le Marquis d'Argenson, *Mémoires et Journal inédit du Marquis d'Argenson*, Tome V [ca. 1756] (Paris: Chez P. Jannet, Libraire, 1858), 362쪽.

년 창간 이후 20여 년 동안 강력한 영향력을 발휘했던 미국의 자유주의적 정치잡지 *The United States Magazine and Democratic Review*는 1837년 이것을 "최선의 정부는 가장 적게 다스리는 정부다(*The best government is that which governs least*)"라는 명제로 변형시켜 잡지사의 지표로 내걸었다. 미국의 도교적 유자(儒者) 헨리 소로(Henry D. Thoreau)는 이 지표를 다시 미국판 '무위정부' 원칙으로 수정했다. "가장 적게 다스리는, 아니 차라리 전혀 다스리지 않는 정부가 가장 좋다(*That government is best that which governs least, or rather not at all*)."1015) 이러면 백성이 군주(國家)를 표준으로 스스로 다스리는 자치만이 남는 것이다. 이런 흐름 속에서 "왕은 군림하나 통치하지 않는다"는 영국의 입헌군주정의 모토도 "임금은 영유하나 간여하지 않는다(有而不與)"는 공자의 원칙으로부터 발전된 것으로 보인다.

최근 서양 철학자들은 공자와 맹자에게서도, 그 이후의 중국사상에서도 자유의 관념이 발견되지 않는다고 비판해왔다.1016) 그러나 서양의 근대적 자유 개념이 로크의 외향적 자유 개념에서 유래하고 다시 그의 자유 개념이 공자의 무위·자치 이념으로부터 유래한 정황이 엄연히 밝혀졌다. 이런 마당에 저런 무지막지한 비판은 전혀 사실무근으로 논란할 가치도 없는 것이다.

미국의 「독립선언」과 프랑스의 「인권선언」의 자유·평등 구절은 직간접적으로 공자와 로크의 태생적·자연적 자유·평등 명제에 의거한 것이다. 따라서 혁명 프랑스가 1789년 귀족신분의 칭호와 특권을 철폐하고 만인이 태생적 평등을 누리는 명실상부한 평등사회를 수립한 획기적 사건은 공자와 중국의 영향, 이것을 '유럽화·영국화'해 잘 논변한 정치철학자 로크의 평등이론이 망각된다면 명확히 이해될 수 없을 것이다.1017)

- 유럽적 평등 개념의 부재와 공자철학적 평등 이념의 등장

1015) Henry D. Thoreau, "Civil Disobedience"(원제: "Resistance to Civil Government"). Thoreau. *Walden and Civil Disobedience* (San Diego: Baker & Taylor Publishing Group, 2014), 247쪽.

1016) 가령 François Jullien, *Fonder la morale: Doalogue de Mencius avec un philosophie des Lumiéres* (Paris: Grasset, 1996), 136쪽.

1017) 참조: Albrecht, "Einleitung", LXXXVIII-LXXXXIX.

그리스로마 철학자들과 이들을 계승한 전근대적 유럽 철학자들은 치자들 간의 평등만을 알았을 뿐, 치자와 피치자 간의 평등을 알지 못했고, 따라서 만인의 보편적 평등을 알지 못했다. 서양에서 신분의 위계는 불변의 신적 질서인 것으로 믿어졌다. 공맹을 접하기 전에 서양은 인간의 '태생적' 평등을 알지 못했던 것이다.

상론했듯이 인간의 자연적(태생적) 평등사상은 16세기 초부터 계속된 중국의 정치문화의 서천西遷 속에서 16세기 말과 17세기 초에 등장한 부캐넌과 수아레즈의 정치철학에서 유럽적 형태로 처음 선보인다. 로크는 이들의 자연적 평등사상을 직간접적으로 계승하고 있다. 그러나 17세기 영국에서도 '태생적 불평등'이 공식 이데올로기로 지배했다. 심지어 청교도혁명의 지도자 크롬웰도 자기를 따르는 군인들이 요구하는 정치적 평등을 인정하지 않았다. 그러나 여러 중국 관련 서적들을 통해 의회파 청교도혁명군과 그 주력군인 신형군新型軍(New Model Army)은 중국이 정치사회적으로 완전히 평등사회라는 것과 중국의 태생적 평등 이념을 알고 있었다. 중국의 평등사회에 대한 이런 일반적 정보·지식을 배경으로 의회파 신형군은 '백성의 자유와 평등'을 요구하고 이 요구를 문서화했다. 하지만 크롬웰을 비롯한 청교도혁명의 주도세력은 이 혁명적 요구를 묵살해버렸다.

상론했듯이 중국이 귀족 없는 평등사회라는 사실은 16세기 초반부터 로크 시대까지 150년 동안 연이어 출판된 여러 중국 관련 서적들을 통해 널리 유포되어 있었다. 이는 영국내전의 의회파 군인들 사이에서도 마찬가지였다. 특히 발리냐노(Alessandro Valignano)와 산데(Duarte de Sande) 신부는 『로마교황청 방문 일본 사절단』(라틴어본 1590년, 발췌영역본 1599년)에서 "그들(중국인들) 모두가 어떻게 평등하게 살고, 반포된 법률이 어떻게 잘 준수되는지를 보는 것은 경이롭다"고 하고,[1018] 중국의 최고위 국가관직은 "다양한 행정관을 위한 경쟁이 학문에 유식하고 특히 방금 기술된 제3등급 학위를 얻었다면 출생에 대한 고려 없이 만인에게 열려 있다",[1019] 또는 "이 관직을 지망하는 만인에게 어떤 편견도

1018) Valignano and Sande, *Japanese Travellers in Sixteenth-Century Europe*, 423쪽.

없이 길이 열려 있다"고1020) 쓰고 있다. 따라서 "1590년경에 이미 중국정치체제의 우월성에 대한 평판은 명백히 진부한 이야기가 되어가고 있었다".1021) 그리고 상론했듯이 새뮤얼 퍼채스(Samuel Purchas)는 1613년에 낸『퍼채스, 그의 순례여행』에서 중국에는 세습귀족이 존재하지 않는다는 사실, 즉 중국에서 "왕 외에는 아무도 고귀하지 않다(none is great but the King)"는 사실과 "치자들은 그들의 관직을 세습하지도, 그 가족에게 신사(gentrie)의 지위나 칭호를 물려주지도 못한다"는 사실을 전해주고 있다.1022) 마테오리치·트리고의『중국인들 사이에서의 기독교 선교(De Propagatione Christiana apud Sinas)』(1615)도 관직은 "세습적 권리에 의해 물려받는 것이 아니다"라고 언명하고 있다.1023) 그리고 로버트 버튼(Robert Burton)도『우울증의 해부(The Anatomy of Melancholy)』(1621, 1652)에서 중국에서의 "귀족성 또는 존귀성(nobility)은 옛 이스라엘에서처럼 직무로부터 나오지, 탄생으로부터 나오지 않는다"고 밝히고, "그들의 나리들(Lau-Sie), 만다린(신사), 선비, 학위자들, 품격에 의해 스스로를 높인 자들만이 나라를 다스리기에 적합한 것으로 생각되는 중국사회의 귀족들이다"라고 천명한다.1024) 그리고 세메도(Alvaro de Semedo, 1585?-1658)는『중국제국기』(1643)에서 세습귀족이 없는 중국의 '정치사회적 현실'을 좀 더 구체적으로 묘사한다. "오늘날 귀족의 대부분은 배움에 의해 낮은 지위에서 최고 영예로 올라왔고, 그들의 많은 사람은 수공인手貢人들의 자식들이다. 또한 배움이 없으면 그들의 가문은 몰락해 가난으로 떨어지고, 그리하여 한 가정이 5세대까지 이어지는 것을 보는 것은 드문 일일 정도다."1025) 따라서

1019) Valignano and Sande, *Japanese Travellers in Sixteenth-Century Europe*, 427-428쪽.

1020) Valignano and Sande, *Japanese Travellers in Sixteenth-Century Europe*, 430쪽.

1021) Lovejoy, 'The Chinese Origin of a Romanticism", 103쪽.

1022) Samuel Purchas, *Purchas, his Pilgrimage. Or Relations of the World and the Religions observed in all Ages and Places discovered from the Creation unto this Present* (London: Printed by William Stansby for Henrie Fetherstone, 1613·1614), 440쪽.

1023) Nicolas Trigault, *De Christiana expeditione apud Sinas* (Augsburg, 1615), Chap. V. 영역본: Luis J. Gallagher, *China in the Sixteenth Century: The Journals of Matthew Ricci* (New York: Random House, 1942·1953), 54-56쪽.

1024) Robert Burton, *The Anatomy of Melancholy* (2001), I, 503쪽. Fan Cunzhong, "The Beginnings of the Influence of Chinese Culture in England", 74쪽에서 재인용.

의회파 신형군의 장·사병들은 이런 서적들을 통해서 '중국에는 세습귀족이 없다'는 사실을 잘 알고 있었을 것이다.

그리하여 이런 정보·지식을 배경으로 의회파 신형군의 장·사병들이 제기한 「진실로 개진된 군軍의 주장(The Case of the Armie Truly Stated)」(1647)은 당시 영국인들로서는 상상할 수 없는 급진적 자유와 평등 요구들을 대변했다. 보통선거권, 2년 주기 의회, 선거구, 의회주권, 양심의 자유(종교의 자유), 강제입대로부터의 자유, 법 앞의 평등 등으로 짜인 「군의 주장」의 요지는 『인민협정(An Agreement of the People)』(1647-1649)에 반영되었다. 그러나 크롬웰과 그의 사위 아이어튼(Henry Ireton)은 이것을 단호하게 거부했다. 그러자 신형군의 한 대표자인 레인스버러 (Thomas Rainsborough) 대령은 '백성의 자유와 평등'에 관한 획기적 언술을 개진한다.

저는 영국에 사는 가장 빈천한 자도 가장 고귀한 분들과 같이 살 삶이 있다고 생각하고, 그러므로 참으로 저는 한 정부 아래 살고 있는 모든 인간 개개인이 먼저 자기 자신의 동의에 의해(서만) 이 정부 치하로 들어가야 한다고 생각합니다.[1026]

당시에, 아니 18세기 초까지도 영국 정치인들은 왕에 대한 귀족들의 자유와 세습적 귀족특권이 게르만 숲으로부터 유래했다는 '비과학적' 신화를 되풀이하고 있었다. 이런 까닭에 레인스버러 대령의 이 요구는 영국 역사에서 전대미문의 요구가 아닐 수 없었다. 따라서 아이어튼은 이 자유·평등 요구를 '무정부상태'의 요구로 느끼고 신형군의 고위층을 대표해 "왕국에 고정된 항구적 이익을 갖지 않은 사람(귀족과 지주가 아닌 자)은 누구도 왕국의 국사를 처리할 권익이나 참정권을 가질 수 없다"고 말하며 레인스버러의 주장을 깔아뭉개버렸다.

1025) Alvaro Semedo, *Relatione della Grande Monarchia della Cina* (Roma: Sumptobus Hermanu Scheus, 1643). 불역판: Alvarez Semedo, *Histoire Universelle du Grand Royaume de la Chine* (Paris: Chez Sebastien Cramoisy etc., 1645); 영역판: Alvaro Semedo, *The History of the Great and Renowned Monarchy of China* (London: Printed by E. Taylor for John Crook, 1655), 121쪽.

1026) *Putney Debates record book 1647*, Worcester College, Oxford, MS 65. Spelling and capitalisation as in the original manuscript.

청교도혁명 당시 청교도혁명 지도자들을 포함한 영국지도층은 중국보다 정치사회적으로 낙후했고, 「진실로 개진된 군의 주장」과 『인민협정』을 설파한 영국 '수평파'는 명말 중국의 '수평파'보다 정치적으로 취약했다. 1630-1640년 대 중국의 노비반란군은 "스스로 '수평왕들'이라는 칭호를 달고 그들이 주인과 노비, 칭호가 있는 자와 평민, 부자와 빈자의 차이를 수평화한다고 선언하고", 명말·청초 중국을 실제로 명실상부한 평등사회로 만들었다.1027) 중국의 이 완전한 평등사회는 1681년 건륭제의 법적 조치, 1720년 옹정제의 해방령, 1750 년 건륭제의 법률정비 등을 통해 법제적으로도 공고하게 확립되었다. 그러나 영국 수평파의 대등한 참정요구는 19세기 중반까지도 실현되지 못한다. 이 요구는 19세기 중반 이후 과격한 차티스트운동을 통해서야 어렵사리 실현된다.

그러나 영국백성들은, 특히 청교도혁명군의 장·사병들은 백성의 자유·평등 권과 종교적 관용이 인정되어도 '무정부' 상태가 초래되기는커녕 오히려 더욱 더 번영하고 있는 극동 평등사회의 분명한 존재를 퍼채스·마테오리치·버튼· 세메도 등의 서적들을 통해 늦어도 30여년 이래 이미 확실하게 알고 있었다. 또한 청교도혁명은 부캐넌·녹스·벨라르민·수아레즈 등이 대변한 유교적 자 유·평등사상과 폭군방벌(반정)·혁명론에 의해 암암리에 뒷받침되었다. 청교도 혁명의 공식적 대표 이데올로그였던 존 밀턴(John Milton, 1608-1674)의 논고에서도 녹스·부캐넌·벨라르민·수아레즈 등의 논리는 여러 가지 변형 속에서 줄곧 동원된다. 밀턴은 크롬웰의 청교도공화국에 공화파 논객으로 참여해 관직(국무 위원회 외국어담당 비서, 1649-1660)을 맡고 참주(찰스 1세)의 처형을 강력히 주장했다. 밀턴은 1644년 『아레오파기타(Areopagitica)』를 써서 언론·출판의 자유를 주창했 고, 1649년에는 『왕과 치자들의 재임권(The Tenure of Kings and Magistrates)』을 써서 백성이 치자들의 책임을 물을 권리를 옹호하고 참주살해의 정당성을 논증했다. 이 책자에서 그는 녹스·부캐넌·벨라르민·수아레즈의 논리를 이들의 성명표기 없이 철저히 활용한다.1028) 성서는 인간을 남녀불평등하게 창조하고 원죄에

1027) 傅衣凌, 『明淸農村社會經濟』(1961), 109쪽. Elvin, *The Pattern of the Chinese Past*, 245-246쪽에서 재인용.

대한 처벌에서도 남녀불평등하게 벌하며 십계명으로 부모에 대한 공경을 자식들의 의무로 명했다. 따라서 성서에 의하면 모든 인간은 태생적으로 불평등하며 나면서부터 종속적이고 부자유스럽다. 그러나 밀턴은『왕과 치자들의 재임권』에서 반反성서적·유교적으로 이렇게 논변한다.

뭔가를 아는 사람이라면 만인이 신 자신의 이미지와 모상模像이기에 자연본성상 자유롭게 태어났고 모든 피조물 위에 위치한 특권에 의해 나면서부터 복종하는 것이 아니라 명령한다는 것을 부정할 정도로 우둔할 수 없다. 그리하여 만인은 아담의 범행의 뿌리(원죄 - 인용자) 때문에 그들끼리 나쁜 짓과 폭력을 자행하는 상태로 타락할 때까지 그렇게 자유롭게 살다가, 이러한 과정이 그들 모두를 파괴하기에 이르지 않을 수 없다는 것을 내다보고 공동동맹에 의해 상호적 위해를 가하지 못하게 하는 데 합의하고 이 합의를 어지럽히거나 배치되게 행동하는 어떤 자든 공동으로 막도록 서로를 구속하는 데 합의했다. 그리하여 도시, 도성, 나라가 생겼다.1029)

성서에 의하면 신들도 불평등하다. 여호와와 다른 신(천사) 간의 관계, 그리고 천사들끼리의 관계는 엄격하게 불평등한 위계관계이기 때문이다. 따라서 인간들이 '신의 이미지'로 창조되거나 태어났다는 사실은 결코 인간들 간의 평등을 보장하는 것이 아니라 반대로 불평등을 정당화할 것이다. 그러나 밀턴은 저렇게 억지논리를 구사하면서 동의하지 않으면 "아둔한 자"라고 으르고 있다. 여기서 밀턴은 반反성서적·유교적으로, 또는 유교국가 중국제국의 정치문화로부터 영향을 받은 부캐넌이나 벨라르민·수아레즈의 논리대로 '만인의 자연적 평등과 자유'를 주장하고 여기에 원죄설을 섞어 전前 국가적 나쁜 짓, 폭력, 파괴를 막는 사회계약을 맺는 가설로써 국가의 설립을 끌어내고 있다. 그리고

1028) William T. Allison, "Introduction". John Milton, *The Tenure of Kings and Magistrates* [1649], edited with Introduction anf Notes by William Talbot Allison (New York: Henry Holt and Company, 1911).

1029) John Milton, *The Tenure of Kings and Magistrates* [1649, 1650] (London: Printed by Mathew Simmons, 1949), 378쪽. John Milton, *The Tenure of Kings and Magistrates*, Edited with introduction and notes by William Talbot Allison (New York: Henry Holt and Company, 1911).

그는 "왕과 위정자들의 권력이 백성 모두의 공동선을 위해 백성으로부터 단지 파생되고 신임 속에서 그들에게 이전되고 위임된 것에 지나지 않으며, 따라서 권력은 근본적으로 백성 모두에게 남아 있고 그들의 자연적 생득권의 침범 없이는 그들로부터 빼앗을 수 없다는 것이 이와 같이 명백하다"고 확인한다.1030) 그리고 여기로부터 바로 왕을 폐위·방벌할 수 있는 인민의 권리를 도출한다.

> 마지막으로, 여기로부터 도출되는 결론은 왕이나 위정자가 백성에 대한 그의 권세를 원천적으로든 본성적으로든 그 자신의 이익을 위해서가 아니라 우선 백성의 이익을 위해서 보유하기 때문에 백성이 뭔가를 최선이라고 판단하는 때는 언제든 왕이나 위정자를 선출하거나 배격해도 되고, 그가 참주가 아니더라도 단지 인간들의 자유와, 그들에게 최선으로 보이는 대로 다스려질 태생적 자유인들(freeborn men)의 권리에 의해 왕이나 위정자를 존치하거나 폐위해도 된다는 것이다. 이것은 명백한 이성과 합치되지 않을 수 없을지라도 "네가 네 주 하느님께서 네게 주실 땅에 이르러 그 땅을 차지하고 살 때에 만일 우리도 우리 주위의 모든 민족들같이 우리 위에 왕을 세워야겠다는 생각이 나거든"이라고 말하는 성서 「신명기」(17:14)에 의해서도 보충될 것이다. 이 말씀은 우리에게 그들 자신의 정부를 선택할, 아니 바꿀 권리가 신 자신의 인가에 의해 백성에게 있다는 것을 확인해준다.1031)

그러나 밀턴의 이 마지막 구절은 성서 자체에 의해 부인되고 있다. 「신명기」는 다음 구절(17:15)에서 "반드시 네 주 하나님이 택한 자를 네 위에 왕으로 세우라"고 못 박고 있기 때문이다. 그러나 성서는 천심과 민심을 동일시하는 공맹철학과 완전히 동떨어진 길을 걷고 있다. 따라서 성서에 의하면 '신명神命을 받은 자'는 민심을 얻은 자가 아니라 단순히 사무엘이나 예수 같은 '선지자'나 '신들린 광신자가 될 가능성이 아주 높다. 그렇기 때문에 부캐넌은 성서 자구의 인용경

1030) Milton, *The Tenure of Kings and Magistrates*, 379쪽.

1031) Milton, *The Tenure of Kings and Magistrates*, 380-381쪽.

쟁을 피해 유교철학의 자유·평등·반정反正론을 따랐던 것이다. 그러나 밀턴은
부캐넌의 논리를 따르면서도 이를 감추기 위해 성서를 내세우다가 저런 자가당
착에 봉착하고 있다.

그리고 1649년에 다시 참주살해를 노골적으로 선창하는 『에이코노클라스테
스(Eikonoklastes: 우상파괴자)』를 출판했는데,1032) 이 책에서도 녹스·부캐넌·수아레
즈 등의 폭군방벌론을 표절했다. 그리고 국무위원회의 명을 받고 망명자 찰스
2세 그룹에 속한 인문주의자 살라마시우스(Claudius Salmasius)가 쓴 군주옹호론
책자에 대항해 1652년 영국백성을 옹호하는 *Defensio pro Populo Anglicano* (이른바
'제1영국인민방어' 저서)를 공간했고, 밀턴은 이것으로 전 유럽 차원의 명성을 얻었
다. 이 책은 순식간에 수십 쇄가 거듭 찍혔다. 그리고 1654년에는 밀턴 자신에
대한 인격적 비방에 대항해 인민의 권리를 옹호하는 *Defensio secunda* (제2인민방어)
를 공간했다. 그리고 정치정파와 군인정파들 간의 갈등으로 인한 공화국의
붕괴를 막기 위해 1659년 영국국교회를 공격하는 『시민권력(*A Treatise of Civil
Power*)』을 쓰고, 국교회의 부패를 공격하는 『품삯 받고 일하는 자들을 제거하는
가장 쉬운 방법에 관한 고찰(*Considerations touching the likeliest Means to Remove Hirelings*)』을
공간했다. 그리고 1659년에는 공화국을 지키기 위한 최후의 저서 『자유공화국
의 확립으로 가는 준비된 쉬운 길(*The Ready and Easy Way to Establishing a Free Commonwealth*)』
을 저술했다.

왕정복고가 일어나자 밀턴은 잠시 몸을 피했다가 일반사면 후에 다시 집필을
개시해 완전히 장님이 된 상태에서 대필자에게 구술해서 1667년 공화국의
붕괴를 애도하는 산문시 『실락원』을 지어 공간했고, 책은 18개월 만에 매진되
었다. 그의 글에서 유교적 정치사상의 색조는 아주 잘 위장되어 있어서 거의
알아 볼 수 없으나, 『실락원』에서는 명시적으로 중국을 마치 동경의 나라처럼
언급하기도 한다. 가령 다음 두 구절을 보라.

1032) John Milton, *ΕΙΚΟΝΟΚΛΑΣΤΗΣ*. John Milton, *The Prose Works of John Milton*, Vol. 1 in
    Two Volumes [1847] (Philadelphia: John W. Moore, 1847).

(독수리가) 가는 도중에 중국인들이

돛과 바람으로 등나무 수레를 경쾌하게 모는

세리카나(중국의 라틴 이름 – 인용자)의 황야에 내릴 때

But in his way lights on the barren plaines

Of Sericana, where Chineses drive

With Sails and Wind thir canie Waggons light.[1033]

그(제2의 아담)의 눈앞에 펼쳐지는 것은

예나 지금이나 유명한 도시, 최강 제국의 소재지가 서 있었던 곳,

중국 칸의 소재지 캄발루(북경)의

운명적으로 정해진 장성과

티무르의 권좌가 있던 옥수스 강변 사마르칸트로부터

중국 왕들의 북경까지 이른다. 그리고 거기서부터 (…)

His Eye might there command wherever stood

City of old or modern Fame, the Seat

Of mightiest Empire, from the destined Walls

Of Cambalu, seat of Cathaian Can

And Samarchand by Oxus, Temirs Throne

To Paquin of Sinæan Kings, and thence (…)[1034]

'*Cambalu*'는 원대 '대도大都'의 몽고 이름으로서 명·청대의 '*Paquin* (북경)'을
가리킨다. '*Sericana*', '*Cathay*', '*Sina*'는 셋 다 중국을 칭한다. 이것은 밀턴이
시대에 따라 달라진 중국의 여러 국명과 수도 이름을 혼동해서 마구 열거한
것이 아니다. 그는 역사적으로 변한 이 여러 명칭을 열거함으로써 원·명·청대

1033) John Milton, *The Paradise Lost*, "Book III", 239쪽(시구 436-439줄). John Milton, *The Poetical
Works of John Milton*, edited after the original texts by the Rev. H. C. Beeching (Oxford: At the
Clarendon Press, 1900).

1034) Milton, *The Paradise Lost*, "Book XI", 389-390쪽(시구 384-390줄).

중국의 군사적·정치적·경제적 강력성을 각기 나타내고 있다. 'Cambalu'로는
원대의 군사적 위력을, 'Paquin'과 'Cathay', 'Sina'로는 중국의 정치경제적 위력
을, '누에(Seres)의 땅'을 뜻하는 'Sericana'로는 중국의 기술적 위력을 나타내고
있다. 또한 밀턴은 '북경', '중국', '중국인들(Chineses)'을 위대성("최강의 제국"), 불멸
의 명성("예나 지금이나 유명한 도시" 캄발루), 중국의 기술적 우월성("돛과 바람으로 등나무
수레를 경쾌하게 모는" 중국인들) 등으로 묘사하고 있다. 또한『실락원』의 제10책에서
도 "중국해안"을 풍요로운 것("the rich Cathaian Coast")으로 묘사한다.1035) 이것은
밀턴이 당대의 중국보고서나 중국연구서들을 많이 읽고 마음속으로 중국에
열광했으며 유교사회의 문화를 암암리에 받아들이고 동경했음을 증명하는
것이다.

한편, 밀턴은 1672년에도『참된 종교에 관하여』를 집필해 – 가톨릭을 제외
한 – 모든 종파에 대한 관용을 설파했다. 이 책은 밀턴의 다른 여러 저서들과
함께 1683년 분서당했다. 특히 이 책의 분서는 동일한 논지의 종교적 관용을
논증한 로크의「관용론」의 빛도 보지 못한 원고(1667)의 분서이기도 했다.

청교도혁명을 격렬히 반대한 왕권신수론자 로버트 필머(Robert Filmer, 1588-1653)
는 1652년의『영국 국민의 제1변호』에서 전개된 밀턴의 정치사상을 이렇게
요약한다.

살마시우스에게 왕이 무엇인지를 물어라. 그러면 그는 왕은 왕국의 최고권력을 가진
자이고, 신 외에 누구에게도 책임지지 않고 자기가 마음대로 무엇이든 해도 되고 법률
로부터 자유로운 자라고 우리에게 가르치고자 한다. 이 정의를 존 밀턴은 참주의 정의
인 것으로 혐오한다. 그리고 나는 그가 어떤 왕이 어떻게 인정법으로부터 자유롭지
않은 채 최고권력을 가질 수 있는지를 우리에게 말해줄 더 좋은 정의, 또는 어떤 다른
정의든 우리에게 허용한다면 그와 서로 뜻이 통할 것이다. (…) 그는 우리에게 권력이
그러므로 인민에 의해 왕에게 수여되는 것이고 그에게 위임된 권위에 의해 비춰볼
수 있는 것이고 어떤 것도 법에 반해 행해져서는 아니 된다는 것, 그리고 왕은 우리의

1035) Milton, *The Paradise Lost*, "Book X", 390쪽(시구 289-290줄).

법을 지키고 우리에게 그 자신의 법을 흠정해서는 아니 된다는 것을 가르친다. 그러므로 왕국의 법정 안에서, 그리고 이 법정에 의해서 존재하는 것 외에 어떤 왕권도 존재하지 않는다. 그리고 다시 그는 왕이 먼저 어떤 법정에 출두하도록 명받지 않으면 왕은 투옥하지도 벌금을 물리지도, 어떤 사람을 벌할 수도 없다고 단언한다. 이 법정에서는 왕이 아니라 보통법관들이 선고를 하고, 우리가 듣기도 전에 왕이 아니라 의회의 권위가 모든 법정을 세우고 없앤다. 보라! 여기에 왕의 묘사가 있다. 그는 어떤 것도 법에 반해 행해지지 않도록 인민이 권력을 주는 자다. 그러나 그는 왕이 아니라 보통재판관들이 선고하는 법정 안에서, 그리고 법정에 의해 존재하는 길 외에 어떤 왕권도 존재하지 않는다고 말한다. 이 묘사는 왕으로부터 모든 권력을 박탈하고 그를 그의 신민들 중 최하층 신민 아래의 신분 속으로 밀어 넣는다.[1036]

여기에 잘 집약된 밀턴의 정치사상은 부캐넌·벨라르민·수아레즈가 대변한 왕권민수론과 법치주의적 군주국론이다. 밀턴의 사상은 왕정복고기에 왕권신수론자 필머에 의해 이렇게 낱낱이 파악되고 비판당하는 처지였기 때문에 그의 여러 서적은 분서를 면할 수 없었던 것이다. 그러나 로크의 시민정치론은 영국백성들의 『인민협정』과 밀턴의 분서당한 급진적 정치사상을 계승해 이를 구현하려는 시도였다.

자유와 평등 개념을 위한 로크의 이론적 고투가 당면한 사상적 적수는 신화적·태생적 불평등 이데올로기였다. 태생적 불평등 이데올로기는 특히 영국의 왕정복고기(1660-1688)에 기승을 부렸다. 로크가 고통 속에서 견뎌야 했던 왕정복고기에는 로버트 필머의 『가부장제(Patriarcha)』가 1680년 유고작으로 공간되어 대중적 인기를 누리고 있었다. 필머는 "모든 정부는 절대군주정이다(all government is absolute monarchy)"라는 주장의 근거로서 만인은 누군가의 자식으로 태어나 탄생과 동시에 아비의 가부장권에 복속되어 있기 때문에 "모든 인간은 (···) 노예이고 그래야 한다(all Men [···] are Slaves, and ought to be so)",[1037] 즉 "어떤

1036) Filmer, *Observations concerning the original and various forms of governmen*, "Observations on Mr. Milton Against Salmatius", 181-182쪽.

인간도 자유롭게 태어나지 않았다(no Man is Born free)"는 인간의 태생적 부자유를1038) 들이댄다. 그리고 그는 "우리는 모두 노예로 태어났고 우리는 계속 노예로 남아 있어야 한다(we are all born Slaves, and we must continue so)"1039) 또는 "오직 한 사람을 제외하고 그들(신민들)은 모두 노예로 태어났다"는 보편적 노예론을1040) 펴며 왕권신수설과 절대군주론을 설파했다. '군주(와 군주로부터 특권과 자립적 지위를 부여받은 귀족)을 제외하고 아무도 자유롭게 태어나지 않았다'는 만인노예설과 절대주의적 왕권신수설의 궁극적 뒷받침은 '모든 인간은 하나님의 종이다'라는 기독교 교리였다.

필머는 "아담만이 아니라 계승하는 가부장들도 부권에 의해 그들의 자녀에 대한 왕권적 권위를 가졌다(Not only Adam, but the succeeding Patriarchs had by Right of Fatherhood Royal Authority over their Children)"고 주장하고, "태어난 모든 인간은 자유롭게 태어난 것과 아주 거리가 멀어서 인간은 바로 자신의 탄생에 의해 그를 낳은 사람의 신하가 되며(every Man that is born is so far being free, that by his very Birth he becomes a Subject of him that begets him)", "만인이 낳아졌기 때문에 아무도 자유롭게 태어나지 않았다(all ever since Being Begotten, no body has been born free)"고1041) 강변했다. 따라서 "오직 한 사람을 제외하고 만인은 노예로 태어났다"는 것이다.1042)

존 로크는 안팎으로 패배한 수평파를 이어 이들의 태생적 불평등론을 타파할 이론이나 개념을 유럽과 영국의 전통철학의 어디에서도 구할 수 없었다.『성경』구절도 전혀 도움이 되지 못했다. 오히려 '만인은 하나님의 종이라는 기독교적 관념은 정치적 불평등과 예속을 일반화·철갑화하고 있었다. 또한 노예제 사회였던 그리스·로마의 플라톤·아리스토텔레스나 그 유사 철학자들로부터도 태생적 평등 이념을 찾을 수 없었다.

1037) Locke, *Two Treatises of Government*, Bk. 1, Ch. 1, §1 (141쪽).

1038) Locke, *Two Treatises of Government*, Bk. 1, Ch. 1, §2 (142쪽).

1039) Locke, *Two Treatises of Government*, Bk. 1, Ch. 1, §4 (142쪽).

1040) Locke, *Two Treatises of Government*, Bk. 1, Ch. 1, §3 (142쪽).

1041) Locke, *Two Treatises of Government*, Bk. 1, Ch. 6, §50 (176쪽).

1042) Locke, *Two Treatises of Government*, Bk. 1, Ch. 1, §3 (142쪽).

하지만 여러 번 시사했듯이 로크 이전 영국 철학자와 신학적 자유사상가들은 중국이 세습귀족도 노비도 없는 완전히 명실상부한 평등사회라는 것을 잘 알고 있었다. 퍼채스(1613), 트리고(1615), 로버트 버튼(1621), 빈센트(1685), 템플(1687) 등은 중국의 신분평등과 능력주의 관료제를 이미 상론하고 있다. 그리고 1688년 초에 프랑스 파리에서, 그리고 가을에 영어로 나온 가브리엘 마젤란(Gabriel Magaillans)의 『신중국기新中國記』에서 재확인된 중국 혈통귀족의 부재 사실은 1689년 말 『통치이론』에서 설파된 로크의 평등론에 다시금 큰 힘을 실어주었을 것이다. 마젤란은 중국이 '세습귀족 없는 평등사회'라는 사실을 다시 한 번 명확하게 알린다.

> 우리는 다음과 같은 이유에서 이 왕국 안에 귀족혈통이 거의 존재하지 않는다고 고백하지 않을 수 없다. 말하자면 그리도 많은 작은 왕들, 공작, 후작, 백작 등인 모든 대영주는 왕조(Reigning Family)보다 더 오래 지속되지 않기 때문이다. 대귀족들은 왕조와 함께 모두 멸망한다. 다른 왕조 자리로 올라온 왕조는 우리가 경험에 의해 보았듯이 대영주들을 다 처형한다. 이런 이유에서 이 제국에 존재했던 가장 고귀한 왕조는 875년 동안 지속되었던 주周 왕조이지만, 2,200여 년 전에 소멸했다. 그런 이래 어떤 왕조도 300년의 지속성을 획득할 수 없었다.1043)

이것은 중국에서 귀족이 사라진 것을 신사제도에서 구하지 않고 왕조교체 시마다 이전 왕조에 속한 대귀족들의 처형에서 구하는 마젤란의 특이한 설명이다. 그러나 그는 부리나케 이 설명을 무관가문에 한정한다. "하지만 우리가 지금까지 말한 것은 무기武器로 얻은 귀족성에게만 적용된다. 왜냐하면 장의長衣(long robe)를 입은 문관의 채용에 의해 얻어지는 귀족 품위에 관한 한, 이 귀족 품위의 계속성은 아주 근소하기 때문이다."1044) 그리고 문관들에 대해서는 다른 설명을 가한다.

1043) Gabriel Magaillans, *A New History of China* (London: Printed for Thomas Newborough, 1688), 146쪽.
1044) Magaillans, *A New History of China*, 146쪽.

그러므로 어떤 사람이 궁정의 최고 부처에서 1품인 상서, 또는 행운이 이 제국 안에서 한 신민을 상승시킬 수 있는 영예와 재산에서의 최고 품관인 각로閣老, 즉, 수상(수보)일지라도 일반적으로 그의 손자는 굉장한 빈곤으로 영락하고, 그의 할아버지들이 그에 앞서 그랬던 것처럼 상품을 따라다니거나 소매로 장사하거나 보통선비인 것으로 국한된다. 간단히, 왕조만큼 오래 지속된 어떤 문관혈통(descent of the gownsmen)도 존재하지 않았다.1045)

이 명확한 재확인은 "인간은 불평등하게 태어난다"고 일반적으로 확신하는 유럽사회에서 태생적·자연적 평등론을 전개하려는 급진적 혁명주의자 로크에게 천군만마와도 같은 '정치사상적 실탄'이었을 것이다. 따라서 로크는 이런 유교적 정치사상을 바탕으로 이미 100년 전에 출현한 부캐넌·벨라르민·수아레즈의 자연적 자유·평등사상과 밀턴의 청교도혁명적 자유평등주의 및 폭군방벌론을 말없이 계승해서 자연적 자유·평등론과 혁명론의 근대적 복원과 새로운 정초를 − 마치 야밤에 밀주 담듯이 − 기도한다.

유럽의 태생적 불평등 이데올로기의 전통에서 보면, 16세기 초부터 계속된 중국의 정치문화의 서천西遷 속에서 16세기 말과 17세기 초에 등장한 부캐넌·수아레즈의 정치철학을 계승한 로크의 태생적 인간평등론은 서양의 그 어떤 전통철학과도 연관성이 없는, 아니 완전히 단절된, 획기적으로 새로운 논변이다. 따라서 그는 명예혁명이 성공했음에도 불구하고 제임스 2세를 방벌한 이유 중에 하나인 종교적 이단 문제에 말려들지 않기 위함인지 몰라도, 이교국가 중국의 평등한 정치문화를 역설하는『통치이론』을 '익명'으로 출판할 수밖에 없었던 것이다.

로크의 태생적 인간평등론은 서양철학적 맥락에서만 '획기적으로 새로울' 뿐이고, 공자철학의 관점에서 보면 전혀 새로울 것이 없으며, 중국정치문화와 공자철학을 다양한 채널로 학습했던 영국 자유사상가들이나 로크 자신에게도 전혀 새로운 것이 아니었다. 따라서 우리는 로크의 태생적 인간평등론은 '극동

1045) Magaillans, *A New History of China*, 146쪽.

산極東産'이고 공자철학과의 연관 없이는 이해할 수 없다고 단언할 수 있다.

일찍이 『예기』에서 공자는 황제의 원자元子를 향해 "천하에 태어나면서부터 귀한 자는 없다(天下無生而貴者也)"고 천명했다.[1046] 황제의 혈통도 예외로 보지 않는 공자의 이 '태생적 만민평등' 테제 또는 천자에서 서인에 이르기까지 수신해서 귀해져야 한다는 테제는 훗날 중국에서 신사제도로 신분제를 철폐하고 관철되는 평등사회의 정치철학적 토대였다. 로크는 공자의 이 '태생적 평등' 이념과 중국사회의 탈신분적 평등제도를 알고 있었음이 틀림없다. 왜냐하면 로크가 읽은 『퍼채스, 그의 순례여행』은 일찍이 1613년에 중국을 "왕 외에 아무도 고귀한 사람이 없는" 나라로 묘사했고, 나다나엘 빈센트는 1685년 『영예의 바른 개념』의 「주석」에서 중국을 "왕족 외에 아무도 나면서부터 고귀한 사람이 없는(none are born great but those of Royal family)" 나라로 찬양하고 있기[1047] 때문이다. 여기서 "아무도 나면서부터 고귀한 사람은 없다"는 빈센트의 말은 "천하에 나면서부터 귀한 자는 없다"는 공자의 태생적 인간평등 명제와 그 의미가 그대로 겹친다.

그러나 로크가 직면한 당시의 유럽적 현실은 공자의 태생적 평등 이념이나 중국의 평등사회와 정확히 반대되는 사회였다. 그리스로마철학을 계승한 전근대 서양 철학자들도 주인과 노예, 남편과 아내, 부모와 자녀 간의 불평등한 위계질서만을 논했고 노예·하인·여성·어린이, 그리고 백성에게 태생적·인격적 평등 지위를 인정하지 않았다. 로크 시대에 "어떤 인간도 자유롭게 태어나지 않았다(no man is born free)"는 필머의 명제 또는 "우리는 모두 노예로 태어났고 우리는 계속 노예여야 한다"는 필머의 명제만이 되뇌어지고 있었다. 당시 서양 철학자들은 '모든 인간은 하나님의 종이다'라는 기독교 교리를 정치에 적용한 것처럼 들리는 이런 명제들로써 백성을 좌지우지할 신적 치자의 우위와 백성의 노예적 종속을 태생적인 것으로 당연시하는 논변만을 반복하고 있었던 것이다.

1046) 『禮記』「郊特生 第十一」(24).

1047) Vincent, *The Right Notion of Honour*, "Annotation", 15쪽.

■ 로크의 자연적 평등론

로크는 '모든 인간은 종으로 태어났다'는 보수적 명제를 정조준해 태생적 평등론을 대차게 설파한다. 로크는 인간과 백성에 대한 작위적作爲的 강제와 압박이 없을 것을 요구하는 공자의 정치적 '무위無爲' 이념과, 만인의 '태생적' 평등을 천명하는 '무생이귀자無生而貴者'의 이념에 따라 자연적 자유와 자연적 평등을 이렇게 논변했다.

정치권력의 권리를 이해하고 이 권리를 그 원천(original)으로부터 도출하기 위해서는 모든 인간이 자연적으로 들어 있는 어떤 상태, 즉 자연법의 경계 안에서 자기들이 적당하다고 생각하는 대로, 즉 어떤 다른 사람의 허가를 구하거나 그 의사에 종속되지 않고 자기들의 행동을 명령하고 자기들의 소유물과 인신을 자유로이 처분할 완벽한 자유의 상태를 고려해야 한다. 모든 권한과 관할권이 상호적인 평등의 상태, 아무도 다른 사람보다 더 많이 갖지 않은 상태, 자연의 모든 동일한 이익과 동일한 능력의 사용을 위해 무차별적으로 태어난 같은 종과 같은 대오의 피조물들이 그들 모두의 주님이 그의 의지의 명시적 선언에 의해 한 사람을 다른 사람 위에 놓거나 명백한 지명에 의해 누군가에게 지배와 주권에 대한 의심 없는 권리를 부여하지 않는다면 서로 간에 종속이나 굴종 없이 평등해야 한다는 것보다 더 명증적인 것이 없는 상태도 고려해야 한다. (⋯) 인간의 이 자연적 평등(this equality of men by nature)을 현명한 후커는 인간들 간의 상호적 사랑에 대한 그 의무의 기초로 만들 정도로 그 자체로서 명증적이고 모든 의문을 초월한 것으로 간주한다. 그리고 그는 이 상호적 사랑 위에 우리가 서로에 대해 짊어지는 책무를 세우고 이 사랑으로부터 정의와 자비의 큰 준칙을 도출한다.1048)

로크는 신분 또는 공무담임권과 관련된 인간의 자연적 평등 또는 태생적 평등의 정치사회적 개념을 엉뚱하게도 신분적·정치적 평등이 아니라 '인간적 욕구의 평등'을 말하는 리처드 후커(Richard Hooker, 1554?-1600)를 인용해 정당화하고 있다.

1048) Locke, *Two Treatises of Government*, Bk. 2, Ch. 2, §§4-5 (269-270쪽).

로크는 후커의『교회정체의 법률론(*Of The Lawes of Ecclesiasticall Politie*)』(1592·1632)에서 이 부분을 인용하고 있다.

> 유사한 자연적(본성적) 유인(*natural inducement*)은 인간들에게 자기 자신을 사랑하는 것 못지않게 남들을 사랑하는 것이 그들의 의무라는 것을 알게 했다. 저런 동등한 것들이 모두 하나의 잣대를 가져야 한다는 것을 알기 때문이다. 내가 이익(*good*)을 심지어 어떤 인간이든 그 자신의 영혼에게 원할 수 있는 만큼 많이 모든 이의 손에 받기를 원하지 않을 수 없다면, 나는 나 자신이 의심할 바 없이 하나의 동일한 본성을 가진 다른 인간들에게도 있는 유사한 욕구를 신경 써서 만족시키지 않는다면 어떻게 내 욕구의 어떤 부분이든 여기서 만족시키기를 기대한단 말인가? 이 욕구와 상치되는 어떤 것이든 그들에게 제공하는 것은 모든 점에서 나를 슬프게 하는 만큼 그들을 슬프게 하지 않을 수 없고, 그리하여 내가 해를 입힌다면 나도 해를 입을 것을 각오해야 한다. 다른 사람들이 나에 의해 얻는 것보다, 즉 그들에게 보여준 것보다 더 큰 정도의 사랑을 그들이 내게 보여주어야 할 아무런 이유도 없기 때문이다. 그러므로 본성에서 나의 동등인들에게서 가급적 많이 사랑받기를 바라는 나의 욕구는 완전히 유사한 애정을 그들에게 주어야 할 자연적 의무를 내게 부과한다. 자연적 이성이 삶의 지침을 위해 우리 자신과 ― 우리와 마찬가지인 ― 그들 간의 평등관계로부터 어떤 여러 수칙과 규범들을 도출했는지에 대해 어떤 인간도 무지하지 않다.[1049]

로크가 인용한 후커의 이 구절은 공무담임권이나 시험 응시자격 및 피교육권과 관련된 고도의 사회적·정치적 평등과 무관한 것이다. 이것은 단지 욕구와 관련된 자연적 평등만을 말하고 있을 뿐이다. 이것은 잘해야 성서의 소위 황금률(① "무엇이든지 남에게 대접받고자 하는 대로 너희도 남을 대접하라"[「마태복음」 7:12, 「누가복음」 6:31], ② "너 자신이 싫어하는 것을 누구에게도 하지 말라"[외전 「토비트서」 4:15])을 재탕하고 있을 뿐이다. 이것은 사람들 간의 대인관계에 '개명된 이기주의'의 수칙을 부여할 수 있으나, 인간본질의 인격적 평등 자체에 기초한 고도의 정치적 자원

1049) Locke, *Two Treatises of Government*, Bk. 2, Ch. 2, §5 (270쪽).

(권력)과 사회적 자원(영예)의 기회균등한 분배, 즉 영국의 귀족제까지도 타파할 탈신분적 평등 이념과는 아직 거리가 멀다.

로크가 활동하기 100년 전에 『교회정체의 법률론』(1592)을 낸 후커는 청교도를 비판한 보수적 신학자 계열에 속했다. 그러다 로크가 『통치이론』의 여기저기에서 후커의 이름 앞에 "현명한(judicious)"이라는 형용사를 붙여 인용한 이후 갑자기 유명해졌다. 그렇다면 로크는 왜 100년 전 후커의 저 고리타분한 논변을 인용했을까? 후커를 동원한 것은 공자나 중국의 정치제도를 인용할 경우에 자신을 '이단'으로 몰 보수적 논적들의 공격을 예상하고 100년 전의 보수적 신학자를 방패막이로 내세워 공자의 평등 이념을 '밀반입'해 몰래 토착화시키기 위한 전술이었다. 피터 래슬렛(Peter Laslett)은 말한다.

> 여기서, 그리고 『통치이론』을 관통해 그(후커)를 들먹이는 것은 그의 위치에 존경할 만한 가치를 부여해 그의 논적들, 특히 그들 중 진짜 독실한 성직자들의 측면을 에돌아 그 배후를 공격하려고 의도된 것이기도 했다.1050)

명예혁명 당시 10명 안팎의 고립된 극소수 급진그룹에 속했던 로크는 1689년에 출판년도를 1690년으로 늦춰 표기한 『통치이론』을 익명으로 출판함에도 불구하고 100년 전의 보수적 신학자 후커를 보수적 정적들의 공격을 막는 방패로 이용해 "천하에 태어나면서부터 귀한 자는 없다"는 공자의 '태생적' 평등 이념을 마치 기독교 황금률의 '자연적' 평등인 양 영국사회에 슬그머니 밀어 넣고 있는 것이다.

그러나 후커는 비록 개신교를 비판할 만큼 종교적으로 보수적이었지만 16세기 말의 기준으로 보면 정치적으로 매우 진보적인 축에 속했다. 그의 사상 속에서는 음양으로 16세기에 전해진 중국 정치문화가 많이 스며들어 있었기 때문이다. 앞서 여러 번 시사했듯이 16세기 중반부터 중국 관련 서적들이 쏟아져 나왔고 이 흐름은 중세 말기의 기독교 정치철학에 일정한 변화를 야기했다.

1050) Locke, *Two Treatises of Government*, Bk. 2, Ch. 2, §5 (270쪽) 래슬렛의 편집자 주.

이런 중국 정보·지식의 홍수 속에서 암암리에 이를 수용한 칼뱅주의자 부캐넌
(George Buchanan, 1506-1582), 예수회 신학자 벨라르민(Saint Robert Bellarmine, 1542-1621)과
수아레즈(saint Francisco Suárez, 1548-1617) 등은 1570년대부터 '갑작스럽게' '자연적
자유·평등' 사상과 왕권민수론王權民授論을 전개하기 시작했다. 후커는 중국
정치문화의 냄새가 물씬 풍기는 부캐넌·벨라르민·수아레즈 등의 신학적 정치
철학에서 전개된 '자연적 자유평등' 사상과 왕권민수론을 음양으로 수용하지
않을 수 없었을 것으로 보인다. 로크는 법으로 판금당하고 또 분서처분당한
'주홍글씨' 부캐넌의 저작을 피하고 가톨릭 신학자 벨라르민과 수아레즈의
직접 인용을 피해 영국 신학자 후커를 집중 활용함으로써 본성적(자연적) 자유·
평등 개념을 17-18세기 정치사상 속에 성공적으로 정착시킨 것이다.

　'명예혁명'이라는 말도 쓰지 않고 '국왕의 도주' 또는 "왕좌의 방기"라고만
말하는 그 당시의 보수적 담론 추이 속에서 급진주의자 로크는 체포와 탄압,
재再망명을 면하려면 다른 길이 없었다. (로크와 마찬가지로 스위스에 29년을
망명해 살았던 급진적 공화주의자 리처드 애쉬크래프트는 1689년 귀국했다가
의회의 요청으로 체포영장이 발부되자 황급히 다시 스위스 망명길에 올랐다.)
로크가 찰스 2세의 왕정복고(1660)에 반대해 집필했던 원고를 수도 없이 수정해
연도를 '1690년'으로 표기해서 1689년에 『통치이론』이라는 책명으로 출간한
목적은, 이 책의 머리말에 쓴 그의 표현에 의하면, "우리의 위대한 복고자(restorer),
우리의 현재 국왕 윌리엄의 왕좌를 확립하기"[1051] 위한 것이었다.

　이 말은 그야말로 '아주 건전한 휘그 언어다. 윌리엄 3세는 게르만 숲속으로
부터 유래했다는 영국의 – 결코 실존한 적이 없었던 – '고대 혼합헌법'의
'복고자'로 소개된 것이다. 그러나 로크는 사적으로 1689년의 타협을 개탄했다.
그는 "통치의 거대한 틀"을 고치고 "국가의 모든 신민의 시민권과 자유와 재산
의 안정을 위해" 오래갈 신新국가체제를 수립할 '대단히 귀중하지만 짧은' 기회
가 열린 마당에 혁명의회가 왜 일상적 의회처럼 '작은 일들'을 다루고 있는지
답답해했다. 40년 전의 수평파처럼 로크는 정부를 고치는 것이 아니라 "정부를

1051) Locke, *Two Treatise of Government*, 137쪽 ("Preface").

녹여 완전히 새로운 것을 만들기"를 원했다. 그는 훗날의 토마스 페인, 벤저민 프랭클린, 토마스 제퍼슨을 내다보았다.[1052]

그러나 '명예혁명'을 '명예복고'라고 불러야 하는 복고적·보수적 분위기에 눌려 로크는 18세기 휘그당의 '고대헌법론' 이데올로기를 벗어나지 못하고 '휘그당의 철학자'로 만들어질 수밖에 없었다.[1053] 이런 보수적 상황에서 전대 미문의 자연적 자유·평등론을 전개하자면 리처드 후커와 같은 보수적 신학자의 16세기 말 저작에서 우연히 자신의 논리에 응용할 만한 대목들을 따와 재활용하는 수법으로 조심스럽게 당대의 현실과 '타협'하는 '정치적' 논변을 구사할 수밖에 없었던 것이다.

당시 영국은 "지난 시대에 군주들에게 절대권력의 신적 권리를 가졌다고 아첨한 세대의 인간들이 우리 사이에 튀어나와서" 인류에게 "자연적 자유의 권리를 부정하고" 노골적으로 "오직 한 사람을 제외하고 만인은 노예로 태어났다"는 이데올로기를 설파하며[1054] 얼마든지 로크를 이교철학자 공자를 숭배하는 '이단'으로 탄핵할 수 있는 상황이었다. 당시 영국은 '만인이 평등해져 귀족이 없어지면 국가와 통치가 무너질 것이다'라는 확신이 정치적 상식으로 지배하던 사회였기 때문이다.

이런 사회상황에서 로크가 복면을 한 단기필마의 기사로써 만인의 '본성적(자연적)' 평등을 천명한 것은 그 배경에 휘그와 토리를 가리지 않고 공자철학과 중국의 자유·평등주의 정치문화에 열광하는 시대분위기의 강력한 뒷받침이 있었기 때문에 가능했다. 로크는 영국의 광범한 식자층과 더불어 영국에 혈통귀족이 없더라도, 아니 차라리 귀족이 없으면 그 덕택에 나라가 더욱 잘 번영한다는 것을 중국을 통해 깨달았던 것이다.

하지만 당장은 왕권이 부모의 자연적 권위로부터 유래했고 아담이 최초의

1052) Hugh Trevor-Roper, "Epilogue: The Glorious Revolution", 493-494쪽. Jonathan I. Israel, *The Anglo-Dutch Moment. Essays on the Glorious Revolution and its World Impact* (Cambridge: Cambridge University Press, 1991).

1053) Trevor-Roper, "Epilogue: The Glorious Revolution", 493쪽.

1054) Locke, *Two Treatises of Government*, Bk. 1, Ch. 1, §3 (142쪽).

군왕이었다고 주장하며 왕권신수설과 '수동적 복종'의 의무를 원칙으로 변호하는 로버트 필머의 주장이 왕정복고의 분위기 속에서 베스트셀러로서 공전의 히트를 쳤을 뿐만 아니라 명예혁명의 절정기에도 필머의 권위에 감히 정면으로 도전하기에는 아주 위험한 상황이었다. 따라서 공자의 태생적 평등 이념, 그리고 신분 없는 중국의 명실상부한 평등사회를 잘 아는 로크는 암암리에 공맹철학의 반정·혁명론에 의해 추진된 '명예혁명'의 대의를 정당화하기 위해 젠틀맨의 명예심을 자극하는 식으로 으름장을 놓고 '명예냐 비겁이냐'라는 양자택일의 도식으로 독자대중을 협박했던 것이다.

■로크의 평등론의 신분제적 한계와 위선성

여러 가지 증좌에서 로크의 자연적 평등론은 "천하무생이귀자天下無生而貴者"라는 공자의 태생적 평등론을 직간접적으로 수용해 영국식으로 번안한 것이 틀림없어 보인다. 중국과 기타 극동제국에서 "천하무생이귀자" 명제는 중국에서 '왕후장상의 씨가 따로 없다'는 기치로 쓰이면서 노비와 농촌의 유사노비(예농)에 이르기까지 신분해방을 관철시켰다. 그러나 영국사회에서 로크의 자연적 평등론은 공자의 태생적 평등론이 중국에서 수행한 것과 같은 신분해방 역할을 수행하지 못했다.

돌아보면, 송·명대와 청대 중국에서는 공자의 태생적 평등 명제가 귀족으로부터의 평민의 해방과 신사와 지주로부터의 노비의 해방을 추진하는 근본적 사상동력으로서 그 이념을 궁극에까지 달성했었다. 중국에서 송대에는 귀족이 공무담임 특권을 상실하고 평민과 마찬가지로 과거제를 통해서만 공무를 담임하고 또 이 공무담임권을 1대에만 행사할 수 있게 되었다. 이로써 송대 중국에서 이미 귀족이 소멸하고, 평민이 신분제로부터 해방되며, 17세기 중반 이후에는 노비가 '왕후장상의 씨가 따로 있느냐'는 구호를 걸고 일으킨 셀 수 없는 혁명적 민란을 통해 스스로를 해방했다. 이로써 17세기경 중국은 신분제를 전면적으로 철폐하고 완전한 평등사회를 이룩했다. 반면, 로크는 그의 자연적 평등 테제를 영국 귀족제와 예농제의 철폐로까지 밀고 나가지 못하고 영국의 구태의연한 신분제적 현실과 타협하고 말았다. 영국의 뿌리 깊은 신분제에 굴복한 것이다.

그리하여 로크는 '신분철폐'의 혁명적 논변을 펼치는 것이 아니라, 반대로 신분제도를 온존하는 논리를 전개한다. 그의 신분제 존치 논변은 그의 교육이론에서 노골화된다. "천자에서 서민에 이르기까지 하나같이 다 수신을 근본으로 삼는다"는 『대학』의 가르침에 따라 중국은 교육을 만민에게 보급시켜 입신양명을 위한 수신경쟁을 통해 신분을 타파하는 동력으로 삼았다. 반면, 로크는 교육을 오히려 신분을 재생산하는 동력으로 삼는다. 그는 신분에 따른 차등교육론을 전개하고 있기 때문이다. 로크가 영국의 신분제 사회에 굴복함으로써 그의 교육론이 아이러니컬하게도 신분제적 차등교육론이 되고 만 것이다. 따라서 로크의 자연적 평등론은 그의 교육이론과 함께 고찰하면 대단히 위선적인 이론인 셈이다. 로크가 영국의 신분제적 현실과 이렇게 타협함으로써 오늘날까지도 유럽에서 유일하게 영국만이 구태의연한 귀족제도와 귀족원(상원)이 잔존하는 기형국가가 된 것이다.

로크는 『교육에 관한 몇 가지 생각들』(1693)을 집필할 때 대귀족(aristocrat)만을 염두에 두었다. 그러나 그는 최종본에서 이를 약간 완화해 '젠틀맨'과 등치된 인간으로 확대한다. "나는 덕성을 인간 또는 젠틀맨에 속하는 첫 번째이자 가장 필수적인 자질로 친다."[1055] 이로써 로크는 『교육에 관한 몇 가지 생각들』을 '인간 일반'을 위한 교육론이 아니라 젠틀맨 이상의 귀족들을 위한 교육론으로 못 박는다. 로크가 17세기 말에 말하는 '젠틀맨'은 오늘날의 '점잖은 신사'라는 의미의 도덕군자를 가리키는 것이 아니라, 상론했듯이 '젠트리'라는 '소귀족 (nobilitas minor)'의 일원을 가리켰다. 상론했듯이 기사·에스콰이어와 더불어 '젠트리'는 소귀족층에 속했다. 공작·후작·백작·자작·남작들은 '대귀족'이었다. 따라서 로크의 교육론은 대귀족과 소귀족의 자식들을 교육대상으로 설정한 귀족교육론이었다. 이것을 그는 결론 부분에서 다시 명확하게 언명한다.

1055) John Locke, *Some Thoughts on Education*, §135 ("Excuse"). *The Works of John Locke*, Vol. 9 (London: Printed for Thomas Tegg, 1823; Aalen, Germany: Reprinted by Scientia Verlag, 1963).

나는 군주·귀족·보통젠틀맨의 아들은 상이한 양육방식(*different ways of breeding*)이 있어야 한다고 생각한다.1056)

로크는 『교육에 관한 몇 가지 생각들』에서 군주·대귀족·소귀족(젠틀맨) 아들의 신분차별적 교육에 대해서만 논하고, 하층빈민 자식들의 교육에 관해서는 한마디도 하지 않고 있다. "그는 모든 어린이가 교육받아야 한다거나 교육받을 모든 어린이가 똑같이 교육받아야 한다는 것을 전혀 생각한 적이 없다. 로크는 학교제도가 개혁될 때까지 젠틀맨은 그의 자식을 가정에서 가정교사에 의해 훈육해야 한다고 믿었다. 빈민에 관한 한, 빈민은 로크의 작은 책자에서 전혀 등장하지 않는다."1057)

로크가 '빈민 어린이의 교육'과 비슷한 어떤 것을 언급하는 것은 교구(*parish*)의 빈민구휼 재정을 마련하기 위해 어린이와 소년들에게 일을 시키는 데 필요한 노동훈련·노동기율의 주입과 관련된 대목뿐이다. 로크는 「빈민법에 관한 에세이」(1697)에서 "노동하는 인민들의 자녀들이 교구에 일상적 부담이고 보통 게으름 속에 지내서 그들의 노동도 일반적으로 12살이나 14살이 될 때까지 공적(公的)인 것을 모를 정도다"라고 말한다.1058) 그러므로 그는 "각 교구마다 노무학교(*working schools*)를 세우고, 교구의 구제를 요하는 모든 사람의 3살 이상, 14살 이하 자식들은 가정에서 부모와 같이 사는 동안 빈민감독관의 허가 없이 생계를 위해 투입되지 않아야 하고 노무학교에 가야 한다"고 주장한다. 어린이들을 노동시키는 이 '노무학교'의 목적은 "유아기부터 노동에 익숙케" 하고 이들의 노동으로 얻은 이익으로 교구의 재정문제를 일부 해결하는 것이다. 로크는 이것이 "어린이들을 훗날 그들의 생애 내내 정신적으로 맑게 하고 근면하게 만드는 적잖은 후과를 가져온다"고 주장함과1059) 동시에, 이 노무학교의 재무

1056) Locke, *Some Thoughts on Education*, §136 ("Conclusion").

1057) Peter Gay, "Locke on the Education of Paupers", 190쪽. Amélie Oksenberg Rorty (ed.), *Philosophers on Education: Historical Perspectives* (London: Routledge, 1998).

1058) John Locke, "An Essay on the Poor Law", 190쪽. Locke, *Political Essays*, ed. by Mark Goldie (Cambridge: Cambridge University Press, 1997).

경제를 개략해 교구에도 이득이고("훨씬 더 적은 부담") 어린이들에게 좋은 노동윤리를 주입해줄 것("노무학교에 와서 노동에 전념할 것")이라고 주장한다.1060)

노예제에 대한 로크의 태도에서는 사상과 실천의 대립성과 그의 인간적 위선성이 더욱 노골적으로 드러난다. 로크는 『통치이론』에서 "노예 지위는 인간의 아주 비루하고 비참한 신분이며 우리 민족의 관대한 기질과 용기에 아주 직접적으로 대립되어서 젠틀맨은 말할 것도 없고 여느 영국인도, 특히나 여느 젠틀맨도 그것을 변호할 것이라고 거의 생각할 수 없다"고1061) 극명했다. 로크에 대한 찬양은 보통 자유주의 일반에 대한 찬양과 연결되어왔고, 이것은 미국의 찬양과 연결되었다.

그러나 로크는 1671년 왕립아프리카회사를 통한 영국 노예무역의 주요 투자자였다. 게다가 그는 할아버지 섀프츠베리의 비서 자격으로 봉건적 귀족정을 수립하고 주인에게 노예에 대한 절대권력을 부여한 캐롤라이나 기본헌법의 기초에1062) 참여했다. 또한 로크는 무역국의 일원(1696-1700)으로서, 그리고 무역·플랜테이션위원회의 비서(1673-1674)로서 사실 "제諸 식민지와 식민지 노예체계를 창출하고 감독한 정확히 6인 중의 1인이었다".1063) 그리하여 주요 저서에서 전개된 노예제와 귀족제에 대한 그의 반대론 때문에 그는 위선자이자 인종주의자라는 비난과 함께 영국 자본가들의 자유만을 돌봤다는 비판을 들어왔다.

종합하면, 존 로크가 교육을 귀족교육과 하층빈민의 노동훈련으로 양분함으로써 철저한 신분차별적 교육론을 펴고, 또 귀족제도와 노예제를 이론적으로 반대함에도 불구하고 정치적·실천적으로 이것들을 용인하고 운용한 것은 그의 커다란 '정치적 위선'이라고 평하지 않을 수 없는 것이다. 공자가 만민교육으로 신분제도를 없애려고 했다면, 로크는 차별교육으로 신분제를 영구화하려고

1059) Locke, "An Essay on the Poor Law", 190쪽.

1060) Locke, "An Essay on the Poor Law", 191쪽.

1061) Locke, *Two Treatises of Government*, Bk. 1, Ch. 1, §1 (141쪽).

1062) John Locke, "The Fundamental Constitutions of Carolina"[1669]. John Locke, *Political Essays*, edited by Mark Goodie (Cambridge: Cambridge University Press, 1997).

1063) Martin Cohen, *Philosophical Tales* (Hoboken: Wiley-Blackwell, 2008), 101쪽.

한 것이다. 로크의 신분적 차별교육론에 대한 다른 변론들이1064) 있다면, 그것은 로크의 허명을 연장하려는 공염불에 불과한 것이다. 이렇게 하여 천년 혈통 신분제 사회인 영국사회에서 로크를 통해 수입된 공자의 태생적 평등론은 여지없이 훼손되고 절름발이가 되어, 영국에서는 '심각하게' 생각할 필요가 없는 한낱 추상적 '이념'으로 그치고 만 것이다. 이것이 로크의 자연적 평등론의 '한계'이자 '위선성'이었다. 그러나 영국의 신분제로부터 탈출해 북미 신세계로 이주한 미국인들이 로크의 저 자연적 평등론을 로크의 뜻과 달리 '심각하게' 받아들여 '진실하게' 해석하고 실천적으로 현실에 구현하고자 했다는 것은 주지의 사실이다.

■ 몽테스키외의 반동과 귀족주의적 자유 이념

로크의 자연적 평등론조차도 이런 귀족주의적 한계와 위선성을 안고 있었다는 사실을 통해 짐작할 수 있는 일이지만, 정치적 자유를 '백성의 자유'가 아니라 '귀족의 자유'로 제한하는 유럽적 불평등 전통과 이 전통을 복고하려는 유럽 귀족들의 반동적 몸부림은 사라지지 않고 오래 남는다. 심지어 18세기 중반에도 축소된 귀족적 특권과 자유를 복원하려던 반동복고적 사상가 몽테스키외는 영국의 정치체제와 로크의 사상을 선호했음에도 자유를 '군주와 귀족의 자유'로 제한한 신분적 불평등을 고수했다. 몽테스키외는 이 '귀족의 자유'라는 유럽 전통의 자유 개념의 견지에서 귀족의 독립적 자유를 인정하지 않는 동양의 모든 정체를 '전제정'으로 폄하했다. 그는 심지어 귀족신분을 폐지한 평등국가 중국조차도 '무절제한 전제정'으로 사정없이 깎아내렸다.

1064) 가령 액스텔(James Axtel)은 "로크가 이 작은 계급을 위해 집필한 것이 아니고 또 그가 교육에 대해 말한 많은 것, 특히 주요 원리들은 모든 어린이에게 평등하게 적용할 수 있는 가능성을 배제하지 않는다'고 변호한다. James L. Axtell, "Introduction", 52쪽. The Educational Writings of John Locke, ed. by James L. Axtell (Cambridge: Cambridge University Press, 1968). 동시대인 코스트(Pierre Coste)도 유사한 해석을 했었다. "이 저작이 젠틀맨 신분을 위해 기획된 것이 확실하지만, 이것이 그들의 계급이 무엇이든 모든 부류의 어린이들의 교육에 이바지하는 것을 방해하지 않는다."(Axtel, 52쪽에서 재인용) 액스텔과 코스트는 과잉해석을 하고 있고, 또 「빈민법에 관한 에세이」를 읽지 않은 것으로 보인다.

절제적 정부(*moderate government*)를 만들기 위해서는 권력들을 결합하고 조절하고 완화하고 행동하도록 만들어야 한다. 즉, 한 권한에 안전장치를 주고 상호 견제하는 지위에 있도록 해야 한다.1065)

몽테스키외가 말하는 '절제적 정부'는 귀족의 특권에 의해 왕권이 제한되는 군주정을 말한다. 그에 의하면 권력들을 상호 견제하는 감정적 동력은 영예심이다.

군주적·절제적 국가에서 권력은 그 스프링인 것에 의해 제한된다. 이 스프링은 명예 또는 영예를 말하는데, 이 영예가 한 군왕처럼 군주와 백성 위에 군림한다.1066)

몽테스키외에 의하면, 이 명예 또는 영예의 체현자는 바로 세습적 귀족신분이다.

직접적·종속적·의존적 권력들은 군주정의 본성, 즉 한 사람이 혼자 기본법률에 의해 다스리는 정부의 본성을 구성한다. (⋯) 가장 자연스러운 직접적·종속적·의존적 권력은 귀족의 권력이다. 어떤 점에서 귀족은 군주정의 정수인데, 그것의 기본준칙은 '군주 없이 귀족 없고, 귀족 없이 군주 없다'는 것이다. 귀족이 없다면 우리는 한 명의 전제주(*despot*)를 갖게 된다.1067)

따라서 몽테스키외는 귀족 지위를 약화시키는 루이 14세의 '절대주의'와, 귀족 신분의 존재 자체를 부정하는 '민주주의'를 같은 수준에 놓고 혐오했다.

몇몇 유럽국가에서 일부 사람들은 영주들의 모든 사법권을 철폐하는 것을 상상했었다. 그들은 그들이 영국의회가 한 것을 원하고 있었음을 알지 못했다. 당신이 어떤

1065) Montesquieu, *The Spirit of the Laws*, Bk. 4, Ch. 14, 63쪽.
1066) Montesquieu, *The Spirit of the Laws*, Bk. 3, Ch. 10, 30쪽.
1067) Montesquieu, *The Spirit of the Laws*, Bk. 2, Ch. 4, 18쪽.

군주국 안의 영주·성직자·귀족·도시특권상인들의 특권을 폐지하면 당신은 곧 인민
국가(*popular state*)를 맞거나, 아니면 전제국가를 맞을 것이다. 여러 세기 동안 유럽의
한 대단한 왕국(프랑스 – 인용자)의 사법재판소들은 항상 영주의 세습적 재판관할권
과 성직적 재판관할권을 때려 부숴왔다. 우리는 이러한 지혜로운 치자들을 비난하고
싶지 않지만, 헌정체제가 어느 정도까지 이런 식으로 바뀌어도 되는지는 공중에게
남겨줄 것이다.1068)

몽테스키외는 "삼부회와 잔존하는 프랑스 지방영지들 같은 '중간권력체들
(*intermediary powers*)'을 불구화하거나 제거하는 루이 14세의 정책에 깊은 혐오감을
느꼈다".1069) 그래서 그는 중간권력체들(영주·귀족·성직자·도시특권상인들)의 권력
을 박탈하고 그 특권을 폐지하면 '인민국가'나 '전제국가'로 전락할 것이라고
협박하며 귀족들의 신분적 특권의 유지와 회복을 까놓고 추구하고 있다. 여기
서 '인민국가'는 민주정을 가리킨다. 몽테스키외는 백성의 정치적 자유를 위해
권력분립을 주장하거나 전제정을 비판한 것이 결단코 아닌 것이다. 이 관점에
서 그는 중국을 전제정으로 비난할 때 '절제적 정부'의 대표적 증거로 써먹는
영국 군주국의 의회까지도 싸잡아 비난하고 있다.

상론했듯이 몽테스키외는 "민주정과 귀족정은 그 본성상 자유국가가 아니
다"라고 공언하고 "정치적 자유는 절제적 정부(귀족 있는 군주정 – 인용자)에서만
발견된다"고 천명한다.1070) 여기서 귀족 없는 전제적 군주정이나 군주 없는
귀족공화정과 민주공화정에 대한 그의 두려움 및 혐오감과 함께 그가 아는
자유란 '군주의 자유'와 '귀족의 자유'가 상호 견제하며 양립하는 '군주와 귀족의
자유'만을 뜻한다는 것이 분명히 드러난다.

■ 중국평등사회론의 계속적 확산과 「미국독립선언」

1068) Montesquieu, *The Spirit of the Laws*, Bk. 2, Ch. 4, 18쪽.
1069) Israel, *Enlightenment Contested*, 272쪽.
1070) Montesquieu, *The Spirit of the Laws*, Bk. 11, Ch. 4, 155쪽.

로크 이후에도 유럽 지식인들은 중국이 신분 없는 평등사회라는 것을 쏟아져 나온 중국 관련 서적들로부터 거듭 배웠다. 가령 루이 르콩트(Louis-Daniel Le Comte)는 1696년『중국의 현재상태에 대한 신비망록』에서 이렇게 중국의 신사제도를 설명하고 있다.

> 귀족은 결코 세습적이지 않을뿐더러, 사람이 수행하는 관직에 의해 생기는 차별을 제외하고는 사회적 지위(qualities) 면에서 백성들 간에 아무런 차별도 없다. 그리하여 공자의 가계만 빼고 전체 왕국은 관리와 평민으로 양분된다.[1071]

"관직에 의해 생기는 차별을 제외하고는 사회적 지위 면에서 아무런 차별도 없다"는 르콩트의 이 표현은 훗날 프랑스 인권선언에 의해 모방된다.

1735년 뒤알드는 중국의 명실상부한 보편적 평등을 이렇게 묘사하고 있다.

> 중국에서 귀족은 세습적이지 않다. (…) 어떤 사람이 아무리 저명하다고 할지라도, 아니 그가 제국의 최고 지위에까지 올라갔다고 할지라도 그가 뒤에 남기는 자녀는 자신의 운으로 헤쳐나가야 하고, 이 자녀들이 정신적 재능이 많지 않거나 편한 것을 좋아한다면 그들은 평범한 사람들의 수준으로 가라앉고 종종 지극히 천한 직업에라도 종사하지 않을 수 없다.[1072]

같은 의미에서 크리스티안 볼프는 1754년 중국인들이 개인의 혈통이 아니라 그 사람의 덕성을 결정적인 것으로 간주하는 것은 정당하다고 말한다. 중국에서 귀족 칭호는 업적의 근거에서만 수여된다. 이 칭호는 아들에게 내려가는 것이 아니라, 아버지에게 올라간다. 아들의 칭호 부여와 동시에 그의 아버지도

1071) Le Compte, *Memoirs and Observations made in a Late Journey through the Empire of China*, 284쪽.

1072) P. Du Halde, *The General History of China – Containing A Geographical, Historical, Chronological, Political and Physical Description of the Empire of China, Chinese-Tatary, Corea and Thibet* (Paris: 1835), Vol. 2 in 4 Volumes, translated by Brookes (London: Printed by and for John Watts at the Printing-Office in Wild Court near Lincoln's Inn Fields, 1736), 99쪽.

아들을 잘 교육시켰기 때문에 받을 자격이 있는 만큼 칭호를 수여받는다. 볼프
는 이 제도가 자연법에 부합된다고 말했다.1073)

유스티도 중국헌정체제는 "세습귀족을 알지 못한다"고 평하고, 농노제·중
과세·부역에 묶인 유럽 농민의 처절한 상황을 개탄하면서 여기로부터 부역제
의 폐지를 도출하고, 중국 농민처럼 자유로운 농민이 더 많이 생산한다는 전제
아래 농노해방을 주장하기에 이른다.1074) 케네도 "중국에는 세습귀족이 없고,
어떤 사람의 업적과 능력만이 그가 가져야 하는 지위를 표시해준다"고 확인하
고 중국의 만민평등교육과 과거제도를 상론한다.1075) 중국의 이런 신분평등을
로크를 포함한 유럽 철학자들은 17세기 후반부터 알고 있었을 뿐만 아니라
18세기 내내 반복해서 중국의 평등사회를 읽고 되뇌었던 것이다.

그리하여 유럽의 계몽주의자들과 미국식민지의 혁명적 지식인들은 힘을
잃지 않고 로크의 자연적 평등론의 논지를 보존할 수 있었고, 로크 자신에
의해 자연적 평등론에 타협적으로 설치된 귀족주의적 한계조차도 18세기 말의
정치·사회혁명을 통해 돌파하기에 이른다. 가령 1776년 7월 4일 공자와 로크를
둘 다 익히 알고 있었던 계몽철학자 토마스 제퍼슨(Thomas Jefferson, 1743-1826)이
유럽 계몽주의와 공자주의 정신에서 기초한 「미국독립선언」(1776)은 서두에서
"모든 인간은 평등하게 태어났다"고 선언하고 있다. 또 이 「미국독립선언」을
본뜬 프랑스혁명의 「인간과 시민의 권리 선언(Declaration of the Rights of Man and
of the Citizen)」(1789년 8월 26일)은 제1조에서 "인간은 자유롭고 평등하게 태어났고
언제나 계속 그렇다. 그러므로 사회적 차별은 오직 공공적 공리성에만 기초할

1073) Christian Wolff, *Oeconomia* (1754). Michael Albrecht, "Einleitung" zu Christian Wolff, *Rede über
die praktischen Philosophie der Chinesen* [1721·1726] (Hamburg: Felix Meiner Verlag, 1985), LXXXVIII.

1074) Johann H. G. Justi, *Vergleichungen der Europäischen mit den Asiatischen und anderen, vermeintlichen
Barbarischen Regierungen* (Berlin/Stetten/Leipzig: Johann H. Rüdiger Verlag, 1762), 304-306, 463-492쪽;
Johann H. G. Justi, *Abhandlung von den Mittel, die Erkenntnis in den Oeconimischen und Cameral-Wissenschten
dem gemweinen Wesen recht nützlich zu machen* (Göttingen: Verlag nicht angezeigt, 1755), 16쪽.

1075) François Quesnay, *Le Despotisme de la Chine* (Paris: 1767). 영역본: *Despotism in China*, 172쪽. Lewis
A. Maverick. *China - A Model for Europe*, Vol. II (San Antonio in Texas: Paul Anderson Company,
1946). 국역본: 프랑수아 케네(나정원 역), 『중국의 계몽군주정』(서울: 앰-애드, 2014), 63쪽.

수 있다"고 천명하고 있다.

「프랑스 인권선언」의 '타고난 평등' 명제는 「미국독립선언」의 '타고난 평등' 명제를 추종한 것으로 보이기도 하지만, 앞서 시사했듯이 중국의 신사紳士제도를 설명하는 르콩트의 표현방식을 거의 그대로 본뜬 것이다.1076) 르콩트는 1696년 『중국의 현재상태에 대한 신비망록』에서 신사제도를 설명하면서 "사람이 수행하는 관직에 의해 생기는 차별을 제외하고는 사회적 지위 면에서 백성들 간에 아무런 차별도 없다"고 부연했다.1077) "사회적 차별은 오직 공공적 공리성에만 기초할 수 있다"는 「프랑스 인권선언」의 표현과 "사람이 수행하는 관직에 의해 생기는 차별을 제외하고는 사회적 지위 면에서 백성들 간에 아무런 차별도 없다"는 르콩트의 설명은 표현방식에서 아주 흡사하다.

로크의 자연적 평등론의 궁극적 출처도 중국이었지만, 로크의 평등론을 부정하는 몽테스키외 등의 귀족주의적 반동이 기승을 부릴 때도 이를 물리치고 로크의 평등론을 보존한 것은 중국의 평등사회의 엄존과 공자의 태생적 평등론이었다. 따라서 「미국독립선언」에서 과감하게 선언된 제퍼슨의 '보편적 평등' 사상도 로크의 자연적 평등론만이 아니라 이 평등론의 원산지인 중국의 평등사상과 그 현실에 대한 독서로부터 나온 것이다. 제퍼슨을 포함한 미국의 모든 계몽주의자는 중국의 보편적·태생적 평등사상과 중국의 평등제도를 너무나 잘 알고 있었기 때문이다.

■중국의 역성혁명론과 로크의 근대적 혁명 개념

이제 로크가 공맹의 반정·혁명론을 수용함으로써 혁명권 또는 저항권을 이론화하고 1688년 사건을 '혁명'으로 정당화하려고 노력한 측면을 살펴보자.

원래 서양에는 백성의 '혁명의 권리와 의무'에 대한 관념 자체가 없었다. 유럽인들은 왕을 간쟁하거나 탄핵할 수 없었다. 왕은 왕권신수설에 따라 '신성

1076) Herrlee G. Creel, *Confucius — The Man and the Myth* (New York: The John Day Company, 1949), 269쪽.

1077) Le Compte, *Memoirs and Observations made in a Late Journey through the Empire of China*, 284쪽.

한 존재였기 때문이다. 17-18세기 영국의회조차도 국왕이 아니라 그의 측근자 문관들만을 비판했다. 찰스 1세를 처형한 올리버 크롬웰의 무덤은 왕정복고 전야에 완전히 혼적 없이 파괴·인멸되었다. 영국인들은 1688년의 명예혁명을 이후 60-80년 동안 '혁명'이 아니라 '왕의 탈주 또는 퇴위(desertion or abdication)'라고만 표기하고 칭술했다.1078)

17세기 내내 영국에서 'revolution'이라는 단어는 주류에서 사용되면 과거로 돌아가는 '복고(restoration)'를 뜻했다.1079) 가령 윌리엄 템플은 「통치의 기원과 본성에 관한 에세이」(1672)에서 1660년의 왕정복고를 '혁명'이라고 불렀다.1080) 18세기에도 'revolution'은 단지 '사물들의 자연적 운동 또는 변화'를 뜻했다. 올리버 골드스미스는 1762년에 출판한 저작 『세계시민』에서도 'revolution'을 아직 이런 의미로 쓰고 있다.1081) 심지어 몽테스키외는 로크가 『통치이론』(1689)을 펴낸 지 50년 뒤에 낸 『법의 정신』(1748)에서도 'revolution'이라는 말을 중국의 역사와 관련해서만 '혁명'의 뜻(왕조가 전복되는 "22번의 보편적 혁명")으로 쓰고,1082) 유럽의 역사와 관련해서는 '변화, 변천'의 뜻으로만 쓰고 있다.1083)

제퍼슨이 '혁명'을 국민의 천부인권으로 선언하기 오래전에 로크는 공맹의 반정·혁명론을 '유럽화·영국화'해 백성의 천부적 혁명권 또는 저항권으로 논

1078) Israel, *Enlightenment Contested*, 326-335쪽; Lois G. Schwoerer (ed.), *The Revolution of 1688-89* (Cambridge: Cambridge University Press), 3쪽.

1079) Ulrich Niggerman, "Some Remarks on the Origins of the Term 'Glorious Revolution'". *The Seventeenth Century*, Vol. XXVII, No. 4 (Dec. 2012), 477쪽.

1080) William Temple, "Essay on the Original and Nature of Government", 28쪽. *The Works of Sir William Temple*, Vol. I (London: Printed for Rivington et al. and by S. Hamilton, 1814).

1081) Oliver Goldsmith, *The Citizen of the World: or Letters from a Chinese Philosopher, residing in London, to his Friends in the East* [1762], Vol. I of 2 volumes (London: Printed for J. Parsons 1794), 191쪽(Letter LVI; "the revolutions of wisdom", "the revolutions of folly or ambition"), Vol. II, 3쪽(Letter LXIII), 61쪽(Letter LXXXI), 99쪽(XCI). 또 골드스미스는 혁명을 '큰 사건'의 뜻으로도 사용한다. "유럽은 심지어 한 시대의 범위 안에서도 아주 많은 혁명들을 겪지 않는가! 그리고 이 혁명들이 수천의 파괴 외에 무엇으로 귀결되는가? 모든 큰 사건은 새로운 재앙으로 가득하다." 141쪽(Letter XLII).

1082) Montesquieu, *The Spirit of the Laws*, Part 1, Bk. 7, Ch. 7, 103쪽.

1083) Montesquieu, *The Spirit of the Laws*, Part 6, Bk. 27, 521쪽; Bk. 28, 532쪽; Ch. 12, 546쪽; Bk. 31, 669쪽.

했다. 이런 까닭에만 로크와 흄의 정치철학에 고무된 미국혁명에서 제퍼슨은 아무런 거리낌 없이 '혁명'을 인민의 천부인권으로 선언할 수 있었던 것이다. 그러나 유럽의 철학전통에서는 근대적 '혁명' 개념이 자생自生할 수 없었다. 이런 까닭에 로크는 혁명 개념을 극동으로부터 '밀반입'할 수밖에 없었다.

공자와 중국 유자들은 '절대적 무한자'를 인정하지 않는다. 공자는 아마 굳이 '무한자'를 말한다면, 이것을 '절대적 무한자'와 '상대적 무한자'로 나누었을 것이다. 그리고 '절대적 무한자'는 가공적架空的으로 보고 '상대적 무한자'만을 인정했을 것이다. 하늘(상제)은 인간에 비해 '상대적으로' 무한히 위력적인 권능을 가지고 있다. 이런 의미에서 하늘은 '상대적' 무한자, '상대적' 전지전능자다. 그러나 하늘도 때로 실책을 범하기 때문에 '절대적' 전지전능자 또는 '절대적' 무한자, 즉 '절대자'는 아니다. 따라서 공자철학과 극동의 전통사상은 절대자(절대적 무한자)의 존재를 인정하지 않고 하늘도 아무리 인간보다 우월하고 위대하더라도 과실 없는 절대자로 보지 않는다. 그리하여 공자는 하늘의 불완전성을 이렇게 지적한다.

> 하늘은 오히려 불완전하고, 그래서 세상은 집을 지으면서 기와 세 장을 붙이지 않고 늘어놓아 하늘에 응한다. 그러므로 천하에는 등급이 있고 사물은 불완전한 채로 생겨나는 것이다.1084)

이 때문에, 마치 사람이 불완전한 동식물의 품종을 개량하고 의사가 유아의 태생적 기형을 고치듯이, 인간이 인지人智와 신지神智로써 인도와 천도를 알아 세상에 밝게 드러내고 덕행으로 그 왜곡된 도를 바로 세움으로써 하늘과 신을 도와야만 천지운행이 정상화된다. 그러므로 『역경』 「계사상전」은 성인聖人이 『주역』을 통해 "도를 드러내고 덕행을 신묘하게 하므로 신과 소통하고 더불어 신을 도울 수 있는 것이다(顯道神德行 是故可與酬酢 可與祐神矣)"라고 '우신론祐神論'

1084) 司馬遷, 『史記列傳(下)』 「龜策列傳」, 1153쪽: "天尙不全 故世爲屋 不成三瓦而陳之 以應之 天. 天下有階 物不全乃生也."

또는 '천인상조론天人相助論'을 피력하고 있다.1085) 공자는 인간들 중 뛰어난 성인聖人이 신을 돕는 이 천인상조론의 관점에서 '천지화육찬참론天地化育贊參論'을 피력한다. "인성人性을 다할 수 있으면 물성物性을 다할 수 있고, 물성을 다할 수 있으면 천지화육을 도울 수 있고, 천지화육을 도울 수 있으면 천지와 더불어 참여할 수 있다."1086) 인간이 과실이 없지 않은 불완전한 '상대적 무한자'로서의 하늘과 땅을 도와 그 운행과 진화 과정에 참여해 천지의 운행을 완전하게 만드는 것이다. 이것은 응당 천지의 결함과 한계에 대한 인정認定과 하늘의 실책에 대한 인간의 원망怨望·탄핵·교정·보완이다.

이 논리의 연장으로서 공자는 부모를 하늘처럼 공경하더라도 효도는 부모에 대한 간쟁諫爭으로 완성된다고 가르친다. 공자는 "아버지의 명령을 좇으면 효라고 할 수 있습니까?"라는 물음에 이렇게 답한다.

> 이게 무슨 말인고? 이게 무슨 말인고? (…) 아비에게 간쟁하는 자식이 있으면 몸이 불의에 빠지지 않을 것이다. 그러므로 불의에 당하면 아들은 아비에게 간쟁하지 않으면 아니 되는 것이다. (…) 그러니 아비의 명령을 따르기만 하는 것이 어찌 효일 수 있겠는가?1087)

공자는 이와 같이 효를 가르쳤지만 효를 아비에 대한 무조건적 복종으로 말하지 않고 아비에 대한 간쟁을 의무화했다.

또한 이것은 군주의 경우에도 마찬가지다. 임금을 하늘이 세운 '군사君師' 또는 '천자天子'로 관념하더라도 하늘이 불완전한 '상대적 무한자'에 지나지 않는 것처럼 하늘 또는 '하늘의 아들(天子)'에 비견되는 임금도 비록 하늘처럼 높다 하더라도 불완전해서 오류와 실수가 있을 수 있기 때문에 신하들은 임금

1085) 『易經』「繫辭上傳」.
1086) 『中庸』(22章): "能盡人之性 則能盡物之性 能盡物之性 則可以贊天地之化育 可以贊天地之化育 則可以與天地參矣."
1087) 『孝經』「第十五 諫爭」: "子曰 是何言與 是何言與. (…) 父有爭子 則身不陷於不義 故當不義 則子不可以不爭於父 (…) 從父之令又焉得爲孝乎."

의 정사에 찬참贊参하고(찬조·참여하고) 임금에게 간쟁하며, 여의치 않으면 임금
을 갈아치우는 반정과 혁명도 할 수 있고 또 그래야만 하는 것이다.

18세기 중반 볼테르는 신수설에 기초한 로마교황의 교권과 유럽군주의 왕권
이 중국황제의 그것보다 더 전제적이라는 것, 그리고 유럽의 교권과 왕권의
이 전제성이 그들의 신수설적 불가류성不可謬性과 연관되어 있는 반면, 극동
군주의 – 기왓장 세 장만큼 불완전한 하늘로부터 받은 – 왕권의 제한성이
군주의 불완전성, 즉 그 '가류성可謬性'과 연관되어 있다는 것을 깊이 깨닫고
이렇게 확언했다. "로마의 추기경이 중국의 황제보다 더 전제적이라는 것은
절대적으로 확실하다. 왜냐하면 로마의 추기경은 불가류不可謬이고 중국황제
는 그렇지 않기 때문이다."[1088]

극동에서 고래로 관념되어온 임금의 이러한 '가류성' 때문에 공자는 임금에
대한 신하의 '충간忠諫'을 '신하의 의무'로 규정한다.

> 옛날에 천자가 간쟁하는 신하가 일곱 명이 있으면 무도한 시대에도 천하를 잃지 않
> 고 제후가 간쟁하는 신하가 다섯 명이 있으면 무도한 시대에도 나라를 잃지 않았다.
> 대부가 간쟁하는 신하가 세 명이 있으면 무도의 시대에도 가문을 잃지 않았다. 선비
> 가 간쟁하는 벗이 있으면 몸이 아름다운 이름과 떨어지지 않았다. (…) 그러므로 불
> 의에 당하면 (…) 임금에게 간쟁하지 않으면 아니 되느니라.[1089]

따라서 공자는 충간을 거듭 '신하의 의무'로 규정하고 간언의 방도에 대해서도
자세하게 가르친다.

> 충신으로서 임금을 섬김에 있어 간쟁하는 것보다 앞서는 것은 없다. 아래에서 말을

1088) Voltaire, "The A B C, or Dialogues between A B C - First Conversation. On Hobbes, Grotius and Montesquieu", 97-98쪽. Voltaire, *Political Writings* (Cambridge: Cambridge University Press, 1994·2003).

1089) 『孝經』「第十五 諫爭」: "子曰 (…) 昔者 天子有爭臣七人 雖無道 不失其天下. 諸侯有爭臣五人 雖無道 不失其國. 大夫有爭臣三人 雖無道 不失其家. 士有爭友 則身不離於令名. (…) 故當不義 則(…)臣不可以不爭於君."

할 수 있고 위에서 들어주면 왕도가 빛나느니라. 아직 형태화되지 않은 것에 대해 간언하는 것이 상등이고, 이미 윤곽이 드러난 것에 대해 간언하는 것이 다음이고, 이미 행해진 것에 대해 간쟁하는 것이 하등이다. 어긋나는데도 간하지 않으면 충신이 아니다. 무릇 간언은 순한 말로 시작하고, 중간에는 항의하며, 마지막에는 절의를 죽음으로써 지켜 임금의 아름다운 덕을 이루고 사직을 안녕케 한다. 『서경』(「열명상」)에 이르기를 "나무가 먹줄을 따라 깎이면 반듯해지고 임금이 간언을 따르면 거룩해진다"고 했다.1090)

'충간'은 충신의 의무다. 충성으로 간하지 않으면 충신이 아니다. 천지가 '천인상조'로 운행되듯이 천하와 나라는 '군신상조君臣相助'의 '군신공치君臣共治'로 다스려지는 것이다. 이런 취지에서 극동의 모든 유교국가는 간언을 전문적 직무로 삼는 '언관言官'(명대의 과도관科道官, 조선의 삼사三司)까지도 제도화했던 것이다. 유교국가에서 신하는 이런 의미에서 임금의 노예가 아니라 자립적 존재였다. (오늘날 '간쟁'은 언론이 수행하고 있다.) 유교국가에서 선비관리는 공맹의 가르침에 따라 왕권을 견제하는 권리와 의무를 가진 지위에 있다. 따라서 공자는 '간쟁諫諍'을 신하의 의무로 가르친 것이다.

또한 군주가 신하의 간쟁과 백성의 민심을 유린하는 포악한 폭군이나 백성을 분열시키는 위험하고 어리석은 암주暗主라면, 정신正臣은 폭군을 방벌하는 '반정反正'을 해야 할 의무와 권리가 있고, 심지어 신민은 폭군을 타도하고 아예 왕조(사직)를 바꾸는 천리天吏를 찾아 '역성혁명'에 나설 권리와 그래야 할 의무가 있다. 맹자는 반정과 역성혁명에 대해 입론한다.

백성이 가장 귀중하고 사직은 그다음이고 임금은 가장 가볍다. 그러므로 들녘의 백성을 얻으면 천자가 되고 천자를 얻으면 제후가 되고 제후를 얻으면 대부가 된다. 제후가 사직을 위태롭게 하면 제후를 갈아치운다. 희생이 살찌고 제물이 풍성하고

1090) 『忠經』「第十五 忠諫」: "忠臣之事君也 莫先於諫. 下能言之 上能聽之. 則王道光矣. 諫於未形者 上也. 諫於已彰者 次也. 諫於旣行者 下也. 違而不諫 則非忠臣. 夫書諫始於順辭 中於抗議 終於死節 以成君休 以寧社稷. 書云 '惟木從繩則正 后從諫則聖'."

깨끗하며 제사를 때맞춰 지냈는데도 가뭄과 홍수가 나면 사직을 갈아치운다.[1091]

왕후를 갈아치우는 것은 '반정'이고, 사직(왕조)을 갈아치우는 것은 '(역성)혁명'이다. '반정'과 '역성혁명'은 폭군살해도 포함하는 과정이다. 그러므로 공자는 "위정자가 편벽되면 천하에 의해 죽임을 당한다(有國者 不可以不愼 辟則爲天下僇矣)"고[1092] 말했던 것이다.

이 경우에 소위 왕의 살해는 일개 '잔적자殘賊者'의 주살일 뿐이므로 '시군弑君(regicide)'이 아니다. 맹자는 말한다.

> 인仁을 해치는 자를 '적賊'이라 하고 의義를 해치는 자를 '잔殘'이라 한다. 잔적殘賊한 사람은 '일개 사내'라고 한다. 주紂라는 일개 사내를 주살했다는 말은 들었어도 시군했다는 말은 듣지 못했다.(賊仁者謂之賊 賊義者謂之殘 殘賊之人謂之一夫. 聞誅一夫紂矣 未聞弑君也.)[1093]

그러나 일개 '잔적자'라도 백성이 떼로 몰려가 사법적 판단과 절차도 없이 주살하는 소위 '떼거리정치'를 해도 되는가? 맹자는 혼란스러운 혁명상황에서도 아무나 폭군을 죽일 수 있는 것이 아니라, 민심(천명)을 얻은 '천리天吏', 즉 '하늘의 관리'만이 그를 처형할 수 있다고 말한다. "그가 만약 '그것(연나라)을 정벌할 수 있는가'라고 물었다면 나는 천리라면 그것을 벌할 수 있다고 응답했을 것이다." 이것은 "가령 사람을 죽인 자가 있는 경우에 어떤 사람이 '이 자를 죽여도 되는가'라고 묻는다면 나는 '그렇다'고 응답할 것이고, '누가 그 자를 죽일 수 있는가'라고 묻는다면 나는 사법관이라고 말할 것인데", '천리'는 이 '사법관'과 같은 것이다.[1094] 그렇다면 '천리'는 누가 되는가? "(민심을 얻어)

1091) 『孟子』「盡心下」(14-14): "孟子曰 民爲貴 社稷次之 君爲輕. 是故得乎丘民而爲天子 得乎天子爲諸侯 得乎諸侯爲大夫. 諸侯危社稷 則變置. 犧牲旣成 粢盛旣絜 祭祀以時 然而旱乾水溢 則變置社稷."

1092) 『大學』(傳10章).

1093) 『孟子』「梁惠王下」(2-8).

천하에 적이 없는 사람이 천리다. 천리이면서도 왕 노릇 하지 못한 자는 없었다
(無敵於天下者 天吏也. 然而不王者 未之有也)."1095)

이와 같이 공자와 맹자는 유교국가의 신하와 신민이 군주를 충성으로 보필하
는 공순한 신하일 뿐만 아니라 군주에게 충성으로 간쟁하고, 항의적 간언을
해도 듣지 않으면 죽음으로 절개를 다하며, 그래도 듣지 않는 폭군이면 천명을
받은 새로운 '천리天吏'를 앞세워 폭군을 갈아치우고 타도해 죽일 수도 있는
'자립적 존재'임을 정교하게 논했던 것이다. 공맹의 유교국가에서 반정과 혁명
은 백성과 신하의 권리이자 의무다. 반대로 군주는 '인정仁政'을 베풀어야 할
의무가 있다. 군주의 인정과 신민의 충성은 쌍무적인 것이고, 이 충성에는
임금에 대한 순종만이 아니라 간쟁·반정·혁명도 포함되어 있는 것이다. 따라
서 신사로서의 중국의 관원은 이 공맹의 가르침에 의해서도 군주의 황제권을
상시로 간쟁에 의해 견제하고 비상시에 황제를 갈아치우는 정치적 권리와
의무를 가진 독립적 지위에 있었던 것이다.

그러나 유럽은 신을 '절대적 무한자'로 관념하고 다시 임금을 이 절대자
'신'의 모상으로 관념했다. 가령 보댕은 군주를 이 '절대적 무한자'인 '신의
모상模像(the image of God)'으로, 홉스는 '필멸적 신(the mortal God)'으로 간주했다.
이런 유럽적 왕권신수설의 세계에서는 반정과 혁명이 논리상 '절대' 있을 수
없다. 신도, 그 모상인 군주도 '절대로' 실책을 범하지 않는 '절대자'이기 때문이
다. 만약 실제로 군주를 죽이거나 갈아치우는 일이 벌어진다면 그것은 '시군弑
君'이나 '대역大逆' 행위다. 이런 까닭에 유럽에서는 근대적 '혁명' 개념이 자생自
生할 수 없어 17-18세기에 극동으로부터 수입할 수밖에 없었던 것이다. 이
혁명 개념이 수입된 뒤에야 로크의 저항권(혁명권) 이론이 나왔고, 이로써 드디어
정치철학적으로 혁명의 길이 백성의 권리와 의무로서 타개되어 근대적 시민혁
명의 시대가 열렸던 것이다.

1094) 『孟子』 「公孫丑下」(4-8): "彼如曰 孰可以伐之? 則將應之曰 爲天吏 則可以伐之. 今有殺人
　　 者 或問之曰 人可殺與? 則將應之曰 可. 彼如曰 孰可以殺之? 則將應之曰 爲士師 則可以殺之."
1095) 『孟子』 「公孫丑上」(3-5).

공자와 맹자는 '백성은 나라의 근본'이라는 민유방본론民惟邦本論의 견지에서 '혁명'을 폭정과 악정의 상황에서의 자기방어(정당방위)를 위한 백성의 천부적 권리와 의무로 간주했다. 그리하여 중국의 역사는 수많은 인민혁명으로 가득하다. 마테오리치·트리고·마르티니 등 초기 선교사들의 보고에 의하면, 중국에서 '정당한 혁명'의 관념은 폭정에 대한 항구적 억지력이었다. 뒤알드·흄·케네 등도 모두 줄줄이 이것을 언급했다.1096) 중국군주정을 '전제정'으로 경멸했던 중국혐오론자 몽테스키외조차도 중국에서 "악정은 즉각 처벌받는다"는 점을 인정했고,1097) 또 중국은 "무수히 많은 특수한 혁명들을 거쳤을" 뿐만 아니라 "22번의 보편적 혁명을 겪었다"라고 토로했다.1098) 데이비드 흄도 중국에서 혁명적 반란이 다반사이고 멀고 먼 수많은 지방을 가진 방대한 국가에서의 집회의 자유와 반란의 빈발이 순수한 군주정이 '절대군주정'으로 전락하는 것을 막아왔다고 말했다.1099)

17-18세기 서양 철학자들은 공자와 맹자의 경전을 통해 반정·역성혁명에 대한 백성의 권리·의무론과 천명전이론天命轉移論을 배웠을 뿐만 아니라, 이와 같이 중국의 역사를 접하면서 중국에서 황제를 탄핵하고 타도하는 혁명과 반란이 정치적 다반사라는 것을 잘 알게 되었던 것이다.

당연히 로크와 당시 그의 동료들도 뒤알드·흄·케네·퍼시 등보다 먼저 공맹의 반정·역성혁명론과 중국의 혁명사를 잘 알고 있었다. 가령 민유방본론과 태강太康황제의 혁명적 타도사건은 이미 마르티니의 『중국기』(1659)에 의해 유럽에 잘 알려져 있었다. 『서경』「하서·오자지가五子之歌」는 태강(즉위년 기원전 2188년)의 타도에 대해 이렇게 밝히고 있다.

1096) Du Halde, *The General History of China*, Vol. 2, 18쪽; Quesnay, *Despotism in China*, 157쪽.

1097) Montesquieu, *The Spirit of the Laws* [1748] (Cambridge·New York etc.: Cambridge University Press, 1989·2008), Part I, Bk. 8, Ch. 21, 128쪽.

1098) Montesquieu, *The Spirit of the Laws*, Part I, Bk. 7, Ch. 7, 103쪽.

1099) David Hume, "Of the Rise and Progress of the Arts and Science"(1742), 66쪽 각주c. David Hume, *Political Essays* (Cambridge·New York·Melbourne: Cambridge University Press, 1994·2006).

태강이 나라를 잃고 동생 다섯이 낙수의 물굽이에서 기다리며 오자지가를 지었다. 태강은 자리만 차지하고 빈둥거렸고 안일하게 즐기며 덕을 망쳤다. 백성들은 모두 두 마음을 갖게 되었으나, 그는 절도 없이 즐기며 놀았다. 어느 날은 낙수의 남쪽으로 사냥 가서 백날이 되어도 돌아오지 않았다. 그리하여 궁窮나라의 제후 예羿가 백성들이 견디지 못함으로 말미암아 황하에서 길을 막아버렸다. 그의 다섯 동생들은 어머니를 모시고 따라갔다가 낙수의 북쪽 물굽이에서 그를 기다렸다. 다섯 동생들은 다 원망하며 우임금의 훈계를 노래로 지어 불렀다.1100)

다섯 동생 중 첫째의 노래는 이렇다.

할아버지 황제께서 훈계가 있었는데, 백성은 가까이 대해야 하고 낮춰 대하면 아니 된다. 백성은 나라의 근본이니 근본이 공고하면 나라가 강녕하다(民惟邦本 本固邦寧). 내가 천하를 보니 어리석은 지아비와 어리석은 지어미도 모두 나보다 나았다. 한 사람이 여러 번 실책한다. 원망이 어찌 현명함에 있으랴? 원망을 입지 않도록 꾀하라. 나는 만민에 임하면 썩은 고삐로 여섯 마리 말을 모는 것처럼 벌벌 떨었도다. 남들의 윗사람인 자로서 어찌 불경하리요?1101)

마르티니는 이 시에 이런 설명을 달고 있다. "태강황제가 그의 악덕으로 인해 퇴위를 당하자마자 그와 함께 그의 다섯 아우들이 유배되었을 때 이 아우들이 태강황제에게 말했다."1102)

그리고 첫째 동생의 시가를 이렇게 번역하고 있다.

1100) 『書經』「夏書·五子之歌」: "太康失邦 昆弟五人 須于洛汭 作五子之歌. 太康尸位以逸豫 滅厥德. 黎民咸貳 乃盤遊無度 畋于有洛之表 十旬弗反. 有窮后羿 因民弗忍. 距于河. 厥弟五人 御其母以從 徯于洛之汭 五子咸怨 述大禹之戒以作歌."

1101) 『書經』「夏書·五子之歌」: "皇祖有訓 民可近 不可下 民惟邦本 本固邦寧. 予視天下 愚夫愚婦 一能勝予. 一人三失 怨豈在明 不見是圖. 予臨兆民 懍乎若朽索之馭六馬 爲人上者 柰何不敬."

1102) 이것은 마르티니의 라틴어 설명을 옮긴 퍼시의 영역문을 국역한 것이다. Anonym (Thomas Percy), Hau Kiou Choaan, or The Pleasing History, Vol. 4 of Four Vols. (London: Printed for R. and J. Dodsley, 1761), 'Fragments of Chinese Poetry I. Elegiac Verses', 225쪽.

첫째 동생.

우리 조상 우임금에 의해 이런 법이 다스리는 자에게 규정되었다네. 다스리는 자는 백성을 사랑해야 하고 업신여기거나 억누르지 말아야 한다. 백성은 나라의 뿌리이기 때문이다. 전체적 항구성과 강력성 위에 나라의 안정성은 기초해 있다. 남들을 다스리는 자는 전차를 모는 전사를 닮았다네. 그러나 썩은 마구로 여섯 마리 말을 모는 자가 조심스럽게 행동하지 않는가?[1103]

이 어쭙잖은 번역문은 원문과 차이가 많다. 하지만 마르티니는 태강의 혁명적 타도 사실과 민유방본론의 핵심논지를 나름대로 정확하게 전하고 있다. 따라서 상론했듯이 로크는 1659년 이래 광범하게 애독된 마르티니의 저작들을 잘 알고 있었을 것이고, 따라서 마르티니가 옮긴 우임금의 유훈시 '민유방본'에 담긴 민본주의 사상과 중국의 혁명사도 1688년 당시 잘 알고 있었을 것이다. 또한 로크는 마테오리치·트리고(1615)·나바레테(1676) 등의 저서를 통해서도 중국의 혁명사건들과 민본주의 혁명관을 잘 알고 있었을 것이다.

잠시 논지를 벗어나면, 방대한 중국제국의 철학자 공자의 '백성이 나라의 뿌리'라는 이 민본주의 사상은 서구에서 고대 그리스의 '노예주 시민들의 도시국가 민주주의'가 아니라, 예전에 노예·농노·예농·하인·피치자였던 '백성대중의 광역국가 민주주의'를 지향하는 계몽사상의 숨은 지표(hidden guide)로 작용했을 것이다. 백성의 자유·평등·관용·저항권에 기초한 '근대 민주주의'는 고대 그리스에서 유래한 것이 아니라, 공자의 민본주의에서 유래했다는 말이다. 이 말이 조금도 무리가 아니라는 것은 노예주와 귀족의 자유와 평등만을 말하는 고대 그리스의 '노예주 민주주의'나 봉건귀족의 삼부회적 민주주의에 기인한 자유와 평등의 신분제적 제한을 돌파하기 위해 정치적으로 가장 선진적인 영국의 백성들도, 그리고 심지어 19세기 중반에도, 가령 3개 이상의 방이 있는

1103) 이것은 마르티니의 라틴어 번역본을 옮긴 퍼시의 영역문을 다시 국역한 것이다. Anonym (Thomas Percy), *Hau Kiou Choaan*, Vol. 4 of Four Vols. 'Fragments of Chinese Poetry I. Elegiac Verrses', 225-226쪽.

주택을 소유한 시민에게만 인정되던 선거권을 방이 하나 이상 있는 주택을 소유한 모든 시민으로 확대하는 차티스트운동을, 그리고 집도 절도 없는 남녀 프롤레타리아에까지도 확대하는 노동운동을 전투적으로 벌여야 했던 역사적 사실에서 분명해진다. 이런 선거권과 참정권 확대투쟁을 통한 백성의 자유와 평등에 기초한 근대 민주주의의 흥기와 발전은 공자철학적 민본주의와 역성혁명론의 사상적 지원 없이 불가능했을 것이다.

본론으로 돌아오면, 네덜란드 망명지에서 귀국한 로크와 동료들은 당시 소수파였다. 따라서 오직 공자와 중국을 알고 있던 로크 등 "단 10명"의 급진주의자들만이 1688년의 국왕추방 사건을 "폐위(deposition)"1104) 또는 혁명적 의미에서의 'revolution'이라고 불렀다. 1689년 처음으로 "명예혁명"이라는 명칭을 사용한 사람은 급진적 휘그당파 존 햄프던(John Hampden, Jr.)이었다. 토리당파 문필가로서는 아마 유일하게 에드먼드 보헌(Edmund Bohun)이 1688-1689년의 대사건을 "영국의 엄청난 혁명(that stupendous revolution in England)"이라고 표현했다.1105)

반대로 윌리엄 템플은 1660년 왕정복고를 '혁명'이라 부르고 "국민의 일반적 정서와 발맞춰 피 한 방울 흘리지 않고 왕의 영광스러운 복위(the king's glorious restoration)를 향해 가서 분쟁, 즉 왕국에 그토록 치명적이었던 것의 발단과 추이를 종식시키게 되는 것을 보았다"고1106) 언명함으로써 '왕정복고'를 국왕을 복위시킨 '명예혁명'으로 간주했다. 이런 전통 속에서 영국에서는 1688년 사건을 '명예혁명'이라고 부르지 못했다. 영국 철학자들과 역사학자들은 '명예혁명'이라는 이 명칭이 1706년 "다시 나타나" 대중적 선호 속에서 완전히 정착하게 되었을지라도 이후에도 여러 세대 동안 이 명칭의 사용을 거부했다.1107) 이런 분위기 속에서도 1689년 당시 로크만은 홀로 저항권 또는 혁명권을『시민정치

1104) Israel, *Enlightenment Contested*, 327쪽.

1105) Jonathan I. Israel, "General Introduction", 1쪽. Jonathan I. Israel (ed.), *The Anglo-Dutch Moment* (Cambridge: Cambridge University Press, 1991·2003).

1106) Temple, "Essay on the Original and Nature of Government", 28쪽.

1107) Lois G. Schwoerer (ed.), *The Revolution of 1688~89* (Cambridge: Cambridge University Press), 3-4쪽; Niggerman, "Some Remarks on the Origins of the Term 'Glorious Revolution'", 478쪽.

론』 안에서 이론화하려고 애를 썼다. 그는 혁명권을 이렇게 논변한다.

그러나 치자에 의해 행해지는 불법적 행동이 (치자가 가진 권력에 의해) 계속된다면,
그리고 법률에 의해 마땅한 치유책이 동일한 권력에 의해 저지된다면 저항의 권리
(*right of resisting*)는 폭정의 이런 명백한 행동들 안에서도 아직은 갑작스럽게 또는 사소
한 일로 정부를 교란시키지 않을 것이다. 그 권리는 어떤 사인들이 자신들을 방어하고
불법적 힘에 의해 빼앗긴 것을 힘으로 회복할 권리가 있을지라도 몇몇 사인들의 케이
스들을 넘지 않는다면 그렇게 할 권리는 그들이 멸망할 것이 확실한 다툼에 쉽사리
말려들어가지 않을 것이다. 인민 전체가 그것에 관계가 있다고 생각지 않는 경우에
한 사람이나 소수의 억압받는 사람들이 정부를 교란시키는 것은 미쳐 날뛰는 미치광
이나 성급한 불평분자가 잘 확립된 국가를 전복시키는 것만큼이나 불가능하기 때문
이다. 백성은 이 사람 저 사람을 좇는 데 익숙하지 않다. (⋯) 그러나 이러한 불법적
행동들이 백성 대다수에게 확대된다면, 또는 행패와 박해가 몇몇 소수에게만 불붙을
뿐이지만 그 전조와 귀결이 만인을 위협할 것처럼 보이는 경우라면, 그리고 백성의
대다수가 양심에서 그들의 법과 그들의 재산·자유·생명이 위험에 처하고 그들의 종
교도 역시 그럴 지경이라고 확신한다면, 그들이 불법적 힘에 저항하는 것이 어떻게
저지될지 나는 말할 수 없다. 나는 이것은 치자가 정부를 백성들로부터 일반적으로
의심받을 이런 지경으로까지 몰아갈 때면 그것이 어떤 정부든 모든 정부에 닥칠 불상
사(*inconvenience*)라고 고백한다. 이것은 치자들이 어쩌면 빠질 수 있는, 회피하는 것이
아주 쉽기 때문에 그들이 거의 동정받지 못할 가장 위험한 상태다.1108)

로크는 이렇게 어렵게나마 저항권을 정당화하고 있다. 또 로크는 이 저항권을
'혁명권'으로 바꿔 논하기도 한다.

나는 이러한 혁명들이 공무상의 사소한 악정惡政이 있을 때마다 일어나지는 않을 것
이라고 답한다. 치자 쪽의 엄청난 실책들, 많은 잘못되고 불편한 법률들, 그리고 인간

1108) Locke, *Two Treatises of Government*, Bk. 2, Ch. 18, §§208-209 (404-405쪽).

적 취약성의 모든 조각은 백성들이 반란이나 불평 없이 인내할 것이다. 그러나 남용·
발뺌·계략, 그리고 같은 양상의 성향을 지닌 모든 일의 긴 행렬이 그 의도를 백성들이
볼 수 있게 만들고 백성들이 어떤 상황에 처해 있는지를 느끼고 또 어디로 가고 있는
지를 알 수밖에 없다면, 백성들이 들고 일어나 정부가 처음에 수립될 때 추구한 목적
을 백성들에게 확보해줄 수 있는 그런 손안에 정부를 장악케 하려고 노력할 것이라는
것은 놀랄 것이 없다. 만약 이 목적이 없다면 유구한 이름과 허울 좋은 형식들은 더
좋기는커녕 자연상태나 순수한 무정부 상태보다 훨씬 더 나쁜 것이다.[1109]

따라서 경우에 따라 백성의 혁명적 봉기와 정부의 전복도 놀랄 것이 없다.
그것은 영국의 청교도혁명처럼 심지어 자연발생적으로 폭발할 수도 있다.
그리고 로크는 사회의 일반의지에 반해 '불법적' 권력을 휘두르는 최고통치
권자나 군주를 일개 '사인私人'으로 간주하고 이 사인의 살해도 '시군弑君'이
아니라 '의거義擧'로 볼 수 있다는 논리를 확립한다.

입법부가 언제나 소집되어 있지 않은, 그리고 집행부가 입법부에 한 몫(여당으로서의
의석 지분 - 인용자)을 가진 단 한 사람에게 부여되어 있는 임의의 나라에서 그가
자기 손아귀 안에 입법권력인 모든 최고권력을 가졌다는 의미에서가 아니라 널리
양해할 수 있는 의미에서 이 단일한 사람도 최고통치권자(Supreme)라고 불릴 수 있다.
그러나 그가 최고집행권을 자기 안에 모든 하위 행정관이 별개의 모든 하위권한 또
는 적어도 이 권력들의 최대 부분을 도출하는 최고집행권을 가지고 있기 때문에,
그가 자기보다 우위에 있는 어떤 입법권도 없기 때문에, 그리고 그를 입법부의 다른
부분(야당의원 단체 - 인용자)에 종속시킬 것으로 기대될 수 없는 그의 동의 없이 만들
어질 법률도 존재하지 않기 때문에 그는 이런 의미에서 충분히 정확하게 최고권자다.
그러나 그에 대한 충성과 신의의 선서가 채택되더라도 그것은 최고입법자로서의 그
가 아니라 그와 타자들의 공동권력에 의해 만들어진 법률의 최고집행자로서의 그에
대한 충성 선서라는 것이 언급되어야 할 것이다. 충성은 법률에 따른 복종 외에 아무

1109) Locke, *Two Treatises of Government*, Bk. 2, Ch. 19, §225 (415쪽).

것도 아니며, 또 그는 이 법률을 위반할 때 충성에 대한 어떤 권리도 없고 더구나 법률의 권력이 부여된 공적 인물로서와 달리 그것을 요구할 수 없다. 그리고 그는 사회의 의지에 의해 행해지는, 나라의 법률로 선언되는 나라의 이미지, 환영이나 대의자로 간주되어야 하는 것이다. 그리하여 그는 법률의 권력 외에 아무런 의지도, 아무런 권력도 없다. 그러나 그는 이 대의代議와 이 공적 의지를 버리고 자기의 사적 의지에 의해 행동할 때 스스로를 격하시켜 복종에 대한 어떤 권리를 가진 권력도, (공적) 의지도 없는 일개 외톨이 사인私人(a single private person)에 지나지 않는다. 구성원들은 사회의 공적 의지에 대한 복종 외에 어떤 복종의 의무도 짊어지고 있지 않기 때문이다.1110)

공적 최고권력으로 사익을 추구하는 "일개 외톨이 사인"은 폭군(참주)이다. 주지하다시피 아리스토텔레스는 "폭군은 자기의 사익을 추구하고 군왕은 신민의 이익을 추구한다"고 하면서 "군주정의 타락형은 폭정인데, 둘 다 단독지배이지만 극렬하게 서로 다른 것이다"라고 갈파한 바 있다.1111) 따라서 국가의 최고권력자가 사회의 공적 의지에 따라서가 아니라 "자기의 사적 의지에 의해 행동할 때 스스로를 격하시켜 (…) 일개 외톨이 사인에 지나지 않는다"는 구절은 공적 대표자 지위를 등지고 자신을 '일개 외톨이 사인'으로 격하시킨 최고통치자는 폭군이라는 주장을 함의하고 있다. 이것을 그의 혁명이론과 결합해 읽으면, 공권력으로 사익을 추구하는 외톨이 폭군을 혁명적 법절차에 따라 처형하는 것을 지당하게 여기고 이것을 일개 사악한 필부에 지나지 않는 인민의 원수를 처형한 것으로 정당화하는 논지를 은연히 담고 있다.

따라서 로크의 이 구절은 유학경전의 표현과 논법을 반복하고 있는 것으로 들린다. 로크의 이 "일개 외톨이 사인(a single private person)"이라는 표현은 무왕이 혁명선언문「태서」에서 "민심과 괴리되고 선덕과 괴리된(離心離德)" 은나라 폭군 수受, 즉 주紂를1112) "외톨이 사내(獨夫)"라고 표현한 것과 그대로 닮았다.

1110) Locke, *Two Treatises of Government*, Bk. 2, Ch. 13, §151 (368쪽).

1111) Aristoteles, *Die Nikomachische Ethik*, 1160a 38-1160b3.

"옛사람들이 말하기를, '우리를 어루만져주면 임금이고 우리를 학대하면 원수다'라고 한다. 외톨이 사내 수受는 크게 위협을 일으키니 마침내 그대들의 평생 원수다(古人有言曰 撫我則后 虐我則讎. 獨夫受 洪惟作威 乃汝世讎)."[1113] 맹자는 이 구절을 답습해 "잔적殘賊한 사람은 '일개 사내(一夫)'라고 하니, 주紂라는 일개 사내를 주살했다는 말은 들었어도 시군弑君했다는 말은 듣지 못했다"고 갈파했다. 로크의 "일개 외톨이 사인"은 무왕의 "외톨이 사내"나 맹자의 "일개 사내"라는 표현을 거의 그대로 모방한 것으로 보인다. 상론했듯이 로크가 중국의 혁명사와 맹자의 정치철학, 그리고 민유방본론을 비교적 자세히 소개한 마르티니의 『중국기』(1659)를 열독했을 것이므로 이런 추정은 결코 근거 없는 것이 아니다.

그러나 청교도혁명은 아직 '시군弑君'까지도 용납하는 혁명의 정치철학적 정당화와 정치도덕적 비준을 범국민적으로 확보하지 못해서 1649년 찰스 1세의 처형을 '시군弑君'으로 느끼는 보통백성들의 양심적 가책을 이기지 못했다. 유럽인들이 1550년대부터 공간된 핀토·페레이라·크루즈 등의 중국보고서들을 통해 중국의 무위·자치 개념과 평등사상을 배운 뒤 부캐넌은 1570년대에, 수아레즈는 1610년대에, 밀턴은 1640년대에 이미 '백성의 자연적 자유·평등'과 자유·평등한 백성들의 폭군방벌론과 정부형태선택론을 전개했었다. 그러나 청교도들은 개신교도로서 국교회와 국교회 수장에 대한 종교적 반감과 불관용 의식으로 인해 국교회(성공회) 수장인 영국국왕을 타도하는 의도로만 투입되었기 때문에 찰스 1세의 처단을 '혁명의 이름'으로 정당화하지 못했었다. 따라서 청교도는 영국사상계에서 '혁명'과 혁명적 '폭군처단'을 국민의 정치적·도덕적 권리와 의무로 정립하고 정당화하지 못했던 것이다.

그리하여 청교도들은 왕당파들이 크롬웰공화정의 실패를 기화로 물밑에서 폭군처형을 '시군弑君'으로 느끼는 영국 국민의 '양심적 가책'을 자극해서 은밀히 추진한 왕정복고를 막을 수 없었다. 따라서 1689년 로크가 영국의 반反가톨

1112) 『書經』 「周書·泰誓中」.
1113) 『書經』 「周書·泰誓下」.

릭 풍토에서 이단적 정치교리의 수용으로 비쳐질 위험을 무릅쓰고 홀로 전개한 혁명이론은 영국의 정치사상사 안에서 그야말로 획기적인 것이었다. 잔적자(폭군)를 '일개 외톨이 사인'에 불과한 '인민의 원수'로 보고 합법적으로 처단하는 이런 혁명이론 또는 저항권이론이 17세기 초에 정립되어 있었다면 영국에서 왕정복고도, 크롬웰의 부관참시도 발생하지 않았을 것이다.

그러나 로크가 혁명이론을 저와 같이 명쾌한 언어로 설파한 뒤에도 혁명과 폭군제거를 인민의 권리와 의무로 보는 혁명이론은 유럽은커녕 명예혁명 중의 영국에서도 수용되지 않는다. 당시 영국 정치인들은 명예혁명도 '혁명'으로 부르는 것을 극력 거부했고, 이후 90년 동안 줄곧 '1688년의 사건', '왕의 탈주', '왕의 퇴위' 등으로만 불렀다. '혁명' 또는 '백성에 의한 정부의 변경이나 철폐'가 공식 문서에 정당한 일로 처음 등장한 것은 로크의 『통치이론』이 공간된 지 87년 만이었다. 1776년 「미국독립선언」은 로크의 혁명 개념을 거의 그대로 반영하고, 이 선언의 일부 구절에서는 그 표현(가령 "남용·발뺌·계략, 그리고 같은 양상의 성향을 지닌 모든 일의 긴 행렬"을 운위하는 구절)까지도 그대로 반복한다.

그리고 「미국독립선언」의 명문형식은 『서경』의 「태서」로 전해지는 무왕의 혁명선언문을 모방해 폭군을 직접 지명하고 그 죄상을 조목조목 열거하는 방식을 그대로 본받았다. 나아가 로크는 혁명의 '권리'만을 말했으나 「미국독립선언」은 혁명의 '의무'까지도 명문화하고 있다. 이 두 가지 점에서 「미국독립선언」은 로크의 혁명권이론을 통해 중국혁명사상을 '간접적'으로 수용했을 뿐만 아니라 중국의 역사와 경전으로부터도 '직접' 수용했다.

■「미국독립선언」과 『서경』「태서」의 리메이크

그런데 '1688년의 사건'으로부터 78년 뒤인 1776년, 언뜻 보면 느닷없이 토마스 제퍼슨은 자신이 기초한 「미국독립선언」에서 과감하게 이렇게 천명한다.

모든 인간은 평등하게 태어났다는 이 진리를 우리는 자명한 것으로 여긴다. (…) 어떤 정부형태든 이 목적들(생명, 자유, 행복추구 — 인용자)에 대해 파괴적이 될 시에는

언제든 이 정부를 변경하거나 철폐하는 것은 인민의 권리다. (…) 불변적으로 동일한
목적을 추구하는 권력남용과 횡탈의 긴 행렬이 인민들을 절대적 전제체제 아래 몰아
넣으려는 의도를 분명히 할 때, 이러한 정부를 타도하고 자신들의 안전보장을 위해
새로운 수비대(Guards)를 마련하는 것은 그들의 권리이고 의무다.

그리고 이어서 제퍼슨은 "현재의 영국국왕(the present King of Great Britain)", 즉 조지
3세를 직접 거명하고, 19개 항목으로 그 죄행을 비판하고 있다.

미국 학자들은1114) 「미국독립선언」이 은나라 수受(폭군 주紂의 실명)를 11개
항목으로 비판하고 혁명의 정당성을 천명하는 무왕의 혁명선언문 「태서泰誓」
를 리메이크한 것이라고 말한다.

무왕은 말했다. 아! 나의 우방 임금들과 나를 넘어 일을 관리하는 여러 사람들이여!
훈시를 밝히 들으시오 천지는 만물의 부모요, 사람은 만물의 영이니, 진실로 총명하
면 임금이 되고 임금은 백성의 부모가 되오 지금 은나라의 수受는 위로 하늘에 불경
하고 아래로 백성에게 재앙을 내리고 있소 ① 술에 빠져 여색을 덮어쓰고, ② 포학
을 감히 저지르고, ③ 사람에게 죄를 줌에 친족까지 연좌시키고, ④ 사람에게 관직을
줌에 세습시켰소 ⑤ 궁실, 누대, 연못과 사치스러운 옷만을 오로지 밝혀 그대들 만백
성에게 잔학한 피해를 입혔고, ⑥ 충량忠良들을 태워죽이고, ⑦ 임신한 부녀의 배를
갈랐소 이에 황천皇天이 진노해 나의 돌아가신 아버지 문왕에게 명해서 천위天威를
마땅히 엄숙하게 시행하게 하셨으나 큰 공훈을 아직 이루지 못했소 그래서 나 소인
발發(무왕의 본명)은 그대 우방임금들과 더불어 은나라의 정사를 살펴보았으니, ⑧ 수
는 개선의 마음이 없고 편히 앉아 ⑨ 상제上帝와 지신地神을 섬기지 아니하였고, ⑩
선조의 종묘를 버려둔 채 제사를 지내지 않아 제수와 제기가 흉도들에게 넘어가고
있어도, ⑪ '나는 백성이 있고 천명이 있다'고 말하며 남을 업신여기는 것을 징계하지
않고 있소 하늘이 아래 백성을 도우러 임금을 만들고 스승을 만드셨으니 오직 그들

1114) 가령 참조: Sarah Schneewind, "Thomas Jefferson's Declaration of Independence and King Wu's
First Great Pronouncement", *Journal of American-East Asian Relations* 19 (2012), 75-91쪽; Dave Wang,
"Confucius in the American Founding", *Virginia Review of Asian Studies* (2014), 21쪽.

은 상제를 잘 도와 사방을 사랑하고 편안하게 해야 할 따름이오. 그러니 죄가 있든 없든 내가 어찌 감히 그 뜻을 뛰어넘겠소? 동력同力은 덕을 헤아리고 동덕同德은 정의를 헤아리는 것이니, 수는 신하가 억만이 있으나 오직 억만의 마음이 있을 뿐이고, 나는 신하가 삼천이 있으나 오로지 일심이 있을 뿐이오. 은나라는 죄가 가득하여 하늘은 그를 주살하라 명하시니 내가 하늘에 순종하지 않으면 그 죄가 같아질 뿐이오. 나 소인은 새벽부터 밤까지 공경하고 두려워하며 돌아가신 아버지 문왕에게 명한 것을 받아서, 상제께 제사 지내고 큰 땅에 제사 지내고 그대들과 더불어 무리를 데리고 천벌을 행할 것이오. 하늘은 백성을 긍휼히 여기시고 하늘은 백성이 바라는 것을 반드시 따르시니 그대들은 바라건대 나 한 사람을 도와 길이 사해를 맑게 하시오! 때가 왔소! 놓치지 마시오!1115)

무왕이 이 「태서」에서 은나라 폭군의 이름 '수'를 여러 번 지목하며 그 죄를 11개 항으로 열거하고 하늘의 명으로서의 혁명의 정당성을 천명하고 있듯이 제퍼슨은 조지 3세를 '현재의 영국국왕'으로 지목하며 19개 항의 죄목을 열거하고 그를 탄핵하며 혁명의 권리와 의무를 선포하고 있다.

또한 「미국독립선언」을 본뜬 1793년 프랑스의 「제2차 인권선언」의 제35조도 "정부가 인민의 권리를 침범할 때, 반란은 인민에게, 그리고 인민의 모든 집단에게 가장 신성한 권리와 가장 필수불가결한 의무다"라고 천명하고 있다. 이로써 프랑스혁명정부는 혁명을 국민의 권리와 의무로 만들고 헌법에 저항권을 명문화하기에 이르렀다.1116)

1115) 『書經』「周書·泰誓(上)」: "王曰 嗟 我友邦家君越我御事庶士 明聽誓. 惟天地萬物父母 惟人萬物之靈 亶聰明作元后 元后作民父母. 今商王受弗敬上天 降災下民. 沈湎冒色 敢行暴虐 罪人以族 官人以世. 惟宮室臺榭陂池侈服 以殘害于爾萬姓 焚炙忠良 刳剔孕婦. 皇天震怒 命我文考肅將天威 大勳未集. 肆予小子發 以爾友邦家君觀政于商, 惟受罔有悛心 乃夷居 弗事上帝神祗 遺厥先宗廟弗祀 犧牲粢盛旣于凶盜 乃曰 吾有民有命 罔懲其侮. 天佑下民 作之君 作之師 惟其克相上帝 寵綏四方 有罪無罪 予曷敢有越厥志. 同力度德 同德度義 受有臣億萬 惟億萬心 予有臣三千 惟一心. 商罪貫盈 天命誅之 予弗順天 厥罪惟鈞. 予小子夙夜祗懼 受命文考 類于上帝 宜于冢土 以爾有衆底天之罰. 天矜于民 民之所欲天必從之 爾尚弼予一人 永淸四海. 時哉 弗可失." 번역문 속의 ① ② ③ ④ 등 일련번호는 인용자.

1116) 이에 관해서는 다음도 참조: Creel, *Confucius*, 268-269쪽.

「미국독립선언」이 무왕의 「태서」를 본뜬 것이라는 해석은 나름의 정황증거가 있는 것이다. 제퍼슨이 계몽철학자였고 공자를 참으로 숭모했기 때문이다. 제퍼슨은 『대학』에 인용된 『시경』의 시 「기오淇奧」를 스크랩해놓고 암송하기도 했다.1117) 미국혁명과 건국이 공자철학과 중국문화에서 많은 영향을 받았다는 다른 증거는 오늘날도 남아 있는 미국 최고법원 건물의 동편 입구 위에 새겨진 공자상像일 것이다.1118)

로크의 혁명론과 제퍼슨의 「미국독립선언」의 문구를 정밀하게 비교해보면 유사성이 현저하게 도드라진다. 로크의 글 중 "이러한 불법적 행동들이 백성 대다수에게 확대된다면, 또는 행패와 박해가 몇몇 소수에게만 불붙을 뿐이지만 그 전조와 귀결이 만인을 위협할 것처럼 보이는 경우라면, 그리고 백성의 대다수가 양심에서 그들의 법률들과 그들의 재산·자유·생명이 위험에 처하고 그들의 종교도 역시 그럴 지경이라고 확신한다면"이라는 백성의 저항권 행사의 단서 조항이나, "남용·발뺌·계략, 그리고 같은 양상의 성향을 지닌 모든 일의 긴 행렬이 그 의도를 백성들이 볼 수 있게 만들고 백성들이 어떤 상황에 처해 있는지를 느끼고 또 어디로 가고 있는지를 알 수밖에 없다면"이라는 혁명적 봉기의 단서조항은 제퍼슨의 「미국독립선언」에서 "불변적으로 동일한 목적을 추구하는 권력남용과 횡탈의 긴 행렬이 인민들을 절대적 전제체제 아래 몰아넣으려는 의도를 분명히 할 때"라는 단서 조항으로 재현되었다.

서양에서 백성의 혁명권이 천부인권으로 완전히 확립되고 1688년의 사건이 학술적으로 '명예혁명'이라고 불리게 되는 데에는 공자철학과 중국사 지식의 확산에 의해 뒷받침된 100년의 계몽 과정이 필요했지만, 중국의 정치문화와 공맹철학을 '영국화'한 로크의 정치철학적 논변이 없었더라면 유럽에서 저항·혁명권이 확립되는 데 더 긴 세월이 걸렸을 것이다.

로크는 물론 계몽주의 정치철학의 중심이념인 자유·평등·혁명권 개념을

1117) Dave Wang, "Thomas Jefferson's Incorporating Positive Elements from Chinese Civilization", *Virginia Review of Asian Studies*, No. 2 (2012), 154-156쪽.

1118) Dave Wang, "The Origins of Chinese Cultural Influence on the United States", *Education About Asia*, Vol. 16, No. 2 (Fall 2011), 1쪽.

논증하는 과정에서 단 한 번도 공자를 직접 인용한 적이 없다. 만약 그가
이 논증 과정에서 한 번이라도 '공자'를 직접 언급했더라면 자유·평등·혁명권
에 관한 그의 논변은 설득력을 완전히 잃고 그 자신이 종교법정에 무신론자로
피소被訴되어 투옥당하거나 영국에서 추방되었을 것이다. 기독교 교단의 '사상
경찰적' 위세는 아직 편재적遍在的이었기 때문이다. 17세기는 로크가 18세기
중반의 볼테르와 흄처럼 '중국'과 '공자'를 직접 전거로 들이대며 논변을 펴기에
너무 이른 시기였다. 하지만 공자철학을 잘 아는 로크는 이심전심으로 공자의
선진적이고 탁월한 정치철학적 개념들을 이해하고 이 개념들을 – 시대정황상
불가피하게 – '밀반입'해 '영자英字'로 리메이크하고 '유럽화'했던 것이다.

4.5. 라이프니츠의 중국철학 연구와 유럽평화연합론

■라이프니츠의 중국 관련 독서범위와 관심
'네오스콜라철학자' 칸트에 의해 '독단적 합리주의자'로 몰린 '유럽의 천재'
고트프리트 라이프니츠(Gottfried W. Leibniz, 1646-1716)는 결코 '독단론자'가 아니었
다. 피에르 벨, 로크 등과 동시대인이자 벨의 펜팔 친구였던 라이프니츠는,
실은 계몽주의운동을 종식시킨 자임에도 정반대로 '계몽주의의 비판적 종합자'
로 잘못 칭송되어온 칸트와 본질적으로 차별되는 진정한 자유사상가 계열의
계몽철학자였다.1119) 그는 언어학적으로 한문漢文에 관심이 많았지만 한문을
배울 기회가 전혀 없었기에 공자의 한문경전을 직접 읽을 수 없었다. 그러나
중국에 대한 그의 관심은 매우 일찍이 나타난다. 그것은 '보편언어'를 찾는 것과
관련해 1669년으로까지 거슬러 올라간다. 그리고 예수회 선교사들과의 열성적
서신교환과 중국에 관한 그의 집필작업은 1690년대부터 시작되었다.1120)
라이프니츠는 공자경전 번역서와 중국 관련 서적들을 집중 탐독한 것으로

1119) 이하 라이프니츠에 대한 기술은 필자의 『공자와 세계(2)』(2011)의 해당 부분을 대폭 보완하고
수정해 새로 작성한 것이다.

1120) Kow, *China in Early Enlightenment Political Thought*, 83쪽.

보인다. 그는 존 로크보다 10여 년 뒤에 태어난 덕택에 극동 서적들을 로크보다 더 많이 볼 수 있었다. 사후에 수집된 그의 장서 목록을 종합하면 공자와 중국, 그리고 아시아에 관한 서적이 70여 권에 달했다. (이 장서의 대부분은 오늘날 니더작센주 주립도서관에 소장되어 있다.[1121]) 이것은 그가 17세기에 출판된 거의 모든 극동 관련 서적을 수집해 읽었다는 것을 의미한다.[1122] 그가 편찬·출판한 『중국의 최신 소식(Novissima Sinica)』(1697·1699)에 부록으로 붙여 소개한 당대 중국 및 공자 관련 서적 목록을 중심으로 그 장서를 분석해보면 다음과 같다.

첫째는 마테오리치와 니콜라 트리고의 『중국인들 사이에서의 기독교 선교 (De Propagatione Christiana apud Sinas)』(1615)다. 중국에 관한 최초의 정확하고 완전한 자료들을 제공하며 큰 관심을 불러일으킨 이 저작은 트리고가 약간의 보충과 함께 이탈리아어 원서를 라틴어로 번역한 마테오리치의 보고서다. 둘째는 마르티노 마르티니의 『중국의 새로운 지도집(Novus Atlas Sinesis)』(1655)이다. 셋째는 고틀리프 슈피첼의 『중국문헌 해설』(1660)이다. 그다음으로는 아타나시우스 키르허의 『삽화를 곁들인 중국 해설』(1667), 필립 쿠플레의 『중국 군주국 연표 (Tabula Chronologica Monarchiae Sinicae)』(파리, 1686)가 있다. 라이프니츠의 관심을 불러일으킨 마지막 세 권의 저작은 인토르케타의 『중국인의 과학, 또는 공자의 책』(1672), 인토르케타·쿠플레 등의 『중국 철학자 공자』(1687), 르콩트의 『중국의 현재상태에 대한 신비망록』(1696)이다.[1123]

라이프니츠는 『중국 철학자 공자』의 출판과 입수, 그리고 독서소감에 관해 여러 기록을 남기고 있다. 그는 1687년 초 예수회 신부 파페브로흐(Daniel Papebroch)의 편지를 통해 공자경전의 라틴어 번역본이 인쇄 중에 있다는 사실과,

1121) Lee Eun-Jeong, *Anti-Europa: Die Geschichte der Rezeption des Konfuzianismus und der konfuzialnischen Gesellscjaft seit der frühen Aufklärung* (Münster: Lit Verlag, 2003), 71쪽.

1122) David E. Mungello, *Leibniz and Confucianism: The Search for Accord* (Honolulu: The University Press of Hawaii, 1977), 7쪽.

1123) 참조: Hermann Reinbothe und Neseelrath, "Leibniz und China", 2쪽. Georg(sic!) W. Leibniz, *Das Neueste von China* (Novissima Sinica) [1697] (Köln: Köllen Druck & Verlag GmbH, 1979).

편찬자 쿠플레가 중국 한자의 열쇠를 찾고 있다는 사실을 접했다. 그는 이
사실을 알았을 때 중국어의 열쇠를 찾기 위해 그 번역본이 한문원문과 라틴어
번역문을 나란히 싣기를 바라는 희망을 표명했었다.1124) (물론 이 희망은 실현
될 수 없었다.) 그리고 라이프니츠는 1687년 말 '에른스트 폰 헤센-라인펠스
백작(Landgraf Ernst von Hessen-Rheinfels)에게 쓴 서한(1687. 12. 9-10.)에서 『중국 철학자
공자』를 오래전부터 보고 싶었던 책이라고 말하고 있다. "서적상 춘녀(Zunner)가
파리로부터 내가 오래 전부터 보고 싶은 책을 수령하게 된다. 그것은 파리에서
올해 출판한 '중국 철학자들의 군주' 공자의 저작이다. 이 저작은 공자 자신이
쓴 것이 아니라 그의 제자들이 수집한 것이고, 부분적으로 그의 어록을 모은
것이다. 고대에 그 철학자는 우리가 그리스 철학자들을 가진 것처럼 거의 완전
히 그런 철학자로 인정되었고, 대체로 생각들과 말이 뛰어났다."1125)

또한 1716년 죽기 직전 러시아 표트르 대제에게 보낸 서한에서1126) 라이프니
츠는 키르허와 쿠플레의 덕을 입었다고 쓰고 있다. 쿠플레에 대한 감사는 아마
『중국 철학자 공자』의 출판과 관련된 것일 것이다. 라이프니츠가 1687년 헤센-
라인펠스 백작에게 보낸 서한에서 『중국 철학자 공자』를 "오래전부터 보고
싶었던 책"이라고 말하고 1716년 『중국 철학자 공자』를 출판한 쿠플레에게
감사한 것을 보면 라이프니츠는 이 책을 직접 읽었을 것이라고 짐작할 수
있다.

프란츠 메르켈(Franz R. Merkel)은 1687년 헤센-라인펠스 백작에게 보낸 편지를
근거로 이 책이 출판된 바로 그해에 라이프니츠가 이 책을 "면밀히 읽었을
것(eine genaue Lektüre)"이라고 단정한다.1127) 그리고 어니스트 휴즈(Ernest R. Hughes)는

1124) Gottfried W. Leibniz, *Politische Schriften. Sämtliche Schriften und Breife*, 4. Reihe, 1. Bd. (Darmstadt: 1931), 611, 612쪽. Lee Eun-Jeong, *Anti-Europa*, 70쪽에서 재인용.

1125) "Leibniz an Landgraf Ernst"(1687, 9-10. December), 113쪽. Gottfried W. Leibniz, *ibniz und Landgraf Ernst von Hessen-Rheinfels - Ein ungedruckter Briefwechsel über religiöse und politische Gegenstände*, 2. Band, herausgegeben von Christoph von Rommel (Frankfurt am Main: Literarische Anstalt, 1847).

1126) "Leibniz's Letter to Peter the Great of 1716", 598-599쪽. Gottfried W. Leibniz, *Leibniz: Selections*, translated and edited by Philip P. Wiener (New York: Scribners, 1951). Mungello, *Leibniz and Confucianism*, 7쪽에서 재인용.

『중국 철학자 공자』가 라이프니츠의 철학에 직접 영향을 주었다고 말한다.

> 그에 대한 영향이 정확히 무엇이었는지는 (…) 정의하기 쉽지 않다. 여기서는 라이프
> 니츠의 특별한 이론들과 그가 『중국 철학자 공자』 안에서 발견할 수 있었던 것 사이
> 에는 특별히 긴밀한 닮음이 있다는 것을 언급하는 것으로 충분하다. 우리는 그가
> 이 책을 출판된 바로 그해에 읽었다는 사실을 그해의 한 편지를 통해 알고 있다.
> 또한 우리는 아르놀과 그의 서신교환으로부터 '단순한 실체'와 '우주 안에서의 예정
> 조화'에 관한 그의 아이디어가 형성된 것이 1686년과 1690년 사이라는 것도 알고
> 있다.1128)

그런데 라이프니츠가 자신의 중국철학 관련 저술에서 『중국 철학자 공자』를
거의 인용하지 않은 것을 보면 그가 과연 이 책을 '면밀히' 읽었는지 의심스럽
다.1129) 하지만 그가 이 책을 읽은 것만은 분명하다. 하노버 소재 라이프니츠도
서관에 소장된 이 책의 견본에는 그가 육필로 작게 쓴 난외주석들이 달려
있기1130) 때문이다.

그리고 라이프니츠의 장서에 노엘의 『경전 6서』(1711)가 들어 있지 않아서
그가 최초로 『맹자』를 포함하고 있는 이 경전번역서를 읽었는지 확정할 수
없다. 그러나 휴즈는 "일반적 이유에서 그가 이것을 읽지 않았을 것이라고
생각하기는 어렵다"고 말한다. 1711년경 라이프니츠의 나이가 60줄에 있었을
지라도 "중국에 대한 그의 관심은 이전 시기에 못지않게 열성적이었기" 때문이
다.1131) 하지만 그가 노엘의 『경전 6서』를 입수했다고 하더라도 당시 그의

1127) Franz R. Merkel, *G. W. von Leibniz und China-Mission* (Leipzig: J. G. Hinrichs'sche Buchhandlung, 1920), 25쪽.

1128) Ernest R. Hughes, "Introduction", 12쪽. Ernest R. Hughes (trans.), *The Great Learning and The Mean-In-Action* (London: J. M. Dent and Sons Ltd., 1942). 이은정도 라이프니츠가 의심할 바 없이 중국과 공자철학에 대한 '포괄적' 지식을 가지고 있었을 것이라고 판단한다. Lee Eun-Jeong, *Anti-Europa*, 71쪽.

1129) 참조: Mungello, *Leibniz and Confucianism*, 6쪽.

1130) Mungello, *Leibniz and Confucianism*, 6쪽.

나이가 이미 65세로 고령이었기 때문에 정독하기 어려웠을 것으로 보인다. 라이프니츠는 반정·역성혁명론과 본성론적 도덕철학(사단론)을 논하는 결정적 경전인 『맹자』는 아예 읽지 못했을 것으로 짐작된다. (그가 『맹자』를 읽었더라면 로크처럼 저항권 또는 혁명권 이론을, 그리고 섀프츠베리처럼 도덕감각·도덕감정론을 전개했겠지만 이런 방향의 논의들은 그에게서 찾아볼 수 없다.)

따라서 라이프니츠는 『중국 철학자 공자』의 불철저한 독서, 르콩트의 『중국의 현재상태에 대한 신비망록』과 같은 예수회 신부들의 저작, 또는 예수회의 마테오리치 노선에 적대적인 반反적응주의 예수회파·도미니크파·프란체스코파 신부들이 왜곡해 번역한 구절들을 어렵게 해독하는 경로로 공자철학을 이해했을 것으로 짐작된다. 따라서 마테오리치의 적응주의 선교원칙에 반기를 든, 예외적으로 반反적응주의적인 예수회파 신부 롱고바르디와 프란체스코파 생트-마리 신부의 비판적 논문들이 라이프니츠에게 『중국 철학자 공자』보다 훨씬 더 큰 영향을 미쳤을 것으로 보인다.[1132]

한문에 대한 라이프니츠의 무지, 기존 경전번역서의 적잖은 오역과 왜곡, 부족하고 미흡한 경전번역서(『맹자』는 1711년에야 어렵사리 번역·출판되었고, 『춘추』, 『서경』, 『역경』, 『시경』, 『예기』 등은 그의 생전에 끝내 번역되지 않았다), 2차 자료의 태부족, 관련 서적들에 대한 독서의 불철저성, 공자의 경험주의 철학을 이해하기 어렵게 만드는 라이프니츠 자신의 독특한 합리론적 편향 등 이런저런 이유에서 라이프니츠의 공자 이해는 불완전할 수밖에 없었다. 게다가 그의 공자 독해는 그 자신의 오만한 기독교제일주의, 독특한 합리주의적 공리공담과 오류에 의해 각색·굴절·왜곡되었다. 그럼에도 불구하고 라이프니츠는 종종 불가피한 오역과 고의적 왜곡을 꿰뚫는 예리한 지성과 날카로운 추리력을 바탕으로 공자철학의 핵심에 육박해 들어가기도 했다.

논의를 본격화하기 전에 라이프니츠를 동시대 철학자 피에르 벨과 비교함으로써 중국 관점에서 그의 철학적 위상을 분명히 해두는 것이 좋을 것이다.

1131) Hughes, "Introduction", 21쪽 각주.

1132) Mungello, *Leibniz and Confucianism*, 7쪽.

벨은 유럽이 종교적이지만 일반적으로 부도덕한 반면, 중국은 비종교적이지만 고도로 도덕적이라는 대립적 차이, 즉 '부도덕한 유신론제국 유럽'과 '도덕적 무신론국가 중국' 간의 엇갈린 대립적 차이 때문에 중국을 찬양했다. 이와 정반대로 라이프니츠는 그가 '자연신학'이라고 오해한 공자철학이 그의 철학체계와 유럽의 종교를 명백하게 긍정한다고 생각하기 때문에 중국을 찬양했다.1133) 벨과 라이프니츠가 중국을 찬양한 이유는 기실 정반대였던 것이다.

라이프니츠의 유교해석에서 독특한 점은 공자의 고대유학과 송대 이래 주자의 소위 신유학新儒學(성리학)을 기독교신학적 관점에서 함께 정당화하려고 한 것이다. 예수회 선교사들은 대부분 공자의 고대유학을 기독교와 합치되는 것으로 긍정하고 이를 파고들어 연구해 포교에 이용하려고 한 반면, 공자의 철학을 합리론적으로 왜곡한 성리학에는 반대했다. 유교에 대한 예수교파 신부들의 '적응주의적 해설(accomodationist explanations)'에 반대하는 도미니크파· 프란체스코파 신부들도 역시 성리학을 거부했다. 그러나 라이프니츠는 이러한 신부들과 달리 자기의 합리론과 유사한 성리학까지도 기독교적 관점에서 정당화하는 관점을 취한 것이다.

라이프니츠는 젊은 시절부터 중국철학에 관심을 갖고 예수회 선교사들과 빈번히 직접 또는 서신으로 접촉했고, 자기 서재에 50권에 달하는 중국 관련서를 수집해 두었다. 또한 노년 시기 20년 사이에 중국에 관한 네 편의 의미 있는 글을 썼는데, 하나는 『중국의 최신 소식』(1697·1699)에 붙인 긴 서문이고, 둘째는 「공자의 공적 제사에 관하여」(1700), 셋째는 「중국 제례와 종교에 관한 논평」(1708), 마지막은 그가 사망하던 해에 쓴 「중국인들의 자연신학에 관한 논고」(1716)다.

『중국의 최신 소식』에 붙인 서문과 일련의 서한을 보면, 라이프니츠가 중국에 갖는 관심의 이유와 폭을 알 수 있다. 그는 합리적 지성의 측면에서 유럽이 중국보다 뛰어나다는 기독교적 자부심과 유럽중심주의적 오만을 조금도 이완시키지 않으면서 중국의 경험론적 우월성을 인정한다.

1133) 참조: Simon Kow, *China in Early Enlightenment Political Thought* (Oxford: Routledge, 2017), 93쪽.

■극동과 극서의 교류에 대한 라이프니츠의 열망

라이프니츠는 중국을 '동방의 유럽'으로 간주하면서 일단 문명화된 중국의
존재와 발견을 인류발전의 섭리로 느낀다.

오늘날 인류의 최고 문화와 최고 기술문명이 대륙의 두 극단에, 즉 마치 동방의 유럽
처럼 지구의 반대 끝을 꾸미고 있는 (사람들이 그렇게 부르는) 츠치나(차이나)와 유럽
에 집중되어 있는 것은 운명의 유일무이한 결정에 의해 이루어진 것이라고 나는 믿는
다. 아마도 최고 섭리가 – 가장 문명화된 (그리고 동시에 가장 멀리 떨어진) 민족들이
서로에게 팔을 뻗는 동안 – 그 사이에 사는 모든 것을 점차 이성적 삶으로 이끌기
위한 목적을 이것을 통해 추구할 것이다. 또한 거대한 영토로 중국을 유럽과 연결시키
는 (…) 러시아인들이 현 통치자의 강력한 노력 아래 (…) 우리가 쟁취한 업적들을
따라잡으려고 열중하는 것이 우연히 생긴 일이 아니라고 나는 믿는다.[1134]

중국으로 떠나는 그리말디(Claudio Filippo Grimaldi, 중국명 '閔明我', 1638-1712) 신부에게
보내는 서한에서 그는 중국과 유럽의 연결과 교섭의 이런 섭리가 인류의 보편
적 복지와 직결된 것임을 좀 더 직설적으로 표현한다.

대륙의 양단에 사는 아주 멀리 떨어진 민족들 간에 특히 당신과 당신 동료들의 공으
로 재능과 지식의 교환이 이루어지는 것은 보편적 복지의 이익입니다. 우리가 알고
있는 것처럼 이것은 다른 어떤 것들보다도 훨씬 우선하는 것입니다. 아무튼 당신들
은 우리의 수학적 발견을 중국인들에게 가져가지만, 나는 당신들이 유럽의 과학을
풍요롭게 만들 만한 것을 우리에게 가져다주기를 바랍니다. (…) 이 영역에서 중국인
들이 아주 유능하다는 것은 의심의 여지가 없습니다. 그들은 수많은 세기의 전통의
혜택을 입고 있기 때문입니다.[1135]

1134) Georg(sic!) W. Leibniz, *Novissima Sinica - Das Neueste von China* [1697] (Köln: Deutsche
China-Gesellschaft, 1979), "Preface", §1.

1135) Gottfried W. Leibniz an Claudio Filippo Grimaldi"(31. Mai/10 Juni 1691). Leibniz, *Novissima
Sinica*, 87쪽.

다음해에 보낸 서한에서도 라이프니츠는 이 인류의 보편복지의 이상을 다시 확인한다. "당신이 섭리에 따라 인류의 복지를 위해 당신들에게 커다란 과업이 위임되었다는 것을 당신의 지혜에 상응하게 생각했으면 합니다. 이제 떨어진 민족들 간에 인식들의 새로운 교환이 일어나야 합니다."1136)

이어서 라이프니츠는 중국을 유럽과 대등한 난형난제의 경쟁자로 규정한다. "중국은 땅 크기가 문화지역으로서의 유럽에 필적하고 그 인구수는 유럽을 능가하기조차 하지만, 다른 많은 방식으로 거의 대등한 전쟁운戰爭運에 의해 우리와 겨루고 있습니다. (…) 일상생활에 필요한 기술과 자연대상에 관한 경험에서 모든 것을 고려할 때, 우리는 서로 동등하고, 양쪽은 둘 다 이익을 주면서 상대와 교환할 수 있는 능력을 가지고 있습니다."1137) 라이프니츠가 여기서 "전쟁운"을 운위한 것은 좀 엉뚱하지만 중국을 유럽과 대등한 수준으로 놓고 중국관을 펴고 있다.

■ 중국 자연학(물리·화학)의 우월성

라이프니츠는 중국과 유럽의 분야별 우열관계를 분석적으로 따져본다. 그는 한 서한에서 일단 '수학'에서는 유럽이 중국을 앞서지만 물리학, 화학, 생물학 등 '자연학'에서는 중국이 앞선다고 언명한다.

당신은 우리의 수학을 중국민중에게 가르치고 있지만, 거꾸로 우리도 당신을 통해, 오랜 관찰에 의해 알려진 자연의 다양한 비밀들에 관해서 중국인들의 은혜를 입고 있습니다. 수학은 지성의 이론적 고구에 더 많이 의거하지만, 자연학(물리화학)은 실천적 관찰에 더 많이 의거하기 때문입니다. 수학에서는 유럽이 뛰어나지만 실천적 경험에서는 중국인들이 우월합니다. 수천 년 이래 번영한 중국인들의 나라에는, 유럽에서 민족이동으로 인해 대부분 망실된 고대인들의 전통이 그대로 보존되어 있기 때문입니다.1138)

1136) Leibniz, "Leibniz an Claudio Filippo Grimaldi"(21?. März 1692). Leibniz, *Novissima Sinica*, 94쪽.
1137) Leibniz, *Novissima Sinica*, "Preface", §2.

그는 이 서한에 중국에 관한 30개 항목의 질문을 '추신'으로 붙여놓고 있다. 이 질문 목록 중 특기할 만한 것을 몇 가지 살펴보면 불을 일으키는 중국의 기술, 중국 인삼의 효능, 쇠처럼 단단한 중국의 나무, 부드러운 종이(한지), 자기 만드는 흙(고령토), 증명기하학의 존부, 천문학의 역사, 바래지 않는 염료, 목판인쇄 외에 다른 인쇄 존부, 어떤 방향에서 바람이 불어도 돌아가는 중국의 만능 풍차방앗간, 정종 제조법, 중국의 전쟁무기, 중국의 광업 등에 관한 것이다.

라이프니츠는 또 중국의 뛰어난 관찰경험과 유럽의 뛰어난 이론적 사색을 교환할 것을 제안한다. "중국인들은 관찰하는 것에서 우월하고 우리는 사색으로 지어내는 것에서 우월합니다. 재능을 서로 교환해 빛에 빛을 붙여야 합니다." 그리고 신부들에게 의술과 천문학의 오랜 관찰기록들, 온갖 서적과 식물, 종자, 지도, 기계모델 등 가져올 수 있는 모든 것을 가져올 것을 부탁한다.1139) 특히 의학에서의 교환을 화급히 갈망한다. "중국인들의 전체 의학이 우리에게 당도하는 것보다 더 불타게 바라는 것은 없습니다. 이 의학은 분명 치료의 주도면밀성과 시선의 광폭에서 우리의 의학과 견줄 것입니다. 우리나라 사람들이 해부학, 화학 또는 생리학에서, 그리고 기술의 이론적 원리에서 탁월한 것처럼, 저 중국인들은 보다 경험적이기는 하지만 의학적 목적(건강)에는 더 가깝고 더 직접적인 영역, 즉 식물학·병리학·처방술 및 단순한 사물들의 지식에서 그리고 질병의 실천적 임상연구에서 뛰어납니다."1140) 중국에 대한 라이프니츠의 호기심은 이 편지 구절에서 보듯이 실로 끝이 없었다.

그런데 여기서 주목할 점은 17세기 말까지도 '자연학(Physics)' 및 각종 산업기술과 의술에서 중국이 유럽보다 더 선진적이라는 사실에 대한 라이프니츠의 인정이다. 이것은 아직도 서구에 대한 과학주의적 열등의식에 빠져 있는 극동의 서양숭배자들과 서양의 오만한 유럽중심주의자들의 편견을 분쇄할 수 있는 중요한 역사적 사실이다.

1138) Leibniz, "Leibniz an Claudio Filippo Grimaldi"(19. Juli 1689). Leibniz, *Novissima Sinica*, 84쪽.

1139) Leibniz, "Leibniz an Claudio Filippo Grimaldi"(21?. März 1692). Leibniz, *Novissima Sinica*, 94-95쪽.

1140) Leibniz, "Leibniz an Gottlieb Spitzel"(2. Feb./8. März 1672). Leibniz, *Novissima Sinica*, 82쪽.

■라이프니츠의 서구중심주의

중국을 선진국으로 인정하는 자신의 저 고백에도 불구하고 라이프니츠는 『성경』에 갇힌 사고로 인해 요임금을 야벳의 아들 야완으로 해석하는 유럽중심주의적 사고를 떨치지 못한다.

> 케플러는 추정하기를 4,000년 전에 중국인들의 역사를 시작하게 만든 것으로 계산되는 요임금은 – 중국인들이 셈의 아들이나 야벳의 아들인 마곡·메섹·두발(타타르족의 시조)의 후손이 아니라고 한다면 – 야벳의 또 다른 아들인 야완일 것이라고 했습니다.[1141]

이런 유럽중심적 오만의 연장선상에서 라이프니츠는 이론적 사고에서의 유럽의 우월성을 합리론자의 관점에서 과대평가하기 시작한다.

> 철저한 사유적 고찰과 이론적 훈련에서는 우리가 물론 우월하다. 왜냐하면 논리학과 형이상학 및 비물질적인 것들의 인식 – 우리가 정당하게 우리에게 고유한 것으로 주장한 학문들 – 외에 우리는 (⋯) 수학에서 분명히 훨씬 뛰어나기 때문이다. 이것은 중국인들의 천문학이 우리의 천문학과 경쟁에 들어갔을 때 확인할 수 있었다. 중국인들은 인간지성의 저 위대한 개명開明, 즉 증명법을 지금까지 알지 못하며, 우리나라의 수공업자들이 널리 사용하는 일종의 경험적 기하학에 만족하는 것으로 보인다.[1142]

공자가 아니라 영국의 경험론자들이 보더라도, 여기서 라이프니츠는 유럽철학의 공허하거나 위태로운 사변적 약점들(형이상학과 사변적 형식논리학)을 자랑으로 여기고 합리주의적 편견에서 수학과 기하학을 '지성의 위대한 개명'으로 과대평가하고 있다.

당시 라이프니츠는 중국의 수학과 기하학 수준을 잘 알지 못했고, 서구의

1141) Leibniz, "Leibniz an Claudio Filippo Grimaldi"(21?. März 1692). Leibniz, *Novissima Sinica*, 97쪽.

1142) Leibniz, *Novissima Sinica*, "Preface", §2.

형이상학 못지않게 사변적인 '성리학'도 모르는 상태였다. 그의 말을 더 들어보자.

기하학은 수공업자의 영역이 아니라 철학자의 영역으로 간주되어야 한다. 왜냐하면 덕은 지혜에서 흘러나오고 지혜의 정신이 진리이므로 기하학자의 논증을 철저히 탐구하는 자들은 영원한 진리의 본성을 감지하고 확실한 것과 불확실한 것을 식별할 수 있기 때문이다. 다른 숙명적 중생들은 추측들 사이를 오락가락하고 빌라도가 진리가 무엇인지를 물었던 것과 유사하게 무엇이 진리인지를 알지 못한다. 그러나 중국인들의 군주가 예전에 플라톤이 강조했던 것, 즉 기하학의 문을 경유해서만 학의 비밀을 만날 수 있다는 사실을 명백히 알았다는 것은 의심할 바 없다. 또한 나는 중국인들이 수천 년 동안 놀라운 전념으로 그리고 학자들에 대한 커다란 보상과 함께 학문을 연마해왔을지라도 유럽인의 눈들 가운데 하나, 즉 기하학을 결하고 있다는 단순한 이유에서 과학의 탁월성에 도달하지 못했다고 생각한다. 그들이 우리가 외눈박이라고 확신할 수 있을지라도, 우리는 그들이 충분히 이해하지 못할 또 하나의 눈, 즉 제1철학을 가지고 있다.[1143]

여기서 라이프니츠는 노골적으로 근본적 측면에서 중국에 대한 서양의 우월성을 주장하는 입장을 잘 드러내고 있다. 이것은 무엇보다도 라이프니츠 자신이 감성보다 이성을, 감정보다 지성을 중시하는 합리론자였기 때문일 것이다. 참고로 마지막 문장의 내용과는 다르게 그가 말년에 쓴 「중국인의 자연신학에 관한 논고」에서는 동양의 형이상학(제1철학)인 '성리학'을 옹호하고 있다.

또한 라이프니츠는 전쟁을 멀리하는 중국이 지구상에 홀로 존재하는 것이 아니기 때문에 중국의 평화주의를 지혜롭지 못한 것으로 간주하고, 전쟁술에서는 유럽이 뛰어나다고 자부한다.

전쟁학에서도 중국인들은 우리 수준보다 낙후하다. 그 까닭은 무지가 아니라 심사숙

1143) Leibniz, *Novissima Sinica*, "Preface", §9.

고에 의한 것이다. 그들은 인간에게서 침략을 야기하고 부추기는 모든 것을 경멸하고, (…) 그리스도의 차원 높은 가르침을 거의 따라 하듯이 전쟁을 혐오하기 때문이다. 그들이 홀로 지구에 존재한다면, 사실 그들은 지혜롭게 행동하는 것이다. 그러나 지금의 상황에서는 정의로운 사람도 악인들의 권력이 자기 쪽으로 다가오지 않도록 타인에게 손상을 가하는 기술들을 연마해야 한다. 이 영역에서는 우리가 더 우월하다.1144)

당시 전쟁학과 전쟁기술에서 서양이 우월했을 수 있으나 이것이 과연 자랑거리인지는 의문스럽다. 이 대목에서 '금욕적 전쟁종교' 기독교에 흠뻑 젖은 라이프니츠는 수치심이 없어 보인다.

■극동의 도덕적 우월성에 대한 라이프니츠의 인정

그러나 라이프니츠는 도덕 수준에서 중국이 유럽을 앞서고 있으며, 유럽이 도덕적으로 열등한 것을 부끄럽게 생각한다고 솔직히 고백한다.

교양화된 생활의 규율 면에서, 온갖 훌륭한 도덕으로 철저히 교육된 우리를 능가하는 국민이 지구상에 존재한다고 그 누가 생각이나 했겠는가? 그럼에도 우리는 중국 국민을 더 친숙하게 알게 되면서 중국인들에게서 이런 국민을 체험하고 있다. 따라서 우리는 산업적 기술에서 대등하고 이론적 학문에서 우월하지만, 실천철학 분야에서, 말하자면 숙명적 중생들의 현재적 생과 관행 자체에 적용되는 윤리와 정치의 가르침에서, 분명 열등하다 – 이것을 고백하는 것을 나는 부끄럽게 생각한다. 다른 민족의 법률과 대조적으로 중국인들의 모든 법률이 그들의 관계가 가급적 혼란에 빠지지 않도록 얼마나 아름답게 공적 평온과 사회질서의 확립에 맞춰져 있는지는 말로 다 형언할 수 없다.1145)

그런데 라이프니츠는 여기에도 다시 엉뚱한 합리주의적 해설을 덧붙이고 있다.

1144) Leibniz, *Novissima Sinica*, "Preface", §2.

1145) Leibniz, *Novissima Sinica*, "Preface", §3.

"확실히 인간들은 자기 자신의 행동에 의해 최대의 악을 겪고 다시 서로에게 그것을 가한다. 그래서 '인간은 인간에게 늑대(*homo homini lupus*)'라고 말한다. 이것은 특히 우리의 어리석음을 두고 하는 말인데, 이 어리석음은 또한 아주 보편적이다."1146) 라이프니츠는 "인간은 인간에게 늑대"라는 성서상의 원죄적 성악설을 굳게 믿으며 늑대와 인간을 동시에 모독하고 있다. 그러나 공자와 중국인들은 순자의 성악설을 멀리하고 공맹의 성선설을 확신하며 인간의 감정을 결함에 차거나 이성보다 열등한 것으로 보지 않고 '타고난 본성적 감정'에 충실하기 때문에 더 도덕적일 수 있다고 여겼다. 따라서 기독교도 라이프니츠는 중국인의 이런 도덕철학을 진정 전혀 이해할 수 없는 유럽중심주의적 합리론자였던 것이다.

중국인들은 '이성'에 의해서가 아니라, 유교의 가르침의 '끊임없는 적용'에 의해 타고난 좋은 성정(도덕적 공감감정으로서의 측은·수오·공경·시비지심)을 확충하고 체득해 덕성으로 고양시킨다. 그러나 라이프니츠는 합리주의자답게 중국인의 '덕성'을 습성화된 '이성'으로 오해한다.

어떤 국민이든 이러한 악에 대한 치료책을 어떤 식으로든 마련해놓았다면, 분명 중국인들은 나머지 국민들에 비하여 더 나은 규제책을 확보했고, 그 거대한 인간공동체 안에서, 우리 유럽의 종교교단 창설자들이 자신들의 좁은 범위 안에서 한 것보다 더 많은 것을 이룩했다. 윗사람에 대한 순종과 연장자에 대한 공경이 아주 대단하고, 부모에 대한 자녀의 태도는 거의 종교적이다. 자녀들은 한 마디 말조차 부모에게 불쾌한 어떤 것도 초래하는 법이 없고, 이런 짓을 저지른 범인은 우리가 아비살해자에게 그 행동에 대해 지불하게 하는 것처럼 자기의 행동에 대해 속죄해야 하는 것으로 보인다. (…) 그들에게 이 이성과 규칙은 끊임없는 적용을 통해 천성이 되었고 기꺼이 준수된다. 중국의 농민과 하인들은 ― 이것은 우리 유럽 사람들이 놀라움으로 관찰하는 바인데 ― 친구와 작별을 할 때나 오랜만에 다시 말날 때 아주 사랑으로 그리고 존경으로 대하기 때문에 유럽의 고위귀족들의 온갖 예절에 필적한다. 그렇다

1146) Leibniz, *Novissima Sinica*, "Preface", §3.

면 중국의 관리나 각로閣老(내각대학사 - 인용자)는 오죽하겠는가? 그러므로 서로 대
화를 나누다가 아주 작은 목소리라도 타인을 기분 나쁘게 하는 일은 거의 없으며
증오·분노·흥분을 드러내는 일도 찾아보기 힘들다. 우리 유럽인들은 새로 사람을
사귄 지 며칠만 지나면 존경심이라거나 조심스러운 대화가 계속되는 것을 찾아보기
힘들고, 신뢰감이 쌓이자마자 조심스러운 예의는 곧 무너져버리고 만다. 이것은 쾌
활한 자유분방함처럼 보이지만 이런 태도 때문에 곧바로 경멸·험담·증오, 나중에는
적대감까지 생겨난다.1147)

이 비교적 정확한 현상 기술 속에도 그 자신의 엉뚱한 합리주의적 도덕관('이성과
규칙')이 뒤섞여 있다.

따라서 라이프니츠의 이런 예찬은 곧바로 원죄 차원의 악한 본성에 대한
이성적 통제를 염두에 둔 기독교적 독선 속에서 중국인에 대한 험담으로 돌변
한다.

확실히 중국인에게 탐욕이나 쾌락이나 야심이 없는 것은 아니다. (…) 따라서 중국인
들은 참된 덕스러운 삶에 완전히 도달하지는 못했을 것이다. 이러한 삶은 하늘의
은총과 기독교의 가르침에 의해서만 이루어질 수 있기 때문이다. 하지만 그들은, 악
의 쓰라린 결실을 완화시키고 인간의 본성 속에 들어 있는 죄악의 뿌리를 근절시킬
수는 없었을지라도, 좋은 부분을 위해 악한 본성의 솟아나는 싹들을 제어할 수 있는
것처럼 보인다.1148)

이 짧은 말 속에는 중국인들의 덕성에 대한 탄복 및 열등의식과 함께 계시종교
로서의 기독교에 대한 우월의식이 착종된 이른바 '우월적 열등의식'이 응축되
어 있다. 잘 배운 고학력자 앞에 선 못 배운 부자나 저학력 권력자의 심리상태와
같은 '우월적 열등의식'의 복합적 콤플렉스에 빠진 라이프니츠의 삐뚤어진

1147) Leibniz, *Novissima Sinica*, "Preface", §4.

1148) Leibniz, *Novissima Sinica*, "Preface", §5.

유럽주의와 합리주의적·기독교적 편견 속에서는 성선설을 확신하는 유교적 중국인들에게 기독교의 원죄론(근절시킬 수 없는 본성적 '죄악의 뿌리' 이론)을 전파하는 것이 거의 불가능하다는 사실이 인식될 수 없었을 것이다.

게다가 앞서 인용했듯이 "덕은 지혜에서 흘러나오고 지혜의 정신이 진리이므로 기하학자의 논증을 철저히 탐구하는 자들은 영원한 진리의 본성을 감지하고 확실한 것과 불확실한 것을 식별할 수 있다"는 합리주의적·지성주의적 궤변에 빠져 있는 한, 중국인의 우월한 도덕성의 원리도 끝내 알 수 없었을 것이다. '덕'이 '기하학'에 의해서 개발되는 '영원한 진리'의 '지혜'에서 흘러나온다는 라이프니츠의 말이 옳다면, 평화적 중국인만큼 덕이 높았던 예수는 놀라운 기하학자였던가? 『성경』 어디에도 예수가 놀라운 기하학자였다는 구절은 없는 것 같다.

한편, 중국예절에 대한 예찬 속에서 라이프니츠는 중국황제를 홉스 식의 절대군주, 즉 리바이어던으로서의 "필멸적 신(mortal God)"으로1149) 만든다.

> 중국황제는 그의 중요성에서 인간에게 가능한 정점을 거의 넘어가서 거의 필멸적 신 (sterblicher Gott)으로 간주되고, 그리하여 그가 한번 눈짓하면 만사가 이루어지고 그럼에도 그럴 정도로 덕성과 지혜를 갖추도록 교육되곤 해서 황제는 법에 대한 믿을 수 없는 존중에서, 그리고 지자들에 대한 경외심에서 그의 신민들을 능가하는 것을 그가 인간들 사이에서 최고 지위를 차지할 만한 자격으로 간주하는 것으로 보인다.1150)

라이프니츠는 여기서 다시 유럽대륙 식으로 사유하다가, 1679년 찰스 2세와 윌리엄 템플에 의해 영국에 도입된 중국의 내각제를 알지 못하고, 따라서 이 내각에 의해 황제권을 한정·견제하는 중국의 제한군주정도 이해하지 못하고 있다. 중국의 내각제는 그가 보유하거나 접한 중국 관련 서적들에 일반적으로

1149) Thomas Hobbes, *Leviathan or The Matter, Form, and Power of a Commonwealth Ecclesiastical and Civil*, 158쪽. *The Collected Works of Thomas Hobbes*. Vol. III. Part I and II, collected and edited by Sir William Molesworth (London: Routledge/Thoemmes Press, 1992).

1150) Leibniz, *Novissima Sinica*, "Preface", §6 (13쪽).

소개되어 있었고, 앞서 상론했듯이 심지어 라이프니츠보다 14년 연장자인 푸펜도르프조차도 중국의 내각제와 제한군주정을 정확히 이해하고 있었다. 라이프니츠는 자기의 독창적 사고체계에 갇혀 중국 관련 서적들을 띄엄띄엄 읽었거나 건성으로 읽은 것이다. 이런 까닭에 그는 홉스의 '필멸적 신' 개념을 중국에 투영해 중국황제를 한낱 법치주의와 '존현尊賢' 원칙을 준수하는 정도의 '리바이어던'으로 뒤틀어놓고 있다. 이런 식의 오해는 뒤에 보겠지만 부지기수다.

■ 중국의 유교철학을 '자연신학'으로 보는 오해

유교의 감정론적·성선설적 도덕론과 기독교의 합리론적·원죄성악설적 도덕론은 접점이나 교환적 등가성의 공통척도가 없다. 그럼에도 라이프니츠는 중국의 자연신학과 유럽의 계시신학의 교환을 주창한다.

> 실천철학의 가장 위대한 적용과 보다 완벽한 생활방식은 중국인들에게 배우는 것이 바람직할 것이다. (…) 분명 우리의 상황은 더 큰 타락으로 미끄러져 들어가고 있다. 우리가 그들에게 계시신학의 교사들을 보낸 것처럼 우리에게 자연신학의 적용과 실천을 가르쳐줄 중국인 선교사들을 우리에게 보내는 것이 필요할 정도다.[1151]

또 라이프니츠는 부연하기를, 여신의 아름다움에 관해서가 아니라 제議 국민의 탁월성에 관한 중재재판관으로서 선발된 지자라면 – 만약 우리 유럽인들이 기독교라는 신적 선물을 통해 그들을 능가하지 않았을 경우에 – "황금사과를 그들(중국인)에게 줄" 것이라고 한다.[1152]

한편, '자연신학'이란 신에 대한 인식을 신과 예수의 계시에 의존하지 않고 인간 이성의 능력만으로 탐구하려는 기독교신학의 한 분야를 가리킨다. '자연신학'의 본래 목적은 발생사적으로 '계시신학'이 반反이성적인 것이 아님을 간접적으로 입증하는 데 있다. 그러나 종교개혁과 종교전쟁을 거친 유럽에서는

1151) Leibniz, *Novissima Sinica*, "Preface", §10.
1152) Leibniz, *Novissima Sinica*, "Preface", §10 (19쪽).

자연신학 또는 자연종교가 계시신학 또는 계시종교와 대립하는 이신론理神論의 의미에서 '이성의 힘'으로 '창조주로서의 '신의 속성'과 '섭리의 지배'를 인식하는 신학이자 종교임과 동시에 계시종교·신학 자체를 궁극적으로 대체하는 것으로 이해되었다.

그런데 중국에는 예나 지금이나 계시종교도 없었지만, 자연종교나 자연신학도 없었다. 『주역』과 역학易學을 서양의 자연종교와 자연신학에 대한 등가물로 보더라도 『주역』에서 핵심적 역할을 하는 것은 이성이 아니라, '이성의 인지주의적人智主義的 오만을 포기하고 신에게 물어 얻는 신탁으로서의 '신지神智'다. 결론적으로 말하자면, 뒤에서 다룰 라이프니츠의 열렬한 제자 크리스티안 볼프도 인정하듯이, 중국에는 '이성의 힘'으로 '신의 속성과 섭리의 지배'를 인식하는 유럽적 의미의 자연종교와 자연신학이 존재한 적이 없었다. 라이프니츠를 추앙했던 볼프는 말한다.

옛 중국인은 세계 창조주를 인식하지 못했기 때문에 어떤 자연종교도 없었다. 그리고 신적 계시의 증거는 그들에게 더더욱 알려진 적이 없었다. 이런 까닭에 중국인은 덕행을 위해 본성의 힘만을, 그것도 어떤 종교로부터도 자유로운 그런 본성의 힘만을 활용할 수 있었을 뿐이다.1153)

중국과 동아시아의 유교문명권에는 다만 상례와 제례를 치를 때나 역괘易卦를 뽑을 때만 마음속에 잠깐 신 관념을 떠올릴 뿐이고 평소에는 이마저도 완전히 잊어버리고 산다는 의미에서의 '평상적 무신론'과 '간헐적 유신론'의 유연한 교대·겸용만이 존재했다. 따라서 기독교와 유학 사이에는 몇몇 도덕명제 외에 아무런 공통된 세계관적 접점이나 등가성의 공통척도가 없었다. 접점이나 등가성이 없는 것들 간의 교환은 불가능하므로 유럽의 계시신학과 중국의 - 있어

1153) Christian Wolff, *Oratio de Sinarum philosophia practica* [1721·1726] - *Rede über die praktische Philosophie der Chinesen*, übers. u. hrsg. v. Michael Albrecht (Hamburg: Felix Meiner Verlag, 1985), 27쪽. 47쪽도 참조.

본 적이 없는 – 자연신학 간의 교환에 대한 라이프니츠의 제안은 기실 빈말인
것이다. 따라서 중국의 공자제례, 사자死者를 위한 상례, 조상신을 숭배하는
제례나 제천祭天행사 등은 '자연종교'라기보다 루소가 말한 '시민종교'라고1154)
봐야 할 것이다.

따라서 라이프니츠의 평생 과제가 유럽의 적대적 종파들과 정치당파들의
일치와 조화의 원리를 탐구하는 것이었다고 하더라도, 그에게 중국이 "인간을
인간으로부터 분리시키는 도덕적·정신적 장벽을 무너뜨리기 위한 투쟁의 동
맹군"이었다는 과장은1155) 잘못된 것이다. 또한 "서양의 계시종교와 중국의
윤리·자연신학을 위한 대등한 교역"과 관련된 진정한 보편종교적 일치의 토대
를 수립하고자 한 라이프니츠의 꿈을 마냥 긍정적으로만 보는 것도1156) 문제인
것이다. 라이프니츠는 중국과 중국철학을 철저히 오해했다. 따라서 중국철학과
서양기독교를 통합하려는 그의 희망은 철저히 실패할 수밖에 없었다. 그러므로
진정한 보편종교적 일치의 토대를 수립하려고 한 라이프니츠의 꿈을 긍정적으
로 보는 먼젤로(David E. Mungello)조차도 라이프니츠의 논의와 주장들을 "라이프
니츠의 희망을 파괴한 중국과 서양 간의 오해와 실패의 특별한 형태"로 규정할
수밖에 없었다.1157)

따라서 '우주의 모든 양상은 타자를 반영해 서로 조화롭게 작용한다'는 그의
단자론單子論과, '자연의 모든 부분은 서로 밀착하고 자발적으로 협력한다'는
중국인의 상호연관적 사고체계 사이에 본질적 유사성이 존재한다고 할지라도

1154) '시민종교'라는 말은 루소가 『사회계약론』에서 모든 근대사회의 도덕적·정신적 토대로 간주
    되는 것을 나타내기 위해 주조한 말이다. Jean-Jacques Rousseau, *The Social Contract* [1762], 150-151쪽
    (Bk. 4, Ch. 8). Jean-Jacques Rousseau. *The Social Contract and Discourses*. Translated and introduced
    by G. D. H. Cole. Revised and augmented by J. H. Brumfitt and John C. Hall. Updated by P.
    D. Jimack (London·Vermont: J. M. Dent Orion Publishing Group, 1993). 시민종교의 긍정적 도그마
    로 '신'과 '사후세계'를 운위하는 것은 기독교적 유신론자 루소의 종교적 편향성을 보여준다.
    아무튼 루소는 시민종교로써 국가에 성스러운 권위를 제공함으로써 국가를 통합하는 것을 돕는
    사회적 접합제를 의도했다.

1155) Basil Guy, *The French Image of China before and after Voltaire* (Geneva: Institut Musée Voltaire,
    1963), 87쪽. Clarke, *Oriental Enlightenment*, 47쪽에서 재인용.

1156) Mungello, *Leibniz and Confucianism*, 9쪽.

1157) Mungello, *Leibniz and Confucianism*, Preface, x쪽.

이를 확장해 '라이프니츠와 중국 사이의 예정조화'를 주장하는 쿡과 로스몬트
(Daniel. J. Cook and Henry Rosemont, Jr.)의 과장은 지나친 견강부회로 느껴진다.[1158]
왜냐하면 감성 또는 감성적 경험보다 이성에, 감정보다 지성에 우선권을 주는
라이프니츠의 기독교적·독단적 합리주의와 – 계시와 이성(지성)만을 중시하는
– 기독교는 공자철학의 핵을 놓치거나 파괴할 수밖에 없을 것이기 때문이다.
공자철학은, '경험을 주로 삼고 생각을 종으로 삼는 것(主學而從思)', '경험을
널리 하고 생각을 신중히 하는 것(博學而慎思)'의 인식론적·해석학적 원칙에서
이성보다 감성(경험)에, 인·의·예·지의 단초인 사단지심의 순서상 시비지심의
지성을 말석에 놓고 공감적·사회적(이타적) 감정들(측은·수오·공경지심)에 우선권
을 준다.

■ 라이프니츠의 단자론과 극동 기氣철학의 영향

라이프니츠의 철학에 대한 공자철학과 중국사상의 영향은 '예증적'이기도
했지만, 때로는 또는 분야에 따라 '본질구성적'이기도 했다. 이 점을 휴즈의
이해를 통해 간략하게 정리해볼 필요가 있다. 휴즈는 "중국의 영향은 그의
정신 속으로 아주 깊이, 그가 알고 있는 것보다 더 깊이 들어갔다"고 단언한다.
"인간의 정신은 라이프니츠가 예수회 신부들의 서적들에서 읽은 것을 기쁘게,
그리고 쉽사리 받아들이는 그런 성질"이 있기 때문이라는 것이다.[1159]

또한 휴즈는 공자철학과 라이프니츠 철학의 긴밀한 내용적 합치를 주장한다.

라이프니츠는 유럽이 '실천철학'에서 중국으로부터 배울 것이 많다고 확신했다. 여기
서 다시 『대학』을 읽는 것은 라이프니츠의 이성이 그를 데리고 들어간 이상理想들의
윤리적·정치적 세계 안에서의 자기 자신의 발견이다. (…) 최종적으로, 효과적 덕성은
행동의 선善과 지식(지혜)의 결합이다. 인간은 이것들을 결합해 행복을, '우주의 나라'

1158) 참조: Daniel. J. Cook and Henry Rosemont, Jr., "The Pre-established Harmony between Leibniz
and Chinese Thought", *Journal of the History of Ideas*, Vol. 42, No. 3 (April-June 1981).
1159) Hughes, "Introduction", 20쪽.

의 목표인 완벽화의 행복을 얻는다. 이 모든 것은 라이프니츠가 『대학』과 『중용』에서 읽은 유형의 높은 유교다.1160)

이 말은 공자철학이 라이프니츠 철학에 대해 '본질구성적(constitutive, or integral)' 역할을 했다는 말이다.

그리하여 휴즈는 라이프니츠의 철학이 특히 성리학과 합치된다고 주장한다. "우리가 그의 주요 철학저작들을 면밀히 살필 때 우리는 그것(유교)과의 연관을 거의 발견하지 못한다. 그러나 마치 이것이 충분히 흥미를 자아내지 않는 것처럼, 저 저작들 속에서, 그것이 형이상학적 저작들이든 윤리학적 저작들이든 그가 취하는 입장은 단 한 가지를 제외하면 훌륭한 성리학자(신유학자)가 실질적으로 동의한다고 느꼈을 그런 입장이다. 이 제외된 점은 라이프니츠가 그런 특유한 강세로 견지한, 살아 있는 신의 실존에 대한 바로 그 긍정이기 때문에 중요하다. 그렇더라도 라이프니츠 이론들의 복잡한 소용돌이들과 성리학적 사상의 대등한 복잡성을 고려하면 유사성은 무의미한 것으로 기각될 수 없는 성질의 것이다. 그리하여 그의 최후 저작들인 『단자론』과 『이성에 기초한 자연과 은총의 원리』에서는 가장 현저한 유사성이 두드러진다. 주희의 『중용집주』를 읽는 것은 라이프니츠의 판명한 아이디어들이 우리의 얼굴을 잔뜩 노려보고 있는 것을 느끼는 것이다. 연쇄고리를 완성하자면, 더 나아가 『중국 철학자 공자』를 읽는 것은 라이프니츠가 이 저작을 읽을 때 유교를 주로 성리학적 응용(Sung adaptation)을 통해 흡수할 정도로 번역자들이 성리학적 해석을 원문과 뒤섞었다는 것을 발견하는 것이다."1161)

아무튼 라이프니츠의 철학과 공자철학은 많은 점에서 유사하다. 이것을 증명하려면 "천天에 대한 유자들의 숭배에도 불구하고, 그리고 신의 인격성에 대한 그들의 애매모호함에도 불구하고 일반적으로 종교적 철학으로서의 유교가 본질에서 이신론적이라고 가정하는 것은 오류라는 점을 지적하는 것으로

1160) Hughes, "Introduction", 21쪽.

1161) Hughes, "Introduction", 19쪽.

충분하다".1162) 휴즈는 그간 서양 철학자들이 간과한, 심지어 라이프니츠 자신도 간과한 이신론자들의 중요한 오류를 지적하고 있다. "18세기 이신론자들은 (…) '학자들의' 종교(유교 – 인용자)를 '자연종교'에 관한 그들의 이론의 유용한 협력자로 환호했을 것이지만, 고전적 유교 안에서의 '자연', 심지어 성리학 안에서의 '자연'도 원인과 결과의 완전히 기계적인 사슬이 아니라 가장 충만한 의미에서의 '살아 있는 것(something living)'이다."1163)

라이프니츠는 살아 있는 자연의 생적生的 연관성과 죽은 자연의 기계적 인과성을 각기 "충족이유(the contingent)"와 "필연성"이라고 명명해 구분한다. 휴즈는 "충족이유"를 "현실성과 다르고 개연성과도 다른, 개체와 개인의 실재성과 일치되는 가능성의 범위"라고 설명하고 "얼마간의 아주 중요한 다른 점들에서처럼 이 점에서도 라이프니츠는 훌륭한 유자儒者이면서 기독교인이었다"고 결론짓는다.1164)

이것의 당연한 추론적 결론은 유교가 라이프니츠의 철학에 대해 '본질구성적'이었다는 것이다. 라이프니츠의 철학 중에서 특히 그의 '단자론'은 중국의 기氣철학을 '밀수·표절'(!)해 기독교 교리와 짜깁기한 패치워크철학이었다. 1714년 라이프니츠의 『단자론(Monadologie)』은 그가 극동의 기氣철학을 받아들여 수립한 최후의 저작이다.1165) 스피노자의 이론체계와 마찬가지로 라이프니츠의 이 『단자론』에는 극동의 기철학적 요소들이 물씬 스며들어 있고, 그 흔적도 확연하다.

그러나 데이비드 먼젤로(David E. Mungello)는 라이프니츠의 성숙한 철학이 어떤

1162) Hughes, "Introduction", 19쪽.

1163) Hughes, "Introduction", 19쪽.

1164) Hughes, "Introduction", 20쪽.

1165) Gottfried W. Leibniz, *The Monadology* [1714], §14. Gottfried W. Leibniz, *Discourse on Metaphysics, Correspondence with Arnauld, and Monadology* (Chicago: The Open Court Publishing Company, 1902). 단자론은 다음 글들에서도 개진된다. 참조: Leibniz, *Principes de la nature et de la grâce fondés en raison* [1714]. 「자연과 은총의 이성적 원리」, 빌헬름 라이프니츠(윤선구 역), 『형이상학 논고』(서울: 아카넷, 2010); 또는 「이성에 근거한 자연과 은총의 원리」, 라이프니츠(배선복 역), 『모나드론 외』(서울: 책세상, 2007).

추정적인 중국의 영향과 독립적으로 전개되었다는 학자들 간의 합의를 전제로 라이프니츠 철학과 중국사상 간의 상응성이 시공적으로 서로 떨어져 있는 유사한 사상들 간의 자생적 발생을 실증했다고[1166] 억측한다. 그리고 시몬 코우(Simon Kow) 등 최근 학자들은 라이프니츠의 단자론을 중국사상과 완전히 독립적인 이론으로 보고 중국과의 사상교류보다 이 단자론 자체에 관심을 집중하는 경향이 있다.[1167]

라이프니츠가 중국철학으로부터 의미심장한 '본질구성적' 영향을 받았다는 휴즈와 니덤의 견해에 반대하는 먼젤로에 의하면, 라이프니츠는 그가 중국철학으로부터 새로운 아이디어를 수집했기 때문이라기보다 중국철학이 그 자신의 아이디어의 보편타당성을 확증해주었기 때문에 중국철학에 관심을 가졌다는 것이다. 라이프니츠의 세계주의적 관심은 중국적 아이디어를 차용할 필요성에 의해서가 아니라 유럽적 맥락에서 개발된 아이디어들을 확증하기 위한 목적에서 유발된 것이고, 그리하여 그의 관심은 어디까지나 유럽중심주의적으로 남아 있었다는 것이다.[1168] 먼젤로는 라이프니츠 사상의 유럽중심주의 성향을 마치 라이프니츠에 대한 중국철학의 영향을 '확증적 본보기' 차원으로 한정하는 원인으로 간주·착각하고 있다. 이런 착각은 그의 다음 말에서 더욱 분명하다.

중국에 대한 다른 사상가들의 계몽주의적 태도는 중국에 대해 배우는 데 아주 큰 관심을 가졌기 때문에 세계주의적이었다. 그 태도는 유럽문명이 결한 것을 중국문명이 보유하고 있다는 것을 인정했다. 그러나 그것은 라이프니츠의 경우에서처럼 유럽적 문화배경으로부터 도출된 가장 근본적인 사상과 신념들을 본질적으로 확증하려고 추구했기 때문에 유럽중심적이었다.[1169]

그러나 어떤 유럽 철학자든 유럽중심주의 성향이 아무리 강하더라도 다른

1166) Mungello, *Leibniz and Confucianism*, 15쪽.
1167) Kow, *China in Early Enlightenment Political Thought*, 83쪽.
1168) Mungello, "Malebranche and Chinese Philosophy", 577-578쪽.
1169) Mungello, "Malebranche and Chinese Philosophy", 578쪽.

문명의 철학으로부터 아이디어를 차용해 얼마든지 자기들의 철학을 위해 '본질 구성'적 요소로 활용할 수 있는 것이다. 이런 것을 무시하고 저런 착각에 빠지기 때문에 바로 한 문단 안에서도 유럽문명이 결한 요소들을 중국문명이 보유하고 있다고 하면서 중국문명의 요소들을 유럽문화의 사상과 신념들의 확증사례로만 규정하는 발화수행적發話遂行的 오류를 범하는 것이다.

라이프니츠의 단자론을 그의 고유한 독창적 이론으로 만들어놓은 것은 중국의 기철학에 대한 먼젤로·코우 등과 같은 서양 철학자들의 저런 무지와 지적 혼동이었다. 그러나 뜯어보면 라이프니츠의 이론 가운데 중국사상으로부터 단자론보다 더 많은 본질구성적 영향을 받은 이론도 없을 것이다. 하지만 먼젤로나 코우는 중국의 기일원론도 라이프니츠의 단자론도 전혀 이해하지 못했고 또 천착하지도 않았다.

그러나 아돌프 라이히바인(Adolf Reichwein, 1898-1944)은 일찍이 단자론과 중국철학의 내적 연관을 이렇게 지적한 바 있다.

라이프니츠의 단자론은 많은 점에서, 중국 현자의 세 커다란 영역, 즉 노자와 공자와 중국불교의 형태로 나타나는 중국의 보편주의적 사상과의 특유한 접촉을 가지고 있다. 예정조화론은 '천지지도天地之道'(자연지도 – 인용자)에서 중국적 등가물을 발견한다. 라이프니츠는 중국 현자들처럼 현실을 통일적인 것으로, 진보적 발전에 처한 영혼본질의 항상 상승하는 단계영역으로 믿는다. 저기에서와 마찬가지로 여기에서도 예정조화 또는 천지지도에 대한 믿음으로부터 무한한 낙관주의("모든 세계 중의 가장 좋은 세계", "하늘의 나라")가 생겨난다. 라이프니츠에게도 공자와 마찬가지로 모든 교敎의 핵심은, 따라서 기독교의 핵심도 실천적 삶에 있다. 종교의 본질적 기능은 그에게 인식을 창출하는 것이고, 그 목표는 공익적 행동으로 교육시키는 것이다. 이것은 모든 계몽주의의 복음을 간단명료하게 밝혀준다. 이것은 완전히 공자의 의미에서 사유된 것이다. "도의 지식은 덕성으로 통한다." 저기서와 마찬가지로 여기서도 덕성은 행복을 뜻하고, 그것은 모든 사유의 최고목표다.[1170)]

1170) Reichwein, *China und Europa*, 88쪽.

"예정조화론은 '천지지도'에서 중국적 등가물을 발견한다"는 라이히바인의 추정은 먼젤로라면 문제 삼을 수 있을 것이다. 그는 아마 라이프니츠가 중국철학으로부터가 아니라 말브랑쉬로부터 이 예정조화설을 취하지 않았을까 의심할 수 있다. 말브랑쉬는 1708년 중국 철학자에게 "세계가 신이 만들 수 있는 가장 우수한 작품이 아니라 신이 쓰는 방법만큼 단순하고 지혜로운 방법으로 (인간이) 만들 수 있는 가장 우수한 작품이라고 상상하라"고 말하고[1171] 있기 때문이다.

그러나 있을 수 있는 저런 의심은 시기상으로 근거가 박약하다. 상론했듯이 라이프니츠의 예정조화설은『기독교 철학자와 중국 철학자의 대화』가 출간된 1708년보다 20여 년 앞선 시기인 1686-1690년에 이미 형성되었기 때문이다. 다시 말하지만, 라이프니츠는 중국철학에 일찍이 관심을 가졌었다. 이것은 그가 마테오리치의『중국인들 사이에서의 기독교 선교』(1615), 마르티니의 1655년 중국 관련 서적이나 슈피첼의 1660년 책, 키르허의 1667년 중국 관련 서적,『중국 철학자 공자』(1687) 등을 읽은 것을 보면 알 수 있다. 그는 1669년에 이미 중국의 학문과 예술을 수용하는 학회수립 계획을 기초한 적도 있다.[1172] 그리고 앞서 밝혔듯이 1687년 에른스트 헤센-라인펠스 백작에게 보낸 서한에서 "올해 파리에서 공간된 중국 철학자들의 왕 공자의 저작"을 언급하는 것과,[1173] 남겨진 장서 속의『중국 철학자 공자』에 쓴 난외주석은 그가 실제로 이 책을 읽었음을 증명한다. 그리고 우리는 그가 스피노자의『에티카』에서 전개된 기철학적 범신론을 지실知悉하고 있었음을 전제로 출발해야 한다.『에티카』의 출간 시점(1677)은 그의 예정조화설이나 '단자(monad)'라는 개념이 처음 나타나는 시점(1695)보다 훨씬 앞선다. 라이프니츠는 이런 여러 통로로 전파된 중국철학적 천기天氣·지기地氣론과 공맹의 '천지지도론' 및 성선설로부터 예정

1171) L'Auteur de *la Recherche de la Vérité* (Nicolas Malebranche), *Entretien d'un philosophe chrétien et d'un philosophe chinois sur l'existence et la nature de Dieu* (Paris: Chez Michel David, 1708), 61-62쪽. 상세한 논의는 참조: 황태연,『근대 프랑스의 공자열광과 계몽주의』(파주: 청계, 2019).

1172) Reichwein, *China und Europa*, 89쪽.

1173) Reichwein, *China und Europa*, 89쪽.

조화론을 만들어낼 수 있었을 것이다.

그리고 라이프니츠의 예정조화론은 내용적으로도 말브랑쉬의 명제와 다르다. 왜냐하면 라이프니츠는 현존하는 세계는 '신이 쓰는 방법만큼 단순하고 지혜로운 방법으로 (인간이) 만들 수 있는 가장 우수한 작품'이 아니라 "신이 만들 수 있는 가장 우수한 작품"이라고 생각했다. 라이프니츠는 선대로부터 루터교도였고 스스로 루터교의 세례를 받은 철학자다. 그러나 그는 말브랑쉬의 가톨릭철학을 그대로 수용할 수 없었지만, 공자철학을 나름대로 잘 이해한 경지에서 개신교의 금욕적 세계관을 그대로 고수할 수도 없었다. 왜냐하면 막스 베버가 단언하듯이 "청교도 윤리는 지상의 사물들에 대한 유교의 사로잡히지 않는 무상무념한 입장과 가장 강력하게 대립되게도 '세계'에 대한 강렬하고 격앙된 긴장 속에서 지상의 사물들을 세계와 연결시키기"[1174] 때문이다. 루터교도 라이프니츠는 차라리 개신교의 금욕적 '세계부정' 교리를 슬그머니 버리고 공자철학의 도학적 세계관을 선택했다. 베버는 유교에 대한 그의 전반적 엉터리 해석 중에서 유일하게 제대로 이해한 것으로 보이는 '유교적 세계관 해설'에서 유교를 이렇게 기술한다.

세계에 대한 긴장, 즉 세계에 대한 종교적 평가절하와 실천적 부정을 최소한으로 축소시킨 이러한 (의도에 따라) 합리적인 윤리학은 (…) 유교였다. 세계는 가능한 세계들 중 최선의 세계이고, 인간본성은 타고난 자질에 따라 윤리적으로 선하고 그 점에서 인간들은 모든 사물에서 어느 정도 서로 다르기는 하지만, 원칙적으로 동일한 성질이며 아무튼 무제한적으로 완벽화가 가능하고 도덕률의 완수에 충분했다.[1175]

1910년대에 유교와 극동문화를 깎아내리는 데 정열을 바친 루터교적·유럽중심주의적 사회학자 막스 베버도 유교적 세계관을 이처럼 세계를 천도天道의

1174) Max Weber, *Konfuzianismus und Taoismus*, 513쪽(VIII: Resultat: Konfuzianismus und Puritanismus). Max Weber, *Die Wirtschaftsethik der Weltreligion. Gesammelte Aufsätze zur Religionssolziologie I* (Tübingen: Mohr, 1986).

1175) Weber, *Konfuzianismus und Taoismus*, 514쪽.

질서에 의해 미리 확정된 최선의 조화 상태로 보는 세계관으로 이해했다. 이런 유교적 세계관으로부터 라이프니츠가 예정조화의 관념을 도출하는 것은 손쉬운 일이었을 것이다.

루터교도 라이프니츠가 개신교의 격앙된 원죄론적 성악설과 금욕적 세계부정론을 등지고 '이와 가장 강력하게 대립되는' 예정조화론을 설파한 것은 그의 철학체계가 개신교를 완전히 떠나 얼마나 공자철학으로 경도되었는지를 보여주는 결정적 대목이다. 여기서 우리는 "어떤 기독교윤리도, 그리고 지상의 질서와 그토록 긴밀한 타협 속으로 얽혀든 기독교윤리(개신교윤리)도 세계와 개인의 초세계적 규정 간의 비관주의적 긴장을 그 불가피한 귀결과 함께 근본적 세계낙관주의의 유교적 체계가 제거한 것처럼 완전히 밑바탕으로부터 몽땅 제거할 수 없었다"는 베버의 지적에1176) 주목해야 한다. 따라서 라이프니츠의 예정조화설은 현세와의 "비관주의적 긴장"을 본질로 하는 어떤 기독교적 세계관과도 양립할 수 없었고, 자본주의적 현실세계와 교묘히 타협한 개신교의 금욕적 세계관과도 양립할 수 없었던 것이다. 이 때문에 그의 예정조화설은 온갖 유형의 기독교적 비관주의를 공자철학에 의해 근본적으로 수정·폐기한 새로운 기독교, 즉 그의 '유교적 기독교'(?!)로부터만 도출될 수 있었던 것이다. 말하자면 라이프니츠는 어느 면에서 '기독교의 유교화'를 추구한 것이다.

한편, 라이프니츠는 스피노자의 『신학·정치론』(1670)과 『에티카』(1677)를 분석적으로 정밀하게 읽었고,1177) 1676년 11월 헤이그의 스피노자를 방문해 장시간 여러 가지 주제에 대해 철학적 대화를 나누기도 했었다.1178) 그런데 주지하다시피 피에르 벨은 『역사·비판 사전』(1697)에서 스피노자를 "유럽과 동양의 여러 고대·현대철학과 동일한" 이론적 토대를 "완전히 새로운 방법"으로 가공한 "체계적 무신론자"로 규정했다. 스피노자가 중국의 기론을 더 철저히 공부했더라면 그의 철학은 "더욱 난공불락의" 체계가 되었을 것이라고도 했다.1179)

1176) Weber, *Konfuzianismus und Taoismus*, 522쪽. 괄호는 인용자.

1177) Maria R. Antognazza, *Leibniz: An Intellectual Biography* (Cambridge: Cambridge University Press, 2008·2011), 121, 261쪽.

1178) Antognazza, *Leibniz*, 177쪽.

그리고 벨은 라 루베르의 『태국왕국론』(1691)을 인용해 중국의 기철학을 상세히 소개하고 있다. 벨이 스피노자가 수용했다고 말하는 "유럽의 여러 고대철학"은 데모크리토스·에피쿠로스의 원자론을, 그리고 "동양의 여러 고대철학"은 중국의 기철학을 말한다.

한편, 벨이 인용한 라 루베르는 중국의 기철학을 설명하면서 이에 대한 공자의 견해도 소개하고, 트리고가 전하는 고대 중국인들의 기론氣論에 대한 마테오리치의 보고도 인용하고 있다.1180) (벨은 라 루베르를 인용할 때 이 마테오리치 인용문을 생략했다.) 마테오리치는 말한다.

나는 유럽에 알려진 모든 이교종파 중에서 고대의 초기시대에 중국인들보다 더 적은 오류에 빠져든 백성들을 알지 못한다. 그들의 역사의 초창기부터 그들이 상제(하늘의 황제)라고 부르는, 또는 천지天地에 대한 지배를 나타내는 어떤 다른 이름으로 지칭되는 하나의 최고 존재를 인정하고 숭배했다고 그들의 서적들에 기록되어 있다. 이로부터 고대 중국인들이 천지를 물활화物活化된 사물들로 여겼고 이 사물들의 공통된 기氣(soul)는 최고신으로 숭배되었던 것을 알 것이다. 중국인들은 이 정기精氣(spirit)에 종속된 것으로서 산과 강들의 상이한 신령들과 땅의 네 귀퉁이의 신령들도 숭배했다. 그들은 또한 이성의 빛이 천天으로부터 오고 모든 인간 행동에서 이성의 명령을 경청해야 한다는 것도 가르쳤다.1181)

1615년 출판된 마테오리치의 이 보고에서도 이미 고대 중국의 기氣철학이 분명히 요약되고 있다.

라이프니츠가 단자 개념을 처음 도입하는 『자연과 실체들의 소통의 새로운

1179) Pierre Bayle, *Historical and Critical Dictionary* (1697), selections (Indianapolis · Cambridge: Hackett, 1991), 301쪽(Remark X to the entry "Spinoza").

1180) La Loubere, *A New Historical Relation of the Kingdom of Siam*, T. 1, 131쪽.

1181) Trigault, Nicolas, *De Christiana expeditione apud Sinas* (Augsburg, 1615). 영역본: Luis J. Gallagher, *China in the Sixteenth Century: The Journals of Matthew Ricci* (New York: Random House, 1942 · 1953), 93쪽.

체계(*Système nouveau de la nature et de la communication des substances*)』(1695)에 '결정적·직접적' 영향을 미친 공자 관련 저작은 라이프니츠의 이 책보다 8년 전에 나온 『중국 철학자 공자』(1687)였을 것이다. 이미 상론했듯이 『중국 철학자 공자』는 113쪽에 달하는 「예비논의」를 담고 있다. 이 「예비논의」는 공자의 구체적 전기, 상세한 경전 목록과 설명, 고대에서 현재에 이르는 중국 역사, 중국 제례관행 분석, 중국의 주요 종교들에 대한 기술 외에도 '상제上帝'와 '천天'의 의미론과 '태극'과 음양의 '기氣'의 분석론을 포함하고 있는 독자적인 저술이다. 또한 아이작 뉴턴의 『프린키피아』와 같은 해에 나온 「예비논의」는 "자연철학에 대한 당대의 논쟁에 기여할 수 있는 높은 수준의 독보적 내용도 담고"[1182] 있다. 상론했듯이, 길버트와 케플러는 중국의 기론氣論 중 자기론磁氣論을 수용해 근대적 자기이론과 우주자기론(이격 상태에서의 천체들의 자력적磁力的 작용의 이론)으로 발전시켰고, 뉴턴은 이 우주자기론을 더욱 발전시켜 1687년 『프린키피아』를 출간함으로써 우주의 천체들이 엄청난 거리의 이격 상태에서 고유한 인력에 의해 상호작용하고 운동하는 법칙, 즉 '만유인력의 법칙'을 세상에 내놓았다. 따라서 『중국 철학자 공자』의 「예비논의」에 소개된 중국의 이기론理氣論은 서양 지식인들이 황당무계한 것으로 받아들였을 뉴턴의 만유인력론을 이해하기 쉽게 만들어주는 당대 최고 수준의 자연철학적 논의였다. 따라서 휴즈가 라이프니츠의 핵심개념들인 '단순실체', '예정조화' 등의 형성이 『중국 철학자 공자』(1687)로부터 영향을 받았을 것이라고 시사한 것은[1183] 여러 모로 타당하다고 할 수 있다.

라이프니츠는 그가 열렬히 옹호한 마테오리치의 보고(1615), 그가 읽은 『중국 철학자 공자』(1687)의 「예비논의」, 그의 친구인 라 루베르의 『태국왕국론』(1691), 그의 펜팔 친구 피에르 벨의[1184] 『역사·비판 사전』(1697)의 '스피노자' 항목

1182) Lionel M. Jensen, *Manufacturing Confucianism* (Durham·London: Duke University Press, 1997·2003), 121-122쪽.

1183) Hughes (trans.), "Introduction", 12-18쪽.

1184) 라이프니츠는 벨이 『역사·비판 사전』의 한 구절(Rorarius 항목)에서 자신의 의견에 이의를 제기하자 이에 대해 답변을 보냈고, 벨은 이 답변을 "근거가 충분하다"고 느낀다고 "개인적으로"

등을 다 읽었을 것이다. 이 저작들은 그가 '단자'라는 개념을 처음으로 사용하는 『자연과 실체들의 소통의 새로운 체계』(1695)를 쓰기 한참 전에 나왔거나 그 직전·직후 나온 것들이다.

라이프니츠는 스피노자의 이론체계를 창조주(신)와 피조물을 동일시함으로 써 신의 특화된 존재를 없애버리는 무신론으로 보아 비판했지만, 이런 혐의를 데카르트에게도 두고 있었다.1185) 라이프니츠는 나중에 신을 '유일하게 물질을 필요로 하지 않는 단자'로 규정함으로써 신의 특화된 지위를 '구해'낸다. 하지만 라이프니츠는 스피노자의 이론체계를 유대교의 신비론에 기원을 둔 것으로 오해했을지라도1186) 유독 스피노자의 저작들에 달라붙어 이를 정독하는 과정 에서 그의 범신론적 기론으로부터 암암리에 깊은 영향을 받았다. "라이프니츠 는 스피노자의 입장과 관련해 『신학·정치론』에 대한 그의 비판적 자세에도 불구하고 이 유대인 사상가의 현저한 학식과 통찰력에 감명을 받았기"1187) 때문이다.

또한 뒤에 살펴보는 바와 같이 라이프니츠는 고대에 중국의 기철학을 수용한 데모크리토스나 에피쿠로스의 원자론으로부터도 직접 아이디어들을 수용했 다. 따라서 라이프니츠가 『형이상학에 관한 논의(Discourse on Metaphysics)』(1686)에 서 '단자'라는 술어 사용 없이 물활론적 '단순실체' 개념을 처음 선보이지만, 이 맹아적 개념도 중국철학의 영향 아래 탄생한 것으로 봐도 무방하다. 윌리엄 템플과 관련해서 이미 시사했듯이 데모크리토스 등의 원자론도 중국산이라는 것을 감안하면 라이프니츠의 사유세계는 중국사상의 영향권 안에 들어 있었기

편지를 써 보냈다고 하고 있다. "Leibniz an Antoine Verjus"(1698년 말), 197쪽. Gottfried W. Leibniz, *Der Briefwechsel mit den Jesuiten in China* (1689-1714), ed. by Rita Widmaier and Malte-Rudolf Babin (Hamburg: Felix Meiner Verlag, 2006).

1185) 참조: "Leibniz an Antoine Verjus"(2. [12.] Dezember 1697), 131쪽. Leibniz, *Der Briefwechsel mit den Jesuiten in China* (1689-1714).

1186) 참조: "Luis Bourguet an Daniel Ernst Jablonski und Leibniz zur Weiterleitung an Joachim Bouvet"(6. März, 1707), 541쪽; "Leibniz' Anmerkungen zu Nr. 65"(1. Hälfte Dezember 1707), 579쪽. Leibniz, *Der Briefwechsel mit den Jesuiten in China*.

1187) Antognazza, *Leibniz*, 121쪽.

때문이다. 그러므로『형이상학에 관한 논의』(1686)의 물활론적 '단순실체' 개념
도 결코 라이프니츠의 독창적 아이디어라고 볼 수 없다.

중국과 공자철학에 대한 라이프니츠의 지식은 라이프니츠가 처음 단자 개념
을 형성할 때부터 단자론을 완성할 때까지 지속적으로 결정적 영향을 미쳤음이
틀림없다. 이를 확인하기 위해서는 그의 단자론을 상세히 분석할 필요가 있다.
고대 희랍의 원자론, 스피노자의 물활론적·기철학적 범신론과 중국과 공자의
기철학에서 들어온 물활론적 기氣 개념은 라이프니츠의 '단자론'에서 변형되고
서양식으로 번안되었다. 그리고 중국의 기들 간의 감응론은 라이프니츠에게서
단자들의 우주적 소통이론으로 번안된 것으로 보인다.

서양인들이 *âmes, souls*(혼), 또는 *esprits, spirits*(정기)로 번역한 극동의 '기氣'
개념은 스피노자 철학을 논하면서 살폈듯이 오늘날의 언어로 '힘' 또는 '에너지'
다. 이 '기'는 낮은 단계의 물리적·역학적 힘과 인력(중력)·전기·자기磁氣부터
생기生氣와 심기心氣(정신력)까지도 다 포괄하는 것이다. 극동의 이 물활론적·유
기체적 기철학은 물기物氣와 심기를 연속적으로 파악함으로써 정신·물질 이원
론을 해소한다.

그렇다면 라이프니츠에 대한 중국철학의 영향은 어떤 수준이었던가? 그것은
형성적·근원적·본질구성적인 것(*formative, germinal or integral*)이었던가, 아니면 단
순히 그의 독창적 아이디어를 뒷받침해주는 확증사례(*corroborative example*)였던가?
먼젤로는 중국의 영향을 라이프니츠의 독창적 아이디어를 뒷받침해주는 '확증'
계기에 불과한 것으로 규정한다. "나는 라이프니츠에 대한 중국적 영향이 근원
적이라기보다 확인적이라고 제안한다."[1188] 먼젤로의 이 주장은 부당하게도
『형이상학에 관한 논의』(1686)를 단자론 형성의 결정적 전기轉機로 설정하고,
라이프니츠에 대한 17세기 말 공자 서적들의 영향, 스피노자의 영향을 망각했
으며, 데모크리토스 등 고대 그리스 철학자들이 중국 기철학의 영향을 받은
역사적 사실을 몰각한 결과다.

먼젤로는 1686년을 라이프니츠가 '유치한' 원자론에서 정신적 원자(실체)의

1188) Mungello, *Leibniz and Confucianism*, 15쪽.

철학으로 이동하는 전환점으로 본다. 그래서 그는 "1686년이 『중국 철학자 공자』의 출간 1년 전이기 때문에 이 책의 영향은 형성적일 수 없었다"고 말한다. 게다가 "『중국 철학자 공자』를 경로로 한 중국 영향의 가능성을 최소화하는 또 다른 이유는 1686년에 라이프니츠의 중국지식이 미발달 상태였다는 것"이라고 덧붙이고, "중국선교단과 그의 집중적 접촉은 그가 1689년 로마를 방문해 거기서 예수회 신부 그리말디를 알게 될 때까지는 시작도 되지 않았다"는 것을 근거로 들었다.[1189]

그러나 '단자' 개념이 없는 맹아적 논의인 1686년의 『형이상학에 관한 논의』도 중국철학의 영향권에 들어 있던 시기에 쓰인 것이다. 1687년 헤센-라인펠스 백작에게 보낸 서한에서 라이프니츠가 『중국 철학자 공자』를 "오래전부터 보고 싶었던 책"이라고 말한 것을 보면 그의 중국 관심은 그 이전에도 강력했다는 것을 알 수 있다. 상론했듯이 보편언어를 찾는 것과 관련해 중국에 대한 그의 언급은 『형이상학에 관한 논의』를 쓰기 거의 20년 전인 1669년으로까지 거슬러 올라간다. 그의 장서를 통해서만 보아도 그는 니콜라 트리고·마테오리치의 『중국인들 사이에서의 기독교 선교』(1615), 마르티노 마르티니의 『중국의 새로운 지도집』(1655), 고틀리프 슈피첼의 『중국문헌 해설』(1660), 아타나시우스 키르허의 『삽화를 곁들인 중국 해설』(1667), 인토르케타의 『중국인의 과학 또는 공자의 책』(1672), 필립 쿠플레의 『중국 군주국 연표』(1686) 등을 읽었다. 동시에 그는 앞서 시사했듯이 『신학·정치론』(1670)과 『에티카』(1677)를 분석적으로 정밀하게 읽었고, 특히 『신학·정치론』은 1676년 이전에 이미 두 번이나 정독한[1190] 상태였다. 따라서 "1686년에 라이프니츠의 중국지식이 미발달 상태였다"는 먼젤로의 단정은 완전히 그릇된 것이다.

그리고 1686년을 라이프니츠의 사상적 전환기로 보는 것도 설득력이 없다. 『형이상학에 관한 논의』에는 단자 개념이 등장하지 않기 때문이다. 시사했듯이 단자 개념은 1695년의 『자연과 실체들의 소통의 새로운 체계』에 중국인들의

1189) Mungello, *Leibniz and Confucianism*, 14쪽.

1190) Antognazza, *Leibniz*, 121, 168쪽.

'기들 간의 감응론'을 번안한 '실체들의 소통'의 이론과 함께 처음으로 등장한다. 이 책의 출간은 1687년 『중국 철학자 공자』의 출간 7년 뒤였다. 따라서 『중국 철학자 공자』는 『자연과 실체들의 소통의 새로운 체계』에 결정적 영향을 미쳤다고 볼 수밖에 없다.

그리고 스피노자 철학에 영향을 미친 또 한 자락의 흐름을 대표하는 "데모크리토스, 에피쿠로스, 그리고 기타 여러 위대한 철학자들"은 이미 고대에 극동의 기론을 수용해 "서로 독립된, 그리고 힘에서 불평등한" 무한수의 "영원한 기氣들"을 상정하는 기론적氣論的 원자론을 개진했고, 이 철학자들과 중국 철학자들의 원자론과 기철학이 라이프니츠가 열독한 스피노자의 철학체계 속으로 패치워크되어 들어가 있었다. 이것은 피에르 벨도 인정했던 바다.1191) 나아가 윌리엄 템플은 데모크리토스 등이 이 기철학적 원자론을 중국으로부터 전해 받았다고 추정했다.1192) 인도와 중국은 고대에 히말라야를 넘는 '차마고도'를 통해 차와 소금만이 아니라 철학과 종교문화를 서로 전했다. 이런 까닭에 고대에 이미 인도와 중국은 철학·학문·종교사상을 아주 많이 공유했던 것이다.

따라서 라이프니츠가 단자 개념의 최초 아이디어를 데모크리토스로부터 얻었든, 스피노자로부터 얻었든, 중국철학에 대한 17세기의 여러 보고서들로부터 얻었든 결국 그 기원은 중국으로 소급·귀일하는 것이다. 따라서 데모크리토스의 원자론, 스피노자의 범신론, 공자·중국철학에 관한 보고서들을 통해 유럽에 전해진 극동의 기철학은 라이프니츠의 1686년 물활론적 '단순실체' 개념과 1895년 이후의 단자론의 진정한 원천인 것이다. 이런 의미에서 공자의 기철학은 직간접적으로 라이프니츠의 단자론에 '본질구성적(integral)' 또는 '형성적(formative)' 영향을 미친 것이다.

따라서 조지프 니덤은 『중국의 과학과 문명』에서 신학적 관념론과 기계론적

1191) Pierre Bayle, *Historical and Critical Dictionary*, selected English translation by Richard H. Popkin (Indianapolis·Cambridge: Hackett Publishing Company, 323-324쪽(Remark X to the entry "Spinoza").

1192) Sir William Temple, "An Essay upon the Ancient and Modern Learning", 456-457쪽. *The Works of William Temple*, Vol. III (London: Printed for Rivington et al and by S. Hamilton, Weybridge, 1814).

유물론 간의 영원한 갈등을 극복할 수 있게 해준 근대유럽의 유기체철학이
이 갈등이 '중지'되는 라이프니츠에게로 추적될 수 있다고 시사했다. 니덤은
라이프니츠가 중국의 유기체적 세계관으로부터, 특히 주리론主理論으로 교조
화되기 전의 송대 신유학(장재張載·주돈이의 기氣일원론)으로부터 그의 종합을 차용
했다고 생각한다.1193) 이 대강의 논지는 라이프니츠의 단자론이 독창적인 것이
아니라 '극동산'이라는 것을 보여주는 데 손색이 없다. 라이프니츠의 단자론에
대해 중국철학은 단순히 '확인' 자료가 아니라, '결정적·근원적 형성' 요소였던
것이다.

   "시공적으로 멀리 떨어진 문화들 안에서의 유사한 아이디어들의 자연발생적
산출"에 의해 라이프니츠가 유사한 관념을 독창적으로 안출해냈다는 먼젤로의
추정도1194) 결코 답이 아니다. 뒤에 상론하겠지만 라이프니츠 자신이 "플라톤
을 데모크리토스와, 아리스토텔레스를 데카르트와, 교부철학자들을 현대철학
자들과, 신학과 도덕을 이성과 통합시키는 것처럼 보이는" 그의 '단순실체'
또는 단자의 개념과 관련해 고대 희랍 철학자들을 들먹이고 있기 때문이다.
윌리엄 템플에 의하면, 많은 고대 희랍 철학자들은 거의 다 인도를 여행하고
인도에서 오랫동안 체류한 사람들이다. 템플은 고대 희랍인들이 거의 다 그들
의 철학적 아이디어를 중국과 인도로부터 받아들였다고 말한다. 피타고라스는
"그의 자연철학과 정신철학 둘 다의 최초 원리들"을 "이 먼 지역들에서 얻었고"
"이집트·칼데아·인도를 여행했던 데모크리토스가 말한 원리들"도 "동일한 원
천들"로부터 유래했을 것이며, "인도를 여행했던 리쿠르고스도 세상에 아주
평판이 자자한 그의 법과 정치의 주요 원리들을 거기로부터 가지고 왔다".
누구나 피타고라스·소크라테스·플라톤의 "영혼의 윤회", "4대덕大德", "피타고
라스가 도입한, 동물적 생명을 가진 모든 육류의 금욕", "에피쿠로스가 도입한,
형식의 영구변동과 결합된 물질의 영원성, 물질의 무통성無痛性, 정신의 평온"

1193) Joseph Needham·Wang Ling(assistant), *Science and Civilization in China*, Vol. 2: *History of Scientific Thought* (Cambridge: Cambridge University Press, 1956), 496-505쪽.

1194) Mungello, *Leibniz and Confucianism*, 15쪽.

등과 같은 "모든 그리스 생산물과 제도들의 씨앗"은 "저 인도인과 중국인들의 학문과 견해들" 가운데서 쉽사리 "발견"된다.[1195] 따라서 라이프니츠의 사상은 결코 '하늘 아래 새로운 것은 없다'는 식의 "시공적으로 멀리 떨어진 문화들 안에서의 유사한 아이디어들의 자연발생적 산출"에 의해 나온 것이 아니다.

라이프니츠의 단자론이 '자연발생'이 아닌 또 다른 이유는 중국의 기철학이 라이프니츠의 단자론보다 적어도 2,500년 이상 앞선다는 것이다. 기철학은 세계 어디서나 볼 수 있는 '흔한' 생각이 아니라, 극동의 '독창적' 사상이다. '독창적' 사상은 그것이 어떤 것이든 수백 년이면 충분히 세계 도처로 전해질 수 있는 전파력을 발휘해왔다. 그런데 기철학이 중국에 나타난 것은 2,000여 년 전이다. 이 경우에 나중에 나온 유사사상은 어떤 식으로든 먼저 나온 사상의 의식적·무의식적 '표절'이라고 생각할 수밖에 없다. 그리고 '자연발생'이 아닌 또 다른 이유는 라이프니츠의 단자론의 이론적 구조가 그 '단순실체'에서부터 '단자들'의 소통론에 이르기까지 기철학과 '일관된' 유사성을 보여준다는 것이다. 단순한 유사 관념의 경우라면 '하늘 아래 새로운 것이 없다'고 추정할 수 있지만 그 유사성이 복잡한 구조에까지 이르면 그런 추정은 설득력을 잃고 만다.

■ 라이프니츠의 단자론: 기로서의 단자, 영점靈點과 영혼단자

라이프니츠의 단자론은 중국철학의 여러 학설 중 기일원론과 긴밀한 연관이 있다. 라이프니츠는 단자론에서 '리理'를 단 한 번도 언급하지 않고 단자, 즉 '기氣'(에너지)만을 논제로 삼는다. 고대 중국인들과 공자, 그리고 일반 중국인들은 우주론적 차원에서 '리' 없이 '기'만을 언급했다. 가령 공자는 『주역』의 함咸괘 괘사에서 이렇게 주석한다.

두 기氣가 감응해 서로 어울린다. 그쳐서 기쁘다. 남자가 여자에게 몸을 낮추는 까닭에 형통하고 마땅히 바르니 여자를 취함이 길하다. 천지가 감응하면 만물이 화생한

1195) Temple, "An Essay upon the Ancient and Modern Learning", 456-457쪽.

다. 성인이 사람의 마음에 감응하면 천하가 화평하다. 감응하는 바를 살피면 천지만물의 정황을 볼 수 있도다![1196]

또 공자는『역경』「계사전」에서 우주의 발생을 태극의 음기·양기의 분열로 설명한다.

역易은 태극이 있고, 이것은 양의兩儀(음기·양기)를 낳고, 양의는 사상四象을 낳고, 사상은 팔괘를 낳는다.[1197]

'태극은 '큰 극(큰 한계, 큰 경계)'이고, 무한히 큰 한계는 한계가 없는 것, 즉 '무극無極'이다. 무극으로서의 태극이 음양의 양기兩氣로 나누어지면서 비로소 음기와 양기 간에 경계(한계)가 생긴다. 8괘를 겹치면 주역 64괘가 만들어지고, 이것의 만수분열萬殊分裂을 통해 만물의 경계가 지어져 만물이 '물형物形'으로 나타난다.
　　상론했듯이 주돈이周敦頤(1017-1073)도『태극도설太極圖說』에서 '리' 없는 기氣 일원론을 대변했다.[1198] 249자의 한자漢字로 이루어진 주돈이의 태극론에서 우주자연은 '가'이고 '가'는 자연적 물질과 힘일 수 있고 인간의 심기(神·靈·魂·魄氣)일 수 있고 신(神氣)일 수 있다. '가'는 영혼이나 물질이 아니라 '힘'으로 이해되고, 분화를 거듭해 정화淨化·응결되었을 때 물질과 영혼으로 현현한다. '리理'를 거의 말하지 않고 '기'만을 주로 말하는 공맹철학도 근본적으로 주돈이의 이『태극도설』의 기氣일원론과 상통한다. 그리고 마테오리치(1615)·세메도(1643)·

1196) 『易經』咸卦「彖傳」: "二氣感應以相與. 止而說. 男下女 是以亨 利貞 取女吉也. 天地感而萬物化生. 聖人感人心而天下和平 觀其所感 而天地萬物之情可見矣!"

1197) 『易經』「繫辭上傳」(11): "易有太極 是生兩儀 兩儀生四象 四象生八卦."

1198) "無極而太極 太極動而生陽 動極而靜 靜而生陰 靜極復動 一動一靜互爲其根 分陰分陽兩儀立焉. 陽變陰合而生水火木金土五氣順布四時行焉. 五行一陰陽也陰陽一太極也. 太極本無極也. 五行之生也 各一其性 無極之眞二五之精妙合而凝乾道成男坤道成女, 二氣交感化生萬物. 萬物生生而變化無窮焉. 惟人也得其秀而最靈形旣生矣. 神發知矣. 五性感動而善惡分萬主出矣. 聖人定之以中正仁義而主靜立人極焉. 故聖人與天地合其德日月合 其明四時合 其序鬼神合 其吉凶君子修之吉 小人悖之凶. 故曰立天之道曰陰與陽 立地之道曰柔與剛, 立人之道曰仁與義又曰原始反終. 故知死生之說大哉. 易也斯其至矣."

니우호프(1665) 등도 천·지·인·성星·산·강·사방의 신령·영혼으로서의 전통철학적 '기氣(soul)'의 일원론만을 소개했었다.

이것을 전제로 하면 라이프니츠가 단자론을 뭐라고 이름 붙이고 어떤 기원과 유래를 갖다 대든 '단순한 실체적 힘(에너지)으로서의 단자'에 관한 그의 이론은 어렵지 않게 이해할 수 있다. 그러나 라이프니츠는 극동철학의 도입 흔적을 지우려는 듯이 이를 전혀 입에 담지 않는다. 그는 단자론과 관련해 단지 서양철학자들만을 언급한다.

라이프니츠는 단자 개념 고안 이후의 자기 철학체계를 다음과 같이 가령 데카르트와 가상디로부터 좀 더 멀어지고 고대 그리스철학과 교부철학을 좀 더 받아들인 고대·중세·현대철학의 독창적 '절충체계'로 얼버무린다.

> 나는 더 이상 데카르트주의자가 아니고 이전보다 가상디로부터 멀어졌다. (…) 이제 나는 사물들의 내적 본성의 새로운 측면을 안다고 생각한다. 이 새로운 체계는 플라톤을 데모크리토스와, 아리스토텔레스를 데카르트와, 교부철학자들을 현대철학자들과, 신학과 도덕을 이성과 통합시키는 것처럼 보인다. (…) 나는 이 체계에서 도입된 단일자들(unities) 안에서, 그리고 제1실체에 의해 예정된 이 단일자들의 조화 속에서 사물들의 참된 원리들을 발견한다. 나는 이 조화 속에서, 완전성의 정도를 제외하고 모든 시간과 장소에서 모든 것이 동일하다는 놀라운 단순성과 제일성齊一性을 발견한다. 나는 이제 플라톤이 물질을 불완전한 과도적 존재자로 여길 때 무엇을 염두에 두었는지, 아리스토텔레스가 '엔텔레키'로 무엇을 의미했는지, 데모크리토스조차도 (…) 다른 삶을 약속했을 때 이것이 어떤 의미였는지, 회의론자들이 감각을 헐뜯는 점에서 얼마나 옳은지, 데카르트가 왜 동물이 자동기계라고 생각하는지, 그럼에도 인류가 동물들이 가졌다고 생각하는 것과 똑같이 동물들이 왜 영혼과 감각을 가졌는지를 이제 안다.1199)

1199) Gottfried W. Leibniz, *New Essays on Human Understanding* (1705), translated and edited by Peter Remnant and Jonathan Bennett (Cambridge·New York·Sydney: Cambridge University Press, 1981), Bk. 1, i (71-72쪽). "완전성의 정도를 제외하고 모든 시간과 장소에서 모든 것이 동일하다는 놀라운 단순성과 제일성"이라는 표현은 그가 단자와 관련해 강조하는 단일자의 '지각'과 '관점'의

라이프니츠는 데카르트의 영혼·물질 이원론과 가상디의 원자론을 둘 다 버린 자신의 '새로운 통합적 체계'를 소개하면서 극동을 언급하지 않지만 위에서 열거된 다양한 이론들을 통합할 수 있는 것은 극동의 기론氣論이 없으면 불가능한 것이다.

이 '새로운 체계'의 인식론과 지식이론에 입각한 그의 『단자론』에 의하면, 세계의 복합물들은 두 가지 단순실체인 물질(불완전실체)과 영혼(완전실체)으로 합성되어 있다. "단자單子들은 합성물을 구성하는 단순실체다" 또는 "합성된 것은 단순실체들 또는 단자들의 집적이다". 여기서 '단순실체'의 '단순'은 "부분들이 없음"을 뜻한다.1200) 물질 또는 물체는 위에서 플라톤과 관련하여 라이프니츠가 넌지시 시사하듯이 "불완전하고 과도기적인" 단순실체다. 물체가 '불완전실체'라는 이 말을 추정적으로 분석해보면, 물체(물질)는 '완전실체'의 실존·변화·성장에 쓰여야 할 과도적·현상적 재료(질료)나 수단이라는 말이다. 반면, '영혼'으로서의 '단자'는 '완전한 단순실체'다. 라이프니츠는 1690년 처음 이 '완전한 단순실체'로서의 영혼을 '모나드(monad: 단자)'라고 불렀고 이후 대개 '모나드'로 통칭했다. '모나드'는, 그가 스스로 밝히고 있듯이, '단일성' 또는 '하나'를 의미하는 고대 그리스어 '모나스(μονάς)'에서 유래했다.1201) 이 말은 이미 피타고라스와 플라톤에 의해 쓰였다. 16-17세기에는 존 디(John Dee, 1527-1608), 지오다노 브루노(Giodano Bruno, 1548-1600), 앤 콘웨이(Anne Conway, 1631-1679) 등 신비적 성향과 천재적 자질을 겸비한 철학자들에 의해 주로 사용되었다.1202) 라이프니츠도 이들에 못지않게 신비적인 모나드론을 구축하는 데 천재성을 발휘하지만

차이를 부인하는 까닭에 제대로 된 표현이라고 볼 수 없다. 가상디(Pierre Gassendi, 1592-1655)는 데모크리토스·에피쿠로스의 원자론을 대변한 17세기 프랑스 철학자다.

1200) Leibniz, *Monadology*, §1; Leibniz, *Principes de la nature et de la grâce fondés en raison* (1714). 라이프니츠, 「자연과 은총의 이성적 원리」, 빌헬름 라이프니츠(윤선구 역), 『형이상학 논고』(서울: 아카넷, 2010), §1.

1201) 라이프니츠, 「자연과 은총의 이성적 원리」, §1.

1202) 참조: George M. Ross, "Commentary", §1. Leibniz, *The Monadology*, Translated by George McDonald Ross, 1999. (http://www. philosophy. leeds.ac.uk./GMR/hmy/texts/modern/leibniz/monadology/monindex. html: 최종검색일 2010. 4. 26.).

이 천재성은 암암리에 극동의 기氣 개념을 모방한 것이었다.

라이프니츠의 '불완전실체'로서의 물질 개념과 물질과 단자의 관계는 그래도 모호하기 짝이 없다. 공자의 경우에 물질은 기가 옳어져서 깨끗한 정기가 물질이 되고(精氣爲物,1203) 물질은 다시 변해 기가 된다. 이것은 물질과 에너지(氣運)의 상호전화를 풀이한 아인슈타인의 $E=mc^2$의 공식과 대충 부합한다. 이 관점에서 보면 물질 상태는 불완전실체가 아니라 기 자체보다 깨끗하게 순화된 예외적 기氣 상태다. '깨끗하게 순화된 기(精氣)'가 바로 물질인 것이다. 그런데 라이프니츠는 거꾸로 유동적 기를 '완전실체'로 본 반면, 고정된 기인 물질을 '불완전실체'로 본 것이다. 그리하여 유동적 기로서의 단자와 물질 간에 상하등급 관계가 설정된다. 반면, 공자의 역학易學에서 '기氣'와 '물物'('정기')은 대등한 상호전화 관계에 있다.

라이프니츠에 의하면, 신은 일정한 양의 본질을 실존으로 전환시킬 때, 수동적인 경우 지각에 의해, 능동적인 경우 '힘'(또는 기운, 활기 등)에 의해 특징지어지는 단자들을 창조한다.1204) 따라서 신이 추가로 더 많이 단자를 창조하지 않는다면 우주에서 단자의 총수는 불변이다. 단자는 부분이 없으므로 면적(연장)도 없고 따라서 분할할 수 없는 '힘(에너지)'이다. 따라서 단자가 '아톰' 또는 '아토모스ἄτομος; 분할할 수 없는 것)'라는 의미에서 "자연의 진정한 원자" 또는 '존재자들(things)의 원소'다.1205) 이 '힘' 또는 '에너지'로서의 단자 개념은 바로 극동의 기氣 개념을 반영하고 있다.

단자는 ① 라이프니츠가 영혼이라고 부르는 것을 허용하기도 하고 '단순단자' 또는 '엔텔레키(완전자)'라고 부르기도 하는, 무감각적 지각만 있는 식물적 영혼으로서의 '단순단자', ② 감각적 지각도 가진 동물적 '영혼', ③ 지성적 영혼 또는 합리적 영혼(인간적 '정신')으로 상하로 분류된다.1206) 여기서 물리적 힘에서 생기·정신력까지 포괄하는 극동의 기 개념을 '생기生氣' 또는 '영혼'으로

1203) 『易經』 「繫辭上傳」(4).

1204) Leibniz, *Monadology*, §14·15.

1205) Leibniz, *Monadology*, §3.

1206) Leibniz, *Monadology*, §19·25·29.

축소하고 있다. 단자는 '부분'도, '연장'도 없으므로 그 안에 들어갈 통로도
없다.

단자는 어떤 것을 들어오게 하거나 나가게 할 창문이 없다.[1207]

육체적 두뇌는 신경물질이나 이미지가 통과해 들어갈 수 있는 창문들(감각기관들)
이 있지만, 라이프니츠의 비육체적 '영혼'은 창문이 없는 것이다.[1208] 따라서
단자들 간에는 직접 서로에 대해 실제적 작용을 가하거나 영향을 미칠 수
없고 관념적 작용과 영향만을 가할 수 있다. 그러나 모든 단자는 ('신' 단자를
제외하고) 반드시 물질과 불가분적으로 결합되어 있고, 단자와 결합해 단자에
속한 물질은 유기체로서 '육체'다. (신은 물질과 분리되어 실존하는 유일한
단자다.) 단자와 물체, 영혼과 육체는 완전히 자기 자신의 고유한 법칙을 준수하
고 그럼에도 서로에 대해 영향을 가하지 않고 서로에게 조응·순응하도록 '예정
조화'되어 있다.[1209] 이 말로써 라이프니츠는 데카르트와 데카르트주의자들이
풀지 못한 '영혼과 육체의 관계'의 문제를 해명했다고 ─ 우리가 결코 납득할
수 없을지라도 ─ 거듭 자부한다. 신을 제외한 모든 단자는 죽더라도 풍경이
디지털카메라의 수치 에너지 속으로 꼬깃꼬깃 접혀 들어가듯이 물질이 '자기
안으로 접혀 들어갈(infolding)' 뿐, 물질과 분리되지 않는다. 단자가 다시 소생할
때는 디지털카메라의 수치 에너지로부터 풍경이 현상하듯이 다시 펼쳐진다
(unfolding).[1210]

1207) Leibniz, *Monadology*, §7. 다음도 참조: Gottfried W. Leibniz, *Discourse on Metaphysics* (1686), §XXVI.
  Leibniz, *Discourse on Metaphysics, Correspondence with Arnauld, and Monadology*, trans. by George R.
  Montgomery (Chicago: The Open Court Publishing Company, 1902); Leibniz, *New System of the Nature
  and Communications of Substances* (1695), §13·14. 「자연, 실체들의 교통 및 영혼과 육체 사이의
  결합에 관한 새로운 체계」, 라이프니츠(윤선구 역), 『형이상학 논고』.

1208) 참조: Ross, "Commentary", §7.

1209) Leibniz, *Discourse on Metaphysics*, §XXXIII.; Leibniz, *New Essays on Human Understanding* (1705),
  Bk. 1, i (73쪽); Leibniz, *Monadology*, §78.

1210) Leibniz, *Monadology*, §73; Leibniz, *New Essays on Human Understanding*, Bk. 2, xxvii, 23 (232쪽).

따라서 영혼이 육체와 분리되었다가 인간과 짐승의 다른 육체로 다시 태어나는 영혼의 '윤회(*metempsychosis*)'도 없고, 이 영혼이 다른 육체 속으로 들어가는 영혼의 '이주(*transmigration*)'도 없다. 육체와 떨어진 영혼이 있다면, 그것은 단순한 영혼이 아니라, 신이다. 신만이 육체로부터 완전히 떨어져 있기 때문이다.[1211] 라이프니츠는 영혼의 보존과 윤회설의 부정을 논함으로써 플라톤주의를 탈脫힌두화·탈脫불교화시킨다. 그는『인간지성신론』의「서론」에서 이를 상론한 바 있다.

모든 정신, 모든 영혼, 모든 피조된 단순실체가 언제나 물체와 통합되어 있다는 것, 그리고 어떤 영혼도 완전히 물체 없이 존재하지 않는다는 것에 나는 대부분의 고대 인들과 동의한다. (…) 영혼들의 상태변화는 더 감지할 수 있는 것에서 덜 감지할 수 있는 것으로, 더 완전한 것에서 덜 완전한 것으로, 또는 그 역으로 변화 이외에 아무것도 아니고, 그래서 영혼들의 과거와 미래상태는 영혼들의 현재상태와 똑같이 설명될 수 있는 것이다. 지극히 가벼운 반성으로도 이것이 합리적이라는 것, 그리고 한 상태에서 무한히 다른 상태로의 비약은 자연적일 수 없다는 것을 보여준다. 강단철학자들이 — 합당한 이유 없이 자연을 버리고 — 의도적으로 최대의 난관 속으로 뛰어들어 자유사상가들에게 승리의 명백한 이유를 제공해주는 것에 나는 놀랐다. 후자의 논변들은, 애벌레의 나비로의 변태 또는 (…) 수면 동안의 사유의 보존을 이해하는 것에 못지않게 영혼의 보존을 (…) 이해하는 것에서 어려움이 없는 나의 사물 설명에 의해 단번에 다 무너진다. (…) 어떤 잠도 영원히 지속되지 않는다. (…) 합리적 영혼의 경우에 잠은 훨씬 더 짧은 잠이거나 거의 잠이 아닐 것이다. 이 영혼들은 그들이 신국神國에서 부여받은 배역을 보존하도록, 따라서 기억들을 보존하여 상벌에 보다 민감할 수 있도록 늘 예정되어 있다. 나아가 나는 일반적으로 동물의 가시적 기관들의 어떤 혼란도 동물을 완전 혼돈으로 영락시키거나, 모든 기관을 파괴하고 영혼으로부터 완전한 유기적 신체와 이전 흔적의 근절될 수 없는 자취를 박탈할 수 없다는 것을 덧붙인다. 그러나 (천사들 자체의 물질성과 혼동되었던) 천사에 합병된

1211) Leibniz, *Monadology*, §72.

희박화된 육체의 고대 교설을 버리려는 사람들의 용의, 피조물들 속으로의 알려진 개별적 지성들의 포함(과 특히 아리스토텔레스의 학설 속에서 하늘을 회전하게 만드는 지성들), 마지막으로, 일부 사람들이 빠져든 오해, 즉 짐승들의 영혼의 보존은 우리를 윤회와 육체에서 육체로의 영혼의 이주로 끌고 갈 것이라는 오해 등 이 모든 것에 관해 사람들이 어찌해야 할지를 모름으로써 사람들이 빠져든 당혹은 (…) 영혼의 보존을 설명하는 자연적 방도를 간과하는 것으로 귀착되었다. 이것은 자연종교에 커다란 해를 끼쳤고, 우리의 불멸성이 신의 기적적 선물이라고 믿도록 어떤 사람들을 유도했다.1212)

죽음은 긴 잠과 같은 것이고 영혼은 이 긴 잠으로부터 그 안으로 접힌 육체를 다시 펼쳐 원래의 자기를 안고 소생하여 불멸한다.1213)

단자가 '부분'도 '창문'도 없다는 것은 연장이 없는, 따라서 더 이상 분할할 수 없는 '점(point)'이라는 말이다. 그러나 단자의 '점'은 '수학적 점'과 완전히 다르다.1214) 단자는 실재하지만 '수학적 점'은 실재하지 않는 추상적 '양상(mode)'에 불과하기 때문이다. 단자는 '물리적 점'도 아니다. '물리적 점'은 실재하지만, 아무리 적은 면적(연장)이라도 면적을 가지고 있으므로 면적 없는 단자의 점과 부합하기에는 정확성이 떨어진다.1215) 말하자면 '수학적 점'은 정확하나 실재하지 않고, '물리적 점'은 실재하나 정확하지 않다. 이 때문에 단자의 '점'은 '수학적 점'과도 다르고 물리적 점과도 다르다. 단자는 '힘'에 본질을 두는 '점'으로서의 아리스토텔레스적 '형상' 또는 아리스토텔레스의 '엔텔레키(완전자)'와 같은 것, 또는 현실태와 가능태의 보완뿐만 아니라 근원적인 활동성을 포함하는 '근원적 힘'인 '실재하는 영점靈點(psychic point)'이다.1216)

1212) Leibniz, *New Essays on Human Understanding*, Preface, 58-59쪽.

1213) 참조: Leibniz, *New System of the Nature and Communications of Substances*, §6·7; Leibniz, *New Essays on Human Understanding*, Bk. 2, xxvii, 23 (232쪽); Leibniz, Monadology, §73; 라이프니츠, 「자연과 은총의 이성적 원리」, §6.

1214) Leibniz, *New System of the Nature and Communications of Substances*, §3.

1215) Leibniz, *New System of the Nature and Communications of Substances*, §10.

1216) Leibniz, *New System of the Nature and Communications of Substances*, §3.

말하자면, 단자는 실재하면서도 정확히 전혀 면적(부분)이 없어 더 이상 분할할 수 없는 "형이상학적 점" 또는 "형상이나 영혼"을 통해 형성되는 "실체의 점"이다. 따라서 "이 형이상학적 점은 살아 있는 어떤 것으로서 지각을 가지고 있다".1217) '영점'으로서의 이런 단순단자들과 수많은 물체들이 결합된 합성체는 식물 개체다. 이 합성체에는 반드시 이 합성체의 중심이 되는 지각의 점으로서의 '탁월한 단자' 또는 생체의 중심이 되는 '지배적 엔텔레키'가 있다.1218) 영혼단자와 수많은 물체들이 결합된 합성체는 동물 개체이고, 정신단자(합리적 영혼단자)와 수많은 물체들이 결합된 합성체는 개인(인간 개체)이다. 라이프니츠는 육체적·기능적 작동능력, 또는 도덕적 판단·행위능력이나 미학적 판단·행동능력에 의해서가 아니라 순전히 지각능력의 차등에 의해서만 단자들을 구분하고 있는 점에서 이 단자구별은 순수 지성주의적 구별이다.

한편, 모든 단순실체, 즉 피조된 단자는 '완전자(엔텔레키)'로 부를 수 있다. 왜냐하면 그들은 그들 자신 안에서 일정한 완전성을 지니고 있기 때문이다. 그리스어로 '완전성을 가지고 있는 것'은 '에쿠시 토 엔텔레스($\check{\epsilon}\chi o v \sigma \iota \ \tau \grave{o} \grave{\epsilon} v \tau \epsilon \lambda \acute{\epsilon} \varsigma$)'다. 단자의 완전성은 단자들을 내적 작용의 원천으로 만들어주는, 그리고 (말하자면) "비물질적 자동기계"로 만들어주는 일정한 "자족성(아우타르키아: $\alpha \dot{v} \tau \acute{\alpha} \rho \kappa \epsilon \iota \alpha$)"이다.1219)

반면, 물질은 단자와 달리 연장이 있고 따라서 무한히 분할할 수 있다. 그러므로 '분할할 수 없는 것'이라는 의미에서의 물질적 '원자'는 존재하지 않는다. 이 때문에 자기의 새 체계를 소개하는 위 인용문에서 라이프니츠는 17세기 원자론자 가상디로부터 멀어졌다고 말한 것이다. 하지만 물질도 데카르트의 '연장을 가진 것(res extensa)'으로서의 '물질' 개념보다 더 많은 것, 즉 단자의 영혼에 조응하고 기여해야 한다는 의미에서 불완전한 '실체적 형상'을 갖는다. 물질(matter)은 영혼이 조응하는 실체적 형상을 얻어 "인간적 육체처럼 단일자

1217) Leibniz, *New System of the Nature and Communications of Substances*, §10.

1218) 라이프니츠, 「자연과 은총의 이성적 원리」, §3; *Monadology*, §70.

1219) 참조: Leibniz, *Monadology*, §18.

그 자체(*unum per se*)를 구성할" 수 있고 이로써 생체로서의 '물체·육체(*body*)'가 된다.1220) 라이프니츠는『형이상학에 관한 논의』(1686)에서 데카르트의 '연장적' 물체 개념을 정면으로 부인하고 단자에 조응하고 이바지하는 실체형상으로서의 물체 개념을 표방한다. 데카르트가 물질의 1차 성질로서 제시하는 '연장'(그리고 그 변형으로서의 크기·모양·운동)도 2차 성질들(색깔·소리·맛·냄새·촉감)과 마찬가지로 영혼의 본유적 이미지(물상) 또는 인상(즉, 물상인상)일 수 있기 때문이다.1221)

실체형상과 단순한 영혼은 그 나름대로 '단일자'요 '완전자'이지만, 그래도 지성적 영혼(정신)에 비하면 불완전하다. 지식이 없기 때문이다. 여기서 라이프니츠는 그의 철학체계의 최대 결함인, 상벌과 관련된 도덕의 근거를 지성으로 환원시키는 소크라테스·플라톤 식의 지성주의 도덕론과 지성적 자연지배론("다른 모든 피조물이 이 지성적 영혼에 복무해야 하는 결론")을 단숨에 쏟아내고 있다. 라이프니츠는 물질적 세계 또는 가능한 세계 안에서의 물질적 요소가 왜 실존했는지에 대한 체계적 설명을 결코 내놓지 않은 것으로 평가되는데,1222) 이 "다른 모든 피조물이 이 지성적 영혼에 복무해야 하는 결론"은 아마도 그 궁금증에 대한 답이 될 수 있을 것이다.

'영적 점'으로서의 단자(영혼)에 조응하는 '실체적 형상을 얻은 물질'로서의 '물체'는 영혼들과 마찬가지로 "완전히 소멸할 수 없다".1223) 그런데 물체도 겉으로 보면 무한히 분할할 수 없을 것 같지만, 본질적으로 보면 무한히 분할할 수 있다. 물체가 안으로 접히면, 연장 없는 순수한 양을 가진 힘(에너지)으로 화하기 때문이다. 물체는 본질적으로 힘이다. 라이프니츠는 말한다.

내가 동력학動力學(*dynamica*)이라는 학문으로 규정하려는 힘 또는 능력의 개념은 실체의 참된 개념을 인식하는 데 아주 많은 빛을 가져다준다. (…) 활동적 힘(*vis activa*)은

1220) Leibniz, *Discourse on Metaphysics*, §XXXIV.

1221) Leibniz, *Discourse on Metaphysics*, §XII.

1222) Patrick Riley, "Introduction", 13쪽. Gottfried W. Leibniz, *Political Writings* (Cambridge: Cambridge University Press, 1st ed. 1972, reprint 2006).

1223) Leibniz, *Discourse on Metaphysics*, §XXXIV.

활동 또는 엔텔레키를 포함하고 있고, 작용할 수 있는 능력과 작용 자체 사이의 중간
적인 것이다. 이 힘은 작용 자체에의 충동을 포함하고 있다. 따라서 이 능동적 힘은
도움을 필요로 하지 않고 그 자신에 의해 또는 오히려 방해물의 제거를 통해 활동으
로 이행한다. (…) 물질 안에 있는 궁극적 작용인作用因은 창조 시에 물질 안에 새겨져
있는 힘이다. 이 힘은 모든 물체 안에 들어 있지만 물체의 충돌을 통해 자연 안에서
다양한 방식으로 제한되고 억제된다. 나는 이 작용하는 힘이 모든 실체에 내재해
있고, 항상 이 힘으로부터 어떤 활동이 생겨나며, 그렇기 때문에 (정신적 실체와 마찬
가지로) 물질적 실체 자체도 자기들의 활동을 결코 중단할 수 없다고 말한다. 물질적
실체의 본질을 전적으로 연장이나 불가침투성으로 규정하고 물체를 근본적으로 정
지하고 있는 것으로 간주하는 사람들은 이것을 충분히 파악하지 못한 것으로 보인다.
피조된 실체는 다른 피조된 실체로부터 자신의 작용력을 얻는 것이 아니라, 단지
자신의 기존의 충동이나 작용능력의 한정과 결정만을 얻는다.1224)

따라서 물체는 단순한 연장적 물질도, 단순한 실체형상도 아닌 에너지를 가진
실체형상인 것이다. 이 "물체적 실체가 압축되면, 이 물체의 모든 기관은 우리와
관련해서는 단지 하나의 '물리적 점'으로만" 보일 수 있다. 그러나 '물리적
점'은 실제로 순수한 양의 에너지이기 때문에 계속 분할할 수 있다. "다만
겉보기에만 분할 불가능한" 것으로 보일 뿐이다. 자연 속에서 물체가 아닌
물질은 없다. 그러므로 라이프니츠의 이 이론은 물질의 질량이 에너지와 같다
는 아인슈타인의 $E=MC^2$의 공식으로 오늘날 확증된 내용이고, '물질의 수축'
테제도 '블랙홀이론'으로 지지받을 수 있을 것이다.

　그러나 라이프니츠의 물질 개념은 자꾸 실체형상 없이 '현상화'하는 경향을
보이기도 한다. 그는 물질은 "현상보다 조금 많은 것", 환언하면 "참된 현상"1225)

1224) 빌헬름 라이프니츠, 「제1철학의 개선 및 실체의 개념에 관하여」(1694). 빌헬름 라이프니츠(윤
　　　선구 역), 『형이상학 논고』(서울: 아카넷, 2010), 140-141쪽.

1225) 라이프니츠는 드 보세(de Bosses)에게 보낸 서한에서 말한다. "의심할 바 없이 어떤 물체
　　　속에는 현상(phenomena)보다 더 많은 것이 있다. (…) 나는 단자 위에 그리고 단자 아래에는
　　　어떤 실체가 있는 것이 아니라 다만 현상들(appearances)만 있을 뿐이지만, 이 현상들은 환상적인

또는 '잘 기초 지어진 현상(*phenomena bene fundata*)'에 불과하다고 말하기도 하기 때문이다.1226) 실체들은 '참된 것들(*true things*)'인 반면, 물체들은 합성에 의한 존재자들, 그러므로 데모크리토스가 표현하듯이 본성에 의해서가 아니라 집합(*convention*)에 의해 실존하는 현상들이다.1227) 말하자면 "참으로 존재자인 것은 살아 있는 실체이고, 단순히 질량(*mass*)으로 이해된 물질은 단지 현상이거나 잘 기초 지어진 현상이다".1228)

아무튼 물질은 무한히 분할할 수 있는 '참된' 양적 현상인 것이다. 반면, 단자는 질을 가진 '질적 본질'이다. "그렇지 않다면 단자는 전혀 존재자가 아닐 것이다. 단순실체들이 상이한 질들을 지니지 않았다면, 사물들 속에서 어떤 변화를 의식할 수 있는 방법이 없을 것이다. 합성물 속에 존재하는 것은 무엇이든 단순한 성분들로부터만 생겨날 수 있을 뿐이다. 그러나 단자가 질들이 없다면 한 단자를 다른 단자로부터 구별하는 것은 불가능할 것이다. 왜냐하면 단자들은 양적으로 상이하지 않기 때문이다." 단자들 간의 질적 차이는 "필연적"이다. "자연 안에는 서로 정확히 같고, 어떤 내적 차이나 내재적 성질(*intrinsic property*)에 근거한 어떤 차이도 찾을 수 없는 두 개의 존재자들은 결코 존재하지 않기 때문이다."1229) "모든 피조된 존재는 변화에 굴복한다." 결과적으로 "모든 피조된 단자에게도 타당한데", 다만 "이 변화는 각 단자 안에서 연속적이다". 이 '연속적' 변화란 우주에 '비약 없는' 점진적·단계적 변화만이 가능하다는 말이다. 그런데 "어떤 외적 원인도 단자의 내부에 영향을 미칠 수 없기 때문"에 "단자들이 굴복하는 자연적 변화"는 오로지 "내적 원리로부터"만 생겨나야 한다. 이 변화의 원리와 함께 "변화하는 단자 안에 가지각색의 상세성(*manifoldness*)이 있어야 한다". 이 가지각색의 상세성은 말하자면 "단순실체들의 특수성과 다양

것, 꿈같은 것, 오목거울로부터 우리를 겨냥하는 칼 같은 것이 아니라, 참된 현상(true phenomena) 이라고 말하고 싶다." Leibniz, "Letter to de Bosses". Riley, "Introduction", 13쪽 각주에서 재인용.

1226) Leibniz, "Letter to Burnett". Riley, "Introduction", 13쪽에서 재인용.

1227) Leibniz, "Lettern to de Volder". Riley, "Introduction", 13쪽에서 재인용.

1228) Leibniz, "Letter to Burnett". Riley, "Introduction", 13쪽에서 재인용.

1229) Leibniz, *Monadology*, §8-9.

성을 구성한다". 이 가지각색의 상세성은 바로 "일— 속의 다多(a multiplicity within a unity)"를 내포한다. 모든 자연적 변화는 점차적으로 발생하므로 어떤 것은 바뀌고 어떤 것은 바뀌지 않은 채 남아 있다. 그리하여 "단순실체는 부분들을 포함하지 않을지라도 조건과 관계들의 다양성을 포함한다". 단일자(단순실체) 안에서 "다수성을 내포하고 재현하는 이 일시적 상태"는 바로 "지각(Perception)"이 다. 이 지각을 통해 단자는 풍요롭고 다양한 내부세계를 갖추게 되고 다른 모든 단자와 구별된다. 위에서 말한 '질'과 '내적 차이', '내재적 성질에 기초한 차이' 등은 다 이 지각에 기인한다.1230)

■단자들의 질적 차이와 관점주의

단자들 간의 이 질적 차이는 지각이 '관점적(perspective)'인 한에서 더욱 증폭된 다. "모든 실체는 전 우주를 자신의 방식으로 어떤 관점에 따라 정확하게 표현한 다." 지각들이나 사물들의 표현들은 이런 관점에서 "마치 한 세계 안에 혼자 존재하듯이 그리고 신과 그 자신 외에 아무것도 존재하지 않는 듯이 그것들의 고유한 법칙의 힘으로 영혼에게 나타난다".1231) 천상천하 유아독존 식의 이런 유일무이한 특수한 지각을 라이프니츠는 도시풍경을 보는 '관점'에 비유한다. "다른 각도에서 바라본 같은 도시는 완전히 다르게 나타난다. 말하자면 관점적 으로 다양화된다. 같은 식으로, 무한한 수의 단순실체들 때문에 실체들이 존재 하는 것만큼 많은 상이한 우주들이 존재하는 것으로 보이는 일이 생기는 것이 다. 하지만 이 우주들은 단지 각 단자의 상이한 관점에서 보이는, 우주에 대한 상이한 관점들일 뿐이다."1232)

이것은 특수한 지각들을 경험하는 '개인'의 등장과 함께 나타나는 특유한 '관점주의(perspectivism)'를 낳는다. 이 '관점주의'는 '뭐든지 내 시각에서 참이면 참이다'라는 '진리상대주의(truth relativism)'를 야기한다. 라이프니츠는 인간이 우

1230) Leibniz, *Monadology*, §10-14.

1231) Leibniz, *New System of the Nature and Communications of Substances*, §14.

1232) Leibniz, *Monadology*, §57.

주의 모든 단자의 관점들, 아니 최소한 모든 인간의 모든 관점을 포월包越하는 신에 대한 지식과 믿음, 그리고 신이 인간의 영혼 속에 새겨 넣은 '본유지식'을 바탕으로 이성에 의해 영원한 필연적 진리를 ─ 거미가 거미줄을 뽑듯이 ─ 도출해냄으로써 이 '관점주의'를 극복할 수 있다고 말할 것이다. 그러나 이 말은 신 관념이 없어지면 매우 위태로운 말로 전락한다. 라이프니츠의 이 '관점주의'는 신 없는 니체에게서처럼 우리를 '진리상대주의'에 빠뜨릴 것임을 예고하기 때문이다.

따라서 이 관점주의적 '진리상대주의'의 오류, 다시 말하면 베이컨의 '동굴의 우상'을 스피노자나 라이프니츠처럼 안이하게 신 개념에 의존해 극복한다고 말하는 것은 신이 죽은 오늘날 더욱 설득력이 없을뿐더러 오히려 니체와 히틀러의 관점주의적 상대주의의 광기를 부추기는 까닭에 매우 위험해졌다.

이 관점주의에 대한 참된 해법은 공자의 '다문다견'의 '박학심문' 및 공감과 언어소통적 역지사지, 베이컨과 로크의 박물지적 경험수집과 결정적 실험기록 등일 것이다. 상이한 관점들의 특수성과 상대성은 신과 본유관념이 아니라 인류공동체의 일상적 공감대와 상호참조적 '다문다견'의 세계주의적 과학공동체(*cosmopolitan scientific community*)의 공론장을 통해 극복해야 한다.

라이프니츠도 관점주의를 넘어서는 '역지사지'의 논리를 논하기는 하지만 오직 도덕이론에서만 국한해 언급한다. 그는 가령 도덕적·정치적 정의론에 대해 다음과 같이 말한다.

남들의 입장(*the place of others*)은 도덕에서만이 아니라 정치에서의 참된 관점(*the true point of perspective*)이다. 자신을 남의 입장에 놓으라는 예수 그리스도의 방침은 이웃에 대한 우리의 의무를 알기 위해 우리 주님이 말한 대상, 말하자면 도덕에 기여할 뿐만 아니라, 이웃나라가 우리에 대해 가질 수 있는 의도를 알기 위해 정치에서도 기여한다. 우리는 이웃나라의 입장에 우리 자신을 놓는 것보다 또는 적국 또는 의심스러운 군주의 자문관과 장관을 스스로 상상할 때보다 더 잘 이 의도를 이해하지 못할 것이다. (⋯) 그러므로 우리는 남의 입장이 정치와 도덕에서 그렇지 않으면 우리에게 떠오르지 않을 고려를 발견하도록 돕는 데 적합한 입장이라고 말할 수 있다. 우리가 남의 입장에 선다면 부당하다고 느끼는 모든 것은 우리에게 불의 혐의가 있는 것으로 보인다. 그리고 더구나 우리가 이 입장에 처해 있다면 원하지 않을 모든 것이 우리를 멈춰 그것을 보다 면밀하게 검토하도록 만든다. 그러므로 이 원리의 의미는 너에게 해주기를 바라지 않는 것을 하지 말라 또는 타인이 너에게 거부하지 않았으면 하는 것을 가볍게 거부하지 말라는 것이다.1233)

라이프니츠는 이런 도덕론적 견해를 도처에서도 재확인한다. 가령 『인간지성신론』에서도 "보다 공정하게 판단하는 바른 방식이란 다른 사람들의 관점(*the point of view of other people*)을 취하는 것"이라고 말한다.1234) 그러나 라이프니츠는 애당초 '이성'과의 대비 속에서 '감성'을 비하하기 때문에 감각적 지각의 '인식론적' 관점주의 문제와 관련해서 '다문다견'·'박학심문'의 논변을 전 저작에 걸쳐 전혀 전개한 적이 없고, 불에 덴 기억의 관념보다 지금 불에 몸이 닿는 인상이 더 생생하다는 로크의 옳은 주장을 반박하는 그릇된 맥락에서 딱 한 번 '남들의 입장'을 말할 뿐이다. "나는 감각의 대상들이 관련되는 곳에서 참된 기준은 현상들의 상호연결(*liking together*), 즉 여러 상이한 시간대에, 여러 상이한 곳에서 그리고 상이한 여러 사람들의 경험 속에서 발생한 것들의 – 이 인간들 자신이 서로에게 현상들이고, 이 현재적 문제에 관한 한, 가장 중요한 현상들이라는 사실과 함께 – 연결성(*connectedness*)이라고 믿는다."1235)

그러나 남들의 관점을 취하는 것, 즉 '역지사지易地思之'는 애당초 불가능하다. 남자와 여자의 관점, 아버지와 딸의 관점, 어머니와 아들의 관점, 인민과 군주의 관점, 귀족과 평민의 관점, 2·3세 재벌과 노동자의 관점, 호전적·침략적 민족과 평화애호적 민족의 관점 등은 영원히 바꿀 수 없고, 보행자와 운전자의

1233) Gottfried W. Leibniz, *Notes on Social Life*, 81쪽. Leibniz, *Political Writings*, translated and edited with an Introduction and Notes by Patrick Riley (Cambridge: Cambridge University Press, 1st ed. 1972, 2th ed. 1988, reprint 2006).

1234) Leibniz, *New Essays on Human Understanding*, Bk. 1, ii §4.

1235) Leibniz, *New Essays on Human Understanding*, Bk. 4, ii §14.

관점도 바꾸기 쉽지 않다. 따라서 감성적 공감을 배제하고 역지사지만을 말하는 라이프니츠의 관점주의 극복 논리는 허구일 뿐이다. 따라서 라이프니츠 철학의 경우에 사실상 관철되는 것은 훗날 니체에서와 같은 적나라한 '관점주의'일 뿐이다.

▪단자의 등급

단순단자의 식물적 지각은 아직 "통각統覺(Apperception), 즉 의식(Consciousness)"의 단계에 이르지 못했다. 따라서 단자는 아직 이 지각들을 내적으로 지각하지 못한다.1236) 가령 식물은 햇빛이나 온도를 지각해 광합성을 하고 새싹을 틔우고 꽃을 피우지만 감각이 없으므로 이것을 지각하지 못한다. 동물도 깊이 잠들거나 기절하면 식물처럼 자기의 지각을 의식하지 못한다. 이것은 인간도 마찬가지다. 라이프니츠는 "데카르트주의자들이 의식하지 못하는 지각들을 존재하지 않는 것으로 취급하는 심각한 오류를 범했다"고 비판한다. 이 때문에 이들은 "오직 정신(합리적 존재자)만이 단자들이고 어떤 동물영혼이나 다른 완전자(엔텔레키)가 존재하지 않는다고 생각했다"는 것이다. 이 때문에 이들은 다시 "오래 지속되는 무의식(unconsciousness) 상태를 엄격한 의미의 죽음과 혼동했고", 또한 "육체와 완전히 분리된 영혼이라는 스콜라적 편견"을 갖도록 했다는 것이다.1237)

지각의 변화는 외부환경이 바뀌면서 수동적으로 일어나기도 하지만, 단자가 내적으로 새로운 관심을 일으키거나 그 방향을 바꿈으로써 능동적으로 일어나기도 한다. 라이프니츠는 "한 지각에서 다른 지각으로의 변화 또는 이행을

1236) Leibniz, *Monadology*, §14. 다른 곳에서 라이프니츠는 지각과 의식을 구별하지 않는 데카르트학파를 비판한다. "우리는 외부사물을 표현하는 단자의 내적 상태로서의 지각과 이 내적 상태에 대한 반성적 인식인 통각으로서의 자기의식을 구별해야 한다. 후자의 자기의식은 결코 모든 영혼에게 주어지는 것이 아니고, 동일한 영혼에게도 항상 주어지는 것이 아니다. 마치 사람들이 통상적 입장에서 감각적으로 지각할 수 없는 물체들을 고려하지 않듯이 의식하지 못하는 지각들을 고려하지 않는 데카르트주의자들의 오류는 바로 위와 같은 구별을 하지 않은 데에 있다." 라이프니츠, 「자연과 은총의 이성적 원리」, §4.

1237) Leibniz, *Monadology*, §14.

일으키는 내적 원리의 작용"을 "욕망(Appetition)"으로 규정한다. 지금 설명한 일반적 의미에서의 '지각'과 '욕망'을 지닌 모든 단자에게 우리는 '영혼'이라는 명칭을 부여할 수 있다. 하지만 감흥이 단순지각 이상의 것이므로, 라이프니츠는 감각과 함께 "기억을 수반하는 보다 더 판명한 지각들을 가진 단순실체들"에 '영혼'이라는 명칭을 유보해두고, "단지 단순지각들만 가진 단순실체"에는 족히 '단자' 또는 '완전자(엔텔레키)'라는 제한적 명칭을 부여하기로 한다.1238)

물론 라이프니츠는 이 명명법을 스스로도 잘 지키지 않는다. 또한 그는 여기서 뭔가 중요한 것을 망각하고 있다. 아리스토텔레스의 지적대로 뇌가 없거나 작은 하등동물은 감각이 있지만 기억력은 없는 반면, 다른 고등동물들은 감각과 기억을 다 갖는다. 따라서 라이프니츠의 주장을 종합할 때, 단자를 ① 몸체와 지각·욕망을 가진 단순단자(식물단계), ② 몸체·지각·감각을 가진 단자(하등동물의 영혼), ③ 육체·지각·감각·기억·적은 이성이 있는 단자(고등동물의 영혼), ④ 육체·지각·감각·기억·많은 이성이 있는 단자(정신=지성적 영혼), ⑤ 육체와 감각 없이 전지전능한 단자(신)로 세분해야 할 것이다.

단순실체는 무의식적이든 의식적이든 늘 지각을 한다. 첫째 이유는 단자는 신에 의해서가 아니라면 소멸할 수 없기 때문이다. 둘째 이유는 다름 아닌 '지각'이라는 '작용'이 있어야 존속할 수 있기 때문이다. "하지만 아무것도 판명하게 두드러지지 않는 아주 많은 '미약한 지각들(weak perceptions)'만 있는 경우에, 우리는 혼절한 것이다. 이것은 가령, 우리가 여러 번 같은 방향으로 계속 돌면, 현기증이 생기고, 이것은 우리를 어질어질하게 만들어 어떤 것도 구별하지 못하게 만든다. 죽으면 동물들은 일시적으로 이런 상태에 빠진다." 혼동을 피하기 위해 라이프니츠를 대신해서 좀 더 세분하자면, 여기서 혼절·죽음과 관련해 말하는 이 '미약한 지각'은 앞서 말한 '의식하지 못하는 지각'과 다르다. 전자는 지각이 너무 미약해서 아무것도 식별할 수 없는 혼돈 속에 빠지는 것인 반면, 후자는 무의식 상태에 빠져 있어 지각이 크더라도 의식하지 못하는 것이다. 가령 죽음이 아니라 수면과 같은 단순한 무의식 상태에 빠진 사람을

1238) Leibniz, *Monadology*, §§15·19.

누군가 흔들어 깨울 때, 이 사람은 자기를 깨우는 흔듦을 지각하고 깨어난다. 그렇다면 이 사람은 이 지각을 의식하지 못했을지라도 깨기 전에 이 흔듦을 지각했음에 틀림없다. 왜냐하면 '자연적 사건 과정'에서 모든 지각은 – 모든 운동이 이전의 운동으로부터만 생겨날 수 있듯이 – 이전의 지각으로부터만 생겨날 수 있기 때문이다. 이것은 사람이 무의식 속에서도 지각한다는 것을 증명한다. 따라서 지각들이 "판명한 것, 말하자면 뚜렷하고 높은 감각적인 것을 아무것도 포함하지 않는다면", 우리는 "지속적 혼수상태에 있다는 것"이 다. 그리고 이것은 "완전 단순한 단자들", 즉 저 몸체와 단순한 지각만 가진 단자들이 처해 있는 상태다.[1239]

그러나 동물들은 이 단순단자들보다 탁월한 지각기관인 감각기관을 가졌다. 라이프니츠는 이 감각기관과 연관시켜 경험적 인식을 설명한다.

기억은 이성을 닮았지만 이 이성과 구별되어야 하는 일종의 연쇄성(consecutiveness)을 제공한다. 동물들이 유의하고 그것에 대해 이전의 지각을 가졌던 것에 대한 지각을 가질 때 자신의 기억의 재현에 의해 선행적 지각 속에서 연상되는 것을 예상하도록 유도되고, 동물들은 그들이 전에 가졌던 느낌과 같은 느낌을 갖게 된다는 것을 우리는 안다. 가령 개에게 막대기를 보여주면 개들은 이 막대기가 그들에게 야기한 고통을 상기하고, 짖거나 도망친다.[1240]

개와 막대기의 예는 라이프니츠의 글에서 거듭 나온다.[1241] "개에게 도달하거나 개를 움직일 이미지의 생생함은 앞선 지각의 강도强度나 수數에 기인한다. 종종 강렬한 인상은 오래 지속된 습관 또는 수많은 반복된 미지근한 지각들과 동일한 효과를 단 한 번에 발휘한다."[1242]

1239) Leibniz, *Monadology*, §§21·23·24.

1240) Leibniz, *Monadology*, §26.

1241) 라이프니츠 「자연과 은총의 이성적 원리」, §5; Leibniz, *New Essays on Human Understanding*, Bk. 2, xi §11 (143).

1242) Leibniz, *Monadology*, §27.

■ 예정조화와 단자들의 소통

이제 최고실체의 절대무한성·완전성(긍정적 실재의 거대성)과 이에 대비되는 피조물의 본성적 불완전성에 관한 라이프니츠의 지겨운 신학적 '부지이작不知而作'을 뛰어넘자. 데카르트주의자 말브랑쉬·아르노 등은 피조물들 간의 인과적 운동관계를 영국 경험론자들처럼 피조물 속에 실재하지 않는 것으로 간주했지만, 이들처럼 반복적 '연쇄'를 자동적 '사고습관'으로 규정하는 것을 받아들지 않았다. 이들은 오만한 합리론적 전지주의를 견지하면서 사물들의 고대철학적 또는 스피노자적 자유방임론(사물들이 신 없이 저절로 알아서 돌아간다는 견해)도 배제하기 위하여 ─ 오늘날 들으면 ─ 그야말로 어처구니없는 '기회원인론' 또는 '우인론偶因論(occasionalism)'을 내놓고 고수했다. 이 이론은 사물들 간의 인과적 운동을 신이 삼라만상을 직관하고 있다가 두 물체가 충돌해야 하는 '기회'가 생기면 이에 기적적으로 개입해 인과적 충돌과 후속운동이 발생하도록 배려한다고 설명한다.

이에 라이프니츠는 태초의 기적으로 일정한 속성과 법칙으로 피조된 사물들의 일상적 자연 과정에 신이 기회 닿는 대로 기적을 일으키며 개입한다는 주장에 반대해 '기회원인론'만큼이나 신비스러운 예정조화설을 피력했다. 이미 태초에 두 사물은 그렇게 충돌하도록 미리 프로그래밍을 하되, 능동과 수동, 원인과 결과로 나타나도록 각 단자의 지각의 차이도 미리 조화롭게 프로그래밍을 해두었다는 설이다. 지각의 차이란, 한 단자의 지각이 판명한 반면, 다른 단자의 지각이 '혼돈된' 것을 뜻한다. 이러면 전자는 작용을 가하려는 경향을 갖고, 후자는 이 경향에 순종하는 경향을 갖는다. 어떤 힘의 실재적 작용과 수용은 없고 지각 속에서 그러한 경향들이 선험적으로 서로 조응할 뿐이다. 이 '관념적인', 즉 실재적이지 않은 경향만으로 태초의 예정된 프로그래밍에 의해 상호조응적 운동이 일어난다. 그러면, 인간은 해가 지구를 도는 것처럼 느끼고 바다가 아니라 배가 흔들리는 것처럼 느끼듯이 저 운동을 통상 거꾸로 지각해서 '인과작용'이 벌어지는 것으로 인식한다는 것이다. 라이프니츠는 말한다.

피조된 존재자들은 그들이 완전성을 가진 한에서 외적으로 작용을 가한다고 얘기되고, 불완전한 한에서 다른 존재자들에 의해 작용을 받는 것으로 얘기된다. 이러므로 단자들의 지각들이 판명한 한에서는 단자에 능동적 작용성이 귀속되고, 지각이 혼돈된 한에서는 단자에 수동성이 귀속된다. 한 피조된 존재자 안에서 우리가 저 다른 존재자 안에서 일어나는 것에 대한 선험적 해명을 발견한다면, 이 존재자는 저 다른 존재자보다 더 완전하다. 이것이 이 존재자가 저 존재자에게 작용을 가하는 것으로 얘기되는 이유다. 그러나 단순실체들 사이에는 다른 단자에 대한 한 단자의 영향이 단지 관념적(ideal)일 뿐이다. 신의 관념 안에서 각 단자가 신이 태초에 다른 단자들을 조정할 때 그 자신에게도 관심을 기울였어야 한다고 정당하게 요청할 수 있는 한에서, 저 관념적 영향은 신의 매개에 의해서만 그 결과를 가질 수 있다. 왜냐하면 이 피조된 단자가 저 다른 단자들의 내적 존재에게 물리적 영향을 가할 수 없는 한에서, 이 시원적 조정에 의해서만 한 단자가 다른 단자에게 의존할 수 있기 때문이다.1243)

물론 능동과 수동은 피조된 존재자들 간에 고착된 것이 아니라 상호적이다. 어떤 점에서 능동적인 것은 다른 관점에서는 수동적이다.1244) 이것은 단자들 간의 진정한 인과작용이 없다는 전제하에서 인과작용에 대한 라이프니츠 식 정의다. 라이프니츠에게 피조된 존재자들은 시원적인 수동적 힘(물질적 측면)과 시원적인 능동적 힘(정신적 측면)의 혼합이다. 그러므로 그는 능동성을 완전성 및 지각의 판명성과 동일시하고, 수동성을 불완전성 및 지각의 혼돈과 동일시한다. 가령, 내가 자기 일에 몰두해 있는 한 친구의 뒤로 기어가 막대기로 그의 머리를 때린다면, 나는 사건의 계열에 대한 판명한 지각이 있지만, 갑작스

1243) Leibniz, *Monadology*, §49-51. 라이프니츠 예정조화설의 초기 형태는 다음을 참조: Leibniz, *Discourse on Metaphysics*, §XIV: "신은 세계에 대해 갖는 상이한 관점에 따라 상이한 실체들을 생산하고, 신의 간섭에 의해, 각 실체의 적합한 본성은 한 사람이 다른 사람에게 직접 작용을 가함 없이 누군가에게 발생하는 것이 모든 타인에게 발생하는 것에 조응하도록 만들어준다."; §XV: "한 유한한 실체가 다른 유한한 실체에 대해 가하는 작용은 신이 이것들이 일치되게 작용하도록 미리 이것들을 양식화해둔 한에서 오로지 두 번째 실체의 표현 정도에서의 감소와 결합된 첫 번째 실체의 표현 정도의 증가에만 있다."

1244) Leibniz, *Monadology*, §52.

러운 가격에 대한 그 친구의 지각은 혼돈되어 뭐가 뭔지 모를 것이다. 그리하여 이 기회에 나는 능동적이고 그 친구는 수동적이다. 이처럼 한 단자는 다른 단자보다 더 판명한 지각을 가지고 있다. 나아가 전자는 후자 안에서 일어나는 것에 대한 '선험적' 설명을 제공한다. '선험적' 설명은 원인에서 결과로 직행하는 '비非경험적' 설명이다. 라이프니츠의 '관념적'은 '실재적이지 않다'는 것을 뜻한다. 단자들은 실제로 다른 단자들에 영향을 가할 수 없고, 오로지 신만이 사물들에 실재적 영향을 가할 수 있다. 라이프니츠는 신이 그때그때 사물들을 구성해가는 것이 아니라 태초부터 시원적 의지를 집행한다고 생각한다. 신은 어떤 우주를 창조할 것인가를 결정했을 때 (무한히 많은 단자들보다 더 많은) 모든 가능한 단자들을 고찰했고 가능한 최선의 결합을 선택했다. 가령 내가 나 자신이 다른 사람의 머리를 때리는 것을 지각할 때, 그 사람은 그의 머리가 가격당하는 것을 지각한다. "한 단자는 신이 다른 단자들을 조직할 때 자신에게 관심을 기울여달라고 요청할 이유를 지니고 있다"고 말할 때의 단자는 창조되기 전의 '가능한 단자들'을 말하고 있다. '가능성'이란 자신들과 양립할 수 없는 어떤 것에 의해 방해받지 않는다면 현실적으로 존재할 정도로 '실존'을 향한 모종의 '충동'이다. 그리고 단자들은 더 완전하면 완전할수록 더 수월하게 '가능성'에서 '실존'으로 옮기도록 허용된다. 또는 '가능성'은 완전성에 비례해서 실존할 '권리'를 가진다. 여기에서 신은 우주의 건설자이자 심판자다. 그리하여 나를 가능한 최선의 우주 안에 포함시키기로 결정했다고 전제하면, 다른 사람의 머리를 때리는 나의 지각에 특별한 관심을 주고 머리를 맞는 동시적 지각이 있도록 다른 것들을 조직한다는 것이다.[1245]

　　인과작용에 대한 라이프니츠의 예정조화론적 설명은 크게 보면 '우인론'의 수정판인 셈이다. 말하자면 '예정된 우인론'이다. 이러한 우주관에서는 나는 친구의 머리를 때리고 내 친구는 이에 조응해서 머리를 맞는 사소한 일까지 태초에 예정되어 있다. 따라서 이러한 우주관에서는 대죄악·전쟁·히틀러·유대인학살 등 홀로코스트까지 다 예정된 것이다. 따라서 라이프니츠 예정조화론

1245) 참조: Ross, "Commentary", §§49-51.

의 이 어리석은 측면을 일찍이 볼테르가 『캉디드』에서 신랄하게 풍자한 것이다. 인류의 이러한 홀로코스트의 수난은 더 나은 미래를 위해 기획된 과도기적 시련이라는 해석은 바로 신에 대한 불신과 경멸, 결국 무신론을 초래한다. 이런 수난 없이 행복으로 가는 길이 더 좋은 길임이 뻔한데도 그런 길을 기획했다면, 신은 어리석을 뿐만 아니라 악한 것이기 때문이다.

따라서 다음과 같은 라이프니츠의 설명은 진정 세계의 만악萬惡을 정당화하는 역사상 가장 위험한 최악의 궤변으로 들린다.

신의 관념들 속에는 무한히 많은 가능한 우주들이 있고, 이들 중 하나만이 실존할 수 있으므로, 신에게 이 관념이 아니라 저 관념을 결정할 신의 선택에 대한 충족이유가 있어야 한다. 이 충족이유는 오로지 조화, 즉 이 세계들이 보유하는 완전성의 정도에서만 발견될 수 있을 뿐이다. 왜냐하면 각각의 가능한 세계는 그것이 내포하는 완전성에 비례하여 실존을 요구할 권리가 있기 때문이다. 그러므로 아무것도 전적으로 자의적이지 않다. 이것은 신의 지혜가 신으로 하여금 알게 만들고 신의 선이 선택하게 만들고 신의 권력이 산출하게 만드는 최선의 세계의 실존 원인이다.1246)

극동의 기론을 모방하면서 기들 중에 사악한 기운, 즉 '사기邪氣'도 있다는 점을 받아들이지 않는 라이프니츠는 선신善神을 이렇게 어리석고 악하고 위험한 존재자로 전락시키고 있다.

그러나 라이프니츠는 신의 문제에서 고개를 돌려 우주와 단자 간의 상호관계 및 단자와 단자 간의 소통을 다룬다. 각각의 단순실체는 "우주의 항구적인 산 거울"이다. 단순실체들의 관점적 지각의 다양성은 많으면 많을수록 최대의 질서가 보장되는 한 가능한 한 많은 완전성을 얻는다.1247) 말하자면, 선의

1246) Leibniz, *Monadology*, §§53-55.

1247) Leibniz, *Monadology*, §§56·58. "단자는 우주의 거울"이라는 명제의 최초 형태는 참조 Leibniz, *Discourse on Metaphysics*, §IX: "모든 개별적 실체는 전 우주를 그의 고유한 방식으로 표현하고, 이 실체의 완전한 개념 속에는 그것의 모든 경험이 동참한 환경 및 외적 사건들의 전 계열과 함께 포함되어 있다." '거울'의 비유는 다음도 참조 라이프니츠, 「자연과 은총의 이성적 원리」, §3.

의미에서 '완전성'은 '최대의 질서(조화)'를 함께 갖춘 '최대의 다양성'이다. 그러나 인간을 포함한 피조된 단자들의 판명한 지각과 재현은 신의 지각과 달리 유한하다. 전체를 조직하는 데 있어서 신은 각 부분에, 특히 각 단자에 관심을 부여한다. 단자들의 본성이 사물들을 재현하는 것이기 때문에, 어떤 것도 사물들에서 발췌된 사물들만을 재현하도록 단자들을 억제할 수 없다. 그럼에도 불구하고 이 재현이 "전 우주의 삼라만상"에 관한 한, 단지 "혼돈스러운 재현"이라는 것, 그리고 이 재현이 "작은 부분의 사물들에 관해서만 판명할 수 있다"는 것은 사실이다. 환언하면, 단자들은 그들에게 "가장 가까운 또는 상대적으로 큰 사물들"에 대해서만 "판명한 재현"을 가진다. "만약 전 우주의 삼라만상에 관한 이 재현이 판명하다면, 각 단자는 아마 신일 것이다." 단자들은 자기 지식의 "대상들"의 관점에서 제한적인 것이 아니라, 그들의 대상에 대한 지식의 "양상(modes)"의 관점에서 제한적이다. "단자들은 모두 무한대로 또는 전체로 삼투하지만, 혼돈스럽게 삼투한다. 그들을 유한하게 만들고 이 단자를 저 단자와 구별하게 하는 것은 판명한 지각에서의 편차다."1248) 각 단자의 지각은 '판명과 혼돈'의 양상적 관점에서 유한한 것이다. 우리의 판명한 지각들은 전체 지각의 작은 부분에 불과하다.

그럼에도 양상을 제쳐놓는다면, 각 단자와 물체는 여전히 우주의 작은 거울이다. 또한 물체와 물체, 단자와 물체, 단자와 단자 간에 보편적 소통이 벌어진다. 우주는 진공이 없으므로 물질의 전체는 상호 연결되어 있다. 각 물체는 그 이웃 물체들에 의해 영향받고, 이러저러한 식으로 각 물체는 이웃 물체들에 일어나는 모든 일을 채록한다. 그러나 충만한 공간(plenum)에서는 모든 운동은 떨어진 거리에 비례해 먼 물체들에 대해 얼마간의 효과를 미친다. 그리하여 각 물체는 이웃 물체들의 중개를 통해 이웃 물체들의 이웃 물체들에 일어나는 것도 채록한다. 결과적으로 이 "상호소통(intercommunication)"은 임의의 멀리 떨어진 지점까지도 뻗어가는 것이다. 그리하여 모든 물체는 우주 안에서 일어나는 만물만사를 채록하게 된다. 이것은 삼라만상을 볼 수 있는 누군가가 어떤 개체

1248) Leibniz, *Monadology*, §60.

로부터 도처에서 일어나고 있는 것, 그리고 심지어 과거에 일어난 것과 미래에 일어날 것까지도 읽어낼 수 있을 정도다. 시공적으로 멀리 떨어진 것은 지금, 여기서(*in the here and now*) 간파할 수 있다. '만물은 함께 숨쉰다'(히포크라테스). 그러나 한 영혼은 그 자신 안에서 판명하게 재현되는 것만을 읽을 수 있다. 무한대로 뻗어갈 수 있다는 이유에서 영혼이 영혼 안으로 접힌 모든 것을 갑작스럽게 펼칠 수 있는 것은 아니다.1249) '시공적으로 멀리 떨어진 것은 지금과 여기에서 간파가능하다'는 구절은 바로 니체의 '영겁회귀'를 떠올리게 한다.

이어서 라이프니츠는 영혼과 물체, 단자와 물질 간의 관계를 다룬다. 단자와 생체(육체)는 나란히 병행한다. 영혼 안에서의 우주의 판명하고 혼돈스런 재현과 생체 안에서의 무한히 복합적인 운동 간에는 1 대 1 조응성이 있다. 단자는 전 우주를 재현할지라도 자기와 특별히 관련된, 그리고 자기가 엔텔레키를 구성하는 생체를 보다 판명하게 재현한다. 이 생체가 물질이 충만한 공간 안에서 모든 물질의 상호작용에 의해 전 우주를 표현하는 것과 똑같이, 영혼은 특별한 방식으로 우주에 속하는 이 생체를 재현함으로써 전 우주를 재현한다. 한 물체를 소유한 단자는 엔텔레키(단순단자)이거나 영혼이다. 물체가 엔텔레키에 속한다면, 그 결합은 산 존재자로 불릴 수 있다.

이제 이 산 존재자의 이 생체 또는 동물의 이 육체는 언제나 유기적이다. 왜냐하면 단자가 각자 독특한 방식으로의 우주의 거울이고 우주가 완전한

1249) Leibniz, *Monadology*, §61. 소통에 관해서는 다음도 참조. Leibniz, *New System of the Nature and Communications of Substances*, §14: "우리의 내부 지각은 (⋯) 단지 외부의 존재자와 일관성을 갖는 현상 또는 오히려 참된 외양이고 잘 질서 잡힌 꿈과 같은 것일 뿐이기 때문에 영혼 자체 안에서 그것의 고유하고 원초적인 만듦새에 의해 그에게 일어나야 한다. (⋯) 이 모든 실체가 (⋯) 형질이나 특성의 전달을 통해 서로들 간에 소통한다면 우리가 감지할 수 있는 것과 동일한 결과를 산출할 수 있는 완전한 조화가 존재한다. 영혼의 관점이 그 안에 놓여 있는 유기체적 물질은 영혼에 의해 가장 쉽게 표현되고, 역으로 하나가 다른 하나의 법칙을 교란하지 않고 정기(精氣)와 피가 영혼의 감수(感受)와 지각에 조응하기 위해 필요한 운동을 바로 그 순간에 취해 영혼이 그것을 의도하는 순간에 물체적 기계의 법칙에 따라 행동하도록 충동되는 것으로 생각된다. 이 때문에 우리가 소통이라고 부르는 것을 산출하고 오로지 육체와 영혼의 결합을 가능하게 하는 것은 우주의 모든 실체 안에 처음부터 규정되어 있는 상호 간의 관계다."

질서로 정돈되어 있으므로, 그것을 재현하는 것 안에도 - 환언하면, 영혼의
지각들 속에도, 그리고 결과적으로 생체 안에도 - 동일하게 바른 질서가 있어
야 하기 때문이다. 이는 영혼 속에서의 우주의 재현은 생체 안에 있는 것을
따르기 때문이다.1250) '완전한 존재자'는 단자와 물체의 결합물, 아리스토텔레
스 식으로 말하면, 형상과 질료의 결합물이다. 단순단자(엔텔레키)와 물체의 결합
물은 '산 존재자'(식물)다. 영혼단자와 물체(육체)의 결합물은 '동물'이다.

앞서 시사한 바와 같이 이 단자들 간의 거울 같은 소통이론은 극동의 기氣철
학의 감응이론을 모방한 것이다. 라이프니츠는 극동의 기철학을 서양에 비교적
자세히 소개한 라 루베르의 친구였다. 라이프니츠는 라 루베르의 『태국왕국론』
도 읽었을 것이고, 서신을 주고받으면서도 라 루베르로부터 극동의 기철학을
전수받았을 것이다. 당연히 그는 일찍이 극동의 기철학을 수용한 스피노자철학
도 잘 알고 있었다.

■ 생체로서의 단자: '신의 자동기계'

각 산 존재자의 유기적 생체는 일종의 "신적 기계", 또는 어떤 제작된 자동기
계보다 무한히 우월한 "자연적 자동기계"다. 이것은 인간에 의해 만들어진
기계의 부품들은 그 자체가 다시 기계이지 않기 때문이다. 그러나 "자연의
기계들", 즉 "산 생체들"은 "무한대까지 내려가는 가장 작은 부분들에서도
여전히 기계들이다". 이것이 바로 "자연과 기술공학", "신적 기술공학과 인간적
기술공학"을 차별 짓는 것이다.1251)

라이프니츠는 엔텔레키가 '비물질적 자동기계'라는 명제(『단자론』 §18)도 다듬
는다. 유기적 물체는 '신적 기계', 즉 '자연적 자동기계'다. 이것은 인간이 만든
기계와 다르다. 인간의 기계의 부품은 기계가 아니지만, 신적 자동기계의 부품
은 다시 기계이기 때문이다. 가령 어떤 폭발장치가 폭탄과 타이머로 구성되어

1250) Leibniz, *Monadology*, §62-63.

1251) Leibniz, *Monadology*, §64. '자연적 자동기계'는 다음도 참조. 라이프니츠, 「자연과 은총의 이성적
원리」, §3.

있을 때, 폭탄과 타이머의 구성물질들은 금속·나무와 같은 원자재일 뿐, 기계가 아니다. 반면, 유기적 생체는 심장·폐장 등 기관을 가졌고, 이 기관은 다시 세포핵·세포벽 등 유기적 구조를 가지고 있으며, 이 유기적 구조는 다시 염색체(chromosomes) 등 유기적 구조를 가진다. 라이프니츠는 이것을 알지 못했으나, 그의 확신은 '기관의 기관의 기관의 (…)'로 나누어 내려가는 과정이 멈출 임의적 지점이 없다는 것이다. 원자를 원자 속의 소립자로 분할하고 이 소립자들을 더 작은 소립자로 계속 분할하는 것과 정확히 유사하다. 다만, 라이프니츠는 유기적 생체를 말하고 있을 뿐이다.1252) 물론 '영적 점'으로서의 단자는 분할할 수 없다.

라이프니츠에 의하면, 각 분량의 물질은 (고대인들이 인정했듯이) 무한히 분할할 수 있을 뿐만 아니라 – 각 부분이 모종의 고유한 운동을 가진 부분들로 나뉘는 식으로 – 현실적으로 끝없이 작게 분할되어 있다. 이런 까닭에 자연의 조물주는 저 "신적이고 무한히 경이로운 기술공학"을 적용할 수 있었다. 그렇지 않다면, 크고 작은 양의 물질들이 제각기 전 우주를 표현하는 것은 불가능할 것이다. 그러므로 물질의 최소부분들 속에도 미세한 피조물들(곰팡이·포자·꽃가루·정자·난자·미생물 등)의 세계가 있는 것이다. 따라서 어떤 분량의 물질이든 제각기 "식물로 가득 찬 정원"과 같은 것 또는 "물고기로 가득 찬 연못"과 같은 것이다. 다시 식물 한 개체, 동물의 한 기관, 생체적 액체(피·침 등)의 한 방울도 유사한 정원 또는 유사한 연못이다. 정원에서 식물들을 분리시키는 흙과 공기 또는 연못에서 물고기를 분리시키는 물이 식물도 물고기도 아닐지라도, 흙과 공기와 물은 다시 "너무 작아서 우리가 이것들을 지각하는" 식물과 물고기를 포함하고 있다. 그러므로 "우주 안에서 경작되지 않는 불모적인 것 또는 죽은 것은 없다". 그런데 각각의 산 생체에는 "지배적 엔텔레키", 동물의 경우에는 "영혼"이 있다. 그러나 산 생체는 다른 산 존재자들, 식물들, 동물들로 가득 차 있고, 이 가득 찬 존재자·식물·동물들의 각각이 다시 자신의 고유한 "지배적 엔텔레키", 즉 "영혼"이 있다. 그러나 영혼은 영혼에 대한 봉사에 헌신하는 다른 "열등

1252) 참조: Ross, "Commentary", §63.

한 산 존재자들"을 영원히 보유하지 않는다. "모든 물체는 강처럼 영구적으로 변화하는 중이고 소립자들은 항상 물체들에 가담하고 물체들을 떠나기" 때문이다.1253)

삼라만상은 산 생체들로 가득 차 있다. 가령 피는 동질적 붉은 액체처럼 보이지만, 현미경으로 보면 적혈구 세포가 그 주위를 감싼 투명한 액체와 구별되는 것이 보인다. 더 강력한 현미경으로 보면, 이 투명액체 속에도 유사한, 더 작은 유기체들이 들어 있다. 다시, 백묵은 동질적인 하얀 물질 덩어리로 보이지만, 현미경으로 보면 작은 바다 생물의 껍질로 되어 있는 것처럼 보인다. 백묵이 생명체로 가득 차 있다면, 진흙이나 돌멩이 등 다른 실체들도 그럴 것이다. 단자가 영구적으로 달라붙어 있는 개별적 물질 조각은 하나도 없다. 라이프니츠는 강처럼 '만물은 유전한다'는 고대 헤라클레이토스의 원리를 받아들이고 있다. 그리하여 유기적, 비유기적 물체들은 항상적으로 소립자들을 잃고 얻는다. 유기적 생체의 경우에 '지배적 단자'가 지배하는 종속적 단자들의 위계질서는 항상 구성물들을 잃고 얻는 중에 있다. 그리하여 항구적으로 영혼에 대한 봉사에 들어 있는 단자나 단자집단은 하나도 없다. 라이프니츠는 '지배적 단자(엔텔레키)' 개념으로써 모종의 '통제' 질서를 도입하고 있다. '지배적 단자'의 지각들은 보다 더 판명하고 '종속적 단자들'의 지각 안에서 일어나는 변화들을 설명하는 데 기여할 것이다. '지배적 단자'는 상호작용에서 보다 능동적인 파트너다.1254) 이 '지배적 단자'는 지각이 상대적으로 판명한 점에서 상대적으로 혼돈된 지각을 가진 단자들과 지각이 없는 물체들에 비해 탁월하고 이 지각의 탁월성 덕택에 이 열등한 단자와 물체들을 지배한다. 따라서 인간의 정신(지적 영혼)은 인간 육체 속의 물질들, (무감각한 지각을 가진) 식물요소들, (감각 없는 지각과 감각을 가진) 동물요소들을 다 통제하고 지배한다. 이것은 지성의 판명한 지각이 나머지 혼돈된 지각들을 지배하는 위계구조이므로 바로 지성주의적 지배구조다. 이것은 신(육체 없는 유일한 최고단자)이 도덕적 주체로서의

1253) Leibniz, *Monadology*, §§65-71.

1254) 참조: Ross, "Commentary", §§65-71.

인간을 다스리고, 신을 등에 업고 신의 측근 노릇을 하며 호가호위하는 탁월한 철인치자들이 열등한 경험론적 대중(인간대중과 동물)과 기타 자연을 다스리고 정복하고 이용하는 소위 '신국神國'의 지배구조를 예고하는 것이다.

한편, 라이프니츠는 단자와 유기적 생체(영혼과 육체)의 생식(자기복제) 과정을 설명한다. 자연의 유기체들은 "선先구성체(preformation)"가 들어 있는 모종의 "씨 앗"에서 생긴다. 이 유기체는 수태 이전에 이미 실존하고, 영혼(동물 자체)도 이 유기체 속에 이미 실존한다. 수태에 의해 동물은 또 다른 부류의 동물이 되도록 "커다란 변태(transformation)"를 향한 형질을 얻을 뿐이다. 생식작용 바깥에 서 벌어지는 파리 구더기나 나비 벌레의 변태 과정을 보면 유사한 케이스를 관찰할 수 있다. '배자胚子(supermatic)'로 불리는 작은 동물들 중 어떤 것들은 수태에 의해 육안으로 볼 수 있는 큰 동물이 되기도 한다. 그럼에도 이 중 그 부류 안에 남아 있는 대부분은 육안으로 볼 수 있는 큰 동물들과 똑같이 "탄생하고 증식하고 소멸한다". 관문을 통과해 더 큰 무대에 올라와 큰 동물이 되는 것은 오직 "선택된 소수"뿐이다.[1255] '배자'가 그 자신의 고유한 삶을 가지고 있다는 라이프니츠의 이 가설은 오늘날 얼추 입증된 바다. 그러나 올챙 이가 새끼를 낳을 수 없듯이 정자와 난자는 "증식할" 수 없다. 따라서 '부지이작' 의 이 가설이 다 옳은 것은 아니다. 도토리의 아주 적은 비율만이 떡갈나무가 되듯이 정자의 아주 적은 비율만이 '선택'의 관문을 통과해 '더 큰 무대'로 올라온다. 여기서 '더 큰 무대'는 크기에서 더 클 뿐만 아니라, (다시 인간의 경우에) 사물들의 도식에서 더 높은 지위로 인간들을 올려놓는다.[1256] '큰 무대' 에 선 크고 높은 이 '선택된 소수'의 이론은 가장 판명한 지각(지성)을 가진 '지배적 단자' 이론과 쉽사리 결합할 수 있고, 그리하여 프로테스탄트적 선민選 民이론을 시사할 수 있다. 라이프니츠의 단자론을 거치면서 도덕적 기준을 청산하고 지성주의적으로 변질된 이 '선민이론'은 훗날 플라톤의 지성주의적 '철인치자'를 민족주의적·인종주의적으로 변형시킨 헤겔의 '지배민족'과 니체

1255) Leibniz, *Monadology*, §§74-75.

1256) 참조: Ross, "Commentary", §§74-75.

의 '지배인종' 콤플렉스의 배양토가 되는 것으로 보인다.

더구나 인간을 포함한 동물의 불사불멸론이 여기에 결합되면, 모든 동물과 인간은 살육되더라도 어디선가 다시 태어날 것이므로 양심의 가책 없이 마음대로 동물과 인간을 살육하고 독가스로 질식시키고 불태워 대규모의 집단살해와 인종청소를 할 수 있게 된다. 이 학살된 단자들은 다만 살육자들의 '생활권(Lebensraum)'에서 관문을 통과하지 못한 열등한 '배자'들처럼 우주의 어느 구석으로든 잠시 치워질 뿐이기 때문이다. 라이프니츠는 말한다. "자연의 법칙이 동물이란 결코 無로부터 생길 수 없다는 것을 뜻한다면, 동물들은 無로 되돌아갈 수도 없다. 출생도 없을 뿐만 아니라, 파괴도 절대적 죽음도 없다. (…) 그리하여 영혼은 '파괴할 수 없는 우주'의 거울로서 파괴할 수 없을 뿐만 아니라, 동물 자체도, 그 메커니즘이 종종 부분적으로 죽고 유기적 껍데기를 잃거나 얻을지라도 파괴할 수 없다."1257) 존재자의 시공적·영육적靈肉的 자기동일성 문제를 제기하고 사고한 적이 없는 천재적 '부지이작'의 명수 라이프니츠는 이 다면적(시공적·영육적) 자기동일성 가운데 하나의 자기동일성만 파괴되거나 손상되어도 죽음(무)이나 본질적 변형을 겪는다는 것을 모르고 있다. 생명을 '자기동일성의 산 기운(생기)'으로, 그리고 개인적인 '나'를 '자기감지적·자기의식적' 자기동일성의 산 기운으로 이해한다면, 생명에 달라붙은 물질들이 남더라도 생명은 생식 전에 죽음에 이르는 경우 후대에 씨도 전달하지 못하고 완전히 사라지며, 특히 개인적 자아는 씨를 전달하더라도 죽음과 함께 영원히 소멸한다. 생명의 생기는 비유하자면 푸른 숲이 무성한 산 계곡의 장엄한 형세 속에서 절로 형성되는 오묘한 기운과 같은 것이다. 계곡의 숲이나 계곡 자체가 파괴되거나 유실되면 이 기운도 사라지듯이, 육체적 만듦새가 해체되면 생명의 기운도 사라진다. 뒤에서 상론하겠지만, 인간 개체는 이 육체적 생명과 영혼적·정신적 생명과 그 생기, 그리고 이것들을 생리적으로 생성시키고 제어하고 생식적으로 복제하는 장치인 DNA로 되어 있다. 끝내 그 본질과 전모를 알 수 없는 '디옥시리보 핵산(deoxyribonucleic acid)'이라는 유기물질로 구성된 DNA는

1257) Leibniz, *Monadology*, §§76-77.

오묘한 신비의 기운을 머금은 숲처럼 비물질적 정보지식과 생명의 기운을 머금은 물질적 정보·능력 장치로서, 비유하자면 자동운영프로그램과 정보를 저장하고 있는 명령·기억반도체와 같은 것이다. 이 물질적 정보·능력 장치가 아우슈비츠 독가스실과 같은 곳에서 파괴되어 태워지면, 반도체가 그렇듯이 이 물질적 정보·능력 장치와 함께 그 정보도 완전히 남김없이 소멸한다. 인간의 생명과 그 핵인 DNA는 단자처럼 죽어도 죽지 않는 그런 실체가 아닌 것이다. 말하자면, 인간의 생명은 그렇게 학살을 당해도 다시 되살아나는 단자 같은 불사조가 아니다. 백보 양보하여 라이프니츠처럼 단자를 '에너지'로 보더라도, 라이프니츠가 주장한 에너지 보존의 법칙만이 옳은 것이 아니라, 오늘날의 상식으로는 한번 전달되고 분산된 에너지는 에너지 손실 없이 다시 그대로 모일 수 없다는 불가역적 '엔트로피 법칙'도 동시에 옳은 것이다. 따라서 흩어진 생명 에너지는 결코 다시 그대로 모일 수 없다. 그러므로 단자 에너지의 흩어짐은 곧 소멸(죽음)이다. 따라서 우리는 라이프니츠의 이 같은 궤변적 '부지이작'에 더 이상 머무를 이유가 없을 것이다.

■ 신국과 '작은 신'(철인치자)의 부활

한편, 라이프니츠는 『단자론』의 최종단계로서 정신들의 신적·지배자적 '선민' 성격을 '날조'함으로써 일부 지성적인 인간을 신격화하고 이를 바탕으로 정신들의 신국神國을 묘사한다. 영혼의 불사불멸이 일반적으로 옳지만, 정신적 단자들은 특히 선별되는 과정을 거쳐 인간적 이성을 갖춘 특권신분이 된다. 합리적 영혼들의 "작은 원형 배자(little spermatic progenitor)"는 "그대로 남아 있는 한 보통의 감각적 영혼만을 갖지만', 이 중에서 "선택된 배자들"은 "현실적 수태작용을 통해 인성人性을 얻고, 그 감각적 영혼들은 이성의 신분으로, 그리고 정신의 특권으로 고양된다'. 따라서 "영혼 일반"이 "피조물들의 우주의 산 거울 또는 이미지인" 반면, "정신"은 "신성神性 자체의 이미지" 또는 "자연의 조물주 자체의 이미지이기도 하다'. "정신"은 "우주의 체계를 알 수 있는 능력"이 있고 나아가 "건축술적 패턴"에 의해 일정한 정도로까지 이 우주체계를 "모방할 수 있다". 정신은 "그 자신의 권위영역 안에서 작은 신(a small divinity)과 같은 것"이기 때문이다.1258) 신의 권능은 만물의 원천이고, 지식은 삼라만상의 관념을 담고 있으며, 의지는 최선의 원리에 합치되게 사물을 변화시키거나 산출하는 것이다. 『단자론』 §48에서 라이프니츠는 신의 권능·지식·의지의 세 가지 속성에 조응해 모든 피조된 단자들도 주체·지각·욕망(subject·perception·appetition)의 세 가지 속성을 갖는데, 단자들은 이 세 가지 속성이 완전하면 완전할수록 신에 "더 근사한 모방물들"이라고 말한다. 이런 관점에서 보면, 인간 정신만이 아니라 모든 단자가 '신의 이미지'이지만, 단자들 중 정신적 단자가 우주의 체계를 알고 얼마간 모방해서 기계를 만들어낼 수 있는 한에서 신의 가장 가까운 모방자인 것이다. 여기서 라이프니츠는 인간의 지성적 지배구조와 교활한 지배수법을 단자들의 세계에 그대로 투영하고 있다. 이 지배구조는 바로 지각의 투명성(완전한 판명성·제한적 판명성·혼동성·무의식·무지각)의 순위에 따라 만물을 완전히 판명하게 안다는 신을 하늘로 띄우고 제한적으로 판명한 지성적 지식을 갖는, 이런 의미에서 신에 가장 가까운 측근으로서 '지혜로운 인간(라이프니츠 같은 지자들의 지지와 보좌를 받는 치자 또는 권력을 위임받은 라이프니츠 같은 지자)'을 신보다 조금 아래에 세우고 그 아래 인류의 4분의 3에 달하는 경험론적 인간대중1259)· 동물·식물·사물이 위치하는 위계적 지배구조다. 지상의 왕은 신의 권력·지식· 의지를 가장 가깝게 모방한 자다. 따라서 이 논리구조에서는 왕의 권력과 지혜는 신이 부여한 것이다. 그러므로 라이프니츠는 당시로서도 이미 낡은 16세기 왕권신수설의 후위後衛를 슬그머니 자처하고 있다. 주지하다시피 일찍이 쟝 보뎅(Jean Bodin, 1530-1596)은 절대주권자인 군주를 하늘의 위대한 주권자인 신의 "이미지"로 높인 바 있다.1260) 물론 신이 자기의 이미지로 인간을 만들었다는 『성경』의 비유를 원용해 신의 무한권력·무한지식·무한의지를 공유하려는 이

1258) Leibniz, *Monadology*, §§82-83.

1259) 인간 행동의 4분의 3이 경험론적이라는 라이프니츠의 말은 쉽사리, 인류의 4분의 3은 경험론적 차원을 벗어나지 않고 산다는 것으로 확대 해석될 수 있다.

1260) Jean Bodin, *On Sovereignty*. Four Chapters from *The Six Books of the Commonwealth* [1576] (Cambridge/New York: Cambridge University Press, 1992), 50쪽.

논리는 기실 인간의 '겉모습'을 신과 닮도록 만들되, '인식의 나무'에 대한 접근을 차단해 (삼라만상을 포괄하는) 신의 '지식'에 대한 인간의 무제한적 모방(광적 지성주의·전지주의全知主義)을 금한 기독교적 신의神意에 반하는 것이다. 한편, '교활한 지배수법'이란 일반 속인들에게 신을 받들도록 강요함으로써 이 속인들에 대한 자신의 지배권을 강화하는 신의 대리인인 성직자들의 신정체제적 지배수법, 또는 무능하고 어리석은 왕 또는 죽은 왕을 살아 있는 신으로 한껏 하늘로 띄워 가공의 최고권력을 창출하고 이것을 찬탈해 호가호위하며 전횡하는 측근 권력자들의 전통적 지배수법을 말한다. 라이프니츠는 육체가 없으므로 실재하지 않는 관념적 신을 내세워 바로 이런 수법을 부리고 있다.

전 우주의 삼라만상에 대한 인간의 지식이 신의 전지에 비해 그 판명성에서 존재론적 한계가 있을지언정(『단자론』 §60), 신적 진지전능에 대한 권력이성의 무제한적 모방과 교활한 지배수법을 통해 정신은 이러한 지배구조 속에서 '작은 신'으로 올라선다. 라이프니츠에 의하면, 이 덕으로 이 '작은 신'은 저 '큰 신'과 한 집에 살며 호가호위할 수 있다.

이것은 정신들을 신과의 사회적 관계에 들어갈 수 있게 만드는 것이다. 정신들에 대한 신의 관계는 (다른 피조된 존재자들에 대한 신의 관계와 같이) 기계에 대한 엔지니어의 관계일 뿐만 아니라, 신민들에 대한 왕의 관계, 심지어 자식들에 대한 아비의 관계이기도 하다. 이것으로부터 모든 정신의 총합은 신국(City of God), 즉 군주들 중 가장 완전한 군주 아래서 가능한 가장 완전한 국가를 형성함이 틀림없다고 결론짓는 것은 손쉬운 것이다.1261)

여기서 '신국' 개념은 아우구스티누스로부터 직수입했지만, 라이프니츠의 예정

1261) Leibniz, *Monadology*, §§84-85. 『자연과 실체들의 소통의 새로운 체계』에서는 기술자와 기계의 관계를 신과 비(非)정신적 실체들과의 관계에만 적용한다. "정신과 이성적 영혼들은 (⋯) 신의 모습에 따라 창조되었고 신적인 빛의 광선을 지니고 있다. 따라서 신은 군주가 그의 신민들을 통치하듯이, 심지어는 아버지가 자식들을 돌보듯이 정신들을 통치하는 반면, 다른 실체들은 기술자가 자신의 기계들을 처리하듯이 마음대로 처리한다." Leibniz, *New System of the Nature and Communications of Substances*, §5.

조화설에 의해 더욱 미화되었다. 이 신국은 "현재보다 더 잘 만드는 것이 불가능한" 최선의 예정조화된 우주질서에 의해1262) 밑받침된다. 라이프니츠는 중세 교부철학자들처럼 이 '신국' 개념을 꽤 오래전부터 그리고 여러 곳에서 언급하고 있다.1263) 그러나 위 인용문에서 신과 인간 정신의 관계를 부자관계에 비유한 것은 비유의 오류가 아니라면, 인간이 신지자神智者가 되고 싶은 전지주의적 욕망의 묵시적 표현일 것이다. 왜냐하면 전 우주의 삼라만상에 대한 신의 판명한 지식과 대비되는 인간의 존재론적 불완전성 때문에 피조된 인간은 '큰 신'이 될 수 없는 반면, 어떤 신민은 때로 왕이 되고, 자식은 곧 다 아비가 되기 때문이다. 더구나 기독교와 라이프니츠의 신은 인간이 자신과 대등해지거나 자신을 능가하는 것을 존재론적으로 금하지만, 인간의 아비는 신과 자식이 자기를 능가하기를 바라기 때문이다. 실제로 사람의 아들은 아비를 종종 능가한다. 그러므로 저 부자관계의 비유는 라이프니츠의 오류이거나, '큰 신'을 능가하고 싶은 '작은 신'의 지식욕과 권력욕을 암암리에 깔고 있는 것이다.

실제로 『형이상학에 관한 논의』에서 라이프니츠는 "모든 실체 가운데 완전화를 가장 유능하게 해낼 수 있는 실체들'은 "정신"이고, "가장 덕 있는 정신들'은 신의 자식만이 아니라 "가장 완전한 친구들'이기도 하다고 말한다. 나아가 "정신만이 전 세계의 가치가 있다. 정신만이 전 세계를 표현할 뿐만 아니라, 전 세계를 알고 신이 그렇듯이 스스로를 지배한다. 모든 실체가 전 세계를 표현할지라도 다른 실체들은 신보다 오히려 세계를 표현하는 반면, 정신들은 세계보다 오히려 신을 표현한다". 인간적 정신의 본성은 "가능한 한 많이 신성神性에 접근할 수 있도록 만들어줄 정도로 고상하다". 인간을 도우려는 신의 "도덕적 자질"로 인해 "신은 스스로를 인간화하고 스스로 기꺼이 신인동형동성화神人同形同性化, 즉 인격화(anthropomorphism)를 겪고 싶어 한다". 그리하여 신은 몸소 인간들과 "사회적 관계" 속으로 들어가 인간들을 "행복하고 번영하게"

1262) Leibniz, *Monadology*, §90.

1263) 참조: Leibniz, *Discourse on Metaphysics*, XXXVI; *New System of the Nature and Communications of Substances*, §16; 라이프니츠, 「자연과 은총의 이성적 원리」, §15.

만들어준다.1264) 신은 불완전한 인간 정신을 동정해 이를 도와주려는 '도덕적 자질'을 발휘해 자발적으로 신이기를 그치고 인간화·인격화되는 반면, 인간은 신성에 자꾸 '접근'하여 '작은 신'으로 신격화된다는 말이다.

이것은 인간의 자식이 그 아비를 능가하듯이 인간이 신을 능가하고 ('정신은 우주보다 신을 표현'하므로) 신을 대표·대체함으로써 신국이 순수한 인간적 도덕세계로 세속화될 수 있다는 말이다. 여기에는 라이프니츠의 의지와 무관하게 논리필연적으로 '신의 자살'과 '신의 타살他殺'이라는 이중적 죽음이 함의되어 있다. '자살'은 상술한 대로 인간에 대한 신의 사랑과 동정으로 인한 신의 자발적 신격神格 포기와 자발적 인간화가 원인이다. 인간에 의한 '신의 타살'의 이유는 신이 인간의 불완전성과 치부를 너무나도 속속들이 안다는 것, 그리고 신 자신도 인간 정신을 포함한 만물을 다 불완전하게 만들어놓았기 때문에 엉터리 '기술자'이고, 따라서 불완전한 존재자요, 불필요한 존재자라는 것과 관련되어 있다. 일단 불완전한 인간에 대한 동정으로 인한 '신의 인간화'는 신이 자발적으로 신이기를 그치는 '신의 자발적 죽음(자살)'을 초래한다. 그래서 훗날 니체는 라이프니츠가 말하는 신의 저 '도덕적 자질'의 – 자발적 죽음으로 이끌리는 – 내적 모순성을 예리하게 지적한다.

신도 그의 지옥이 있다. 그것은 인간에 대한 그의 사랑이다. (…) 신은 죽었다. 신은 인간들에 대한 동정 때문에 죽어버렸다.1265)

그러나 니체는 인간에 대한 동정으로 말미암은 신격의 자발적 포기에 의한 '신의 자살'을 나중에 동정심에 기인한 사고사事故死와 같은 '질식사'로 바꾸고는 이 말도 맞을 수 있지만 '신의 죽음'에는 "여러 가지 죽음"이 있다고 말한다. 그러면서 그는 논의의 방향을 '질식사'로부터 '타살'로 돌리고 '타살'의 두 가지

1264) Leibniz, *Discourse on Metaphysics*, XXXVI.

1265) Friedrich Nietzsche, *Also sprach Zarathustra. Ein Buch für Alle und Keinen* (1883-1885). Zweiter Theil. "Von den Mitleidigen"(111쪽). Giorgio Colli und Mazzino Montarinari (Hg.), *Nietzsche Werke*. 1 Bd. von VI.Abteilung (Berlin: Walter de Gruyter & Co, 1968).

이유를 댄다. 하나는 인간의 존재론적 불완전성과 관련된 이유이고, 또 하나는 인간의 프라이버시를 너무 많이 들여다보는 신의 판옵티콘적(*panoptic*) 버릇1266) 및 그 부도덕성과 관련된 정치적·윤리적 이유다. 먼저 라이프니츠의 변신론辯 神論의 핵심구조를 무너뜨리는 존재론적 이유에 대해 그는 말한다.

> 그 신은 다의적(*vieldeutig*)이었다. 또한 그 신은 모호하기(*undeutlich*)도 했다. 그 신, 이
> 성급한 자는 우리가 그를 잘못 이해한다고 얼마나 화를 냈던가? 그러나 그 신은 왜
> 좀 더 명확하게 말하지 않았는가? 그것이 우리의 귀 때문이라면, 그 신이 왜 신의
> 말을 잘못 듣는 귀를 우리에게 주었는가? 우리의 귀 속에 진흙이 들어 있다면, 누가
> 이 진흙을 귀 속에 집어넣었는가? 그 신, 다 배우지 못한 이 도공陶工은 너무 많은
> 것을 잘못 만들었다. 그러나 자신이 도기와 피조물들을 잘못 만들었다고 하는 대신
> 에 그 신이 자신이 만든 도기와 피조물들에게 복수를 했다는 것 – 이것은 선한 취향
> 에 반하는 죄악이었다. 경건성에도 선한 취향이 있는 법이다. 마침내 이 '선한 취향'
> 은, 이 따위 신을 없애버려라! 차라리 신이 없는 것이 낫다, 자기의 주먹으로 운명을
> 개척하는 것이 낫다, 바보가 되는 것이 낫다, 차라리 자신이 신이 되는 것이 낫다고
> 말했다.1267)

라이프니츠와 기독교신학의 변신론으로부터 니체는, 피조물들을 자기보다 불완전하게 만든 이 '불완전한 신'을 인간이 – 인간 자신의 '선한 취향'의 자유로운 개발을 위해 – 죽이고 마침내 자신이 신이 되는 길을 택하는 당위성을

1266) '판옵티콘(panopticon)'은 제레미 벤덤이 감옥·공장·학교·병영·기숙사 등 모든 감시건물과 감시체계에 적용하기 위해 설계한 시선적 감시장치다. 그 원리는 (시험감독관이 피험자들을 뒤에서 감시하는 경우처럼) 감시자가 '보이지 않고 (피감시자를) 보는(to see without being seen)' 비대칭적 시선의 설치다. 이러면 피감시자들은 어둠 속에 숨은 감시자의 모습을 볼 수 없는 상태에서 자기 자신만을 밝은 빛에 노출시켜야 하므로 불안한 마음에 자기가 자기를 감시하는 자기감시 효과를 극대화시킨다. 또한 감시자는 피감시자가 자신을 볼 수 없으므로 실제로 감시하지 않고도 언제나 감시효과를 낼 수 있다. 그리하여 감시는 최소화되지만, 감시효과는 최대화된다. 참조: Foucault, *Überwachen und Strafen*, 221쪽. 기독교와 라이프니츠의 변신론(辯神論) 구조 속에서라면 '숨은 신'과 인간의 관계에도 동일한 판옵티콘 효과가 있을 것이다.

1267) Nietzsche, *Also sprach Zarathustra*, Vierter und letzter Theil: "Ausser Dienst"(320-321쪽).

쉽사리 도출한 것이다. 라이프니츠의 변신론과 마찬가지로 모든 기독교적 '창조신론'은 내적 모순에 따라 인간에 의한 '신의 타살'로 이끌리는 논리필연적 귀결을 피할 길이 없다.

이에 더해 니체는 '신의 타살'의 정치적·윤리적 이유를 하나 더 추가한다.

> 그 신은 죽어야 했다. 그 신은 만물을 보는 눈으로 인간의 심부와 바닥을, 인간의 모든 감춰진 치부와 추악성을 다 보았다. 신의 동정심은 부끄러움을 몰랐다. 그 신은 나의 가장 더러운 구석까지 기어들어왔다. 이 지극히 호기심이 강한 자, 너무 들이대는 자, 너무 동정적인 자는 죽어야 했다. 그 신은 항상 나를 보았다. 이러한 목격자에게 나는 복수를 하고 싶었다 – 아니면 나 자신이 살고 싶지 않았다. 모든 것을 본, 인간까지도 본 신, 이 신은 죽어야 했다. 인간은 이러한 목격자가 살아 있다는 것을 견디지 못한다.1268)

인간은, 불완전한 인간을 잘못 만들어놓은 것도 모자라서 이 인간에게 그 어떤 작은 프라이버시도 남겨두지 않고 인간의 일거수일투족을 감시하고 간섭하는 판옵티콘적 신을 그 동정심과 함께 없애버림으로써 복수한 것이다. 그렇지 않으면 '신의 죽음' 대신에 공황장애와 피해망상증에 사로잡힌 '인간의 죽음'이 초래되기 때문이다.

신을 죽이고 신을 대체할 더 훌륭한 도덕적 상벌기제, 즉 전통적 신보다 더 박애적이고 더 해방적이고 더 합리적인 '민심'·'법치' 등과 같은 감성적·공감적·소통적 규범기제와 조율기제가 등장한다면, 틀림없이 이것은 커다란 역사적 진보일 것이다. 그러나 신을 죽이고 '죽은 신' 대신에 기껏 신의 '모조품'으로 절대적 철인주권자를 끌어들여 신격화하거나 전통적 '정신'(작은 이성) 대신 이것의 '모조품'으로서의 초인과 지배인종의 '육체적 이성(큰 이성)'을1269) 끌어들여 절대화한다면, 단순히 신을 죽이는 것은 무의미한 일일뿐더러 위험한 짓일

1268) Nietzsche, *Also sprach Zarathustra*, Vierter und letzter Theil: "Der häßlichste Mensch"(327쪽).
1269) Nietzsche, *Also sprach Zarathustra*, Erster Theil: "Von den Verächtern des Leibes"(35-37쪽).

것이다. "신의 죽음이 인간의 죽음과 동의同義"라는 푸코의 말대로라면,1270)
'지상의 신'으로서의 철학적 '인간'이라는 '신神모조품'(라이프니츠의 영웅적 철인치
자, 데카르트와 루소의 단독적 철인입법자, '과학적 사회주의'를 신봉하는 마르크스의 '철인혁명가'·
'철인수령')도 전통적 신이 피살된 것과 동일한 이유에서 피살될 수밖에 없고,
인간을 죽인 '초인'이라는 '인간모조품'(과학적 인종주의'를 신봉하는 니체의 '철인총통')
도 저 철학적 '인간'이 피살된 것과 동일한 이유에서 피살될 수밖에 없는 것이다.

이들은 '모조품'에 지나지 않는 만큼 기존의 신보다 더 잔악한 일들을 자행하
다가 더 처절하게 피살되는 블랙코미디의 주인공들로 드러날 수밖에 없다.
본래의 바른 해법은 전통적 신('큰 신')을 인간('작은 신')으로 대체하고, '정신'('작은
이성')을 '육체적 이성'(인종주의적 '큰 이성')으로 대체하는 것이 아니라, 단독·소수
이성을 민중이성(민심)으로 대체하고, 합리론적 도덕을 감정론적 도덕으로 대체
하는 것이었을 것이다.

아무튼 라이프니츠 체계에서 신은 죽을 수밖에 없다. 하지만 신이 죽기
전에 일찍이 라이프니츠는 신의 전능성까지도 부정하고 신을 인간 이성의
울안에 가둬버렸다. 신은 인간과 공유하는 '이성과 정의'의 한계를 벗어나서
무제한적으로 창조의지를 발휘할 수 없다. 가령 도덕적 '정의'가 신의 엄명에
의해 발명되는 것이라면, 신을 찬양할 아무런 이유도 없을 것이다. "일정한
전제적 권력만이 남겨져 있다면, 의지가 이성을 대체한다면, 그리고 참주들의
정의에 따라 가장 권력 있는 자의 기분에 맞는 것이 바로 그 사실에 의해
정의롭다면, 신의 정의와 신의 지혜는 어디서 발견할 것인가?"1271) 이렇게
되면 정의와 지혜의 궁극적 근거를 어디서도 발견할 수 없게 된다. 이에 라이프
니츠는 "지혜와 정의가 자기의 고유한 '영원한 이론'을 가지고 있기" 때문에
"신이 그의 의지에 의해 이 지혜와 정의를 창설하는 것이 아니라 그의 본질
속에서 이것들을 발견하고 이를 따를" 뿐이라고 선언한다.1272) 신은 이제 지혜·

1270) Foucault, *Die Ordnung der Dinge*, 412쪽.

1271) Leibniz, *Discourse on Metaphysics*, §II.

1272) Leibniz, *Dialogue sur des sujets de Religon*. Riley, "Introduction", 6쪽에서 재인용.

정의를 창조할 능력이 없다. 신은 하늘을 탈출해 인간이 신과 공유하는 이 지혜와 정의의 '영원한 이론'으로 귀순해야 하는 것이다.

따라서 신국의 지배질서는 음양으로 인간이 신과 대등해지거나 신을 인간의 이성 안에 제한할 수 있는 인간적·세속적 질서다. "참으로 보편적인 군주국" 또는 "가능한 최대의 행복을 확대하는 것"을 "최고법"과 "제1목적"으로 삼는 "가장 완전한 나라"로서의1273) 이 '신국'은 이름만 '신국'이지, '신의 나라'가 아니라 실은 '인간의 지식국가다. 이 나라는 신의 예정에 따라 자연적 작용인의 영역과 도덕적 목적인의 영역이 완전한 조화를 이루는 "자연세계 안의 도덕세계"다.1274) 따라서 이 신국이 실제의 나라로 전개되면, 그 지배구조는 위에서 해명한 대로 죽은 '큰 신', 공공연하게 '큰 신'으로 즉위한 '작은 신'(천재치자), 신민대중의 '엄격한 인간적·세속적 위계체제, 즉 권력과 지식을 독점한 지성적 영웅군주(철인치자)의 순수한 '왕권신수설적 절대왕정'이거나, 잘해야 철인군주· 지식귀족·상층교양시민·일반대중이 제각기 역할을 나눠 갖는 후기절대주의 적 '혼합정체'일 것이다.

이것이 라이프니츠의 단자론에 대한 약술이다. 극동의 기론이 라이프니츠에 의해 왜곡된 형태로 받아들여져 후기절대주의적 앙시앵레짐의 정당화론으로 변질되고 말았다. 또한 지상의 사악을 예정조화설로 정당화하는 궤변으로 영락하고 말았다. 그래도 아무튼 서양의 대표적 천재의 철학 속에 극동의 기론이 스며들어 아인슈타인의 $E=mc^2$ 공식의 산출을 준비하는 이론으로 정착한 것은 세계사의 발전의 일면이었다.

■적응주의적 선교론의 변호와 유학 해석

자신의 독단적 합리론의 장애에도 불구하고 라이프니츠는 중국의 제사와 종교문제에서 대부분의 예수회 신부들이 따르는 마테오리치의 '적응주의적

1273) "참으로 보편적인 군주국"은 참조: Leibniz, *Monadology*, §88; "가능한 최대의 행복을 확대하는 것"을 "최고법"과 "신국에서의 제1목적"으로 삼는 "가장 완전한 나라"는 참조: *Discourse on Metaphysics*, XXXVI.

1274) Leibniz, *Monadology*, §§86-87.

입장'을 변호하는 비교적 온당한 견해를 대변한다.

마테오리치는 공자의 고대유학으로 거슬러 올라가 하늘의 '상제上帝'를 '천주(하느님)'와 등치시킬 수 있는 '적응주의적 해석'의 단초를 찾았다. 마테오리치와 그 주변의 예수회 선교사들은 중국인들의 조상신 숭배제례와 공자를 기념하는 의례('석전제釋奠祭')가 본질적으로 종교적이지 않고 사회적·시민적 성격을 가졌다고 생각했다. 그들은 '상제'와 '천天' 같은 어휘들이 기독교의 하느님과 등가어等價語라고 느꼈다. 이 견해에 반대하는 신부들은 점점 도미니크파, 프란체스코파, 아우구스티누스파, 프랑스의 해외선교회(Société des Missions étrangères) 등과 연합하는 경향을 보이면서 중국제례는 종교적인 것이고 '천주'라는 술어만 '하느님'의 번역어로 쓸 수 있다고 생각했다.[1275] 이런 대립은 나중에 북경 대청황제와 로마교황 사이의 의견대립으로까지 발전하는 본격적 제례논쟁으로 터져나오게 된다.

마테오리치는 당대의 신유학(성리학) 대변자들의 학설을 무신론으로 보았기 때문에 성리학의 창시자인 주희 역시 고대유학을 왜곡한 대표적 학자로 기피해 연구에서 배제했다. 대신, 성리학의 때가 묻지 않은 공자경전의 고대유학을 다시 살려냄으로써 성리학에 대항해 '참된 공자'를 관철시키려고 노력했다. 이런 방식으로 성리학으로부터 순화 또는 정화된 참된 공자철학은 그 어떤 계시에도 의탁하지 않고 오로지 인간의 인지능력에만 의거하는, 참으로 깊은 도덕철학이었다.

게다가 공자철학의 규정들은 강제와 억압이 아니라 선례와 모범을 통해서 가르치고 학습되는 것이었다. 마테오리치와 같은 독실한 기독교인은 오직 공자에게만 충심으로 동의할 수 있었다. 그리하여 마테오리치는 이 교설의 창시자인 공자를 '이교도적 고대의 가장 위대한 지자'로 간주했다. 당연히 그는 공자의 위대한 철학에 대한 이러한 감격을 성공적 중국 선교의 확신과 결부시켰다. 마테오리치는 공자의 가르침으로부터 전래되는 중국인들의 탁월한 도덕심에 가장 튼튼한 밑받침을 제공할 기독교적 계시가 중국인들에게 잘 전해지기만

1275) Mungello, *Leibniz and Confucianism*, 11쪽.

한다면, 기독교신앙은 환영을 받을 것이라고 확신했다. 그러므로 마테오리치는 중국에서의 선교활동을 그릇된 신을 믿는 이교도의 개종 작업으로 간주한 것이 아니라, '유일하게 참된 종교'인 기독교에 의해 올바로 해석된 '기존 유교의 완성(Vervollkommnung)' 작업으로 간주했다.1276) 마테오리치의 눈에 중국은 모든 것이 완벽했으나 종교가 결여되어 있었다. 유럽보다 나은 세계인 중국을 '신국神國'으로 만드는 것은 몇 걸음만 걸으면 달성될 일로 여겨졌다.

이런 관점에서 마테오리치는 중국인들이 '희미한 신 관념'을 가졌으나 다행히도 우상을 숭배하지는 않는 것으로 보았고, 제사 등 유교적 제례는 사실상 종교적 성격을 갖지 않는다고 판단했다. 따라서 마테오리치는 천문학과 역법의 지적 우월성 덕택에 얻은 중국 학자층의 신뢰를 바탕으로 정치적·신유학적 저항을 극복하고 황제를 천주교로 돌려놓는다면, 중국 인민대중은 황제를 따를 것이라고 예상했다. 마테오리치는 유럽의 교수들보다 훨씬 큰 권력과 영향력을 가진 중국 학자층이 선교에 도움이 될 것이라고 확신했다. 물론 이 확신은 중국의 많은 유생들이 신유학(성리학)에 깊이 뿌리박고 있다는 사실을 과소평가 한 것이다. 그리하여 마테오리치는 신부들이 중국인의 복장과 생활방식에 적응하더라도 문제가 없다고 생각했다.1277)

마테오리치의 이러한 견해는 다른 교파 신부들의 반발에도 불구하고 중국 내의 예수회 선교사들 안에서 관철되었고 유럽에도 커다란 영향을 미쳤다. 이 예수회의 중국관은 유럽에도 확산되었고, 특히 프랑스에 강력한 영향을 미쳤다. 대부분의 선교사들이 프랑스인이었기 때문이다.

그러나 마테오리치 사후 예수회 선교사들이 적응정책에 의해 로마가톨릭 신앙의 순수성을 훼손한다는 비난이 점차 확산되기 시작했다. 1639년 6월 3일 도미니크파 모랄레스(Juan Baustista de Morales) 신부는 마카오 신부협회 단장인 디아스(Manoel Dias, Senior) 신부에게 예수회의 적응주의적 전교활동 방식에 대한

1276) 참조: Michael Albrecht, "Einleitung", XIV-XV. Christian Wolff, *Rede über die praktische Philosophie der Chinesen* [1721·1726] (Hamburg: Felix Meiner Verlag, 1985).

1277) Albrecht, "Einleitung", XV-XVI 참조.

12개 항의 비판을 상신하는 편지를 띄웠다. 이에 대해 예수회 소속 신부 푸르타도(Francisco Furtado) 부副교구장은 반박서한을 작성해 상신했다. 그리고 푸르타도는 1639년 11월 1일자로 우르반 3세 교황에게 같은 취지의 보고를 올렸다.[1278] 전례논쟁의 시작이었다. 특이하게도 예수회 내의 니콜로 롱고바르디(Niccolo Longobardi, 1565- 1655)는 마테오리치의 적응주의 노선에 대해 처음부터 비판적이었고, 1600년에 이미 『공자와 그의 독트린에 관한 논고(De Confucio ejusque doctrina tractatus)』를 작성했었다. 하지만 이 논문은 당시 푸르타도 신부의 비판을 받고 일시 사장되었다. 그러다가 나바레테가 이 논고를 스페인어로 번역해 1676년 자신의 책 『중국왕국의 역사·정치·윤리·종교적 보고』에 부록으로 실어 출판함으로써 유럽에 알려지게 되었다.[1279] 이로써 사망한 롱고바르디도 그 책을 쓴 지 70년 만에 뒤늦게 전례논쟁에 마테오리치의 적수로 가담하게 된다.

특히, 1693년 중국 복건성에서 한 천주교 대목代牧이 내린 조치로 제례논쟁이 중국과 유럽을 가리지 않고 도처에서 터져나왔다. 강희제의 관용칙명이 내려진 해의 바로 다음 해인 1693년 프랑스 해외선교회 소속 교황대리 신부 샤를르 마이그로(Charles Maigrot)가 자기 교구 내의 중국인 개종자들에게 석전釋奠의식이나 조상신제사에 참여하지 말라는 교령을 발령하고, 상제와 '천'을 하느님의 등가어로 사용하는 것을 비난했다. 앞서 프랑스에서는 앙투안 아르놀이 1669년부터 1717년까지 무려 7권의 연작 『예수회 회원들의 실천도덕』을[1280] 써서 예수회의 적응주의 선교방법을 비판해오고 있었다. 이에 루이 14세의 고해신부 (예수회) 미셸 르 텔리에(Michel le Tellier)는 1687년 반박서 『새 기독교 교도들과 중국·일본·인도 선교사들의 변호』(1687)를[1281] 써서 적응주의 노선을 방어했다. 이에 바로 맞서 도미니크파 신부들이 『중국의 도미니크파 선교사들의 변론

1278) George H. Dunne, *Generations of Giants: The Story of the Jesuits in China in the Last Decades of the Ming Dynasty* (Notre Dam, Indiana: University of Notre Dame Press, 1962), 269쪽.

1279) Mungello, *Leibniz and Confucianism*, 26쪽.

1280) Anonyme (Antoine Arnauld), *La Morale pratique des Jésuites*, Tome 1-7 (Colone, Chez Gervius Quentel, 1669-1717).

1281) Anonyme (Michel le Tellier), *Défense des nouveaux chrétiens et des missionnaires de la Chine, du Japon et des Inde* (Paris, Chez Estienne Michallet, 1687).

또는 예수회 르 텔리에 신부의 책에 대한 대답』(1700)으로써1282) 응수했다. 논쟁
은 전체적으로 난장판으로 흘러갔다. 이때 해외선교회는 1700년 로마교황청에
결정을 신청하고 나서도 별도로 르콩트와 르 고비앙의 저작을 조사하는 위원회
를 소집했다. 조사의 핵심대상이 된 문제는 중국이 참된 신앙의 지식을 보유했
던 정도에 관한 것이었다. 그러나 분위기는 너무 정치화되고 논쟁적이 되어
진정한 토론이 불가능해졌다. 조사위원회는 양측이 더욱 엄격한 견해로 무장하
는 것으로 끝났다. 라이프니츠는 이 논쟁을 '놀라움'으로 지켜보고 있었다.
그가 *Novissima Sinica*(1697, 1699)에 예수회 신부들의 글을 실은 것은 분명하게
예수회 측을 편든 것이었다. 그러나 그는 예수회의 선교방법에 대한 적대감이
점점 커져 로마교황청이 중국선교를 완전히 파괴하는 조처를 취할까 두려워했
다.1283)

훗날 볼테르는 교황과 마이그로의 북새통을 이렇게 조롱하고 풍자하며 마테
오리치와 예수회의 편에 섰다.

(뒤알드의) 『(중국)통사』에 관한 한 논문에서 우리가 서구의 극단에서 이 동방의 조
정에 판결을 내리고 무신론으로 낙인찍었던 만용은 가장 격렬하게, 그리고 정당하게
비난받고 있다. 결국, 우리 사이에서 자국의 법률 전체를 최고존재자, 즉 피조물들에
게 상벌을 주는 자에 대한 인정에 근거지은 제국을 무신론으로 비난한 자들이 무슨
어리석음과 무슨 무식에 의해 그런 행동을 할 동기를 얻었던가?
유럽에서 (큰 총아가 아닌) 예수회 신부들은 중국의 무신론자들에게 아부하는 것으
로 비난받아왔다. 중국어를 한 마디도 못하는 마이그로라는 프랑스인이 교황에 의해
그들의 행동을 현장에 가서 판단하라고 파견되었다. 그는 공자의 다음 말로부터 이
위인이 무신론자라고 선언했다. "하늘이 내게 덕성을 주었으니 인간은 내게 어떤
해害도 가할 수 없다."1284) 우리의 성자들 중 가장 위대한 성자聖者도 이보다 더 신성

1282) Un Religieux Docteur & Professeur en Theologie de l'Ordre de S. Domonique, *Apologie des dominicains
missionnaires de la Chine ou Réponse au Livre du Pere Le Teller Juiite* (Cologne: Chez Approbation &
Premission des Superieurs, 1700).

1283) Mungello, *Leibniz and Confucianism*, 12-13쪽.

한 준칙을 말한 적이 없었다. 공자가 무신론자라면, 카토와 미셸 드 로피탈(Michel de l'Hopital) 재상도 무신론자일 것이다.[1285]

라이프니츠도 볼테르 이전에 이미 교황과 마이그로의 조치들에 등을 돌리고 마테오리치와 예수회 선교사들의 적응주의적 접근법을 전방위적으로 옹호했다. 그는 마테오리치가 "플라톤과 다른 철학자들을 기독교 패션으로 해석한 교부들의 본보기를 따랐다"고 생각해 "마테오리치, 이 위대한 인간의 통찰력"을 칭송했다.[1286] 나아가 그는 마테오리치와 달리 성리학의 논리가 자신의 합리주의 철학과 잘 부합된다고 생각했기 때문에 주희의 성리학까지도 연구의 범위에 집어넣고 옹호했다.

당시는 유럽 열강의 세력교체로 인해 포르투갈의 국력이 쇠하면서 포르투갈 국왕의 보호 아래 있던 예수회의 동방선교 독점권이 흔들리는 때였다. 새로 부상하는 스페인의 후원 아래 도미니크파와 프란체스코파가 이 독점권에 도전하면서 천주교와 유교의 합치성을 강조하는 마테오리치의 적응주의를 이단시하는 반론들을 내놓기 시작했다. 먼저 그들은 공자에 대한 제사의 성격과 조상신을 모시는 중국의 전통적 제례祭禮를 문제 삼기 시작했다. 이 논쟁은 1704년 교황 클레멘스 11세가 신부와 천주교도의 제례 참가를 이단으로 보고 이를 금하는 칙령을 내림으로써 도미니크파와 프란체스코파의 승리로 끝난다.

이에 중국의 강희제康熙帝(1654-1722)는 비非적응주의적 신부들의 선교활동을 엄격히 통제하는 한편, 제례의 성격을 비종교적인 것으로 규정하는 칙서를 써서 여러 신부들을 로마에 특사로 파견한다. 그는 이 문제를 원만히 해결하려고 1709년까지 노력하지만 선박의 난파와 교황청의 독선 때문에 모두 실패하고

1284) 『論語』「述而」(7-23)의 "하늘이 나에게 덕성을 만들어주었는데 환퇴가 나를 어찌할 것이냐?(天生德於予 桓魋其如予何)"의 와전된 번역.

1285) Voltaire, *The Philosophy of History* [1765] (London: Thomas North, 1829), 112-113쪽.

1286) Gottfried W. Leibniz, "On the Civil Cult of Confucius", §9. Gottfried Wilhelm Leibniz, *Writings on China*, translated by Daniel J. Cook and Henry Rosemont, Jr. (Chicago·LaSalle: Open Court Publishing Company, 1994).

만다. 이에 강희제는 마테오리치의 노선에서 어긋나는 모든 신부의 입국과 포교활동을 철저히 금하기에 이른다. 훗날 볼테르는 이 제례논쟁을 돌아보면서 배타적 유럽중심주의를 신랄하게 논박했다.

유럽은 로마 이후 갈수록 기독교의 독단적 신 관념에 깊이 매몰되어갔다. 반면, 중국은 귀신을 경원敬遠한(공경하여 멀리한) 하夏나라(기원전 2070-1600년)와 주周나라(기원전 1122-256년)의 전통, 그리고 공자의 가르침("인간의 의미를 알려고 힘쓰며 귀신을 공경해 멀리하면, 이를 지知라고 할 수 있다")에1287) 따라 백성의 일과 관련된 '인지人智의 테두리' 안에 들어 있는 통상적 인간사를 수행하는 경우라면 지혜롭게 귀신을 경원하는 가운데 독단적 신 관념으로부터 탈피하여 이미 충분히 탈脫종교화·탈귀신화되어 있었다. 오늘날도 마찬가지지만 당시 중국인과 동아시아인들은 귀신과 관련된 제사의 일과 천명과 관련된 점서占筮 행위를 수행할 때만 신을 가까이했다. 그러므로 자나 깨나 늘 신을 모시고 사는 사람은 일반 중국인들에게 '무당'으로 비쳐졌다. 당시 중국인과 동아시아인들의 눈에는 선교사들도 보통 무당보다 좀 더 용한 의술과 큰 코를 가진 '코쟁이 무당'에 지나지 않았다. 한마디로 중국은 '평상적 무신론'과 '간헐적 유신론'을 때맞춰 교대로 겸용하는 자유로운 상태, 즉 무신론과 유신론의 차이를 초월한 상태에 있었다. 환언하면, 중국인들은 무신론자이기도 하고 유신론자이기도 한, 또는 무신론자도 유신론자도 아닌 경지에 있었다. 그러나 중국인들은 '인지'를 넘어 가는 개인·가정·국가·천하의 '대사大事'의 경우에 '인모人謀'와 '귀모鬼謀'가 무관한 것이라고 생각하거나 귀모가 인간사에 아무런 영향을 끼치지 않는다고까지는 생각지 않고, 대사의 경우라면 그 성공을 늘 인모와 귀모의 합작품으로 여겼다. 따라서 중국인의 이 신관神觀은 인간의 삶에 아무런 영향을 끼치지 않는다고 생각하여 신들을 폴리스에서 추방하고 "고대세계들의 중간지대" 또는 "세계의 기공들" 속에서 "연명하도록 함"으로써 신들을 모조리 '종교적 실업자'로 만들었던 에피쿠로스의 귀신무용론과도 다른 것이다.1288)

1287) 『論語』「雍也」(6-22): "務民之義 敬鬼神而遠之 可謂知矣."

1288) Karl Marx, *Das Kapital I. Marx Engels Werke (MEW)*. Bd. 23 (Berlin: Dietz, 1979), 93쪽; *Theorien*

중국인·한국인과 기타 유교문명권 사람들의 이런 경지는 오늘날의 세속화된 서양인들이야 이해하겠지만, '예수 귀신'에 단단히 씐 당시 서양인들에게는 결코 이해될 수 없었다. 따라서 제례논쟁의 현상적 원인은 몰락하는 포르투갈의 후원을 받던 예수회와 부상하는 스페인의 후원을 받던 도미니크·프란체스코회가 중국선교 독점권을 두고 벌인 헤게모니 다툼에 있었지만, 그 근본원인은 수천 년 전부터 충분히 세속화되어 철학화된 중국사상과, 아직도 기독신학의 신 관념에 절어 있던 유럽사상 간의 격차, 또는 종교의 자유가 폭넓게 허용된 중국과 종교의 자유가 없던 유럽 간의 문명 격차에서 유래했다.

당시 유럽의 종교상황은 18세기 중반의 프랑스에서조차 『맹인서간盲人書簡(*Lettre sur les Aveugles*)』(1749)의 무신론적 경향을 들어 저자인 드니 디드로를 3개월 금고형에 처했으며, 18세기 후반 영국에서조차도 데이비드 흄을 무신론자로 몰아 처벌하려는 기도가 준비되고, 유럽 전역에서 18세기 말까지도 마녀사냥을 계속해 중세 이래 도합 100만 명에 가까운 사람들을 처형할 정도로 종교적으로 억압적이었다. 19세기 중반 쇼펜하우어는 "종교재판이 최근 마침내 인증된 소식에 의하면 (기타 스페인 지역에도 이러한 종교적 살해무덤들이 아직 많이 있지만) 마드리드에서만 300년간 30만 명을 신앙문제로 화형대에서 고통스럽게 죽도록 했다"고 말하고 있다.1289)

중국과 서양의 이런 커다란 격차를 느끼면서 마테오리치는 더욱 철저히 철학화·세속화된 성리학을 외면하고 고대 유학경전에서나마 천주교와 유사한 의미를 찾으려고 노력한 반면, 도미니크파 신부들은 제례는 미신이고 성리학의 '리理'만이 아니라 고대경전의 '상제'도 천주(기독교적 하느님)와 다르다고 비판한 것이다. 그러나 유럽인들이 공자철학과 동아시아문화의 영향 속에서 대오각성해 오늘날에야 누리는 세속화된 생활 단계에 이미 도달해 있던 대부분의 중국 유학자들에게 이들의 논쟁은 종교의 자유를 유린하는 '몽매한 무당들'의 피나

über den Mehrwert (Vierter Band *des Kapital*), Erster Teil des Bd. 26 (Berlin: Dietz, 1979), 37쪽. 여기서 마르크스는 에피쿠로스적 '신'의 처지를, 고대세계들 간의 중간지대에 존재했던 원시적 상업민족들의 처지나 국가간섭 없는 자유무역을 주창한 중농주의자들의 '최소국가'의 처지에 비유했다.

1289) Schopenhauer, *Die Welt als Wille und Vorstellung I*, §65 (493쪽), 각주1.

는 '닭싸움'으로 비쳤다. 따라서 예수회를 두둔한 라이프니츠의 변호도 이런 '무당' 수준에 갇혀 있었다. 서구인들이 잘 인정하지 않으려는 사실이지만, 그들의 이러한 종교적 몽매를 해소시킨 서구문화의 세속화는 동아시아 철학과 문화의 결정적 도움을 받은 18세기 계몽주의의 철학적 투쟁을 거쳐서야 비로소 점진적으로 달성되었다.

동쪽으로부터의 도움 없이 서구가 지중해 주변에 그 원류를 두고 있는 기독교문명 속에서 자력으로 일상생활의 세속화와 탈脫성례화에 성공하기는 어려웠을 것이다. 서구문명의 가치들은 동방의 조용한 침투가 있기까지 제도적으로 확립된 교회와 계시啓示된 『성서』의 초월적 권위에 뒤덮여 있었기 때문이다. 극동아시아는 18세기 이래 진행된 근대생활의 세속화에서 결정적 역할을 수행했던 것이다.1290)

라이프니츠는 가톨릭 신부들 간의 중국제례논쟁으로 인해 유럽이 중국과의 접촉선을 상실하게 될까 매우 우려했다. 그는 이런 일이 일어나지 않기를 하느님께 기도했다. "신께서 우리의 기쁨이 반석 위에 올라 영속되고, 현명치 못한 신앙광신주의 때문에 또는 사도의 의무를 짊어지고 있는 사람들의 내부투쟁 때문에, 또는 우리의 유럽동포들의 나쁜 선례에 의해 무효화되지 않게 해주옵소서."1291) 이런 심정에서 그는 제례논쟁에 개입했다. 「공자의 공적 제사에 관하여(On the Civil Cult of Confucius)」(1700)는 라이프니츠가 클레멘스 11세의 칙령 (1704)이 있기 전에 쓴 것이다. 그러나 「중국 제례와 종교에 관한 논평(Remarks on Chinese Rites and Religion)」(1708)은 이 칙령에도 굴하지 않고 예수회의 다수의견을 지지하는 소신을 피력한 용기 있는 글이다.

라이프니츠는 먼저 중국의 종교가 기독교의 적수가 아니라는 것을 입증해야 했다. 그가 공자제사와 중국인들의 제례에 관해 글을 준비할 당시인 18세기 초는 60년 넘게 계속된 제례논쟁이 이미 파국을 향해 치닫고 있는 시점이었다.

1290) 참조: Nolan P. Jacobson, "The Possibility of Oriental Influences in the Philosophy of David Hume", *Philosophy East and West* (Vol. 19, Issue 1, Jan. 1969), 36쪽.

1291) Leibniz, *Novissima Sinica*, "Preface", §23 (31쪽).

피에르 벨 등에게 중국과 중국인들에 관한 정보의 중요한 출처 노릇을 한
『중국황제의 칙령의 역사(*Histoire de l'édit de l'empereur de la Chine*)』(1698)의[1292] 저자인
샤를르 르 고비앙(Charles Le Gobien, 1653-1708) 예수회 신부는 1700년 5월 10일
라이프니츠에게 보낸 서한에서 이렇게 밝힌다. 중국의 전례典禮들은 "자세히
그리고 선입견 없이 고찰하면 이 백성들이 그들의 조상과 민족의 입법자에게
바치는 경외감과 감사함의 표현에 불과하다. 모든 이성적인 사람은 이것에
관해 하나의 사실, 즉 중국인들이 거기에서 매일 신사들(만다린들)과 살아 있는
인간들에게 하는 것 이상의 것을 공자와 자기 조상에게 하지 않는다는 것을
확신하지 않을 수 없다. 이 경우에 그들은 공자가 종종 그의 저서들에서 반복한
죽은 고인을 산 사람처럼 공경해야 한다는 가르침을 따르고 있는 것이다".[1293]
따라서 라이프니츠는「공자의 공적 제사에 관하여」에서 공자와 조상들에 대한
중국인의 제사 또는 제례를 미신이나 예배가 아니라 '공적 의례儀禮'이고 "내용
에서 순수하게 비종교적·문민적(*civil*)"이라고 규정했다. 그러므로 교리상으로
기독교인들이 공자 제사에 참여하는 것이 가능하다고 말했다. '종교적 예배'나
'미신적 제사'는 "우리가 경배하는 존재자가 자비를 베풀거나 벌을 줄 수 있는
초인적 힘을 가지고 있다고 여기는 경우"인데,[1294] 공자에 대한 중국선비들의
제례는 단지 공자에 대한 존경과 감사를 표하는 국민의례라는 것이다. "나는
중국선비들이 공자에게 존경을 표할 때 그들이 그것을 종교적 예배가 아니라
공적 의례로 여긴다고 믿고 싶다."[1295]

교황의 칙령이 내려진 상황에서도 라이프니츠는 마테오리치의 적응주의적
원칙에 찬성하는 입장을 견지하고 논제를 중국의 제례 일반과 종교관으로
확대한다. 당시 마테오리치에 대한 도전은 마테오리치의 후임을 맡은 예수회

1292) Charles Le Gobien, *Histoire de l'Édit de l'Empereur de la Chine en faveur de la Religion Christienne: Avec un Eclaircissement sur les honneurs que les Chinois rendent à Confucius & aux Morts* (Paris: Chez Jean Anson, 1698).

1293) "Charles le Gobien an Leifniz"(Brief 38, 10. Mai 1700), 271쪽. Leibniz, *Der Briefwechsel mit den Jesuiten in China* (1689-1714).

1294) Leibniz, "On the Civil Cult of Confucius", §2.

1295) Leibniz, "On the Civil Cult of Confucius", §1.

신부 니콜로 롱고바르디로부터 시작되었고 프란체스코회 앙투안 드 생트-마리 (Antoine de Sainte Marie; Antonio de Santa Maria Cabellero) 신부가 롱고바르디의 주장에 가세했다.

라이프니츠는 「중국 제례와 종교에 관한 논평」에서 일단 이들의 주장을 요약한다. 롱고바르디는 스페인 예수회원 디다체 데 판토하(Didace de Pantoja, 1571-1618)와 알폰소 바뇨니(Alfonso Vagnoni, 1568-1640)에 대항해 "중국인이 무형적 존재에 대한 관념이 없기 때문에 신·천사·영혼이 그들에게 알려져 있지 않고 그들이 상제上帝(Xanti)라고 부르는 실체는 우리가 신이라고 받아들이는 것과 같지 않다"고 주장한다. 롱고바르디에 의하면, "중국인들에게 만물은 자신 안에 '리理 – 사물들의 실체로서의 제1물질 – 와 가장 가까운 질료인 원초적 에테르를 내포하고 있는 '태극太極'이라고 부르는 일정한 원리로부터 나온다. 이 '리' 자체로부터 정의·지혜·기타 덕들이 나온다. (…) 제국의 개국 이래 중국인들은 신령들을 경배했고 이들에게 제사를 올렸다. 그 대상은 첫째로 하늘, 둘째로 6가지 원인의 정신들 – 열·냉·건·습·해·별들, 셋째로 산과 강의 신령들, 넷째로 위인들이다. (…) 중국의 선비들은 무신론자다. 그들은 세계가 우연의 결과라고 믿는다. 모든 것은 (그들에 의하면) 물체의 무작위적 운동에 의해 지배되고 죽은 자의 영혼은 제1원리인 태허太虛 속으로 되돌아간다".[1296]

이런 주장에 대해 상황은 예수회와 도미니크회 간의 편가르기로 진행되지 않고 자못 꼬여갔다. 예수회 내의 반란자 롱고바르디에 대항해 도미니크회 소속의 신부 도밍고 마리아 드 사르페트리(Domingo Maria di Sarpetri, 1623-1683)가 예수교파의 마테오리치적 적응주의파들을 편들어 다음과 같이 주장했다.

고대 중국인들은 살아 있는, 진정한 한 분의 하나님을 안다. 중국인들은 상제를 한 분뿐인 진정한 신의 이름으로 생각했다. (…) 그리고 일단의 중국인 학자들은 마테오 리치의 책들을 그렇게 이해하며 읽어왔다. 가장 위대한 식별능력의 소유자인 마테오

1296) Gottfried W. Leibniz, "Remarks on Chinese Rites and Religion"(1708), §1. Gottfried W. Leibniz, *Writings on China* (Chicago·LaSalle: Open Court Publishing Company, 1994).

리치는 그의 후임자 롱고바르디가 입장을 바꿔 말한 것을 전혀 몰랐다. (…) 불행히
도 롱고바르디는 조로아스터를 가장 오래전의 황제 복희와 혼동했다.1297)

이에 맞서 프란체스코파 샌트-마리는 롱고바르디를 편들었다. 라이프니츠는
샌트-마리의 주장을 다음과 같이 요약한다.

중국인은 세 명의 입법자, 즉 공자, 부처, 그리고 날 때부터 백발이었다는 노인(노자)
을 경배한다. 이들에게는 음악과 향·술·고기, 그리고 마지막으로 감사의 표현이 희
생으로 바쳐진다. 현대의 스승들조차 공자를 경배하기 위해 땅바닥에 엎드린다. (…)
사당과 제사는 공자가 태어나기 2,000년 전에도 있었다. 이것은 중국제국이 창건되
고 난 후 5대 황제였던 순임금이 제정한 것이다. (…) 불·꽃·헌주, 수없는 절과 기도
가 지상의 행복을 얻을 목적으로 바쳐진다. 제례가 끝나면, 제주가 조상의 이름으로
관중들에게 감사를 표하고 모두에게 번영을 약속한다. (…) 샌트-마리에 의하면 상제
는 물질적인 하늘이 지닌 지배적인 힘으로 보이는데, 이 힘은 생성과 소멸이라는 기氣
의 힘들을 통해 스스로를 계시한다. 생성 속에서 이 힘들은 생기하는 신령들이라고
불리고, 소멸 속에서는 되돌아가는 신령들이라고 불린다. 이 신령들은 리의 운동과
정지의 성질과 다른 것이 아니다. 중국인들은 어떤 신령을 자신의 수호신으로 삼기도
하는데, 이것은 모든 사물에 흩어져 존재하는 하나의 물질적 신이 있다고 생각한 스토
아학파 철학자들의 태도와 비견할 만한 것이다. 엠마누엘 디아즈(Emmanuel Diaz) 신부
도 중국인의 제례에 대해 반대 입장을 취한다.1298)

롱고바르디와 샌트-마리의 주장에 대해 라이프니츠는 자신의 입장을 정리해
피력한다. 그는 아리스토텔레스를 기리는 수많은 말들을 들을 수 있는 철학자
들의 성 카트린느 축제를 예로 들면서 이것을 공자에 대한 제사와 동일시한다.
둘 사이에 차이가 있다면 "다만 제례의식에 중국인 이상으로 헌신적인 사람들

1297) Leibniz, "Remarks on Chinese Rites and Religion", §2.
1298) Leibniz, "Remarks on Chinese Rites and Religion", §3.

이 없다는 것뿐"이라는 것이다. 또한 문제를 객관적으로 보려면 "우리의 풍습으로 중국인들의 풍습을 판단해서는 안 된다"고 말한다. "성서를 근거로 중국인들도 사자死者에게 은혜를 기대한다고 해석해서는 안 된다"는 것이다.1299)

또한 중국에 '현대적' 무신론자 선비들이 있다는 것을 받아들이지만, 이것이 중국의 공식 입장은 아니라고 확신한다. "나는 모든 것이 우연에 의해 발생한다는 견해를 가진 무신론자 중국선비들의 관점이 공식적으로 인정받은 종교와 다르고, 그러한 종교를 제정한 사람들의 정신과도 다르다는 것을 – 나는 이들이 자신의 견해를 특히 강희제 아래서 드러낼 만큼 충분히 용감한지를 의심할 정도로 – 전혀 의심치 않는다." 라이프니츠는 중국선비들이 유신론자라는 것은 그들의 제사가 증명하는 바이며(물론 이것은 제사에 종교적 성격이 없다고 보는 마테오리치의 지론과 모순되는 것이다) 조상신에 대한 제사도 궁극적으로 하느님(조상신보다 '더 높은' 존재자)에 대한 제사로 귀착된다고 주장한다.

만물만사가 물질의 단순한 운동에 의해 발생한다면, 그리고 신령들이 지식을 획득할 수 없다면, 신령들이 왜, 신령들의 제사가 왜 생겼는가? 에피쿠로스학파가 신들이 쓸모없다고 인정했을지라도 이것은 마음으로보다 말로 그랬을 것으로 여겨진다. 그래도 에피쿠로스학파는 어떤 공식적 제사도 만든 적이 없다. 또한 중국인들이 제사를 한층 높은 권능을 기쁘게 하는 일로 생각하지 않았다면, 그들은 조상이나 위인들을 경배하지도 않았을 것이다.1300)

이어서 그는 성리학의 '리'를 너무 유물론적으로 해석하는 것을 플라톤주의에 의거해 거부하면서 성리학을 변호한다.

의심할 바 없이 많은 동방의 철학자들이 플라톤주의자들과 스토아학파에 못지않게 신을 세계혼 또는 사물 속에 내재하는 보편적 본성으로 간주했고, 다른 신령들도

1299) Leibniz, "Remarks on Chinese Rites and Religion", §4.
1300) Leibniz, "Remarks on Chinese Rites and Religion", §6.

또한 물체를 취하는 것으로 간주했으며, 어떤 동방 철학자들은 영혼을 물체의 죽음과 더불어 영혼들의 대양으로 되돌아가는 신적 오로라의 한 입자로 간주하기조차 했다. 나는 이것이 많은 중국 철학자들의 생각이라는 것을 부정하지 않지만, 중국인들의 철학이 체계적 형태로 조직화된 적이 없기 때문에, 그리고 철학적 술어체계가 결여되어 있다고 의심하기 때문에 어떤 것도 고대인들이 신적이고 신령적인 것들에 관해 가르친 것을 보다 호의적 의미로 해석하는 것을 가로막지 않는다.1301)

그는 롱고바르디가 "기독교의 삼위일체나 플라톤주의와도 얼마간 일치하는 태극·리·기에 관해 스스로 보고하는 것"은 자기의 이 주장을 "지지해주는 것이다"라고 말한다. 성리학에서 말하는 '태극'은 '힘 또는 제1원리'다. "리는 사물의 이데아들과 본질들을 내포하는 지혜다. 원초적 에테르(氣)는 의지 또는 욕망 – 우리가 정기라고 부르는 것 – 이다. 이 의지와 욕망으로부터 활동과 창조가 야기된다. 리에서 유출되었다고 얘기되는 덕들이 그냥 생긴 것이 아닌바, 이 덕들의 관점으로부터 우리는 리에 선악의 원천이 들어 있다는 것을 알 수 있다. 중국인들이 진짜 리 또는 기를 사물들의 질료로 여긴다면, 이것은 형이상학적인 어휘가 없는 사람들 사이의 부적절한 술어 때문에 야기된 것일 수 있다. 아마 고대의 저자들은 – 기원의 방법을 명쾌하게 설명할 수 없었을지라도 – 각 사물이 신으로부터 존재와 완전성을 얻었다는 것을 이해했을 것이다."1302)

하지만 중국의 성리학자들은 '리 또는 가'를 '질료로 여긴 것이 아니라 '가'만을 제1질료로 간주했다. 그는 이것을 나중에 바로잡는다. 아무튼 그는 이렇게 결론을 내린다.

나는 중국인들의 고대신학의 실체가 손상 없이 고스란히 잘 보존되어 있고 추가적인 오류로부터 정화되어 있으며, 기독교의 위대한 진리들에 도구로 쓰일 수 있다고 생각

1301) Leibniz, "Remarks on Chinese Rites and Religion", §7.

1302) Leibniz, "Remarks on Chinese Rites and Religion", §8.

한다. 중국의 고대 군주이자 철학자인 복희伏羲는 단일성과 영(0)으로부터 사물의 시원을 해석했다. 즉, 그의 신비적 괘들은 이진법 산술을 포함한 (그러나 더 큰 사실을 암시하는) 창조와 유사한 어떤 것을 드러내준다. 이것을 수천 년 뒤에 내가 다시 발견했다. 여기서는 모든 숫자가 오로지 두 기호, 0과 1로 표기된다. (…) 존경하는 부베 신부는 복희의 8괘가 나의 이진법 산술과 일치한다는 것을 정확히 알아차렸다.1303)

전체가 알 듯 모를 듯한 소리지만, 여기서 가장 모호한 대목은 이진법과 복희 8괘를 연결시키고 이 팔괘를 다시 기독교의 창조론과 연결시키는 대목이다. 이에 대한 논의는 일단 뒤로 미루고 중국 제사와 종교의 무신론적 해석을 정리하는 그의 최후의 유럽적 방도를 들어보자.

상제가 최고의 존재자 ― 지혜·선·기타 모든 완전성의 원천 ― 이고 제물은 모든 선의 저자에게 특별히 바쳐져야 하는 것이고 은혜는 죽은 사람으로부터가 아니라 저 최고 존재자 자체로부터 기대되어야 하고 모든 기타 신령이 저 최고 존재자에 의해 창조되었고 영혼은 불멸이라고, 또는 적어도 이 모든 가르침이 공식적으로 승인된 교리와 모순되는 것이 아니라고 황제가 선언하도록 만드는 것이 가능하다면, 나는 우리가 성공했을 것이라 생각하고, 다툼거리를 찾거나 개인적인 의견들에 대한 반론을 찾는 것은 실속 없는 일이라고 생각한다. 중국인 철학자들의 이해가 그렇든 그렇지 않든, 건전한 교리가 공적 권위에 의해 지지받는 것은 중요하다. 중국선교단의 창시자인 마테오리치는 특별히 지혜로운 사람으로서, 아테네인들 사이에 살았던 사도 바울의 선례에 따라 그 모든 것 중에서 보다 나은 것을 보존시켰던 것이라고 나는 생각한다.1304)

마테오리치의 적응주의적 해석을 옹호하면서도 그는 이 문제를 정치적으로 해결할 것을 제안한다. 그는 중국황제를 '교황'으로 착각하여 자칫 중국의 전통

1303) Leibniz, "Remarks on Chinese Rites and Religion", §9.
1304) Leibniz, "Remarks on Chinese Rites and Religion", §10.

적인 종교의 자유를 침해할 수도 있는 해법을 내놓고 있다. 이는 동아시아에 가당치 않은 해법이다. 황제 자신이 매일 경연經筵에 참여해 나라의 높은 학자들과 토론을 통해 배우고 상의하는 입장에서 그런 것을 칙령으로 정할 수는 없기 때문이다.

또한 중국철학에 대한 라이프니츠의 이해는 기독교적 왜곡과 합리주의적 편견으로 이지러져 있다. 가령 라이프니츠는 플라톤의 '철인치자' 관념에서 복희를 덕성주의적 '군자'가 아니라 지성주의적 '철학자'로 오해하고 있다. 또한 '리' 안에 '선악의 원천'이 있다는 해석은 성선설에 서 있는 공맹이나 성리학의 입장이 아니라 기독교적 관점을 덧씌운 것에 불과하다. 선악양성설에 가까운 조선성리학자들도 '리'의 발동으로 나타난 '정情'으로서의 사단을 순선純善으로 보고, '기'의 발동으로 나타난 '정'으로서의 칠정만을 선과 악이 뒤섞인 것(有善惡)으로 보기 때문이다. 이 시절에 라이프니츠는 성리학을 잘 알지 못했다.

라이프니츠는 70여 쪽에 달하는 「중국인들의 자연신학에 관한 논고」(1716)에서 공자의 도덕철학과 주희의 성리학을 중국인들의 듣도 보도 못한 '자연신학'으로 해석했다. 「중국인들의 자연신학에 관한 논고」는 라이프니츠가 세상을 떠나던 해에 작성한 최후의 종교철학 논문이다. 라이프니츠와 오랜 세월 서신을 주고받던 니콜라-프랑수아 드 레몽(Nicolas-François de Rémond, 1638-1725)은 1715년 롱고바르디, 생트-마리, 말브랑쉬(Nicolas Malebranche, 1638-1715)의 저서를 그에게 보내면서 이들에 대한 논박을 요청하는데, 이 「논고」는 그 요청에 따라 작성된 것이다.[1305] 이런 연유에서 이 「논고」는 '드 레몽 씨에게 보낸 중국철학에 관한 서한(Lettre sur la philosophie chinoise à M. de Remond)'이라고도 불린다.

말브랑쉬는 1708년 예수회 선교사들의 적응주의 전교론을 논파하려는 아르튀 드 리온느(Artus de Lionne) 해외선교회(Société des Missions etrangères) 소속 신부의 부탁으로 『신의 존재와 본성에 관한 기독교 철학자와 중국 철학자의 대담(Entretien

---

1305) 라이프니츠는 1712년 4월 르롱(Lelong)으로부터 말브랑쉬의 저서를 이미 받았었고, 1715년 11월 그것을 읽기 시작했다. 참조: Diego Tatián, "The Potentiality of the Archaic: Spinoza and the Chinese", *The Journal of the British Society for Phenomenology*, Vol. 45, No. 1 (2014), 77쪽 각주19.

d'un philosophe chrétien et d'un philosophe Chinois sur l'existence et la nature de Dieu)』을 집필해 공간했다. 상론했듯이 말브랑쉬는 이전에 16세기 말 몽테뉴의 선구적 개척으로 중국에 대한 프랑스인들의 관심이 급격히 높아졌음을 인정하고 이 저서에서 자신의 독자들이 중국의 유교에 이미 친숙할 것이라고 전제한다. 그는 이 저서 에서 유교를 스피노자의 범신론 방식으로 제시한다.1306) 말브랑쉬는 피에르 벨이 타개한 길을 따라, 그리고 바로 그처럼 중국철학과 스피노자의 형이상학 을 연결시켜, 그러나 벨의 긍정적 의도와 정반대로 부정적·폄하적 의미에서 이 양자를 합리주의의 일원론적·무신론적·유물론적 형태들로 규정했다. 라이 프니츠의 입장과 반대로 그는 중국 개종자들의 기독교적 전례典禮 안에서의 유교적 전통의 관용을 정력적으로 탄핵했다. 중국적 사유는 내재적으로 스피노 자주의적이라는 것이다. "내게는 스피노자의 불신앙과 중국 철학자의 불신앙 간에 많은 상응성이 존재하는 것으로 보인다."1307) 말브랑쉬의 텍스트는 기독 교 철학자와 중국 철학자의 대화가 아니라 기독교 철학자와 스피노자주의적 철학자의 대화로 읽힐 수 있고, 그의 '중국적'은 '스피노자주의적'으로 대체가 가능하다.1308)

말브랑쉬에 의한 공자의 이런 스피노자적 해석에 대해 라이프니츠는 이의를 제기한다. 「중국인들의 자연신학에 관한 논고」에서 라이프니츠는 일단 중국 고대철학을 전체적으로 긍정한다. "나는 중국 저자들, 고대의 저자들이 아주 이치에 닿는다고 생각하고 싶다. 그들 자신의 현대적 필자들의 이견에도 불구 하고 이것을 인정하는 데는 어려움이 없을 것이다." 이어서 라이프니츠는 이견 을 가진 당시 '현대적 필자들의 해석적 자유를『성경』에 대한 교부철학자들과 주석가의 해석을 언제나 따를 필요는 없는 것과 비교하면서 이들의 이견을 "대세에 지장을 주지 못하는 것"으로 평가한다. 특히 "모든 현자의 지도자이자

1306) 말브랑쉬와 중국사상의 관계는 참조: David E. Mungello, "Malebranche and Chinese Philosophy", *Journal of the History of Ideas*, 41:4 (Oct.-Dec. 1980).

1307) Malebranche, *Avis touchant l'Entretien d'un philosophe chrétien avec un philosophe chinois* (Paris: Chez Michel David, 1708), 6쪽. 영역판: Iorio (trans.), *Advice to the Reader*, 47쪽.

1308) Tatián, "The Potentiality of the Archaic: Spinoza and the Chinese", 78쪽.

법률의 살아 있는 화신인 군주가 고대의 교설들을 합리적으로 표명하는 것으로 보이는 중국인들의 경우는 더욱 그렇다'는 것이다. 고대 중국의 저자들이 '리理'라고 부른 제1원리는 '기氣'를 포함한 만물을 산출한다. 라이프니츠는 그가 '자연'이라고도 번역하는 이 '리'라는 제1원리를 산출적 자연(Nutura Naturans)에 가깝게 가져가고, '그 중심은 도처에 있으나 주변은 어디에도 없다'는 그 신비적 영역의 옛 표현에까지 접근시킨다.1309) 창조적 정신(신)인 '리'는 필연적으로, 자연적으로, 그리고 비의지적으로 산출한다. 따라서 중국인들은 비난받기는커녕 오히려 만물이 그들의 자연신학에 의해, 그리고 예정조화에 의해 창조된다는 관념을 창안했기 때문에 칭찬받을 만하다. 하지만 라이프니츠는 '리'를 스피노자 코드로 해석하는 말브랑쉬에 대항해 고대 중국인들에 의해 '리'에 주어진 의미들과 스피노자주의적 관념들을 주도면밀하게 구별하려고 애쓴다. 라이프니츠는 중국을 유럽에 대한 정치적 중요성을 갖는 것으로 해석함과 동시에 기독교에 대한 무신론적 위협은 경시해서 주변으로 밀어냈다.1310)

이어서 라이프니츠는 비판의 예봉을 롱고바르디에게 들이댄다. "니콜로 롱고바르디 신부가 그의 전임자(마테오리치 – 인용자)의 적응론적 해석을 쳐부수기 위해 지극히 빈번히 의거했던 근거들, 즉 중국 관리들이 이러한 고대 저작들을 진지하게 고려하지 않았다는 사실은 이 군주와 그 조정의 많은 유식한 구성원들의 권위에 의해 오늘날 더 이상 타당하지 않게 되었다. 우리는 이 커다란 권위를 이용해야 한다. 이것은 진리로부터, 심지어 그들 자신의 유구한 진리로부터 벗어나 있는 중국 사람들을 아주 오묘하게 바로잡는 적절한 방법이다."1311)

그리하여 라이프니츠는 중국인들이 이른바 '신령적 실체'를 인정했다고 해석한다.

1309) Leibniz, "Discourse on the Natural Theology of the Chinese"(1716), §14. Leibniz, *Writings on China*. 라이프니츠, 「중국인의 자연신학론」. 라이프니츠(이동희 역), 『라이프니츠가 만난 중국』(서울: 이학사, 2003).

1310) Tatián, "The Potentiality of the Archaic: Spinoza and the Chinese", 78쪽.

1311) Leibniz, "Discourse on the Natural Theology of the Chinese"(1716), §1. Leibniz, *Writings on China*.

나는 중국인들이 물질로부터 분리되어 완전히 별도로 존재하는 이 신령적 실체들을 인정했다고 확신한다. 이 피조된 신령들과 관련해서는 아무 해가 없을 것이다. 나 자신이 천사가 육체를 가지고 있다고 믿기 때문이다. 그리고 이것은 몇몇 고대 교회 신부들의 의견이기도 했다. 나는 또한 합리적 영혼이 결코 일체의 물질로부터 완전히 벗어나지 않는다고 생각한다. 그러나 하느님에 관해서는 몇몇 중국인들의 의견이 – 그리스와 아시아의 고대 철학자들이 그랬던 것처럼 – 하느님을 세계의 영혼으로 간주하고 하느님을 물질에 가담시키기 위해 하느님에게 육체를 부여했을 수 있다. 그러나 중국의 고대 저자들이 리理, 즉 제1원리에 기氣의 생산 자체를 돌린다는 점에서 우리는 그들을 비난할 필요가 없다. 우리는 단순히 그것들을 설명하기만 하면 된다. 신이 세계외적 지성(Intelligentia supramundana)이고 물질을 초월한다는 것을 그 제자들에게 설득하는 일은 더 쉬울 것이다.[1312]

성리학은 리와 기를 '불상리不相離 불상잡不相雜(서로 떨어질 수도 없지만 서로 섞을 수도 없는)'의 관계 또는 '일이이一而二 이이일二而一'의 관계(하나면서 둘이고 둘이면서 하나인 관계)로 파악했다. 성리학의 이 관점은 상론했듯이 정통신학과 달리 모든 영혼적 단자(실체)가 물질과 분리될 수 없고 물질로부터 분리된 순수한 영혼은 신뿐이라는 라이프니츠의 단자론적 입장과 완전히 부합되는 것이다. 그에 의하면 단자는 연장적 '부분들이 없는' 에너지로서의[1313] '형이상학적 점' 또는 '형상이나 영혼'을 통해 형성되는 '실체의 점'이다. 따라서 이 '형이상학적 점'은 "살아 있는 어떤 것으로서 지각을 가지고 있다".[1314] 단자는 죽어도 물질과 분리되지 않는다. 단자는 죽을 때 블랙홀 속으로 모든 물체와 질량이 빨려들듯이 또는 풍경이 디지털카메라의 수치적 에너지 속으로 꼬깃꼬깃 접혀 들어가듯이 물질이 안으로 접혀 들어가고 다시 태어날 때는 블랙홀이 폭발하여 신성新星이 탄생하듯이, 디지털카메라의 수치적 에너지로부터 풍경이 현상하듯이 물질

1312) Leibniz, "Discourse on the Natural Theology of the Chinese", §2.

1313) Leibniz, *The Monadology*, §1.

1314) 참조: Leibniz, *New System of the Nature and Communications of Substances* (1695), §10.

이 밖으로 펼쳐지는 '접힘과 펼쳐짐(infolding and unfolding)'을 반복할 뿐이다.[1315]
유럽에서의 이런 외로운 주장은 성리학의 '리기理氣'의 '불상리 불상잡과 '일이
이 이이일' 명제에서 훌륭한 지원군을 얻었고, 이 때문에 그는 더욱 성리학을
옹호한다.

　따라서 라이프니츠는 유학경전이 다 유럽의 언어로 번역되지 않은 상태에서
그가 '자연신학'으로 이해한 중국의 철학사상을 조심스럽게 긍정한다.

> 중국은 거대한 제국이다. 땅 크기에서 문명화된 유럽에 못지않고 인구와 질서 잡힌
> 통치 면에서 유럽을 능가한다. 더구나 중국에는 유구성에서 존경할 만하고 약 3,000
> 년 동안 확립되고 공인된 철학적 교설, 즉 자연신학과 결부된, 일정한 관점에서 경탄
> 할 만한 공적 도덕이 있다. 성서를 제외하면 그리스철학은 그리스 외 지역을 포함하
> 여 가장 오래된 철학으로 알려져 있다. 그러나 중국의 자연신학은 그리스철학보다
> 더 오래된 것이다. 야만 상태에서 가까스로 벗어나 이제 새로 중국인들과 비교되는
> 수준에 도달한 우리 쪽에서 첫눈에 우리의 보통개념들과 맞지 않는다는 단순한 이유
> 로 이처럼 유구한 교설을 비난하고 싶어 하는 것은 아주 어리석고 건방진 일이다.
> 더 나아가 대란大亂 없이 이 교설을 파괴할 수 있을 것 같지가 않다. 그러므로 우리가
> 그것에 적절한 의미를 부여할 수 있는지 여부를 탐구하는 것이 온당할 것이다. 나는
> 다만 우리가 제1원리를 말하고 있는 정역正譯된 중국 고전들의 더 많은 양의 발췌본
> 과 보다 더 완벽한 설명을 가졌으면 하고 바랄 뿐이다. 모든 중국 고전이 한꺼번에
> 번역되었으면 하고 바란다. 그러나 이것이 이루어지지 않았기 때문에, 우리는 예비
> 적 판단만을 할 수 있을 뿐이다.[1316]

따라서 라이프니츠는 롱고바르디와 생트-마리의 인용문에 근거해 성리학에
대한 주석을 가한다.

1315) Leibniz, *New Essays on Human Understanding* (1705), Bk. 2, xxvii, 232쪽; Leibniz, *The Monadology*, §73.

1316) Leibniz, "Discourse on the Natural Theology of the Chinese", §3.

중국인들의 제1원리는 리理라고 불리는데, 리는 이성 또는 모든 본성의 기초이고, 가장 보편적인 이성과 실체다. 리보다 더 크고 리보다 더 선한 것은 없다. 이 위대하고 보편적인 원인은 순수하고 부동하고 순화되고 형체나 형태가 없어서, 오로지 지성을 통해서만 파악될 수 있다. 이 리로부터 인·의·예·지·신信의 5덕이 나온다.1317)

리에서 5덕이 나온다는 성리학의 도덕론은 바로 합리적·지성적 덕성론인바, 이것은 플라톤·라이프니츠·칸트 등의 실천이성적 덕성론과 잘 부합된다. 라이프니츠는 "이성 또는 질서를 뜻하는 중국인의 리"를 '제일형상'이 아니라 '제일질료'로 해석하는 롱고바르디의 성리학 왜곡을 "아주 적절치 못한" 것이라고 질타한다.1318) 이어서 영혼을 단자(단순실체)로 보는 자신의 입장과 부합되는 성리학의 리理·신神 동일론을 옹호하면서, 주희가 신령을 기를 넘어서는 '기의 힘'으로 규정하고 '리' 역시 '기의 힘'으로 보아 리를 신령과 동일시했음을 예리하게 논증한다.

이로써 성리학이 신령을 '기'로 본다는 신부들의 위조된 주장의 허위성을 지적한다. "나는 롱고바르디가 『성리대전』에서 인용한 구절을 이해할 수 있다고 확신한다. 그 책의 저자(주희)는 아주 지혜롭게도 신령들이 단순히 기가 아니라 기의 힘이라고 말한다. 공자가 제자 가운데 한 사람에게 신령이 기에 불과하다고 했을 때에도(롱고바르디는 여기서 공자의 가르침을 살짝 위조하고 있다. 공자가 재아宰我에게 가르친 내용은 '氣가 神이다'가 아니라, "氣라는 것은 神이 담긴 그릇이다"이기1319) 때문이다 - 인용자) 영혼(=理 - 인용자)을 가진 기를 뜻했을 것이다. (…) 주희는 『성리대전』에서 신령(귀신)들은 '리'라고 일컬어진다고 덧붙인다." 그런데 라이프니츠는 이 대목에서 "내가 보기에 이것은 모호하다"고 이의를 제기하면서 "리가 때로 최고의 신령으로 이해되기도 하고, 임의의 신령으로 이해되기도 하기 때문이다"라고 이유를 댄다. 롱고바르디의 번역에 따르면, 주희가 "신령들

1317) Leibniz, "Discourse on the Natural Theology of the Chinese", §4.

1318) Leibniz, "Discourse on the Natural Theology of the Chinese", §13.

1319) 『禮記』「祭義」: "子曰 氣也者 神之盛也."

은 모두 동일한 리理에서 생겨난 것이다. 그러므로 실체이자 만물의 보편적 존재다"라고 주장했다고 한다. 이에 따라 라이프니츠는 주희가 "리를 정수, 생기, 사물의 힘, 원리적 존재로 보았다"며 단자론적으로 풀이한다. 그 이유는 주희가 "기의 질료와 기의 리를 명백하게 구별하기 때문"이다. 여기서 리는 "제1의 정신적 실체(즉, 유일신)"를 의미하는 것이 아니라 자신의 단자(단순실체)와 동일한 "일반적 정신실체 또는 엔텔레키아"를 뜻한다. 즉, 주희의 '리'는 "영혼처럼 활동성과 지각을 갖고 있거나 규칙적인 행위를 하는 어떤 것"이다. "(주희는) 각각의 사물들 간에는 알이 더 또는 덜 굵은(coarse) 물체인가, 더 또는 덜 연장된 물질인가 하는 것 외에 다른 차이가 없다고 덧붙이기 때문에, 그는 명백히 리 또는 신령이 물질적이라는 것이 아니라 신령에 의해 활기를 얻은 것들과 덜 굵고 더 연장적인 물질에 연결된 것들이 더 완전하다는 것을 말하고자 한다"는 것이다. 라이프니츠는 이 대목에서 이런 차이를 보이는 일반적 정신실체들 간의 차이와 상호작용은 '최고의 실체(하느님)'에 의해 예정조화되어 있다고 생각하는 바, 이런 주장은 성리학에 없는 것이다. 따라서 라이프니츠는 주희도 "예정조화설을 몰랐던 많은 서양 철학자들이 그랬던 것처럼 이런 문제를 주도면밀하게 탐구하지 않은 채 물체에 담긴 다양한 정신들의 원천을 추구해왔다는 것을 쉽게 알 수 있다"고 그 불완전성을 지적한다. 그럼에도 주희가 "틀린 것을 말한 것은 하나도 없다"는 것이다. 몰랐던 것과 틀린 것은 다르기 때문이다. 결론적으로 보면 주희의 의도는 "리들 또는 신령들을 물질로 만들려는 것이 전혀 아니다". 주희는 "기와, 이 기를 활성화하는 신령을 올바로 구분했기 때문"이다. 또한 주희는 "리들이 사물들의 질료라고 말하는 것이 아니라, 리들이 거대한 리의 (그들의 기관에 따른) 더 또는 덜 완전한 유출물들이라는 것을 시사하는 것처럼 보인다. 따라서 사물들 간의 차이는 그들의 질료들의 묘함과 연장에 비례적이다. 왜냐하면 사물들의 리 자체는 사물들에 조응하기 때문이다. 이 점에서 그는 참되지 않은 어떤 말도 하지 않았다".1320) 라이프니츠의 주희 변호는 적극적이고 동시에 예리하다.

1320) Leibniz, "Discourse on the Natural Theology of the Chinese", §14.

또한 라이프니츠는 롱고바르디 신부의 문헌 조작과 왜곡된 인용에 대해서 '꿈보다 해몽이 좋은' 식의 예리한 논증과 추리력으로 바로잡는다.

롱고바르디가 내놓은 두 번째 추리는, 중국인들에 의하면 리는 그 자체가 영혼도, 생명도, 의도도, 지성도 없다는 것이다. 그가 이것을 확증하는 견해를 기록한 다른 곳에 의거하면, 중국 학자들은 이 우주적 원인이 생명도 없고 지성도 없으며 다른 권한도 없다고 말한다. 리를 가장 분명히 드러내주는 하늘도 그와 같다고 말한다. 롱고바르디 신부는 『서경』(중국에서 가장 오래된 저작들 중 하나)을 인용한다. 이곳에 쓰여 있기를, 세계에서 가장 의미 있는 것인 하늘이 보지도 이해하지도 미워하지도 사랑하지도 않는다고 한다(「泰誓(中)」의 "하늘은 우리 백성이 보는 것을 통해 보고 하늘은 우리 백성이 듣는 것을 통해 본다[天視自我民視 天聽自我民聽]"는 구절의 왜곡 또는 오역 - 인용자). 신부는 또한 『성리대전』에서 하늘과 땅은 이성도, 숙고도 없다는 말을 인용한다. 그리고 생트-마리 신부도 마테오리치 신부를 따라 『논어』를 인용한다. 여기서 공자는 리를 도(질서)로 설명하면서 도는 인간을 알 수 없고 인간이 도를 알 수 있다고 말한다(「衛靈公」[15-29]의 "사람이 도를 넓히지, 도가 사람을 넓히는 것이 아니다[人能弘道 非道弘人]"라는 구절의 위조 또는 오역 - 인용자). 그렇지만 공자가 이 구절에서 제1원리에 관해 말하는 것인지 아니면 법은 누구도 알지 못한다고 말할 때처럼, 즉 법은 법 앞의 어떤 개인도 고려하지 않는다고 우리끼리 말할 때처럼 추상적 형태의 법 또는 질서를 말하는 것인지를 알아보기 위해서 이 구절의 정확한 번역을 입수해야 할 것이다.[1321]

라이프니츠는 여기서 롱고바르디와 생트-마리 신부의 경전 위조와 조작에 말려들지 않고 있다. 그는 두 신부의 번역 인용문을 제쳐놓고 독자적 추리를 전개한다.

그러나 중국인들은 리에 최대의 완전성을 부여한다는 점에서 피조물들의 생명·지식·

1321) Leibniz, "Discourse on the Natural Theology of the Chinese", §16.

권력이 한낱 그림자의 형태로 또는 희미한 형태로 모방할 뿐인 이 모든 것보다 더 고상한 것을 리에 귀속시키는 셈이다. 이와 같은 견해는 신은 존재(온ὤν)일 수 있다는 것을 부정함과 동시에 신이 존재보다 위대한 것, 초超존재(위페루시아ύπερουσία)일 수 있다고 말한 신비주의자들, 특히 사이비 아레오파고스 최고재판관 디오니시우스와 얼마간 유사하다. 그러므로 생트-마리 신부에 의하면, 리는 사물들을 다스리는 법칙이고 사물들을 지도하는 지성일지라도 그 자체는 지성적이지 않으나 리의 작용은 자연적 힘을 통해 아주 잘 규제되고 확실하여 그것이 지성적이라고 우리가 말할 수 있게 된다고 말하는 중국인들을 나는 이해한다. 우리 식으로 말하면, 적절하게 행동하기 위해 탐색하고 숙고해야 하는 경우에 우리는 리가 지성적인 것 이상이라고 말할 것이다. 반면, 그 중국인에게 리는 그 자체의 본성에 의해 불가류不可謬다. 하늘과 땅에 대해서 말하면, 아마 저자(주희 - 인용자)는 이것들을 말하면서 이것들이 지식·이성·질서에 의해 다스려질지라도 지식을 참으로 결여한 것이라고 확신했을 것이다 - 우리도 이를 확신한다.[1322]

신부들의 이지러진 꿈보다 라이프니츠의 해몽이 더 좋다. 6세기 철학자로 알려진 디오니시우스는 신을 유무有無를 초월한 '초超존재'로 보았는데, 초존재로서 신은 존재하지 않는 것이라고 말했다고 전한다. 왜냐하면 신은 온갖 존재자를 초월해 있기 때문이다. 이런 식의 신의 이해는 신만이 유형有形의 물질을 탈피해 있는 순수한 영혼이라는 라이프니츠의 주장과 통하고, 이것은 성리학의 '일이이 이이일' 명제, 즉 부정적으로 변형된 '불일불이不一不二(리는 기[有]와 하나도 아니고 둘도 아니다. 즉, 리는 유도 아니고 무도 아니다)' 명제와 상통한다. 한편, 리를 "지성적인 것 이상"의 것으로 표현하는 라이프니츠의 명제는 그가 로크처럼 육체와 감성이 없는 신에게 초감성적·초지성적 직관능력과 행위능력을 인정하는 것으로 보이고, 이것은 다시 리는 "지성일지라도 그 자체는 지성적이지 않으나 리의 작용은 자연적 힘을 통해 아주 잘 규제되고 확실하여 그것이 지성적이라고 우리가 말할 수 있게 된다"는 성리학의 입장과 상통한다.

1322) Leibniz, "Discourse on the Natural Theology of the Chinese", §16b.

이런 까닭에 라이프니츠는 성리학의 모든 명제와 표현들을 그대로 수용하면서 자기 이론과의 합치성을 강조한다.

중국인들의 이 모든 표현은 합리적인 의미를 가지고 있다. 그들이 하늘에 관해 말하는 것은 우리가 짐승에 관해 말하는 것과 같다. 실제로 짐승들은 지성이 전혀 없다고 할지라도 지성에 따라 그리고 마치 지성을 보유한 것처럼 행동한다. 왜냐하면 이 짐승들은 중국인들이 '리'라고 부르는 최고이성에 의해 지도되기 때문이다. '최초의 기' 또는 '최초의 물질'이 '리'를 자연적으로 그리고 비자발적으로 떠난다고 말할 때, 그들은 신이 물질을 필연적으로 창조했다고 믿었을 수 있다. (…) 존재하는 사물들은 그들의 자연적 성향에 의해 그리고 예정조화에 의해 피조된 것이라는 그들의 관념은 비난은커녕 칭송받을 만한 것이다.[1323]

'예정조화'라는 말은 그가 집어넣어 해석한 것이다. 그렇지 않으면 중국인들이 유럽인들처럼 앞서 신의 예정조화를 모른다고 지적한 그의 말과 상충되기 때문이다.

이어서 그는 자기의 이론과 성리학의 부합성을 강조하는 방향에서 이렇게 총괄한다.

중국인들은 질료를 산출할 리 이외의 다른 비물질적 실체를 인정하지 않는다. 이 점에서 나는 그들이 옳다고 믿고, 사물들의 질서는 모든 개체적 신령들이 언제나 물체와 통합되어 있게 하고 영혼이 사후에도 일체의 유기적 조직 또는 일체의 형태화된 기로부터 벗겨져 나오지 않게 한다고 믿는다.[1324]

이어서 그는 제일형상인 '리'를 제일질료로 위조한 롱고바르디 신부의 가장 중대한 왜곡을 비판적으로 바로잡는다. "리는 우리 철학자들의 제일질료와

1323) Leibniz, "Discourse on the Natural Theology of the Chinese", §18.
1324) Leibniz, "Discourse on the Natural Theology of the Chinese", §20.

동등화될 수 없다. 리는 제일형상으로, 개인영혼들을 자신의 양상변화에 불과한 것으로 취급하는 세계의 영혼으로 간주되어야 한다." 이 "제일형상 또는 순수한 활동성"으로서의 리는 라이프니츠의 단자처럼 "부분들을 갖지 않는다'. 그러므로 제일형상에서 생겨나는 이차형상들은 "제일형상으로부터 산출되는 것이 아니라 제일형상에 의해 산출된다"는 것이다.1325) '~에 의해'는 '~로부터'와 대비해 제일형상인 '리'의 능동적 주체성을 강조하기 위한 것이다.

바로 이어서 라이프니츠는 성리학 안에서도 논란이 되었고 주희가 '시간적으로는 아닐지라도 이치상 리가 기에 선행한다'는 명제로 봉합한 리와 기의 선후문제를 신부의 왜곡에 맞서 정면으로 취급한다.

> 롱고바르디는 기가 리의 산물이라고 분명히 말한다. 그러나 최초의 기가 자연적으로 나왔다고도 말한다. 그리고 리는 그 자체로서 아무런 활동을 하지 않지만 자신의 기를 산출해낸 뒤에 활동하기 시작한다고 말한다. (…) 그런데 리가 그 자체로서 그리고 기 없이는 아무 행위도 하지 않는다면 어떻게 기를 산출할 수 있겠는가? (…) 제일질료가 제일원리 또는 제일형상, 순수한 활동성, 신의 작용에 의해 산출되었다는 것을 고려한다면, 중국철학은 고대 그리스철학보다 훨씬 더 기독교신학에 가깝다고 할 수 있다. 왜냐하면 고대 그리스인들은 질료를 – 질료에 형태를 주는 것 외에 아무것도 산출하지 않는 원리인 – 신과 동격으로 여겼기 때문이다. 주지하다시피, 중국인들은 리가 최초에 그리고 언제나 그것의 기를 산출한다고, 그리고 그렇기 때문에 후자는 전자만큼 영원하다고 믿은 것으로 보인다. (…) 중국제국은 (구약성서의) 족장들의 시대에 시작되었기 때문에 중국인들이 세계창조에 관한 것을 족장들에게 배웠을 것이라고 믿었던 사람들이 있다.1326)

라이프니츠는 "중국철학은 고대 그리스철학보다 훨씬 더 기독교신학에 가깝다"고 말함으로써 플라톤·아리스토텔레스 철학에 근거한 기독교신학을 간접

1325) Leibniz, "Discourse on the Natural Theology of the Chinese", §23.
1326) Leibniz, "Discourse on the Natural Theology of the Chinese", §24a.

적으로 비판하면서 중국인들을 '노아의 자손들'로 입적시키는 부베 신부의
말을 따르고 있다.1327) 물론 동아시아인들이 이 말을 듣는다면 그야말로 '가소
로운' 억지라고 하겠지만 말이다. 한편, 라이프니츠는 '태극'을 "기에 대해 작용
을 가하는 리"의 동적 상태로 바르게 규정하면서1328) 태극을 기로 혼동하는
롱고바르디를 비판한다.

마테오리치는『천주실의』에서 "우리의 천주는 중국에서 말하는 상제다"라
고 말했다. 이에 대해 롱고바르디와 생트-마리는 하느님을 '천주天主'로 부르는
것은 찬성하지만 '상제上帝'로 부르는 것은 반대한다. 라이프니츠는 위의 논리
에 따라 이들을 비판하고 "위에서 지적했던 것처럼, 한마디로 우리는 리理를
우리의 신으로 간주할 수 있다. 그러므로 상제와 리가 동일한 것이라면, 신에게
상제라는 명칭을 줄 모든 이유가 있는 것이다"라고 결론짓고, "리치 신부의
주장은 틀린 것이 아니었다"며 마테오리치를 확실하게 변호한다.1329) 또한
앞의 '족장시대' 이야기를 중국인의 철학에 적용하는 논리에 '커다란 개연성'을
부여한다. "공자와 기타 고대 저자들의 말은 가장 명확하고 자연스러운 의미를
지닌다는 것을 인정할 필요가 있다. 우리의 종교가 가진 위대한 진리에 대단히
근접한 이 중국적 표현들이 고대 족장의 전통을 통해 중국인들에게 전해졌을
것이라는 주장에는 커다란 개연성이 있다."1330)

공자는 무신론자인가, 유신론자인가? 라이프니츠는 생트-마리가 공자를 무
신론자로 단정하면서 제시하는 전거들을 비판하면서 이것들을 "공자의 이론이
아니라 현대적 해석의 기초 위에서 해석된 공자의 견해"로 치부한다. 라이프니

1327) 18세기 중반에도 영국 역사가 사무엘 셔크폴드는 복희와 노아가 동일인물이고, 중국인들은
노아의 자식들이라고 주장했다. Samuel Shuckford, *The Sacred and Profane History of the World Connected*
(London, 1731-37). François Quesnay, *Le Despotisme de la Chine* (Paris: 1767). 영역본: *Despotism in
China*, 148쪽에서 재인용. Lewis A. Maverick. *China - A Model for Europe*, Vol. II (San Antonio in
Texas: Paul Anderson Company, 1946). 국역본: 프랑수아 케네(나정원 역),『중국의 계몽군주정』(서
울: 앰-애드, 2014), 33쪽에서 재인용.

1328) Leibniz, "Discourse on the Natural Theology of the Chinese", §24.

1329) Leibniz, "Discourse on the Natural Theology of the Chinese", §28.

1330) Leibniz, "Discourse on the Natural Theology of the Chinese", §37.

츠는 공자가 진정한 무신론적 신념을 가지고 있다고 비난하려면 "그 비난 이유를 분명하게 제시해야 한다"고 되받아치면서 "나는 지금까지 현대 주석가들의 베일에 싸인 해석을 빼고는 이런 비난을 뒷받침할 근거를 전혀 보지 못했고", 또 "현대 주석가들도 감히 공자가 무신론자라고 단정하지 못한다"고 결론짓는다.1331) 그러나 그의 이러한 주장을 위태롭게 만드는 공자 자신의 불가지론적 태도에 대한 기록들 앞에서는 한껏 움츠러든다. 롱고바르디가 "공자는 이익·천명·인을 말한 적이 드물었다"는 『논어』「자한」의 증언과1332) "공자는 괴기·힘·난·신을 말하지 않았다"는 「술이」의 증언을1333) 전거로 들이대면서 공자를 무신론자로 규정하자, 라이프니츠는 "공자 자신도 그가 깊이 탐구해보지 않았던 것에 대해서는 몰랐을 수 있다"고 해명한다.1334) 이것은 공자가 깊이 탐구했더라면 신에 대해서도 알게 되었을 것이라는 가지론적 확신을 깔고 있다. 라이프니츠는 소크라테스·플라톤과 상통하는 공자의 불가지론적 입장을 전혀 이해하지 못했던 것이다.

따라서 롱고바르디가 "공자가 귀신에 대해 침묵한 것"은 "공자가 귀신에 대해 잘못된 견해를 가지고 있었기 때문"이라고 결론짓고 고대 중국인들도 "현대 중국인들처럼 무신론자"이며 "공자의 그런 방법이 중국 학자들의 마음을 타락시키고 그들의 정신을 몽매하게 만들어 그들을 눈에 보이며 손에 잡히는 물질들만 생각하도록 만들고 그리하여 모든 악 중에서도 최대의 악인 무신론에 빠져들게 만들었다"며 터무니없이 공자를 비난한 것에 대해 전투적 공자 변호에서 한 발 물러나 공자와 일부 무신론적 성리학자들을 구별한다. "현대인들은 공자의 방법의 한계를 넘어 밀어붙인 것으로 보인다. 공자는 신령과 종교의 존재를 부정하기는커녕, 단순히 그의 추종자들이 이런 문제에 관해 논란하지

1331) Leibniz, "Discourse on the Natural Theology of the Chinese", §41.

1332) 『論語』「子罕」(9-1): "子罕言 利與命與仁." 공자가 利, 命, 仁을 드물게 말한 이유는 각기 다르다. '利'는 군자의 일이 아니기 때문에 입에 올리는 것을 삼갔고, '仁'은 행하기 어렵기 때문에, 그리고 천명은 人智로 알 수 없기 때문에 말하는 것을 삼갔다.

1333) 『論語』「述而」(7-20): "子不語怪力亂神." '怪異'는 무익해서, '力'은 覇道를 반대해서, '亂'은 無道하기 때문에, 그리고 '神'은 人智를 초월하는 영역이라서 말하지 않은 것이다.

1334) Leibniz, "Discourse on the Natural Theology of the Chinese", §48.

않고 상제와 신령들의 존재와 작용들에 감사하며, 이들의 본성을 파헤치거나 이들의 작용들의 방식이나 방법을 파고들지 않고 이들을 경배하고 이들을 기쁘게 하기 위해 덕을 행하기를 원한 것이다." 하지만 라이프니츠는 "공자의 그러한 침묵과 그러한 접근이 실제로 이와 같이 생각할 여지를 제공했기 때문" 에 "공자가 자신의 입장에 대해 좀 더 설명했더라면 좋았을 것이라고 생각한다" 고 덧붙인다.[1335]

　　나중에 상론하겠지만, 라이프니츠의 이 의문에 미리 짧게 답하자면, 일찍이 공자는 귀신 및 '신지神智'와 관련된 것들을 '인지人智'로 알 수 없다는 불가지론 의 입장에서 귀신·천명·천도에 대해 캐묻고 논하는 것을 절제했다. 그럴 시간 이 있으면 인지로 알 수 있는 일에 집중하고 힘쓰는 것이 신을 공경하는 일이라 고 말했다. 사람 섬기는 것도 다 모르는데 귀신 섬기는 일을 알려고 힘쓰는 것은 지혜롭지 못하다는 것이다. 그래서 공자는 천명한다. "아는 것을 안다고 하고 알지 못하는 것을 알지 못한다고 하는 것이 지혜다."[1336] 따라서 기독교신 학자들과 라이프니츠 같은 합리주의자들처럼 '인지'로 알 수 없는 신을 안다고 하는 것은 지혜롭지 못한 것이다. 한편, 공자는 '인지'를 넘어서는 문제에 대해 서는 『주역』으로 귀신에게 물어 '신지'를 구했다. 뒤에서 상론하겠지만, 소크라 테스와 플라톤도 공자처럼 신에 대한 '인지'에 절대적 한계가 있기 때문에 신에 대한 에피스테메(학), 즉 '신학'은 애당초 불가능하고, 기껏해야 "더 이상 탐구하지 않는 것이 마땅한 그럴싸한 이야기(뮈토스 μύθος)"만이 가능하다는 불가지론적 의견을 피력했다.[1337] 또한 소크라테스는 '너 자신을 알라'는 델피 신전의 경구警句를 통해 '인지'가 '신지'에 비해 얼마나 보잘것없는지를 아는 지혜를 가르치려고 했고, 인간이 '인지'로 알 수 있는 일에 힘쓰지 않고 '인지'로 알 수 없는 신에 대해 캐묻지 않는 것을 지혜롭다고 생각했다. 따라서 지식을 무척이나 애호했던 소크라테스와 플라톤도 신에 대해 말하고 캐묻는 것을

1335) Leibniz, "Discourse on the Natural Theology of the Chinese", §50.

1336) 『論語』 「爲政」(2-17): "知之爲知之 不知爲不知 是知也."

1337) Platon, Timaios, 29d. Platon Werke, Bd. VII.

절제했다. 그들은 아리스토텔레스나 기독교신학자들처럼 '신학'을 논하는 대신에 델피신전의 신탁을 믿었고 '인지'를 넘어가는 문제들에 대해서는 안다고 장담하지 말고 델피신전의 무녀에게 물을 것을 거듭 당부했다. 반면, 소크라테스·플라톤보다 더한 무제한적 지성주의와 광적 지식욕을 대변한 아리스토텔레스는 가지론적 입장에서 '신학'을 '제일철학'으로 전개하는 한편, 델피신탁을 경시했다. 모든 면에서 해박한 만물박사 라이프니츠는 플라톤과 아리스토텔레스의 이러한 차이를 전혀 모른 채, 아리스토텔레스주의적 지성주의·전지주의에 빠져서 공자의 기본입장을 놓치고 만다.

상술했듯이 동아시아인들은, 시도 때도 없이 신을 붙들고 논란하고 신의 권능을 언제든 직관·직감할 수 있는 목전의 물건처럼 과장하는 기독교도나 라이프니츠처럼 경직된 '독단적 유신론자'가 아니다. 그들은 평소 공자의 가르침에 따라 인간사를 수행할 때는 귀신들을 경원敬遠하는 '평상적 무신론자'의 자세를 취했다가, 장례를 치르거나 제사를 지낼 때 또는 역괘易卦를 뽑을 때나 시문의 운치상 필요할 때는 유신론자처럼 말하고 행동하는 이른바 유연한 '간헐적 유신론자'의 자세를 교대로 겸용하는 선비이거나 생활인들이다. 유신론자도 아니고 무신론자도 아닌, 환언하면 평소에 무신론자가 되었다가 간헐적으로 유신론자가 되기도 하는 이런 자유로운 중간 상태 또는 유신론과 무신론의 구분에 초연한 당시 유학자들과 일반인들의 이런 유연한 정신적 경지는 종교적 관용과 자유의 경지다. 이런 종교적 자유는 바꿔 말하면 경직된 교조적 신앙생활에서 벗어나 탈脫교회적 시민종교 속으로 충분히 세속화된 오늘날의 서구인들이 이제야 비로소 맛보는 경지인 것이다. 따라서 이런 경지는 당시 라이프니츠나 저 신부들의 강박증적 유신론·무신론의 이원적 범주로 파악할 수 없는 것이었다.

그러므로 라이프니츠가 마테오리치나 그를 따르는 대부분의 신부들과 마찬가지로 『시경』「대아大雅·문왕文王」의 "문왕이 오르고 내려오시며 상제의 좌우에 계신다(文王陟降 在帝左右)"는 시문을 근거로 '영혼불멸론'을 도출하고 이를 기독교적 유신론·영혼불멸론과 동일시하는 것을 본다면,[1338] 모든 유학자와 일반인들은 너무 강한 이 논변에 뜨악할 것이다. 이것은 죽은 할아버지나 아버지의 명예를 훼손하는 언행에 분기탱천하는 자손이나 죽은 자에 대한 명예훼손을 처벌하는 현대 형법을 보고 이 자손이나 입법자가 영혼불멸의 신앙을 가졌다고 단정하는 격이기 때문이다. 타 종교를 믿거나 신을 믿지 않는 자를 처벌하는 후진적 유럽문명권에 갇혀 기독교적 신 개념에 꽁꽁 포박당한 라이프니츠는 동아시아인들이 유교적 세계관 속에서 수천 년 전부터 오늘날까지 누려오는 종교의 자유를 조금도 이해할 수 없었다. 그리하여 라이프니츠는 "중국에서는 형벌을 받지 않고 자신들의 불경들(무신론적 주장들 – 인용자)을 말하는 것, 적어도 구두로 말하는 것이 허용되지만", "이단적이고 무신론적인 학자들"의 "오늘날 유행하는 이상한 견해들"은 "고대의 교설 및 3,000여 년 전에 중국제국에서 수립된 종교적 관행과 정면으로 배치된다"고 주장하기에 이른다.[1339] 그러나 3,000년 전이든 18세기 청나라든 아니면 오늘날이든 경직된 독단적 유신론과 독단적 무신론 사이의 다양한 견해들을 뭐든 다 용인하는 '간헐적 유신론'과 '평상적 무신론'의 유연한 교대적 겸용이 생활화된 유교문명권에서는 어떤 견해도 '정면으로 배치될' 것이 없다.

따라서 롱고바르디와 생트-마리에 대한 최종적 비판을 마무리하는 라이프니츠의 다음과 같은 유교변호론적 결론도 동아시아에는 너무 독단적인 논변으로 느껴질 수밖에 없다.

나는 이 신부들이 신과 천사에 관한 자신들의 주장보다 더 많이 인간의 영혼에 관한 그들의 주장을 유리하게 만들어줄 고대나 현대의 고전적 저자들의 구절을 인용하는 것을 하나도 발견하지 못하겠다. 이 신부들은 텍스트를 왜곡하거나 심지어는 파괴하는 해석만을 덧붙여놓아 텍스트를 우습게, 모순적으로, 기만적으로 만드는, 외부로부터 이식된 해석만을 제시하고 있다.[1340]

1338) Leibniz, "Discourse on the Natural Theology of the Chinese", §58.
1339) Leibniz, "Discourse on the Natural Theology of the Chinese", §62.
1340) Leibniz, "Discourse on the Natural Theology of the Chinese", §63.

'신부들이 텍스트를 왜곡하거나 심지어는 파괴하는 해석만을 덧붙여놓아 텍스트를 우습게, 모순적으로, 기만적으로 만든' 것은 사실이다. 그럼에도 유학자들에게 라이프니츠의 이 비판은 너무 교조적으로 비친다. 그 이유는 신과 영혼의 문제에 관한 한, 공자철학 및 주자학의 주장과 – 당대에 신부들이나 라이프니츠와 같이 교조적 유신론자들에게 문젯거리로 비친 – 일부 '무신론적' 유학자들의 주장(외부에서 이식된 해석) 사이에는 유학적 관점에서 그리 큰 차이가 있는 것이 아니기 때문이다.

한편, 라이프니츠는 롱고바르디와 생트-마리 신부의 주장을 그렇게 힘들여 비판했음에도 불구하고 중국인의 저 자유로운 정신세계에 대한 그의 무지 때문에 정작 비판의 핵심은 놓치고 있는 것으로 보인다. 중국 선비들이 100% 무신론자라는 신부들의 주장은 제사행위를 종교행위로 보는 그들 자신의 주장과 모순되는 것이다. 중국 선비들은 누구든 제사를 지내기 때문이다. 따라서 라이프니츠는 '제사'라는 종교행위를 하는 언필칭 '무신론적인' 중국의 성리학자들이 유신론자인지 무신론자인지를 저 신부들에게 끈질기게 되물었어야 했다. 그러나 그는 그 자신이 중국인들의 저 자유로운 '현대적' 정신세계를 이해할 수 있는 – 서구인들이 오늘날에 비로소 도달한 – '현대적' 정신 수준에 아직 이르지 못했기 때문에 이런 비판을 제기할 수 없었다.[1341]

라이프니츠의 주장에 내포된 많은 문제점에도 불구하고 우리가 부정할 수 없는 것은 라이프니츠가 "제례논쟁에서 예수회 편을 든" 당대의 "유일한 철학자"였다는 사실이다. 그는 홀로 싸웠지만, 그의 논리는 예리하고 놀라운 직관력을 갖추었다. 이런 까닭에 그의 탁월한 견해는 유럽의 향후 중국학과 공자 연구에 커다란 영향을 미쳤다.[1342] 라이프니츠 이후 유럽인들은 중국으로부터 윤리철학과 정치사상을 배우려는 자세로 점차 선회하게 된다.

1341) 그러나 볼테르는 예리하게 신부들의 저 자가당착성을 꼬집어낸다. "우리는 저 방대한 제국의 정부를 무신론으로 비난하는 바로 그 행위를 하면서 그들을 우상숭배로 비난할 만큼 비일관적이었다. 이것은 자기를 부정하는 허물 전가다." Voltaire, *Ancient and Modern History* (*Essai sur les moeurs et l'esprit des nations*), 34쪽.

1342) Albrecht, "Einleitung", XIX-XX.

만약 로마교황청이 라이프니츠를 따라 예수회의 적응주의 선교론을 지원했더라면 중국선교는 상당히 성공했을 것이고 조선에서도 황사영백서사건, 천주교도학살, 병인양요로 이어지는 종교적 참극은 없었을 것이다. 그러나 유럽에서 반反예수회 감정의 성장은 전례논쟁에 기름을 부어 유럽의 논쟁이 중국에서의 선교활동을 간섭할 정도가 되었다. 그래도 중국제례논쟁은 선교활동에 온건한 방해물에 불과했었다.

그러나 전교논쟁의 긴 그림자는 미래를 어둡게 하고 교회를 중국문화에 적대적인 위치로 몰아넣었으며, 기독교 식자세계와 친목의 가능성을 파괴했다. 예수회 신부들이 동의할 수 없고 동의하지 않은 관용의 형태가 존재한다. 이 관용의 형태는 모든 종교가 다소간에 동등하게 선하다고, 모두가 전부 진리인 것은 아니지만 일정한 양의 진리를 가지고 있다고 생각한다. 그것은 기독교, 불교, 도교, 힌두교가 보편주의의 공통분모에 도달하기 위해 중심으로 생각되는 믿음을 얼마간 희생하는 일종의 종교적 절충주의를 옹호한다. 그러나 이런 상대주의적 절충주의는 스스로를 중심으로 여기는 종교 자체에 파괴적이다. 하느님이 예언자들을 통해 말해왔다고 확신하는, 그리고 말씀을 통해 육체를 만들었다고 확신하는 기독교인들은 '정신들의 회합'에 도달하기 위해 '계시된 진리'를 희생시킬 수 없다. 극단에는 결국 기독교의 경계 바깥에는 오류와 불경한 악덕밖에 없다고 생각하는 기독교인들의 불관용이 있게 된다. 빛을 보지 못한 사람들에 대해 기독교인은 동정도, 이해도 갖지 않는다. 그들의 오만은 '은총은 도처에서 작용한다'고 주장하는 그들 자신의 믿음의 한 조항과도 배치된다. 이런 광신주의와 상대주의 사이에는 '중도노선(a middle road)'이 있다.1343) 모든 종교와 유학이 진리를 발견하려는 노력들이기에 이것들은 대등한 존경심으로 대접해줄 가치가 있다는 것이 그것이다. 중도노선은 상대주의자들의 편도, 광신도들의 편도 들지 않는다. 이것이 "중국의 예수회의 (선교)정책을 결정한 태도"였다.1344) 동시에 이것은 중국의 역대정부가 취했던 공자주의적

1343) 참조: Dunne, *Generations of Giants*. 368쪽.
1344) Dunne, *Generations of Giants*. 369쪽.

관용정책의 기본입장이었다. "유학은 신적인 것에 도달하려는 관심을 거의 보이지 않았지만 그것은 적어도 인간사회를 건전한 자연본성적 가치들의 기초 위에 세우려는, 완전히 성공적이지 않았을지라도 고귀한 노력이었다."[1345]

그러나 어리석은 교황 클레멘스 11세가 1704년 프란체스코·도미니크파 등의 오만한 반反적응주의적 선교정책을 채택하고 교황특사 샤를르 드 투르농(Charles de Tournon)과 교황대리 마이그로를 중국에 파견해 이들이 1706년 중국 천자를 알현하고 나서부터 선교 환경은 급격히 악화되었다. 투르농은 교황청의 강경한 반反적응주의적 입장을 천자 면전에서 천명한 것이다.

라이프니츠는 1710년 투르농의 '주의의 결여'와 '강희제에 대한 존경의 결여'에 대해, 그리고 투르농이 공식적으로 발령한 두 교령에 대해 비판했다.[1346] 두 교령 중 하나는 1704년 로마종교재판소가 발하고 1704년 11월 20일 클레멘스 11세가 확인한 교령을 말한다. 이 교령은 '상제'와 '천天'의 사용을 금하고 기독교인들이 조상신과 공자에 대한 제사에서 어떤 역할도 하지 못하도록 금지했다. 더구나 이 교령은 신위神位(고인의 신령의 자리)로 간주되는 신주를 금하고 오직 사자死者의 이름만 쓴 위패만을 허용했다. 두 번째 교령은 1706년 12월 강희제가 발령한 칙령에 대응해 포고된 투르농의 '남경교령'이다. 황제의 칙령은 마이그로와 다른 선교사들을 제국으로부터 추방하고 투르농의 특사단과 연계된 몇몇 중국인들을 처벌하는 것이었다. 나아가 강희제는 모든 선교사가 마테오리치의 관례를 지킬 것을 약속한 조건으로만 발행되는 제국의 허가를 얻어야 한다고 명했다. 투르농의 교령은 위반자들을 파문한다는 협박을 덧붙여 1704년 교령의 비난을 재확인했다. 교황의 1715년 교서 엑스 일라 디에(Ex illa die)와 1741년의 엑스 쿠오 신굴라리(Ex quo singulari)는 공식적으로 전례논쟁을 끝냈고, 로마교황청은 중국인들을 이교도 지위로 좌천시키고 이 지위에 방치했다. 1724년 옹정제는 1692년의 기독교선교 관용칙령을 철회하고 강희제가

1345) Dunne, *Generations of Giants*. 369쪽.

1346) 참조: "Leibniz an Des Bosses"(18. Dezember 1710). Mungello, *Leibniz and Confucianism*, 118쪽에서 재인용.

발령한 반反기독교 칙령을 확대했다. 1773년 로마교황청에 의한 예수회의 금지와 탄압조치로 인해 중국의 선교활동은 불구화되었고, 19세기에 들어 개신교 선교사들에 의해서야 소생했다. 중국선교의 몰락으로 인해 동서의 문화적 융합에 대한 라이프니츠의 희망도 쇠락했다.1347)

중국에서 마테오리치를 따르지 않는 모든 가톨릭 선교사가 추방당하고 선교활동 공간이 협소화되는 여파로 중국선교는 초토화되었으며, 조선선교는 1637년 일본의 '시마바라의 참극'과 유사하게 19세기 유혈박해와 병인양요의 '피바다'로 끝났다. 그리하여 16세기부터 18세기에 걸친 동북아 삼국의 300년 가톨릭 선교는 역사적 대실패로 막을 내리고 말았던 것이다.

■중국 국가체제와 강희제에 대한 라이프니츠의 찬양과 '보편정의론'

라이프니츠는 파리의 부베 신부에게 보낸 1691년의 한 서신에서 "중국의 도덕과 정치"를 "시민생활의 조직화를 위한 뛰어난 규정들"로 칭찬하고 이 규정들로부터 유럽인들이 "의심할 바 없이 많은 것을, 아니 우리에게 영예로운 것보다 아마 더 많은 것을 배워야 할 것"이라고 토로한다.1348) 그는 섀프츠베리의 도덕론도 도덕교육론으로 해석한다. 섀프츠베리는 「공통감각: 위트와 유머의 자유에 관한 에세이(Sensus Communis: An Essay on the Freedom of Wit and Humour)」(1709)에서 진정한 덕성은 이해利害관계(사심)가 없다는 명제를 개진한다. "이와 같이 이교도들과 마찬가지로 유대인들도 그들의 철학에 남겨져서, 이성에 의해 고상한 유형의 덕성이 가르쳐지고 계명(Command)에 의해 그들에게 명령된 적이 없는 것으로 인도되었던 것이다. 이 경우에는 어떤 프리미엄도, 어떤 형벌도 집행되지 않기에 이해관계가 없는(disinterested) 부분이 존재했으며, 덕성은 자유선택이었고, 행위의 관대함은 여전히 완전했다."1349) 라이프니츠는 섀프츠베리의 이 도덕철학을 칭찬하며 이를 도덕교육과 연결시킨다. "나는 98쪽(64쪽)에서 참된

1347) Mungello, *Leibniz and Confucianism*, 118-119쪽.

1348) "Leibniz an Joachim Bouvet"(Brief 18, 2. Dezember 1697), 145쪽. Leibniz, *Der Briefwechsel mit den Jesuiten in China*.

1349) Shaftesbury, "Sensus Communis: An Essay on the Freedom of Wit and Humour"[1709], 64쪽.

덕성은 이해관계(사심)가 없어야 한다는 것을 잘 말했다고 본다. 말하자면, 내가 해석하는 바대로 그것은 우리가 덕행(exercise of virtue)에서 기쁨을 얻고 악덕의 수행에서 혐오감을 얻게 되어야 한다는 것, 그리고 이것이 교육의 목표이어야 한다는 것을 뜻한다."1350) 참으로 도덕교육은 라이프니츠의 중심의제였고, 그는 국가의 교육적 역할을 강조하는 점에서 동시대인들과 달랐다. 그러나 이러한 교육은 예술과 과학에서의 계몽이라는 더 넓은 의미에서 생각되었다. 라이프니츠가 덕성과 정의를 본성의 학습과 연관된 것으로 이해했기 때문이다.1351) 라이프니츠는 국가를 백성의 완벽화(수신)와 행복을 촉진해야 하는 책임자로 설정했다. 행복은 덕성의 수행에서 생겨나는 것이므로 덕성과 행복은 대체로 불가분적이다. 그리하여 라이프니츠는 본성적 사랑 감정을 보편적 인애로 발전시키는 새프츠베리의 새로운 도덕철학을 '지혜로운 자비'라는 자신의 정의 개념과 연결시킨다.

그것(『덕성 또는 공덕에 관한 탐구』)은 덕성과 행복의 본성에 관한 아주 건전한 의견을 담고 있고, 본성이 우리에게 준 사랑 감정(affections)이 우리를 우리 자신의 이익을 찾을 뿐만 아니라 우리 관계의 이익과 심지어 사회의 이익을 얻도록 이끌어간다는 것을 보여준다. 내게는 내가 이것을 나 자신의 언어와 의견에 아주 쉽사리 화해시킬 수 있는 것으로 보인다. 사실, 우리의 본성적 사랑 감정은 우리의 만족감을 산출한다. 그리고 우리가 본성적이면 본성적일수록 우리는 타인의 이익에서 우리 자신의 기쁨을 느끼도록 이끌어진다. 이것은 보편적 인애, 자비, 정의의 기초이다. 왜냐하면 (⋯) 정의는 본바탕에서 지혜에 부합되는 자비(charity conformed to wisdom) 외에 다른 것이 아니기 때문이다. 정의가 종종 악행을 하도록 우리를 의무 지우는 것은 내키지 않아도 하는 것이고 더 큰 이익을 위해 그러는 것이다. 지혜는 인애가 등급을 가질 것을 명한다. 공기가 우리의 지구의 온 둘레에 상당한 높이까지 펼쳐져 있을지라도 우리의 대기권의 높은 영역보다 우리와 가까운 데서 더 많은 농도와 밀도를 가지고 있듯

1350) Leibniz, "Judgment of the Works of the Earl of Shaftesbury", 196쪽.

1351) Kow, *China in Early Enlightenment Political Thought*, 116쪽.

이, 이와 마찬가지로 우리는 우리와 가장 가깝게 닿는 사람들과 관련된 자비가 더 많은 강도强度와 더 많은 강렬성을 가져야 한다고 말할 수 있다.1352)

여기서 독일의 천재 라이프니츠는 원근 차이에 따라 '지혜롭게 등급화된' 사랑을 '정의로운 사랑'이 아니라 '정의' 자체로 과잉규정하고 있다. 모든 감정과 공감이 그 본성상 촌수·친소·원근에 따라 단계적으로 약화되는 것은 정의롭지만, 그렇다고 이것을 '정의' 자체로 간주하면 이것은 개념적 '일탈'이라는 말이다. 정의는 사랑에만 적용되는 것이 아니기 때문이다. 라이프니츠는 다른 서양철학자들과 마찬가지로 정의 개념과 관련해 정의의 본질적 요소인 개인의 고유한 '몫' 또는 마땅한 '몫'의 관념을 놓치고 있다.1353) 사랑은 때로 거시적 정의의 목적이자 동력일 수 있으나 늘 그런 것도 아니고, 정의가 사랑의 분배만을 규제하는 것도 아니다. 정의는 노동과 그 성과물의 분배, 지식의 분배, 영예의 분배 등 많은 물질적·정신적 재화의 분배도 규제한다. 이 때문에 — 라이프니츠가 '지혜에 부합한 자비' 또는 '지혜로운 사랑'으로서의 자신의 '정의' 개념을 생각하면서 착각하고 있듯이 — 사랑은 결코 '정의'를 대체할 수 없는 것이다. 공자의 말로 하자면, '인仁'은 '의義'를 대체할 수 없고 '의'도 '인'을 대체할 수 없다. '인'과 '의'는 불가분적이지만 서로 다른 덕성인 것이다.

아무튼 라이프니츠는 중국국가에 대한 그의 이상화를 전제하고 「공자의 공적 제사에 관하여」에서 중국의 조상숭배와 다른 제사관행을 수신(도덕교육)의 관점에서 우호적으로 해석했다.

반反예수회 선교사들의 평가에 관한 한, 내가 보기에 조상들과 위인들에 대한 이런 경배를 중국인들이 제사 지내는 사람들에게 그 행위로 어떤 혜택이 있을 것으로 기대할 만큼 이로운 것으로 여긴다고 결론지을 수 있다고 보는 것 같다. 하지만 저

1352) Leibniz, "Judgment of the Works of the Earl of Shaftesbury", 198쪽.

1353) 개개인의 '고유한 또는 마땅한 몫'을 중심으로 한 정의 개념에 대한 본격적 논의는 참조: 황태연, 『감정과 공감의 해석학 – 공자 윤리학과 정치철학의 심층이해를 위한 학제적 기반이론(1)』 (파주: 청계, 2014·2015), 518-521쪽.

반예수회 선교사들은 동일한 정당성으로써, 현자들에 의한 모든 행위가 각각의 덕목
으로 생각되었다고, 그리고 그들의 모든 행위가 ─ 그들 사이에서 감사는 최하등급의
덕목이 아니다 ─ 인류에게 상당한 행복을 부여한다고 믿을 수 있었다. 왜냐하면
이것은 그 자체가 인간조건의 본성이기 때문이거나, 보다 더 그럴싸한 말이지만, 우
월적 권능이 섭리적으로 만사를 다스리기 때문이다.1354)

말하자면, 라이프니츠는 정의로운 정체政體로서 중국정부의 의례와 제도가
신적 비준을 받은 인애라는 그 자신의 개념구상과 아주 잘 부합한다고 추정했
다. 라이프니츠에 의하면, 중화국가에서 황제는 역사적 본보기 인물들과 부합
하는 정의의 정점이다.

　라이프니츠의 역사관은 피에르 벨의 비관적 역사관보다 더 낙관적이었다.
주지하다시피 벨은『역사·비판 사전』에서 "역사는 단순히 인간종족의 범죄와
재해의 콜렉션일 뿐이다"라고 말했지만, 이에 라이프니츠는 자신의 예정조화
설에 따라 "인간의 삶 속에서는 악보다 선이 비교할 수 없이 더 많다"고 응수했
다. 역사가들은 악한 인간의 행위를 과장해왔지만, 역사는 그런 것이 아니다.
"역사의 주요 목적, 또한 시문의 주요 목적도 본보기를 통해 현명과 덕성을
가르치는 일일 것이다."1355) 관용과 무신론에 관한 벨의 논변이 라이프니츠의
이성과 신앙의 화해 기도보다 더 급진적일지라도, 라이프니츠의 역사적 낙관주
의는 이후의 계몽주의적 진보사관에 더 근접한 것이다.1356) 라이프니츠에 의하
면, 인간의 윤리적 완벽화(수신)는 고귀한 모범사례들의 학습에 의해 용이해질
수 있고 또 그래야 한다.

　라이프니츠는 국가의 행복을 보장하는 것을 덕스럽고 유능한 치자로 생각했
기 때문에 이상적 군주의 덕목들과 교육에 대한 그의 성찰에 비해 내적 행정기

1354) Leibniz, "On the Civil Cult of Confucius", §6.

1355) Gottfried W. Leibniz, *Theodicy: Essays on the Goodness of God, the Freedom of Man, and the Origin of Evil*, ed. by A. Fatter, trans. by E. M. Huggard (La Salle: Open Coyrt, 1985), 216-217쪽. Kow, *China in Early Enlightenment Political Thought*, 118쪽에서 재인용.

1356) Kow, *China in Early Enlightenment Political Thought*, 118쪽.

구와 정치제도에 상대적으로 적은 관심을 가졌다. 그는 1679년 「군주의 초상 (The Portrait of the Prince)」에서 주권자에게 요구되는, 용기, 현명, 활수함, 아량만이 아니라 특히 선과 정의 등의 높은 덕목들을 기술하고 있다.

> 정의는 이 모든 덕목 중 군주들에게 가장 필요한 덕목이다. 다른 덕목들은 그의 영광
> 의 장식품들이지만, 이 덕목은 본질적이고 국가 안에서 이성의 본성이다. 신에게서
> 신의 권능을 지도하는 이성이 피조물들의 자연적 성향의 원인이라면, 그리고 이성이
> 우주의 찬탄할 조화를 보존한다면, 정의는 정치질서를 확립하고 군주정과 공화정
> 속의 인간들의 단합을 존속하도록 허용한다. 사회적 유대는 오직 우정·정의·용기,
> 이 세 정치덕목에 의해서만 수립될 수 있을 뿐이다.[1357]

따라서 참으로 정의로운 군주는 국가를 전초 우주의 조화를 예정하는 신을 모방해 다스린다. 이상적 군주는 왕권을 신으로부터 받았기 때문에 또는 관직 이나 상속 때문에 신의 이미지를 갖는 것이 아니라 신과 인간을 묶는 그의 정의 때문에 신의 이미지를 갖는다. 하지만 라이프니츠는 상속과 '자연적 귀족 성'을 교육을 통해 다리 놓고 신이 확립된 군주에게 명한다는 섭리주의적 관념 을 주장함으로써 플라톤이 『국가론』에서 군주의 모델로 제시한 선장의 엘리트 주의적·테크노크라트적 비유를 피해 간다.[1358] 라이프니츠는 1697년 『중국의 최신 소식』의 '서문'에서 군주로서의 정의로운 통찰력의 관점에서 강희제를 찬양한다.

> 이러한 제국의 군주를 보고 누가 놀라지 않겠는가? (…) 그는 이러한 탁월성을 부여
> 받아 정말로 판결하기에 적합한 것으로 보인다. 또한 그 자신의 시대에 이러한 완전
> 한 권위를 보유한 왕들 가운데 가장 위대한 왕이 가슴 졸이며 후대를 두려워하고

1357) Gottfried W. Leibniz, "The Portrait of the Prince", 98쪽. Leibniz, *Political Writings*, translated and edited with an Introduction and Notes by Patrick Riley (Cambridge: Cambridge University Press, 1st ed. 1972, 2th ed. 1988, reprint 2006).

1358) Kow, *China in Early Enlightenment Political Thought*, 118-119쪽.

다른 왕들이 신분제 의회의 대표자들을 두려워하는 것보다 역사의 심판을 더 두려워
한다는 사실보다 더 주목할 만한 어떤 것을 찾는 것도 쉽지 않다. 그러므로 그는
사관史官들이 그의 치세에 대해 기록해 파일과 비밀문서 속에서 보관할 때 그의 평판
을 해칠 행동들을 조심해서 피하려고 모색한다.1359)

강희제에 대한 이 평가에서 라이프니츠는 중국의 자연신학과 자신의 철학
간의 조화를 입증하려고 하는 한편, 강희제를 이상적 '정의의 군주'로 찬양한
부베 신부의 『중국황제의 역사적 초상』(1697)도 반영하고 있다. 그는 이 논평에
서 군주로서의 강희제의 덕성을 교육에 의해 얻어진 것으로 강조하고 있다.
황제는 그의 신민들을 고취하는 모범적 치자일 뿐만 아니라, 역사기록에서도
정의로운 군주로 기록될 것을 유념한다. "계몽군주(enlightened despot), 즉 18세기의
많은 유럽인들이 가슴에 품은 이상적 군주에 대해 이보다 더 명료한 묘사가
있었던가? 라이프니츠에게 중국의 군주는 모범적 치자의 체현이었다."1360)
　　라이프니츠가 찬양한 중국황제는 홉스의 『리바이어던』에서 말하는 '필멸적
신(mortal god)', 또는 피에르 벨의 '합리적 절대군주'와 얼마나 다른가? 라이프니츠
는 절대주의의 비판자였다.1361) 그는 신의 전능에 대한 홉스의 강조를 근본적으
로 부당한 것으로 간주했고, '숭배의 토대'로서의 신의 저항할 수 없는 권능에
대한 홉스의 주장을 "전선全善과 전체적 참정의의 신을 망치고 (…) 신을 모든
옳음, 모든 공정함과 무관한, 절대권력을 휘두르는 폭군으로 표현하는" 것으로
비판했다.1362) 라이프니츠는 아무리 신이라 할지라도 진리와 선의 도덕 원칙을
어길 수 없다고 생각했기 때문이다. 신이 이것을 어긴다면 신도 전지·전능·전
선할 수 없는 것이다.

1359) Leibniz, *Novissima Sinica*, "Preface", §6.

1360) Donald F. Lach, "Leibniz and China", *Journal of the History of Ideas*, Vol. 6, No. 4 (Oct. 1945),
　　440쪽.

1361) Kow, *China in Early Enlightenment Political Thought*, 121-122쪽.

1362) Leibniz, *Theodicy: Essays on the Goodness of God, the Freedom of Man, and the Origin of Evil*, 402-403쪽.
　　Kow, *China in Early Enlightenment Political Thought*, 120쪽에서 재인용.

따라서 라이프니츠가 기독교인으로서 불가피하게 의지론자(*voluntarist*)였지만, 이것은 그에게 정의가 의지에만 기초한다는 것을 의미하지 않는다. 이런 까닭에 라이프니츠는 홉스를 '힘이 정의'라고 말한 트라시마코스와 싸잡아 비난했다. 그는 일단 신의 선과 정의를 고찰한다.

신이 무엇을 의지하든 그것은 선하고 정의롭다는 것이 동의된다. 그러나 신이 의지하기 때문에 그것이 선하고 정의로운지, 또는 그것이 선하고 정의롭기 때문에 신이 그것을 의지하는 것인지 하는 문제, 환언하면, 정의와 선이 자의적인 것인지, 아니면 정의와 선이 수와 비율처럼 사물들의 본성에 관한 필연적이고 영원한 진리에 속하는 것인지 하는 문제는 남는다. 전자의 의견은 몇몇 철학자들(데카르트, 푸펜도르프, 보쉬에 등 – 인용자)에 의해, 그리고 몇몇 로마가톨릭과 개신교 신학자들에 의해 추종되어 왔다. 그러나 오늘날 통상적으로 개신교 신학자들은 우리의 모든 신학자와 대부분의 로마가톨릭 교회의 신학자들이 그러하듯이 이 독트린을 배척한다. 정말, 이 견해는 신의 정의를 파괴한다. 신의 경우에 정의의 개념이 행위의 개념에 더하는 것이 아무 것도 없다면 그가 정의에 따라 행위한다는 이유에서 왜 그를 칭찬하는가?1363)

신의 의지가 선과 정의를 대체하는 것은 정확하게 참주의 모토일 것이다. 신의 정의가 엄명(*fiat*)에 의해 발명되는 것이라면, 신을 찬양할 아무런 이유도 없다.1364)

이런 까닭에 라이프니츠는 트라시마코스와 홉스를 싸잡아 맹박한다.

그의 대화편들에서 플라톤은 정의가 무엇인지를 설명하고 싶어 – 우리가 투쟁하고 있는 – 그 입장을 받아들일 만하다면 강력하게 권고하는 정의正義의 정의定義를 주는 그런 트라시마코스를 끌어들여 논박하고 있다. 왜냐하면 가장 강한 자에게 기분 좋거

1363) Gottfried W. Leibniz, "Meditation on the Common Concept of Justice"[c. 1702-1703], 45-46쪽. Leibniz, *Political Writings*, translated and edited with an Introduction and Notes by Patrick Riley (Cambridge: Cambridge University Press, 1st ed. 1972, 2th ed. 1988, reprint 2006).

1364) Riley, "Introduction", 6쪽.

나 기쁜 것은 정의롭다(고 그는 말하기) 때문이다. 그것이 참이라면 정의롭지 않은
주권적 법정의 선고도, 최고재판관의 선고도 존재하지 않을 것이고, 또한 사악하지만
강한 자는 결코 비난받지 않을 것이다. 더구나 동일한 행동이 판결하는 재판관에 따라
정의로울 수도 있고 부정의할 수도 있게 된다. (…) 홉스라고 이름하는 저명한 영국
철학자는 거의 트라시마코스와 동일한 것을 지지하고 싶어 했다. 왜냐하면 그는 신이
전능하기에 만사를 행할 권리를 갖기를 원하기 때문이다. 이것은 권리와 사실을 구별
하지 못하는 오류다. 우리가 할 수 있는 것과 해야 하는 것은 별개이기 때문이다.
참된 종교는 국가의 종교이고 그 필연적 귀결로서, 칙령으로 '자유국가에서는 방귀와
트림의 통과는 자유로워야 한다(*in libera republica crepitus atque ructus liberos esse debere*)'고
칙유한 클라디우스 황제가 크레피투스(Crepitus, 방귀)를 신으로 임명해 공인된 신들
사이에 집어넣었다면 이것이 진짜 신이 되고 숭배를 받을 만한 존재가 되었을 것이라
고 믿는 (그것도 같은 이유에서 믿는) 자가 바로 홉스다.1365)

따라서 라이프니츠는 『형이상학에 관한 논의』에서 신의 정의와 신의 지혜는
어디에 있는지 묻는다.

만사가 선의 어떤 기준에 의해서가 아니라 단순히 신의 의지에 의해 선한 것이라는
말은 내가 보기에 우리가 선을 실현하는 것이 아니라 신의 모든 사랑과 모든 영광을
파괴하는 것이다. 신이 반대되는 것을 행하는 점에서 마찬가지로 찬양할 만하다면
왜 그가 행한 것 때문에 그를 찬양하는가? 그가 일정한 전제적 권력만 가지고 있다면,
자의가 합리성을 대체하려고 한다면, 그리고 참주의 정의定義와 합치되게 정의正義가
최강자의 기분 좋은 것에 있다면, 신의 정의와 신의 지혜는 어디에 있을 것인가?1366)

1365) Leibniz, "Meditation on the Common Concept of Justice", 46-47쪽. 홉스는 말한다: "신은 그의
자연적 왕국 안에서 그의 유일한 저항할 수 없는 권능으로 다스리고 법을 위반하는 자들을
벌할 권리가 있다. 왜냐하면 타자들에 대한 모든 권리는 자연으로부터 오거나 계약으로부터
오기 때문이다." Thomas Hobbes, *Philosophical Rudiments Concerning Government and Society* (*De Cive*)
[1641·English ed. 1651], Ch. XV, §5 (206쪽). *The Collected Works of Thomas Hobbes*, Vol. II (London:
Routledge/Thoemmes Press, 1992).

1366) Leibniz, *Discourse on Metaphysics,* §II (4-5쪽).

라이프니츠에 의하면, 신은 선과 지혜의 한계 내에서 작용한다. 신은 가능성들 가운데 최선의 가능성을 선택하지만, 이데아(본질)들 자체를 창조하지는 않는다. 그는 "지혜와 정의는 자신들의 영원한 이론을 가지고 있다"고 말하고, "신은 그의 의지에 의해 지혜와 정의를 창설하는 것이 아니라 그의 본질 속에서 이것들을 발견하고 이를 따르는 것이다"라고 천명한다.1367) 신의 전능성에도 도덕적 제한이 있다는 말이다. 따라서 신을 모방한 왕의 권능은 더욱 제한이 있는 것이다.

중국을 공부한 라이프니츠는 공자의 천신·제왕관과 유사하게 하늘과 군왕의 전지·전능의 한계를 인정한다. 공자는 여러 번 시사했듯이 하늘과 그 아들 천자도 전능하지 않고 오히려 이들이 '기왓장 세 장만큼 불완전하다는 천신·제왕관을 대변했다. 따라서 백성에게 안전보장을 넘어 복지(족식足食과 행복, 즉 양민과 교민)를 보장할 수 없는 암주暗主나 폭군은 혁명적 타도의 대상으로 전락한다. 그러나 라이프니츠는 공자와 유사한 제한적 신관과 군주관을 저항권 또는 혁명권의 이론으로까지 몰고 가지 못한다. 다만 폭군을 등질 수 있는 백성의 권리는 인정한다. 라이프니츠는 1695년에 독자적으로 이런 말을 할 수준에까지 나아가 있었다. "나는 반란의 악이 반란을 일으키게 하는 악보다 비할 데 없이 더 크기 때문에 일반적으로 순종해야 한다고 생각한다. 하지만 나는 군주가 이러한 과도過度로 갈 수 있고 짊어질 의무가 종식될 정도로 나라의 안전을 위험에 빠뜨릴 수 있다는 것을 인정한다."1368) 그러나 라이프니츠는 중국의 역성혁명을 들어서 알게 된 시점에도 역성혁명론이 아니라 '폭군'을 등지고 새 군주를 선택할 권리만을 승인한다. 1705년의 한 편지에서 그는 이렇게 말한다.

주인이 신민들의 안전을 보장하는 데 더 이상의 것을 할 능력이 없으므로 그들을 정복한 그들의 주인의 적에 대해 충성 서약을 맹세하는 것이 신민들에게 허용된다.1369)

1367) Leibniz, *Dialogue sur des sujets de Religion* [1679]. Riley, "Introduction", 6쪽에서 재인용.

1368) Erwin Ruck, *Die Leibniz'sche Staatsidee* (Tübingen: 1909), 94쪽. Riley, "Introduction", 28-29쪽에서 재인용.

1369) Leibniz, "Letter to Falaideau"[1705]. Onno Klopp, *Die Werke von Leibniz*, Vol. IX (Hanover:

라이프니츠는 이로써 홉스를 넘어섰다. 그는 국가의 책무를 안전보장뿐이라고 생각한 홉스와 달리 국가는 신민의 행복도 보장해야 한다고 생각했기 때문이다. 그런데 생각해보면, 위 편지는 영국 명예혁명 이후에 쓴 글이므로 유럽 역사에서 새로울 것이 없는 '주석'과 같은 것에 지나지 않는다. 같은 편지에서 라이프니츠는 말한다. "국가의 또는 라틴 사람들이 *republica*라고 부르는 것에 대한 나의 정의는 그것이 공동안전을 목적으로 삼는 큰 사회라는 것이다." 이어서 그는 "우리가 안전 이상의 것, 즉 행복(happiness)을 인간들에게 달성해줄 수 있고 이 목적에 전념해야 하는 것이 희망된다. 그러나 안전은 적어도 본질적이고 이것이 없다면 모든 행복(well-being)이 끝난다"고 말한다.1370) 홉스가 신민의 '안전'을 보장하는 플라톤적 야경국가에 만족한 반면, 라이프니츠는 '안전보다 더 많은 것', 즉 인애와 복지의 제도화에 집중한 것이다. 이런 의미에서 라이프니츠의 국가관은 볼프와 유스티에 앞서 이미 공맹적·중국적 국가관을 자기화하기 시작한 것이다. 따라서 "중국은 절대적으로 다스려지는 국가로서 모범적인 '홉스적 제국'이었을지 모르지만, 군주의 인애(charity)를 전제하면, 라이프니츠에게 그것은 철두철미 반反홉스적인(un-Hobbesian) 국가였던 것이다. 이와 같이 유럽과 (라이프니츠의 부정적 '오토만 전제주의' 관점과 전혀 다르게도, 터키를 포함한) 아시아에서의 절대적 권위의 생존가능성에 대한 피에르 벨의 주장과 달리 라이프니츠는 (그가 절대군주정에 대해 매우 비판적이었음에도 — 인용자) 중국 군주를 절대군주정의 법칙을 증명하는 예외로 간주한 것으로 보인다".1371) 라이프니츠가 중국의 '내각제적 제한군주정'을 '절대군주정'으로 오판한 한에서 중국정치에 대한 이런 '예외' 판정은 그의 중국찬양 논변에서 유일하게 가능한 방도였다.

라이프니츠는 중국의 정치사회적 행정을 당대 유럽 군주들에게 공통된 '총신들의 지배'와 '세력균형 정치'보다 훨씬 우월한 것이라고 생각했다.1372) 진정, 당대 유럽의 가장 걸출한 군주인 루이 14세는 라이프니츠가 볼 때 강희제의

1864-1884), 143쪽. Riley, "Introduction", 29쪽에서 재인용.

1370) Leibniz, "Letter to Falaideau"[1705], 143쪽.

1371) Kow, *China in Early Enlightenment Political Thought*, 120쪽.

1372) Lach, "Leibniz and China", 454-455쪽.

안티테제였다. 프랑스에서 절대주의의 해독은 그것이 특별난 덕목들과 결합하지 못할 때 분명해 보였다. 라이프니츠는 『찰스 3세의 권리를 방어하기 위한 선언』(1703)에서 스페인 사람들이 항복하게 되는 경우에 프랑스인들의 본성을 경고했다.

> 부르봉 프랑스국왕의 이익이자 성향은 전제적 권력을 행사할 수 있기 위해 자신을 절대적으로 만드는 것일 것이다. 만인은 이 통치형태가 프랑스에 확립되었다는 것, 그것이 아첨꾼들에 의해 최고조로 고양되어 있다는 것, 그리고 프랑스국왕의 손자가 이 준칙에 반드시 물들어 있을 것임을 안다. 거기에서 귀족들(the great)과 백성의 자유는 줄어들어왔다. 국왕의 고급 쾌락은 그 밖의 모든 것을 대체한다. 심지어 왕족혈통의 왕손들조차 조금도 권위가 없다. 귀족들은 단지 칭호보유자들일 뿐이고, 점점 더 파멸하고 있는 반면, 거의 중요하지 않은 사람들은 타인들을 억압하는 도구로 쓰이도록 높여져 있다. 삼부회가 있는 지방들(pays d'États)에서 삼부회는 형식적으로만 소집되고 이 집회는 그들의 불평불만을 전혀 고려하지 않고 궁궐의 명령들을 집행하는 데만 기여한다. 귀족은 마지막 단계로까지 궁핍해졌고, 다툼과 조사에 화나고, 어쩔 수 없이 국왕에 대한 봉사에 자신을 써야 하고 정복자의 야심에 자신의 복지와 피를 바쳐야 하는 한편, 아주 적은 수로만 주어지는 키메라 같은 부와 진보에 대한 희망만을 양성할 따름이다. (…) 백성들은 무자비하게 짓밟히고 변변치 않은 먹거리로 연명하며 (…) 조정이 기旣보유한 신민들을 전혀 보살피지 않고 오직 조정의 장원을 늘려 비참한 백성의 수를 증대시키려고만 모색하는 조정의 탐욕에만 이바지하고 있다.[1373]

중국황제의 단순한 '고개 끄덕임'에 대한 복종이 중국의 번영·평온·덕성을 보장하는 반면, 프랑스국왕의 '전제권력'은 국민의 파멸, 백성의 억압, 프랑스사회의 미만한 악덕으로 통했다. 역사의 심판에 대한 강희제의 두려움은 모든

1373) Gottfried W. Leibniz, "Manifesto for the Defence of the Rights of Charles III"[1703], 159-160쪽. Leibniz, *Political Writings* (Cambridge: Cambridge University Press, 1st ed. 1972, 2th ed. 1988, reprint 2006).

법률, 삼부회, 의회, 앙시앵레짐의 고상한 관직들보다 절대권력의 남용에 대해 더 큰 견제력임이 기적적으로 증명되었다. 따라서 '계몽절대주의'는 오로지 이미 유럽보다 우월한 윤리·정치 지식을 갖춘 중국에서만 성취할 수 있다.[1374]

나아가 '이상적' 군주는 과학 지식을 보유하고 동시에 과학을 진보시켜야 한다. 기예와 과학은 군주가 받아야 하는 교육의 본질적 부분이다. 그는 1679년 「군주의 초상」에서 "군주들이 모든 다양한 지식을 보유하는 것은 불필요하다"고 하면서도 "지리, 도덕과학, 정치과학과 같이 행동과 통치에 가장 유용한 것들, 축성과 전쟁 관련 모든 것에 대한 지식들과 같이 영광에 가장 영예로운 것들, 언어 지식, 타국 궁궐과 제국諸國의 관습과 자원·진품들의 지식과 같이 교류에 가장 유용한 것들은 군주들이 알아야" 한다고 말한다.[1375]

그리고 라이프니츠는 「토마스 버넷에게 보낸 편지」(1699-1712)에서 "주권적 조물주를 찬미하고 사랑하게 만드는 지식의 저 단단한 대상들을 위해 사람들이 공동의 협주協奏 속에서 일할 더 나은 위치에 있도록" 하려면 "정치의 목적은 덕성 다음으로 풍요(abundance)의 유지"여야 한다고 말한다.[1376] 그리고 이렇게 덧붙인다.

국가형태론과 관련된 정치학의 목적은 이성의 제국이 번창하도록 만드는 것이어야 한다. 군주정의 목적은 걸출한 (당신의 현재 국왕과 같은) 지혜와 덕성을 가진 영웅이 군림하도록 만드는 것이다. 귀족정의 목적은 가장 지혜로운 자들과 가장 전문적인 자들에게 정부를 주는 것이다. 민주정 또는 폴리티의 목적은 백성 자신을 그들에게 좋은 것에 동의하도록 만드는 것이다. 세 가지를 동시에 가질 수 있다면, 한 위대한 영웅, 아주 지혜로운 원로원 위원들, 그리고 아주 이성적인 시민들이 세 정부형태의 혼합체를 구성할 것이다. 자의적 권력은 이성의 제국과 정면으로 대립된다.[1377]

1374) Kow, *China in Early Enlightenment Political Thought*, 120쪽.

1375) Leibniz, "Portrait of the Prince", 92-93쪽.

1376) Gottfried W. Leibniz, "Excerpt from Three Letters to Thomas Burnett", 191쪽. Leibniz, *Political Writings*, translated and edited with an Introduction and Notes by Patrick Riley (Cambridge: Cambridge University Press, 1st ed. 1972, 2th ed. 1988, reprint 2006).

이성의 제국은 오직 과학을 감상하고 후원하는 치자들에 의해서만 확립될 수 있다. 왜냐하면 정의가 '지자의 인애'라면 참으로 정의로운 군주는 인자이면서 동시에 현자여야 하기 때문이다. 이런 관점에서 라이프니츠는 중국황제를 '치자의 본보기'로 여기고 강희제를 찬미한다.[1378]

부베, 그리말디 등 예수회 신부들의 영향을 받아 라이프니츠는 1697-1699년 강희제를 '철인치자'로 평가했다.

> 현재의 황제 강희제, 거의 비할 데 없는 공덕을 이룬 군주의 치세가 되기까지 중국 정부는 기독교활동을 합법적·공개적으로 전개할 자유를 유럽인들에게 하려고 하는 치자 측의 그 어떤 성향도 기독교의 정직성이 인정받기까지, 그리고 유럽의 과학과 기술을 중국으로 도입하려는 군주의 위대하고 유익한 결정을 결실 맺게 할 다른 길이 없다고 결정되기까지 반대했다. 이 문제에서 군주는 내 보기에 개인적으로 그의 모든 관리보다 훨씬 더 많은 통찰력을 가졌고, 나는 그 이유를 그가 유럽문화를 중국 문화와 결합시키는 것에 대한 그의 우월한 판단으로 이해한다. 왜냐하면 그는 어릴 적부터 중국적인 모든 것에서 거의 사적 개인의 능력을 넘어가는 기율을 배웠기 때문이다. 가령 영예와 관직(distinctions and magistracies)을 수여하는 기반인 만다린 고시(과거시험)에서 그는 아주 예리한 판관으로 여겨진다. 그는 (그들에게 최고의 박식함인) 한자를 쓰는 놀라운 능력과 더불어 기독교인들의 최고유식자들이 쓴 상소문의 구성도 개선할 수 있었다. 그리하여 우선 그 자신의 백성들의 학문을 이해하는 한편, 더구나 그가 쾰른 출신 아담 샬의 제자인, 벨기에 부르제(Bruges) 출신 페르디난트 페르비스트 예수회 신부로부터 유럽 지식의 맛을 처음 받았을 때 나쁜 판관이 아닌 한편, 그의 통찰력과 그의 파악력만이 오직 그를, 정확히 마치 이집트 피라미드 위에 유럽식 첨탑이 놓이는 양, 다른 모든 중국인과 만주인들 위로 고양시킬 수 있을 따름이다.[1379]

1377) Leibniz, "Excerpt from Three Letters to Thomas Burnett", 193쪽.

1378) Kow, *China in Early Enlightenment Political Thought*, 122쪽.

1379) Leibniz, *Novissima Sinica*, "Preface", §7.

라이프니츠는 그리말디 신부의 보고를 통해 들은 대로 다시 강희제를 찬양한다.

나는 같은 예수회의 탁월한 인물인 클라우데 필리 그리말디 신부가 로마에서 내게 그가 얼마나 이 군주의 덕성과 지혜를 찬미하는지 말해준 것을 기억한다. 진정으로 (정의에 대한 그의 사랑, 인민에 대한 그의 인애, 그의 수수한 생활양식, 그리고 그의 다른 공덕들을 지나쳐서) 그리말디는 그 군주의 경이로운 지식욕이 거의 신앙에 달했다고 단언했다. 왜냐하면 그 제국의 걸출한 왕자들과 가장 위대한 인물들이 멀리서 우러러보고 가까이서 공경하는 그 치자가 수학도구들을 가지고 매일 서너 시간씩 궐내 지밀至密공간에서 베어비스와 공부하곤 했기 때문이다. 그는 이 덕을 크게 입어서 유클리드이론을 배우고 삼각법 계산을 이해하고 수로 별들의 현상을 증명할 수 있게 되었다. 그리고 진실로 루이 르콩트 신부가 최근에 그곳에서 돌아와 발간한 중국보고서로 우리에게 알려주고 있는 것처럼, 황제는 그의 손자들에게 그토록 위대한 과학의 기본요소들과 그 많은 진리들의 지식을 제공하고 후세까지 그의 백성의 행복을 내다보며 그가 제국으로 도입한 지혜를 상속자산으로 그의 영역에 유증하기 위해 기하학에 관한 책을 준비했다. (⋯) 이제 기하학은 일꾼들의 영역이 아니라 철학자들의 영역으로 간주되어야 한다. 덕성이 지혜로부터 흘러나오고 지혜의 정신이 진리이기 때문에 기하학자들의 증명을 철저히 탐구하는 사람들은 영원한 진리들의 본성을 감지했고, 불확실한 것으로부터 확실한 것을 말할 수 있다. (⋯) 중국인들의 그 군주는 세계의 우리 지역에서 플라톤이 예전에 가르쳤던 것, 즉 기하학을 통과하지 않고는 누구도 과학의 미스터리를 교육받을 수 없다는 것을 아주 분명하게 알았다. 또한 나는 단순히 유럽인들의 눈들 중 한 눈, 즉 기하학을 결하고 있기 때문에 그들이 수천 년 동안 이 경이로운 열성으로, 그리고 학자들을 크게 포상하며 배움을 진작했을지라도 과학에서 탁월성에 도달하는 데 실패했다. 그들이 우리가 외눈박이라고 확신할지 모르겠으나 우리는 그래도 또 다른 눈, 그들이 아직 충분히 잘 이해하고 있지 않을지라도, 말하자면, 제1철학(형이상학적 존재론 – 인용자)을 가지고 있다.[1380]

[1380] Leibniz, *Novissima Sinica*, "Preface", §§8-9.

패트릭 릴레이(Patrick Riley)는 라이프니츠에게 강희제는 세계에서 가장 문명화된 나라들 중 하나를 주재하면서 덕성과 지혜를 혼합하는 점에서 '지혜로운 인애 (caritas sapientis)'를 실증한 '플라토닉 기하학자'였다고 주장한다. 강희제의 과학지 식과 인애는 그가 계시종교를 결했음에도 불구하고 라이프니츠에게 루이 14세 보다 더 훌륭한 기독교인임을 입증해주었다.1381) 하지만 주의해야 한다. 강희 제의 위대성은 그의 지혜와 인애를 통해 기독교 하나님을 '영광화'하는 데 있었다. 그리고 중국에서 과학을 발전시키는 최선의 길은 라이프니츠가 보기에 참된 종교는 말할 것도 없고 수학과 천문학을 잘 아는 예수회 선교사들을 따뜻이 받아들이는 것이다. 강희제는 세계에서 가장 위대한 치자일지 모르지 만, 그의 완벽성은 유럽적 계몽에 있다는 말이다.1382)

라이프니츠는 결국 이처럼 오만하기 그지없는데, 이 오만은 "그들이 우리가 외눈박이라고 확신할지 모르겠으나 우리는 그래도 또 다른 눈, 그들이 아직 충분히 잘 이해하고 있지 않을지라도, 말하자면, 제1철학을 가지고 있다"고 말하는 데서 절정에 달한다. 그러나 그것은 '그릇된' 오만일 뿐이었다. 칸트·헤 겔철학을 최후로 '제1철학'(형이상학)은 철두철미 공리공담으로서 18세기와 20세 기 경험과학의 승리 이후 니체·하이데거주의적 부패를 거쳐 오늘날 남김없이 해소되기에 이르렀기 때문이다.

유럽 계몽주의는 최후의 스콜라철학, 차라리 네오스콜라철학인 "데카르트 철학"을 "근대적 경험과학적 방법에 근접한 어떤 것으로 전환시키는 인식론 혁명으로서 시작되었다".1383) 즉, 칸트·헤겔 등의 형이상학(제1철학)은 계몽주의 의 불꽃이 아직 미약한 후진 지역에 남아 있던 스콜라적 잔존물, 즉 '화창한 봄날에도 남아 있는 눈 더미'와 같은 것에 지나지 않는다.

1381) Patrick Riley, "Leibniz's Political and Moral Philosophy in the *Novissima Sinica*, 1699-1999", 219, 227쪽, *Journal of the History of Ideas*, Vol. 60, No. 2.

1382) Kow, *China in Early Enlightenment Political Thought*, 122-123쪽.

1383) Samuel S. B. Taylor, "The Enlightenment in Switzerland", 73쪽. Roy Porter and Mikulas Teich (ed.), *The Enlightenment in National Context* (Cambridge: Cambridge University Press, 1981).

■ 중국의 평화문화에 대한 선망과 '보편정의'의 추구

라이프니츠는 '지자의 인애'로서의 정의가 국제정치 영역의 인간사로 확장될 때만 완전히 실현될 수 있다고 생각했다. 역으로, '국제정의'의 완벽한 실현은 신의 창조에 미만한 '보편정의'에 접근할 것이다. 라이프니츠의 눈에, 중국의 반전反戰·평화주의적 국가철학의 국제정치적 표출은 유럽에서의 프랑스의 팽창주의나 기독교통일국가 이념의 좌초와 대비되는 것이었다. 그리하여 그는 중국의 윤리적 우월성이 유럽에서의 기독교적 통일에 대한 중국의 기여와 신적 군주정과의 연관 속에서 입증될 수 있다고 생각했다.[1384]

라이프니츠의 보편적 조화의 꿈은 때로 권력정치도 외면하지 않았다. 라이프니츠가 홉스에게 어느 정도 동의하는 한 가지 논점은 국제관계의 까다로운 상태였다.

> 타인의 신의를 의심할 충분한 이유가 있을 때와, 때로 끼쳐질 손해에 대한 예방조치 (*cautio damni infecti*)가 믿어질 수 없을 때는 선한 사람이 그것(조약을 깨는 짓)을 하는 것도 때로 잘못이 아니다. 『시민의 기초(*Elementa de Cive*)』의 명석한 저자(홉스 - 인용자)는 여기로부터 상이한 국가들과 상이한 백성들 간에는 영원한 전쟁이 있다는 결론, 즉 그것이 해를 끼칠 권리가 아니라 적절한 예방조치를 취할 권리를 말하는 것이라면, 진정, 전체적으로 부조리하지 않은 이 결론을 끌어냈다.[1385]

이 관점에서 '예방조치'는 불법적 침략에 대한 무력저항도 포함한다. 라이프니츠는 루이 14세의 제국주의적 행동을 그 야만성 면에서 "오토만 터키"라고 단죄했다. 이 행동으로 루이 14세는 "하늘과 땅, 유럽과 아시아, 교황과 개신교, 황제와 술탄, 스페인·스웨덴·폴란드의 국왕, 독일과 이탈리아의 군주들을, 한마디로 실제적으로 전 세계를 성나게 하고 모멸했다"는 것이다.[1386] 술탄도

1384) Kow, *China in Early Enlightenment Political Thought*, 122-123쪽.

1385) Gottfried W. Leibniz, "Codex Iuris Gentium", 166쪽. Leibniz, *Political Writings* (Cambridge: Cambridge University Press, 1971·2006).

1386) Leibniz, "Mars Christianissimus". Kow, *China in Early Enlightenment Political Thought*, 123쪽에서

불쾌했다면, 그것은 아주 나쁜 것이다. 프랑스국왕은 아시아 전제군주에게도 잘 알려져 있던 보편적 정의의 준칙을 범한 것이다.

20년 뒤 스페인계승전쟁 동안, 루이 14세에 대한 라이프니츠의 분노는 삭지 않았다. 프랑스의 팽창주의는 지속적으로 유럽정치의 지배적 이슈였고, 국제정의에 대한 주요 위협이었다. 유럽제국은 스페인령 네덜란드에 대한 프랑스의 침략으로부터 "보편적 군주국의 수립과 공적 자유의 억압으로 향하는 이 국왕의 의도"를 읽었고, "여기에 가장 이해관계가 큰 열강들이 가급적 빨리 이것을 저지하는 조치를 취하지 않을 수 없다고 느꼈다".1387) 프랑스는 유럽 전역의 정의로운 평화의 대적大敵으로서, "모종의 지속가능한 협정에 의해 전쟁을 종식시킬 방법을 사람들로부터 박탈하게 될" 준칙, "그 귀결로서 자연법·신법·국제법에 절대적으로 반하게 될" 준칙에 의해 자신의 주장들을 정당화하려고 모색했다.1388) 그렇다면 자유와 국제정의를 지키기 위해 "프랑스인들이 우리를 돕는다는 구실 아래 차지해온 지위에서 이들을 몰아내야 할 필요성 외에 어떤 다른 문제도 없을 것이다. 우리가 우리만큼 관심 있는 유럽의 거의 모든 것을 우리 쪽에 얻고 있기 때문에 우리는 정의의 보호자와 악한 행동의 보복자인 신의 도움으로 성공을 확신한다".1389) 프랑스에 대항해 유럽제국이 연합하자는 라이프니츠의 주창이 제국주의 그 자체에 대한 탄핵에 기초해 있지 않다는 점, 그의 반反오토만적 자세에 기초해 있을 뿐이라는 점은 스페인에 대한 그의 호소에서 분명하다. 스페인 사람들이 아메리카에서 이교도들을 정복한 것은 프랑스인들이 결한 정통성을 향유한다는 것이다. 제국주의는 비기독교도들을 문명화하는 사명으로서만 정당화될 수 있다. 그런데 라이프니츠에 의하면, 중국인들만은 문명화된 '명예 기독교인들'이고, 따라서 유럽으로부터 혜택을 얻기 위해 군사정복을 당할 필요가 없는 국민이다.1390)

재인용.

1387) Leibniz, "Manifesto for the Defence of the Rights of Charles III", 147-148쪽.
1388) Leibniz, "Manifesto for the Defence of the Rights of Charles III", 149쪽.
1389) Leibniz, "Manifesto for the Defence of the Rights of Charles III", 162쪽.
1390) Kow, *China in Early Enlightenment Political Thought*, 124쪽.

그리고 라이프니츠는 1703년 5월 부베 신부에게 보낸 서신에서 "스페인 왕의 죽음(1700. 11. 1. 사망 – 인용자)이 유럽의 운명을 결정할 경악스러운 전쟁을 일으켰고 차르와 스웨덴 왕 간의 전쟁은 아직도 지속되고 있다"고 말하고 "유럽의 일들은 우리로 하여금 중국인들을 부러워하도록 만드는 상황에 처해 있다"고 쓰고 있다.1391) 라이프니츠의 관점에서 프랑스의 불관용과 침략은 중국의 기독교 수용 및 러시아와의 평화조약과 현격한 대조를 이루는 것이었다. "도덕적·정치적 관점에서 라이프니츠는 중국과 중국의 개명된 황제를 전쟁과 논쟁해결의 폭력적 방법을 회피는 것에서 실천적 결과를 보는 관용과 존경의 정신의 현저한 사례로 간주했다. 유럽에서 기독교 전쟁신(Mars Christianissimus) 루이 14세가 낭트칙령을 폐함으로써 종교적 불관용을 재再점화하고 군사적 우월성에 기초한 침략정책을 계속한 반면, 중국의 '이교도' 황제는 (중국의 명백한 군사적 우월성에도 불구하고) 러시아와 공고한 평화를 협상했고 불교·기독교·이슬람에 동등한 권리가 허용되는 관용칙령을 반포했다. 기독교는 그쪽에서 판이한 중국 전통 속에서 상이한 이름과 관습을 통해 표현된 자연종교의 기본적 진리를 인식해내고 동시에 기독교신앙의 진실한 고백을 위태롭게 하지 않는 저 문화적 관행들을 관용하는 마음의 유사한 개방성을 함양할 필요가 있었다."1392)

하지만 라이프니츠는 프랑스에 대항해 유럽 열강의 연합체가 수행하는 군사작전이 진정으로 정의롭고 신성한 전쟁이라면, 윤리적 사회의 본보기로서의 중국은 가능한 한 참여할 것이라고 생각했을 것으로 추정된다. 라이프니츠가 생각하는 이런 전쟁의 최적목표는 보편교회의 '세속적 팔인 신성로마제국의 노선에 의해 또는 이 노선에 따라 움직이는 기독교세계의 재통일일 것이다.1393) 이것은 실로 순수한 '몽상'이었다. 물론 라이프니츠는 이 몽상이 실현가능하다고 생각하지 않았다.

1391) "Leibniz and Joachim Bouvet"(Brief 49, 18/ Mai 1703), 399쪽. Leibniz, *Der Briefwechsel mit den Jesuiten in China*.

1392) 참조: Antognazza, *Leibniz*, 360-361쪽.

1393) Kow, *China in Early Enlightenment Political Thought*, 124쪽.

그럼에도 불구하고 조약과 보장 형태의 실정 국제법으로 이동하는 1693년에 집필된 『국제법 법전(Codex Iuris Gentium)』 「서설(Praefatio)」에서도 라이프니츠는 국제정의의 근본적으로 유신론적 기초를 개진하고 있다. 그는 "자연법과 국제 법은 그리스도의 가르침에 입각해 기독교의 가르침, (…) 숭고한 일들, 지자의 신적인 일들을 따라야 한다"는 "식자들"의 주장에 동의했다. 기독교인들은 "백성들의 암묵적 동의로부터 기원하는 자발적 국제법"(국제관습법) 외에도 적절 하게 더 높은 조직의 구성원들이다. "일반적으로 지난 세기의 종교분열 이전에 기독교국가들의 일종의 공동국가가 생각되어야 하고 그 수뇌는 신성한 일에서 교황이고 세속적 일에서 황제라는 것은 오랫동안(그리고 이유가 없지 않게) 받아들 여졌던 것으로 보인다. 이 황제는 활동의 권리와 군주들의 자유를 해치는 것 없이 기독교세계의 공동선을 위해 필요한 만큼 고대 로마황제들의 권력을 보유했다." 군주들은 국가 안에서 권력을 독점할지라도 "아마 한 우월자를 향한 의무의 기반羈絆에 의해 제한되고 이 우월자에게 공경과 충성과 순종을 바쳤을 것이다". 그리고 "만약 그의 권위가 충분히 넓다면 그를 권력자라고 부르는 데 동의할 것이고, 그는 주권자 또는 주권적 권력자라고 불릴 것이다. 이것으로부터 불어로 *souveraineté*, 그리고 라틴어로 *suprematus*라고 불리는 법이 생겨난다. 그리고 이것은 그럼에도 불구하고 교회 안에서 교황의 지상권 이 수도원의 존재를 배제하지 않는 것과 마찬가지로 국가 안에서의 한 우월자 의 존재를 배제하지 않는다".[1394] 즉, 라이프니츠는 주권을 위로부터, 동시에 아래로부터 제한된 것으로 보았다. 이것은 중세적 권위위계 개념을 탈피하지 못한 것이다.

이런 전제에서 라이프니츠는 알투시우스·휴고 등 다른 독일 이론가들과 유사하게 유럽정치의 '연방' 개념을 상론한다. 신성로마제국은 터키 같은 이교 도들이나 루이 14세 같은 침략자에 대한 신성한 '정의의 전쟁'을 통해 국제법을 집행한다. 아마 중국이 기독교세계의 이 연방국가에 가담하기로 한다면, 신성 로마제국 황제에 의해 중국도 통합신앙의 적들을 벌하도록 초치될 수 있을

1394) Leibniz, "Codex Iuris Gentium", 174-175쪽.

것이다. 정말, 중국은 기독교통일 프로젝트에서 간접적 역할을 수행했다. 라이프니츠는 1715년『영구평화기획』의 저자인 생피에르 신부에게 보낸 서한에서 낙관적으로 "대여섯 명이 원한다면 그들은 서양에서 커다란 분열을 끝내고 교회를 훌륭한 질서로 바로잡을 수 있을 것"이고, "진짜로 원하는 군주는 그의 국가를 재앙으로부터 보존할 수 있다"라고 천명했다.1395) 그리고 생피에르의 『영구평화기획』에 대한 「논평」(1715)에서 그것이 군주에 대한 신민의 하소연의 권리를 없앤 점에서 약간 차이가 있을지라도 생피에르가 "(신성로마)제국을 기독교사회의 모델로 생각한 것은 올바르다"고 평했다.1396) 그러나 라이프니츠는 "신성로마제국의 결함은 생피에르 신부가 생각하듯이 황제가 너무 많은 권력을 쥐고 있는 것이 아니라, 황제가 황제로서 충분한 권력을 갖지 못하고 있다는 것이라고 말한다. 왜냐하면 제국은 양도되지 않거나 누락되지 않는 세수가 거의 없고 제국법정의 판결과 의회의 결의는 강자들을 거슬러야 하기에 집행되기 아주 어렵기 때문이다".1397)

따라서 신성로마제국을 연방모델로 재건하는 보편적 '기독교국가(respublica Christiana'의 이념이 라이프니츠의 뇌리에 맴도는 것이다. '기독교국가'의 이념은 그것이 보편적 사랑(기독교인들의 통합)에 기반을 두는 한에서 국제적 차원에서 지혜로운 인애, 슬기로운 사랑으로서의 라이프니츠의 정의正義 개념을 구현한다. 이러한 보편적 사랑은 물론 이교도들과 침략자들에 대한 정의의 전쟁을 필요로 할 것이다.1398)

그러나 무슨 기반 위에서 프로테스탄트, 가톨릭, 그리고 기타 기독교인들이 기독교적 통일성을 복고시키는 데 필요한 유형의 평화적 토대(irenic foundation)를 찾을까? 라이프니츠는 자신이 '중국의 자연신학'이라고 부른 공자철학을 원용

1395) Leibniz, "Letter to the Abbé de St Pierre"(February 1715), 177쪽. Leibniz, *Political Writings* (Cambridge: Cambridge University Press, 1971·2006).

1396) Leibniz, "Observations on the Abbé de St Pierre's 'Project for Perpetual Peace', 181쪽.

1397) Leibniz, "Observations on the Abbé de St Pierre's 'Project for Perpetual Peace', 182쪽. Leibniz, *Political Writings* (Cambridge: Cambridge University Press, 1971·2006).

1398) Kow, *China in Early Enlightenment Political Thought*, 126쪽.

했다. 그는 개종을 용이하게 하기 위해 중국인들이 기독교인들의 분열을 모르기를 바랐다. 그리고 중국인들의 자연신학에 대한 라이프니츠의 설명은 이 자연신학이 그들에게 그들 자신들의 전통 속에서 구현된 기독교성의 보편적 진리를 계시하는 것으로 기안되었다. 중국의 자연신학은 유럽인들에게도 교훈이 될 것이다. "왜냐하면 우리는 모두 기독교적 신앙의 원칙을 받아들이는 어떤 백성이든 구원할 것을 보장하는 이 기독교 원칙에 보편적으로 동의하기 때문이다. 이교적이고 거짓되고 그릇된 어떤 것도 이 원칙에 더 처바르지 않는 한에서 우리는 그렇다."1399) 이것은 주관적 소망이고 덧없는 생각이지만, 라이프니츠는 이런 통합된 핵심이 중국 땅에서의 기독교 도입을 용이하게 할 뿐만 아니라 유럽 땅에서의 기독교인들도 통합하게 만드는 것이라고 생각했다. 종합하면, 공자철학으로 현시된 핵심적 자연신학은 계시종교의 토대를 준비하고 고대 중국사상과 조화되며 모든 기독교인에게 조화로운 기반을 제공한다.1400) 중국의 자연신학은 기독교 통일성의 기반을 복구하는 것을 돕는다. 그리하여 중국의 자연신학은 군주정적 '기독교국가'라는 라이프니츠의 신학적·정치적 대大비전을 위한 정신적 토대다. 그는 중국 자연신학의 철학적 해석자로서, 그리고 기독교의 합리화 추구자로서, 마지막으로 적절하게 생각된 신성로마제국에 기초한 기독교국가의 지성적 건축가로서 국제평화를 구현하려고 한 것이다. 그렇다면 중국은 근본적으로 유럽적인 정치적·철학적 목표들을 위한 본질적 도구, 또는 도구를 '약간' 넘어가는 그 무엇일 것이다.1401)

라이프니츠의 철학체계는 신적 왕국의 신학적·정치적 비전에서 정점에 달한다. 그는 이 비전을 '신국'으로 언급하면서 그의 철학 전반에 걸쳐 표명했다. 아우구스티누스의 신국과 달리 라이프니츠의 비전은 그 성격이 신학적이면서 "단연 합리주의적"이다. 그것은 "신국에서의 형이상학적 영역과 윤리적 영역의 융합"을 표현한다.1402) 우리는 "신의 왕국 아래서의 지성적 실체들(단자들 −

1399) Leibniz, *Novissima Sinica*, "Preface", §12.

1400) 참조: Franklin Perkins, *Leibniz and China: A Commerce of Light* (Cambridge: Cambridge University Press, 2004), 124쪽.

1401) Kow, *China in Early Enlightenment Political Thought*, 126쪽.

인용자)의 정부"를1403) 생각할 수 있다는 것이다. "조물주가 우리에게 준 이성의 영원한 빛, 그가 우리의 눈앞에 내놓은 그의 권능, 그의 지혜와 그의 무한한 선성의 놀라운 효과"를 통해 우리는 신적 창조주에 대한 지식을 얻을 수 있다.1404)

> 이 지식은 우리로 하여금 신을 우주의 주권적 군주로 직시하게 만들 것이다. 이 우주의 군주의 정부는 우리가 생각할 수 있는 한 가장 완벽한 국가인바, 이 국가에서는 어떤 것도 소홀히 하지 않고, 우리의 머리 위의 모든 머리카락이 계산되고, 모든 권리가 그 자체에 의해서든 모종의 등가적 형태로든 사실이 되고, 그리하여 정의는 신의 선한 기쁨과 일치하는 어떤 것이고, 가장 정직한 것과 유용한 것 간의 분리는 일어나지 않는다.1405)

그러므로 합리적 정신 위의 이 왕국은 덕성이 언제나 보상받고 악덕이 피안에서 처벌받는 만큼 생각할 수 있는 가장 정의로운 정부다. (이것은 덕성은 반드시 이웃이 있고 악덕은 이승의 역사에서 반드시 벌 받는다, 또는 자식이 출세하려면 3대에 걸쳐 덕을 베풀어야 하거나 적어도 악덕을 쌓지 않아야 한다는 극동 사람의 일상적 믿음과 본질적으로 다르다.)

그런데 라이프니츠의 이 도덕공동체는 자의적 절대국가가 아니라 '입헌군주국' 또는 '공화국'과 같은 것이다. 왜냐하면 이 공동체의 모든 구성원이 신적 '의지'와 독립된 선과 정의의 공동척도에 의해 묶여 있다고 주장하기 때문이다. 그리하여 중국의 자연신학에서 명증되듯이 신의 왕국에 대한 순종은 신적 계시 없이도 가능하다. 신의 왕국은 중국인들을 포함한 모든 백성을 포괄할 뿐만 아니라, 자연종교에 기초한 사회를 포괄하고, 계시에 의해서는 다만 '완벽화'될 뿐이다. 중국의 자연신학은 신의 교회의 합리적 기반을 표현하고 보편적

1402) Kow, *China in Early Enlightenment Political Thought*, 127쪽.

1403) Leibniz, "Meditation on the Common Concept of Justice", 52쪽.

1404) Leibniz, "Meditation on the Common Concept of Justice", 58쪽.

1405) Leibniz, "Meditation on the Common Concept of Justice", 58쪽.

정의를 표명한다.1406)

「중국인들의 자연신학에 관한 논고」에서 라이프니츠는 그 자신의 '신의 왕국' 개념을 중국적 믿음으로부터 읽어낸다. 그는 중국 철학자들이 '하늘(天)'과 관련해서 물리적 '창천蒼天'(푸른 하늘; 'sky')과 종교적 '황천皇天'(상제의 나라로서의 하늘; 'Heaven')을 구별했음을 전제한다.

> 그러나 중국인들은 황천(Heaven)으로써 '우주의 대군주'(상제 - 인용자) 치하에 놓인 전체 하늘의 위계질서, exercitus Coelorum(하늘의 군대)을 뜻한다. 이 황천은 단순히 가시적 하늘이 아니다. 왜냐하면 중국인들의 의견에 의하면 (…) (천기天氣를 가진) 황천의 공기는 만유萬有하기 때문이다. 그리하여 그들에 의하면 영혼을 황천과 완전히 판이한 것으로 생각할 필요가 없다. (죽은 뒤 혼령들이) 산속 여기저기를 떠돌고, 오르시고 내려오시고 상제 옆에 앉아 있다고 말하는 것 등은 단지 심상 화법일 따름이다.1407)

그래도 중국인들이 영혼의 불멸성을 믿는다는 것은 이 '심상 화법들'이나 저승의 상벌 이야기 등에서 분명하다.

> 그리하여 이 위대한 주主가 다스리는 신령들(Spirits)의 왕국은 인간들의 왕국 못지않게 질서 바르고, 그 결과로 정의가 이승에서 불충분하게 행해지기에 이 치세에서 덕성이 보상받고 악덕이 처벌받게 되는 것이다. 이것은 고대 중국인들이 시사한 것이기도 하다. 우리는 이미 그들이 지혜롭고 덕스러운 황제를 상제 옆에 앉히는 것, 그리고 그들이 위대한 사람들의 영혼들을 천사의 화신(angels incarnate)으로 간주하는 것에 주목했다. 생트-마리(Antoine de Sainte-Marie) 신부는 사후에 황천으로 올라가서 아주 높여진 이 왕 '상제'를 계몽하고 도우며(나는 이것을 "보필하며"라고 번역해야 한다

1406) Kow, *China in Early Enlightenment Political Thought*, 127쪽.

1407) Leibniz, "Discourse on the Natural Theology of the Chinese"(1716), §64. "오르시고 내려오시고 상제 옆에 앉아 있다"는 『시경』의 시구 "문왕이 오르고 내려오시며 상제의 좌우에 계신다(文王陟 降 在帝左右)"는 시문을 말하는 것이다. 『詩經』 「大雅·文王」.

고 생각한다) 상제의 좌우에 앉아 있는 고대의 왕들을 언급하고 있는 『시경』을 인용했다. 지상으로부터 황천으로 올라가고 황천으로부터 지상으로 내려오는 이 왕들은 그 후원자이자 보호자들로서 왕국을 촉진하고 부추긴다고 얘기되는 것도 같은 책에서다. 고대 중국인들에 의해 제도화된 조상과 위인의 숭배는 진정으로 그 목적을 위해 산 자들이 황천의 보상에 대한 바람을 간직하고 있는 만큼 산 자들의 감사를 표시해야 하고, 산 자들을 후세의 인정을 받을 만하게 만드는 행동을 행하도록 돋우어야 한다. 하지만 고대인들은 '우주의 군왕'의 법정에서 영광의 아우라에 둘러싸인 덕스러운 조상들의 신령들이 그들의 후손들에게 선악을 얻게 할 수 있는 것처럼 말한다. 그리고 이것에 의해 분명해지는 것은 고대인들이 조상을 계속 존재하는 것으로 생각했다는 점이다.1408)

중국인들은 계시종교의 결여에도 불구하고 모든 합리적인 존재자("우주 안의 지성적 실체들")를 다스리는 신의 통치에 대한 지식을 보유했다. 마테오리치와 적응주의 선교사들이 중국인들의 믿음에다 기독교 유일신론을 투사했던 것처럼, 라이프니츠는 중국인들의 자연신학에 자신의 신적·철학적 비전의 지도를 그렸다.1409) 더구나 청대 초 중국이라는 국가와 강희제가 예외적으로 인간에게 가능한 한에서 거의 완전하게 최고의 윤리적 표준을 보여주었기 때문에 라이프니츠는 중국을 어떤 다른 나라보다도 더 신국을 본받아 보편정의를 구현한 것으로 규정했다. 그러나 라이프니츠의 이런 중국 이상화에는 분명한 한계가 있었다. 그 한계는 계시의 결여가 중국의 결백성을 거의 더럽힐 수 없었기에 예수회의 열광 수준을 뛰어넘었을지라도 중국의 모든 명시적 위대성을 모조리 라이프니츠 자신의 도덕·철학사상에 끼워 맞추는 것에 있었다. "중국은 라이프니츠 자신의 우주를 거울처럼 반영했을 뿐이다."1410) 이로 인하여 라이프니츠는 중국으로부터 철학적 배움을 얻은 것보다 중국을 자기 철학을 실증하는

1408) Leibniz, "Discourse on the Natural Theology of the Chinese"(1716), §§65-66.

1409) Mungello, *Leibniz and Confucianism*, 111쪽.

1410) Kow, *China in Early Enlightenment Political Thought*, 128쪽.

사례로 활용하는 일이 더 많았고, 중국을 그 자체로서 파악하기보다 자신의
철학에 끼워 맞추기 위해 중국의 상을 뒤틀고 오해하는 대목이 더 많았다.

■이진법적 『주역』 해석과 그 오류

라이프니츠가 중국열광 속에서 추구한 마지막 논제는 자신이 개발한 이진법
을 복희 8괘 또는 주역 64괘의 해석과 연결시키는 것이다. 라이프니츠는 모든
수를 0과 1로만 표기하는 자기의 이진법과 복희 8괘의 이진법 체계의 일치성을
발견하고 이에 놀란 나머지 복희 8괘를 이진법으로 다 해명할 수 있다고 장담하
는 그릇된 착각에 빠진다.

이 0과 1의 산술이 복희(Fohy)라 불리는 고대 철인왕이 만든 괘들의 신비를 포함하고
있다는 것은 놀라운 일이다. (…) 그가 만들었다고 여겨지는 몇 가지 형태의 선이
있는데 그 선들은 모두 이 이진법의 산술이 된다. 여기서 팔괘라 불리는 것의 기본
형태와 이것들에 대해 우선 이해하고 있어야 할 해석, 완전한 선(—)은 하나 혹은
1을 나타내고, 부러진 선(--)은 영 혹은 0을 나타낸다는 것을 덧붙이는 것으로 충분할
것이다.

⚊ ⚊ ⚊	000	0	0
⚊ ⚊ ❘	001	1	1
⚊ ❘ ⚊	010	10	2
⚊ ❘ ❘	011	11	3
❘ ⚊ ⚊	100	100	4
❘ ⚊ ❘	101	101	5
❘ ❘ ⚊	110	110	6
❘ ❘ ❘	111	111	7

중국인들은 괘의 중요성 또는 복희가 만든 선이 지닌 상징의 중요성을 1,000년도
넘게 잊고 있었으면서도 이것에 대해 계속해서 주석을 붙였는데, 내가 모르고 있는

어떤 오래된 의미를 찾으려고 애써왔던 것 같다. 그들은 이제 (『주역』에 관한) 유럽인의 진정한 해설을 들어야 할 필요가 있다.[1411]

'유럽인'이란 여기서 라이프니츠 자신이고 그가 이진법으로 8괘의 의미를 해설하겠다는 말이다. 위 인용문의 도표에서 왼쪽의 괘는 8괘를 이진법 순서에 따라 옆으로 뉘어 나열한 표다. 나열된 순서에 따라 괘명을 배치하면 다음과 같다.

곤坤 ⺊ ⺊ ⺊	000	0	0
진震 ⺊ ⺊ ǀ	001	1	1
감坎 ⺊ ǀ ⺊	010	10	2
태兌 ⺊ ǀ ǀ	011	11	3
간艮 ǀ ⺊ ⺊	100	100	4
리離 ǀ ⺊ ǀ	101	101	5
손巽 ǀ ǀ ⺊	110	110	6
건乾 ǀ ǀ ǀ	111	111	7

복희 8괘의 원래 배열순서는 건☰, 태☱, 리☲, 진☳, 손☴, 감☵, 간☶, 곤☷이다. 그러나 라이프니츠 이진법의 배열순서를 따르면 곤☷, 진☳, 감☵, 태☱, 간☶, 리☲, 손☴, 건☰이 된다. 따라서 두 배열순서 사이에는 아무런 연관성이 없다. 복희 8괘는 양과 음의 관계에서 양의 분량이 점차 줄어들되 아래에서 위로 차례차례 이동하는 효爻의 위치에 따르지만, 라이프니츠의 이진법은 수량이 단순히 증가하는 순서만을 따르기 때문이다.

1411) Leibniz, "Explication de l'Arithmétique Binaire, qui se sert des seuls caractères 0 et 1, avec des remarques sur son utilité, et sur ce qu'elle donne le sens des anciennes figures chinoises de Fohy". Leibniz, *Mathematische Schriften*, Vol. 7, No. 21 (Hildesheim: 1971). 「0과 1만을 사용하는 이진법 산술에 대한 해설」, 라이프니츠(이동희 편역), 『라이프니츠가 만난 중국』(서울: 이학사, 2003), 68-69쪽.

또한 공자에 의하면, 같은 음효나 양효라도 위치의 음양(아래부터 첫 번째와 세 번째 자리는 양陽, 두 번째 자리는 음陰)에 따라 '정당위正當位'와 '부당위不當位'로 평가가 달라진다. (가령 음의 위치에 음효가 오면 '정당위', 양효가 오면 '부당위' 다.) 공자에 의하면, 한 괘 안에서 제1효와 제3효가 둘 다 동일하게 양효이거나 또는 둘 다 음효인 경우 그 가운데 2효가 어떤 효든 '중도'를 이룬 것이다. 그런데 이때 음수 자리 2효가 음효라서 '정당위'이면 '중정中正'이라고 한다. 반대로 2효에 양효가 오면 '부당위'이므로 단순히 '중도를 얻은 것(得中道·得中)' 으로만 평가한다. 제1효와 제3효가 음·양으로 갈리면 가운데 효는 '부중不中'이 라고 평한다. '중정'한 효의 경우에는 점단占斷이 다 길하다. 단순히 '중도'인 경우는 점사가 복잡다단하다. '부중'하면 '불길'하거나 '흉'하다. 가령 곤☷은 제1효와 제3효가 둘 다 음효이고 2효는 음수 자리에 음효가 와서 '정당위'이므 로 2효는 '중정'하다. 건☰의 2효는 1효와 3효가 둘 다 양효라서 중도를 이루었 는데 2효가 양효인 '부당위'이므로 단순히 '중도'다. 감☵의 2효도 중도를 이루 었으나 2효가 부당위이므로 단순히 중도에 그친다. 그러나 리☲의 2효는 중도 를 이루었고 '정당위'이므로 '중정'이다. 태☱·진☳·손☴·간☶의 2효는 '부중' 이다. 특히 태☱·손☴의 2효는 '부중'이면서도 '부당위'다.

또한 복희 8괘는 제각기 음양의 위치 배열에서 나오는 다양한 상징적 의미를 가지고 있다. 가령 건괘는 순전히 양효로만 되어 있으므로 '하늘', '강건', '아버 지', '군주' 등을 뜻한다. 곤괘는 순전히 음효로만 되어 있으므로 '땅', '순함', '어머니', '왕비' 등을 뜻한다. 감괘는 제1효와 제3효가 음효이고 가운데 효만 양효인데, 이것은 겉은 부드러우나 속은 강건한 것을 뜻하기도 하고, 겉으로 보면 어두우나 깊이 들여다보면 밝고 맑은 것을 뜻하기도 한다. 이런 성질을 가진 자연사물은 '물'이다. 물은 마시는 물이나 술처럼 좋기도 하고, 세차게 흐르거나 너무 깊고 많으면 위험하기도 하다. 따라서 감괘는 '물'과 '술', 한결같 은 '노력(복습)'과 '위험' 등을 뜻한다. 리괘는 겉의 두 효가 양이고 가운데 효만 음이다. 따라서 겉은 밝고 속은 어둡다. '불'이 바로 이런 모양새다. 불은 옮겨 붙으며 불사른다. 따라서 리괘는 '불', '불사름', '밝음', '붙음' 등을 상징한다.

그러나 라이프니츠의 이진법에서 0과 1은 단순히 '무無와 일一'을 뜻할 뿐이어서 '음·양'의 의미가 전무하여 복희 8괘의 저 다양한 의미를 완전히 소거시켜 버린다. 바꿔 말하면, 복희 8괘와 주역 64괘의 음양 배열이 우연히 이진법과 부합되는 측면을 라이프니츠가 세계 최초로 밝혔다고 하더라도, 그는 주역의 의미에 촌보寸步도 다가갈 수 없다는 말이다. 물론 이 말은 그가 창조한 이진법이 오늘날 컴퓨터 발명의 기초가 될 정도로 획기적인 역사적 창안이었다는 점을 부정하는 것은 아니다.

한편, 앞에서 라이프니츠는 복희 8괘를 이진법과 연결시키는 것에 그치지 않고 '더 큰 사실을 암시하는' 기독교의 '창조' 논리와도 연결시킨 바 있다. 이 알 듯 모를 듯한 수비학적數秘學的 언설을 그는 1701년과 1702년 사이 부베 신부에게 보낸 한 통의 서신에서 보다 자세히 설명한다.

> 8괘는 중국인이 근본적이라고 생각하는 8개의 선線 그림인데 복희는 그것을 통해 신의 창조를 나타내고자 한 것입니다. 즉, 만물이 1과 0에서 나온다는 내용으로서 「창세기」의 신화와 연결시킬 수 있습니다. 여기서 0은 하늘과 땅의 창조에 앞서는 것으로서 태허太虛를 의미합니다. 그다음 7일 동안 하루하루 이미 존재하는 것과 새롭게 창조된 것을 표시하고 있습니다. 처음 첫 번째 1은 신의 존재를 의미합니다. 두 번째 2는 첫째 날에 창조된 하늘과 땅의 존재를 의미합니다. (010 중 1은 하늘, 0은 땅이라는 의미입니다.) 최후의 일곱째 날은 만물의 존재를 뜻합니다. 따라서 마지막 날은 곧 가장 완전한 날로서 이른바 안식일이 되는 것입니다. 마지막 하루의 창조가 성공하여 만물이 다 갖추어지게 되었기 때문에 7은 0을 포함하지 않는 '111'로 적는 것입니다.[1412]

이렇게 복희 8괘를 기독교 창조신화와 연결시키는 것은 일견 매우 조리 있게 느껴지기도 하지만, 역학논리와 아무 관계가 없는 견강부회일 뿐이다.[1413]

1412) 「부베 신부에게 보낸 라이프니츠의 서신」(1701-1702년 사이 발신). 주겸지, 『중국이 만든 유럽의 근대』, 272쪽에서 재인용.

『주역』에 대한 라이프니츠의 해석을 총평하자면, 그는 『주역』을 전혀 이해하지 못했다는 것이다. 나중에 공자의 '중도역학中道易學'에 대해 상론하겠지만, 공자는 『주역』을 점치는 책으로만 보고 의리義理를 도외시하는 점서역설占筮易說과, 『주역』에서 점서를 부정하고 의리만을 추구하는 의리역설義理易說을 둘 다 부정하고 이 양자를 중도적으로 통합한 '중도역학'을 주창했다. 또한 공자는 덕행으로 행복을 추구하는 덕행구복德行求福을 우선시하지만, 덕행 자체를 그르치는 대흉과 대과大過를 피하기 위해 복서로 미래를 미리 알아 흉을 피해가는 '복서피흉卜筮避凶'을 겸용했다. 즉, '덕행구복'과 '복서피흉'을 선후로 결합시킨 것이다. 이 관점에서 볼 때 라이프니츠는 의리역학만을 추구한 것이고, 그것도 가장 터무니없는 의리만을 추구한 것이라고 최종적으로 평가할 수 있다.

다음 구절은 그가 『역경』에 얼마나 무지했으며 그럼에도 얼마나 쓸데없는 자부심에 빠져 허우적댔는지를 잘 보여준다.

> 그때(문왕과 주공의 시대 – 인용자)로부터 5세기가 지난 후에 공자 등이 『역경』 속에 든 철학적 비밀을 탐구했다. 다른 사람들은 그 64괘로 일종의 흙점(Geomancy)과 기타 어리석은 짓을 끌어내기를 바랐다. 실제로 64괘는 명백히 저 위대한 입법자 복희가 보유한 이진법 산술을 표현한 것이다. 그리고 나는 수천 년 뒤에 이것을 재발견했다.1414)

라이프니츠는 여기서 이중잣대를 쓰고 있다. 『성경』은 신탁적 '계시의 책'이다. 따라서 『성경』을 '신탁(The Oracles)'이라고도 부른다. 기독교도들은 이 신탁의 계시를 받을 수 있는 사람을 모세 같은 예언자나 성자 또는 예수 같은 '신의

1413) 라이프니츠의 『주역』 해석이 터무니없다는 것은 『주역』의 문외한들에게도 이미 알려진 사실이다. 클라크는 "『역경』에 대한 라이프니츠의 해석학적 대결이 텍스트의 오해에 기초했고, 따라서 20세기까지 재론된 적이 없었다'고 지적한다. Clarke, *Oriental Enlightenment*, 49쪽. 주겸지, 『중국이 만든 유럽의 근대』, 274-275쪽도 참조.

1414) Leibniz, "Discourse on the Natural Theology of the Chinese", §68.

아들'로 한정한다. 기독교의 신탁(계시)과 공자·소크라테스의 신탁의 차이는, 기독교의 경우 신탁을 받을 자격을 이처럼 한정한 반면, 공자·소크라테스의 경우는 누구든지 받을 수 있다는 점이다. 그리고 다시 공자의 신탁과 소크라테스 신탁의 차이는 전자가 『주역』을 연구해 아는 사람이면 누구나 『주역』 점서를 통해 신탁을 받을 수 있는 반면, 후자는 델피신전의 무녀에게 물어서만 받을 수 있다는 것이다. 따라서 공자의 신탁은 '반半지성적'이고 신탁을 받을 자격에서 비특권적인 반면, 소크라테스의 신탁은 소크라테스가 스스로 인정했듯이 '비非지성적'이다. 그런데 라이프니츠는 『성경』과 기독교를 '계시' 또는 '계시종교'라는 이유에서 더 높이 평가하고 또 소크라테스와 플라톤의 비지성적 델피신탁을 시비하지 않는 반면, 『주역』의 신탁은 당치도 않은 미신적 '흙점'과 '어리석은 짓'으로 깎아내리고 있다. 라이프니츠가 열렬히 변호한 주희는 나중에 상론하듯이 점서 없는 의리역학을 비판하고 『주역』이 원래 '점서의 책'임을 거듭 강조한다. 라이프니츠의 속뜻은 『성경』을 해석하고 그 내용을 믿는 것은 '신학'이고, 『주역』을 해석하고 '복서피흉'에 활용하는 공자와 주희, 그리고 기타 유학자들의 '역학'은 미신으로 보는 셈이다. 이것이 바로 이중잣대를 쓰는 서구합리주의적·유럽중심주의적 오만인 것이다.

아리스토텔레스는 자기 운명을 한 치 앞도 내다보지 못하는 처지임에도 광적인 인지적人智的 지식욕에만 불타 델피신탁의 신지神智를 경시하다가 알렉산더 대왕의 급서로 아테네에서 자신의 신변에 위협을 느끼고 도피하다가 초로의 나이에 객사했다. 아리스토텔레스를 따라 광적인 인지적 전지주의에 불타 『주역』의 신탁을 부정하고 소크라테스의 '너 자신을 알라'는 경고를 무시하던 라이프니츠도 뉴턴과 거의 동시에 미적분을 발명하고도 1711년 영국 왕립협회(Royal Society)로부터 뉴턴을 표절한 것으로 판정받아 모든 명성을 다 잃는 '대흉大凶'을 당했다. 이로 인해 그는 평생토록 충심으로 모시고 사귀었던 수많은 왕후장상과 학자들에게서 완전히 버림받은 가운데 1716년 70세의 나이로 외롭게 생을 마감했다. 문상객도 없이 비서 한 명만이 쓸쓸히 그의 장례식을 지켰고 그의 묘지는 사후 50여 년 동안 묘비도 없이 버려져 찾기도 어려울

지경이었다. 인류의 역사에서 보기 드문 천재이자 만물박사였던 라이프니츠의 그 엄청난 '합리적' 지식도 그가 '누구에게나 열려 있는 신지'를 부정하는 한 결코 그에게 '큰 흉액의 회피'와 인생의 행복을 보장할 수 없었던 것이다.

■ '보편문명'의 망념

한편, 라이프니츠는 『중국의 최신 소식』의 '서문'에서 동서의 문물교환을 간절히 원했듯이 동서문명이 하나로 융합되는 '보편적 세계문화'와 '보편적 세계철학'을 꿈꾸었다. 이를 위해서는 보편과학, 보편언어, 보편문자의 가능성을 찾아야 할 것이다. 그는 바벨탑 이전의 '아담의 언어'로 불리는 인류의 보편언어와 보편문자를 모색하면서 한자의 상형문자적 성격과 『역경』의 이진법적 상징에 주목하기도 했다.

물론, 이런 '보편언어'의 문자는 라이프니츠에게만 특유한 것도 아니고 독창적인 것도 아니었다. 베이컨, 피에르 벨, 보일(Robert Boyle, 1627-1691), 섀프츠베리 등 많은 유럽 지식인들이 이미 이에 관한 글들을 내놓은 상황이었다. 라이프니츠 이전에 베이컨과 존 웹(John Webb)을 비롯한 17세기 중·후반의 여러 사상가들은 '아담의 언어'가 히브리어가 아니라 중국어일 가능성이 있다고 공개적으로 추정했다. 특히 웹은 상술했듯이 『중국제국의 언어가 원시언어일 개연성의 입증을 시도하는 역사적 논고』(1669)라는 제목의 책을 썼다. 요하쉼 부베는 라이프니츠처럼 수비학數秘學(numerology)에 관심을 갖고 『주역』을 점서를 위한 매뉴얼일 뿐만 아니라 모든 상징적 체계를 푸는 열쇠로서의 '보편과학(universal science)'의 토대로 생각했다.[1415]

라이프니츠는 『주역』과 결합된 이진법 체계에 대한 탐구를 단순한 수학이 아니라 '보편적 계산법'의 야심 찬 프로젝트의 일부로 간주했다. 동시에 그는 이런 언어가 출현한다면, 인류의 보편적 화해가 가능할 것으로 보았다.[1416] 나아가 그는 문자를 이 보편적 이진법의 수로 환원할 수 있다고 생각했다.[1417]

1415) 참조: Clarke, *Oriental Enlightenment*, 47쪽.

1416) 참조: Clarke, *Oriental Enlightenment*, 47-48쪽.

이런 관점에서 라이프니츠는 자기의 이진법, 복희의 이진법과 한자를 하나로 혼합한 보편문자를 모색한다.

한자들이 세월이 흐르면서 변하기는 했지만, 중국에서는 그것의 창시자가 복희라고 믿고 있다. 이 한자들이 수와 관련이 있다고 중국인들이 신봉하는 것처럼, 한자의 기초를 밝혀낼 수 있다면, 복희의 산술 실험은 수 및 관념과 관련해서 이루어지는 또 다른 주목할 만한 발견으로 이어질 수 있을 것이다. (⋯) 내가 기획했던 하나의 문자(보편문자)가 필요로 하는 성질과 비슷한 성질이 한자에 있는지는 모르겠다. 내가 말하고자 하는 것은 개념으로부터 도출될 수 있는 모든 합리성이 이진법이라고 하는 일정한 방식의 계산으로 이루어진 중국인들의 부호에 의해서도 도출될 수 있다는 점이다.[1418]

물론 라이프니츠의 이 말은 그야말로 신비주의적인 '수비학'에 지나지 않는 것으로서 그도 죽을 때까지 검증하지 못했다. 위 인용문 중에 '이 한자들이 수와 관련이 있다고 중국인들이 신봉한다'는 말은 쉽게 납득할 수 없다. 그가 옥편을 찾을 때 획수를 세는 것을 보고 한자를 수와 관련된 것으로 보았다면, 이것은 단단한 오해일 것이다.

라이프니츠가 동서문명이 통합된 '보편문명'의 출현을 기대하면서 전제한 문명모델로서의 '융합모델'은 다른 곳에서 상론했듯이[1419] 오늘날 허구로 드러났다. 마찬가지로 그가 비슷한 생각을 가진 당대의 지식들과 나란히 추구한 '보편적 언어'와, 주희의 성리학과 라이프니츠 자신의 독단적 합리론 간의 유사성에서 고무된 것으로 보이는 '보편철학' 이념도 신기루 같은 환상에 불과한 것이다. 그의 사변적 형이상학이든, 공리공담적 성리학이든 둘 다 19세기 중반을 넘기지 못하고 실증철학과 경험과학의 검증메커니즘에 걸려 다 탈락하고

1417) 참조: Leibniz, "Discourse on the Natural Theology of the Chinese", §69.
1418) 라이프니츠(이동희 편역), 「0과 1만을 사용하는 이진법 산술에 대한 해설」, 71쪽.
1419) 황태연, 『패치워크문명의 이론』(파주: 청계, 2016), 36-41쪽.

말았기 때문이다. 라이프니츠는 공자철학과 역학 등 중국철학을 이해하는 데 실패했을 뿐만 아니라, 그 자신이 추구하던 신·구교 통합의 기독교통일주의 (ecumenicalism)운동도 완전히 실패했다. 그것이 트렌트공회나 루이 14세의 낭트칙령 철회와 같은 역사적 사건들 때문에 실패하게 되었다고만 이해하는 것은 적절하지 않다. 그 실패의 원인은 사실 공자철학과 역학의 이해를 가로막고 기독교세계를 오해하게 만든 그의 독단적 합리주의 철학에 기인하는 것이다. 그는 자신의 사변적 관념 속에서 추구한 합리적 세계와 실재하는 경험적 세계는 엄청난 긴장과 모순에 빠져 있었고, 이 때문에 "중국과 유럽 두 곳에서 다 실패한 것"이다.[1420]

그렇더라도 라이프니츠가 중국에 대한 합리론적 오해와 유럽에 대한 합리론적 오만 속에서 경험론적 성격의 중국문화와 공자철학을 '진정으로' 애호했고 중국문명과 유럽문명의 교류를 진정으로 소망했다는 것은 부정할 수 없다. 내용적으로 "유럽의 동양주의에 대한 라이프니츠의 영향이 의문일지라도",[1421] 철학과 신학 분야에서 비서구 세계로 시야를 확장하고 자기비판을 개시한 계몽주의의 싹은 독일에서 중국과 유학에 대한 라이프니츠의 연구와 교류의 노력으로부터 움텄다고 해도 과언이 아니다.

물론 생각이 본질적으로 다른 상대방이 자신을 근본적으로 오해하여 사랑하고 찬미하는 경우에, 이런 사랑을 받는 사람은 마냥 기분이 좋기는커녕 썩 '개운치 않을' 것이다. 이런 찬미와 사랑은 언제든 실망과 미움으로 돌변할 수 있기 때문이다. 이런 소지는 유럽중심주의, 우월적 열등의식, 독단적 합리론에 젖어 있는 라이프니츠의 글 곳곳에 잠재되어 있다.

비단 라이프니츠만이 아니라 당대의 프랑스 계몽철학자들, 라이프니츠의 정신적 제자 크리스티안 볼프, 그리고 최근의 서구 철학자들을 포함한 모든 서구 합리주의자들이 경험주의적 공맹철학을 얼마나 합리주의적으로 오해하고 굴절시켰는지는 라이프니츠와 관련된 다음과 같은 최근 저자의 주석을

1420) 참조: Mungello, *Leibniz and Confucianism*, 118-120쪽.

1421) Clarke, *Oriental Enlightenment*, 49쪽.

통해 다시 확인할 수 있다.

> 계몽주의시대 대부분의 박식한 유럽인들은 공자주의를 기독교 계시종교와 독립된
> 관대한 자연종교로 간주했다. 일반적으로 말해서, 프랑스 계몽철학자들은 공자주의
> 와 중국철학 일반의 유물론적인 합리주의 측면들을 강조했다. 라이프니츠는 중국인
> 들이 몇몇 측면에서 기독교와 양립할 수 있는 유심론적 독트린을 보유했다고 여기는
> 당대의 유일한 대大철인이었다. 일정한 방식으로 크리스티안 볼프는 라이프니츠의
> 철학체계를 계승했지만, 공자주의와 관련해서는 프랑스 계몽철학자들처럼 중국의
> 철학적·종교적 전통의 합리주의적 측면을 강조했다.1422)

이 구절에서 분명해지듯이, 서구 합리론자들 사이에서는 공자가 유물론적 합리
주의자인지, 유심론적 합리주의자인지, 또는 공자주의가 기독교와 양립할 수
있는지 여부를 두고 논란하는 관점뿐이고, 공자주의 자체를 액면 그대로 이해
하려는 관점은 전무했다.

어쨌거나 라이프니츠는 "서구의 발전에 대한 중국문화의 커다란 사상적
중요성을 인정한 최초의 걸출한 유럽인"이었고, 그는 진지한 유럽 학자들이
중국철학의 오묘한 깊이에 흥미를 갖도록 유발하는 데 한 사람 이상의 몫을
했다. 중국연구 분야에서 그가 동시대인과 후세에 미친 영향은 그가 수학과
철학 분야에서 남긴 영향과 맞먹는 것이었다.1423)

1422) Lach, "Leibniz and China", 454쪽.

1423) Jacobson, "The Possibility of Oriental Influences in the Philosophy of David Hume", 33쪽.

맺음말

이 책 『공자철학과 서구 계몽주의의 기원 – 유교문명의 서천西遷과 계몽사상의 태동』은 공자철학과 11세기 송대 초기근대의 세계사적 개막 이래 17세기 말 또는 18세기 초까지 중국과 극동제국의 정치경제사, 그리고 극서제국에 대한 극동의 유교적 근대의 충격과 태동기의 계몽주의를 분석·설명한 것이다. 이 분석과 설명에서 필자는 송대 중국의 역사적 발전단계를 '보편사적 근대'의 발단 또는 '근세'의 출발로 설정하고, 이 근대성의 정체正體를 '유교적 근대성'으로 드러내고자 했다. 따라서 공맹의 정치철학을 줄곧 극동의 정치·경제발전과 연결시켜 분석했다.

이 분석에서 공맹의 정치철학이 지향하는 국가형태와 정체政體는 민본주의적·권력분립적 제한군주국으로 규명되었다. 이 제한군주정은 실제의 중국사에서 귀족신분으로부터 해방된 송대의 절대군주정과 명대의 내각제적 제한군주정의 확립으로 구현되었었다. 중국에서 신사는 군주의 예종적 가신이 아니라 독자적 덕목을 갖춘 '자립적 선비'였고, 지방은 중앙정부에 대해 자립적인 자치공동체였다. 따라서 필자는 이 사실들을 입증하고 몽테스키외·칸트·마르크스·베버·비트포겔 등의 '중국전제정론'이나 '가산제적 군주정론'을 중국과 아무런 관련이 없는 '허구'로 물리쳤다. 이 과정에서 송·명·청대 중국에서 명실상부한 '완전한 평등사회'가 확립되었음을 밝혀 보이고, 중국에는 시민적 도시자치권도, 부르주아도 나타나지 않았다는 베버의 속단에 대항해 중국에서 18-19세기 신상紳商계층, 왕도곤·이탁오·고헌성·고반룡·황종희·고염무·왕부지·대진 등의 개신유학, 중국 중소도시에서의 신상들의 자치행정권의 형성을 규명했다.

또한 이 책에서 공맹의 경제철학이 11-18세기 극동의 경제적 풍요를 촉진한 결정적 사상요소임을 밝혔다. 이를 위해 먼저 공맹철학에서 자유시장경제론과 '욕망의 해방'의 이론을 해명하고, 공맹의 시장이론을 계승한 사마천과 왕안석·엽적·구준·황종희 등 역대 중국 사상가들의 자유시장 철학 및 역대 중국정부의 자유시장정책을 규명했다. 이어서 송대 중국의 산업혁명과 상업혁명, 송·명·청대 중국의 농업혁명과 군사기술혁명, 그리고 명·청대 중국의 도자기산업과 대서방 수출, 청대 중국의 시장경제 확립과 세계시장 편입, 명·청대의 내포적 경제발전 및 중국과 조선의 세계 최고 생활수준을 경제사적으로 상론했다.

이런 공자철학적·정치경제사적 논의와 해명을 배경으로 송대 '근세'의 발단과 '중국적 근대'의 세계적 확산을 이론화했다. 이를 위해 먼저 나이토고난의 '송대이후근세론'을 상론함으로써 '중국적 근대'를 '보편사적 근대'의 발단으로 위치시키고 '중국적 근대'의 동천東遷을 한국과 일본의 사례연구로 규명하고 '중국적 근대'의 서천西遷을 '유럽적 근대성'의 발원으로 이론화했다.

이어서 '중국적 근대의 서천으로부터의 유럽적 근대성의 발원'을 정치경제적 교류사에 대한 탐색에 의해 규명하기 위해 극동 기술경제의 파급으로 유럽 르네상스가 일어나고 중국 기술문명의 영향에 의해 유럽이 정치·경제·문화적으로 격변하면서 중국 과학기술의 전파가 유럽 과학기술의 흥기와 긴밀히 연결되었고, 극동의 산업기술과 과학이 르네상스의 물적 토대로 기능했던 역사적 사실을 상세히 규명했다.

이어서 17-18세기 서유럽 전역이 중국문화 열풍과 공자숭배에 빠져들면서 시누아즈리와 로코코가 흥기하고 '중영中英가든'과 낭만주의가 이로부터 발원한 과정을 규명했다. 동시에 공자철학의 충격으로 계몽사상이 발단하게 되는 과정을 상론했다. 여기서 공자철학을 최초로 소개한 퍼채스(1613)와 마테오리치

(1615), 중국의 정치제도와 문화에 관한 기타 소개서들, 공맹경전의 번역과 극동 관련 서적들의 확산 등이 계몽사상 흥기의 배경으로 제시되었다. 그리고 최초의 경전번역서들인 『중국의 지혜』(1662)와 『중국 철학자 공자』(1687), 노엘의 『경전 6서』(1711) 등의 출간과 관련된 연혁을 자세히 규명하고, 번역의 수준과 정확도, 번역자들의 철학적 이해 수준을 상론했다.

중국 관련 전문서로서 유럽 지성에 엄청난 영향을 끼친 르콩트의 『중국의 현재상태에 대한 신비망록』(1696)과 뒤알드의 『중국통사』(1735)는 특별히 상론했다. 그리고 이어서 『중국 철학자 공자』(1687) 이후 18세기 계몽주의운동을 선도先導한 라 모트 르 베예, 보시어스, 존 웹, 스피노자, 컴벌랜드, 윌리엄 템플, 나다나엘 빈센트, 푸펜도르프, 피에르 벨, 존 로크, 라이프니츠 등 11명의 '선구적 계몽철학자들'을 철저히 분석했다.

이 11명 중 스피노자와 컴벌랜드를 제외한 9명의 철학자들은 공공연하게 공자의 이름을 밝히며 찬양하고 유럽사상과 정치의 변화를 촉구하고 선창했다. 라 모트 르 베예, 보시어스, 템플, 웹 등 각국의 왕사王師, 또는 왕사나 다름없을 만큼 권력이 있었던 철학자들은 중국정치와 공자를 공공연히 예찬했고, 변방에서 종교탄압에 시달리던 스피노자와 같이 정치적으로 무력한 철학자들은 공자를 입에 담지 못하고 오직 암암리에만 그 사상적 영향을 수용하고 표현했다. 라 모트 르 베예는 루이 14세의 왕사였고, 보시어스는 스웨덴 크리스티나 여왕의 왕사이자 영국 찰스 2세의 왕립참사회의 봉록관이었다. 존 웹은 찰스 2세의 최측근으로서 왕명을 받아 그리니치 공원을 개축한 건축가였고, 빈센트와 템플은 찰스 2세의 왕사였다. 푸펜도르프는 자연법론의 개창자였고, 피에르 벨은 최초로 유교적·근대적 관용론을 수립한 철학의 대가였고, 로크는 영국 휘그당의 대표 이데올로그이자 명예혁명의 이론가였으며, 라이프니츠는 각국 정치가와 군주들의 멘토였다. 말하자면, 17세기에는 권력에 가까운 철학자들이 공자를 공공연히 말한 반면, 권력으로부터 멀고 탄압의 변두리에 몰린 철학자는 겨우 목구멍으로 기어들어가는 '노예의 언어'나 복화술로 공자철학을 대변했다.

그러나 어떤 형식으로 공자철학을 수용하고 대변했든, 라 모트 르 베예,

보시어스, 템플, 웹, 컴벌랜드, 스피노자, 빈센트, 푸펜도르프, 벨, 로크, 라이프니츠 등 여기서 집중 분석된 이 11명의 철학자들은 18세기 계몽사상가들의 근대사상 형성에 엄청난 영향을 미쳤다. 특히 스피노자의 무신론적 범신론은 18세기 유신론자들에게 큰 영향을 미쳤고 유럽의 탈종교화·세속화에 결정적 영향을 미쳤다. 그리고 컴벌랜드의 '인애' 개념은 섀프츠베리, 허치슨, 흄, 아담 스미스 등의 도덕감정론에 압도적이고 본질구성적인 영향을 주었다.

18세기에는 권력이 있으나 없으나 유럽 철학자들은 너도나도 공자를 공공연히 연호했다. 이제 공자의 언급에서는 왕권과 가깝고 먼 자들 간의 차이가 없어지고, 솔직하고 당당한 자와 소심하게 자신을 숨기는 자 간의 차이만이 남았다. 18세기에 트렝커드, 고든, 틴들, 흄, 볼테르, 케네, 루소, 다르장송, 보도, 르클레르, 실루에트, 푸아브르, 디드로, 엘베시우스, 크리스티안 볼프, 프리드리히 2세, 유스티, 알브레히트 폰 할러 등 거의 모든 계몽철학자들은 당당하고 솔직하게 '공자'를 연호하고 예찬한 반면 섀프츠베리, 아담 스미스 등과 같이 정쟁을 꺼리거나 교단의 위협에 몸을 사려 미리 자기검열을 하거나, 공자의 사상을 자기의 독창적 사상으로 내세우고 싶어 하는 철학자들은 공자철학을 암암리에 표절하고 이 사실을 철저히 감췄다. 한편 페넬롱, 몽테스키외, 말브랑쉬와 박스터, 워튼, 버클리, 디포 등 기독교제일주의를 사수하려는 소위 유럽중심주의적 '위정척사파들'은 공자철학이나 중국문명을 공공연히 비난했다.

18세기 각국에서 이 다종다양한 색조의 계몽주의자들과 반反계몽주의자들의 철학사상은 『근대 영국의 공자숭배와 모럴리스트들』, 『근대 프랑스의 공자열광과 계몽주의』, 『근대 독일과 스위스의 유교적 계몽주의』에서 국가별로 분설分說된다. 그리고 이 책 『공자철학과 서구 계몽주의의 기원』으로부터 18세기 절정기의 계몽주의를 국가별로 분설한 이 세 책에 이르기까지 전개된 사상사적·문화사적 연구결과들을 일이관지해 마르크스·베버의 공장제생산·개신교 중심의 근대화담론을 분쇄하고 네트워크 생산과 유교문명 중심의 새로운 근대화이론을 구축하는 순수한 이론구성 작업은 『서구문명의 유교화와 근대적 재구성』(상·하)에서 수행된다.

참고문헌

1. 동양 고전문헌

■공자·맹자 경전

『대학』

鄭玄(注)·孔穎達(疏), 『禮記正義』 「大學」(北京: 北京大學出版社, 2000).

成百曉 역주, 『大學·中庸集註』(서울: 傳統文化硏究會, 2005).

『중용』

鄭玄·孔穎達 疏, 『禮記正義』 「中庸」(北京: 北京大學出版社, 2000).

成百曉 역주, 『大學·中庸集註』(서울: 傳統文化硏究會, 2005).

『논어』

何晏(注)·刑昺(疏), 『論語注疏』(北京: 北京大學出版社, 2000).

張基槿 역저, 『論語』(서울: 明文堂, 2002).

류종목, 『논어의 문법적 이해』(서울: 문학과지성사, 2000).

朱熹 集註, 林東錫 譯註, 『四書集註諺解 論語』(서울: 學古房, 2006).

김학주, 『논어』(서울: 서울대학교출판부, 2008).

『맹자』

趙岐(注)·孫奭(疏), 『孟子注疏』(北京: 北京大學出版社, 2000).

朱熹 集註(林東錫 譯註), 『四書集註諺解 孟子』(서울: 學古房, 2006).

_____, 『孟子集註』(서울: 明文堂, 2002).

范善均 譯解, 『맹자』(서울: 惠園出版社, 출판연도 미상).

우재호 역, 『孟子』(서울: 을유문화사, 2007).

洪寅杓 역주, 『孟子』(서울: 서울대학교출판부, 2002).

『서경』

車相轅 역저, 『書經』(서울: 明文堂, 1993).

『시경』

金學主 역주, 『詩經』(서울: 明文堂, 2002).

毛亨傳·鄭玄箋·孔穎達 疏, 『毛詩正義』(北京: 北京大學出版社, 2000).

『주역』

황태연 저, 『실증주역』(서울: 청계출판사, 2010 4쇄).

『의례』

鄭玄(注)·賈公彦(疏), 『儀禮注疏』(北京: 北京大學校出版社, 2000).

『예기』

李相玉 역저, 『禮記(上·中·下)』(서울: 明文堂, 2002).

鄭玄(注)·孔穎達(疏), 『禮記正義』(北京: 北京大學出版社, 2000).

『춘추』

左丘明, 『春秋左氏傳』. 文璇奎 역, 『春秋左氏傳(上·中·下)』(서울: 明文堂, 2002).

穀梁俶, 『春秋穀梁傳注疏』, 十三經注疏整理本(北京: 北京大學出版社, 2000).

公羊高 父子, 『春秋公羊傳注疏』(北京: 北京大學出版社, 2000).

『효경』

阮元 校勘, 『孝經正義』, 十三經注疏本(北京: 北京大學校, 2000).

金學主 譯著, 『忠經·孝經』(서울: 明文堂, 1999).

『충경』

金學主 譯著, 『忠經·孝經』(서울: 明文堂, 1999).

『이아』

徐朝華 注, 『爾雅今注』(天津: 南開大學出版社, 1987·1994).

『爾雅注疏』, 十三經注疏整理本(北京: 北京大學出版社, 2000).

이충구 외 역주, 『이아주소(1-6)』(서울: 소명출판, 2004).

『주례』

『周禮今注今譯』(臺灣: 商務印書館, 출판연도 미상).

『周禮注疏』, 十三經注疏整理本(北京: 北京大學出版社, 2000).

『공자가어』

李民樹 역, 『孔子家語』(서울: 을유문화사, 1974).

『馬王堆帛書』

『馬王堆帛書』, 續四庫全書本(上海: 上海古籍出版社, 1995).

鄧球柏, 「白話帛書要」, 『白話帛書周易』(湘潭: 岳麓書社, 1994).

廖名春 釋文, 「馬王堆帛書 '二三子'」.

■ 기타 동양 고전과 사서 및 사료

『朝鮮王朝實錄』 『高宗實錄』.

孔鮒(著)·宋咸(註), 『小爾雅』(北京: 中華書局, 1985).

丘濬, 『大學衍義補』[明 成化 23년, 1487](1792 日本 和刻本, 飜刻 京都 中文出版社, 1979).

『國語韋氏解』, 淸 嘉慶庚申刊 天聖明道本影印本(臺灣: 世界書局, 1975).

金長生, 박완식 역, 『經書辨疑』(서울: 민족문화추진위원회, 2003).

段玉裁, 『說文解字經』(臺灣: 蘭臺書局, 1977).

唐甄, 『潛書』. 中國哲學電算化計劃.

戴震, 『孟子字義疏證』. 대진(임옥균 역), 『맹자소자소증·원선』(서울: 홍익출판사, 1998).

董仲舒, 『春秋繁露』. 『춘추번로』(서울: 자유문고, 2005).

박일봉 편역, 『古文珍寶』(서울: 육문사, 2000).

박일원, 『추관지秋官志』[1781](서울: 법제처, 1975).

『秘書院日記』.

司馬遷 『史記本紀』, 정범진 외 옮김(서울: 까치, 1994).

_____, 『史記世家(上·下)』, 정범진 외 옮김(서울: 까치, 1994).

_____, 『史記列傳(上·中·下)』, 정범진 외 옮김(서울: 까치, 1995).

_____, 『史記·表(序)·書』, 정범진 외 옮김(서울: 까치, 1996).

山西省社會科學院 編, 『山西票號史料』(臺灣: 山西經濟出版社, 1992).

成百曉 역주, 『周易傳義』(서울: 전통문화연구회, 2001).

孫承澤(撰), 『春明夢餘錄』(珍本: 1883; 影印本: 香港: 龍門書店, 1965).

신동준 역주, 『國語』(서울: 인간사랑, 2005).

沈約(注)·洪頤煊(校), 『竹書紀年』(北京: 中華書局, 1985).

여불위(김근 역), 『여씨춘추』(파주: 글항아리, 2012).

葉適, 『水心集』(臺北: 中華書局, 1965).

_____, 『習學記言序目』(北京: 中華書局, 1977).

龍樹, 『中論』, 정화 풀어씀(서울: 도서출판 법공양, 2007.)

王艮, 『王心齋全集』. Chinese Text Project.

王先謙 集解, 『韓非子集解』(上海: 上海書店, 출판연도 미상).

왕필(임채우 옮김), 『왕필의 노자주』(서울: 한길사, 2009).

유안 편저(안길환 편역), 『淮南子(상)』(서울: 명문당, 2001).

劉向 纂(李相玉 譯), 『戰國策』(서울: 明文堂, 2000).

이근명 편저, 『왕안석자료 역주』(서울: 한국외국어대학 지식출판원, 2017).

李滉衡 譯註, 『譯註 茶山 孟子要義』(서울: 現代實學社, 1994).

李贄, 『焚書』. 이지(김혜경 역), 『분서 I·II』(파주: 한길사, 2004-2015).

_____, 『明燈道古錄』. 中國哲學電子計劃. 이지(김혜경 역), 『명등도고록』(파주: 한길사, 2016).

_____, 『藏書』. 中國哲學電子計劃.

李滉, 『啓蒙傳疑』, 『退溪全書』 영인본(서울: 성균관대학교, 1958).

_____, 『經書釋義』(서울: 퇴계연구원, 1997).

張廷玉 等(撰), 『明史』(乾隆四年刻本, 中華民國24年 즈음 影印).

趙岐(注)·孫奭(疏), 『孟子注疏』, 十三經注疏整理本(北京: 北京大學出版社, 2000).

『朝鮮王朝實錄』. 국사편찬위원회 간행(서울: National Institut of Korean History, 2005). http://sillok.history.go.kr (최종검색일: 2007. 5. 26.)

朱熹, 『易學啓蒙』, 김진근 역(서울: 청계출판사, 2008).

_____, 『朱子語類』, 黎靖德 編, 王星賢 點校(北京: 中華書局, 1999).

_____, 『論語集註』. 林東錫 譯註, 『四書集註諺解 論語』(서울: 學古房, 2006).

中國人民銀行 上海市分行 編, 『上海錢莊史料』(上海: 上海人民出版社, 1960, reprint 1978).

陳鼓應 編, 『莊子今註今譯』(香港: 中華書局, 1991).

증선지 편(임동석 역주), 『십팔사략』 6/7권(서울: 동서문화사, 2009·2011).

何建章 注釋, 『戰國策注釋(上·中·下)』(北京: 中華書局, 1990).

夏燮, 『明通鑑』(北京: 中華書局, 1959).

湖亮吉 敍 『校補竹書紀年』(서울: 弘益齊, 1997).

黃宗羲, 『明夷待訪錄』. 황종희, 『명이대방록』(서울: 한길사, 2000·2003).

2. 동양 현대문헌

고지마쓰요시(小島毅), 『사대부의 시대』(서울: 동아시아, 2004).

金斗鉉, 「淸朝政權의 成立과 發展」. 서울대학교 동양사학연구실 편, 『講座 中國史(IV)』(서울: 지식산업사, 1989).

김상준, 『맹자의 땀, 성왕의 피』(파주: 이카넷, 2011·2016).

김성윤, 『朝鮮後期 蕩平政治 硏究』(서울: 지식산업사, 1997).

김한규, 「해제 – 염철론(鹽鐵論)과 『염철론(鹽鐵論)』」. 桓寬(김한규·이철호 역), 『염철론』(서울: 소명출판사, 2002).

_____, 「염철론 – 염철 논쟁을 통해서 보는 고대 중국사회」. 네이버지식백과. http://terms. naver.com(최종검색: 2012. 8. 27).

금장태, 『귀신과 제사: 유교의 종교적 세계』(서울: 제인앤씨, 2009).

나이토고난(內藤湖南), 「支那上古史序言」(1921년 강의, 1944년 첫 공간). 內藤湖南(礪波 護 編輯), 『東洋文化史』(東京: 中央公論社, 2004).

_____, 「包括的唐宋代觀」(1922). 內藤湖南(礪波 護 編輯), 『東洋文化史』(東京: 中央公論社, 2004).

_____, 「近代支那の文化生活」(1928). 內藤湖南(礪波 護 編輯), 『東洋文化史』(東京: 中央公論社, 2004).

杜乃濟, 『明代內閣制度』(臺北: 臺灣商務印書館, 1967).

송정남, 『베트남 역사 읽기』(서울: 한국외국어대학교 출판부, 2010·2014).

신용철, 『이탁오』(서울: 지식산업사, 2006).

신채식, 『宋代政治經濟史硏究』(파주: 한국학술정보, 2008).

_____, 『宋代 皇帝權 硏究』(파주: 한국학술정보, 2010).

신현승, 「일본의 동양사학자 나이토고난의 역사인식」. 동아시아고대학회 편, 『동아시아 역사인식의 중층성』(서울: 경인문화사, 2009).

_____, 「나이토고난의 중국 인식과 동아시아 표상」, 전성곤·송완범·신현승 외, 『근대 동아시아 담론의 역설과 굴절』(서울: 소명출판, 2011).

安震, 『大明風雲』(長春: 長春出版社, 2005). 안쩐(정근회 역), 『천추흥망(명나라)』(서울: 따뜻한 손, 2010).

양삼석, 「제주이트의 정치사상에 나타난 인본주의사상」, 『영남정치학회보』 제8호(1998).

梁鐘國, 『宋代士大夫社會研究』(서울: 三知院, 1996).

요나하준(與那覇潤), 『중국화하는 일본』(서울: 페이퍼로드, 2013).

오금성, 「明淸時代의 國家權力과 紳士의 存在刑態」, 『동양사학연구』 제30호(1989).

_____, 『國法과 社會慣行』(서울: 지식산업사, 2007).

_____(편저), 『명청시대사회경제사』(서울: 이산, 2007).

유수원(민족문화추진위 역), 『우서(2)』(파주: 한국학술정보, 2006).

유인선, 『베트남의 역사』(서울: 이산, 2002·2016).

유지황, 「토마스 아퀴나스 정치사상의 분석적 이해 – 질서와 평등을 중심으로」, 『철학사상』 25호(2007).

윤근호, 『韓國會計史研究』(성남: 한국학연구원, 1984).

윤정분, 『中國近世 經世思想 研究 – 丘濬의 經世書를 중심으로』(서울: 혜안, 2002).

_____, 「『大學衍義補』의 朝鮮 전래와 그 수용 – 正祖의 『御定大學類義』를 중심으로」(하), 『中國史研究』 제17집(2002).

_____, 「正統·天順年間의 經史講論과 정국운영」, 『中國史研究』 第61輯(2009. 8.).

_____, 「成化年間(1465-1487)의 經筵과 정국운영」, 『명청사연구』 제4집(2010).

井川義次(이가와요시쓰구), 『宋學の西遷』(京都: 人文書院, 2009).

이현규, 「許筠이 도입한 李贄 저서」, 『中語中文學』 제46집(2005. 12).

이근명, 「왕안석의 집권과 신법의 시행」, 『역사문화연구』 제35집(2010).

_____, 「전통시대 지식인들은 왜 왕안석에 반대하였는가?」, 『전북사학』 38(2011).

_____, 「『宋史筌』에 나타난 王安石과 王安石의 改革」, 『중앙사론』 36(2012).

이범학, 「王安石 改革論의 形成과 性格 – 新法의 思想的 背景에 관한 一研究」, 『동양사학연구』 제18집(1983).

이홍기(강길중 역), 『宋代 官學敎育과 科擧』(진주: 경상대학교 출판부, 2010).

임현숙, 「王安石과 科擧制度改革에 대한 一考察」, 이화여대 1982년 석사학위논문.

조동일, 『동아시아 문명론』(서울: 지식산업사, 2010).

조영록, 『中國近世政治史研究』(서울: 지식산업사, 1988).

_____, 「嘉靖初 政治代立과 科道官」, 『동양사연구』 제21집(1985).

조원일, 『맹자의 도덕사상과 정치사상』(광주: 전남대학교출판부, 2006).

조익순·정석우, 『사개송치부법의 발자취』(서울: 박영사, 2006).

朱謙之, 『中國思想對於歐洲文化之影響』, 上海 商務引書館, 1940. 주겸지(전홍석 역), 『중국이 만든 유럽의 근대』(서울: 청계출판사, 2003·2010).

차명수, 「1800년경 잉글란드, 조선, 양자강하류지역의 총요소생산성 수준 비교」. 제52회 역사학대회 발표논문, 2009년 5월.

최정연·이범학, 『明末淸初 稅役制度改革과 紳士의 存在 形態』(서울: 歷史學會, 1987).

崔晶妍, 「明朝의 統治體制와 政治」, 서울大學校東洋史學硏究室 編『강좌중국사(IV)』(서울: 지식산업사, 1989).

玄丙周, 『實用自修四介松都置簿法全』(1916). 현병주, 『사개송도치부법』(서울: 경문사, 2015).

黃鑒暉, 『山西票號史』(臺灣: 山西經濟出版社, 1992).

황태연, 『지배와 이성: 정치경제·자연환경·진보사상의 재구성』(서울: 창작과비평사, 1996).

_____, 『계몽의 기획』(서울: 동국대학교출판부, 2004).

_____, 「서구 자유시장론과 복지국가론에 대한 공맹과 사마천의 무위시장 이념과 양민철학의 영향」. 『정신문화연구』, 2012년 여름호(제35권 제2호 통권 127호).

_____, 「공자의 공감적 무위·현세주의와 서구 관용사상의 동아시아적 기원(上·下)」. 『정신문화연구』, 2013 여름·가을호(제36권 제2·3호 통권 131·132호).

_____, 「공자의 분권적 제한군주정과 영국 내각제의 기원(1)」. 『정신문화연구』, 2014년 여름호(제37권 통권135호).

_____, 「윌리엄 템플의 중국 내각제 분석과 영국 내각제의 기획·추진 - 공자의 분권적 제한군주정과 영국 내각제의 기원(2)」. 『정신문화연구』, 2015년 여름호(제38권 제2호 통권 139호).

_____, 「찰스 2세의 내각위원회와 영국 내각제의 확립 - 공자의 분권적 제한군주정과 영국 내각제의 기원(3)」. 『정신문화연구』, 2015년 가을호(제38권 제3호 통권 140호).

_____, 『감정과 공감의 해석학』 1권(파주: 청계, 2014·2015), 2권(2015).

_____, 『패치워크문명의 이론』(파주: 청계, 2016).

_____, 『대한민국 국호의 유래와 민국의 의미』(파주: 청계, 2016).

_____, 「조선시대 국가공공성의 구조변동과 근대화 – '조선민국과 대한제국에서 '대한민국으로」. 황태연 외, 『조선시대 공공성의 구조변동』(성남: 한국학중앙연구원 출판부, 2016).

_____, 『갑오왜란과 아관망명』(파주: 청계, 2017).

_____, 『백성의 나라 대한제국』(파주: 청계, 2017).

_____, 『한국근대화의 정치사상』(파주: 청계, 2018).

_____, 『공자의 인식론과 역학』(파주: 청계, 2018).

3. 서양 고전문헌

■ 그리스고전

Aristoteles. *Aristoteles Werke* in deutscher Übersetzung (19 Bände). Begründet von Ernst
Grumach, herausgegeben von Hellmut Flaschar (Berlin: Akadmie-Verlag, 1984).

_____. *Aristotle* in twenty-three volumes. The Leob Classical Library (Cambridge[Massachusetts]·
London: Harvard University Press·William Heinemann LTD, 1981).

_____. *Metaphysics*. I·II. With an English translation and introduction by Hugh Tredennick
(Cambridge[Massachusetts]·London: Harvard University Press·William Heinemann
LTD, 1969).

_____. *Posterior Analytics*. With an English translation and introduction by Hugh Tredennick.
In: Aristotle, *Posterior Analytics·Topics* (Cambridge·Massachusetts ·London: Harvard
University Press·William Heinemann LTD, 1969).

_____. *Politics*. *Aristotle*, XXI in twenty-three volumes. The Leob Classical Library (Cambridge
[Massachusetts]·London: Harvard University Press·William Heinemann LTD, 1981).
Aristoteles, *Politik*, übersetzt von Olaf Gigon (München: Deutscher Taschenbuch Verkag,
1973·1986).

_____. *The Art of Rhetoric*. With an English translation by J. H. Freese (Cambridge
[Massachusetts]·London: Harvard University Press·William Heinemann LTD, 1975).

_____. *On the Soul*. Aristotle, *On the Soul·Parva Naturalia·On Breath*. With an English
translation by W. S. Hett (Cambridge[Massachusetts]·London: Harvard University
Press·William Heinemann LTD, 1969).

_____. *The Athenian Constitution*. Aristotle, *The Athenian Constitution·Eudemian
Ethics·Vertues and Vices*. With an English translation by H. Rackham (Cambridge
[Massachusetts]·London: Harvard University Press·William Heinemann LTD, 1981).

_____. *On the Cosmos*. *Aristotle, Sophistical Refutation·Coming-to-be and Passing-away·On
the Cosmos* (Cambridge·Massachusetts·London: Harvard University Press·William Heinemann
LTD, 1981).

_____. *Eudemian Ethics*. Aristotle, *The Athenian Constitution·Eudemian Ethics·Vertues
and Vices*. With an English translation by H. Rackham (Cambridge[Massachusetts]·
London: Harvard University Press·William Heinemann LTD, 1981).

_____. *Historia Animalium* [Books VII-X] (Cambridge·Massachusetts·London: Harvard University

Press·William Heinemann LTD, 1981).

_____. *Magna Moralia.* Aristotle, *Oeconomica and Magna Moralia.* With an English translation by G. C. Armstrong (Cambridge·Massachusetts·London: Harvard University Press·William Heinemann LTD, 1981).

_____. *Die Nikomachische Ethik.* Übers. u. hg. von Olof Gigon (München: Deutsche Taschenbuch Verlag, 1986).

_____. *Nicomachean Ethics.* With an English translation by H. Rackham (Cambridge· Massachusetts·London: Harvard University Press·William Heinemann LTD, 1968). 아리 스토텔레스(이창우·김재홍·강상진 옮김), 『니코마코스 윤리학』(서울: 이제이북스, 2008).

_____. *Politik* (München: Deutsche Taschenbuch Verlag, 1973).

_____. *Posterior Analytics. Aristotle,* vol. 2 (Cambridge, MA: Harvard University Press, 1935· 1981).

_____. *Longinus on the Sublime.* Aristotle, *Longinus on the Sublime·Demetrius on Style* (Cambridge[Massachusetts]·London: Harvard University Press·William Heinemann LTD, 1977).

Herodotus, *The Histories* (London·New York: Penguin Books, 2003).

Platon. *Platon Werke,* in Acht Bänden. Hg. von Gunther Eigner. Deutsche Übersetzung von Friedrich Schleiermacher (Darmstadt: Wissenschaftliche Buchgesellschaft, 1977).

_____. *Plato* in twelve volumes. With an English Translation by R. G. Bury (Cambridge· Massachusetts·London: Harvard University Press·William Heinemann LTD, 1975).

_____. *Epistulae. Plato,* Volume XII in twelve volumes. With an English Translation by R. G. Bury (Cambridge[Massachusetts]·London: Harvard University Press·William Heinemann LTD, 1975).

_____. *Alkibiades* I. *Platon Werke,* Bd. I in Acht Bänden. Hg. von Gunther Eigner. 플라톤(김주 일·장준영 옮김), 『알키비아데스 I·II』(서울: 이제이북스, 2007).

_____. *Charmides. Platon Werke,* Bd. I in Acht Bänden. Hg. von Gunther Eigner.

_____. *Euthyphron. Platon Werke,* Bd. I in Acht Bänden. Hg. von Gunther Eigner. 플라톤(박종 현 역주), 『에우티프론·소크라테스의 변론·크리톤·파이돈』(서울: 서광사, 2003).

_____. *Euthydemos. Platon Werke,* Bd. II in Acht Bänden. Hg. von Gunther Eigner.

_____. *Das Gastmahl. Platon Werke,* Bd. V in Acht Bänden. Hg. von Gunther Eigner. 플라톤(박병덕 역), 『소크라테스의 변명·크리톤·향연·파이돈』(서울: 육문사, 2007).

_____. *Gesetze. Platon Werke*, Bd. VIII, Zweiter Teil in Acht Bänden. Hg. von Gunther Eigner.

_____. *Laws. Plato*, Volume X in twelve volumes. With an English Translation by R. G. Bury (Cambridge · Massachusetts · London: Harvard University Press · William Heinemann LTD, 1975).

_____. *Gorgias. Platon Werke*, Bd. II in Acht Bänden. Hg. von Gunther Eigner.

_____. *Kratylos. Platon Werke*, Bd. III in Acht Bänden. Hg. von Gunther Eigner.

_____. *Laches. Platon Werke*, Bd. I in Acht Bänden. Hg. von Gunther Eigner.

_____. *Lysis. Platon Werke*, Bd. I in Acht Bänden. Hg. von Gunther Eigner. 플라톤(강철웅 역), 『뤼시스』(서울: 이제이북스, 2007).

_____. *Menon. Platon Werke*, Bd. II in Acht Bänden. Hg. von Gunther Eigner.

_____. *Phaidon. Platon Weke*, Bd. III in Acht Bänden. Hg. von Gunther Eigner. 플라톤(박종현 역주), 『에우티프론 · 소크라테스의 변론 · 크리톤 · 파이돈』(서울: 서광사, 2008).

_____. *Phaidros. Platon Werke*, Bd. V in Acht Bänden. Hg. von Gunther Eigner. 플라톤(조대호 역), 『파이드로스』(서울: 문예출판사, 2008).

_____. *Philebos. Platon Werke*, Bd. VII in Acht Bänden. Hg. von Gunther Eigner.

_____. *Philebos. Plato*, Volume VIII in Twelve Volumes (Cambridge · Massachusetts · London: Harvard University Press · William Heinemann LTD, 1975). 플라톤(박종현 역주), 『필레보스』(서울: 서광사, 2004).

_____. *Politeia. Platon Werke*, Bd. IV in Acht Bänden. Hg. von Gunther Eigner. Bearbeitet von Dietrich Kurz. Deutsche Übersetzung von Friedrich Schleiermacher (Darmstadt: Wissenschaftliche Buchgesellschaft, 1977).

_____. *The Republic. Plato*, V (vol. 1-2) in twelve volumes. With an English Translation by Paul Shorey. Leob Classical Library (Cambridge · Massachusetts · London: Harvard University Press · William Heinemann LTD, 1975). 플라톤(박종현 역주), 『국가 · 政體』(서울: 서광사, 2007 개정증보판 3쇄).

_____. *Protagoras. Platon Werke*, Bd. I in Acht Bänden. Hg. von Gunther Eigner.

_____. *Des Sokrates Apologie. Platon Werke*, Bd. II in Acht Bänden. Hg. von Gunther Eigner. 플라톤(박종현 역주), 『에우티프론 · 소크라테스의 변론 · 크리톤 · 파이돈』(서울: 서광사, 2003).

_____. *Der Staatsmann. Platon Werke*, Bd. VI in Acht Bänden. Hg. von Gunther Eigner. 플라톤(김태경 옮김), 『정치가』(서울: 한길사, 2008).

_____. *Theaitetos. Platon Werke*, Bd. VI in Acht Bänden. Hg. von Gunther Eigner.

_____. *Timaios. Platon Werke*, Bd. VII in Acht Bänden. Hg. von Gunther Eigner.

Polybius. *The Histories*. Translated by W. R. Paton in the 6 Volumes. Leob Classical Library Series (Cambridge[Massachusetts]·London: Harvard University Press first published, 1923).

Thucydides. *History of the Peloponnesian War*. Translated by C. F. Smith (Cambridge [Massachusetts]·London: Harvard University Press, 2006.

Xenophon. *Xenophon*, in seven volumes (Cambridge[Massachusetts]·London: Harvard University Press·William Heinemann LTD, 1971).

_____. *Agesilaus. Xenophon*, Vol. VII in seven volumes (Cambridge[Massachusetts]·London: Harvard University Press·William Heinemann LTD, 1971).

_____. *On the Cavalry Commander. Xenophon*, Vol. VII in seven volumes (Cambridge [Massachusetts]·London: Harvard University Press·William Heinemann LTD 1971).

_____. *Constitution of the Lacedaemonians. Xenophon*, Vol. VII in seven volumes (Cambridge· Massachusetts·London: Harvard University Press·William Heinemann LTD, 1968).

_____. *Hellenica* (I·II). *Xenophon*, Vol. I in seven volumes (Cambridge[Massachusetts]·London: Harvard University Press·William Heinemann LTD, 1968).

_____. *Memorabilia* (*Recollections of Socrates*). Translated and annotated by Amy L. Bonnette (Ithaca and London: Cornell University Press, 1994). 크세노폰(최혁순 역), 『소크라테스 의 회상』(서울: 범우사, 2002).

_____. *Symposium. Xenophon*, Vol. VI in seven volumes (Cambridge[Massachusetts]·London: Harvard University Press·William Heinemann LTD, 1968).

■기타 서양고전

Aeschines. *Against Timarchus* (Cambridge·Massachusetts·London: Harvard University Press·William Heinemann LTD, 1968).

Anson, George Baron. *A Voyage Round the World in the Years 1740 to 1744*. Compiled by R. Walter (London, 1748, trans. Geneva 1750). Republished: *A Voyage Round the World in the Years MDCCXL* (London: Oxford University Press, 1974).

Attiret, Jean Denis. Lettre du Père Attiret (A Pèkin, le 1er novembre 1742). *Lettres Édifiantes et Curieuses consernnant l'Asie, l'Afrique et l'Amérque*, Tome 3, puliées sous la direction de M. L. Aimé-Martin (Paris: Société du Panthéon Littéraire, 1843).

Augustine. *On Free Choice of the Will* (AD 396). Translated by Thomas Williams. Indianapolis·

Cambridge: Hackett Publishing Co., 1993. 아우구스티누스(성염 역주), 『자유의지론』 (서울: 분도출판사, 1998).

_____. *On the Trinity* (AD 416). (http://www.logoslibrary.org/augustine/trinity/index.html. 최종 검색일: 2009. 12. 3.)

_____. *City of God* (AD 426). Translated by Marcus Dods. From Nicene and Post-Nicene Fathers, First Series, Vol. 2. Edited by Philip Schaff. Buffalo (NY: Christian Literature Publishing Co., 1887). Revised and edited for New Advent by Kevin Knight. 아우구스티 누스(조호연·김종흡 역), 『신국론』(서울: 현대지성사, 1997).

Bacon, Francis. *The New Organon* (1620). Edited by Lisa Jardine and Michael Silverthorne (Cambridge: Cambridge University Press, 2000).

_____. The New Atlantis [1627]. Charles M. Andrews, *Ideal Empires and Republics: Rousseau's Social Contract, More's Utopia, Bacon's New Atlantis, Campanella's City of the Sun* (Washington·London: M. Walter Dunne, 1901). 프란시스 베이컨(김종갑 역), 『새로운 아틀란티스』(서울: 에코리브르, 2002).

_____. *The Advancement of Learning* [1605]. Edited by Joseph Devey (New York: Press of P. F. Collier & Son, 1901). 프란시스 베이컨(이종흡 역), 『학문의 진보』(서울: 아카넷, 2004).

_____. *Philosophical Works of Francis Bacon*, ed., by John M. Robertson (London: Routledge, 1905, 2013).

_____. *Sylva Sylvarum: Or a Natural Historie in Ten Centuries* (London: John Haviland Augustine Mathews, 1627).

Baudeau, Nicolas (Un Disciple de l'Ami des Hommes). *Premiere Introduction a la Philosophie Economique; ou Anaylse des Etats Policeés* (Paris: Didot l'aîiné Libraire-Imprimeur, Delalain & Lacombe Libraire, 1767·1771).

Bayle, Pierre. *Nouvelles de la République des Lettres. Oeuvres diverses de Mr. Pierre Bayle*, Vol. 1 (La Haye: Chez P. Husseon et al., 1727).

_____. *Dictionnaire historique et critique*, in 16 volumes [2 vols., 1697; 4 vols., 1702] (Paris: Desoer, Libraire, 1820); Pierre Bayle, *The Dictionary Historical ad Critical of Mr. Peter Bayle*, 5 vols. (London: Printed for D. Midwinter et al., 1737); Selected English translation by Richard Henry Popkin: *Historical and Critical Dictionary* (Indianapolis· Cambridge: Hackett Publishing Company, Inc., 1991).

_____. *The Dictionary Historical and Critical of Mr. Peter Bayle*, Vol. 4 (London: Printed for D. Midwinter et al., 1734).

_____. *Political Writings. Extracts from Pierre Bayle, Historical and Critical Dictionary* (Cambridge: Cambridge University Press, 2000).

_____. *Pensées diverses sur la comète* (1682·1683·1704). Pierre Bayle, *Various Thoughts on the Occasion of a Comet* (Albany: State University of New York Press, 2000).

_____. *A Philosophical Commentary on These Words of the Gospel, Luke 14.23, "Compel Them to Come In, That My House May Be Full"* [1686·1687·1688] (Indianapolis: Liberty Fund, 2005).

_____. *Continuation des Pensées diverses, Ecrites à un Docteur de Sorbonne, à l'occasion de la Comte qui parut au mois de Decembre 1680; Ou Reponse à plusieurs dificultez que Monsieur a proposées à l'Auteur*, vol.1 in 2 vols. (Rotterdam: Reiner Leers, 1705).

_____. *Réponse aux Questions d'une Provincial, Troisiéme Partie. Oeuvres Diverrses de Mr. Pierre Bayle*, Vol. 3 in 6 Volumes. (La Haye: Par La Compagnie des Libraires, 1737).

Bellarmine, Robert. *De Laicis or The Treatise on Civil Government* [1581-1593]. Translated by Kathleen E. Murphy (New York: Fordham University Press, 1928).

Bentham, Jeremy. *Panopticon or the Inspection House. The Works of Jeremy Bentham*. Vol. 4. Reproduction from the Bowering Edition of 1921 (New York: Russell & Russell, 1962).

_____. *An Essay on Political Tactics. The Works of Jeremy Bentham*. Vol. 2. Reproduction from the Bowering Edition of 1921 (New York: Russell & Russell, 1962).

Berkeley, George. *Alciphron, or The Minute Philosopher — Containing An Apology for the Christian Religion, against those who are called Free-Thinkers* [1732] (London: Printed for J. and R. Tonson and Draper, 1752).

Bernier, François. "Introduction à la lecture de Confucius, Extrait de diverses pièces envoyées pour étrennes par M. Bernier à Madame de la Sablières". *Journal des Sçavans* (7 juin 1688) [pages 25-40].

Bodin, Jean. *On Sovereignty: Four Chapters from The Six Books of the Commonwealth* (1576). Edited and translated by Julian H. Franklin (Cambridge·New York·Port Chester·Melbourne·Sydney: Cambridge University Press, 1992).

_____. *The Six Books of the Commonwealth*, abridged and translated by M. J. Tooley (Oxford: Basil Blackwell, 1955).

Bouvet, Joachim. *Histoire de l'empereur de la Chine* (La Haye: Chez Meyndert Uytwerf, 1699).
영역본: *The History of Cang-Hy, the Present Emperour of China* (London: Printed

for F. Coggan, 1699).

Buchanan, George. *The Powers of the Crown in Scotland.* Translated and introduced by Charles Flinn Arrowood (Austin: The University of Texas Press, 1949).

Burton, Robert. *The Anatomy of Melancholy* (New York: Tudor Publishing Company, 1948).

Campanella, Tommaso. *City of the Sun* [1602]. Charles M. Andrews, *Ideal Empires and Republics: Rousseau's Social Contract, More's Utopia, Bacon's New Atlantis, Campanella's City of the Sun* (Washington·London: M. Walter Dunne, 1901).

Condorcet. *Entwurf einer historischen Darstellung der Fortschritte des menschlichen Geistes* [1793] (Frankfurt am Main: Suhrkamp, 1976).

Cumberland, Richard. *De Legibus Naturae Disquistio Philosophica.* 영역본: *A Philosophical Inquiry into the Laws of Nature.* Richard Cumberland, *A Treatise of the Laws of Nature*, translated with Introduction and Appendix, by John Maxwell (London: K. Knapton, 1727). Republished, edited and with a Foreword by Jon Parkin (Indianapolis: Liberty Fund, 2005).

d'Argenson, Le Marquis. (Anonym). *Lettres chinoises ou Correspondance philosophique, historique et critique* (La Haye: Chez Pierre Paupie, 1739).

_____. *Mémoires et Journal inédit du Marquis d'Argenson*, Tome IV (Paris: Chez P. Jannet, Libraire, 1858).

_____. *Considérations sur gouvernement ancien et présent de la France* (Amsterdam: M. M. Rey, 1764/1784).

d'Alembert, Jean Le Rond, Denis Diderot u.a., *Enzyklopädie* (Frankfurt am Main: Fischer Verlag, 1989).

de Marsy, François Marie. *Histoire Moderne des Chinois, des Indiens, des Persans, ds Turcs, des Russiens & des Américaims*, T.1 (Paris: Chez Saillant & Nyon [...], 1754).

Defoe, Daniel. *Giving alms no charity, and employing the poor a grievance to the nation* (London: Printed and Sold by the Booksellers of London and Westminster, 1704).

_____. *The Consolidator* [1705]). The Project Gutenberg eBook (검색일: 2017년 6월 1일).

_____. *An Vindication of the Press or An Essay on the Usefulness, on Criticism, and the Qualification of Authors* (London: Printed for T. Warner 1718).

_____. *The Life and Strange Surprizing Adventures of Robinson Crusoe, of York, Mariner* (London: Printed for W. Taylor, 1719).

_____. *The Farther Adventures of Robinson Crusoe, Being the Second and Lat Part of His*

Life (London: Printed for W. Taylor, 1719).

_____. *Serious Reflections during the Life and Surprising Adventures of Robinson Crusoe: With his Vision of the Angelick World* (London: Printed for Taylor, 1720).

_____. The Complete English Tradesman, in Familiar Letters (London: Printed for Charles Rivington at the Bible and Crown in St. Paul's Church-yard, 1726).

_____. *Advantages of Peace and Commerce* (London: Printed for J. Brotherton and Tho. Cox, 1729).

d'Holbach, Paul Henri Thiry(Ancien Magistrat). *La Politique naturelle, ou Discours sur les vrais principles du gouverement*, Tome premier et second (Londres: 1773).

Diderot Denis, et Jean le Rond d'Alembert (ed.), *Encyclopédie ou Dictionnaire raisonné des sciences, des arts et des métiers* (Paris: Chez Braison et al., 1751-1772). Online. ARTFL Encyclopédie Project.

Du Halde, Jean-Baptiste. *Description géographique, historique, chronologique, politique, et physique de l'empire de la Chine et de la Tartarie chinoise, enrichie des cartes generales et particulieres de ces pays, de la carte generale et des cartes particulieres du Thibet, & de la Corée* (Paris: A la Haye, chez Henri Scheurleer, 1735). 영역본: P. Du Halde. *The General History of China - Containing A Geographical, Historical, Chronological, Political and Physical Description of the Empire of China, Chinese-Tatary, Corea and Thibet* (Paris: 1735), Vol. 4 in four Volumes, translated by Brookes (London: Printed by and for John Watts at the Printing-Office in Wild Court near Lincoln's Inn Fields, 1736). 독역본: Johann Baptista du Halde, *Ausführliche Beschreibungen des Chnesischen Reichs und der grossen Tartary*, 4 Teile (Rostock: Johann Christian Roppe, 1749).

Eckeberg, Charles Gustavus. "A Short Account of the Chinese Husbandry". Peter Osbeck, *A Voyage to China and East Indies, Together with A Voyage to Suratte, by Olofe Toren, and An Account of the Chinese Husbandry by Captain Charles Gustavus Eckeberg*, Vol. II (London: Benjamin White, 1771).

Engels, Friedrich. "England 1845 und 1885". *Marx Engels Werke (MEW)*, Bd. 21 (Berlin: Dietz, 1979·1981).

_____. "Zur Wohnungsfrage". *Marx Engels Werke (MEW)*, Bd. 18 (Berlin: Dietz, 1979·1981).

_____. *Der Ursprung des Familie, des Privateigentums und des Staats. Im Anschluß an Lewis H. Morgens Forschungen* [1884], *Marx Engels Werke (MEW)*, Bd. 21 (Berlin: Dietz, 1979·1981).

Escalant, Bernardino de. *A Discourse of the Navigation which the Portugales doe Make to the Realmes and Provinces of the East Partes of the Worlde, and of the Knowledge that growes by them of the Great Thinges, which are in the Dominion of China* [1577], translated out of Spanish into English (London: Imprinted by Thomas Dawson, 1579).

Faßmann, David. *Der, auf Ordre und Kosten seines Kayers, reisende Chineser*, 4 Bde. (Leipzig: bey denen Körnerischen Erben, unter Herren Joh. Schwabens Haus; verlegts Woffgang Deer, 1721-1733).

Fénelon, François. *Dialogues des Morts* [1683]. Mediterranee.net [검색일: 2017년 5월 16일]. 영역본: Archbishop of Cambray (F. Fénelon), *Dialogues of the Dead* (London: Printed for D. Browne, 1760 [4. ed.]).

_____. *Staats-Roman, welcher unter der denkwürdigen Lebens-Beschreibung Telemachi Königl. Printzens aus Ithaca, und Sohns des Ulyssis vorstellet, wie die Königl. und Fürstlichen Printzen vermittelst eines anmuthigen Weges zur Staats-Kunst und Sitten-Lehre anzuführen* (Breslau: Chr. Bauch, 1700).

Ferguson, Donald. (ed.) *Letters from Portuguese captives in Canton, written in 1534 & 1536* (Bombay: Educ. Steam Press, 1902).

Filmer, Sir Robert. *Patriarcha; or the Natural Power of Kings* (London, Printed for Ric. Chiswell in St. Paul's Church-Yard, Matthew Gillyflower and William Henchman in Westminster Hall, 1680).

_____. *Observations concerning the original and various forms of government as described, viz. 1st. Upon Aristotles politiques. 2d. Mr. Hobbs's Laviathan. 3d. Mr. Milton against Salmatius. 4th. Hugo Grotius De jure bello. 5th. Mr. Hunton's Treatise of monarchy, or the nature of a limited or mixed monarchy* [1653] (London: Printed for R.R.C. and are to be sold by Thomas Axe, 1696).

Friedrich II (Anonym), *Anti-Machiavel ou Essai de Critique dur le Prince de Machiavel*, Publie' par Mr. de Voltaire (a Bruxelle, Chez R. Francois Foppens, M. DCC. XL[1740]). 1741년 암스테르담 본: Anonym(Friedrich II), *Anti-Machiavel ou Essai de Critique dur le Prince de Machiavel*, Publie' par Mr. de Voltaire (Amsterdam, Chez Jaques La Caze, M. DCC. XLI[1741]). 영역본: King of Prussia Frederick II, *Anti-Machiavel: or an Examination of Machiavel's Prince*, published by Mr. de Voltaire, translated from the French (London: Printed for T. Woodward, at the Half-Moon, between the Two Temple Gates, Fleet-street, MDCCLI[1741]). 독역본: *Anti-Machiavel, oder Versuch einer Kritik über Nic. Machiavels Regierungskunst eines Fürsten*, nach des Herrn von Voltaire Ausgabe ins Deutsche übersetzte; wobei aber die verschiedenen Lesarten und Abweichungen der ersten Haagischen und aller andern Auflagen angefüget worden (Frankfurt und Leipzig, 1745).

_____. Friedrich II, *Politisches Testament des Friedrichs des Großen* (1752년 초본, 1768년 손질본). *Deutsche Geschichte in Dokumenten und Bildern*, Bd. 2. *Vom Absolutismus bis zu Napoleon 1648-1815.* (http:/germanhistorischdocs.ghi_dc.org/pdf/deu/4-PrussianMonarchy_Doc.8- German.pdf − 최종검색일: 2015. 6. 16.).

_____ (Anonym). *Relation de Phihihu, Émissaire de l'Empereur de la Chine en Europe traduit du Chinois* (Cologne: Chez Pierre Marteau, 1760).

Goldsmith, Oliver (Anonyme). *The Citizen of the World or Letters from a Chinese philosopher, residing in London, to his friends in the East*, Vol. 1-2 [London: 1762; Amsterdam, 1763] (Bungay: J. And R. Childs, 1794 · 1809 · 1820).

Goudar, Ange. *L'Espion chinois, ou L'Envoyé Secret de la Cour de Péking, Tome premier* (Cologne: 1764 · 1774).

Grimm et de Diderot. Correspondence littéraire, philosophique et critique de Grimm et de Diderot, depuis 1753 jusque'en 1790, Tome VII (Paris: Chez Furne, Libraire, 1829).

Haller, Albrecht von (Der Verfasser des Versuches Schweizerischer Gedichte). *Usong - Eine Morgenländische Geschichte* (Bern: Verlag der neuen Buchhandlung, 1771).

_____. *Usong - Eine Morgenläldisch Geschichte* (Carlsruhe: Bei Christian Gottlieb Schmieder, 1778).

_____. "Vorrede". Jean Pierre de Crousaz, *Prüfung der Secte die an allem zweifelt* (Göttingen: Verlegts Abram Vandenhoecks seel. Wittwe, 1751).

Hamilton, Alexander, James Madison and John Jay. *The Federalist Papers* (1788). Introduction and Notes by Charles R. Kesler. Edited by Clinton Rossiter (New York · London: New America Library, 1961 · 1999).

Harrington, James. *The Commonwealth of Ocean* (1656). James Harrington. *The Commonwealth of Ocean and A System of Politics.* Edited by J. G. A. Pocock (Cambridge · New York: Cambridge University Press, 1992 · 2008).

Helvétius, C. A.(Anonym). *De l'esprit* (Paris: Chez Durand, Libraire, 1763). 영역본: C. A. Helvetius, *De l'esprit, or On the Mind, and its Several Faculties* (London: Published by M. Jones, 1807).

Hegel, Georg W. F.. *Grundlinien der Philosophie des Rechts. G. W. F. Hegel Werke* Bd. 7 in 20 Bänden (Frankfurt am Main: Suhrkamp, 1970).

_____. *Phänomenologie des Geistes. Hegel Werke* Bd. 3 (Frankfurt am Main: Suhrkamp, 1986).

Herodotus. *The Histories*. Translated by Aubrey de Selincourt. Revised with Introduction and Notes by John Marincola (London·New York: Penguin Books, 2003).

Hirschfeld, Christian C. L.. *Theorie der Gartenkunst*, Bd.1 (Leipzig: bey M. S. Weidmanns Erben und Reich, 1779).

Hobbes, Thomas. *Leviathan or The Matter, Form, and Power of a Commonwealth Ecclesiastical and Civil*. In: *The Collected Works of Thomas Hobbes*. Vol. III. Part I and II. Collected and Edited by Sir William Molesworth (London: Routledge/ Thoemmes Press, 1992). 독역본: *Leviathan Oder Stoff, Form und Gewalt eines kirchlichen und bürgerlichen Staates*. Herausgegeben und eingeleitet von Iring Fetcher. Übersetzt von W. Euchner (Frankfurt am Main: Suhrkamp, 1981).

_____. *Philosophical Rudiments Concerning Government and Society* (*De Cive*) [1641·English ed. 1651]. *The Collected Works of Thomas Hobbes*, Vol. II (London: Routledge/ Thoemmes Press, 1992).

Hooker, Richard. *Of the Laws of Ecclesiastical Polity* [1594-1597], Three Volumes (Oxford, At the Clarendon Press, 1888).

Hutcheson, Francis. *An Inquiry into the Original of Our Ideas of Beauty and Virtue* (1725). In: *Two Treatises*. Edited by Wolfgang Leidhold. Indianapolis: Liberty Fund, 2004. (http://oll.libertyfund.org/title/858. 최종검색일: 2010. 11. 13.)

_____. *An Essay on the Nature and Conduct of the Passions and Affections, with Illustrations on the Moral Sense* (1728). Edited by Aaron Garrett. Indianapolis: Liberty Fund, 2002. (http://oll.libertyfund.org /title/885. 최종검색일: 2010. 11. 13.)

Hume, David. *A Treatise of Human Nature: Being an Attempt to Introduce the Experimental Method of Reasoning into Moral Subjects* (1739-40). Edited by David Fate Norton and Mary J. Norton, with Editor's Introduction by David Fate Norton (Oxford·New York·Melbourne etc.: Oxford University Press, 2001 1st Edition, 2007 9th Press).

_____. "Appendix". David Hume, *A Treatise of Human Nature* (Oxford·New York.: Oxford University Press, 2001·2007).

_____. "An Abstract of a Book lately Published, entitled *A Treatise of Human Nature*." In: David

Hume, *A Treatise of Human Nature*. Edited by David Fate Norton and Mary J. Norton (Oxford · New York · Melbourne etc.: Oxford University Press, 2001 1st Edition, 2007 9th Press).

_____. *An Enquiry concerning the Principles of Morals* (1751), ed. by Tom L. Beauchamp (Oxford · New York: Oxford University Press, 1998 · 2010). 다른 버전: *An Inquiry Concerning the Principles of Morals* (1751). Edited with an introduction by Charles W. Hendel (Indianapolis: The Liberal Arts Press, 1957 first edition, 1978 13th printing). 독역본: *Eine Untersuchung über die Prinzipien der Moral.* Übersetzt und herausgegeben von Gerhart Streminger (Stuttgart: Philipp Reclam Jus., 1984).

_____. "Of the First Principles of Government"(1741). David Hume, *Political Essays*. Edited by Knud Haakonssen (Cambridge · New York · Melbourne: Cambridge University Press, first Published 1994. Fifth printing 2006).

_____. "Of Civil Liberty"(1741). David Hume, *Political Essays*. Edited by Knud Haakonssen (Cambridge · New York · Melbourne: Cambridge University Press, first Published 1994. Fifth printing 2006).

_____. "Whether the British government inclines more to absolute monarchy, or to a republic" (1741). David Hume, *Political Essays*. Edited by Knud Haakonssen (Cambridge · New York · Melbourne: Cambridge University Press, first Published 1994. Fifth printing 2006).

_____. "Superstition and Enthusiasm"(1741). David Hume, *Political Essays*. Edited by Knud Haakonssen (Cambridge · New York · Melbourne: Cambridge University Press, first Published 1994. Fifth printing 2006).

_____. "Of the Rise and Progress of the Arts and Science"(1742). David Hume, *Political Essays*. Edited by Knud Haakonssen (Cambridge · New York · Melbourne: Cambridge University Press, first Published 1994. Fifth printing 2006).

_____. *An Enquiry concerning Human Understanding* (1748). David Hume, *An Enquiry concerning Human Understanding and Other Writings*. Edited by Stephen Buckle (Cambridge · New York · Melbourne: Cambridge University Press, 2007).

_____. "Of National Characters"(1748). David Hume, *Political Essays*. Edited by Knud Haakonssen (Cambridge · New York · Melbourne: Cambridge University Press, first Published 1994. Fifth printing 2006).

_____. "Of the Original Contract"(1748). David Hume, *Political Essays*. Edited by Knud

Haakonssen (Cambridge·New York·Melbourne: Cambridge University Press, first Published 1994. Fifth printing 2006).

_____. "Of Self-Love." Appendix II. David Hume, *An Inquiry concerning the Principles of Moral* (1751). Edited. by Charles W. Hendel (Indianapolis: The Liberal Arts, 1978).

_____. "Of Commerce"(1752). David Hume, *Political Essays*. Edited by Knud Haakonssen (Cambridge·New York·Melbourne: Cambridge University Press, first Published 1994. Fifth printing 2006).

_____. "Idea of a Perfect Commonwealth"(1752). David Hume, *Political Essays*. Edited by Knud Haakonssen (Cambridge·New York·Melbourne: Cambridge University Press, first Published 1994. Fifth printing 2006).

_____. "Thumbnail Biographies" from *History of England* VI. David Hume, *An Enquiry concerning Human Understanding and Other Writings*. Edited by Stephen Buckle (Cambridge·New York·Melbourne: Cambridge University Press, 2007).

_____. "Of the Origin of Government"(1777). David Hume, *Political Essays*. Edited by Knud Haakonssen (Cambridge·New York·Melbourne: Cambridge University Press, first Published 1994. Fifth printing 2006).

_____. "The Sceptic." David Hume, *An Enquiry concerning Human Under- standing and Other Writings*. Edited by Stephen Buckle (Cambridge·New York·Melbourne: Cambridge University Press, 2007).

_____. "My own Life". David Hume, *An Enquiry concerning Human Understanding and Other Writings* (Cambridge·New York·Melbourne: Cambridge University Press, 2007).

_____. "Concerning Moral Sentiment". Appendix I. David Hume, *An Enquiry concerning the Principles of Morals* (1751), edited by Tom L. Beauchamp (Oxford·New York: Oxford University Press, 1998·2010).

_____. *The History of England. From the Invasion of Julius Caesar to the Revolution in 1688*, vol. 6 in six volumes (New York: Liberty Fund Inc., 1778·1983).

_____. *The Natural History of Religion* [1757] (London: A. and H. Bradlaugh Bonner, not-dated[1779]), 17쪽. 국역본: 데이비드 흄(이태하 역), 『종교의 자연사』(서울: 아카넷, 2004).

Hutcheson, Francis. *An Inquiry into the Original of Our Ideas of Beauty and Virtue; In Two Treatises* (London: Printed for J. and J. Knapton et al., 1726·1729).

_____. *An Essay on the Nature and Conduct of the Passions and Affections, with Illustrations on the Moral Sense* {1728} (Indianapolis: Liberty Fund, 2002).

Intorcetta, Prospero, Philippe Couplet, Christian Herdtrich, Francois Rougmont, *Confucius Sinarum Philosophus, sive Scientia Sinensis* (Parisiis: Apud Danielem Horthemels, viâ Jacobæâ, sub Mæcente, 1687). 불역본: Jean de Labrune, Louis Cousin & Simon Foucher (trans.), *La morale de Confucius, philosophe de la Chine* (Amsterdam: Chez Pierre Savouret, dans le Kalver-straat, 1688). 영역본: *The Morals of Confucius, a Chinese Philosopher* (London: Printed for Randal Taylor, 1691; second edition, Printed for F. Fayram, 1724).

Jacobi, Friedrich H.. *David Hume über den Glauben oder Idealismus und Realismus* (Breslau: bey Gottl. Loewe, 1787).

Jefferson, Thomas. *A Summary View of the Rights of British America* (Williamsburg: Printed by Clementina Rind, 1774).

_____. "Letter to John Adams (from Monticello August 15. 1820)." Merrill D. Peterson (ed.), *Thomas Jefferson: Writings* (New York: Library of America, 1994).

Justi, Johann H. G.. "Die Notwendigkeit einer genauen Belohnung und Bestrafung der Bedienten eines Staats". Johann H. G. Justi, *Gesammelte politische und Finanzschriften über wichtige Gegestände der Staatskunst, der Kriegswissenschaft und des Cameral - und Finanzwesens*, Bd.1 (Koppenhagen und Leibzig: Auf Kosten der Rorhenschen Buchhandlung, 1761).

_____. "Vortreffliche Einrichtung der Sineser, in Ansehung der Belohnung und Bestrafung vor die Staatsbedienten". Johann H. G. Justi, *Gesammelte politische und Finanzschriften über wichtige Gegestände der Staatskunst, der Kriegswissenschaft und des Cameral - und Finanzwesens*, Bd.1 (Koppenhagen und Leibzig: Auf Kosten der Rorhenschen Buchhandlung, 1761).

_____. *Abhandlung von den Mittel, die Erkenntnis in den Oeconimischen und Cameral-Wissenschten dem gemweinen Wesen recht nützlich zu machen* (Göttingen: Verlag nicht angezeigt, 1755).

_____. *Staatswirtschaft oder Systematische Abhandlung aller Oeconomischen und Cameral-Wissenschaften*, 1. Teil von zwei Teilen (Leipzig: Verlags Bernhard Christoph Breitkopf, 1755).

_____. *Grundsätze der Policeywissenscht in einem vernünftigen, auf den Endzweck der Policey gegründeten, Zusammenhange* (Göttingen: Verlag der Wittwe Vandenhoek, 1756·1759·1782).

_____. *Die Grundfeste zu der Macht und Glückseligkeit der Staaten, oder ausführliche Vorstellung der gesamten Policey-Wissenscht,* erster Band (Königsberg und Leipzig: Johann H. Hartungs Erben, 1760), zweiter Band (Königsberg und Leipzig: Verlag seel. Gebhard Ludewig Woltersdorfs Witwe, 1761).

_____. *Vergleichungen der Europäischen mit den Asiatischen und anderen, vermeintlichen Barbarischen Regierungen* (Berlin/Stetten/Leipzig: Johann Heunrich Rüdiger Verlag, 1762).

_____. *Natur und Wesen der Staaten als die Quelle aller Regierungswissenschaften unf Gesetze* (Mitau: Bei W. A. Steidel und Companie, 1771).

Kant, Immanuel. *Kritik der reinen Vernunft* (1781·1787). *Kant Werke,* Band 3·4, Erster und Zweiter Teil. Herausgegeben von Wilhelm Weischedel (Darmstadt: Wissenschaftliche Buchgesellschaft, 1983).

_____. *Kritik der praktischen Vernunft* [1788]. *Kant Werke,* Bd. 6, Erster Teil (Darmstadt: Wissenschaftliche Buchgesellschaft, 1983).

_____. *Prolegomena zu einer jeden künftigen Metaphysik, die als Wissenschaft wird auftreten können* (1783). *Kant Werke,* Bd. 5. Herausgegeben von Wilhelm Weischedel (Darmstadt: Wissenschaftliche Buchgesellschaft, 1983).

_____. *Idee zu einer allgemeinen Geschichte in weltbürgerlicher Absicht* (1784). *Kant Werke,* Bd. 9, Teil 1 (Darmstadt: Wissenschaftliche Buchgesellschaft, 1983).

_____. *Beantwortung der Frage: Was ist Aufklärung* (1784). *Kant Werke,* Bd. 9, Teil 1 (Darmstadt: Wissenschaftliche Buchgesellschaft, 1983).

_____. *Über den Gemeinspruch: Das mag in der Theorie richtig sein taugt aber nicht für die Praxis* [1793]. *Kant Werke,* Bd. 9, Teil 1 (Darmstadt: Wissenschaftliche Buchgesellschaft, 1983).

_____. *Zum ewigen Frieden* [1795]. *Kant Werke,* Bd. 9, Teil 1(Darmstadt: Wissenschaftliche Buchgesellschaft, 1983).

_____. *Metaphysische Anfangsgründe der Tugendlehre.* Kant, *Die Metaphysik der Sitten* [1797], Zwieter Teil. *Kant Werke,* Bd. 7, *Schriften zur Ethik und Religionsphilosophie,* Zweiter Teil, (Darmstadt: Wissenschaftliche Buchgesellschaft, 1983)

_____. *Anthropologie in pragmatischer Hinsicht* [1798]. *Kant Werke,* Bd. 10 (Darmstadt:

Wissenschaftliche Buchgesellschaft, 1983).

Laertius, Diogenes. *The Lives and Opinions of Eminent Philosophers* (1853) (Davers, MA: General Books LLC, 2009).

La Loubère, Simon de. *Du Royaume de Siam*, two volumes (Paris: Chez La Veuve de Jean Baptiste Coignard; Amsterdam: Chez Abraham Wolfgang, 1691). 또는 *Description du Royaume de Siam*, two volumes (Paris: Chez Henry & la Veuve de Theodore Boon, 1700). 영역본: Monsieur de La Loubere, *A New Historical Relation of the Kingdom of Siam*, in Two Tomes (London: Printed by F. L. for Tho. Horne, 1693).

La Mothe le Vayer, François de. *De La vertu des payens* (Paris: Chez François Targa, 1642).

Leibniz, Gottfried Wilhelm. *Discourse on Metaphysics* (1686). Gottfried W. Leibniz, *Discourse on Metaphysics, Correspondence with Arnauld, and Monadology*. With an Introduction by Paul Janet. Translated from the Original by George R. Montgomery (Chicago: The Open Court Publishing Company, 1902).

_____. *New System of the Nature and Communications of Substances* (1695). 라이프니츠, 「자연, 실체들의 교통 및 영혼과 육체 사이의 결합에 관한 새로운 체계」, 라이프니츠(윤선구 역), 『형이상학 논고』(서울: 아카넷, 2010).

_____. *Novissima Sinica - Das neueste von China* (1697). Hg. von Heinz-Günther Neseelrath u. Hermann Reinbothe (Köln: 1979).

_____. *Novissima Sinica*. Gottfried W. Leibniz, *Writings on China*. Translated with an Introduction, Notes, and Commentaries by Daniel J. Cook and Henry Rosemont, Jr. (Chicago·LaSalle: Open Court Publishing Company, 1994).

_____. *New Essays on Human Understanding* [1705]. Translated and edited by Peter Remnant and Jonathan Bennett (Cambridge·New York·Sydney: Cambridge University Press, 1981).

_____. *The Monadology* [1714]. Gottfried Wilhelm Leibniz, *Discourse on Metaphysics, Correspondence with Arnauld, and Monadology*. With an Introduction by Paul Janet. Translated from the Original by George R. Montgomery (Chicago: The Open Court Publishing Company, 1902).

_____. *Principes de la nature et de la grâce fondés en raison* [1714]. 라이프니츠, 「자연과 은총의 이성적 원리」. 라이프니츠(윤선구 역), 『형이상학 논고』(서울: 아카넷, 2010). 「이성에 근거한 자연과 은총의 원리」, 배선복 역, 『모나드론 외』(서울: 책세상, 2007).

_____. *Writings on China*. Edition, introduction and translation by D. J. Cook and H. Rosemont (La Salle, Ill.: Open Court, 1994).

_____. *Notes on Social Life*. Gottlieb W. Leibniz, *Political Writings*. Translated and edited with an Introduction and Notes by Patrick Riley (Cambridge: Cambridge University Press, 1st ed. 1972, 2th ed. 1988, reprint 2006).

_____. *On Natural Law*. Gottfried W. Leibniz, *Political Writings*. Translated and edited with an Introduction and Notes by Patrick Riley (Cambridge: Cambridge University Press, 1st ed. 1972, 2th ed. 1988, reprint 2006).

_____. *Feilicity*. Gottfried W. Leibniz, *Political Writings*. Translated and edited with an Introduction and Notes by Patrick Riley (Cambridge: Cambridge University Press, 1st ed. 1972, 2th ed. 1988, reprint 2006).

_____. "Leibniz an Claudio Filippo Grimaldi"(19. Juli 1689; 21?. März 1692). Gottfried W. Leibniz, *Novissima Sinica - Das Neueste von China* (1697). Hg. von Heinz-Günther Neseelrath u. Hermann Reinbothe (Köln: Deutsche China-Gesellschaft, 1979).

_____. "Leibniz an Gottlieb Spitzel"(19. Juli 1689). Gottfried W. Leibniz, *Novissima Sinica - Das Neueste von China* (1697). Hg. von Neseelrath und Reinbothe (Köln: Deutsche China-Gesellschaft, 1979).

_____. "On the Civil Cult of Confucius." Gottfried W. Leibniz, *Writings on China*. Translated, with an Introduction, Notes, and Commentaries by Daniel J. Cook and Henry Rosemont, Jr. (Chicago·LaSalle: Open Court Publishing Company, 1994).

_____. "Remarks on Chinese Rites and Religion"(1708). Gottfried W. Leibniz, *Writings on China*. Translated, with an Introduction, Notes, and Commentaries by Daniel J. Cook and Henry Rosemont, Jr. (Chicago·LaSalle: Open Court Publishing Company, 1994).

_____. "Discourse on the Natural Theology of the Chinese"(1716). Gottfried Wilhelm Leibniz, *Writings on China*. Translated, with an Introduction, Notes, and Commentaries by Daniel J. Cook and Henry Rosemont, Jr. (Chicago·LaSalle: Open Court Publishing Company, 1994). 라이프니츠, 「중국인의 자연신학론」, 라이프니츠(이동희 편역), 『라이프니츠가 만난 중국』(서울: 이학사, 2003).

_____. "Explication de l'Arithmétique Binaire, qui se sert des seuls caractères 0 et 1, avec des remarques sur son utilité, et sur ce qu'elle donne le sens des anciennes figures chinoises de Fohy." Gottfried Wilhelm Leibniz, *Mathemathische Schriften*, vol 7, No. 21 (Hildesheim, 1971). 라이프니츠, 「0과 1만을 사용하는 이진법 산술에 대한 해설」, 라이프니츠(이동희 편역), 『라이프니츠가 만난 중국』(서울: 이학사, 2003).

_____. "Judgment of the Works of the Earl of Shaftesbury". Leibniz, *Political Writings*.

Translated and edited with an Introduction and Notes by Patrick Riley (Cambridge: Cambridge University Press, 1st ed. 1972, 2th ed. 1988, reprint 2006).

_____. "The Portrait of the Prince". Leibniz, *Political Writings*, translated and edited with an Introduction and Notes by Patrick Riley (Cambridge: Cambridge University Press, 1st ed. 1972, 2th ed. 1988, reprint 2006).

_____. "Meditation on the Common Concept of Justice" [*c.* 1702-1703]. Leibniz, *Political Writings*, translated and edited with an Introduction and Notes by Patrick Riley (Cambridge: Cambridge University Press, 1st ed. 1972, 2th ed. 1988, reprint 2006).

_____. "Manifesto for the Defence of the Rights of Charles III" [1703]. Leibniz, *Political Writings*, translated and edited with an Introduction and Notes by Patrick Riley (Cambridge: Cambridge University Press, 1st ed. 1972, 2th ed. 1988, reprint 2006).

_____. "Excerpt from Three Letters to Thomas Burnett". Leibniz, *Political Writings*, translated and edited with an Introduction and Notes by Patrick Riley (Cambridge: Cambridge University Press, 1st ed. 1972, 2th ed. 1988, reprint 2006).

_____. "Codex Iuris Gentium". Leibniz, *Political Writings* (Cambridge:L Cambridge University Press, 1971 · 2006).

_____. "Letter to the Abbé de St Pierre" (February 1715). Leibniz, *Political Writings* (Cambridge: Cambridge University Press, 1971 · 2006).

_____. "Observations on the Abbé de St Pierre's 'Project for Perpetual Peace'. Leibniz, *Political Writings* (Cambridge: Cambridge University Press, 1971 · 2006).

_____. *Der Briefwechsel mit den Jesuiten in China (1689-1714).* Edited by Rita Widmaier and Malte-Rudolf Babin (Hamburg: Felix Meiner Verlag, 2006).

_____. *Leibniz und Landgraf Ernst von Hessen-Rheinfels – Ein ungedruckter Briefwechsel über religiöse und politische Gegenstände*, 2. Band, herausgegeben von Christoph von Rommel (Frankfurt am Main: Literarische Anstalt, 1847).

Le Comte, Louis. *Nouveaux mémoires sur l'état present de la Chine* (Paris, 1696). English translation: Louis Le Compte, *Memoirs and Observations made in a Late Journey through the Empire of China* (London: Printed for Benj. Tooke at the Middle Temple Gate, and Sam. Buckley at the Dolphin, 1697).

Leroy, Luis. *De la Vicissitude ou Variété des Choses en L'univers* (1575). 영역본: *Of the Interchangeable Course, or Variety of Things in the Whole World*. Translated into English by Robert Ashley (London: Printed by Charles Yetsweirt Esq., 1594).

Locke, John. "Of Ethic in General" (1686~8?). John Locke, *Political Essays* (Cambridge · New York: Cambridge University Press, 1997).

_____. *Two Treatises of Government* [1689]. Edited with an Introduction and Notes by Peter Laslett (Cambridge · New York · Port Chester · Melbourne · Sydney: Cambridge University Press, 1960 · 2009).

_____. *An Essay concerning Human Understanding* [1690] (New York: Prometheus Books, 1995). 축약판: John Locke. *An Essay concerning Human Understanding*. Abridged, edited, introduced and commented by A. Seth Pringle-Pattison (Oxford: Oxford University Press, 1928).

_____. "First and Second Tract on Government". John Locke, *Political Essays*, edited by Mark Goldie (Cambridge: Cambridge University Press, 1997 · 2006).

_____. *Four Letters concerning Toleration. The Works of John Locke* in Nine Volumes (London: Rivington, 1824 12th ed.). Vol. 5 (http://oll.libertyfund. org/title/764. 최종검색일: 2010. 11. 13.) 또는: *The Works of John Locke*, in ten volumes, vol. VI (London: 1823; Aalen, Germany: Reprinted by Scientia Verlag, 1963).

_____. *The Reasonableness of Christianity* (1695). *The Works of John Locke*, vol.6 in 9 Vols. (London: 1823; Aalen, Germany: Reprinted by Scientia Verlag, 1963).

_____. *Some Thoughts Concerning Education. The Works of John Locke*, vol. 9 (London: Printed for Thomas Tegg, 1823; Aalen, Germany: Reprinted by Scientia Verlag, 1963).

_____. "Knowledge B"(1681). John Locke. *Political Essays*. Edited by Mark Goldie (Cambridge · New York: Cambridge University Press, 1997).

_____. "An Essay on Toleration"[1667]. John Locke, *Political Essays*. Ed. by Mark Goldie (Cambridge: Cambridge University Press, 1997 · 2006, 6th printing).

_____. "An Essay on the Poor Law." Locke, *Political Essays*. Ed. by Mark Goldie (Cambridge: Cambridge University Press, 1997).

_____. John Locke, "The Fundamental Constitutions of Carolina" [1669]. John Locke, *Political Essays*, edited by Mark Goodie (Cambridge: Cambridge University Press, 1997).

Madison, James. "The Same Subject Continued"(Federalist Paper No. 19). In: Alexander Hamilton, James Madison, and John Jay. *The Federalist Papers*. Introduction and Notes by Charles R. Kesler. Edited by Clinton Rossiter (New York · London: New American Library, 1961/2003).

Magaillans, Gabriel. *A New History of China* (London: Printed for Thomas Newborough,

1688).

Major, R. H.. "Introduction". Juan Gonzalez de Mendoza, *The History of the Great and Mighty Kingdom of China and The Situation Thereof* [1585)], with an Introduction by R. H. Major (London: Printed for the Hakluyt Society, 1853).

Malebranche, Nicolas (L'Auteur de *la Recherche de la Vérité*). *Entretien d'un philosophe chrétien et d'un philosophe chinois sur l'existence et la nature de Dieu* (Paris: Chez Michel David,1708). 영역본: Dominick A. Iorio (trans.), *Nicolas Malebranche: Dialogue between a Christian Philosopher and a Chinese Philosopher on the Existence and Nature of God* (Washington, D. C., University Press of America, 1980).

_____. *Avis touchant l'Entretien d'un philosophe chrétien avec un philosophe chinois* (Paris: Chez Michel David, 1708). 영역판: Dominick A. Iorio (trans.), *Advice to the Reader.* Iorio (trans.), *Nicolas Malebranche: Dialogue between a Christian Philosopher and a Chinese Philosopher on the Existence and Nature of God* (Washington, D. C., University Press of America, 1980).

Malthus, Thomas Robert. *An Essay on the Principle of Population* (London: J. Johnson, 1798, 1st edition). Accessed from http://oll.libertyfund.org/title/311 on 2013-04-02.

_____. *An Essay on the Principle of Population* (London: John Murray 1826, 6th edition), Book I, Chapter II. Accessed from http://oll.libertyfund.org/title/312 on 2013-04-02.

Mandeville, Bernard. *The Fable of the Bees or Private Vices, Publick Benefits* [1714·1723] (Oxford: Claredon Press, 1924. Republished in 1988 by Liberty Fund, Inc.).

Marx, Karl. *Ökonomisch-philosophische Manuskripte* (1844). *Marx Engels Werke (MEW).* Erster Teil des Ergänzungsband(1981) des Bd. 1-43 und Ergänzungsbände 1-2 (Berlin: Dietz, 1979·1981).

_____. *Das Kapital I·II·III. MEW* Bd. 23-25 (Berlin: Dietz Verlag, 1977).

_____. *Theorien über den Mehrwert. MEW*, Bd. 26, Erster Teil (Berlin: Dietz Verlag, 1977).

_____. *Manifest der Kommunistischen Partei* [1848]. *MEW*, Bd. 4 (Berlin: Dietz Verlag, 1977).

_____. "An Pawel Wassiliewitsch Annenkow" (28. Dezember 1846). *MEW* Bd. 27 (Berlin: Dietz Verlag, 1976).

_____. *Der Achtzehnte Brumaire des Luis Bonaparte* [1852]. *MEW* Bd. 8 (Berlin: Dietz Verlag, 1977).

_____. *Der Bürgerkrieg in Frankreich* [1871]. *MEW* Bd. 17 (Berlin: Dietz Verlag, 1977).

Marsilius of Padua, *The Defender of Peace*. Translated by Alan Gewirth (New York: Harper&Row, 1967).

Maxwell, John. "Introductory Essay II: Concerning the Imperfectness of the Heathen Morality." Richard Cumberland, *A Treatise of the Laws of Nature*. Translated, with Introduction and Appendix, by John Maxwell (London: K. Knapton, 1727). Republished, edited and with a Foreword by Jon Parkin(Indianapolis: Liberty Fund, 2005).

_____. "Introduction". Richard Cumberland, *A Treatise of the Laws of Nature*. Translated, with Introduction and Appendix, by John Maxwell (London: K. Knapton, 1727). Republished, edited and with a Foreword by Jon Parkin (Indianapolis: Liberty Fund, 2005).

Mead, George H.. *Mind, Self, and Society* (Chicago·London: The University of Chicago Press, 1934·1974).

Melon, Jean François (Anonyme). *Essai politique sur le commerce* (장소 및 출판사 불명, 1736).

Mendoza, Juan Gonzáles de. *Historia de las cosas mas notables, ritos y costumbres del gran Reyno de la China*, 1-2권 (Madrid & Bercelona, 1586; Medina del Campo, 1595; Antwerp, 1596). 영역본: Juan Gonzalez de Mendoza, *The History of the Great and Mighty Kingdom of China and The Situation Thereof*, the First and the Second Part. Translated by R. Parke (London: Printed for Edward White, 1588; Reprinted for the Hakluyt Society, 1853).

Milton, John. *The Tenure of Kings and Magistrates* [1649, 1650] (London: Printed by Mathew Simmons, 1949), 378쪽. John Milton, *The Tenure of Kings and Magistrates*, Edited with introduction and notes by William Talbot Allison (New York: Henry Holt and Company, 1911).

_____. *ΕΙΚΟΝΟΚΛΑΣΤΗΣ*. John Milton, *The Prose Works of John Milton*, vol. 1 in Two Volumes [1847] (Philadelphia: John W. Moore, 1847).

_____. *The Paradise Lost*. John Milton, *The Poetical Works of John Milton*. Edited after the original texts by the Rev. H. C. Beeching (Oxford: At the Clarendon Press, 1900).

Montaigne, Michel E. de. *The Essays of Michael Lord of Montaigne* (London: Oxford University Press, 1906·1924).

_____. *The Complete Works of Michael de Montaigne*, ed. by W. Hazlitt (London: John Templeman, 1842).

Montesquieu. *The Spirit of the Laws* (1748). Translated and edited by Anne M. Cohler·Basia-Carolyn Miller·Harold Samuel Stone (Cambridge·New York etc.: Cambridge University Press, 1989·2008).

_____. *Persian Letters* [1721], trans. by M. Mauldon (Oxford: Oxford University Press, 2008).

More, Thomas, *Utopia* (1516). Edited by George M. Logan and Robert M. Adams. Revised by Ed. Edon (Cambridge: Cambridge University Press, 1989, seventh printing 2009).

Newton, Isaac. *Philosophiae Naturalis Principia Mathematica* (이하 *Principia*) (1687). *Mathematical Principles of Natural Philosophy and System of the World* (1729). Vol. I·II, trans. by A. Motte in 1729, revised, and supplied with an appendix, by F. Cajori (Berkeley·Los Angeles·London: University of California Press, 1934·1962).

Nietzsche, Friedrich. *Der griechische Staat.* In: *Kritische Studienausgabe* Bd. 1. Hg. von Giogrio Colli und Mazzino Montinari (Berlin·New York: Walter de Gruyter, 1988).

_____. *Menschliches, Allzumenschliches.* Erster Band (1878). Giorgio Colli und Mazzino Montarinari (Hg.). *Nietzsche Werke.* 2. Bd. v. IV. Abteilung (Berlin: Walter de Gruyter & Co, 1967).

_____. *Der Wanderer und sein Schatten* (1880). Giorgio Colli und Mazzino Montarinari (Hg.). *Nietzsche Werke.* 3. Bd. v. IV. Abteilung. *Menschliches, Allzumenschliches.* Zweiter Band (Berlin: Walter de Gruyter & Co, 1968).

_____. *Morgenröte. Gedanken über die moralischen Verurtheile* (1881). Nr. 272. Giorgio Colli und Mazzino Montarinari (Hg.). *Nietzsche Werke.* 1. Bd. v. V. Abteilung (Berlin: Walter de Gruyter & Co, 1968).

_____. *Nachgelassene Fragmente 1882-1884. Kritische Studienausgabe.* Bd. 10. Herausgegeben von Giogrio Colli und Mazzino Montinari (Berlin·New York: Walter de Gruyter, 1988).

_____. *Also sprach Zarathustra. Ein Buch für Alle und Keinen* (1883-1885). Giorgio Colli und Mazzino Montarinari (Hg.). *Nietzsche Werke.* 1. Bd. v. VI. Abteilung (Berlin: Walter de Gruyter & Co, 1968).

_____. *Nachgelassene Fragmente. Frühjahr - Herbst 1884.* Giorgio Colli und Mazzino Montarinari (Hg.). *Nietzsche Werke.* 2. Bd. v. VII. Abteilung (Berlin: Walter de Gruyter & Co, 1968).

_____. *Nachgelassene Fragmente. Herbst 1884-Herbst 1885.* Giorgio Colli und Mazzino Montarinari (Hg.). *Nietzsche Werke.* 3. Bd. v. VIII. Abteilung (Berlin: Walter de Gruyter & Co, 1968).

_____. *Jenseits von Gut und Böse. Vorspiel einer Philosophie der Zukunft* (1886). Giorgio Colli und Mazzino Montarinari (Hg.). *Nietzsche Werke.* 2. Bd. v. VI. Abteilung (Berlin: Walter de Gruyter & Co, 1968).

_____. *Zur Geneologie der Moral. Eine Streitschrift* (1887). Giorgio Colli und Mazzino Montarinari (Hg.). *Nietzsche Werke.* 2. Bd. v. VI. Abteilung (Berlin: Walter de Gruyter & Co, 1968).

_____. *Nachgelassene Fragmente. Herbst 1887 bis März 1888.* Giorgio Colli und Mazzino Montarinari (Hg.). *Nietzsche Werke.* 2. Bd. v. VIII. Abteilung (Berlin: Walter de Gruyter & Co, 1968).

_____. *Der Antichrist. Fluch auf das Christenthum* (1888-1889). Giorgio Colli und Mazzino Montarinari (Hg.), *Nietzsche Werke.* 3. Bd. v. VI. Abteilung (Berlin: Walter de Gruyter & Co, 1968).

_____. *Götzen-Dämmerung. Wie man mit dem Hammer philosophirt* (1889). Giorgio Colli und Mazzino Montarinari (Hg.). *Nietzsche Werke.* 3. Bd. v. VI. Abteilung (Berlin: Walter de Gruyter & Co, 1968).

_____. *Ecce homo* (1889). Giorgio Colli und Mazzino Montarinari (Hg.). *Nietzsche Werke.* 3. Bd. v. VI. Abteilung. Berlin: Walter de Gruyter & Co, 1968.

_____. *Nachgelassene Fragmente Anfang 1888 bis Anfang Januar 1889.* Giorgio Colli und Mazzino Montarinari (Hg.). *Nietzsche Werke.* 3. Bd. v. VIII. Abteilung (Berlin: Walter de Gruyter & Co, 1968).

Osbeck, Peter. *A Voyage to China and East Indies, Together with A Voyage to Suratte, by Olofe Toren, and An Account of the Chinese Husbandry by Captain Charles Gustavus Eckeberg,* Vol. I-II (London: Benjamin White, 1771).

Paine, Thomas. *Common Sense* (1776). In: Thomas Paine. *Common Sense and Other Political Writings.* Edited with Introduction by Nelson F. Adkins (New York: The Liberal Arts Press, 1953).

Pascal, Blaise. *Pensée.* Trans. by A. J. Krailsheimer (Harmondsworth: Penguin, 1966).

Polo, Marco (Ronald Latham, trans.), *The Travels of Marco Polo* (London: Penguin Books, 1958). 마르코 폴로(김호동 역주), 『동방견문록』(파주: 사계절, 2000·2017)

Pope, Alexander, "On Laying out Gardens — Whimsical Form of Yews". *The Guardian,* Vol. III, corrected by A. Chalmers (London: Printed for F. C. and J. Rivington, 1817), No. 173(Tuesday, Sept. 29, 1713).

_____. *The Temple of Fame: A Vision* (London: Printed for Bernard Lintott, 1715).

Pufendorf, Samuel von. *Of the Law of Nature and Nations* [*De jure naturae et gentium*, 1672] (London: Printed for J. Walthoe et al., 1729).

_____. *The Whole Duty of Man According to the Law of Nature* [*De officio hominis er civis juxta legem naturem*, 1673] (Indianapolis: Liberty Fund, 2003).

Purchas, Samuel. *Purchas, his Pilgrimage. Or Relations of the World and the Religions observed in all Ages and Places discovered from the Creation unto this Present* (London: Printed by William Stansby for Henrie Fetherstone, 1613·1614).

_____. *Hakluytus Posthumus, or Purchas his Pilgrimes*, 20 volumes [1625] (Reprint; Glasgow: Printed at the University of Glasgow Press, 1906).

Quesnay, François. "Fermiers — Pächter"(1756); "Grains — Korn"(1957). Jean Le Rond d'Alembert, Denis Diderot u.a., *Enzyklopädie*, herausgegeben und eingeleitet von Günther Berger (Frankfurt am Main: Fischer Verlag, 1989).

_____. *Tableau économique* (1758·1764). Edited and introduced by Marguerite Kuczynski and Ronald L. Meek (London: MacMillan, New York: Augustus M. Kelley Publishers, 1972). 프랑수아 케네(김재훈 역), 『경제표』(서울: 지식을만드는지식, 2010).

_____. "Analyse du Tableau Économique". Quesnay, Dupont de Nemours, Mercier de la Rivière, Baudeau, Le Trosne, *Physioctrates*, avec une introd. par Eugène Daire (Paris, 1846). 「경제표 분석·주요논평」, 케네(김재훈 역), 『경제표』(서울: 지식을만드는지식, 2010).

_____. *Le Despotisme de la Chine* (Paris: 1767). 영역본: *Despotism in China*. Lewis A. Maverick. *China - A Model for Europe*, Vol.II (San Antonio in Texas: Paul Anderson Company, 1946). 국역본: 프랑수아 케네(나정원 역), 『중국의 계몽군주정』(서울: 앰-애드, 2014).

Quesnay, François, & Victor de Riquetti Marquis de Mirabeau (Anonyme), *Philosophie Rurale, ou Économie générale et politique de l'agriculture*, Trois tomes (Amsterdam: Chez Les Libraires Associée, 1763·1764).

Rada, Martin de. "Narative of the Mission to Fukien, June-October, 1575". Charles R. Boxer (ed), *South China in the sixteenth century: being the narratives of Galeote Pereira, Fr. Gaspar da Cruz, O.P. [and] Fr. Martín de Rada, O.E.S.A. (1550-1575)*, Issue 106 of Works issued by the Hakluyt Society (Printed for the Hakluyt Society, 1953·2017).

_____. "Relation of the Things of China which is properly called Taybin". Charles R. Boxer (ed), *South China in the sixteenth century: being the narratives of Galeote Pereira,*

Fr. Gaspar da Cruz, O.P. [and] Fr. Martín de Rada, O.E.S.A. (1550-1575), Issue 106 of Works issued by the Hakluyt Society (Printed for the Hakluyt Society, 1953·2017).

Rousseau, Jean-Jacques. *A Discourse on the Moral Effects of Arts and Sciences* (1750). Translated and introduced by G. D. H. Cole. Revised and augmented by J. H. Brumfitt and John C. Hall. Updated by P. D. Jimack (London·Vermont: J. M. Dent Orion Publishing Group, 1993).

_____. *A Discourse on the Origin of Inequality* (1755). Jean-Jacques Rousseau. *The Social Contract and Discourses*. Translated and introduced by G. D. H. Cole. Revised and augmented by J. H. Brumfitt and John C. Hall. Updated by P. D. Jimack (London·Vermont: J. M. Dent Orion Publishing Group, 1993).

_____. *Julie ou La nouvelle Héloïs* [1761]. http://www.bibliopolis.fr (검색일: 2017. 4. 11). 장-자크 루소(김중현 역), 『신엘로이즈(2)』(서울: 책사상, 2012).

_____. *The Social Contract* (1762). Jean-Jacques Rousseau. *The Social Contract and Discourses*. Translated and introduced by G. D. H. Cole. Revised and augmented by J. H. Brumfitt and John C. Hall. Updated by P. D. Jimack (London·Vermont: J. M. Dent Orion Publishing Group, 1993).

_____. *Émile ou de l'Education* (1762). 독역본: Jean-Jacques Rousseau. *Emil oder Über die Erziehung*. Vollständige Ausgabe. In neuer deutscher Fassung besorgt von Ludwig Schmidts (Paderborn·München·Wien·Zürich: Verlag Ferdinand Schöningh, 1989 9. Auflage).

_____. *Essay on the Origin of Languages in which Something is said about Melody and Musical Imitation. In: Rousseau. The Discourse and other early Political Writings*. Edited by Victor Gourevitch (Cambridge·New York: Cambridge, 1997·2008).

Schopenhauer, Arthur. *Die Welt als Wille und Vorstellung* I·II. *Arthur Schopenhauer Sämtliche Werke*, Bd. I·II (Frankfurt am Main: Suhrkamp, 1986).

_____. *Kritik der Kantischen Philosophie*. Anhang zu *Die Welt als Wille und Vorstellung* I. *Arthur Schopenhauer Sämtliche Werke*, Bd. II (Frankfurt am Main: Suhrkamp, 1986).

_____. *Preisschrift über die Grundlage der Moral* (1840, 개정판 1860). *Arthur Schopenhauer Kleine Schriften. Sämtliche Werke*, Bd. III (Frankfurt am Main: Suhrkamp, 1986).

_____. *Über die Vierfache Wurzel des Satzes vom Zureichenden Grunde. Arthur Schopenhauer*

Sämtliche Werke, Bd. III (Frankfurt am Main: Suhrkamp, 1986).

_____. *Über den Willen in der Natur* (1836·1854), 'Sinologie'. *Arthur Schopenhauer Sämtliche Werke*, Bd. III (Frankfurt am Main: Suhrkamp, 1986).

_____. *Über die Vierfache Wurzel des Satzes vom Zureichenden Grunde. Arthur Schopenhauer Sämtliche Werke*, Bd. III (Frankfurt am Main: Suhrkamp, 1986).

Shaftesbury. (Anonymous). *An Inquiry Concerning Virtue, in Two Discourses* (London: Printed for A. Bell in Cornhil, etc., 1699).

_____. *An Inquiry Concerning Virtue, or Merit* (1713). Anthony, Third Earl of Shaftesbury, *Characteristicks of Men, Manners, Opinions, Times* (1732), 3 vols. Vol. II (Indianapolis: Liberty Fund, 2001). LF Printer PDF. Accessed from http://oll.libertyfund.org/title/811 on 2010-11-13.

_____. *The Moralists, A Philosophical Rhapsody* (1709). Shaftesbury (Anthony Ashley Cooper), *Characteristicks of Men, Manners, Opinions, Times* [1711], Vol.2 (Indianapolis: Liberty Fund, 2001). http://oll.libertyfund.org/title/811. 검색일: 2010. 11. 13.

_____. *Soliloquy: Or, Advice to an Author* (1710), 208-209쪽. Shaftesbury (Anthony Ashley Cooper), *Characteristicks of Men, Manners, Opinions, Times* [1711], Vol.2 (Indianapolis: Liberty Fund, 2001). http://oll.libertyfund.org/title/811. 검색일: 2010. 11. 13.

_____. *Sensus Communis: An Essay on the Freedom of Wit and Humour* (1709), 68-69쪽. Shaftesbury, *Characteristicks of Men, Manners, Opinions, Times* (1711·1713·1732), Vol.1, (Indianapolis: Liberty Fund, 2001). http://oll.libertyfund.org/title/811 on 2010-11-13.

Smith, Adam. *An Inquiry into the Nature and Causes of the Wealth of Nations* (1776). Volume I·II. Generally edited by R. H. Campbell and A. B. Skinner, textually edited by W. B. Todd (Glasgow·New York·Toronto: Oxford University Press, 1976).

_____. *The Theory of Moral Sentiments*. Edited by Knud Haakonssen (Cambridge·New York: Cambridge University Press, 2000·2009).

_____. "History of Astronomy". Adam Smith, *Essays on Philosophical Subjects* (Indianapolis: Liberty Classics, 1982).

Spinoza, Benedict de. *Tractatus theologico-politicus*. Benedict de Spinoza, *A Theologico-Political Treatise. The Chief Works of Benedict de Spinoza*, transl. by R. H. M. Elwes, Vol. I (London: George Routledge and Sons, 1884·1891).

_____. *Ethic, Demonstrated in Geometrical Order and Divided into Five Parts* (London:

Trübner & Co., Ludgate Hill, 1883). 또는 Spinoza, Benedict de. *The Ethics. The Chief Works of Benedict de Spinoza*, transl. by R. H. M. Elwes, Vol. II (London: George Bell & Sons, 1884·1891).

Spitzellii (Spitzel), Theophili. *De Re Literaria Sinensium Commentarius* (Lugduni Batavorum: Apud Petrum Hackium, 1660).

Suárez, Francisco. *A Treatise on Laws and God the Lawgiver* [1612]. Francisco Suárez, *Selections from Three Works*, translated by Gwladys L. Williams, Ammi Brown, and John Waldron (First published in 1944 by the Carnegie Endowment for International Peace. ed. by Thomas Pink; Indianapolis: Liberty Fund, 2014).

_____. *A Defence of the Catholic and Apostolic Faith* [1613]. Francisco Suárez, *Selections from Three Works*, translated by Gwladys L. Williams, Ammi Brown, and John Waldron (First published in 1944 by the Carnegie Endowment for International Peace. ed. by Thomas Pink; Indianapolis: Liberty Fund, 2014).

Trenchard, John, and Thomas Gordon, *The Independent Whig*, Vol. III [1720] (London: Printed for J. Peele, 1741).

_____. "The Sense of the People concerning the present State of Affairs, with Remarks upon some Passages of our own and the Roman History. In a Letter to a Member of Parliament" [1721]. John Trenchard, Esq; and Thomas Gordon, *A Collection of Tracts*, Vol. II (London: Printed for F. Cogan and T. Harris, 1751).

Temple, Sir William. "Essay on the Original and Nature of Government" [1672]. *The Works of William Temple*, Vol. I (London: Printed for Rivington et al and by S. Hamilton, Weybridge, 1814).

_____. "An Essay upon the Ancient and Modern Learning". *The Works of William Temple*, Vol. III (London: Printed for Rivington et al and by S. Hamilton, Weybridge, 1814).

_____. "Some Thoughts upon Reviewing the Essay of Ancient and Modern Learning". *The Works of William Temple*, Vol. 3 (London: Printed by S. Hamilton, Weybridge, 1814).

_____. "Of Heroic Virtue". *The Works of William Temple*, Vol. III (London: Printed for Rivington et al and by S. Hamilton, 1814).

_____. "Upon the Gardens of Epicurus, or Of Gardening" [1685]. *The Works of William Temple*, Vol. III (London: Printed for Rivington et al. and by S. Hamilton, 1814).

_____. "Of Popular Discontents". *The Works of Sir William Temple*, Vol. III (London: Printed for Rivington et al and by S. Hamilton, 1814).

Valignano, Alessandro, and Duarte de Sande. *De Missione Legatorum Iaponensium ad Romanum Curiam*. 영역본: *Japanese Travellers in Sixteenth-Century Europe: A Dialogue Concerning the Mission of the Japanese Ambassador to the Roman Curia* [1590]. Edited and annotated with introduction by Derek Massarella. Translated by J. F. Moran (London: Ashgate Publishing Ltd. for The Hakluyt Society, 2012).

Voltaire (François-Marie Arouet). "The Orphan of China"(1755). *The Dramatic Works of Voltaire*. Vol. III in five volumes. *The Works of Voltaire*, in forty two volumes, with a critique and biography by John Morley. Vol. XV (Akron [Ohio]: The Werner Company, 1906).

_____. *Essai sur les moeurs et l'esprit des nations et sur les principaux faits de l'histoire, depuis Charlemagne jusqu'à Louis XIII* [1756] (Paris: Chez Lefevre, libaire, 1829).

_____. *Ancient and Modern History* (*Essai sur les moeurs et l'esprit des nations*). Vol. I in seven volumes. *The Works of Voltaire*. In forty three volumes, with a critique and biography by John Morley, Vol. XXIV (Akron[Ohio]: The Werner Company, 1906).

_____. *Letters on the English* (*Lettres Philosophiques sur les Anglais* [1733], revised 1778). halsall@murray.fordham.edu (최종검색일: 2010. 8. 14.)

_____. *Philosophical Dictionary* [1764], Part 2. Voltaire, *The Works of Voltaire*, Vol. IV (New York: The Craftsmen of The St. Hubert Guild, 1901). *Le Dictionnaire Philosophique* [1764-1769]. *Oeuvres de Voltaire*, Tome XXXII (Paris: Chez Lefèbre, Libraire, 1829).

_____. "The A B C, or Dialogures between A B C." Voltaire, *Political Writings*. Eedited by David Williams (Cambridge·New York·Melbourne: Cambridge University Press, first 1994, reprinted 2003).

_____. *Traité sur la Tolérance*. 영역본: Voltaire, *Treatise on Tolerance*. Voltaire, *Treatise on Tolerance and Other Writings*. Edited by Simon Harvey (Cambridge: Cambridge University Press, 2000). 볼테르(송기형·임미영 역), 『관용론』(서울: 한길사, 2001).

_____. *The Philosophy of History* [1765] (London: Thomas North, 1829).

_____. *Rélation du banissement des Jésuites de la Chine* (Amsterdam: 1768).

Walpole, Horace (Anonyme). *A Letter from Xo Ho, a Chinese Philosopher at London, to his Friend Lien Chi at Peking* (London: Printed for J. Graham, 1757).

_____. *On Modern Gardening*. Horace Walpole, *Anecdotes of Painting in England*, Vol.4, Collected by the late Mr. George Vertue (Strawberry-Hill: Printed by Thomas Kirgate, 1771).

_____. *The Letters of Horace Walpole, Fourth Earl of Oxford*, ed. by Mrs. Paget Toynbee,

Vol. IV (1756-1760) in 16 volumes (Oxford: At the Clarendon Press, 1903).

Webb, John. An[sic!] Historical Essay, Endeavoring a Probability that the Language of the Empire of China is the Primitive Language. London, 1669. 재판: Antiquity of China, or An[sic!] Historical Essay, Endeavoring a Probability that the Language of the Empire of China is the Primitive Language (London: Printed for Obadiah Blagrave, 1678).

Weber, Max. Wirtschaft und Gesellschaft (Tübingen: J. C. Mohr, 1985).

_____. "Vorbemerkung" zum Gesammelten Aufsätzen zur Regionssoziologie. In: Die protestantische Ethik (Gütersloh: Gütersloher Verlaghaus Mohn, 1984).

_____. Wissenschaft als Beruf [1917] (Tübingen: Mohr, 1992).

_____. Die protestantische Ethik und der Geist des Kapitalismus. Max Weber, Gesammelte Aufsätze zur Religionssolziologie I (Tübingen: Mohr, 1986).

_____. Die Wirtschatethik der Weltreligionen. Weber, Gesammelte Aufsätze zur Religionssolziologie I (Tübingen: Mohr, 1986).

Wilhelm, Richard. I Ging - Das Buch der Wandlungen. München: Diederichs, 2000 (초판: 1923). 영역본: Cary F. Baynes (trans.). The I Ching (Princeton: Princeton University Press, 1950・1997).

Wolff, Christian. Oratio de Sinarum philosophea pratica [1721・1726] － Rede über die praktische Philosophie der Chinesen. Lateinisch-Deutsch. Übersetzt, eingeleitet und herausgegeben von Michael Albrecht (Hamburg: Felix Meiner Verlag, 1985). 국역본: 크리스티안 볼프(안성찬 역주), 『중국의 실천철학에 대한 강연』(서울: 서울대학교출판문화원, 2017).

_____. The Real Happiness of a People under a Philosophical King. Demonstrated; Not only from the nature of Things, but from the undoubted Experience of the Chinese under their first Founder Fohi and his Illustrious Successors, Hoam Ti, and Xin Num (London: Printed for M. Cooper, 1750).

_____. [Deutsche Politik] Vernünftige Gedanken von dm gesellschaftlichen Leben der Menschen [1721] (München: Verlag C. H. Bech, 2004).

4. 기타 서양문헌

Adam, Ulrich. The Political Economy of J. H. G. Justi (Oxford: Peter Lang, 2006).

Addison, Joseph. "On the Pleasure of the Imagination". The Spectator, No. 414 (June 25,

1712). *The Spectator*, Vol. V in six vol.s (New York: D. Appleton & Company, 1853).

Albrecht, Michael. "Einleitung." Christian Wolff, *Rede über die praktische Philosophie der Chinesen - Rede über die praktischen Philosophie der Chinesen.* Übersetzt, eingeleitet und herausgegeben von Michael Albrecht (Hamburg: Felix Meiner Verlag, 1985).

Adler, Hans-Hennig. "Gemeinbesitz." *SOZIALISMUS* 4/1992 (Hamburg: VSA-Verlag).

Allen, D. J. *The Philosophy of Aristotle* (London · Oxford · New York: Oxford University Press, 1970).

Allison, William T.. "Introduction". John Milton, *The Tenure of Kings and Magistrates* [1649], edited with Introduction anf Notes by William Talbot Allison (New York: Henry Holt and Company, 1911).

Ames, Roger T. *The Art of Rulership: A Study in Ancient Chinese Political Thought* (Honolulu: University of Hawaii Press, 1983).

_____. "Confucius and the Ontology of Knowing." Gerald James Larson and Eliot Deutsch (ed.). *Interpreting across Boundaries* (Delhi: Motiral Banarsidass Publishers, 1988).

Anarson, Johann. "Multiple Modernities and Civilizational Context: Reflections on the Japanese Experience". Johann Anarson, *The Peripheral Center: Essays on Japanese History and Civilization* (Melbourne: Tras Pacific Press, 2002).

Anderson, Perry. *Lineages of the Absolutist State* (1974). 앤더슨, 『절대주의 국가의 역사』(서울: 소나무, 1993).

Annas, Julia. *The Morality of Happiness* (Oxford: Oxford University Press, 1995).

_____. "Platon." In: Iring Fetscher und Herfried Münkler (Hg). *Pipers Handbuch der Politischen Ideen.* Band 1. *Frühe Hochkulturen und europäische Antike* (München: R. Piper GmbH & Co. KG, 1988).

Anonym, *A Description of the Gardens and Buildings at Kew, in Surrey* (Brentford: Printed and Sold by P. Norbury and George Bickham, without Year).

Anonym. "Letter to the Editor of *Gentleman's Magazine*". *Gentleman's Magazine* 6 (August, 1736).

Anonym (C. F. Noble?). *A Voyage to the East Indies in 1747 and 1748* (London: Printed for T. Becket and P. A. Dehondt, 1762).

Anonym. *The Chinese Traveller*, Vol. I · II (London: Printed for E. and C. Dilly, 1775).

Anson, George Baron. *A Voyage Round the World in the Years 1740 to 1744* (London, 1748, trans. Geneva 1750). Republished: *A Voyage Round the World in the Years*

MDCCXL (London: Oxford University Press, 1974).

Antognazza, Maria R.. *Leibniz: An Intellectual Biography* (Cambridge: Cambridge University Press, 2008 · 2011).

Appadurai, Arjun. *Modernity at Large: Cultural Dimensions of Globalization* (Minneapolis: University of Minnesta Press, 1996).

Appleton, William W.. *A Cycle of Cathay: The Chinese Vogue in England in the Seventeenth and Eighteenth Centuries* (New York: Colombia University Press, 1951).

Arrigie, Giovanni. *Adam Smith in Beijing: Lineages of the Twenty-First Century* (2007). 조바니 아리기(강진아 역), 『베이징의 애덤 스미스』(서울: 길, 2009).

Arrowood, Charles F.. "Introduction — George Buchanan and the *De Jure Regni Apud Scotos*". George Buchanan, *The Powers of the Crown in Scotland.* Translated and introduced by Charles Flinn Arrowood (Austin: The University of Texas Press, 1949).

Açikel, Fethi. "A Critique of *Occidental Geist*: Embedded Historical Culturalism in the Works of Hegel, Weber and Huntington", *Journal of Historical Sociology*, Vol. 19, no. 1 (March, 2006).

Axtell, James L.. "Introduction" *The Educational Writings of John Locke*, ed. by James L. Axtell (Cambridge: Cambridge University Press, 1968).

Backhaus, Jürgen Georg. *The Beginnings of Political Economy: Johann Heinrich Gottlob von Justi* (Berlin: Springer, 2008).

_____. "From Wolff to Justi". Jürgen G. Backhaus (ed.), *The Beginnings of Political Economy: Johann Heinrich Gottlob von Justi* (New York: Springer Science+Business Media, 2009).

_____. "Christian Wolff on Subsidiarity, the Division of Labor, and Social Welfare". *European Journal of Law and Economics*, 4 (1997).

Bailey, Paul. "Voltaire and Confucius: French Attitudes towards China in the Early Twentieth Century." *History of European Ideas.* Vol. 14, Issue 6, Nov. 1992.

Bairoch, Paul A. "The Main Trends in National Economic Disparities since the Industrial Revolution." P. A. Bairoch and M. Levy-Leboyer (ed.). *Disparities in Economic Development since the Industrial Revolution* (London: Macmillan, 1981).

_____. "International Industrialization Levels from 1750 to 1980". In: *Journal of European Economic History* 11 (1982).

Balazs, Etienne. *Chinese Civilization and Bureaucracy* (New Heaven/London: Yale University

Press, 1964 · 1974).

Barbeyrac, "An Historical and Critical Account of the Science of Morality and the Progress it has made in the World from the Earliest Time down to the Publication of Pufendorf of the *Law of Nature and Nations*". Samuel von Pufendorf, *Of the Law of Nature and Nations* [*De jure naturae et gentium*, 1672] (London: Printed for J. Walthoe et al., The Fourth Edition 1729), "Prefatory Discourse".

Bartlett, Robert C.. "Introduction". Pierre Bayle, *Various Thoughts on the Occasion of a Comet* (Albany: State University of New York Press, 2000).

Barzun, Jacques. *From Dawn to Decadence: 500 Years of Western Cultural Life: 1500 to the Present* (New York: HarperCollins Publishers, 2001).

Baxter, Richard. *The Reasons of the Christian Religion* (London: Printed by R. White, for Fran. Titon, 1667).

Beales, Derek. *Enlightenment and Reform in 18th-Century Europe* (London: I. B. Tauris, 2005).

Beck, Christian August von. "Kern des Natur- und Völkerrechts". Hermann Conrad (ed.), *Recht und Verfassung des Reiches in der Zeit Maria Theresias* (Köln: Springer, 1964).

Berg, Maxine. "Asian Luxuries and the Making of the European Consumer Revolution". Maxine Berg and Elizabeth Eger, *Luxury in the Eighteenth Century* (London: Pagrave Macmillan, 2003).

_____. *Luxury & Pleasure in Eighteenth-Century Britain* (Oxford: Oxford University Press, 2005 · 2008).

Berg, Maxine, and Elizabeth Eger, *Luxury in the Eighteenth Century* (London: Pagrave Macmillan, 2003).

Berger, Willy Rochard. *China-Bild und China-Mode im Europa der Aufklärung* (Köln: Böhlau Verlag, 1990).

Bergmann, J.. "Reelle Subsumtion' als arbeitssoziologische Kategorie". W. Schumm (Hg.), *Zur Entwicklungsdynamik des modernen Kapitalismus. Beiträge zur Gesellschaftstheorie, Industriesoziologie und Gewerkschaftsforschung.* Symposium für Gerhard Brandt (Frankfurt am Main/New York: 1989).

Bernier, François. "Introduction à la lecture de Confucius, Extrait de diverses pièces envoyées pour étrennes par M. Bernier à Madame de la Sablières". *Journal des Sçavans* (7 juin 1688) [pages 25-40].

Betty, L. Stafford. "The Buddhist-Humean Parallels: Postmortem." *Philosophy East and West.* Vol. 2. Issue 1 (Jul. 1971).

Blaut, James M.. *The Colonizer's Model of the World: Geographical Diffusionism and Eurocentric History* (New York: Guilford Press, 1993).

_____. *Eight Eurocentric Historians* (New York: The Guilford Press, 2001).

Bezzel, Chris. *Wittgenstein zur Einführung* (Hamburg: Junius Verlag, 1989).

Blofeld, John. *I Ching* (New York·London etc.: Penguin Compass, 1991).

Blössner, Norbert. "The City-Soul Analogy". G. R. Ferrari (ed.). *The Cambridge Companion to Plato's Republic.* (Cambridge·New York: Cambridge University Press, 1998).

Bloom, Irene. "Fundamental Intuition and Consensus Statements: Mencian Confucianism and Human Rights." In: Wm. Theodore de Bary and Tu Weiming, *Confucianism and Human Rights* (New York: Columbia University Press, 1998).

Blue, Gregory. "China and Wester Social Thought in the Modern Period". Timothy Brook and Gregory Blue, *China and Historical Capitalism. Genealogies of Sinological Knowledge* (Cambridge: Cambridge University Press, 1999).

Bluhm, William T. "Political Theory and Ethics." René Descartes, *Discourse on Method and Meditations on First Philosophy.* Edited by David Weissman, with Essays by William T. Blum, Lou Massa, Thomas Pavel, John F. Post, Stephen Toulmin, David Weissman (New Haven·London: Yale University Press, 1996).

Boehm, Christopher. *Moral Origins: The Evolution of Virtue, Altruism, and Shame* (New York: Basic Books, 2012).

Boesche, Roger. "Fearing Monarchs and Merchants: Montesquieu's Two Theories of Despotism". *The Western Political Quarterly*, Vol.43, No.4 (1990).

Bordes, Jacqueline. *Politeia. Dans la Pensée Grecque jusqu'à Aristote.* Paris: Société d'éditions Les Belles Lettres, 1982. 쟈클린 보르드(나정원 옮김), 『폴리테이아』(서울: 도서출판 아르케, 2000).

Börsch-Supan, Helmut. "Die Chinamode in der Malerrei des 17. und 18. Jahrhunderts", 61쪽. Verwaltung der Staatlichen Schlösser und Gärten, *China und Europa. Chinaverständnis und Chinamode im 17. und 18. Jahrhundert.* Aussutelung vom 16. September bis 11. November 1973 im Schloß Charlotteburg, Berlin.

Börsch-Supan, Eva. "Landschaftsgarten und Chinoiserie". Verwaltung der Staatlichen Schlösser und Gärten, *China und Europa. Chinaverständnis und Chinamode im 17. und 18.*

Jahrhundert. Aussutelung vom 16. September bis 11. November 1973 im Schloß Charlotteburg, Berlin.

Boswell, James. *Life of Johnson* [1791], Vol.III (Boston: By W. Andrews and L. Blake, 1807).

_____. *Life of Johnson* [1791], Vol.I in two volumes (Boston: By Carter, Hendee and Co., 1831).

Bourne, Frederick S. A.. *Report of the Mission to China of the Blackburn Chamber of Commerce, 1896－7* (Blackburn: The North-East Lancashire Press, 1898).

Bouvet, Joachim. *Portrait historique de l'Empereur de la Chine, presenté au Roy* (Paris: Estienne Michalet, 1697); Joachim Bouvet, *The History of Cang-Hi, the Present Emperor of China, pesented[sic] to the Most Christian King* (London: Printed for F. Coggan, 1699).

Bowden, Hugh. *Classical Athens and the Delphic Oracle - Divination and Democracy* (Cambridge: Cambridge University Press, 2005).

Bowie, A. M. "Greek Sacrifice - Forms and Functions." Anton Powell (ed.). *The Greek World* (London·New York: Routledge, 1995).

Boxer, Charles Ralph (ed), *South China in the sixteenth century: being the narratives of Galeote Pereira, Fr. Gaspar da Cruz, O.P. [and] Fr. Martín de Rada, O.E.S.A. (1550-1575).* Issue 106 of Works issued by the Hakluyt Society (Printed for the Hakluyt Society, 1953·2017 reprint).

Brandt, Loren. "Farm Household Behavior, Factor Markets, and the Distributive Consequences of Commercialization in Early Twentieth-Century China". *The Journal of Economic History* 47, 3 (Sep. 1987).

_____. *Commercialization and Agricultural Development: Central and Eastern China*, 1870-1937 (New York: Cambridge University Press, 1990).

Brandt, Loren and Barbara Sands, "Beyond Malthus and Ricardo: Economic Growth, Land Concentration, and Income Distribution in Early Twentieth-Century Rural China". *The Journal of Economic History* 50, 4 (Dec. 1990).

Brennan J. Herbie. *The Magical I Ching* (St. Paul: Llewellyn Publication, 2000).

Brockett, Linus P.. *The Silk Industry in America: A History* (Washington: The Silk Association of America, 1876).

Brockey, Liam Matthew. "The First Hands: The Forgotten Iberian Origins of Sinology". Christina H. Lee (ed.), *Western Visions of the Far East in a Transpacific Age, 1522-1657* (London and New York: Routledge, 2012).

Brown, Gregory. *Der Einfluss Chinas auf die europäische Staatslehre im 18. Jh. am Beispiel von Albrecht von Hallers Staatsroman "Usong"* (München: Grin Verlag, 2008).

Brown, John. *Essays on the Charackteristics of the Earl of the Shafttesbury* (London: Prited for C. Davis, 1751·1764).

Brykman, Geneviève. "Bayle's Case for Spinoza". Genevieve Lloyd (ed.), *Spinoza. Critical Assessments*, Volume IV: *The Reception and Influence of Spinoza's Philosophy* (London and New York: Routledge, 2001).

Buckle, Stephen. "Chronology". David Hume, *An Enquiry concerning Human Understanding and Other Writings* (Cambridge·New York·Melbourne: Cambridge University Press, 2007).

Budgell, Eustace. *A Letter to Cleomenes King of Sparta* (London: Printed for A. Moore near the Paul's, 1731).

_____. *A Letter to His Excellency Mr. Ulrick D'Ypres, Chief Minister to the King of Sparta* (London: Printed for S. West, 1731).

Burnaby, Charles (Her Majesties Servants). *Ladies Visiting Days. A Comedy* (London: Printed for Geo. Strahan, 1701·1708).

Cambridge, Richard O.. "[Advantages of Modern Gardening]". *The World*, No. 118 (April 3, 1755). *The Works of Richard Owen Cambridge* (London: Printed by Kuke Hansard, 1803).

Caton, Hiram. "The Preindustrial Economics of Adam Smith". *The Journal of Economic History*, Vol.45, No.4(Dec. 1985).

Catz, Rebecca. "Fernão Mendes Pinto and His *Peregrinação*". *Hispania*, Vol. 74, No. 3 (September 1991).

Cawthorn, James. "Of Taste. An Essay" [1756]. *The Poems of Hill, Cawthorn, and Bruce* (Chriswick: The Press of C. Whittingham, 1822).

Chambers, William. *Designs of Chinese Buildings, Furniture, Dresses, Machines, and Utensils* (London: Published for the Author, 1757).

_____. *A Dissertation on Oriental Gardening* (London: Printed by W. Griffin,1772),

Champion, Justin. "Bayle in the English Enlightenment". Wiep van Bunge and Hans Bots (ed.), *Pierre Bayle (1647-1706), 'le philosophe de Rotterdam': Philosophy, Religion and Reception*, Selected Papers of the Tercentenary Conference held at Rotterdam,

7-8 December 2006 (Leiden·Boston: Brill, 2008).

Chang, Wejen. "Confucian Theory and Norms and Human Rights." Wm. Theodore de Bary and Tu Weiming, *Confucianism and Human Rights* (New York: Columbia University Press, 1998).

Carey, Daniel. *Locke, Shaftesbury, and Hutcheson* (Cambridge: Cambridge University Press, 2006·2009).

Carter, Thomas F. *The Invention of Printing in China and its Spread Westward* (New York: The Ronald Press Company, 1955).

Chang, Y. Z.. "China and the English Civil Service Reform". *The American Historical Review,* XLVII, 3 (April 1942).

Chang, Chung-li. *The Chinese Gentry: Studies on Their Role in Nineteenth Century Chinese Society* (University of Washington Press, 1968).

Chao, Kang. *Man and Land in Chinese History* (Stanford: Stanford University Press, 1986).

Chen Huan-Chang (陳煥章), *The Economic Principles of Confucius and His School* [1904 written] (New York: Columbia University Longmans, Green & Co., Agents; London: P. S. King & Son, 1911).

Chen Shouyi (陳守義). "Daniel Defoe, China's Severe Critic". Adrian Hsia (ed.), *The Vision of China in the English Literatur of the Seventeenth and Eighteenth Centuries* (Hong Kong: The Chinese University of Hong Kong Press, 1998).

_____. "Oliver Goldsmith and His *Chinese Letters*". Adrian Hsia (ed.), *The Vision of China in the English Literatur of the Seventeenth and Eighteenth Centuries* (Hong Kong: The Chinese University of Hong Kong Press, 1998).

_____. "The Chinese Garden in Eighteen the England", 340쪽에서 재인용. Adrian Hsia (ed.), *The Vision of China in the English Literatur of the Seventeenth and Eighteenth Centuries* (Hong Kong: The Chinese University of Hong Kong Press, 1998).

Chomsky, Noam. "Knowledge of Language". *Minnesota Studies in the Philosophy of Science,* Vol. III, *Language, Mind and Knowledge* (Minneapolis: University of Minesota Press, 1975).

Clarke, John James. *Oriental Enlightenment: The Encounter between Asian and Western Thought.* London·New York: Routledge, 1997. 클라크(장세룡 역), 『동양은 서양을 어떻게 계몽했는가』(서울: 우물이 있는 집, 2004).

Cleary, Thomas. *I Ching. The Book of Change* (Boston & London: Shambhala, 1992).

Clerc, Nicolas Gabriel. *Yu le Grand et Confucius, Histoire Chinoise* (Soissons: L'Imprimerie de Ponce Coutois, Imprimeur du Roi, 1769).

Clawson, D.. *Bureaucrasy and the Labor Process. The Transformation of U.S. Industry 1860-1920* (New York/London: 1908).

Cohen, Martin. *Philosophical Tales* (Hoboken: Wiley-Blackwell, 2008).

Cohen, S. Marc, "Substances." Georgios Anagostolpoulos, *A Companion to Aristotle* (Malden [MA]·Oxford: Blackwell Publishing Ltd, 2009).

Colaiaco, James A. *Socrates Against Athens: Philosophy on Trial* (London: Routledge, 2001). 제임스 A. 콜라이아코(김승욱 역), 『소크라테스의 재판』(서울: 작가정신, 2005).

Conze, Edward. "Buddhist Philosophy and its European Parallels." In: *Philosophy East and West*. Vol. 13, Issue 1 (Apr. 1963).

_____. "Spurious Parallels to Buddhist Philosophy". *Philosophy East and West*. Vol. 13, Issue 2. Jul. 1963.

Cook, Daniel. J. Rosemont, Jr., Henry. "The pre-established Harmony between Leibniz and Chinese Thought." In: *Journal of the History of Ideas*. Vol. 42, No.3 (April-June 1981).

Cooley, Charles H.. *Sociological Theory and Social Research* (New York: Augustus M. Kelley Publishers, 1930·1969).

Cordeiro, Cheryl M.. *Gothenburg in Asia, Asia in Gothenburg* (Oklahoma City: Draft2Diugital, 2018).

Coss, Peter. *The Origines of The English Gentry* (Cambridge: Cambridge University Press, 2003).

Courtney, Cecil N.. "Montesquieu and the Problem of 'la diversité'". Giles Barber and Cecil P. Courtney (ed.), *Enlightenment Essays in Memory of Robert Shackleton* (Oxford: The Voltaire Foundation, 1988).

Crawford, Robert B.. "The Social and Philosophy of the *Shih-chi*", *The Journal of Asian Studies*, Vol. 22, No.4 (Aug, 1963).

Creel, Herrlee G.. *Confucius － The Man and the Myth* (New York: The John Day Company, 1949).

_____. *Confucius and the Chinese Way* (New York: Harper Brothers, 1960).

_____. "The Beginnings of Bureaucracy in China: The Origin of the Hsien". *The Journal of Asian Studies*, Vol. 23, No.2 (Feb. 1964).

Cunningham (ed.), T.. *An Historical Account of Rights of Election of the Several Counties, Cities and Boroughs* [extracted from Thomas Carew's book of the same title] (London: Printed for G. Robinson, 1783).

Curran, Stuart. *Poetic Form and British Romanticism* (Oxford: Oxford University Press, 1986).

Curtin, Philip D.. *Cross-Cultural Trade in World History* (Cambridge: Cambridge University Press, 1984).

Dardess, John W.. "Did Mongols Matter?". Paul J. Smith and Richard von Glahn, *The Song-Yuan-Ming Transition in Chinese History* (Cambridge, MA. and London: Harvard University Asia Center, 2003).

Darwin, Charles. *The Descent of Man, and Selection in Relation to Sex* [1871 · 1874] (London: John Murray, 2nd edition 1874).

Davis, Bertram. *Thomas Percy* (Philadelphia: University of Pennsylvania Press, 1989).

Davis, Walter W.. "China, the Confucian Ideal, and the European Age of Enlighten- ment." *Journal of the History of Ideas* Vol. 44, No. 4 (Oct.-Dec. 1983).

_____. *Eastern and Western History, Thought and Culture, 1600-1815* (Lanham[Maryland] · London: University Press of America, 1993).

Dawson, Raymond. *The Chinese Chameleon - An Analysis Conceptions of Chinese Civilization* (London: Oxford University Press, 1967).

_____. "Western Conceptions of Chinese Civilization." Raymond Dawson (ed.). *The Legacy of China* (Oxford · London · New York: Oxford University Press, 1964 · 1971).

de Bary, Wm. Theodore, and Tu Weiming (杜維明). *Confucianism and Human Rights* (New York: Columbia University Press, 1998).

de Labrune, Jean, Louis Cousin & Simon Foucher. *La morale de Confucius, philosophe de la Chine* (Amsterdam: Chez Pierre Savouret, dans le Kalver-straat, 1688).

de Roover, Raymond. "The Commercial Revolution of the Thirteenth Century", *Bulletin of the Business Historical Society* 16 (1948).

De Vries Jan, and Ad van der Woude, *The First Modern Economy: Success, Failure and Perseverance of the Dutch Economy, 1500-1815* (Cambridge: Cambridge University Press, 1997).

de Waal, Frans. "Morality Evolved — Primate Social Instincts, Human Morality and the Rise and Fall of 'Veneer Theory'". Stephen Macedo and Josiah Ober (ed.). *Primate and Philosopher - How Morality Evolved* (Princeton: Princeton University Press, 2006).

_____. "The Tower of Morality". Stephen Macedo and Josiah Ober (ed.). *Primate and Philosopher*

- *How Morality Evolved* (Princeton: Princeton University Press, 2006).

_____. *The Age of Empathy: Nature's Lesson for Kinder Society* (New York: Three Rivers, 2009).

Demel, Walter. "China in the Political Thought of Western and Central Europe, 1570-1750". Thomas H. C. Lee, *China and Europe: Images and Influence in Sixteenth to Eighteenth Centuries* (Hong Kong: The Chinese University of Hong Kong Press, 1991).

Dennis, John. *The Grounds of Criticism in Poetry* (1704). Willard H. Durham (ed.), *Critical Essays of the Eighteenth Century 1700-1725* (New Haven: Yale University Press, London: Humphrey Milford, Oxford University Press, 1915).

Deng, Gang, *Chinese Maritime Activities and Socioeconomic Development, c. 2100 BC-1900 AD* (London: Greenwood Press, 1997).

_____. *The Premodern Chinese Economy: Structural Equilibrium and Capitalist Sterility* (London: Routledge, 1999).

Derry, T. K.. *A History of Scandinavia* (Minneapolis: University of Minnesota Press, 1979).

Devall, Bill and Session, George. *Deep Ecology: Living as if Nature Mattered* (Salt Lake City: Peregime Smith Books, 1985).

Dijkstra, Trude, and Thijs Weststeijn, "Constructing Confucius in the Low Countries", *De Zeventiende Eeuw Culture in de Nederlanden in interdisplinair perspectief*, Vol. 32-Issue 2-2016.

Dirik, Arif. "Global Modernity". *European Journal of Social Theory* 6 no.3 (2003).

Dobie, Madeleine. "Montesquieu's Political Fictions: Oriental Despotism and the Representation of the Feminine". *Studies on Voltaire and the Eighteenth Century*, Vol.348(Institut et musée, 1996).

Drucker, Peter F. *Managing in the Next Society* (New York: St. Martin's Press, 2002). 피터 드러커(이재규 옮김), 『Next Society(넥스트 소사이어티)』(서울: 한국경제신문, 2002).

Du Pont de Nemours, Pierre Samuel. *De l'origine des progrès d'une science nouvelle* (Londres · Paris: Chez Desaint, Libraire, 1768).

Dunn, Ross E.. *The Adventures of Ibn Battuta* (Berkeley/Los Angeles: University of California Press, 1986 · 2005).

Dunne, George H.. *Generations of Giants: The Story of the Jesuits in China in the Last Decades of the Ming Dynasty* (Notre Dam, Indiana: University of Notre Dame Press, 1962).

Edmonds, David and Eidinow, John. "Enlightened enemies." *The Guardian.* Saturday 29 April 2006.

Edwardes, Michael. *East-West Passage: The Travel of Ideas, Arts and Ib\nterventions between Asia and the Western World* (Cassell · London: The Camelot, 1971).

Elkins, Stanley, and McKitrick, Eric. *The Age of Federalism* (New York · Oxford: Oxford University Press, 1993).

Elisseeff-Poisle, Danielle. "Chinese Influence in France, Sixteenth Centuries". Thomas H. C. Lee, *China and Europe: Images and Influence in Sixteenth to Eighteenth Centuries* (Hong Kong: The Chinese University of Hong Kong Press, 1991).

Elvin, Mark. "High-level Equilibrium Trap: The Causes of the Decline of Invention in the Traditional Chinese Textile Industries". W. E. Willmott (ed.), *Economic Organization in Chinese Society* (Stanford: Stanford Unuversity Press, 1972).

_____. *The Pattern of the Chinese Past* (Stanford: Stanford University Press, 1973).

_____. "Why China Failed to Create an Endogenous Industrial Capitalism: A Critique of Max Weber's Explanation". *Theory and Society*, 13 (1984).

Eisenstadt, Shmuel & Wolfgang Schluchter, "Introduction: Paths to Early Modernities — A Comparative View". *Daedalus* 127 no. 3 (1998).

Eisenstadt, Shmuel. "Multiple Modernities", *Daedalus* 129 no. 1 (2000).

_____ (ed.). *Multiple Modernities* (New Brunswick, N. J.: Transaction Publisher, 2002).

Evans, Eric J.. *The Forging of the Modern State: Early Industrial Britain, 1783-1870* (Oxford/New York: Routrledge, 1983 · 2001).

Fairbank, John K.. "A Preliminary Framework". John K. Fairbank (ed.), *The Chinese World Order: Traditional China's Foreign Relations* (Cambridge, Mass: Harvard University Press, 1968).

Fan Cunzhong (范存忠), "The Beginnings of the Influence of Chinese Culture in England", 73쪽에서 재인용. Adrian Hsia (ed.), *The Vision of China in the English Literatur of the Seventeenth and Eighteenth Centuries* (Hong Kong: The Chinese University of Hong Kong Press, 1998).

_____. "Chinese Fables and Anti-Walpole Journalism". Adrian Hsia (ed.), *The Vision of China in the English Literatur of the Seventeenth and Eighteenth Centuries* (Hong Kong: The Chinese University of Hong Kong Press, 1998).

_____. "Dr. Johnson and Chinese Culture", 267쪽. Adrian Hsia (ed.), *The Vision of China in the English Literatur of the Seventeenth and Eighteenth Centuries* (Hong Kong: The Chinese University of Hong Kong Press, 1998).

Faure, David. *The Rural Economy of Pre-Liberation China: Trade Expansion and Peasant Livelihood in Jiangsu and Guangdong, 1870 to 1937* (Oxford: Oxford University Press, 1990).

_____. *China and Capitalism: A History of Business Enterprise in Modern China* (Hong Kong: Hong Kong University Press, 2006).

Ferguson, Donald. "Introduction". Donald Ferguson (ed.) *Letters from Portuguese captives in Canton*, written in 1534 & 1536 (Bombay: Educ. Steam Press, 1902).

_____(trans. and ed.). *Letters from the Portuguese Captives in Canton written in 1534 and 1536* (Bombay: Eduction Society's Steam Press, 1902).

Fernandez-Armesto, Felipe. *Millenium* (London: Black Swan, 1996).

Fetscher, Iring. "Einleitung". Thomas Hobbes, *Leviathan* [1651], hg. v. I. Fetscher (Frankfurt am Main, 1984).

Feuerwerker, Albert. *The Chinese Economy, 1870-1911* (Ann Arbor, Michigan: Center for Chinese Studies, 1969).

_____. "Economic Trends, 1912-49", 28쪽. John K. Fairbank (ed.), *The Cambridge History of China*, Vol. 12: *Republican China*, 1912-1949, Part I (Cambridge: Cambridge University Press, 1983).

_____. "Chinese Economic History in Comparative." Paul S. Ropp (ed.). *Heritage of China* (Berkeley: University of California Press, 1990).

Flynn, Dennis O., and Arturo Giráldez, "Cycle of Silver: Global Economic Unity through the Mid-Eighteenth Century", *Journal of World History*, 13 (2) [391-427쪽].

Fogel, Joshua A.. *Politics and Sinology: The Case of Naito Konan* [1866-1934] (Cambridge, Mass.: Harvard University Asia Center, 1984).

Foreman, Dave. "A Spanner in the Woods (n.d.)." Interviewed by Bill Devall. *Simply Living* 2. 12.

Forrest, Denys. *Tea for the British: The Social and Economic History a Famous Trade* (London: Chatto & Windus, 1973).

Foucault, Michel. *Histoire de la folie* (Paris: Librairie Plon, 1961). Michel Foucault. *Wahnsinn und Gesellschaft. Eine Geschichte der Wahns im Zeitalter der Vernunft* (Frankfurt am Main: Suhrkamp, 1989).

_____. *Les mots et les choses* (Paris: Editions Gallimard, 1966). 독역본: Michel Foucault.

Die Ordnung der Dinge (Frankfurt am Main: Suhrkamp, 1974).

_____. *L'archéologie du savoir*. Michel Foucault. *Archäologie des Wissens* (Frankfurt am Main: Suhrkamp, 1989).

_____. "Der Ariadnefaden ist gerissen"(1969). Gilles Deleuze·Michel Foucault. *Der Faden ist gerissen* (Berlin: Merve Verlag, 1977).

_____. *Surveiller et punir. La naissance de la prison* (Paris: Editions Gallimard, 1975). 독역본: *Überwachen und Strafen. Die Geburt des Gefängnisses* (Frankfurt am Main: Suhrkamp, 1976).

_____. *Histoire de la sexualité*. Vol 2. *L'usage des plairs; Histoire de la sexualité*. Vol. 3. *Le souci de soi* (Paris: Editions Gallimard, 1984). 독역본: *Der Gebrauch der Lüste. Sexualität und Wahrheit 2; Die Sorge um sich. Sexualität und Wahrheit 3* (Frankfurt am Main: Suhrkamp, 1989).

Fox-Genevese, Elizabeth. *The Origins of Physiocracy: Economic Revolution and Social Order in Eighteenth-Century France* (Ithaca: Cornell University Press, 1976).

Frank, Andre Gunder. *ReOrient* (Berkeley: University of California, 1998). 안드레 군더 프랑크(이희재 역), 『리오리엔트』(서울: 이산, 2003).

Franklin, Benjamin. "Memoirs of the Culture of Silk". Leonard Lafare (ed.), *The Papers of Benjamin Franklin*, Vol. 12 (New Haven and London: Yale University Press, 1986).

Fujikawa, Mayu. "The Borghese Papacy's Reception of a Samurai Delegation and its Fresco-Image at the Palazzo del Quirinale, Rome". Christina H. Lee (ed.), *Western Visions of the Far East in a Transpacific Age, 1522-1657* (London and New York: Routledge, 2012).

_____. "To Cadwallader Evans (London 18, 1771)". John Biglow (ed.), *The Complete Works of Benjamin Franklin*, Vol. IV (New York: Putnam's Son, 1887).

Gang Deng, *Chinese Maritime Activities and Socioeconomic Development, c. 2100 BC-1900 AD* (London: Greenwood Press, 1997).

Gaonka, Dilip P.. "On Alternative Modernities". Dilip P. Gaonka (ed.), *Alternative Modernities* (Durham: Duke University Press, 2001).

Gardella, Robert. "Squaring Accounts: Commercial Bookkeeping Methods and Capitalist Rationalism in Late Qing and Republic China". *The Journal of Asian Studies*, 51 (May 1992).

Gay, Peter. "Locke on the Education of Paupers". Amélie Oksenberg Rorty (ed.), *Philosophers on Education: Historical Perspectives* (London: Routledge, 1998).

Gerhardt, Volker. *Pathos und Distanz* (Stuttgart: Philipp Reclam, 1988).

Gerlach, Hans Christian. *Wu-wei* (無爲) *in Europe - A Study of Eurasian Economic Thought* (London: Department of Economic History London School of Economics, 2005).

Gewirth, Alan. "Marsilius of Padua", *The Encyclopedia of Philosophy*, vol. 5 (New York: Macmillan, 1967).

Gibbon, Edward, *Memoirs of Edward Gibbon*. Edward Gibbon. *Memoirs of the Life and Writings of Edward Gibbon, Esq.*, Vol.1 in Two Vols. (London: Whittaker, Treacher, and Arnot, 1825).

_____. *The History of The Decline and Fall of the Roman Empire*, Vol III [1782], noted. by H. H. Milman (New York Harper & Brothers, 1845).

Gil, Juan. "Chinos in Sixteenth-Century Spain". Christina H. Lee (ed.), *Western Visions of the Far East in a Transpacific Age, 1522-1657* (London and New York: Routledge, 2012).

Gilligan, Carol. "In a Different Voice: Women's Conceptions of the Self and of Morality", *Harvard Educational Review* 47 (1977) [481-517쪽].

Gilroy, Paul. *The Black Atlantic Modernity and Double Conscienciousness* (Cambridge: Harvard University Press, 1993).

_____. *In a Different Voice: Psychological Theory and Women's Development* (Cambridge: Harvard University Press, 1982).

Goldsmith, Oliver (Anonymous), *The Citizen of the World: or Letters from a Chinese Philosopher, residing in London, to his Friends in the East,* 2 Volumes (London: Printed for the Author, 1762).

_____. *The Works of Oliver Goldsmith*, Five Volumes, ed. by J. W. Gibbs (London: George Bell and Sons, 1908).

Goody, Jack. *The East in the West* (New York: Cambridge University Press, 1996).

Grapard, Allen G.. "Voltaire and East Asia - A Few reflection on the Nature of Humanism." *Cahiers d'Extrêm-Asie*, Vol. 1 (1985).

Gray, John. *Enlightenment's Wake* (London: Routledge, 1995).

Gray, Thomas. *The Works of Thomas Gray*, Vol. II, IV (London: William Pickering, 1836).

Gress, David. *From Plato to NATO - The Idea of the West and its Opponents* (New York · London · Toronto: The Free Press, 1998).

Grisworld, Jr., Charles L.. *Adam Smith and the Virtues of Enlightenment* (Cambridge/New

York: Cambridge University Press, 1999).

Groom, Nick. *The Making of Percy's Reliques* (Oxford: Oxford University Press, 1999).

Gu, Min Dong. "Sinologism, the Western World View, and the Chinese Perspective", 4쪽. *CLCWeb: Comparative Literature and Culture*, vol.15, No.2. Available from: http://docs.lib.purdue.edu./clcweb/wol15/iss2/2.

Gunn, Geoffrey C.. *First Globalization: The Eurasian Exchange, 1500-1800* (New York: Rowman & Littefield Publishers. 2003).

Guthrie, W. K. C. *A History of Greek Philosophy*. Vol. 5. *The Later Plato and the Academy* (Cambridge: Cambridge University Press, 1978).

Hall, John A.. *Powers and Liberties: The Causes and Consequences of the Rise of the West* (Berkeley: University of California Press, 1985).

Halliwell, Stephen. "The Life-and-Death Journey of the Soul: Myth of Er." G. R. Ferrari (ed.). *The Cambridge Companion to Plato's Republic* (Cambridge·New York: Cambridge University Press, 1998).

Hamacher, Werner (Hrsg.). *Nietzsche aus Frankreich. Essays von Maurice Blanchot, Jacques Derrida, Pierre Klosswski, Philippe Lacoue-Labarthe, Nancy und Bernd Pautrat* (Frankfurt am Main·Berlin: Ullstein, 1986).

Hamilton, Gary G.. *Commerce and Capitalism in Chinese Societies* (London/ New York: Routledge, 2006).

Hamowy, Ronald. "Jefferson and the Scottish Enlightenment: A Critique of Garry Wills's *Inventing America: Jefferson's Declaration of Independence*", *The Independent Review* (October 1, 1979).

Hampson, Norman. "The Enlightenment in France". Roy S. Porter & Mikulas Teich (ed.), *The Enlightenment in National Context* (Cambridge: Cambridge University Press, 1981).

Hartwell, Robert. "Markets, Technology, and the Structure of Enterprise in the Development of the Eleventh Century Chinese Iron and Steel Industries." *Journal of Economic History* 26 (1966).

Hatchett, William (Anonymous), *The Chinese Orphan: An Historical Tragedy. Alter'd from a Specimen of the Chinese Tragedy, in Du Halde's History of China. Interspers'd with Songs, after the Chinese Manner* (London: Printed for Charles Corbett, 1741).

Hauser, Marc D.. *Moral Minds* (New York: HarperCollins Publishers, 2006).

Herrick, Judson C.. *The Evolution of Human Nature* (Austin: University of Texas Press, 1956).

Hess, Peter. "Besitzfrage." *SOZIALISMUS* 4/1992 (Hamburg: VSA-Verlag).

Hettling, Manfred. "Geschichtlichkeit - Zwerge auf den Schultern von Riesen." Jakob Tanner et al. *Eine kleine Geschichte der Schweiz* (Frankfurt am Main: Suhrkamp, 1998).

Hirschl, Ran. "Montesquieu and the Renaissance of Comparative Public Law". Rebecca E. Kingston, *Montesquieu and His Legacy* (Albany: SUNY Press, 2009).

Ho Ping-Ti. *The Ladder of Success in Imperial China: Aspects of Social Mobility, 1368-1911* (New York: Columbia University Press, 1962). 何柄棣(조영록 외 역), 『중국과거제도의 사회사적 연구』(서울: 동국대학교출판부, 1987).

Hobson, John M. *The Eastern Origins of Western Civilization* (Cambridge·New York: Cambridge University Press, 2004·2008).

Hoffman, Martin L.. *Empathy and Moral Development: Implications for Caring and Justice* (Cambridge: Cambridge University Press, 2000, reprinted 2003).

Hoffman, Y., *The Idea of Self East and West: A Comparison between Buddhist Philosophy and the Philosophy do David Hume* (Calcutta: Firma, 1980).

Holton, Gerald. *Science and Anti-Science* (Cambridge[Massachusetts]: Havard University Press, 1993).

Honour, Hugh. *Chinoiserie. The Vision of Cathay* (New York: Harper & Row Publishers, 1961).

Hont, Istvan. "The 'Rich Country — Poor Counttry' Debate Revisited: The Irish Origins and French Reception of the Hume Paradox". Carl Wennerlind and Magaret Schabas (ed.), David Hume's Political Economy (London: Routledge, 2008).

Hou, Chi-ming. *Foreign Investment and Economic Development in China, 1840-1937* (Cambridge, MA: Harvard University Press, 1965).

Howitt, William. *Colonization and Christianity - A Popular History of the Treatment of the Natives by the Europeans in all their Colonies* (London: Longman, Orme, Brown, Green, & Longmans, 1838).

Hruschka, Joachim. "The Greatest Happiness Principle and Other Early German Anticipations of Utilitarian Theory". *Utilitas* 3 (1991).

Hsu Tzu-fen, "Traditional Chinese Booking Methodology". *Chinese Business History* (中國商業歷史), Vol. 2, No. 1 (Nov. 1991).

Huang, Philip C. C.. *The Peasant Economy and Social Change in North China* (Stanford:

Stanford University Press, 1985).

_____. *The Peasant Family and Rural Development in the Yangzi Delta, 1350-1988* (Stanford: Stanford University Press, 1990).

_____. "The Peasant Family and Rural Development in the Yangtzi Delta, 1350-1988: A Reply to Ramon Myers", *The Journal of Asian Studies* 50, 3 (Aug. 1991).

Hucker, Charles O.. "Ming Government". Denis Twitchett and Frederick W. Mote (ed.), *The Cambridge History of China*, Volume 8, *The Ming Dynasty, 1368-1644*, Part 2 (Cambridge: Cambridge University Press, 1998; Reprinted 2007).

Hudson, Geoffrey F.. *Europe and China: A Survey of their Relations from the Earliest Time to 1800* (Boston: Beacon Press, 1931 ‧ 1961).

_____. "China and the World." Raymond Dawson (ed.). *The Legacy of China* (Oxford ‧ London ‧ New York: Oxford University Press, 1964 ‧ 1971).

Hughes, Ernest R. (transl.). *The Great Learning and The Mean-In-Action* (London: J. M. Dent abd Sons Ltd., 1942).

Hulliung, Mark. *Montesquieu and the Old Regime* (Berkeley: University of California Press, 1976).

Hung, Ho-fung. "Early Modernities and Contentious Politics in Mid-Quing China, c. 1740-1839". *International Sociology* 19 no.4 (2004).

Huntington, Samuel P.. *The Third Wave: Democratization in the Late Twentieth Century* (Norman: University of Oklahoma Press, 1991).

_____. "The Clash of Civilizations?", *Foreign Affairs*, Vol. 72, no. 3 (Summer 1993).

_____. *The Clash of Civilizations and the Remaking of World Order* (New York: Touchstone, 1996). 새뮤얼 헌팅턴(이희재 옮김), 『문명의 충돌』(서울: 김영사, 1998).

_____. "The West: Unique, Not Universal". *Foreign Affairs*, Vol. 75(6) (Nov./Dec. 1996).

Hutchinson, D. S. "Ethics." Jonathan Barnes (ed.). *The Cambridge Companion to Aristotle* (Cambridge: Cambridge University Press, 1995).

Hwang, Tai-Youn. "Verschollene Eigentumsfrage. Zur Suche nach einer neuen Eigentumspolitik." In: *SOZIALISMUS* 2/1992 (Hamburg: VSA-Verlag).

_____. *Herrschaft und Arbeit im neueren technischem Wandel. Zum Verhältnis der neuen Technik bzw. der neuen Reproduktionsweise des Kapitals zu Herrschaft Arbeit und Umwelt* (Frankfurt am Main ‧ Bern ‧ New York ‧ Paris: Peter Lang, 1992).

_____. "Habermas' Critical Theory and Another Marx Unveiled: A Confrontation with Habermas'

Communicative 'Critical Theory of Society.'" In: Sang-Jin Han (ed.). *Habermas and the Korean Debate* (Seoul: Seoul National University Press, 1988).

Iacoboni, Marco. *Mirroring People: The Science of Empathy and How We Connect with Others* (New York: Picador, 2008 · 2009).

Impey, Oliver. *Chinoiserie. The Impact of Oriental Styles on Wester Art and Decoration* (New York: Charles Scribner's Sons, 1977).

Iorio, Dominick A.. "Introduction". Dominick A. Iorio (trans.), *Nicolas Malebranche: Dialogue between a Christian Philosopher and a Chinese Philosopher on the Existence and Nature of God* (Washington, D. C., University Press of America, 1980).

Israel, Jonathan I.. "General Introduction". Jonathan I. Israel (ed.), *The Anglo-Dutch Moment* (Cambridge: Cambridge University Press, 1991 · 2003).

_____. *Radical Enlightenment − Philosophy and the Making of Modernity 1650-1750* (Oxford: Oxford University Press, 2001).

_____. *Enlightenment Contested − Philosophy, Modernity, and the Emancipation of Man 1670-1752* (Oxford: Oxford University Press, 2006).

_____. *Democratic Enlightenment − Philosophy, Revolution, and Human Rights 1750-1790* (Oxford: Oxford University Press, 2006).

_____. "Bayle's Double Image during the Enlightenment". Wiep van Bunge and Hans Bots (ed.), *Pierre Bayle (1647-1706), 'le philosophe de Rotterdam': Philosophy, Religion and Reception*, Selected Papers of the Tercentenary Conference held at Rotterdam, 7-8 December 2006 (Leiden · Boston: Brill, 2008).

Jacobsen, Stefan G.. "Physiocracy and the Chinese Model: Enlightened Lessons from China's Political Economy". Ying Ma and Hans-Michael Trautwein (ed.), *Thoughts on Economic Development in China* (Oxford: Routledge, 2013).

_____. "Chinese Influences of Images? Fluctuating Histories of How Enlightenment Europe Read China". *Journal of World History*, Vol. 24, no. 3 (2013).

_____. "Limits to Despotism: Idealizations of Chinese Governance and Legitimations of Absolutist Europe". *Journal of Early Modern History*, 17 (2013).

Jacobson, Nolan Pliny. "The Possibility of Oriental Influences in Hume' Philosophy." *Philosophy East and West*, Vol. 19, Issue 1 (Jan. 1969).

Jardine, Lisa. "Introduction" to Francis Bacon's *New Organon*. Edited by Lisa Jardine and Michael Silverthorne (Cambridge: Cambridge University Press, 2000).

_____. "Lorenzo Valla: Academic Scepticism and the New Humanist Dialectic." M. Burnyeat (ed.). *The Sceptical Tradition* (Berkeley and Los Angeles: University of California Press, 1983).

Jaspers, Karl. *Die Großen Philosophen* (München: Piper, 1957). 카를 야스페스(권영경 옮김), 『위대한 사상가들: 소크라테스·석가모니·공자·예수』(서울: 책과함께, 2005).

Jensen, Lionel M. *Manufacturing Confucianism* (Durham·London: Duke University Press, 1997·2003).

Jenkinson, Sally L.. "Introduction: a defence of justice and freedom". Pierre Bayle, *Political Writings* (Cambridge: Cambridge University Press, 2000).

Jenkinson, Matt. "Nathanael Vincent and Confucius's 'Great Learning' in Restauration England". *Note and Record of the Royal Society of London*, Vol. 60, No. 1(Jan. 22, 2006).

Jespersen, Knud J. V.. Jespersen, *A History of Denmark* (New York: Palgrave Macmillan, 2004·2011).

Johnson, Richard R.. "The Revolution of 1688-9 in the American Colonies". Jonathan I. Israel, *The Anglo-Dutch Moment. Essays on the Glorious Revolution and its World Impact* (Cambridge: Cambridge University Press, 1991).

Johnson, Samuel. "Preface". Father Jerome Lobo, *A Voyage to Abyssinia* [1735], Translated from the French by Samuel Johnson (London: Printed for Elliot and Kay, 1789).

_____ (Eubulus). "Remarkable Example in a Prince and Subject". *Gentleman's Magazine* 8 (July, 1738; London).

_____. "Essay on the *Description of China*". *Gentleman's Magazine* 12 (June, 1742).

_____. "The Account of China continued". *Gentleman's Magazine* 12 (July, 1742).

Jones, David M.. *The Image of China in Western Social and Political Thought* (New York: Palgrave, 2001).

Jones, Eric I.. *Growth Recruiting: Economic Change in World History* (Oxford: Clarendon Press, 1988)

Jones, Eric L.. *The European Miracle: Environments, Economies and Geopolitics in the History of Europe and Asia* (Cambridge: Cambridge University Press, 1981).

_____. *Growth Recurring. Economic Change in World* (Ann Arbor, Michigan: The University of Michigan Press, 1988).

Joseph II. "Rêveries"(translates from the original French). Derek Beales, *Enlightenment and Reform in 18th-Century Europe* (London: I. B. Tauris, 2005), Appendix [169-176].

Joyce, Richard. T*he Evolution of Morality* (Cambridge[Massachusetts]: The MIT Press, 2006·2007).

Jullien, François. *Fonder la Morale. Dialogue de Mencius avec un Philosophie des Lumières.*(Paris: Editions Grasset, 1996). 프랑수아 쥴리앙(허경 역), 『맹자와 계몽철학자의 대화』(서울: 한울아카데미, 2004).

Jun Seong Ho and James B. Lewis. "Wages, Rents, and Interest Rates in Southern Korea, 1700 to 1900." *Research in Economic History.* Vol. 24 (2007).

Jourdain, Margaret, and R. Soame Jenyns, *Chinese Export Art. In the Eighteenth Century* (Middlesex: Spring Books, 1950·1967).

Kagan, Jerome. *What is Emotion?: History, Measures, and Meanings* (Binghamton[NY]: Vail-Ballou Press, 2007).

Karcher, Stephen. *How to Use the I Ching* (London: Element, 1997).

Katzenstein, Robert. "Funktion". *SOZIALISMUS.* Hamburg: VSA-Verlag 4/1992.

Kaya, Ibrahim. "Modernity, Opnenness, Interpretation: A Perspective on Multiple Modernities". *Social Science Information* 43 no. 1(2004).

Kaye, Frederick B.. "Introduction" (1924). In: Bernard de Mandeville, *The Fable of the Bees, or Private Vices, Publick Benefits* (1714·1723). With a Commentary by Frederick. B. Kaye. 2 Volumes. Photographic Reproduction of the Edition published by Oxford University Press in 1924 (Indianapolis: Liberty Fund, 1988).

Keltner, Dacher. *Born to be Good: The Science of a Meaningful Life* (New York: W. W. Norton & Company, 2009).

Kennedy, Paul. *The Rise and Fall of the Great Powers - Economic Change and Military Conflict from 1500 to 2000* (New York: Random House, 1987).

Jung, Kim Dae. "Is Culture Destiny? The Myth of Asia's Anti-Democratic Values: A Response to Lee Kuan Yew". *Foreign Affairs*, 73, no. 6 (Nov./Dec. 1994).

Kautsky, John H.. *The Politics of Aristocratic Empires* (Chapel Hill: University of North Carolina Press, 1982).

Keynes, John M.. "The End of Laissez-Faire"(1926). Keynes, *Essays in Persuasion* [1931] (New York: Palgrave Macmillan, 2010).

Kircher, Athansius. *China Monumentis, qua sacris qua Profanis, nec vanriis naturae and artis spectaculis, aliarumque rerum memorablium argumentis illustrata* [*China Illustrata*] (Amsterdam: 1667). 영역본: Athansius Kircher, *China Illustrata*, translated by Van

Tuyl (1986). http://hotgate.stanford.edu/Eyes/library/kircher.pdf. 최종검색일: 2013. 1. 20.

Kocka, Jürgen. *Weder Stand noch Klasse: Unterschichten um 1800* (Bonn: Verlag J. H. W. Dietz Nachf., 1990).

_____. *Arbeitsverhältnis und Arbeitsexistenzene: Grundlagen der Klassenbildung im 19. Jahrhundert* (Bonn: Verlag J. H. W. Dietz Nachf., 1990).

Kohlberg, Lawrence, Dwight R. Boyd & Charles Levine, "The Return of Stage 6: Its Principle and Moral Point View". Thomas E. Wren (ed.), *The Moral Domain* (Cambridge, Massachusetts: The MIT Press, 1990).

Kosman, Aryeh. "Justice and Virtue. The Republic's Inquiry into Proper Difference." G. R. Ferrari (ed.). *The Cambridge Companion to Plato's Republic* (Cambridge · New York: Cambridge University Press, 1998).

Koss, Nicholas. "Matteo Ricci on China via Samuel Purchas: Faithful Re-Presentation". Christina H. Lee (ed.), *Western Visions of the Far East in a Transpacific Age, 1522-1657* (London and New York: Routledge, 2012).

Kow, Simon. *China in Early Enlightenment Political Thought* (Oxford[Oxon]: Routledge, 2017).

_____. "Confucianism, Secularism, and Atheism in Bayle and Montesquieu", *The European Legacy*, Vol.16, No.1 (2011).

Krause, Sharon. "Despotism in *The Spirit of the Laws*". D. W. Carrithers, M. A. Mosher & P. A. Rahe (ed.), *Montesquieu's Science of Politics* (Lanham, MD: Rowman & Littlefield, 2001).

Kriedte, Peter. *Spätfeudalismus und Handelskapital: Grundlinien der europäischen Wirtschafts-geschichte von 16. bis zum Ausgang des 18. Jahrhunderts* (Göttingen: Vadenhoeck & Ruprecht, 1980).

Kuhn, Philip. *Rebellion and its Enemies in Late Imperial China* (Cambridge, MA: Harvard University Press, 1970).

Kuitert, Wybe. "Japanese Robe, *Sharawadgi*, and the Landscape Discourse of sir William Temple and Constantijn Huygens". *Garden History*, 41 (2), Plates II-VI (2013).

La Rivière, Le Mercier de. *L'ordre naturel et essentiel des sociétés politiques* (Londres: Chez Jean Nourse, librairie, & se trouve à Paris, Chez Daint, librairie, 1767).

Lach, Donald F. "China and the Era of the Enlightenment". *The Journal of Modern History*, Vol. 14, no. 2 (Jun. 1942).

_____. "Leibniz and China." *Journal of the History of Ideas*. Vol. 6, No. 4 (Oct. 1945).

_____. "The Sinophilism of Christian Wolff." *Journal of the History of Ideas*. Vol. 14, No. 4 (Oct. 1953).

Lach, Donald F. and Edwin J. van Kley. *Asia in the Making of Europe* III (Chicago: Chicago University Press, 1993).

Lai, Yuen-Ting. "The Linking of Spinoza to Chinese Thought by Bayle and Malebranche". *Journal of the History of Philosophy*, Vol. 23, No. 2 (Apr. 1985).

Larrimore, Mark. "Orientalism and Antivoluntarism in the History of Ethics: On Christian Wolff's *Oratorio Sinarum Philosophia Pratica*", *The Journal of Religious Ethics*, Vol. 28,No. 2 (Sommer, 2000).

Le Blanc, Charles Yvon. *Huai-nan Tzu* (淮南子). *Philosophical Synthesis in Early Han Thought: The Idea of Resonance* (Kan-ying, 感應). With a Translation and Analysis of Huai-nan Tzu Chapter Six (Hong Kong: Hong Kong University Press, 1985). 또는 참조; (Hong Kong: Hong Kong University Press, 1985).

Ledderose, Lothar. "Chinese Influence on European Art, Sixteenth to Eighteenth Centuries". Thomas H. C. Lee, *China and Europe: Images and Influence in Sixteenth to Eighteenth Centuries* (Hong Kong: The Chinese University of Hong Kong Press, 1991).

Lee, Christina H.. "Introduction". Christina H.. Lee (ed.), *Western Visions of the Far East in a Transpacific Age, 1522-1657* (London and New York: Routledge, 2012).

_____. "Imaging China in a Golden Age Spanish Epic", 43-63쪽. Christina H. Lee (ed.), *Western Visions of the Far East in a Transpacific Age, 1522-1657* (London and New York: Routledge, 2012).

Lee, Eun-Jeong. *Anti-Europa: Die Geschichte der Rezeption des Konfuzianismus und der konfuzialnischen Gesellscjaft seit der frühen Aufklärung* (Münster: Lit Verlag, 2003).

Lee, Raymond I. M.. "Reinventing Modernity", *European Journal of Social Theory* 9 no. 3 (2006).

Leites, Edmund. "Confucianism in eighteenth-century England: Natural morality and social reform." *Philosophy East and West* 28 (No. 2 April 1978).

Lefaivre, Liane, and Alexander Tzonis, *Architecture of Regionalism in the Age of Globalization* (London: Routledge, 2012).

Levenson, Joseph R.. *Confucian China and Its Modern Fate: A Trilogy* (Berkeley/Los Angeles: University of California Press, 1958-1968).

Lesher, James. "The Meaning of NOUS in the Posterior Analytics." *Phronesis* 18 (1973).

Les Missionaires de Peking, *Mèmoires concernant l'historie, les sciences, les arts, les moeures, les usages, &c. des Chinois*, Tome Premier (Paris: Chez Nyon, Libraire, rue S. Jean-de-Beauvais, 1776). 그리고: Les Missionaires de Peking, *Mèmoires concernant l'historie, les sciences, les arts, les moeures, les usages, &c. des Chinois*, Tome Seizieme (Paris: Chez Treuttel et Würzel Libraires, 1814).

Levathes, Luise E. *When China Ruled the Seas* (London: Simon and Schuster, 1994).

Li, Bozhong (李伯重), "Was there a 'Fourteen-Century Turning Point'? Population, Land, Technology, and Farm Management". Paul J. Smith and Richard von Glahn, *The Song-Yuan-Ming Transition in Chinese History* (Cambridge, MA. and London: Harvard University Asia Center, 2003).

_____. "An Early Modern Economy in China; A Study of the GDP of the Huating-Lou Area, 1823-1829". Billy K. L. So (ed.), *The Economy of Lower Yangzi Delta in Late Imperial China* (Oxford: Routledge, 2013).

Li, Bozhong, and Jan Luiten van Zanden, "Before the Great Divergence? Comparing the Yangzi Delta and the Netherlands at the Beginning of the Nineteenth Century". *The Journal of Economic History*, Vol. 72, No. 4 (December 2012).

Li, Lillian M.. *China's Silk Trade: Traditional Industry in the Modern World 1842-1937* (Cambridge: Harvard University Press, 1981).

Liddell, Henry George and Scott, Robert. *Liddell and Scott's Greek-English Lexicon* (Oxford: Simon Wallenberg Press, 2007).

Liu, James T. C. (劉子健). *Reform in Sung China: Wang An-shih (1021-1086) and His New Policies* (Cambridge: Harvard University Press, 1959·2013). 제임스 류(이범학 역), 『왕안석과 개혁정책』(서울: 지식산업사, 1991·2003).

Liu, William G.. *The Chinese Market Economy, 1000-1500* (Albany: State University of New York Press, 2015).

Lloyd, Marshall Davies. "Polybius and the Founding Fathers: the Separation of Powers." 1998. Rev: 2006. (http://mlloyd.org/mdl-index/polybius/polybius.htm. 최종검색일: 2008. 11. 8.)

Lockwood, William W.. "Adam Smith and Asia", *The Association for Asian Studies*, Vol. 23, No. 3 (May, 1964).

Long, A. A.. "The Socratic Legacy". Keimpe Algra, Jonathan Barnes et al. *The Cambridge History of Hellenistic Philosophy* (Cambridge: Cambridge University Press, 2005).

Lovejoy, Arthur O.. 'The Chinese Origin of a Romanticism". Arthur O. Lovejoy, *Essays in the History of Ideas* (Baltimore: Johns Hopkins University Press, 1948, New York: George Braziller, 1955).

Lux, Jonathan E.. "'Character reall': Francis Bacon, China and the Entanglements of Curiosity". *Renaissance Studies*, Vol. 29, Issue 2 (April 2015).

Ma Tao. "Confucian Thought bon the Free Economy". Cheng Lin, Terry Pech and Wang Fang (ed.), *The History of Ancient Chinese Economic Thought* (London: Routledge, 2014).

Ma Ying & Ma Zhixiang, "Evolution of Ancient Chinese Village Governance". *Canadian Social Science*, Vol. 11, No.10 (2015).

Mably, Gabriel Bonnet de. *Doutes Proposés aux Philosophes Economistes, sur L'ordre naturel et essentiel des Société politiques* (La Haye: Chez Nyon, 1768).

MacIntyre, Alasdair. *After Virtue. A Study in Moral Theory* (Notre Dame·Indiana: University of Notre Dame Press, 1981·1984).

Mackerras, Colin. *Western Image of China* (Hongkong·Oxford·New York: Oxford University Press, 1989).

Maddison, Angus. *Monitoring the World Economy* (Paris: OECD, 1995).

Maddison, Angus. *The World Economy. Historical Statistics* (Paris: Development Center of the OECD, 2003).

_____. "Historical Statistics for the World Economy: 1-2003 AD." (http//www.ggdc.net-maddison. 최종검색일: 2010. 10. 1.).

Major, R. H.. "Introduction". *The History of the Great and Mighty Kingdom of China and the Situation thereof*, edited by Sir George T. Staunton, Bart (New York: Routledge, 2016).

Mandelbrote, Scott. "Isaac Vossius and the Septuagint". Eric Jorink and Dirk van Miert, *Isaac Vossius between Science and Scholarship* (Leiden: Brill. 2012).

Manes, Christopher. *Green Range: Radical Environmentalism and the Unmaking of Civilization* (Boston: Little Brown, 1990).

Mann, Michael. *The Sources of Social Power*, Volume 1: *A History of Power from the Beginning to A.D. 1760* (Cambridge: Cambridge University Press, 1986).

_____. *The Sources of Social Power*, Volume 2: *The Rise of Classes and Nation States, 1760-1914* (1993, New Edition 2012).

Marburg, Clara. *Sir William Temple. A Seventeenth Century 'Libertin'* (New Haven: Yale University Presss, 1932).

Markley, Robert. *The Far East and the English Imagination: 1600-1730* (Cambridge: Cambridge University Press, 2006).

Marks, Robert. *Tigers, Rice, Silk and Silt* (New York: Cambridge University Press, 1997).

Marshall, P. J. and Williams, Glyndwr. *The Great Map of Mankind: British Preception World in the Enlightenment* (Cambridge[MA]: Harvard University Press, 1982).

Marshall, William. *Planting and Ornamental Gardening* (London: Printed for J. Dodsley, 1785).

Martinius, Martinus (Martino Martini). *Sinicae Historiae*, Decas Prima (Amstelaedami: Apud Joannem Blaev, MDCLIX[1659]).

Mason, William. *The English Garden: A Poem* (Dublin: Printed by P. Byrne, 1786).

Mason, Simon. *The Good and Bad Effects of Tea Considered* (London: Printed for John Walkie, 1701ㆍ1758).

Massa, Lou. "Physics and Mathematics." René Descartes. *Discourse on Method and Meditations on First Philosophy*. Edited by David Weissman. With Essays by William T. Blum, Lou Massa, Thomas Pavel, John F. Post, Stephen Toulmin, David Weissman (New HavenㆍLondon: Yale University Press, 1996).

Massarella, Derek (ed.), *Japanese Travellers in Sixteenth-Century Europe: A Dialogue Concerning the Mission of the Japanese Ambassadors to the Roman Curia* [1590]. Translated by J. F. Moran (London: Ashgate for The Hakluyt Society, 2012).

Maverick, Lewis Adams. *China - A Model for Europe*, Vol. I (San Antonio in Texas: Paul Anderson Company, 1946).

_____. "A Possible Chinese Source of Spinoza's Doctrine". *Revue de littérature comparée*, Vol. 19, No. 3 (July-September 1939).

Maxwell, John. "Introductory Essay II: Concerning the Imperfectness of the Heathen Morality". Richard Cumberland, *A Treatise of the Laws of Nature*, translated, with Introduction and Appendix, by John Maxwell (London: K. Knapton, 1727).

Mazudar, Sucheta. *Sugar and Society in China* (Cambridge, MA/London: Harvard University Press, 1998).

McDermott, Gerald R.. *Jonathan Edwards Confronts the Gods* (Oxford: Oxfod University Press, 2000).

McDermott, Joseph P.. "The Rise of Huizhou Merchants: Kinship and Commerce in Ming

China". Billy K. L. So (ed.), *The Economy of Lower Yangzi Delta in Late Imperial China* (Oxford: Routledge, 2013).

McKenna, Anthony. "Pierre Bayle in the Twentieth Century". Wiep van Bunge and Hans Bots (ed.), *Pierre Bayle (1647-1706), 'le philosophe de Rotterdam': Philosophy, Religion and Reception*. Selected Papers of the Tercentenary Conference held at Rotterdam, 7-8 December 2006 (Leiden·Boston: Brill, 2008).

McCormick, Ken. "Sima Qian and Adam Smith." *Pacific Economic Review.* 4: 1 (1999).

McNeill, William H.. *The Rise of the West: A History of Human Community* (Chicago: University of Chicago Press, 1963, revised edition, 1991).

_____. *The Human Conditions: An Ecological and Historical View* (Princeton: Princeton University Press, 1980).

_____. *The Pursuit of Power: Technology, Armed Force, and Society since A.D. 1000* (Chicago: Chicago University Pressl, 1982).

Mendoza, Juan Gonzalez de. *The History of the Great and Mighty Kingdom of China and the Situation thereof*, 2 vol. (London: Printed by I. Wolfe for Edward White, 1588), Newly ed. by G. T. Stauton (London: Printed for the Hakluyt Society, 1853/4).

Menzel, Johanna M. "The Sinophilism of J. H. G. Justi." *Journal of the History of Ideas.* Vol. 17, No. 3 (June 1956).

Merkel, Franz R.. *G. W. von Leibniz und China-Mission* (Leipzig: J. G. Hinrichs'sche Buchhandlung, 1920).

Messmann, Frank J.. *Richard Payne Knight: The Twilight of Virtuosity* (The Hague: Mouton & Co., 1974).

Metzger, Thomas. *Escape from Predicament: Neo-Confucianism and China's Evolving Political Culture* (New York: Columbia University Press, 1977).

Meynard, Thierry (tran. & ed.). *Confucius Sinarum Philosophus (1687), The Fist Translation of the Confucian Classics* (Roma: Institutum Historicum Soietatis Iesu, 2011).

Mill, James Stuart. "A Review of Plato and the other Companion of Socrates by Gorge Grote(1866)." James Stuart Mill. *Collected Works of John Stuart Mill.* Vol. XI: Essays on Philosophy and the Classics (Toronto: University of Toronto, 1978).

Millar, Ashley E.. "Revisiting the Sinophilia/Sionophobia Dichotomy in the European Enlightenment through Adam Smith's 'Duties of Government'", *Asian Journal of Social Science,* 38 (2010) [716-737].

Miller, Mitchel. "Beginning the 'Long Way.'" G. R. Ferrari (ed.), *The Cambridge Companion to Plato's Republic* (Cambridge·New York: Cambridge University Press, 1998).

Min, Eun Kyung. *China and the Writing of English Literary Modernity, 1690-1770* (Cambridge: Cambridge University Press, 2018).

Mizuda, Hiroshi. *Adam Smith's Library: A Catalogue* (Oxford: Oxford University Presss, 2000·2004).

Mokyr, Joel. *The Lever of Riches: Technological Creativity and Economic Progress* (Oxford/New York: Oxford University Press, 1990).

Morley, John. *The Life of Richard Cobden*, Vol.1 in 2 vols. (London: Macmillan and Co., Ltd., 1908).

Morris, Robert. *Select Architecture: Being Regular Designs of Plans and Elevations* (London: Sold by Robert Sayer, 1755).

Morse, Hosea B.. *The Trade and Administration of the Chinese Empire* (London: Longmans, Green, and Co., 1908).

_____. *The Gilds of China* (London: Longsman, Green and Co., 1909).

Mossner, Ernest Campbell. *The Life of David Hume* (Oxford: Clarendon Press, 1954·1980·2001).

Mueller, Hans-Eberhard. *Bureaucracy, Education, and Monopoly: Civil Service Reforms in Prussia and England* (Berkeley: University of California Press, 1984).

Mungello, David E.. *Leibniz and Confucianism: the Search for Accord* (Honolulu: University of Hawaii, 1977).

_____. "Malebranche and Chinese Philosophy", *Journal of the History of Ideas*, Vol. 41, No. 4 (Oct.-Dec. 1980).

_____. "Confucianism in the Enlightenment: Antagonism and Collaboration between the Jesuits and the Philosophes". Thomas H. C. Lee, *China and Europe: Images and Influence in Sixteenth to Eighteenth Centuries* (Hong Kong: The Chinese University of Hong Kong Press, 1991).

Murphy, Rhoads. *The Treaty Ports and China's Modernization: What weht Wrong?* (Ann Arbor, Michigan: Center for Chinese Studies, 1970).

Musillo, Marco. "Travellers from Afar through Civic Spaces: The Tensho Embassy in Renaissance Italy"Christina H. Lee (ed.), *Western Visions of the Far East in a Transpacific Age, 1522-1657* (London and New York: Routledge, 2012).

Myers, Ramon H.. *The Chinese Peasant Economy: Agricultural Development in Hopei and*

Shantungm 1890-1949 (Cambridge: Harvard University Press, 1970).

_____. "How Did the Modern Chinese Economy Develop?". *The Journal of Asian Studies* 50, 3 (Aug. 1991).

Myers, Ramon, and Yeh-chien Wang, "Economic Development, 1644-1800". Willard J. Peterson (ed.), *The Cambridge History of China*, vol.9, part 1, *The Ch'ing Empire to 1800* (Cambridge: Cambrige University Press, 2002).

Naquin, E. G. Susan, and Rawski, Evelyn. *Chinese Society in the Enlightenment Century* (New Haven·London: Yale University Press, 1987).

Nathan, Andrew J.. "Imperialism's Effects on China". *Bulletin of Concerned Asian Scholars* 4(1972).

Navarrete, Domingo F.. *Tratados Historicos, Politicos, Ethicos, y Religiosos de la Monarchia de China* (Madrid, 1676). 영역본: Dominick F. Navarrete, *An Account of the Empire of China; Historical, Political, Moral and Religious* (London: H. Lintot, J. Osborn, 1681).

Needham, Joseph. "Science and China's Influence on the World." Raymond Dawson (ed.). *The Legacy of China* (Oxford·London·New York: Oxford University Press, 1964·1971).

Needham, Joseph and Wang Ling (assistant). *Science and Civilization in China*, Vol. 2: *History of Scientific Thought* (Cambridge: Cambridge University Press, 1956).

Needham, Joseph, and Tsien Tsuen-Hsuin (錢存訓, contributor), *Science and Civilization in China*, Vol. 5(1): *Paper and Printing* (Cambridge: Cambridge University Press, 1985).

Needham, Joseph and Ho Ping Yü·Lu Gwei-Djen·Wang Ling, *Science and Civilization in China*, Vol. 5(7): *Military Technology: Gunpowder Epic* (Cambridge: Cambridge University Press, 1986).

Needham, Joseph, and Peter J. Golas (contributor), *Science and Civilization in China*, Vol. 5(13): *Mining* (Cambridge: Cambridge University Press, 1999).

Neseelrath, Heinz-Günther, u. Reinbothe, Hermann. "Leibniz und China." Georg[sic!] Wilhelm Leibniz, *Novissima Sinica - Das Neueste von China*. Mit ergänzenden Dokumenten herausgegeben, übersetzt, erläutert von Neseelrath und Reinbothe (Köln: Deutsche China-Gesellschaft, 1979).

Neville N., and H. Bell, *Report of the Mission to China of the Blackburn Chamber of Commerce, 1896－7* (Blackburn: The North-East Lancashire Press, 1898).

Nieuhoff, John. *An Embassy from the East-Indian Company of the United Provinces to the*

Grand Tatar Cham, Emperour of China, delivered by their Excellencies Peter de Goyer and Jakob de Keyzer, At his Imperial City of Peking [1655] (Hague: 1669; 영역본 - London: Printed by John Mocock, for the Author, 1669).

Niggerman, Ulrich. "Some Remarks on the Origins of the Term 'Glorious Revolution'". *The Seventeenth Century*, Vol. XXVII, No. 4 (Dec. 2012).

Noël, Francisco. *Sinensis imperii libri classici sex, Nimirum Adultorum Schola, Immutabile Medium, Liber Sententiarum, Mencius, Filialis Observantia, Parvulorum Schola* (Pragae, Typis Universitatis Carlo-Ferdinandeae, 1711).

Nordstrom, Byron J.. *The History of Sweden* (Westport:Greenwood Press, 2002).

Norton, David F.. "Introduction", 11쪽. David Hume, *A Treatise of Human Nature* (Oxford: Oxford University Press, 2007).

Ocko, Jonathan. "The Missing Metaphor: Applying Western Legal Scholarship to the Study of Contract and Property in Early Modern China". Madeleine Zelin, Jonathan Ocko, and Robert Cardella (eds.), *Contract and Property in Early Modern China* (Stanford: Stanford University Press, 2004).

Odum, Eugene P. *Ecology - A Bridge Between Science and Society* (Sunderland: Sinauer Associates, 1997).

Oncken, August. *Die Maxime Laissez faire et laissez passer, ihr Ursprung, ihr Werden* (Bern: K. J. Wyβ, 1886).

_____. *Der ältere Mirabeau und die Ökonomische Gesellschaft in Bern* (Bern, K.J. Wyß, 1886).

Osterhammel, Jürgen. *China und die Weltgesellschaft: Vom 18. Jahrhundert bis in unsere Zeit* (München: C. H. Bech'sche Verlagbuchhandlung, 1989).

Ottmann, Hennig. *Philosophie und Politik bei Nietzsche* (Berlin·New York: Walter de Gruyter, 1987).

Owen, Adrian M. et al, "Detecting Awareness in the Vegetative States". *Science*, Vol. 313.

Pangle, Thomas L. *The Laws of Plato*. Translated with Notes and an Interpretative Essay (Chicago: The Chicago University Press, 1980).

Panksepp, Jaak. "Affective Consciousness: Core Emotional Feelings in Animals and Humans", *Consciousness and Cognition*, Vol. 14, Issue 1 (2005).

Parker, Edward H., *China: Past and Present* (London: Chapman & Hall, Ld., 1903).

Parkin, Jon. "Foreword." Richard Cumberland, *A Treatise of the Laws of Nature*. Translated, with Introduction and Appendix, by John Maxwell [1727]. Edited by Jon Parkin (Indianapolis: Liberty Fund, 2005).

Passmore, John Arthur. *The Perfectibility of Man* (London: Gerald Duckworth, 1970).

Peng Yoke Ho, "China and Europe: Scientific and Technological Exchanges". Thomas H. C. Lee, *China and Europe: Images and Influence in Sixteenth to Eighteenth Centuries* (Hong Kong: The Chinese University of Hong Kong Press, 1991).

Percy, Thomas (Anonym). *Hau Kiou Choaan, or The Pleasing History*, Four Volumes (London: Printed for R. and J. Dodsley, 1761)

_____. *Miscellaneous Pieces relating to the Chinese*, Vol. II (London: Printed for R. and J. Dodsley, 1762).

_____. *Reliques of Ancient English Poetry*, 3 Vols. (London: Printed for J. Dodsley in Pall-Mall, 1765).

Perkins, Dwight H.. Perkins, *Agricultural Development in China, 1368-1968* (Chicago: Aldine, 1969).

_____. "Growth and Changing Structure of China's Twentieth-Century Economy". Dwight H. Perkins (ed.), *China's Modern Economy in Historical Perspective* (Stanford: Stanford University Press, 1975).

Perkins, Franklin. *Leibniz and China: A Commerce of Light* (Cambridge: Cambridge University Press, 2004).

Peterson, Willard. "Confucian Learning in Late Ming Thought". Denis Twitchett and Frederick W. Mote (ed.), *The Cambridge History of China*, Volume 8, *The Ming Dynasty, 1368-1644*, Part 2 (Cambridge: Cambridge University Press, 1998, 2007).

Peukert, Helge. "Justi's Concept of Moral Economics and the Good Society". Jürgen Georg Backhaus. *The Beginnings of Political Economy: Johann Heinrich Gottlob von Justi* (Berlin: Springer, 2008).

Pocock, John G. A.. *The Ancient Constitution and the Feudal Law. A Study of English Historical Thought in the Seventeenth Century* (Cambridge · New York: Cambridge University Press, 1957, 1987).

Poivre, Pierre. *Voyages d'un philosophe ou observations sur les moeurs et les arts des peuples de l'Afrique, de l'Asie et de l'Amerique* (Yverdon: chez M. le Professeur de Felice, & à Paris, chez Desaint, Libraire rue du Foin Saint Jacques, 1768).

Pomeranz, Kenneth. "'Traditional' Chinese Business Forms Revisited: Family, Firm, and Financing in the History of the Yutang Company of Jining, 1779-1956", *Lated Imperial China* 18:1 (June 1997).

_____. *The Great Divergence: China, Europe, and the Making of the Modern World Economy* (Princeton: Princeton University Press, 2000).

Pomeranz, Kenneth, and Steven Topik, *The World that Trade Created* (New York: M. E. Sharpe, 2013).

Ponting, Clive. *World History* (London: Chatto and Widus, 2000).

Pontoppidan, Erik. *Menoza, Ein Asiatischer Printz, welcher die Welt umher gezogen, Christen zu suchen, besonders in Indien, Hispanien, Italien, Frankreich, England, Holland, Deutschland, und Dänemarck, aber des Gesuche wenig gefunden. Eine Schrift, welche die untrieglich Gründe der natürlichen sowohl als der geoffenabhrten Religion, und wider die Abwege derer meisten Christen im Glauben und Leben treulich warnet,* 3 Bde. (Copenhagen: In der Buchdruckerey des Königl. Wäysen=Hauses, 1747).

Popkin, Richard H.. "Introduction". Pierre Bayle, *Historical and Critical Dictionary* (Indianapolis·Cambridge: Hackett Publishing Company, 1991).

Porter, David. *Ideographia: The Chinese Cipher in Early Modern Europe* (Stanford, Calif.: Stanford University Press, 2001).

_____. *The Chinese Taste in Eighteenth-Century England* (Cambridge: Cambridge University Press, 2010).

_____. "Sinicizing Early Modernity: The Imperatives of Historical Cosmopolitanism", *Eighteenth-Century Studies*, Vol. 43, No. 3 (Spring 2010) [299-206쪽].

Potter, Jack M.. *Capitalism and the Chinese Peasant* (Berkley: University of California Press, 1968).

Post, John F. "Epistemology." René Descartes. *Discourse on Method and Meditations on First Philosophy.* Edited by David Weissman. With Essays by William T. Blum, Lou Massa, Thomas Pavel, John F. Post, Stephen Toulmin, David Weissman (New Haven·London: Yale University Press, 1996).

Prestowitz, Clyde. *Three Billion New Capitalists* (New York: Basic Books, 2005). 클라이드 프레스토위츠(이문희 역), 『부와 권력의 대이동』(서울: 지식의숲, 2006).

Priddat, Birger P.. *Le concert universel. Die Physiokrarie − Eine Transformationsphilosophie des 18. Jahrhunders* (Marburg: Metropolis-Verlag, 2001).

Prinz, Jesse J.. *The Emotional Construction of Morals* (Oxford: Oxford University Press,

2007 · 2013).

Price, Uvedale. *An Essay on the Picturesque: As Compared with the Sublime and the Beautiful* (London: Printed for J. Robson, 1794 · 1796).

Psarros, Nikos. "The Political Philosophy of St. Thomas Aquinas in comparison to the political Ideas of St. Augustine and al-Farbi: Three Rationalist Conceptions", Conference Paper (June 2018).

Putnam, Hilary. "The Meaning of 'Meaning'". *Minnesota Studies in the Philosophy of Science*, Vol. III, *Language, Mind and Knowledge* (Minneapolis: University of Minesota Press, 1975).

Qian Zhongshu(錢鐘書), "China in the English Literature of the Seventeenth Century". Adrian Hsia (ed.), *The Vision of China in the English Literature of the Seventeenth and Eighteenth Centuries* (Hong Kong: The Chinese University of Hong Kong Press, 1998).

_____. "China in the English Literature of the Eighteenth Century". Adrian Hsia (ed.), *The Vision of China in the English Literatur of the Seventeenth and Eighteenth Centuries* (Hong Kong: The Chinese University of Hong Kong Press, 1998).

Qui Pengsheng (邱澎生). "The Discourse on Insolvency and Negligence in Eighteenth Century China". Robert Hegel and Katherine Carlitz (eds.), *Writing and Law in Late Imperial China* (Seattle: University of Washington Press, 2007).

Rae, John. *Life of Adam Smith* (London & New York: Macmillan, 1985).

Rahe, Paul A.. "Forms of Government: Structure, Principle, Object, and Aim". David W. Carritthers, Michael A. Mosher, and Paul A. Rahe (ed.), *Montesquieu's Science of Politics* (Oxford: Rowman & Littlefireld Publishers, Inc., 2001).

Ramsey, Rachel. "China and the Ideal of Order in John Webb's *An Historical Essay* ···". *Journal of the History of Ideas*, Vol. 62, No. 3 (Jul. 2001).

Rand, Benjamin. *The Life, Unpublished Letters, and Philosophical Regimen of Anthony, Earl of Shaftesbury* (London: Swan Sonnenschein & Co. Lim; New York: The MacMillan Co. 1900).

Rawski, Thomas G.. *Economic Growth in Prewar China* (Berkeley: University of California Press, 1989).

Reihman, Gregory M.. "Malebranche and Chinese Philosophy: A Reconsideration", *British Journal for the History of Philosophy*, Vol. 21, No. 2 (2003).

Reichwein, Adolf. *China und Europa im Achtzehnten Jahrhundert* (Berlin: Oesterheld Co. Verlag, 1922). 영역본: Reichwein, *China and Europe — Intellectual and Artistic Contacts in the Eighteenth Century* (London · New York: Kegan Paul, Trench, Turner & Co., LTD and Alfred A. Knopf, 1925).

Richter, Melvin. "An Introduction to Montesquieu's 'An Essay on the Causes that May Affect Men's Mind and Characters'", *Political Theory*, Vol. 4, No. 2 (May, 1976).

Richter, Susan. "Der Monarch am Pflug — Von der Erweiterung des Herrschaftsverhältnisses als erstem[sic!] Diener zum ersten Landwirt des Staates", *Das Achzehnte Jahrhundert*, 34, no. 1 (2010).

_____. "Pater patriae senensis. The Discovery of Patriarchal Rule in China and Its Significance for German Theories of State in the Eighteenth Century". Sntje Flüchter and Susan Richter (Ed.), *Technologies of Governance in Transcultural Encounter* (Heidelberg: Springer-Verlag, 2012).

Riley, Patrick. "Introduction." Gottfried Wilhelm Leibniz. *Political Writings*. Translated and edited with an Introduction and Notes by Patrick Riley (Cambridge: Cambridge University Press, 1972 · 1988 · 2006).

_____. "Leibniz's Political and Moral Philosophy in the *Novissima Sinica*, 1699-1999". *Journal of the History of Ideas*, vol. 60, no. 2.

Robert, Allen. "Agricultural Productivity and Rural Incomes in England and the Yangtze Delta, c. 1620-c.1820", *Economic History Review* 62 (2009).

Robinson, Maxim. *Islam and Capitalism* (Austin: University of Texas Press, 1978).

Rodzinski, Witold. *A History of China* (Oxford: Pergamon Press, 1979).

Rosenberg, Hans. *Bureaucracy, Aristocracy, and Autocracy: The Prussian Experience, 1660-1815* (Boston: Beacon Pres, 1958).

Ronan, Colin A. *The Shorter Science and Civilisation in China by Joseph Needham*. Vol. 1 · 2 (Cambridge: Cambridge University Press, 1981). 조셉 니덤 저 · 콜린 로넌 축약(이면우 역), 『중국의 과학과 문명』, 축약본 1 · 2. (서울: 까치, 2000).

Roochnik, David. *Beautiful City. The Dialectical Character of Plato's 'Republic'* (Ithaca · London: Cornell University Press, 2003).

Rosemont, Henry, Jr., Daniel. J. Cook · Henry. "The Pre-established Harmony between Leibniz and Chinese Thought". *Journal of the History of Ideas*, vol. 42, No. 3 (April-June 1981).

_____. "Kierkegaard and Confucius: On Finding the Way". *Philosophy East and West*, Vol. 36, No. 3 (Jul. 1986).

Roosevelt, Theodore. "The Threat of Japan" of Theodore Roosevelt (1909). *Papers of Theodore Roosevelt*, Manuscript Division [120-126쪽], Library of Congress.

_____. "Twisted Eugenics". *The Outlook* (New York), Jan. 3, 1914.

Ross, George McDonald, "Commentary." Gottfried Wilhelm Leibniz, *The Monadology*. Translated by George McDonald Ross, 1999. (http://www.philosophy.leeds.ac.uk./GMR/hmy/texts/modern/leibniz/monadology/monindex.html: 최종검색일 2010. 4. 26.).

Rothschild, Emma. *Economic Sentiments — Adam Smith, Condorcet, and the Enlightenment* (Cambridge, MA: Harvard University Press, 2001).

Rowbotham, Arnold H.. "La Mothe le Vayer's *Vertu des payens* and Eighteenth Century Cosmopolitaism", *Modern Language Notes*, LIII, No. 1 (January 1938).

_____. *Missionary and Mandarin: The Jesuits at the Court of China* (Berkeley and Los Angeles: University of California Press, 1942).

_____. "The Impact of Confucianism on Seventeenth Century Europe", *The Far Eastern Quarterly*, Vol. 4, No. 3 (May, 1945).

Rowe, William. "Domestic Interregional Trade in Eighteenth-Century China". Leonard Blussé and Femme Gaastra (eds.), *On the Eighteenth Century as a Category of Asian History* (Aldershot: Ashgate, 1998).

Rubies, Joan-Pau. "Oriental Despotism and European Orientalism: Botero to Montesquieu". *Journal of Early Modern History*, Vol. 9 (2005, nos. 1-2).

Ryan, John A., and Moorhouse F. X. Millar, *The State and the Church* (New York: The MacMillan Company, 1922).

Sabor, Peter (ed.). *Horace Walpole: The Critical Heritage* (London/New York: 1987 · Reprinted by Routledge, 1995).

Sachsenmaier, Dominic, Jene Riedel, Shmuel Eisenstadt (ed.), *Reflections on Multiple Modernities* (Boston: Brill, 2002).

Salama, Dalia. *Abrecht von Hallers "Usong" - Ein orientalisierender Staatsroman* (Hamburg: Verlag Dr. Kovac, 2006).

Santangelo, Polo. "The Imperial Factories of Suzhou: Limits and Characteristics of State Intervention during the Ming and Qing Dynasties". S. R. Schram (ed.), *The Scope of State Power in China* (London · Hong Kong: School of Oriental and African Studies University of London/The Chinese University Press The Chinese University of Hong Kong, 1985).

Sargent, A. J.. *Anglo-Chinese Commerce and Diplomacy* (Oxford: At the Clarendon Press, 1907).

Scheler, Max. *Wesen und Formen der Sympathie* (Bern: Francke Verlag, 1973).

Schimidt, Volker. "Multiple Modernities or Variety of Modernity?", *Current Sociology* 54 no.1 (2006).

Schmidts, Ludwig. "Jean-Jacques Rousseau, der Philosoph und Pädagoge." Jean-Jacques Rousseau, *Emil oder Über die Erziehung.* Vollständige Ausgabe. In neuer deutscher Fassung besorgt von Ludwig Schmidts (Paderborn · München · Wien · Zürich: Verlag Ferdinand Schöningh, 1989, 9. Auflage).

Schmiede, R.. "Reelle Subsumtion als gesellschaftliche Kategorie". W. Schumm (Hg.), *Zur Entwickliungsdynamik des modernen Kapitalismus. Beiträge zur Gesellschaftstheorie, Industriesoziologie und Gewerkschaftsforschung.* Symposium für Gerhard Brandt (Frankfurt am Main/New York: 1989).

Schneewind, Sarah. "Thomas Jefferson's Declaration of Independence and King Wu's First Great Pronouncement". *Journal of American-East Asian Relations* 19 (2012).

Schottenhammer, Angela. "Brokers and 'Guild'(huiguan) organizations in China's Maritime Trade with Japan in the High Qing". Billy K. L. So (ed.), *The Economy of Lower Yangzi Delta in Late Imperial China* (Oxford: Routledge, 2013).

Schrecker, John E.. *Imperialism and Chinese Nationalism: Germany in Shantung* (Cambridge, MA: Harvard University Press, 1971).

Schofield, Malcolm. *Plato: Political Philosophy* (Oxford · New York: Oxford University Press, 2006).

Schönfeld, Martin. "From Socrates to Kant — The Question of Information Transfer". *Journal of Chinese Philosophy* 67-69 (2006).

Schwoerer, Lois G. (ed.). *The Revolution of 1688-89* (Cambridge: Cambridge University Press).

Scogin, Hugh. "Poor Relief in Nothern Sung China". *Oriens Extremus*, 25 (1978).

Senn, Peter. "What is the Place of Christian Wolff in the History of the Social Sciences?", *European Journal of Law and Economics*, 4 (1997).

Semedo, Alvarez (Alvaro). *Imperio de la China y Cultura Evangelica en el por les Religios de la Compania de Jesus* (Madrid: 1641). English edition: *The History of the Great and Renowned Monarchy of China* (London: Printed by E. Taylor for John Crook, 1655).

Shackleton, Robert. *Montesquieu: A Critical Biography* (Oxford: Oxford University Press, 1961).

Shiba, Yoshinobu (斯波義信). *Commerce and Society in Sung China*. Translated by Mark Elvin (Center for Chinese Studies, The University of Michigan, 1970ˑReprint 1992). 斯波義信, 『宋代商業史研究』(東京: 風間書房, 1968).

_____. "Urbanization and the Development of Markets on the Lower Yantse Valley". John W. Haeger (ed.), *Crisis and Prosperity in Sung China* (Tucson: University of Arizona Press, 1975).

Shklar, Judith N.. *Montesquieu* (Oxford: Oxford University Press, 1987).

Silhouette, Etienne de (Anonyme). *Idée genénérale du goubernement et de la morale des Chinois - tirée particulièrement des ouvrages de Confucius* (Paris: Chez Quillau, 1729ˑ1731).

_____ (Anonyme). *La balance chinoise, ou lettres d'un chinois lettré. sur l'education* (Amsterdam & Leipzig: Chez J. Schreuder & P. Mortier, 1763; Londres: Chez Jean Nourse et Bruxelles, chez J. van den Berghen & Pierre Vasse, 1768).

Sinn, Hans-Werner, "미국은 입 다물라 - '아메리칸 드림'에서 깨어나라", 『조선일보』 토요섹션 「Weekly BIZ」, 2010년 11월 27-28일자, C2.

Sivin, Nathan. "Science and Medicine in Chines History." Paul S. Ropp (ed.). *Heritage of China* (Berkeley: University of California Press, 1990).

Skinner, G. William. "Marketing and Social Structure in Rural China". *Journal of Asian Studies* XXIV: 1 (Nov. 1964).

Smith, Paul J.. "Introduction: Problematizing the Song-Yuan-Ming Transition". Paul J. Smith and Richard von Glahn, *The Song-Yuan-Ming Transition in Chinese History* (Cambridge, MA. and London: Harvard University Asia Center, 2003).

Smith, Paul J., and Richard von Glahn, *The Song-Yuan-Ming Transition in Chinese History* (Cambridge, MA. and London: Harvard University Asia Center, 2003).

So, Billy K. L.. "Economic Values and Social Space in the Historical Lower Yangzi Delta Market Economy". Billy K. L. So (ed.), *The Economy of Lower Yangzi Delta in Late Imperial China* (Oxford: Routledge, 2013).

_____. "Institutions in Market Economies of Premodern Maritime China". Billy K. L. So (ed.), *The Economy of Lower Yangzi Delta in Late Imperial China* (Oxford: Routledge, 2013).

Sombart, Werner. *Der Bourgois. Zur Geistesgeschichte des Modernen Wirtschaftsmenschen* {1913} (Reinbek bei Hamburg: Rowohlt Taschenbuch Verlag, 1988).

Sozialistische Studiengruppen (J. Bischoff F. Fiehler H. Hünnig C. Lieber A. Otto W. Wolfteich A. Zieher). "Eigentum." *SOZIALISMUS*, 5/1992 (Hamburg: VSA- Verlag).

Spence, Joseph.(Pseudonym: Sir Harry Beaumont). *A Particular Account of the Emperor of China's Gardens near Pekin* (London: Printed for R. Dodsley, 1752).

Spence, Jonathan D.. "Western Perception of China from the Late Sixteenth Century to the Present." Paul S. Ropp (ed.). *Heritage of China* (Berkeley·Los Angeles: University of California Press, 1990).

_____. *The Search for Modern China*, Vol.1 (New York: W.W. Norton, 1990). 국역본: 조너선 D. 스펜스, 『현대중국을 찾아서(1)』(서울: 이산, 1998·2016).

Stan, Carsten, & Henning Melber (ed.). *Peace Diplomacy, Global Justice and international Agency, Rethinking Human Security and Ethics in the Spirit of Dag Hammarskjöld* (Cambridge: Cambridge University Press, 2014).

Stangelo, Paolo. "Confucius in the 18th century Italy". Conference Paper. Conference September 19, 2015 at Venice International University: *The Dialogue between Confucianism and European Cultures*. PDF Available through Google.

Stephen, Leslie. *History of English Thought in the Eighteenth Century*, in two volumes, Vol. I-II (London: Smith, Elder & Co., 1876·1881).

Sznaider, Natan. *The Compassionate Temperament: Care and Cruelty in Modern Society* (Lanham, Maryland: Rowman & Littlefield, 2001).

Tan Min, "The Chinese Origin of Physiocratic Economics". Cheng Lin, Terry Pech and Wang Fang (ed.), *The History of Ancient Chinese Economic Thought* (London: Routledge, 2014).

Tang Lixing, *Merchants and Society in Modern China. From Guild to Chamber of Commerce* (London/New York: Routledge, 2018).

Tang Renwu, "A Comparison between Confucian and Daoist Economic Philosophies in the pre-Qin Era". Cheng Lin, Terry Pech and Wang Fang (ed.), *The History of Ancient Chinese Economic Thought* (London: Routledge, 2014).

Tatián, Diego. "The Potentiality of the Archaic: Spinoza and the Chinese", *The Journal of the British Society for Phenomenology*, Vol. 45, No. 1 (2014).

Taureck, Bernhard H. F. *Nietzsche und der Faschismus* (Hamburg: Junius, 1989).

_____. *Nietzsche-ABC* (Leipzig: Reclam, 1999).

Taylor, Charles. "Interpretation and the Sciences of Man". Fred R. Dallmayr & Thomas A.

McCarthy (eds.), *Understanding and Social Inquiry* (Notre Dame·London: University of Notre Dame Press, 1977).

Temple, Robert. *The Genius of China* (London: Prion Books, 1999).

Têng Ssu-yü (鄧嗣禹). "Chinese Influence on the Western Examination System". *Harvard Journal of Asiatic Studies*, Vol. 7, No. 4 (Cambridge, 1943).

Thoreau, Henry D.. "Civil Disobedience" (Original title: "Resistance to Civil Government"). Thoreau. *Walden and Civil Disobedience* (San Diego: Baker & Taylor Publishing Group, 2014).

Tindal, Matthew. *Christianity as Old as the Creation, or the Gospel, a Republication of the Religion of Nature*, Vol.1 (London: 1730).

Todorov, Tzvetan. *On the Human Diversity: Nationalism, Racism, and Exoticism in French Thought* (Cambridge, MA: Harvard University Press, 1993).

Trevor-Roper, Hugh. "Epilogue: The Glorious Revolution". Jonathan I. Israel, *The Anglo-Dutch Moment. Essays on the Glorious Revolution and its World Impact* (Cambridge: Cambridge University Press, 1991).

Trigault, Nicolas. *De Christiana expeditione apud Sinas* (Augsburg, 1615). 영역본: Luis J. Gallagher, *China in the Sixteenth Century: The Journals of Matthew Ricci* (New York: Random House, 1942·1953). 국역본: 마테오리치(신진호·전미경 역), 『중국견문록』(서울: 문사철, 2011).

Tsouna, Voula. *The Epistemology of the Cyrenaic School* (Cambridge: Cambridge University Press, 2008).

Tucker, Mary, and John Berthrong (ed.), *Confucianism and Ecology: The Interrelation of Heaven, Earth and Humans* (Cambridge[MA]: Harvard University Press, 1998).

Turgot, Anne Robert Jacques. *Réflexion sur la formation et la distribution des richesses* (1700·1788). 영역본: Turgot, *Reflections on the Formation and the Distribution of Riches*, trans. by William J. Ashley (New York: The Macmillan Co., 1898).

Unali, Lina. *Beautiful China* (Cambridge: Cambridge Scholars Publishing, 2016).

Urmson, J. O. *Aristotle's Ethics* (Oxford: Basil Blackwell, 1988). J. O. 엄슨(장영란 옮김), 『아리스토텔레스의 윤리학』(서울: 서광사, 1996).

van Bunge, Wiep. "The Presence of Bayle in the Dutch Republic". Wiep van Bunge and Hans Bots (ed.), *Pierre Bayle (1647-1706), 'le philosophe de Rotterdam': Philosophy, Religion and Reception*, Selected Papers of the Tercentenary Conference held at

Rotterdam, 7-8 December 2006 (Leiden·Boston: Brill, 2008).

Van Kley, Edwin J.. "Europe's 'Discovery' of China and the Writing of World History", *The American Historical Review*, Vol. 76, N0. 2(Apr;, 1971).

_____. "Qing Dynasty China in Seventeenth-Century Dutch Literature 1644-1700". W. F. Vande Walle (ed.), *The History of the Relations between the Low Countries and China in the Qing Era 1644-1911* (Leuven: Leuven University Press, 2003).

Vahrenkamp, R. "Frederick Winslow Taylor - Ein Denker zwischen Manufaktur und Großindustrie. Einführung zum Nachdruck". Frederickl W. Taylors *Die Grundsätze wissenschaftlicher Betriebsführung* (Weinhelm/Basel: 1977).

Vetlesen, Arne J.. *Perception, Empathy, and Judgement. An Inquiry into Preconditions of Moral Performance* (University Park, Pennsylvania: The Pennsylvania State University Press, 1994).

Vincent, Nathanael. *The Right Notion of Honour: as it was delivered in a sermon before the King at Newmarket*, Octob. 4. 1674, (Published by His Majesties Special Command (London: Printed for Richard Chiswell, 1685).

Voitle, Robert. *The third Earl of Shaftesbury* (Baton Rouge & London: Louisiana State University Press, 1984).

Volpilhac-Auger, Catherine "On the Proper Use of the Stick: *The Spirit of the Laws* and the Chinese Empire". Rebecca E. Kingston, *Montesquieu and His Legacy* (Albany: SUNY Press, 2009).

von Glahn, Richard, "Imaging Pre-modern China". Paul J. Smith and Richard von Glahn, *The Song-Yuan-Ming Transition in Chinese History* (Cambridge, MA. and London: Harvard University Asia Center, 2003).

_____. "Cycles of Silver in Chinese Monetary History". Billy K. L. So (ed.), *The Economy of Lower Yangzi Delta in Late Imperial China* (Oxford: Routledge, 2013).

_____. *The Economic History of China − From Antiquity to the Nineteenth Century* (Cambridge: Cambridge University Press, 2016).

Wagner, Donald. *Iron and Steel in Ancient China* (Leiden: E. J. Brill, 1993).

Wakeman, Frederic. *The Fall of Imperial China* (New York: The Free Press, 1975).

Walford, David. "Introduction". Anthony Ashley Cooper, Third Earl of Shaftesbury, *An Inquiry concerning Virtue, or Merit* (Manchester: Manchester University Press, 1977).

Wang, Dave. "Confucius in the American Founding". *Virginia Review of Asian Studies* (2014).

_____. "Thomas Jefferson's Incorporating Positive Elements from Chinese Civilization", *Virginia Review of Asian Studies*, No. 2 (2012)

_____. "The Origins of Chinese Cultural Influence on the United States", *Education About Asia*, Vol. 16, No. 2 (Fall 2011).

_____. "Benjamin Franklin and China - A Survey of Benjamin Franklin's Efforts at Drawing Positive Elements from Chinese Civilization during the Formative Age of the United States". http://www.benfranklin300.org/_etc_pdf/franklinchina.pdf.

Wang, Jianxun. "Village Governance in Chinese History". Y673 Mini-Conference Paper (Spring 2006). 이 논문은 Jianxun Wang, *Political Economy of Village Governance in Contemporary China* (Ph D. Indiana University, 2006)의 한 절이다.

Weaver, Lawrence, *Sir Christopher Wren: Scientist, Scholar and Architect* (London: Published at the Offices of "Country Life", LTD., and By George Newnes, 1923).

Weiss, Roslyn. "Wise Guys and Smart Alecks in Republic I and II." G. R. Ferrari (ed.). *The Cambridge Companion to Plato's Republic* (Cambridge·New York: Cambridge University Press, 1998).

Weissman, David. "Metaphysics." René Descartes. *Discourse on Method and Meditations on First Philosophy*. Edited by David Weissman (New Haven·London: Yale University Press, 1996).

Weissman, David. "Descartes in Our Time." René Descartes. *Discourse on Method and Meditations on First Philosophy*. Edited by David Weissman (New Haven·London: Yale University Press, 1996).

Weller, Robert P., & Peter K. Bol, "From Heaven-and-Earth to Nature: Chinese Concepts of the Environment and Their Influence on Policy Implementation". Mary Tucker and John Berthrong, *Confucianism and Ecology: The Interrelation of Heaven, Earth and Humans* (Cambridge[MA]: Harvard University Press, 1998). 로버트 웰러·피터 볼, 「천지부터 자연까지: 중국인들의 환경 개념과 정책 수행에 미치는 영향」. Tucker and Berthrong(오정선 역), 『유학사상과 생태학』(서울: 예문서원, 2010).

Weststeijn, Thijs. "Vossius' Chinese Utopia". Eric Jorink and Dirk van Miert, *Isaac Vossius between Science and Scholarship* (Leiden: Brill. 2012).

_____. "Spinoza sinicus: An Asian Paragraph in the History of the Radical Enlightenment". *Journal of the History of Ideas*, Vol. 68, No. 4 (Oct. 2007).

Whitehead, William. "Prologue". Arthur Murphy, *The Orphan of China, A Tragedy*. Performed at the Theatre Royal in Drury Lane [1759]. *The Works of Arthur Murphy*, Vol. 1 in 7 vols. (London: Printed for T. Cadell, 1786).

Whitney, Charles. *Francis Bacon and Modernity* (New Haven: Yale University, 1986). 독역본: *Francis Bacon - Die Begründung der Moderne* (Frankfurt am Main: Fischer Verlag, 1989).

Widman, Max. *Albrecht von Hallers Staatsroman und Hallers Bedeutung als politischer Schriftsteller* (Biel: Buchdruckrei des "Bieler Anzeiger", 1894).

Wilhelm, Richard. *I Ging* (München: Diederichs, 1923 · 2000). 영역본: Cary F. Baynes (trans.). *The I Ching* (Princeton: Princeton University Press, 1950 · 1997).

Wilkinson, Endymion. *Chinese History* (Cambridge: Harvard University Asia Center for the Harvard-Yenching Institute, 2012).

Will, Pierre-Etienne. "On State Management of Water Conservancy in Late Imperial China". *Papers on Far Eastern History* 36 (Canberra, 1987).

_____. "State Intervention in the Administration of a Hydraulic Infrastructure: The Example of Hubei Province in Late Imperial Times". S. R. Schram (ed.), *The Scope of State Power in China* (London · Hong Kong: School of Oriental and African Studies University of London/The Chinese University Press The Chinese University of Hong Kong, 1985).

Wills, Garry. *Inventing America: Jefferson's Declaration of Independence* (1978; Boston · New York, Houghton Mifflin Company, 2002).

Wilson, Edward O. *Consilence; The Unity of Knowledge* (1998). 에드워드 윌슨(최재천 · 장대익 역), 『통섭』(서울: 사이언스북스, 2010).

_____. *Biophilia: The Human Bond with Other Species* (Cambridge: Harvard University Press, 1984 · 1986).

Wilson, James Q.. "The Moral Sense", Presidential Address in American Political Science Association, 1992. *American Political Science Review*, Vol. 87 (No.1 March 1993).

_____. *The Moral Sense* (New York: Free Press, 1993).

Wittfogel, Karl A.. *Wirtschaft und Gesellschaft Chinas - Versuch der Wissenschaftlichen Analyse einer grossen asiatischen Agrargesellschaft*, Erster Teil (Leipzig: Verlag von C. L. Hirschfeld, 1931).

_____. "The Marxist View of Russian Society and Revolution". *World Politics*, Vol. 12, No. 4 (Jul. 1960).

Wittgenstein, Ludwig. *Philosophische Grammatik. Ludwig Wittgenstein Werkausgabe*, Bd. 4. Hrg.

von Rush Rhees (Frankfurt am Main: Suhrkamp, 1984).

_____. *Tagebücher* 1914-1916. *Ludwig Wittgenstein Werkausgabe*, Band 1 in 8 Bänden (Frankfurt am Main: Suhrkamp, 1984).

_____. *Vermischte Bemerkungen. Ludwig Wittgenstein Werkausgabe*, Band 8 in 8 Bänden (Frankfurt am Main: Suhrkamp, 1984).

_____. "A Lecture on Ethics" (1929 or 1930). *The Philosophical Review*, Vol. 74, No. 1 (Jan. 1965).

_____. "Notes on Talks with Wittgenstein" (1929). *The Philosophical Review*, Vol. 74, No. 1 (Jan. 1965).

Wittrock, Björn. "Early Modernities: Varieties and Transitions", *Daedalus* 127 no. 3 (1998).

Wolin, Sheldon S.. *Politics and Vision* (Boston: Little, Brown and Co., 1960).

Wong, R. Bin. *China Transformed: Historical Change and the Limits of European Experience* (Ithaca: Cornell University Press, 1997).

_____. "Chinese Economic History and Development: A Note on the Myers-Huang Exchange". *The Journal of Asian Studies* 51, 3 (Aug. 1992).

Wood, Anthony. *The Life and Times of Anthony Wood, antiquary, of Oxford, 1632-1695*, Vol. III (Oxford: Printed for the Oxford Historical Society at the Clarendon Press, 1894).

Worden, Blair. "The Revolutions of 1688-9 and the English Republican Tradition". Jonathan I. Israel, *The Anglo-Dutch Moment. Essays on the Glorious Revolution and its World Impact* (Cambridge: Cambridge University Press, 1991).

Wotton, William. *Reflections upon Ancient and Modern Learning* (London: Printed by J. Leake, for Peter Buck, 1694).

Wu, Silas H. L. (吳秀良). *Communication and Imperial Control in China. Evolution of the Palace Memorial System 1693-1735* (Cambridge of Massachusetts: Harvard University Press, 1970).

Yang, Lien-sheng, *Money and Credit in China* (Cambridge, MA: Harvard University Press, 1952).

Yang, Chi-Ming. *Performing China − Virtue, Commerce, and Orientalism in Eighteenth-Century England, 1660-1760* (Baltimore: The Johns Hopkins University Press, 2011).

Yeh, Kung-Chia. "China's National Income, 1931-36". Chi-ming Hou and Tzong-shian Yu (eds.), *Modern Chinese Economics* (Taipei: Institute of Economics Academia Sinica,

1979).

Young, David. "Montesquieu's View of Despotism and His Use of Travel Literature", *The Review of Politics*, Vol.40, No.3 (July, 1978).

Young, Leslie. "The Tao of Markets: Sima Quian and the Invisible Hand." *Pacific Economic Review* 1 (1996).

Zelin, Madeleine. "A Critique of Rights of Property in Prewar China". Madeleine Zelin, Jonathan Ocko, and Robert Cardella (eds.), *Contract and Property in Early Modern China* (Stanford: Stanford University Press, 2004).

_____. *The Merchants of Zigong: Industrial Entrepreneurship in Early Modern China* (New York: Columbia University Press, 2005).

Zuckerman, Phil. "Atheism: Contemporary Rates and Patterns" (an unabridged version). Michael Martin (ed.), *The Cambridge Companion to Atheism* (Cambridge University Press, 2006).

Zurndorfer, Harriet T.. "Cotton Textile Production in Jiangnan during the Ming-Qing Era and the Matter of Market-Driven Growth". Billy K. L. So (ed.), *The Economy of Lower Yangzi Delta in Late Imperial China* (Oxford: Routledge, 2013).

5. 서양 잡지

Gentleman's Magazine, 6 (August, 1736); 8 (July, 1738); 12 (July, 1742).

Scots Magazine, 24 (August, 1762).

The Spectator, No. 414 (June 25, 1712). *The Spectator*, Vol. V in six vols. (New York: D. Appleton & Company, 1853).

찾아보기